中国人口普查
CHINA POPULATION CENSUS

2020

广东省人口普查年鉴

(第4册)

GUANGDONG POPULATION CENSUS YEARBOOK 2020

(BOOK 4)

广　东　省　统　计　局
广东省第七次全国人口普查领导小组办公室　编

Compiled by
Guangdong Provincial Bureau of Statistics
Office of the Leading Group of Guangdong Province for the Seventh National Population Census

中国统计出版社
China Statistics Press

图书在版编目（CIP）数据

广东省人口普查年鉴. 2020. 第 4 册 / 广东省统计局，广东省第七次全国人口普查领导小组办公室编. -- 北京 ：中国统计出版社，2022.9
ISBN 978-7-5037-9948-8 _4

Ⅰ. ①广… Ⅱ. ①广… ②广… Ⅲ. ①人口普查－统计资料－广东－2020－年鉴 Ⅳ. ①C924.256.5-54

中国版本图书馆 CIP 数据核字(2022)第 157086 号

广东省人口普查年鉴-2020（第 4 册）
Guangdong Population Census Yearbook 2020 (Book 4)

作　　者/广东省统计局　广东省第七次全国人口普查领导小组办公室
责任编辑/郭　栋　佘竞雄
执行编辑/张　怡
封面设计/李雪燕
出版发行/中国统计出版社有限公司
通信地址/北京市丰台区西三环南路甲 6 号　邮政编码/100073
发行电话/邮购（010）63376909　书店（010）68783171
网　　址/http://www.zgtjcbs.com/
印　　刷/河北鑫兆源印刷有限公司
经　　销/新华书店
开　　本/880mm×1230mm　1/16
字　　数/1220 千字
印　　张/50.5
版　　别/2022 年 9 月第 1 版
版　　次/2022 年 9 月第 1 次印刷
定　　价/1680.00 元（全六册附光盘）

目　录

第 4 册

第二部分　长表数据资料（续）

第六卷　生育

第七卷　迁移和户口登记地

第八卷　老年人口

第二部分　长表数据资料

第五卷　婚姻

5-1 各地区分性别、婚姻状况的15岁及以上人口

单位：人

地区	15岁及以上人口			未婚		
	合计	男	女	小计	男	女
广　东	**9826600**	**5207531**	**4619069**	**2654005**	**1651474**	**1002531**
广州市	**1512962**	**796644**	**716318**	**474076**	**277699**	**196377**
荔湾区	83017	41243	41774	21431	11718	9713
越秀区	85166	40998	44168	20836	10965	9871
海珠区	158226	79606	78620	42227	23049	19178
天河区	193865	102084	91781	87224	48975	38249
白云区	313759	167881	145878	108351	63341	45010
黄埔区	104510	58534	45976	32145	20755	11390
番禺区	220853	117072	103781	75757	44266	31491
花都区	132179	70532	61647	34672	21537	13135
南沙区	70083	39531	30552	16328	11263	5065
从化区	44562	22899	21663	9253	5820	3433
增城区	106742	56264	50478	25852	16010	9842
韶关市	**205602**	**101872**	**103730**	**35000**	**21640**	**13360**
武江区	27828	13679	14149	5306	3110	2196
浈江区	28106	13948	14158	6779	3847	2932
曲江区	21761	11135	10626	3967	2587	1380
始兴县	13840	6585	7255	1793	1104	689
仁化县	13216	6651	6565	1709	1162	547
翁源县	21584	10679	10905	2942	1948	994
乳源瑶族自治县	13031	6538	6493	2226	1414	812
新丰县	12459	6317	6142	1907	1248	659
乐昌市	25352	12410	12942	3533	2321	1212
南雄市	28425	13930	14495	4838	2899	1939
深圳市	**1575231**	**873451**	**701780**	**515092**	**325961**	**189131**
罗湖区	95940	48008	47932	28832	14909	13923
福田区	132584	68256	64328	44633	24980	19653
南山区	158397	84598	73799	55269	31852	23417
宝安区	413946	235889	178057	138516	92153	46363
龙岗区	368434	201520	166914	111197	69327	41870
盐田区	18448	10050	8398	5149	3104	2045
龙华区	235657	135122	100535	88001	58131	29870
坪山区	49383	28940	20443	13681	9780	3901
光明区	102442	61068	41374	29814	21725	8089
珠海市	**199677**	**107472**	**92205**	**58336**	**35398**	**22938**
香洲区	115397	61267	54130	35110	20486	14624
斗门区	47580	25737	21843	11039	7511	3528
金湾区	36700	20468	16232	12187	7401	4786
汕头市	**414196**	**205441**	**208755**	**116692**	**64482**	**52210**
龙湖区	48294	24053	24241	11530	6308	5222
金平区	60764	29365	31399	13819	7459	6360
濠江区	20426	10298	10128	6745	3936	2809
潮阳区	117442	57889	59553	37474	20535	16939
潮南区	96606	48491	48115	32381	17660	14721
澄海区	66004	32999	33005	14021	8129	5892
南澳县	4660	2346	2314	722	455	267
佛山市	**795991**	**434538**	**361453**	**203740**	**132245**	**71495**
禅城区	112026	59037	52989	28530	17189	11341
南海区	313476	172177	141299	82826	53420	29406
顺德区	272105	149348	122757	71565	47747	23818
三水区	64658	35606	29052	14351	9473	4878
高明区	33726	18370	15356	6468	4416	2052

5-1　续表 1　　单位：人

地　区	15岁及以上人口			未　婚		
	合计	男	女	小计	男	女
江门市	**355058**	**182515**	**172543**	**75892**	**47599**	**28293**
蓬江区	64132	32404	31728	15463	9140	6323
江海区	28420	14874	13546	7040	4382	2658
新会区	66282	34044	32238	12778	8039	4739
台山市	68738	35263	33475	14505	9253	5252
开平市	53361	26954	26407	11385	6991	4394
鹤山市	40290	21197	19093	7591	4968	2623
恩平市	33835	17779	16056	7130	4826	2304
湛江市	**449346**	**229974**	**219372**	**101864**	**64319**	**37545**
赤坎区	28280	13623	14657	7450	3768	3682
霞山区	46906	23323	23583	10853	6342	4511
坡头区	24120	12602	11518	5019	3404	1615
麻章区	36888	19385	17503	13306	7867	5439
遂溪县	53381	27657	25724	11960	7688	4272
徐闻县	40859	20889	19970	6984	4682	2302
廉江市	79845	41498	38347	15840	10584	5256
雷州市	80182	41310	38872	17740	11393	6347
吴川市	58885	29687	29198	12712	8591	4121
茂名市	**409157**	**209046**	**200111**	**97103**	**62084**	**35019**
茂南区	76742	39512	37230	20362	12560	7802
电白区	97084	50232	46852	23048	15310	7738
高州市	91163	46237	44926	21193	13261	7932
化州市	80826	41581	39245	19040	12428	6612
信宜市	63342	31484	31858	13460	8525	4935
肇庆市	**286196**	**146124**	**140072**	**64852**	**40133**	**24719**
端州区	42015	20952	21063	10384	5987	4397
鼎湖区	14305	7495	6810	3093	1915	1178
高要区	52039	27009	25030	11842	7559	4283
广宁县	26034	13054	12980	4564	3089	1475
怀集县	51877	25138	26739	12563	7327	5236
封开县	26085	13251	12834	5744	3567	2177
德庆县	26266	13411	12855	6594	3998	2596
四会市	47575	25814	21761	10068	6691	3377
惠州市	**463923**	**251334**	**212589**	**122238**	**79265**	**42973**
惠城区	157590	83449	74141	44000	27391	16609
惠阳区	117242	67406	49836	34226	23596	10630
博罗县	90099	48377	41722	20721	13525	7196
惠东县	77949	41330	36619	19764	12492	7272
龙门县	21043	10772	10271	3527	2261	1266
梅州市	**256993**	**125813**	**131180**	**43930**	**26557**	**17373**
梅江区	31873	15468	16405	7313	3951	3362
梅县区	40376	19822	20554	6194	3702	2492
大埔县	22560	11248	11312	3685	2256	1429
丰顺县	30317	15414	14903	5892	3671	2221
五华县	54498	26178	28320	10585	6336	4249
平远县	14468	7064	7404	1740	1072	668
蕉岭县	14361	7126	7235	1708	1088	620
兴宁市	48540	23493	25047	6813	4481	2332

5-1 续表 2

单位：人

地区	15岁及以上人口			未婚		
	合计	男	女	小计	男	女
汕尾市	**181009**	**93015**	**87994**	**47645**	**28911**	**18734**
城区	30652	15858	14794	8568	5107	3461
海丰县	55211	28916	26295	13665	8633	5032
陆河县	16473	8282	8191	3902	2349	1553
陆丰市	78673	39959	38714	21510	12822	8688
河源市	**190388**	**95136**	**95252**	**35498**	**21733**	**13765**
源城区	50014	25037	24977	10292	6211	4081
紫金县	36758	18457	18301	7001	4360	2641
龙川县	39346	19375	19971	6769	4183	2586
连平县	18617	9188	9429	3111	1955	1156
和平县	22437	10957	11480	3585	2164	1421
东源县	23216	12122	11094	4740	2860	1880
阳江市	**172663**	**89840**	**82823**	**34983**	**23255**	**11728**
江城区	57072	29360	27712	13342	8430	4912
阳东区	32197	17337	14860	6882	4682	2200
阳西县	29036	15478	13558	6298	4435	1863
阳春市	54358	27665	26693	8461	5708	2753
清远市	**269259**	**136651**	**132608**	**49160**	**31390**	**17770**
清城区	83963	43063	40900	18464	11253	7211
清新区	41883	21299	20584	7707	5098	2609
佛冈县	22245	11451	10794	4191	2757	1434
阳山县	21733	10821	10912	3389	2215	1174
连山壮族瑶族自治县	6558	3289	3269	1068	725	343
连南瑶族自治县	9147	4438	4709	1609	1024	585
英德市	59795	30437	29358	9108	5994	3114
连州市	23935	11853	12082	3624	2324	1300
东莞市	**962444**	**547685**	**414759**	**281578**	**190451**	**91127**
市辖区	962444	547685	414759	281578	190451	91127
中山市	**350043**	**188697**	**161346**	**88186**	**56992**	**31194**
市辖区	350043	188697	161346	88186	56992	31194
潮州市	**194924**	**97711**	**97213**	**42453**	**24617**	**17836**
湘桥区	43347	21291	22056	9744	5225	4519
潮安区	88654	44850	43804	19172	11362	7810
饶平县	62923	31570	31353	13537	8030	5507
揭阳市	**428163**	**216703**	**211460**	**133838**	**76271**	**57567**
榕城区	74989	37865	37124	20574	11914	8660
揭东区	76318	38894	37424	21516	12690	8826
揭西县	47185	23828	23357	12962	7561	5401
惠来县	69375	34466	34909	23283	12908	10375
普宁市	160296	81650	78646	55503	31198	24305
云浮市	**153375**	**77869**	**75506**	**31849**	**20472**	**11377**
云城区	28561	14775	13786	5502	3565	1937
云安区	14981	7762	7219	3222	2133	1089
新兴县	31147	15673	15474	6543	4079	2464
郁南县	22756	11609	11147	4084	2726	1358
罗定市	55930	28050	27880	12498	7969	4529

5-1　续表 3

单位：人

地　　区	有配偶			离　婚			丧　偶		
	小计	男	女	小计	男	女	小计	男	女
广　东	**6632968**	**3391551**	**3241417**	**174396**	**86221**	**88175**	**365231**	**78285**	**286946**
广州市	**959589**	**494882**	**464707**	**36581**	**16232**	**20349**	**42716**	**7831**	**34885**
荔湾区	54062	27485	26577	3126	1303	1823	4398	737	3661
越秀区	56134	27797	28337	3582	1460	2122	4614	776	3838
海珠区	105346	53666	51680	4844	1871	2973	5809	1020	4789
天河区	99457	50950	48507	3981	1579	2402	3203	580	2623
白云区	191814	99881	91933	7308	3477	3831	6286	1182	5104
黄埔区	68123	36401	31722	2051	979	1072	2191	399	1792
番禺区	136287	70071	66216	4524	1981	2543	4285	754	3531
花都区	91235	46976	44259	2701	1327	1374	3571	692	2879
南沙区	50150	27126	23024	1394	692	702	2211	450	1761
从化区	31621	15970	15651	1111	567	544	2577	542	2035
增城区	75360	38559	36801	1959	996	963	3571	699	2872
韶关市	**149992**	**74033**	**75959**	**5838**	**2954**	**2884**	**14772**	**3245**	**11527**
武江区	20006	9843	10163	1083	447	636	1433	279	1154
浈江区	18742	9347	9395	985	458	527	1600	296	1304
曲江区	15499	7836	7663	713	394	319	1582	318	1264
始兴县	10481	5025	5456	379	185	194	1187	271	916
仁化县	10104	5068	5036	304	177	127	1099	244	855
翁源县	16364	8048	8316	550	310	240	1728	373	1355
乳源瑶族自治县	9470	4710	4760	364	208	156	971	206	765
新丰县	9186	4650	4536	324	182	142	1042	237	805
乐昌市	19160	9265	9895	644	335	309	2015	489	1526
南雄市	20980	10241	10739	492	258	234	2115	532	1583
深圳市	**1010075**	**529197**	**480878**	**32958**	**15227**	**17731**	**17106**	**3066**	**14040**
罗湖区	62576	31840	30736	2818	960	1858	1714	299	1415
福田区	82318	41625	40693	3685	1332	2353	1948	319	1629
南山区	97697	51119	46578	3296	1256	2040	2135	371	1764
宝安区	264254	139098	125156	7779	4028	3751	3397	610	2787
龙岗区	245934	128088	117846	7232	3375	3857	4071	730	3341
盐田区	12512	6694	5818	470	197	273	317	55	262
龙华区	141080	74399	66681	4550	2251	2299	2026	341	1685
坪山区	34095	18439	15656	1024	591	433	583	130	453
光明区	69609	37895	31714	2104	1237	867	915	211	704
珠海市	**131499**	**68805**	**62694**	**5192**	**2321**	**2871**	**4650**	**948**	**3702**
香洲区	74599	38977	35622	3406	1399	2007	2282	405	1877
斗门区	33803	17263	16540	1117	579	538	1621	384	1237
金湾区	23097	12565	10532	669	343	326	747	159	588
汕头市	**271929**	**134398**	**137531**	**3758**	**1751**	**2007**	**21817**	**4810**	**17007**
龙湖区	34289	17154	17135	604	205	399	1871	386	1485
金平区	41815	20676	21139	1454	590	864	3676	640	3036
濠江区	12442	6085	6357	131	81	50	1108	196	912
潮阳区	73674	35651	38023	447	261	186	5847	1442	4405
潮南区	58960	29381	29579	422	257	165	4843	1193	3650
澄海区	47247	23672	23575	638	323	315	4098	875	3223
南澳县	3502	1779	1723	62	34	28	374	78	296
佛山市	**554900**	**291444**	**263456**	**15788**	**6975**	**8813**	**21563**	**3874**	**17689**
禅城区	77264	40108	37156	2941	1178	1763	3291	562	2729
南海区	218522	115181	103341	5091	2266	2825	7037	1310	5727
顺德区	187121	97713	89408	5712	2601	3111	7707	1287	6420
三水区	46709	25099	21610	1302	587	715	2296	447	1849
高明区	25284	13343	11941	742	343	399	1232	268	964

5-1 续表 4

单位：人

地区	有配偶			离婚			丧偶		
	小计	男	女	小计	男	女	小计	男	女
江门市	**251909**	**127161**	**124748**	**7506**	**3757**	**3749**	**19751**	**3998**	**15753**
蓬江区	44149	22019	22130	1799	746	1053	2721	499	2222
江海区	19650	9939	9711	691	327	364	1039	226	813
新会区	48369	24492	23877	1362	692	670	3773	821	2952
台山市	48016	24259	23757	1377	776	601	4840	975	3865
开平市	37884	18890	18994	874	457	417	3218	616	2602
鹤山市	29813	15357	14456	884	458	426	2002	414	1588
恩平市	24028	12205	11823	519	301	218	2158	447	1711
湛江市	**316022**	**155885**	**160137**	**5760**	**3290**	**2470**	**25700**	**6480**	**19220**
赤坎区	19036	9335	9701	783	332	451	1011	188	823
霞山区	32891	16061	16830	1327	566	761	1835	354	1481
坡头区	17551	8720	8831	252	156	96	1298	322	976
麻章区	21599	10962	10637	310	203	107	1673	353	1320
遂溪县	37449	18702	18747	539	383	156	3433	884	2549
徐闻县	30517	15165	15352	538	346	192	2820	696	2124
廉江市	58036	28885	29151	964	629	335	5005	1400	3605
雷州市	56864	28219	28645	545	383	162	5033	1315	3718
吴川市	42079	19836	22243	502	292	210	3592	968	2624
茂名市	**283142**	**137881**	**145261**	**4247**	**2584**	**1663**	**24665**	**6497**	**18168**
茂南区	51555	25503	26052	1296	603	693	3529	846	2683
电白区	67724	32950	34774	887	565	322	5425	1407	4018
高州市	62966	30741	32225	784	524	260	6220	1711	4509
化州市	56112	27331	28781	665	454	211	5009	1368	3641
信宜市	44785	21356	23429	615	438	177	4482	1165	3317
肇庆市	**198193**	**99442**	**98751**	**4500**	**2350**	**2150**	**18651**	**4199**	**14452**
端州区	28807	14168	14639	1309	493	816	1515	304	1211
鼎湖区	10215	5314	4901	206	109	97	791	157	634
高要区	36178	18359	17819	561	317	244	3458	774	2684
广宁县	18539	9078	9461	417	262	155	2514	625	1889
怀集县	34877	16625	18252	447	297	150	3990	889	3101
封开县	17725	8960	8765	297	192	105	2319	532	1787
德庆县	17319	8701	8618	378	224	154	1975	488	1487
四会市	34533	18237	16296	885	456	429	2089	430	1659
惠州市	**320475**	**165775**	**154700**	**6761**	**3420**	**3341**	**14449**	**2874**	**11575**
惠城区	107010	54180	52830	2452	1094	1358	4128	784	3344
惠阳区	79239	42553	36686	1569	803	766	2208	454	1754
博罗县	64561	33426	31135	1276	709	567	3541	717	2824
惠东县	54045	27655	26390	1032	562	470	3108	621	2487
龙门县	15620	7961	7659	432	252	180	1464	298	1166
梅州市	**188508**	**92776**	**95732**	**4347**	**2592**	**1755**	**20208**	**3888**	**16320**
梅江区	22182	10885	11297	759	363	396	1619	269	1350
梅县区	30507	15205	15302	744	406	338	2931	509	2422
大埔县	16405	8296	8109	440	315	125	2030	381	1649
丰顺县	21578	10877	10701	463	290	173	2384	576	1808
五华县	38783	18507	20276	712	451	261	4418	884	3534
平远县	11307	5651	5656	211	116	95	1210	225	985
蕉岭县	11086	5583	5503	362	222	140	1205	233	972
兴宁市	36660	17772	18888	656	429	227	4411	811	3600

5-1 续表 5

单位：人

地　区	有配偶			离　婚			丧　偶		
	小计	男	女	小计	男	女	小计	男	女
汕尾市	**122397**	**61032**	**61365**	**2004**	**1176**	**828**	**8963**	**1896**	**7067**
城　区	20402	10278	10124	383	219	164	1299	254	1045
海丰县	38282	19311	18971	841	460	381	2423	512	1911
陆河县	11391	5573	5818	193	126	67	987	234	753
陆丰市	52322	25870	26452	587	371	216	4254	896	3358
河源市	**138443**	**68675**	**69768**	**3503**	**1969**	**1534**	**12944**	**2759**	**10185**
源城区	36611	17965	18646	1206	530	676	1905	331	1574
紫金县	26258	13167	13091	630	399	231	2869	531	2338
龙川县	28982	14167	14815	525	320	205	3070	705	2365
连平县	13591	6699	6892	328	202	126	1587	332	1255
和平县	16566	8104	8462	394	245	149	1892	444	1448
东源县	16435	8573	7862	420	273	147	1621	416	1205
阳江市	**125098**	**62579**	**62519**	**2665**	**1521**	**1144**	**9917**	**2485**	**7432**
江城区	40232	19941	20291	940	462	478	2558	527	2031
阳东区	23399	12026	11373	358	216	142	1558	413	1145
阳西县	20640	10385	10255	312	201	111	1786	457	1329
阳春市	40827	20227	20600	1055	642	413	4015	1088	2927
清远市	**195728**	**98037**	**97691**	**6039**	**3283**	**2756**	**18332**	**3941**	**14391**
清城区	59663	30251	29412	1989	875	1114	3847	684	3163
清新区	30539	15148	15391	824	483	341	2813	570	2243
佛冈县	16016	8063	7953	543	315	228	1495	316	1179
阳山县	15689	7804	7885	421	263	158	2234	539	1695
连山壮族瑶族自治县	4797	2356	2441	146	92	54	547	116	431
连南瑶族自治县	6436	3068	3368	266	168	98	836	178	658
英德市	45122	22694	22428	1322	774	548	4243	975	3268
连州市	17466	8653	8813	528	313	215	2317	563	1754
东莞市	**656403**	**347621**	**308782**	**13100**	**7208**	**5892**	**11363**	**2405**	**8958**
市辖区	656403	347621	308782	13100	7208	5892	11363	2405	8958
中山市	**245658**	**126528**	**119130**	**6801**	**3394**	**3407**	**9398**	**1783**	**7615**
市辖区	245658	126528	119130	6801	3394	3407	9398	1783	7615
潮州市	**137290**	**69197**	**68093**	**1744**	**1012**	**732**	**13437**	**2885**	**10552**
湘桥区	30496	15266	15230	420	214	206	2687	586	2101
潮安区	62853	31845	31008	713	438	275	5916	1205	4711
饶平县	43941	22086	21855	611	360	251	4834	1094	3740
揭阳市	**267949**	**133044**	**134905**	**2997**	**1807**	**1190**	**23379**	**5581**	**17798**
榕城区	49456	24615	24841	496	275	221	4463	1061	3402
揭东区	49304	24615	24689	658	382	276	4840	1207	3633
揭西县	30530	15176	15354	465	314	151	3228	777	2451
惠来县	42059	20524	21535	365	238	127	3668	796	2872
普宁市	96600	48114	48486	1013	598	415	7180	1740	5440
云浮市	**107769**	**53159**	**54610**	**2307**	**1398**	**909**	**11450**	**2840**	**8610**
云城区	20959	10587	10372	586	278	308	1514	345	1169
云安区	10386	5207	5179	190	134	56	1183	288	895
新兴县	22129	10882	11247	361	212	149	2114	500	1614
郁南县	16205	8091	8114	380	257	123	2087	535	1552
罗定市	38090	18392	19698	790	517	273	4552	1172	3380

5-1a 各地区分性别、婚姻状况的15岁及以上人口(城市)

单位：人

地区	15岁及以上人口			未婚		
	合计	男	女	小计	男	女
广东	**6324738**	**3383107**	**2941631**	**1853533**	**1142414**	**711119**
广州市	**1214689**	**634691**	**579998**	**394415**	**227130**	**167285**
荔湾区	83017	41243	41774	21431	11718	9713
越秀区	85166	40998	44168	20836	10965	9871
海珠区	158226	79606	78620	42227	23049	19178
天河区	193865	102084	91781	87224	48975	38249
白云区	234934	125023	109911	80098	46459	33639
黄埔区	94123	52942	41181	30208	19469	10739
番禺区	189899	99568	90331	66453	38095	28358
花都区	83647	44080	39567	21931	13366	8565
南沙区	37574	21515	16059	9613	6666	2947
从化区	14079	6838	7241	3355	1876	1479
增城区	40159	20794	19365	11039	6492	4547
韶关市	**72751**	**35247**	**37504**	**15135**	**8479**	**6656**
武江区	23770	11566	12204	4703	2678	2025
浈江区	21971	10729	11242	5522	2984	2538
曲江区	11329	5545	5784	1971	1182	789
始兴县						
仁化县						
翁源县						
乳源瑶族自治县						
新丰县						
乐昌市	7198	3384	3814	1322	787	535
南雄市	8483	4023	4460	1617	848	769
深圳市	**1569537**	**869780**	**699757**	**513505**	**324809**	**188696**
罗湖区	95940	48008	47932	28832	14909	13923
福田区	132584	68256	64328	44633	24980	19653
南山区	157893	84143	73750	55161	31744	23417
宝安区	413946	235889	178057	138516	92153	46363
龙岗区	363422	198386	165036	109738	68293	41445
盐田区	18448	10050	8398	5149	3104	2045
龙华区	235657	135122	100535	88001	58131	29870
坪山区	49205	28858	20347	13661	9770	3891
光明区	102442	61068	41374	29814	21725	8089
珠海市	**154582**	**80928**	**73654**	**47632**	**27696**	**19936**
香洲区	109989	57240	52749	33480	19230	14250
斗门区	18862	9970	8892	4411	2903	1508
金湾区	25731	13718	12013	9741	5563	4178
汕头市	**189482**	**93264**	**96218**	**49099**	**26798**	**22301**
龙湖区	40871	20362	20509	9780	5290	4490
金平区	59590	28781	30809	13525	7286	6239
濠江区	14007	6886	7121	4198	2325	1873
潮阳区	22402	10814	11588	6450	3551	2899
潮南区	32732	16465	16267	10766	5895	4871
澄海区	19880	9956	9924	4380	2451	1929
南澳县						
佛山市	**715924**	**388162**	**327762**	**185160**	**119066**	**66094**
禅城区	93552	48637	44915	24110	14228	9882
南海区	296426	162307	134119	78604	50369	28235
顺德区	267979	146922	121057	70600	47034	23566
三水区	29061	14708	14353	6083	3579	2504
高明区	28906	15588	13318	5763	3856	1907

5-1a　续表 1　　　　单位：人

地　区	15岁及以上人口			未　婚		
	合计	男	女	小计	男	女
江门市	**212629**	**107603**	**105026**	**48998**	**29162**	**19836**
蓬江区	61983	31327	30656	15060	8884	6176
江海区	28420	14874	13546	7040	4382	2658
新会区	35805	17879	17926	7181	4193	2988
台山市	27705	14066	13639	6604	3896	2708
开平市	24343	11968	12375	5763	3277	2486
鹤山市	19530	9829	9701	3871	2272	1599
恩平市	14843	7660	7183	3479	2258	1221
湛江市	**139656**	**69931**	**69725**	**35698**	**20658**	**15040**
赤坎区	27683	13315	14368	7315	3674	3641
霞山区	44431	22024	22407	10345	5996	4349
坡头区	5082	2560	2522	912	563	349
麻章区	8372	4612	3760	3143	2041	1102
遂溪县	1498	778	720	262	172	90
徐闻县						
廉江市	17571	8723	8848	4528	2590	1938
雷州市	17098	8747	8351	4793	2807	1986
吴川市	17921	9172	8749	4400	2815	1585
茂名市	**130689**	**66126**	**64563**	**36507**	**21923**	**14584**
茂南区	49414	25116	24298	13317	8033	5284
电白区	16673	8418	8255	4489	2687	1802
高州市	23939	12014	11925	7880	4479	3401
化州市	19415	10055	9360	5179	3325	1854
信宜市	21248	10523	10725	5642	3399	2243
肇庆市	**89099**	**45922**	**43177**	**22831**	**13608**	**9223**
端州区	42015	20952	21063	10384	5987	4397
鼎湖区	7727	4046	3681	2107	1228	879
高要区	7364	3691	3673	2704	1486	1218
广宁县						
怀集县						
封开县						
德庆县						
四会市	31993	17233	14760	7636	4907	2729
惠州市	**209514**	**114010**	**95504**	**60772**	**39110**	**21662**
惠城区	121654	63516	58138	33037	20231	12806
惠阳区	86015	49454	36561	27310	18613	8697
博罗县	1845	1040	805	425	266	159
惠东县						
龙门县						
梅州市	**66616**	**31841**	**34775**	**13211**	**7266**	**5945**
梅江区	28827	13910	14917	6906	3664	3242
梅县区	18637	8902	9735	3401	1852	1549
大埔县						
丰顺县						
五华县	940	436	504	173	108	65
平远县						
蕉岭县						
兴宁市	18212	8593	9619	2731	1642	1089

5-1a 续表 2

单位：人

地区	15岁及以上人口			未婚		
	合计	男	女	小计	男	女
汕尾市	**36213**	**18707**	**17506**	**11041**	**6494**	**4547**
城　区	20278	10420	9858	5987	3500	2487
海丰县						
陆河县						
陆丰市	15935	8287	7648	5054	2994	2060
河源市	**44141**	**21871**	**22270**	**9066**	**5292**	**3774**
源城区	44141	21871	22270	9066	5292	3774
紫金县						
龙川县						
连平县						
和平县						
东源县						
阳江市	**71406**	**35938**	**35468**	**15942**	**9627**	**6315**
江城区	40385	20349	20036	9649	5760	3889
阳东区	13439	7001	6438	3162	2010	1152
阳西县						
阳春市	17582	8588	8994	3131	1857	1274
清远市	**89858**	**43495**	**46363**	**18250**	**10373**	**7877**
清城区	48678	23724	24954	10496	5904	4592
清新区	17423	8477	8946	3327	2021	1306
佛冈县						
阳山县						
连山壮族瑶族自治县						
连南瑶族自治县						
英德市	13850	6642	7208	2755	1528	1227
连州市	9907	4652	5255	1672	920	752
东莞市	**877848**	**497361**	**380487**	**260924**	**175478**	**85446**
市辖区	877848	497361	380487	260924	175478	85446
中山市	**216156**	**115482**	**100674**	**56389**	**35646**	**20743**
市辖区	216156	115482	100674	56389	35646	20743
潮州市	**69928**	**34942**	**34986**	**14171**	**8036**	**6135**
湘桥区	31767	15660	16107	6361	3495	2866
潮安区	38161	19282	18879	7810	4541	3269
饶平县						
揭阳市	**114157**	**57653**	**56504**	**35123**	**19892**	**15231**
榕城区	51174	25707	25467	14353	8214	6139
揭东区	24372	12399	11973	6915	4015	2900
揭西县						
惠来县						
普宁市	38611	19547	19064	13855	7663	6192
云浮市	**39863**	**20153**	**19710**	**9664**	**5871**	**3793**
云城区	22144	11383	10761	4373	2757	1616
云安区	1420	738	682	423	240	183
新兴县						
郁南县						
罗定市	16299	8032	8267	4868	2874	1994

5-1a　续表 3　　单位：人

地　区	有配偶			离　婚			丧　偶		
	小计	男	女	小计	男	女	小计	男	女
广　东	**4195963**	**2155786**	**2040177**	**127820**	**57039**	**70781**	**147422**	**27868**	**119554**
广州市	**757709**	**388844**	**368865**	**31150**	**13215**	**17935**	**31415**	**5502**	**25913**
荔湾区	54062	27485	26577	3126	1303	1823	4398	737	3661
越秀区	56134	27797	28337	3582	1460	2122	4614	776	3838
海珠区	105346	53666	51680	4844	1871	2973	5809	1020	4789
天河区	99457	50950	48507	3981	1579	2402	3203	580	2623
白云区	144711	75032	69679	5985	2784	3201	4140	748	3392
黄埔区	60249	32269	27980	1843	877	966	1823	327	1496
番禺区	116088	59218	56870	3978	1684	2294	3380	571	2809
花都区	58251	29598	28653	1834	805	1029	1631	311	1320
南沙区	26470	14363	12107	718	337	381	773	149	624
从化区	9706	4692	5014	472	167	305	546	103	443
增城区	27235	13774	13461	787	348	439	1098	180	918
韶关市	**51257**	**25018**	**26239**	**2656**	**1110**	**1546**	**3703**	**640**	**3063**
武江区	17023	8323	8700	978	384	594	1066	181	885
浈江区	14542	7193	7349	822	362	460	1085	190	895
曲江区	8215	4041	4174	435	201	234	708	121	587
始兴县									
仁化县									
翁源县									
乳源瑶族自治县									
新丰县									
乐昌市	5219	2440	2779	265	101	164	392	56	336
南雄市	6258	3021	3237	156	62	94	452	92	360
深圳市	**1006192**	**526795**	**479397**	**32811**	**15132**	**17679**	**17029**	**3044**	**13985**
罗湖区	62576	31840	30736	2818	960	1858	1714	299	1415
福田区	82318	41625	40693	3685	1332	2353	1948	319	1629
南山区	97316	50785	46531	3283	1245	2038	2133	369	1764
宝安区	264254	139098	125156	7779	4028	3751	3397	610	2787
龙岗区	242579	126090	116489	7106	3293	3813	3999	710	3289
盐田区	12512	6694	5818	470	197	273	317	55	262
龙华区	141080	74399	66681	4550	2251	2299	2026	341	1685
坪山区	33948	18369	15579	1016	589	427	580	130	450
光明区	69609	37895	31714	2104	1237	867	915	211	704
珠海市	**99554**	**50895**	**48659**	**4212**	**1735**	**2477**	**3184**	**602**	**2582**
香洲区	70935	36284	34651	3313	1329	1984	2261	397	1864
斗门区	13490	6742	6748	508	226	282	453	99	354
金湾区	15129	7869	7260	391	180	211	470	106	364
汕头市	**128764**	**63592**	**65172**	**2514**	**1025**	**1489**	**9105**	**1849**	**7256**
龙湖区	29165	14603	14562	560	179	381	1366	290	1076
金平区	41029	20291	20738	1442	581	861	3594	623	2971
濠江区	8968	4374	4594	89	53	36	752	134	618
潮阳区	14793	6969	7824	79	42	37	1080	252	828
潮南区	20370	10131	10239	157	89	68	1439	350	1089
澄海区	14439	7224	7215	187	81	106	874	200	674
南澳县									
佛山市	**497389**	**259556**	**237833**	**14593**	**6253**	**8340**	**18782**	**3287**	**15495**
禅城区	63983	32892	31091	2654	1036	1618	2805	481	2324
南海区	206457	108610	97847	4858	2121	2737	6507	1207	5300
顺德区	184175	96073	88102	5650	2565	3085	7554	1250	6304
三水区	21167	10701	10466	773	247	526	1038	181	857
高明区	21607	11280	10327	658	284	374	878	168	710

5-1a 续表 4

单位：人

地　区	有配偶			离　婚			丧　偶		
	小计	男	女	小计	男	女	小计	男	女
江门市	**149845**	**74572**	**75273**	**5203**	**2196**	**3007**	**8583**	**1673**	**6910**
蓬江区	42594	21253	21341	1777	733	1044	2552	457	2095
江海区	19650	9939	9711	691	327	364	1039	226	813
新会区	26210	13036	13174	842	346	496	1572	304	1268
台山市	19249	9647	9602	697	318	379	1155	205	950
开平市	17219	8332	8887	463	179	284	898	180	718
鹤山市	14514	7218	7296	483	181	302	662	158	504
恩平市	10409	5147	5262	250	112	138	705	143	562
湛江市	**96131**	**46992**	**49139**	**2843**	**1238**	**1605**	**4984**	**1043**	**3941**
赤坎区	18611	9130	9481	777	327	450	980	184	796
霞山区	31098	15169	15929	1287	535	752	1701	324	1377
坡头区	3890	1912	1978	67	35	32	213	50	163
麻章区	4886	2477	2409	85	41	44	258	53	205
遂溪县	1119	562	557	26	22	4	91	22	69
徐闻县									
廉江市	12311	5927	6384	261	111	150	471	95	376
雷州市	11690	5764	5926	130	68	62	485	108	377
吴川市	12526	6051	6475	210	99	111	785	207	578
茂名市	**87682**	**42299**	**45383**	**1729**	**746**	**983**	**4771**	**1158**	**3613**
茂南区	33178	16222	16956	1012	408	604	1907	453	1454
电白区	11233	5461	5772	189	90	99	762	180	582
高州市	15190	7280	7910	211	91	120	658	164	494
化州市	13353	6453	6900	175	90	85	708	187	521
信宜市	14728	6883	7845	142	67	75	736	174	562
肇庆市	**61312**	**30865**	**30447**	**2129**	**859**	**1270**	**2827**	**590**	**2237**
端州区	28807	14168	14639	1309	493	816	1515	304	1211
鼎湖区	5221	2716	2505	118	54	64	281	48	233
高要区	4374	2113	2261	101	36	65	185	56	129
广宁县									
怀集县									
封开县									
德庆县									
四会市	22910	11868	11042	601	276	325	846	182	664
惠州市	**141427**	**72685**	**68742**	**3216**	**1412**	**1804**	**4099**	**803**	**3296**
惠城区	83811	41916	41895	2020	842	1178	2786	527	2259
惠阳区	56231	30012	26219	1184	561	623	1290	268	1022
博罗县	1385	757	628	12	9	3	23	8	15
惠东县									
龙门县									
梅州市	**48884**	**23472**	**25412**	**1242**	**557**	**685**	**3279**	**546**	**2733**
梅江区	19875	9700	10175	683	313	370	1363	233	1130
梅县区	14167	6815	7352	322	128	194	747	107	640
大埔县									
丰顺县									
五华县	680	311	369	12	9	3	75	8	67
平远县									
蕉岭县									
兴宁市	14162	6646	7516	225	107	118	1094	198	896

5-1a 续表 5 单位：人

地区	有配偶			离婚			丧偶		
	小计	男	女	小计	男	女	小计	男	女
汕尾市	**23630**	**11798**	**11832**	**341**	**172**	**169**	**1201**	**243**	**958**
城区	13333	6654	6679	239	125	114	719	141	578
海丰县									
陆河县									
陆丰市	10297	5144	5153	102	47	55	482	102	380
河源市	**32233**	**15805**	**16428**	**1092**	**462**	**630**	**1750**	**312**	**1438**
源城区	32233	15805	16428	1092	462	630	1750	312	1438
紫金县									
龙川县									
连平县									
和平县									
东源县									
阳江市	**51682**	**25276**	**26406**	**1295**	**543**	**752**	**2487**	**492**	**1995**
江城区	28710	14043	14667	690	284	406	1336	262	1074
阳东区	9831	4863	4968	130	57	73	316	71	245
阳西县									
阳春市	13141	6370	6771	475	202	273	835	159	676
清远市	**65140**	**31580**	**33560**	**2424**	**918**	**1506**	**4044**	**624**	**3420**
清城区	34767	17008	17759	1395	516	879	2020	296	1724
清新区	12986	6184	6802	365	152	213	745	120	625
佛冈县									
阳山县									
连山壮族瑶族自治县									
连南瑶族自治县									
英德市	10104	4893	5211	393	131	262	598	90	508
连州市	7283	3495	3788	271	119	152	681	118	563
东莞市	**595145**	**313335**	**281810**	**12007**	**6467**	**5540**	**9772**	**2081**	**7691**
市辖区	595145	313335	281810	12007	6467	5540	9772	2081	7691
中山市	**150452**	**76976**	**73476**	**4157**	**1955**	**2202**	**5158**	**905**	**4253**
市辖区	150452	76976	73476	4157	1955	2202	5158	905	4253
潮州市	**51020**	**25751**	**25269**	**667**	**327**	**340**	**4070**	**828**	**3242**
湘桥区	23209	11605	11604	347	155	192	1850	405	1445
潮安区	27811	14146	13665	320	172	148	2220	423	1797
饶平县									
揭阳市	**72863**	**36099**	**36764**	**792**	**406**	**386**	**5379**	**1256**	**4123**
榕城区	33621	16674	16947	350	176	174	2850	643	2207
揭东区	15902	7950	7952	212	117	95	1343	317	1026
揭西县									
惠来县									
普宁市	23340	11475	11865	230	113	117	1186	296	890
云浮市	**27652**	**13581**	**14071**	**747**	**311**	**436**	**1800**	**390**	**1410**
云城区	16355	8224	8131	497	208	289	919	194	725
云安区	920	478	442	10	6	4	67	14	53
新兴县									
郁南县									
罗定市	10377	4879	5498	240	97	143	814	182	632

5-1b 各地区分性别、婚姻状况的15岁及以上人口(镇)

单位：人

地　区	15岁及以上人口			未　婚		
	合计	男	女	小计	男	女
广　东	**1257348**	**648989**	**608359**	**301092**	**183721**	**117371**
广州市	**96670**	**51594**	**45076**	**28773**	**17129**	**11644**
荔湾区						
越秀区						
海珠区						
天河区						
白云区	22296	11711	10585	10824	5896	4928
黄埔区	2914	1399	1515	406	234	172
番禺区	6203	3477	2726	2098	1347	751
花都区	8357	4393	3964	2617	1576	1041
南沙区	13673	7656	6017	2791	1887	904
从化区	5275	2843	2432	1235	738	497
增城区	37952	20115	17837	8802	5451	3351
韶关市	**48369**	**23286**	**25083**	**7555**	**4622**	**2933**
武江区	171	75	96	14	9	5
浈江区	2452	1288	1164	678	466	212
曲江区	2150	1116	1034	240	175	65
始兴县	5851	2699	3152	909	493	416
仁化县	5835	2857	2978	938	590	348
翁源县	7994	3716	4278	1019	596	423
乳源瑶族自治县	6310	3050	3260	1096	644	452
新丰县	6578	3181	3397	1164	702	462
乐昌市	6500	3096	3404	827	517	310
南雄市	4528	2208	2320	670	430	240
深圳市	**682**	**537**	**145**	**128**	**118**	**10**
罗湖区						
福田区						
南山区	504	455	49	108	108	
宝安区						
龙岗区						
盐田区						
龙华区						
坪山区	178	82	96	20	10	10
光明区						
珠海市	**26674**	**16458**	**10216**	**6926**	**5065**	**1861**
香洲区	5281	3931	1350	1603	1237	366
斗门区	11844	6598	5246	3086	2142	944
金湾区	9549	5929	3620	2237	1686	551
汕头市	**98311**	**48925**	**49386**	**28531**	**15825**	**12706**
龙湖区						
金平区						
濠江区	394	201	193	96	59	37
潮阳区	41218	20495	20723	13418	7338	6080
潮南区	25466	12692	12774	8844	4777	4067
澄海区	27541	13683	13858	5617	3301	2316
南澳县	3692	1854	1838	556	350	206
佛山市	**43158**	**25021**	**18137**	**10216**	**7209**	**3007**
禅城区	18474	10400	8074	4420	2961	1459
南海区	4875	2825	2050	1224	873	351
顺德区						
三水区	17838	10611	7227	4226	3101	1125
高明区	1971	1185	786	346	274	72

5-1b 续表 1　　单位：人

地　区	15岁及以上人口			未　婚		
	合计	男	女	小计	男	女
江门市	**31136**	**16700**	**14436**	**6122**	**4184**	**1938**
蓬江区						
江海区						
新会区	8679	4573	4106	1669	1124	545
台山市	6117	3192	2925	1121	746	375
开平市	6751	3628	3123	1380	923	457
鹤山市	5708	3243	2465	1309	949	360
恩平市	3881	2064	1817	643	442	201
湛江市	**78484**	**39736**	**38748**	**18848**	**11333**	**7515**
赤坎区						
霞山区	316	176	140	75	54	21
坡头区	5353	2705	2648	1103	721	382
麻章区	8279	4193	4086	4803	2407	2396
遂溪县	17847	9003	8844	4214	2495	1719
徐闻县	15758	7924	7834	2857	1815	1042
廉江市	11937	6163	5774	2150	1457	693
雷州市	10835	5582	5253	2069	1314	755
吴川市	8159	3990	4169	1577	1070	507
茂名市	**57960**	**29415**	**28545**	**12841**	**8114**	**4727**
茂南区	2987	1547	1440	721	446	275
电白区	24052	12279	11773	5397	3503	1894
高州市	12319	6349	5970	2652	1698	954
化州市	12308	6199	6109	2930	1796	1134
信宜市	6294	3041	3253	1141	671	470
肇庆市	**63719**	**32865**	**30854**	**13866**	**8437**	**5429**
端州区						
鼎湖区	2961	1668	1293	456	343	113
高要区	12119	6572	5547	2541	1650	891
广宁县	11090	5419	5671	2212	1413	799
怀集县	16538	8298	8240	4083	2339	1744
封开县	9761	4929	4832	2104	1245	859
德庆县	8519	4367	4152	2002	1111	891
四会市	2731	1612	1119	468	336	132
惠州市	**129333**	**68497**	**60836**	**31456**	**19835**	**11621**
惠城区	9876	5393	4483	2993	1859	1134
惠阳区	10078	5686	4392	2164	1513	651
博罗县	52241	27961	24280	12458	8054	4404
惠东县	47886	24898	22988	12131	7412	4719
龙门县	9252	4559	4693	1710	997	713
梅州市	**72854**	**35550**	**37304**	**13674**	**7943**	**5731**
梅江区	477	239	238	59	39	20
梅县区	2995	1491	1504	364	219	145
大埔县	11084	5274	5810	2036	1110	926
丰顺县	17174	8666	8508	3391	2058	1333
五华县	21399	10383	11016	5064	2889	2175
平远县	7334	3498	3836	1105	621	484
蕉岭县	7638	3642	3996	1014	575	439
兴宁市	4753	2357	2396	641	432	209

5-1b 续表 2

单位：人

地区	15岁及以上人口			未婚		
	合计	男	女	小计	男	女
汕尾市	**71834**	**36611**	**35223**	**18151**	**10946**	**7205**
城　区	3187	1610	1577	743	430	313
海丰县	38704	19985	18719	9607	5930	3677
陆河县	9182	4570	4612	2368	1361	1007
陆丰市	20761	10446	10315	5433	3225	2208
河源市	**52908**	**25584**	**27324**	**10201**	**6013**	**4188**
源城区	2731	1448	1283	668	506	162
紫金县	14643	7195	7448	3052	1793	1259
龙川县	13597	6314	7283	2393	1363	1030
连平县	7419	3620	3799	1257	765	492
和平县	7851	3629	4222	1495	779	716
东源县	6667	3378	3289	1336	807	529
阳江市	**28014**	**14404**	**13610**	**5286**	**3499**	**1787**
江城区	3750	1937	1813	682	463	219
阳东区	4414	2357	2057	885	589	296
阳西县	13656	7034	6622	3073	2020	1053
阳春市	6194	3076	3118	646	427	219
清远市	**66180**	**33329**	**32851**	**11096**	**7019**	**4077**
清城区	20874	11216	9658	3634	2473	1161
清新区	2940	1508	1432	489	332	157
佛冈县	9947	4899	5048	1903	1147	756
阳山县	9876	4709	5167	1648	936	712
连山壮族瑶族自治县	2814	1340	1474	471	275	196
连南瑶族自治县	4225	1991	2234	743	441	302
英德市	13300	6596	6704	1916	1224	692
连州市	2204	1070	1134	292	191	101
东莞市	**8105**	**4536**	**3569**	**1926**	**1312**	**614**
市辖区	8105	4536	3569	1926	1312	614
中山市	**88108**	**48302**	**39806**	**21609**	**14501**	**7108**
市辖区	88108	48302	39806	21609	14501	7108
潮州市	**55837**	**27743**	**28094**	**13496**	**7605**	**5891**
湘桥区	6263	2963	3300	2088	1003	1085
潮安区	18302	9196	9106	4295	2517	1778
饶平县	31272	15584	15688	7113	4085	3028
揭阳市	**105871**	**53416**	**52455**	**33185**	**18745**	**14440**
榕城区	7335	3776	3559	1871	1104	767
揭东区	16714	8465	8249	4740	2768	1972
揭西县	15012	7562	7450	4062	2354	1708
惠来县	30402	15149	15253	10255	5722	4533
普宁市	36408	18464	17944	12257	6797	5460
云浮市	**33141**	**16480**	**16661**	**7206**	**4267**	**2939**
云城区						
云安区	3367	1723	1644	817	485	332
新兴县	14021	6989	7032	3377	1952	1425
郁南县	10793	5343	5450	2129	1271	858
罗定市	4960	2425	2535	883	559	324

5-1b 续表 3　　　　单位：人

地区	有配偶			离婚			丧偶		
	小计	男	女	小计	男	女	小计	男	女
广东	**880245**	**443542**	**436703**	**17799**	**9198**	**8601**	**58212**	**12528**	**45684**
广州市	**63707**	**33158**	**30549**	**1746**	**825**	**921**	**2444**	**482**	**1962**
荔湾区									
越秀区									
海珠区									
天河区									
白云区	10726	5585	5141	333	152	181	413	78	335
黄埔区	2378	1133	1245	59	21	38	71	11	60
番禺区	3819	2038	1781	119	61	58	167	31	136
花都区	5385	2723	2662	140	57	83	215	37	178
南沙区	10049	5508	4541	279	143	136	554	118	436
从化区	3820	2034	1786	82	39	43	138	32	106
增城区	27530	14137	13393	734	352	382	886	175	711
韶关市	**36074**	**17337**	**18737**	**1379**	**623**	**756**	**3361**	**704**	**2657**
武江区	139	63	76	6		6	12	3	9
浈江区	1467	738	729	76	44	32	231	40	191
曲江区	1661	858	803	68	44	24	181	39	142
始兴县	4414	2062	2352	189	64	125	339	80	259
仁化县	4367	2126	2241	154	69	85	376	72	304
翁源县	6188	2910	3278	254	106	148	533	104	429
乳源瑶族自治县	4621	2252	2369	211	93	118	382	61	321
新丰县	4825	2318	2507	188	85	103	401	76	325
乐昌市	4993	2375	2618	167	83	84	513	121	392
南雄市	3399	1635	1764	66	35	31	393	108	285
深圳市	**528**	**404**	**124**	**21**	**13**	**8**	**5**	**2**	**3**
罗湖区									
福田区									
南山区	381	334	47	13	11	2	2	2	
宝安区									
龙岗区									
盐田区									
龙华区									
坪山区	147	70	77	8	2	6	3		3
光明区									
珠海市	**18645**	**10950**	**7695**	**587**	**335**	**252**	**516**	**108**	**408**
香洲区	3574	2625	949	85	63	22	19	6	13
斗门区	8201	4261	3940	268	129	139	289	66	223
金湾区	6870	4064	2806	234	143	91	208	36	172
汕头市	**63672**	**31538**	**32134**	**542**	**279**	**263**	**5566**	**1283**	**4283**
龙湖区									
金平区									
濠江区	267	134	133	3	3		28	5	23
潮阳区	25672	12606	13066	132	63	69	1996	488	1508
潮南区	15182	7518	7664	89	56	33	1351	341	1010
澄海区	19748	9856	9892	273	130	143	1903	396	1507
南澳县	2803	1424	1379	45	27	18	288	53	235
佛山市	**31170**	**17225**	**13945**	**686**	**379**	**307**	**1086**	**208**	**878**
禅城区	13281	7216	6065	287	142	145	486	81	405
南海区	3489	1891	1598	79	47	32	83	14	69
顺德区									
三水区	12877	7247	5630	292	175	117	443	88	355
高明区	1523	871	652	28	15	13	74	25	49

5-1b 续表 4

单位：人

地区	有配偶			离婚			丧偶		
	小计	男	女	小计	男	女	小计	男	女
江门市	**22827**	**11837**	**10990**	**534**	**325**	**209**	**1653**	**354**	**1299**
蓬江区									
江海区									
新会区	6299	3208	3091	171	106	65	540	135	405
台山市	4396	2273	2123	124	75	49	476	98	378
开平市	4997	2594	2403	95	56	39	279	55	224
鹤山市	4119	2189	1930	103	68	35	177	37	140
恩平市	3016	1573	1443	41	20	21	181	29	152
湛江市	**55062**	**27062**	**28000**	**840**	**457**	**383**	**3734**	**884**	**2850**
赤坎区									
霞山区	226	114	112	4	3	1	11	5	6
坡头区	3965	1901	2064	56	33	23	229	50	179
麻章区	3215	1695	1520	61	43	18	200	48	152
遂溪县	12615	6203	6412	193	100	93	825	205	620
徐闻县	11865	5821	6044	266	130	136	770	158	612
廉江市	8936	4454	4482	143	82	61	708	170	538
雷州市	8200	4111	4089	66	36	30	500	121	379
吴川市	6040	2763	3277	51	30	21	491	127	364
茂名市	**41430**	**20179**	**21251**	**489**	**287**	**202**	**3200**	**835**	**2365**
茂南区	2084	1040	1044	36	23	13	146	38	108
电白区	17177	8332	8845	234	125	109	1244	319	925
高州市	8829	4382	4447	81	55	26	757	214	543
化州市	8683	4196	4487	79	50	29	616	157	459
信宜市	4657	2229	2428	59	34	25	437	107	330
肇庆市	**45428**	**23090**	**22338**	**941**	**504**	**437**	**3484**	**834**	**2650**
端州区									
鼎湖区	2345	1275	1070	34	22	12	126	28	98
高要区	8833	4697	4136	134	75	59	611	150	461
广宁县	7948	3745	4203	184	90	94	746	171	575
怀集县	11403	5639	5764	208	122	86	844	198	646
封开县	6896	3475	3421	157	83	74	604	126	478
德庆县	5867	3027	2840	186	87	99	464	142	322
四会市	2136	1232	904	38	25	13	89	19	70
惠州市	**91853**	**46984**	**44869**	**1961**	**938**	**1023**	**4063**	**740**	**3323**
惠城区	6482	3412	3070	144	71	73	257	51	206
惠阳区	7565	4059	3506	127	72	55	222	42	180
博罗县	37499	19255	18244	789	378	411	1495	274	1221
惠东县	33466	16877	16589	686	321	365	1603	288	1315
龙门县	6841	3381	3460	215	96	119	486	85	401
梅州市	**53465**	**26099**	**27366**	**1162**	**626**	**536**	**4553**	**882**	**3671**
梅江区	361	186	175	12	8	4	45	6	39
梅县区	2401	1212	1189	40	23	17	190	37	153
大埔县	8229	3951	4278	183	108	75	636	105	531
丰顺县	12365	6163	6202	280	156	124	1138	289	849
五华县	14845	7136	7709	269	145	124	1221	213	1008
平远县	5673	2757	2916	117	46	71	439	74	365
蕉岭县	5928	2884	3044	197	99	98	499	84	415
兴宁市	3663	1810	1853	64	41	23	385	74	311

5-1b　续表 5　　　　单位：人

地　区	有配偶			离　婚			丧　偶		
	小计	男	女	小计	男	女	小计	男	女
汕尾市	**49596**	**24622**	**24974**	**836**	**423**	**413**	**3251**	**620**	**2631**
城　区	2294	1156	1138	20	10	10	130	14	116
海丰县	27056	13484	13572	574	280	294	1467	291	1176
陆河县	6228	3047	3181	93	52	41	493	110	383
陆丰市	14018	6935	7083	149	81	68	1161	205	956
河源市	**39349**	**18709**	**20640**	**872**	**417**	**455**	**2486**	**445**	**2041**
源城区	1977	908	1069	58	29	29	28	5	23
紫金县	10542	5148	5394	243	124	119	806	130	676
龙川县	10451	4781	5670	170	66	104	583	104	479
连平县	5554	2695	2859	149	78	71	459	82	377
和平县	5858	2715	3143	145	69	76	353	66	287
东源县	4967	2462	2505	107	51	56	257	58	199
阳江市	**20928**	**10368**	**10560**	**381**	**226**	**155**	**1419**	**311**	**1108**
江城区	2746	1388	1358	73	43	30	249	43	206
阳东区	3279	1693	1586	51	34	17	199	41	158
阳西县	9869	4816	5053	140	72	68	574	126	448
阳春市	5034	2471	2563	117	77	40	397	101	296
清远市	**49619**	**24734**	**24885**	**1463**	**764**	**699**	**4002**	**812**	**3190**
清城区	15830	8306	7524	408	225	183	1002	212	790
清新区	2228	1112	1116	51	29	22	172	35	137
佛冈县	7319	3552	3767	270	120	150	455	80	375
阳山县	7255	3513	3742	230	108	122	743	152	591
连山壮族瑶族自治县	2080	999	1081	68	32	36	195	34	161
连南瑶族自治县	3023	1419	1604	135	70	65	324	61	263
英德市	10255	5045	5210	261	152	109	868	175	693
连州市	1629	788	841	40	28	12	243	63	180
东莞市	**5982**	**3150**	**2832**	**90**	**62**	**28**	**107**	**12**	**95**
市辖区	5982	3150	2832	90	62	28	107	12	95
中山市	**62675**	**32483**	**30192**	**1756**	**897**	**859**	**2068**	**421**	**1647**
市辖区	62675	32483	30192	1756	897	859	2068	421	1647
潮州市	**38102**	**19084**	**19018**	**391**	**200**	**191**	**3848**	**854**	**2994**
湘桥区	3781	1871	1910	22	15	7	372	74	298
潮安区	12560	6310	6250	100	58	42	1347	311	1036
饶平县	21761	10903	10858	269	127	142	2129	469	1660
揭阳市	**66548**	**32988**	**33560**	**661**	**382**	**279**	**5477**	**1301**	**4176**
榕城区	4880	2462	2418	51	36	15	533	174	359
揭东区	10796	5371	5425	142	76	66	1036	250	786
揭西县	9978	4963	5015	111	66	45	861	179	682
惠来县	18602	9037	9565	145	80	65	1400	310	1090
普宁市	22292	11155	11137	212	124	88	1647	388	1259
云浮市	**23585**	**11541**	**12044**	**461**	**236**	**225**	**1889**	**436**	**1453**
云城区									
云安区	2296	1160	1136	38	24	14	216	54	162
新兴县	9901	4827	5074	183	82	101	560	128	432
郁南县	7752	3810	3942	173	91	82	739	171	568
罗定市	3636	1744	1892	67	39	28	374	83	291

5-1c 各地区分性别、婚姻状况的15岁及以上人口(乡村)

单位：人

地 区	15岁及以上人口			未 婚		
	合计	男	女	小计	男	女
广 东	**2244514**	**1175435**	**1069079**	**499380**	**325339**	**174041**
广州市	**201603**	**110359**	**91244**	**50888**	**33440**	**17448**
荔湾区						
越秀区						
海珠区						
天河区						
白云区	56529	31147	25382	17429	10986	6443
黄埔区	7473	4193	3280	1531	1052	479
番禺区	24751	14027	10724	7206	4824	2382
花都区	40175	22059	18116	10124	6595	3529
南沙区	18836	10360	8476	3924	2710	1214
从化区	25208	13218	11990	4663	3206	1457
增城区	28631	15355	13276	6011	4067	1944
韶关市	**84482**	**43339**	**41143**	**12310**	**8539**	**3771**
武江区	3887	2038	1849	589	423	166
浈江区	3683	1931	1752	579	397	182
曲江区	8282	4474	3808	1756	1230	526
始兴县	7989	3886	4103	884	611	273
仁化县	7381	3794	3587	771	572	199
翁源县	13590	6963	6627	1923	1352	571
乳源瑶族自治县	6721	3488	3233	1130	770	360
新丰县	5881	3136	2745	743	546	197
乐昌市	11654	5930	5724	1384	1017	367
南雄市	15414	7699	7715	2551	1621	930
深圳市	**5012**	**3134**	**1878**	**1459**	**1034**	**425**
罗湖区						
福田区						
南山区						
宝安区						
龙岗区	5012	3134	1878	1459	1034	425
盐田区						
龙华区						
坪山区						
光明区						
珠海市	**18421**	**10086**	**8335**	**3778**	**2637**	**1141**
香洲区	127	96	31	27	19	8
斗门区	16874	9169	7705	3542	2466	1076
金湾区	1420	821	599	209	152	57
汕头市	**126403**	**63252**	**63151**	**39062**	**21859**	**17203**
龙湖区	7423	3691	3732	1750	1018	732
金平区	1174	584	590	294	173	121
濠江区	6025	3211	2814	2451	1552	899
潮阳区	53822	26580	27242	17606	9646	7960
潮南区	38408	19334	19074	12771	6988	5783
澄海区	18583	9360	9223	4024	2377	1647
南澳县	968	492	476	166	105	61
佛山市	**36909**	**21355**	**15554**	**8364**	**5970**	**2394**
禅城区						
南海区	12175	7045	5130	2998	2178	820
顺德区	4126	2426	1700	965	713	252
三水区	17759	10287	7472	4042	2793	1249
高明区	2849	1597	1252	359	286	73

5-1c　续表 1　　　　单位：人

地　区	15岁及以上人口			未　婚		
	合计	男	女	小计	男	女
江门市	**111293**	**58212**	**53081**	**20772**	**14253**	**6519**
蓬江区	2149	1077	1072	403	256	147
江海区						
新会区	21798	11592	10206	3928	2722	1206
台山市	34916	18005	16911	6780	4611	2169
开平市	22267	11358	10909	4242	2791	1451
鹤山市	15052	8125	6927	2411	1747	664
恩平市	15111	8055	7056	3008	2126	882
湛江市	**231206**	**120307**	**110899**	**47318**	**32328**	**14990**
赤坎区	597	308	289	135	94	41
霞山区	2159	1123	1036	433	292	141
坡头区	13685	7337	6348	3004	2120	884
麻章区	20237	10580	9657	5360	3419	1941
遂溪县	34036	17876	16160	7484	5021	2463
徐闻县	25101	12965	12136	4127	2867	1260
廉江市	50337	26612	23725	9162	6537	2625
雷州市	52249	26981	25268	10878	7272	3606
吴川市	32805	16525	16280	6735	4706	2029
茂名市	**220508**	**113505**	**107003**	**47755**	**32047**	**15708**
茂南区	24341	12849	11492	6324	4081	2243
电白区	56359	29535	26824	13162	9120	4042
高州市	54905	27874	27031	10661	7084	3577
化州市	49103	25327	23776	10931	7307	3624
信宜市	35800	17920	17880	6677	4455	2222
肇庆市	**133378**	**67337**	**66041**	**28155**	**18088**	**10067**
端州区						
鼎湖区	3617	1781	1836	530	344	186
高要区	32556	16746	15810	6597	4423	2174
广宁县	14944	7635	7309	2352	1676	676
怀集县	35339	16840	18499	8480	4988	3492
封开县	16324	8322	8002	3640	2322	1318
德庆县	17747	9044	8703	4592	2887	1705
四会市	12851	6969	5882	1964	1448	516
惠州市	**125076**	**68827**	**56249**	**30010**	**20320**	**9690**
惠城区	26060	14540	11520	7970	5301	2669
惠阳区	21149	12266	8883	4752	3470	1282
博罗县	36013	19376	16637	7838	5205	2633
惠东县	30063	16432	13631	7633	5080	2553
龙门县	11791	6213	5578	1817	1264	553
梅州市	**117523**	**58422**	**59101**	**17045**	**11348**	**5697**
梅江区	2569	1319	1250	348	248	100
梅县区	18744	9429	9315	2429	1631	798
大埔县	11476	5974	5502	1649	1146	503
丰顺县	13143	6748	6395	2501	1613	888
五华县	32159	15359	16800	5348	3339	2009
平远县	7134	3566	3568	635	451	184
蕉岭县	6723	3484	3239	694	513	181
兴宁市	25575	12543	13032	3441	2407	1034

5-1c 续表 2

单位：人

地区	15岁及以上人口			未婚		
	合计	男	女	小计	男	女
汕尾市	**72962**	**37697**	**35265**	**18453**	**11471**	**6982**
城区	7187	3828	3359	1838	1177	661
海丰县	16507	8931	7576	4058	2703	1355
陆河县	7291	3712	3579	1534	988	546
陆丰市	41977	21226	20751	11023	6603	4420
河源市	**93339**	**47681**	**45658**	**16231**	**10428**	**5803**
源城区	3142	1718	1424	558	413	145
紫金县	22115	11262	10853	3949	2567	1382
龙川县	25749	13061	12688	4376	2820	1556
连平县	11198	5568	5630	1854	1190	664
和平县	14586	7328	7258	2090	1385	705
东源县	16549	8744	7805	3404	2053	1351
阳江市	**73243**	**39498**	**33745**	**13755**	**10129**	**3626**
江城区	12937	7074	5863	3011	2207	804
阳东区	14344	7979	6365	2835	2083	752
阳西县	15380	8444	6936	3225	2415	810
阳春市	30582	16001	14581	4684	3424	1260
清远市	**113221**	**59827**	**53394**	**19814**	**13998**	**5816**
清城区	14411	8123	6288	4334	2876	1458
清新区	21520	11314	10206	3891	2745	1146
佛冈县	12298	6552	5746	2288	1610	678
阳山县	11857	6112	5745	1741	1279	462
连山壮族瑶族自治县	3744	1949	1795	597	450	147
连南瑶族自治县	4922	2447	2475	866	583	283
英德市	32645	17199	15446	4437	3242	1195
连州市	11824	6131	5693	1660	1213	447
东莞市	**76491**	**45788**	**30703**	**18728**	**13661**	**5067**
市辖区	76491	45788	30703	18728	13661	5067
中山市	**45779**	**24913**	**20866**	**10188**	**6845**	**3343**
市辖区	45779	24913	20866	10188	6845	3343
潮州市	**69159**	**35026**	**34133**	**14786**	**8976**	**5810**
湘桥区	5317	2668	2649	1295	727	568
潮安区	32191	16372	15819	7067	4304	2763
饶平县	31651	15986	15665	6424	3945	2479
揭阳市	**208135**	**105634**	**102501**	**65530**	**37634**	**27896**
榕城区	16480	8382	8098	4350	2596	1754
揭东区	35232	18030	17202	9861	5907	3954
揭西县	32173	16266	15907	8900	5207	3693
惠来县	38973	19317	19656	13028	7186	5842
普宁市	85277	43639	41638	29391	16738	12653
云浮市	**80371**	**41236**	**39135**	**14979**	**10334**	**4645**
云城区	6417	3392	3025	1129	808	321
云安区	10194	5301	4893	1982	1408	574
新兴县	17126	8684	8442	3166	2127	1039
郁南县	11963	6266	5697	1955	1455	500
罗定市	34671	17593	17078	6747	4536	2211

5-1c 续表 3

单位：人

地区	有配偶			离婚			丧偶		
	小计	男	女	小计	男	女	小计	男	女
广东	**1556760**	**792223**	**764537**	**28777**	**19984**	**8793**	**159597**	**37889**	**121708**
广州市	**138173**	**72880**	**65293**	**3685**	**2192**	**1493**	**8857**	**1847**	**7010**
荔湾区									
越秀区									
海珠区									
天河区									
白云区	36377	19264	17113	990	541	449	1733	356	1377
黄埔区	5496	2999	2497	149	81	68	297	61	236
番禺区	16380	8815	7565	427	236	191	738	152	586
花都区	27599	14655	12944	727	465	262	1725	344	1381
南沙区	13631	7255	6376	397	212	185	884	183	701
从化区	18095	9244	8851	557	361	196	1893	407	1486
增城区	20595	10648	9947	438	296	142	1587	344	1243
韶关市	**62661**	**31678**	**30983**	**1803**	**1221**	**582**	**7708**	**1901**	**5807**
武江区	2844	1457	1387	99	63	36	355	95	260
浈江区	2733	1416	1317	87	52	35	284	66	218
曲江区	5623	2937	2686	210	149	61	693	158	535
始兴县	6067	2963	3104	190	121	69	848	191	657
仁化县	5737	2942	2795	150	108	42	723	172	551
翁源县	10176	5138	5038	296	204	92	1195	269	926
乳源瑶族自治县	4849	2458	2391	153	115	38	589	145	444
新丰县	4361	2332	2029	136	97	39	641	161	480
乐昌市	8948	4450	4498	212	151	61	1110	312	798
南雄市	11323	5585	5738	270	161	109	1270	332	938
深圳市	**3355**	**1998**	**1357**	**126**	**82**	**44**	**72**	**20**	**52**
罗湖区									
福田区									
南山区									
宝安区									
龙岗区	3355	1998	1357	126	82	44	72	20	52
盐田区									
龙华区									
坪山区									
光明区									
珠海市	**13300**	**6960**	**6340**	**393**	**251**	**142**	**950**	**238**	**712**
香洲区	90	68	22	8	7	1	2	2	
斗门区	12112	6260	5852	341	224	117	879	219	660
金湾区	1098	632	466	44	20	24	69	17	52
汕头市	**79493**	**39268**	**40225**	**702**	**447**	**255**	**7146**	**1678**	**5468**
龙湖区	5124	2551	2573	44	26	18	505	96	409
金平区	786	385	401	12	9	3	82	17	65
濠江区	3207	1577	1630	39	25	14	328	57	271
潮阳区	33209	16076	17133	236	156	80	2771	702	2069
潮南区	23408	11732	11676	176	112	64	2053	502	1551
澄海区	13060	6592	6468	178	112	66	1321	279	1042
南澳县	699	355	344	17	7	10	86	25	61
佛山市	**26341**	**14663**	**11678**	**509**	**343**	**166**	**1695**	**379**	**1316**
禅城区									
南海区	8576	4680	3896	154	98	56	447	89	358
顺德区	2946	1640	1306	62	36	26	153	37	116
三水区	12665	7151	5514	237	165	72	815	178	637
高明区	2154	1192	962	56	44	12	280	75	205

5-1c 续表 4 单位：人

地区	有配偶			离婚			丧偶		
	小计	男	女	小计	男	女	小计	男	女
江门市	**79237**	**40752**	**38485**	**1769**	**1236**	**533**	**9515**	**1971**	**7544**
蓬江区	1555	766	789	22	13	9	169	42	127
江海区									
新会区	15860	8248	7612	349	240	109	1661	382	1279
台山市	24371	12339	12032	556	383	173	3209	672	2537
开平市	15668	7964	7704	316	222	94	2041	381	1660
鹤山市	11180	5950	5230	298	209	89	1163	219	944
恩平市	10603	5485	5118	228	169	59	1272	275	997
湛江市	**164829**	**81831**	**82998**	**2077**	**1595**	**482**	**16982**	**4553**	**12429**
赤坎区	425	205	220	6	5	1	31	4	27
霞山区	1567	778	789	36	28	8	123	25	98
坡头区	9696	4907	4789	129	88	41	856	222	634
麻章区	13498	6790	6708	164	119	45	1215	252	963
遂溪县	23715	11937	11778	320	261	59	2517	657	1860
徐闻县	18652	9344	9308	272	216	56	2050	538	1512
廉江市	36789	18504	18285	560	436	124	3826	1135	2691
雷州市	36974	18344	18630	349	279	70	4048	1086	2962
吴川市	23513	11022	12491	241	163	78	2316	634	1682
茂名市	**154030**	**75403**	**78627**	**2029**	**1551**	**478**	**16694**	**4504**	**12190**
茂南区	16293	8241	8052	248	172	76	1476	355	1121
电白区	39314	19157	20157	464	350	114	3419	908	2511
高州市	38947	19079	19868	492	378	114	4805	1333	3472
化州市	34076	16682	17394	411	314	97	3685	1024	2661
信宜市	25400	12244	13156	414	337	77	3309	884	2425
肇庆市	**91453**	**45487**	**45966**	**1430**	**987**	**443**	**12340**	**2775**	**9565**
端州区									
鼎湖区	2649	1323	1326	54	33	21	384	81	303
高要区	22971	11549	11422	326	206	120	2662	568	2094
广宁县	10591	5333	5258	233	172	61	1768	454	1314
怀集县	23474	10986	12488	239	175	64	3146	691	2455
封开县	10829	5485	5344	140	109	31	1715	406	1309
德庆县	11452	5674	5778	192	137	55	1511	346	1165
四会市	9487	5137	4350	246	155	91	1154	229	925
惠州市	**87195**	**46106**	**41089**	**1584**	**1070**	**514**	**6287**	**1331**	**4956**
惠城区	16717	8852	7865	288	181	107	1085	206	879
惠阳区	15443	8482	6961	258	170	88	696	144	552
博罗县	25677	13414	12263	475	322	153	2023	435	1588
惠东县	20579	10778	9801	346	241	105	1505	333	1172
龙门县	8779	4580	4199	217	156	61	978	213	765
梅州市	**86159**	**43205**	**42954**	**1943**	**1409**	**534**	**12376**	**2460**	**9916**
梅江区	1946	999	947	64	42	22	211	30	181
梅县区	13939	7178	6761	382	255	127	1994	365	1629
大埔县	8176	4345	3831	257	207	50	1394	276	1118
丰顺县	9213	4714	4499	183	134	49	1246	287	959
五华县	23258	11060	12198	431	297	134	3122	663	2459
平远县	5634	2894	2740	94	70	24	771	151	620
蕉岭县	5158	2699	2459	165	123	42	706	149	557
兴宁市	18835	9316	9519	367	281	86	2932	539	2393

5-1c 续表 5 单位：人

地 区	有配偶			离 婚			丧 偶		
	小计	男	女	小计	男	女	小计	男	女
汕尾市	**49171**	**24612**	**24559**	**827**	**581**	**246**	**4511**	**1033**	**3478**
城 区	4775	2468	2307	124	84	40	450	99	351
海丰县	11226	5827	5399	267	180	87	956	221	735
陆河县	5163	2526	2637	100	74	26	494	124	370
陆丰市	28007	13791	14216	336	243	93	2611	589	2022
河源市	**66861**	**34161**	**32700**	**1539**	**1090**	**449**	**8708**	**2002**	**6706**
源城区	2401	1252	1149	56	39	17	127	14	113
紫金县	15716	8019	7697	387	275	112	2063	401	1662
龙川县	18531	9386	9145	355	254	101	2487	601	1886
连平县	8037	4004	4033	179	124	55	1128	250	878
和平县	10708	5389	5319	249	176	73	1539	378	1161
东源县	11468	6111	5357	313	222	91	1364	358	1006
阳江市	**52488**	**26935**	**25553**	**989**	**752**	**237**	**6011**	**1682**	**4329**
江城区	8776	4510	4266	177	135	42	973	222	751
阳东区	10289	5470	4819	177	125	52	1043	301	742
阳西县	10771	5569	5202	172	129	43	1212	331	881
阳春市	22652	11386	11266	463	363	100	2783	828	1955
清远市	**80969**	**41723**	**39246**	**2152**	**1601**	**551**	**10286**	**2505**	**7781**
清城区	9066	4937	4129	186	134	52	825	176	649
清新区	15325	7852	7473	408	302	106	1896	415	1481
佛冈县	8697	4511	4186	273	195	78	1040	236	804
阳山县	8434	4291	4143	191	155	36	1491	387	1104
连山壮族瑶族自治县	2717	1357	1360	78	60	18	352	82	270
连南瑶族自治县	3413	1649	1764	131	98	33	512	117	395
英德市	24763	12756	12007	668	491	177	2777	710	2067
连州市	8554	4370	4184	217	166	51	1393	382	1011
东莞市	**55276**	**31136**	**24140**	**1003**	**679**	**324**	**1484**	**312**	**1172**
市辖区	55276	31136	24140	1003	679	324	1484	312	1172
中山市	**32531**	**17069**	**15462**	**888**	**542**	**346**	**2172**	**457**	**1715**
市辖区	32531	17069	15462	888	542	346	2172	457	1715
潮州市	**48168**	**24362**	**23806**	**686**	**485**	**201**	**5519**	**1203**	**4316**
湘桥区	3506	1790	1716	51	44	7	465	107	358
潮安区	22482	11389	11093	293	208	85	2349	471	1878
饶平县	22180	11183	10997	342	233	109	2705	625	2080
揭阳市	**128538**	**63957**	**64581**	**1544**	**1019**	**525**	**12523**	**3024**	**9499**
榕城区	10955	5479	5476	95	63	32	1080	244	836
揭东区	22606	11294	11312	304	189	115	2461	640	1821
揭西县	20552	10213	10339	354	248	106	2367	598	1769
惠来县	23457	11487	11970	220	158	62	2268	486	1782
普宁市	50968	25484	25484	571	361	210	4347	1056	3291
云浮市	**56532**	**28037**	**28495**	**1099**	**851**	**248**	**7761**	**2014**	**5747**
云城区	4604	2363	2241	89	70	19	595	151	444
云安区	7170	3569	3601	142	104	38	900	220	680
新兴县	12228	6055	6173	178	130	48	1554	372	1182
郁南县	8453	4281	4172	207	166	41	1348	364	984
罗定市	24077	11769	12308	483	381	102	3364	907	2457

5-2 全省分性别、职业、婚姻状况的人口

单位：人

职业大类	15岁及以上人口			未婚		
	合计	男	女	小计	男	女
总 计	**6207185**	**3781789**	**2425396**	**1659642**	**1097154**	**562488**
党的机关、国家机关、群众团体和社会组织、企事业单位负责人	192102	142301	49801	21127	14753	6374
专业技术人员	684783	325445	359338	215039	102329	112710
办事人员和有关人员	477979	264706	213273	118798	56502	62296
社会生产服务和生活服务人员	2357846	1435578	922268	696597	452738	243859
农、林、牧、渔业生产及辅助人员	409947	241837	168110	39888	31154	8734
生产制造及有关人员	2076017	1367028	708989	564390	437491	126899
不便分类的其他从业人员	8511	4894	3617	3803	2187	1616

5-2 续表

单位：人

职业大类	有配偶			离婚			丧偶		
	小计	男	女	小计	男	女	小计	男	女
总 计	**4383896**	**2604559**	**1779337**	**120707**	**65983**	**54724**	**42940**	**14093**	**28847**
党的机关、国家机关、群众团体和社会组织、企事业单位负责人	165568	124621	40947	4915	2710	2205	492	217	275
专业技术人员	454376	217644	236732	13731	5035	8696	1637	437	1200
办事人员和有关人员	345871	201867	144004	11605	5497	6108	1705	840	865
社会生产服务和生活服务人员	1594179	953038	641141	52896	26334	26562	14174	3468	10706
农、林、牧、渔业生产及辅助人员	350031	201267	148764	5273	4256	1017	14755	5160	9595
生产制造及有关人员	1469384	903528	565856	32132	22060	10072	10111	3949	6162
不便分类的其他从业人员	4487	2594	1893	155	91	64	66	22	44

5−2a　全省分性别、职业、婚姻状况的人口(城市)

单位：人

职业大类	15岁及以上人口			未　婚		
	合计	男	女	小计	男	女
总　计	**4265768**	**2575520**	**1690248**	**1237536**	**807525**	**430011**
党的机关、国家机关、群众团体和社会组织、企事业单位负责人	162016	119097	42919	18221	12584	5637
专业技术人员	554377	263258	291119	178255	85743	92512
办事人员和有关人员	377912	204738	173174	95066	44436	50630
社会生产服务和生活服务人员	1737845	1049091	688754	536984	345026	191958
农、林、牧、渔业生产及辅助人员	36158	23919	12239	3407	2682	725
生产制造及有关人员	1392985	912727	480258	403959	316032	87927
不便分类的其他从业人员	4475	2690	1785	1644	1022	622

5 2a　续表

单位：人

职业大类	有配偶			离　婚			丧　偶		
	小计	男	女	小计	男	女	小计	男	女
总　计	**2925040**	**1718801**	**1206239**	**88860**	**44933**	**43927**	**14332**	**4261**	**10071**
党的机关、国家机关、群众团体和社会组织、企事业单位负责人	139076	104002	35074	4373	2360	2013	346	151	195
专业技术人员	363365	173105	190260	11686	4165	7521	1071	245	826
办事人员和有关人员	272051	155390	116661	9778	4472	5306	1017	440	577
社会生产服务和生活服务人员	1152322	682829	469493	41198	19506	21692	7341	1730	5611
农、林、牧、渔业生产及辅助人员	31515	20590	10925	491	363	128	745	284	461
生产制造及有关人员	964014	581289	382725	21225	14006	7219	3787	1400	2387
不便分类的其他从业人员	2697	1596	1101	109	61	48	25	11	14

5-2b 全省分性别、职业、婚姻状况的人口(镇)

单位：人

职业大类	15岁及以上人口			未婚		
	合计	男	女	小计	男	女
总　计	**711059**	**437443**	**273616**	**153815**	**102494**	**51321**
党的机关、国家机关、群众团体和社会组织、企事业单位负责人	16181	12337	3844	1403	1030	373
专业技术人员	68409	31521	36888	15824	6961	8863
办事人员和有关人员	50161	30343	19818	10593	5551	5042
社会生产服务和生活服务人员	270973	164996	105977	63449	42118	21331
农、林、牧、渔业生产及辅助人员	54563	35001	19562	5480	4201	1279
生产制造及有关人员	249503	162525	86978	56591	42333	14258
不便分类的其他从业人员	1269	720	549	475	300	175

5-2b 续表

单位：人

职业大类	有配偶			离婚			丧偶		
	小计	男	女	小计	男	女	小计	男	女
总　计	**538557**	**326014**	**212543**	**12374**	**6928**	**5446**	**6313**	**2007**	**4306**
党的机关、国家机关、群众团体和社会组织、企事业单位负责人	14420	11114	3306	297	168	129	61	25	36
专业技术人员	51095	24044	27051	1208	438	770	282	78	204
办事人员和有关人员	38343	24165	14178	954	482	472	271	145	126
社会生产服务和生活服务人员	199780	119675	80105	5337	2665	2672	2407	538	1869
农、林、牧、渔业生产及辅助人员	46903	29736	17167	623	481	142	1557	583	974
生产制造及有关人员	187253	116876	70377	3937	2681	1256	1722	635	1087
不便分类的其他从业人员	763	404	359	18	13	5	13	3	10

5-2c 全省分性别、职业、婚姻状况的人口(乡村)

单位：人

职业大类	15岁及以上人口			未　婚		
	合计	男	女	小计	男	女
总　计	**1230358**	**768826**	**461532**	**268291**	**187135**	**81156**
党的机关、国家机关、群众团体和社会组织、企事业单位负责人	13905	10867	3038	1503	1139	364
专业技术人员	61997	30666	31331	20960	9625	11335
办事人员和有关人员	49906	29625	20281	13139	6515	6624
社会生产服务和生活服务人员	349028	221491	127537	96164	65594	30570
农、林、牧、渔业生产及辅助人员	319226	182917	136309	31001	24271	6730
生产制造及有关人员	433529	291776	141753	103840	79126	24714
不便分类的其他从业人员	2767	1484	1283	1684	865	819

5 2c 续表

单位：人

职业大类	有配偶			离　婚			丧　偶		
	小计	男	女	小计	男	女	小计	男	女
总　计	**920299**	**559744**	**360555**	**19473**	**14122**	**5351**	**22295**	**7825**	**14470**
党的机关、国家机关、群众团体和社会组织、企事业单位负责人	12072	9505	2567	245	182	63	85	41	44
专业技术人员	39916	20495	19421	837	432	405	284	114	170
办事人员和有关人员	35477	22312	13165	873	543	330	417	255	162
社会生产服务和生活服务人员	242077	150534	91543	6361	4163	2198	4426	1200	3226
农、林、牧、渔业生产及辅助人员	271613	150941	120672	4159	3412	747	12453	4293	8160
生产制造及有关人员	318117	205363	112754	6970	5373	1597	4602	1914	2688
不便分类的其他从业人员	1027	594	433	28	17	11	28	8	20

5-3 全省分年龄、性别、受教育

受教育程度 / 年龄	15岁及以上人口			未婚		
	合计	男	女	小计	男	女
总 计	**9826600**	**5207531**	**4619069**	**2654005**	**1651474**	**1002531**
15-19岁	**642437**	**356855**	**285582**	**638734**	**356026**	**282708**
15	116007	63050	52957	115964	63042	52922
16	140377	76984	63393	140202	76942	63260
17	134466	74781	59685	134033	74683	59350
18	118515	67556	50959	117544	67344	50200
19	133072	74484	58588	130991	74015	56976
20-24岁	**904315**	**499028**	**405287**	**802530**	**468502**	**334028**
20	150387	83295	67092	145822	82290	63532
21	160931	88951	71980	152169	87029	65140
22	185260	103868	81392	168261	99234	69027
23	196253	107838	88415	168189	99196	68993
24	211484	115076	96408	168089	100753	67336
25-29岁	**1144614**	**624836**	**519778**	**628326**	**410321**	**218005**
25	224164	122241	101923	161600	99839	61761
26	217078	118440	98638	138537	88157	50380
27	231214	125407	105807	126549	83106	43443
28	233549	127854	105695	108420	73905	34515
29	238609	130894	107715	93220	65314	27906
30-34岁	**1293437**	**702174**	**591263**	**305566**	**219343**	**86223**
30	276012	150808	125204	90161	64199	25962
31	263871	143353	120518	70844	50838	20006
32	246934	133845	113089	55650	40149	15501
33	265019	143771	121248	50051	36231	13820
34	241601	130397	111204	38860	27926	10934
35-39岁	**1080545**	**584322**	**496223**	**116056**	**81828**	**34228**
35	220044	119145	100899	30674	21930	8744
36	222741	120364	102377	26349	18764	7585
37	209874	113259	96615	21515	15129	6386
38	223563	121381	102182	20721	14414	6307
39	204323	110173	94150	16797	11591	5206
40-44岁	**869403**	**466728**	**402675**	**54923**	**37308**	**17615**
40	182315	98332	83983	13752	9433	4319
41	193811	104668	89143	12905	8870	4035
42	169937	91164	78773	10371	7001	3370
43	154502	82835	71667	8920	5972	2948
44	168838	89729	79109	8975	6032	2943
45-49岁	**937933**	**492908**	**445025**	**41356**	**27746**	**13610**
45	173607	91847	81760	8622	5841	2781
46	193655	101857	91798	9001	6043	2958
47	194992	102036	92956	8646	5724	2922
48	187558	98587	88971	7833	5268	2565
49	188121	98581	89540	7254	4870	2384
50-54岁	**849404**	**444853**	**404551**	**26097**	**18236**	**7861**
50	190347	99381	90966	6786	4637	2149
51	173582	90608	82974	5500	3788	1712
52	183275	96075	87200	5560	3847	1713
53	146858	76902	69956	4132	2949	1183
54	155342	81887	73455	4119	3015	1104
55-59岁	**661011**	**341889**	**319122**	**14935**	**11038**	**3897**
55	154991	81205	73786	3700	2682	1018
56	143012	74027	68985	3334	2462	872
57	157217	82050	75167	3691	2755	936
58	132561	67988	64573	2733	2048	685
59	73230	36619	36611	1477	1091	386
60-64岁	**449631**	**225896**	**223735**	**7836**	**6222**	**1614**
60	75018	37352	37666	1343	999	344
61	82963	42219	40744	1487	1155	332
62	98076	49453	48623	1748	1419	329
63	104069	52702	51367	1758	1417	341
64	89505	44170	45335	1500	1232	268
65岁及以上	**993870**	**468042**	**525828**	**17646**	**14904**	**2742**

程度、婚姻状况的人口

单位：人

有配偶			离婚			丧偶		
小计	男	女	小计	男	女	小计	男	女
6632968	**3391551**	**3241417**	**174396**	**86221**	**88175**	**365231**	**78285**	**286946**
3685	**826**	**2859**	**16**	**3**	**13**	**2**		**2**
43	8	35						
175	42	133						
428	98	330	4		4	1		1
966	212	754	4		4	1		1
2073	466	1607	8	3	5			
100891	**30291**	**70600**	**872**	**232**	**640**	**22**	**3**	**19**
4547	1001	3546	17	4	13	1		1
8713	1911	6802	45	11	34	4		4
16852	4603	12249	142	31	111	5		5
27837	8569	19268	222	71	151	5	2	3
42942	14207	28735	446	115	331	7	1	6
507897	**210995**	**296902**	**8166**	**3463**	**4703**	**225**	**57**	**168**
61791	22152	39639	753	244	509	20	6	14
77456	29855	47601	1058	424	634	27	4	23
103061	41657	61404	1573	634	939	31	10	21
122965	53034	69931	2103	897	1206	61	18	43
142624	64297	78327	2679	1264	1415	86	19	67
962647	**470649**	**491998**	**24355**	**11957**	**12398**	**869**	**225**	**644**
181937	84742	97195	3800	1831	1969	114	36	78
188606	90440	98166	4286	2039	2247	135	36	99
186389	91334	95055	4713	2306	2407	182	56	126
208989	104614	104375	5773	2878	2895	206	48	158
196726	99519	97207	5783	2903	2880	232	49	183
931280	**485932**	**445348**	**31294**	**16145**	**15149**	**1915**	**417**	**1498**
183302	94175	89127	5799	2979	2820	269	61	208
189888	98352	91536	6176	3163	3013	328	85	243
181891	94869	87022	6117	3196	2921	351	65	286
195540	103344	92196	6865	3519	3346	437	104	333
180659	95192	85467	6337	3288	3049	530	102	428
781469	**413777**	**367692**	**29302**	**14935**	**14367**	**3709**	**708**	**3001**
161989	85726	76263	6039	3066	2973	535	107	428
173689	92296	81393	6469	3353	3116	748	149	599
153054	81026	72028	5795	2999	2796	717	138	579
139476	74013	65463	5383	2712	2671	723	138	585
153261	80716	72545	5616	2805	2811	986	176	810
858002	**449103**	**408899**	**29711**	**14464**	**15247**	**8864**	**1595**	**7269**
158128	82954	75174	5683	2838	2845	1174	214	960
176765	92378	84387	6310	3136	3174	1579	300	1279
178282	93001	85281	6268	2984	3284	1796	327	1469
171892	90085	81807	5863	2868	2995	1970	366	1604
172935	90685	82250	5587	2638	2949	2345	388	1957
783855	**412820**	**371035**	**21356**	**10353**	**11003**	**18096**	**3444**	**14652**
175394	91622	83772	5413	2600	2813	2754	522	2232
160212	83995	76217	4665	2256	2409	3205	569	2636
169188	89221	79967	4668	2274	2394	3859	733	3126
135760	71617	64143	3234	1597	1637	3732	739	2993
143301	76365	66936	3376	1626	1750	4546	881	3665
603744	**318634**	**285110**	**14227**	**6753**	**7474**	**28105**	**5464**	**22641**
142676	75844	66832	3296	1587	1709	5319	1092	4227
131066	69072	61994	3139	1482	1657	5473	1011	4462
143328	76290	67038	3511	1668	1843	6687	1337	5350
120571	63383	57188	2696	1270	1426	6561	1287	5274
66103	34045	32058	1585	746	839	4065	737	3328
397888	**208049**	**189839**	**7448**	**3777**	**3671**	**36459**	**7848**	**28611**
67282	34587	32695	1561	770	791	4832	996	3836
73977	39000	34977	1514	746	768	5985	1318	4667
86856	45560	41296	1558	802	756	7914	1672	6242
91735	48433	43302	1556	808	748	9020	2044	6976
78038	40469	37569	1259	651	608	8708	1818	6890
701610	**390475**	**311135**	**7649**	**4139**	**3510**	**266965**	**58524**	**208441**

5-3 续表 1

受教育程度 年龄	15岁及以上人口			未婚		
	合计	男	女	小计	男	女
未上过学	**172747**	**33480**	**139267**	**12387**	**9456**	**2931**
15—19岁	**954**	**598**	**356**	**946**	**596**	**350**
15	171	108	63	170	108	62
16	198	130	68	198	130	68
17	174	100	74	172	100	72
18	198	125	73	195	124	71
19	213	135	78	211	134	77
20—24岁	**1444**	**863**	**581**	**1316**	**847**	**469**
20	229	139	90	218	139	79
21	266	164	102	254	163	91
22	301	183	118	275	181	94
23	309	188	121	277	182	95
24	339	189	150	292	182	110
25—29岁	**1836**	**1099**	**737**	**1370**	**970**	**400**
25	356	212	144	298	196	102
26	365	223	142	289	207	82
27	363	202	161	255	178	77
28	360	231	129	266	198	68
29	392	231	161	262	191	71
30—34岁	**2077**	**1050**	**1027**	**1104**	**772**	**332**
30	425	232	193	255	181	74
31	434	215	219	241	163	78
32	393	205	188	210	145	65
33	435	213	222	212	151	61
34	390	185	205	186	132	54
35—39岁	**2230**	**938**	**1292**	**842**	**614**	**228**
35	380	163	217	138	99	39
36	414	195	219	189	134	55
37	451	187	264	163	121	42
38	477	187	290	175	127	48
39	508	206	302	177	133	44
40—44岁	**3255**	**1006**	**2249**	**746**	**554**	**192**
40	533	193	340	149	117	32
41	647	205	442	179	128	51
42	603	185	418	136	99	37
43	637	200	437	131	98	33
44	835	223	612	151	112	39
45—49岁	**6371**	**1426**	**4945**	**825**	**622**	**203**
45	895	241	654	135	107	28
46	1163	266	897	169	121	48
47	1340	284	1056	173	134	39
48	1403	313	1090	171	125	46
49	1570	322	1248	177	135	42
50—54岁	**10539**	**2224**	**8315**	**897**	**725**	**172**
50	1888	396	1492	191	145	46
51	1931	426	1505	184	147	37
52	2246	494	1752	194	151	43
53	2040	409	1631	152	123	29
54	2434	499	1935	176	159	17
55—59岁	**11951**	**2273**	**9678**	**784**	**665**	**119**
55	2382	493	1889	186	159	27
56	2365	459	1906	149	120	29
57	2700	541	2159	202	171	31
58	2602	455	2147	141	120	21
59	1902	325	1577	106	95	11
60—64岁	**17235**	**2888**	**14347**	**701**	**616**	**85**
60	2174	353	1821	100	85	15
61	2871	504	2367	148	130	18
62	3738	619	3119	170	148	22
63	4286	725	3561	154	138	16
64	4166	687	3479	129	115	14
65岁及以上	**114855**	**19115**	**95740**	**2856**	**2475**	**381**

单位：人

有配偶			离婚			丧偶		
小计	男	女	小计	男	女	小计	男	女
92249	**18721**	**73528**	**947**	**358**	**589**	**67164**	**4945**	**62219**
8	**2**	**6**						
1		1						
2		2						
3	1	2						
2	1	1						
128	**16**	**112**						
11		11						
12	1	11						
26	2	24						
32	6	26						
47	7	40						
455	**123**	**332**	**8**	**4**	**4**	**3**	**2**	**1**
56	14	42				2	2	
76	16	60						
106	23	83	2	1	1			
92	33	59	2		2			
125	37	88	4	3	1	1		1
949	**271**	**678**	**22**	**7**	**15**	**2**		**2**
169	50	119	1	1				
186	52	134	6		6	1		1
174	56	118	8	4	4	1		1
219	60	159	4	2	2			
201	53	148	3		3			
1320	**311**	**1009**	**42**	**12**	**30**	**26**	**1**	**25**
233	61	172	4	3	1	5		5
214	59	155	8	2	6	3		3
269	64	205	13	2	11	6		6
291	57	234	8	2	6	3	1	2
313	70	243	9	3	6	9		9
2381	**429**	**1952**	**55**	**18**	**37**	**73**	**5**	**68**
369	73	296	9	3	6	6		6
440	70	370	13	6	7	15	1	14
439	83	356	11	2	9	17	1	16
484	98	386	12	4	8	10		10
649	105	544	10	3	7	25	3	22
5212	**751**	**4461**	**98**	**45**	**53**	**236**	**8**	**228**
723	130	593	12	3	9	25	1	24
924	128	796	27	15	12	43	2	41
1106	143	963	21	6	15	40	1	39
1153	175	978	20	12	8	59	1	58
1306	175	1131	18	9	9	69	3	66
8871	**1404**	**7467**	**130**	**58**	**72**	**641**	**37**	**604**
1588	235	1353	28	11	17	81	5	76
1611	263	1348	27	11	16	109	5	104
1907	323	1584	25	12	13	120	8	112
1713	269	1444	23	10	13	152	7	145
2052	314	1738	27	14	13	179	12	167
9866	**1490**	**8376**	**99**	**40**	**59**	**1202**	**78**	**1124**
1975	316	1659	16	4	12	205	14	191
1978	307	1671	29	16	13	209	16	193
2217	338	1879	21	10	11	260	22	238
2154	316	1838	13	6	7	294	13	281
1542	213	1329	20	4	16	234	13	221
13571	**2068**	**11503**	**114**	**42**	**72**	**2849**	**162**	**2687**
1758	240	1518	16	7	9	300	21	279
2254	334	1920	28	9	19	441	31	410
2960	442	2518	26	8	18	582	21	561
3380	534	2846	14	6	8	738	47	691
3219	518	2701	30	12	18	788	42	746
49488	**11856**	**37632**	**379**	**132**	**247**	**62132**	**4652**	**57480**

5-3 续表 2

受教育程度 年 龄	15岁及以上人口			未 婚		
	合计	男	女	小计	男	女
学前教育	**10597**	**3466**	**7131**	**1506**	**932**	**574**
15—19岁	**626**	**345**	**281**	**625**	**345**	**280**
15	178	98	80	178	98	80
16	215	116	99	214	116	98
17	98	57	41	98	57	41
18	81	44	37	81	44	37
19	54	30	24	54	30	24
20—24岁	**282**	**157**	**125**	**256**	**149**	**107**
20	76	35	41	71	35	36
21	46	26	20	46	26	20
22	60	37	23	57	36	21
23	49	30	19	40	25	15
24	51	29	22	42	27	15
25—29岁	**249**	**111**	**138**	**146**	**79**	**67**
25	57	25	32	41	24	17
26	51	23	28	36	19	17
27	47	21	26	28	15	13
28	54	24	30	21	11	10
29	40	18	22	20	10	10
30—34岁	**286**	**146**	**140**	**93**	**58**	**35**
30	66	28	38	27	15	12
31	59	30	29	22	14	8
32	52	26	26	10	6	4
33	58	32	26	17	11	6
34	51	30	21	17	12	5
35—39岁	**239**	**109**	**130**	**54**	**39**	**15**
35	47	15	32	13	8	5
36	48	26	22	11	7	4
37	48	29	19	15	13	2
38	47	20	27	7	5	2
39	49	19	30	8	6	2
40—44岁	**278**	**101**	**177**	**31**	**20**	**11**
40	51	22	29	5	5	
41	54	21	33	8	6	2
42	58	15	43	8	2	6
43	40	18	22	4	3	1
44	75	25	50	6	4	2
45—49岁	**492**	**178**	**314**	**41**	**30**	**11**
45	84	32	52	8	6	2
46	86	37	49	8	5	3
47	94	29	65	6	5	1
48	96	37	59	6	3	3
49	132	43	89	13	11	2
50—54岁	**837**	**257**	**580**	**50**	**37**	**13**
50	150	43	107	8	6	2
51	154	53	101	9	6	3
52	185	52	133	10	5	5
53	165	47	118	12	11	1
54	183	62	121	11	9	2
55—59岁	**887**	**259**	**628**	**35**	**27**	**8**
55	199	59	140	4	3	1
56	166	58	108	9	8	1
57	211	64	147	11	7	4
58	197	50	147	11	9	2
59	114	28	86			
60—64岁	**1103**	**311**	**792**	**30**	**27**	**3**
60	144	44	100	6	6	
61	211	62	149	7	6	1
62	220	59	161	5	4	1
63	272	75	197	6	5	1
64	256	71	185	6	6	
65岁及以上	**5318**	**1492**	**3826**	**145**	**121**	**24**

单位：人

有配偶			离婚			丧偶		
小计	男	女	小计	男	女	小计	男	女
6311	**2128**	**4183**	**68**	**29**	**39**	**2712**	**377**	**2335**
1		**1**						
1		1						
24	**8**	**16**	**1**		**1**	**1**		**1**
5		5						
3	1	2						
8	5	3				1		1
8	2	6	1		1			
102	**32**	**70**	**1**		**1**			
16	1	15						
15	4	11						
19	6	13						
33	13	20						
19	8	11	1		1			
184	**81**	**103**	**8**	**6**	**2**	**1**	**1**	
36	11	25	3	2	1			
36	15	21	1	1				
40	18	22	1	1		1	1	
40	21	19	1		1			
32	16	16	2	2				
183	**69**	**114**	**2**	**1**	**1**			
34	7	27						
37	19	18						
32	15	17	1	1				
40	15	25						
40	13	27	1		1			
237	**79**	**158**	**5**	**1**	**4**	**5**	**1**	**4**
42	16	26	2		2	2	1	1
43	14	29	2	1	1	1		1
50	13	37						
34	15	19	1		1	1		1
68	21	47				1		1
435	**144**	**291**	**5**	**3**	**2**	**11**	**1**	**10**
72	25	47	2	1	1	2		2
75	31	44	1	1		2		2
87	23	64				1	1	
85	33	52	2	1	1	3		3
116	32	84				3		3
732	**213**	**519**	**6**	**3**	**3**	**49**	**4**	**45**
132	35	97	3	1	2	7	1	6
132	45	87	1		1	12	2	10
161	45	116	1	1		13	1	12
143	36	107				10		10
164	52	112	1	1		7		7
774	**218**	**556**	**11**	**5**	**6**	**67**	**9**	**58**
182	55	127				13	1	12
147	48	99	1	1		9	1	8
181	54	127	3		3	16	3	13
165	36	129	6	3	3	15	2	13
99	25	74	1	1		14	2	12
892	**257**	**635**	**9**	**4**	**5**	**172**	**23**	**149**
124	35	89				14	3	11
164	47	117	4	1	3	36	8	28
181	52	129				34	3	31
226	64	162	3	2	1	37	4	33
197	59	138	2	1	1	51	5	46
2747	**1027**	**1720**	**20**	**6**	**14**	**2406**	**338**	**2068**

5-3 续表 3

受教育程度 年龄	15岁及以上人口 合计	男	女	未婚 小计	男	女
小 学	**1470009**	**619362**	**850647**	**90474**	**67907**	**22567**
15-19岁	**6666**	**3942**	**2724**	**6460**	**3896**	**2564**
15	904	509	395	898	508	390
16	1030	608	422	1019	606	413
17	1265	734	531	1241	729	512
18	1467	874	593	1416	864	552
19	2000	1217	783	1886	1189	697
20-24岁	**16570**	**9398**	**7172**	**13068**	**8453**	**4615**
20	2281	1369	912	2083	1322	761
21	2661	1552	1109	2311	1483	828
22	3411	1950	1461	2780	1806	974
23	3879	2198	1681	2950	1944	1006
24	4338	2329	2009	2944	1898	1046
25-29岁	**28279**	**15177**	**13102**	**13139**	**9549**	**3590**
25	4787	2610	2177	2875	1993	882
26	4847	2660	2187	2669	1915	754
27	5719	3111	2608	2726	1986	740
28	6263	3269	2994	2530	1873	657
29	6663	3527	3136	2339	1782	557
30-34岁	**47866**	**23668**	**24198**	**10828**	**8318**	**2510**
30	8416	4337	4079	2591	1998	593
31	8998	4508	4490	2331	1785	546
32	9076	4529	4547	2079	1574	505
33	10764	5238	5526	2057	1596	461
34	10612	5056	5556	1770	1365	405
35-39岁	**55709**	**25468**	**30241**	**7006**	**5313**	**1693**
35	10242	4871	5371	1507	1171	336
36	10789	5005	5784	1505	1110	395
37	10592	4790	5802	1315	990	325
38	11769	5381	6388	1399	1079	320
39	12317	5421	6896	1280	963	317
40-44岁	**79863**	**33781**	**46082**	**6103**	**4604**	**1499**
40	12291	5330	6961	1160	891	269
41	15686	6803	8883	1287	979	308
42	15460	6500	8960	1212	907	305
43	16258	6983	9275	1146	871	275
44	20168	8165	12003	1298	956	342
45-49岁	**151668**	**60093**	**91575**	**7484**	**5578**	**1906**
45	23109	9166	13943	1370	1012	358
46	28118	11304	16814	1528	1112	416
47	31178	12329	18849	1528	1130	398
48	32863	12915	19948	1514	1150	364
49	36400	14379	22021	1544	1174	370
50-54岁	**223108**	**92336**	**130772**	**7428**	**5776**	**1652**
50	41441	16553	24888	1568	1212	356
51	44064	18329	25735	1544	1173	371
52	49364	20522	28842	1638	1261	377
53	42334	17634	24700	1291	1028	263
54	45905	19298	26607	1387	1102	285
55-59岁	**191875**	**76059**	**115816**	**5023**	**4081**	**942**
55	45446	18649	26797	1239	983	256
56	40614	16215	24399	1103	875	228
57	44677	18081	26596	1216	1004	212
58	38973	14920	24053	942	791	151
59	22165	8194	13971	523	428	95
60-64岁	**167183**	**65865**	**101318**	**3510**	**3080**	**430**
60	23809	8929	14880	512	426	86
61	29514	11811	17703	632	550	82
62	36739	14479	22260	789	708	81
63	40567	16314	24253	830	730	100
64	36554	14332	22222	747	666	81
65岁及以上	**501222**	**213575**	**287647**	**10425**	**9259**	**1166**

单位：人

有配偶			离　婚			丧　偶		
小计	男	女	小计	男	女	小计	男	女
1171364	**501490**	**669874**	**18786**	**10403**	**8383**	**189385**	**39562**	**149823**
204	**46**	**158**	**2**		**2**			
6	1	5						
11	2	9						
23	5	18	1		1			
50	10	40	1		1			
114	28	86						
3459	**936**	**2523**	**40**	**9**	**31**	**3**		**3**
196	47	149	2		2			
348	69	279	1		1	1		1
620	142	478	10	2	8	1		1
918	252	666	11	2	9			
1377	426	951	16	5	11	1		1
14802	**5470**	**9332**	**320**	**156**	**164**	**18**	**2**	**16**
1882	608	1274	29	8	21	1	1	
2131	724	1407	43	21	22	4		4
2934	1101	1833	54	23	31	5	1	4
3637	1351	2286	94	45	49	2		2
4218	1686	2532	100	59	41	6		6
35885	**14786**	**21099**	**1070**	**551**	**519**	**83**	**13**	**70**
5682	2281	3401	135	58	77	8		8
6467	2627	3840	190	96	94	10		10
6789	2848	3941	193	105	88	15	2	13
8421	3504	4917	261	132	129	25	6	19
8526	3526	5000	291	160	131	25	5	20
47040	**19270**	**27770**	**1462**	**841**	**621**	**201**	**44**	**157**
8423	3539	4884	284	157	127	28	4	24
8982	3744	5238	270	141	129	32	10	22
8972	3631	5341	274	166	108	31	3	28
10016	4113	5903	312	178	134	42	11	31
10647	4243	6404	322	199	123	68	16	52
71006	**27931**	**43075**	**2072**	**1157**	**915**	**682**	**89**	**593**
10702	4231	6471	353	202	151	76	6	70
13878	5573	8305	397	230	167	124	21	103
13724	5360	8364	398	221	177	126	12	114
14512	5835	8677	448	252	196	152	25	127
18190	6932	11258	476	252	224	204	25	179
138481	**52447**	**86034**	**3177**	**1736**	**1441**	**2526**	**332**	**2194**
20920	7809	13111	536	296	240	283	49	234
25600	9815	15785	610	324	286	380	53	327
28489	10762	17727	667	379	288	494	58	436
30065	11323	18742	667	359	308	617	83	534
33407	12738	20669	697	378	319	752	89	663
204699	**83474**	**121225**	**3690**	**1977**	**1713**	**7291**	**1109**	**6182**
38204	14815	23389	745	394	351	924	132	792
40523	16560	23963	776	430	346	1221	166	1055
45318	18582	26736	863	454	409	1545	225	1320
38809	16004	22805	622	348	274	1612	254	1358
41845	17513	24332	684	351	333	1989	332	1657
172277	**68860**	**103417**	**2387**	**1299**	**1088**	**12188**	**1819**	**10369**
41288	16965	24323	609	332	277	2310	369	1941
36625	14706	21919	514	280	234	2372	354	2018
40108	16332	23776	539	306	233	2814	439	2375
34708	13478	21230	461	245	216	2862	406	2456
19548	7379	12169	264	136	128	1830	251	1579
143648	**58679**	**84969**	**1677**	**979**	**698**	**18348**	**3127**	**15221**
20863	8011	12852	275	155	120	2159	337	1822
25682	10583	15099	317	185	132	2883	493	2390
31539	12862	18677	365	218	147	4046	691	3355
34687	14506	20181	389	232	157	4661	846	3815
30877	12717	18160	331	189	142	4599	760	3839
339863	**169591**	**170272**	**2889**	**1698**	**1191**	**148045**	**33027**	**115018**

5-3 续表 4

受教育程度 年　　龄	15岁及以上人口 合计	男	女	未　婚 小计	男	女
初　中	**3868814**	**2153892**	**1714922**	**833153**	**582564**	**250589**
15—19岁	**184215**	**109065**	**75150**	**181696**	**108517**	**73179**
15	55273	31109	24164	55243	31104	24139
16	34991	19982	15009	34858	19953	14905
17	29062	17374	11688	28750	17311	11439
18	30028	18777	11251	29351	18631	10720
19	34861	21823	13038	33494	21518	11976
20—24岁	**272022**	**163004**	**109018**	**218814**	**147095**	**71719**
20	38619	24130	14489	35801	23497	12304
21	45313	27717	17596	40239	26605	13634
22	56845	34491	22354	47377	31884	15493
23	61868	36533	25335	47332	32003	15329
24	69377	40133	29244	48065	33106	14959
25—29岁	**406229**	**230590**	**175639**	**192327**	**142849**	**49478**
25	75847	43823	32024	47174	33614	13560
26	74613	42818	31795	40648	29674	10974
27	82152	46280	35872	38723	28797	9926
28	84815	47875	36940	34461	26453	8008
29	88802	49794	39008	31321	24311	7010
30—34岁	**519293**	**284893**	**234400**	**116733**	**91870**	**24863**
30	105471	58710	46761	31949	24987	6962
31	103651	56933	46718	26383	20825	5558
32	98873	54301	44572	21506	17060	4446
33	109482	59803	49679	20457	16098	4359
34	101816	55146	46670	16438	12900	3538
35—39岁	**483215**	**260904**	**222311**	**52938**	**40916**	**12022**
35	95040	51598	43442	13422	10538	2884
36	98571	53232	45339	11857	9247	2610
37	93745	50593	43152	9901	7674	2227
38	101329	54905	46424	9749	7431	2318
39	94530	50576	43954	8009	6026	1983
40—44岁	**416148**	**222778**	**193370**	**27026**	**19867**	**7159**
40	84039	45127	38912	6662	4977	1685
41	90741	48871	41870	6285	4689	1596
42	81399	43553	37846	5020	3698	1322
43	75246	40315	34931	4488	3244	1244
44	84723	44912	39811	4571	3259	1312
45—49岁	**482129**	**255777**	**226352**	**20549**	**14511**	**6038**
45	88478	47012	41466	4367	3140	1227
46	100151	52604	47547	4591	3274	1317
47	100222	52913	47309	4260	2993	1267
48	96591	51492	45099	3875	2710	1165
49	96687	51756	44931	3456	2394	1062
50—54岁	**419522**	**229777**	**189745**	**11808**	**8351**	**3457**
50	96190	51712	44478	3211	2259	952
51	85423	46226	39197	2498	1742	756
52	89776	49325	40451	2498	1755	743
53	72006	39851	32155	1824	1300	524
54	76127	42663	33464	1777	1295	482
55—59岁	**293696**	**163145**	**130551**	**5956**	**4428**	**1528**
55	74450	41537	32913	1594	1135	459
56	66448	36654	29794	1383	1028	355
57	69647	38783	30864	1455	1106	349
58	54985	30589	24396	1025	768	257
59	28166	15582	12584	499	391	108
60—64岁	**155903**	**89765**	**66138**	**2316**	**1797**	**519**
60	26948	14852	12096	440	321	119
61	29050	16682	12368	420	321	99
62	34193	19879	14314	530	415	115
63	36048	21219	14829	516	413	103
64	29664	17133	12531	410	327	83
65岁及以上	**236442**	**144194**	**92248**	**2990**	**2363**	**627**

单位：人

有配偶			离婚			丧偶		
小计	男	女	小计	男	女	小计	男	女
2888953	**1508816**	**1380137**	**71539**	**39205**	**32334**	**75169**	**23307**	**51862**
2507	**547**	**1960**	**11**	**1**	**10**	**1**		**1**
30	5	25						
133	29	104						
309	63	246	3		3			
673	146	527	3		3	1		1
1362	304	1058	5	1	4			
52709	**15767**	**36942**	**486**	**140**	**346**	**13**	**2**	**11**
2810	632	2178	7	1	6	1		1
5048	1104	3944	24	8	16	2		2
9385	2593	6792	79	14	65	4		4
14400	4482	9918	133	46	87	3	2	1
21066	6956	14110	243	71	172	3		3
209864	**85904**	**123960**	**3922**	**1807**	**2115**	**116**	**30**	**86**
28260	10056	18204	401	151	250	12	2	10
33427	12915	20512	525	227	298	13	2	11
42632	17133	25499	784	346	438	13	4	9
49294	20948	28346	1025	463	562	35	11	24
56251	24852	31399	1187	620	567	43	11	32
391884	**187334**	**204550**	**10210**	**5561**	**4649**	**466**	**128**	**338**
71822	32834	38988	1633	864	769	67	25	42
75390	35140	40250	1807	944	863	71	24	47
75309	36147	39162	1967	1066	901	91	28	63
86480	42304	44176	2434	1373	1061	111	28	83
82883	40909	41974	2369	1314	1055	126	23	103
416190	**212096**	**204094**	**13026**	**7643**	**5383**	**1061**	**249**	**812**
79057	39579	39478	2411	1441	970	150	40	110
83942	42424	41518	2586	1509	1077	186	52	134
81102	41402	39700	2559	1481	1078	183	36	147
88541	45774	42767	2794	1641	1153	245	59	186
83548	42917	40631	2676	1571	1105	297	62	235
374895	**195395**	**179500**	**12241**	**7093**	**5148**	**1986**	**423**	**1563**
74721	38690	36031	2381	1396	985	275	64	211
81322	42505	38817	2754	1599	1155	380	78	302
73591	38344	35247	2403	1429	974	385	82	303
68090	35682	32408	2272	1304	968	396	85	311
77171	40174	36997	2431	1365	1066	550	114	436
444385	**233519**	**210866**	**12702**	**6834**	**5868**	**4493**	**913**	**3580**
81081	42391	38690	2406	1359	1047	624	122	502
91938	47620	44318	2804	1533	1271	818	177	641
92356	48306	44050	2672	1423	1249	934	191	743
89299	47269	42030	2458	1304	1154	959	209	750
89711	47933	41778	2362	1215	1147	1158	214	944
390735	**214952**	**175783**	**8910**	**4647**	**4263**	**8069**	**1827**	**6242**
89347	47953	41394	2272	1189	1083	1360	311	1049
79607	43230	36377	1870	955	915	1448	299	1149
83594	46140	37454	1935	1028	907	1749	402	1347
67203	37445	29758	1382	720	662	1597	386	1211
70984	40184	30800	1451	755	696	1915	429	1486
271554	**153250**	**118304**	**5399**	**2838**	**2561**	**10787**	**2629**	**8158**
69274	39125	30149	1378	718	660	2204	559	1645
61539	34463	27076	1285	665	620	2241	498	1743
64240	36341	27899	1308	704	604	2644	632	2012
50618	28706	21912	935	488	447	2407	627	1780
25883	14615	11268	493	263	230	1291	313	978
141009	**83542**	**57467**	**2367**	**1342**	**1025**	**10211**	**3084**	**7127**
24542	13858	10684	463	258	205	1503	415	1088
26480	15582	10898	471	257	214	1679	522	1157
30925	18525	12400	518	295	223	2220	644	1576
32505	19709	12796	540	313	227	2487	784	1703
26557	15868	10689	375	219	156	2322	719	1603
193221	**126510**	**66711**	**2265**	**1299**	**966**	**37966**	**14022**	**23944**

5-3 续表 5

受教育程度	15岁及以上人口			未　婚		
年　龄	合计	男	女	小计	男	女
高　中	**2255712**	**1310677**	**945035**	**858923**	**533600**	**325323**
15-19岁	**354711**	**194533**	**160178**	**353860**	**194336**	**159524**
15	58473	30613	27860	58468	30612	27856
16	101332	54520	46812	101305	54511	46794
17	97228	52940	44288	97143	52917	44226
18	57845	33040	24805	57633	32993	24640
19	39833	23420	16413	39311	23303	16008
20-24岁	**233341**	**136682**	**96659**	**204926**	**127748**	**77178**
20	38946	22894	16052	37728	22628	15100
21	41066	24128	16938	38581	23540	15041
22	47762	28251	19511	43014	26891	16123
23	50826	29642	21184	42930	27120	15810
24	54741	31767	22974	42673	27569	15104
25-29岁	**301206**	**173790**	**127416**	**161926**	**112709**	**49217**
25	58148	33610	24538	40773	27024	13749
26	56569	32518	24051	35161	23906	11255
27	60593	34916	25677	32484	22872	9612
28	61963	35730	26233	28466	20413	8053
29	63933	37016	26917	25042	18494	6548
30-34岁	**333581**	**191647**	**141934**	**82246**	**61432**	**20814**
30	74445	42991	31454	24855	18433	6422
31	69443	40037	29406	19215	14389	4826
32	63835	36621	27214	14970	11240	3730
33	67007	38402	28605	13310	10023	3287
34	58851	33596	25255	9896	7347	2549
35-39岁	**249230**	**142726**	**106504**	**28058**	**19962**	**8096**
35	51574	29526	22048	7699	5637	2062
36	51226	29239	21987	6370	4620	1750
37	47857	27322	20535	5144	3614	1530
38	50948	29219	21729	4840	3324	1516
39	47625	27420	20205	4005	2767	1238
40-44岁	**191949**	**111052**	**80897**	**11920**	**7766**	**4154**
40	42861	24709	18152	3165	2114	1051
41	44690	25809	18881	2890	1913	977
42	37687	21838	15849	2279	1458	821
43	32687	18874	13813	1842	1142	700
44	34024	19822	14202	1744	1139	605
45-49岁	**171390**	**100986**	**70404**	**7837**	**4791**	**3046**
45	33620	19450	14170	1667	1044	623
46	36592	21347	15245	1714	1030	684
47	35770	21067	14703	1665	1020	645
48	33427	19892	13535	1429	877	552
49	31981	19230	12751	1362	820	542
50-54岁	**119842**	**72900**	**46942**	**3888**	**2342**	**1546**
50	30569	18411	12158	1167	698	469
51	25318	15281	10037	854	531	323
52	25492	15522	9970	793	474	319
53	18932	11616	7316	554	333	221
54	19531	12070	7461	520	306	214
55-59岁	**116363**	**69851**	**46512**	**2333**	**1391**	**942**
55	21382	13017	8365	487	292	195
56	22707	13635	9072	500	322	178
57	28431	17099	11332	600	349	251
58	27222	16332	10890	468	280	188
59	16621	9768	6853	278	148	130
60-64岁	**87268**	**53456**	**33812**	**1019**	**585**	**434**
60	17743	10512	7231	229	133	96
61	17646	10770	6876	227	130	97
62	18906	11624	7282	206	116	90
63	18191	11293	6898	195	107	88
64	14782	9257	5525	162	99	63
65岁及以上	**96831**	**63054**	**33777**	**910**	**538**	**372**

单位：人

有配偶			离婚			丧偶		
小计	男	女	小计	男	女	小计	男	女
1328745	**748438**	**580307**	**44607**	**21015**	**23592**	**23437**	**7624**	**15813**
847	**195**	**652**	**3**	**2**	**1**	**1**		**1**
5	1	4						
27	9	18						
84	23	61				1		1
212	47	165						
519	115	404	3	2	1			
28189	**8870**	**19319**	**224**	**64**	**160**	**2**		**2**
1210	263	947	8	3	5			
2473	586	1887	12	2	10			
4708	1348	3360	40	12	28			
7842	2505	5337	53	17	36	1		1
11956	4168	7788	111	30	81	1		1
136903	**60089**	**76814**	**2324**	**977**	**1347**	**53**	**15**	**38**
17179	6528	10651	192	57	135	4	1	3
21099	8482	12617	305	128	177	4	2	2
27660	11864	15796	441	178	263	8	2	6
32909	15070	17839	576	242	334	12	5	7
38056	18145	19911	810	372	438	25	5	20
244403	**126738**	**117665**	**6759**	**3427**	**3332**	**173**	**50**	**123**
48416	23984	24432	1149	565	584	25	9	16
48972	25024	23948	1231	617	614	25	7	18
47494	24699	22795	1335	668	667	36	14	22
52109	27582	24527	1548	788	760	40	9	31
47412	25449	21963	1496	789	707	47	11	36
213129	**118726**	**94403**	**7705**	**3962**	**3743**	**338**	**76**	**262**
42382	23154	19228	1452	727	725	41	8	33
43249	23807	19442	1549	799	750	58	13	45
41181	22892	18289	1463	801	662	69	15	54
44334	25027	19307	1687	843	844	87	25	62
41983	23846	18137	1554	792	762	83	15	68
171967	**99477**	**72490**	**7481**	**3699**	**3782**	**581**	**110**	**471**
38032	21799	16233	1557	776	781	107	20	87
40033	23041	16992	1629	822	807	138	33	105
33790	19581	14209	1510	776	734	108	23	85
29360	17051	12309	1380	661	719	105	20	85
30752	18005	12747	1405	664	741	123	14	109
155163	**92620**	**62543**	**7319**	**3341**	**3978**	**1071**	**234**	**837**
30393	17743	12650	1405	636	769	155	27	128
33136	19543	13593	1520	734	786	222	40	182
32373	19333	13040	1517	664	853	215	50	165
30269	18248	12021	1518	718	800	211	49	162
28992	17753	11239	1359	589	770	268	68	200
109646	**68100**	**41546**	**4796**	**2119**	**2677**	**1512**	**339**	**1173**
27811	17081	10730	1326	580	746	265	52	213
23073	14181	8892	1082	497	585	309	72	237
23358	14516	8842	1029	463	566	312	69	243
17423	10922	6501	688	297	391	267	64	203
17981	11400	6581	671	282	389	359	82	277
106626	**65993**	**40633**	**4206**	**1698**	**2508**	**3198**	**769**	**2429**
19628	12279	7349	804	330	474	463	116	347
20871	12863	8008	825	337	488	511	113	398
25988	16148	9840	1074	406	668	769	196	573
25001	15475	9526	905	374	531	848	203	645
15138	9228	5910	598	251	347	607	141	466
79456	**50519**	**28937**	**2479**	**1071**	**1408**	**4314**	**1281**	**3033**
16128	9916	6212	622	271	351	764	192	572
16001	10160	5841	562	239	323	856	241	615
17295	11010	6285	485	218	267	920	280	640
16592	10679	5913	450	191	259	954	316	638
13440	8754	4686	360	152	208	820	252	568
82416	**57111**	**25305**	**1311**	**655**	**656**	**12194**	**4750**	**7444**

5-3 续表 6

受教育程度 年龄	15岁及以上人口			未婚		
	合计	男	女	小计	男	女
大学专科	**1113225**	**590957**	**522268**	**464622**	**257158**	**207464**
15-19岁	**58552**	**30910**	**27642**	**58457**	**30885**	**27572**
15	920	570	350	920	570	350
16	2377	1497	880	2376	1496	880
17	5170	2889	2281	5163	2885	2278
18	17399	9252	8147	17377	9245	8132
19	32686	16702	15984	32621	16689	15932
20-24岁	**215718**	**110051**	**105667**	**203026**	**106451**	**96575**
20	40041	20481	19560	39761	20430	19331
21	40094	20215	19879	39382	20080	19302
22	43973	22888	21085	42222	22459	19763
23	45150	23007	22143	41512	21976	19536
24	46460	23460	23000	40149	21506	18643
25-29岁	**218720**	**111187**	**107533**	**131087**	**76151**	**54936**
25	47219	23745	23474	37216	20372	16844
26	43562	22046	21516	30212	17194	13018
27	43870	22010	21860	25840	15054	10786
28	42402	21893	20509	20885	12879	8006
29	41667	21493	20174	16934	10652	6282
30-34岁	**205879**	**106507**	**99372**	**48375**	**30735**	**17640**
30	46521	24034	22487	15361	9858	5503
31	43109	22249	20860	11465	7289	4176
32	39182	20082	19100	8621	5443	3178
33	40904	21290	19614	7341	4674	2667
34	36163	18852	17311	5587	3471	2116
35-39岁	**143825**	**75119**	**68706**	**13927**	**8117**	**5810**
35	31876	16520	15356	4114	2455	1659
36	30625	15944	14681	3300	1959	1341
37	28016	14617	13399	2523	1452	1071
38	28805	15123	13682	2288	1314	974
39	24503	12915	11588	1702	937	765
40-44岁	**93566**	**50416**	**43150**	**5026**	**2560**	**2466**
40	21732	11488	10244	1409	752	657
41	22159	11837	10322	1247	637	610
42	18450	9946	8504	949	489	460
43	15639	8473	7166	706	343	363
44	15586	8672	6914	715	339	376
45-49岁	**70096**	**40306**	**29790**	**2720**	**1303**	**1417**
45	15100	8567	6533	630	311	319
46	15379	8810	6569	585	292	293
47	14769	8426	6343	608	268	340
48	12979	7571	5408	494	233	261
49	11869	6932	4937	403	199	204
50-54岁	**41319**	**24693**	**16626**	**1180**	**562**	**618**
50	11164	6508	4656	374	186	188
51	9215	5441	3774	246	106	140
52	8809	5265	3544	245	104	141
53	6142	3773	2369	173	90	83
54	5989	3706	2283	142	76	66
55-59岁	**26711**	**16422**	**10289**	**473**	**243**	**230**
55	6076	3775	2301	109	55	54
56	6012	3684	2328	115	62	53
57	6660	4029	2631	123	63	60
58	5263	3261	2002	90	48	42
59	2700	1673	1027	36	15	21
60-64岁	**14306**	**9003**	**5303**	**162**	**65**	**97**
60	2824	1722	1102	35	15	20
61	2518	1577	941	36	8	28
62	2977	1872	1105	26	15	11
63	3177	2006	1171	36	15	21
64	2810	1826	984	29	12	17
65岁及以上	**24533**	**16343**	**8190**	**189**	**86**	**103**

单位：人

有配偶			离　婚			丧　偶		
小计	男	女	小计	男	女	小计	男	女
622223	**323825**	**298398**	**21680**	**8549**	**13131**	**4700**	**1425**	**3275**
95	**25**	**70**						
1	1							
7	4	3						
22	7	15						
65	13	52						
12592	**3584**	**9008**	**99**	**16**	**83**	**1**		**1**
280	51	229						
707	135	572	5		5			
1738	426	1312	13	3	10			
3619	1026	2593	19	5	14			
6248	1946	4302	62	8	54	1		1
86479	**34666**	**51813**	**1131**	**363**	**768**	**23**	**7**	**16**
9898	3351	6547	104	22	82	1		1
13203	4813	8390	143	39	104	4		4
17824	6896	10928	202	57	145	4	3	1
21219	8904	12315	290	108	182	8	2	6
24335	10702	13633	392	137	255	6	2	4
153663	**74278**	**79385**	**3744**	**1472**	**2272**	**97**	**22**	**75**
30591	13955	16636	561	220	341	8	1	7
31009	14742	16267	617	213	404	18	5	13
29796	14346	15450	739	288	451	26	5	21
32667	16251	16416	875	362	513	21	3	18
29600	14984	14616	952	389	563	24	8	16
125018	**64993**	**60025**	**4714**	**1982**	**2732**	**166**	**27**	**139**
26805	13675	13130	929	382	547	28	8	20
26378	13603	12775	924	380	544	23	2	21
24512	12749	11763	942	409	533	39	7	32
25450	13367	12083	1035	439	596	32	3	29
21873	11599	10274	884	372	512	44	7	37
84296	**46203**	**38093**	**3999**	**1607**	**2392**	**245**	**46**	**199**
19392	10365	9027	886	361	525	45	10	35
19935	10817	9118	915	376	539	62	7	55
16636	9121	7515	814	325	489	51	11	40
14214	7864	6350	686	261	425	33	5	28
14119	8036	6083	698	284	414	54	13	41
63378	**37527**	**25851**	**3643**	**1412**	**2231**	**355**	**64**	**291**
13667	7939	5728	745	307	438	58	10	48
13927	8215	5712	793	289	504	74	14	60
13273	7828	5445	811	315	496	77	15	62
11741	7062	4679	663	258	405	81	18	63
10770	6483	4287	631	243	388	65	7	58
37698	**23235**	**14463**	**2101**	**829**	**1272**	**340**	**67**	**273**
10130	6078	4052	586	232	354	74	12	62
8408	5125	3283	498	196	302	63	14	49
8054	4984	3070	436	164	272	74	13	61
5621	3555	2066	285	114	171	63	14	49
5485	3493	1992	296	123	173	66	14	52
24551	**15631**	**8920**	**1207**	**443**	**764**	**480**	**105**	**375**
5582	3590	1992	291	105	186	94	25	69
5544	3512	2032	260	89	171	93	21	72
6096	3820	2276	315	121	194	126	25	101
4860	3112	1748	214	80	134	99	21	78
2469	1597	872	127	48	79	68	13	55
13183	**8606**	**4577**	**536**	**211**	**325**	**425**	**121**	**304**
2601	1636	965	122	50	72	66	21	45
2330	1524	806	87	32	55	65	13	52
2749	1791	958	113	40	73	89	26	63
2924	1919	1005	106	38	68	111	34	77
2579	1736	843	108	51	57	94	27	67
21270	**15077**	**6193**	**506**	**214**	**292**	**2568**	**966**	**1602**

5-3 续表 7

受教育程度 年　龄	15岁及以上人口			未　婚		
	合计	男	女	小计	男	女
大学本科	**839625**	**442936**	**396689**	**356536**	**182147**	**174389**
15—19岁	**36630**	**17420**	**19210**	**36608**	**17409**	**19199**
15	87	43	44	86	42	44
16	234	131	103	232	130	102
17	1460	683	777	1457	680	777
18	11464	5430	6034	11459	5429	6030
19	23385	11133	12252	23374	11128	12246
20—24岁	**154891**	**74297**	**80594**	**151188**	**73222**	**77966**
20	30123	14208	15915	30088	14200	15888
21	31113	14998	16115	30988	14981	16007
22	30977	15203	15774	30618	15117	15501
23	30747	14679	16068	29749	14392	15357
24	31931	15209	16722	29745	14532	15213
25—29岁	**166118**	**82359**	**83759**	**111027**	**59560**	**51467**
25	33316	16148	17168	28982	14639	14343
26	32641	16033	16608	25504	13302	12202
27	34075	16805	17270	22914	12448	10466
28	33403	16790	16613	18814	10596	8218
29	32683	16583	16100	14813	8575	6238
30—34岁	**162847**	**83296**	**79551**	**39705**	**22745**	**16960**
30	35686	18024	17662	12898	7540	5358
31	33570	17054	16516	9575	5492	4083
32	31358	15949	15409	7087	4083	3004
33	32267	16684	15583	5826	3242	2584
34	29966	15585	14381	4319	2388	1931
35—39岁	**128916**	**69411**	**59505**	**11554**	**6064**	**5490**
35	27511	14605	12906	3302	1797	1505
36	27612	14789	12823	2745	1505	1240
37	25614	13760	11854	2122	1080	1042
38	26459	14417	12042	1977	1009	968
39	21720	11840	9880	1408	673	735
40—44岁	**74043**	**41247**	**32796**	**3558**	**1706**	**1852**
40	18160	9895	8265	1047	512	535
41	17361	9614	7747	888	462	426
42	14287	7875	6412	656	296	360
43	12332	6939	5393	544	248	296
44	11903	6924	4979	423	188	235
45—49岁	**49559**	**29908**	**19651**	**1660**	**791**	**869**
45	10971	6469	4502	390	195	195
46	10812	6552	4260	346	174	172
47	10275	6088	4187	353	148	205
48	9048	5587	3461	301	147	154
49	8453	5212	3241	270	127	143
50—54岁	**30294**	**19845**	**10449**	**748**	**386**	**362**
50	7998	5076	2922	232	112	120
51	6632	4283	2349	145	74	71
52	6572	4314	2258	166	87	79
53	4617	3125	1492	116	59	57
54	4475	3047	1428	89	54	35
55—59岁	**16634**	**11559**	**5075**	**280**	**162**	**118**
55	4313	3091	1222	64	41	23
56	3963	2728	1235	64	38	26
57	4130	2840	1290	69	42	27
58	2855	2004	851	52	31	21
59	1373	896	477	31	10	21
60—64岁	**5754**	**3898**	**1856**	**83**	**44**	**39**
60	1185	785	400	18	12	6
61	1013	693	320	14	7	7
62	1114	776	338	18	10	8
63	1331	903	428	16	8	8
64	1111	741	370	17	7	10
65岁及以上	**13939**	**9696**	**4243**	**125**	**58**	**67**

单位：人

有配偶			离婚			丧偶		
小计	男	女	小计	男	女	小计	男	女
465856	**254009**	**211847**	**14691**	**5783**	**8908**	**2542**	**997**	**1545**
22	**11**	**11**						
1	1							
2	1	1						
3	3							
5	1	4						
11	5	6						
3680	**1072**	**2608**	**22**	**3**	**19**	**1**		**1**
35	8	27						
121	16	105	3	1	2	1		1
359	86	273						
992	286	706	6	1	5			
2173	676	1497	13	1	12			
54650	**22652**	**31998**	**429**	**146**	**283**	**12**	**1**	**11**
4307	1503	2804	27	6	21			
7094	2722	4372	41	9	32	2		2
11078	4331	6747	82	26	56	1		1
14475	6157	8318	110	37	73	4		4
17696	7939	9757	169	68	101	5	1	4
120841	**59698**	**61143**	**2257**	**843**	**1414**	**44**	**10**	**34**
22494	10374	12120	288	109	179	6	1	5
23612	11419	12193	373	143	230	10		10
23836	11697	12139	424	164	260	11	5	6
25851	13234	12617	581	206	375	9	2	7
25048	12974	12074	591	221	370	8	2	6
113455	**61838**	**51617**	**3790**	**1492**	**2298**	**117**	**17**	**100**
23553	12567	10986	640	240	400	16	1	15
24108	12987	11121	734	289	445	25	8	17
22707	12385	10322	763	292	471	22	3	19
23564	13041	10523	891	363	528	27	4	23
19523	10858	8665	762	308	454	27	1	26
67323	**38334**	**28989**	**3036**	**1176**	**1860**	**126**	**31**	**95**
16342	9099	7243	747	278	469	24	6	18
15785	8872	6913	664	272	392	24	8	16
13019	7355	5664	586	216	370	26	8	18
11251	6491	4760	513	198	315	24	2	22
10926	6517	4409	526	212	314	28	7	21
45317	**28147**	**17170**	**2426**	**934**	**1492**	**156**	**36**	**120**
10044	6061	3983	512	209	303	25	4	21
9941	6168	3773	487	197	290	38	13	25
9380	5761	3619	510	171	339	32	8	24
8243	5248	2995	470	187	283	34	5	29
7709	4909	2800	447	170	277	27	6	21
27887	**18785**	**9102**	**1482**	**620**	**862**	**177**	**54**	**123**
7326	4784	2542	398	171	227	42	9	33
6101	4057	2044	347	142	205	39	10	29
6038	4084	1954	326	130	196	42	13	29
4270	2957	1313	203	97	106	28	12	16
4152	2903	1249	208	80	128	26	10	16
15422	**11003**	**4419**	**761**	**341**	**420**	**171**	**53**	**118**
4050	2960	1090	171	82	89	28	8	20
3689	2617	1072	173	65	108	37	8	29
3798	2681	1117	210	98	112	53	19	34
2634	1898	736	137	61	76	32	14	18
1251	847	404	70	35	35	21	4	17
5308	**3700**	**1608**	**235**	**109**	**126**	**128**	**45**	**83**
1086	743	343	55	23	32	26	7	19
934	654	280	41	22	19	24	10	14
1034	741	293	45	20	25	17	5	12
1237	861	376	48	22	26	30	12	18
1017	701	316	46	22	24	31	11	20
11951	**8769**	**3182**	**253**	**119**	**134**	**1610**	**750**	**860**

5–3 续表 8

受教育程度 年　　龄	15岁及以上人口			未　婚		
	合计	男	女	小计	男	女
硕士研究生	**86037**	**46374**	**39663**	**33240**	**15818**	**17422**
15–19岁	**74**	**36**	**38**	**73**	**36**	**37**
15	1		1	1		1
16						
17	8	3	5	8	3	5
18	32	13	19	31	13	18
19	33	20	13	33	20	13
20–24岁	**9671**	**4348**	**5323**	**9571**	**4311**	**5260**
20	63	32	31	63	32	31
21	354	139	215	350	139	211
22	1872	831	1041	1863	827	1036
23	3312	1489	1823	3290	1483	1807
24	4070	1857	2213	4005	1830	2175
25–29岁	**20060**	**9426**	**10634**	**15757**	**7560**	**8197**
25	4135	1910	2225	3956	1825	2131
26	4085	1921	2164	3700	1757	1943
27	3995	1833	2162	3225	1553	1672
28	3872	1803	2069	2664	1296	1368
29	3973	1959	2014	2212	1129	1083
30–34岁	**19312**	**9509**	**9803**	**5634**	**2877**	**2757**
30	4476	2146	2330	1968	1028	940
31	4150	2047	2103	1398	745	653
32	3684	1828	1856	998	495	503
33	3659	1810	1849	724	360	364
34	3343	1678	1665	546	249	297
35–39岁	**15405**	**8519**	**6886**	**1435**	**661**	**774**
35	3008	1602	1406	393	171	222
36	3107	1712	1395	318	153	165
37	3209	1745	1464	284	153	131
38	3343	1898	1445	254	111	143
39	2738	1562	1176	186	73	113
40–44岁	**9047**	**5557**	**3490**	**430**	**189**	**241**
40	2375	1385	990	129	49	80
41	2191	1344	847	98	47	51
42	1749	1101	648	99	46	53
43	1433	887	546	49	19	30
44	1299	840	459	55	28	27
45–49岁	**5373**	**3663**	**1710**	**198**	**95**	**103**
45	1152	781	371	48	21	27
46	1177	822	355	53	29	24
47	1164	780	384	43	23	20
48	1003	674	329	34	16	18
49	877	606	271	20	6	14
50–54岁	**3339**	**2355**	**984**	**90**	**52**	**38**
50	801	572	229	31	17	14
51	723	478	245	18	8	10
52	697	483	214	16	10	6
53	523	367	156	9	4	5
54	595	455	140	16	13	3
55–59岁	**2397**	**1886**	**511**	**37**	**29**	**8**
55	624	487	137	14	11	3
56	616	484	132	7	6	1
57	607	478	129	9	8	1
58	388	309	79	3		3
59	162	128	34	4	4	
60–64岁	**730**	**582**	**148**	**10**	**5**	**5**
60	161	129	32	2		2
61	117	98	19	2	2	
62	155	119	36	3	2	1
63	161	136	25	3	1	2
64	136	100	36			
65岁及以上	**629**	**493**	**136**	**5**	**3**	**2**

单位：人

有配偶			离婚			丧偶		
小计	男	女	小计	男	女	小计	男	女
50854	**29752**	**21102**	**1842**	**761**	**1081**	**101**	**43**	**58**
1		**1**						
1		1						
99	**36**	**63**				**1**	**1**	
4		4						
9	4	5						
22	6	16						
64	26	38				1	1	
4275	**1856**	**2419**	**28**	**10**	**18**			
179	85	94						
384	164	220	1		1			
763	277	486	7	3	4			
1203	505	698	5	2	3			
1746	825	921	15	5	10			
13409	**6547**	**6862**	**267**	**84**	**183**	**2**	**1**	**1**
2480	1108	1372	28	10	18			
2692	1277	1415	60	25	35			
2644	1324	1320	41	8	33	1	1	
2871	1436	1435	64	14	50			
2722	1402	1320	74	27	47	1		1
13459	**7669**	**5790**	**505**	**186**	**319**	**6**	**3**	**3**
2544	1408	1136	70	23	47	1		1
2690	1520	1170	98	39	59	1		1
2830	1554	1276	94	37	57	1	1	
2963	1739	1224	125	47	78	1	1	
2432	1448	984	118	40	78	2	1	1
8238	**5201**	**3037**	**371**	**164**	**207**	**8**	**3**	**5**
2150	1293	857	96	43	53			
2008	1254	754	83	42	41	2	1	1
1580	1027	553	67	27	40	3	1	2
1319	838	481	63	29	34	2	1	1
1181	789	392	62	23	39	1		1
4876	**3429**	**1447**	**286**	**132**	**154**	**13**	**7**	**6**
1046	736	310	56	23	33	2	1	1
1063	754	309	60	38	22	1	1	
1059	730	329	59	24	35	3	3	
913	636	277	51	21	30	5	1	4
795	573	222	60	26	34	2	1	1
3031	**2212**	**819**	**204**	**84**	**120**	**14**	**7**	**7**
725	537	188	45	18	27			
652	450	202	50	19	31	3	1	2
629	451	178	48	20	28	4	2	2
482	351	131	29	10	19	3	2	1
543	423	120	32	17	15	4	2	2
2215	**1784**	**431**	**135**	**72**	**63**	**10**	**1**	**9**
586	464	122	22	12	10	2		2
565	455	110	43	23	20	1		1
559	452	107	34	17	17	5	1	4
359	297	62	24	12	12	2		2
146	116	30	12	8	4			
685	**557**	**128**	**25**	**16**	**9**	**10**	**4**	**6**
153	125	28	6	4	2			
110	95	15	4	1	3	1		1
142	112	30	5	3	2	5	2	3
152	130	22	4	4		2	1	1
128	95	33	6	4	2	2	1	1
566	**461**	**105**	**21**	**13**	**8**	**37**	**16**	**21**

5-3 续表 9

受教育程度 年　　龄	15岁及以上人口			未　婚		
	合计	男	女	小计	男	女
博士研究生	**9834**	**6387**	**3447**	**3164**	**1892**	**1272**
15-19岁	**9**	**6**	**3**	**9**	**6**	**3**
15						
16						
17	1	1		1	1	
18	1	1		1	1	
19	7	4	3	7	4	3
20-24岁	**376**	**228**	**148**	**365**	**226**	**139**
20	9	7	2	9	7	2
21	18	12	6	18	12	6
22	59	34	25	55	33	22
23	113	72	41	109	71	38
24	177	103	74	174	103	71
25-29岁	**1917**	**1097**	**820**	**1547**	**894**	**653**
25	299	158	141	285	152	133
26	345	198	147	318	183	135
27	400	229	171	354	203	151
28	417	239	178	313	186	127
29	456	273	183	277	170	107
30-34岁	**2296**	**1458**	**838**	**848**	**536**	**312**
30	506	306	200	257	159	98
31	457	280	177	214	136	78
32	481	304	177	169	103	66
33	443	299	144	107	76	31
34	409	269	140	101	62	39
35-39岁	**1776**	**1128**	**648**	**242**	**142**	**100**
35	366	245	121	86	54	32
36	349	222	127	54	29	25
37	342	216	126	48	32	16
38	386	231	155	32	14	18
39	333	214	119	22	13	9
40-44岁	**1254**	**790**	**464**	**83**	**42**	**41**
40	273	183	90	26	16	10
41	282	164	118	23	9	14
42	244	151	93	12	6	6
43	230	146	84	10	4	6
44	225	146	79	12	7	5
45-49岁	**855**	**571**	**284**	**42**	**25**	**17**
45	198	129	69	7	5	2
46	177	115	62	7	6	1
47	180	120	60	10	3	7
48	148	106	42	9	7	2
49	152	101	51	9	4	5
50-54岁	**604**	**466**	**138**	**8**	**5**	**3**
50	146	110	36	4	2	2
51	122	91	31	2	1	1
52	134	98	36			
53	99	80	19	1	1	
54	103	87	16	1	1	
55-59岁	**497**	**435**	**62**	**14**	**12**	**2**
55	119	97	22	3	3	
56	121	110	11	4	3	1
57	154	135	19	6	5	1
58	76	68	8	1	1	
59	27	25	2			
60-64岁	**149**	**128**	**21**	**5**	**3**	**2**
60	30	26	4	1	1	
61	23	22	1	1	1	
62	34	26	8	1	1	
63	36	31	5	2		2
64	26	23	3			
65岁及以上	**101**	**80**	**21**	**1**	**1**	

单位：人

有配偶			离婚			丧偶		
小计	男	女	小计	男	女	小计	男	女
6413	**4372**	**2041**	**236**	**118**	**118**	**21**	**5**	**16**
11	**2**	**9**						
4	1	3						
4	1	3						
3		3						
367	**203**	**164**	**3**		**3**			
14	6	8						
27	15	12						
45	26	19	1		1			
103	53	50	1		1			
178	103	75	1		1			
1429	**916**	**513**	**18**	**6**	**12**	**1**		**1**
247	145	102	2	2				
242	144	98	1		1			
307	199	108	5	2	3			
331	222	109	5	1	4			
302	206	96	5	1	4	1		1
1486	**960**	**526**	**48**	**26**	**22**			
271	185	86	9	6	3			
288	189	99	7	4	3			
286	177	109	8	7	1			
341	211	130	13	6	7			
300	198	102	11	3	8			
1126	**728**	**398**	**42**	**20**	**22**	**3**		**3**
239	160	79	8	7	1			
245	150	95	12	5	7	2		2
225	142	83	6	3	3	1		1
212	139	73	8	3	5			
205	137	68	8	2	6			
755	**519**	**236**	**55**	**27**	**28**	**3**		**3**
182	120	62	9	4	5			
161	104	57	8	5	3	1		1
159	115	44	11	2	9			
124	91	33	14	8	6	1		1
129	89	40	13	8	5	1		1
556	**445**	**111**	**37**	**16**	**21**	**3**		**3**
131	104	27	10	4	6	1		1
105	84	21	14	6	8	1		1
129	96	33	5	2	3			
96	78	18	2	1	1			
95	83	12	6	3	3	1		1
459	**405**	**54**	**22**	**17**	**5**	**2**	**1**	**1**
111	90	21	5	4	1			
108	101	7	9	6	3			
141	124	17	7	6	1			
72	65	7	1	1		2	1	1
27	25	2						
136	**121**	**15**	**6**	**3**	**3**	**2**	**1**	**1**
27	23	4	2	2				
22	21	1						
31	25	6	1		1	1		1
32	31	1	2		2			
24	21	3	1	1		1	1	
88	**73**	**15**	**5**	**3**	**2**	**7**	**3**	**4**

5-3a 全省分年龄、性别、受教育

受教育程度 年 龄	15岁及以上人口			未 婚		
	合计	男	女	小计	男	女
总 计	**6324738**	**3383107**	**2941631**	**1853533**	**1142414**	**711119**
15–19岁	**395978**	**222284**	**173694**	**393653**	**221721**	**171932**
15	63756	34886	28870	63736	34880	28856
16	84308	46646	37662	84211	46618	37593
17	84482	47569	36913	84233	47505	36728
18	75077	43422	31655	74471	43275	31196
19	88355	49761	38594	87002	49443	37559
20–24岁	**631869**	**349312**	**282557**	**567842**	**329294**	**238548**
20	103092	57195	45897	100166	56520	43646
21	111792	62000	49792	106282	60681	45601
22	129590	72715	56875	118841	69639	49202
23	138381	76105	62276	120808	70496	50312
24	149014	81297	67717	121745	71958	49787
25–29岁	**809675**	**444537**	**365138**	**463833**	**297979**	**165854**
25	158368	86576	71792	118202	71734	46468
26	152912	83703	69209	101654	63524	38130
27	163001	88947	74054	93253	60244	33009
28	165050	91052	73998	80585	54008	26577
29	170344	94259	76085	70139	48469	21670
30–34岁	**938313**	**513195**	**425118**	**234458**	**165624**	**68834**
30	199167	109616	89551	68489	48074	20415
31	192079	105039	87040	54329	38333	15996
32	180119	98318	81801	43027	30553	12474
33	192543	105335	87208	38616	27530	11086
34	174405	94887	79518	29997	21134	8863
35–39岁	**765171**	**415595**	**349576**	**88291**	**60673**	**27618**
35	157507	85683	71824	23485	16440	7045
36	157828	85737	72091	20105	14003	6102
37	148399	80257	68142	16288	11067	5221
38	158868	86652	72216	15772	10691	5081
39	142569	77266	65303	12641	8472	4169
40–44岁	**606015**	**327208**	**278807**	**41454**	**27065**	**14389**
40	127559	69217	58342	10440	6942	3498
41	135359	73427	61932	9687	6411	3276
42	118623	63963	54660	7829	5063	2766
43	107810	58007	49803	6763	4326	2437
44	116664	62594	54070	6735	4323	2412
45–49岁	**620246**	**330677**	**289569**	**30129**	**19041**	**11088**
45	118690	63439	55251	6427	4169	2258
46	130601	69650	60951	6628	4201	2427
47	128902	68489	60413	6273	3914	2359
48	122471	65482	56989	5678	3555	2123
49	119582	63617	55965	5123	3202	1921
50–54岁	**507520**	**269339**	**238181**	**17114**	**10736**	**6378**
50	119120	63307	55813	4722	2958	1764
51	106504	56357	50147	3701	2308	1393
52	109878	58435	51443	3602	2233	1369
53	84100	44375	39725	2605	1623	982
54	87918	46865	41053	2484	1614	870
55–59岁	**364908**	**188185**	**176723**	**8636**	**5467**	**3169**
55	86719	45577	41142	2187	1372	815
56	80468	41790	38678	1967	1275	692
57	88093	45845	42248	2169	1389	780
58	71297	36042	35255	1519	954	565
59	38331	18931	19400	794	477	317
60–64岁	**230219**	**112412**	**117807**	**3354**	**2012**	**1342**
60	41149	20107	21042	696	403	293
61	42043	20720	21323	656	367	289
62	49733	24381	25352	708	438	270
63	52298	25646	26652	733	458	275
64	44996	21558	23438	561	346	215
65岁及以上	**454824**	**210363**	**244461**	**4769**	**2802**	**1967**

程度、婚姻状况的人口(城市)

单位：人

有配偶			离婚			丧偶		
小计	男	女	小计	男	女	小计	男	女
4195963	**2155786**	**2040177**	**127820**	**57039**	**70781**	**147422**	**27868**	**119554**
2314	**561**	**1753**	**9**	**2**	**7**	**2**		**2**
20	6	14						
97	28	69						
246	64	182	2		2	1		1
604	147	457	1		1	1		1
1347	316	1031	6	2	4			
63554	**19909**	**43645**	**464**	**107**	**357**	**9**	**2**	**7**
2917	673	2244	8	2	6	1		1
5489	1313	4176	20	6	14	1		1
10674	3060	7614	74	16	58	1		1
17458	5582	11876	113	26	87	2	1	1
27016	9281	17735	249	57	192	4	1	3
340540	**144477**	**196063**	**5215**	**2055**	**3160**	**87**	**26**	**61**
39716	14717	24999	442	121	321	8	4	4
50616	19945	30671	630	233	397	12	1	11
68752	28332	40420	987	368	619	9	3	6
83051	36486	46565	1391	550	841	23	8	15
98405	44997	53408	1765	783	982	35	10	25
685595	**339279**	**346316**	**17882**	**8196**	**9686**	**378**	**96**	**282**
127952	60333	67619	2682	1198	1484	44	11	33
134549	65305	69244	3134	1384	1750	67	17	50
133527	66144	67383	3480	1593	1887	85	28	57
149570	75801	73769	4271	1984	2287	86	20	66
139997	71696	68301	4315	2037	2278	96	20	76
652896	**343647**	**309249**	**23040**	**11082**	**11958**	**944**	**193**	**751**
129610	67140	62470	4281	2073	2208	131	30	101
133116	69586	63530	4455	2110	2345	152	38	114
127394	66953	60441	4539	2204	2335	178	33	145
137748	73461	64287	5130	2456	2674	218	44	174
125028	66507	58521	4635	2239	2396	265	48	217
541016	**289616**	**251400**	**21810**	**10223**	**11587**	**1735**	**304**	**1431**
112386	60116	52270	4492	2116	2376	241	43	198
120564	64678	55886	4740	2271	2469	368	67	301
106115	56794	49321	4338	2040	2298	341	66	275
96695	51771	44924	4023	1856	2167	329	54	275
105256	56257	48999	4217	1940	2277	456	74	382
563843	**301145**	**262698**	**22351**	**9795**	**12556**	**3923**	**696**	**3227**
107444	57249	50195	4287	1927	2360	532	94	438
118472	63152	55320	4784	2163	2621	717	134	583
117185	62435	54750	4653	1978	2675	791	162	629
111504	59805	51699	4432	1965	2467	857	157	700
109238	58504	50734	4195	1762	2433	1026	149	877
466851	**250544**	**216307**	**15807**	**6729**	**9078**	**7748**	**1330**	**6418**
109057	58363	50694	4105	1766	2339	1236	220	1016
97941	52329	45612	3481	1483	1998	1381	237	1144
101151	54435	46716	3473	1484	1989	1652	283	1369
77565	41468	36097	2319	997	1322	1611	287	1324
81137	43949	37188	2429	999	1430	1868	303	1565
333080	**176406**	**156674**	**10730**	**4342**	**6388**	**12462**	**1970**	**10492**
79776	42789	36987	2458	1022	1436	2298	394	1904
73697	39224	34473	2336	930	1406	2468	361	2107
80193	42852	37341	2691	1087	1604	3040	517	2523
64871	33827	31044	2034	817	1217	2873	444	2429
34543	17714	16829	1211	486	725	1783	254	1529
205617	**105317**	**100300**	**5525**	**2348**	**3177**	**15723**	**2735**	**12988**
37036	18801	18235	1210	527	683	2207	376	1831
37740	19440	18300	1120	458	662	2527	455	2072
44443	22888	21555	1147	491	656	3435	564	2871
46633	24010	22623	1133	485	648	3799	693	3106
39765	20178	19587	915	387	528	3755	647	3108
340657	**184885**	**155772**	**4987**	**2160**	**2827**	**104411**	**20516**	**83895**

5-3a 续表 1

受教育程度/年龄	15岁及以上人口			未婚		
	合计	男	女	小计	男	女
未上过学	**54463**	**10755**	**43708**	**3827**	**2500**	**1327**
15-19岁	**412**	**273**	**139**	**407**	**271**	**136**
15	61	41	20	61	41	20
16	90	62	28	90	62	28
17	76	47	29	75	47	28
18	92	59	33	90	58	32
19	93	64	29	91	63	28
20-24岁	**593**	**375**	**218**	**552**	**365**	**187**
20	99	69	30	95	69	26
21	111	73	38	107	72	35
22	129	75	54	122	75	47
23	133	86	47	119	80	39
24	121	72	49	109	69	40
25-29岁	**692**	**408**	**284**	**498**	**334**	**164**
25	134	77	57	106	66	40
26	125	74	51	100	66	34
27	140	80	60	101	68	33
28	138	83	55	93	64	29
29	155	94	61	98	70	28
30-34岁	**816**	**409**	**407**	**417**	**252**	**165**
30	148	79	69	80	51	29
31	175	80	95	91	51	40
32	161	84	77	80	50	30
33	175	93	82	93	59	34
34	157	73	84	73	41	32
35-39岁	**888**	**380**	**508**	**295**	**203**	**92**
35	155	73	82	47	31	16
36	160	75	85	71	48	23
37	179	64	115	46	31	15
38	188	79	109	68	46	22
39	206	89	117	63	47	16
40-44岁	**1388**	**424**	**964**	**281**	**181**	**100**
40	211	83	128	60	44	16
41	257	76	181	58	38	20
42	260	82	178	53	32	21
43	278	92	186	54	34	20
44	382	91	291	56	33	23
45-49岁	**2709**	**610**	**2099**	**300**	**193**	**107**
45	399	105	294	56	38	18
46	516	121	395	64	40	24
47	544	108	436	54	35	19
48	563	134	429	60	38	22
49	687	142	545	66	42	24
50-54岁	**4228**	**892**	**3336**	**269**	**170**	**99**
50	762	166	596	64	38	26
51	814	183	631	69	45	24
52	919	193	726	54	27	27
53	791	165	626	40	23	17
54	942	185	757	42	37	5
55-59岁	**4488**	**850**	**3638**	**211**	**143**	**68**
55	944	210	734	48	35	13
56	876	164	712	44	30	14
57	1033	204	829	56	37	19
58	954	166	788	40	26	14
59	681	106	575	23	15	8
60-64岁	**6453**	**1031**	**5422**	**167**	**117**	**50**
60	799	124	675	26	18	8
61	1042	150	892	34	22	12
62	1408	205	1203	39	27	12
63	1649	284	1365	37	27	10
64	1555	268	1287	31	23	8
65岁及以上	**31796**	**5103**	**26693**	**430**	**271**	**159**

单位：人

有配偶			离　婚			丧　偶		
小计	男	女	小计	男	女	小计	男	女
32403	**6944**	**25459**	**471**	**133**	**338**	**17762**	**1178**	**16584**
5	**2**	**3**						
1		1						
2	1	1						
2	1	1						
41	**10**	**31**						
4		4						
4	1	3						
7		7						
14	6	8						
12	3	9						
189	**71**	**118**	**4**	**2**	**2**	**1**	**1**	
27	10	17				1	1	
25	8	17						
39	12	27						
44	19	25	1		1			
54	22	32	3	2	1			
388	**153**	**235**	**11**	**4**	**7**			
68	28	40						
82	29	53	2		2			
75	31	44	6	3	3			
80	33	47	2	1	1			
83	32	51	1		1			
565	**170**	**395**	**24**	**6**	**18**	**4**	**1**	**3**
106	40	66	2	2				
86	27	59	3		3			
123	32	91	9	1	8	1		1
115	31	84	4	1	3	1	1	
135	40	95	6	2	4	2		2
1063	**236**	**827**	**25**	**6**	**19**	**19**	**1**	**18**
145	38	107	4	1	3	2		2
193	37	156	4	1	3	2		2
195	49	146	6	1	5	6		6
217	55	162	7	3	4			
313	57	256	4		4	9	1	8
2302	**390**	**1912**	**60**	**25**	**35**	**47**	**2**	**45**
331	64	267	8	2	6	4	1	3
427	71	356	18	10	8	7		7
468	69	399	13	3	10	9	1	8
481	90	391	11	6	5	11		11
595	96	499	10	4	6	16		16
3708	**687**	**3021**	**66**	**21**	**45**	**185**	**14**	**171**
662	117	545	13	6	7	23	5	18
694	133	561	14	3	11	37	2	35
818	161	657	12	3	9	35	2	33
699	135	564	12	4	8	40	3	37
835	141	694	15	5	10	50	2	48
3851	**671**	**3180**	**58**	**17**	**41**	**368**	**19**	**349**
833	171	662	9	1	8	54	3	51
749	123	626	16	6	10	67	5	62
877	153	724	14	8	6	86	6	80
822	136	686	7	1	6	85	3	82
570	88	482	12	1	11	76	2	74
5293	**843**	**4450**	**68**	**15**	**53**	**925**	**56**	**869**
682	97	585	9	3	6	82	6	76
853	117	736	17	3	14	138	8	130
1147	166	981	15	2	13	207	10	197
1358	240	1118	8	2	6	246	15	231
1253	223	1030	19	5	14	252	17	235
14998	**3711**	**11287**	**155**	**37**	**118**	**16213**	**1084**	**15129**

5-3a 续表 2

受教育程度 年　　龄	15岁及以上人口			未　婚		
	合计	男	女	小计	男	女
学前教育	**4149**	**1459**	**2690**	**752**	**414**	**338**
15-19岁	**366**	**196**	**170**	**366**	**196**	**170**
15	98	50	48	98	50	48
16	132	69	63	132	69	63
17	64	39	25	64	39	25
18	46	24	22	46	24	22
19	26	14	12	26	14	12
20-24岁	**152**	**78**	**74**	**139**	**73**	**66**
20	43	19	24	42	19	23
21	30	20	10	30	20	10
22	27	13	14	24	12	12
23	24	12	12	18	8	10
24	28	14	14	25	14	11
25-29岁	**119**	**52**	**67**	**70**	**38**	**32**
25	30	12	18	20	12	8
26	27	13	14	24	12	12
27	19	11	8	11	8	3
28	22	7	15	8	3	5
29	21	9	12	7	3	4
30-34岁	**149**	**78**	**71**	**47**	**25**	**22**
30	34	15	19	14	7	7
31	31	13	18	11	5	6
32	27	16	11	7	5	2
33	29	17	12	8	4	4
34	28	17	11	7	4	3
35-39岁	**117**	**50**	**67**	**24**	**15**	**9**
35	24	7	17	7	4	3
36	18	9	9	3	1	2
37	21	11	10	5	4	1
38	27	10	17	3	2	1
39	27	13	14	6	4	2
40-44岁	**143**	**55**	**88**	**10**	**6**	**4**
40	31	14	17	2	2	
41	22	11	11	2	2	
42	28	6	22	2		2
43	23	9	14	2	1	1
44	39	15	24	2	1	1
45-49岁	**252**	**94**	**158**	**17**	**9**	**8**
45	51	18	33	5	3	2
46	48	23	25	4	2	2
47	37	12	25			
48	51	22	29	4	1	3
49	65	19	46	4	3	1
50-54岁	**396**	**134**	**262**	**20**	**10**	**10**
50	78	24	54	4	2	2
51	73	27	46	5	3	2
52	89	31	58	6	1	5
53	68	19	49	3	3	
54	88	33	55	2	1	1
55-59岁	**376**	**121**	**255**	**14**	**10**	**4**
55	91	29	62	2	1	1
56	71	31	40	5	4	1
57	87	29	58	4	2	2
58	76	17	59	3	3	
59	51	15	36			
60-64岁	**425**	**129**	**296**	**10**	**8**	**2**
60	56	15	41	2	2	
61	89	29	60	3	2	1
62	75	24	51	2	2	
63	110	31	79	2	1	1
64	95	30	65	1	1	
65岁及以上	**1654**	**472**	**1182**	**35**	**24**	**11**

单位：人

有配偶			离　婚			丧　偶		
小计	男	女	小计	男	女	小计	男	女
2599	**921**	**1678**	**39**	**14**	**25**	**759**	**110**	**649**
11	**5**	**6**	**1**		**1**	**1**		**1**
1		1						
3	1	2						
5	4	1				1		1
2		2	1		1			
48	**14**	**34**	**1**		**1**			
10		10						
3	1	2						
8	3	5						
14	4	10						
13	6	7	1		1			
98	**49**	**49**	**4**	**4**				
19	7	12	1	1				
19	7	12	1	1				
20	11	9						
21	13	8						
19	11	8	2	2				
91	**34**	**57**	**2**	**1**	**1**			
17	3	14						
15	8	7						
15	6	9	1	1				
24	8	16						
20	9	11	1		1			
128	**47**	**81**	**3**	**1**	**2**	**2**	**1**	**1**
26	11	15	2		2	1	1	
18	8	10	1	1		1		1
26	6	20						
21	8	13						
37	14	23						
230	**83**	**147**	**3**	**2**	**1**	**2**		**2**
43	14	29	2	1	1	1		1
44	21	23						
37	12	25						
45	20	25	1	1		1		1
61	16	45						
353	**120**	**233**	**4**	**2**	**2**	**19**	**2**	**17**
72	22	50	2		2			
63	23	40				5	1	4
77	28	49	1	1		5	1	4
58	16	42				7		7
83	31	52	1	1		2		2
335	**105**	**230**	**7**	**2**	**5**	**20**	**4**	**16**
85	28	57				4		4
62	25	37	1	1		3	1	2
77	27	50	2		2	4		4
64	12	52	4	1	3	5	1	4
47	13	34				4	2	2
365	**116**	**249**	**6**	**2**	**4**	**44**	**3**	**41**
52	13	39				2		2
72	26	46	3		3	11	1	10
64	21	43				9	1	8
96	28	68	1	1		11	1	10
81	28	53	2	1	1	11		11
940	**348**	**592**	**8**		**8**	**671**	**100**	**571**

5-3a　续表 3

受教育程度 年　龄	15岁及以上人口 合计	15岁及以上人口 男	15岁及以上人口 女	未婚 小计	未婚 男	未婚 女
小　学	**654448**	**273684**	**380764**	**41439**	**29251**	**12188**
15—19岁	**3030**	**1856**	**1174**	**2933**	**1838**	**1095**
15	305	177	128	304	176	128
16	449	279	170	443	277	166
17	603	368	235	592	367	225
18	716	442	274	690	437	253
19	957	590	367	904	581	323
20—24岁	**7605**	**4629**	**2976**	**5999**	**4144**	**1855**
20	1093	685	408	985	659	326
21	1247	784	463	1081	743	338
22	1521	931	590	1235	855	380
23	1788	1094	694	1371	966	405
24	1956	1135	821	1327	921	406
25—29岁	**13253**	**7529**	**5724**	**6258**	**4635**	**1623**
25	2219	1300	919	1365	986	379
26	2155	1258	897	1233	901	332
27	2703	1546	1157	1291	953	338
28	2902	1587	1315	1195	887	308
29	3274	1838	1436	1174	908	266
30—34岁	**24996**	**12927**	**12069**	**5894**	**4522**	**1372**
30	4304	2302	2002	1353	1047	306
31	4596	2412	2184	1246	955	291
32	4904	2566	2338	1171	890	281
33	5652	2857	2795	1140	873	267
34	5540	2790	2750	984	757	227
35—39岁	**28843**	**13731**	**15112**	**3971**	**2933**	**1038**
35	5404	2666	2738	857	653	204
36	5480	2632	2848	842	603	239
37	5468	2639	2829	762	555	207
38	6155	2924	3231	787	594	193
39	6336	2870	3466	723	528	195
40—44岁	**43253**	**19084**	**24169**	**3506**	**2495**	**1011**
40	6412	2880	3532	625	463	162
41	8429	3834	4595	719	520	199
42	8338	3651	4687	690	489	201
43	8971	4006	4965	693	484	209
44	11103	4713	6390	779	539	240
45—49岁	**79443**	**32766**	**46677**	**4188**	**2904**	**1284**
45	12623	5197	7426	804	566	238
46	15394	6474	8920	892	597	295
47	16195	6716	9479	824	580	244
48	16985	6916	10069	823	567	256
49	18246	7463	10783	845	594	251
50—54岁	**108364**	**46323**	**62041**	**3634**	**2464**	**1170**
50	20843	8665	12178	801	557	244
51	21908	9482	12426	793	526	267
52	24358	10404	13954	818	553	265
53	19798	8450	11348	599	406	193
54	21457	9322	12135	623	422	201
55—59岁	**82761**	**33440**	**49321**	**2000**	**1341**	**659**
55	20629	8625	12004	533	350	183
56	18013	7370	10643	443	288	155
57	19569	8137	11432	502	345	157
58	16019	6184	9835	332	234	98
59	8531	3124	5407	190	124	66
60—64岁	**67018**	**25357**	**41661**	**935**	**624**	**311**
60	9885	3636	6249	173	113	60
61	11649	4489	7160	178	115	63
62	14668	5586	9082	192	129	63
63	16013	6099	9914	221	152	69
64	14803	5547	9256	171	115	56
65岁及以上	**195882**	**76042**	**119840**	**2121**	**1351**	**770**

单位：人

有配偶			离婚			丧偶		
小计	男	女	小计	男	女	小计	男	女
533666	**228223**	**305443**	**9877**	**4427**	**5450**	**69466**	**11783**	**57683**
96	**18**	**78**	**1**		**1**			
1	1							
6	2	4						
10	1	9	1		1			
26	5	21						
53	9	44						
1592	**482**	**1110**	**13**	**3**	**10**	**1**		**1**
107	26	81	1		1			
166	41	125						
283	75	208	3	1	2			
413	128	285	4		4			
623	212	411	5	2	3	1		1
6847	**2828**	**4019**	**142**	**65**	**77**	**6**	**1**	**5**
837	309	528	16	4	12	1	1	
903	349	554	16	8	8	3		3
1380	582	798	30	11	19	2		2
1665	680	985	42	20	22			
2062	908	1154	38	22	16			
18514	**8126**	**10388**	**564**	**276**	**288**	**24**	**3**	**21**
2881	1229	1652	68	26	42	2		2
3247	1403	1844	100	54	46	3		3
3622	1626	1996	107	49	58	4	1	3
4361	1915	2446	142	67	75	9	2	7
4403	1953	2450	147	80	67	6		6
24023	**10350**	**13673**	**797**	**434**	**363**	**52**	**14**	**38**
4372	1923	2449	164	89	75	11	1	10
4491	1952	2539	139	73	66	8	4	4
4554	2000	2554	146	83	63	6	1	5
5188	2238	2950	170	89	81	10	3	7
5418	2237	3181	178	100	78	17	5	12
38334	**15956**	**22378**	**1196**	**598**	**598**	**217**	**35**	**182**
5564	2311	3253	209	105	104	14	1	13
7446	3189	4257	223	118	105	41	7	34
7385	3050	4335	223	108	115	40	4	36
7961	3377	4584	268	135	133	49	10	39
9978	4029	5949	273	132	141	73	13	60
72732	**28920**	**43812**	**1742**	**832**	**910**	**781**	**110**	**671**
11438	4465	6973	296	148	148	85	18	67
14036	5692	8344	352	169	183	114	16	98
14878	5949	8929	349	167	182	144	20	124
15593	6149	9444	368	170	198	201	30	171
16787	6665	10122	377	178	199	237	26	211
100252	**42624**	**57628**	**2036**	**888**	**1148**	**2442**	**347**	**2095**
19280	7865	11415	434	196	238	328	47	281
20309	8715	11594	411	183	228	395	58	337
22532	9574	12958	491	209	282	517	68	449
18300	7805	10495	330	152	178	569	87	482
19831	8665	11166	370	148	222	633	87	546
75231	**31093**	**44138**	**1239**	**480**	**759**	**4291**	**526**	**3765**
18932	8032	10900	321	125	196	843	118	725
16439	6888	9551	259	99	160	872	95	777
17778	7537	10241	284	115	169	1005	140	865
14480	5744	8736	240	92	148	967	114	853
7602	2892	4710	135	49	86	604	59	545
58777	**23545**	**35232**	**795**	**316**	**479**	**6511**	**872**	**5639**
8830	3377	5453	135	57	78	747	89	658
10358	4180	6178	148	57	91	965	137	828
12825	5189	7636	166	72	94	1485	196	1289
13979	5641	8338	184	72	112	1629	234	1395
12785	5158	7627	162	58	104	1685	216	1469
137268	**64281**	**72987**	**1352**	**535**	**817**	**55141**	**9875**	**45266**

5-3a 续表 4

受教育程度 年龄	15岁及以上人口 合计	男	女	未婚 小计	男	女
初 中	**2239532**	**1244013**	**995519**	**507617**	**361540**	**146077**
15-19岁	**95301**	**58632**	**36669**	**93778**	**58267**	**35511**
15	23207	13354	9853	23191	13351	9840
16	15644	9299	6345	15571	9281	6290
17	16060	10023	6037	15888	9980	5908
18	18344	11835	6509	17935	11733	6202
19	22046	14121	7925	21193	13922	7271
20-24岁	**163301**	**100896**	**62405**	**133208**	**91465**	**41743**
20	24559	15651	8908	22828	15233	7595
21	27963	17619	10344	24990	16914	8076
22	34156	21313	12843	28640	19701	8939
23	36425	22246	14179	28344	19620	8724
24	40198	24067	16131	28406	19997	8409
25-29岁	**236406**	**139028**	**97378**	**116876**	**88274**	**28602**
25	43687	26251	17436	27937	20352	7585
26	42753	25433	17320	24106	17963	6143
27	47449	27618	19831	23326	17562	5764
28	49576	29054	20522	21486	16687	4799
29	52941	30672	22269	20021	15710	4311
30-34岁	**322453**	**181600**	**140853**	**79446**	**62641**	**16805**
30	64578	37067	27511	21135	16635	4500
31	64631	36428	28203	17868	14098	3770
32	61688	34744	26944	14756	11729	3027
33	68543	38389	30154	14256	11231	3025
34	63013	34972	28041	11431	8948	2483
35-39岁	**289563**	**158947**	**130616**	**36493**	**27997**	**8496**
35	58038	32144	25894	9269	7272	1997
36	58906	32479	26427	8176	6359	1817
37	55737	30451	25286	6766	5151	1615
38	60889	33499	27390	6760	5106	1654
39	55993	30374	25619	5522	4109	1413
40-44岁	**254807**	**137003**	**117804**	**19172**	**13834**	**5338**
40	50436	27478	22958	4675	3469	1206
41	55019	29791	25228	4419	3241	1178
42	49767	26702	23065	3563	2558	1005
43	46783	24994	21789	3221	2282	939
44	52802	28038	24764	3294	2284	1010
45-49岁	**291606**	**154502**	**137104**	**14560**	**9869**	**4691**
45	54907	29173	25734	3150	2202	948
46	61449	32307	29142	3270	2234	1036
47	60610	32050	28560	3007	2027	980
48	57971	30825	27146	2748	1827	921
49	56669	30147	26522	2385	1579	806
50-54岁	**236010**	**127112**	**108898**	**7957**	**5236**	**2721**
50	55853	29794	26059	2247	1489	758
51	49215	26261	22954	1715	1119	596
52	50663	27551	23112	1635	1063	572
53	39277	21136	18141	1204	780	424
54	41002	22370	18632	1156	785	371
55-59岁	**151873**	**80515**	**71358**	**3660**	**2443**	**1217**
55	39434	21218	18216	1011	650	361
56	35156	18663	16493	868	581	287
57	36315	19318	16997	895	618	277
58	27432	14302	13130	617	404	213
59	13536	7014	6522	269	190	79
60-64岁	**75879**	**39816**	**36063**	**1196**	**762**	**434**
60	13638	6923	6715	252	145	107
61	13774	7236	6538	208	124	84
62	16441	8749	7692	273	182	91
63	17536	9409	8127	268	186	82
64	14490	7499	6991	195	125	70
65岁及以上	**122333**	**65962**	**56371**	**1271**	**752**	**519**

单位：人

有配偶			离婚			丧偶		
小计	男	女	小计	男	女	小计	男	女
1650315	**851577**	**798738**	**45538**	**22392**	**23146**	**36062**	**8504**	**27558**
1516	**365**	**1151**	**6**		**6**	**1**		**1**
16	3	13						
73	18	55						
171	43	128	1		1			
407	102	305	1		1	1		1
849	199	650	4		4			
29871	**9383**	**20488**	**217**	**47**	**170**	**5**	**1**	**4**
1727	418	1309	3		3	1		1
2964	702	2262	9	3	6			
5478	1607	3871	37	5	32	1		1
8024	2611	5413	56	14	42	1	1	
11678	4045	7633	112	25	87	2		2
117383	**49846**	**67537**	**2109**	**896**	**1213**	**38**	**12**	**26**
15552	5839	9713	195	59	136	3	1	2
18395	7373	11022	247	97	150	5		5
23704	9882	13822	416	172	244	3	2	1
27486	12121	15365	591	242	349	13	4	9
32246	14631	17615	660	326	334	14	5	9
236442	**115680**	**120762**	**6417**	**3236**	**3181**	**148**	**43**	**105**
42434	19945	22489	990	480	510	19	7	12
45598	21777	23821	1139	543	596	26	10	16
45676	22384	23292	1228	622	606	28	9	19
52706	26333	26373	1546	816	730	35	9	26
50028	25241	24787	1514	775	739	40	8	32
244830	**126560**	**118270**	**7842**	**4304**	**3538**	**398**	**86**	**312**
47247	24018	23229	1469	841	628	53	13	40
49165	25297	23868	1499	806	693	66	17	49
47317	24432	22885	1580	854	726	74	14	60
52337	27453	24884	1701	925	776	91	15	76
48764	25360	23404	1593	878	715	114	27	87
227220	**118937**	**108283**	**7658**	**4096**	**3562**	**757**	**136**	**621**
44232	23186	21046	1435	802	633	94	21	73
48769	25619	23150	1678	899	779	153	32	121
44538	23288	21250	1518	828	690	148	28	120
41962	21934	20028	1450	754	696	150	24	126
47719	24910	22809	1577	813	764	212	31	181
266818	**140303**	**126515**	**8386**	**3992**	**4394**	**1842**	**338**	**1504**
49926	26136	23790	1578	793	785	253	42	211
55989	29087	26902	1858	919	939	332	67	265
55491	29135	26356	1725	805	920	387	83	304
53202	28143	25059	1641	775	866	380	80	300
52210	27802	24408	1584	700	884	490	66	424
218551	**118572**	**99979**	**5976**	**2653**	**3323**	**3526**	**651**	**2875**
51465	27479	23986	1549	703	846	592	123	469
45612	24479	21133	1259	551	708	629	112	517
46979	25756	21223	1298	588	710	751	144	607
36462	19829	16633	905	397	508	706	130	576
38033	21029	17004	965	414	551	848	142	706
139687	**75624**	**64063**	**3660**	**1606**	**2054**	**4866**	**842**	**4024**
36509	19962	16547	957	428	529	957	178	779
32373	17531	14842	876	383	493	1039	168	871
33318	18105	15213	880	389	491	1222	206	1016
25128	13446	11682	612	262	350	1075	190	885
12359	6580	5779	335	144	191	573	100	473
68283	**37229**	**31054**	**1684**	**813**	**871**	**4716**	**1012**	**3704**
12342	6478	5864	320	151	169	724	149	575
12489	6784	5705	334	154	180	743	174	569
14815	8209	6606	366	175	191	987	183	804
15716	8761	6955	400	206	194	1152	256	896
12921	6997	5924	264	127	137	1110	250	860
99714	**59078**	**40636**	**1583**	**749**	**834**	**19765**	**5383**	**14382**

5-3a 续表 5

受教育程度 年龄	15岁及以上人口			未婚		
	合计	男	女	小计	男	女
高 中	**1644491**	**940945**	**703546**	**600092**	**376628**	**223464**
15-19岁	**229002**	**126756**	**102246**	**228394**	**126609**	**101785**
15	39452	20859	18593	39450	20858	18592
16	66288	35862	30426	66272	35856	30416
17	63109	34626	28483	63052	34611	28441
18	35042	20430	14612	34896	20398	14498
19	25111	14979	10132	24724	14886	9838
20-24岁	**161163**	**95048**	**66115**	**141628**	**88717**	**52911**
20	25644	15212	10432	24803	15030	9773
21	28127	16645	11482	26390	16191	10199
22	33303	19791	13512	29997	18817	11180
23	35632	20865	14767	30201	19087	11114
24	38457	22535	15922	30237	19592	10645
25-29岁	**215544**	**125360**	**90184**	**118207**	**82247**	**35960**
25	41052	23892	17160	29145	19278	9867
26	39897	23095	16802	25234	17108	8126
27	43149	25175	17974	23669	16712	6957
28	44595	25900	18695	21114	15089	6025
29	46851	27298	19553	19045	14060	4985
30-34岁	**252707**	**145636**	**107071**	**65199**	**48592**	**16607**
30	55496	32232	23264	19297	14302	4995
31	52498	30382	22116	15126	11305	3821
32	48616	27900	20716	11988	8967	3021
33	51168	29498	21670	10759	8076	2683
34	44929	25624	19305	8029	5942	2087
35-39岁	**190772**	**108155**	**82617**	**22992**	**16189**	**6803**
35	39220	22320	16900	6240	4522	1718
36	39178	22162	17016	5206	3745	1461
37	36527	20658	15869	4233	2919	1314
38	39297	22264	17033	4004	2733	1271
39	36550	20751	15799	3309	2270	1039
40-44岁	**150211**	**85303**	**64908**	**10105**	**6481**	**3624**
40	33026	18755	14271	2668	1755	913
41	34726	19689	15037	2424	1576	848
42	29661	16843	12818	1937	1222	715
43	25811	14627	11184	1579	966	613
44	26987	15389	11598	1497	962	535
45-49岁	**136681**	**78548**	**58133**	**6775**	**4048**	**2727**
45	26816	15166	11650	1432	888	544
46	29220	16648	12572	1485	875	610
47	28575	16390	12185	1443	866	577
48	26709	15520	11189	1247	740	507
49	25361	14824	10537	1168	679	489
50-54岁	**93355**	**54723**	**38632**	**3363**	**1948**	**1415**
50	24163	14154	10009	1015	588	427
51	20048	11689	8359	741	441	300
52	19829	11631	8198	686	402	284
53	14465	8464	6001	488	280	208
54	14850	8785	6065	433	237	196
55-59岁	**85189**	**47563**	**37626**	**2008**	**1131**	**877**
55	16044	9233	6811	420	241	179
56	17080	9647	7433	433	273	160
57	20903	11713	9190	520	282	238
58	19357	10605	8752	391	213	178
59	11805	6365	5440	244	122	122
60-64岁	**61852**	**34288**	**27564**	**801**	**391**	**410**
60	13006	7062	5944	192	100	92
61	12293	6783	5510	181	86	95
62	13335	7400	5935	155	70	85
63	12821	7173	5648	152	70	82
64	10397	5870	4527	121	65	56
65岁及以上	**68015**	**39565**	**28450**	**620**	**275**	**345**

单位：人

有配偶			离婚			丧偶		
小计	男	女	小计	男	女	小计	男	女
990509	**543577**	**446932**	**36968**	**16514**	**20454**	**16922**	**4226**	**12696**
605	**145**	**460**	**2**	**2**		**1**		**1**
2	1	1						
16	6	10						
56	15	41				1		1
146	32	114						
385	91	294	2	2				
19393	**6291**	**13102**	**142**	**40**	**102**			
837	180	657	4	2	2			
1732	452	1280	5	2	3			
3282	967	2315	24	7	17			
5397	1771	3626	34	7	27			
8145	2921	5224	75	22	53			
95663	**42431**	**53232**	**1653**	**676**	**977**	**21**	**6**	**15**
11778	4573	7205	127	40	87	2	1	1
14443	5894	8549	219	92	127	1	1	
19177	8349	10828	301	114	187	2		2
23062	10637	12425	415	172	243	4	2	2
27203	12978	14225	591	258	333	12	2	10
182115	**94443**	**87672**	**5290**	**2573**	**2717**	**103**	**28**	**75**
35323	17529	17794	865	399	466	11	2	9
36399	18617	17782	957	456	501	16	4	12
35536	18408	17128	1067	515	552	25	10	15
39168	20813	18355	1215	602	613	26	7	19
35689	19076	16613	1186	601	585	25	5	20
161430	**88875**	**72555**	**6109**	**3037**	**3072**	**241**	**54**	**187**
31797	17223	14574	1155	567	588	28	8	20
32731	17821	14910	1205	587	618	36	9	27
31101	17123	13978	1145	605	540	48	11	37
33858	18843	15015	1371	670	701	64	18	46
31943	17865	14078	1233	608	625	65	8	57
133519	**75868**	**57651**	**6166**	**2889**	**3277**	**421**	**65**	**356**
29027	16398	12629	1259	595	664	72	7	65
30867	17453	13414	1337	644	693	98	16	82
26404	15009	11395	1238	595	643	82	17	65
23010	13122	9888	1145	525	620	77	14	63
24211	13886	10325	1187	530	657	92	11	81
122793	**71633**	**51160**	**6296**	**2712**	**3584**	**817**	**155**	**662**
24055	13751	10304	1207	508	699	122	19	103
26250	15152	11098	1311	592	719	174	29	145
25670	14940	10730	1302	550	752	160	34	126
23993	14169	9824	1306	583	723	163	28	135
22825	13621	9204	1170	479	691	198	45	153
84677	**50803**	**33874**	**4196**	**1763**	**2433**	**1119**	**209**	**910**
21795	13054	8741	1161	483	678	192	29	163
18139	10792	7347	943	413	530	225	43	182
17995	10795	7200	908	388	520	240	46	194
13173	7897	5276	603	247	356	201	40	161
13575	8265	5310	581	232	349	261	51	210
77074	**44563**	**32511**	**3769**	**1424**	**2345**	**2338**	**445**	**1893**
14570	8641	5929	718	282	436	336	69	267
15540	9032	6508	732	273	459	375	69	306
18848	10961	7887	976	347	629	559	123	436
17529	9971	7558	811	313	498	626	108	518
10587	5958	4629	532	209	323	442	76	366
55802	**32353**	**23449**	**2207**	**882**	**1325**	**3042**	**662**	**2380**
11674	6611	5063	571	243	328	569	108	461
11018	6384	4634	494	191	303	600	122	478
12090	6998	5092	441	183	258	649	149	500
11638	6807	4831	390	145	245	641	151	490
9382	5553	3829	311	120	191	583	132	451
57438	**36172**	**21266**	**1138**	**516**	**622**	**8819**	**2602**	**6217**

5-3a 续表 6

受教育程度 年 龄	15岁及以上人口			未 婚		
	合计	男	女	小计	男	女
大学专科	**902595**	**474724**	**427871**	**362194**	**199817**	**162377**
15-19岁	**38915**	**20605**	**18310**	**38841**	**20583**	**18258**
15	574	373	201	574	373	201
16	1550	991	559	1549	990	559
17	3419	1927	1492	3413	1924	1489
18	11543	6205	5338	11526	6199	5327
19	21829	11109	10720	21779	11097	10682
20-24岁	**163243**	**82919**	**80324**	**153671**	**80115**	**73556**
20	27914	14093	13821	27701	14049	13652
21	29297	14692	14605	28774	14590	14184
22	33681	17474	16207	32344	17135	15209
23	35519	18080	17439	32741	17266	15475
24	36832	18580	18252	32111	17075	15036
25-29岁	**176879**	**89810**	**87069**	**107276**	**61909**	**45367**
25	37946	19039	18907	30208	16413	13795
26	35059	17707	17352	24592	13906	10686
27	35455	17796	17659	21190	12295	8895
28	34353	17677	16676	17121	10460	6661
29	34066	17591	16475	14165	8835	5330
30-34岁	**171949**	**88374**	**83575**	**41310**	**25930**	**15380**
30	38381	19684	18697	12902	8165	4737
31	35888	18411	17477	9753	6137	3616
32	32834	16804	16030	7467	4673	2794
33	34417	17755	16662	6310	3984	2326
34	30429	15720	14709	4878	2971	1907
35-39岁	**122349**	**62986**	**59363**	**12215**	**7012**	**5203**
35	26917	13771	13146	3577	2114	1463
36	25946	13328	12618	2901	1678	1223
37	23866	12205	11661	2207	1250	957
38	24712	12812	11900	2019	1149	870
39	20908	10870	10038	1511	821	690
40-44岁	**79822**	**42310**	**37512**	**4563**	**2270**	**2293**
40	18555	9634	8921	1280	669	611
41	18901	9934	8967	1127	563	564
42	15816	8396	7420	864	437	427
43	13302	7103	6199	644	306	338
44	13248	7243	6005	648	295	353
45-49岁	**59314**	**33587**	**25727**	**2495**	**1159**	**1336**
45	12809	7178	5631	565	266	299
46	13051	7363	5688	530	259	271
47	12510	7003	5507	558	238	320
48	10961	6316	4645	472	220	252
49	9983	5727	4256	370	176	194
50-54岁	**34265**	**19936**	**14329**	**1068**	**491**	**577**
50	9348	5350	3998	337	158	179
51	7725	4415	3310	223	95	128
52	7294	4247	3047	227	95	132
53	5027	2990	2037	155	76	79
54	4871	2934	1937	126	67	59
55-59岁	**22198**	**13063**	**9135**	**429**	**211**	**218**
55	4981	2970	2011	98	46	52
56	4947	2910	2037	103	55	48
57	5609	3250	2359	110	52	58
58	4392	2596	1796	83	44	39
59	2269	1337	932	35	14	21
60-64岁	**12379**	**7518**	**4861**	**150**	**60**	**90**
60	2472	1472	1000	31	13	18
61	2126	1282	844	35	8	27
62	2582	1561	1021	25	15	10
63	2740	1662	1078	32	13	19
64	2459	1541	918	27	11	16
65岁及以上	**21282**	**13616**	**7666**	**176**	**77**	**99**

单位：人

有配偶			离婚			丧偶		
小计	男	女	小计	男	女	小计	男	女
517183	**266408**	**250775**	**19243**	**7382**	**11861**	**3975**	**1117**	**2858**
74	**22**	**52**						
1	1							
6	3	3						
17	6	11						
50	12	38						
9498	**2790**	**6708**	**74**	**14**	**60**			
213	44	169						
520	102	418	3		3			
1327	336	991	10	3	7			
2765	810	1955	13	4	9			
4673	1498	3175	48	7	41			
68686	**27616**	**41070**	**905**	**280**	**625**	**12**	**5**	**7**
7657	2613	5044	80	13	67	1		1
10352	3772	6580	113	29	84	2		2
14104	5455	8649	160	45	115	1	1	
16988	7133	9855	240	82	158	4	2	2
19585	8643	10942	312	111	201	4	2	2
127321	**61182**	**66139**	**3250**	**1246**	**2004**	**68**	**16**	**52**
25005	11338	13667	468	180	288	6	1	5
25586	12093	13493	536	178	358	13	3	10
24712	11890	12822	636	237	399	19	4	15
27333	13465	13868	762	304	458	12	2	10
24685	12396	12289	848	347	501	18	6	12
105813	**54244**	**51569**	**4186**	**1712**	**2474**	**135**	**18**	**117**
22500	11328	11172	817	322	495	23	7	16
22213	11326	10887	814	324	490	18		18
20788	10601	10187	843	351	492	28	3	25
21748	11279	10469	919	382	537	26	2	24
18564	9710	8854	793	333	460	40	6	34
71523	**38631**	**32892**	**3544**	**1375**	**2169**	**192**	**34**	**158**
16457	8652	7805	784	306	478	34	7	27
16934	9047	7887	792	319	473	48	5	43
14180	7674	6506	734	277	457	38	8	30
12019	6568	5451	612	226	386	27	3	24
11933	6690	5243	622	247	375	45	11	34
53254	**31150**	**22104**	**3285**	**1226**	**2059**	**280**	**52**	**228**
11540	6639	4901	663	264	399	41	9	32
11740	6847	4893	726	247	479	55	10	45
11163	6480	4683	728	272	456	61	13	48
9824	5852	3972	599	229	370	66	15	51
8987	5332	3655	569	214	355	57	5	52
31020	**18660**	**12360**	**1900**	**733**	**1167**	**277**	**52**	**225**
8426	4984	3442	523	198	325	62	10	52
6991	4133	2858	460	175	285	51	12	39
6611	3995	2616	395	149	246	61	8	53
4560	2800	1760	253	101	152	59	13	46
4432	2748	1684	269	110	159	44	9	35
20253	**12368**	**7885**	**1110**	**401**	**709**	**406**	**83**	**323**
4547	2813	1734	261	93	168	75	18	57
4529	2757	1772	238	82	156	77	16	61
5098	3066	2032	294	110	184	107	22	85
4025	2461	1564	200	75	125	84	16	68
2054	1271	783	117	41	76	63	11	52
11363	**7170**	**4193**	**508**	**199**	**309**	**358**	**89**	**269**
2270	1397	873	113	45	68	58	17	41
1959	1235	724	81	31	50	51	8	43
2372	1491	881	109	37	72	76	18	58
2518	1588	930	100	36	64	90	25	65
2244	1459	785	105	50	55	83	21	62
18378	**12575**	**5803**	**481**	**196**	**285**	**2247**	**768**	**1479**

5-3a 续表 7

受教育程度 年 龄	15岁及以上人口 合计	男	女	未婚 小计	男	女
大学本科	**733044**	**386888**	**346156**	**303087**	**155495**	**147592**
15-19岁	**28878**	**13931**	**14947**	**28861**	**13922**	**14939**
15	58	32	26	57	31	26
16	155	84	71	154	83	71
17	1142	535	607	1140	533	607
18	9264	4415	4849	9259	4414	4845
19	18259	8865	9394	18251	8861	9390
20-24岁	**126429**	**61094**	**65335**	**123367**	**60179**	**63188**
20	23675	11431	12244	23647	11426	12221
21	24676	12027	12649	24572	12011	12561
22	24972	12310	12662	24690	12241	12449
23	25673	12281	13392	24852	12034	12818
24	27433	13045	14388	25606	12467	13139
25-29岁	**145857**	**72335**	**73522**	**98199**	**52511**	**45688**
25	29116	14048	15068	25422	12758	12664
26	28691	14106	14585	22542	11719	10823
27	29911	14766	15145	20269	10987	9282
28	29357	14797	14560	16721	9406	7315
29	28782	14618	14164	13245	7641	5604
30-34岁	**144535**	**73698**	**70837**	**35924**	**20412**	**15512**
30	31483	15903	15580	11570	6729	4841
31	29843	15089	14754	8691	4946	3745
32	27893	14173	13720	6432	3667	2765
33	28636	14713	13923	5264	2899	2365
34	26680	13820	12860	3967	2171	1796
35-39岁	**116010**	**62027**	**53983**	**10683**	**5548**	**5135**
35	24492	12917	11575	3027	1627	1400
36	24808	13191	11617	2545	1389	1156
37	23165	12335	10830	1951	981	970
38	23972	13002	10970	1850	938	912
39	19573	10582	8991	1310	613	697
40-44岁	**66340**	**36850**	**29490**	**3329**	**1579**	**1750**
40	16300	8843	7457	980	476	504
41	15591	8619	6972	826	421	405
42	12808	7064	5744	616	277	339
43	11029	6178	4851	513	230	283
44	10612	6146	4466	394	175	219
45-49岁	**44186**	**26452**	**17734**	**1562**	**744**	**818**
45	9774	5719	4055	364	183	181
46	9605	5799	3806	324	159	165
47	9126	5336	3790	335	143	192
48	8111	4991	3120	282	140	142
49	7570	4607	2963	257	119	138
50-54岁	**27070**	**17479**	**9591**	**707**	**361**	**346**
50	7153	4493	2660	219	107	112
51	5897	3746	2151	136	70	66
52	5914	3811	2103	160	82	78
53	4075	2720	1355	106	50	56
54	4031	2709	1322	86	52	34
55-59岁	**15213**	**10381**	**4832**	**265**	**149**	**116**
55	3876	2726	1150	59	36	23
56	3609	2428	1181	60	35	25
57	3834	2597	1237	68	41	27
58	2622	1811	811	49	29	20
59	1272	819	453	29	8	21
60-64岁	**5365**	**3588**	**1777**	**80**	**42**	**38**
60	1111	728	383	17	11	6
61	935	634	301	14	7	7
62	1039	715	324	18	10	8
63	1240	828	412	16	8	8
64	1040	683	357	15	6	9
65岁及以上	**13161**	**9053**	**4108**	**110**	**48**	**62**

单位：人

有配偶			离婚			丧偶		
小计	男	女	小计	男	女	小计	男	女
413946	**225172**	**188774**	**13652**	**5317**	**8335**	**2359**	**904**	**1455**
17	**9**	**8**						
1	1							
1	1							
2	2							
5	1	4						
8	4	4						
3044	**912**	**2132**	**17**	**3**	**14**	**1**		**1**
28	5	23						
100	15	85	3	1	2	1		1
282	69	213						
815	246	569	6	1	5			
1819	577	1242	8	1	7			
47277	**19696**	**27581**	**372**	**127**	**245**	**9**	**1**	**8**
3670	1285	2385	24	5	19			
6114	2380	3734	34	7	27	1		1
9569	3756	5813	72	23	49	1		1
12538	5359	7179	96	32	64	2		2
15386	6916	8470	146	60	86	5	1	4
106512	**52513**	**53999**	**2067**	**768**	**1299**	**32**	**5**	**27**
19647	9073	10574	260	100	160	6	1	5
20804	10016	10788	339	127	212	9		9
21061	10346	10715	392	157	235	8	3	5
22832	11635	11197	536	179	357	4		4
22168	11443	10725	540	205	335	5	1	4
101683	**55084**	**46599**	**3536**	**1378**	**2158**	**108**	**17**	**91**
20852	11066	9786	598	223	375	15	1	14
21550	11517	10033	690	277	413	23	8	15
20480	11086	9394	714	265	449	20	3	17
21268	11724	9544	829	336	493	25	4	21
17533	9691	7842	705	277	428	25	1	24
60084	**34165**	**25919**	**2811**	**1077**	**1734**	**116**	**29**	**87**
14600	8104	6496	696	257	439	24	6	18
14132	7950	6182	612	242	370	21	6	15
11623	6578	5045	546	201	345	23	8	15
10020	5763	4257	472	183	289	24	2	22
9709	5770	3939	485	194	291	24	7	17
40235	**24823**	**15412**	**2251**	**853**	**1398**	**138**	**32**	**106**
8916	5346	3570	470	186	284	24	4	20
8794	5445	3349	454	184	270	33	11	22
8292	5028	3264	472	157	315	27	8	19
7358	4676	2682	442	172	270	29	3	26
6875	4328	2547	413	154	259	25	6	19
24807	**16500**	**8307**	**1392**	**570**	**822**	**164**	**48**	**116**
6525	4222	2303	371	158	213	38	6	32
5396	3535	1861	330	133	197	35	8	27
5400	3593	1807	315	124	191	39	12	27
3756	2572	1184	186	86	100	27	12	15
3730	2578	1152	190	69	121	25	10	15
14050	**9855**	**4195**	**735**	**327**	**408**	**163**	**50**	**113**
3625	2605	1020	165	77	88	27	8	19
3349	2326	1023	166	60	106	34	7	27
3514	2442	1072	200	95	105	52	19	33
2409	1710	699	135	60	75	29	12	17
1153	772	381	69	35	34	21	4	17
4943	**3407**	**1536**	**227**	**103**	**124**	**115**	**36**	**79**
1014	687	327	55	23	32	25	7	18
864	601	263	39	21	18	18	5	13
961	681	280	44	19	25	16	5	11
1152	791	361	44	19	25	28	10	18
952	647	305	45	21	24	28	9	19
11294	**8208**	**3086**	**244**	**111**	**133**	**1513**	**686**	**827**

5-3a 续表 8

受教育程度 年龄	15岁及以上人口			未婚		
	合计	男	女	小计	男	女
硕士研究生	**82506**	**44464**	**38042**	**31509**	**14972**	**16537**
15-19岁	**65**	**29**	**36**	**64**	**29**	**35**
15	1		1	1		1
16						
17	8	3	5	8	3	5
18	29	11	18	28	11	17
19	27	15	12	27	15	12
20-24岁	**9035**	**4060**	**4975**	**8940**	**4024**	**4916**
20	56	28	28	56	28	28
21	324	129	195	321	129	192
22	1746	776	970	1738	772	966
23	3082	1375	1707	3060	1369	1691
24	3827	1752	2075	3765	1726	2039
25-29岁	**19100**	**8978**	**10122**	**14982**	**7189**	**7793**
25	3900	1809	2091	3729	1727	2002
26	3878	1831	2047	3522	1677	1845
27	3803	1744	2059	3068	1473	1595
28	3708	1721	1987	2548	1236	1312
29	3811	1873	1938	2115	1076	1039
30-34岁	**18483**	**9063**	**9420**	**5399**	**2734**	**2665**
30	4256	2038	2218	1888	984	904
31	3980	1957	2023	1340	707	633
32	3528	1739	1789	961	473	488
33	3491	1721	1770	682	331	351
34	3228	1608	1620	528	239	289
35-39岁	**14912**	**8233**	**6679**	**1385**	**640**	**745**
35	2901	1545	1356	378	164	214
36	2992	1645	1347	307	151	156
37	3110	1689	1421	272	146	126
38	3251	1838	1413	250	110	140
39	2658	1516	1142	178	69	109
40-44岁	**8824**	**5404**	**3420**	**408**	**178**	**230**
40	2319	1348	971	124	48	76
41	2139	1313	826	91	42	49
42	1705	1071	634	92	42	50
43	1391	855	536	48	19	29
44	1270	817	453	53	27	26
45-49岁	**5220**	**3557**	**1663**	**192**	**91**	**101**
45	1116	756	360	45	19	26
46	1148	803	345	52	29	23
47	1129	756	373	42	22	20
48	973	653	320	33	15	18
49	854	589	265	20	6	14
50-54岁	**3234**	**2278**	**956**	**88**	**51**	**37**
50	777	553	224	31	17	14
51	702	463	239	17	8	9
52	680	470	210	16	10	6
53	500	351	149	9	4	5
54	575	441	134	15	12	3
55-59岁	**2326**	**1828**	**498**	**36**	**28**	**8**
55	604	471	133	13	10	3
56	598	470	128	7	6	1
57	593	466	127	9	8	1
58	371	294	77	3		3
59	160	127	33	4	4	
60-64岁	**702**	**560**	**142**	**10**	**5**	**5**
60	153	122	31	2		2
61	112	95	17	2	2	
62	151	115	36	3	2	1
63	154	130	24	3	1	2
64	132	98	34			
65岁及以上	**605**	**474**	**131**	**5**	**3**	**2**

单位：人

有配偶			离婚			丧偶		
小计	男	女	小计	男	女	小计	男	女
49097	**28705**	**20392**	**1802**	**745**	**1057**	**98**	**42**	**56**
1		**1**						
1		1						
94	**35**	**59**				**1**	**1**	
3		3						
8	4	4						
22	6	16						
61	25	36				1	1	
4092	**1780**	**2312**	**26**	**9**	**17**			
171	82	89						
355	154	201	1		1			
728	268	460	7	3	4			
1155	483	672	5	2	3			
1683	793	890	13	4	9			
12821	**6245**	**6576**	**261**	**83**	**178**	**2**	**1**	**1**
2340	1044	1296	28	10	18			
2581	1225	1356	59	25	34			
2527	1257	1270	39	8	31	1	1	
2746	1376	1370	63	14	49			
2627	1343	1284	72	26	46	1		1
13024	**7405**	**5619**	**497**	**185**	**312**	**6**	**3**	**3**
2455	1358	1097	67	23	44	1		1
2586	1455	1131	98	39	59	1		1
2744	1505	1239	93	37	56	1	1	
2877	1680	1197	123	47	76	1	1	
2362	1407	955	116	39	77	2	1	1
8041	**5061**	**2980**	**367**	**162**	**205**	**8**	**3**	**5**
2100	1257	843	95	43	52			
1964	1228	736	82	42	40	2	1	1
1543	1001	542	67	27	40	3	1	2
1280	808	472	61	27	34	2	1	1
1154	767	387	62	23	39	1		1
4740	**3333**	**1407**	**275**	**126**	**149**	**13**	**7**	**6**
1015	715	300	54	21	33	2	1	1
1037	736	301	58	37	21	1	1	
1030	709	321	54	22	32	3	3	
885	616	269	50	21	29	5	1	4
773	557	216	59	25	34	2	1	1
2933	**2137**	**796**	**200**	**83**	**117**	**13**	**7**	**6**
704	518	186	42	18	24			
632	435	197	50	19	31	3	1	2
612	438	174	48	20	28	4	2	2
461	336	125	28	9	19	2	2	
524	410	114	32	17	15	4	2	2
2149	**1730**	**419**	**131**	**69**	**62**	**10**	**1**	**9**
567	449	118	22	12	10	2		2
550	443	107	40	21	19	1		1
545	440	105	34	17	17	5	1	4
342	282	60	24	12	12	2		2
145	116	29	11	7	4			
658	**536**	**122**	**24**	**15**	**9**	**10**	**4**	**6**
146	119	27	5	3	2			
105	92	13	4	1	3	1		1
138	108	30	5	3	2	5	2	3
145	124	21	4	4		2	1	1
124	93	31	6	4	2	2	1	1
544	**443**	**101**	**21**	**13**	**8**	**35**	**15**	**20**

5－3a　续表 9

受教育程度	15岁及以上人口			未　婚		
年　　龄	合计	男	女	小计	男	女
博士研究生	**9510**	**6175**	**3335**	**3016**	**1797**	**1219**
15－19岁	**9**	**6**	**3**	**9**	**6**	**3**
15						
16						
17	1	1		1	1	
18	1	1		1	1	
19	7	4	3	7	4	3
20－24岁	**348**	**213**	**135**	**338**	**212**	**126**
20	9	7	2	9	7	2
21	17	11	6	17	11	6
22	55	32	23	51	31	20
23	105	66	39	102	66	36
24	162	97	65	159	97	62
25－29岁	**1825**	**1037**	**788**	**1467**	**842**	**625**
25	284	148	136	270	142	128
26	327	186	141	301	172	129
27	372	211	161	328	186	142
28	399	226	173	299	176	123
29	443	266	177	269	166	103
30－34岁	**2225**	**1410**	**815**	**822**	**516**	**306**
30	487	296	191	250	154	96
31	437	267	170	203	129	74
32	468	292	176	165	99	66
33	432	292	140	104	73	31
34	401	263	138	100	61	39
35－39岁	**1717**	**1086**	**631**	**233**	**136**	**97**
35	356	240	116	83	53	30
36	340	216	124	54	29	25
37	326	205	121	46	30	16
38	377	224	153	31	13	18
39	318	201	117	19	11	8
40－44岁	**1227**	**775**	**452**	**80**	**41**	**39**
40	269	182	87	26	16	10
41	275	160	115	21	8	13
42	240	148	92	12	6	6
43	222	143	79	9	4	5
44	221	142	79	12	7	5
45－49岁	**835**	**561**	**274**	**40**	**24**	**16**
45	195	127	68	6	4	2
46	170	112	58	7	6	1
47	176	118	58	10	3	7
48	147	105	42	9	7	2
49	147	99	48	8	4	4
50－54岁	**598**	**462**	**136**	**8**	**5**	**3**
50	143	108	35	4	2	2
51	122	91	31	2	1	1
52	132	97	35			
53	99	80	19	1	1	
54	102	86	16	1	1	
55－59岁	**484**	**424**	**60**	**13**	**11**	**2**
55	116	95	21	3	3	
56	118	107	11	4	3	1
57	150	131	19	5	4	1
58	74	67	7	1	1	
59	26	24	2			
60－64岁	**146**	**125**	**21**	**5**	**3**	**2**
60	29	25	4	1	1	
61	23	22	1	1	1	
62	34	26	8	1	1	
63	35	30	5	2		2
64	25	22	3			
65岁及以上	**96**	**76**	**20**	**1**	**1**	

单位：人

有配偶			离婚			丧偶		
小计	男	女	小计	男	女	小计	男	女
6245	**4259**	**1986**	**230**	**115**	**115**	**19**	**4**	**15**
10	**1**	**9**						
4	1	3						
3		3						
3		3						
355	**195**	**160**	**3**		**3**			
14	6	8						
26	14	12						
43	25	18	1		1			
99	50	49	1		1			
173	100	73	1		1			
1384	**888**	**496**	**18**	**6**	**12**	**1**		**1**
235	140	95	2	2				
233	138	95	1		1			
298	191	107	5	2	3			
323	218	105	5	1	4			
295	201	94	5	1	4	1		1
1437	**925**	**512**	**47**	**25**	**22**			
264	181	83	9	6	3			
279	183	96	7	4	3			
272	168	104	8	7	1			
333	205	128	13	6	7			
289	188	101	10	2	8			
1104	**715**	**389**	**40**	**19**	**21**	**3**		**3**
235	159	76	8	7	1			
241	147	94	11	5	6	2		2
221	139	82	6	3	3	1		1
205	136	69	8	3	5			
202	134	68	7	1	6			
739	**510**	**229**	**53**	**27**	**26**	**3**		**3**
180	119	61	9	4	5			
155	101	54	7	5	2	1		1
156	113	43	10	2	8			
123	90	33	14	8	6	1		1
125	87	38	13	8	5	1		1
550	**441**	**109**	**37**	**16**	**21**	**3**		**3**
128	102	26	10	4	6	1		1
105	84	21	14	6	8	1		1
127	95	32	5	2	3			
96	78	18	2	1	1			
94	82	12	6	3	3	1		1
450	**397**	**53**	**21**	**16**	**5**			
108	88	20	5	4	1			
106	99	7	8	5	3			
138	121	17	7	6	1			
72	65	7	1	1				
26	24	2						
133	**118**	**15**	**6**	**3**	**3**	**2**	**1**	**1**
26	22	4	2	2				
22	21	1						
31	25	6	1		1	1		1
31	30	1	2		2			
23	20	3	1	1		1	1	
83	**69**	**14**	**5**	**3**	**2**	**7**	**3**	**4**

5–3b 全省分年龄、性别、受教育

受教育程度 年龄	15岁及以上人口 合计	男	女	未婚 小计	男	女
总计	**1257348**	**648989**	**608359**	**301092**	**183721**	**117371**
15–19岁	**98891**	**53225**	**45666**	**98497**	**53145**	**45352**
15	19817	10525	9292	19810	10524	9286
16	23425	12558	10867	23403	12553	10850
17	21550	11570	9980	21501	11561	9940
18	17162	9399	7763	17052	9379	7673
19	16937	9173	7764	16731	9128	7603
20–24岁	**101838**	**55291**	**46547**	**88864**	**51648**	**37216**
20	18358	9863	8495	17826	9763	8063
21	18557	10112	8445	17512	9909	7603
22	20681	11504	9177	18560	10944	7616
23	21264	11518	9746	17655	10494	7161
24	22978	12294	10684	17311	10538	6773
25–29岁	**125184**	**66325**	**58859**	**61056**	**40598**	**20458**
25	24183	13077	11106	16206	10309	5897
26	23830	12635	11195	13623	8794	4829
27	25353	13382	11971	12344	8294	4050
28	25692	13624	12068	10314	7168	3146
29	26126	13607	12519	8569	6033	2536
30–34岁	**141403**	**73362**	**68041**	**26579**	**19187**	**7392**
30	29878	15595	14283	8064	5752	2312
31	28692	14949	13743	6237	4524	1713
32	26787	13851	12936	4718	3416	1302
33	28806	14976	13830	4282	3106	1176
34	27240	13991	13249	3278	2389	889
35–39岁	**128759**	**67045**	**61714**	**10212**	**7322**	**2890**
35	25419	13286	12133	2664	1946	718
36	26243	13652	12591	2280	1622	658
37	25156	13057	12099	1908	1401	507
38	26764	14026	12738	1853	1295	558
39	25177	13024	12153	1507	1058	449
40–44岁	**106730**	**55870**	**50860**	**4791**	**3321**	**1470**
40	22584	11705	10879	1205	834	371
41	23750	12520	11230	1120	785	335
42	20938	10940	9998	909	620	289
43	18845	9954	8891	778	541	237
44	20613	10751	9862	779	541	238
45–49岁	**121475**	**62726**	**58749**	**3969**	**2764**	**1205**
45	21765	11283	10482	826	555	271
46	24499	12683	11816	863	607	256
47	25363	13036	12327	864	592	272
48	24758	12748	12010	742	535	207
49	25090	12976	12114	674	475	199
50–54岁	**118313**	**61144**	**57169**	**2637**	**1969**	**668**
50	25588	13071	12517	641	462	179
51	23621	12258	11363	552	415	137
52	25493	13122	12371	567	411	156
53	21051	10992	10059	432	345	87
54	22560	11701	10859	445	336	109
55–59岁	**96258**	**49255**	**47003**	**1505**	**1171**	**334**
55	22378	11535	10843	377	292	85
56	20597	10514	10083	344	258	86
57	22767	11690	11077	356	282	74
58	19623	10093	9530	276	222	54
59	10893	5423	5470	152	117	35
60–64岁	**67416**	**33633**	**33783**	**838**	**722**	**116**
60	10617	5241	5376	120	103	17
61	12660	6446	6214	171	149	22
62	14932	7424	7508	190	165	25
63	15707	7922	7785	180	154	26
64	13500	6600	6900	177	151	26
65岁及以上	**151081**	**71113**	**79968**	**2144**	**1874**	**270**

程度、婚姻状况的人口(镇)

单位：人

有配偶			离婚			丧偶		
小计	男	女	小计	男	女	小计	男	女
880245	**443542**	**436703**	**17799**	**9198**	**8601**	**58212**	**12528**	**45684**
393	**80**	**313**	**1**		**1**			
7	1	6						
22	5	17						
49	9	40						
109	20	89	1		1			
206	45	161						
12840	**3612**	**9228**	**133**	**30**	**103**	**1**	**1**	
529	100	429	3		3			
1040	202	838	5	1	4			
2102	556	1546	19	4	15			
3572	1012	2560	36	11	25	1	1	
5597	1742	3855	70	14	56			
63043	**25270**	**37773**	**1040**	**446**	**594**	**45**	**11**	**34**
7870	2731	5139	105	36	69	2	1	1
10052	3780	6272	152	60	92	3	1	2
12809	4999	7810	191	86	105	9	3	6
15124	6360	8764	242	93	149	12	3	9
17188	7400	9788	350	171	179	19	3	16
112171	**52869**	**59302**	**2489**	**1271**	**1218**	**164**	**35**	**129**
21399	9636	11763	394	201	193	21	6	15
21986	10203	11783	445	215	230	24	7	17
21564	10189	11375	469	239	230	36	7	29
23895	11549	12346	591	311	280	38	10	28
23327	11292	12035	590	305	285	45	5	40
114953	**57935**	**57018**	**3282**	**1719**	**1563**	**312**	**69**	**243**
22125	11010	11115	590	320	270	40	10	30
23211	11662	11549	684	350	334	68	18	50
22567	11308	11259	627	340	287	54	8	46
24129	12335	11794	708	379	329	74	17	57
22921	11620	11301	673	330	343	76	16	60
98219	**50754**	**47465**	**3144**	**1681**	**1463**	**576**	**114**	**462**
20619	10502	10117	673	353	320	87	16	71
21761	11310	10451	754	401	353	115	24	91
19314	9963	9351	599	340	259	116	17	99
17397	9096	8301	551	289	262	119	28	91
19128	9883	9245	567	298	269	139	29	110
113136	**58147**	**54989**	**3014**	**1560**	**1454**	**1356**	**255**	**1101**
20190	10396	9794	552	293	259	197	39	158
22787	11702	11085	616	328	288	233	46	187
23543	12050	11493	694	350	344	262	44	218
23100	11835	11265	598	320	278	318	58	260
23516	12164	11352	554	269	285	346	68	278
110670	**57540**	**53130**	**2166**	**1095**	**1071**	**2840**	**540**	**2300**
23946	12244	11702	557	283	274	444	82	362
22103	11500	10603	465	257	208	501	86	415
23932	12394	11538	414	212	202	580	105	475
19687	10349	9338	357	176	181	575	122	453
21002	11053	9949	373	167	206	740	145	595
88915	**46579**	**42336**	**1265**	**660**	**605**	**4573**	**845**	**3728**
20817	10924	9893	306	158	148	878	161	717
19036	9944	9092	283	145	138	934	167	767
21025	11034	9991	313	168	145	1073	206	867
18052	9538	8514	242	129	113	1053	204	849
9985	5139	4846	121	60	61	635	107	528
60058	**31333**	**28725**	**583**	**325**	**258**	**5937**	**1253**	**4684**
9613	4924	4689	133	66	67	751	148	603
11380	6031	5349	118	61	57	991	205	786
13345	6944	6401	105	61	44	1292	254	1038
13904	7351	6553	127	75	52	1496	342	1154
11816	6083	5733	100	62	38	1407	304	1103
105847	**59423**	**46424**	**682**	**411**	**271**	**42408**	**9405**	**33003**

5-3b 续表 1

受教育程度 年龄	15岁及以上人口			未婚		
	合计	男	女	小计	男	女
未上过学	**29363**	**5840**	**23523**	**1891**	**1395**	**496**
15-19岁	**166**	**91**	**75**	**165**	**91**	**74**
15	36	19	17	36	19	17
16	27	18	9	27	18	9
17	32	16	16	31	16	15
18	36	20	16	36	20	16
19	35	18	17	35	18	17
20-24岁	**210**	**111**	**99**	**195**	**110**	**85**
20	33	18	15	32	18	14
21	42	24	18	39	24	15
22	33	19	14	31	19	12
23	40	18	22	37	18	19
24	62	32	30	56	31	25
25-29岁	**286**	**165**	**121**	**220**	**147**	**73**
25	57	32	25	48	29	19
26	58	37	21	47	35	12
27	61	29	32	39	24	15
28	57	36	21	46	32	14
29	53	31	22	40	27	13
30-34岁	**323**	**164**	**159**	**166**	**113**	**53**
30	69	40	29	41	31	10
31	71	40	31	46	33	13
32	60	28	32	27	16	11
33	65	30	35	22	14	8
34	58	26	32	30	19	11
35-39岁	**320**	**128**	**192**	**111**	**76**	**35**
35	59	23	36	24	14	10
36	60	28	32	22	16	6
37	65	31	34	27	20	7
38	60	24	36	16	11	5
39	76	22	54	22	15	7
40-44岁	**511**	**143**	**368**	**102**	**74**	**28**
40	85	22	63	15	10	5
41	109	31	78	27	16	11
42	94	30	64	18	13	5
43	96	28	68	21	18	3
44	127	32	95	21	17	4
45-49岁	**951**	**235**	**716**	**129**	**95**	**34**
45	113	38	75	17	14	3
46	172	29	143	25	14	11
47	223	61	162	33	28	5
48	223	59	164	27	18	9
49	220	48	172	27	21	6
50-54岁	**1720**	**367**	**1353**	**129**	**104**	**25**
50	318	67	251	27	18	9
51	295	64	231	24	17	7
52	378	95	283	36	31	5
53	326	58	268	19	19	
54	403	83	320	23	19	4
55-59岁	**1991**	**381**	**1610**	**121**	**108**	**13**
55	387	75	312	32	29	3
56	394	81	313	22	18	4
57	456	82	374	27	23	4
58	441	83	358	26	24	2
59	313	60	253	14	14	
60-64岁	**2993**	**516**	**2477**	**98**	**90**	**8**
60	358	53	305	12	12	
61	487	95	392	24	22	2
62	651	116	535	22	19	3
63	775	130	645	24	23	1
64	722	122	600	16	14	2
65岁及以上	**19892**	**3539**	**16353**	**455**	**387**	**68**

单位：人

有配偶			离　婚			丧　偶		
小计	男	女	小计	男	女	小计	男	女
15796	**3477**	**12319**	**145**	**49**	**96**	**11531**	**919**	**10612**
1		**1**						
1		1						
15	**1**	**14**						
1		1						
3		3						
2		2						
3		3						
6	1	5						
61	**16**	**45**	**3**	**1**	**2**	**2**	**1**	**1**
8	2	6				1	1	
11	2	9						
20	4	16	2	1	1			
10	4	6	1		1			
12	4	8				1		1
154	**51**	**103**	**2**		**2**	**1**		**1**
28	9	19						
24	7	17	1		1			
32	12	20				1		1
42	16	26	1		1			
28	7	21						
199	**50**	**149**	**7**	**2**	**5**	**3**		**3**
33	9	24	1		1	1		1
37	12	25	1		1			
36	11	25	2		2			
41	12	29	1	1		2		2
52	6	46	2	1	1			
392	**67**	**325**	**8**	**1**	**7**	**9**	**1**	**8**
67	11	56	2	1	1	1		1
78	14	64	1		1	3	1	2
73	17	56	2		2	1		1
72	10	62	1		1	2		2
102	15	87	2		2	2		2
769	**132**	**637**	**14**	**6**	**8**	**39**	**2**	**37**
91	24	67	1		1	4		4
139	14	125	4	1	3	4		4
183	31	152	3	2	1	4		4
178	37	141	4	3	1	14	1	13
178	26	152	2		2	13	1	12
1467	**248**	**1219**	**18**	**7**	**11**	**106**	**8**	**98**
269	48	221	4	1	3	18		18
254	45	209	2	1	1	15	1	14
316	60	256	4	1	3	22	3	19
283	37	246	3	1	2	21	1	20
345	58	287	5	3	2	30	3	27
1644	**252**	**1392**	**15**	**5**	**10**	**211**	**16**	**195**
315	41	274	5	2	3	35	3	32
330	57	273	4	2	2	38	4	34
382	55	327	2		2	45	4	41
360	59	301				55		55
257	40	217	4	1	3	38	5	33
2346	**390**	**1956**	**12**	**5**	**7**	**537**	**31**	**506**
289	36	253				57	5	52
388	68	320	4	1	3	71	4	67
516	89	427	6	3	3	107	5	102
593	97	496				158	10	148
560	100	460	2	1	1	144	7	137
8748	**2270**	**6478**	**66**	**22**	**44**	**10623**	**860**	**9763**

5−3b 续表 2

受教育程度 年　龄	15岁及以上人口			未　婚		
	合计	男	女	小计	男	女
学前教育	**1580**	**536**	**1044**	**216**	**144**	**72**
15−19岁	**88**	**53**	**35**	**88**	**53**	**35**
15	30	20	10	30	20	10
16	25	13	12	25	13	12
17	11	6	5	11	6	5
18	12	7	5	12	7	5
19	10	7	3	10	7	3
20−24岁	**40**	**27**	**13**	**37**	**26**	**11**
20	11	5	6	9	5	4
21	5	2	3	5	2	3
22	7	6	1	7	6	1
23	9	8	1	9	8	1
24	8	6	2	7	5	2
25−29岁	**48**	**18**	**30**	**28**	**12**	**16**
25	5	2	3	4	2	2
26	8	3	5	6	2	4
27	12	3	9	8	3	5
28	15	6	9	4	2	2
29	8	4	4	6	3	3
30−34岁	**32**	**13**	**19**	**9**	**7**	**2**
30	10	4	6	3	2	1
31	11	7	4	4	4	
32	6	1	5	2	1	1
33	5	1	4			
34						
35−39岁	**32**	**17**	**15**	**10**	**9**	**1**
35	3	1	2			
36	9	6	3	4	3	1
37	9	7	2	6	6	
38	4	1	3			
39	7	2	5			
40−44岁	**39**	**11**	**28**	**6**	**4**	**2**
40	9	3	6	2	2	
41	9		9	1		1
42	5	2	3	1	1	
43	5	3	2			
44	11	3	8	2	1	1
45−49岁	**72**	**27**	**45**	**7**	**6**	**1**
45	8	3	5	1	1	
46	13	3	10	1		1
47	12	6	6	2	2	
48	15	6	9	1	1	
49	24	9	15	2	2	
50−54岁	**124**	**43**	**81**	**6**	**6**	
50	20	7	13	2	2	
51	19	8	11			
52	21	5	16			
53	34	11	23	2	2	
54	30	12	18	2	2	
55−59岁	**136**	**38**	**98**	**5**	**3**	**2**
55	35	14	21	1	1	
56	23	7	16			
57	36	8	28	2	1	1
58	27	6	21	2	1	1
59	15	3	12			
60−64岁	**148**	**43**	**105**	**2**	**2**	
60	19	5	14	1	1	
61	34	12	22	1	1	
62	27	3	24			
63	40	14	26			
64	28	9	19			
65岁及以上	**821**	**246**	**575**	**18**	**16**	**2**

单位：人

有配偶			离婚			丧偶		
小计	男	女	小计	男	女	小计	男	女
949	**321**	**628**	**10**	**6**	**4**	**405**	**65**	**340**
3	**1**	**2**						
2		2						
1	1							
20	**6**	**14**						
1		1						
2	1	1						
4		4						
11	4	7						
2	1	1						
22	**5**	**17**	**1**	**1**				
6	1	5	1	1				
7	3	4						
4		4						
5	1	4						
22	**8**	**14**						
3	1	2						
5	3	2						
3	1	2						
4	1	3						
7	2	5						
32	**7**	**25**	**1**		**1**			
7	1	6						
8		8						
4	1	3						
4	3	1	1		1			
9	2	7						
63	**21**	**42**				**2**		**2**
7	2	5						
11	3	8				1		1
10	4	6						
14	5	9						
21	7	14				1		1
108	**35**	**73**	**1**	**1**		**9**	**1**	**8**
16	4	12	1	1		1		1
15	7	8				4	1	3
20	5	15				1		1
30	9	21				2		2
27	10	17				1		1
115	**32**	**83**	**2**	**1**	**1**	**14**	**2**	**12**
30	12	18				4	1	3
20	7	13				3		3
29	6	23	1		1	4	1	3
23	4	19	1	1		1		1
13	3	10				2		2
113	**33**	**80**	**2**	**2**		**31**	**6**	**25**
15	3	12				3	1	2
23	8	15	1	1		9	2	7
22	3	19				5		5
34	12	22	1	1		5	1	4
19	7	12				9	2	7
451	**173**	**278**	**3**	**1**	**2**	**349**	**56**	**293**

5-3b 续表 3

受教育程度 年　　龄	15岁及以上人口			未　　婚		
	合计	男	女	小计	男	女
小　学	**234579**	**96728**	**137851**	**13017**	**9414**	**3603**
15-19岁	**1025**	**585**	**440**	**997**	**576**	**421**
15	163	93	70	161	93	68
16	147	81	66	145	81	64
17	185	100	85	181	98	83
18	207	117	90	203	116	87
19	323	194	129	307	188	119
20-24岁	**2809**	**1499**	**1310**	**2202**	**1331**	**871**
20	370	220	150	342	213	129
21	408	235	173	354	224	130
22	617	323	294	508	299	209
23	658	335	323	497	296	201
24	756	386	370	501	299	202
25-29岁	**5011**	**2583**	**2428**	**2220**	**1543**	**677**
25	819	431	388	484	329	155
26	877	456	421	447	298	149
27	1015	534	481	458	319	139
28	1142	583	559	447	315	132
29	1158	579	579	384	282	102
30-34岁	**8346**	**3936**	**4410**	**1668**	**1242**	**426**
30	1469	736	733	448	338	110
31	1606	747	859	365	269	96
32	1546	730	816	300	221	79
33	1870	868	1002	302	224	78
34	1855	855	1000	253	190	63
35-39岁	**9539**	**4221**	**5318**	**957**	**697**	**260**
35	1730	781	949	207	157	50
36	1983	917	1066	234	169	65
37	1771	732	1039	155	114	41
38	2005	917	1088	196	142	54
39	2050	874	1176	165	115	50
40-44岁	**12655**	**5256**	**7399**	**777**	**573**	**204**
40	2014	845	1169	157	105	52
41	2477	1060	1417	163	124	39
42	2513	1041	1472	164	123	41
43	2529	1055	1474	128	100	28
44	3122	1255	1867	165	121	44
45-49岁	**23196**	**9108**	**14088**	**975**	**714**	**261**
45	3501	1363	2138	190	137	53
46	4221	1654	2567	218	162	56
47	4810	1864	2946	209	146	63
48	5060	2003	3057	197	149	48
49	5604	2224	3380	161	120	41
50-54岁	**34277**	**13851**	**20426**	**915**	**723**	**192**
50	6244	2407	3837	192	145	47
51	6841	2830	4011	201	168	33
52	7488	2987	4501	181	133	48
53	6563	2684	3879	170	141	29
54	7141	2943	4198	171	136	35
55-59岁	**30673**	**11814**	**18859**	**600**	**483**	**117**
55	7067	2810	4257	145	119	26
56	6431	2476	3955	142	108	34
57	7093	2781	4312	137	111	26
58	6435	2461	3974	111	91	20
59	3647	1286	2361	65	54	11
60-64岁	**27555**	**10546**	**17009**	**439**	**391**	**48**
60	3814	1399	2415	62	56	6
61	4908	1896	3012	88	77	11
62	6145	2334	3811	98	92	6
63	6750	2670	4080	97	85	12
64	5938	2247	3691	94	81	13
65岁及以上	**79493**	**33329**	**46164**	**1267**	**1141**	**126**

单位：人

有配偶			离婚			丧偶		
小计	男	女	小计	男	女	小计	男	女
188085	**79734**	**108351**	**2629**	**1391**	**1238**	**30848**	**6189**	**24659**
28	**9**	**19**						
2		2						
2		2						
4	2	2						
4	1	3						
16	6	10						
596	**165**	**431**	**11**	**3**	**8**			
27	7	20	1		1			
54	11	43						
104	23	81	5	1	4			
160	39	121	1		1			
251	85	166	4	2	2			
2730	**1015**	**1715**	**55**	**25**	**30**	**6**		**6**
331	101	230	4	1	3			
420	153	267	10	5	5			
548	211	337	7	4	3	2		2
681	264	417	12	4	8	2		2
750	286	464	22	11	11	2		2
6472	**2590**	**3882**	**190**	**102**	**88**	**16**	**2**	**14**
1006	393	613	12	5	7	3		3
1203	461	742	34	17	17	4		4
1210	489	721	33	20	13	3		3
1509	617	892	55	25	30	4	2	2
1544	630	914	56	35	21	2		2
8312	**3395**	**4917**	**225**	**118**	**107**	**45**	**11**	**34**
1479	602	877	39	21	18	5	1	4
1680	717	963	61	28	33	8	3	5
1571	599	972	36	19	17	9		9
1750	743	1007	50	29	21	9	3	6
1832	734	1098	39	21	18	14	4	10
11459	**4489**	**6970**	**304**	**177**	**127**	**115**	**17**	**98**
1792	706	1086	49	32	17	16	2	14
2236	891	1345	58	39	19	20	6	14
2269	885	1384	60	33	27	20		20
2317	916	1401	58	32	26	26	7	19
2845	1091	1754	79	41	38	33	2	31
21318	**8108**	**13210**	**486**	**224**	**262**	**417**	**62**	**355**
3173	1184	1989	73	30	43	65	12	53
3832	1438	2394	106	44	62	65	10	55
4426	1650	2776	105	57	48	70	11	59
4654	1792	2862	107	51	56	102	11	91
5233	2044	3189	95	42	53	115	18	97
31670	**12710**	**18960**	**514**	**251**	**263**	**1178**	**167**	**1011**
5805	2197	3608	100	48	52	147	17	130
6328	2574	3754	118	64	54	194	24	170
6964	2772	4192	92	46	46	251	36	215
6036	2454	3582	96	46	50	261	43	218
6537	2713	3824	108	47	61	325	47	278
27667	**10869**	**16798**	**311**	**172**	**139**	**2095**	**290**	**1805**
6455	2591	3864	67	40	27	400	60	340
5789	2269	3520	77	41	36	423	58	365
6433	2555	3878	68	42	26	455	73	382
5771	2273	3498	69	37	32	484	60	424
3219	1181	2038	30	12	18	333	39	294
23732	**9510**	**14222**	**203**	**119**	**84**	**3181**	**526**	**2655**
3339	1265	2074	45	23	22	368	55	313
4260	1710	2550	34	21	13	526	88	438
5289	2108	3181	43	23	20	715	111	604
5810	2416	3394	43	26	17	800	143	657
5034	2011	3023	38	26	12	772	129	643
54101	**26874**	**27227**	**330**	**200**	**130**	**23795**	**5114**	**18681**

5-3b 续表 4

受教育程度	15岁及以上人口			未婚		
年龄	合计	男	女	小计	男	女
初 中	**547331**	**293949**	**253382**	**103242**	**68386**	**34856**
15-19岁	**28012**	**15787**	**12225**	**27744**	**15734**	**12010**
15	10266	5712	4554	10263	5711	4552
16	6000	3326	2674	5984	3323	2661
17	4098	2270	1828	4064	2267	1797
18	3688	2120	1568	3610	2109	1501
19	3960	2359	1601	3823	2324	1499
20-24岁	**33706**	**19099**	**14607**	**26598**	**17100**	**9498**
20	4367	2617	1750	4024	2554	1470
21	5352	3150	2202	4732	3025	1707
22	7144	4144	3000	5951	3819	2132
23	7816	4312	3504	5820	3736	2084
24	9027	4876	4151	6071	3966	2105
25-29岁	**54837**	**29015**	**25822**	**23811**	**16854**	**6957**
25	10099	5479	4620	6034	4114	1920
26	10143	5436	4707	5182	3573	1609
27	11069	5837	5232	4859	3477	1382
28	11503	6058	5445	4118	3026	1092
29	12023	6205	5818	3618	2664	954
30-34岁	**68765**	**35042**	**33723**	**12320**	**9259**	**3061**
30	13804	7011	6793	3508	2570	938
31	13603	6960	6643	2777	2117	660
32	13105	6749	6356	2271	1730	541
33	14291	7317	6974	2073	1563	510
34	13962	7005	6957	1691	1279	412
35-39岁	**70461**	**35780**	**34681**	**5509**	**4154**	**1355**
35	13322	6797	6525	1364	1053	311
36	14248	7221	7027	1226	913	313
37	13888	7036	6852	1058	810	248
38	14934	7635	7299	1013	748	265
39	14069	7091	6978	848	630	218
40-44岁	**58397**	**30186**	**28211**	**2723**	**1933**	**790**
40	12402	6273	6129	701	499	202
41	12839	6649	6190	637	455	182
42	11502	5933	5569	495	352	143
43	10274	5401	4873	457	322	135
44	11380	5930	5450	433	305	128
45-49岁	**67707**	**35355**	**32352**	**2114**	**1508**	**606**
45	12123	6310	5813	449	314	135
46	13847	7226	6621	455	333	122
47	14193	7324	6869	470	328	142
48	13757	7240	6517	394	292	102
49	13787	7255	6532	346	241	105
50-54岁	**60604**	**32774**	**27830**	**1255**	**923**	**332**
50	13607	7191	6416	322	234	88
51	12068	6512	5556	257	187	70
52	12971	6945	6026	283	208	75
53	10559	5844	4715	196	149	47
54	11399	6282	5117	197	145	52
55-59岁	**44578**	**24375**	**20203**	**624**	**468**	**156**
55	11089	6066	5023	161	115	46
56	10015	5458	4557	143	107	36
57	10599	5768	4831	157	120	37
58	8440	4644	3796	105	85	20
59	4435	2439	1996	58	41	17
60-64岁	**24406**	**14030**	**10376**	**222**	**184**	**38**
60	4066	2220	1846	30	24	6
61	4636	2680	1956	43	37	6
62	5456	3144	2312	58	47	11
63	5545	3273	2272	42	34	8
64	4703	2713	1990	49	42	7
65岁及以上	**35858**	**22506**	**13352**	**322**	**269**	**53**

单位：人

有配偶			离婚			丧偶		
小计	男	女	小计	男	女	小计	男	女
423108	**216823**	**206285**	**8972**	**4865**	**4107**	**12009**	**3875**	**8134**
267	**53**	**214**	**1**		**1**			
3	1	2						
16	3	13						
34	3	31						
77	11	66	1		1			
137	35	102						
7035	**1980**	**5055**	**72**	**18**	**54**	**1**	**1**	
342	63	279	1		1			
618	124	494	2	1	1			
1184	323	861	9	2	7			
1971	568	1403	24	7	17	1	1	
2920	902	2018	36	8	28			
30425	**11894**	**18531**	**582**	**262**	**320**	**19**	**5**	**14**
3999	1339	2660	65	26	39	1		1
4872	1825	3047	88	37	51	1	1	
6099	2311	3788	108	49	59	3		3
7251	2979	4272	130	50	80	4	3	1
8204	3440	4764	191	100	91	10	1	9
55099	**25088**	**30011**	**1247**	**674**	**573**	**99**	**21**	**78**
10090	4330	5760	194	107	87	12	4	8
10593	4734	5859	219	105	114	14	4	10
10574	4883	5691	241	132	109	19	4	15
11897	5582	6315	296	166	130	25	6	19
11945	5559	6386	297	164	133	29	3	26
62945	**30579**	**32366**	**1797**	**998**	**799**	**210**	**49**	**161**
11607	5549	6058	321	186	135	30	9	21
12607	6092	6515	368	204	164	47	12	35
12453	6037	6416	345	183	162	32	6	26
13489	6648	6841	385	227	158	47	12	35
12789	6253	6536	378	198	180	54	10	44
53663	**27267**	**26396**	**1656**	**911**	**745**	**355**	**75**	**280**
11291	5576	5715	358	187	171	52	11	41
11738	5963	5775	401	223	178	63	8	55
10626	5392	5234	306	175	131	75	14	61
9445	4899	4546	296	164	132	76	16	60
10563	5437	5126	295	162	133	89	26	63
63315	**32832**	**30483**	**1556**	**865**	**691**	**722**	**150**	**572**
11285	5804	5481	288	169	119	101	23	78
12934	6682	6252	330	183	147	128	28	100
13218	6780	6438	357	193	164	148	23	125
12901	6742	6159	300	172	128	162	34	128
12977	6824	6153	281	148	133	183	42	141
56985	**30993**	**25992**	**1057**	**561**	**496**	**1307**	**297**	**1010**
12774	6757	6017	278	151	127	233	49	184
11357	6155	5202	220	124	96	234	46	188
12216	6572	5644	211	113	98	261	52	209
9935	5534	4401	168	89	79	260	72	188
10703	5975	4728	180	84	96	319	78	241
41555	**23170**	**18385**	**606**	**328**	**278**	**1793**	**409**	**1384**
10415	5799	4616	152	79	73	361	73	288
9349	5203	4146	133	66	67	390	82	308
9843	5459	4384	160	91	69	439	98	341
7817	4388	3429	111	61	50	407	110	297
4131	2321	1810	50	31	19	196	46	150
22351	**13241**	**9110**	**212**	**123**	**89**	**1621**	**482**	**1139**
3750	2109	1641	52	28	24	234	59	175
4276	2545	1731	43	22	21	274	76	198
5016	2982	2034	39	24	15	343	91	252
5064	3075	1989	46	28	18	393	136	257
4245	2530	1715	32	21	11	377	120	257
29468	**19726**	**9742**	**186**	**125**	**61**	**5882**	**2386**	**3496**

5-3b 续表 5

受教育程度 年龄	15岁及以上人口			未婚		
	合计	男	女	小计	男	女
高中	**270235**	**157542**	**112693**	**109310**	**64805**	**44505**
15-19岁	**57790**	**30716**	**27074**	**57701**	**30699**	**27002**
15	9155	4583	4572	9153	4583	4570
16	16832	8873	7959	16829	8871	7958
17	16360	8708	7652	16351	8705	7646
18	9864	5376	4488	9836	5368	4468
19	5579	3176	2403	5532	3172	2360
20-24岁	**27129**	**15576**	**11553**	**23693**	**14579**	**9114**
20	4777	2734	2043	4650	2708	1942
21	4859	2832	2027	4587	2786	1801
22	5391	3140	2251	4815	2989	1826
23	5796	3336	2460	4837	3048	1789
24	6306	3534	2772	4804	3048	1756
25-29岁	**33971**	**18966**	**15005**	**16982**	**11713**	**5269**
25	6671	3789	2882	4515	2974	1541
26	6574	3660	2914	3793	2570	1223
27	6919	3857	3062	3443	2401	1042
28	6845	3808	3037	2832	2027	805
29	6962	3852	3110	2399	1741	658
30-34岁	**34652**	**19206**	**15446**	**6893**	**5053**	**1840**
30	7894	4419	3475	2195	1611	584
31	7232	4026	3206	1671	1226	445
32	6549	3636	2913	1205	879	326
33	6868	3758	3110	1066	786	280
34	6109	3367	2742	756	551	205
35-39岁	**27000**	**15276**	**11724**	**2225**	**1567**	**658**
35	5544	3119	2425	647	475	172
36	5446	3076	2370	489	338	151
37	5271	2958	2313	387	287	100
38	5517	3143	2374	401	266	135
39	5222	2980	2242	301	201	100
40-44岁	**20559**	**12112**	**8447**	**781**	**512**	**269**
40	4743	2725	2018	215	147	68
41	4914	2875	2039	193	130	63
42	3983	2366	1617	152	93	59
43	3447	2061	1386	122	75	47
44	3472	2085	1387	99	67	32
45-49岁	**17952**	**11002**	**6950**	**544**	**339**	**205**
45	3511	2089	1422	113	61	52
46	3760	2284	1476	122	75	47
47	3678	2280	1398	104	66	38
48	3550	2168	1382	98	66	32
49	3453	2181	1272	107	71	36
50-54岁	**13888**	**8914**	**4974**	**235**	**156**	**79**
50	3423	2138	1285	71	47	24
51	2757	1727	1030	49	35	14
52	3003	1972	1031	53	31	22
53	2299	1503	796	26	18	8
54	2406	1574	832	36	25	11
55-59岁	**14488**	**9369**	**5119**	**125**	**87**	**38**
55	2670	1727	943	29	20	9
56	2697	1724	973	31	22	9
57	3566	2302	1264	24	19	5
58	3470	2284	1186	27	19	8
59	2085	1332	753	14	7	7
60-64岁	**10599**	**7188**	**3411**	**66**	**50**	**16**
60	2037	1333	704	13	9	4
61	2238	1501	737	14	12	2
62	2322	1572	750	11	7	4
63	2211	1523	688	14	10	4
64	1791	1259	532	14	12	2
65岁及以上	**12207**	**9217**	**2990**	**65**	**50**	**15**

单位：人

有配偶			离婚			丧偶		
小计	男	女	小计	男	女	小计	男	女
154321	**89562**	**64759**	**3794**	**1939**	**1855**	**2810**	**1236**	**1574**
89	**17**	**72**						
2		2						
3	2	1						
9	3	6						
28	8	20						
47	4	43						
3404	**990**	**2414**	**32**	**7**	**25**			
126	26	100	1		1			
271	46	225	1		1			
571	150	421	5	1	4			
953	285	668	6	3	3			
1483	483	1000	19	3	16			
16709	**7139**	**9570**	**270**	**111**	**159**	**10**	**3**	**7**
2132	809	1323	24	6	18			
2742	1076	1666	38	14	24	1		1
3421	1428	1993	53	27	26	2	1	1
3944	1759	2185	68	22	46	1		1
4470	2067	2403	87	42	45	6	2	4
27057	**13788**	**13269**	**672**	**356**	**316**	**30**	**9**	**21**
5573	2741	2832	121	65	56	5	2	3
5431	2733	2698	126	65	61	4	2	2
5211	2691	2520	125	63	62	8	3	5
5646	2890	2756	151	81	70	5	1	4
5196	2733	2463	149	82	67	8	1	7
23977	**13316**	**10661**	**762**	**389**	**373**	**36**	**4**	**32**
4755	2572	2183	139	72	67	3		3
4785	2655	2130	162	82	80	10	1	9
4728	2584	2144	148	86	62	8	1	7
4956	2803	2153	150	73	77	10	1	9
4753	2702	2051	163	76	87	5	1	4
19009	**11194**	**7815**	**710**	**392**	**318**	**59**	**14**	**45**
4354	2486	1868	163	90	73	11	2	9
4534	2652	1882	169	87	82	18	6	12
3680	2184	1496	143	88	55	8	1	7
3184	1913	1271	128	69	59	13	4	9
3257	1959	1298	107	58	49	9	1	8
16739	**10345**	**6394**	**563**	**290**	**273**	**106**	**28**	**78**
3283	1974	1309	103	51	52	12	3	9
3513	2136	1377	111	71	40	14	2	12
3418	2149	1269	127	55	72	29	10	19
3313	2034	1279	117	61	56	22	7	15
3212	2052	1160	105	52	53	29	6	23
13109	**8527**	**4582**	**349**	**172**	**177**	**195**	**59**	**136**
3213	2028	1185	103	50	53	36	13	23
2582	1636	946	80	43	37	46	13	33
2848	1892	956	68	38	30	34	11	23
2193	1454	739	53	25	28	27	6	21
2273	1517	756	45	16	29	52	16	36
13732	**9056**	**4676**	**236**	**112**	**124**	**395**	**114**	**281**
2524	1661	863	53	25	28	64	21	43
2557	1660	897	46	25	21	63	17	46
3371	2230	1141	56	23	33	115	30	85
3302	2208	1094	51	27	24	90	30	60
1978	1297	681	30	12	18	63	16	47
9899	**6895**	**3004**	**126**	**63**	**63**	**508**	**180**	**328**
1912	1288	624	30	12	18	82	24	58
2100	1447	653	28	14	14	96	28	68
2183	1514	669	15	9	6	113	42	71
2047	1453	594	27	15	12	123	45	78
1657	1193	464	26	13	13	94	41	53
10597	**8295**	**2302**	**74**	**47**	**27**	**1471**	**825**	**646**

5-3b 续表 6

受教育程度 年 龄	15岁及以上人口			未 婚		
	合计	男	女	小计	男	女
大学专科	**107399**	**59177**	**48222**	**44251**	**25089**	**19162**
15–19岁	**7703**	**4149**	**3554**	**7699**	**4149**	**3550**
15	150	93	57	150	93	57
16	352	221	131	352	221	131
17	711	405	306	711	405	306
18	2278	1238	1040	2278	1238	1040
19	4212	2192	2020	4208	2192	2016
20–24岁	**22611**	**11880**	**10731**	**21145**	**11492**	**9653**
20	5099	2692	2407	5073	2691	2382
21	4499	2320	2179	4416	2300	2116
22	4369	2345	2024	4168	2298	1870
23	4287	2245	2042	3879	2142	1737
24	4357	2278	2079	3609	2061	1548
25–29岁	**19487**	**9909**	**9578**	**10727**	**6439**	**4288**
25	4168	2144	2024	3129	1792	1337
26	3963	2002	1961	2525	1467	1058
27	3912	1974	1938	2104	1279	825
28	3804	1977	1827	1715	1095	620
29	3640	1812	1828	1254	806	448
30–34岁	**17349**	**8972**	**8377**	**3321**	**2195**	**1126**
30	4009	2106	1903	1118	754	364
31	3707	1932	1775	834	555	279
32	3260	1580	1680	538	339	199
33	3325	1749	1576	494	323	171
34	3048	1605	1443	337	224	113
35–39岁	**12269**	**6593**	**5676**	**875**	**531**	**344**
35	2712	1455	1257	271	163	108
36	2586	1372	1214	183	119	64
37	2382	1321	1061	168	103	65
38	2452	1311	1141	148	86	62
39	2137	1134	1003	105	60	45
40–44岁	**8658**	**4862**	**3796**	**246**	**145**	**101**
40	1943	1085	858	72	47	25
41	2027	1144	883	58	36	22
42	1701	950	751	46	24	22
43	1484	825	659	33	16	17
44	1503	858	645	37	22	15
45–49岁	**7338**	**4299**	**3039**	**136**	**75**	**61**
45	1538	879	659	38	20	18
46	1544	907	637	30	15	15
47	1549	920	629	33	19	14
48	1413	812	601	14	6	8
49	1294	781	513	21	15	6
50–54岁	**5089**	**3293**	**1796**	**64**	**38**	**26**
50	1300	792	508	19	14	5
51	1059	707	352	11	4	7
52	1101	709	392	10	4	6
53	813	552	261	11	9	2
54	816	533	283	13	7	6
55–59岁	**3264**	**2355**	**909**	**22**	**16**	**6**
55	785	560	225	7	6	1
56	760	538	222	4	2	2
57	772	550	222	8	7	1
58	622	460	162	3	1	2
59	325	247	78			
60–64岁	**1411**	**1069**	**342**	**8**	**3**	**5**
60	260	180	80	1		1
61	299	220	79	1		1
62	279	215	64	1		1
63	314	250	64	3	2	1
64	259	204	55	2	1	1
65岁及以上	**2220**	**1796**	**424**	**8**	**6**	**2**

单位：人

有配偶			离婚			丧偶		
小计	男	女	小计	男	女	小计	男	女
61176	**33259**	**27917**	**1487**	**641**	**846**	**485**	**188**	**297**
4		**4**						
4		4						
1451	**386**	**1065**	**15**	**2**	**13**			
26	1	25						
81	20	61	2		2			
201	47	154						
403	102	301	5	1	4			
740	216	524	8	1	7			
8655	**3428**	**5227**	**100**	**40**	**60**	**5**	**2**	**3**
1029	349	680	10	3	7			
1426	532	894	12	3	9			
1790	690	1100	16	3	13	2	2	
2061	867	1194	25	15	10	3		3
2349	990	1359	37	16	21			
13759	**6676**	**7083**	**258**	**100**	**158**	**11**	**1**	**10**
2839	1334	1505	51	18	33	1		1
2826	1356	1470	46	20	26	1	1	
2670	1221	1449	48	20	28	4		4
2768	1399	1369	62	27	35	1		1
2656	1366	1290	51	15	36	4		4
11070	**5915**	**5155**	**312**	**142**	**170**	**12**	**5**	**7**
2378	1259	1119	63	33	30			
2335	1222	1113	65	29	36	3	2	1
2150	1182	968	61	35	26	3	1	2
2228	1193	1035	72	31	41	4	1	3
1979	1059	920	51	14	37	2	1	1
8092	**4580**	**3512**	**289**	**132**	**157**	**31**	**5**	**26**
1801	1007	794	63	30	33	7	1	6
1878	1075	803	82	32	50	9	1	8
1592	892	700	54	32	22	9	2	7
1409	793	616	40	15	25	2	1	1
1412	813	599	50	23	27	4		4
6895	**4102**	**2793**	**253**	**113**	**140**	**54**	**9**	**45**
1434	835	599	52	23	29	14	1	13
1456	866	590	42	22	20	16	4	12
1441	871	570	67	30	37	8		8
1340	783	557	46	20	26	13	3	10
1224	747	477	46	18	28	3	1	2
4839	**3185**	**1654**	**149**	**64**	**85**	**37**	**6**	**31**
1227	753	474	47	24	23	7	1	6
1012	685	327	30	17	13	6	1	5
1051	692	359	31	10	21	9	3	6
779	539	240	20	4	16	3		3
770	516	254	21	9	12	12	1	11
3113	**2299**	**814**	**72**	**28**	**44**	**57**	**12**	**45**
741	543	198	24	8	16	13	3	10
728	526	202	14	5	9	14	5	9
731	534	197	19	9	10	14		14
597	453	144	9	3	6	13	3	10
316	243	73	6	3	3	3	1	2
1332	**1035**	**297**	**21**	**8**	**13**	**50**	**23**	**27**
247	173	74	6	3	3	6	4	2
281	215	66	6	1	5	11	4	7
268	208	60	2	2		8	5	3
289	240	49	6	2	4	16	6	10
247	199	48	1		1	9	4	5
1966	**1653**	**313**	**18**	**12**	**6**	**228**	**125**	**103**

5－3b 续表 7

受教育程度 年龄	15岁及以上人口			未婚		
	合计	男	女	小计	男	女
大学本科	**64486**	**33894**	**30592**	**28183**	**13998**	**14185**
15－19岁	**4103**	**1840**	**2263**	**4099**	**1839**	**2260**
15	17	5	12	17	5	12
16	42	26	16	41	26	15
17	153	65	88	152	64	88
18	1075	519	556	1075	519	556
19	2816	1225	1591	2814	1225	1589
20－24岁	**15023**	**6961**	**8062**	**14686**	**6872**	**7814**
20	3698	1575	2123	3693	1572	2121
21	3382	1546	1836	3370	1545	1825
22	3065	1500	1565	3025	1487	1538
23	2543	1214	1329	2461	1196	1265
24	2335	1126	1209	2137	1072	1065
25－29岁	**10962**	**5387**	**5575**	**6607**	**3656**	**2951**
25	2218	1129	1089	1850	999	851
26	2098	993	1105	1533	807	726
27	2240	1089	1151	1331	739	592
28	2226	1102	1124	1082	631	451
29	2180	1074	1106	811	480	331
30－34岁	**11340**	**5714**	**5626**	**2048**	**1228**	**820**
30	2486	1213	1273	701	419	282
31	2334	1171	1163	503	296	207
32	2140	1058	1082	347	213	134
33	2257	1191	1066	297	178	119
34	2123	1081	1042	200	122	78
35－39岁	**8734**	**4787**	**3947**	**492**	**274**	**218**
35	1968	1066	902	142	82	60
36	1822	979	843	117	63	54
37	1678	920	758	99	56	43
38	1720	946	774	76	41	35
39	1546	876	670	58	32	26
40－44岁	**5727**	**3179**	**2548**	**138**	**72**	**66**
40	1341	722	619	38	23	15
41	1332	736	596	35	19	16
42	1105	594	511	30	13	17
43	976	559	417	15	10	5
44	973	568	405	20	7	13
45－49岁	**4135**	**2615**	**1520**	**62**	**26**	**36**
45	943	581	362	17	7	10
46	913	561	352	12	8	4
47	870	562	308	13	3	10
48	719	445	274	11	3	8
49	690	466	224	9	5	4
50－54岁	**2532**	**1845**	**687**	**31**	**18**	**13**
50	659	457	202	8	2	6
51	568	401	167	9	4	5
52	516	397	119	4	4	
53	438	325	113	8	7	1
54	351	265	86	2	1	1
55－59岁	**1072**	**873**	**199**	**8**	**6**	**2**
55	327	268	59	2	2	
56	263	218	45	2	1	1
57	233	187	46	1	1	
58	177	145	32	2	1	1
59	72	55	17	1	1	
60－64岁	**287**	**227**	**60**	**3**	**2**	**1**
60	59	48	11	1	1	
61	56	40	16			
62	49	37	12			
63	68	58	10			
64	55	44	11	2	1	1
65岁及以上	**571**	**466**	**105**	**9**	**5**	**4**

单位：人

有配偶			离婚			丧偶		
小计	男	女	小计	男	女	小计	男	女
35457	**19548**	**15909**	**725**	**293**	**432**	**121**	**55**	**66**
4	**1**	**3**						
1		1						
1	1							
2		2						
334	**89**	**245**	**3**		**3**			
5	3	2						
12	1	11						
40	13	27						
82	18	64						
195	54	141	3		3			
4324	**1725**	**2599**	**28**	**6**	**22**	**3**		**3**
366	130	236	2		2			
560	185	375	4	1	3	1		1
904	348	556	5	2	3			
1136	469	667	6	2	4	2		2
1358	593	765	11	1	10			
9171	**4447**	**4724**	**114**	**37**	**77**	**7**	**2**	**5**
1770	789	981	15	5	10			
1812	867	945	18	8	10	1		1
1772	841	931	20	4	16	1		1
1932	1000	932	25	12	13	3	1	2
1885	950	935	36	8	28	2	1	1
8063	**4444**	**3619**	**173**	**69**	**104**	**6**		**6**
1799	976	823	26	8	18	1		1
1678	909	769	27	7	20			
1543	847	696	34	17	17	2		2
1594	887	707	48	18	30	2		2
1449	825	624	38	19	19	1		1
5411	**3039**	**2372**	**171**	**66**	**105**	**7**	**2**	**5**
1266	686	580	37	13	24			
1254	695	559	41	20	21	2	2	
1038	569	469	34	12	22	3		3
935	541	394	26	8	18			
918	548	370	33	13	20	2		2
3926	**2528**	**1398**	**131**	**57**	**74**	**16**	**4**	**12**
892	556	336	33	18	15	1		1
875	544	331	21	7	14	5	2	3
824	548	276	30	11	19	3		3
680	427	253	23	13	10	5	2	3
655	453	202	24	8	16	2		2
2419	**1787**	**632**	**74**	**38**	**36**	**8**	**2**	**6**
628	445	183	21	8	13	2	2	
542	389	153	15	8	7	2		2
502	389	113	8	4	4	2		2
413	308	105	16	10	6	1		1
334	256	78	14	8	6	1		1
1038	**854**	**184**	**19**	**11**	**8**	**7**	**2**	**5**
319	262	57	5	4	1	1		1
252	212	40	6	4	2	3	1	2
224	183	41	7	3	4	1		1
172	143	29	1		1	2	1	1
71	54	17						
268	**215**	**53**	**7**	**5**	**2**	**9**	**5**	**4**
57	47	10				1		1
50	36	14	2	1	1	4	3	1
48	37	11				1		1
63	54	9	4	3	1	1	1	
50	41	9	1	1		2	1	1
499	**419**	**80**	**5**	**4**	**1**	**58**	**38**	**20**

5-3b 续表 8

受教育程度 年　龄	15岁及以上人口			未　婚		
	合计	男	女	小计	男	女
硕士研究生	**2190**	**1198**	**992**	**907**	**439**	**468**
15-19岁	**4**	**4**		**4**	**4**	
15						
16						
17						
18	2	2		2	2	
19	2	2		2	2	
20-24岁	**299**	**129**	**170**	**297**	**129**	**168**
20	3	2	1	3	2	1
21	9	2	7	8	2	6
22	54	26	28	54	26	28
23	111	46	65	111	46	65
24	122	53	69	121	53	68
25-29岁	**533**	**251**	**282**	**419**	**208**	**211**
25	133	63	70	129	62	67
26	100	42	58	82	37	45
27	109	50	59	88	44	44
28	95	49	46	66	36	30
29	96	47	49	54	29	25
30-34岁	**560**	**288**	**272**	**142**	**80**	**62**
30	128	60	68	46	24	22
31	121	61	60	33	21	12
32	114	62	52	25	14	11
33	117	58	59	27	17	10
34	80	47	33	11	4	7
35-39岁	**366**	**214**	**152**	**27**	**9**	**18**
35	74	39	35	7	1	6
36	84	50	34	5	1	4
37	79	43	36	7	4	3
38	67	45	22	2		2
39	62	37	25	6	3	3
40-44岁	**162**	**110**	**52**	**16**	**8**	**8**
40	43	29	14	5	1	4
41	38	23	15	5	5	
42	32	22	10	3	1	2
43	27	19	8	1		1
44	22	17	5	2	1	1
45-49岁	**108**	**77**	**31**			
45	26	18	8			
46	24	17	7			
47	24	17	7			
48	20	14	6			
49	14	11	3			
50-54岁	**76**	**55**	**21**	**2**	**1**	**1**
50	16	11	5			
51	14	9	5	1		1
52	13	11	2			
53	19	15	4			
54	14	9	5	1	1	
55-59岁	**48**	**44**	**4**			
55	15	13	2			
56	12	10	2			
57	10	10				
58	10	10				
59	1	1				
00-04岁	**16**	**13**	**3**			
60	3	2	1			
61	2	2				
62	3	3				
63	4	4				
64	4	2	2			
65岁及以上	**18**	**13**	**5**			

单位：人

有配偶			离　婚			丧　偶		
小计	男	女	小计	男	女	小计	男	女
1249	**746**	**503**	**32**	**12**	**20**	**2**	**1**	**1**
2		**2**						
1		1						
1		1						
112	**42**	**70**	**2**	**1**	**1**			
4	1	3						
18	5	13						
21	6	15						
29	13	16						
40	17	23	2	1	1			
413	**207**	**206**	**5**	**1**	**4**			
82	36	46						
87	40	47	1		1			
87	48	39	2		2			
89	41	48	1		1			
68	42	26	1	1				
333	**204**	**129**	**6**	**1**	**5**			
66	38	28	1		1			
79	49	30						
71	39	32	1		1			
63	45	18	2		2			
54	33	21	2	1	1			
143	**101**	**42**	**3**	**1**	**2**			
37	28	9	1		1			
32	18	14	1		1			
29	21	8						
25	18	7	1	1				
20	16	4						
99	**72**	**27**	**9**	**5**	**4**			
24	16	8	2	2				
23	17	6	1		1			
20	15	5	4	2	2			
19	14	5	1		1			
13	10	3	1	1				
70	**53**	**17**	**4**	**1**	**3**			
13	11	2	3		3			
13	9	4						
13	11	2						
18	14	4	1	1				
13	8	5						
45	**42**	**3**	**3**	**2**	**1**			
15	13	2						
10	9	1	2	1	1			
10	10							
10	10							
			1	1				
16	**13**	**3**						
3	2	1						
2	2							
3	3							
4	4							
4	2	2						
16	**12**	**4**				**2**	**1**	**1**

5-3b 续表 9

受教育程度 年 龄	15岁及以上人口			未 婚		
	合计	男	女	小计	男	女
博士研究生	**185**	**125**	**60**	**75**	**51**	**24**
15-19岁						
15						
16						
17						
18						
19						
20-24岁	**11**	**9**	**2**	**11**	**9**	**2**
20						
21	1	1		1	1	
22	1	1		1	1	
23	4	4		4	4	
24	5	3	2	5	3	2
25-29岁	**49**	**31**	**18**	**42**	**26**	**16**
25	13	8	5	13	8	5
26	9	6	3	8	5	3
27	16	9	7	14	8	6
28	5	5		4	4	
29	6	3	3	3	1	2
30-34岁	**36**	**27**	**9**	**12**	**10**	**2**
30	9	6	3	4	3	1
31	7	5	2	4	3	1
32	7	7		3	3	
33	8	4	4	1	1	
34	5	5				
35-39岁	**38**	**29**	**9**	**6**	**5**	**1**
35	7	5	2	2	1	1
36	5	3	2			
37	13	9	4	1	1	
38	5	4	1	1	1	
39	8	8		2	2	
40-44岁	**22**	**11**	**11**	**2**		**2**
40	4	1	3			
41	5	2	3	1		1
42	3	2	1			
43	7	3	4	1		1
44	3	3				
45-49岁	**16**	**8**	**8**	**2**	**1**	**1**
45	2	2		1	1	
46	5	2	3			
47	4	2	2			
48	1	1				
49	4	1	3	1		1
50-54岁	**3**	**2**	**1**			
50	1	1				
51						
52	2	1	1			
53						
54						
55-59岁	**8**	**6**	**2**			
55	3	2	1			
56	2	2				
57	2	2				
58	1		1			
59						
60-64岁	**1**	**1**				
60	1	1				
61						
62						
63						
64						
65岁及以上	**1**	**1**				

单位：人

有配偶			离　婚			丧　偶		
小计	男	女	小计	男	女	小计	男	女
104	**72**	**32**	**5**	**2**	**3**	**1**		**1**
7	**5**	**2**						
1	1							
2	1	1						
1	1							
3	2	1						
24	**17**	**7**						
5	3	2						
3	2	1						
4	4							
7	3	4						
5	5							
32	**24**	**8**						
5	4	1						
5	3	2						
12	8	4						
4	3	1						
6	6							
18	**10**	**8**	**2**	**1**	**1**			
4	1	3						
3	2	1	1		1			
3	2	1						
6	3	3						
2	2		1	1				
12	**7**	**5**	**2**		**2**			
1	1							
4	2	2	1		1			
3	2	1	1		1			
1	1							
3	1	2						
3	**2**	**1**						
1	1							
2	1	1						
6	**5**	**1**	**1**	**1**		**1**		**1**
3	2	1						
1	1		1	1				
2	2							
						1		1
1	**1**							
1	1							
1	**1**							

5-3c 全省分年龄、性别、受教育

受教育程度 年龄	15岁及以上人口			未婚		
	合计	男	女	小计	男	女
总计	**2244514**	**1175435**	**1069079**	**499380**	**325339**	**174041**
15-19岁	**147568**	**81346**	**66222**	**146584**	**81160**	**65424**
15	32434	17639	14795	32418	17638	14780
16	32644	17780	14864	32588	17771	14817
17	28434	15642	12792	28299	15617	12682
18	26276	14735	11541	26021	14690	11331
19	27780	15550	12230	27258	15444	11814
20-24岁	**170608**	**94425**	**76183**	**145824**	**87560**	**58264**
20	28937	16237	12700	27830	16007	11823
21	30582	16839	13743	28375	16439	11936
22	34989	19649	15340	30860	18651	12209
23	36608	20215	16393	29726	18206	11520
24	39492	21485	18007	29033	18257	10776
25-29岁	**209755**	**113974**	**95781**	**103437**	**71744**	**31693**
25	41613	22588	19025	27192	17796	9396
26	40336	22102	18234	23260	15839	7421
27	42860	23078	19782	20952	14568	6384
28	42807	23178	19629	17521	12729	4792
29	42139	23028	19111	14512	10812	3700
30-34岁	**213721**	**115617**	**98104**	**44529**	**34532**	**9997**
30	46967	25597	21370	13608	10373	3235
31	43100	23365	19735	10278	7981	2297
32	40028	21676	18352	7905	6180	1725
33	43670	23460	20210	7153	5595	1558
34	39956	21519	18437	5585	4403	1182
35-39岁	**186615**	**101682**	**84933**	**17553**	**13833**	**3720**
35	37118	20176	16942	4525	3544	981
36	38670	20975	17695	3964	3139	825
37	36319	19945	16374	3319	2661	658
38	37931	20703	17228	3096	2428	668
39	36577	19883	16694	2649	2061	588
40-44岁	**156658**	**83650**	**73008**	**8678**	**6922**	**1756**
40	32172	17410	14762	2107	1657	450
41	34702	18721	15981	2098	1674	424
42	30376	16261	14115	1633	1318	315
43	27847	14874	12973	1379	1105	274
44	31561	16384	15177	1461	1168	293
45-49岁	**196212**	**99505**	**96707**	**7258**	**5941**	**1317**
45	33152	17125	16027	1369	1117	252
46	38555	19524	19031	1510	1235	275
47	40727	20511	20216	1509	1218	291
48	40329	20357	19972	1413	1178	235
49	43449	21988	21461	1457	1193	264
50-54岁	**223571**	**114370**	**109201**	**6346**	**5531**	**815**
50	45639	23003	22636	1423	1217	206
51	43457	21993	21464	1247	1065	182
52	47904	24518	23386	1391	1203	188
53	41707	21535	20172	1095	981	114
54	44864	23321	21543	1190	1065	125
55-59岁	**199845**	**104449**	**95396**	**4794**	**4400**	**394**
55	45894	24093	21801	1136	1018	118
56	41947	21723	20224	1023	929	94
57	46357	24515	21842	1166	1084	82
58	41641	21853	19788	938	872	66
59	24006	12265	11741	531	497	34
60-64岁	**151996**	**79851**	**72145**	**3644**	**3488**	**156**
60	23252	12004	11248	527	493	34
61	28260	15053	13207	660	639	21
62	33411	17648	15763	850	816	34
63	36064	19134	16930	845	805	40
64	31009	16012	14997	762	735	27
65岁及以上	**387965**	**186566**	**201399**	**10733**	**10228**	**505**

程度、婚姻状况的人口(乡村)

单位：人

有配偶			离婚			丧偶		
小计	男	女	小计	男	女	小计	男	女
1556760	**792223**	**764537**	**28777**	**19984**	**8793**	**159597**	**37889**	**121708**
978	**185**	**793**	**6**	**1**	**5**			
16	1	15						
56	9	47						
133	25	108	2		2			
253	45	208	2		2			
520	105	415	2	1	1			
24497	**6770**	**17727**	**275**	**95**	**180**	**12**		**12**
1101	228	873	6	2	4			
2184	396	1788	20	4	16	3		3
4076	987	3089	49	11	38	4		4
6807	1975	4832	73	34	39	2		2
10329	3184	7145	127	44	83	3		3
104314	**41248**	**63066**	**1911**	**962**	**949**	**93**	**20**	**73**
14205	4704	9501	206	87	119	10	1	9
16788	6130	10658	276	131	145	12	2	10
21500	8326	13174	395	180	215	13	4	9
24790	10188	14602	470	254	216	26	7	19
27031	11900	15131	564	310	254	32	6	26
164881	**78501**	**86380**	**3984**	**2490**	**1494**	**327**	**94**	**233**
32586	14773	17813	724	432	292	49	19	30
32071	14932	17139	707	440	267	44	12	32
31298	15001	16297	764	474	290	61	21	40
35524	17264	18260	911	583	328	82	18	64
33402	16531	16871	878	561	317	91	24	67
163431	**84350**	**79081**	**4972**	**3344**	**1628**	**659**	**155**	**504**
31567	16025	15542	928	586	342	98	21	77
33561	17104	16457	1037	703	334	108	29	79
31930	16608	15322	951	652	299	119	24	95
33663	17548	16115	1027	684	343	145	43	102
32710	17065	15645	1029	719	310	189	38	151
142234	**73407**	**68827**	**4348**	**3031**	**1317**	**1398**	**290**	**1108**
28984	15108	13876	874	597	277	207	48	159
31364	16308	15056	975	681	294	265	58	207
27625	14269	13356	858	619	239	260	55	205
25384	13146	12238	809	567	242	275	56	219
28877	14576	14301	832	567	265	391	73	318
181023	**89811**	**91212**	**4346**	**3109**	**1237**	**3585**	**644**	**2941**
30494	15309	15185	844	618	226	445	81	364
35506	17524	17982	910	645	265	629	120	509
37554	18516	19038	921	656	265	743	121	622
37288	18445	18843	833	583	250	795	151	644
40181	20017	20164	838	607	231	973	171	802
206334	**104736**	**101598**	**3383**	**2529**	**854**	**7508**	**1574**	**5934**
42391	21015	21376	751	551	200	1074	220	854
40168	20166	20002	719	516	203	1323	246	1077
44105	22392	21713	781	578	203	1627	345	1282
38508	19800	18708	558	424	134	1546	330	1216
41162	21363	19799	574	460	114	1938	433	1505
181749	**95649**	**86100**	**2232**	**1751**	**481**	**11070**	**2649**	**8421**
42083	22131	19952	532	407	125	2143	537	1606
38333	19904	18429	520	407	113	2071	483	1588
42110	22404	19706	507	413	94	2574	614	1960
37648	20018	17630	420	324	96	2635	639	1996
21575	11192	10383	253	200	53	1647	376	1271
132213	**71399**	**60814**	**1340**	**1104**	**236**	**14799**	**3860**	**10939**
20633	10862	9771	218	177	41	1874	472	1402
24857	13529	11328	276	227	49	2467	658	1809
29068	15728	13340	306	250	56	3187	854	2333
31198	17072	14126	296	248	48	3725	1009	2716
26457	14208	12249	244	202	42	3546	867	2679
255106	**146167**	**108939**	**1980**	**1568**	**412**	**120146**	**28603**	**91543**

5-3c 续表 1

受教育程度 年龄	15岁及以上人口			未婚		
	合计	男	女	小计	男	女
未上过学	**88921**	**16885**	**72036**	**6669**	**5561**	**1108**
15-19岁	**376**	**234**	**142**	**374**	**234**	**140**
15	74	48	26	73	48	25
16	81	50	31	81	50	31
17	66	37	29	66	37	29
18	70	46	24	69	46	23
19	85	53	32	85	53	32
20-24岁	**641**	**377**	**264**	**569**	**372**	**197**
20	97	52	45	91	52	39
21	113	67	46	108	67	41
22	139	89	50	122	87	35
23	136	84	52	121	84	37
24	156	85	71	127	82	45
25-29岁	**858**	**526**	**332**	**652**	**489**	**163**
25	165	103	62	144	101	43
26	182	112	70	142	106	36
27	162	93	69	115	86	29
28	165	112	53	127	102	25
29	184	106	78	124	94	30
30-34岁	**938**	**477**	**461**	**521**	**407**	**114**
30	208	113	95	134	99	35
31	188	95	93	104	79	25
32	172	93	79	103	79	24
33	195	90	105	97	78	19
34	175	86	89	83	72	11
35-39岁	**1022**	**430**	**592**	**436**	**335**	**101**
35	166	67	99	67	54	13
36	194	92	102	96	70	26
37	207	92	115	90	70	20
38	229	84	145	91	70	21
39	226	95	131	92	71	21
40-44岁	**1356**	**439**	**917**	**363**	**299**	**64**
40	237	88	149	74	63	11
41	281	98	183	94	74	20
42	249	73	176	65	54	11
43	263	80	183	56	46	10
44	326	100	226	74	62	12
45-49岁	**2711**	**581**	**2130**	**396**	**334**	**62**
45	383	98	285	62	55	7
46	475	116	359	80	67	13
47	573	115	458	86	71	15
48	617	120	497	84	69	15
49	663	132	531	84	72	12
50-54岁	**4591**	**965**	**3626**	**499**	**451**	**48**
50	808	163	645	100	89	11
51	822	179	643	91	85	6
52	949	206	743	104	93	11
53	923	186	737	93	81	12
54	1089	231	858	111	103	8
55-59岁	**5472**	**1042**	**4430**	**452**	**414**	**38**
55	1051	208	843	106	95	11
56	1095	214	881	83	72	11
57	1211	255	956	119	111	8
58	1207	206	1001	75	70	5
59	908	159	749	69	66	3
60-64岁	**7789**	**1341**	**6448**	**436**	**409**	**27**
60	1017	176	841	62	55	7
61	1342	259	1083	90	86	4
62	1679	298	1381	109	102	7
63	1862	311	1551	93	88	5
64	1889	297	1592	82	78	4
65岁及以上	**63167**	**10473**	**52694**	**1971**	**1817**	**154**

单位：人

有配偶			离 婚			丧 偶		
小计	男	女	小计	男	女	小计	男	女
44050	**8300**	**35750**	**331**	**176**	**155**	**37871**	**2848**	**35023**
2		**2**						
1		1						
1		1						
72	**5**	**67**						
6		6						
5		5						
17	2	15						
15		15						
29	3	26						
205	**36**	**169**	**1**	**1**				
21	2	19						
40	6	34						
47	7	40						
38	10	28						
59	11	48	1	1				
407	**67**	**340**	**9**	**3**	**6**	**1**		**1**
73	13	60	1	1				
80	16	64	3		3	1		1
67	13	54	2	1	1			
97	11	86	1	1				
90	14	76	2		2			
556	**91**	**465**	**11**	**4**	**7**	**19**		**19**
94	12	82	1	1		4		4
91	20	71	4	2	2	3		3
110	21	89	2	1	1	5		5
135	14	121	3		3			
126	24	102	1		1	7		7
926	**126**	**800**	**22**	**11**	**11**	**45**	**3**	**42**
157	24	133	3	1	2	3		3
169	19	150	8	5	3	10		10
171	17	154	3	1	2	10	1	9
195	33	162	4	1	3	8		8
234	33	201	4	3	1	14	2	12
2141	**229**	**1912**	**24**	**14**	**10**	**150**	**4**	**146**
301	42	259	3	1	2	17		17
358	43	315	5	4	1	32	2	30
455	43	412	5	1	4	27		27
494	48	446	5	3	2	34		34
533	53	480	6	5	1	40	2	38
3696	**469**	**3227**	**46**	**30**	**16**	**350**	**15**	**335**
657	70	587	11	4	7	40		40
663	85	578	11	7	4	57	2	55
773	102	671	9	8	1	63	3	60
731	97	634	8	5	3	91	3	88
872	115	757	7	6	1	99	7	92
4371	**567**	**3804**	**26**	**18**	**8**	**623**	**43**	**580**
827	104	723	2	1	1	116	8	108
899	127	772	9	8	1	104	7	97
958	130	828	5	2	3	129	12	117
972	121	851	6	5	1	154	10	144
715	85	630	4	2	2	120	6	114
5932	**835**	**5097**	**34**	**22**	**12**	**1387**	**75**	**1312**
787	107	680	7	4	3	161	10	151
1013	149	864	7	5	2	232	19	213
1297	187	1110	5	3	2	268	6	262
1429	197	1232	6	4	2	334	22	312
1406	195	1211	9	6	3	392	18	374
25742	**5875**	**19867**	**158**	**73**	**85**	**35296**	**2708**	**32588**

5-3c 续表 2

受教育程度 年　龄	15岁及以上人口			未　婚		
	合计	男	女	小计	男	女
学前教育	**4868**	**1471**	**3397**	**538**	**374**	**164**
15-19岁	**172**	**96**	**76**	**171**	**96**	**75**
15	50	28	22	50	28	22
16	58	34	24	57	34	23
17	23	12	11	23	12	11
18	23	13	10	23	13	10
19	18	9	9	18	9	9
20-24岁	**90**	**52**	**38**	**80**	**50**	**30**
20	22	11	11	20	11	9
21	11	4	7	11	4	7
22	26	18	8	26	18	8
23	16	10	6	13	9	4
24	15	9	6	10	8	2
25-29岁	**82**	**41**	**41**	**48**	**29**	**19**
25	22	11	11	17	10	7
26	16	7	9	6	5	1
27	16	7	9	9	4	5
28	17	11	6	9	6	3
29	11	5	6	7	4	3
30-34岁	**105**	**55**	**50**	**37**	**26**	**11**
30	22	9	13	10	6	4
31	17	10	7	7	5	2
32	19	9	10	1		1
33	24	14	10	9	7	2
34	23	13	10	10	8	2
35-39岁	**90**	**42**	**48**	**20**	**15**	**5**
35	20	7	13	6	4	2
36	21	11	10	4	3	1
37	18	11	7	4	3	1
38	16	9	7	4	3	1
39	15	4	11	2	2	
40-44岁	**96**	**35**	**61**	**15**	**10**	**5**
40	11	5	6	1	1	
41	23	10	13	5	4	1
42	25	7	18	5	1	4
43	12	6	6	2	2	
44	25	7	18	2	2	
45-49岁	**168**	**57**	**111**	**17**	**15**	**2**
45	25	11	14	2	2	
46	25	11	14	3	3	
47	45	11	34	4	3	1
48	30	9	21	1	1	
49	43	15	28	7	6	1
50-54岁	**317**	**80**	**237**	**24**	**21**	**3**
50	52	12	40	2	2	
51	62	18	44	4	3	1
52	75	16	59	4	4	
53	63	17	46	7	6	1
54	65	17	48	7	6	1
55-59岁	**375**	**100**	**275**	**16**	**14**	**2**
55	73	16	57	1	1	
56	72	20	52	4	4	
57	88	27	61	5	4	1
58	94	27	67	6	5	1
59	48	10	38			
60-64岁	**530**	**139**	**391**	**18**	**17**	**1**
60	69	24	45	3	3	
61	88	21	67	3	3	
62	118	32	86	3	2	1
63	122	30	92	4	4	
64	133	32	101	5	5	
65岁及以上	**2843**	**774**	**2069**	**92**	**81**	**11**

单位：人

有配偶			离婚			丧偶		
小计	男	女	小计	男	女	小计	男	女
2763	**886**	**1877**	**19**	**9**	**10**	**1548**	**202**	**1346**
1		**1**						
1		1						
10	**2**	**8**						
2		2						
3	1	2						
5	1	4						
34	**12**	**22**						
5	1	4						
10	2	8						
7	3	4						
8	5	3						
4	1	3						
64	**27**	**37**	**3**	**1**	**2**	**1**	**1**	
11	3	8	1		1			
10	5	5						
16	7	9	1	1		1	1	
14	7	7	1		1			
13	5	8						
70	**27**	**43**						
14	3	11						
17	8	9						
14	8	6						
12	6	6						
13	2	11						
77	**25**	**52**	**1**		**1**	**3**		**3**
9	4	5				1		1
17	6	11	1		1			
20	6	14						
9	4	5				1		1
22	5	17				1		1
142	**40**	**102**	**2**	**1**	**1**	**7**	**1**	**6**
22	9	13				1		1
20	7	13	1	1		1		1
40	7	33				1	1	
26	8	18	1		1	2		2
34	9	25				2		2
271	**58**	**213**	**1**		**1**	**21**	**1**	**20**
44	9	35				6	1	5
54	15	39	1		1	3		3
64	12	52				7		7
55	11	44				1		1
54	11	43				4		4
324	**81**	**243**	**2**	**2**		**33**	**3**	**30**
67	15	52				5		5
65	16	49				3		3
75	21	54				8	2	6
78	20	58	1	1		9	1	8
39	9	30	1	1		8		8
414	**108**	**306**	**1**		**1**	**97**	**14**	**83**
57	19	38				9	2	7
69	13	56				16	5	11
95	28	67				20	2	18
96	24	72	1		1	21	2	19
97	24	73				31	3	28
1356	**506**	**850**	**9**	**5**	**4**	**1386**	**182**	**1204**

5—3c 续表 3

受教育程度 年　　龄	15岁及以上人口			未　　婚		
	合计	男	女	小计	男	女
小　学	**580982**	**248950**	**332032**	**36018**	**29242**	**6776**
15—19岁	**2611**	**1501**	**1110**	**2530**	**1482**	**1048**
15	436	239	197	433	239	194
16	434	248	186	431	248	183
17	477	266	211	468	264	204
18	544	315	229	523	311	212
19	720	433	287	675	420	255
20—24岁	**6156**	**3270**	**2886**	**4867**	**2978**	**1889**
20	818	464	354	756	450	306
21	1006	533	473	876	516	360
22	1273	696	577	1037	652	385
23	1433	769	664	1082	682	400
24	1626	808	818	1116	678	438
25—29岁	**10015**	**5065**	**4950**	**4661**	**3371**	**1290**
25	1749	879	870	1026	678	348
26	1815	946	869	989	716	273
27	2001	1031	970	977	714	263
28	2219	1099	1120	888	671	217
29	2231	1110	1121	781	592	189
30—34岁	**14524**	**6805**	**7719**	**3266**	**2554**	**712**
30	2643	1299	1344	790	613	177
31	2796	1349	1447	720	561	159
32	2626	1233	1393	608	463	145
33	3242	1513	1729	615	499	116
34	3217	1411	1806	533	418	115
35—39岁	**17327**	**7516**	**9811**	**2078**	**1683**	**395**
35	3108	1424	1684	443	361	82
36	3326	1456	1870	429	338	91
37	3353	1419	1934	398	321	77
38	3609	1540	2069	416	343	73
39	3931	1677	2254	392	320	72
40—44岁	**23955**	**9441**	**14514**	**1820**	**1536**	**284**
40	3865	1605	2260	378	323	55
41	4780	1909	2871	405	335	70
42	4609	1808	2801	358	295	63
43	4758	1922	2836	325	287	38
44	5943	2197	3746	354	296	58
45—49岁	**49029**	**18219**	**30810**	**2321**	**1960**	**361**
45	6985	2606	4379	376	309	67
46	8503	3176	5327	418	353	65
47	10173	3749	6424	495	404	91
48	10818	3996	6822	494	434	60
49	12550	4692	7858	538	460	78
50—54岁	**80467**	**32162**	**48305**	**2879**	**2589**	**290**
50	14354	5481	8873	575	510	65
51	15315	6017	9298	550	479	71
52	17518	7131	10387	639	575	64
53	15973	6500	9473	522	481	41
54	17307	7033	10274	593	544	49
55—59岁	**78441**	**30805**	**47636**	**2423**	**2257**	**166**
55	17750	7214	10536	561	514	47
56	16170	6369	9801	518	479	39
57	18015	7163	10852	577	548	29
58	16519	6275	10244	499	466	33
59	9987	3784	6203	268	250	18
00—04岁	**72610**	**29962**	**42648**	**2136**	**2065**	**71**
60	10110	3894	6216	277	257	20
61	12957	5426	7531	366	358	8
62	15926	6559	9367	499	487	12
63	17804	7545	10259	512	493	19
64	15813	6538	9275	482	470	12
65岁及以上	**225847**	**104204**	**121643**	**7037**	**6767**	**270**

单位：人

有配偶			离婚			丧偶		
小计	男	女	小计	男	女	小计	男	女
449613	**193533**	**256080**	**6280**	**4585**	**1695**	**89071**	**21590**	**67481**
80	**19**	**61**	**1**		**1**			
3		3						
3		3						
9	2	7						
20	4	16	1		1			
45	13	32						
1271	**289**	**982**	**16**	**3**	**13**	**2**		**2**
62	14	48						
128	17	111	1		1	1		1
233	44	189	2		2	1		1
345	85	260	6	2	4			
503	129	374	7	1	6			
5225	**1627**	**3598**	**123**	**66**	**57**	**6**	**1**	**5**
714	198	516	9	3	6			
808	222	586	17	8	9	1		1
1006	308	698	17	8	9	1	1	
1291	407	884	40	21	19			
1406	492	914	40	26	14	4		4
10899	**4070**	**6829**	**316**	**173**	**143**	**43**	**8**	**35**
1795	659	1136	55	27	28	3		3
2017	763	1254	56	25	31	3		3
1957	733	1224	53	36	17	8	1	7
2551	972	1579	64	40	24	12	2	10
2579	943	1636	88	45	43	17	5	12
14705	**5525**	**9180**	**440**	**289**	**151**	**104**	**19**	**85**
2572	1014	1558	81	47	34	12	2	10
2811	1075	1736	70	40	30	16	3	13
2847	1032	1815	92	64	28	16	2	14
3078	1132	1946	92	60	32	23	5	18
3397	1272	2125	105	78	27	37	7	30
21213	**7486**	**13727**	**572**	**382**	**190**	**350**	**37**	**313**
3346	1214	2132	95	65	30	46	3	43
4196	1493	2703	116	73	43	63	8	55
4070	1425	2645	115	80	35	66	8	58
4234	1542	2692	122	85	37	77	8	69
5367	1812	3555	124	79	45	98	10	88
44431	**15419**	**29012**	**949**	**680**	**269**	**1328**	**160**	**1168**
6309	2160	4149	167	118	49	133	19	114
7732	2685	5047	152	111	41	201	27	174
9185	3163	6022	213	155	58	280	27	253
9818	3382	6436	192	138	54	314	42	272
11387	4029	7358	225	158	67	400	45	355
72777	**28140**	**44637**	**1140**	**838**	**302**	**3671**	**595**	**3076**
13119	4753	8366	211	150	61	449	68	381
13886	5271	8615	247	183	64	632	84	548
15822	6236	9586	280	199	81	777	121	656
14473	5745	8728	196	150	46	782	124	658
15477	6135	9342	206	156	50	1031	198	833
69379	**26898**	**42481**	**837**	**647**	**190**	**5802**	**1003**	**4799**
15901	6342	9559	221	167	54	1067	191	876
14397	5549	8848	178	140	38	1077	201	876
15897	6240	9657	187	149	38	1354	226	1128
14457	5461	8996	152	116	36	1411	232	1179
8727	3306	5421	99	75	24	893	153	740
61139	**25624**	**35515**	**679**	**544**	**135**	**8656**	**1729**	**6927**
8694	3369	5325	95	75	20	1044	193	851
11064	4693	6371	135	107	28	1392	268	1124
13425	5565	7860	156	123	33	1846	384	1462
14898	6449	8449	162	134	28	2232	469	1763
13058	5548	7510	131	105	26	2142	415	1727
148494	**78436**	**70058**	**1207**	**963**	**244**	**69109**	**18038**	**51071**

5-3c 续表 4

受教育程度 年 龄	15岁及以上人口 合计	15岁及以上人口 男	15岁及以上人口 女	未婚 小计	未婚 男	未婚 女
初 中	**1081951**	**615930**	**466021**	**222294**	**152638**	**69656**
15—19岁	**60902**	**34646**	**26256**	**60174**	**34516**	**25658**
15	21800	12043	9757	21789	12042	9747
16	13347	7357	5990	13303	7349	5954
17	8904	5081	3823	8798	5064	3734
18	7996	4822	3174	7806	4789	3017
19	8855	5343	3512	8478	5272	3206
20—24岁	**75015**	**43009**	**32006**	**59008**	**38530**	**20478**
20	9693	5862	3831	8949	5710	3239
21	11998	6948	5050	10517	6666	3851
22	15545	9034	6511	12786	8364	4422
23	17627	9975	7652	13168	8647	4521
24	20152	11190	8962	13588	9143	4445
25—29岁	**114986**	**62547**	**52439**	**51640**	**37721**	**13919**
25	22061	12093	9968	13203	9148	4055
26	21717	11949	9768	11360	8138	3222
27	23634	12825	10809	10538	7758	2780
28	23736	12763	10973	8857	6740	2117
29	23838	12917	10921	7682	5937	1745
30—34岁	**128075**	**68251**	**59824**	**24967**	**19970**	**4997**
30	27089	14632	12457	7306	5782	1524
31	25417	13545	11872	5738	4610	1128
32	24080	12808	11272	4479	3601	878
33	26648	14097	12551	4128	3304	824
34	24841	13169	11672	3316	2673	643
35—39岁	**123191**	**66177**	**57014**	**10936**	**8765**	**2171**
35	23680	12657	11023	2789	2213	576
36	25417	13532	11885	2455	1975	480
37	24120	13106	11014	2077	1713	364
38	25506	13771	11735	1976	1577	399
39	24468	13111	11357	1639	1287	352
40—44岁	**102944**	**55589**	**47355**	**5131**	**4100**	**1031**
40	21201	11376	9825	1286	1009	277
41	22883	12431	10452	1229	993	236
42	20130	10918	9212	962	788	174
43	18189	9920	8269	810	640	170
44	20541	10944	9597	844	670	174
45—49岁	**122816**	**65920**	**56896**	**3875**	**3134**	**741**
45	21448	11529	9919	768	624	144
46	24855	13071	11784	866	707	159
47	25419	13539	11880	783	638	145
48	24863	13427	11436	733	591	142
49	26231	14354	11877	725	574	151
50—54岁	**122908**	**69891**	**53017**	**2596**	**2192**	**404**
50	26730	14727	12003	642	536	106
51	24140	13453	10687	526	436	90
52	26142	14829	11313	580	484	96
53	22170	12871	9299	424	371	53
54	23726	14011	9715	424	365	59
55—59岁	**97245**	**58255**	**38990**	**1672**	**1517**	**155**
55	23927	14253	9674	422	370	52
56	21277	12533	8744	372	340	32
57	22733	13697	9036	403	368	35
58	19113	11643	7470	303	279	24
59	10195	6129	4066	172	160	12
60—64岁	**55618**	**35919**	**19699**	**898**	**851**	**47**
60	9244	5709	3535	158	152	6
61	10640	6766	3874	169	160	9
62	12296	7986	4310	199	186	13
63	12967	8537	4430	206	193	13
64	10471	6921	3550	166	160	6
65岁及以上	**78251**	**55726**	**22525**	**1397**	**1342**	**55**

单位：人

有配偶			离　婚			丧　偶		
小计	男	女	小计	男	女	小计	男	女
815530	**440416**	**375114**	**17029**	**11948**	**5081**	**27098**	**10928**	**16170**
724	**129**	**595**	**4**	**1**	**3**			
11	1	10						
44	8	36						
104	17	87	2		2			
189	33	156	1		1			
376	70	306	1	1				
15803	**4404**	**11399**	**197**	**75**	**122**	**7**		**7**
741	151	590	3	1	2			
1466	278	1188	13	4	9	2		2
2723	663	2060	33	7	26	3		3
4405	1303	3102	53	25	28	1		1
6468	2009	4459	95	38	57	1		1
62056	**24164**	**37892**	**1231**	**649**	**582**	**59**	**13**	**46**
8709	2878	5831	141	66	75	8	1	7
10160	3717	6443	190	93	97	7	1	6
12829	4940	7889	260	125	135	7	2	5
14557	5848	8709	304	171	133	18	4	14
15801	6781	9020	336	194	142	19	5	14
100343	**46566**	**53777**	**2546**	**1651**	**895**	**219**	**64**	**155**
19298	8559	10739	449	277	172	36	14	22
19199	8629	10570	449	296	153	31	10	21
19059	8880	10179	498	312	186	44	15	29
21877	10389	11488	592	391	201	51	13	38
20910	10109	10801	558	375	183	57	12	45
108415	**54957**	**53458**	**3387**	**2341**	**1046**	**453**	**114**	**339**
20203	10012	10191	621	414	207	67	18	49
22170	11035	11135	719	499	220	73	23	50
21332	10933	10399	634	444	190	77	16	61
22715	11673	11042	708	489	219	107	32	75
21995	11304	10691	705	495	210	129	25	104
94012	**49191**	**44821**	**2927**	**2086**	**841**	**874**	**212**	**662**
19198	9928	9270	588	407	181	129	32	97
20815	10923	9892	675	477	198	164	38	126
18427	9664	8763	579	426	153	162	40	122
16683	8849	7834	526	386	140	170	45	125
18889	9827	9062	559	390	169	249	57	192
114252	**60384**	**53868**	**2760**	**1977**	**783**	**1929**	**425**	**1504**
19870	10451	9419	540	397	143	270	57	213
23015	11851	11164	616	431	185	358	82	276
23647	12391	11256	590	425	165	399	85	314
23196	12384	10812	517	357	160	417	95	322
24524	13307	11217	497	367	130	485	106	379
115199	**65387**	**49812**	**1877**	**1433**	**444**	**3236**	**879**	**2357**
25108	13717	11391	445	335	110	535	139	396
22638	12596	10042	391	280	111	585	141	444
24399	13812	10587	426	327	99	737	206	531
20806	12082	8724	309	234	75	631	184	447
22248	13180	9068	306	257	49	748	209	539
90312	**54456**	**35856**	**1133**	**904**	**229**	**4128**	**1378**	**2750**
22350	13364	8986	269	211	58	886	308	578
19817	11729	8088	276	216	60	812	248	564
21079	12777	8302	268	224	44	983	328	655
17673	10872	6801	212	165	47	925	327	598
9393	5714	3679	108	88	20	522	167	355
50375	**33072**	**17303**	**471**	**406**	**65**	**3874**	**1590**	**2284**
8450	5271	3179	91	79	12	545	207	338
9715	6253	3462	94	81	13	662	272	390
11094	7334	3760	113	96	17	890	370	520
11725	7873	3852	94	79	15	942	392	550
9391	6341	3050	79	71	8	835	349	486
64039	**47706**	**16333**	**496**	**425**	**71**	**12319**	**6253**	**6066**

5-3c 续表 5

受教育程度 年　龄	15岁及以上人口			未　婚		
	合计	男	女	小计	男	女
高　中	**340986**	**212190**	**128796**	**149521**	**92167**	**57354**
15-19岁	**67919**	**37061**	**30858**	**67765**	**37028**	**30737**
15	9866	5171	4695	9865	5171	4694
16	18212	9785	8427	18204	9784	8420
17	17759	9606	8153	17740	9601	8139
18	12939	7234	5705	12901	7227	5674
19	9143	5265	3878	9055	5245	3810
20-24岁	**45049**	**26058**	**18991**	**39605**	**24452**	**15153**
20	8525	4948	3577	8275	4890	3385
21	8080	4651	3429	7604	4563	3041
22	9068	5320	3748	8202	5085	3117
23	9398	5441	3957	7892	4985	2907
24	9978	5698	4280	7632	4929	2703
25-29岁	**51691**	**29464**	**22227**	**26737**	**18749**	**7988**
25	10425	5929	4496	7113	4772	2341
26	10098	5763	4335	6134	4228	1906
27	10525	5884	4641	5372	3759	1613
28	10523	6022	4501	4520	3297	1223
29	10120	5866	4254	3598	2693	905
30-34岁	**46222**	**26805**	**19417**	**10154**	**7787**	**2367**
30	11055	6340	4715	3363	2520	843
31	9713	5629	4084	2418	1858	560
32	8670	5085	3585	1777	1394	383
33	8971	5146	3825	1485	1161	324
34	7813	4605	3208	1111	854	257
35-39岁	**31458**	**19295**	**12163**	**2841**	**2206**	**635**
35	6810	4087	2723	812	640	172
36	6602	4001	2601	675	537	138
37	6059	3706	2353	524	408	116
38	6134	3812	2322	435	325	110
39	5853	3689	2164	395	296	99
40-44岁	**21179**	**13637**	**7542**	**1034**	**773**	**261**
40	5092	3229	1863	282	212	70
41	5050	3245	1805	273	207	66
42	4043	2629	1414	190	143	47
43	3429	2186	1243	141	101	40
44	3565	2348	1217	148	110	38
45-49岁	**16757**	**11436**	**5321**	**518**	**404**	**114**
45	3293	2195	1098	122	95	27
46	3612	2415	1197	107	80	27
47	3517	2397	1120	118	88	30
48	3168	2204	964	84	71	13
49	3167	2225	942	87	70	17
50-54岁	**12599**	**9263**	**3336**	**290**	**238**	**52**
50	2983	2119	864	81	63	18
51	2513	1865	648	64	55	9
52	2660	1919	741	54	41	13
53	2168	1649	519	40	35	5
54	2275	1711	564	51	44	7
55-59岁	**16686**	**12919**	**3767**	**200**	**173**	**27**
55	2668	2057	611	38	31	7
56	2930	2264	666	36	27	9
57	3962	3084	878	56	48	8
58	4395	3443	952	50	48	2
59	2731	2071	660	20	19	1
60-64岁	**14817**	**11980**	**2837**	**152**	**144**	**8**
60	2700	2117	583	24	24	
61	3115	2486	629	32	32	
62	3249	2652	597	40	39	1
63	3159	2597	562	29	27	2
64	2594	2128	466	27	22	5
65岁及以上	**16609**	**14272**	**2337**	**225**	**213**	**12**

单位：人

有配偶			离　婚			丧　偶		
小计	男	女	小计	男	女	小计	男	女
183915	**115299**	**68616**	**3845**	**2562**	**1283**	**3705**	**2162**	**1543**
153	**33**	**120**	**1**		**1**			
1		1						
8	1	7						
19	5	14						
38	7	31						
87	20	67	1		1			
5392	**1589**	**3803**	**50**	**17**	**33**	**2**		**2**
247	57	190	3	1	2			
470	88	382	6		6			
855	231	624	11	4	7			
1492	449	1043	13	7	6	1		1
2328	764	1564	17	5	12	1		1
24531	**10519**	**14012**	**401**	**190**	**211**	**22**	**6**	**16**
3269	1146	2123	41	11	30	2		2
3914	1512	2402	48	22	26	2	1	1
5062	2087	2975	87	37	50	4	1	3
5903	2674	3229	93	48	45	7	3	4
6383	3100	3283	132	72	60	7	1	6
35231	**18507**	**16724**	**797**	**498**	**299**	**40**	**13**	**27**
7520	3714	3806	163	101	62	9	5	4
7142	3674	3468	148	96	52	5	1	4
6747	3600	3147	143	90	53	3	1	2
7295	3879	3416	182	105	77	9	1	8
6527	3640	2887	161	106	55	14	5	9
27722	**16535**	**11187**	**834**	**536**	**298**	**61**	**18**	**43**
5830	3359	2471	158	88	70	10		10
5733	3331	2402	182	130	52	12	3	9
5352	3185	2167	170	110	60	13	3	10
5520	3381	2139	166	100	66	13	6	7
5287	3279	2008	158	108	50	13	6	7
19439	**12415**	**7024**	**605**	**418**	**187**	**101**	**31**	**70**
4651	2915	1736	135	91	44	24	11	13
4632	2936	1696	123	91	32	22	11	11
3706	2388	1318	129	93	36	18	5	13
3166	2016	1150	107	67	40	15	2	13
3284	2160	1124	111	76	35	22	2	20
15631	**10642**	**4989**	**460**	**339**	**121**	**148**	**51**	**97**
3055	2018	1037	95	77	18	21	5	16
3373	2255	1118	98	71	27	34	9	25
3285	2244	1041	88	59	29	26	6	20
2963	2045	918	95	74	21	26	14	12
2955	2080	875	84	58	26	41	17	24
11860	**8770**	**3090**	**251**	**184**	**67**	**198**	**71**	**127**
2803	1999	804	62	47	15	37	10	27
2352	1753	599	59	41	18	38	16	22
2515	1829	686	53	37	16	38	12	26
2057	1571	486	32	25	7	39	18	21
2133	1618	515	45	34	11	46	15	31
15820	**12374**	**3446**	**201**	**162**	**39**	**465**	**210**	**255**
2534	1977	557	33	23	10	63	26	37
2774	2171	603	47	39	8	73	27	46
3769	2957	812	42	36	6	95	43	52
4170	3296	874	43	34	9	132	65	67
2573	1973	600	36	30	6	102	49	53
13755	**11271**	**2484**	**146**	**126**	**20**	**764**	**439**	**325**
2542	2017	525	21	16	5	113	60	53
2883	2329	554	40	34	6	160	91	69
3022	2498	524	29	26	3	158	89	69
2907	2419	488	33	31	2	190	120	70
2401	2008	393	23	19	4	143	79	64
14381	**12644**	**1737**	**99**	**92**	**7**	**1904**	**1323**	**581**

5-3c 续表 6

受教育程度 年 龄	15岁及以上人口			未 婚		
	合计	男	女	小计	男	女
大学专科	**103231**	**57056**	**46175**	**58177**	**32252**	**25925**
15-19岁	**11934**	**6156**	**5778**	**11917**	**6153**	**5764**
15	196	104	92	196	104	92
16	475	285	190	475	285	190
17	1040	557	483	1039	556	483
18	3578	1809	1769	3573	1808	1765
19	6645	3401	3244	6634	3400	3234
20-24岁	**29864**	**15252**	**14612**	**28210**	**14844**	**13366**
20	7028	3696	3332	6987	3690	3297
21	6298	3203	3095	6192	3190	3002
22	5923	3069	2854	5710	3026	2684
23	5344	2682	2662	4892	2568	2324
24	5271	2602	2669	4429	2370	2059
25-29岁	**22354**	**11468**	**10886**	**13084**	**7803**	**5281**
25	5105	2562	2543	3879	2167	1712
26	4540	2337	2203	3095	1821	1274
27	4503	2240	2263	2546	1480	1066
28	4245	2239	2006	2049	1324	725
29	3961	2090	1871	1515	1011	504
30-34岁	**16581**	**9161**	**7420**	**3744**	**2610**	**1134**
30	4131	2244	1887	1341	939	402
31	3514	1906	1608	878	597	281
32	3088	1698	1390	616	431	185
33	3162	1786	1376	537	367	170
34	2686	1527	1159	372	276	96
35-39岁	**9207**	**5540**	**3667**	**837**	**574**	**263**
35	2247	1294	953	266	178	88
36	2093	1244	849	216	162	54
37	1768	1091	677	148	99	49
38	1641	1000	641	121	79	42
39	1458	911	547	86	56	30
40-44岁	**5086**	**3244**	**1842**	**217**	**145**	**72**
40	1234	769	465	57	36	21
41	1231	759	472	62	38	24
42	933	600	333	39	28	11
43	853	545	308	29	21	8
44	835	571	264	30	22	8
45-49岁	**3444**	**2420**	**1024**	**89**	**69**	**20**
45	753	510	243	27	25	2
46	784	540	244	25	18	7
47	710	503	207	17	11	6
48	605	443	162	8	7	1
49	592	424	168	12	8	4
50-54岁	**1965**	**1464**	**501**	**48**	**33**	**15**
50	516	366	150	18	14	4
51	431	319	112	12	7	5
52	414	309	105	8	5	3
53	302	231	71	7	5	2
54	302	239	63	3	2	1
55-59岁	**1249**	**1004**	**245**	**22**	**16**	**6**
55	310	245	65	4	3	1
56	305	236	69	8	5	3
57	279	229	50	5	4	1
58	249	205	44	4	3	1
59	106	89	17	1	1	
60-64岁	**516**	**416**	**100**	**4**	**2**	**2**
60	92	70	22	3	2	1
61	93	75	18			
62	116	96	20			
63	123	94	29	1		1
64	92	81	11			
65岁及以上	**1031**	**931**	**100**	**5**	**3**	**2**

单位：人

有配偶			离婚			丧偶		
小计	男	女	小计	男	女	小计	男	女
43864	**24158**	**19706**	**950**	**526**	**424**	**240**	**120**	**120**
17	**3**	**14**						
1	1							
5	1	4						
11	1	10						
1643	**408**	**1235**	**10**		**10**	**1**		**1**
41	6	35						
106	13	93						
210	43	167	3		3			
451	114	337	1		1			
835	232	603	6		6	1		1
9138	**3622**	**5516**	**126**	**43**	**83**	**6**		**6**
1212	389	823	14	6	8			
1425	509	916	18	7	11	2		2
1930	751	1179	26	9	17	1		1
2170	904	1266	25	11	14	1		1
2401	1069	1332	43	10	33	2		2
12583	**6420**	**6163**	**236**	**126**	**110**	**18**	**5**	**13**
2747	1283	1464	42	22	20	1		1
2597	1293	1304	35	15	20	4	1	3
2414	1235	1179	55	31	24	3	1	2
2566	1387	1179	51	31	20	8	1	7
2259	1222	1037	53	27	26	2	2	
8135	**4834**	**3301**	**216**	**128**	**88**	**19**	**4**	**15**
1927	1088	839	49	27	22	5	1	4
1830	1055	775	45	27	18	2		2
1574	966	608	38	23	15	8	3	5
1474	895	579	44	26	18	2		2
1330	830	500	40	25	15	2		2
4681	**2992**	**1689**	**166**	**100**	**66**	**22**	**7**	**15**
1134	706	428	39	25	14	4	2	2
1123	695	428	41	25	16	5	1	4
864	555	309	26	16	10	4	1	3
786	503	283	34	20	14	4	1	3
774	533	241	26	14	12	5	2	3
3229	**2275**	**954**	**105**	**73**	**32**	**21**	**3**	**18**
693	465	228	30	20	10	3		3
731	502	229	25	20	5	3		3
669	477	192	16	13	3	8	2	6
577	427	150	18	9	9	2		2
559	404	155	16	11	5	5	1	4
1839	**1390**	**449**	**52**	**32**	**20**	**26**	**9**	**17**
477	341	136	16	10	6	5	1	4
405	307	98	8	4	4	6	1	5
392	297	95	10	5	5	4	2	2
282	216	66	12	9	3	1	1	
283	229	54	6	4	2	10	4	6
1185	**964**	**221**	**25**	**14**	**11**	**17**	**10**	**7**
294	234	60	6	4	2	6	4	2
287	229	58	8	2	6	2		2
267	220	47	2	2		5	3	2
238	198	40	5	2	3	2	2	
99	83	16	4	4		2	1	1
488	**401**	**87**	**7**	**4**	**3**	**17**	**9**	**8**
84	66	18	3	2	1	2		2
90	74	16				3	1	2
109	92	17	2	1	1	5	3	2
117	91	26				5	3	2
88	78	10	2	1	1	2	2	
926	**849**	**77**	**7**	**6**	**1**	**93**	**73**	**20**

5-3c 续表 7

受教育程度 年　　龄	15岁及以上人口			未　　婚		
	合计	男	女	小计	男	女
大学本科	**42095**	**22154**	**19941**	**25266**	**12654**	**12612**
15-19岁	**3649**	**1649**	**2000**	**3648**	**1648**	**2000**
15	12	6	6	12	6	6
16	37	21	16	37	21	16
17	165	83	82	165	83	82
18	1125	496	629	1125	496	629
19	2310	1043	1267	2309	1042	1267
20-24岁	**13439**	**6242**	**7197**	**13135**	**6171**	**6964**
20	2750	1202	1548	2748	1202	1546
21	3055	1425	1630	3046	1425	1621
22	2940	1393	1547	2903	1389	1514
23	2531	1184	1347	2436	1162	1274
24	2163	1038	1125	2002	993	1009
25-29岁	**9299**	**4637**	**4662**	**6221**	**3393**	**2828**
25	1982	971	1011	1710	882	828
26	1852	934	918	1429	776	653
27	1924	950	974	1314	722	592
28	1820	891	929	1011	559	452
29	1721	891	830	757	454	303
30-34岁	**6972**	**3884**	**3088**	**1733**	**1105**	**628**
30	1717	908	809	627	392	235
31	1393	794	599	381	250	131
32	1325	718	607	308	203	105
33	1374	780	594	265	165	100
34	1163	684	479	152	95	57
35-39岁	**4172**	**2597**	**1575**	**379**	**242**	**137**
35	1051	622	429	133	88	45
36	982	619	363	83	53	30
37	771	505	266	72	43	29
38	767	469	298	51	30	21
39	601	382	219	40	28	12
40-44岁	**1976**	**1218**	**758**	**91**	**55**	**36**
40	519	330	189	29	13	16
41	438	259	179	27	22	5
42	374	217	157	10	6	4
43	327	202	125	16	8	8
44	318	210	108	9	6	3
45-49岁	**1238**	**841**	**397**	**36**	**21**	**15**
45	254	169	85	9	5	4
46	294	192	102	10	7	3
47	279	190	89	5	2	3
48	218	151	67	8	4	4
49	193	139	54	4	3	1
50-54岁	**692**	**521**	**171**	**10**	**7**	**3**
50	186	126	60	5	3	2
51	167	136	31			
52	142	106	36	2	1	1
53	104	80	24	2	2	
54	93	73	20	1	1	
55-59岁	**349**	**305**	**44**	**7**	**7**	
55	110	97	13	3	3	
56	91	82	9	2	2	
57	63	56	7			
58	56	48	8	1	1	
59	29	22	7	1	1	
60-64岁	**102**	**83**	**19**			
60	15	9	6			
61	22	19	3			
62	26	24	2			
63	23	17	6			
64	16	14	2			
65岁及以上	**207**	**177**	**30**	**6**	**5**	**1**

单位：人

有配偶			离 婚			丧 偶		
小计	男	女	小计	男	女	小计	男	女
16453	**9289**	**7164**	**314**	**173**	**141**	**62**	**38**	**24**
1	**1**							
1	1							
302	**71**	**231**	**2**		**2**			
2		2						
9		9						
37	4	33						
95	22	73						
159	45	114	2		2			
3049	**1231**	**1818**	**29**	**13**	**16**			
271	88	183	1	1				
420	157	263	3	1	2			
605	227	378	5	1	4			
801	329	472	8	3	5			
952	430	522	12	7	5			
5158	**2738**	**2420**	**76**	**38**	**38**	**5**	**3**	**2**
1077	512	565	13	4	9			
996	536	460	16	8	8			
1003	510	493	12	3	9	2	2	
1087	599	488	20	15	5	2	1	1
995	581	414	15	8	7	1		1
3709	**2310**	**1399**	**81**	**45**	**36**	**3**		**3**
902	525	377	16	9	7			
880	561	319	17	5	12	2		2
684	452	232	15	10	5			
702	430	272	14	9	5			
541	342	199	19	12	7	1		1
1828	**1130**	**698**	**54**	**33**	**21**	**3**		**3**
476	309	167	14	8	6			
399	227	172	11	10	1	1		1
358	208	150	6	3	3			
296	187	109	15	7	8			
299	199	100	8	5	3	2		2
1156	**796**	**360**	**44**	**24**	**20**	**2**		**2**
236	159	77	9	5	4			
272	179	93	12	6	6			
264	185	79	8	3	5	2		2
205	145	60	5	2	3			
179	128	51	10	8	2			
661	**498**	**163**	**16**	**12**	**4**	**5**	**4**	**1**
173	117	56	6	5	1	2	1	1
163	133	30	2	1	1	2	2	
136	102	34	3	2	1	1	1	
101	77	24	1	1				
88	69	19	4	3	1			
334	**294**	**40**	**7**	**3**	**4**	**1**	**1**	
106	93	13	1	1				
88	79	9	1	1				
60	56	4	3		3			
53	45	8	1	1		1	1	
27	21	6	1		1			
97	**78**	**19**	**1**	**1**		**4**	**4**	
15	9	6						
20	17	3				2	2	
25	23	2	1	1				
22	16	6				1	1	
15	13	2				1	1	
158	**142**	**16**	**4**	**4**		**39**	**26**	**13**

5−3c 续表 8

受教育程度 年 龄	15岁及以上人口			未 婚		
	合计	男	女	小计	男	女
硕士研究生	**1341**	**712**	**629**	**824**	**407**	**417**
15−19岁	**5**	**3**	**2**	**5**	**3**	**2**
15						
16						
17						
18	1		1	1		1
19	4	3	1	4	3	1
20−24岁	**337**	**159**	**178**	**334**	**158**	**176**
20	4	2	2	4	2	2
21	21	8	13	21	8	13
22	72	29	43	71	29	42
23	119	68	51	119	68	51
24	121	52	69	119	51	68
25−29岁	**427**	**197**	**230**	**356**	**163**	**193**
25	102	38	64	98	36	62
26	107	48	59	96	43	53
27	83	39	44	69	36	33
28	69	33	36	50	24	26
29	66	39	27	43	24	19
30−34岁	**269**	**158**	**111**	**93**	**63**	**30**
30	92	48	44	34	20	14
31	49	29	20	25	17	8
32	42	27	15	12	8	4
33	51	31	20	15	12	3
34	35	23	12	7	6	1
35−39岁	**127**	**72**	**55**	**23**	**12**	**11**
35	33	18	15	8	6	2
36	31	17	14	6	1	5
37	20	13	7	5	3	2
38	25	15	10	2	1	1
39	18	9	9	2	1	1
40−44岁	**61**	**43**	**18**	**6**	**3**	**3**
40	13	8	5			
41	14	8	6	2		2
42	12	8	4	4	3	1
43	15	13	2			
44	7	6	1			
45−49岁	**45**	**29**	**16**	**6**	**4**	**2**
45	10	7	3	3	2	1
46	5	2	3	1		1
47	11	7	4	1	1	
48	10	7	3	1	1	
49	9	6	3			
50−54岁	**29**	**22**	**7**			
50	8	8				
51	7	6	1			
52	4	2	2			
53	4	1	3			
54	6	5	1			
55−59岁	**23**	**14**	**9**	**1**	**1**	
55	5	3	2	1	1	
56	6	4	2			
57	4	2	2			
58	7	5	2			
59	1		1			
60−64岁	**12**	**9**	**3**			
60	5	5				
61	3	1	2			
62	1	1				
63	3	2	1			
64						
65岁及以上	**6**	**6**				

单位：人

有配偶			离　婚			丧　偶		
小计	男	女	小计	男	女	小计	男	女
508	**301**	**207**	**8**	**4**	**4**	**1**		**1**
3	**1**	**2**						
1		1						
2	1	1						
71	**34**	**37**						
4	2	2						
11	5	6						
14	3	11						
19	9	10						
23	15	8						
175	**95**	**80**	**1**		**1**			
58	28	30						
24	12	12						
30	19	11						
36	19	17						
27	17	10	1		1			
102	**60**	**42**	**2**		**2**			
23	12	11	2		2			
25	16	9						
15	10	5						
23	14	9						
16	8	8						
54	**39**	**15**	**1**	**1**				
13	8	5						
12	8	4						
8	5	3						
14	12	2	1	1				
7	6	1						
37	**24**	**13**	**2**	**1**	**1**			
7	5	2						
3	1	2	1	1				
9	6	3	1		1			
9	6	3						
9	6	3						
28	**22**	**6**				**1**		**1**
8	8							
7	6	1						
4	2	2						
3	1	2				1		1
6	5	1						
21	**12**	**9**	**1**	**1**				
4	2	2						
5	3	2	1	1				
4	2	2						
7	5	2						
1		1						
11	**8**	**3**	**1**	**1**				
4	4		1	1				
3	1	2						
1	1							
3	2	1						
6	**6**							

5–3c 续表 9

受教育程度 年龄	15岁及以上人口			未婚		
	合计	男	女	小计	男	女
博士研究生	**139**	**87**	**52**	**73**	**44**	**29**
15–19岁						
15						
16						
17						
18						
19						
20–24岁	**17**	**6**	**11**	**16**	**5**	**11**
20						
21						
22	3	1	2	3	1	2
23	4	2	2	3	1	2
24	10	3	7	10	3	7
25–29岁	**43**	**29**	**14**	**38**	**26**	**12**
25	2	2		2	2	
26	9	6	3	9	6	3
27	12	9	3	12	9	3
28	13	8	5	10	6	4
29	7	4	3	5	3	2
30–34岁	**35**	**21**	**14**	**14**	**10**	**4**
30	10	4	6	3	2	1
31	13	8	5	7	4	3
32	6	5	1	1	1	
33	3	3		2	2	
34	3	1	2	1	1	
35–39岁	**21**	**13**	**8**	**3**	**1**	**2**
35	3		3	1		1
36	4	3	1			
37	3	2	1	1	1	
38	4	3	1			
39	7	5	2	1		1
40–44岁	**5**	**4**	**1**	**1**	**1**	
40						
41	2	2		1	1	
42	1	1				
43	1		1			
44	1	1				
45–49岁	**4**	**2**	**2**			
45	1		1			
46	2	1	1			
47						
48						
49	1	1				
50–54岁	**3**	**2**	**1**			
50	2	1	1			
51						
52						
53						
54	1	1				
55–59岁	**5**	**5**		**1**	**1**	
55						
56	1	1				
57	2	2		1	1	
58	1	1				
59	1	1				
60–64岁	**2**	**2**				
60						
61						
62						
63	1	1				
64	1	1				
65岁及以上	**4**	**3**	**1**			

单位：人

有配偶			离婚			丧偶		
小计	男	女	小计	男	女	小计	男	女
64	**41**	**23**	**1**	**1**		**1**	**1**	
1	**1**							
1	1							
5	**3**	**2**						
3	2	1						
2	1	1						
21	**11**	**10**						
7	2	5						
6	4	2						
5	4	1						
1	1							
2		2						
17	**11**	**6**	**1**	**1**				
2		2						
4	3	1						
2	1	1						
4	3	1						
5	4	1	1	1				
4	**3**	**1**						
1	1							
1	1							
1		1						
1	1							
4	**2**	**2**						
1		1						
2	1	1						
1	1							
3	**2**	**1**						
2	1	1						
1	1							
3	**3**					**1**	**1**	
1	1							
1	1							
						1	1	
1	1							
2	**2**							
1	1							
1	1							
4	**3**	**1**						

5-4　全省分初婚年龄、性别、初婚年份的人口

单位：人

初婚年龄	初婚年份								
	合　计			1980年			1981年		
	合计	男	女	小计	男	女	小计	男	女
总　计	**6265828**	**3190100**	**3075728**	**118057**	**55389**	**62668**	**83375**	**38903**	**44472**
15岁以下	**5395**	**1237**	**4158**	**338**	**67**	**271**	**162**	**35**	**127**
15—19岁	**486507**	**130874**	**355633**	**15237**	**3474**	**11763**	**12086**	**2858**	**9228**
15	24067	6993	17074	1176	326	850	603	155	448
16	41341	10426	30915	2030	478	1552	1077	237	840
17	72216	17977	54239	3527	721	2806	1960	395	1565
18	122911	32538	90373	4157	949	3208	3805	885	2920
19	225972	62940	163032	4347	1000	3347	4641	1186	3455
20—24岁	**2888421**	**1259389**	**1629032**	**59371**	**24511**	**34860**	**41131**	**16819**	**24312**
20	384111	104428	279683	7037	2080	4957	4481	1175	3306
21	492993	179059	313934	10301	3631	6670	6443	2150	4293
22	652995	301577	351418	13943	5736	8207	8912	3586	5326
23	678820	324202	354618	14624	6539	8085	10847	4710	6137
24	679502	350123	329379	13466	6525	6941	10448	5198	5250
25—29岁	**2141093**	**1290721**	**850372**	**35724**	**21746**	**13978**	**25443**	**15711**	**9732**
25	630448	349917	280531	12531	6907	5624	8594	4782	3812
26	529984	309969	220015	9401	5600	3801	6833	4156	2677
27	425148	263399	161749	6442	4156	2286	4870	3168	1702
28	320446	208877	111569	4355	2954	1401	3092	2137	955
29	235067	158559	76508	2995	2129	866	2054	1468	586
30—34岁	**520531**	**356363**	**164168**	**5658**	**4288**	**1370**	**3630**	**2764**	**866**
30	172499	118193	54306	2217	1638	579	1361	1001	360
31	126499	86613	39886	1306	989	317	946	720	226
32	94744	65136	29608	934	716	218	603	474	129
33	71649	48971	22678	738	570	168	385	309	76
34	55140	37450	17690	463	375	88	335	260	75
35—39岁	**139294**	**95343**	**43951**	**1237**	**958**	**279**	**667**	**538**	**129**
35	43108	29299	13809	374	281	93	224	187	37
36	32933	22477	10456	296	228	68	136	111	25
37	26080	17904	8176	233	187	46	123	95	28
38	20514	14216	6298	199	156	43	107	83	24
39	16659	11447	5212	135	106	29	77	62	15
40—44岁	**48619**	**32848**	**15771**	**378**	**283**	**95**	**184**	**135**	**49**
40	13698	9264	4434	123	88	35	65	45	20
41	10988	7403	3585	79	60	19	40	33	7
42	9347	6294	3053	78	60	18	29	21	8
43	7947	5432	2515	56	43	13	26	22	4
44	6639	4455	2184	42	32	10	24	14	10
45—49岁	**20262**	**13628**	**6634**	**90**	**55**	**35**	**45**	**34**	**11**
45	5597	3775	1822	31	23	8	14	11	3
46	4764	3245	1519	13	9	4	11	10	1
47	3894	2612	1282	21	14	7	9	4	5
48	3215	2141	1074	13	4	9	3	2	1
49	2792	1855	937	12	5	7	8	7	1
50岁及以上	**15706**	**9697**	**6009**	**24**	**7**	**17**	**27**	**9**	**18**
平均初婚年龄	**25.26**	**26.29**	**24.20**	**24.04**	**25.26**	**22.95**	**23.99**	**25.22**	**22.92**

5-4 续表 1

单位：人

初婚年龄	初婚年份								
	1982年			1983年			1984年		
	小计	男	女	小计	男	女	小计	男	女
总　计	**100743**	**47513**	**53230**	**98610**	**46962**	**51648**	**105549**	**50570**	**54979**
15岁以下	**224**	**39**	**185**	**207**	**52**	**155**	**156**	**32**	**124**
15–19岁	**17442**	**4422**	**13020**	**16370**	**4337**	**12033**	**15950**	**4346**	**11604**
15	772	206	566	825	237	588	779	222	557
16	1463	292	1171	1285	312	973	1287	324	963
17	2555	555	2000	2519	598	1921	2183	509	1674
18	4593	1096	3497	4213	1064	3149	4297	1106	3191
19	8059	2273	5786	7528	2126	5402	7404	2185	5219
20–24岁	**47134**	**20018**	**27116**	**46875**	**19898**	**26977**	**54397**	**23336**	**31061**
20	8878	2698	6180	11290	3743	7547	11352	3610	7742
21	6894	2419	4475	9746	3728	6018	14191	5725	8466
22	8922	3755	5167	7599	3258	4341	12348	5826	6522
23	10544	5017	5527	8814	4196	4618	7979	3752	4227
24	11896	6129	5767	9426	4973	4453	8527	4423	4104
25–29岁	**29932**	**18568**	**11364**	**28890**	**18017**	**10873**	**28509**	**17995**	**10514**
25	10257	5833	4424	9582	5476	4106	8279	4747	3532
26	7406	4451	2955	7407	4556	2851	7733	4773	2960
27	5736	3725	2011	5262	3419	1843	5756	3771	1985
28	3931	2677	1254	3933	2664	1269	3881	2692	1189
29	2602	1882	720	2706	1902	804	2860	2012	848
30–34岁	**4694**	**3453**	**1241**	**4903**	**3608**	**1295**	**5114**	**3767**	**1347**
30	1738	1240	498	1806	1305	501	1891	1378	513
31	1129	815	314	1189	860	329	1280	935	345
32	875	650	225	855	606	249	906	672	234
33	588	464	124	622	484	138	598	440	158
34	364	284	80	431	353	78	439	342	97
35–39岁	**888**	**711**	**177**	**930**	**728**	**202**	**966**	**752**	**214**
35	295	234	61	292	237	55	350	268	82
36	204	157	47	209	154	55	215	164	51
37	158	132	26	181	146	35	182	143	39
38	131	106	25	129	98	31	122	97	25
39	100	82	18	119	93	26	97	80	17
40–44岁	**309**	**228**	**81**	**307**	**244**	**63**	**294**	**242**	**52**
40	92	71	21	90	76	14	84	73	11
41	73	54	19	86	71	15	70	56	14
42	55	41	14	52	41	11	49	40	9
43	44	33	11	39	28	11	42	34	8
44	45	29	16	40	28	12	49	39	10
45–49岁	**97**	**66**	**31**	**95**	**63**	**32**	**118**	**83**	**35**
45	36	24	12	24	15	9	33	22	11
46	17	12	5	20	18	2	31	24	7
47	20	19	1	17	13	4	27	20	7
48	13	6	7	21	10	11	12	9	3
49	11	5	6	13	7	6	15	8	7
50岁及以上	**23**	**8**	**15**	**33**	**15**	**18**	**45**	**17**	**28**
平均初婚年龄	**23.84**	**25.11**	**22.70**	**23.76**	**25.00**	**22.62**	**23.66**	**24.83**	**22.58**

5–4 续表 2 单位：人

初婚年龄	初婚年份								
	1985年			1986年			1987年		
	小计	男	女	小计	男	女	小计	男	女
总 计	**126810**	**61556**	**65254**	**120569**	**58890**	**61679**	**122838**	**60440**	**62398**
15岁以下	**169**	**30**	**139**	**141**	**22**	**119**	**135**	**20**	**115**
15–19岁	**19298**	**5439**	**13859**	**17151**	**4706**	**12445**	**16587**	**4492**	**12095**
15	1018	289	729	654	152	502	572	130	442
16	1919	470	1449	1410	339	1071	1145	244	901
17	3011	767	2244	2824	697	2127	2384	534	1850
18	4760	1233	3527	4618	1172	3446	4655	1220	3435
19	8590	2680	5910	7645	2346	5299	7831	2364	5467
20–24岁	**69446**	**31246**	**38200**	**71714**	**33259**	**38455**	**72999**	**34173**	**38826**
20	12526	4234	8292	12043	3986	8057	11263	3639	7624
21	15534	6325	9209	14534	6077	8457	14215	6025	8190
22	19370	9466	9904	17101	8424	8677	16721	8172	8549
23	13723	6834	6889	16932	8694	8238	15733	8025	7708
24	8293	4387	3906	11104	6078	5026	15067	8312	6755
25–29岁	**29445**	**18734**	**10711**	**23761**	**15208**	**8553**	**24914**	**15931**	**8983**
25	8096	4640	3456	6226	3574	2652	9368	5531	3837
26	7055	4452	2603	5542	3421	2121	4906	3047	1859
27	6452	4278	2174	4865	3217	1648	4295	2834	1461
28	4692	3153	1539	4129	2852	1277	3391	2369	1022
29	3150	2211	939	2999	2144	855	2954	2150	804
30–34岁	**6509**	**4661**	**1848**	**5908**	**4299**	**1609**	**6190**	**4367**	**1823**
30	2418	1731	687	2059	1470	589	2234	1565	669
31	1610	1148	462	1514	1094	420	1441	1049	392
32	1084	783	301	1075	797	278	1106	776	330
33	787	547	240	686	508	178	804	556	248
34	610	452	158	574	430	144	605	421	184
35–39岁	**1311**	**1001**	**310**	**1240**	**930**	**310**	**1379**	**998**	**381**
35	432	312	120	397	299	98	423	294	129
36	320	246	74	320	244	76	352	249	103
37	238	186	52	233	172	61	286	209	77
38	168	137	31	160	119	41	164	130	34
39	153	120	33	130	96	34	154	116	38
40–44岁	**420**	**315**	**105**	**392**	**291**	**101**	**411**	**309**	**102**
40	132	102	30	97	71	26	119	86	33
41	93	73	20	88	60	28	104	77	27
42	78	56	22	80	61	19	64	54	10
43	61	46	15	68	54	14	67	50	17
44	56	38	18	59	45	14	57	42	15
45–49岁	**146**	**103**	**43**	**174**	**122**	**52**	**148**	**112**	**36**
45	31	21	10	53	38	15	55	42	13
46	40	33	7	39	30	9	34	26	8
47	27	21	6	33	23	10	20	17	3
48	24	16	8	23	16	7	20	16	4
49	24	12	12	26	15	11	19	11	8
50岁及以上	**66**	**27**	**39**	**88**	**53**	**35**	**75**	**38**	**37**
平均初婚年龄	**23.59**	**24.67**	**22.56**	**23.57**	**24.62**	**22.57**	**23.68**	**24.68**	**22.71**

5-4　续表 3　　　　单位：人

初婚年龄	初婚年份								
	1988年			1989年			1990年		
	小计	男	女	小计	男	女	小计	男	女
总　计	**138144**	**68634**	**69510**	**140145**	**70395**	**69750**	**175415**	**89501**	**85914**
15岁以下	**191**	**43**	**148**	**214**	**42**	**172**	**272**	**64**	**208**
15–19岁	**18696**	**5045**	**13651**	**18010**	**4864**	**13146**	**23811**	**6719**	**17092**
15	780	163	617	771	209	562	1225	341	884
16	1306	242	1064	1489	343	1146	2169	506	1663
17	2594	552	2042	2563	574	1989	3645	962	2683
18	4812	1269	3543	4561	1153	3408	6059	1629	4430
19	9204	2819	6385	8626	2585	6041	10713	3281	7432
20–24岁	**79219**	**37332**	**41887**	**80123**	**38019**	**42104**	**98714**	**47798**	**50916**
20	13189	4301	8888	13956	4600	9356	16629	5710	10919
21	14646	6184	8462	16044	6724	9320	20596	8984	11612
22	18357	9237	9120	17218	8754	8464	22982	11891	11091
23	17393	9055	8338	17431	9249	8182	19792	10506	9286
24	15634	8555	7079	15474	8692	6782	18715	10707	8008
25–29岁	**30851**	**19507**	**11344**	**33096**	**20962**	**12134**	**42192**	**27061**	**15131**
25	13534	8133	5401	12701	7617	5084	14926	9095	5831
26	7610	4809	2801	9979	6322	3657	11256	7077	4179
27	3847	2465	1382	5521	3653	1868	8880	5901	2979
28	3145	2175	970	2693	1809	884	4704	3242	1462
29	2715	1925	790	2202	1561	641	2426	1746	680
30–34岁	**6909**	**5026**	**1883**	**6307**	**4696**	**1611**	**7221**	**5405**	**1816**
30	2284	1648	636	1825	1369	456	2036	1493	543
31	1716	1281	435	1660	1259	401	1643	1247	396
32	1230	893	337	1273	954	319	1566	1163	403
33	977	705	272	847	599	248	1165	890	275
34	702	499	203	702	515	187	811	612	199
35–39岁	**1532**	**1156**	**376**	**1617**	**1227**	**390**	**2152**	**1650**	**502**
35	539	395	144	529	396	133	705	532	173
36	354	262	92	393	295	98	503	393	110
37	278	212	66	286	219	67	401	294	107
38	215	168	47	239	181	58	308	241	67
39	146	119	27	170	136	34	235	190	45
40–44岁	**457**	**339**	**118**	**475**	**375**	**100**	**636**	**504**	**132**
40	138	102	36	144	113	31	203	149	54
41	88	62	26	113	84	29	137	112	25
42	84	64	20	84	69	15	117	94	23
43	90	66	24	74	60	14	103	86	17
44	57	45	12	60	49	11	76	63	13
45–49岁	**181**	**121**	**60**	**188**	**145**	**43**	**257**	**196**	**61**
45	44	32	12	52	42	10	85	69	16
46	39	22	17	45	38	7	53	38	15
47	42	27	15	37	28	9	49	34	15
48	25	16	9	36	26	10	32	25	7
49	31	24	7	18	11	7	38	30	8
50岁及以上	**108**	**65**	**43**	**115**	**65**	**50**	**160**	**104**	**56**
平均初婚年龄	**23.69**	**24.69**	**22.71**	**23.71**	**24.70**	**22.70**	**23.68**	**24.67**	**22.65**

5-4 续表 4

单位：人

初婚年龄	初婚年份								
	1991年			1992年			1993年		
	小计	男	女	小计	男	女	小计	男	女
总　计	**120814**	**60817**	**59997**	**145393**	**73553**	**71840**	**151461**	**76696**	**74765**
15岁以下	**137**	**22**	**115**	**137**	**31**	**106**	**151**	**32**	**119**
15–19岁	**14019**	**3776**	**10243**	**15532**	**4072**	**11460**	**14878**	**4031**	**10847**
15	596	174	422	651	168	483	662	198	464
16	1094	230	864	1244	288	956	1142	259	883
17	1991	466	1525	2229	506	1723	2055	480	1575
18	3640	957	2683	3876	996	2880	3650	934	2716
19	6698	1949	4749	7532	2114	5418	7369	2160	5209
20–24岁	**68074**	**31488**	**36586**	**82553**	**38318**	**44235**	**86324**	**39815**	**46509**
20	11146	3315	7831	11989	3568	8421	12635	3552	9083
21	13332	5344	7988	15693	6169	9524	15770	6298	9472
22	16556	8387	8169	19294	9564	9730	20065	9808	10257
23	14786	7598	7188	19119	9871	9248	19615	10011	9604
24	12254	6844	5410	16458	9146	7312	18239	10146	8093
25–29岁	**31806**	**20364**	**11442**	**38260**	**24484**	**13776**	**40021**	**25517**	**14504**
25	10768	6439	4329	12080	7195	4885	13994	8314	5680
26	8153	5109	3044	9866	6253	3613	9425	5931	3494
27	5886	3917	1969	7176	4701	2475	7516	4881	2635
28	4526	3147	1379	5212	3593	1619	5316	3678	1638
29	2473	1752	721	3926	2742	1184	3770	2713	1057
30–34岁	**4557**	**3469**	**1088**	**5949**	**4411**	**1538**	**6863**	**4889**	**1974**
30	1271	934	337	2173	1601	572	2990	2116	874
31	1052	810	242	1164	849	315	1572	1110	462
32	877	662	215	1012	772	240	844	576	268
33	785	622	163	829	605	224	767	561	206
34	572	441	131	771	584	187	690	526	164
35–39岁	**1456**	**1114**	**342**	**1900**	**1486**	**414**	**2085**	**1605**	**480**
35	415	310	105	602	463	139	686	534	152
36	358	281	77	418	338	80	451	342	109
37	288	220	68	364	281	83	386	305	81
38	232	184	48	292	231	61	287	220	67
39	163	119	44	224	173	51	275	204	71
40–44岁	**452**	**356**	**96**	**597**	**443**	**154**	**694**	**488**	**206**
40	125	102	23	173	121	52	197	138	59
41	115	83	32	137	104	33	152	108	44
42	84	61	23	107	82	25	136	89	47
43	58	49	9	93	74	19	117	84	33
44	70	61	9	87	62	25	92	69	23
45–49岁	**176**	**139**	**37**	**242**	**182**	**60**	**254**	**193**	**61**
45	49	37	12	63	45	18	63	51	12
46	40	35	5	45	32	13	59	45	14
47	29	27	2	53	41	12	51	38	13
48	28	16	12	49	40	9	45	34	11
49	30	24	6	32	24	8	36	25	11
50岁及以上	**137**	**89**	**48**	**223**	**126**	**97**	**191**	**126**	**65**
平均初婚年龄	**23.89**	**24.93**	**22.84**	**24.07**	**25.08**	**23.03**	**24.15**	**25.13**	**23.14**

5-4 续表 5

单位：人

初婚年龄	初婚年份								
	1994年			1995年			1996年		
	小计	男	女	小计	男	女	小计	男	女
总 计	**144095**	**73091**	**71004**	**171463**	**87551**	**83912**	**153244**	**78534**	**74710**
15岁以下	**146**	**34**	**112**	**139**	**25**	**114**	**123**	**31**	**92**
15-19岁	**12583**	**3360**	**9223**	**13763**	**3805**	**9958**	**10712**	**2876**	**7836**
15	585	165	420	728	228	500	474	118	356
16	860	235	625	1236	336	900	927	259	668
17	1623	378	1245	1909	505	1404	1673	412	1261
18	3089	828	2261	3368	876	2492	2556	680	1876
19	6426	1754	4672	6522	1860	4662	5082	1407	3675
20-24岁	**80501**	**36506**	**43995**	**93900**	**42831**	**51069**	**81523**	**36886**	**44637**
20	11350	3085	8265	11897	3332	8565	9848	2601	7247
21	14652	5588	9064	16817	6463	10354	13666	5044	8622
22	18565	9099	9466	22109	10545	11564	19535	9307	10228
23	18868	9427	9441	21803	11052	10751	20087	9941	10146
24	17066	9307	7759	21274	11439	9835	18387	9993	8394
25-29岁	**40617**	**25677**	**14940**	**50622**	**31737**	**18885**	**48065**	**29838**	**18227**
25	14281	8421	5860	18089	10610	7479	16428	9598	6830
26	10522	6590	3932	12911	7981	4930	12506	7666	4840
27	6833	4441	2392	9174	6054	3120	9050	5824	3226
28	5252	3605	1647	5830	3896	1934	6220	4107	2113
29	3729	2620	1109	4618	3196	1422	3861	2643	1218
30-34岁	**7264**	**5302**	**1962**	**9313**	**6533**	**2780**	**9327**	**6485**	**2842**
30	2717	1992	725	3294	2303	991	3047	2101	946
31	2166	1549	617	2345	1633	712	2254	1561	693
32	1175	852	323	1936	1381	555	1760	1263	497
33	649	479	170	1155	815	340	1423	981	442
34	557	430	127	583	401	182	843	579	264
35-39岁	**1801**	**1371**	**430**	**2056**	**1524**	**532**	**1804**	**1328**	**476**
35	502	393	109	516	380	136	457	330	127
36	443	332	111	461	346	115	382	282	100
37	352	284	68	456	346	110	365	276	89
38	265	193	72	339	246	93	343	255	88
39	239	169	70	284	206	78	257	185	72
40-44岁	**685**	**521**	**164**	**881**	**628**	**253**	**817**	**578**	**239**
40	194	153	41	254	188	66	227	170	57
41	147	110	37	210	159	51	173	125	48
42	158	116	42	157	102	55	158	104	54
43	104	77	27	145	102	43	147	108	39
44	82	65	17	115	77	38	112	71	41
45-49岁	**279**	**188**	**91**	**353**	**245**	**108**	**419**	**248**	**171**
45	68	49	19	117	75	42	89	53	36
46	61	40	21	84	64	20	100	59	41
47	56	37	19	71	53	18	86	57	29
48	52	35	17	39	25	14	67	39	28
49	42	27	15	42	28	14	77	40	37
50岁及以上	**219**	**132**	**87**	**436**	**223**	**213**	**454**	**264**	**190**
平均初婚年龄	**24.32**	**25.29**	**23.31**	**24.49**	**25.39**	**23.56**	**24.73**	**25.63**	**23.80**

5-4 续表 6

单位：人

初婚年龄	初婚年份								
	1997年			1998年			1999年		
	小计	男	女	小计	男	女	小计	男	女
总　计	**149815**	**76908**	**72907**	**159186**	**82572**	**76614**	**140400**	**72517**	**67883**
15岁以下	**127**	**33**	**94**	**130**	**36**	**94**	**145**	**33**	**112**
15—19岁	**9863**	**2611**	**7252**	**10786**	**2753**	**8033**	**9361**	**2393**	**6968**
15	513	153	360	541	154	387	557	192	365
16	747	147	600	946	236	710	817	205	612
17	1354	367	987	1441	332	1109	1471	359	1112
18	2497	665	1832	2560	641	1919	2099	506	1593
19	4752	1279	3473	5298	1390	3908	4417	1131	3286
20—24岁	**76733**	**34216**	**42517**	**76722**	**34466**	**42256**	**65570**	**28757**	**36813**
20	8646	2243	6403	8763	2213	6550	8529	2130	6399
21	12198	4378	7820	11786	4308	7478	10189	3521	6668
22	17535	8228	9307	17096	7823	9273	14073	6545	7528
23	19531	9478	10053	19075	9365	9710	15892	7601	8291
24	18823	9889	8934	20002	10757	9245	16887	8960	7927
25—29岁	**50236**	**31196**	**19040**	**54958**	**34020**	**20938**	**51526**	**31680**	**19846**
25	16551	9588	6963	17695	10386	7309	16443	9362	7081
26	12870	7878	4992	13583	8263	5320	12926	7755	5171
27	9511	6060	3451	10645	6804	3841	9565	6134	3431
28	6706	4462	2244	7616	4986	2630	7329	4870	2459
29	4598	3208	1390	5419	3581	1838	5263	3559	1704
30—34岁	**8955**	**6278**	**2677**	**12007**	**8054**	**3953**	**10496**	**7229**	**3267**
30	2889	2010	879	3988	2640	1348	3718	2547	1171
31	2126	1472	654	2708	1807	901	2619	1779	840
32	1704	1192	512	2132	1434	698	1676	1169	507
33	1221	865	356	1745	1198	547	1454	1009	445
34	1015	739	276	1434	975	459	1029	725	304
35—39岁	**1881**	**1319**	**562**	**2843**	**2008**	**835**	**2121**	**1557**	**564**
35	619	445	174	1196	845	351	781	556	225
36	378	275	103	693	485	208	612	452	160
37	272	189	83	382	270	112	345	262	83
38	301	214	87	297	210	87	220	164	56
39	311	196	115	275	198	77	163	123	40
40—44岁	**1115**	**673**	**442**	**1077**	**775**	**302**	**663**	**502**	**161**
40	291	182	109	302	220	82	153	117	36
41	208	120	88	251	182	69	159	125	34
42	229	146	83	201	144	57	147	110	37
43	196	124	72	181	126	55	113	82	31
44	191	101	90	142	103	39	91	68	23
45—49岁	**562**	**359**	**203**	**407**	**291**	**116**	**273**	**206**	**67**
45	137	84	53	124	91	33	78	59	19
46	145	99	46	100	67	33	58	40	18
47	110	66	44	84	60	24	48	42	6
48	95	58	37	61	48	13	43	31	12
49	75	52	23	38	25	13	46	34	12
50岁及以上	**343**	**223**	**120**	**256**	**169**	**87**	**245**	**160**	**85**
平均初婚年龄	**24.95**	**25.84**	**24.00**	**25.16**	**26.09**	**24.15**	**25.12**	**26.10**	**24.08**

5-4　续表 7　　单位：人

初婚年龄	初婚年份								
	2000年			2001年			2002年		
	小计	男	女	小计	男	女	小计	男	女
总　计	**167111**	**87844**	**79267**	**111819**	**57727**	**54092**	**128944**	**66978**	**61966**
15岁以下	**307**	**98**	**209**	**177**	**61**	**116**	**176**	**47**	**129**
15-19岁	**14955**	**4430**	**10525**	**8660**	**2436**	**6224**	**9822**	**2945**	**6877**
15	1152	433	719	665	247	418	819	317	502
16	1597	545	1052	856	293	563	975	298	677
17	2342	683	1659	1222	336	886	1560	486	1074
18	3763	1094	2669	1957	550	1407	2287	664	1623
19	6101	1675	4426	3960	1010	2950	4181	1180	3001
20-24岁	**77584**	**35078**	**42506**	**51327**	**21765**	**29562**	**60687**	**26014**	**34673**
20	10383	2887	7496	6391	1493	4898	8285	2123	6162
21	13787	5151	8636	8791	2977	5814	9868	3321	6547
22	16934	8018	8916	12314	5492	6822	13788	6163	7625
23	17933	8960	8973	11993	5615	6378	15095	7178	7917
24	18547	10062	8485	11838	6188	5650	13651	7229	6422
25-29岁	**58909**	**37287**	**21622**	**40645**	**25601**	**15044**	**45051**	**28568**	**16483**
25	17594	10372	7222	11599	6701	4898	12625	7407	5218
26	15176	9458	5718	10081	6174	3907	10977	6726	4251
27	11566	7528	4038	8332	5424	2908	9036	5916	3120
28	8468	5705	2763	6207	4208	1999	7130	4883	2247
29	6105	4224	1881	4426	3094	1332	5283	3636	1647
30-34岁	**11732**	**8251**	**3481**	**8567**	**6025**	**2542**	**10441**	**7363**	**3078**
30	4322	3022	1300	3202	2255	947	3724	2600	1124
31	2990	2080	910	2150	1498	652	2625	1851	774
32	2064	1451	613	1507	1073	434	1867	1337	530
33	1296	940	356	1044	719	325	1288	890	398
34	1060	758	302	664	480	184	937	685	252
35-39岁	**2443**	**1802**	**641**	**1778**	**1355**	**423**	**1956**	**1432**	**524**
35	829	613	216	568	418	150	584	419	165
36	638	471	167	397	302	95	516	374	142
37	518	369	149	352	275	77	349	252	97
38	291	215	76	309	245	64	276	207	69
39	167	134	33	152	115	37	231	180	51
40-44岁	**629**	**492**	**137**	**345**	**264**	**81**	**433**	**336**	**97**
40	165	131	34	93	75	18	148	116	32
41	143	112	31	67	47	20	77	62	15
42	137	105	32	60	42	18	70	54	16
43	114	91	23	65	54	11	66	53	13
44	70	53	17	60	46	14	72	51	21
45-49岁	**320**	**243**	**77**	**182**	**133**	**49**	**203**	**155**	**48**
45	92	70	22	31	24	7	49	38	11
46	79	58	21	42	34	8	50	40	10
47	57	46	11	43	31	12	39	27	12
48	51	40	11	40	29	11	32	24	8
49	41	29	12	26	15	11	33	26	7
50岁及以上	**232**	**163**	**69**	**138**	**87**	**51**	**175**	**118**	**57**
平均初婚年龄	**24.84**	**25.82**	**23.75**	**25.03**	**26.08**	**23.90**	**25.02**	**26.05**	**23.90**

5-4 续表 8　　　　　　　　　　　　　　　　　　　　　　　　　　单位：人

初婚年龄	初婚年份								
	2003年			2004年			2005年		
	小计	男	女	小计	男	女	小计	男	女
总　计	**147539**	**76575**	**70964**	**153364**	**79284**	**74080**	**166619**	**87019**	**79600**
15岁以下	**167**	**54**	**113**	**136**	**38**	**98**	**147**	**37**	**110**
15-19岁	**10458**	**3077**	**7381**	**9787**	**2860**	**6927**	**12234**	**3707**	**8527**
15	830	313	517	690	239	451	868	302	566
16	1153	386	767	912	287	625	1280	426	854
17	1586	448	1138	1570	468	1102	1898	565	1333
18	2382	695	1687	2306	670	1636	3057	952	2105
19	4507	1235	3272	4309	1196	3113	5131	1462	3669
20-24岁	**68261**	**29020**	**39241**	**70424**	**29458**	**40966**	**76106**	**33203**	**42903**
20	8031	2028	6003	7865	1802	6063	9090	2268	6822
21	11722	3853	7869	11294	3696	7598	11870	4095	7775
22	14694	6427	8267	16426	7158	9268	17008	7777	9231
23	16521	7798	8723	17048	7750	9298	19520	9380	10140
24	17293	8914	8379	17791	9052	8739	18618	9683	8935
25-29岁	**51345**	**32049**	**19296**	**54512**	**33685**	**20827**	**57351**	**35573**	**21778**
25	14670	8303	6367	17080	9437	7643	17490	9899	7591
26	11980	7213	4767	12926	7712	5214	14988	9063	5925
27	10040	6524	3516	10029	6515	3514	10709	6863	3846
28	8184	5551	2633	8196	5578	2618	7921	5400	2521
29	6471	4458	2013	6281	4443	1838	6243	4348	1895
30-34岁	**13421**	**9538**	**3883**	**14464**	**10330**	**4134**	**15580**	**10866**	**4714**
30	4618	3268	1350	4893	3484	1409	4807	3366	1441
31	3233	2297	936	3725	2697	1028	4015	2795	1220
32	2506	1778	728	2468	1755	713	2874	2014	860
33	1784	1275	509	1981	1424	557	2187	1530	657
34	1280	920	360	1397	970	427	1697	1161	536
35-39岁	**2698**	**1972**	**726**	**2803**	**1998**	**805**	**3560**	**2476**	**1084**
35	945	674	271	1000	696	304	1242	852	390
36	577	406	171	654	459	195	872	612	260
37	497	375	122	444	330	114	640	438	202
38	354	271	83	402	293	109	443	318	125
39	325	246	79	303	220	83	363	256	107
40-44岁	**657**	**486**	**171**	**753**	**588**	**165**	**998**	**722**	**276**
40	259	189	70	247	195	52	314	229	85
41	166	118	48	232	178	54	242	181	61
42	69	54	15	124	92	32	241	171	70
43	66	50	16	70	56	14	121	87	34
44	97	75	22	80	67	13	80	54	26
45-49岁	**275**	**212**	**63**	**244**	**175**	**69**	**343**	**239**	**104**
45	64	52	12	52	37	15	60	45	15
46	64	53	11	58	43	15	73	55	18
47	53	37	16	47	31	16	88	59	29
48	54	43	11	42	32	10	66	44	22
49	40	27	13	45	32	13	56	36	20
50岁及以上	**257**	**167**	**90**	**241**	**152**	**89**	**300**	**196**	**104**
平均初婚年龄	**25.26**	**26.32**	**24.11**	**25.33**	**26.39**	**24.20**	**25.30**	**26.31**	**24.21**

5-4 续表 9 单位：人

初婚年龄	初婚年份								
	2006年			2007年			2008年		
	小计	男	女	小计	男	女	小计	男	女
总　计	**181865**	**94008**	**87857**	**172429**	**89275**	**83154**	**215840**	**112427**	**103413**
15岁以下	**110**	**33**	**77**	**76**	**16**	**60**	**99**	**24**	**75**
15-19岁	**11277**	**3207**	**8070**	**10034**	**2821**	**7213**	**12572**	**3483**	**9089**
15	460	134	326	422	115	307	496	141	355
16	1080	324	756	737	183	554	947	235	712
17	1607	461	1146	1543	433	1110	1638	425	1213
18	2663	807	1856	2470	729	1741	3407	987	2420
19	5467	1481	3986	4862	1361	3501	6084	1695	4389
20-24岁	**79892**	**33599**	**46293**	**74747**	**31347**	**43400**	**93099**	**39648**	**53451**
20	9266	2154	7112	9724	2318	7406	11432	2877	8555
21	12368	4045	8323	11790	3837	7953	15886	5357	10529
22	17409	7623	9786	16609	7332	9277	20574	9225	11349
23	19216	8932	10284	17835	8184	9651	22170	10438	11732
24	21633	10845	10788	18789	9676	9113	23037	11751	11286
25-29岁	**67422**	**40708**	**26714**	**65458**	**39545**	**25913**	**82183**	**49988**	**32195**
25	19791	10849	8942	19697	10737	8960	22719	12689	10030
26	17252	10043	7209	15984	9333	6651	21564	12514	9050
27	14084	8763	5321	13200	8304	4896	16158	10103	6055
28	9561	6379	3182	9977	6594	3383	12475	8316	4159
29	6734	4674	2060	6600	4577	2023	9267	6366	2901
30-34岁	**17280**	**12236**	**5044**	**15811**	**11099**	**4712**	**19289**	**13332**	**5957**
30	5389	3812	1577	4715	3338	1377	6085	4195	1890
31	4169	2936	1233	3746	2650	1096	4418	3039	1379
32	3260	2341	919	3045	2134	911	3488	2412	1076
33	2577	1838	739	2391	1658	733	2847	1991	856
34	1885	1309	576	1914	1319	595	2451	1695	756
35-39岁	**4195**	**3005**	**1190**	**4531**	**3168**	**1363**	**6018**	**4151**	**1867**
35	1374	953	421	1465	1035	430	1903	1274	629
36	1098	790	308	1126	781	345	1416	987	429
37	759	545	214	836	562	274	1168	813	355
38	574	416	158	607	437	170	878	617	261
39	390	301	89	497	353	144	653	460	193
40-44岁	**1123**	**825**	**298**	**1153**	**857**	**296**	**1574**	**1126**	**448**
40	315	235	80	303	219	84	494	356	138
41	256	182	74	256	185	71	332	230	102
42	231	175	56	230	187	43	291	213	78
43	199	148	51	206	150	56	255	187	68
44	122	85	37	158	116	42	202	140	62
45-49岁	**274**	**210**	**64**	**295**	**222**	**73**	**524**	**366**	**158**
45	63	51	12	99	78	21	202	140	62
46	59	48	11	49	38	11	124	87	37
47	52	35	17	50	36	14	70	53	17
48	50	39	11	49	32	17	60	41	19
49	50	37	13	48	38	10	68	45	23
50岁及以上	**292**	**185**	**107**	**324**	**200**	**124**	**482**	**309**	**173**
平均初婚年龄	**25.53**	**26.57**	**24.41**	**25.60**	**26.65**	**24.48**	**25.66**	**26.67**	**24.56**

5-4 续表 10 单位：人

初婚年龄	初婚年份								
	2009年			2010年			2011年		
	小计	男	女	小计	男	女	小计	男	女
总 计	**204688**	**105850**	**98838**	**227635**	**118681**	**108954**	**190091**	**97759**	**92332**
15岁以下	**86**	**12**	**74**	**109**	**22**	**87**	**63**	**18**	**45**
15-19岁	**10647**	**2891**	**7756**	**13194**	**3673**	**9521**	**8869**	**2446**	**6423**
15	393	95	298	580	141	439	409	100	309
16	774	183	591	1033	266	767	720	178	542
17	1340	359	981	1874	502	1372	1239	338	901
18	2532	675	1857	3378	1009	2369	2202	625	1577
19	5608	1579	4029	6329	1755	4574	4299	1205	3094
20-24岁	**87383**	**36679**	**50704**	**100149**	**43879**	**56270**	**80496**	**33507**	**46989**
20	10472	2446	8026	12850	3249	9601	8821	1970	6851
21	14135	4668	9467	16023	5685	10338	13174	4186	8988
22	20980	9366	11614	22327	10367	11960	17831	7991	9840
23	20485	9457	11028	25158	12101	13057	19239	8835	10404
24	21311	10742	10569	23791	12477	11314	21431	10525	10906
25-29岁	**78420**	**46892**	**31528**	**82099**	**49448**	**32651**	**74205**	**43704**	**30501**
25	21331	11549	9782	22698	12577	10121	19951	10575	9376
26	19484	11149	8335	19458	11237	8221	18051	10173	7878
27	17078	10619	6459	16804	10405	6399	15143	9096	6047
28	11694	7578	4116	13815	9024	4791	11810	7635	4175
29	8833	5997	2836	9324	6205	3119	9250	6225	3025
30-34岁	**19003**	**13107**	**5896**	**21154**	**14218**	**6936**	**18040**	**12327**	**5713**
30	6540	4491	2049	6899	4671	2228	5966	4108	1858
31	4375	3017	1358	5342	3593	1749	4391	3003	1388
32	3265	2316	949	3692	2485	1207	3485	2379	1106
33	2604	1762	842	2840	1902	938	2394	1629	765
34	2219	1521	698	2381	1567	814	1804	1208	596
35-39岁	**6246**	**4261**	**1985**	**7311**	**4942**	**2369**	**5475**	**3686**	**1789**
35	1845	1246	599	2088	1365	723	1569	1040	529
36	1459	983	476	1757	1187	570	1235	819	416
37	1187	815	372	1482	1016	466	1099	737	362
38	990	687	303	1055	736	319	883	605	278
39	765	530	235	929	638	291	689	485	204
40-44岁	**1873**	**1304**	**569**	**2241**	**1532**	**709**	**1845**	**1311**	**534**
40	582	402	180	703	458	245	574	404	170
41	450	317	133	527	354	173	411	294	117
42	313	221	92	444	306	138	363	257	106
43	314	213	101	319	238	81	305	222	83
44	214	151	63	248	176	72	192	134	58
45-49岁	**593**	**420**	**173**	**807**	**572**	**235**	**675**	**483**	**192**
45	207	149	58	240	172	68	194	134	60
46	173	120	53	211	152	59	160	115	45
47	104	75	29	177	127	50	122	88	34
48	55	34	21	108	75	33	121	91	30
49	54	42	12	71	46	25	78	55	23
50岁及以上	**437**	**284**	**153**	**571**	**395**	**176**	**423**	**277**	**146**
平均初婚年龄	**25.82**	**26.84**	**24.72**	**25.76**	**26.75**	**24.68**	**25.94**	**26.95**	**24.87**

5-4　续表 11　　　　单位：人

初婚年龄	初婚年份								
	2012年			2013年			2014年		
	小计	男	女	小计	男	女	小计	男	女
总　计	**213748**	**110749**	**102999**	**197962**	**102066**	**95896**	**197543**	**101398**	**96145**
15岁以下	**62**	**14**	**48**	**46**	**14**	**32**	**50**	**8**	**42**
15-19岁	**9915**	**2564**	**7351**	**8345**	**2098**	**6247**	**7631**	**1833**	**5798**
15	418	91	327	350	85	265	260	79	181
16	782	194	588	644	136	508	526	111	415
17	1448	346	1102	1263	320	943	1063	262	801
18	2444	685	1759	2029	542	1487	1915	459	1456
19	4823	1248	3575	4059	1015	3044	3867	922	2945
20-24岁	**89225**	**37736**	**51489**	**79428**	**33203**	**46225**	**75124**	**30928**	**44196**
20	9436	2290	7146	8368	1803	6565	7573	1606	5967
21	13222	4354	8868	11283	3578	7705	10370	3181	7189
22	21359	9600	11759	17439	7697	9742	15877	7053	8824
23	21876	10097	11779	20902	9597	11305	18413	8189	10224
24	23332	11395	11937	21436	10528	10908	22891	10899	11992
25-29岁	**82777**	**48995**	**33782**	**78303**	**45582**	**32721**	**81745**	**46899**	**34846**
25	23730	12790	10940	21417	11237	10180	21807	11387	10420
26	19914	11318	8596	20117	11314	8803	20148	11018	9130
27	16833	10197	6636	15828	9458	6370	17556	10261	7295
28	12720	8246	4474	12100	7708	4392	12959	8151	4808
29	9580	6444	3136	8841	5865	2976	9275	6082	3193
30-34岁	**21836**	**14732**	**7104**	**21854**	**14610**	**7244**	**22284**	**14697**	**7587**
30	7641	5230	2411	7013	4713	2300	6930	4644	2286
31	5229	3520	1709	5486	3674	1812	5368	3579	1789
32	3901	2653	1248	3962	2639	1323	4442	2904	1538
33	2927	1948	979	3049	2027	1022	3079	1995	1084
34	2138	1381	757	2344	1557	787	2465	1575	890
35-39岁	**6095**	**4134**	**1961**	**5947**	**3891**	**2056**	**6399**	**4167**	**2232**
35	1597	1098	499	1713	1110	603	1994	1266	728
36	1393	920	473	1294	859	435	1438	916	522
37	1139	772	367	1150	754	396	1108	741	367
38	1062	731	331	944	621	323	1011	670	341
39	904	613	291	846	547	299	848	574	274
40-44岁	**2330**	**1569**	**761**	**2437**	**1610**	**827**	**2692**	**1794**	**898**
40	673	451	222	696	461	235	756	486	270
41	546	356	190	553	367	186	620	415	205
42	444	294	150	491	313	178	518	353	165
43	374	256	118	373	248	125	442	299	143
44	293	212	81	324	221	103	356	241	115
45-49岁	**848**	**597**	**251**	**960**	**637**	**323**	**929**	**634**	**295**
45	238	169	69	246	170	76	258	166	92
46	182	130	52	209	136	73	208	140	68
47	154	107	47	195	119	76	179	130	49
48	134	90	44	165	108	57	159	117	42
49	140	101	39	145	104	41	125	81	44
50岁及以上	**660**	**408**	**252**	**642**	**421**	**221**	**689**	**438**	**251**
平均初婚年龄	**26.03**	**27.00**	**24.99**	**26.26**	**27.23**	**25.22**	**26.47**	**27.44**	**25.46**

5-4 续表 12

单位：人

初婚年龄	初婚年份								
	2015年			2016年			2017年		
	小计	男	女	小计	男	女	小计	男	女
总　计	**202161**	**103964**	**98197**	**169247**	**86903**	**82344**	**159458**	**81724**	**77734**
15岁以下	**37**	**7**	**30**	**29**	**3**	**26**	**14**	**1**	**13**
15—19岁	**7152**	**1697**	**5455**	**5287**	**1224**	**4063**	**4242**	**991**	**3251**
15	212	58	154	161	43	118	111	18	93
16	483	118	365	349	76	273	237	57	180
17	990	253	737	728	186	542	546	146	400
18	1778	445	1333	1231	308	923	988	234	754
19	3689	823	2866	2818	611	2207	2360	536	1824
20—24岁	**70426**	**28570**	**41856**	**56971**	**22677**	**34294**	**50772**	**19667**	**31105**
20	7413	1550	5863	5946	1072	4874	5022	861	4161
21	9760	3012	6748	8131	2483	5648	7194	2122	5072
22	15124	6498	8626	12119	5223	6896	10915	4637	6278
23	17514	7693	9821	14295	6144	8151	12341	5077	7264
24	20615	9817	10798	16480	7755	8725	15300	6970	8330
25—29岁	**87752**	**49907**	**37845**	**74243**	**42027**	**32216**	**70567**	**39396**	**31171**
25	24175	12416	11759	18172	9198	8974	16251	8134	8117
26	21147	11564	9583	18900	10176	8724	16607	8751	7856
27	17724	10223	7501	15519	9033	6486	16083	9149	6934
28	14607	9148	5459	12115	7413	4702	12291	7409	4882
29	10099	6556	3543	9537	6207	3330	9335	5953	3382
30—34岁	**24321**	**15882**	**8439**	**21520**	**13838**	**7682**	**22271**	**14430**	**7841**
30	7493	4988	2505	6796	4421	2375	7411	4787	2624
31	5704	3769	1935	5126	3329	1797	5314	3442	1872
32	4532	2927	1605	3821	2449	1372	4004	2614	1390
33	3870	2496	1374	3118	1959	1159	3048	1983	1065
34	2722	1702	1020	2659	1680	979	2494	1604	890
35—39岁	**7193**	**4559**	**2634**	**6511**	**4195**	**2316**	**6824**	**4267**	**2557**
35	2223	1404	819	2023	1305	718	2152	1349	803
36	1826	1154	672	1527	984	543	1583	1002	581
37	1288	811	477	1263	800	463	1330	822	508
38	961	616	345	966	628	338	988	626	362
39	895	574	321	732	478	254	771	468	303
40—44岁	**3110**	**1950**	**1160**	**2725**	**1686**	**1039**	**2477**	**1542**	**935**
40	811	521	290	691	425	266	592	363	229
41	723	453	270	601	372	229	562	352	210
42	608	374	234	587	363	224	500	317	183
43	503	331	172	488	303	185	467	292	175
44	465	271	194	358	223	135	356	218	138
45—49岁	**1265**	**828**	**437**	**1145**	**743**	**402**	**1320**	**834**	**486**
45	371	230	141	344	228	116	346	212	134
46	327	229	98	271	175	96	342	226	116
47	217	138	79	194	127	67	249	146	103
48	180	115	65	182	113	69	205	138	67
49	170	116	54	154	100	54	178	112	66
50岁及以上	**905**	**564**	**341**	**816**	**510**	**306**	**971**	**596**	**375**
平均初婚年龄	**26.78**	**27.71**	**25.79**	**26.98**	**27.93**	**25.98**	**27.28**	**28.24**	**26.28**

5-4　续表 13　　　　单位：人

初婚年龄	初婚年份								
	2018年			2019年			2020年		
	小计	男	女	小计	男	女	小计	男	女
总　计	**167409**	**84454**	**82955**	**136953**	**69710**	**67243**	**87277**	**44713**	**42564**
15岁以下	**37**	**3**	**34**	**20**	**4**	**16**	**3**		**3**
15-19岁	**4418**	**995**	**3423**	**3329**	**758**	**2571**	**1544**	**359**	**1185**
15	125	24	101	121	25	96	43	13	30
16	315	59	256	236	60	176	112	29	83
17	587	131	456	470	105	365	191	55	136
18	1078	277	801	809	193	616	370	79	291
19	2313	504	1809	1693	375	1318	828	183	645
20-24岁	**50902**	**19394**	**31508**	**39732**	**15447**	**24285**	**22663**	**8878**	**13785**
20	4690	834	3856	3647	675	2972	1959	307	1652
21	7130	2050	5080	5243	1545	3698	2705	778	1927
22	11240	4569	6671	8828	3746	5082	4899	2204	2695
23	12932	5362	7570	10096	4170	5926	5650	2324	3326
24	14910	6579	8331	11918	5311	6607	7450	3265	4185
25-29岁	**73413**	**39801**	**33612**	**59040**	**31771**	**27269**	**36785**	**19342**	**17443**
25	16509	7809	8700	12795	5961	6834	7924	3642	4282
26	16041	8298	7743	13233	6662	6571	8066	3983	4083
27	15750	8581	7169	12309	6750	5559	8085	4284	3801
28	14310	8437	5873	10999	6486	4513	6954	3960	2994
29	10803	6676	4127	9704	5912	3792	5756	3473	2283
30-34岁	**25205**	**16061**	**9144**	**22687**	**14325**	**8362**	**15997**	**10112**	**5885**
30	7994	5118	2876	7016	4415	2601	5089	3185	1904
31	6288	4007	2281	5498	3405	2093	3867	2465	1402
32	4654	3012	1642	4445	2873	1572	2839	1805	1034
33	3511	2198	1313	3181	2044	1137	2408	1556	852
34	2758	1726	1032	2547	1588	959	1794	1101	693
35-39岁	**7760**	**4778**	**2982**	**6834**	**4236**	**2598**	**4851**	**2907**	**1944**
35	2323	1415	908	1983	1253	730	1354	823	531
36	1983	1217	766	1569	978	591	1077	640	437
37	1384	863	521	1380	832	548	898	554	344
38	1129	708	421	1035	629	406	838	507	331
39	941	575	366	867	544	323	684	383	301
40-44岁	**2876**	**1695**	**1181**	**2628**	**1555**	**1073**	**2476**	**1375**	**1101**
40	736	428	308	698	405	293	645	348	297
41	596	355	241	538	316	222	567	299	268
42	534	307	227	494	290	204	451	251	200
43	510	292	218	443	263	180	423	251	172
44	500	313	187	455	281	174	390	226	164
45-49岁	**1533**	**967**	**566**	**1528**	**922**	**606**	**1495**	**885**	**610**
45	390	241	149	410	249	161	395	237	158
46	347	209	138	368	223	145	334	193	141
47	344	215	129	276	173	103	294	171	123
48	248	165	83	269	153	116	244	146	98
49	204	137	67	205	124	81	228	138	90
50岁及以上	**1265**	**760**	**505**	**1155**	**692**	**463**	**1463**	**855**	**608**
平均初婚年龄	**27.55**	**28.52**	**26.56**	**27.85**	**28.79**	**26.87**	**28.65**	**29.52**	**27.72**

5-4a 全省分初婚年龄、性别、初婚年份的人口(城市)

单位：人

初婚年龄	初婚年份								
	合　计			1980年			1981年		
	合计	男	女	小计	男	女	小计	男	女
总　计	**4072010**	**2081354**	**1990656**	**58602**	**26624**	**31978**	**45076**	**20425**	**24651**
15岁以下	**2596**	**726**	**1870**	**122**	**30**	**92**	**62**	**15**	**47**
15-19岁	**262219**	**74132**	**188087**	**6293**	**1527**	**4766**	**5124**	**1168**	**3956**
15	13174	4518	8656	557	188	369	277	88	189
16	21272	6245	15027	890	239	651	469	112	357
17	36798	10136	26662	1435	326	1109	820	176	644
18	63969	17929	46040	1652	389	1263	1588	349	1239
19	127006	35304	91702	1759	385	1374	1970	443	1527
20-24岁	**1821190**	**782725**	**1038465**	**28454**	**10655**	**17799**	**21953**	**8164**	**13789**
20	229273	59488	169785	3085	824	2261	2056	461	1595
21	299893	106075	193818	4534	1459	3075	3242	921	2321
22	410590	188135	222455	6518	2391	4127	4653	1679	2974
23	435684	203707	231977	7261	2882	4379	5946	2296	3650
24	445750	225320	220430	7056	3099	3957	6056	2807	3249
25-29岁	**1477364**	**879904**	**597460**	**20178**	**11756**	**8422**	**15558**	**9275**	**6283**
25	424842	232040	192802	6934	3542	3392	5176	2714	2462
26	364897	209896	155001	5472	3128	2344	4200	2427	1773
27	297328	181831	115497	3673	2296	1377	3074	1982	1092
28	224671	145121	79550	2463	1648	815	1890	1290	600
29	165626	111016	54610	1636	1142	494	1218	862	356
30-34岁	**362595**	**246461**	**116134**	**2854**	**2146**	**708**	**2007**	**1523**	**484**
30	121306	82658	38648	1205	880	325	795	589	206
31	88423	60213	28210	665	509	156	526	402	124
32	65642	44778	20864	450	332	118	327	260	67
33	49502	33446	16056	332	260	72	201	155	46
34	37722	25366	12356	202	165	37	158	117	41
35-39岁	**93908**	**63225**	**30683**	**498**	**371**	**127**	**262**	**205**	**57**
35	29387	19636	9751	156	112	44	96	79	17
36	22180	14899	7281	116	83	33	48	40	8
37	17638	11911	5727	92	69	23	60	45	15
38	13681	9356	4325	80	63	17	35	23	12
39	11022	7423	3599	54	44	10	23	18	5
40-44岁	**31017**	**20662**	**10355**	**156**	**117**	**39**	**78**	**54**	**24**
40	8893	5940	2953	52	33	19	23	13	10
41	7060	4676	2384	31	26	5	17	12	5
42	5910	3948	1962	33	28	5	14	11	3
43	5018	3368	1650	24	16	8	14	12	2
44	4136	2730	1406	16	14	2	10	6	4
45-49岁	**12345**	**8215**	**4130**	**39**	**19**	**20**	**19**	**13**	**6**
45	3459	2321	1138	12	8	4	4	3	1
46	2957	1991	966	6	3	3	4	3	1
47	2369	1567	802	8	5	3	5	3	2
48	1926	1262	664	5	1	4	2	1	1
49	1634	1074	560	8	2	6	4	3	1
50岁及以上	**8776**	**5304**	**3472**	**8**	**3**	**5**	**13**	**8**	**5**
平均初婚年龄	**25.49**	**26.45**	**24.49**	**24.31**	**25.47**	**23.35**	**24.30**	**25.49**	**23.31**

5-4a　续表 1　　　　单位：人

初婚年龄	初婚年份								
	1982年			1983年			1984年		
	小计	男	女	小计	男	女	小计	男	女
总　计	**53128**	**24427**	**28701**	**51887**	**24056**	**27831**	**56326**	**26371**	**29955**
15岁以下	**81**	**18**	**63**	**102**	**34**	**68**	**63**	**18**	**45**
15-19岁	**7746**	**2009**	**5737**	**7486**	**2087**	**5399**	**7390**	**2114**	**5276**
15	358	110	248	394	131	263	377	119	258
16	575	126	449	533	153	380	574	180	394
17	1056	258	798	1100	306	794	950	261	689
18	1960	476	1484	1859	477	1382	1915	529	1386
19	3797	1039	2758	3600	1020	2580	3574	1025	2549
20-24岁	**24480**	**9551**	**14929**	**24379**	**9611**	**14768**	**28832**	**11717**	**17115**
20	4176	1132	3044	5747	1806	3941	5733	1709	4024
21	3347	1053	2294	4739	1669	3070	7421	2840	4581
22	4710	1788	2922	3890	1539	2351	6421	2848	3573
23	5615	2404	3211	4901	2134	2767	4320	1872	2448
24	6632	3174	3458	5102	2463	2639	4937	2448	2489
25-29岁	**17752**	**10601**	**7151**	**16782**	**10052**	**6730**	**16569**	**10024**	**6545**
25	5973	3192	2781	5505	2939	2566	4661	2535	2126
26	4438	2571	1867	4327	2564	1763	4496	2615	1881
27	3479	2194	1285	3108	1957	1151	3370	2136	1234
28	2355	1560	795	2269	1499	770	2338	1577	761
29	1507	1084	423	1573	1093	480	1704	1161	543
30-34岁	**2554**	**1848**	**706**	**2574**	**1844**	**730**	**2840**	**2029**	**811**
30	971	667	304	1004	700	304	1130	800	330
31	655	482	173	627	446	181	698	499	199
32	461	332	129	428	299	129	491	356	135
33	294	235	59	315	236	79	300	213	87
34	173	132	41	200	163	37	221	161	60
35-39岁	**354**	**281**	**73**	**394**	**307**	**87**	**439**	**332**	**107**
35	142	114	28	136	111	25	165	125	40
36	78	60	18	93	66	27	102	76	26
37	56	45	11	62	49	13	87	65	22
38	46	35	11	62	48	14	45	32	13
39	32	27	5	41	33	8	40	34	6
40-44岁	**114**	**86**	**28**	**120**	**91**	**29**	**120**	**97**	**23**
40	36	29	7	30	25	5	35	31	4
41	23	17	6	34	28	6	28	21	7
42	22	16	6	16	13	3	18	14	4
43	18	13	5	17	10	7	15	11	4
44	15	11	4	23	15	8	24	20	4
45-49岁	**37**	**28**	**9**	**38**	**25**	**13**	**51**	**34**	**17**
45	16	13	3	11	8	3	16	8	8
46	4	3	1	7	6	1	8	6	2
47	8	7	1	4	2	2	13	11	2
48	3	3		10	6	4	5	4	1
49	6	2	4	6	3	3	9	5	4
50岁及以上	**10**	**5**	**5**	**12**	**5**	**7**	**22**	**6**	**16**
平均初婚年龄	**24.11**	**25.32**	**23.09**	**23.95**	**25.11**	**22.96**	**23.87**	**24.95**	**22.91**

5-4a 续表 2

单位：人

初婚年龄	初婚年份								
	1985年			1986年			1987年		
	小计	男	女	小计	男	女	小计	男	女
总 计	**69113**	**32898**	**36215**	**66889**	**32124**	**34765**	**69090**	**33557**	**35533**
15岁以下	**71**	**13**	**58**	**51**	**8**	**43**	**66**	**12**	**54**
15-19岁	**9666**	**2919**	**6747**	**8698**	**2533**	**6165**	**8432**	**2426**	**6006**
15	539	193	346	310	90	220	274	77	197
16	1011	307	704	636	180	456	511	133	378
17	1465	427	1038	1358	374	984	1127	295	832
18	2310	625	1685	2298	624	1674	2313	663	1650
19	4341	1367	2974	4096	1265	2831	4207	1258	2949
20-24岁	**38253**	**16573**	**21680**	**40217**	**18040**	**22177**	**41818**	**19160**	**22658**
20	6759	2191	4568	6476	2115	4361	6214	1999	4215
21	8482	3386	5096	7912	3179	4733	7901	3294	4607
22	10749	5095	5654	9713	4623	5090	9424	4532	4892
23	7445	3497	3948	9784	4827	4957	9305	4556	4749
24	4818	2404	2414	6332	3296	3036	8974	4779	4195
25-29岁	**16950**	**10469**	**6481**	**13924**	**8695**	**5229**	**14794**	**9230**	**5564**
25	4769	2581	2188	3673	2093	1580	5503	3142	2361
26	4094	2538	1556	3341	1996	1345	2937	1770	1167
27	3647	2378	1269	2831	1833	998	2676	1744	932
28	2644	1731	913	2350	1575	775	1985	1356	629
29	1796	1241	555	1729	1198	531	1693	1218	475
30-34岁	**3396**	**2366**	**1030**	**3158**	**2227**	**931**	**3110**	**2141**	**969**
30	1328	935	393	1144	798	346	1194	827	367
31	841	578	263	822	590	232	727	521	206
32	531	367	164	573	405	168	540	367	173
33	400	269	131	343	234	109	380	253	127
34	296	217	79	276	200	76	269	173	96
35-39岁	**543**	**403**	**140**	**580**	**438**	**142**	**636**	**428**	**208**
35	201	143	58	210	161	49	206	129	77
36	133	97	36	137	109	28	162	106	56
37	104	80	24	111	83	28	132	91	41
38	59	50	9	60	41	19	75	59	16
39	46	33	13	62	44	18	61	43	18
40-44岁	**144**	**96**	**48**	**149**	**104**	**45**	**140**	**101**	**39**
40	43	33	10	38	28	10	42	29	13
41	25	16	9	36	21	15	39	25	14
42	30	23	7	26	18	8	19	18	1
43	28	14	14	28	24	4	20	16	4
44	18	10	8	21	13	8	20	13	7
45-49岁	**66**	**50**	**16**	**67**	**51**	**16**	**58**	**42**	**16**
45	16	11	5	24	17	7	23	16	7
46	16	15	1	15	14	1	7	5	2
47	14	10	4	13	9	4	10	9	1
48	9	7	2	4	3	1	9	8	1
49	11	7	4	11	8	3	9	4	5
50岁及以上	**24**	**9**	**15**	**45**	**28**	**17**	**36**	**17**	**19**
平均初婚年龄	**23.61**	**24.58**	**22.73**	**23.62**	**24.57**	**22.75**	**23.69**	**24.55**	**22.88**

5-4a　续表 3　　　　单位：人

初婚年龄	初婚年份								
	1988年			1989年			1990年		
	小计	男	女	小计	男	女	小计	男	女
总　计	**77367**	**38128**	**39239**	**79396**	**39559**	**39837**	**98987**	**50123**	**48864**
15岁以下	**79**	**24**	**55**	**87**	**29**	**58**	**125**	**33**	**92**
15-19岁	**9583**	**2803**	**6780**	**9424**	**2713**	**6711**	**12832**	**3901**	**8931**
15	402	109	293	413	133	280	698	233	465
16	620	152	468	730	194	536	1081	316	765
17	1177	274	903	1256	320	936	1898	579	1319
18	2401	701	1700	2276	601	1675	3154	909	2245
19	4983	1567	3416	4749	1465	3284	6001	1864	4137
20-24岁	**45134**	**20867**	**24267**	**46344**	**21762**	**24582**	**57005**	**27472**	**29533**
20	7417	2373	5044	8166	2614	5552	9617	3286	6331
21	8188	3423	4765	9282	3895	5387	12216	5326	6890
22	10468	5217	5251	9898	5033	4865	13248	6878	6370
23	9976	5039	4937	10077	5264	4813	11337	5898	5439
24	9085	4815	4270	8921	4956	3965	10587	6084	4503
25-29岁	**18039**	**11244**	**6795**	**19337**	**12063**	**7274**	**24268**	**15338**	**8930**
25	8006	4693	3313	7511	4448	3063	8602	5190	3412
26	4379	2747	1632	5881	3660	2221	6612	4099	2513
27	2280	1477	803	3208	2100	1108	5116	3347	1769
28	1876	1271	605	1488	976	512	2553	1726	827
29	1498	1056	442	1249	879	370	1385	976	409
30-34岁	**3561**	**2508**	**1053**	**3197**	**2279**	**918**	**3535**	**2501**	**1034**
30	1224	857	367	984	707	277	1100	772	328
31	899	646	253	852	629	223	791	564	227
32	611	433	178	629	454	175	744	520	224
33	480	336	144	403	268	135	527	383	144
34	347	236	111	329	221	108	373	262	111
35-39岁	**689**	**503**	**186**	**726**	**514**	**212**	**875**	**642**	**233**
35	240	170	70	230	161	69	299	218	81
36	164	123	41	181	128	53	201	153	48
37	127	89	38	137	99	38	162	107	55
38	95	70	25	109	75	34	123	92	31
39	63	51	12	69	51	18	90	72	18
40-44岁	**170**	**112**	**58**	**170**	**132**	**38**	**226**	**161**	**65**
40	49	31	18	51	38	13	75	50	25
41	33	19	14	42	31	11	53	39	14
42	29	23	6	28	25	3	37	25	12
43	34	22	12	26	22	4	36	27	9
44	25	17	8	23	16	7	25	20	5
45-49岁	**71**	**43**	**28**	**64**	**42**	**22**	**73**	**46**	**27**
45	11	9	2	16	10	6	24	15	9
46	18	9	9	13	11	2	15	6	9
47	19	11	8	15	10	5	17	11	6
48	10	4	6	12	7	5	8	6	2
49	13	10	3	8	4	4	9	8	1
50岁及以上	**41**	**24**	**17**	**47**	**25**	**22**	**48**	**29**	**19**
平均初婚年龄	**23.69**	**24.54**	**22.85**	**23.65**	**24.50**	**22.81**	**23.56**	**24.38**	**22.72**

5-4a 续表 4

单位：人

初婚年龄	初婚年份 1991年 小计	1991年 男	1991年 女	1992年 小计	1992年 男	1992年 女	1993年 小计	1993年 男	1993年 女
总 计	**69672**	**34736**	**34936**	**84994**	**42576**	**42418**	**90462**	**45432**	**45030**
15岁以下	**69**	**16**	**53**	**70**	**16**	**54**	**79**	**19**	**60**
15-19岁	**7508**	**2154**	**5354**	**8472**	**2364**	**6108**	**8374**	**2424**	**5950**
15	330	121	209	363	115	248	376	138	238
16	553	144	409	647	168	479	613	161	452
17	966	268	698	1136	286	850	1095	277	818
18	1885	533	1352	2013	557	1456	2017	571	1446
19	3774	1088	2686	4313	1238	3075	4273	1277	2996
20-24岁	**40245**	**18344**	**21901**	**49792**	**22762**	**27030**	**53181**	**24185**	**28996**
20	6532	1884	4648	7126	2046	5080	7687	2093	5594
21	8021	3213	4808	9376	3624	5752	9680	3781	5899
22	9972	5006	4966	11887	5899	5988	12502	6105	6397
23	8744	4424	4320	11631	5821	5810	12071	6051	6020
24	6976	3817	3159	9772	5372	4400	11241	6155	5086
25-29岁	**18526**	**11783**	**6743**	**22335**	**14343**	**7992**	**23623**	**15128**	**8495**
25	6248	3727	2521	7058	4213	2845	8486	5023	3463
26	4707	2947	1760	5721	3647	2074	5509	3531	1978
27	3515	2302	1213	4253	2820	1433	4285	2802	1483
28	2626	1802	824	3027	2091	936	3098	2140	958
29	1430	1005	425	2276	1572	704	2245	1632	613
30-34岁	**2381**	**1775**	**606**	**3090**	**2227**	**863**	**3814**	**2688**	**1126**
30	740	539	201	1147	829	318	1759	1241	518
31	560	428	132	666	481	185	880	619	261
32	429	308	121	541	415	126	462	309	153
33	393	303	90	399	267	132	395	276	119
34	259	197	62	337	235	102	318	243	75
35-39岁	**649**	**465**	**184**	**830**	**600**	**230**	**949**	**689**	**260**
35	190	134	56	272	200	72	348	262	86
36	160	120	40	195	148	47	188	129	59
37	128	93	35	152	108	44	180	134	46
38	98	72	26	129	93	36	120	86	34
39	73	46	27	82	51	31	113	78	35
40-44岁	**179**	**121**	**58**	**232**	**160**	**72**	**273**	**185**	**88**
40	53	39	14	73	51	22	80	51	29
41	47	26	21	55	40	15	62	48	14
42	35	22	13	37	24	13	46	29	17
43	14	10	4	32	24	8	48	31	17
44	30	24	6	35	21	14	37	26	11
45-49岁	**56**	**42**	**14**	**81**	**56**	**25**	**88**	**64**	**24**
45	15	11	4	18	12	6	23	18	5
46	9	8	1	19	12	7	23	17	6
47	11	10	1	16	11	5	13	8	5
48	9	4	5	19	13	6	17	13	4
49	12	9	3	9	8	1	12	8	4
50岁及以上	**59**	**36**	**23**	**92**	**48**	**44**	**81**	**50**	**31**
平均初婚年龄	**23.81**	**24.71**	**22.91**	**23.95**	**24.84**	**23.06**	**24.02**	**24.91**	**23.13**

5-4a　续表 5　　　　单位：人

初婚年龄	初婚年份								
	1994年			1995年			1996年		
	小计	男	女	小计	男	女	小计	男	女
总　计	**86918**	**43606**	**43312**	**106874**	**54239**	**52635**	**96764**	**49254**	**47510**
15岁以下	**69**	**18**	**51**	**58**	**16**	**42**	**69**	**20**	**49**
15-19岁	**7092**	**2023**	**5069**	**8010**	**2323**	**5687**	**6205**	**1735**	**4470**
15	298	103	195	419	152	267	276	80	196
16	484	161	323	711	213	498	488	163	325
17	863	222	641	1079	325	754	920	248	672
18	1670	504	1166	1912	504	1408	1422	399	1023
19	3777	1033	2744	3889	1129	2760	3099	845	2254
20-24岁	**50338**	**22507**	**27831**	**60013**	**27041**	**32972**	**53019**	**23697**	**29322**
20	7095	1871	5224	7618	2062	5556	6304	1629	4675
21	9021	3364	5657	10621	3987	6634	8840	3182	5658
22	11840	5867	5973	14211	6793	7418	12782	6071	6711
23	11784	5750	6034	14042	7004	7038	13173	6374	6799
24	10598	5655	4943	13521	7195	6326	11920	6441	5479
25-29岁	**24108**	**15259**	**8849**	**31575**	**19893**	**11682**	**30280**	**18885**	**11395**
25	8697	5143	3554	11604	6851	4753	10554	6193	4361
26	6346	3987	2359	8084	5002	3082	8007	4942	3065
27	3866	2523	1343	5680	3805	1875	5634	3638	1996
28	3034	2061	973	3463	2341	1122	3801	2551	1250
29	2165	1545	620	2744	1894	850	2284	1561	723
30-34岁	**4072**	**2919**	**1153**	**5519**	**3848**	**1671**	**5554**	**3808**	**1746**
30	1575	1151	424	1979	1386	593	1789	1227	562
31	1233	850	383	1389	953	436	1355	926	429
32	616	441	175	1126	804	322	1082	763	319
33	357	260	97	677	467	210	849	570	279
34	291	217	74	348	238	110	479	322	157
35-39岁	**787**	**574**	**213**	**1019**	**713**	**306**	**922**	**682**	**240**
35	219	165	54	259	181	78	255	183	72
36	208	150	58	247	173	74	217	165	52
37	140	107	33	208	146	62	173	127	46
38	123	87	36	172	121	51	161	120	41
39	97	65	32	133	92	41	116	87	29
40-44岁	**266**	**196**	**70**	**380**	**251**	**129**	**363**	**239**	**124**
40	83	67	16	116	82	34	101	70	31
41	58	40	18	84	56	28	68	46	22
42	51	38	13	63	36	27	76	49	27
43	47	31	16	60	38	22	66	46	20
44	27	20	7	57	39	18	52	28	24
45-49岁	**108**	**66**	**42**	**141**	**84**	**57**	**174**	**92**	**82**
45	31	18	13	47	27	20	34	19	15
46	28	19	9	31	20	11	44	25	19
47	17	9	8	29	19	10	33	22	11
48	17	13	4	17	9	8	33	15	18
49	15	7	8	17	9	8	30	11	19
50岁及以上	**78**	**44**	**34**	**159**	**70**	**89**	**178**	**96**	**82**
平均初婚年龄	**24.17**	**25.04**	**23.28**	**24.37**	**25.19**	**23.53**	**24.60**	**25.42**	**23.75**

5－4a 续表 6

单位：人

初婚年龄	初婚年份								
	1997年			1998年			1999年		
	小计	男	女	小计	男	女	小计	男	女
总　计	**96422**	**49244**	**47178**	**104176**	**53974**	**50202**	**93540**	**48159**	**45381**
15岁以下	**66**	**18**	**48**	**77**	**20**	**57**	**73**	**22**	**51**
15－19岁	**5766**	**1635**	**4131**	**6260**	**1696**	**4564**	**5504**	**1438**	**4066**
15	312	106	206	298	100	198	317	124	193
16	402	96	306	505	153	352	476	130	346
17	739	226	513	785	196	589	833	212	621
18	1438	420	1018	1428	378	1050	1190	297	893
19	2875	787	2088	3244	869	2375	2688	675	2013
20－24岁	**50613**	**22276**	**28337**	**51345**	**22789**	**28556**	**44151**	**19067**	**25084**
20	5555	1389	4166	5665	1391	4274	5474	1322	4152
21	7934	2782	5152	7803	2785	5018	6751	2298	4453
22	11773	5483	6290	11467	5209	6258	9498	4357	5141
23	12949	6197	6752	12930	6245	6685	10881	5056	5825
24	12402	6425	5977	13480	7159	6321	11547	6034	5513
25－29岁	**32731**	**20370**	**12361**	**36484**	**22719**	**13765**	**35158**	**21601**	**13557**
25	10990	6403	4587	11942	6993	4949	11347	6441	4906
26	8370	5069	3301	9048	5526	3522	8869	5289	3580
27	6161	3932	2229	6973	4496	2477	6463	4144	2319
28	4291	2901	1390	4973	3336	1637	4886	3279	1607
29	2919	2065	854	3548	2368	1180	3593	2448	1145
30－34岁	**5330**	**3730**	**1600**	**7504**	**5024**	**2480**	**6742**	**4654**	**2088**
30	1778	1237	541	2600	1753	847	2518	1737	781
31	1253	856	397	1667	1110	557	1705	1151	554
32	989	700	289	1297	841	456	992	691	301
33	728	521	207	1089	752	337	901	632	269
34	582	416	166	851	568	283	626	443	183
35－39岁	**994**	**691**	**303**	**1672**	**1178**	**494**	**1339**	**971**	**368**
35	350	248	102	723	511	212	512	357	155
36	202	149	53	406	283	123	383	287	96
37	155	108	47	225	165	60	227	169	58
38	143	103	40	168	112	56	128	95	33
39	144	83	61	150	107	43	89	63	26
40－44岁	**499**	**279**	**220**	**531**	**358**	**173**	**335**	**249**	**86**
40	120	76	44	141	99	42	72	57	15
41	95	48	47	138	95	43	84	67	17
42	97	59	38	100	69	31	71	49	22
43	96	54	42	85	52	33	60	40	20
44	91	42	49	67	43	24	48	36	12
45－49岁	**274**	**152**	**122**	**192**	**128**	**64**	**138**	**99**	**39**
45	74	40	34	60	43	17	44	31	13
46	62	37	25	48	28	20	30	20	10
47	54	27	27	43	29	14	20	17	3
48	50	25	25	21	16	5	23	16	7
49	34	23	11	20	12	8	21	15	6
50岁及以上	**149**	**93**	**56**	**111**	**62**	**49**	**100**	**58**	**42**
平均初婚年龄	**24.83**	**25.65**	**23.97**	**25.09**	**25.95**	**24.17**	**25.11**	**26.04**	**24.14**

5-4a　续表 7　　　　单位：人

初婚年龄	初婚年份								
	2000年			2001年			2002年		
	小计	男	女	小计	男	女	小计	男	女
总　计	**111936**	**58829**	**53107**	**75334**	**38922**	**36412**	**85957**	**44729**	**41228**
15岁以下	**165**	**60**	**105**	**103**	**38**	**65**	**100**	**28**	**72**
15-19岁	**9058**	**2769**	**6289**	**5180**	**1511**	**3669**	**5860**	**1836**	**4024**
15	689	284	405	444	175	269	534	230	304
16	929	338	591	514	195	319	616	215	401
17	1433	430	1003	697	200	497	922	320	602
18	2260	684	1576	1172	353	819	1285	384	901
19	3747	1033	2714	2353	588	1765	2503	687	1816
20-24岁	**52310**	**23344**	**28966**	**34488**	**14411**	**20077**	**39968**	**16866**	**23102**
20	6724	1824	4900	4162	917	3245	5269	1270	3999
21	9117	3335	5782	5653	1863	3790	6196	2008	4188
22	11313	5288	6025	8274	3667	4607	8993	3994	4999
23	12353	6063	6290	8188	3767	4421	10141	4723	5418
24	12803	6834	5969	8211	4197	4014	9369	4871	4498
25-29岁	**40429**	**25582**	**14847**	**28199**	**17689**	**10510**	**31169**	**19695**	**11474**
25	12076	7097	4979	8096	4615	3481	8678	5027	3651
26	10393	6490	3903	7031	4253	2778	7635	4627	3008
27	8060	5254	2806	5765	3745	2020	6278	4120	2158
28	5716	3840	1876	4260	2917	1343	4947	3403	1544
29	4184	2901	1283	3047	2159	888	3631	2518	1113
30-34岁	**7816**	**5488**	**2328**	**5865**	**4152**	**1713**	**7169**	**5070**	**2099**
30	2968	2078	890	2171	1554	617	2575	1814	761
31	2019	1415	604	1521	1075	446	1818	1292	526
32	1360	943	417	1038	733	305	1266	893	373
33	803	575	228	703	478	225	888	612	276
34	666	477	189	432	312	120	622	459	163
35-39岁	**1570**	**1143**	**427**	**1152**	**870**	**282**	**1221**	**892**	**329**
35	536	391	145	348	255	93	372	266	106
36	401	291	110	264	199	65	307	220	87
37	326	230	96	234	179	55	223	163	60
38	190	136	54	209	163	46	174	128	46
39	117	95	22	97	74	23	145	115	30
40-44岁	**326**	**256**	**70**	**189**	**141**	**48**	**254**	**189**	**65**
40	96	73	23	56	45	11	95	69	26
41	78	66	12	35	24	11	52	42	10
42	66	51	15	33	22	11	42	30	12
43	55	43	12	34	27	7	28	22	6
44	31	23	8	31	23	8	37	26	11
45-49岁	**158**	**115**	**43**	**95**	**68**	**27**	**116**	**87**	**29**
45	42	29	13	15	11	4	26	20	6
46	43	31	12	26	22	4	24	17	7
47	27	21	6	22	15	7	26	18	8
48	24	19	5	20	15	5	20	16	4
49	22	15	7	12	5	7	20	16	4
50岁及以上	**104**	**72**	**32**	**63**	**42**	**21**	**100**	**66**	**34**
平均初婚年龄	**24.87**	**25.80**	**23.85**	**25.09**	**26.11**	**24.01**	**25.12**	**26.12**	**24.03**

5-4a 续表 8

单位：人

初婚年龄	初婚年份								
	2003年			2004年			2005年		
	小计	男	女	小计	男	女	小计	男	女
总　计	**99273**	**51802**	**47471**	**104261**	**54182**	**50079**	**111133**	**58497**	**52636**
15岁以下	**99**	**36**	**63**	**75**	**25**	**50**	**91**	**25**	**66**
15-19岁	**6148**	**1931**	**4217**	**5849**	**1822**	**4027**	**7337**	**2346**	**4991**
15	527	225	302	438	167	271	529	203	326
16	694	271	423	528	198	330	799	300	499
17	938	277	661	967	317	650	1135	371	764
18	1341	431	910	1326	418	908	1781	604	1177
19	2648	727	1921	2590	722	1868	3093	868	2225
20-24岁	**44664**	**18700**	**25964**	**46164**	**18979**	**27185**	**49356**	**21434**	**27922**
20	5130	1257	3873	4895	1039	3856	5681	1387	4294
21	7410	2368	5042	7237	2312	4925	7398	2509	4889
22	9409	4084	5325	10737	4641	6096	11109	5051	6058
23	11040	5101	5939	11301	5038	6263	12819	6047	6772
24	11675	5890	5785	11994	5949	6045	12349	6440	5909
25-29岁	**36467**	**22593**	**13874**	**39040**	**23890**	**15150**	**39890**	**24550**	**15340**
25	10226	5704	4522	11942	6480	5462	11886	6635	5251
26	8502	5049	3453	9249	5393	3856	10367	6196	4171
27	7216	4670	2546	7263	4664	2599	7563	4809	2754
28	5845	3945	1900	5961	4052	1909	5617	3816	1801
29	4678	3225	1453	4625	3301	1324	4457	3094	1363
30-34岁	**9463**	**6755**	**2708**	**10456**	**7557**	**2899**	**11079**	**7779**	**3300**
30	3284	2333	951	3552	2573	979	3425	2425	1000
31	2289	1636	653	2725	2004	721	2873	2003	870
32	1792	1294	498	1778	1277	501	2048	1462	586
33	1231	866	365	1406	1002	404	1539	1069	470
34	867	626	241	995	701	294	1194	820	374
35-39岁	**1754**	**1293**	**461**	**1906**	**1349**	**557**	**2405**	**1674**	**731**
35	629	449	180	687	487	200	858	582	276
36	369	258	111	436	296	140	601	423	178
37	321	250	71	303	226	77	431	309	122
38	225	177	48	266	192	74	288	206	82
39	210	159	51	214	148	66	227	154	73
40-44岁	**397**	**300**	**97**	**470**	**365**	**105**	**638**	**465**	**173**
40	162	121	41	164	131	33	221	163	58
41	102	75	27	140	103	37	155	114	41
42	48	41	7	69	52	17	149	105	44
43	41	29	12	49	41	8	70	53	17
44	44	34	10	48	38	10	43	30	13
45-49岁	**141**	**105**	**36**	**147**	**101**	**46**	**182**	**125**	**57**
45	29	22	7	30	20	10	37	29	8
46	39	31	8	37	26	11	40	31	9
47	24	16	8	31	19	12	50	36	14
48	29	23	6	21	14	7	30	15	15
49	20	13	7	28	22	6	25	14	11
50岁及以上	**140**	**89**	**51**	**154**	**94**	**60**	**155**	**99**	**56**
平均初婚年龄	**25.40**	**26.42**	**24.28**	**25.51**	**26.54**	**24.39**	**25.45**	**26.42**	**24.38**

5-4a　续表 9　　　　单位：人

初婚年龄	初婚年份								
	2006年			2007年			2008年		
	小计	男	女	小计	男	女	小计	男	女
总　计	**124937**	**64992**	**59945**	**117822**	**61457**	**56365**	**149785**	**78694**	**71091**
15岁以下	**61**	**23**	**38**	**34**	**12**	**22**	**55**	**16**	**39**
15-19岁	**6654**	**1993**	**4661**	**5718**	**1672**	**4046**	**7329**	**2071**	**5258**
15	285	93	192	224	80	144	267	90	177
16	600	209	391	383	103	280	527	131	396
17	889	281	608	796	241	555	867	232	635
18	1586	500	1086	1376	430	946	1953	578	1375
19	3294	910	2384	2939	818	2121	3715	1040	2675
20-24岁	**52556**	**21794**	**30762**	**49071**	**20335**	**28736**	**62374**	**26510**	**35864**
20	5762	1288	4474	6212	1409	4803	7408	1805	5603
21	7777	2461	5316	7519	2375	5144	10490	3508	6982
22	11337	4874	6463	10837	4748	6089	13768	6174	7594
23	12794	5839	6955	11742	5313	6429	14964	7060	7904
24	14886	7332	7554	12761	6490	6271	15744	7963	7781
25-29岁	**48823**	**29144**	**19679**	**46971**	**28115**	**18856**	**59703**	**35986**	**23717**
25	13825	7450	6375	13903	7472	6431	16247	8962	7285
26	12501	7142	5359	11315	6525	4790	15567	8923	6644
27	10449	6431	4018	9587	5960	3627	11841	7330	4511
28	7053	4671	2382	7344	4808	2536	9213	6094	3119
29	4995	3450	1545	4822	3350	1472	6835	4677	2158
30-34岁	**12816**	**9127**	**3689**	**11671**	**8254**	**3417**	**14323**	**9961**	**4362**
30	4027	2877	1150	3474	2461	1013	4497	3084	1413
31	3104	2200	904	2801	1982	819	3321	2311	1010
32	2420	1744	676	2260	1609	651	2600	1819	781
33	1888	1360	528	1736	1216	520	2104	1482	622
34	1377	946	431	1400	986	414	1801	1265	536
35-39岁	**2945**	**2121**	**824**	**3223**	**2246**	**977**	**4321**	**2987**	**1334**
35	1000	703	297	1037	727	310	1400	939	461
36	785	555	230	830	573	257	1028	717	311
37	536	395	141	600	403	197	811	572	239
38	386	288	98	416	308	108	619	442	177
39	238	180	58	340	235	105	463	317	146
40-44岁	**734**	**553**	**181**	**774**	**565**	**209**	**1049**	**739**	**310**
40	201	153	48	202	142	60	332	231	101
41	173	124	49	171	119	52	222	156	66
42	155	122	33	153	121	32	192	142	50
43	135	104	31	132	97	35	168	118	50
44	70	50	20	116	86	30	135	92	43
45-49岁	**172**	**132**	**40**	**194**	**151**	**43**	**341**	**244**	**97**
45	44	37	7	69	55	14	142	101	41
46	39	32	7	37	28	9	74	53	21
47	30	20	10	29	22	7	49	37	12
48	27	21	6	31	24	7	40	29	11
49	32	22	10	28	22	6	36	24	12
50岁及以上	**176**	**105**	**71**	**166**	**107**	**59**	**290**	**180**	**110**
平均初婚年龄	**25.74**	**26.76**	**24.64**	**25.81**	**26.83**	**24.70**	**25.85**	**26.82**	**24.77**

5-4a 续表 10

单位：人

初婚年龄	初婚年份								
	2009年			2010年			2011年		
	小计	男	女	小计	男	女	小计	男	女
总 计	**144789**	**75477**	**69312**	**158417**	**83476**	**74941**	**134505**	**69758**	**64747**
15岁以下	**37**	**9**	**28**	**61**	**14**	**47**	**30**	**10**	**20**
15-19岁	**6075**	**1700**	**4375**	**7433**	**2096**	**5337**	**4600**	**1252**	**3348**
15	210	54	156	305	84	221	185	53	132
16	369	98	271	553	151	402	313	80	233
17	708	199	509	944	258	686	573	153	420
18	1389	397	992	1831	557	1274	1083	293	790
19	3399	952	2447	3800	1046	2754	2446	673	1773
20-24岁	**59505**	**24840**	**34665**	**67889**	**29949**	**37940**	**54485**	**22601**	**31884**
20	6846	1530	5316	8146	1998	6148	5415	1155	4260
21	9336	3051	6285	10636	3749	6887	8520	2615	5905
22	14244	6402	7842	15174	7097	8077	12054	5388	6666
23	14150	6460	7690	17333	8380	8953	13349	6092	7257
24	14929	7397	7532	16600	8725	7875	15147	7351	7796
25-29岁	**58261**	**34493**	**23768**	**59739**	**35642**	**24097**	**55749**	**32388**	**23361**
25	15348	8209	7139	16177	8870	7307	14560	7636	6924
26	14534	8162	6372	14087	8047	6040	13565	7478	6087
27	12907	7923	4984	12463	7592	4871	11517	6781	4736
28	8766	5647	3119	10207	6626	3581	9035	5767	3268
29	6706	4552	2154	6805	4507	2298	7072	4726	2346
30-34岁	**14396**	**9942**	**4454**	**15678**	**10569**	**5109**	**13604**	**9326**	**4278**
30	4999	3443	1556	5140	3465	1675	4503	3107	1396
31	3326	2290	1036	3917	2643	1274	3293	2248	1045
32	2445	1740	705	2756	1881	875	2654	1814	840
33	1966	1332	634	2104	1405	699	1801	1232	569
34	1660	1137	523	1761	1175	586	1353	925	428
35-39岁	**4594**	**3158**	**1436**	**5308**	**3601**	**1707**	**4090**	**2783**	**1307**
35	1360	937	423	1565	1013	552	1166	779	387
36	1062	704	358	1277	878	399	926	612	314
37	871	602	269	1061	737	324	836	571	265
38	729	509	220	739	516	223	652	450	202
39	572	406	166	666	457	209	510	371	139
40-44岁	**1260**	**881**	**379**	**1501**	**1034**	**467**	**1272**	**924**	**348**
40	407	281	126	487	319	168	420	302	118
41	310	223	87	360	252	108	282	211	71
42	196	142	54	295	204	91	240	175	65
43	201	132	69	212	157	55	195	143	52
44	146	103	43	147	102	45	135	93	42
45-49岁	**393**	**286**	**107**	**500**	**362**	**138**	**444**	**321**	**123**
45	141	109	32	154	109	45	125	87	38
46	115	80	35	127	100	27	109	79	30
47	65	45	20	116	85	31	78	57	21
48	38	26	12	61	40	21	84	65	19
49	34	26	8	42	28	14	48	33	15
50岁及以上	**268**	**168**	**100**	**308**	**209**	**99**	**231**	**153**	**78**
平均初婚年龄	**26.03**	**27.01**	**24.96**	**25.95**	**26.87**	**24.91**	**26.19**	**27.15**	**25.15**

5–4a 续表 11

单位：人

初婚年龄	初婚年份								
	2012年			2013年			2014年		
	小计	男	女	小计	男	女	小计	男	女
总　计	**152138**	**79619**	**72519**	**140408**	**73290**	**67118**	**141333**	**73426**	**67907**
15岁以下	**30**	**6**	**24**	**22**	**8**	**14**	**25**	**7**	**18**
15–19岁	**5332**	**1393**	**3939**	**4400**	**1110**	**3290**	**3996**	**936**	**3060**
15	195	48	147	177	55	122	130	47	83
16	380	108	272	287	56	231	285	64	221
17	713	179	534	613	159	454	506	121	385
18	1276	346	930	1022	271	751	944	226	718
19	2768	712	2056	2301	569	1732	2131	478	1653
20–24岁	**60828**	**25749**	**35079**	**53388**	**22438**	**30950**	**50410**	**20807**	**29603**
20	5807	1303	4504	5006	998	4008	4606	936	3670
21	8451	2768	5683	7088	2204	4884	6424	1886	4538
22	14531	6568	7963	11565	5173	6392	10311	4635	5676
23	15200	7001	8199	14429	6574	7855	12664	5598	7066
24	16839	8109	8730	15300	7489	7811	16405	7752	8653
25–29岁	**62146**	**36372**	**25774**	**58820**	**33883**	**24937**	**62067**	**35302**	**26765**
25	17509	9335	8174	15670	8134	7536	16217	8356	7861
26	14889	8356	6533	15151	8425	6726	15307	8256	7051
27	12784	7618	5166	12057	7069	4988	13444	7762	5682
28	9663	6191	3472	9207	5806	3401	9945	6248	3697
29	7301	4872	2429	6735	4449	2286	7154	4680	2474
30–34岁	**16576**	**11187**	**5389**	**16508**	**11061**	**5447**	**16974**	**11214**	**5760**
30	5825	3967	1858	5378	3608	1770	5267	3507	1760
31	3928	2645	1283	4111	2774	1337	4123	2762	1361
32	2973	2039	934	2959	1975	984	3388	2213	1175
33	2237	1486	751	2297	1531	766	2328	1522	806
34	1613	1050	563	1763	1173	590	1868	1210	658
35–39岁	**4580**	**3113**	**1467**	**4431**	**2902**	**1529**	**4811**	**3112**	**1699**
35	1215	836	379	1278	812	466	1497	950	547
36	1038	690	348	973	659	314	1088	681	407
37	868	585	283	869	582	287	834	546	288
38	769	532	237	706	467	239	757	508	249
39	690	470	220	605	382	223	635	427	208
40–44岁	**1688**	**1174**	**514**	**1797**	**1200**	**597**	**1986**	**1343**	**643**
40	510	346	164	519	353	166	576	373	203
41	390	260	130	420	275	145	460	313	147
42	330	229	101	364	230	134	374	259	115
43	255	189	66	271	186	85	334	227	107
44	203	150	53	223	156	67	242	171	71
45–49岁	**551**	**391**	**160**	**636**	**428**	**208**	**615**	**425**	**190**
45	158	112	46	164	119	45	176	113	63
46	121	83	38	146	91	55	130	92	38
47	101	71	30	124	79	45	121	90	31
48	89	64	25	108	72	36	105	78	27
49	82	61	21	94	67	27	83	52	31
50岁及以上	**407**	**234**	**173**	**406**	**260**	**146**	**449**	**280**	**169**
平均初婚年龄	**26.27**	**27.19**	**25.27**	**26.52**	**27.42**	**25.53**	**26.74**	**27.64**	**25.77**

5-4a 续表 12 单位：人

初婚年龄	初婚年份								
	2015年			2016年			2017年		
	小计	男	女	小计	男	女	小计	男	女
总　计	**144954**	**75641**	**69313**	**120486**	**62723**	**57763**	**114442**	**59503**	**54939**
15岁以下	**20**	**3**	**17**	**16**	**2**	**14**	**7**		**7**
15-19岁	**4046**	**984**	**3062**	**2932**	**694**	**2238**	**2505**	**604**	**1901**
15	133	38	95	97	28	69	63	14	49
16	260	77	183	189	45	144	131	32	99
17	533	144	389	412	108	304	304	95	209
18	993	253	740	641	166	475	587	160	427
19	2127	472	1655	1593	347	1246	1420	303	1117
20-24岁	**46755**	**19150**	**27605**	**37397**	**15052**	**22345**	**33669**	**13272**	**20397**
20	4419	861	3558	3580	615	2965	3071	486	2585
21	6048	1866	4182	5012	1486	3526	4478	1320	3158
22	9818	4260	5558	7813	3420	4393	7216	3154	4062
23	11875	5230	6645	9509	4144	5365	8277	3451	4826
24	14595	6933	7662	11483	5387	6096	10627	4861	5766
25-29岁	**66376**	**37544**	**28832**	**55465**	**31193**	**24272**	**52716**	**29320**	**23396**
25	17773	9092	8681	13093	6575	6518	11677	5830	5847
26	16030	8648	7382	14078	7498	6580	12289	6393	5896
27	13578	7762	5816	11755	6805	4950	12228	6912	5316
28	11283	7050	4233	9248	5598	3650	9345	5613	3732
29	7712	4992	2720	7291	4717	2574	7177	4572	2605
30-34岁	**18564**	**12119**	**6445**	**16407**	**10488**	**5919**	**16975**	**10943**	**6032**
30	5716	3800	1916	5212	3343	1869	5620	3628	1992
31	4335	2847	1488	3889	2511	1378	4055	2613	1442
32	3453	2232	1221	2890	1844	1046	3057	1990	1067
33	2953	1909	1044	2406	1507	899	2335	1500	835
34	2107	1331	776	2010	1283	727	1908	1212	696
35-39岁	**5462**	**3455**	**2007**	**4953**	**3192**	**1761**	**5217**	**3259**	**1958**
35	1715	1069	646	1544	990	554	1657	1035	622
36	1350	860	490	1153	749	404	1164	737	427
37	1000	621	379	964	609	355	1046	639	407
38	713	464	249	746	487	259	771	489	282
39	684	441	243	546	357	189	579	359	220
40-44岁	**2285**	**1448**	**837**	**2009**	**1260**	**749**	**1845**	**1165**	**680**
40	602	389	213	524	325	199	460	282	178
41	533	339	194	440	274	166	414	263	151
42	457	283	174	425	268	157	379	245	134
43	372	246	126	356	227	129	346	222	124
44	321	191	130	264	166	98	246	153	93
45-49岁	**877**	**581**	**296**	**812**	**538**	**274**	**907**	**573**	**334**
45	254	157	97	254	174	80	236	141	95
46	253	182	71	183	124	59	249	165	84
47	154	98	56	138	93	45	173	106	67
48	119	76	43	135	82	53	131	88	43
49	97	68	29	102	65	37	118	73	45
50岁及以上	**569**	**357**	**212**	**495**	**304**	**191**	**601**	**367**	**234**
平均初婚年龄	**27.03**	**27.89**	**26.08**	**27.24**	**28.12**	**26.29**	**27.51**	**28.38**	**26.56**

5-4a　续表 13　　单位：人

初婚年龄	初婚年份								
	2018年			2019年			2020年		
	小计	男	女	小计	男	女	小计	男	女
总　计	**119906**	**61723**	**58183**	**99377**	**51361**	**48016**	**65134**	**33741**	**31393**
15岁以下	**18**	**2**	**16**	**7**	**3**	**4**	**1**		**1**
15-19岁	**2739**	**664**	**2075**	**2089**	**492**	**1597**	**1074**	**264**	**810**
15	72	15	57	55	15	40	27	10	17
16	207	41	166	132	34	98	67	18	49
17	380	89	291	272	64	208	138	42	96
18	640	183	457	529	128	401	253	61	192
19	1440	336	1104	1101	251	850	589	133	456
20-24岁	**33583**	**13140**	**20443**	**26779**	**10684**	**16095**	**15985**	**6430**	**9555**
20	2958	521	2437	2348	477	1871	1326	215	1111
21	4500	1329	3171	3442	1046	2396	1850	555	1295
22	7277	3026	4251	5780	2512	3268	3406	1566	1840
23	8542	3647	4895	6839	2901	3938	4003	1687	2316
24	10306	4617	5689	8370	3748	4622	5400	2407	2993
25-29岁	**54315**	**29537**	**24778**	**43985**	**23626**	**20359**	**28063**	**14632**	**13431**
25	11718	5567	6151	9152	4274	4878	5830	2664	3166
26	11663	6091	5572	9761	4885	4876	6145	3004	3141
27	11870	6455	5415	9175	5020	4155	6236	3243	2993
28	10819	6354	4465	8430	4931	3499	5357	3033	2324
29	8245	5070	3175	7467	4516	2951	4495	2688	1807
30-34岁	**19372**	**12306**	**7066**	**17530**	**11089**	**6441**	**12561**	**7989**	**4572**
30	6147	3940	2207	5526	3484	2042	4036	2535	1501
31	4872	3123	1749	4268	2648	1620	3024	1951	1073
32	3535	2265	1270	3391	2188	1203	2260	1426	834
33	2701	1676	1025	2433	1563	870	1880	1233	647
34	2117	1302	815	1912	1206	706	1361	844	517
35-39岁	**5926**	**3675**	**2251**	**5216**	**3203**	**2013**	**3666**	**2210**	**1456**
35	1792	1092	700	1497	929	568	1025	631	394
36	1507	932	575	1195	749	446	805	471	334
37	1033	657	376	1066	633	433	687	423	264
38	870	547	323	800	479	321	625	391	234
39	724	447	277	658	413	245	524	294	230
40-44岁	**2149**	**1275**	**874**	**1990**	**1193**	**797**	**1759**	**1003**	**756**
40	560	334	226	525	319	206	461	257	204
41	451	264	187	404	238	166	416	220	196
42	402	233	169	387	226	161	306	179	127
43	367	211	156	332	202	130	297	179	118
44	369	233	136	342	208	134	279	168	111
45-49岁	**1076**	**691**	**385**	**1101**	**673**	**428**	**1052**	**642**	**410**
45	273	169	104	301	190	111	270	180	90
46	252	154	98	264	165	99	242	138	104
47	245	153	92	200	124	76	204	122	82
48	158	110	48	193	110	83	180	101	79
49	148	105	43	143	84	59	156	101	55
50岁及以上	**728**	**433**	**295**	**680**	**398**	**282**	**973**	**571**	**402**
平均初婚年龄	**27.76**	**28.64**	**26.83**	**28.04**	**28.89**	**27.13**	**28.70**	**29.54**	**27.80**

5-4b 全省分初婚年龄、性别、初婚年份的人口(镇)

单位：人

初婚年龄	初婚年份								
	合　计			1980年			1981年		
	合计	男	女	小计	男	女	小计	男	女
总　计	**813795**	**407213**	**406582**	**18697**	**8900**	**9797**	**12247**	**5813**	**6434**
15岁以下	**840**	**192**	**648**	**62**	**12**	**50**	**31**	**7**	**24**
15-19岁	**73781**	**19259**	**54522**	**2501**	**552**	**1949**	**2069**	**512**	**1557**
15	3585	938	2647	178	41	137	103	30	73
16	6335	1463	4872	335	64	271	185	49	136
17	11215	2636	8579	592	123	469	328	61	267
18	19076	4835	14241	679	147	532	653	159	494
19	33570	9387	24183	717	177	540	800	213	587
20-24岁	**396450**	**173435**	**223015**	**9898**	**4247**	**5651**	**6252**	**2715**	**3537**
20	54547	15355	39192	1218	371	847	707	196	511
21	70034	25719	44315	1785	646	1139	1000	353	647
22	89974	40898	49076	2382	1020	1362	1431	610	821
23	91863	44322	47541	2345	1089	1256	1619	777	842
24	90032	47141	42891	2168	1121	1047	1495	779	716
25-29岁	**258164**	**157419**	**100745**	**5139**	**3249**	**1890**	**3275**	**2106**	**1169**
25	80124	45099	35025	1839	1113	726	1151	673	478
26	64806	38698	26108	1321	794	527	878	568	310
27	49613	31275	18338	927	604	323	565	367	198
28	37203	24466	12737	625	431	194	393	286	107
29	26418	17881	8537	427	307	120	288	212	76
30-34岁	**58450**	**39588**	**18862**	**832**	**638**	**194**	**472**	**348**	**124**
30	19343	13193	6150	295	224	71	170	116	54
31	14128	9533	4595	197	148	49	123	84	39
32	10713	7224	3489	148	116	32	76	58	18
33	8021	5452	2569	110	83	27	59	52	7
34	6245	4186	2059	82	67	15	44	38	6
35-39岁	**15795**	**10656**	**5139**	**186**	**149**	**37**	**109**	**94**	**15**
35	4859	3267	1592	47	39	8	36	32	4
36	3755	2529	1226	42	32	10	25	22	3
37	2978	2022	956	40	34	6	17	14	3
38	2333	1584	749	33	26	7	20	18	2
39	1870	1254	616	24	18	6	11	8	3
40-44岁	**5670**	**3707**	**1963**	**57**	**39**	**18**	**29**	**25**	**4**
40	1574	1035	539	17	13	4	10	9	1
41	1287	843	444	8	6	2	7	6	1
42	1067	668	399	13	8	5	5	4	1
43	942	628	314	12	9	3	1	1	
44	800	533	267	7	3	4	6	5	1
45-49岁	**2495**	**1625**	**870**	**14**	**12**	**2**	**7**	**6**	**1**
45	680	450	230	8	7	1	2	1	1
46	575	381	194	3	3		2	2	
47	471	299	172	3	2	1	1	1	
48	408	263	145						
49	361	232	129				2	2	
50岁及以上	**2150**	**1332**	**818**	**8**	**2**	**6**	**3**		**3**
平均初婚年龄	**24.91**	**25.94**	**23.87**	**23.85**	**25.08**	**22.73**	**23.68**	**24.92**	**22.55**

5-4b　续表 1　　　　单位：人

初婚年龄	初婚年份								
	1982年			1983年			1984年		
	小计	男	女	小计	男	女	小计	男	女
总　计	**15109**	**7193**	**7916**	**14956**	**7232**	**7724**	**15784**	**7606**	**8178**
15岁以下	**37**	**8**	**29**	**33**	**7**	**26**	**20**	**5**	**15**
15–19岁	**2892**	**729**	**2163**	**2731**	**732**	**1999**	**2500**	**688**	**1812**
15	111	31	80	142	42	100	122	47	75
16	246	52	194	238	61	177	202	45	157
17	422	88	334	417	86	331	347	78	269
18	776	178	598	672	177	495	698	172	526
19	1337	380	957	1262	366	896	1131	346	785
20–24岁	**7255**	**3247**	**4008**	**7292**	**3276**	**4016**	**8496**	**3780**	**4716**
20	1414	442	972	1749	620	1129	1814	590	1224
21	1080	400	680	1552	651	901	2261	956	1305
22	1342	621	721	1168	540	628	1953	932	1021
23	1601	801	800	1330	657	673	1214	634	580
24	1818	983	835	1493	808	685	1254	668	586
25–29岁	**4081**	**2585**	**1496**	**4015**	**2554**	**1461**	**3877**	**2460**	**1417**
25	1490	903	587	1410	849	561	1233	697	536
26	1033	623	410	1022	650	372	1050	672	378
27	752	492	260	698	454	244	763	503	260
28	479	341	138	546	364	182	490	336	154
29	327	226	101	339	237	102	341	252	89
30–34岁	**633**	**460**	**173**	**682**	**502**	**180**	**662**	**495**	**167**
30	228	158	70	243	175	68	231	169	62
31	145	96	49	171	124	47	168	123	45
32	130	103	27	127	91	36	120	93	27
33	80	64	16	76	59	17	80	58	22
34	50	39	11	65	53	12	63	52	11
35–39岁	**140**	**114**	**26**	**141**	**112**	**29**	**148**	**116**	**32**
35	41	33	8	40	34	6	56	44	12
36	35	30	5	33	25	8	38	27	11
37	24	20	4	34	26	8	22	17	5
38	23	17	6	19	18	1	17	16	1
39	17	14	3	15	9	6	15	12	3
40–44岁	**44**	**34**	**10**	**45**	**37**	**8**	**54**	**44**	**10**
40	14	11	3	14	12	2	14	12	2
41	5	3	2	13	13		15	13	2
42	11	8	3	9	6	3	10	8	2
43	6	5	1	4	3	1	7	6	1
44	8	7	1	5	3	2	8	5	3
45–49岁	**23**	**15**	**8**	**12**	**8**	**4**	**20**	**14**	**6**
45	10	7	3	4	4		4	3	1
46	3	2	1	3	3		9	8	1
47	3	3					2	1	1
48	5	1	4	5	1	4	3	2	1
49	2	2					2		2
50岁及以上	**4**	**1**	**3**	**5**	**4**	**1**	**7**	**4**	**3**
平均初婚年龄	**23.60**	**24.85**	**22.45**	**23.51**	**24.72**	**22.39**	**23.44**	**24.57**	**22.38**

5-4b　续表 2　　　　单位：人

初婚年龄	初婚年份								
	1985年			1986年			1987年		
	小计	男	女	小计	男	女	小计	男	女
总　计	**18765**	**9227**	**9538**	**17215**	**8467**	**8748**	**17483**	**8640**	**8843**
15岁以下	**29**	**8**	**21**	**22**	**5**	**17**	**16**	**3**	**13**
15-19岁	**2945**	**813**	**2132**	**2534**	**698**	**1836**	**2535**	**676**	**1859**
15	141	32	109	111	23	88	90	23	67
16	273	54	219	204	50	154	174	33	141
17	455	112	343	431	102	329	373	80	293
18	722	191	531	681	178	503	719	197	522
19	1354	424	930	1107	345	762	1179	343	836
20-24岁	**10477**	**4904**	**5573**	**10446**	**4998**	**5448**	**10453**	**5001**	**5452**
20	1810	640	1170	1791	557	1234	1638	548	1090
21	2402	994	1408	2179	971	1208	2076	903	1173
22	2905	1449	1456	2469	1271	1198	2419	1176	1243
23	2179	1163	1016	2401	1285	1116	2236	1155	1081
24	1181	658	523	1606	914	692	2084	1219	865
25-29岁	**4110**	**2634**	**1476**	**3148**	**2000**	**1148**	**3289**	**2143**	**1146**
25	1150	686	464	853	476	377	1307	794	513
26	992	630	362	734	469	265	661	437	224
27	908	605	303	623	411	212	529	350	179
28	649	434	215	575	388	187	432	295	137
29	411	279	132	363	256	107	360	267	93
30-34岁	**897**	**642**	**255**	**805**	**585**	**220**	**890**	**599**	**291**
30	330	230	100	288	210	78	306	208	98
31	213	158	55	198	130	68	201	137	64
32	161	116	45	152	115	37	172	111	61
33	103	74	29	91	75	16	118	77	41
34	90	64	26	76	55	21	93	66	27
35-39岁	**200**	**151**	**49**	**168**	**122**	**46**	**203**	**151**	**52**
35	63	46	17	41	28	13	58	45	13
36	47	36	11	50	35	15	60	42	18
37	43	33	10	35	27	8	40	32	8
38	27	20	7	18	13	5	23	17	6
39	20	16	4	24	19	5	22	15	7
40-44岁	**65**	**51**	**14**	**53**	**36**	**17**	**74**	**51**	**23**
40	21	18	3	11	5	6	19	13	6
41	18	14	4	14	10	4	16	13	3
42	10	6	4	11	9	2	10	4	6
43	8	8		9	7	2	21	14	7
44	8	5	3	8	5	3	8	7	1
45-49岁	**28**	**18**	**10**	**26**	**16**	**10**	**13**	**8**	**5**
45	6	4	2	2	1	1	6	4	2
46	9	6	3	8	5	3	2	1	1
47	4	2	2	5	4	1	2	1	1
48	4	3	1	8	6	2	1		1
49	5	3	2	3		3	2	2	
50岁及以上	**14**	**6**	**8**	**13**	**7**	**6**	**10**	**8**	**2**
平均初婚年龄	**23.50**	**24.55**	**22.48**	**23.43**	**24.43**	**22.47**	**23.57**	**24.56**	**22.60**

5-4b 续表 3

单位：人

初婚年龄	初婚年份								
	1988年			1989年			1990年		
	小计	男	女	小计	男	女	小计	男	女
总 计	**20169**	**9995**	**10174**	**20138**	**10033**	**10105**	**25444**	**12943**	**12501**
15岁以下	**36**	**11**	**25**	**40**	**7**	**33**	**49**	**8**	**41**
15–19岁	**2858**	**768**	**2090**	**2775**	**708**	**2067**	**3472**	**950**	**2522**
15	104	23	81	119	27	92	160	39	121
16	205	36	169	214	43	171	329	71	258
17	452	91	361	387	66	321	565	142	423
18	722	194	528	715	167	548	913	226	687
19	1375	424	951	1340	405	935	1505	472	1033
20–24岁	**11600**	**5549**	**6051**	**11415**	**5439**	**5976**	**14520**	**7084**	**7436**
20	1910	620	1290	1952	688	1264	2422	851	1571
21	2142	951	1191	2276	947	1329	2865	1223	1642
22	2639	1318	1321	2432	1221	1211	3425	1744	1681
23	2571	1336	1235	2509	1342	1167	3025	1664	1361
24	2338	1324	1014	2246	1241	1005	2783	1602	1181
25–29岁	**4394**	**2749**	**1645**	**4675**	**2971**	**1704**	**5939**	**3820**	**2119**
25	1976	1204	772	1821	1085	736	2172	1355	817
26	1136	702	434	1416	899	517	1593	1000	593
27	510	310	200	765	521	244	1202	790	412
28	379	266	113	390	274	116	679	464	215
29	393	267	126	283	192	91	293	211	82
30–34岁	**973**	**704**	**269**	**889**	**654**	**235**	**989**	**741**	**248**
30	313	222	91	268	210	58	268	192	76
31	255	184	71	227	168	59	222	173	49
32	176	133	43	168	123	45	229	170	59
33	137	98	39	131	87	44	162	122	40
34	92	67	25	95	66	29	108	84	24
35–39岁	**190**	**132**	**58**	**223**	**171**	**52**	**311**	**226**	**85**
35	68	45	23	78	55	23	103	76	27
36	41	28	13	57	50	7	69	55	14
37	36	26	10	35	24	11	64	44	20
38	28	23	5	34	27	7	35	24	11
39	17	10	7	19	15	4	40	27	13
40–44岁	**70**	**55**	**15**	**73**	**49**	**24**	**85**	**60**	**25**
40	21	16	5	20	12	8	33	24	9
41	12	10	2	22	15	7	15	10	5
42	18	13	5	14	12	2	14	11	3
43	13	11	2	9	4	5	15	12	3
44	6	5	1	8	6	2	8	3	5
45–49岁	**27**	**16**	**11**	**26**	**21**	**5**	**47**	**31**	**16**
45	11	8	3	9	8	1	11	7	4
46	1	1		9	8	1	16	12	4
47	10	4	6	4	3	1	4	1	3
48	3	1	2	1	1		7	5	2
49	2	2		3	1	2	9	6	3
50岁及以上	**21**	**11**	**10**	**22**	**13**	**9**	**32**	**23**	**9**
平均初婚年龄	**23.61**	**24.56**	**22.67**	**23.65**	**24.66**	**22.64**	**23.64**	**24.62**	**22.64**

5-4b 续表 4

单位：人

初婚年龄	初婚年份								
	1991年			1992年			1993年		
	小计	男	女	小计	男	女	小计	男	女
总　计	**17291**	**8706**	**8585**	**20955**	**10563**	**10392**	**21475**	**10799**	**10676**
15岁以下	**11**	**2**	**9**	**23**	**7**	**16**	**23**	**5**	**18**
15-19岁	**2057**	**525**	**1532**	**2330**	**593**	**1737**	**2176**	**566**	**1610**
15	79	14	65	90	15	75	105	26	79
16	180	27	153	187	43	144	180	44	136
17	298	69	229	326	71	255	295	58	237
18	574	147	427	636	155	481	541	115	426
19	926	268	658	1091	309	782	1055	323	732
20-24岁	**9787**	**4641**	**5146**	**11800**	**5538**	**6262**	**12196**	**5677**	**6519**
20	1561	467	1094	1811	567	1244	1858	550	1308
21	1834	758	1076	2230	867	1363	2205	893	1312
22	2382	1244	1138	2683	1294	1389	2773	1335	1438
23	2143	1114	1029	2744	1492	1252	2780	1436	1344
24	1867	1058	809	2332	1318	1014	2580	1463	1117
25-29岁	**4569**	**2904**	**1665**	**5551**	**3505**	**2046**	**5734**	**3609**	**2125**
25	1603	941	662	1785	1058	727	1984	1202	782
26	1226	754	472	1465	917	548	1392	868	524
27	798	558	240	1016	667	349	1131	712	419
28	632	445	187	750	508	242	764	513	251
29	310	206	104	535	355	180	463	314	149
30-34岁	**568**	**413**	**155**	**814**	**586**	**228**	**913**	**637**	**276**
30	152	112	40	302	219	83	389	265	124
31	115	78	37	135	101	34	208	152	56
32	120	94	26	150	102	48	109	70	39
33	95	73	22	114	81	33	104	79	25
34	86	56	30	113	83	30	103	71	32
35-39岁	**181**	**133**	**48**	**284**	**227**	**57**	**278**	**206**	**72**
35	69	54	15	101	73	28	95	73	22
36	42	30	12	57	48	9	59	42	17
37	28	19	9	48	38	10	53	42	11
38	25	18	7	51	45	6	36	27	9
39	17	12	5	27	23	4	35	22	13
40-44岁	**69**	**53**	**16**	**76**	**53**	**23**	**89**	**57**	**32**
40	21	16	5	27	18	9	23	16	7
41	13	8	5	15	12	3	20	12	8
42	14	11	3	9	5	4	13	5	8
43	9	7	2	12	9	3	20	15	5
44	12	11	1	13	9	4	13	9	4
45-49岁	**28**	**22**	**6**	**42**	**34**	**8**	**29**	**19**	**10**
45	8	5	3	15	12	3	5	4	1
46	10	9	1	2	2		4	2	2
47	2	2		14	12	2	6	6	
48	6	4	2	5	4	1	8	5	3
49	2	2		6	4	2	6	2	4
50岁及以上	**21**	**13**	**8**	**35**	**20**	**15**	**37**	**23**	**14**
平均初婚年龄	**23.83**	**24.81**	**22.84**	**24.03**	**25.04**	**23.00**	**24.09**	**25.02**	**23.16**

5-4b　续表 5　　单位：人

初婚年龄	初婚年份								
	1994年			1995年			1996年		
	小计	男	女	小计	男	女	小计	男	女
总　计	**20191**	**10196**	**9995**	**23629**	**11961**	**11668**	**20959**	**10698**	**10261**
15岁以下	**24**	**4**	**20**	**28**	**4**	**24**	**20**	**4**	**16**
15-19岁	**1863**	**491**	**1372**	**2035**	**557**	**1478**	**1594**	**435**	**1159**
15	102	28	74	112	33	79	70	12	58
16	122	22	100	192	50	142	135	38	97
17	244	58	186	288	64	224	257	71	186
18	475	125	350	491	137	354	393	104	289
19	920	258	662	952	273	679	739	210	529
20-24岁	**11047**	**5095**	**5952**	**12950**	**5981**	**6969**	**11015**	**5032**	**5983**
20	1467	424	1043	1577	456	1121	1293	339	954
21	2116	792	1324	2355	947	1408	1853	682	1171
22	2492	1172	1320	3030	1422	1608	2607	1199	1408
23	2580	1341	1239	3037	1525	1512	2717	1375	1342
24	2392	1366	1026	2951	1631	1320	2545	1437	1108
25-29岁	**5929**	**3680**	**2249**	**6910**	**4266**	**2644**	**6623**	**4097**	**2526**
25	2076	1213	863	2454	1409	1045	2307	1349	958
26	1503	916	587	1787	1115	672	1702	1057	645
27	1061	671	390	1268	803	465	1234	781	453
28	766	533	233	768	504	264	852	544	308
29	523	347	176	633	435	198	528	366	162
30-34岁	**930**	**651**	**279**	**1193**	**793**	**400**	**1227**	**810**	**417**
30	342	231	111	415	279	136	446	298	148
31	294	205	89	327	215	112	267	174	93
32	146	107	39	247	157	90	215	139	76
33	77	55	22	142	102	40	178	118	60
34	71	53	18	62	40	22	121	81	40
35-39岁	**235**	**172**	**63**	**275**	**201**	**74**	**250**	**172**	**78**
35	71	50	21	79	57	22	59	48	11
36	49	31	18	52	39	13	45	28	17
37	44	38	6	63	50	13	63	49	14
38	31	24	7	36	24	12	47	27	20
39	40	29	11	45	31	14	36	20	16
40-44岁	**84**	**57**	**27**	**126**	**90**	**36**	**109**	**77**	**32**
40	27	17	10	32	27	5	28	19	9
41	15	11	4	33	24	9	30	21	9
42	19	14	5	23	10	13	20	14	6
43	14	9	5	19	14	5	18	13	5
44	9	6	3	19	15	4	13	10	3
45-49岁	**48**	**28**	**20**	**47**	**34**	**13**	**48**	**30**	**18**
45	12	11	1	16	11	5	12	9	3
46	9	4	5	9	8	1	7	4	3
47	7	4	3	10	7	3	13	7	6
48	14	7	7	7	4	3	6	4	2
49	6	2	4	5	4	1	10	6	4
50岁及以上	**31**	**18**	**13**	**65**	**35**	**30**	**73**	**41**	**32**
平均初婚年龄	**24.30**	**25.21**	**23.36**	**24.42**	**25.29**	**23.54**	**24.70**	**25.56**	**23.81**

5－4b 续表 6

单位：人

初婚年龄	初婚年份								
	1997年			1998年			1999年		
	小计	男	女	小计	男	女	小计	男	女
总　计	**20220**	**10317**	**9903**	**20856**	**10669**	**10187**	**18064**	**9237**	**8827**
15岁以下	**22**	**7**	**15**	**15**	**7**	**8**	**28**	**5**	**23**
15－19岁	**1448**	**364**	**1084**	**1571**	**358**	**1213**	**1410**	**364**	**1046**
15	74	22	52	90	26	64	93	33	60
16	106	22	84	142	32	110	112	28	84
17	207	54	153	240	48	192	208	52	156
18	376	91	285	387	86	301	345	82	263
19	685	175	510	712	166	546	652	169	483
20－24岁	**10320**	**4631**	**5689**	**10067**	**4534**	**5533**	**8525**	**3722**	**4803**
20	1145	309	836	1201	311	890	1179	310	869
21	1670	606	1064	1538	562	976	1374	439	935
22	2306	1060	1246	2208	1001	1207	1810	835	975
23	2653	1309	1344	2493	1229	1264	2025	1019	1006
24	2546	1347	1199	2627	1431	1196	2137	1119	1018
25－29岁	**6706**	**4175**	**2531**	**7130**	**4385**	**2745**	**6486**	**4042**	**2444**
25	2174	1242	932	2310	1353	957	2109	1214	895
26	1755	1136	619	1773	1079	694	1657	1028	629
27	1255	777	478	1394	882	512	1210	792	418
28	894	592	302	1012	638	374	929	616	313
29	628	428	200	641	433	208	581	392	189
30－34岁	**1174**	**796**	**378**	**1495**	**989**	**506**	**1225**	**832**	**393**
30	379	266	113	465	289	176	395	274	121
31	297	210	87	367	241	126	318	202	116
32	209	125	84	270	186	84	213	150	63
33	149	94	55	214	147	67	173	114	59
34	140	101	39	179	126	53	126	92	34
35－39岁	**262**	**178**	**84**	**328**	**214**	**114**	**237**	**171**	**66**
35	79	55	24	142	96	46	80	56	24
36	54	36	18	70	46	24	77	58	19
37	35	18	17	47	27	20	30	21	9
38	48	36	12	31	21	10	26	16	10
39	46	33	13	38	24	14	24	20	4
40－44岁	**147**	**78**	**69**	**150**	**118**	**32**	**81**	**53**	**28**
40	34	14	20	47	36	11	24	16	8
41	26	14	12	32	28	4	16	10	6
42	31	20	11	26	18	8	15	9	6
43	30	16	14	29	22	7	15	11	4
44	26	14	12	16	14	2	11	7	4
45－49岁	**67**	**41**	**26**	**62**	**39**	**23**	**30**	**22**	**8**
45	14	10	4	21	14	7	9	6	3
46	18	9	9	14	7	7	9	6	3
47	15	8	7	10	6	4	6	5	1
48	10	8	2	11	8	3	2	2	
49	10	6	4	6	4	2	4	3	1
50岁及以上	**74**	**47**	**27**	**38**	**25**	**13**	**42**	**26**	**16**
平均初婚年龄	**24.93**	**25.80**	**24.02**	**25.05**	**26.02**	**24.05**	**24.92**	**25.90**	**23.89**

5-4b 续表 7　　　　单位：人

初婚年龄	初婚年份								
	2000年			2001年			2002年		
	小计	男	女	小计	男	女	小计	男	女
总 计	**21909**	**11307**	**10602**	**14114**	**7148**	**6966**	**17037**	**8702**	**8335**
15岁以下	**46**	**14**	**32**	**20**	**10**	**10**	**20**	**4**	**16**
15-19岁	**2247**	**614**	**1633**	**1317**	**344**	**973**	**1464**	**415**	**1049**
15	150	53	97	90	34	56	110	42	68
16	248	76	172	132	37	95	135	30	105
17	352	98	254	188	56	132	218	60	158
18	596	154	442	297	72	225	360	87	273
19	901	233	668	610	145	465	641	196	445
20-24岁	**10233**	**4551**	**5682**	**6629**	**2772**	**3857**	**8300**	**3524**	**4776**
20	1389	383	1006	850	197	653	1157	321	836
21	1866	685	1181	1226	387	839	1468	499	969
22	2298	1045	1253	1612	715	897	1888	793	1095
23	2279	1127	1152	1478	692	786	2000	959	1041
24	2401	1311	1090	1463	781	682	1787	952	835
25-29岁	**7599**	**4866**	**2733**	**4901**	**3161**	**1740**	**5641**	**3634**	**2007**
25	2343	1390	953	1387	844	543	1584	946	638
26	1966	1239	727	1241	782	459	1359	849	510
27	1432	948	484	1009	679	330	1156	786	370
28	1130	782	348	752	499	253	849	576	273
29	728	507	221	512	357	155	693	477	216
30-34岁	**1370**	**968**	**402**	**988**	**679**	**309**	**1265**	**884**	**381**
30	543	380	163	398	282	116	454	318	136
31	325	222	103	229	143	86	311	212	99
32	236	173	63	163	119	44	242	168	74
33	143	104	39	123	83	40	147	107	40
34	123	89	34	75	52	23	111	79	32
35-39岁	**273**	**193**	**80**	**168**	**120**	**48**	**241**	**165**	**76**
35	95	69	26	65	47	18	75	48	27
36	69	47	22	33	21	12	71	49	22
37	65	46	19	29	24	5	52	35	17
38	33	22	11	28	21	7	18	15	3
39	11	9	2	13	7	6	25	18	7
40-44岁	**65**	**48**	**17**	**44**	**33**	**11**	**53**	**42**	**11**
40	14	13	1	13	10	3	15	13	2
41	16	10	6	12	8	4	4	4	
42	16	10	6	8	5	3	10	9	1
43	13	10	3	7	7		11	8	3
44	6	5	1	4	3	1	13	8	5
45-49岁	**43**	**29**	**14**	**26**	**17**	**9**	**27**	**17**	**10**
45	12	7	5	4	2	2	5	3	2
46	10	7	3	3	2	1	9	8	1
47	9	6	3	7	7		5	2	3
48	4	4		8	4	4	3	1	2
49	8	5	3	4	2	2	5	3	2
50岁及以上	**33**	**24**	**9**	**21**	**12**	**9**	**26**	**17**	**9**
平均初婚年龄	**24.62**	**25.66**	**23.51**	**24.75**	**25.84**	**23.64**	**24.80**	**25.87**	**23.69**

5-4b 续表 8

单位：人

初婚年龄	初婚年份								
	2003年			2004年			2005年		
	小计	男	女	小计	男	女	小计	男	女
总 计	**19454**	**9789**	**9665**	**20112**	**10087**	**10025**	**22623**	**11457**	**11166**
15岁以下	**22**	**5**	**17**	**23**	**5**	**18**	**21**	**6**	**15**
15-19岁	**1666**	**464**	**1202**	**1515**	**417**	**1098**	**1849**	**523**	**1326**
15	122	42	80	102	31	71	109	33	76
16	189	50	139	155	38	117	179	54	125
17	233	71	162	220	59	161	280	78	202
18	396	97	299	367	94	273	484	127	357
19	726	204	522	671	195	476	797	231	566
20-24岁	**9628**	**4029**	**5599**	**9860**	**4101**	**5759**	**10934**	**4647**	**6287**
20	1168	303	865	1124	290	834	1340	313	1027
21	1736	572	1164	1638	520	1118	1790	591	1199
22	2116	846	1270	2320	982	1338	2410	1047	1363
23	2250	1060	1190	2302	1029	1273	2744	1335	1409
24	2358	1248	1110	2476	1280	1196	2650	1361	1289
25-29岁	**6131**	**3881**	**2250**	**6587**	**4110**	**2477**	**7353**	**4598**	**2755**
25	1874	1079	795	2155	1191	964	2370	1342	1028
26	1456	921	535	1601	980	621	2009	1245	764
27	1122	738	384	1192	800	392	1258	832	426
28	947	651	296	962	656	306	978	675	303
29	732	492	240	677	483	194	738	504	234
30-34岁	**1547**	**1094**	**453**	**1613**	**1092**	**521**	**1820**	**1259**	**561**
30	536	371	165	558	378	180	575	394	181
31	356	258	98	394	270	124	458	324	134
32	296	208	88	277	184	93	330	228	102
33	219	164	55	224	157	67	254	179	75
34	140	93	47	160	103	57	203	134	69
35-39岁	**320**	**220**	**100**	**349**	**237**	**112**	**430**	**281**	**149**
35	116	79	37	126	80	46	149	100	49
36	77	53	24	81	52	29	110	71	39
37	58	43	15	49	32	17	82	49	33
38	37	22	15	55	45	10	49	33	16
39	32	23	9	38	28	10	40	28	12
40-44岁	**71**	**48**	**23**	**99**	**78**	**21**	**111**	**77**	**34**
40	30	23	7	30	23	7	28	20	8
41	22	15	7	33	26	7	33	24	9
42	5		5	19	15	4	26	17	9
43	5	5		6	3	3	15	10	5
44	9	5	4	11	11		9	6	3
45-49岁	**35**	**26**	**9**	**36**	**24**	**12**	**55**	**32**	**23**
45	7	6	1	10	8	2	9	5	4
46	5	4	1	4	2	2	10	6	4
47	9	7	2	7	5	2	15	5	10
48	8	5	3	7	5	2	11	9	2
49	6	4	2	8	4	4	10	7	3
50岁及以上	**34**	**22**	**12**	**30**	**23**	**7**	**50**	**34**	**16**
平均初婚年龄	**24.86**	**25.97**	**23.74**	**24.99**	**26.07**	**23.91**	**25.00**	**26.04**	**23.94**

5-4b 续表 9 单位：人

初婚年龄	初婚年份								
	2006年			2007年			2008年		
	小计	男	女	小计	男	女	小计	男	女
总 计	**23305**	**11736**	**11569**	**21888**	**10996**	**10892**	**27112**	**13650**	**13462**
15岁以下	**16**	**3**	**13**	**16**	**3**	**13**	**16**	**5**	**11**
15-19岁	**1624**	**430**	**1194**	**1511**	**389**	**1122**	**1926**	**500**	**1426**
15	65	13	52	64	11	53	82	13	69
16	167	44	123	124	29	95	137	30	107
17	267	69	198	250	62	188	280	71	209
18	382	112	270	400	93	307	517	148	369
19	743	192	551	673	194	479	910	238	672
20-24岁	**11158**	**4668**	**6490**	**10184**	**4213**	**5971**	**12388**	**5120**	**7268**
20	1333	315	1018	1359	350	1009	1596	399	1197
21	1831	603	1228	1639	517	1122	2136	727	1409
22	2505	1105	1400	2221	964	1257	2750	1182	1568
23	2607	1185	1422	2461	1112	1349	2909	1335	1574
24	2882	1460	1422	2504	1270	1234	2997	1477	1520
25-29岁	**7939**	**4829**	**3110**	**7710**	**4689**	**3021**	**9685**	**5913**	**3772**
25	2531	1374	1157	2410	1312	1098	2752	1551	1201
26	1977	1162	815	1941	1129	812	2599	1515	1084
27	1604	1019	585	1488	969	519	1828	1148	680
28	1070	737	333	1123	742	381	1427	948	479
29	757	537	220	748	537	211	1079	751	328
30-34岁	**1913**	**1349**	**564**	**1759**	**1211**	**548**	**2131**	**1450**	**681**
30	596	416	180	536	385	151	684	472	212
31	463	320	143	405	285	120	484	315	169
32	356	259	97	330	217	113	364	239	125
33	299	214	85	265	174	91	326	234	92
34	199	140	59	223	150	73	273	190	83
35-39岁	**440**	**311**	**129**	**489**	**340**	**149**	**665**	**459**	**206**
35	136	90	46	173	122	51	207	146	61
36	121	88	33	105	73	32	149	97	52
37	73	52	21	95	67	28	147	103	44
38	70	48	22	66	42	24	92	61	31
39	40	33	7	50	36	14	70	52	18
40-44岁	**133**	**87**	**46**	**136**	**103**	**33**	**171**	**123**	**48**
40	37	24	13	33	25	8	45	31	14
41	32	16	16	36	26	10	33	24	9
42	26	19	7	28	23	5	33	20	13
43	19	15	4	23	18	5	33	28	5
44	19	13	6	16	11	5	27	20	7
45-49岁	**31**	**24**	**7**	**29**	**18**	**11**	**61**	**39**	**22**
45	8	5	3	6	5	1	19	12	7
46	4	4		1	1		16	12	4
47	8	5	3	11	6	5	6	4	2
48	6	5	1	7	4	3	5	2	3
49	5	5		4	2	2	15	9	6
50岁及以上	**51**	**35**	**16**	**54**	**30**	**24**	**69**	**41**	**28**
平均初婚年龄	**25.15**	**26.23**	**24.05**	**25.25**	**26.33**	**24.15**	**25.32**	**26.40**	**24.23**

5-4b 续表 10

单位：人

初婚年龄	初婚年份								
	2009年			2010年			2011年		
	小计	男	女	小计	男	女	小计	男	女
总　计	**24649**	**12384**	**12265**	**27560**	**13938**	**13622**	**22436**	**11241**	**11195**
15岁以下	**13**	**1**	**12**	**17**	**4**	**13**	**4**	**2**	**2**
15-19岁	**1609**	**407**	**1202**	**2015**	**545**	**1470**	**1400**	**393**	**1007**
15	66	17	49	87	19	68	73	11	62
16	114	19	95	169	43	126	122	35	87
17	211	48	163	328	87	241	203	55	148
18	407	100	307	515	169	346	341	101	240
19	811	223	588	916	227	689	661	191	470
20-24岁	**11357**	**4720**	**6637**	**12572**	**5294**	**7278**	**10284**	**4186**	**6098**
20	1393	356	1037	1794	444	1350	1267	273	994
21	1943	609	1334	1995	741	1254	1807	569	1238
22	2734	1199	1535	2775	1185	1590	2310	1023	1287
23	2626	1185	1441	3083	1454	1629	2378	1081	1297
24	2661	1371	1290	2925	1470	1455	2522	1240	1282
25-29岁	**8715**	**5231**	**3484**	**9465**	**5763**	**3702**	**7941**	**4787**	**3154**
25	2553	1349	1204	2706	1494	1212	2275	1247	1028
26	2090	1230	860	2270	1327	943	1956	1133	823
27	1825	1142	683	1851	1182	669	1580	987	593
28	1289	844	445	1541	1033	508	1214	815	399
29	958	666	292	1097	727	370	916	605	311
30-34岁	**1977**	**1382**	**595**	**2297**	**1537**	**760**	**1885**	**1258**	**627**
30	673	475	198	737	506	231	629	417	212
31	464	320	144	600	410	190	474	335	139
32	358	260	98	382	239	143	349	234	115
33	268	182	86	318	212	106	249	161	88
34	214	145	69	260	170	90	184	111	73
35-39岁	**637**	**422**	**215**	**779**	**524**	**255**	**565**	**387**	**178**
35	188	119	69	198	128	70	170	111	59
36	148	108	40	189	125	64	131	90	41
37	131	83	48	179	126	53	110	76	34
38	113	79	34	122	82	40	84	60	24
39	57	33	24	91	63	28	70	50	20
40-44岁	**211**	**141**	**70**	**246**	**159**	**87**	**217**	**144**	**73**
40	69	49	20	73	45	28	61	41	20
41	40	25	15	65	39	26	49	31	18
42	37	24	13	37	24	13	50	33	17
43	39	24	15	30	20	10	37	25	12
44	26	19	7	41	31	10	20	14	6
45-49岁	**77**	**48**	**29**	**103**	**68**	**35**	**76**	**44**	**32**
45	25	14	11	26	20	6	22	11	11
46	24	16	8	33	19	14	19	9	10
47	11	9	2	20	11	9	15	10	5
48	10	3	7	15	12	3	13	9	4
49	7	6	1	9	6	3	7	5	2
50岁及以上	**53**	**32**	**21**	**66**	**44**	**22**	**64**	**40**	**24**
平均初婚年龄	**25.41**	**26.49**	**24.33**	**25.43**	**26.50**	**24.34**	**25.51**	**26.57**	**24.45**

5-4b 续表 11

单位：人

初婚年龄	初婚年份								
	2012年			2013年			2014年		
	小计	男	女	小计	男	女	小计	男	女
总　计	**24982**	**12566**	**12416**	**23010**	**11519**	**11491**	**22524**	**11153**	**11371**
15岁以下	**10**	**2**	**8**	**8**	**1**	**7**	**4**		**4**
15-19岁	**1568**	**406**	**1162**	**1250**	**323**	**927**	**1164**	**280**	**884**
15	79	18	61	42	8	34	51	13	38
16	113	27	86	102	17	85	67	21	46
17	239	55	184	193	48	145	167	41	126
18	418	120	298	313	85	228	301	66	235
19	719	186	533	600	165	435	578	139	439
20-24岁	**11325**	**4703**	**6622**	**10182**	**4161**	**6021**	**9492**	**3836**	**5656**
20	1293	307	986	1197	279	918	1043	236	807
21	1876	612	1264	1588	530	1058	1458	449	1009
22	2719	1200	1519	2263	934	1329	2128	943	1185
23	2739	1249	1490	2551	1145	1406	2254	992	1262
24	2698	1335	1363	2583	1273	1310	2609	1216	1393
25-29岁	**8778**	**5272**	**3506**	**8217**	**4877**	**3340**	**8394**	**4820**	**3574**
25	2588	1390	1198	2374	1268	1106	2371	1264	1107
26	2185	1261	924	2037	1161	876	2059	1132	927
27	1700	1062	638	1625	1009	616	1739	1030	709
28	1306	876	430	1253	816	437	1317	800	517
29	999	683	316	928	623	305	908	594	314
30-34岁	**2237**	**1478**	**759**	**2296**	**1490**	**806**	**2316**	**1457**	**859**
30	775	543	232	710	481	229	724	463	261
31	558	356	202	562	362	200	532	349	183
32	398	258	140	446	264	182	470	299	171
33	288	183	105	319	207	112	312	188	124
34	218	138	80	259	176	83	278	158	120
35-39岁	**654**	**447**	**207**	**633**	**397**	**236**	**711**	**465**	**246**
35	163	111	52	163	110	53	228	137	91
36	157	106	51	133	79	54	161	110	51
37	120	87	33	118	66	52	120	83	37
38	117	79	38	118	74	44	103	68	35
39	97	64	33	101	68	33	99	67	32
40-44岁	**243**	**143**	**100**	**243**	**154**	**89**	**264**	**169**	**95**
40	77	48	29	72	47	25	74	50	24
41	61	36	25	50	34	16	57	33	24
42	43	23	20	55	32	23	46	31	15
43	38	21	17	28	17	11	40	28	12
44	24	15	9	38	24	14	47	27	20
45-49岁	**88**	**64**	**24**	**114**	**73**	**41**	**109**	**80**	**29**
45	28	21	7	33	23	10	29	21	8
46	13	11	2	23	15	8	25	16	9
47	17	14	3	24	14	10	14	11	3
48	11	6	5	15	8	7	25	20	5
49	19	12	7	19	13	6	16	12	4
50岁及以上	**79**	**51**	**28**	**67**	**43**	**24**	**70**	**46**	**24**
平均初婚年龄	**25.58**	**26.62**	**24.52**	**25.84**	**26.85**	**24.82**	**26.05**	**27.07**	**25.04**

5-4b 续表 12

单位：人

初婚年龄	初婚年份								
	2015年			2016年			2017年		
	小计	男	女	小计	男	女	小计	男	女
总　计	**22646**	**11307**	**11339**	**19282**	**9673**	**9609**	**17730**	**8855**	**8875**
15岁以下	**4**		**4**	**3**		**3**			
15-19岁	**1008**	**224**	**784**	**765**	**177**	**588**	**549**	**114**	**435**
15	26	5	21	18	2	16	15	2	13
16	64	12	52	54	13	41	36	6	30
17	142	35	107	97	27	70	71	13	58
18	259	55	204	188	49	139	120	26	94
19	517	117	400	408	86	322	307	67	240
20-24岁	**8790**	**3490**	**5300**	**7350**	**2898**	**4452**	**6297**	**2360**	**3937**
20	1018	236	782	807	157	650	651	126	525
21	1340	434	906	1135	351	784	920	274	646
22	1911	782	1129	1603	680	923	1397	544	853
23	2135	907	1228	1812	760	1052	1553	609	944
24	2386	1131	1255	1993	950	1043	1776	807	969
25-29岁	**9052**	**5165**	**3887**	**7764**	**4459**	**3305**	**7440**	**4181**	**3259**
25	2648	1359	1289	2044	1050	994	1787	870	917
26	2206	1244	962	2045	1136	909	1791	978	813
27	1744	1029	715	1602	926	676	1634	960	674
28	1424	870	554	1171	754	417	1302	771	531
29	1030	663	367	902	593	309	926	602	324
30-34岁	**2431**	**1578**	**853**	**2140**	**1351**	**789**	**2230**	**1464**	**766**
30	733	492	241	670	445	225	752	475	277
31	580	387	193	507	315	192	535	360	175
32	476	295	181	386	232	154	388	251	137
33	388	251	137	308	190	118	306	212	94
34	254	153	101	269	169	100	249	166	83
35-39岁	**783**	**491**	**292**	**722**	**442**	**280**	**687**	**410**	**277**
35	245	153	92	223	138	85	194	115	79
36	217	136	81	171	109	62	175	100	75
37	110	69	41	138	73	65	131	81	50
38	117	72	45	105	66	39	106	68	38
39	94	61	33	85	56	29	81	46	35
40-44岁	**351**	**218**	**133**	**285**	**186**	**99**	**254**	**151**	**103**
40	92	61	31	67	47	20	55	37	18
41	79	47	32	64	47	17	68	41	27
42	64	36	28	66	36	30	43	26	17
43	59	36	23	51	30	21	50	26	24
44	57	38	19	37	26	11	38	21	17
45-49岁	**125**	**84**	**41**	**134**	**86**	**48**	**156**	**99**	**57**
45	38	29	9	36	25	11	41	28	13
46	23	15	8	37	24	13	36	26	10
47	24	16	8	26	15	11	28	15	13
48	15	9	6	20	12	8	26	16	10
49	25	15	10	15	10	5	25	14	11
50岁及以上	**102**	**57**	**45**	**119**	**74**	**45**	**117**	**76**	**41**
平均初婚年龄	**26.40**	**27.41**	**25.39**	**26.59**	**27.61**	**25.57**	**26.96**	**28.01**	**25.90**

5-4b 续表 13

单位：人

初婚年龄	初婚年份								
	2018年			2019年			2020年		
	小计	男	女	小计	男	女	小计	男	女
总　计	**18470**	**8967**	**9503**	**14815**	**7322**	**7493**	**8490**	**4221**	**4269**
15岁以下	**5**	**1**	**4**	**3**		**3**			
15-19岁	**502**	**99**	**403**	**396**	**83**	**313**	**140**	**33**	**107**
15	9		9	24	3	21	5	1	4
16	25	5	20	31	8	23	11	5	6
17	61	12	49	71	14	57	12	3	9
18	138	27	111	77	19	58	32	6	26
19	269	55	214	193	39	154	80	18	62
20-24岁	**6386**	**2353**	**4033**	**4875**	**1812**	**3063**	**2415**	**906**	**1509**
20	565	101	464	464	84	380	222	29	193
21	903	255	648	656	169	487	290	84	206
22	1463	560	903	1152	476	676	543	229	314
23	1667	665	1002	1223	469	754	610	229	381
24	1788	772	1016	1380	614	766	750	335	415
25-29岁	**7707**	**4094**	**3613**	**6081**	**3292**	**2789**	**3484**	**1863**	**1621**
25	1855	886	969	1519	706	813	794	371	423
26	1794	909	885	1348	675	673	780	376	404
27	1589	842	747	1288	720	568	738	417	321
28	1441	832	609	1054	645	409	649	372	277
29	1028	625	403	872	546	326	523	327	196
30-34岁	**2467**	**1591**	**876**	**2161**	**1343**	**818**	**1344**	**798**	**546**
30	782	515	267	633	392	241	420	246	174
31	614	387	227	500	307	193	329	193	136
32	458	302	156	443	289	154	227	147	80
33	347	219	128	325	200	125	200	119	81
34	266	168	98	260	155	105	168	93	75
35-39岁	**731**	**427**	**304**	**698**	**437**	**261**	**471**	**269**	**202**
35	204	117	87	200	133	67	135	75	60
36	192	109	83	160	99	61	103	67	36
37	156	93	63	140	87	53	74	48	26
38	99	64	35	104	64	40	89	42	47
39	80	44	36	94	54	40	70	37	33
40-44岁	**328**	**184**	**144**	**281**	**153**	**128**	**284**	**149**	**135**
40	80	37	43	81	34	47	71	33	38
41	70	42	28	63	34	29	55	28	27
42	58	32	26	43	26	17	59	32	27
43	66	41	25	49	29	20	52	31	21
44	54	32	22	45	30	15	47	25	22
45-49岁	**176**	**113**	**63**	**172**	**104**	**68**	**178**	**102**	**76**
45	44	30	14	40	18	22	53	21	32
46	37	21	16	52	33	19	44	28	16
47	38	24	14	26	17	9	30	17	13
48	35	23	12	31	20	11	27	20	7
49	22	15	7	23	16	7	24	16	8
50岁及以上	**168**	**105**	**63**	**148**	**98**	**50**	**174**	**101**	**73**
平均初婚年龄	**27.23**	**28.29**	**26.23**	**27.52**	**28.61**	**26.46**	**28.65**	**29.54**	**27.77**

5-4c 全省分初婚年龄、性别、初婚年份的人口(乡村)

单位：人

初婚年龄	初婚年份								
	合计			1980年			1981年		
	合计	男	女	小计	男	女	小计	男	女
总　计	**1380023**	**701533**	**678490**	**40758**	**19865**	**20893**	**26052**	**12665**	**13387**
15岁以下	**1959**	**319**	**1640**	**154**	**25**	**129**	**69**	**13**	**56**
15-19岁	**150507**	**37483**	**113024**	**6443**	**1395**	**5048**	**4893**	**1178**	**3715**
15	7308	1537	5771	441	97	344	223	37	186
16	13734	2718	11016	805	175	630	423	76	347
17	24203	5205	18998	1500	272	1228	812	158	654
18	39866	9774	30092	1826	413	1413	1564	377	1187
19	65396	18249	47147	1871	438	1433	1871	530	1341
20-24岁	**670781**	**303229**	**367552**	**21019**	**9609**	**11410**	**12926**	**5940**	**6986**
20	100291	29585	70706	2734	885	1849	1718	518	1200
21	123066	47265	75801	3982	1526	2456	2201	876	1325
22	152431	72544	79887	5043	2325	2718	2828	1297	1531
23	151273	76173	75100	5018	2568	2450	3282	1637	1645
24	143720	77662	66058	4242	2305	1937	2897	1612	1285
25-29岁	**405565**	**253398**	**152167**	**10407**	**6741**	**3666**	**6610**	**4330**	**2280**
25	125482	72778	52704	3758	2252	1506	2267	1395	872
26	100281	61375	38906	2608	1678	930	1755	1161	594
27	78207	50293	27914	1842	1256	586	1231	819	412
28	58572	39290	19282	1267	875	392	809	561	248
29	43023	29662	13361	932	680	252	548	394	154
30-34岁	**99486**	**70314**	**29172**	**1972**	**1504**	**468**	**1151**	**893**	**258**
30	31850	22342	9508	717	534	183	396	296	100
31	23948	16867	7081	444	332	112	297	234	63
32	18389	13134	5255	336	268	68	200	156	44
33	14126	10073	4053	296	227	69	125	102	23
34	11173	7898	3275	179	143	36	133	105	28
35-39岁	**29591**	**21462**	**8129**	**553**	**438**	**115**	**296**	**239**	**57**
35	8862	6396	2466	171	130	41	92	76	16
36	6998	5049	1949	138	113	25	63	49	14
37	5464	3971	1493	101	84	17	46	36	10
38	4500	3276	1224	86	67	19	52	42	10
39	3767	2770	997	57	44	13	43	36	7
40-44岁	**11932**	**8479**	**3453**	**165**	**127**	**38**	**77**	**56**	**21**
40	3231	2289	942	54	42	12	32	23	9
41	2641	1884	757	40	28	12	16	15	1
42	2370	1678	692	32	24	8	10	6	4
43	1987	1436	551	20	18	2	11	9	2
44	1703	1192	511	19	15	4	8	3	5
45-49岁	**5422**	**3788**	**1634**	**37**	**24**	**13**	**19**	**15**	**4**
45	1458	1004	454	11	8	3	8	7	1
46	1232	873	359	4	3	1	5	5	
47	1054	746	308	10	7	3	3		3
48	881	616	265	8	3	5	1	1	
49	797	549	248	4	3	1	2	2	
50岁及以上	**4780**	**3061**	**1719**	**8**	**2**	**6**	**11**	**1**	**10**
平均初婚年龄	**24.81**	**26.01**	**23.57**	**23.73**	**25.07**	**22.46**	**23.61**	**24.92**	**22.37**

5-4c　续表 1

单位：人

初婚年龄	初婚年份								
	1982年			1983年			1984年		
	小计	男	女	小计	男	女	小计	男	女
总　计	**32506**	**15893**	**16613**	**31767**	**15674**	**16093**	**33439**	**16593**	**16846**
15岁以下	**106**	**13**	**93**	**72**	**11**	**61**	**73**	**9**	**64**
15-19岁	**6804**	**1684**	**5120**	**6153**	**1518**	**4635**	**6060**	**1544**	**4516**
15	303	65	238	289	64	225	280	56	224
16	642	114	528	514	98	416	511	99	412
17	1077	209	868	1002	206	796	886	170	716
18	1857	442	1415	1682	410	1272	1684	405	1279
19	2925	854	2071	2666	740	1926	2699	814	1885
20-24岁	**15399**	**7220**	**8179**	**15204**	**7011**	**8193**	**17069**	**7839**	**9230**
20	3288	1124	2164	3794	1317	2477	3805	1311	2494
21	2467	966	1501	3455	1408	2047	4509	1929	2580
22	2870	1346	1524	2541	1179	1362	3974	2046	1928
23	3328	1812	1516	2583	1405	1178	2445	1246	1199
24	3446	1972	1474	2831	1702	1129	2336	1307	1029
25-29岁	**8099**	**5382**	**2717**	**8093**	**5411**	**2682**	**8063**	**5511**	**2552**
25	2794	1738	1056	2667	1688	979	2385	1515	870
26	1935	1257	678	2058	1342	716	2187	1486	701
27	1505	1039	466	1456	1008	448	1623	1132	491
28	1097	776	321	1118	801	317	1053	779	274
29	768	572	196	794	572	222	815	599	216
30-34岁	**1507**	**1145**	**362**	**1647**	**1262**	**385**	**1612**	**1243**	**369**
30	539	415	124	559	430	129	530	409	121
31	329	237	92	391	290	101	414	313	101
32	284	215	69	300	216	84	295	223	72
33	214	165	49	231	189	42	218	169	49
34	141	113	28	166	137	29	155	129	26
35-39岁	**394**	**316**	**78**	**395**	**309**	**86**	**379**	**304**	**75**
35	112	87	25	116	92	24	129	99	30
36	91	67	24	83	63	20	75	61	14
37	78	67	11	85	71	14	73	61	12
38	62	54	8	48	32	16	60	49	11
39	51	41	10	63	51	12	42	34	8
40-44岁	**151**	**108**	**43**	**142**	**116**	**26**	**120**	**101**	**19**
40	42	31	11	46	39	7	35	30	5
41	45	34	11	39	30	9	27	22	5
42	22	17	5	27	22	5	21	18	3
43	20	15	5	18	15	3	20	17	3
44	22	11	11	12	10	2	17	14	3
45-49岁	**37**	**23**	**14**	**45**	**30**	**15**	**47**	**35**	**12**
45	10	4	6	9	3	6	13	11	2
46	10	7	3	10	9	1	14	10	4
47	9	9		13	11	2	12	8	4
48	5	2	3	6	3	3	4	3	1
49	3	1	2	7	4	3	4	3	1
50岁及以上	**9**	**2**	**7**	**16**	**6**	**10**	**16**	**7**	**9**
平均初婚年龄	**23.49**	**24.90**	**22.15**	**23.54**	**24.97**	**22.16**	**23.42**	**24.76**	**22.10**

5-4c 续表 2

单位：人

初婚年龄	初婚年份								
	1985年			1986年			1987年		
	小计	男	女	小计	男	女	小计	男	女
总 计	**38932**	**19431**	**19501**	**36465**	**18299**	**18166**	**36265**	**18243**	**18022**
15岁以下	**69**	**9**	**60**	**68**	**9**	**59**	**53**	**5**	**48**
15-19岁	**6687**	**1707**	**4980**	**5919**	**1475**	**4444**	**5620**	**1390**	**4230**
15	338	64	274	233	39	194	208	30	178
16	635	109	526	570	109	461	460	78	382
17	1091	228	863	1035	221	814	884	159	725
18	1728	417	1311	1639	370	1269	1623	360	1263
19	2895	889	2006	2442	736	1706	2445	763	1682
20-24岁	**20716**	**9769**	**10947**	**21051**	**10221**	**10830**	**20728**	**10012**	**10716**
20	3957	1403	2554	3776	1314	2462	3411	1092	2319
21	4650	1945	2705	4443	1927	2516	4238	1828	2410
22	5716	2922	2794	4919	2530	2389	4878	2464	2414
23	4099	2174	1925	4747	2582	2165	4192	2314	1878
24	2294	1325	969	3166	1868	1298	4009	2314	1695
25-29岁	**8385**	**5631**	**2754**	**6689**	**4513**	**2176**	**6831**	**4558**	**2273**
25	2177	1373	804	1700	1005	695	2558	1595	963
26	1969	1284	685	1467	956	511	1308	840	468
27	1897	1295	602	1411	973	438	1090	740	350
28	1399	988	411	1204	889	315	974	718	256
29	943	691	252	907	690	217	901	665	236
30-34岁	**2216**	**1653**	**563**	**1945**	**1487**	**458**	**2190**	**1627**	**563**
30	760	566	194	627	462	165	734	530	204
31	556	412	144	494	374	120	513	391	122
32	392	300	92	350	277	73	394	298	96
33	284	204	80	252	199	53	306	226	80
34	224	171	53	222	175	47	243	182	61
35-39岁	**568**	**447**	**121**	**492**	**370**	**122**	**540**	**419**	**121**
35	168	123	45	146	110	36	159	120	39
36	140	113	27	133	100	33	130	101	29
37	91	73	18	87	62	25	114	86	28
38	82	67	15	82	65	17	66	54	12
39	87	71	16	44	33	11	71	58	13
40-44岁	**211**	**168**	**43**	**190**	**151**	**39**	**197**	**157**	**40**
40	68	51	17	48	38	10	58	44	14
41	50	43	7	38	29	9	49	39	10
42	38	27	11	43	34	9	35	32	3
43	25	24	1	31	23	8	26	20	6
44	30	23	7	30	27	3	29	22	7
45-49岁	**52**	**35**	**17**	**81**	**55**	**26**	**77**	**62**	**15**
45	9	6	3	27	20	7	26	22	4
46	15	12	3	16	11	5	25	20	5
47	9	9		15	10	5	8	7	1
48	11	6	5	11	7	4	10	8	2
49	8	2	6	12	7	5	8	5	3
50岁及以上	**28**	**12**	**16**	**30**	**18**	**12**	**29**	**13**	**16**
平均初婚年龄	**23.59**	**24.89**	**22.30**	**23.54**	**24.80**	**22.28**	**23.71**	**24.96**	**22.44**

5-4c　续表 3　　　　单位：人

初婚年龄	初婚年份								
	1988年			1989年			1990年		
	小计	男	女	小计	男	女	小计	男	女
总　计	**40608**	**20511**	**20097**	**40611**	**20803**	**19808**	**50984**	**26435**	**24549**
15岁以下	**76**	**8**	**68**	**87**	**6**	**81**	**98**	**23**	**75**
15-19岁	**6255**	**1474**	**4781**	**5811**	**1443**	**4368**	**7507**	**1868**	**5639**
15	274	31	243	239	49	190	367	69	298
16	481	54	427	545	106	439	759	119	640
17	965	187	778	920	188	732	1182	241	941
18	1689	374	1315	1570	385	1185	1992	494	1498
19	2846	828	2018	2537	715	1822	3207	945	2262
20-24岁	**22485**	**10916**	**11569**	**22364**	**10818**	**11546**	**27189**	**13242**	**13947**
20	3862	1308	2554	3838	1298	2540	4590	1573	3017
21	4316	1810	2506	4486	1882	2604	5515	2435	3080
22	5250	2702	2548	4888	2500	2388	6309	3269	3040
23	4846	2680	2166	4845	2643	2202	5430	2944	2486
24	4211	2416	1795	4307	2495	1812	5345	3021	2324
25-29岁	**8418**	**5514**	**2904**	**9084**	**5928**	**3156**	**11985**	**7903**	**4082**
25	3552	2236	1316	3369	2084	1285	4152	2550	1602
26	2095	1360	735	2682	1763	919	3051	1978	1073
27	1057	678	379	1548	1032	516	2562	1764	798
28	890	638	252	815	559	256	1472	1052	420
29	824	602	222	670	490	180	748	559	189
30-34岁	**2375**	**1814**	**561**	**2221**	**1763**	**458**	**2697**	**2163**	**534**
30	747	569	178	573	452	121	668	529	139
31	562	451	111	581	462	119	630	510	120
32	443	327	116	476	377	99	593	473	120
33	360	271	89	313	244	69	476	385	91
34	263	196	67	278	228	50	330	266	64
35-39岁	**653**	**521**	**132**	**668**	**542**	**126**	**966**	**782**	**184**
35	231	180	51	221	180	41	303	238	65
36	149	111	38	155	117	38	233	185	48
37	115	97	18	114	96	18	175	143	32
38	92	75	17	96	79	17	150	125	25
39	66	58	8	82	70	12	105	91	14
40-44岁	**217**	**172**	**45**	**232**	**194**	**38**	**325**	**283**	**42**
40	68	55	13	73	63	10	95	75	20
41	43	33	10	49	38	11	69	63	6
42	37	28	9	42	32	10	66	58	8
43	43	33	10	39	34	5	52	47	5
44	26	23	3	29	27	2	43	40	3
45-49岁	**83**	**62**	**21**	**98**	**82**	**16**	**137**	**119**	**18**
45	22	15	7	27	24	3	50	47	3
46	20	12	8	23	19	4	22	20	2
47	13	12	1	18	15	3	28	22	6
48	12	11	1	23	18	5	17	14	3
49	16	12	4	7	6	1	20	16	4
50岁及以上	**46**	**30**	**16**	**46**	**27**	**19**	**80**	**52**	**28**
平均初婚年龄	**23.75**	**25.02**	**22.45**	**23.84**	**25.10**	**22.52**	**23.94**	**25.26**	**22.53**

5–4c 续表 4 单位：人

初婚年龄	初婚年份								
	1991年			1992年			1993年		
	小计	男	女	小计	男	女	小计	男	女
总 计	**33851**	**17375**	**16476**	**39444**	**20414**	**19030**	**39524**	**20465**	**19059**
15岁以下	**57**	**4**	**53**	**44**	**8**	**36**	**49**	**8**	**41**
15–19岁	**4454**	**1097**	**3357**	**4730**	**1115**	**3615**	**4328**	**1041**	**3287**
15	187	39	148	198	38	160	181	34	147
16	361	59	302	410	77	333	349	54	295
17	727	129	598	767	149	618	665	145	520
18	1181	277	904	1227	284	943	1092	248	844
19	1998	593	1405	2128	567	1561	2041	560	1481
20–24岁	**18042**	**8503**	**9539**	**20961**	**10018**	**10943**	**20947**	**9953**	**10994**
20	3053	964	2089	3052	955	2097	3090	909	2181
21	3477	1373	2104	4087	1678	2409	3885	1624	2261
22	4202	2137	2065	4724	2371	2353	4790	2368	2422
23	3899	2060	1839	4744	2558	2186	4764	2524	2240
24	3411	1969	1442	4354	2456	1898	4418	2528	1890
25–29岁	**8711**	**5677**	**3034**	**10374**	**6636**	**3738**	**10664**	**6780**	**3884**
25	2917	1771	1146	3237	1924	1313	3524	2089	1435
26	2220	1408	812	2680	1689	991	2524	1532	992
27	1573	1057	516	1907	1214	693	2100	1367	733
28	1268	900	368	1435	994	441	1454	1025	429
29	733	541	192	1115	815	300	1062	767	295
30–34岁	**1608**	**1281**	**327**	**2045**	**1598**	**447**	**2136**	**1564**	**572**
30	379	283	96	724	553	171	842	610	232
31	377	304	73	363	267	96	484	339	145
32	328	260	68	321	255	66	273	197	76
33	297	246	51	316	257	59	268	206	62
34	227	188	39	321	266	55	269	212	57
35–39岁	**626**	**516**	**110**	**786**	**659**	**127**	**858**	**710**	**148**
35	156	122	34	229	190	39	243	199	44
36	156	131	25	166	142	24	204	171	33
37	132	108	24	164	135	29	153	129	24
38	109	94	15	112	93	19	131	107	24
39	73	61	12	115	99	16	127	104	23
40–44岁	**204**	**182**	**22**	**289**	**230**	**59**	**332**	**246**	**86**
40	51	47	4	73	52	21	94	71	23
41	55	49	6	67	52	15	70	48	22
42	35	28	7	61	53	8	77	55	22
43	35	32	3	49	41	8	49	38	11
44	28	26	2	39	32	7	42	34	8
45–49岁	**92**	**75**	**17**	**119**	**92**	**27**	**137**	**110**	**27**
45	26	21	5	30	21	9	35	29	6
46	21	18	3	24	18	6	32	26	6
47	16	15	1	23	18	5	32	24	8
48	13	8	5	25	23	2	20	16	4
49	16	13	3	17	12	5	18	15	3
50岁及以上	**57**	**40**	**17**	**96**	**58**	**38**	**73**	**53**	**20**
平均初婚年龄	**24.09**	**25.41**	**22.69**	**24.34**	**25.60**	**23.00**	**24.47**	**25.68**	**23.17**

5-4c 续表 5

单位：人

初婚年龄	初婚年份								
	1994年			1995年			1996年		
	小计	男	女	小计	男	女	小计	男	女
总　计	**36986**	**19289**	**17697**	**40960**	**21351**	**19609**	**35521**	**18582**	**16939**
15岁以下	**53**	**12**	**41**	**53**	**5**	**48**	**34**	**7**	**27**
15-19岁	**3628**	**846**	**2782**	**3718**	**925**	**2793**	**2913**	**706**	**2207**
15	185	34	151	197	43	154	128	26	102
16	254	52	202	333	73	260	304	58	246
17	516	98	418	542	116	426	496	93	403
18	944	199	745	965	235	730	741	177	564
19	1729	463	1266	1681	458	1223	1244	352	892
20-24岁	**19116**	**8904**	**10212**	**20937**	**9809**	**11128**	**17489**	**8157**	**9332**
20	2788	790	1998	2702	814	1888	2251	633	1618
21	3515	1432	2083	3841	1529	2312	2973	1180	1793
22	4233	2060	2173	4868	2330	2538	4146	2037	2109
23	4504	2336	2168	4724	2523	2201	4197	2192	2005
24	4076	2286	1790	4802	2613	2189	3922	2115	1807
25-29岁	**10580**	**6738**	**3842**	**12137**	**7578**	**4559**	**11162**	**6856**	**4306**
25	3508	2065	1443	4031	2350	1681	3567	2056	1511
26	2673	1687	986	3040	1864	1176	2797	1667	1130
27	1906	1247	659	2226	1446	780	2182	1405	777
28	1452	1011	441	1599	1051	548	1567	1012	555
29	1041	728	313	1241	867	374	1049	716	333
30-34岁	**2262**	**1732**	**530**	**2601**	**1892**	**709**	**2546**	**1867**	**679**
30	800	610	190	900	638	262	812	576	236
31	639	494	145	629	465	164	632	461	171
32	413	304	109	563	420	143	463	361	102
33	215	164	51	336	246	90	396	293	103
34	195	160	35	173	123	50	243	176	67
35-39岁	**779**	**625**	**154**	**762**	**610**	**152**	**632**	**474**	**158**
35	212	178	34	178	142	36	143	99	44
36	186	151	35	162	134	28	120	89	31
37	168	139	29	185	150	35	129	100	29
38	111	82	29	131	101	30	135	108	27
39	102	75	27	106	83	23	105	78	27
40-44岁	**335**	**268**	**67**	**375**	**287**	**88**	**345**	**262**	**83**
40	84	69	15	106	79	27	98	81	17
41	74	59	15	93	79	14	75	58	17
42	88	64	24	71	56	15	62	41	21
43	43	37	6	66	50	16	63	49	14
44	46	39	7	39	23	16	47	33	14
45-49岁	**123**	**94**	**29**	**165**	**127**	**38**	**197**	**126**	**71**
45	25	20	5	54	37	17	43	25	18
46	24	17	7	44	36	8	49	30	19
47	32	24	8	32	27	5	40	28	12
48	21	15	6	15	12	3	28	20	8
49	21	18	3	20	15	5	37	23	14
50岁及以上	**110**	**70**	**40**	**212**	**118**	**94**	**203**	**127**	**76**
平均初婚年龄	**24.68**	**25.90**	**23.34**	**24.85**	**25.95**	**23.64**	**25.11**	**26.20**	**23.92**

5–4c 续表 6

单位：人

初婚年龄	初婚年份								
	1997年			1998年			1999年		
	小计	男	女	小计	男	女	小计	男	女
总　计	**33173**	**17347**	**15826**	**34154**	**17929**	**16225**	**28796**	**15121**	**13675**
15岁以下	**39**	**8**	**31**	**38**	**9**	**29**	**44**	**6**	**38**
15–19岁	**2649**	**612**	**2037**	**2955**	**699**	**2256**	**2447**	**591**	**1856**
15	127	25	102	153	28	125	147	35	112
16	239	29	210	299	51	248	229	47	182
17	408	87	321	416	88	328	430	95	335
18	683	154	529	745	177	568	564	127	437
19	1192	317	875	1342	355	987	1077	287	790
20–24岁	**15800**	**7309**	**8491**	**15310**	**7143**	**8167**	**12894**	**5968**	**6926**
20	1946	545	1401	1897	511	1386	1876	498	1378
21	2594	990	1604	2445	961	1484	2064	784	1280
22	3456	1685	1771	3421	1613	1808	2765	1353	1412
23	3929	1972	1957	3652	1891	1761	2986	1526	1460
24	3875	2117	1758	3895	2167	1728	3203	1807	1396
25–29岁	**10799**	**6651**	**4148**	**11344**	**6916**	**4428**	**9882**	**6037**	**3845**
25	3387	1943	1444	3443	2040	1403	2987	1707	1280
26	2745	1673	1072	2762	1658	1104	2400	1438	962
27	2095	1351	744	2278	1426	852	1892	1198	694
28	1521	969	552	1631	1012	619	1514	975	539
29	1051	715	336	1230	780	450	1089	719	370
30–34岁	**2451**	**1752**	**699**	**3008**	**2041**	**967**	**2529**	**1743**	**786**
30	732	507	225	923	598	325	805	536	269
31	576	406	170	674	456	218	596	426	170
32	506	367	139	565	407	158	471	328	143
33	344	250	94	442	299	143	380	263	117
34	293	222	71	404	281	123	277	190	87
35–39岁	**625**	**450**	**175**	**843**	**616**	**227**	**545**	**415**	**130**
35	190	142	48	331	238	93	189	143	46
36	122	90	32	217	156	61	152	107	45
37	82	63	19	110	78	32	88	72	16
38	110	75	35	98	77	21	66	53	13
39	121	80	41	87	67	20	50	40	10
40–44岁	**469**	**316**	**153**	**396**	**299**	**97**	**247**	**200**	**47**
40	137	92	45	114	85	29	57	44	13
41	87	58	29	81	59	22	59	48	11
42	101	67	34	75	57	18	61	52	9
43	70	54	16	67	52	15	38	31	7
44	74	45	29	59	46	13	32	25	7
45–49岁	**221**	**166**	**55**	**153**	**124**	**29**	**105**	**85**	**20**
45	49	34	15	43	34	9	25	22	3
46	65	53	12	38	32	6	19	14	5
47	41	31	10	31	25	6	22	20	2
48	35	25	10	29	24	5	18	13	5
49	31	23	8	12	9	3	21	16	5
50岁及以上	**120**	**83**	**37**	**107**	**82**	**25**	**103**	**76**	**27**
平均初婚年龄	**25.30**	**26.41**	**24.09**	**25.41**	**26.55**	**24.16**	**25.28**	**26.43**	**24.01**

5-4c 续表 7

单位：人

初婚年龄	初婚年份								
	2000年			2001年			2002年		
	小计	男	女	小计	男	女	小计	男	女
总　计	**33266**	**17708**	**15558**	**22371**	**11657**	**10714**	**25950**	**13547**	**12403**
15岁以下	**96**	**24**	**72**	**54**	**13**	**41**	**56**	**15**	**41**
15-19岁	**3650**	**1047**	**2603**	**2163**	**581**	**1582**	**2498**	**694**	**1804**
15	313	96	217	131	38	93	175	45	130
16	420	131	289	210	61	149	224	53	171
17	557	155	402	337	80	257	420	106	314
18	907	256	651	488	125	363	642	193	449
19	1453	409	1044	997	277	720	1037	297	740
20-24岁	**15041**	**7183**	**7858**	**10210**	**4582**	**5628**	**12419**	**5624**	**6795**
20	2270	680	1590	1379	379	1000	1859	532	1327
21	2804	1131	1673	1912	727	1185	2204	814	1390
22	3323	1685	1638	2428	1110	1318	2907	1376	1531
23	3301	1770	1531	2327	1156	1171	2954	1496	1458
24	3343	1917	1426	2164	1210	954	2495	1406	1089
25-29岁	**10881**	**6839**	**4042**	**7545**	**4751**	**2794**	**8241**	**5239**	**3002**
25	3175	1885	1290	2116	1242	874	2363	1434	929
26	2817	1729	1088	1809	1139	670	1983	1250	733
27	2074	1326	748	1558	1000	558	1602	1010	592
28	1622	1083	539	1195	792	403	1334	904	430
29	1193	816	377	867	578	289	959	641	318
30-34岁	**2546**	**1795**	**751**	**1714**	**1194**	**520**	**2007**	**1409**	**598**
30	811	564	247	633	419	214	695	468	227
31	646	443	203	400	280	120	496	347	149
32	468	335	133	306	221	85	359	276	83
33	350	261	89	218	158	60	253	171	82
34	271	192	79	157	116	41	204	147	57
35-39岁	**600**	**466**	**134**	**458**	**365**	**93**	**494**	**375**	**119**
35	198	153	45	155	116	39	137	105	32
36	168	133	35	100	82	18	138	105	33
37	127	93	34	89	72	17	74	54	20
38	68	57	11	72	61	11	84	64	20
39	39	30	9	42	34	8	61	47	14
40-44岁	**238**	**188**	**50**	**112**	**90**	**22**	**126**	**105**	**21**
40	55	45	10	24	20	4	38	34	4
41	49	36	13	20	15	5	21	16	5
42	55	44	11	19	15	4	18	15	3
43	46	38	8	24	20	4	27	23	4
44	33	25	8	25	20	5	22	17	5
45-49岁	**119**	**99**	**20**	**61**	**48**	**13**	**60**	**51**	**9**
45	38	34	4	12	11	1	18	15	3
46	26	20	6	13	10	3	17	15	2
47	21	19	2	14	9	5	8	7	1
48	23	17	6	12	10	2	9	7	2
49	11	9	2	10	8	2	8	7	1
50岁及以上	**95**	**67**	**28**	**54**	**33**	**21**	**49**	**35**	**14**
平均初婚年龄	**24.86**	**25.97**	**23.59**	**24.97**	**26.11**	**23.72**	**24.82**	**25.95**	**23.59**

5-4c 续表 8 单位：人

初婚年龄	初婚年份								
	2003年			2004年			2005年		
	小计	男	女	小计	男	女	小计	男	女
总　计	**28812**	**14984**	**13828**	**28991**	**15015**	**13976**	**32863**	**17065**	**15798**
15岁以下	**46**	**13**	**33**	**38**	**8**	**30**	**35**	**6**	**29**
15-19岁	**2644**	**682**	**1962**	**2423**	**621**	**1802**	**3048**	**838**	**2210**
15	181	46	135	150	41	109	230	66	164
16	270	65	205	229	51	178	302	72	230
17	415	100	315	383	92	291	483	116	367
18	645	167	478	613	158	455	792	221	571
19	1133	304	829	1048	279	769	1241	363	878
20-24岁	**13969**	**6291**	**7678**	**14400**	**6378**	**8022**	**15816**	**7122**	**8694**
20	1733	468	1265	1846	473	1373	2069	568	1501
21	2576	913	1663	2419	864	1555	2682	995	1687
22	3169	1497	1672	3369	1535	1834	3489	1679	1810
23	3231	1637	1594	3445	1683	1762	3957	1998	1959
24	3260	1776	1484	3321	1823	1498	3619	1882	1737
25-29岁	**8747**	**5575**	**3172**	**8885**	**5685**	**3200**	**10108**	**6425**	**3683**
25	2570	1520	1050	2983	1766	1217	3234	1922	1312
26	2022	1243	779	2076	1339	737	2612	1622	990
27	1702	1116	586	1574	1051	523	1888	1222	666
28	1392	955	437	1273	870	403	1326	909	417
29	1061	741	320	979	659	320	1048	750	298
30-34岁	**2411**	**1689**	**722**	**2395**	**1681**	**714**	**2681**	**1828**	**853**
30	798	564	234	783	533	250	807	547	260
31	588	403	185	606	423	183	684	468	216
32	418	276	142	413	294	119	496	324	172
33	334	245	89	351	265	86	394	282	112
34	273	201	72	242	166	76	300	207	93
35-39岁	**624**	**459**	**165**	**548**	**412**	**136**	**725**	**521**	**204**
35	200	146	54	187	129	58	235	170	65
36	131	95	36	137	111	26	161	118	43
37	118	82	36	92	72	20	127	80	47
38	92	72	20	81	56	25	106	79	27
39	83	64	19	51	44	7	96	74	22
40-44岁	**189**	**138**	**51**	**184**	**145**	**39**	**249**	**180**	**69**
40	67	45	22	53	41	12	65	46	19
41	42	28	14	59	49	10	54	43	11
42	16	13	3	36	25	11	66	49	17
43	20	16	4	15	12	3	36	24	12
44	44	36	8	21	18	3	28	18	10
45-49岁	**99**	**81**	**18**	**61**	**50**	**11**	**106**	**82**	**24**
45	28	24	4	12	9	3	14	11	3
46	20	18	2	17	15	2	23	18	5
47	20	14	6	9	7	2	23	18	5
48	17	15	2	14	13	1	25	20	5
49	14	10	4	9	6	3	21	15	6
50岁及以上	**83**	**56**	**27**	**57**	**35**	**22**	**95**	**63**	**32**
平均初婚年龄	**25.03**	**26.20**	**23.76**	**24.93**	**26.07**	**23.71**	**25.01**	**26.11**	**23.83**

5-4c　续表 9　　　　单位：人

初婚年龄	初婚年份								
	2006年			2007年			2008年		
	小计	男	女	小计	男	女	小计	男	女
总　计	**33623**	**17280**	**16343**	**32719**	**16822**	**15897**	**38943**	**20083**	**18860**
15岁以下	**33**	**7**	**26**	**26**	**1**	**25**	**28**	**3**	**25**
15–19岁	**2999**	**784**	**2215**	**2805**	**760**	**2045**	**3317**	**912**	**2405**
15	110	28	82	134	24	110	147	38	109
16	313	71	242	230	51	179	283	74	209
17	451	111	340	497	130	367	491	122	369
18	695	195	500	694	206	488	937	261	676
19	1430	379	1051	1250	349	901	1459	417	1042
20–24岁	**16178**	**7137**	**9041**	**15492**	**6799**	**8693**	**18337**	**8018**	**10319**
20	2171	551	1620	2153	559	1594	2428	673	1755
21	2760	981	1779	2632	945	1687	3260	1122	2138
22	3567	1644	1923	3551	1620	1931	4056	1869	2187
23	3815	1908	1907	3632	1759	1873	4297	2043	2254
24	3865	2053	1812	3524	1916	1608	4296	2311	1985
25–29岁	**10660**	**6735**	**3925**	**10777**	**6741**	**4036**	**12795**	**8089**	**4706**
25	3435	2025	1410	3384	1953	1431	3720	2176	1544
26	2774	1739	1035	2728	1679	1049	3398	2076	1322
27	2031	1313	718	2125	1375	750	2489	1625	864
28	1438	971	467	1510	1044	466	1835	1274	561
29	982	687	295	1030	690	340	1353	938	415
30–34岁	**2551**	**1760**	**791**	**2381**	**1634**	**747**	**2835**	**1921**	**914**
30	766	519	247	705	492	213	904	639	265
31	602	416	186	540	383	157	613	413	200
32	484	338	146	455	308	147	524	354	170
33	390	264	126	390	268	122	417	275	142
34	309	223	86	291	183	108	377	240	137
35–39岁	**810**	**573**	**237**	**819**	**582**	**237**	**1032**	**705**	**327**
35	238	160	78	255	186	69	296	189	107
36	192	147	45	191	135	56	239	173	66
37	150	98	52	141	92	49	210	138	72
38	118	80	38	125	87	38	167	114	53
39	112	88	24	107	82	25	120	91	29
40–44岁	**256**	**185**	**71**	**243**	**189**	**54**	**354**	**264**	**90**
40	77	58	19	68	52	16	117	94	23
41	51	42	9	49	40	9	77	50	27
42	50	34	16	49	43	6	66	51	15
43	45	29	16	51	35	16	54	41	13
44	33	22	11	26	19	7	40	28	12
45–49岁	**71**	**54**	**17**	**72**	**53**	**19**	**122**	**83**	**39**
45	11	9	2	24	18	6	41	27	14
46	16	12	4	11	9	2	34	22	12
47	14	10	4	10	8	2	15	12	3
48	17	13	4	11	4	7	15	10	5
49	13	10	3	16	14	2	17	12	5
50岁及以上	**65**	**45**	**20**	**104**	**63**	**41**	**123**	**88**	**35**
平均初婚年龄	**25.00**	**26.12**	**23.82**	**25.08**	**26.18**	**23.91**	**25.18**	**26.28**	**24.01**

5-4c 续表 10 单位：人

初婚年龄	初婚年份								
	2009年			2010年			2011年		
	小计	男	女	小计	男	女	小计	男	女
总　计	**35250**	**17989**	**17261**	**41658**	**21267**	**20391**	**33150**	**16760**	**16390**
15岁以下	**36**	**2**	**34**	**31**	**4**	**27**	**29**	**6**	**23**
15-19岁	**2963**	**784**	**2179**	**3746**	**1032**	**2714**	**2869**	**801**	**2068**
15	117	24	93	188	38	150	151	36	115
16	291	66	225	311	72	239	285	63	222
17	421	112	309	602	157	445	463	130	333
18	736	178	558	1032	283	749	778	231	547
19	1398	404	994	1613	482	1131	1192	341	851
20-24岁	**16521**	**7119**	**9402**	**19688**	**8636**	**11052**	**15727**	**6720**	**9007**
20	2233	560	1673	2910	807	2103	2139	542	1597
21	2856	1008	1848	3392	1195	2197	2847	1002	1845
22	4002	1765	2237	4378	2085	2293	3467	1580	1887
23	3709	1812	1897	4742	2267	2475	3512	1662	1850
24	3721	1974	1747	4266	2282	1984	3762	1934	1828
25-29岁	**11444**	**7168**	**4276**	**12895**	**8043**	**4852**	**10515**	**6529**	**3986**
25	3430	1991	1439	3815	2213	1602	3116	1692	1424
26	2860	1757	1103	3101	1863	1238	2530	1562	968
27	2346	1554	792	2490	1631	859	2046	1328	718
28	1639	1087	552	2067	1365	702	1561	1053	508
29	1169	779	390	1422	971	451	1262	894	368
30-34岁	**2630**	**1783**	**847**	**3179**	**2112**	**1067**	**2551**	**1743**	**808**
30	868	573	295	1022	700	322	834	584	250
31	585	407	178	825	540	285	624	420	204
32	462	316	146	554	365	189	482	331	151
33	370	248	122	418	285	133	344	236	108
34	345	239	106	360	222	138	267	172	95
35-39岁	**1015**	**681**	**334**	**1224**	**817**	**407**	**820**	**516**	**304**
35	297	190	107	325	224	101	233	150	83
36	249	171	78	291	184	107	178	117	61
37	185	130	55	242	153	89	153	90	63
38	148	99	49	194	138	56	147	95	52
39	136	91	45	172	118	54	109	64	45
40-44岁	**402**	**282**	**120**	**494**	**339**	**155**	**356**	**243**	**113**
40	106	72	34	143	94	49	93	61	32
41	100	69	31	102	63	39	80	52	28
42	80	55	25	112	78	34	73	49	24
43	74	57	17	77	61	16	73	54	19
44	42	29	13	60	43	17	37	27	10
45-49岁	**123**	**86**	**37**	**204**	**142**	**62**	**155**	**118**	**37**
45	41	26	15	60	43	17	47	36	11
46	34	24	10	51	33	18	32	27	5
47	28	21	7	41	31	10	29	21	8
48	7	5	2	32	23	9	24	17	7
49	13	10	3	20	12	8	23	17	6
50岁及以上	**116**	**84**	**32**	**197**	**142**	**55**	**128**	**84**	**44**
平均初婚年龄	**25.26**	**26.41**	**24.06**	**25.27**	**26.41**	**24.08**	**25.22**	**26.36**	**24.06**

5-4c　续表 11　　单位：人

初婚年龄	初婚年份								
	2012年			2013年			2014年		
	小计	男	女	小计	男	女	小计	男	女
总　计	**36628**	**18564**	**18064**	**34544**	**17257**	**17287**	**33686**	**16819**	**16867**
15岁以下	**22**	**6**	**16**	**16**	**5**	**11**	**21**	**1**	**20**
15-19岁	**3015**	**765**	**2250**	**2695**	**665**	**2030**	**2471**	**617**	**1854**
15	144	25	119	131	22	109	79	19	60
16	289	59	230	255	63	192	174	26	148
17	496	112	384	457	113	344	390	100	290
18	750	219	531	694	186	508	670	167	503
19	1336	350	986	1158	281	877	1158	305	853
20-24岁	**17072**	**7284**	**9788**	**15858**	**6604**	**9254**	**15222**	**6285**	**8937**
20	2336	680	1656	2165	526	1639	1924	434	1490
21	2895	974	1921	2607	844	1763	2488	846	1642
22	4109	1832	2277	3611	1590	2021	3438	1475	1963
23	3937	1847	2090	3922	1878	2044	3495	1599	1896
24	3795	1951	1844	3553	1766	1787	3877	1931	1946
25-29岁	**11853**	**7351**	**4502**	**11266**	**6822**	**4444**	**11284**	**6777**	**4507**
25	3633	2065	1568	3373	1835	1538	3219	1767	1452
26	2840	1701	1139	2929	1728	1201	2782	1630	1152
27	2349	1517	832	2146	1380	766	2373	1469	904
28	1751	1179	572	1640	1086	554	1697	1103	594
29	1280	889	391	1178	793	385	1213	808	405
30-34岁	**3023**	**2067**	**956**	**3050**	**2059**	**991**	**2994**	**2026**	**968**
30	1041	720	321	925	624	301	939	674	265
31	743	519	224	813	538	275	713	468	245
32	530	356	174	557	400	157	584	392	192
33	402	279	123	433	289	144	439	285	154
34	307	193	114	322	208	114	319	207	112
35-39岁	**861**	**574**	**287**	**883**	**592**	**291**	**877**	**590**	**287**
35	219	151	68	272	188	84	269	179	90
36	198	124	74	188	121	67	189	125	64
37	151	100	51	163	106	57	154	112	42
38	176	120	56	120	80	40	151	94	57
39	117	79	38	140	97	43	114	80	34
40-44岁	**399**	**252**	**147**	**397**	**256**	**141**	**442**	**282**	**160**
40	86	57	29	105	61	44	106	63	43
41	95	60	35	83	58	25	103	69	34
42	71	42	29	72	51	21	98	63	35
43	81	46	35	74	45	29	68	44	24
44	66	47	19	63	41	22	67	43	24
45-49岁	**209**	**142**	**67**	**210**	**136**	**74**	**205**	**129**	**76**
45	52	36	16	49	28	21	53	32	21
46	48	36	12	40	30	10	53	32	21
47	36	22	14	47	26	21	44	29	15
48	34	20	14	42	28	14	29	19	10
49	39	28	11	32	24	8	26	17	9
50岁及以上	**174**	**123**	**51**	**169**	**118**	**51**	**170**	**112**	**58**
平均初婚年龄	**25.34**	**26.49**	**24.16**	**25.49**	**26.68**	**24.30**	**25.65**	**26.81**	**24.50**

5-4c 续表 12

单位：人

初婚年龄	初婚年份								
	2015年			2016年			2017年		
	小计	男	女	小计	男	女	小计	男	女
总　计	**34561**	**17016**	**17545**	**29479**	**14507**	**14972**	**27286**	**13366**	**13920**
15岁以下	**13**	**4**	**9**	**10**	**1**	**9**	**7**	**1**	**6**
15-19岁	**2098**	**489**	**1609**	**1590**	**353**	**1237**	**1188**	**273**	**915**
15	53	15	38	46	13	33	33	2	31
16	159	29	130	106	18	88	70	19	51
17	315	74	241	219	51	168	171	38	133
18	526	137	389	402	93	309	281	48	233
19	1045	234	811	817	178	639	633	166	467
20-24岁	**14881**	**5930**	**8951**	**12224**	**4727**	**7497**	**10806**	**4035**	**6771**
20	1976	453	1523	1559	300	1259	1300	249	1051
21	2372	712	1660	1984	646	1338	1796	528	1268
22	3395	1456	1939	2703	1123	1580	2302	939	1363
23	3504	1556	1948	2974	1240	1734	2511	1017	1494
24	3634	1753	1881	3004	1418	1586	2897	1302	1595
25-29岁	**12324**	**7198**	**5126**	**11014**	**6375**	**4639**	**10411**	**5895**	**4516**
25	3754	1965	1789	3035	1573	1462	2787	1434	1353
26	2911	1672	1239	2777	1542	1235	2527	1380	1147
27	2402	1432	970	2162	1302	860	2221	1277	944
28	1900	1228	672	1696	1061	635	1644	1025	619
29	1357	901	456	1344	897	447	1232	779	453
30-34岁	**3326**	**2185**	**1141**	**2973**	**1999**	**974**	**3066**	**2023**	**1043**
30	1044	696	348	914	633	281	1039	684	355
31	789	535	254	730	503	227	724	469	255
32	603	400	203	545	373	172	559	373	186
33	529	336	193	404	262	142	407	271	136
34	361	218	143	380	228	152	337	226	111
35-39岁	**948**	**613**	**335**	**836**	**561**	**275**	**920**	**598**	**322**
35	263	182	81	256	177	79	301	199	102
36	259	158	101	203	126	77	244	165	79
37	178	121	57	161	118	43	153	102	51
38	131	80	51	115	75	40	111	69	42
39	117	72	45	101	65	36	111	63	48
40-44岁	**474**	**284**	**190**	**431**	**240**	**191**	**378**	**226**	**152**
40	117	71	46	100	53	47	77	44	33
41	111	67	44	97	51	46	80	48	32
42	87	55	32	96	59	37	78	46	32
43	72	49	23	81	46	35	71	44	27
44	87	42	45	57	31	26	72	44	28
45-49岁	**263**	**163**	**100**	**199**	**119**	**80**	**257**	**162**	**95**
45	79	44	35	54	29	25	69	43	26
46	51	32	19	51	27	24	57	35	22
47	39	24	15	30	19	11	48	25	23
48	46	30	16	27	19	8	48	34	14
49	48	33	15	37	25	12	35	25	10
50岁及以上	**234**	**150**	**84**	**202**	**132**	**70**	**253**	**153**	**100**
平均初婚年龄	**25.97**	**27.11**	**24.87**	**26.16**	**27.32**	**25.03**	**26.55**	**27.73**	**25.42**

5-4c 续表 13

单位：人

初婚年龄	初婚年份								
	2018年			2019年			2020年		
	小计	男	女	小计	男	女	小计	男	女
总 计	**29033**	**13764**	**15269**	**22761**	**11027**	**11734**	**13653**	**6751**	**6902**
15岁以下	**14**		**14**	**10**	**1**	**9**	**2**		**2**
15-19岁	**1177**	**232**	**945**	**844**	**183**	**661**	**330**	**62**	**268**
15	44	9	35	42	7	35	11	2	9
16	83	13	70	73	18	55	34	6	28
17	146	30	116	127	27	100	41	10	31
18	300	67	233	203	46	157	85	12	73
19	604	113	491	399	85	314	159	32	127
20-24岁	**10933**	**3901**	**7032**	**8078**	**2951**	**5127**	**4263**	**1542**	**2721**
20	1167	212	955	835	114	721	411	63	348
21	1727	466	1261	1145	330	815	565	139	426
22	2500	983	1517	1896	758	1138	950	409	541
23	2723	1050	1673	2034	800	1234	1037	408	629
24	2816	1190	1626	2168	949	1219	1300	523	777
25-29岁	**11391**	**6170**	**5221**	**8974**	**4853**	**4121**	**5238**	**2847**	**2391**
25	2936	1356	1580	2124	981	1143	1300	607	693
26	2584	1298	1286	2124	1102	1022	1141	603	538
27	2291	1284	1007	1846	1010	836	1111	624	487
28	2050	1251	799	1515	910	605	948	555	393
29	1530	981	549	1365	850	515	738	458	280
30-34岁	**3366**	**2164**	**1202**	**2996**	**1893**	**1103**	**2092**	**1325**	**767**
30	1065	663	402	857	539	318	633	404	229
31	802	497	305	730	450	280	514	321	193
32	661	445	216	611	396	215	352	232	120
33	463	303	160	423	281	142	328	204	124
34	375	256	119	375	227	148	265	164	101
35-39岁	**1103**	**676**	**427**	**920**	**596**	**324**	**714**	**428**	**286**
35	327	206	121	286	191	95	194	117	77
36	284	176	108	214	130	84	169	102	67
37	195	113	82	174	112	62	137	83	54
38	160	97	63	131	86	45	124	74	50
39	137	84	53	115	77	38	90	52	38
40-44岁	**399**	**236**	**163**	**357**	**209**	**148**	**433**	**223**	**210**
40	96	57	39	92	52	40	113	58	55
41	75	49	26	71	44	27	96	51	45
42	74	42	32	64	38	26	86	40	46
43	77	40	37	62	32	30	74	41	33
44	77	48	29	68	43	25	64	33	31
45-49岁	**281**	**163**	**118**	**255**	**145**	**110**	**265**	**141**	**124**
45	73	42	31	69	41	28	72	36	36
46	58	34	24	52	25	27	48	27	21
47	61	38	23	50	32	18	60	32	28
48	55	32	23	45	23	22	37	25	12
49	34	17	17	39	24	15	48	21	27
50岁及以上	**369**	**222**	**147**	**327**	**196**	**131**	**316**	**183**	**133**
平均初婚年龄	**26.86**	**28.10**	**25.73**	**27.22**	**28.42**	**26.10**	**28.38**	**29.43**	**27.35**

5-5 全省分年龄、性别、初婚年龄的人口

单位：人

年龄	初婚年龄					
	合计			15岁以下		
	合计	男	女	小计	男	女
总计	**7172595**	**3556057**	**3616538**	**8810**	**1720**	**7090**
20岁以下	**3703**	**829**	**2874**	**146**	**17**	**129**
20-24岁	**101785**	**30526**	**71259**	**332**	**76**	**256**
20	4565	1005	3560	43	10	33
21	8762	1922	6840	54	8	46
22	16999	4634	12365	72	19	53
23	28064	8642	19422	73	14	59
24	43395	14323	29072	90	25	65
25-29岁	**516288**	**214515**	**301773**	**547**	**132**	**415**
25	62564	22402	40162	110	27	83
26	78541	30283	48258	94	17	77
27	104665	42301	62364	109	29	80
28	125129	53949	71180	102	22	80
29	145389	65580	79809	132	37	95
30-34岁	**987871**	**482831**	**505040**	**957**	**285**	**672**
30	185851	86609	99242	169	40	129
31	193027	92515	100512	199	61	138
32	191284	93696	97588	176	55	121
33	214968	107540	107428	228	66	162
34	202741	102471	100270	185	63	122
35-39岁	**964489**	**502494**	**461995**	**667**	**169**	**498**
35	189370	97215	92155	166	46	120
36	196392	101600	94792	124	32	92
37	188359	98130	90229	128	33	95
38	202842	106967	95875	123	25	98
39	187526	98582	88944	126	33	93
40-44岁	**814480**	**429420**	**385060**	**838**	**164**	**674**
40	168563	88899	79664	129	19	110
41	180906	95798	85108	185	36	149
42	159566	84163	75403	171	41	130
43	145582	76863	68719	159	28	131
44	159863	83697	76166	194	40	154
45-49岁	**896577**	**465162**	**431415**	**850**	**175**	**675**
45	164985	86006	78979	245	57	188
46	184654	95814	88840	159	34	125
47	186346	96312	90034	163	39	124
48	179725	93319	86406	133	23	110
49	180867	93711	87156	150	22	128
50-54岁	**823307**	**426617**	**396690**	**1068**	**204**	**864**
50	183561	94744	88817	175	32	143
51	168082	86820	81262	244	47	197
52	177715	92228	85487	240	43	197
53	142726	73953	68773	199	39	160
54	151223	78872	72351	210	43	167
55-59岁	**646076**	**330851**	**315225**	**574**	**98**	**476**
55	151291	78523	72768	200	45	155
56	139678	71565	68113	100	15	85
57	153526	79295	74231	120	22	98
58	129828	65940	63888	96	10	86
59	71753	35528	36225	58	6	52
60-64岁	**441795**	**219674**	**222121**	**643**	**111**	**532**
60	73675	36353	37322	75	12	63
61	81476	41064	40412	107	23	84
62	96328	48034	48294	160	27	133
63	102311	51285	51026	166	24	142
64	88005	42938	45067	135	25	110
65岁及以上	**976224**	**453138**	**523086**	**2188**	**289**	**1899**

5-5 续表 1

单位：人

年 龄	初婚年龄								
	15岁			16岁			17岁		
	小计	男	女	小计	男	女	小计	男	女
总 计	**36053**	**8662**	**27391**	**61386**	**13008**	**48378**	**106221**	**22565**	**83656**
20岁以下	**487**	**105**	**382**	**790**	**176**	**614**	**1012**	**242**	**770**
20—24岁	**1555**	**401**	**1154**	**2557**	**583**	**1974**	**4288**	**1067**	**3221**
20	197	51	146	311	75	236	555	142	413
21	249	74	175	444	103	341	636	158	478
22	311	84	227	511	114	397	918	242	676
23	369	78	291	564	117	447	1032	253	779
24	429	114	315	727	174	553	1147	272	875
25—29岁	**2346**	**602**	**1744**	**4238**	**1052**	**3186**	**7438**	**1950**	**5488**
25	550	129	421	773	188	585	1389	349	1040
26	437	107	330	915	239	676	1310	331	979
27	461	118	343	885	219	666	1668	468	1200
28	458	126	332	899	218	681	1565	415	1150
29	440	122	318	766	188	578	1506	387	1119
30—34岁	**3824**	**1394**	**2430**	**5368**	**1699**	**3669**	**8244**	**2374**	**5870**
30	726	243	483	975	271	704	1564	430	1134
31	751	265	486	1268	414	854	1631	463	1168
32	756	292	464	995	325	670	1744	505	1239
33	860	319	541	1073	349	724	1739	536	1203
34	731	275	456	1057	340	717	1566	440	1126
35—39岁	**3296**	**1092**	**2204**	**5023**	**1468**	**3555**	**8095**	**2242**	**5853**
35	904	337	567	863	279	584	1499	461	1038
36	811	299	512	1320	459	861	1400	410	990
37	534	167	367	1101	315	786	1829	524	1305
38	528	140	388	923	236	687	1927	500	1427
39	519	149	370	816	179	637	1440	347	1093
40—44岁	**3144**	**901**	**2243**	**5182**	**1313**	**3869**	**8310**	**2097**	**6213**
40	541	153	388	785	197	588	1307	325	982
41	738	233	505	1220	359	861	1657	438	1219
42	582	165	417	998	253	745	1801	451	1350
43	634	175	459	924	224	700	1666	424	1242
44	649	175	474	1255	280	975	1879	459	1420
45—49岁	**3957**	**1002**	**2955**	**7231**	**1593**	**5638**	**12802**	**3000**	**9802**
45	978	300	678	1121	255	866	2120	443	1677
46	983	253	730	1781	399	1382	2113	501	1612
47	758	167	591	1760	417	1343	2997	784	2213
48	646	139	507	1390	280	1110	2999	716	2283
49	592	143	449	1179	242	937	2573	556	2017
50—54岁	**4062**	**1122**	**2940**	**7214**	**1695**	**5519**	**12904**	**3082**	**9822**
50	895	242	653	1260	272	988	2398	524	1874
51	850	244	606	1759	455	1304	2658	640	2018
52	882	244	638	1604	391	1213	3091	794	2297
53	723	203	520	1177	288	889	2345	548	1797
54	712	189	523	1414	289	1125	2412	576	1836
55—59岁	**2811**	**647**	**2164**	**5468**	**1144**	**4324**	**10885**	**2189**	**8696**
55	984	270	714	1286	290	996	2606	599	2007
56	696	181	515	1566	368	1198	2073	414	1659
57	559	105	454	1414	287	1127	2974	632	2342
58	375	56	319	814	137	677	2316	407	1909
59	197	35	162	388	62	326	916	137	779
60—64岁	**1915**	**305**	**1610**	**3039**	**487**	**2552**	**5177**	**842**	**4335**
60	279	50	229	399	58	341	706	108	598
61	341	67	274	596	103	493	835	139	696
62	405	58	347	601	103	498	1227	219	1008
63	477	76	401	716	124	592	1265	224	1041
64	413	54	359	727	99	628	1144	152	992
65岁及以上	**8656**	**1091**	**7565**	**15276**	**1798**	**13478**	**27066**	**3480**	**23586**

5-5 续表 2

单位：人

年龄	初婚年龄								
	18岁			19岁			20岁		
	小计	男	女	小计	男	女	小计	男	女
总 计	**172986**	**40883**	**132103**	**304217**	**80347**	**223870**	**480020**	**129751**	**350269**
20岁以下	**882**	**197**	**685**	**386**	**92**	**294**			
20-24岁	**6486**	**1599**	**4887**	**11544**	**2586**	**8958**	**19083**	**3339**	**15744**
20	978	249	729	1381	308	1073	1100	170	930
21	938	240	698	2033	482	1551	3128	566	2562
22	1202	289	913	2315	497	1818	4400	784	3616
23	1526	371	1155	2568	580	1988	4790	845	3945
24	1842	450	1392	3247	719	2528	5665	974	4691
25-29岁	**12376**	**3461**	**8915**	**22321**	**5793**	**16528**	**40468**	**8862**	**31606**
25	2030	506	1524	3876	878	2998	6953	1349	5604
26	2220	617	1603	3922	990	2932	7397	1571	5826
27	2313	641	1672	4645	1159	3486	8155	1762	6393
28	2963	900	2063	4540	1242	3298	8754	1977	6777
29	2850	797	2053	5338	1524	3814	9209	2203	7006
30-34岁	**14048**	**4174**	**9874**	**27814**	**7707**	**20107**	**53898**	**13059**	**40839**
30	3081	852	2229	5991	1638	4353	11613	2764	8849
31	2916	879	2037	5964	1700	4264	11345	2801	8544
32	2487	767	1720	5190	1423	3767	10698	2656	8042
33	2982	909	2073	5332	1454	3878	10755	2623	8132
34	2582	767	1815	5337	1492	3845	9487	2215	7272
35-39岁	**12559**	**3575**	**8984**	**22665**	**6206**	**16459**	**40598**	**9943**	**30655**
35	2233	670	1563	4457	1244	3213	8816	2143	6673
36	2382	678	1704	4522	1269	3253	8427	1993	6434
37	2047	564	1483	4228	1141	3087	7801	1874	5927
38	3139	902	2237	4126	1083	3043	8404	2200	6204
39	2758	761	1997	5332	1469	3863	7150	1733	5417
40-44岁	**13625**	**3559**	**10066**	**25793**	**6927**	**18866**	**44958**	**11625**	**33333**
40	2274	524	1750	4930	1282	3648	8352	2184	6168
41	2591	709	1882	5158	1378	3780	9986	2581	7405
42	2553	676	1877	4933	1280	3653	8630	2238	6392
43	2911	788	2123	4682	1274	3408	8307	2114	6193
44	3296	862	2434	6090	1713	4377	9683	2508	7175
45-49岁	**21260**	**5512**	**15748**	**37104**	**10699**	**26405**	**58593**	**16590**	**42003**
45	3278	818	2460	6141	1675	4466	10776	2936	7840
46	3901	983	2918	7289	2082	5207	11855	3293	8562
47	3773	1008	2765	7387	2139	5248	12284	3405	8879
48	5048	1357	3691	7198	2086	5112	12015	3442	8573
49	5260	1346	3914	9089	2717	6372	11663	3514	8149
50-54岁	**23134**	**6034**	**17100**	**42843**	**13049**	**29794**	**66966**	**22117**	**44849**
50	4655	1204	3451	9679	2919	6760	14845	4820	10025
51	4546	1226	3320	8640	2606	6034	14599	4983	9616
52	4953	1296	3657	8883	2699	6184	14307	4721	9586
53	4476	1107	3369	7281	2202	5079	11187	3603	7584
54	4504	1201	3303	8360	2623	5737	12028	3990	8038
55-59岁	**19498**	**4603**	**14895**	**33831**	**9499**	**24332**	**50962**	**16416**	**34546**
55	4263	1071	3192	7952	2442	5510	12436	4158	8278
56	4302	1046	3256	7139	1969	5170	11244	3627	7617
57	4343	1008	3335	8137	2375	5762	11669	3866	7803
58	4387	1006	3381	6485	1714	4771	10388	3255	7133
59	2203	472	1731	4118	999	3119	5225	1510	3715
60-64岁	**8881**	**1639**	**7242**	**16826**	**4029**	**12797**	**27393**	**7701**	**19692**
60	1557	286	1271	3278	742	2536	5853	1617	4236
61	1607	333	1274	3402	837	2565	6001	1802	4199
62	1760	307	1453	3378	805	2573	5821	1636	4185
63	2187	379	1808	3394	855	2539	5246	1431	3815
64	1770	334	1436	3374	790	2584	4472	1215	3257
65岁及以上	**40237**	**6530**	**33707**	**63090**	**13760**	**49330**	**77101**	**20099**	**57002**

5–5 续表 3

单位：人

年 龄	初婚年龄								
	21岁			22岁			23岁		
	小计	男	女	小计	男	女	小计	男	女
总 计	**589317**	**210601**	**378716**	**752315**	**340456**	**411859**	**768777**	**363505**	**405272**
20岁以下									
20–24岁	**19277**	**5446**	**13831**	**20777**	**8841**	**11936**	**12071**	**4944**	**7127**
20									
21	1280	291	989						
22	4480	1296	3184	2790	1309	1481			
23	6341	1798	4543	7646	3308	4338	3155	1278	1877
24	7176	2061	5115	10341	4224	6117	8916	3666	5250
25–29岁	**50054**	**15551**	**34503**	**68681**	**29770**	**38911**	**72112**	**30753**	**41359**
25	7830	2340	5490	11304	4735	6569	12256	5067	7189
26	8924	2764	6160	11378	4886	6492	12138	5015	7123
27	10299	3125	7174	14220	6102	8118	13887	5872	8015
28	10835	3427	7408	15446	6829	8617	16329	7050	9279
29	12166	3895	8271	16333	7218	9115	17502	7749	9753
30–34岁	**72270**	**24216**	**48054**	**103107**	**46442**	**56665**	**108108**	**50215**	**57893**
30	13738	4434	9304	20696	9235	11461	20442	9293	11149
31	14997	5106	9891	19272	8636	10636	21725	9990	11735
32	14561	4957	9604	20114	9272	10842	19716	9062	10654
33	15719	5359	10360	22342	10064	12278	24157	11520	12637
34	13255	4360	8895	20683	9235	11448	22068	10350	11718
35–39岁	**57855**	**19256**	**38599**	**84144**	**37276**	**46868**	**96829**	**45193**	**51636**
35	11706	3813	7893	17369	7765	9604	20754	9701	11053
36	12263	4115	8148	17435	7685	9750	19756	9234	10522
37	11405	3820	7585	16811	7507	9304	18461	8471	9990
38	11721	3921	7800	16974	7591	9383	19850	9490	10360
39	10760	3587	7173	15555	6728	8827	18008	8297	9711
40–44岁	**55737**	**19822**	**35915**	**73221**	**33514**	**39707**	**77800**	**37256**	**40544**
40	8786	2951	5835	13344	5826	7518	15889	7417	8472
41	12286	4491	7795	13464	6086	7378	16312	7720	8592
42	11714	4153	7561	15194	7050	8144	13075	6224	6851
43	10738	3815	6923	14982	7071	7911	15178	7437	7741
44	12213	4412	7801	16237	7481	8756	17346	8458	8888
45–49岁	**75340**	**28914**	**46426**	**96757**	**46298**	**50459**	**98257**	**48597**	**49660**
45	12867	4670	8197	17025	7959	9066	17621	8566	9055
46	16001	6053	9948	19446	9156	10290	19805	9606	10199
47	15533	5938	9595	21378	10171	11207	20183	9853	10330
48	15136	5946	9190	19410	9409	10001	20880	10619	10261
49	15803	6307	9496	19498	9603	9895	19768	9953	9815
50–54岁	**79816**	**33582**	**46234**	**95593**	**48371**	**47222**	**91643**	**47600**	**44043**
50	14570	5799	8771	20117	9933	10184	19801	9930	9871
51	17268	7312	9956	16874	8476	8398	18348	9580	8768
52	19175	8192	10983	22101	11392	10709	17548	9036	8512
53	14229	6059	8170	18284	9315	8969	17269	9024	8245
54	14574	6220	8354	18217	9255	8962	18677	10030	8647
55–59岁	**63330**	**25577**	**37753**	**76292**	**36888**	**39404**	**74537**	**37965**	**36572**
55	14520	6067	8453	17545	8654	8891	17615	9143	8472
56	14498	5898	8600	16012	7836	8176	15493	7959	7534
57	15315	6263	9052	19341	9555	9786	17071	8785	8286
58	12081	4842	7239	15521	7366	8155	15878	7983	7895
59	6916	2507	4409	7873	3477	4396	8480	4095	4385
60–64岁	**37833**	**12672**	**25161**	**49681**	**19971**	**29710**	**53719**	**24130**	**29589**
60	6479	2160	4319	8289	3438	4851	8330	3903	4427
61	8484	2976	5508	8642	3611	5031	9646	4611	5035
62	9048	3035	6013	12185	4858	7327	10760	4786	5974
63	8027	2670	5357	11765	4821	6944	14032	6259	7773
64	5795	1831	3964	8800	3243	5557	10951	4571	6380
65岁及以上	**77805**	**25565**	**52240**	**84062**	**33085**	**50977**	**83701**	**36852**	**46849**

5−5 续表 4

单位：人

年龄	初婚年龄								
	24岁			25岁			26岁		
	小计	男	女	小计	男	女	小计	男	女
总　计	**761672**	**390797**	**370875**	**697188**	**387293**	**309895**	**579021**	**339932**	**239089**
20岁以下									
20−24岁	**3815**	**1644**	**2171**						
20									
21									
22									
23									
24	3815	1644	2171						
25−29岁	**74799**	**34112**	**40687**	**64849**	**31282**	**33567**	**47993**	**24519**	**23474**
25	10903	4810	6093	4590	2024	2566			
26	13787	6120	7667	11537	5419	6118	4482	2207	2275
27	15314	6861	8453	15657	7341	8316	12272	6136	6136
28	15958	7412	8546	16116	7899	8217	15373	7776	7597
29	18837	8909	9928	16949	8599	8350	15866	8400	7466
30−34岁	**113017**	**55568**	**57449**	**111474**	**58346**	**53128**	**99740**	**54843**	**44897**
30	22347	10747	11600	23193	11872	11321	18626	9934	8692
31	21916	10526	11390	22232	11520	10712	20597	11134	9463
32	22305	10884	11421	20716	10813	9903	19443	10704	8739
33	23124	11465	11659	23982	12852	11130	20901	11630	9271
34	23325	11946	11379	21351	11289	10062	20173	11441	8732
35−39岁	**105133**	**53639**	**51494**	**106590**	**58550**	**48040**	**95978**	**55156**	**40822**
35	21305	10888	10417	21256	11712	9544	18103	10247	7856
36	22794	11580	11214	22182	12114	10068	19440	11130	8310
37	19919	10208	9711	21726	12021	9705	19199	10945	8254
38	21375	10810	10565	21272	11668	9604	21393	12426	8967
39	19740	10153	9587	20154	11035	9119	17843	10408	7435
40−44岁	**78787**	**41055**	**37732**	**75716**	**42899**	**32817**	**69555**	**41516**	**28039**
40	17337	8859	8478	17460	9819	7641	16344	9537	6807
41	18304	9408	8896	17932	9956	7976	16252	9663	6589
42	14763	7758	7005	15390	8641	6749	13643	8201	5442
43	11890	6247	5643	12704	7370	5334	11956	7142	4814
44	16493	8783	7710	12230	7113	5117	11360	6973	4387
45−49岁	**94553**	**50680**	**43873**	**83544**	**48610**	**34934**	**64269**	**39223**	**25046**
45	17485	9396	8089	15412	9027	6385	10270	6334	3936
46	19432	10418	9014	17453	10096	7357	13830	8507	5323
47	19287	10161	9126	17454	10107	7347	13804	8405	5399
48	18298	9856	8442	16712	9721	6991	13271	8070	5201
49	20051	10849	9202	16513	9659	6854	13094	7907	5187
50−54岁	**84164**	**46767**	**37397**	**70851**	**41852**	**28999**	**55952**	**34867**	**21085**
50	19137	10369	8768	18123	10577	7546	12946	8024	4922
51	17045	9348	7697	14629	8594	6035	12187	7492	4695
52	18137	10191	7946	14828	8789	6039	11759	7303	4456
53	12869	7200	5669	11871	7114	4757	9429	5949	3480
54	16976	9659	7317	11400	6778	4622	9631	6099	3532
55−59岁	**68702**	**37919**	**30783**	**58083**	**34799**	**23284**	**43580**	**27483**	**16097**
55	16835	9505	7330	13930	8474	5456	9059	5723	3336
56	14925	8175	6750	13027	7809	5218	9877	6186	3691
57	15650	8628	7022	13628	8286	5342	10815	6837	3978
58	13290	7343	5947	11308	6666	4642	8862	5629	3233
59	8002	4268	3734	6190	3564	2626	4967	3108	1859
60−64岁	**51904**	**26403**	**25501**	**43933**	**25025**	**18908**	**34266**	**21128**	**13138**
60	8474	4409	4065	7482	4286	3196	5212	3192	2020
61	8740	4594	4146	7953	4586	3367	6434	4026	2408
62	10990	5662	5328	9185	5233	3952	7625	4772	2853
63	11431	5785	5646	10432	5974	4458	7892	4816	3076
64	12269	5953	6316	8881	4946	3935	7103	4322	2781
65岁及以上	**86798**	**43010**	**43788**	**82148**	**45930**	**36218**	**67688**	**41197**	**26491**

5-5 续表 5

单位：人

年 龄	初婚年龄								
	27岁			28岁			29岁		
	小计	男	女	小计	男	女	小计	男	女
总 计	**461482**	**287370**	**174112**	**346536**	**226732**	**119804**	**254389**	**172134**	**82255**
20岁以下									
20-24岁									
20									
21									
22									
23									
24									
25-29岁	**30610**	**16530**	**14080**	**14162**	**8146**	**6016**	**3294**	**2000**	**1294**
25									
26									
27	4780	2468	2312						
28	11554	6276	5278	4237	2380	1857			
29	14276	7786	6490	9925	5766	4159	3294	2000	1294
30-34岁	**83046**	**48083**	**34963**	**66065**	**40316**	**25749**	**48956**	**30818**	**18138**
30	16540	9328	7212	13872	8117	5755	9139	5490	3649
31	15734	9024	6710	12729	7654	5075	10623	6534	4089
32	16640	9687	6953	11932	7264	4668	9510	6057	3453
33	17875	10357	7518	14233	8905	5328	9758	6308	3450
34	16257	9687	6570	13299	8376	4923	9926	6429	3497
35-39岁	**82391**	**50467**	**31924**	**62788**	**40513**	**22275**	**46618**	**31030**	**15588**
35	16199	9737	6462	11835	7451	4384	9053	5894	3159
36	16140	9747	6393	13000	8399	4601	9174	6104	3070
37	15994	9766	6228	11872	7656	4216	9357	6246	3111
38	17495	10884	6611	13565	8864	4701	9644	6482	3162
39	16563	10333	6230	12516	8143	4373	9390	6304	3086
40-44岁	**59647**	**37896**	**21751**	**48904**	**32677**	**16227**	**38312**	**26307**	**12005**
40	13531	8507	5024	11679	7681	3998	8630	5779	2851
41	14361	8972	5389	11206	7508	3698	9452	6489	2963
42	11733	7457	4276	9743	6383	3360	7293	5064	2229
43	9861	6373	3488	8071	5509	2562	6567	4498	2069
44	10161	6587	3574	8205	5596	2609	6370	4477	1893
45-49岁	**49143**	**31846**	**17297**	**37759**	**25624**	**12135**	**28621**	**19924**	**8697**
45	9195	6038	3157	8122	5513	2609	6285	4405	1880
46	8777	5693	3084	7565	5208	2357	6463	4518	1945
47	10541	6850	3691	6641	4531	2110	5647	3907	1740
48	10401	6725	3676	7549	5101	2448	4661	3244	1417
49	10229	6540	3689	7882	5271	2611	5565	3850	1715
50-54岁	**42908**	**27758**	**15150**	**32155**	**21348**	**10807**	**24239**	**16465**	**7774**
50	10142	6471	3671	7730	5040	2690	5784	3907	1877
51	8731	5637	3094	6587	4342	2245	5117	3380	1737
52	9626	6243	3383	6825	4526	2299	5073	3506	1567
53	7183	4731	2452	5597	3725	1872	3886	2679	1207
54	7226	4676	2550	5416	3715	1701	4379	2993	1386
55-59岁	**32524**	**21473**	**11051**	**23252**	**16018**	**7234**	**17042**	**12083**	**4959**
55	7468	4899	2569	5451	3750	1701	4105	2901	1204
56	6028	3985	2043	4949	3406	1543	3597	2580	1017
57	8203	5436	2767	4936	3434	1502	3970	2795	1175
58	6988	4660	2328	5035	3484	1551	3155	2209	946
59	3837	2493	1344	2881	1944	937	2215	1598	617
60-64岁	**26182**	**17212**	**8970**	**18839**	**12947**	**5892**	**13747**	**9811**	**3936**
60	4110	2677	1433	2958	2035	923	2300	1629	671
61	4588	3022	1566	3233	2251	982	2467	1765	702
62	5892	3911	1981	3908	2728	1180	2876	2097	779
63	6228	4114	2114	4722	3208	1514	3060	2209	851
64	5364	3488	1876	4018	2725	1293	3044	2111	933
65岁及以上	**55031**	**36105**	**18926**	**42612**	**29143**	**13469**	**33560**	**23696**	**9864**

5-5 续表 6

单位：人

年龄	初婚年龄								
	30岁			31岁			32岁		
	小计	男	女	小计	男	女	小计	男	女
总 计	**185907**	**127565**	**58342**	**135586**	**92885**	**42701**	**101386**	**69706**	**31680**
20岁以下									
20-24岁									
20									
21									
22									
23									
24									
25-29岁									
25									
26									
27									
28									
29									
30-34岁	**32269**	**20587**	**11682**	**19337**	**12247**	**7090**	**10572**	**6783**	**3789**
30	3139	1921	1218						
31	6720	4286	2434	2408	1522	886			
32	7598	4789	2809	5042	3112	1930	1661	1072	589
33	7819	5079	2740	6387	4108	2279	4197	2669	1528
34	6993	4512	2481	5500	3505	1995	4714	3042	1672
35-39岁	**35332**	**23789**	**11543**	**27018**	**17927**	**9091**	**20999**	**13685**	**7314**
35	7137	4727	2410	5079	3303	1776	4096	2699	1397
36	7076	4702	2374	5622	3701	1921	3928	2514	1414
37	6859	4644	2215	5255	3490	1765	4190	2716	1474
38	7689	5197	2492	5676	3805	1871	4552	2937	1615
39	6571	4519	2052	5386	3628	1758	4233	2819	1414
40-44岁	**29739**	**20588**	**9151**	**22670**	**15509**	**7161**	**17859**	**12235**	**5624**
40	6480	4408	2072	4474	3016	1458	3751	2525	1226
41	6787	4648	2139	5272	3579	1693	3753	2563	1190
42	6289	4341	1948	4644	3183	1461	3646	2466	1180
43	4842	3367	1475	4167	2875	1292	3326	2332	994
44	5341	3824	1517	4113	2856	1257	3383	2349	1034
45-49岁	**21942**	**15465**	**6477**	**18084**	**12808**	**5276**	**14484**	**10246**	**4238**
45	4877	3409	1468	3939	2787	1152	3099	2147	952
46	4984	3553	1431	4187	2917	1270	3305	2381	924
47	4733	3340	1393	3810	2734	1076	2985	2098	887
48	3975	2803	1172	3322	2364	958	2630	1872	758
49	3373	2360	1013	2826	2006	820	2465	1748	717
50-54岁	**18054**	**12389**	**5665**	**12737**	**8742**	**3995**	**9416**	**6600**	**2816**
50	4051	2830	1221	2360	1659	701	2134	1509	625
51	3755	2606	1149	2590	1777	813	1512	1090	422
52	4156	2756	1400	2965	2055	910	2030	1431	599
53	3081	2109	972	2520	1668	852	1744	1210	534
54	3011	2088	923	2302	1583	719	1996	1360	636
55-59岁	**12883**	**9249**	**3634**	**9787**	**6894**	**2893**	**7747**	**5472**	**2275**
55	3213	2238	975	2248	1553	695	1801	1233	568
56	2757	1999	758	2262	1571	691	1670	1207	463
57	2985	2127	858	2258	1612	646	1965	1404	561
58	2576	1882	694	1896	1344	552	1443	1024	419
59	1352	1003	349	1123	814	309	868	604	264
60-64岁	**10256**	**7410**	**2846**	**7432**	**5602**	**1830**	**5860**	**4370**	**1490**
60	1817	1301	516	1097	823	274	954	717	237
61	1801	1358	443	1408	1068	340	880	667	213
62	2256	1645	611	1669	1276	393	1341	1000	341
63	2285	1628	657	1815	1373	442	1480	1104	376
64	2097	1478	619	1443	1062	381	1205	882	323
65岁及以上	**25432**	**18088**	**7344**	**18521**	**13156**	**5365**	**14449**	**10315**	**4134**

5-5　续表 7　　单位：人

年　龄	初婚年龄								
	33岁			34岁			35岁		
	小计	男	女	小计	男	女	小计	男	女
总　计	**76600**	**52345**	**24255**	**58741**	**39891**	**18850**	**45777**	**31074**	**14703**
20岁以下									
20-24岁									
20									
21									
22									
23									
24									
25-29岁									
25									
26									
27									
28									
29									
30-34岁	**4639**	**2990**	**1649**	**1118**	**685**	**433**			
30									
31									
32									
33	1505	968	537						
34	3134	2022	1112	1118	685	433			
35-39岁	**16652**	**10626**	**6026**	**13028**	**8197**	**4831**	**9235**	**5744**	**3491**
35	3318	2110	1208	2347	1447	900	875	541	334
36	3248	2085	1163	2813	1784	1029	1864	1164	700
37	3006	1896	1110	2472	1546	926	2144	1325	819
38	3781	2429	1352	2682	1699	983	2301	1432	869
39	3299	2106	1193	2714	1721	993	2051	1282	769
40-44岁	**13924**	**9348**	**4576**	**11247**	**7338**	**3909**	**9170**	**5972**	**3198**
40	2954	1945	1009	2405	1502	903	2136	1377	759
41	3061	2041	1020	2546	1685	861	2091	1333	758
42	2602	1775	827	2190	1428	762	1764	1118	646
43	2575	1724	851	1850	1216	634	1632	1116	516
44	2732	1863	869	2256	1507	749	1547	1028	519
45-49岁	**12146**	**8524**	**3622**	**10368**	**7121**	**3247**	**8813**	**5946**	**2867**
45	2714	1851	863	2222	1492	730	1987	1295	692
46	2622	1824	798	2376	1637	739	1894	1270	624
47	2524	1789	735	2114	1461	653	1939	1299	640
48	2271	1597	674	1909	1325	584	1580	1106	474
49	2015	1463	552	1747	1206	541	1413	976	437
50-54岁	**7102**	**4995**	**2107**	**5547**	**3960**	**1587**	**4531**	**3184**	**1347**
50	1974	1390	584	1542	1058	484	1316	904	412
51	1362	942	420	1241	887	354	1008	719	289
52	1147	794	353	1059	778	281	1014	707	307
53	1124	816	308	717	523	194	638	459	179
54	1495	1053	442	988	714	274	555	395	160
55-59岁	**6393**	**4470**	**1923**	**5026**	**3504**	**1522**	**3930**	**2824**	**1106**
55	1633	1123	510	1041	716	325	758	561	197
56	1364	964	400	1258	862	396	819	599	220
57	1362	946	416	1196	872	324	1109	771	338
58	1358	950	408	929	632	297	813	589	224
59	676	487	189	602	422	180	431	304	127
60-64岁	**4364**	**3263**	**1101**	**3328**	**2527**	**801**	**2732**	**2090**	**642**
60	756	550	206	525	383	142	500	363	137
61	741	554	187	656	502	154	489	380	109
62	830	634	196	721	556	165	634	499	135
63	1080	829	251	715	545	170	641	491	150
64	957	696	261	711	541	170	468	357	111
65岁及以上	**11380**	**8129**	**3251**	**9079**	**6559**	**2520**	**7366**	**5314**	**2052**

5-5 续表 8

单位：人

年龄	初婚年龄								
	36岁			37岁			38岁		
	小计	男	女	小计	男	女	小计	男	女
总　计	**34941**	**23789**	**11152**	**27601**	**18900**	**8701**	**21654**	**14910**	**6744**
20岁以下									
20-24岁									
20									
21									
22									
23									
24									
25-29岁									
25									
26									
27									
28									
29									
30-34岁									
30									
31									
32									
33									
34									
35-39岁	**5721**	**3521**	**2200**	**3281**	**2015**	**1266**	**1565**	**958**	**607**
35									
36	671	402	269						
37	1480	921	559	541	334	207			
38	1876	1135	741	1301	782	519	525	329	196
39	1694	1063	631	1439	899	540	1040	629	411
40-44岁	**7484**	**4834**	**2650**	**6173**	**3924**	**2249**	**5018**	**3204**	**1814**
40	1491	958	533	1277	773	504	1059	651	408
41	1781	1135	646	1346	870	476	1086	677	409
42	1577	998	579	1298	820	478	982	637	345
43	1286	836	450	1088	718	370	888	568	320
44	1349	907	442	1164	743	421	1003	671	332
45-49岁	**7122**	**4829**	**2293**	**6075**	**4154**	**1921**	**4977**	**3393**	**1584**
45	1279	843	436	1109	753	356	983	639	344
46	1678	1106	572	1137	776	361	1030	698	332
47	1564	1071	493	1406	947	459	958	665	293
48	1399	956	443	1276	878	398	1039	731	308
49	1202	853	349	1147	800	347	967	660	307
50-54岁	**3904**	**2759**	**1145**	**3370**	**2380**	**990**	**3071**	**2187**	**884**
50	1156	812	344	949	647	302	964	663	301
51	893	637	256	755	523	232	623	452	171
52	754	534	220	700	498	202	632	461	171
53	595	416	179	483	333	150	459	327	132
54	506	360	146	483	379	104	393	284	109
55-59岁	**2781**	**2032**	**749**	**1992**	**1465**	**527**	**1519**	**1152**	**367**
55	439	326	113	396	285	111	378	294	84
56	535	398	137	322	245	77	277	199	78
57	681	502	179	485	352	133	309	246	63
58	720	514	206	441	329	112	330	250	80
59	406	292	114	348	254	94	225	163	62
60-64岁	**2115**	**1600**	**515**	**1809**	**1377**	**432**	**1520**	**1102**	**418**
60	370	269	101	286	197	89	279	203	76
61	395	308	87	313	229	84	278	203	75
62	479	346	133	439	335	104	335	240	95
63	469	360	109	418	326	92	344	249	95
64	402	317	85	353	290	63	284	207	77
65岁及以上	**5814**	**4214**	**1600**	**4901**	**3585**	**1316**	**3984**	**2914**	**1070**

5-5　续表 9　　　　单位：人

年　龄	初婚年龄					
	39岁			40岁及以上		
	小计	男	女	小计	男	女
总　计	**17461**	**11952**	**5509**	**86551**	**57284**	**29267**
20岁以下						
20－24岁						
20						
21						
22						
23						
24						
25－29岁						
25						
26						
27						
28						
29						
30－34岁						
30						
31						
32						
33						
34						
35－39岁	**429**	**257**	**172**			
35						
36						
37						
38						
39	429	257	172			
40－44岁	**4161**	**2570**	**1591**	**7506**	**4370**	**3136**
40	823	478	345	395	206	189
41	959	588	371	1120	652	468
42	823	507	316	1535	855	680
43	723	456	267	1975	1166	809
44	833	541	292	2481	1491	990
45－49岁	**4224**	**2850**	**1374**	**18302**	**11539**	**6763**
45	831	566	265	3004	1832	1172
46	873	567	306	3715	2285	1430
47	898	607	291	3825	2419	1406
48	794	540	254	3783	2413	1370
49	828	570	258	3975	2590	1385
50－54岁	**2860**	**2032**	**828**	**17203**	**11476**	**5727**
50	863	605	258	3995	2604	1391
51	643	434	209	3618	2391	1227
52	555	402	153	3671	2446	1225
53	391	298	93	2969	2008	961
54	408	293	115	2950	2027	923
55－59岁	**1225**	**923**	**302**	**11422**	**8065**	**3357**
55	303	214	89	2826	1989	837
56	318	237	81	2570	1830	740
57	258	200	58	2773	1949	824
58	196	151	45	2147	1508	639
59	150	121	29	1106	789	317
60－64岁	**1248**	**884**	**364**	**7153**	**5036**	**2117**
60	162	126	36	1148	819	329
61	223	164	59	1216	885	331
62	316	202	114	1487	1064	423
63	273	191	82	1751	1220	531
64	274	201	73	1551	1048	503
65岁及以上	**3314**	**2436**	**878**	**24965**	**16798**	**8167**

5-5a 全省分年龄、性别、初婚年龄的人口(城市)

单位：人

年　龄	初婚年龄					
	合　计			15岁以下		
	合计	男	女	小计	男	女
总　计	**4471205**	**2240693**	**2230512**	**3682**	**893**	**2789**
20岁以下	**2325**	**563**	**1762**	**73**	**11**	**62**
20-24岁	**64027**	**20018**	**44009**	**170**	**47**	**123**
20	2926	675	2251	28	6	22
21	5510	1319	4191	25	6	19
22	10749	3076	7673	36	11	25
23	17573	5609	11964	29	6	23
24	27269	9339	17930	52	18	34
25-29岁	**345842**	**146558**	**199284**	**277**	**83**	**194**
25	40166	14842	25324	58	15	43
26	51258	20179	31079	44	12	32
27	69748	28703	41045	51	16	35
28	84465	37044	47421	51	12	39
29	100205	45790	54415	73	28	45
30-34岁	**703855**	**347571**	**356284**	**553**	**189**	**364**
30	130678	61542	69136	103	26	77
31	137750	66706	71044	113	37	76
32	137092	67765	69327	97	37	60
33	153927	77805	76122	132	46	86
34	144408	73753	70655	108	43	65
35-39岁	**676880**	**354922**	**321958**	**338**	**91**	**247**
35	134022	69243	64779	90	24	66
36	137723	71734	65989	64	21	43
37	132111	69190	62921	63	16	47
38	143096	75961	67135	67	16	51
39	129928	68794	61134	54	14	40
40-44岁	**564561**	**300143**	**264418**	**400**	**99**	**301**
40	117119	62275	54844	62	12	50
41	125672	67016	58656	94	25	69
42	110794	58900	51894	85	25	60
43	101047	53681	47366	73	13	60
44	109929	58271	51658	86	24	62
45-49岁	**590117**	**311636**	**278481**	**363**	**94**	**269**
45	112263	59270	52993	105	28	77
46	123973	65449	58524	68	21	47
47	122629	64575	58054	76	21	55
48	116793	61927	54866	54	11	43
49	114459	60415	54044	60	13	47
50-54岁	**490406**	**258603**	**231803**	**423**	**100**	**323**
50	114398	60349	54049	72	15	57
51	102803	54049	48754	95	27	68
52	106276	56202	50074	102	27	75
53	81495	42752	38743	73	13	60
54	85434	45251	40183	81	18	63
55-59岁	**356272**	**182718**	**173554**	**241**	**53**	**188**
55	84532	44205	40327	86	27	59
56	78501	40515	37986	37	7	30
57	85924	44456	41468	58	11	47
58	69778	35088	34690	34	4	30
59	37537	18454	19083	26	4	22
60-64岁	**226865**	**110400**	**116465**	**202**	**35**	**167**
60	40453	19704	20749	28	5	23
61	41387	20353	21034	37	9	28
62	49025	23943	25082	43	7	36
63	51565	25188	26377	48	6	42
64	44435	21212	23223	46	8	38
65岁及以上	**450055**	**207561**	**242494**	**642**	**91**	**551**

5-5a　续表 1　　　　单位：人

年　龄	初婚年龄								
	15岁			16岁			17岁		
	小计	男	女	小计	男	女	小计	男	女
总　计	**17202**	**5132**	**12070**	**27845**	**7149**	**20696**	**48214**	**11594**	**36620**
20岁以下	**271**	**71**	**200**	**473**	**108**	**365**	**638**	**164**	**474**
20-24岁	**796**	**240**	**556**	**1305**	**329**	**976**	**2246**	**588**	**1658**
20	123	32	91	178	47	131	328	93	235
21	136	47	89	238	65	173	359	95	264
22	153	49	104	277	70	207	505	148	357
23	182	52	130	260	54	206	518	111	407
24	202	60	142	352	93	259	536	141	395
25-29岁	**1260**	**375**	**885**	**2150**	**563**	**1587**	**3740**	**994**	**2746**
25	270	70	200	349	90	259	690	168	522
26	235	62	173	471	121	350	650	171	479
27	244	79	165	437	122	315	785	218	567
28	237	75	162	469	122	347	833	237	596
29	274	89	185	424	108	316	782	200	582
30-34岁	**2423**	**985**	**1438**	**3177**	**1169**	**2008**	**4708**	**1480**	**3228**
30	448	173	275	513	155	358	810	242	568
31	466	177	289	773	292	481	883	283	600
32	486	208	278	606	232	374	1031	319	712
33	526	218	308	639	242	397	1067	359	708
34	497	209	288	646	248	398	917	277	640
35-39岁	**1956**	**721**	**1235**	**2895**	**944**	**1951**	**4735**	**1386**	**3349**
35	551	218	333	536	189	347	889	292	597
36	486	202	284	768	287	481	799	260	539
37	285	100	185	636	192	444	1113	334	779
38	316	104	212	516	157	359	1139	297	842
39	318	97	221	439	119	320	795	203	592
40-44岁	**1742**	**612**	**1130**	**2846**	**833**	**2013**	**4535**	**1278**	**3257**
40	297	98	199	426	128	298	714	203	511
41	399	158	241	690	225	465	907	264	643
42	326	107	219	544	164	380	1014	286	728
43	359	121	238	499	144	355	897	259	638
44	361	128	233	687	172	515	1003	266	737
45-49岁	**2097**	**653**	**1444**	**3523**	**955**	**2568**	**6391**	**1704**	**4687**
45	565	203	362	561	146	415	1115	255	860
46	539	171	368	903	262	641	1015	283	732
47	389	109	280	870	248	622	1582	488	1094
48	319	86	233	651	162	489	1489	398	1091
49	285	84	201	538	137	401	1190	280	910
50-54岁	**1979**	**647**	**1332**	**3308**	**942**	**2366**	**6037**	**1657**	**4380**
50	456	156	300	559	147	412	1113	266	847
51	435	142	293	883	275	608	1270	360	910
52	410	138	272	809	239	570	1535	444	1091
53	333	104	229	473	147	326	1056	295	761
54	345	107	238	584	134	450	1063	292	771
55-59岁	**1234**	**360**	**874**	**2277**	**537**	**1740**	**4379**	**977**	**3402**
55	459	156	303	528	128	400	1071	288	783
56	323	100	223	690	185	505	879	187	692
57	230	56	174	605	146	459	1242	287	955
58	144	26	118	313	53	260	863	164	699
59	78	22	56	141	25	116	324	51	273
60-64岁	**762**	**142**	**620**	**1052**	**203**	**849**	**1819**	**333**	**1486**
60	130	27	103	160	26	134	251	41	210
61	142	33	109	215	46	169	291	51	240
62	161	28	133	193	40	153	457	97	360
63	180	32	148	227	51	176	435	87	348
64	149	22	127	257	40	217	385	57	328
65岁及以上	**2682**	**326**	**2356**	**4839**	**566**	**4273**	**8986**	**1033**	**7953**

5-5a 续表 2

单位：人

年 龄	初婚年龄								
	18岁			19岁			20岁		
	小计	男	女	小计	男	女	小计	男	女
总 计	**81587**	**20547**	**61040**	**156045**	**41105**	**114940**	**267224**	**68175**	**199049**
20岁以下	**596**	**145**	**451**	**274**	**64**	**210**			
20-24岁	**3590**	**933**	**2657**	**6931**	**1571**	**5360**	**11930**	**2073**	**9857**
20	589	162	427	940	221	719	740	114	626
21	558	159	399	1278	325	953	2028	403	1625
22	661	175	486	1390	294	1096	2818	522	2296
23	826	204	622	1482	334	1148	2939	476	2463
24	956	233	723	1841	397	1444	3405	558	2847
25-29岁	**6443**	**1799**	**4644**	**12742**	**3262**	**9480**	**24459**	**5013**	**19446**
25	1030	256	774	2187	484	1703	4149	736	3413
26	1122	302	820	2203	532	1671	4449	916	3533
27	1185	324	861	2677	669	2008	4959	1001	3958
28	1537	472	1065	2589	691	1898	5345	1136	4209
29	1569	445	1124	3086	886	2200	5557	1224	4333
30-34岁	**8098**	**2557**	**5541**	**16914**	**4694**	**12220**	**34527**	**8062**	**26465**
30	1723	498	1225	3629	971	2658	7357	1697	5660
31	1667	513	1154	3653	1057	2596	7361	1759	5602
32	1447	480	967	3167	862	2305	6945	1653	5292
33	1759	568	1191	3193	873	2320	6867	1625	5242
34	1502	498	1004	3272	931	2341	5997	1328	4669
35-39岁	**7282**	**2185**	**5097**	**13540**	**3670**	**9870**	**25688**	**6004**	**19684**
35	1248	395	853	2643	730	1913	5535	1307	4228
36	1351	410	941	2717	746	1971	5301	1172	4129
37	1180	340	840	2476	653	1823	4900	1146	3754
38	1888	576	1312	2490	648	1842	5309	1317	3992
39	1615	464	1151	3214	893	2321	4643	1062	3581
40-44岁	**7650**	**2113**	**5537**	**15665**	**4213**	**11452**	**29028**	**7286**	**21742**
40	1263	301	962	3022	773	2249	5383	1350	4033
41	1490	439	1051	3146	857	2289	6449	1619	4830
42	1437	416	1021	2989	779	2210	5587	1414	4173
43	1649	470	1179	2863	785	2078	5363	1329	4034
44	1811	487	1324	3645	1019	2626	6246	1574	4672
45-49岁	**11142**	**3148**	**7994**	**21347**	**6217**	**15130**	**35964**	**9855**	**26109**
45	1772	502	1270	3639	1001	2638	6827	1803	5024
46	2122	585	1537	4278	1237	3041	7493	2013	5480
47	1922	546	1376	4220	1252	2968	7508	1997	5511
48	2644	772	1872	4114	1199	2915	7279	2041	5238
49	2682	743	1939	5096	1528	3568	6857	2001	4856
50-54岁	**11329**	**3161**	**8168**	**23072**	**7124**	**15948**	**38017**	**12380**	**25637**
50	2307	631	1676	5338	1665	3673	8575	2775	5800
51	2290	686	1604	4740	1444	3296	8575	2850	5725
52	2449	670	1779	4845	1487	3358	8154	2626	5528
53	2168	564	1604	3824	1152	2672	6166	1975	4191
54	2115	610	1505	4325	1376	2949	6547	2154	4393
55-59岁	**8154**	**1947**	**6207**	**15798**	**4355**	**11443**	**25831**	**7836**	**17995**
55	1855	472	1383	3918	1190	2728	6682	2159	4523
56	1858	481	1377	3435	936	2499	5838	1790	4048
57	1876	418	1458	3867	1128	2739	5910	1856	4054
58	1749	402	1347	2908	707	2201	5035	1422	3613
59	816	174	642	1670	394	1276	2366	609	1757
60-64岁	**3240**	**594**	**2646**	**6485**	**1533**	**4952**	**11145**	**2894**	**8251**
60	558	103	455	1327	261	1066	2687	653	2034
61	575	112	463	1297	335	962	2395	663	1732
62	632	117	515	1243	298	945	2275	626	1649
63	794	139	655	1285	330	955	2028	516	1512
64	681	123	558	1333	309	1024	1760	436	1324
65岁及以上	**14063**	**1965**	**12098**	**23277**	**4402**	**18875**	**30635**	**6772**	**23863**

5-5a 续表 3

单位：人

年龄	初婚年龄								
	21岁			22岁			23岁		
	小计	男	女	小计	男	女	小计	男	女
总计	**339432**	**117486**	**221946**	**454225**	**203237**	**250988**	**477783**	**219894**	**257889**
20岁以下									
20-24岁	**12399**	**3601**	**8798**	**13662**	**5957**	**7705**	**8250**	**3464**	**4786**
20									
21	888	219	669						
22	2983	885	2098	1926	922	1004			
23	4015	1181	2834	5087	2263	2824	2235	928	1307
24	4513	1316	3197	6649	2772	3877	6015	2536	3479
25-29岁	**31145**	**9456**	**21689**	**44810**	**19753**	**25057**	**48528**	**20937**	**27591**
25	4775	1389	3386	7418	3210	4208	8217	3522	4695
26	5487	1650	3837	7344	3211	4133	8105	3387	4718
27	6372	1917	4455	9298	4017	5281	9230	3954	5276
28	6783	2084	4699	10027	4491	5536	10924	4759	6165
29	7728	2416	5312	10723	4824	5899	12052	5315	6737
30-34岁	**47417**	**15679**	**31738**	**69812**	**31588**	**38224**	**74836**	**34638**	**40198**
30	8843	2812	6031	13954	6247	7707	14002	6283	7719
31	9918	3324	6594	13089	5878	7211	15151	6968	8183
32	9670	3283	6387	13628	6318	7310	13652	6248	7404
33	10372	3492	6880	15250	6913	8337	16766	8000	8766
34	8614	2768	5846	13891	6232	7659	15265	7139	8126
35-39岁	**36549**	**11864**	**24685**	**54959**	**24138**	**30821**	**64450**	**29703**	**34747**
35	7404	2373	5031	11483	5083	6400	14068	6591	7477
36	7628	2486	5142	11290	4921	6369	13133	6066	7067
37	7179	2354	4825	10941	4833	6108	12294	5533	6761
38	7544	2470	5074	11170	4961	6209	13094	6184	6910
39	6794	2181	4613	10075	4340	5735	11861	5329	6532
40-44岁	**36505**	**12667**	**23838**	**48708**	**22090**	**26618**	**52751**	**24742**	**28009**
40	5514	1785	3729	8602	3717	4885	10572	4832	5740
41	8086	2889	5197	8938	3993	4945	10966	5106	5860
42	7779	2695	5084	10119	4683	5436	8878	4122	4756
43	7183	2517	4666	10129	4676	5453	10519	5054	5465
44	7943	2781	5162	10920	5021	5899	11816	5628	6188
45-49岁	**47042**	**17659**	**29383**	**62761**	**29998**	**32763**	**64588**	**31355**	**33233**
45	8305	2965	5340	11416	5278	6138	11982	5695	6287
46	10207	3776	6431	12867	6033	6834	13314	6390	6924
47	9632	3591	6041	13798	6584	7214	13257	6348	6909
48	9338	3580	5758	12475	6109	6366	13588	6794	6794
49	9560	3747	5813	12205	5994	6211	12447	6128	6319
50-54岁	**46392**	**19436**	**26956**	**56541**	**28567**	**27974**	**54569**	**27739**	**26830**
50	8734	3460	5274	12457	6150	6307	12189	5994	6195
51	10278	4341	5937	10214	5105	5109	11196	5680	5516
52	11240	4830	6410	12952	6690	6262	10550	5332	5218
53	8052	3381	4671	10438	5330	5108	9841	5050	4791
54	8088	3424	4664	10480	5292	5188	10793	5683	5110
55-59岁	**33383**	**12913**	**20470**	**42036**	**19659**	**22377**	**42432**	**20745**	**21687**
55	7960	3221	4739	9811	4721	5090	10159	5138	5021
56	7851	3114	4737	9093	4359	4734	9014	4482	4532
57	8200	3239	4961	10860	5222	5638	9968	4953	5015
58	6014	2260	3754	8277	3707	4570	8861	4191	4670
59	3358	1079	2279	3995	1650	2345	4430	1981	2449
60-64岁	**16636**	**5069**	**11567**	**23989**	**8620**	**15369**	**28281**	**11369**	**16912**
60	3278	973	2305	4427	1672	2755	4752	2044	2708
61	3830	1208	2622	4394	1648	2746	5135	2215	2920
62	3807	1155	2652	5955	2100	3855	5829	2308	3521
63	3298	1006	2292	5338	1947	3391	7207	2862	4345
64	2423	727	1696	3875	1253	2622	5358	1940	3418
65岁及以上	**31964**	**9142**	**22822**	**36947**	**12867**	**24080**	**39098**	**15202**	**23896**

5-5a 续表 4 单位：人

年龄	初婚年龄								
	24岁			25岁			26岁		
	小计	男	女	小计	男	女	小计	男	女
总计	**485941**	**243271**	**242670**	**458827**	**249708**	**209119**	**390761**	**225074**	**165687**
20岁以下									
20-24岁	**2748**	**1215**	**1533**						
20									
21									
22									
23									
24	2748	1215	1533						
25-29岁	**52136**	**23881**	**28255**	**46414**	**22371**	**24043**	**35376**	**18034**	**17342**
25	7678	3430	4248	3345	1472	1873			
26	9524	4262	5262	8252	3919	4333	3372	1634	1738
27	10665	4810	5855	11121	5203	5918	9082	4540	4542
28	11029	5123	5906	11547	5641	5906	11183	5675	5508
29	13240	6256	6984	12149	6136	6013	11739	6185	5554
30-34岁	**80554**	**39296**	**41258**	**81970**	**42476**	**39494**	**75075**	**40764**	**34311**
30	15981	7634	8347	16945	8618	8327	13793	7288	6505
31	15667	7486	8181	16502	8485	8017	15559	8278	7281
32	16048	7745	8303	15306	7897	7409	14756	8030	6726
33	16482	8079	8403	17630	9342	8288	15795	8680	7115
34	16376	8352	8024	15587	8134	7453	15172	8488	6684
35-39岁	**72055**	**36368**	**35687**	**75990**	**41194**	**34796**	**70280**	**39751**	**30529**
35	14929	7556	7373	15289	8313	6976	13586	7520	6066
36	15684	7879	7805	15962	8656	7306	14175	8015	6160
37	13526	6849	6677	15456	8454	7002	14224	7955	6269
38	14705	7314	7391	15192	8191	7001	15625	8941	6684
39	13211	6770	6441	14091	7580	6511	12670	7320	5350
40-44岁	**53741**	**27482**	**26259**	**52460**	**29296**	**23164**	**49422**	**29058**	**20364**
40	11703	5919	5784	12038	6683	5355	11819	6773	5046
41	12342	6164	6178	12434	6777	5657	11382	6679	4703
42	10124	5239	4885	10712	5957	4755	9690	5693	3997
43	8176	4181	3995	8829	5036	3793	8539	5032	3507
44	11396	5979	5417	8447	4843	3604	7992	4881	3111
45-49岁	**62689**	**33175**	**29514**	**56424**	**32803**	**23621**	**43638**	**26490**	**17148**
45	12057	6385	5672	10648	6200	4448	7123	4304	2819
46	13122	6919	6203	12007	6928	5079	9558	5863	3695
47	12777	6614	6163	11859	6819	5040	9456	5742	3714
48	11958	6418	5540	11191	6543	4648	8914	5437	3477
49	12775	6839	5936	10719	6313	4406	8587	5144	3443
50-54岁	**50561**	**27758**	**22803**	**43296**	**25638**	**17658**	**34343**	**21516**	**12827**
50	12034	6419	5615	11626	6832	4794	8350	5196	3154
51	10549	5704	4845	9082	5354	3728	7707	4758	2949
52	10933	6076	4857	9049	5372	3677	7144	4439	2705
53	7404	4024	3380	6968	4150	2818	5529	3538	1991
54	9641	5535	4106	6571	3930	2641	5613	3585	2028
55-59岁	**39839**	**21303**	**18536**	**34033**	**20025**	**14008**	**25404**	**15853**	**9551**
55	9561	5350	4211	8042	4830	3212	5194	3289	1905
56	8674	4650	4024	7658	4530	3128	5843	3607	2236
57	9282	4921	4361	8073	4832	3241	6328	3948	2380
58	7688	4062	3626	6628	3775	2853	5168	3254	1914
59	4634	2320	2314	3632	2058	1574	2871	1755	1116
60-64岁	**28947**	**13707**	**15240**	**25501**	**13690**	**11811**	**20205**	**12004**	**8201**
60	4994	2490	2504	4487	2473	2014	3243	1909	1334
61	4731	2298	2433	4425	2404	2021	3688	2258	1430
62	6094	2902	3192	5337	2874	2463	4459	2683	1776
63	6502	3076	3426	5989	3182	2807	4553	2641	1912
64	6626	2941	3685	5263	2757	2506	4262	2513	1749
65岁及以上	**42671**	**19086**	**23585**	**42739**	**22215**	**20524**	**37018**	**21604**	**15414**

5–5a 续表 5

单位：人

年 龄	初婚年龄								
	27岁			28岁			29岁		
	小计	男	女	小计	男	女	小计	男	女
总 计	**316770**	**194483**	**122287**	**238777**	**154777**	**84000**	**175968**	**118429**	**57539**
20岁以下									
20–24岁									
20									
21									
22									
23									
24									
25–29岁	**23003**	**12339**	**10664**	**10810**	**6167**	**4643**	**2549**	**1531**	**1018**
25									
26									
27	3642	1833	1809						
28	8669	4709	3960	3242	1817	1425			
29	10692	5797	4895	7568	4350	3218	2549	1531	1018
30–34岁	**63321**	**36319**	**27002**	**50469**	**30664**	**19805**	**37523**	**23516**	**14007**
30	12594	7063	5531	10514	6133	4381	7016	4193	2823
31	11873	6776	5097	9712	5810	3902	8125	4955	3170
32	12745	7340	5405	9105	5492	3613	7325	4655	2670
33	13658	7837	5821	10982	6820	4162	7516	4841	2675
34	12451	7303	5148	10156	6409	3747	7541	4872	2669
35–39岁	**61927**	**37344**	**24583**	**47458**	**30339**	**17119**	**35391**	**23423**	**11968**
35	12343	7278	5065	9070	5670	3400	6947	4497	2450
36	12235	7274	4961	9876	6310	3566	7040	4664	2376
37	11978	7182	4796	9041	5753	3288	7120	4708	2412
38	13178	8047	5131	10123	6573	3550	7393	4955	2438
39	12193	7563	4630	9348	6033	3315	6891	4599	2292
40–44岁	**43353**	**27251**	**16102**	**35887**	**23836**	**12051**	**28346**	**19425**	**8921**
40	9848	6123	3725	8676	5683	2993	6545	4384	2161
41	10643	6575	4068	8254	5462	2792	7002	4799	2203
42	8396	5292	3104	7188	4666	2522	5377	3725	1652
43	7151	4545	2606	5776	3930	1846	4829	3296	1533
44	7315	4716	2599	5993	4095	1898	4593	3221	1372
45–49岁	**33713**	**21892**	**11821**	**26094**	**17732**	**8362**	**20260**	**14185**	**6075**
45	6463	4255	2208	5812	3900	1912	4626	3245	1381
46	6105	3950	2155	5271	3655	1616	4657	3270	1387
47	7329	4757	2572	4604	3156	1448	3935	2747	1188
48	7118	4628	2490	5129	3473	1656	3228	2277	951
49	6698	4302	2396	5278	3548	1730	3814	2646	1168
50–54岁	**26391**	**17195**	**9196**	**20032**	**13496**	**6536**	**15577**	**10644**	**4933**
50	6620	4236	2384	5051	3363	1688	3990	2695	1295
51	5504	3567	1937	4246	2864	1382	3388	2275	1113
52	5986	3926	2060	4273	2872	1401	3246	2282	964
53	4180	2785	1395	3318	2236	1082	2375	1641	734
54	4101	2681	1420	3144	2161	983	2578	1751	827
55–59岁	**18999**	**12470**	**6529**	**13287**	**9063**	**4224**	**9947**	**7043**	**2904**
55	4380	2894	1486	3172	2161	1011	2400	1718	682
56	3562	2339	1223	2907	2015	892	2113	1529	584
57	4824	3152	1672	2868	1973	895	2345	1634	711
58	4046	2651	1395	2759	1873	886	1817	1262	555
59	2187	1434	753	1581	1041	540	1272	900	372
60–64岁	**15412**	**9941**	**5471**	**10897**	**7293**	**3604**	**7826**	**5518**	**2308**
60	2619	1703	916	1749	1185	564	1305	926	379
61	2683	1711	972	1877	1268	609	1359	967	392
62	3337	2183	1154	2269	1540	729	1665	1204	461
63	3625	2331	1294	2682	1769	913	1742	1217	525
64	3148	2013	1135	2320	1531	789	1755	1204	551
65岁及以上	**30651**	**19732**	**10919**	**23843**	**16187**	**7656**	**18549**	**13144**	**5405**

5−5a 续表 6　　　　单位：人

年龄	初婚年龄								
	30岁			31岁			32岁		
	小计	男	女	小计	男	女	小计	男	女
总计	**128182**	**87622**	**40560**	**92862**	**63398**	**29464**	**68821**	**47075**	**21746**
20岁以下									
20−24岁									
20									
21									
22									
23									
24									
25−29岁									
25									
26									
27									
28									
29									
30−34岁	**24960**	**15910**	**9050**	**14967**	**9546**	**5421**	**8135**	**5192**	**2943**
30	2453	1509	944						
31	5335	3407	1928	1903	1221	682			
32	5875	3716	2159	3880	2405	1475	1323	845	478
33	5966	3873	2093	4927	3176	1751	3248	2069	1179
34	5331	3405	1926	4257	2744	1513	3564	2278	1286
35−39岁	**26933**	**18062**	**8871**	**20477**	**13545**	**6932**	**15953**	**10377**	**5576**
35	5456	3575	1881	3852	2461	1391	3117	2039	1078
36	5394	3574	1820	4295	2801	1494	2981	1902	1079
37	5208	3524	1684	3990	2665	1325	3174	2053	1121
38	5901	3987	1914	4336	2917	1419	3502	2267	1235
39	4974	3402	1572	4004	2701	1303	3179	2116	1063
40−44岁	**22228**	**15386**	**6842**	**16975**	**11657**	**5318**	**13449**	**9288**	**4161**
40	4836	3279	1557	3379	2284	1095	2854	1924	930
41	5141	3532	1609	3861	2634	1227	2850	1959	891
42	4693	3231	1462	3485	2378	1107	2724	1873	851
43	3593	2496	1097	3150	2191	959	2485	1744	741
44	3965	2848	1117	3100	2170	930	2536	1788	748
45−49岁	**15628**	**11143**	**4485**	**13105**	**9342**	**3763**	**10576**	**7570**	**3006**
45	3509	2491	1018	2931	2077	854	2285	1594	691
46	3632	2614	1018	3008	2107	901	2489	1801	688
47	3406	2437	969	2774	2010	764	2119	1523	596
48	2760	1956	804	2432	1740	692	1894	1359	535
49	2321	1645	676	1960	1408	552	1789	1293	496
50−54岁	**11792**	**8141**	**3651**	**8311**	**5715**	**2596**	**6144**	**4261**	**1883**
50	2775	1953	822	1650	1167	483	1482	1039	443
51	2528	1756	772	1745	1218	527	1034	738	296
52	2785	1890	895	1967	1369	598	1358	941	417
53	1877	1280	597	1583	1033	550	1053	728	325
54	1827	1262	565	1366	928	438	1217	815	402
55−59岁	**7443**	**5315**	**2128**	**5707**	**3949**	**1758**	**4497**	**3147**	**1350**
55	1884	1310	574	1353	929	424	1045	707	338
56	1640	1189	451	1339	902	437	1022	730	292
57	1777	1271	506	1312	924	388	1184	841	343
58	1407	1016	391	1069	739	330	764	538	226
59	735	529	206	634	455	179	482	331	151
60−64岁	**5550**	**3894**	**1656**	**3816**	**2789**	**1027**	**2886**	**2083**	**803**
60	1024	710	314	601	459	142	507	384	123
61	958	693	265	694	498	196	434	319	115
62	1206	846	360	845	631	214	659	464	195
63	1221	869	352	951	678	273	718	512	206
64	1141	776	365	725	523	202	568	404	164
65岁及以上	**13648**	**9771**	**3877**	**9504**	**6855**	**2649**	**7181**	**5157**	**2024**

5–5a 续表 7

单位：人

年 龄	初婚年龄								
	33岁			34岁			35岁		
	小计	男	女	小计	男	女	小计	男	女
总 计	**51759**	**35062**	**16697**	**39237**	**26464**	**12773**	**30530**	**20416**	**10114**
20岁以下									
20–24岁									
20									
21									
22									
23									
24									
25–29岁									
25									
26									
27									
28									
29									
30–34岁	**3596**	**2333**	**1263**	**820**	**514**	**306**			
30									
31									
32									
33	1152	752	400						
34	2444	1581	863	820	514	306			
35–39岁	**12724**	**8094**	**4630**	**9951**	**6253**	**3698**	**7046**	**4364**	**2682**
35	2536	1609	927	1795	1107	688	655	416	239
36	2495	1582	913	2129	1350	779	1412	859	553
37	2298	1441	857	1891	1158	733	1618	998	620
38	2921	1873	1048	2048	1309	739	1813	1133	680
39	2474	1589	885	2088	1329	759	1548	958	590
40–44岁	**10488**	**7051**	**3437**	**8473**	**5597**	**2876**	**6967**	**4509**	**2458**
40	2236	1479	757	1828	1152	676	1651	1051	600
41	2346	1567	779	1917	1285	632	1590	1015	575
42	1957	1333	624	1669	1096	573	1311	816	495
43	1892	1277	615	1373	910	463	1240	850	390
44	2057	1395	662	1686	1154	532	1175	777	398
45–49岁	**8842**	**6233**	**2609**	**7624**	**5267**	**2357**	**6455**	**4368**	**2087**
45	2025	1386	639	1663	1124	539	1453	944	509
46	1937	1362	575	1739	1198	541	1426	967	459
47	1826	1315	511	1560	1102	458	1417	951	466
48	1632	1143	489	1394	970	424	1128	782	346
49	1422	1027	395	1268	873	395	1031	724	307
50–54岁	**4726**	**3287**	**1439**	**3725**	**2678**	**1047**	**3058**	**2152**	**906**
50	1382	965	417	1077	751	326	914	624	290
51	943	636	307	853	610	243	703	511	192
52	768	533	235	695	520	175	675	473	202
53	696	495	201	485	351	134	412	289	123
54	937	658	279	615	446	169	354	255	99
55–59岁	**3843**	**2670**	**1173**	**2979**	**2048**	**931**	**2407**	**1711**	**696**
55	1021	711	310	635	444	191	477	349	128
56	830	589	241	763	512	251	538	387	151
57	805	552	253	707	506	201	689	476	213
58	810	553	257	521	345	176	477	343	134
59	377	265	112	353	241	112	226	156	70
60–64岁	**2119**	**1511**	**608**	**1564**	**1148**	**416**	**1315**	**967**	**348**
60	404	285	119	286	210	76	265	188	77
61	364	254	110	315	232	83	232	171	61
62	410	297	113	326	243	83	302	236	66
63	502	367	135	316	231	85	301	219	82
64	439	308	131	321	232	89	215	153	62
65岁及以上	**5421**	**3883**	**1538**	**4101**	**2959**	**1142**	**3282**	**2345**	**937**

5－5a 续表 8 单位：人

年 龄	初婚年龄								
	36岁			37岁			38岁		
	小计	男	女	小计	男	女	小计	男	女
总 计	**23014**	**15499**	**7515**	**18239**	**12333**	**5906**	**14091**	**9624**	**4467**
20岁以下									
20－24岁									
20									
21									
22									
23									
24									
25－29岁									
25									
26									
27									
28									
29									
30－34岁									
30									
31									
32									
33									
34									
35－39岁	**4298**	**2645**	**1653**	**2514**	**1535**	**979**	**1173**	**731**	**442**
35									
36	508	297	211						
37	1101	691	410	419	258	161			
38	1433	876	557	1003	597	406	390	251	139
39	1256	781	475	1092	680	412	783	480	303
40－44岁	**5614**	**3649**	**1965**	**4717**	**2987**	**1730**	**3856**	**2472**	**1384**
40	1119	728	391	988	600	388	830	504	326
41	1328	856	472	1020	658	362	840	527	313
42	1190	745	445	1007	630	377	764	490	274
43	963	635	328	820	535	285	665	430	235
44	1014	685	329	882	564	318	757	521	236
45－49岁	**5226**	**3539**	**1687**	**4466**	**3083**	**1383**	**3625**	**2483**	**1142**
45	960	633	327	846	576	270	722	470	252
46	1228	819	409	872	607	265	771	517	254
47	1136	769	367	1000	684	316	692	491	201
48	1019	696	323	954	658	296	734	520	214
49	883	622	261	794	558	236	706	485	221
50－54岁	**2661**	**1861**	**800**	**2338**	**1681**	**657**	**2104**	**1519**	**585**
50	842	590	252	687	469	218	678	472	206
51	608	433	175	535	375	160	437	321	116
52	522	363	159	472	351	121	445	334	111
53	377	256	121	335	236	99	281	202	79
54	312	219	93	309	250	59	263	190	73
55－59岁	**1692**	**1236**	**456**	**1275**	**935**	**340**	**974**	**730**	**244**
55	273	200	73	257	187	70	249	194	55
56	339	251	88	212	162	50	177	129	48
57	436	320	116	311	222	89	206	162	44
58	425	307	118	288	214	74	214	157	57
59	219	158	61	207	150	57	128	88	40
60－64岁	**1040**	**750**	**290**	**853**	**620**	**233**	**770**	**548**	**222**
60	213	159	54	170	117	53	171	125	46
61	218	162	56	153	112	41	134	94	40
62	231	157	74	194	140	54	165	120	45
63	201	143	58	181	130	51	168	119	49
64	177	129	48	155	121	34	132	90	42
65岁及以上	**2483**	**1819**	**664**	**2076**	**1492**	**584**	**1589**	**1141**	**448**

5-5a　续表 9　　　　单位：人

年　龄	初婚年龄					
	39岁			40岁及以上		
	小计	男	女	小计	男	女
总　计	**11344**	**7635**	**3709**	**52843**	**34611**	**18232**
20岁以下						
20-24岁						
20						
21						
22						
23						
24						
25-29岁						
25						
26						
27						
28						
29						
30-34岁						
30						
31						
32						
33						
34						
35-39岁	**318**	**191**	**127**			
35						
36						
37						
38						
39	318	191	127			
40-44岁	**3166**	**1962**	**1204**	**5589**	**3304**	**2285**
40	636	367	269	278	143	135
41	726	448	278	831	504	327
42	618	395	223	1131	650	481
43	554	347	207	1478	878	600
44	632	405	227	1871	1129	742
45-49岁	**3126**	**2123**	**1003**	**13408**	**8570**	**4838**
45	630	431	199	2223	1379	844
46	634	405	229	2711	1696	1015
47	679	456	223	2806	1818	988
48	585	418	167	2772	1757	1015
49	598	413	185	2896	1920	976
50-54岁	**1988**	**1392**	**596**	**11692**	**7916**	**3776**
50	635	448	187	2805	1871	934
51	465	309	156	2500	1710	790
52	387	274	113	2525	1704	821
53	255	187	68	1943	1310	633
54	246	174	72	1919	1321	598
55-59岁	**810**	**604**	**206**	**7371**	**5234**	**2137**
55	201	134	67	1859	1298	561
56	215	157	58	1651	1196	455
57	167	133	34	1794	1273	521
58	122	94	28	1377	969	408
59	105	86	19	690	498	192
60-64岁	**623**	**432**	**191**	**3930**	**2713**	**1217**
60	94	70	24	723	506	217
61	127	92	35	684	500	184
62	150	92	58	781	555	226
63	125	86	39	948	642	306
64	127	92	35	794	510	284
65岁及以上	**1313**	**931**	**382**	**10853**	**6874**	**3979**

5-5b 全省分年龄、性别、初婚年龄的人口(镇)

单位：人

年龄	初婚年龄					
	合计			15岁以下		
	合计	男	女	小计	男	女
总计	**956256**	**465268**	**490988**	**1386**	**277**	**1109**
20岁以下	**394**	**80**	**314**	**15**	**1**	**14**
20-24岁	**12974**	**3643**	**9331**	**43**	**7**	**36**
20	532	100	432	3		3
21	1045	203	842	8		8
22	2121	560	1561	8	2	6
23	3609	1024	2585	15	3	12
24	5667	1756	3911	9	2	7
25-29岁	**64128**	**25727**	**38401**	**91**	**20**	**71**
25	7977	2768	5209	13	3	10
26	10207	3841	6366	18	4	14
27	13009	5088	7921	22	8	14
28	15378	6456	8922	16	4	12
29	17557	7574	9983	22	1	21
30-34岁	**114824**	**54175**	**60649**	**125**	**36**	**89**
30	21814	9843	11971	25	5	20
31	22455	10425	12030	17	5	12
32	22069	10435	11634	32	12	20
33	24524	11870	12654	31	7	24
34	23962	11602	12360	20	7	13
35-39岁	**118547**	**59723**	**58824**	**118**	**32**	**86**
35	22755	11340	11415	32	10	22
36	23963	12030	11933	21	5	16
37	23248	11656	11592	16	6	10
38	24911	12731	12180	21	2	19
39	23670	11966	11704	28	9	19
40-44岁	**101939**	**52549**	**49390**	**127**	**21**	**106**
40	21379	10871	10508	27	3	24
41	22630	11735	10895	23	2	21
42	20029	10320	9709	23	6	17
43	18067	9413	8654	28	6	22
44	19834	10210	9624	26	4	22
45-49岁	**117506**	**59962**	**57544**	**147**	**39**	**108**
45	20939	10728	10211	44	13	31
46	23636	12076	11560	27	5	22
47	24499	12444	12055	31	10	21
48	24016	12213	11803	25	6	19
49	24416	12501	11915	20	5	15
50-54岁	**115676**	**59175**	**56501**	**172**	**35**	**137**
50	24947	12609	12338	23	6	17
51	23069	11843	11226	42	7	35
52	24926	12711	12215	41	9	32
53	20619	10647	9972	35	7	28
54	22115	11365	10750	31	6	25
55-59岁	**94753**	**48084**	**46669**	**89**	**12**	**77**
55	22001	11243	10758	31	4	27
56	20253	10256	9997	20	2	18
57	22411	11408	11003	15	1	14
58	19347	9871	9476	14	5	9
59	10741	5306	5435	9		9
60-64岁	**66578**	**32911**	**33667**	**116**	**25**	**91**
60	10497	5138	5359	15	2	13
61	12489	6297	6192	21	4	17
62	14742	7259	7483	32	6	26
63	15527	7768	7759	24	6	18
64	13323	6449	6874	24	7	17
65岁及以上	**148937**	**69239**	**79698**	**343**	**49**	**294**

5-5b 续表 1

单位：人

年 龄	初婚年龄								
	15岁			16岁			17岁		
	小计	男	女	小计	男	女	小计	男	女
总 计	**5482**	**1209**	**4273**	**9716**	**1867**	**7849**	**16975**	**3433**	**13542**
20岁以下	**60**	**6**	**54**	**88**	**22**	**66**	**116**	**24**	**92**
20-24岁	**250**	**51**	**199**	**371**	**80**	**291**	**622**	**147**	**475**
20	23	6	17	42	7	35	71	12	59
21	44	8	36	69	17	52	79	23	56
22	46	12	34	57	13	44	127	28	99
23	53	8	45	87	17	70	158	40	118
24	84	17	67	116	26	90	187	44	143
25-29岁	**368**	**76**	**292**	**655**	**153**	**502**	**1228**	**316**	**912**
25	92	18	74	120	28	92	210	57	153
26	61	16	45	144	49	95	213	52	161
27	86	18	68	140	23	117	296	85	211
28	75	11	64	131	26	105	250	52	198
29	54	13	41	120	27	93	259	70	189
30-34岁	**536**	**177**	**359**	**825**	**217**	**608**	**1272**	**334**	**938**
30	89	18	71	161	45	116	265	59	206
31	102	35	67	188	56	132	261	67	194
32	119	42	77	151	40	111	261	69	192
33	135	49	86	172	43	129	251	71	180
34	91	33	58	153	33	120	234	68	166
35-39岁	**476**	**150**	**326**	**753**	**199**	**554**	**1203**	**329**	**874**
35	123	45	78	138	31	107	213	62	151
36	110	38	72	204	68	136	207	62	145
37	90	32	58	164	43	121	280	75	205
38	78	16	62	130	33	97	284	75	209
39	75	19	56	117	24	93	219	55	164
40-44岁	**480**	**114**	**366**	**780**	**188**	**592**	**1262**	**300**	**962**
40	86	23	63	106	29	77	215	39	176
41	124	36	88	195	57	138	241	75	166
42	88	24	64	143	25	118	275	62	213
43	102	18	84	151	36	115	247	55	192
44	80	13	67	185	41	144	284	69	215
45-49岁	**570**	**131**	**439**	**1102**	**216**	**886**	**1953**	**417**	**1536**
45	133	36	97	173	35	138	304	57	247
46	136	26	110	268	45	223	322	70	252
47	102	24	78	271	60	211	436	103	333
48	100	24	76	213	42	171	481	108	373
49	99	21	78	177	34	143	410	79	331
50-54岁	**632**	**186**	**446**	**1133**	**250**	**883**	**2030**	**456**	**1574**
50	128	28	100	180	31	149	402	94	308
51	131	41	90	262	69	193	425	84	341
52	147	48	99	239	50	189	457	119	338
53	118	30	88	218	45	173	354	72	282
54	108	39	69	234	55	179	392	87	305
55-59岁	**439**	**90**	**349**	**932**	**190**	**742**	**1858**	**366**	**1492**
55	160	36	124	220	54	166	440	94	346
56	99	22	77	258	61	197	348	72	276
57	80	17	63	243	33	210	488	92	396
58	69	11	58	140	26	114	415	83	332
59	31	4	27	71	16	55	167	25	142
60-64岁	**298**	**50**	**248**	**574**	**91**	**483**	**914**	**168**	**746**
60	32	6	26	63	7	56	128	25	103
61	59	12	47	129	27	102	141	32	109
62	70	11	59	127	20	107	209	41	168
63	72	11	61	123	20	103	234	43	191
64	65	10	55	132	17	115	202	27	175
65岁及以上	**1373**	**178**	**1195**	**2503**	**261**	**2242**	**4517**	**576**	**3941**

5-5b 续表 2

单位：人

年龄	初婚年龄								
	18岁			19岁			20岁		
	小计	男	女	小计	男	女	小计	男	女
总　计	**27466**	**6261**	**21205**	**46518**	**12419**	**34099**	**70009**	**19632**	**50377**
20岁以下	**75**	**18**	**57**	**40**	**9**	**31**			
20-24岁	**915**	**204**	**711**	**1504**	**318**	**1186**	**2421**	**441**	**1980**
20	121	25	96	145	32	113	127	18	109
21	115	22	93	226	43	183	382	63	319
22	167	38	129	299	69	230	537	94	443
23	231	56	175	361	76	285	593	116	477
24	281	63	218	473	98	375	782	150	632
25-29岁	**1950**	**552**	**1398**	**3321**	**876**	**2445**	**5675**	**1295**	**4380**
25	308	76	232	542	125	417	950	203	747
26	383	103	280	606	162	444	1020	231	789
27	367	110	257	676	169	507	1163	262	901
28	467	145	322	681	201	480	1219	286	933
29	425	118	307	816	219	597	1323	313	1010
30-34岁	**2176**	**586**	**1590**	**3968**	**1066**	**2902**	**7499**	**1863**	**5636**
30	483	134	349	847	219	628	1584	366	1218
31	446	120	326	889	240	649	1552	402	1150
32	384	104	280	720	200	520	1458	365	1093
33	468	132	336	746	195	551	1500	374	1126
34	395	96	299	766	212	554	1405	356	1049
35-39岁	**2002**	**496**	**1506**	**3514**	**970**	**2544**	**5744**	**1447**	**4297**
35	376	106	270	715	199	516	1252	284	968
36	372	74	298	701	213	488	1163	297	866
37	331	81	250	686	201	485	1169	294	875
38	496	122	374	618	157	461	1189	321	868
39	427	113	314	794	200	594	971	251	720
40-44岁	**2064**	**532**	**1532**	**3736**	**979**	**2757**	**6034**	**1580**	**4454**
40	363	83	280	736	188	548	1147	298	849
41	378	92	286	707	171	536	1337	354	983
42	396	96	300	712	174	538	1168	319	849
43	434	122	312	678	197	481	1114	288	826
44	493	139	354	903	249	654	1268	321	947
45-49岁	**3307**	**790**	**2517**	**5249**	**1542**	**3707**	**8209**	**2441**	**5768**
45	494	104	390	865	258	607	1482	416	1066
46	605	138	467	1046	299	747	1532	453	1079
47	611	156	455	1079	314	765	1740	514	1226
48	769	185	584	986	278	708	1775	545	1230
49	828	207	621	1273	393	880	1680	513	1167
50-54岁	**3515**	**927**	**2588**	**6434**	**1966**	**4468**	**9643**	**3242**	**6401**
50	709	177	532	1429	452	977	2153	700	1453
51	661	188	473	1334	408	926	2021	727	1294
52	770	203	567	1329	397	932	2089	707	1382
53	678	180	498	1077	325	752	1622	531	1091
54	697	179	518	1265	384	881	1758	577	1181
55-59岁	**3235**	**761**	**2474**	**5548**	**1592**	**3956**	**7859**	**2603**	**5256**
55	693	184	509	1246	394	852	1849	606	1243
56	711	156	555	1130	323	807	1714	583	1131
57	744	182	562	1381	416	965	1810	614	1196
58	730	167	563	1086	287	799	1639	550	1089
59	357	72	285	705	172	533	847	250	597
60-64岁	**1535**	**290**	**1245**	**2834**	**682**	**2152**	**4743**	**1366**	**3377**
60	280	44	236	537	132	405	965	281	684
61	276	62	214	576	136	440	1055	342	713
62	299	47	252	581	134	447	981	279	702
63	384	75	309	598	151	447	950	254	696
64	296	62	234	542	129	413	792	210	582
65岁及以上	**6692**	**1105**	**5587**	**10370**	**2419**	**7951**	**12182**	**3354**	**8828**

5-5b　续表 3　　　　单位：人

年　龄	初婚年龄								
	21岁			22岁			23岁		
	小计	男	女	小计	男	女	小计	男	女
总　计	**85530**	**30990**	**54540**	**105817**	**47363**	**58454**	**106093**	**50868**	**55225**
20岁以下									
20-24岁	**2382**	**625**	**1757**	**2646**	**1075**	**1571**	**1430**	**525**	**905**
20									
21	122	27	95						
22	560	152	408	320	152	168			
23	790	202	588	970	377	593	351	129	222
24	910	244	666	1356	546	810	1079	396	683
25-29岁	**7012**	**2263**	**4749**	**8922**	**3707**	**5215**	**8988**	**3709**	**5279**
25	1069	340	729	1475	568	907	1498	587	911
26	1245	411	834	1473	603	870	1587	661	926
27	1470	452	1018	1755	747	1008	1734	691	1043
28	1464	490	974	2081	900	1181	2031	862	1169
29	1764	570	1194	2138	889	1249	2138	908	1230
30-34岁	**9678**	**3226**	**6452**	**13232**	**5740**	**7492**	**13354**	**6096**	**7258**
30	1886	597	1289	2677	1158	1519	2484	1147	1337
31	1950	686	1264	2463	1085	1378	2711	1213	1498
32	1942	643	1299	2556	1123	1433	2479	1104	1375
33	2076	704	1372	2809	1191	1618	2906	1381	1525
34	1824	596	1228	2727	1183	1544	2774	1251	1523
35-39岁	**8491**	**2764**	**5727**	**11787**	**5071**	**6716**	**13165**	**6083**	**7082**
35	1706	536	1170	2349	1028	1321	2730	1251	1479
36	1833	604	1229	2456	1091	1365	2650	1231	1419
37	1715	561	1154	2424	1030	1394	2512	1145	1367
38	1661	534	1127	2365	1039	1326	2752	1281	1471
39	1576	529	1047	2193	883	1310	2521	1175	1346
40-44岁	**7614**	**2655**	**4959**	**9772**	**4309**	**5463**	**10098**	**4852**	**5246**
40	1313	442	871	1893	768	1125	2171	1007	1164
41	1652	587	1065	1766	759	1007	2144	1014	1130
42	1610	550	1060	2112	946	1166	1639	783	856
43	1380	470	910	1925	907	1018	1911	933	978
44	1659	606	1053	2076	929	1147	2233	1115	1118
45-49岁	**10535**	**4066**	**6469**	**13029**	**6074**	**6955**	**13253**	**6654**	**6599**
45	1772	634	1138	2229	1026	1203	2314	1160	1154
46	2196	856	1340	2590	1196	1394	2596	1267	1329
47	2222	866	1356	2865	1315	1550	2736	1354	1382
48	2141	837	1304	2653	1260	1393	2878	1471	1407
49	2204	873	1331	2692	1277	1415	2729	1402	1327
50-54岁	**11321**	**4808**	**6513**	**13695**	**6888**	**6807**	**13328**	**7116**	**6212**
50	2034	806	1228	2798	1370	1428	2774	1409	1365
51	2424	1019	1405	2336	1204	1132	2620	1417	1203
52	2655	1123	1532	3308	1680	1628	2541	1341	1200
53	2097	942	1155	2606	1306	1300	2621	1419	1202
54	2111	918	1193	2647	1328	1319	2772	1530	1242
55-59岁	**9839**	**4179**	**5660**	**11345**	**5592**	**5753**	**10995**	**5774**	**5221**
55	2154	949	1205	2560	1271	1289	2561	1333	1228
56	2211	924	1287	2318	1164	1154	2216	1131	1085
57	2435	1037	1398	2816	1419	1397	2418	1266	1152
58	1919	827	1092	2410	1160	1250	2420	1328	1092
59	1120	442	678	1241	578	663	1380	716	664
60-64岁	**6248**	**2128**	**4120**	**7990**	**3430**	**4560**	**8259**	**3933**	**4326**
60	970	326	644	1242	553	689	1202	606	596
61	1440	536	904	1374	634	740	1509	760	749
62	1540	509	1031	2025	844	1181	1584	753	831
63	1338	453	885	1956	869	1087	2159	1038	1121
64	960	304	656	1393	530	863	1805	776	1029
65岁及以上	**12410**	**4276**	**8134**	**13399**	**5477**	**7922**	**13223**	**6126**	**7097**

5-5b 续表 4

单位：人

年龄	初婚年龄								
	24岁			25岁			26岁		
	小计	男	女	小计	男	女	小计	男	女
总 计	**102800**	**53830**	**48970**	**90166**	**51079**	**39087**	**71896**	**43192**	**28704**
20岁以下									
20-24岁	**390**	**170**	**220**						
20									
21									
22									
23									
24	390	170	220						
25-29岁	**8785**	**3998**	**4787**	**7273**	**3489**	**3784**	**5076**	**2576**	**2500**
25	1227	549	678	473	214	259			
26	1653	712	941	1352	611	741	452	226	226
27	1787	796	991	1791	858	933	1259	604	655
28	1932	921	1011	1793	867	926	1673	828	845
29	2186	1020	1166	1864	939	925	1692	918	774
30-34岁	**13314**	**6515**	**6799**	**12288**	**6529**	**5759**	**10481**	**5875**	**4606**
30	2561	1203	1358	2586	1347	1239	2042	1115	927
31	2593	1262	1331	2392	1251	1141	2187	1225	962
32	2638	1284	1354	2250	1192	1058	1974	1096	878
33	2666	1333	1333	2641	1437	1204	2126	1209	917
34	2856	1433	1423	2419	1302	1117	2152	1230	922
35-39岁	**13781**	**6972**	**6809**	**12889**	**7058**	**5831**	**10960**	**6413**	**4547**
35	2636	1337	1299	2525	1416	1109	1992	1178	814
36	2926	1462	1464	2602	1376	1226	2227	1288	939
37	2594	1291	1303	2652	1446	1206	2104	1242	862
38	2876	1471	1405	2562	1439	1123	2471	1453	1018
39	2749	1411	1338	2548	1381	1167	2166	1252	914
40-44岁	**10537**	**5568**	**4969**	**9693**	**5549**	**4144**	**8530**	**5206**	**3324**
40	2417	1214	1203	2317	1300	1017	1883	1112	771
41	2490	1332	1158	2342	1308	1034	2081	1250	831
42	1959	1033	926	1944	1093	851	1762	1086	676
43	1538	838	700	1578	925	653	1445	902	543
44	2133	1151	982	1512	923	589	1359	856	503
45-49岁	**12596**	**6849**	**5747**	**11005**	**6424**	**4581**	**8316**	**5194**	**3122**
45	2193	1143	1050	2001	1185	816	1295	831	464
46	2534	1386	1148	2260	1319	941	1775	1104	671
47	2610	1396	1214	2254	1327	927	1761	1104	657
48	2488	1376	1112	2196	1262	934	1747	1069	678
49	2771	1548	1223	2294	1331	963	1738	1086	652
50-54岁	**12087**	**6837**	**5250**	**10089**	**5923**	**4166**	**7939**	**4957**	**2982**
50	2667	1487	1180	2473	1411	1062	1758	1113	645
51	2397	1352	1045	2047	1195	852	1701	1063	638
52	2577	1468	1109	2125	1268	857	1625	998	627
53	1874	1085	789	1752	1075	677	1403	874	529
54	2572	1445	1127	1692	974	718	1452	909	543
55-59岁	**9952**	**5674**	**4278**	**8352**	**5057**	**3295**	**6284**	**3939**	**2345**
55	2477	1398	1079	2008	1238	770	1329	820	509
56	2195	1227	968	1918	1152	766	1403	885	518
57	2234	1300	934	1960	1213	747	1580	1001	579
58	1883	1077	806	1621	970	651	1255	785	470
59	1163	672	491	845	484	361	717	448	269
60-64岁	**7881**	**4185**	**3696**	**6341**	**3751**	**2590**	**4691**	**2973**	**1718**
60	1212	642	570	1051	621	430	659	434	225
61	1322	717	605	1182	682	500	911	581	330
62	1728	930	798	1346	781	565	1057	676	381
63	1687	883	804	1551	953	598	1088	680	408
64	1932	1013	919	1211	714	497	976	602	374
65岁及以上	**13477**	**7062**	**6415**	**12236**	**7299**	**4937**	**9619**	**6059**	**3560**

5-5b　续表 5　　　　单位：人

年　龄	初婚年龄								
	27岁			28岁			29岁		
	小计	男	女	小计	男	女	小计	男	女
总　计	**54689**	**34632**	**20057**	**40830**	**26926**	**13904**	**29088**	**19716**	**9372**
20岁以下									
20-24岁									
20									
21									
22									
23									
24									
25-29岁	**3120**	**1701**	**1419**	**1349**	**793**	**556**	**315**	**203**	**112**
25									
26									
27	463	265	198						
28	1168	644	524	397	219	178			
29	1489	792	697	952	574	378	315	203	112
30-34岁	**8326**	**4906**	**3420**	**6629**	**4013**	**2616**	**4664**	**2942**	**1722**
30	1610	933	677	1425	835	590	835	514	321
31	1669	965	704	1255	733	522	1007	618	389
32	1637	965	672	1196	753	443	912	578	334
33	1771	1045	726	1384	869	515	912	605	307
34	1639	998	641	1369	823	546	998	627	371
35-39岁	**8754**	**5489**	**3265**	**6641**	**4389**	**2252**	**4858**	**3258**	**1600**
35	1658	1050	608	1185	755	430	924	619	305
36	1664	1033	631	1363	917	446	938	636	302
37	1689	1045	644	1224	812	412	968	657	311
38	1929	1236	693	1496	1006	490	969	640	329
39	1814	1125	689	1373	899	474	1059	706	353
40-44岁	**6864**	**4489**	**2375**	**5598**	**3778**	**1820**	**4354**	**3031**	**1323**
40	1548	1011	537	1321	864	457	921	618	303
41	1615	1032	583	1267	864	403	1107	764	343
42	1406	921	485	1068	716	352	818	599	219
43	1131	758	373	1003	687	316	757	520	237
44	1164	767	397	939	647	292	751	530	221
45-49岁	**6140**	**4046**	**2094**	**4644**	**3169**	**1475**	**3370**	**2342**	**1028**
45	1098	737	361	971	683	288	678	475	203
46	1076	731	345	882	595	287	738	514	224
47	1306	867	439	789	528	261	710	477	233
48	1313	855	458	1006	683	323	545	376	169
49	1347	856	491	996	680	316	699	500	199
50-54岁	**6004**	**3784**	**2220**	**4334**	**2808**	**1526**	**3004**	**2039**	**965**
50	1316	830	486	1026	638	388	629	420	209
51	1166	732	434	876	579	297	593	394	199
52	1351	859	492	913	588	325	650	446	204
53	1101	698	403	779	503	276	505	347	158
54	1070	665	405	740	500	240	627	432	195
55-59岁	**4504**	**2988**	**1516**	**3334**	**2298**	**1036**	**2240**	**1511**	**729**
55	1085	695	390	784	541	243	573	387	186
56	823	583	240	687	462	225	468	320	148
57	1125	731	394	712	493	219	502	331	171
58	928	648	280	746	522	224	416	270	146
59	543	331	212	405	280	125	281	203	78
60-64岁	**3438**	**2261**	**1177**	**2479**	**1694**	**785**	**1743**	**1215**	**528**
60	478	299	179	369	259	110	294	201	93
61	603	416	187	395	278	117	340	229	111
62	832	553	279	541	368	173	363	273	90
63	805	526	279	651	437	214	368	259	109
64	720	467	253	523	352	171	378	253	125
65岁及以上	**7539**	**4968**	**2571**	**5822**	**3984**	**1838**	**4540**	**3175**	**1365**

5-5b 续表 6

单位：人

年龄	初婚年龄								
	30岁			31岁			32岁		
	小计	男	女	小计	男	女	小计	男	女
总　计	**21252**	**14453**	**6799**	**15447**	**10398**	**5049**	**11665**	**7862**	**3803**
20岁以下									
20–24岁									
20									
21									
22									
23									
24									
25–29岁									
25									
26									
27									
28									
29									
30–34岁	**3089**	**1961**	**1128**	**1813**	**1121**	**692**	**1001**	**647**	**354**
30	254	148	106						
31	579	352	227	194	110	84			
32	757	489	268	471	286	185	132	90	42
33	782	509	273	629	404	225	389	241	148
34	717	463	254	519	321	198	480	316	164
35–39岁	**3561**	**2383**	**1178**	**2745**	**1795**	**950**	**2168**	**1357**	**811**
35	666	449	217	514	340	174	393	262	131
36	717	468	249	557	376	181	393	238	155
37	697	466	231	527	338	189	438	277	161
38	791	527	264	569	370	199	467	285	182
39	690	473	217	578	371	207	477	295	182
40–44岁	**3229**	**2255**	**974**	**2455**	**1661**	**794**	**1855**	**1221**	**634**
40	710	491	219	486	330	156	400	252	148
41	695	487	208	592	403	189	372	247	125
42	702	482	220	513	357	156	368	231	137
43	532	378	154	445	299	146	369	260	109
44	590	417	173	419	272	147	346	231	115
45–49岁	**2598**	**1799**	**799**	**2012**	**1416**	**596**	**1617**	**1120**	**497**
45	600	413	187	438	312	126	340	231	109
46	555	387	168	476	336	140	364	260	104
47	533	366	167	428	301	127	343	229	114
48	493	339	154	338	240	98	293	200	93
49	417	294	123	332	227	105	277	200	77
50–54岁	**2206**	**1489**	**717**	**1553**	**1035**	**518**	**1147**	**803**	**344**
50	483	338	145	272	188	84	274	184	90
51	430	296	134	290	179	111	170	126	44
52	467	295	172	336	223	113	223	166	57
53	405	285	120	317	205	112	222	149	73
54	421	275	146	338	240	98	258	178	80
55–59岁	**1667**	**1155**	**512**	**1271**	**866**	**405**	**952**	**619**	**333**
55	439	299	140	267	175	92	217	136	81
56	336	227	109	313	210	103	197	128	69
57	364	242	122	302	202	100	244	156	88
58	368	260	108	259	186	73	199	139	60
59	160	127	33	130	93	37	95	60	35
60–64岁	**1424**	**1028**	**396**	**996**	**735**	**261**	**838**	**617**	**221**
60	231	161	70	122	85	37	151	107	44
61	268	203	65	178	133	45	117	86	31
62	302	231	71	229	173	56	199	147	52
63	317	215	102	268	207	61	201	152	49
64	306	218	88	199	137	62	170	125	45
65岁及以上	**3478**	**2383**	**1095**	**2602**	**1769**	**833**	**2087**	**1478**	**609**

5-5b 续表 7

单位：人

年 龄	初婚年龄								
	33岁			34岁			35岁		
	小计	男	女	小计	男	女	小计	男	女
总 计	**8777**	**5951**	**2826**	**6817**	**4520**	**2297**	**5287**	**3553**	**1734**
20岁以下									
20-24岁									
20									
21									
22									
23									
24									
25-29岁									
25									
26									
27									
28									
29									
30-34岁	**435**	**261**	**174**	**119**	**64**	**55**			
30									
31									
32									
33	130	71	59						
34	305	190	115	119	64	55			
35-39岁	**1659**	**1060**	**599**	**1271**	**797**	**474**	**900**	**545**	**355**
35	326	209	117	216	128	88	86	45	41
36	315	206	109	290	183	107	192	126	66
37	316	201	115	239	152	87	205	125	80
38	378	252	126	258	163	95	191	108	83
39	324	192	132	268	171	97	226	141	85
40-44岁	**1454**	**951**	**503**	**1196**	**742**	**454**	**959**	**616**	**343**
40	301	193	108	263	154	109	227	141	86
41	317	200	117	287	177	110	226	139	87
42	258	169	89	210	137	73	188	118	70
43	295	191	104	198	123	75	155	104	51
44	283	198	85	238	151	87	163	114	49
45-49岁	**1386**	**966**	**420**	**1125**	**770**	**355**	**936**	**620**	**316**
45	303	210	93	220	144	76	206	126	80
46	281	188	93	265	186	79	187	124	63
47	303	212	91	235	162	73	208	143	65
48	264	188	76	212	147	65	181	131	50
49	235	168	67	193	131	62	154	96	58
50-54岁	**822**	**587**	**235**	**645**	**436**	**209**	**539**	**361**	**178**
50	225	157	68	185	115	70	143	93	50
51	159	124	35	135	92	43	127	88	39
52	136	94	42	127	91	36	136	91	45
53	126	90	36	75	50	25	72	46	26
54	176	122	54	123	88	35	61	43	18
55-59岁	**785**	**530**	**255**	**635**	**450**	**185**	**462**	**326**	**136**
55	195	129	66	125	87	38	80	54	26
56	169	113	56	156	118	38	92	69	23
57	166	109	57	152	107	45	134	92	42
58	174	122	52	142	96	46	100	69	31
59	81	57	24	60	42	18	56	42	14
60-64岁	**591**	**435**	**156**	**478**	**340**	**138**	**412**	**306**	**106**
60	93	74	19	68	45	23	72	53	19
61	109	76	33	94	68	26	68	52	16
62	94	69	25	107	77	30	88	61	27
63	147	114	33	94	67	27	108	82	26
64	148	102	46	115	83	32	76	58	18
65岁及以上	**1645**	**1161**	**484**	**1348**	**921**	**427**	**1079**	**779**	**300**

5—5b 续表 8

单位：人

年 龄	初婚年龄								
	36岁			37岁			38岁		
	小计	男	女	小计	男	女	小计	男	女
总 计	**4076**	**2730**	**1346**	**3250**	**2194**	**1056**	**2530**	**1701**	**829**
20岁以下									
20—24岁									
20									
21									
22									
23									
24									
25—29岁									
25									
26									
27									
28									
29									
30—34岁									
30									
31									
32									
33									
34									
35—39岁	**570**	**346**	**224**	**323**	**203**	**120**	**167**	**89**	**78**
35									
36	62	38	24						
37	160	105	55	48	31	17			
38	185	100	85	118	73	45	57	28	29
39	163	103	60	157	99	58	110	61	49
40—44岁	**840**	**531**	**309**	**634**	**381**	**253**	**522**	**333**	**189**
40	173	101	72	133	78	55	92	61	31
41	209	129	80	144	83	61	112	68	44
42	182	122	60	125	75	50	98	69	29
43	138	87	51	111	69	42	112	67	45
44	138	92	46	121	76	45	108	68	40
45—49岁	**750**	**509**	**241**	**677**	**465**	**212**	**550**	**371**	**179**
45	139	91	48	112	75	37	119	74	45
46	192	126	66	112	77	35	102	74	28
47	160	120	40	170	120	50	107	71	36
48	146	95	51	143	93	50	122	82	40
49	113	77	36	140	100	40	100	70	30
50—54岁	**464**	**314**	**150**	**384**	**263**	**121**	**349**	**235**	**114**
50	117	84	33	105	72	33	114	71	43
51	111	72	39	81	55	26	66	49	17
52	86	58	28	85	55	30	67	42	25
53	80	54	26	54	34	20	59	40	19
54	70	46	24	59	47	12	43	33	10
55—59岁	**318**	**220**	**98**	**226**	**154**	**72**	**158**	**114**	**44**
55	49	34	15	52	34	18	43	31	12
56	57	36	21	34	26	8	25	18	7
57	76	59	17	49	33	16	28	22	6
58	78	52	26	44	30	14	28	18	10
59	58	39	19	47	31	16	34	25	9
60—64岁	**253**	**180**	**73**	**247**	**189**	**58**	**185**	**123**	**62**
60	44	26	18	31	19	12	31	19	12
61	46	38	8	55	38	17	43	30	13
62	50	33	17	65	52	13	43	27	16
63	59	40	19	56	45	11	40	26	14
64	54	43	11	40	35	5	28	21	7
65岁及以上	**881**	**630**	**251**	**759**	**539**	**220**	**599**	**436**	**163**

5-5b 续表 9

单位：人

年 龄	初婚年龄					
	39岁			40岁及以上		
	小计	男	女	小计	男	女
总 计	**2014**	**1345**	**669**	**10680**	**6867**	**3813**
20岁以下						
20-24岁						
20						
21						
22						
23						
24						
25-29岁						
25						
26						
27						
28						
29						
30-34岁						
30						
31						
32						
33						
34						
35-39岁	**47**	**28**	**19**			
35						
36						
37						
38						
39	47	28	19			
40-44岁	**426**	**253**	**173**	**826**	**454**	**372**
40	88	50	38	42	21	21
41	83	44	39	124	61	63
42	91	47	44	171	80	91
43	77	51	26	213	122	91
44	87	61	26	276	170	106
45-49岁	**463**	**311**	**152**	**1967**	**1221**	**746**
45	93	63	30	323	196	127
46	102	64	38	417	250	167
47	93	69	24	396	236	160
48	89	54	35	419	267	152
49	86	61	25	412	272	140
50-54岁	**275**	**193**	**82**	**1932**	**1237**	**695**
50	71	46	25	459	289	170
51	63	42	21	401	241	160
52	56	41	15	390	251	139
53	36	30	6	333	225	108
54	49	34	15	349	231	118
55-59岁	**124**	**90**	**34**	**1350**	**934**	**416**
55	34	25	9	330	235	95
56	32	25	7	323	219	104
57	28	20	8	325	220	105
58	20	12	8	244	171	73
59	10	8	2	128	89	39
60-64岁	**180**	**121**	**59**	**890**	**595**	**295**
60	20	16	4	137	95	42
61	29	20	9	149	105	44
62	46	30	16	204	134	70
63	43	27	16	206	135	71
64	42	28	14	194	126	68
65岁及以上	**499**	**349**	**150**	**3715**	**2426**	**1289**

5-5c 全省分年龄、性别、初婚年龄的人口(乡村)

单位：人

年龄	初婚年龄					
	合计			15岁以下		
	合计	男	女	小计	男	女
总计	**1745134**	**850096**	**895038**	**3742**	**550**	**3192**
20岁以下	**984**	**186**	**798**	**58**	**5**	**53**
20-24岁	**24784**	**6865**	**17919**	**119**	**22**	**97**
20	1107	230	877	12	4	8
21	2207	400	1807	21	2	19
22	4129	998	3131	28	6	22
23	6882	2009	4873	29	5	24
24	10459	3228	7231	29	5	24
25-29岁	**106318**	**42230**	**64088**	**179**	**29**	**150**
25	14421	4792	9629	39	9	30
26	17076	6263	10813	32	1	31
27	21908	8510	13398	36	5	31
28	25286	10449	14837	35	6	29
29	27627	12216	15411	37	8	29
30-34岁	**169192**	**81085**	**88107**	**279**	**60**	**219**
30	33359	15224	18135	41	9	32
31	32822	15384	17438	69	19	50
32	32123	15496	16627	47	6	41
33	36517	17865	18652	65	13	52
34	34371	17116	17255	57	13	44
35-39岁	**169062**	**87849**	**81213**	**211**	**46**	**165**
35	32593	16632	15961	44	12	32
36	34706	17836	16870	39	6	33
37	33000	17284	15716	49	11	38
38	34835	18275	16560	35	7	28
39	33928	17822	16106	44	10	34
40-44岁	**147980**	**76728**	**71252**	**311**	**44**	**267**
40	30065	15753	14312	40	4	36
41	32604	17047	15557	68	9	59
42	28743	14943	13800	63	10	53
43	26468	13769	12699	58	9	49
44	30100	15216	14884	82	12	70
45-49岁	**188954**	**93564**	**95390**	**340**	**42**	**298**
45	31783	16008	15775	96	16	80
46	37045	18289	18756	64	8	56
47	39218	19293	19925	56	8	48
48	38916	19179	19737	54	6	48
49	41992	20795	21197	70	4	66
50-54岁	**217225**	**108839**	**108386**	**473**	**69**	**404**
50	44216	21786	22430	80	11	69
51	42210	20928	21282	107	13	94
52	46513	23315	23198	97	7	90
53	40612	20554	20058	91	19	72
54	43674	22256	21418	98	19	79
55-59岁	**195051**	**100049**	**95002**	**244**	**33**	**211**
55	44758	23075	21683	83	14	69
56	40924	20794	20130	43	6	37
57	45191	23431	21760	47	10	37
58	40703	20981	19722	48	1	47
59	23475	11768	11707	23	2	21
60-64岁	**148352**	**76363**	**71989**	**325**	**51**	**274**
60	22725	11511	11214	32	5	27
61	27600	14414	13186	49	10	39
62	32561	16832	15729	85	14	71
63	35219	18329	16890	94	12	82
64	30247	15277	14970	65	10	55
65岁及以上	**377232**	**176338**	**200894**	**1203**	**149**	**1054**

5-5c 续表 1 单位：人

年 龄	初婚年龄								
	15岁			16岁			17岁		
	小计	男	女	小计	男	女	小计	男	女
总 计	**13369**	**2321**	**11048**	**23825**	**3992**	**19833**	**41032**	**7538**	**33494**
20岁以下	**156**	**28**	**128**	**229**	**46**	**183**	**258**	**54**	**204**
20-24岁	**509**	**110**	**399**	**881**	**174**	**707**	**1420**	**332**	**1088**
20	51	13	38	91	21	70	156	37	119
21	69	19	50	137	21	116	198	40	158
22	112	23	89	177	31	146	286	66	220
23	134	18	116	217	46	171	356	102	254
24	143	37	106	259	55	204	424	87	337
25-29岁	**718**	**151**	**567**	**1433**	**336**	**1097**	**2470**	**640**	**1830**
25	188	41	147	304	70	234	489	124	365
26	141	29	112	300	69	231	447	108	339
27	131	21	110	308	74	234	587	165	422
28	146	40	106	299	70	229	482	126	356
29	112	20	92	222	53	169	465	117	348
30-34岁	**865**	**232**	**633**	**1366**	**313**	**1053**	**2264**	**560**	**1704**
30	189	52	137	301	71	230	489	129	360
31	183	53	130	307	66	241	487	113	374
32	151	42	109	238	53	185	452	117	335
33	199	52	147	262	64	198	421	106	315
34	143	33	110	258	59	199	415	95	320
35-39岁	**864**	**221**	**643**	**1375**	**325**	**1050**	**2157**	**527**	**1630**
35	230	74	156	189	59	130	397	107	290
36	215	59	156	348	104	244	394	88	306
37	159	35	124	301	80	221	436	115	321
38	134	20	114	277	46	231	504	128	376
39	126	33	93	260	36	224	426	89	337
40-44岁	**922**	**175**	**747**	**1556**	**292**	**1264**	**2513**	**519**	**1994**
40	158	32	126	253	40	213	378	83	295
41	215	39	176	335	77	258	509	99	410
42	168	34	134	311	64	247	512	103	409
43	173	36	137	274	44	230	522	110	412
44	208	34	174	383	67	316	592	124	468
45-49岁	**1290**	**218**	**1072**	**2606**	**422**	**2184**	**4458**	**879**	**3579**
45	280	61	219	387	74	313	701	131	570
46	308	56	252	610	92	518	776	148	628
47	267	34	233	619	109	510	979	193	786
48	227	29	198	526	76	450	1029	210	819
49	208	38	170	464	71	393	973	197	776
50-54岁	**1451**	**289**	**1162**	**2773**	**503**	**2270**	**4837**	**969**	**3868**
50	311	58	253	521	94	427	883	164	719
51	284	61	223	614	111	503	963	196	767
52	325	58	267	556	102	454	1099	231	868
53	272	69	203	486	96	390	935	181	754
54	259	43	216	596	100	496	957	197	760
55-59岁	**1138**	**197**	**941**	**2259**	**417**	**1842**	**4648**	**846**	**3802**
55	365	78	287	538	108	430	1095	217	878
56	274	59	215	618	122	496	846	155	691
57	249	32	217	566	108	458	1244	253	991
58	162	19	143	361	58	303	1038	160	878
59	88	9	79	176	21	155	425	61	364
60-64岁	**855**	**113**	**742**	**1413**	**193**	**1220**	**2444**	**341**	**2103**
60	117	17	100	176	25	151	327	42	285
61	140	22	118	252	30	222	403	56	347
62	174	19	155	281	43	238	561	81	480
63	225	33	192	366	53	313	596	94	502
64	199	22	177	338	42	296	557	68	489
65岁及以上	**4601**	**587**	**4014**	**7934**	**971**	**6963**	**13563**	**1871**	**11692**

5-5c 续表 2

单位：人

年龄	初婚年龄								
	18岁			19岁			20岁		
	小计	男	女	小计	男	女	小计	男	女
总计	**63933**	**14075**	**49858**	**101654**	**26823**	**74831**	**142787**	**41944**	**100843**
20岁以下	**211**	**34**	**177**	**72**	**19**	**53**			
20-24岁	**1981**	**462**	**1519**	**3109**	**697**	**2412**	**4732**	**825**	**3907**
20	268	62	206	296	55	241	233	38	195
21	265	59	206	529	114	415	718	100	618
22	374	76	298	626	134	492	1045	168	877
23	469	111	358	725	170	555	1258	253	1005
24	605	154	451	933	224	709	1478	266	1212
25-29岁	**3983**	**1110**	**2873**	**6258**	**1655**	**4603**	**10334**	**2554**	**7780**
25	692	174	518	1147	269	878	1854	410	1444
26	715	212	503	1113	296	817	1928	424	1504
27	761	207	554	1292	321	971	2033	499	1534
28	959	283	676	1270	350	920	2190	555	1635
29	856	234	622	1436	419	1017	2329	666	1663
30-34岁	**3774**	**1031**	**2743**	**6932**	**1947**	**4985**	**11872**	**3134**	**8738**
30	875	220	655	1515	448	1067	2672	701	1971
31	803	246	557	1422	403	1019	2432	640	1792
32	656	183	473	1303	361	942	2295	638	1657
33	755	209	546	1393	386	1007	2388	624	1764
34	685	173	512	1299	349	950	2085	531	1554
35-39岁	**3275**	**894**	**2381**	**5611**	**1566**	**4045**	**9166**	**2492**	**6674**
35	609	169	440	1099	315	784	2029	552	1477
36	659	194	465	1104	310	794	1963	524	1439
37	536	143	393	1066	287	779	1732	434	1298
38	755	204	551	1018	278	740	1906	562	1344
39	716	184	532	1324	376	948	1536	420	1116
40-44岁	**3911**	**914**	**2997**	**6392**	**1735**	**4657**	**9896**	**2759**	**7137**
40	648	140	508	1172	321	851	1822	536	1286
41	723	178	545	1305	350	955	2200	608	1592
42	720	164	556	1232	327	905	1875	505	1370
43	828	196	632	1141	292	849	1830	497	1333
44	992	236	756	1542	445	1097	2169	613	1556
45-49岁	**6811**	**1574**	**5237**	**10508**	**2940**	**7568**	**14420**	**4294**	**10126**
45	1012	212	800	1637	416	1221	2467	717	1750
46	1174	260	914	1965	546	1419	2830	827	2003
47	1240	306	934	2088	573	1515	3036	894	2142
48	1635	400	1235	2098	609	1489	2961	856	2105
49	1750	396	1354	2720	796	1924	3126	1000	2126
50-54岁	**8290**	**1946**	**6344**	**13337**	**3959**	**9378**	**19306**	**6495**	**12811**
50	1639	396	1243	2912	802	2110	4117	1345	2772
51	1595	352	1243	2566	754	1812	4003	1406	2597
52	1734	423	1311	2709	815	1894	4064	1388	2676
53	1630	363	1267	2380	725	1655	3399	1097	2302
54	1692	412	1280	2770	863	1907	3723	1259	2464
55-59岁	**8109**	**1895**	**6214**	**12485**	**3552**	**8933**	**17272**	**5977**	**11295**
55	1715	415	1300	2788	858	1930	3905	1393	2512
56	1733	409	1324	2574	710	1864	3692	1254	2438
57	1723	408	1315	2889	831	2058	3949	1396	2553
58	1908	437	1471	2491	720	1771	3714	1283	2431
59	1030	226	804	1743	433	1310	2012	651	1361
60-64岁	**4106**	**755**	**3351**	**7507**	**1814**	**5693**	**11505**	**3441**	**8064**
60	719	139	580	1414	349	1065	2201	683	1518
61	756	159	597	1529	366	1163	2551	797	1754
62	829	143	686	1554	373	1181	2565	731	1834
63	1009	165	844	1511	374	1137	2268	661	1607
64	793	149	644	1499	352	1147	1920	569	1351
65岁及以上	**19482**	**3460**	**16022**	**29443**	**6939**	**22504**	**34284**	**9973**	**24311**

5-5c 续表 3

单位：人

年龄	初婚年龄								
	21岁			22岁			23岁		
	小计	男	女	小计	男	女	小计	男	女
总 计	**164355**	**62125**	**102230**	**192273**	**89856**	**102417**	**184901**	**92743**	**92158**
20岁以下									
20-24岁	**4496**	**1220**	**3276**	**4469**	**1809**	**2660**	**2391**	**955**	**1436**
20									
21	270	45	225						
22	937	259	678	544	235	309			
23	1536	415	1121	1589	668	921	569	221	348
24	1753	501	1252	2336	906	1430	1822	734	1088
25-29岁	**11897**	**3832**	**8065**	**14949**	**6310**	**8639**	**14596**	**6107**	**8489**
25	1986	611	1375	2411	957	1454	2541	958	1583
26	2192	703	1489	2561	1072	1489	2446	967	1479
27	2457	756	1701	3167	1338	1829	2923	1227	1696
28	2588	853	1735	3338	1438	1900	3374	1429	1945
29	2674	909	1765	3472	1505	1967	3312	1526	1786
30-34岁	**15175**	**5311**	**9864**	**20063**	**9114**	**10949**	**19918**	**9481**	**10437**
30	3009	1025	1984	4065	1830	2235	3956	1863	2093
31	3129	1096	2033	3720	1673	2047	3863	1809	2054
32	2949	1031	1918	3930	1831	2099	3585	1710	1875
33	3271	1163	2108	4283	1960	2323	4485	2139	2346
34	2817	996	1821	4065	1820	2245	4029	1960	2069
35-39岁	**12815**	**4628**	**8187**	**17398**	**8067**	**9331**	**19214**	**9407**	**9807**
35	2596	904	1692	3537	1654	1883	3956	1859	2097
36	2802	1025	1777	3689	1673	2016	3973	1937	2036
37	2511	905	1606	3446	1644	1802	3655	1793	1862
38	2516	917	1599	3439	1591	1848	4004	2025	1979
39	2390	877	1513	3287	1505	1782	3626	1793	1833
40-44岁	**11618**	**4500**	**7118**	**14741**	**7115**	**7626**	**14951**	**7662**	**7289**
40	1959	724	1235	2849	1341	1508	3146	1578	1568
41	2548	1015	1533	2760	1334	1426	3202	1600	1602
42	2325	908	1417	2963	1421	1542	2558	1319	1239
43	2175	828	1347	2928	1488	1440	2748	1450	1298
44	2611	1025	1586	3241	1531	1710	3297	1715	1582
45-49岁	**17763**	**7189**	**10574**	**20967**	**10226**	**10741**	**20416**	**10588**	**9828**
45	2790	1071	1719	3380	1655	1725	3325	1711	1614
46	3598	1421	2177	3989	1927	2062	3895	1949	1946
47	3679	1481	2198	4715	2272	2443	4190	2151	2039
48	3657	1529	2128	4282	2040	2242	4414	2354	2060
49	4039	1687	2352	4601	2332	2269	4592	2423	2169
50-54岁	**22103**	**9338**	**12765**	**25357**	**12916**	**12441**	**23746**	**12745**	**11001**
50	3802	1533	2269	4862	2413	2449	4838	2527	2311
51	4566	1952	2614	4324	2167	2157	4532	2483	2049
52	5280	2239	3041	5841	3022	2819	4457	2363	2094
53	4080	1736	2344	5240	2679	2561	4807	2555	2252
54	4375	1878	2497	5090	2635	2455	5112	2817	2295
55-59岁	**20108**	**8485**	**11623**	**22911**	**11637**	**11274**	**21110**	**11446**	**9664**
55	4406	1897	2509	5174	2662	2512	4895	2672	2223
56	4436	1860	2576	4601	2313	2288	4263	2346	1917
57	4680	1987	2693	5665	2914	2751	4685	2566	2119
58	4148	1755	2393	4834	2499	2335	4597	2464	2133
59	2438	986	1452	2637	1249	1388	2670	1398	1272
60-64岁	**14949**	**5475**	**9474**	**17702**	**7921**	**9781**	**17179**	**8828**	**8351**
60	2231	861	1370	2620	1213	1407	2376	1253	1123
61	3214	1232	1982	2874	1329	1545	3002	1636	1366
62	3701	1371	2330	4205	1914	2291	3347	1725	1622
63	3391	1211	2180	4471	2005	2466	4666	2359	2307
64	2412	800	1612	3532	1460	2072	3788	1855	1933
65岁及以上	**33431**	**12147**	**21284**	**33716**	**14741**	**18975**	**31380**	**15524**	**15856**

5-5c 续表 4 单位：人

年龄	初婚年龄								
	24岁			25岁			26岁		
	小计	男	女	小计	男	女	小计	男	女
总 计	**172931**	**93696**	**79235**	**148195**	**86506**	**61689**	**116364**	**71666**	**44698**
20岁以下									
20-24岁	**677**	**259**	**418**						
20									
21									
22									
23									
24	677	259	418						
25-29岁	**13878**	**6233**	**7645**	**11162**	**5422**	**5740**	**7541**	**3909**	**3632**
25	1998	831	1167	772	338	434			
26	2610	1146	1464	1933	889	1044	658	347	311
27	2862	1255	1607	2745	1280	1465	1931	992	939
28	2997	1368	1629	2776	1391	1385	2517	1273	1244
29	3411	1633	1778	2936	1524	1412	2435	1297	1138
30-34岁	**19149**	**9757**	**9392**	**17216**	**9341**	**7875**	**14184**	**8204**	**5980**
30	3805	1910	1895	3662	1907	1755	2791	1531	1260
31	3656	1778	1878	3338	1784	1554	2851	1631	1220
32	3619	1855	1764	3160	1724	1436	2713	1578	1135
33	3976	2053	1923	3711	2073	1638	2980	1741	1239
34	4093	2161	1932	3345	1853	1492	2849	1723	1126
35-39岁	**19297**	**10299**	**8998**	**17711**	**10298**	**7413**	**14738**	**8992**	**5746**
35	3740	1995	1745	3442	1983	1459	2525	1549	976
36	4184	2239	1945	3618	2082	1536	3038	1827	1211
37	3799	2068	1731	3618	2121	1497	2871	1748	1123
38	3794	2025	1769	3518	2038	1480	3297	2032	1265
39	3780	1972	1808	3515	2074	1441	3007	1836	1171
40-44岁	**14509**	**8005**	**6504**	**13563**	**8054**	**5509**	**11603**	**7252**	**4351**
40	3217	1726	1491	3105	1836	1269	2642	1652	990
41	3472	1912	1560	3156	1871	1285	2789	1734	1055
42	2680	1486	1194	2734	1591	1143	2191	1422	769
43	2176	1228	948	2297	1409	888	1972	1208	764
44	2964	1653	1311	2271	1347	924	2009	1236	773
45-49岁	**19268**	**10656**	**8612**	**16115**	**9383**	**6732**	**12315**	**7539**	**4776**
45	3235	1868	1367	2763	1642	1121	1852	1199	653
46	3776	2113	1663	3186	1849	1337	2497	1540	957
47	3900	2151	1749	3341	1961	1380	2587	1559	1028
48	3852	2062	1790	3325	1916	1409	2610	1564	1046
49	4505	2462	2043	3500	2015	1485	2769	1677	1092
50-54岁	**21516**	**12172**	**9344**	**17466**	**10291**	**7175**	**13670**	**8394**	**5276**
50	4436	2463	1973	4024	2334	1690	2838	1715	1123
51	4099	2292	1807	3500	2045	1455	2779	1671	1108
52	4627	2647	1980	3654	2149	1505	2990	1866	1124
53	3591	2091	1500	3151	1889	1262	2497	1537	960
54	4763	2679	2084	3137	1874	1263	2566	1605	961
55-59岁	**18911**	**10942**	**7969**	**15698**	**9717**	**5981**	**11892**	**7691**	**4201**
55	4797	2757	2040	3880	2406	1474	2536	1614	922
56	4056	2298	1758	3451	2127	1324	2631	1694	937
57	4134	2407	1727	3595	2241	1354	2907	1888	1019
58	3719	2204	1515	3059	1921	1138	2439	1590	849
59	2205	1276	929	1713	1022	691	1379	905	474
60-64岁	**15076**	**8511**	**6565**	**12091**	**7584**	**4507**	**9370**	**6151**	**3219**
60	2268	1277	991	1944	1192	752	1310	849	461
61	2687	1579	1108	2346	1500	846	1835	1187	648
62	3168	1830	1338	2502	1578	924	2109	1413	696
63	3242	1826	1416	2892	1839	1053	2251	1495	756
64	3711	1999	1712	2407	1475	932	1865	1207	658
65岁及以上	**30650**	**16862**	**13788**	**27173**	**16416**	**10757**	**21051**	**13534**	**7517**

5-5c 续表 5

单位：人

年 龄	初婚年龄								
	27岁			28岁			29岁		
	小计	男	女	小计	男	女	小计	男	女
总 计	**90023**	**58255**	**31768**	**66929**	**45029**	**21900**	**49333**	**33989**	**15344**
20岁以下									
20-24岁									
20									
21									
22									
23									
24									
25-29岁	**4487**	**2490**	**1997**	**2003**	**1186**	**817**	**430**	**266**	**164**
25									
26									
27	675	370	305						
28	1717	923	794	598	344	254			
29	2095	1197	898	1405	842	563	430	266	164
30-34岁	**11399**	**6858**	**4541**	**8967**	**5639**	**3328**	**6769**	**4360**	**2409**
30	2336	1332	1004	1933	1149	784	1288	783	505
31	2192	1283	909	1762	1111	651	1491	961	530
32	2258	1382	876	1631	1019	612	1273	824	449
33	2446	1475	971	1867	1216	651	1330	862	468
34	2167	1386	781	1774	1144	630	1387	930	457
35-39岁	**11710**	**7634**	**4076**	**8689**	**5785**	**2904**	**6369**	**4349**	**2020**
35	2198	1409	789	1580	1026	554	1182	778	404
36	2241	1440	801	1761	1172	589	1196	804	392
37	2327	1539	788	1607	1091	516	1269	881	388
38	2388	1601	787	1946	1285	661	1282	887	395
39	2556	1645	911	1795	1211	584	1440	999	441
40-44岁	**9430**	**6156**	**3274**	**7419**	**5063**	**2356**	**5612**	**3851**	**1761**
40	2135	1373	762	1682	1134	548	1164	777	387
41	2103	1365	738	1685	1182	503	1343	926	417
42	1931	1244	687	1487	1001	486	1098	740	358
43	1579	1070	509	1292	892	400	981	682	299
44	1682	1104	578	1273	854	419	1026	726	300
45-49岁	**9290**	**5908**	**3382**	**7021**	**4723**	**2298**	**4991**	**3397**	**1594**
45	1634	1046	588	1339	930	409	981	685	296
46	1596	1012	584	1412	958	454	1068	734	334
47	1906	1226	680	1248	847	401	1002	683	319
48	1970	1242	728	1414	945	469	888	591	297
49	2184	1382	802	1608	1043	565	1052	704	348
50-54岁	**10513**	**6779**	**3734**	**7789**	**5044**	**2745**	**5658**	**3782**	**1876**
50	2206	1405	801	1653	1039	614	1165	792	373
51	2061	1338	723	1465	899	566	1136	711	425
52	2289	1458	831	1639	1066	573	1177	778	399
53	1902	1248	654	1500	986	514	1006	691	315
54	2055	1330	725	1532	1054	478	1174	810	364
55-59岁	**9021**	**6015**	**3006**	**6631**	**4657**	**1974**	**4855**	**3529**	**1326**
55	2003	1310	693	1495	1048	447	1132	796	336
56	1643	1063	580	1355	929	426	1016	731	285
57	2254	1553	701	1356	968	388	1123	830	293
58	2014	1361	653	1530	1089	441	922	677	245
59	1107	728	379	895	623	272	662	495	167
60-64岁	**7332**	**5010**	**2322**	**5463**	**3960**	**1503**	**4178**	**3078**	**1100**
60	1013	675	338	840	591	249	701	502	199
61	1302	895	407	961	705	256	768	569	199
62	1723	1175	548	1098	820	278	848	620	228
63	1798	1257	541	1389	1002	387	950	733	217
64	1496	1008	488	1175	842	333	911	654	257
65岁及以上	**16841**	**11405**	**5436**	**12947**	**8972**	**3975**	**10471**	**7377**	**3094**

5-5c 续表 6

单位：人

年龄	初婚年龄								
	30岁			31岁			32岁		
	小计	男	女	小计	男	女	小计	男	女
总计	**36473**	**25490**	**10983**	**27277**	**19089**	**8188**	**20900**	**14769**	**6131**
20岁以下									
20-24岁									
20									
21									
22									
23									
24									
25-29岁									
25									
26									
27									
28									
29									
30-34岁	**4220**	**2716**	**1504**	**2557**	**1580**	**977**	**1436**	**944**	**492**
30	432	264	168						
31	806	527	279	311	191	120			
32	966	584	382	691	421	270	206	137	69
33	1071	697	374	831	528	303	560	359	201
34	945	644	301	724	440	284	670	448	222
35-39岁	**4838**	**3344**	**1494**	**3796**	**2587**	**1209**	**2878**	**1951**	**927**
35	1015	703	312	713	502	211	586	398	188
36	965	660	305	770	524	246	554	374	180
37	954	654	300	738	487	251	578	386	192
38	997	683	314	771	518	253	583	385	198
39	907	644	263	804	556	248	577	408	169
40-44岁	**4282**	**2947**	**1335**	**3240**	**2191**	**1049**	**2555**	**1726**	**829**
40	934	638	296	609	402	207	497	349	148
41	951	629	322	819	542	277	531	357	174
42	894	628	266	646	448	198	554	362	192
43	717	493	224	572	385	187	472	328	144
44	786	559	227	594	414	180	501	330	171
45-49岁	**3716**	**2523**	**1193**	**2967**	**2050**	**917**	**2291**	**1556**	**735**
45	768	505	263	570	398	172	474	322	152
46	797	552	245	703	474	229	452	320	132
47	794	537	257	608	423	185	523	346	177
48	722	508	214	552	384	168	443	313	130
49	635	421	214	534	371	163	399	255	144
50-54岁	**4056**	**2759**	**1297**	**2873**	**1992**	**881**	**2125**	**1536**	**589**
50	793	539	254	438	304	134	378	286	92
51	797	554	243	555	380	175	308	226	82
52	904	571	333	662	463	199	449	324	125
53	799	544	255	620	430	190	469	333	136
54	763	551	212	598	415	183	521	367	154
55-59岁	**3773**	**2779**	**994**	**2809**	**2079**	**730**	**2298**	**1706**	**592**
55	890	629	261	628	449	179	539	390	149
56	781	583	198	610	459	151	451	349	102
57	844	614	230	644	486	158	537	407	130
58	801	606	195	568	419	149	480	347	133
59	457	347	110	359	266	93	291	213	78
60-64岁	**3282**	**2488**	**794**	**2620**	**2078**	**542**	**2136**	**1670**	**466**
60	562	430	132	374	279	95	296	226	70
61	575	462	113	536	437	99	329	262	67
62	748	568	180	595	472	123	483	389	94
63	747	544	203	596	488	108	561	440	121
64	650	484	166	519	402	117	467	353	114
65岁及以上	**8306**	**5934**	**2372**	**6415**	**4532**	**1883**	**5181**	**3680**	**1501**

5-5c 续表 7

单位：人

年 龄	初婚年龄								
	33岁			34岁			35岁		
	小计	男	女	小计	男	女	小计	男	女
总 计	**16064**	**11332**	**4732**	**12687**	**8907**	**3780**	**9960**	**7105**	**2855**
20岁以下									
20-24岁									
20									
21									
22									
23									
24									
25-29岁									
25									
26									
27									
28									
29									
30-34岁	**608**	**396**	**212**	**179**	**107**	**72**			
30									
31									
32									
33	223	145	78						
34	385	251	134	179	107	72			
35-39岁	**2269**	**1472**	**797**	**1806**	**1147**	**659**	**1289**	**835**	**454**
35	456	292	164	336	212	124	134	80	54
36	438	297	141	394	251	143	260	179	81
37	392	254	138	342	236	106	321	202	119
38	482	304	178	376	227	149	297	191	106
39	501	325	176	358	221	137	277	183	94
40-44岁	**1982**	**1346**	**636**	**1578**	**999**	**579**	**1244**	**847**	**397**
40	417	273	144	314	196	118	258	185	73
41	398	274	124	342	223	119	275	179	96
42	387	273	114	311	195	116	265	184	81
43	388	256	132	279	183	96	237	162	75
44	392	270	122	332	202	130	209	137	72
45-49岁	**1918**	**1325**	**593**	**1619**	**1084**	**535**	**1422**	**958**	**464**
45	386	255	131	339	224	115	328	225	103
46	404	274	130	372	253	119	281	179	102
47	395	262	133	319	197	122	314	205	109
48	375	266	109	303	208	95	271	193	78
49	358	268	90	286	202	84	228	156	72
50-54岁	**1554**	**1121**	**433**	**1177**	**846**	**331**	**934**	**671**	**263**
50	367	268	99	280	192	88	259	187	72
51	260	182	78	253	185	68	178	120	58
52	243	167	76	237	167	70	203	143	60
53	302	231	71	157	122	35	154	124	30
54	382	273	109	250	180	70	140	97	43
55-59岁	**1765**	**1270**	**495**	**1412**	**1006**	**406**	**1061**	**787**	**274**
55	417	283	134	281	185	96	201	158	43
56	365	262	103	339	232	107	189	143	46
57	391	285	106	337	259	78	286	203	83
58	374	275	99	266	191	75	236	177	59
59	218	165	53	189	139	50	149	106	43
60-64岁	**1654**	**1317**	**337**	**1286**	**1039**	**247**	**1005**	**817**	**188**
60	259	191	68	171	128	43	163	122	41
61	268	224	44	247	202	45	189	157	32
62	326	268	58	288	236	52	244	202	42
63	431	348	83	305	247	58	232	190	42
64	370	286	84	275	226	49	177	146	31
65岁及以上	**4314**	**3085**	**1229**	**3630**	**2679**	**951**	**3005**	**2190**	**815**

5-5c 续表 8

单位：人

年　龄	初婚年龄								
	36岁			37岁			38岁		
	小计	男	女	小计	男	女	小计	男	女
总　计	**7851**	**5560**	**2291**	**6112**	**4373**	**1739**	**5033**	**3585**	**1448**
20岁以下									
20-24岁									
20									
21									
22									
23									
24									
25-29岁									
25									
26									
27									
28									
29									
30-34岁									
30									
31									
32									
33									
34									
35-39岁	**853**	**530**	**323**	**444**	**277**	**167**	**225**	**138**	**87**
35									
36	101	67	34						
37	219	125	94	74	45	29			
38	258	159	99	180	112	68	78	50	28
39	275	179	96	190	120	70	147	88	59
40-44岁	**1030**	**654**	**376**	**822**	**556**	**266**	**640**	**399**	**241**
40	199	129	70	156	95	61	137	86	51
41	244	150	94	182	129	53	134	82	52
42	205	131	74	166	115	51	120	78	42
43	185	114	71	157	114	43	111	71	40
44	197	130	67	161	103	58	138	82	56
45-49岁	**1146**	**781**	**365**	**932**	**606**	**326**	**802**	**539**	**263**
45	180	119	61	151	102	49	142	95	47
46	258	161	97	153	92	61	157	107	50
47	268	182	86	236	143	93	159	103	56
48	234	165	69	179	127	52	183	129	54
49	206	154	52	213	142	71	161	105	56
50-54岁	**779**	**584**	**195**	**648**	**436**	**212**	**618**	**433**	**185**
50	197	138	59	157	106	51	172	120	52
51	174	132	42	139	93	46	120	82	38
52	146	113	33	143	92	51	120	85	35
53	138	106	32	94	63	31	119	85	34
54	124	95	29	115	82	33	87	61	26
55-59岁	**771**	**576**	**195**	**491**	**376**	**115**	**387**	**308**	**79**
55	117	92	25	87	64	23	86	69	17
56	139	111	28	76	57	19	75	52	23
57	169	123	46	125	97	28	75	62	13
58	217	155	62	109	85	24	88	75	13
59	129	95	34	94	73	21	63	50	13
60-64岁	**822**	**670**	**152**	**709**	**568**	**141**	**565**	**431**	**134**
60	113	84	29	85	61	24	77	59	18
61	131	108	23	105	79	26	101	79	22
62	198	156	42	180	143	37	127	93	34
63	209	177	32	181	151	30	136	104	32
64	171	145	26	158	134	24	124	96	28
65岁及以上	**2450**	**1765**	**685**	**2066**	**1554**	**512**	**1796**	**1337**	**459**

5-5c　续表 9　　　　单位：人

年　龄	初婚年龄					
	39岁			40岁及以上		
	小计	男	女	小计	男	女
总　计	**4103**	**2972**	**1131**	**23028**	**15806**	**7222**
20岁以下						
20-24岁						
20						
21						
22						
23						
24						
25-29岁						
25						
26						
27						
28						
29						
30-34岁						
30						
31						
32						
33						
34						
35-39岁	**64**	**38**	**26**			
35						
36						
37						
38						
39	64	38	26			
40-44岁	**569**	**355**	**214**	**1091**	**612**	**479**
40	99	61	38	75	42	33
41	150	96	54	165	87	78
42	114	65	49	233	125	108
43	92	58	34	284	166	118
44	114	75	39	334	192	142
45-49岁	**635**	**416**	**219**	**2927**	**1748**	**1179**
45	108	72	36	458	257	201
46	137	98	39	587	339	248
47	126	82	44	623	365	258
48	120	68	52	592	389	203
49	144	96	48	667	398	269
50-54岁	**597**	**447**	**150**	**3579**	**2323**	**1256**
50	157	111	46	731	444	287
51	115	83	32	717	440	277
52	112	87	25	756	491	265
53	100	81	19	693	473	220
54	113	85	28	682	475	207
55-59岁	**291**	**229**	**62**	**2701**	**1897**	**804**
55	68	55	13	637	456	181
56	71	55	16	596	415	181
57	63	47	16	654	456	198
58	54	45	9	526	368	158
59	35	27	8	288	202	86
60-64岁	**445**	**331**	**114**	**2333**	**1728**	**605**
60	48	40	8	288	218	70
61	67	52	15	383	280	103
62	120	80	40	502	375	127
63	105	78	27	597	443	154
64	105	81	24	563	412	151
65岁及以上	**1502**	**1156**	**346**	**10397**	**7498**	**2899**

5-6 全省分性别、受教育程度、初婚年龄的人口

单位：人

受教育程度	初婚年龄					
	合计			15岁以下		
	合计	男	女	小计	男	女
总　计	**7172595**	**3556057**	**3616538**	**8810**	**1720**	**7090**
未上过学	160360	24024	136336	824	36	788
学前教育	9091	2534	6557	39	3	36
小　学	1379535	551455	828080	3165	385	2780
初　中	3035661	1571328	1464333	3488	839	2649
高　中	1396789	777077	619712	953	337	616
大学专科	648603	333799	314804	230	70	160
大学本科	483089	260789	222300	101	45	56
硕士研究生	52797	30556	22241	9	5	4
博士研究生	6670	4495	2175	1		1

5-6 续表 1

单位：人

受教育程度	初婚年龄								
	15岁			16岁			17岁		
	小计	男	女	小计	男	女	小计	男	女
总　计	**36053**	**8662**	**27391**	**61386**	**13008**	**48378**	**106221**	**22565**	**83656**
未上过学	2855	98	2757	4707	134	4573	7908	289	7619
学前教育	127	8	119	194	17	177	333	27	306
小　学	12189	1801	10388	21577	2863	18714	37607	5186	32421
初　中	15268	4525	10743	26613	7001	19612	46770	12432	34338
高　中	4057	1612	2445	6245	2209	4036	10606	3552	7054
大学专科	1052	410	642	1405	510	895	2111	733	1378
大学本科	476	195	281	608	256	352	834	328	506
硕士研究生	26	11	15	34	16	18	44	14	30
博士研究生	3	2	1	3	2	1	8	4	4

5-6　续表 2

单位：人

受教育程度	初婚年龄								
	18岁			19岁			20岁		
	小计	男	女	小计	男	女	小计	男	女
总　计	**172986**	**40883**	**132103**	**304217**	**80347**	**223870**	**480020**	**129751**	**350269**
未上过学	10925	435	10490	16088	862	15226	18295	1296	16999
学前教育	471	57	414	754	98	656	882	132	750
小　学	58972	9537	49435	94130	18757	75373	126660	28533	98127
初　中	79040	22515	56525	144159	44237	99922	235878	71403	164475
高　中	18822	6641	12181	38693	13225	25468	75001	23044	51957
大学专科	3501	1188	2313	7819	2277	5542	17782	3936	13846
大学本科	1191	474	717	2429	812	1617	5311	1322	3989
硕士研究生	49	26	23	123	63	60	190	78	112
博士研究生	15	10	5	22	16	6	21	7	14

5-6　续表 3

单位：人

受教育程度	初婚年龄								
	21岁			22岁			23岁		
	小计	男	女	小计	男	女	小计	男	女
总　计	**589317**	**210601**	**378716**	**752315**	**340456**	**411859**	**768777**	**363505**	**405272**
未上过学	16668	1624	15044	15491	1984	13507	12889	2024	10865
学前教育	904	163	741	936	227	709	865	254	611
小　学	136771	40597	96174	151105	56568	94537	139929	57248	82681
初　中	290683	115386	175297	363385	180291	183094	351064	182375	168689
高　中	105476	41602	63874	151555	74900	76655	163360	82908	80452
大学专科	28818	8365	20453	49967	19394	30573	65997	26206	39791
大学本科	9596	2704	6892	18927	6656	12271	32721	11628	21093
硕士研究生	355	138	217	814	363	451	1728	738	990
博士研究生	46	22	24	135	73	62	224	124	100

5-6 续表 4

单位：人

受教育程度	初婚年龄								
	24岁			25岁			26岁		
	小计	男	女	小计	男	女	小计	男	女
总　计	**761672**	**390797**	**370875**	**697188**	**387293**	**309895**	**579021**	**339932**	**239089**
未上过学	11219	2053	9166	9004	2200	6804	6366	1661	4705
学前教育	728	240	488	632	248	384	455	187	268
小　学	127082	57503	69579	105139	52616	52523	80716	43430	37286
初　中	324186	181601	142585	274846	164344	110502	213534	133793	79741
高　中	164993	91504	73489	151541	90641	60900	124447	78765	45682
大学专科	79320	35345	43975	83923	42465	41458	75845	41727	34118
大学本科	50398	20705	29693	65878	31511	34367	69302	36052	33250
硕士研究生	3319	1601	1718	5514	2826	2688	7544	3831	3713
博士研究生	427	245	182	711	442	269	812	486	326

5-6 续表 5

单位：人

受教育程度	初婚年龄								
	27岁			28岁			29岁		
	小计	男	女	小计	男	女	小计	男	女
总　计	**461482**	**287370**	**174112**	**346536**	**226732**	**119804**	**254389**	**172134**	**82255**
未上过学	5066	1514	3552	3865	1252	2613	3221	1106	2115
学前教育	340	157	183	265	123	142	212	89	123
小　学	61276	35153	26123	46424	27818	18606	35624	22315	13309
初　中	162701	106786	55915	120201	81155	39046	88430	60868	27562
高　中	97314	65049	32265	72387	50459	21928	52732	37543	15189
大学专科	63026	37674	25352	47150	30514	16636	33713	22821	10892
大学本科	62446	35945	26501	48228	30655	17573	34449	23514	10935
硕士研究生	8453	4542	3911	7173	4176	2997	5334	3403	1931
博士研究生	860	550	310	843	580	263	674	475	199

5-6　续表 6　　　　单位：人

受教育程度	初婚年龄								
	30岁			31岁			32岁		
	小计	男	女	小计	男	女	小计	男	女
总　计	**185907**	**127565**	**58342**	**135586**	**92885**	**42701**	**101386**	**69706**	**31680**
未上过学	2608	914	1694	2001	727	1274	1651	574	1077
学前教育	188	95	93	138	67	71	90	47	43
小　学	27314	17421	9893	20719	13309	7410	16245	10520	5725
初　中	65661	45336	20325	49024	33528	15496	37967	26073	11894
高　中	38280	27511	10769	27841	19921	7920	20823	14848	5975
大学专科	23721	16304	7417	16785	11548	5237	11703	8187	3516
大学本科	23774	16961	6813	16233	11749	4484	10980	8021	2959
硕士研究生	3831	2637	1194	2493	1765	728	1684	1242	442
博士研究生	530	386	144	352	271	81	243	194	49

5-6　续表 7　　　　单位：人

受教育程度	初婚年龄								
	33岁			34岁			35岁		
	小计	男	女	小计	男	女	小计	男	女
总　计	**76600**	**52345**	**24255**	**58741**	**39891**	**18850**	**45777**	**31074**	**14703**
未上过学	1318	502	816	1069	383	686	847	314	533
学前教育	78	48	30	59	37	22	51	30	21
小　学	13066	8607	4459	10360	6817	3543	8289	5439	2850
初　中	29323	19912	9411	22647	15462	7185	17906	12222	5684
高　中	15555	11055	4500	12079	8447	3632	9247	6535	2712
大学专科	8384	5755	2629	6178	4201	1977	4794	3207	1587
大学本科	7618	5530	2088	5423	3864	1559	4026	2879	1147
硕士研究生	1073	782	291	778	565	213	525	380	145
博士研究生	185	154	31	148	115	33	92	68	24

5-6 续表 8

单位：人

受教育程度	初婚年龄								
	36岁			37岁			38岁		
	小计	男	女	小计	男	女	小计	男	女
总　计	**34941**	**23789**	**11152**	**27601**	**18900**	**8701**	**21654**	**14910**	**6744**
未上过学	763	284	479	606	224	382	582	242	340
学前教育	52	30	22	32	19	13	32	19	13
小　学	6679	4458	2221	5536	3692	1844	4563	3035	1528
初　中	13698	9364	4334	10614	7307	3307	8519	5896	2623
高　中	6895	4867	2028	5501	3890	1611	4218	3049	1169
大学专科	3468	2369	1099	2718	1891	827	1934	1344	590
大学本科	2939	2073	866	2214	1591	623	1546	1129	417
硕士研究生	382	286	96	321	239	82	219	167	52
博士研究生	65	58	7	59	47	12	41	29	12

5-6 续表 9

单位：人

受教育程度	初婚年龄					
	39岁			40岁及以上		
	小计	男	女	小计	男	女
总　计	**17461**	**11952**	**5509**	**86551**	**57284**	**29267**
未上过学	411	160	251	3113	1132	1981
学前教育	25	7	18	209	105	104
小　学	3927	2590	1337	24471	15257	9214
初　中	6736	4588	2148	33320	22089	11231
高　中	3458	2471	987	14710	10492	4218
大学专科	1493	1072	421	5766	4286	1480
大学本科	1199	885	314	4242	3305	937
硕士研究生	179	149	30	603	513	90
博士研究生	33	30	3	117	105	12

5–6a 全省分性别、受教育程度、初婚年龄的人口(城市)

单位：人

受教育程度	初婚年龄					
	合计			15岁以下		
	合计	男	女	小计	男	女
总　计	**4471205**	**2240693**	**2230512**	**3682**	**893**	**2789**
未上过学	50636	8255	42381	179	11	168
学前教育	3397	1045	2352	5	1	4
小　学	613009	244433	368576	962	146	816
初　中	1731915	882473	849442	1623	421	1202
高　中	1044399	564317	480082	647	223	424
大学专科	540401	274907	265494	175	52	123
大学本科	429957	231393	198564	82	34	48
硕士研究生	50997	29492	21505	8	5	3
博士研究生	6494	4378	2116	1		1

5–6a 续表 1

单位：人

受教育程度	初婚年龄								
	15岁			16岁			17岁		
	小计	男	女	小计	男	女	小计	男	女
总　计	**17202**	**5132**	**12070**	**27845**	**7149**	**20696**	**48214**	**11594**	**36620**
未上过学	695	30	665	1173	47	1126	2053	87	1966
学前教育	34	2	32	48	9	39	97	11	86
小　学	4432	851	3581	7577	1214	6363	13653	2124	11529
初　中	7942	2648	5294	13067	3735	9332	22936	6249	16687
高　中	2871	1122	1749	4345	1518	2827	7104	2287	4817
大学专科	809	309	500	1071	388	683	1615	542	1073
大学本科	395	158	237	530	221	309	708	277	431
硕士研究生	21	10	11	31	15	16	41	13	28
博士研究生	3	2	1	3	2	1	7	4	3

5－6a　续表 2　　　　单位：人

受教育程度	初婚年龄								
	18岁			19岁			20岁		
	小计	男	女	小计	男	女	小计	男	女
总　计	**81587**	**20547**	**61040**	**156045**	**41105**	**114940**	**267224**	**68175**	**199049**
未上过学	3092	161	2931	4750	289	4461	5766	414	5352
学前教育	143	25	118	265	38	227	322	50	272
小　学	22557	3725	18832	38968	7621	31347	55930	12048	43882
初　中	39497	11163	28334	77308	22487	54821	133193	37068	96125
高　中	12625	4176	8449	26714	8334	18380	53643	14699	38944
大学专科	2596	857	1739	5905	1606	4299	13804	2784	11020
大学本科	1018	405	613	1999	656	1343	4370	1033	3337
硕士研究生	45	25	20	118	59	59	176	73	103
博士研究生	14	10	4	18	15	3	20	6	14

5－6a　续表 3　　　　单位：人

受教育程度	初婚年龄								
	21岁			22岁			23岁		
	小计	男	女	小计	男	女	小计	男	女
总　计	**339432**	**117486**	**221946**	**454225**	**203237**	**250988**	**477783**	**219894**	**257889**
未上过学	5458	550	4908	5274	723	4551	4495	699	3796
学前教育	335	65	270	396	109	287	354	112	242
小　学	61521	18171	43350	70169	26558	43611	65305	26618	38687
初　中	165402	62558	102844	210777	102675	108102	203148	103166	99982
高　中	75879	27682	48197	110916	52342	58574	120730	58092	62638
大学专科	22561	6163	16398	39879	14939	24940	53647	20546	33101
大学本科	7904	2153	5751	15926	5484	10442	28226	9833	18393
硕士研究生	329	124	205	760	338	422	1659	705	954
博士研究生	43	20	23	128	69	59	219	123	96

5-6a　续表 4　　　　单位：人

受教育程度	初婚年龄								
	24岁			25岁			26岁		
	小计	男	女	小计	男	女	小计	男	女
总　计	**485941**	**243271**	**242670**	**458827**	**249708**	**209119**	**390761**	**225074**	**165687**
未上过学	3845	742	3103	3041	800	2241	2219	621	1598
学前教育	315	113	202	265	105	160	169	83	86
小　学	59449	26691	32758	49402	24355	25047	37407	19750	17657
初　中	186221	102653	83568	157510	92948	64562	122590	75745	46845
高　中	122716	65105	57611	113863	65765	48098	94330	58164	36166
大学专科	65724	28402	37322	70191	34821	35370	64075	34652	29423
大学本科	44076	17802	26274	58516	27751	30765	61876	31890	29986
硕士研究生	3183	1524	1659	5352	2736	2616	7301	3697	3604
博士研究生	412	239	173	687	427	260	794	472	322

5-6a　续表 5　　　　单位：人

受教育程度	初婚年龄								
	27岁			28岁			29岁		
	小计	男	女	小计	男	女	小计	男	女
总　计	**316770**	**194483**	**122287**	**238777**	**154777**	**84000**	**175968**	**118429**	**57539**
未上过学	1666	552	1114	1292	447	845	1072	387	685
学前教育	135	59	76	92	43	49	83	28	55
小　学	28115	15854	12261	20886	12157	8729	16214	9887	6327
初　中	93303	60589	32714	69266	46149	23117	51459	34810	16649
高　中	74614	48750	25864	55763	38115	17648	41087	28893	12194
大学专科	53657	31650	22007	40144	25738	14406	28951	19399	9552
大学本科	56272	32111	24161	43575	27529	16046	31278	21269	10009
硕士研究生	8164	4380	3784	6941	4036	2905	5171	3297	1874
博士研究生	844	538	306	818	563	255	653	459	194

5-6a 续表 6

单位：人

受教育程度	初婚年龄								
	30岁			31岁			32岁		
	小计	男	女	小计	男	女	小计	男	女
总　计	**128182**	**87622**	**40560**	**92862**	**63398**	**29464**	**68821**	**47075**	**21746**
未上过学	842	300	542	641	244	397	532	198	334
学前教育	68	41	27	53	31	22	39	22	17
小　学	12133	7444	4689	9044	5575	3469	7089	4391	2698
初　中	38796	26310	12486	29039	19393	9646	22579	15062	7517
高　中	30096	21320	8776	22003	15573	6430	16507	11614	4893
大学专科	20483	13973	6510	14502	9923	4579	10135	7061	3074
大学本科	21545	15300	6245	14823	10684	4139	10059	7329	2730
硕士研究生	3704	2559	1145	2412	1708	704	1644	1210	434
博士研究生	515	375	140	345	267	78	237	188	49

5-6a 续表 7

单位：人

受教育程度	初婚年龄								
	33岁			34岁			35岁		
	小计	男	女	小计	男	女	小计	男	女
总　计	**51759**	**35062**	**16697**	**39237**	**26464**	**12773**	**30530**	**20416**	**10114**
未上过学	414	171	243	321	116	205	247	94	153
学前教育	27	18	9	24	16	8	15	9	6
小　学	5653	3532	2121	4368	2707	1661	3575	2198	1377
初　中	17642	11607	6035	13571	9040	4531	10777	7063	3714
高　中	12523	8794	3729	9726	6745	2981	7430	5185	2245
大学专科	7305	4975	2330	5392	3652	1740	4204	2804	1400
大学本科	6972	5057	1915	4945	3530	1415	3683	2626	1057
硕士研究生	1043	759	284	743	544	199	507	369	138
博士研究生	180	149	31	147	114	33	92	68	24

5-6a　续表 8　　　单位：人

受教育程度	初婚年龄								
	36岁			37岁			38岁		
	小计	男	女	小计	男	女	小计	男	女
总　计	**23014**	**15499**	**7515**	**18239**	**12333**	**5906**	**14091**	**9624**	**4467**
未上过学	221	92	129	162	70	92	166	73	93
学前教育	13	8	5	12	7	5	7	5	2
小　学	2713	1704	1009	2279	1401	878	1875	1151	724
初　中	8296	5477	2819	6456	4295	2161	5189	3511	1678
高　中	5591	3907	1684	4489	3129	1360	3467	2461	1006
大学专科	3051	2081	970	2416	1685	731	1710	1192	518
大学本科	2696	1896	800	2053	1467	586	1428	1043	385
硕士研究生	368	276	92	313	232	81	208	159	49
博士研究生	65	58	7	59	47	12	41	29	12

5-6a　续表 9　　　单位：人

受教育程度	初婚年龄					
	39岁			40岁及以上		
	小计	男	女	小计	男	女
总　计	**11344**	**7635**	**3709**	**52843**	**34611**	**18232**
未上过学	132	54	78	888	283	605
学前教育	9	1	8	72	34	38
小　学	1630	966	664	10103	5594	4509
初　中	4141	2694	1447	20187	12957	7230
高　中	2816	1994	822	11904	8328	3576
大学专科	1296	934	362	5103	3779	1324
大学本科	1116	821	295	3886	3034	852
硕士研究生	171	141	30	584	498	86
博士研究生	33	30	3	116	104	12

5-6b 全省分性别、受教育程度、初婚年龄的人口(镇)

单位：人

受教育程度	初婚年龄					
	合计			15岁以下		
	合计	男	女	小计	男	女
总　计	**956256**	**465268**	**490988**	**1386**	**277**	**1109**
未上过学	27472	4445	23027	123	10	113
学前教育	1364	392	972	8	1	7
小　学	221562	87314	134248	510	73	437
初　中	444089	225563	218526	561	127	434
高　中	160925	92737	68188	141	47	94
大学专科	63148	34088	29060	32	11	21
大学本科	36303	19896	16407	11	8	3
硕士研究生	1283	759	524			
博士研究生	110	74	36			

5-6b 续表 1

单位：人

受教育程度	初婚年龄								
	15岁			16岁			17岁		
	小计	男	女	小计	男	女	小计	男	女
总　计	**5482**	**1209**	**4273**	**9716**	**1867**	**7849**	**16975**	**3433**	**13542**
未上过学	437	11	426	707	19	688	1310	50	1260
学前教育	21	2	19	31	2	29	50	5	45
小　学	1883	270	1613	3510	429	3081	6235	794	5441
初　中	2388	618	1770	4370	1036	3334	7465	1907	5558
高　中	553	221	332	862	299	563	1548	536	1012
大学专科	139	62	77	190	63	127	279	106	173
大学本科	59	25	34	44	18	26	86	35	51
硕士研究生	2		2	2	1	1	2		2
博士研究生									

5-6b　续表 2

单位：人

受教育程度	初婚年龄								
	18岁			19岁			20岁		
	小计	男	女	小计	男	女	小计	男	女
总　计	**27466**	**6261**	**21205**	**46518**	**12419**	**34099**	**70009**	**19632**	**50377**
未上过学	1713	72	1641	2567	140	2427	2938	214	2724
学前教育	59	7	52	105	19	86	114	18	96
小　学	9621	1565	8056	15137	3009	12128	19801	4455	15346
初　中	12679	3402	9277	22065	6815	15250	34769	10824	23945
高　中	2777	998	1779	5271	1971	3300	9461	3313	6148
大学专科	504	179	325	1084	365	719	2277	608	1669
大学本科	109	38	71	284	96	188	641	197	444
硕士研究生	3		3	3	3		8	3	5
博士研究生	1		1	2	1	1			

5-6b　续表 3

单位：人

受教育程度	初婚年龄								
	21岁			22岁			23岁		
	小计	男	女	小计	男	女	小计	男	女
总　计	**85530**	**30990**	**54540**	**105817**	**47363**	**58454**	**106093**	**50868**	**55225**
未上过学	2844	300	2544	2706	391	2315	2315	364	1951
学前教育	146	29	117	137	29	108	145	38	107
小　学	21540	6333	15207	24014	8764	15250	22758	9205	13553
初　中	42917	17068	25849	52846	25595	27251	51144	26187	24957
高　中	13294	5674	7620	18165	9314	8851	19390	10630	8760
大学专科	3606	1203	2403	5820	2469	3351	7119	3176	3943
大学本科	1169	374	795	2096	786	1310	3171	1245	1926
硕士研究生	13	8	5	30	14	16	47	22	25
博士研究生	1	1		3	1	2	4	1	3

5-6b 续表 4

单位：人

受教育程度	初婚年龄								
	24岁			25岁			26岁		
	小计	男	女	小计	男	女	小计	男	女
总　计	**102800**	**53830**	**48970**	**90166**	**51079**	**39087**	**71896**	**43192**	**28704**
未上过学	2083	410	1673	1670	433	1237	1171	312	859
学前教育	101	30	71	101	43	58	75	29	46
小　学	20868	9316	11552	17258	8535	8723	13210	7056	6154
初　中	48099	26589	21510	40646	24024	16622	31414	19506	11908
高　中	19365	11477	7888	17443	11049	6394	13894	9257	4637
大学专科	7916	4026	3890	7925	4418	3507	6855	4078	2777
大学本科	4271	1933	2338	5009	2516	2493	5085	2842	2243
硕士研究生	91	48	43	98	51	47	177	100	77
博士研究生	6	1	5	16	10	6	15	12	3

5-6b 续表 5

单位：人

受教育程度	初婚年龄								
	27岁			28岁			29岁		
	小计	男	女	小计	男	女	小计	男	女
总　计	**54689**	**34632**	**20057**	**40830**	**26926**	**13904**	**29088**	**19716**	**9372**
未上过学	934	269	665	692	228	464	587	223	364
学前教育	46	22	24	49	23	26	34	17	17
小　学	9912	5576	4336	7750	4606	3144	5701	3492	2209
初　中	23576	15268	8308	17241	11476	5765	12222	8336	3886
高　中	10390	7258	3132	7667	5568	2099	5482	4018	1464
大学专科	5466	3537	1929	4068	2775	1293	2836	2053	783
大学本科	4134	2573	1561	3176	2133	1043	2095	1488	607
硕士研究生	223	123	100	171	107	64	119	78	41
博士研究生	8	6	2	16	10	6	12	11	1

5-6b　续表 6　　　　单位：人

受教育程度	初婚年龄								
	30岁			31岁			32岁		
	小计	男	女	小计	男	女	小计	男	女
总　计	**21252**	**14453**	**6799**	**15447**	**10398**	**5049**	**11665**	**7862**	**3803**
未上过学	499	175	324	368	131	237	277	104	173
学前教育	31	15	16	27	11	16	9	4	5
小　学	4378	2741	1637	3291	2059	1232	2562	1667	895
初　中	8990	6166	2824	6687	4522	2165	5121	3403	1718
高　中	3774	2788	986	2691	1953	738	2077	1515	562
大学专科	1945	1386	559	1355	948	407	947	665	282
大学本科	1529	1117	412	958	725	233	640	478	162
硕士研究生	94	57	37	65	46	19	27	21	6
博士研究生	12	8	4	5	3	2	5	5	

5-6b　续表 7　　　　单位：人

受教育程度	初婚年龄								
	33岁			34岁			35岁		
	小计	男	女	小计	男	女	小计	男	女
总　计	**8777**	**5951**	**2826**	**6817**	**4520**	**2297**	**5287**	**3553**	**1734**
未上过学	230	99	131	194	64	130	165	70	95
学前教育	8	5	3	7	5	2	10	7	3
小　学	2007	1297	710	1590	1043	547	1242	815	427
初　中	3933	2644	1289	3059	2056	1003	2358	1595	763
高　中	1451	1073	378	1115	758	357	866	626	240
大学专科	674	494	180	488	338	150	387	260	127
大学本科	450	322	128	338	240	98	246	171	75
硕士研究生	21	14	7	26	16	10	13	9	4
博士研究生	3	3							

5-6b 续表 8

单位：人

受教育程度	初婚年龄								
	36岁			37岁			38岁		
	小计	男	女	小计	男	女	小计	男	女
总　计	**4076**	**2730**	**1346**	**3250**	**2194**	**1056**	**2530**	**1701**	**829**
未上过学	126	43	83	117	45	72	92	38	54
学前教育	6	4	2	4	1	3	8	4	4
小　学	1045	670	375	858	563	295	701	463	238
初　中	1800	1230	570	1409	952	457	1098	731	367
高　中	645	470	175	542	402	140	372	290	82
大学专科	271	183	88	202	136	66	163	103	60
大学本科	173	124	49	112	90	22	86	64	22
硕士研究生	10	6	4	6	5	1	10	8	2
博士研究生									

5-6b 续表 9

单位：人

受教育程度	初婚年龄					
	39岁			40岁及以上		
	小计	男	女	小计	男	女
总　计	**2014**	**1345**	**669**	**10680**	**6867**	**3813**
未上过学	68	22	46	539	208	331
学前教育	6	2	4	26	20	6
小　学	585	387	198	3595	2131	1464
初　中	835	567	268	4397	2919	1478
高　中	317	222	95	1372	1010	362
大学专科	132	90	42	468	356	112
大学本科	65	49	16	266	209	57
硕士研究生	6	6		16	13	3
博士研究生				1	1	

5-6c　全省分性别、受教育程度、初婚年龄的人口(乡村)

单位：人

受教育程度	初婚年龄					
	合　计			15岁以下		
	合计	男	女	小计	男	女
总　计	**1745134**	**850096**	**895038**	**3742**	**550**	**3192**
未上过学	82252	11324	70928	522	15	507
学前教育	4330	1097	3233	26	1	25
小　学	544964	219708	325256	1693	166	1527
初　中	859657	463292	396365	1304	291	1013
高　中	191465	120023	71442	165	67	98
大学专科	45054	24804	20250	23	7	16
大学本科	16829	9500	7329	8	3	5
硕士研究生	517	305	212	1		1
博士研究生	66	43	23			

5-6c　续表 1

单位：人

受教育程度	初婚年龄								
	15岁			16岁			17岁		
	小计	男	女	小计	男	女	小计	男	女
总　计	**13369**	**2321**	**11048**	**23825**	**3992**	**19833**	**41032**	**7538**	**33494**
未上过学	1723	57	1666	2827	68	2759	4545	152	4393
学前教育	72	4	68	115	6	109	186	11	175
小　学	5874	680	5194	10490	1220	9270	17719	2268	15451
初　中	4938	1259	3679	9176	2230	6946	16369	4276	12093
高　中	633	269	364	1038	392	646	1954	729	1225
大学专科	104	39	65	144	59	85	217	85	132
大学本科	22	12	10	34	17	17	40	16	24
硕士研究生	3	1	2	1		1	1	1	
博士研究生							1		1

5-6c 续表 2

单位：人

受教育程度	初婚年龄								
	18岁			19岁			20岁		
	小计	男	女	小计	男	女	小计	男	女
总 计	**63933**	**14075**	**49858**	**101654**	**26823**	**74831**	**142787**	**41944**	**100843**
未上过学	6120	202	5918	8771	433	8338	9591	668	8923
学前教育	269	25	244	384	41	343	446	64	382
小 学	26794	4247	22547	40025	8127	31898	50929	12030	38899
初 中	26864	7950	18914	44786	14935	29851	67916	23511	44405
高 中	3420	1467	1953	6708	2920	3788	11897	5032	6865
大学专科	401	152	249	830	306	524	1701	544	1157
大学本科	64	31	33	146	60	86	300	92	208
硕士研究生	1	1		2	1	1	6	2	4
博士研究生				2		2	1	1	

5-6c 续表 3

单位：人

受教育程度	初婚年龄								
	21岁			22岁			23岁		
	小计	男	女	小计	男	女	小计	男	女
总 计	**164355**	**62125**	**102230**	**192273**	**89856**	**102417**	**184901**	**92743**	**92158**
未上过学	8366	774	7592	7511	870	6641	6079	961	5118
学前教育	423	69	354	403	89	314	366	104	262
小 学	53710	16093	37617	56922	21246	35676	51866	21425	30441
初 中	82364	35760	46604	99762	52021	47741	96772	53022	43750
高 中	16303	8246	8057	22474	13244	9230	23240	14186	9054
大学专科	2651	999	1652	4268	1986	2282	5231	2484	2747
大学本科	523	177	346	905	386	519	1324	550	774
硕士研究生	13	6	7	24	11	13	22	11	11
博士研究生	2	1	1	4	3	1	1		1

5-6c　续表 4　　单位：人

受教育程度	初婚年龄								
	24岁			25岁			26岁		
	小计	男	女	小计	男	女	小计	男	女
总　计	**172931**	**93696**	**79235**	**148195**	**86506**	**61689**	**116364**	**71666**	**44698**
未上过学	5291	901	4390	4293	967	3326	2976	728	2248
学前教育	312	97	215	266	100	166	211	75	136
小　学	46765	21496	25269	38479	19726	18753	30099	16624	13475
初　中	89866	52359	37507	76690	47372	29318	59530	38542	20988
高　中	22912	14922	7990	20235	13827	6408	16223	11344	4879
大学专科	5680	2917	2763	5807	3226	2581	4915	2997	1918
大学本科	2051	970	1081	2353	1244	1109	2341	1320	1021
硕士研究生	45	29	16	64	39	25	66	34	32
博士研究生	9	5	4	8	5	3	3	2	1

5-6c　续表 5　　单位：人

受教育程度	初婚年龄								
	27岁			28岁			29岁		
	小计	男	女	小计	男	女	小计	男	女
总　计	**90023**	**58255**	**31768**	**66929**	**45029**	**21900**	**49333**	**33989**	**15344**
未上过学	2466	693	1773	1881	577	1304	1562	496	1066
学前教育	159	76	83	124	57	67	95	44	51
小　学	23249	13723	9526	17788	11055	6733	13709	8936	4773
初　中	45822	30929	14893	33694	23530	10164	24749	17722	7027
高　中	12310	9041	3269	8957	6776	2181	6163	4632	1531
大学专科	3903	2487	1416	2938	2001	937	1926	1369	557
大学本科	2040	1261	779	1477	993	484	1076	757	319
硕士研究生	66	39	27	61	33	28	44	28	16
博士研究生	8	6	2	9	7	2	9	5	4

5-6c 续表 6 单位：人

受教育程度	初婚年龄								
	30岁			31岁			32岁		
	小计	男	女	小计	男	女	小计	男	女
总 计	**36473**	**25490**	**10983**	**27277**	**19089**	**8188**	**20900**	**14769**	**6131**
未上过学	1267	439	828	992	352	640	842	272	570
学前教育	89	39	50	58	25	33	42	21	21
小 学	10803	7236	3567	8384	5675	2709	6594	4462	2132
初 中	17875	12860	5015	13298	9613	3685	10267	7608	2659
高 中	4410	3403	1007	3147	2395	752	2239	1719	520
大学专科	1293	945	348	928	677	251	621	461	160
大学本科	700	544	156	452	340	112	281	214	67
硕士研究生	33	21	12	16	11	5	13	11	2
博士研究生	3	3		2	1	1	1	1	

5-6c 续表 7 单位：人

受教育程度	初婚年龄								
	33岁			34岁			35岁		
	小计	男	女	小计	男	女	小计	男	女
总 计	**16064**	**11332**	**4732**	**12687**	**8907**	**3780**	**9960**	**7105**	**2855**
未上过学	674	232	442	554	203	351	435	150	285
学前教育	43	25	18	28	16	12	26	14	12
小 学	5406	3778	1628	4402	3067	1335	3472	2426	1046
初 中	7748	5661	2087	6017	4366	1651	4771	3564	1207
高 中	1581	1188	393	1238	944	294	951	724	227
大学专科	405	286	119	298	211	87	203	143	60
大学本科	196	151	45	140	94	46	97	82	15
硕士研究生	9	9		9	5	4	5	2	3
博士研究生	2	2		1	1				

5-6c 续表 8

单位：人

受教育程度	初婚年龄								
	36岁			37岁			38岁		
	小计	男	女	小计	男	女	小计	男	女
总 计	**7851**	**5560**	**2291**	**6112**	**4373**	**1739**	**5033**	**3585**	**1448**
未上过学	416	149	267	327	109	218	324	131	193
学前教育	33	18	15	16	11	5	17	10	7
小 学	2921	2084	837	2399	1728	671	1987	1421	566
初 中	3602	2657	945	2749	2060	689	2232	1654	578
高 中	659	490	169	470	359	111	379	298	81
大学专科	146	105	41	100	70	30	61	49	12
大学本科	70	53	17	49	34	15	32	22	10
硕士研究生	4	4		2	2		1		1
博士研究生									

5-6c 续表 9

单位：人

受教育程度	初婚年龄					
	39岁			40岁及以上		
	小计	男	女	小计	男	女
总 计	**4103**	**2972**	**1131**	**23028**	**15806**	**7222**
未上过学	211	84	127	1686	641	1045
学前教育	10	4	6	111	51	60
小 学	1712	1237	475	10773	7532	3241
初 中	1760	1327	433	8736	6213	2523
高 中	325	255	70	1434	1154	280
大学专科	65	48	17	195	151	44
大学本科	18	15	3	90	62	28
硕士研究生	2	2		3	2	1
博士研究生						

第二部分　长表数据资料

第六卷　生育

6-1 各地区分性别、孩次的出生人口
(2019.11.1-2020.10.31)

单位：人

地区	出生人数				第一孩			
	合计	男	女	性别比(女=100)	小计	男	女	性别比(女=100)
广东	**138419**	**74785**	**63634**	**117.52**	**59644**	**32333**	**27311**	**118.39**
广州市	**19737**	**10551**	**9186**	**114.86**	**9420**	**5036**	**4384**	**114.87**
荔湾区	911	466	445	104.72	487	254	233	109.01
越秀区	757	390	367	106.27	360	196	164	119.51
海珠区	1617	899	718	125.21	841	464	377	123.08
天河区	2220	1166	1054	110.63	1176	632	544	116.18
白云区	4138	2197	1941	113.19	1984	1051	933	112.65
黄埔区	1643	867	776	111.73	788	421	367	114.71
番禺区	3061	1688	1373	122.94	1472	813	659	123.37
花都区	1897	999	898	111.25	792	423	369	114.63
南沙区	993	519	474	109.49	474	238	236	100.85
从化区	658	367	291	126.12	260	145	115	126.09
增城区	1842	993	849	116.96	786	399	387	103.10
韶关市	**2749**	**1448**	**1301**	**111.30**	**1011**	**532**	**479**	**111.06**
武江区	379	205	174	117.82	159	90	69	130.43
浈江区	295	151	144	104.86	118	60	58	103.45
曲江区	249	131	118	111.02	99	56	43	130.23
始兴县	200	107	93	115.05	68	39	29	134.48
仁化县	171	82	89	92.13	65	26	39	66.67
翁源县	384	202	182	110.99	122	62	60	103.33
乳源瑶族自治县	209	120	89	134.83	72	37	35	105.71
新丰县	133	62	71	87.32	48	21	27	77.78
乐昌市	367	189	178	106.18	114	61	53	115.09
南雄市	362	199	163	122.09	146	80	66	121.21
深圳市	**22014**	**11884**	**10130**	**117.31**	**10650**	**5667**	**4983**	**113.73**
罗湖区	1276	694	582	119.24	598	317	281	112.81
福田区	1649	899	750	119.87	818	431	387	111.37
南山区	1847	983	864	113.77	937	495	442	111.99
宝安区	5725	3127	2598	120.36	2742	1476	1266	116.59
龙岗区	5762	3103	2659	116.70	2803	1518	1285	118.13
盐田区	207	103	104	99.04	90	40	50	80.00
龙华区	3624	1945	1679	115.84	1812	938	874	107.32
坪山区	636	365	271	134.69	277	154	123	125.20
光明区	1288	665	623	106.74	573	298	275	108.36
珠海市	**2513**	**1327**	**1186**	**111.89**	**1141**	**581**	**560**	**103.75**
香洲区	1355	710	645	110.08	624	317	307	103.26
斗门区	684	373	311	119.94	307	161	146	110.27
金湾区	474	244	230	106.09	210	103	107	96.26
汕头市	**6372**	**3429**	**2943**	**116.51**	**2776**	**1535**	**1241**	**123.69**
龙湖区	563	301	262	114.89	278	146	132	110.61
金平区	677	334	343	97.38	333	180	153	117.65
濠江区	303	154	149	103.36	131	72	59	122.03
潮阳区	2201	1191	1010	117.92	874	497	377	131.83
潮南区	1807	998	809	123.36	765	423	342	123.68
澄海区	768	422	346	121.97	375	204	171	119.30
南澳县	53	29	24	120.83	20	13	7	185.71
佛山市	**10586**	**5696**	**4890**	**116.48**	**4646**	**2525**	**2121**	**119.05**
禅城区	1567	831	736	112.91	705	366	339	107.96
南海区	4393	2379	2014	118.12	1962	1066	896	118.97
顺德区	3358	1791	1567	114.29	1419	789	630	125.24
三水区	820	440	380	115.79	374	196	178	110.11
高明区	448	255	193	132.12	186	108	78	138.46

6-1　续表 1　　　　单位：人

地　区	出生人数				第　一　孩			
	合计	男	女	性别比(女=100)	小计	男	女	性别比(女=100)
江门市	**4026**	**2152**	**1874**	**114.83**	**1837**	**1008**	**829**	**121.59**
蓬江区	755	403	352	114.49	349	192	157	122.29
江海区	370	207	163	126.99	160	86	74	116.22
新会区	736	394	342	115.20	334	181	153	118.30
台山市	660	340	320	106.25	302	164	138	118.84
开平市	577	300	277	108.30	272	143	129	110.85
鹤山市	484	272	212	128.30	229	135	94	143.62
恩平市	444	236	208	113.46	191	107	84	127.38
湛江市	**8653**	**4615**	**4038**	**114.29**	**2921**	**1532**	**1389**	**110.30**
赤坎区	484	261	223	117.04	193	97	96	101.04
霞山区	790	431	359	120.06	288	153	135	113.33
坡头区	514	275	239	115.06	172	95	77	123.38
麻章区	650	335	315	106.35	211	104	107	97.20
遂溪县	997	552	445	124.04	321	176	145	121.38
徐闻县	778	409	369	110.84	256	129	127	101.57
廉江市	1622	845	777	108.75	572	283	289	97.92
雷州市	1490	820	670	122.39	459	260	199	130.65
吴川市	1328	687	641	107.18	449	235	214	109.81
茂名市	**7180**	**3870**	**3310**	**116.92**	**2373**	**1239**	**1134**	**109.26**
茂南区	1236	685	551	124.32	436	237	199	119.10
电白区	1818	987	831	118.77	614	310	304	101.97
高州市	1384	750	634	118.30	456	258	198	130.30
化州市	1575	822	753	109.16	494	244	250	97.60
信宜市	1167	626	541	115.71	373	190	183	103.83
肇庆市	**3853**	**2161**	**1692**	**127.72**	**1567**	**870**	**697**	**124.82**
端州区	596	331	265	124.91	274	155	119	130.25
鼎湖区	248	126	122	103.28	111	52	59	88.14
高要区	644	371	273	135.90	242	136	106	128.30
广宁县	324	188	136	138.24	117	64	53	120.75
怀集县	872	489	383	127.68	342	195	147	132.65
封开县	337	177	160	110.63	126	65	61	106.56
德庆县	268	147	121	121.49	122	71	51	139.22
四会市	564	332	232	143.10	233	132	101	130.69
惠州市	**6972**	**3826**	**3146**	**121.61**	**2856**	**1577**	**1279**	**123.30**
惠城区	2496	1353	1143	118.37	1053	578	475	121.68
惠阳区	1712	961	751	127.96	730	422	308	137.01
博罗县	1216	670	546	122.71	476	262	214	122.43
惠东县	1236	673	563	119.54	472	260	212	122.64
龙门县	312	169	143	118.18	125	55	70	78.57
梅州市	**3376**	**1842**	**1534**	**120.08**	**1298**	**693**	**605**	**114.55**
梅江区	404	214	190	112.63	187	96	91	105.49
梅县区	508	249	259	96.14	219	101	118	85.59
大埔县	209	121	88	137.50	65	40	25	160.00
丰顺县	379	215	164	131.10	154	88	66	133.33
五华县	973	542	431	125.75	321	183	138	132.61
平远县	151	91	60	151.67	73	43	30	143.33
蕉岭县	172	97	75	129.33	64	36	28	128.57
兴宁市	580	313	267	117.23	215	106	109	97.25

6-1 续表 2

单位：人

地　区	出生人数				第　一　孩			
	合计	男	女	性别比(女=100)	小计	男	女	性别比(女=100)
汕尾市	**3046**	**1659**	**1387**	**119.61**	**1166**	**637**	**529**	**120.42**
城　区	432	224	208	107.69	178	94	84	111.90
海丰县	860	479	381	125.72	354	196	158	124.05
陆河县	326	174	152	114.47	124	69	55	125.45
陆丰市	1428	782	646	121.05	510	278	232	119.83
河源市	**2740**	**1455**	**1285**	**113.23**	**1022**	**527**	**495**	**106.46**
源城区	847	445	402	110.70	346	175	171	102.34
紫金县	541	282	259	108.88	188	95	93	102.15
龙川县	518	289	229	126.20	175	91	84	108.33
连平县	241	130	111	117.12	96	49	47	104.26
和平县	316	168	148	113.51	109	58	51	113.73
东源县	277	141	136	103.68	108	59	49	120.41
阳江市	**2303**	**1252**	**1051**	**119.12**	**916**	**506**	**410**	**123.41**
江城区	744	413	331	124.77	347	194	153	126.80
阳东区	404	223	181	123.20	163	91	72	126.39
阳西县	362	190	172	110.47	135	72	63	114.29
阳春市	793	426	367	116.08	271	149	122	122.13
清远市	**4346**	**2307**	**2039**	**113.14**	**1596**	**834**	**762**	**109.45**
清城区	1374	746	628	118.79	566	314	252	124.60
清新区	646	346	300	115.33	240	123	117	105.13
佛冈县	344	193	151	127.81	120	60	60	100.00
阳山县	359	183	176	103.98	113	54	59	91.53
连山壮族瑶族自治县	122	55	67	82.09	47	18	29	62.07
连南瑶族自治县	151	77	74	104.05	56	33	23	143.48
英德市	1076	556	520	106.92	355	181	174	104.02
连州市	274	151	123	122.76	99	51	48	106.25
东莞市	**10967**	**6041**	**4926**	**122.63**	**5177**	**2958**	**2219**	**133.30**
市辖区	10967	6041	4926	122.63	5177	2958	2219	133.30
中山市	**4786**	**2569**	**2217**	**115.88**	**2131**	**1155**	**976**	**118.34**
市辖区	4786	2569	2217	115.88	2131	1155	976	118.34
潮州市	**2371**	**1279**	**1092**	**117.12**	**1096**	**599**	**497**	**120.52**
湘桥区	469	230	239	96.23	243	118	125	94.40
潮安区	1220	665	555	119.82	545	305	240	127.08
饶平县	682	384	298	128.86	308	176	132	133.33
揭阳市	**7542**	**4163**	**3379**	**123.20**	**3231**	**1894**	**1337**	**141.66**
榕城区	1176	667	509	131.04	527	327	200	163.50
揭东区	1275	669	606	110.40	559	297	262	113.36
揭西县	726	390	336	116.07	336	189	147	128.57
惠来县	1228	698	530	131.70	472	304	168	180.95
普宁市	3137	1739	1398	124.39	1337	777	560	138.75
云浮市	**2287**	**1259**	**1028**	**122.47**	**813**	**428**	**385**	**111.17**
云城区	468	248	220	112.73	179	100	79	126.58
云安区	207	102	105	97.14	65	32	33	96.97
新兴县	416	243	173	140.46	166	88	78	112.82
郁南县	292	153	139	110.07	102	47	55	85.45
罗定市	904	513	391	131.20	301	161	140	115.00

6-1 续表 3

单位：人

地区	第二孩				第三孩			
	小计	男	女	性别比(女=100)	小计	男	女	性别比(女=100)
广 东	**56957**	**30057**	**26900**	**111.74**	**16669**	**9449**	**7220**	**130.87**
广州市	**8537**	**4458**	**4079**	**109.29**	**1487**	**888**	**599**	**148.25**
荔湾区	372	185	187	98.93	40	22	18	122.22
越秀区	339	158	181	87.29	46	27	19	142.11
海珠区	642	349	293	119.11	104	63	41	153.66
天河区	874	420	454	92.51	138	92	46	200.00
白云区	1710	899	811	110.85	364	197	167	117.96
黄埔区	705	361	344	104.94	123	72	51	141.18
番禺区	1382	743	639	116.28	178	120	58	206.90
花都区	902	452	450	100.44	176	113	63	179.37
南沙区	464	255	209	122.01	47	24	23	104.35
从化区	288	160	128	125.00	93	51	42	121.43
增城区	859	476	383	124.28	178	107	71	150.70
韶关市	**1236**	**626**	**610**	**102.62**	**416**	**238**	**178**	**133.71**
武江区	169	88	81	108.64	48	26	22	118.18
浈江区	135	65	70	92.86	41	25	16	156.25
曲江区	116	58	58	100.00	28	11	17	64.71
始兴县	95	47	48	97.92	33	20	13	153.85
仁化县	83	41	42	97.62	23	15	8	187.50
翁源县	158	79	79	100.00	79	45	34	132.35
乳源瑶族自治县	98	58	40	145.00	30	19	11	172.73
新丰县	59	28	31	90.32	24	13	11	118.18
乐昌市	159	77	82	93.90	71	36	35	102.86
南雄市	164	85	79	107.59	39	28	11	254.55
深圳市	**9279**	**4946**	**4333**	**114.15**	**1757**	**1070**	**687**	**155.75**
罗湖区	533	285	248	114.92	119	78	41	190.24
福田区	691	383	308	124.35	113	70	43	162.79
南山区	772	412	360	114.44	121	65	56	116.07
宝安区	2428	1305	1123	116.21	465	294	171	171.93
龙岗区	2404	1254	1150	109.04	472	280	192	145.83
盐田区	91	48	43	111.63	24	14	10	140.00
龙华区	1496	808	688	117.44	266	163	103	158.25
坪山区	297	172	125	137.60	53	33	20	165.00
光明区	567	279	288	96.88	124	73	51	143.14
珠海市	**1165**	**622**	**543**	**114.55**	**172**	**102**	**70**	**145.71**
香洲区	621	337	284	118.66	89	44	45	97.78
斗门区	331	177	154	114.94	39	29	10	290.00
金湾区	213	108	105	102.86	44	29	15	193.33
汕头市	**2244**	**1174**	**1070**	**109.72**	**905**	**462**	**443**	**104.29**
龙湖区	224	121	103	117.48	54	31	23	134.78
金平区	290	128	162	79.01	46	20	26	76.92
濠江区	106	54	52	103.85	56	23	33	69.70
潮阳区	732	374	358	104.47	378	195	183	106.56
潮南区	541	294	247	119.03	309	166	143	116.08
澄海区	325	191	134	142.54	57	23	34	67.65
南澳县	26	12	14	85.71	5	4	1	400.00
佛山市	**4861**	**2546**	**2315**	**109.98**	**918**	**530**	**388**	**136.60**
禅城区	733	394	339	116.22	105	57	48	118.75
南海区	1971	1045	926	112.85	398	226	172	131.40
顺德区	1549	779	770	101.17	327	190	137	138.69
三水区	379	200	179	111.73	59	39	20	195.00
高明区	229	128	101	126.73	29	18	11	163.64

6-1 续表 4 单位：人

地区	第二孩				第三孩			
	小计	男	女	性别比(女=100)	小计	男	女	性别比(女=100)
江门市	**1846**	**957**	**889**	**107.65**	**281**	**152**	**129**	**117.83**
蓬江区	353	181	172	105.23	43	26	17	152.94
江海区	180	106	74	143.24	20	10	10	100.00
新会区	338	180	158	113.92	50	26	24	108.33
台山市	311	147	164	89.63	43	26	17	152.94
开平市	250	126	124	101.61	43	23	20	115.00
鹤山市	218	118	100	118.00	30	14	16	87.50
恩平市	196	99	97	102.06	52	27	25	108.00
湛江市	**3047**	**1623**	**1424**	**113.97**	**1821**	**983**	**838**	**117.30**
赤坎区	203	111	92	120.65	66	40	26	153.85
霞山区	330	181	149	121.48	139	79	60	131.67
坡头区	208	104	104	100.00	106	61	45	135.56
麻章区	214	110	104	105.77	149	80	69	115.94
遂溪县	338	190	148	128.38	208	107	101	105.94
徐闻县	285	150	135	111.11	165	91	74	122.97
廉江市	516	281	235	119.57	374	201	173	116.18
雷州市	489	271	218	124.31	313	166	147	112.93
吴川市	464	225	239	94.14	301	158	143	110.49
茂名市	**2630**	**1383**	**1247**	**110.91**	**1590**	**899**	**691**	**130.10**
茂南区	487	269	218	123.39	235	130	105	123.81
电白区	683	372	311	119.61	401	226	175	129.14
高州市	548	268	280	95.71	282	162	120	135.00
化州市	491	256	235	108.94	393	219	174	125.86
信宜市	421	218	203	107.39	279	162	117	138.46
肇庆市	**1587**	**879**	**708**	**124.15**	**572**	**343**	**229**	**149.78**
端州区	275	145	130	111.54	39	28	11	254.55
鼎湖区	103	59	44	134.09	34	15	19	78.95
高要区	276	162	114	142.11	96	57	39	146.15
广宁县	151	89	62	143.55	49	30	19	157.89
怀集县	306	160	146	109.59	178	108	70	154.29
封开县	126	67	59	113.56	62	32	30	106.67
德庆县	96	47	49	95.92	42	24	18	133.33
四会市	254	150	104	144.23	72	49	23	213.04
惠州市	**2986**	**1568**	**1418**	**110.58**	**931**	**554**	**377**	**146.95**
惠城区	1061	556	505	110.10	332	190	142	133.80
惠阳区	757	397	360	110.28	191	116	75	154.67
博罗县	547	284	263	107.98	151	98	53	184.91
惠东县	498	266	232	114.66	201	108	93	116.13
龙门县	123	65	58	112.07	56	42	14	300.00
梅州市	**1406**	**765**	**641**	**119.34**	**498**	**284**	**214**	**132.71**
梅江区	184	94	90	104.44	29	21	8	262.50
梅县区	235	116	119	97.48	45	27	18	150.00
大埔县	94	53	41	129.27	43	23	20	115.00
丰顺县	136	78	58	134.48	63	34	29	117.24
五华县	353	197	156	126.28	188	100	88	113.64
平远县	60	38	22	172.73	15	9	6	150.00
蕉岭县	85	49	36	136.11	21	10	11	90.91
兴宁市	259	140	119	117.65	94	60	34	176.47

6-1 续表 5

单位：人

地 区	第二孩				第三孩			
	小计	男	女	性别比(女=100)	小计	男	女	性别比(女=100)
汕尾市	**1054**	**566**	**488**	**115.98**	**540**	**298**	**242**	**123.14**
城 区	162	79	83	95.18	71	39	32	121.88
海丰县	328	184	144	127.78	135	74	61	121.31
陆河县	124	64	60	106.67	58	31	27	114.81
陆丰市	440	239	201	118.91	276	154	122	126.23
河源市	**1135**	**615**	**520**	**118.27**	**460**	**243**	**217**	**111.98**
源城区	367	189	178	106.18	113	65	48	135.42
紫金县	196	101	95	106.32	110	65	45	144.44
龙川县	217	131	86	152.33	102	51	51	100.00
连平县	91	53	38	139.47	45	24	21	114.29
和平县	144	83	61	136.07	53	21	32	65.63
东源县	120	58	62	93.55	37	17	20	85.00
阳江市	**977**	**526**	**451**	**116.63**	**326**	**181**	**145**	**124.83**
江城区	329	182	147	123.81	58	35	23	152.17
阳东区	190	109	81	134.57	42	19	23	82.61
阳西县	148	79	69	114.49	61	32	29	110.34
阳春市	310	156	154	101.30	165	95	70	135.71
清远市	**1876**	**979**	**897**	**109.14**	**691**	**388**	**303**	**128.05**
清城区	617	318	299	106.35	167	101	66	153.03
清新区	302	161	141	114.18	87	52	35	148.57
佛冈县	141	81	60	135.00	56	33	23	143.48
阳山县	142	74	68	108.82	79	42	37	113.51
连山壮族瑶族自治县	47	20	27	74.07	21	12	9	133.33
连南瑶族自治县	61	27	34	79.41	27	16	11	145.45
英德市	447	235	212	110.85	211	103	108	95.37
连州市	119	63	56	112.50	43	29	14	207.14
东莞市	**4671**	**2443**	**2228**	**109.65**	**948**	**542**	**406**	**133.50**
市辖区	4671	2443	2228	109.65	948	542	406	133.50
中山市	**2178**	**1139**	**1039**	**109.62**	**403**	**233**	**170**	**137.06**
市辖区	2178	1139	1039	109.62	403	233	170	137.06
潮州市	**927**	**478**	**449**	**106.46**	**292**	**159**	**133**	**119.55**
湘桥区	194	98	96	102.08	30	13	17	76.47
潮安区	490	249	241	103.32	151	85	66	128.79
饶平县	243	131	112	116.96	111	61	50	122.00
揭阳市	**2444**	**1270**	**1174**	**108.18**	**1218**	**657**	**561**	**117.11**
榕城区	448	229	219	104.57	160	87	73	119.18
揭东区	464	237	227	104.41	193	99	94	105.32
揭西县	233	116	117	99.15	119	65	54	120.37
惠来县	306	160	146	109.59	229	120	109	110.09
普宁市	993	528	465	113.55	517	286	231	123.81
云浮市	**871**	**494**	**377**	**131.03**	**443**	**243**	**200**	**121.50**
云城区	186	93	93	100.00	81	44	37	118.92
云安区	77	41	36	113.89	47	20	27	74.07
新兴县	191	113	78	144.87	44	30	14	214.29
郁南县	105	53	52	101.92	61	37	24	154.17
罗定市	312	194	118	164.41	210	112	98	114.29

6–1 续表 6　　单位：人

地　区	第四孩				第五孩及以上			
	小计	男	女	性别比（女=100）	小计	男	女	性别比（女=100）
广　东	**3961**	**2278**	**1683**	**135.35**	**1188**	**668**	**520**	**128.46**
广州市	**239**	**138**	**101**	**136.63**	**54**	**31**	**23**	**134.78**
荔湾区	10	4	6	66.67	2	1	1	100.00
越秀区	9	6	3	200.00	3	3		
海珠区	25	19	6	316.67	5	4	1	400.00
天河区	25	18	7	257.14	7	4	3	133.33
白云区	62	37	25	148.00	18	13	5	260.00
黄埔区	19	10	9	111.11	8	3	5	60.00
番禺区	26	11	15	73.33	3	1	2	50.00
花都区	23	10	13	76.92	4	1	3	33.33
南沙区	7	1	6	16.67	1	1		
从化区	15	11	4	275.00	2		2	
增城区	18	11	7	157.14	1		1	
韶关市	**70**	**46**	**24**	**191.67**	**16**	**6**	**10**	**60.00**
武江区	3	1	2	50.00				
浈江区	1	1						
曲江区	5	5			1	1		
始兴县	4	1	3	33.33				
仁化县								
翁源县	23	16	7	228.57	2		2	
乳源瑶族自治县	7	5	2	250.00	2	1	1	100.00
新丰县	1		1		1		1	
乐昌市	15	11	4	275.00	8	4	4	100.00
南雄市	11	6	5	120.00	2		2	
深圳市	**269**	**161**	**108**	**149.07**	**59**	**40**	**19**	**210.53**
罗湖区	20	12	8	150.00	6	2	4	50.00
福田区	22	12	10	120.00	5	3	2	150.00
南山区	15	9	6	150.00	2	2		
宝安区	75	42	33	127.27	15	10	5	200.00
龙岗区	68	42	26	161.54	15	9	6	150.00
盐田区	2	1	1	100.00				
龙华区	43	29	14	207.14	7	7		
坪山区	8	5	3	166.67	1	1		
光明区	16	9	7	128.57	8	6	2	300.00
珠海市	**31**	**20**	**11**	**181.82**	**4**	**2**	**2**	**100.00**
香洲区	19	12	7	171.43	2		2	
斗门区	5	4	1	400.00	2	2		
金湾区	7	4	3	133.33				
汕头市	**324**	**190**	**134**	**141.79**	**123**	**68**	**55**	**123.64**
龙湖区	7	3	4	75.00				
金平区	7	5	2	250.00	1	1		
濠江区	8	4	4	100.00	2	1	1	100.00
潮阳区	158	93	65	143.08	59	32	27	118.52
潮南区	132	82	50	164.00	60	33	27	122.22
澄海区	10	3	7	42.86	1	1		
南澳县	2		2					
佛山市	**139**	**84**	**55**	**152.73**	**22**	**11**	**11**	**100.00**
禅城区	20	12	8	150.00	4	2	2	100.00
南海区	55	38	17	223.53	7	4	3	133.33
顺德区	52	28	24	116.67	11	5	6	83.33
三水区	8	5	3	166.67				
高明区	4	1	3	33.33				

6-1　续表 7　　　　单位：人

地　区	第四孩				第五孩及以上			
	小计	男	女	性别比(女=100)	小计	男	女	性别比(女=100)
江门市	**52**	**28**	**24**	**116.67**	**10**	**7**	**3**	**233.33**
蓬江区	10	4	6	66.67				
江海区	9	5	4	125.00	1		1	
新会区	10	4	6	66.67	4	3	1	300.00
台山市	4	3	1	300.00				
开平市	9	6	3	200.00	3	2	1	200.00
鹤山市	6	4	2	200.00	1	1		
恩平市	4	2	2	100.00	1	1		
湛江市	**639**	**345**	**294**	**117.35**	**225**	**132**	**93**	**141.94**
赤坎区	16	11	5	220.00	6	2	4	50.00
霞山区	26	13	13	100.00	7	5	2	250.00
坡头区	23	13	10	130.00	5	2	3	66.67
麻章区	51	29	22	131.82	25	12	13	92.31
遂溪县	86	53	33	160.61	44	26	18	144.44
徐闻县	60	31	29	106.90	12	8	4	200.00
廉江市	119	57	62	91.94	41	23	18	127.78
雷州市	164	83	81	102.47	65	40	25	160.00
吴川市	94	55	39	141.03	20	14	6	233.33
茂名市	**470**	**279**	**191**	**146.07**	**117**	**70**	**47**	**148.94**
茂南区	65	39	26	150.00	13	10	3	333.33
电白区	101	68	33	206.06	19	11	8	137.50
高州市	77	45	32	140.63	21	17	4	425.00
化州市	155	84	71	118.31	42	19	23	82.61
信宜市	72	43	29	148.28	22	13	9	144.44
肇庆市	**91**	**53**	**38**	**139.47**	**36**	**16**	**20**	**80.00**
端州区	7	3	4	75.00	1		1	
鼎湖区								
高要区	21	12	9	133.33	9	4	5	80.00
广宁县	7	5	2	250.00				
怀集县	32	20	12	166.67	14	6	8	75.00
封开县	16	9	7	128.57	7	4	3	133.33
德庆县	4	3	1	300.00	4	2	2	100.00
四会市	4	1	3	33.33	1		1	
惠州市	**164**	**104**	**60**	**173.33**	**35**	**23**	**12**	**191.67**
惠城区	41	24	17	141.18	9	5	4	125.00
惠阳区	31	23	8	287.50	3	3		
博罗县	34	21	13	161.54	8	5	3	166.67
惠东县	50	29	21	138.10	15	10	5	200.00
龙门县	8	7	1	700.00				
梅州市	**117**	**73**	**44**	**165.91**	**57**	**27**	**30**	**90.00**
梅江区	4	3	1	300.00				
梅县区	7	4	3	133.33	2	1	1	100.00
大埔县	4	4			3	1	2	50.00
丰顺县	16	8	8	100.00	10	7	3	233.33
五华县	74	45	29	155.17	37	17	20	85.00
平远县	3	1	2	50.00				
蕉岭县	2	2						
兴宁市	7	6	1	600.00	5	1	4	25.00

6-1 续表 8 单位：人

地　区	第四孩				第五孩及以上			
	小计	男	女	性别比(女=100)	小计	男	女	性别比(女=100)
汕尾市	**195**	**110**	**85**	**129.41**	**91**	**48**	**43**	**111.63**
城　区	14	8	6	133.33	7	4	3	133.33
海丰县	33	19	14	135.71	10	6	4	150.00
陆河县	14	8	6	133.33	6	2	4	50.00
陆丰市	134	75	59	127.12	68	36	32	112.50
河源市	**102**	**58**	**44**	**131.82**	**21**	**12**	**9**	**133.33**
源城区	19	14	5	280.00	2	2		
紫金县	39	16	23	69.57	8	5	3	166.67
龙川县	20	14	6	233.33	4	2	2	100.00
连平县	8	4	4	100.00	1		1	
和平县	8	5	3	166.67	2	1	1	100.00
东源县	8	5	3	166.67	4	2	2	100.00
阳江市	**74**	**33**	**41**	**80.49**	**10**	**6**	**4**	**150.00**
江城区	10	2	8	25.00				
阳东区	9	4	5	80.00				
阳西县	14	4	10	40.00	4	3	1	300.00
阳春市	41	23	18	127.78	6	3	3	100.00
清远市	**150**	**85**	**65**	**130.77**	**33**	**21**	**12**	**175.00**
清城区	20	10	10	100.00	4	3	1	300.00
清新区	13	8	5	160.00	4	2	2	100.00
佛冈县	22	15	7	214.29	5	4	1	400.00
阳山县	21	10	11	90.91	4	3	1	300.00
连山壮族瑶族自治县	6	5	1	500.00	1		1	
连南瑶族自治县	5	1	4	25.00	2		2	
英德市	51	29	22	131.82	12	8	4	200.00
连州市	12	7	5	140.00	1	1		
东莞市	**153**	**89**	**64**	**139.06**	**18**	**9**	**9**	**100.00**
市辖区	153	89	64	139.06	18	9	9	100.00
中山市	**65**	**38**	**27**	**140.74**	**9**	**4**	**5**	**80.00**
市辖区	65	38	27	140.74	9	4	5	80.00
潮州市	**41**	**30**	**11**	**272.73**	**15**	**13**	**2**	**650.00**
湘桥区	1		1		1	1		
潮安区	25	19	6	316.67	9	7	2	350.00
饶平县	15	11	4	275.00	5	5		
揭阳市	**449**	**239**	**210**	**113.81**	**200**	**103**	**97**	**106.19**
榕城区	35	20	15	133.33	6	4	2	200.00
揭东区	46	31	15	206.67	13	5	8	62.50
揭西县	26	16	10	160.00	12	4	8	50.00
惠来县	131	65	66	98.48	90	49	41	119.51
普宁市	211	107	104	102.88	79	41	38	107.89
云浮市	**127**	**75**	**52**	**144.23**	**33**	**19**	**14**	**135.71**
云城区	16	9	7	128.57	6	2	4	50.00
云安区	16	9	7	128.57	2		2	
新兴县	14	11	3	366.67	1	1		
郁南县	21	14	7	200.00	3	2	1	200.00
罗定市	60	32	28	114.29	21	14	7	200.00

6-1a 各地区分性别、孩次的出生人口
(2019.11.1-2020.10.31)(城市)

单位：人

地区	出生人数				第一孩			
	合计	男	女	性别比(女=100)	小计	男	女	性别比(女=100)
广东	**85504**	**46271**	**39233**	**117.94**	**39412**	**21426**	**17986**	**119.13**
广州市	**15474**	**8301**	**7173**	**115.73**	**7603**	**4107**	**3496**	**117.48**
荔湾区	911	466	445	104.72	487	254	233	109.01
越秀区	757	390	367	106.27	360	196	164	119.51
海珠区	1617	899	718	125.21	841	464	377	123.08
天河区	2220	1166	1054	110.63	1176	632	544	116.18
白云区	3146	1680	1466	114.60	1567	835	732	114.07
黄埔区	1409	757	652	116.10	707	385	322	119.57
番禺区	2641	1457	1184	123.06	1274	706	568	124.30
花都区	1243	664	579	114.68	524	283	241	117.43
南沙区	607	329	278	118.35	288	148	140	105.71
从化区	192	102	90	113.33	78	47	31	151.61
增城区	731	391	340	115.00	301	157	144	109.03
韶关市	**889**	**473**	**416**	**113.70**	**371**	**200**	**171**	**116.96**
武江区	308	169	139	121.58	133	75	58	129.31
浈江区	235	123	112	109.82	93	50	43	116.28
曲江区	135	70	65	107.69	56	30	26	115.38
始兴县								
仁化县								
翁源县								
乳源瑶族自治县								
新丰县								
乐昌市	96	47	49	95.92	30	11	19	57.89
南雄市	115	64	51	125.49	59	34	25	136.00
深圳市	**21950**	**11848**	**10102**	**117.28**	**10619**	**5645**	**4974**	**113.49**
罗湖区	1276	694	582	119.24	598	317	281	112.81
福田区	1649	899	750	119.87	818	431	387	111.37
南山区	1846	983	863	113.90	937	495	442	111.99
宝安区	5725	3127	2598	120.36	2742	1476	1266	116.59
龙岗区	5703	3071	2632	116.68	2775	1499	1276	117.48
盐田区	207	103	104	99.04	90	40	50	80.00
龙华区	3624	1945	1679	115.84	1812	938	874	107.32
坪山区	632	361	271	133.21	274	151	123	122.76
光明区	1288	665	623	106.74	573	298	275	108.36
珠海市	**1954**	**1033**	**921**	**112.16**	**899**	**462**	**437**	**105.72**
香洲区	1326	694	632	109.81	607	309	298	103.69
斗门区	293	162	131	123.66	136	74	62	119.35
金湾区	335	177	158	112.03	156	79	77	102.60
汕头市	**2489**	**1311**	**1178**	**111.29**	**1165**	**634**	**531**	**119.40**
龙湖区	466	238	228	104.39	237	121	116	104.31
金平区	658	327	331	98.79	328	179	149	120.13
濠江区	217	108	109	99.08	92	48	44	109.09
潮阳区	329	184	145	126.90	136	85	51	166.67
潮南区	606	335	271	123.62	270	141	129	109.30
澄海区	213	119	94	126.60	102	60	42	142.86
南澳县								
佛山市	**9632**	**5204**	**4428**	**117.52**	**4223**	**2312**	**1911**	**120.98**
禅城区	1293	687	606	113.37	582	305	277	110.11
南海区	4176	2264	1912	118.41	1870	1021	849	120.26
顺德区	3314	1768	1546	114.36	1401	777	624	124.52
三水区	441	251	190	132.11	191	106	85	124.71
高明区	408	234	174	134.48	179	103	76	135.53

6-1a 续表 1

单位：人

地区	出生人数				第一孩			
	合计	男	女	性别比(女=100)	小计	男	女	性别比(女=100)
江门市	**2663**	**1445**	**1218**	**118.64**	**1259**	**692**	**567**	**122.05**
蓬江区	725	389	336	115.77	336	185	151	122.52
江海区	370	207	163	126.99	160	86	74	116.22
新会区	411	218	193	112.95	197	105	92	114.13
台山市	362	187	175	106.86	176	93	83	112.05
开平市	286	150	136	110.29	144	73	71	102.82
鹤山市	288	168	120	140.00	138	86	52	165.38
恩平市	221	126	95	132.63	108	64	44	145.45
湛江市	**2402**	**1292**	**1110**	**116.40**	**906**	**470**	**436**	**107.80**
赤坎区	474	256	218	117.43	189	95	94	101.06
霞山区	723	391	332	117.77	264	141	123	114.63
坡头区	110	56	54	103.70	45	24	21	114.29
麻章区	130	57	73	78.08	49	22	27	81.48
遂溪县	19	8	11	72.73	7	1	6	16.67
徐闻县								
廉江市	345	197	148	133.11	146	75	71	105.63
雷州市	280	152	128	118.75	84	44	40	110.00
吴川市	321	175	146	119.86	122	68	54	125.93
茂名市	**2100**	**1173**	**927**	**126.54**	**777**	**415**	**362**	**114.64**
茂南区	754	419	335	125.07	275	147	128	114.84
电白区	241	141	100	141.00	87	43	44	97.73
高州市	315	176	139	126.62	120	72	48	150.00
化州市	414	217	197	110.15	176	83	93	89.25
信宜市	376	220	156	141.03	119	70	49	142.86
肇庆市	**1225**	**695**	**530**	**131.13**	**553**	**308**	**245**	**125.71**
端州区	596	331	265	124.91	274	155	119	130.25
鼎湖区	133	73	60	121.67	60	30	30	100.00
高要区	82	44	38	115.79	40	23	17	135.29
广宁县								
怀集县								
封开县								
德庆县								
四会市	414	247	167	147.90	179	100	79	126.58
惠州市	**3267**	**1818**	**1449**	**125.47**	**1419**	**802**	**617**	**129.98**
惠城区	1969	1083	886	122.23	846	463	383	120.89
惠阳区	1275	723	552	130.98	563	332	231	143.72
博罗县	23	12	11	109.09	10	7	3	233.33
惠东县								
龙门县								
梅州市	**928**	**474**	**454**	**104.41**	**400**	**198**	**202**	**98.02**
梅江区	359	188	171	109.94	162	81	81	100.00
梅县区	307	147	160	91.88	139	66	73	90.41
大埔县								
丰顺县								
五华县	16	8	8	100.00	7	2	5	40.00
平远县								
蕉岭县								
兴宁市	246	131	115	113.91	92	49	43	113.95

6-1a　续表 2　　　　单位：人

地　区	出生人数				第　一　孩			
	合计	男	女	性别比(女=100)	小计	男	女	性别比(女=100)
汕尾市	**520**	**284**	**236**	**120.34**	**215**	**121**	**94**	**128.72**
城　区	264	141	123	114.63	105	55	50	110.00
海丰县								
陆河县								
陆丰市	256	143	113	126.55	110	66	44	150.00
河源市	**775**	**403**	**372**	**108.33**	**313**	**154**	**159**	**96.86**
源城区	775	403	372	108.33	313	154	159	96.86
紫金县								
龙川县								
连平县								
和平县								
东源县								
阳江市	**1052**	**578**	**474**	**121.94**	**432**	**238**	**194**	**122.68**
江城区	583	329	254	129.53	257	149	108	137.96
阳东区	200	111	89	124.72	84	47	37	127.03
阳西县								
阳春市	269	138	131	105.34	91	42	49	85.71
清远市	**1572**	**849**	**723**	**117.43**	**605**	**323**	**282**	**114.54**
清城区	869	471	398	118.34	350	192	158	121.52
清新区	335	181	154	117.53	128	63	65	96.92
佛冈县								
阳山县								
连山壮族瑶族自治县								
连南瑶族自治县								
英德市	248	127	121	104.96	89	47	42	111.90
连州市	120	70	50	140.00	38	21	17	123.53
东莞市	**10098**	**5560**	**4538**	**122.52**	**4739**	**2711**	**2028**	**133.68**
市辖区	10098	5560	4538	122.52	4739	2711	2028	133.68
中山市	**2987**	**1592**	**1395**	**114.12**	**1326**	**715**	**611**	**117.02**
市辖区	2987	1592	1395	114.12	1326	715	611	117.02
潮州市	**869**	**460**	**409**	**112.47**	**413**	**218**	**195**	**111.79**
湘桥区	343	173	170	101.76	183	90	93	96.77
潮安区	526	287	239	120.08	230	128	102	125.49
饶平县								
揭阳市	**2000**	**1110**	**890**	**124.72**	**921**	**558**	**363**	**153.72**
榕城区	791	463	328	141.16	356	231	125	184.80
揭东区	474	247	227	108.81	216	119	97	122.68
揭西县								
惠来县								
普宁市	735	400	335	119.40	349	208	141	147.52
云浮市	**658**	**368**	**290**	**126.90**	**254**	**143**	**111**	**128.83**
云城区	399	214	185	115.68	153	88	65	135.38
云安区	23	9	14	64.29	6	1	5	20.00
新兴县								
郁南县								
罗定市	236	145	91	159.34	95	54	41	131.71

6-1a 续表 3

单位：人

地区	第二孩 小计	第二孩 男	第二孩 女	第二孩 性别比(女=100)	第三孩 小计	第三孩 男	第三孩 女	第三孩 性别比(女=100)
广 东	**36766**	**19378**	**17388**	**111.44**	**7713**	**4521**	**3192**	**141.64**
广州市	**6594**	**3427**	**3167**	**108.21**	**1065**	**643**	**422**	**152.37**
荔湾区	372	185	187	98.93	40	22	18	122.22
越秀区	339	158	181	87.29	46	27	19	142.11
海珠区	642	349	293	119.11	104	63	41	153.66
天河区	874	420	454	92.51	138	92	46	200.00
白云区	1243	656	587	111.75	281	152	129	117.83
黄埔区	590	307	283	108.48	97	58	39	148.72
番禺区	1184	633	551	114.88	157	107	50	214.00
花都区	592	299	293	102.05	111	76	35	217.14
南沙区	288	167	121	138.02	26	13	13	100.00
从化区	96	48	48	100.00	14	6	8	75.00
增城区	374	205	169	121.30	51	27	24	112.50
韶关市	**412**	**208**	**204**	**101.96**	**98**	**60**	**38**	**157.89**
武江区	141	75	66	113.64	31	18	13	138.46
浈江区	112	53	59	89.83	30	20	10	200.00
曲江区	62	31	31	100.00	16	8	8	100.00
始兴县								
仁化县								
翁源县								
乳源瑶族自治县								
新丰县								
乐昌市	48	24	24	100.00	15	9	6	150.00
南雄市	49	25	24	104.17	6	5	1	500.00
深圳市	**9253**	**4935**	**4318**	**114.29**	**1750**	**1067**	**683**	**156.22**
罗湖区	533	285	248	114.92	119	78	41	190.24
福田区	691	383	308	124.35	113	70	43	162.79
南山区	771	412	359	114.76	121	65	56	116.07
宝安区	2428	1305	1123	116.21	465	294	171	171.93
龙岗区	2380	1244	1136	109.51	465	277	188	147.34
盐田区	91	48	43	111.63	24	14	10	140.00
龙华区	1496	808	688	117.44	266	163	103	158.25
坪山区	296	171	125	136.80	53	33	20	165.00
光明区	567	279	288	96.88	124	73	51	143.14
珠海市	**896**	**482**	**414**	**116.43**	**129**	**71**	**58**	**122.41**
香洲区	612	331	281	117.79	86	42	44	95.45
斗门区	139	73	66	110.61	15	12	3	400.00
金湾区	145	78	67	116.42	28	17	11	154.55
汕头市	**959**	**485**	**474**	**102.32**	**260**	**122**	**138**	**88.41**
龙湖区	187	95	92	103.26	38	20	18	111.11
金平区	279	124	155	80.00	43	18	25	72.00
濠江区	81	44	37	118.92	38	14	24	58.33
潮阳区	126	66	60	110.00	45	20	25	80.00
潮南区	198	109	89	122.47	75	40	35	114.29
澄海区	88	47	41	114.63	21	10	11	90.91
南澳县								
佛山市	**4423**	**2321**	**2102**	**110.42**	**838**	**484**	**354**	**136.72**
禅城区	603	325	278	116.91	89	47	42	111.90
南海区	1869	990	879	112.63	377	213	164	129.88
顺德区	1528	768	760	101.05	323	190	133	142.86
三水区	220	122	98	124.49	27	20	7	285.71
高明区	203	116	87	133.33	22	14	8	175.00

6-1a 续表 4

单位：人

地 区	第二孩				第三孩			
	小计	男	女	性别比(女=100)	小计	男	女	性别比(女=100)
江门市	**1210**	**646**	**564**	**114.54**	**155**	**85**	**70**	**121.43**
蓬江区	338	175	163	107.36	41	25	16	156.25
江海区	180	106	74	143.24	20	10	10	100.00
新会区	193	103	90	114.44	15	7	8	87.50
台山市	162	80	82	97.56	21	12	9	133.33
开平市	116	60	56	107.14	20	12	8	150.00
鹤山市	128	70	58	120.69	18	9	9	100.00
恩平市	93	52	41	126.83	20	10	10	100.00
湛江市	**942**	**511**	**431**	**118.56**	**427**	**251**	**176**	**142.61**
赤坎区	202	110	92	119.57	64	40	24	166.67
霞山区	306	165	141	117.02	126	71	55	129.09
坡头区	54	25	29	86.21	8	5	3	166.67
麻章区	45	19	26	73.08	28	14	14	100.00
遂溪县	5	3	2	150.00	6	4	2	200.00
徐闻县								
廉江市	121	70	51	137.25	63	45	18	250.00
雷州市	95	59	36	163.89	64	33	31	106.45
吴川市	114	60	54	111.11	68	39	29	134.48
茂名市	**852**	**483**	**369**	**130.89**	**371**	**208**	**163**	**127.61**
茂南区	322	179	143	125.17	127	72	55	130.91
电白区	101	67	34	197.06	48	27	21	128.57
高州市	138	74	64	115.63	44	21	23	91.30
化州市	140	80	60	133.33	68	37	31	119.35
信宜市	151	83	68	122.06	84	51	33	154.55
肇庆市	**563**	**317**	**246**	**128.86**	**100**	**66**	**34**	**194.12**
端州区	275	145	130	111.54	39	28	11	254.55
鼎湖区	61	37	24	154.17	12	6	6	100.00
高要区	37	19	18	105.56	5	2	3	66.67
广宁县								
怀集县								
封开县								
德庆县								
四会市	190	116	74	156.76	44	30	14	214.29
惠州市	**1446**	**766**	**680**	**112.65**	**350**	**218**	**132**	**165.15**
惠城区	860	457	403	113.40	236	148	88	168.18
惠阳区	576	304	272	111.76	111	70	41	170.73
博罗县	10	5	5	100.00	3		3	
惠东县								
龙门县								
梅州市	**430**	**209**	**221**	**94.57**	**83**	**56**	**27**	**207.41**
梅江区	167	86	81	106.17	26	18	8	225.00
梅县区	142	66	76	86.84	23	13	10	130.00
大埔县								
丰顺县								
五华县	3	2	1	200.00	4	2	2	100.00
平远县								
蕉岭县								
兴宁市	118	55	63	87.30	30	23	7	328.57

6-1a 续表 5

单位：人

地区	第二孩				第三孩			
	小计	男	女	性别比(女=100)	小计	男	女	性别比(女=100)
汕尾市	**192**	**99**	**93**	**106.45**	**80**	**44**	**36**	**122.22**
城　区	112	58	54	107.41	37	22	15	146.67
海丰县								
陆河县								
陆丰市	80	41	39	105.13	43	22	21	104.76
河源市	**338**	**175**	**163**	**107.36**	**105**	**60**	**45**	**133.33**
源城区	338	175	163	107.36	105	60	45	133.33
紫金县								
龙川县								
连平县								
和平县								
东源县								
阳江市	**497**	**271**	**226**	**119.91**	**104**	**63**	**41**	**153.66**
江城区	279	157	122	128.69	39	22	17	129.41
阳东区	95	52	43	120.93	17	11	6	183.33
阳西县								
阳春市	123	62	61	101.64	48	30	18	166.67
清远市	**743**	**390**	**353**	**110.48**	**190**	**120**	**70**	**171.43**
清城区	411	214	197	108.63	94	58	36	161.11
清新区	158	86	72	119.44	42	28	14	200.00
佛冈县								
阳山县								
连山壮族瑶族自治县								
连南瑶族自治县								
英德市	114	57	57	100.00	36	20	16	125.00
连州市	60	33	27	122.22	18	14	4	350.00
东莞市	**4326**	**2253**	**2073**	**108.68**	**876**	**507**	**369**	**137.40**
市辖区	4326	2253	2073	108.68	876	507	369	137.40
中山市	**1355**	**707**	**648**	**109.10**	**257**	**144**	**113**	**127.43**
市辖区	1355	707	648	109.10	257	144	113	127.43
潮州市	**357**	**186**	**171**	**108.77**	**85**	**46**	**39**	**117.95**
湘桥区	137	75	62	120.97	23	8	15	53.33
潮安区	220	111	109	101.83	62	38	24	158.33
饶平县								
揭阳市	**725**	**366**	**359**	**101.95**	**270**	**141**	**129**	**109.30**
榕城区	307	162	145	111.72	100	55	45	122.22
揭东区	175	83	92	90.22	68	36	32	112.50
揭西县								
惠来县								
普宁市	243	121	122	99.18	102	50	52	96.15
云浮市	**253**	**141**	**112**	**125.89**	**120**	**65**	**55**	**118.18**
云城区	159	79	80	98.75	72	38	34	111.76
云安区	7	3	4	75.00	8	5	3	166.67
新兴县								
郁南县								
罗定市	87	59	28	210.71	40	22	18	122.22

6-1a　续表 6　　　　单位：人

地　区	第四孩 小计	第四孩 男	第四孩 女	第四孩 性别比(女=100)	第五孩及以上 小计	第五孩及以上 男	第五孩及以上 女	第五孩及以上 性别比(女=100)
广　东	**1334**	**775**	**559**	**138.64**	**279**	**171**	**108**	**158.33**
广州市	**172**	**101**	**71**	**142.25**	**40**	**23**	**17**	**135.29**
荔湾区	10	4	6	66.67	2	1	1	100.00
越秀区	9	6	3	200.00	3	3		
海珠区	25	19	6	316.67	5	4	1	400.00
天河区	25	18	7	257.14	7	4	3	133.33
白云区	44	30	14	214.29	11	7	4	175.00
黄埔区	10	5	5	100.00	5	2	3	66.67
番禺区	23	10	13	76.92	3	1	2	50.00
花都区	15	6	9	66.67	1		1	
南沙区	4		4		1	1		
从化区	3	1	2	50.00	1		1	
增城区	4	2	2	100.00	1		1	
韶关市	**6**	**3**	**3**	**100.00**	**2**	**2**		
武江区	3	1	2	50.00				
浈江区								
曲江区	1	1						
始兴县								
仁化县								
翁源县								
乳源瑶族自治县								
新丰县								
乐昌市	1	1			2	2		
南雄市	1		1					
深圳市	**269**	**161**	**108**	**149.07**	**59**	**40**	**19**	**210.53**
罗湖区	20	12	8	150.00	6	2	4	50.00
福田区	22	12	10	120.00	5	3	2	150.00
南山区	15	9	6	150.00	2	2		
宝安区	75	42	33	127.27	15	10	5	200.00
龙岗区	68	42	26	161.54	15	9	6	150.00
盐田区	2	1	1	100.00				
龙华区	43	29	14	207.14	7	7		
坪山区	8	5	3	166.67	1	1		
光明区	16	9	7	128.57	8	6	2	300.00
珠海市	**27**	**17**	**10**	**170.00**	**3**	**1**	**2**	**50.00**
香洲区	19	12	7	171.43	2		2	
斗门区	2	2			1	1		
金湾区	6	3	3	100.00				
汕头市	**75**	**49**	**26**	**188.46**	**30**	**21**	**9**	**233.33**
龙湖区	4	2	2	100.00				
金平区	7	5	2	250.00	1	1		
濠江区	5	1	4	25.00	1	1		
潮阳区	17	9	8	112.50	5	4	1	400.00
潮南区	41	31	10	310.00	22	14	8	175.00
澄海区	1	1			1	1		
南澳县								
佛山市	**126**	**76**	**50**	**152.00**	**22**	**11**	**11**	**100.00**
禅城区	15	8	7	114.29	4	2	2	100.00
南海区	53	36	17	211.76	7	4	3	133.33
顺德区	51	28	23	121.74	11	5	6	83.33
三水区	3	3						
高明区	4	1	3	33.33				

6－1a 续表 7

单位：人

地 区	第 四 孩				第五孩及以上			
	小计	男	女	性别比(女=100)	小计	男	女	性别比(女=100)
江门市	**37**	**21**	**16**	**131.25**	**2**	**1**	**1**	**100.00**
蓬江区	10	4	6	66.67				
江海区	9	5	4	125.00	1		1	
新会区	5	2	3	66.67	1	1		
台山市	3	2	1	200.00				
开平市	6	5	1	500.00				
鹤山市	4	3	1	300.00				
恩平市								
湛江市	**96**	**43**	**53**	**81.13**	**31**	**17**	**14**	**121.43**
赤坎区	14	9	5	180.00	5	2	3	66.67
霞山区	21	10	11	90.91	6	4	2	200.00
坡头区	3	2	1	200.00				
麻章区	4	1	3	33.33	4	1	3	33.33
遂溪县	1		1					
徐闻县								
廉江市	10	3	7	42.86	5	4	1	400.00
雷州市	27	11	16	68.75	10	5	5	100.00
吴川市	16	7	9	77.78	1	1		
茂名市	**83**	**55**	**28**	**196.43**	**17**	**12**	**5**	**240.00**
茂南区	26	17	9	188.89	4	4		
电白区	5	4	1	400.00				
高州市	10	6	4	150.00	3	3		
化州市	24	16	8	200.00	6	1	5	20.00
信宜市	18	12	6	200.00	4	4		
肇庆市	**8**	**4**	**4**	**100.00**	**1**		**1**	
端州区	7	3	4	75.00	1		1	
鼎湖区								
高要区								
广宁县								
怀集县								
封开县								
德庆县								
四会市	1	1						
惠州市	**48**	**29**	**19**	**152.63**	**4**	**3**	**1**	**300.00**
惠城区	24	13	11	118.18	3	2	1	200.00
惠阳区	24	16	8	200.00	1	1		
博罗县								
惠东县								
龙门县								
梅州市	**14**	**11**	**3**	**366.67**	**1**		**1**	
梅江区	4	3	1	300.00				
梅县区	3	2	1	200.00				
大埔县								
丰顺县								
五华县	2	2						
平远县								
蕉岭县								
兴宁市	5	4	1	400.00	1		1	

6-1a　续表 8　　　　单位：人

地　区	第四孩				第五孩及以上			
	小计	男	女	性别比（女=100）	小计	男	女	性别比（女=100）
汕尾市	**23**	**15**	**8**	**187.50**	**10**	**5**	**5**	**100.00**
城　区	6	4	2	200.00	4	2	2	100.00
海丰县								
陆河县								
陆丰市	17	11	6	183.33	6	3	3	100.00
河源市	**17**	**12**	**5**	**240.00**	**2**	**2**		
源城区	17	12	5	240.00	2	2		
紫金县								
龙川县								
连平县								
和平县								
东源县								
阳江市	**18**	**6**	**12**	**50.00**	**1**		**1**	
江城区	8	1	7	14.29				
阳东区	4	1	3	33.33				
阳西县								
阳春市	6	4	2	200.00	1		1	
清远市	**29**	**13**	**16**	**81.25**	**5**	**3**	**2**	**150.00**
清城区	12	6	6	100.00	2	1	1	100.00
清新区	5	3	2	150.00	2	1	1	100.00
佛冈县								
阳山县								
连山壮族瑶族自治县								
连南瑶族自治县								
英德市	9	3	6	50.00				
连州市	3	1	2	50.00	1	1		
东莞市	**139**	**80**	**59**	**135.59**	**18**	**9**	**9**	**100.00**
市辖区	139	80	59	135.59	18	9	9	100.00
中山市	**44**	**22**	**22**	**100.00**	**5**	**4**	**1**	**400.00**
市辖区	44	22	22	100.00	5	4	1	400.00
潮州市	**11**	**8**	**3**	**266.67**	**3**	**2**	**1**	**200.00**
湘桥区								
潮安区	11	8	3	266.67	3	2	1	200.00
饶平县								
揭阳市	**67**	**34**	**33**	**103.03**	**17**	**11**	**6**	**183.33**
榕城区	23	12	11	109.09	5	3	2	150.00
揭东区	14	9	5	180.00	1		1	
揭西县								
惠来县								
普宁市	30	13	17	76.47	11	8	3	266.67
云浮市	**25**	**15**	**10**	**150.00**	**6**	**4**	**2**	**200.00**
云城区	11	7	4	175.00	4	2	2	100.00
云安区	2		2					
新兴县								
郁南县								
罗定市	12	8	4	200.00	2	2		

6-1b 各地区分性别、孩次的出生人口
(2019.11.1-2020.10.31)(镇)

单位：人

地　区	出生人数				第　一　孩			
	合计	男	女	性别比(女=100)	小计	男	女	性别比(女=100)
广　东	**19226**	**10406**	**8820**	**117.98**	**7707**	**4188**	**3519**	**119.01**
广州市	**1402**	**721**	**681**	**105.87**	**635**	**314**	**321**	**97.82**
荔湾区								
越秀区								
海珠区								
天河区								
白云区	249	114	135	84.44	105	48	57	84.21
黄埔区	98	46	52	88.46	36	15	21	71.43
番禺区	91	56	35	160.00	43	25	18	138.89
花都区	117	56	61	91.80	49	21	28	75.00
南沙区	153	74	79	93.67	74	36	38	94.74
从化区	69	40	29	137.93	33	20	13	153.85
增城区	625	335	290	115.52	295	149	146	102.05
韶关市	**677**	**350**	**327**	**107.03**	**240**	**120**	**120**	**100.00**
武江区	2	2			1	1		
浈江区	11	3	8	37.50	5	2	3	66.67
曲江区	21	13	8	162.50	7	5	2	250.00
始兴县	91	50	41	121.95	34	15	19	78.95
仁化县	82	43	39	110.26	31	14	17	82.35
翁源县	148	74	74	100.00	50	27	23	117.39
乳源瑶族自治县	106	52	54	96.30	39	18	21	85.71
新丰县	72	33	39	84.62	24	9	15	60.00
乐昌市	82	44	38	115.79	28	17	11	154.55
南雄市	62	36	26	138.46	21	12	9	133.33
深圳市	**5**	**4**	**1**	**400.00**	**3**	**3**		
罗湖区								
福田区								
南山区	1		1					
宝安区								
龙岗区								
盐田区								
龙华区								
坪山区	4	4			3	3		
光明区								
珠海市	**303**	**160**	**143**	**111.89**	**128**	**61**	**67**	**91.04**
香洲区	29	16	13	123.08	17	8	9	88.89
斗门区	159	87	72	120.83	66	33	33	100.00
金湾区	115	57	58	98.28	45	20	25	80.00
汕头市	**1665**	**898**	**767**	**117.08**	**709**	**397**	**312**	**127.24**
龙湖区								
金平区								
濠江区	4	1	3	33.33	2		2	
潮阳区	794	428	366	116.94	316	186	130	143.08
潮南区	488	262	226	115.93	209	115	94	122.34
澄海区	338	185	153	120.92	166	86	80	107.50
南澳县	41	22	19	115.79	16	10	6	166.67
佛山市	**590**	**302**	**288**	**104.86**	**262**	**136**	**126**	**107.94**
禅城区	274	144	130	110.77	123	61	62	98.39
南海区	76	40	36	111.11	30	15	15	100.00
顺德区								
三水区	218	109	109	100.00	106	58	48	120.83
高明区	22	9	13	69.23	3	2	1	200.00

6-1b　续表 1　　单位：人

地　区	出生人数				第　一　孩			
	合计	男	女	性别比(女=100)	小计	男	女	性别比(女=100)
江门市	**340**	**174**	**166**	**104.82**	**142**	**85**	**57**	**149.12**
蓬江区								
江海区								
新会区	104	56	48	116.67	43	22	21	104.76
台山市	49	24	25	96.00	23	16	7	228.57
开平市	74	36	38	94.74	26	16	10	160.00
鹤山市	52	29	23	126.09	24	15	9	166.67
恩平市	61	29	32	90.63	26	16	10	160.00
湛江市	**1484**	**762**	**722**	**105.54**	**484**	**228**	**256**	**89.06**
赤坎区								
霞山区	7	5	2	250.00	4	2	2	100.00
坡头区	125	65	60	108.33	38	19	19	100.00
麻章区	88	40	48	83.33	28	11	17	64.71
遂溪县	354	180	174	103.45	122	55	67	82.09
徐闻县	332	169	163	103.68	123	63	60	105.00
廉江市	199	104	95	109.47	60	25	35	71.43
雷州市	214	110	104	105.77	63	32	31	103.23
吴川市	165	89	76	117.11	46	21	25	84.00
茂名市	**1010**	**524**	**486**	**107.82**	**334**	**168**	**166**	**101.20**
茂南区	61	34	27	125.93	23	14	9	155.56
电白区	441	234	207	113.04	151	75	76	98.68
高州市	176	95	81	117.28	56	30	26	115.38
化州市	209	99	110	90.00	63	29	34	85.29
信宜市	123	62	61	101.64	41	20	21	95.24
肇庆市	**886**	**516**	**370**	**139.46**	**360**	**211**	**149**	**141.61**
端州区								
鼎湖区	45	22	23	95.65	18	10	8	125.00
高要区	160	97	63	153.97	53	33	20	165.00
广宁县	172	102	70	145.71	65	36	29	124.14
怀集县	262	153	109	140.37	118	67	51	131.37
封开县	127	77	50	154.00	52	31	21	147.62
德庆县	86	47	39	120.51	43	28	15	186.67
四会市	34	18	16	112.50	11	6	5	120.00
惠州市	**1976**	**1077**	**899**	**119.80**	**786**	**439**	**347**	**126.51**
惠城区	158	67	91	73.63	68	35	33	106.06
惠阳区	137	78	59	132.20	46	28	18	155.56
博罗县	761	422	339	124.48	306	171	135	126.67
惠东县	789	434	355	122.25	317	180	137	131.39
龙门县	131	76	55	138.18	49	25	24	104.17
梅州市	**1046**	**615**	**431**	**142.69**	**384**	**228**	**156**	**146.15**
梅江区	7	5	2	250.00	3	2	1	200.00
梅县区	41	15	26	57.69	15	3	12	25.00
大埔县	134	83	51	162.75	45	32	13	246.15
丰顺县	234	144	90	160.00	89	56	33	169.70
五华县	384	217	167	129.94	140	82	58	141.38
平远县	91	59	32	184.38	42	24	18	133.33
蕉岭县	107	61	46	132.61	35	20	15	133.33
兴宁市	48	31	17	182.35	15	9	6	150.00

6—1b 续表 2 单位：人

地　区	出生人数				第　一　孩			
	合计	男	女	性别比(女=100)	小计	男	女	性别比(女=100)
汕尾市	**1171**	**636**	**535**	**118.88**	**461**	**246**	**215**	**114.42**
城　区	62	38	24	158.33	31	19	12	158.33
海丰县	619	347	272	127.57	253	138	115	120.00
陆河县	177	97	80	121.25	69	36	33	109.09
陆丰市	313	154	159	96.86	108	53	55	96.36
河源市	**804**	**425**	**379**	**112.14**	**288**	**141**	**147**	**95.92**
源城区	31	14	17	82.35	15	6	9	66.67
紫金县	230	120	110	109.09	83	40	43	93.02
龙川县	219	127	92	138.04	71	40	31	129.03
连平县	98	51	47	108.51	37	18	19	94.74
和平县	126	66	60	110.00	41	20	21	95.24
东源县	100	47	53	88.68	41	17	24	70.83
阳江市	**400**	**231**	**169**	**136.69**	**167**	**99**	**68**	**145.59**
江城区	42	25	17	147.06	27	16	11	145.45
阳东区	62	38	24	158.33	24	14	10	140.00
阳西县	199	110	89	123.60	81	45	36	125.00
阳春市	97	58	39	148.72	35	24	11	218.18
清远市	**1137**	**610**	**527**	**115.75**	**417**	**220**	**197**	**111.68**
清城区	329	178	151	117.88	146	86	60	143.33
清新区	47	23	24	95.83	14	5	9	55.56
佛冈县	161	97	64	151.56	56	28	28	100.00
阳山县	173	88	85	103.53	58	24	34	70.59
连山壮族瑶族自治县	58	25	33	75.76	24	12	12	100.00
连南瑶族自治县	64	33	31	106.45	25	17	8	212.50
英德市	269	143	126	113.49	85	45	40	112.50
连州市	36	23	13	176.92	9	3	6	50.00
东莞市	**68**	**45**	**23**	**195.65**	**38**	**27**	**11**	**245.45**
市辖区	68	45	23	195.65	38	27	11	245.45
中山市	**1245**	**692**	**553**	**125.14**	**550**	**307**	**243**	**126.34**
市辖区	1245	692	553	125.14	550	307	243	126.34
潮州市	**649**	**349**	**300**	**116.33**	**311**	**174**	**137**	**127.01**
湘桥区	75	33	42	78.57	35	15	20	75.00
潮安区	241	133	108	123.15	115	71	44	161.36
饶平县	333	183	150	122.00	161	88	73	120.55
揭阳市	**1866**	**1039**	**827**	**125.63**	**830**	**485**	**345**	**140.58**
榕城区	134	78	56	139.29	63	39	24	162.50
揭东区	254	138	116	118.97	99	51	48	106.25
揭西县	213	109	104	104.81	103	57	46	123.91
惠来县	508	294	214	137.38	226	146	80	182.50
普宁市	757	420	337	124.63	339	192	147	130.61
云浮市	**502**	**276**	**226**	**122.12**	**178**	**99**	**79**	**125.32**
云城区								
云安区	50	27	23	117.39	18	11	7	157.14
新兴县	224	133	91	146.15	83	51	32	159.38
郁南县	131	59	72	81.94	49	21	28	75.00
罗定市	97	57	40	142.50	28	16	12	133.33

6-1b　续表 3　　　　单位：人

地　　区	第二孩				第三孩			
	小计	男	女	性别比(女=100)	小计	男	女	性别比(女=100)
广　东	**7660**	**4047**	**3613**	**112.01**	**2925**	**1628**	**1297**	**125.52**
广州市	**632**	**335**	**297**	**112.79**	**119**	**62**	**57**	**108.77**
荔湾区								
越秀区								
海珠区								
天河区								
白云区	116	54	62	87.10	24	9	15	60.00
黄埔区	52	24	28	85.71	9	6	3	200.00
番禺区	39	26	13	200.00	8	5	3	166.67
花都区	61	29	32	90.63	7	6	1	600.00
南沙区	69	33	36	91.67	8	5	3	166.67
从化区	30	18	12	150.00	4	1	3	33.33
增城区	265	151	114	132.46	59	30	29	103.45
韶关市	**321**	**157**	**164**	**95.73**	**100**	**64**	**36**	**177.78**
武江区					1	1		
浈江区	4	1	3	33.33	2		2	
曲江区	10	6	4	150.00	4	2	2	100.00
始兴县	43	23	20	115.00	13	12	1	1200.00
仁化县	44	24	20	120.00	7	5	2	250.00
翁源县	64	26	38	68.42	30	18	12	150.00
乳源瑶族自治县	53	27	26	103.85	9	4	5	80.00
新丰县	34	16	18	88.89	13	8	5	160.00
乐昌市	36	16	20	80.00	14	9	5	180.00
南雄市	33	18	15	120.00	7	5	2	250.00
深圳市	**2**	**1**	**1**	**100.00**				
罗湖区								
福田区								
南山区	1		1					
宝安区								
龙岗区								
盐田区								
龙华区								
坪山区	1	1						
光明区								
珠海市	**145**	**77**	**68**	**113.24**	**27**	**20**	**7**	**285.71**
香洲区	9	6	3	200.00	3	2	1	200.00
斗门区	80	44	36	122.22	11	9	2	450.00
金湾区	56	27	29	93.10	13	9	4	225.00
汕头市	**566**	**301**	**265**	**113.58**	**261**	**132**	**129**	**102.33**
龙湖区								
金平区								
濠江区	2	1	1	100.00				
潮阳区	262	124	138	89.86	141	77	64	120.31
潮南区	139	78	61	127.87	92	44	48	91.67
澄海区	143	89	54	164.81	24	8	16	50.00
南澳县	20	9	11	81.82	4	3	1	300.00
佛山市	**275**	**131**	**144**	**90.97**	**44**	**28**	**16**	**175.00**
禅城区	130	69	61	113.11	16	10	6	166.67
南海区	39	20	19	105.26	6	4	2	200.00
顺德区								
三水区	93	39	54	72.22	16	10	6	166.67
高明区	13	3	10	30.00	6	4	2	200.00

6-1b 续表 4

单位：人

地　区	第二孩 小计	第二孩 男	第二孩 女	第二孩 性别比(女=100)	第三孩 小计	第三孩 男	第三孩 女	第三孩 性别比(女=100)
江门市	**163**	**73**	**90**	**81.11**	**27**	**12**	**15**	**80.00**
蓬江区								
江海区								
新会区	43	24	19	126.32	13	7	6	116.67
台山市	24	7	17	41.18	2	1	1	100.00
开平市	42	17	25	68.00	4	2	2	100.00
鹤山市	24	13	11	118.18	3	1	2	50.00
恩平市	30	12	18	66.67	5	1	4	25.00
湛江市	**528**	**275**	**253**	**108.70**	**346**	**184**	**162**	**113.58**
赤坎区								
霞山区	1	1			2	2		
坡头区	44	19	25	76.00	34	23	11	209.09
麻章区	38	19	19	100.00	18	9	9	100.00
遂溪县	121	64	57	112.28	77	40	37	108.11
徐闻县	117	61	56	108.93	69	32	37	86.49
廉江市	61	37	24	154.17	57	33	24	137.50
雷州市	87	44	43	102.33	44	20	24	83.33
吴川市	59	30	29	103.45	45	25	20	125.00
茂名市	**367**	**181**	**186**	**97.31**	**230**	**128**	**102**	**125.49**
茂南区	22	10	12	83.33	9	4	5	80.00
电白区	168	86	82	104.88	103	59	44	134.09
高州市	70	32	38	84.21	34	21	13	161.54
化州市	59	29	30	96.67	61	31	30	103.33
信宜市	48	24	24	100.00	23	13	10	130.00
肇庆市	**365**	**203**	**162**	**125.31**	**137**	**84**	**53**	**158.49**
端州区								
鼎湖区	15	7	8	87.50	12	5	7	71.43
高要区	76	44	32	137.50	25	15	10	150.00
广宁县	85	51	34	150.00	19	12	7	171.43
怀集县	92	50	42	119.05	44	30	14	214.29
封开县	49	31	18	172.22	21	11	10	110.00
德庆县	35	14	21	66.67	8	5	3	166.67
四会市	13	6	7	85.71	8	6	2	300.00
惠州市	**857**	**448**	**409**	**109.54**	**269**	**146**	**123**	**118.70**
惠城区	62	25	37	67.57	24	6	18	33.33
惠阳区	58	30	28	107.14	29	16	13	123.08
博罗县	359	190	169	112.43	81	49	32	153.13
惠东县	325	176	149	118.12	108	53	55	96.36
龙门县	53	27	26	103.85	27	22	5	440.00
梅州市	**438**	**263**	**175**	**150.29**	**169**	**94**	**75**	**125.33**
梅江区	3	2	1	200.00	1	1		
梅县区	15	7	8	87.50	6	3	3	100.00
大埔县	62	36	26	138.46	25	13	12	108.33
丰顺县	97	58	39	148.72	33	21	12	175.00
五华县	145	83	62	133.87	69	37	32	115.63
平远县	40	30	10	300.00	7	4	3	133.33
蕉岭县	58	36	22	163.64	14	5	9	55.56
兴宁市	18	11	7	157.14	14	10	4	250.00

6-1b　续表 5

单位：人

地　区	第二孩 小计	第二孩 男	第二孩 女	第二孩 性别比(女=100)	第三孩 小计	第三孩 男	第三孩 女	第三孩 性别比(女=100)
汕尾市	**432**	**231**	**201**	**114.93**	**196**	**116**	**80**	**145.00**
城　区	15	8	7	114.29	16	11	5	220.00
海丰县	248	134	114	117.54	89	56	33	169.70
陆河县	68	39	29	134.48	30	17	13	130.77
陆丰市	101	50	51	98.04	61	32	29	110.34
河源市	**327**	**188**	**139**	**135.25**	**145**	**72**	**73**	**98.63**
源城区	13	6	7	85.71	2	1	1	100.00
紫金县	82	42	40	105.00	49	28	21	133.33
龙川县	86	56	30	186.67	48	23	25	92.00
连平县	41	24	17	141.18	14	7	7	100.00
和平县	59	35	24	145.83	21	9	12	75.00
东源县	46	25	21	119.05	11	4	7	57.14
阳江市	**152**	**86**	**66**	**130.30**	**63**	**36**	**27**	**133.33**
江城区	8	4	4	100.00	6	4	2	200.00
阳东区	26	18	8	225.00	10	5	5	100.00
阳西县	87	47	40	117.50	22	14	8	175.00
阳春市	31	17	14	121.43	25	13	12	108.33
清远市	**462**	**249**	**213**	**116.90**	**212**	**109**	**103**	**105.83**
清城区	125	60	65	92.31	54	29	25	116.00
清新区	22	11	11	100.00	11	7	4	175.00
佛冈县	73	47	26	180.77	26	17	9	188.89
阳山县	68	40	28	142.86	38	19	19	100.00
连山壮族瑶族自治县	26	9	17	52.94	8	4	4	100.00
连南瑶族自治县	27	12	15	80.00	12	4	8	50.00
英德市	103	58	45	128.89	60	27	33	81.82
连州市	18	12	6	200.00	3	2	1	200.00
东莞市	**22**	**12**	**10**	**120.00**	**7**	**5**	**2**	**250.00**
市辖区	22	12	10	120.00	7	5	2	250.00
中山市	**558**	**303**	**255**	**118.82**	**116**	**69**	**47**	**146.81**
市辖区	558	303	255	118.82	116	69	47	146.81
潮州市	**246**	**124**	**122**	**101.64**	**80**	**43**	**37**	**116.22**
湘桥区	33	14	19	73.68	5	3	2	150.00
潮安区	91	43	48	89.58	33	18	15	120.00
饶平县	122	67	55	121.82	42	22	20	110.00
揭阳市	**583**	**299**	**284**	**105.28**	**298**	**174**	**124**	**140.32**
榕城区	47	22	25	88.00	22	15	7	214.29
揭东区	99	53	46	115.22	40	24	16	150.00
揭西县	81	35	46	76.09	23	12	11	109.09
惠来县	126	68	58	117.24	86	45	41	109.76
普宁市	230	121	109	111.01	127	78	49	159.18
云浮市	**219**	**110**	**109**	**100.92**	**79**	**50**	**29**	**172.41**
云城区								
云安区	22	11	11	100.00	6	4	2	200.00
新兴县	114	61	53	115.09	19	13	6	216.67
郁南县	52	22	30	73.33	24	13	11	118.18
罗定市	31	16	15	106.67	30	20	10	200.00

6-1b 续表 6

单位：人

地　区	第四孩 小计	第四孩 男	第四孩 女	第四孩 性别比(女=100)	第五孩及以上 小计	第五孩及以上 男	第五孩及以上 女	第五孩及以上 性别比(女=100)
广　东	**707**	**418**	**289**	**144.64**	**227**	**125**	**102**	**122.55**
广州市	**14**	**8**	**6**	**133.33**	**2**	**2**		
荔湾区								
越秀区								
海珠区								
天河区								
白云区	2	1	1	100.00	2	2		
黄埔区	1	1						
番禺区	1		1					
花都区								
南沙区	2		2					
从化区	2	1	1	100.00				
增城区	6	5	1	500.00				
韶关市	**12**	**7**	**5**	**140.00**	**4**	**2**	**2**	**100.00**
武江区								
浈江区								
曲江区								
始兴县	1		1					
仁化县								
翁源县	4	3	1	300.00				
乳源瑶族自治县	3	2	1	200.00	2	1	1	100.00
新丰县	1		1					
乐昌市	2	1	1	100.00	2	1	1	100.00
南雄市	1	1						
深圳市								
罗湖区								
福田区								
南山区								
宝安区								
龙岗区								
盐田区								
龙华区								
坪山区								
光明区								
珠海市	**3**	**2**	**1**	**200.00**				
香洲区								
斗门区	2	1	1	100.00				
金湾区	1	1						
汕头市	**90**	**49**	**41**	**119.51**	**39**	**19**	**20**	**95.00**
龙湖区								
金平区								
濠江区								
潮阳区	53	29	24	120.83	22	12	10	120.00
潮南区	31	18	13	138.46	17	7	10	70.00
澄海区	5	2	3	66.67				
南澳县	1		1					
佛山市	**9**	**7**	**2**	**350.00**				
禅城区	5	4	1	400.00				
南海区	1	1						
顺德区								
三水区	3	2	1	200.00				
高明区								

6-1b　续表 7　　　　单位：人

地　区	第四孩				第五孩及以上			
	小计	男	女	性别比(女=100)	小计	男	女	性别比(女=100)
江门市	**5**	**2**	**3**	**66.67**	**3**	**2**	**1**	**200.00**
蓬江区								
江海区								
新会区	4	2	2	100.00	1	1		
台山市								
开平市					2	1	1	100.00
鹤山市	1		1					
恩平市								
湛江市	**98**	**56**	**42**	**133.33**	**28**	**19**	**9**	**211.11**
赤坎区								
霞山区								
坡头区	7	3	4	75.00	2	1	1	100.00
麻章区	3	1	2	50.00	1		1	
遂溪县	23	14	9	155.56	11	7	4	175.00
徐闻县	20	11	9	122.22	3	2	1	200.00
廉江市	16	6	10	60.00	5	3	2	150.00
雷州市	16	10	6	166.67	4	4		
吴川市	13	11	2	550.00	2	2		
茂名市	**66**	**39**	**27**	**144.44**	**13**	**8**	**5**	**160.00**
茂南区	6	5	1	500.00	1	1		
电白区	17	13	4	325.00	2	1	1	100.00
高州市	14	11	3	366.67	2	1	1	100.00
化州市	22	6	16	37.50	4	4		
信宜市	7	4	3	133.33	4	1	3	33.33
肇庆市	**18**	**15**	**3**	**500.00**	**6**	**3**	**3**	**100.00**
端州区								
鼎湖区								
高要区	4	4			2	1	1	100.00
广宁县	3	3						
怀集县	5	4	1	400.00	3	2	1	200.00
封开县	5	4	1	400.00				
德庆县								
四会市	1		1		1		1	
惠州市	**51**	**36**	**15**	**240.00**	**13**	**8**	**5**	**160.00**
惠城区	3	1	2	50.00	1		1	
惠阳区	3	3			1	1		
博罗县	13	11	2	550.00	2	1	1	100.00
惠东县	30	19	11	172.73	9	6	3	200.00
龙门县	2	2						
梅州市	**36**	**21**	**15**	**140.00**	**19**	**9**	**10**	**90.00**
梅江区								
梅县区	3	1	2	50.00	2	1	1	100.00
大埔县	1	1			1	1		
丰顺县	10	5	5	100.00	5	4	1	400.00
五华县	19	12	7	171.43	11	3	8	37.50
平远县	2	1	1	100.00				
蕉岭县								
兴宁市	1	1						

6—1b 续表 8

单位：人

地区	第四孩 小计	男	女	性别比（女=100）	第五孩及以上 小计	男	女	性别比（女=100）
汕尾市	**60**	**32**	**28**	**114.29**	**22**	**11**	**11**	**100.00**
城　区								
海丰县	24	15	9	166.67	5	4	1	400.00
陆河县	7	4	3	133.33	3	1	2	50.00
陆丰市	29	13	16	81.25	14	6	8	75.00
河源市	**34**	**19**	**15**	**126.67**	**10**	**5**	**5**	**100.00**
源城区	1	1						
紫金县	13	8	5	160.00	3	2	1	200.00
龙川县	11	6	5	120.00	3	2	1	200.00
连平县	5	2	3	66.67	1		1	
和平县	3	1	2	50.00	2	1	1	100.00
东源县	1	1			1		1	
阳江市	**14**	**7**	**7**	**100.00**	**4**	**3**	**1**	**300.00**
江城区	1	1						
阳东区	2	1	1	100.00				
阳西县	7	2	5	40.00	2	2		
阳春市	4	3	1	300.00	2	1	1	100.00
清远市	**40**	**29**	**11**	**263.64**	**6**	**3**	**3**	**100.00**
清城区	3	2	1	200.00	1	1		
清新区								
佛冈县	6	5	1	500.00				
阳山县	7	4	3	133.33	2	1	1	100.00
连山壮族瑶族自治县								
连南瑶族自治县								
英德市	18	12	6	200.00	3	1	2	50.00
连州市	6	6						
东莞市	**1**	**1**						
市辖区	1	1						
中山市	**18**	**13**	**5**	**260.00**	**3**		**3**	
市辖区	18	13	5	260.00	3		3	
潮州市	**7**	**4**	**3**	**133.33**	**5**	**4**	**1**	**400.00**
湘桥区	1		1		1	1		
潮安区	1	1			1		1	
饶平县	5	3	2	150.00	3	3		
揭阳市	**108**	**56**	**52**	**107.69**	**47**	**25**	**22**	**113.64**
榕城区	2	2						
揭东区	13	9	4	225.00	3	1	2	50.00
揭西县	5	4	1	400.00	1	1		
惠来县	42	20	22	90.91	28	15	13	115.38
普宁市	46	21	25	84.00	15	8	7	114.29
云浮市	**23**	**15**	**8**	**187.50**	**3**	**2**	**1**	**200.00**
云城区								
云安区	3	1	2	50.00	1		1	
新兴县	7	7			1	1		
郁南县	6	3	3	100.00				
罗定市	7	4	3	133.33	1	1		

6-1c　各地区分性别、孩次的出生人口
(2019.11.1-2020.10.31)(乡村)

单位：人

地　区	出生人数				第　一　孩			
	合计	男	女	性别比(女=100)	小计	男	女	性别比(女=100)
广　东	**33689**	**18108**	**15581**	**116.22**	**12525**	**6719**	**5806**	**115.73**
广州市	**2861**	**1529**	**1332**	**114.79**	**1182**	**615**	**567**	**108.47**
荔湾区								
越秀区								
海珠区								
天河区								
白云区	743	403	340	118.53	312	168	144	116.67
黄埔区	136	64	72	88.89	45	21	24	87.50
番禺区	329	175	154	113.64	155	82	73	112.33
花都区	537	279	258	108.14	219	119	100	119.00
南沙区	233	116	117	99.15	112	54	58	93.10
从化区	397	225	172	130.81	149	78	71	109.86
增城区	486	267	219	121.92	190	93	97	95.88
韶关市	**1183**	**625**	**558**	**112.01**	**400**	**212**	**188**	**112.77**
武江区	69	34	35	97.14	25	14	11	127.27
浈江区	49	25	24	104.17	20	8	12	66.67
曲江区	93	48	45	106.67	36	21	15	140.00
始兴县	109	57	52	109.62	34	24	10	240.00
仁化县	89	39	50	78.00	34	12	22	54.55
翁源县	236	128	108	118.52	72	35	37	94.59
乳源瑶族自治县	103	68	35	194.29	33	19	14	135.71
新丰县	61	29	32	90.63	24	12	12	100.00
乐昌市	189	98	91	107.69	56	33	23	143.48
南雄市	185	99	86	115.12	66	34	32	106.25
深圳市	**59**	**32**	**27**	**118.52**	**28**	**19**	**9**	**211.11**
罗湖区								
福田区								
南山区								
宝安区								
龙岗区	59	32	27	118.52	28	19	9	211.11
盐田区								
龙华区								
坪山区								
光明区								
珠海市	**256**	**134**	**122**	**109.84**	**114**	**58**	**56**	**103.57**
香洲区								
斗门区	232	124	108	114.81	105	54	51	105.88
金湾区	24	10	14	71.43	9	4	5	80.00
汕头市	**2218**	**1220**	**998**	**122.24**	**902**	**504**	**398**	**126.63**
龙湖区	97	63	34	185.29	41	25	16	156.25
金平区	19	7	12	58.33	5	1	4	25.00
濠江区	82	45	37	121.62	37	24	13	184.62
潮阳区	1078	579	499	116.03	422	226	196	115.31
潮南区	713	401	312	128.53	286	167	119	140.34
澄海区	217	118	99	119.19	107	58	49	118.37
南澳县	12	7	5	140.00	4	3	1	300.00
佛山市	**364**	**190**	**174**	**109.20**	**161**	**77**	**84**	**91.67**
禅城区								
南海区	141	75	66	113.64	62	30	32	93.75
顺德区	44	23	21	109.52	18	12	6	200.00
三水区	161	80	81	98.77	77	32	45	71.11
高明区	18	12	6	200.00	4	3	1	300.00

6-1c 续表 1

单位：人

地 区	出生人数 合计	出生人数 男	出生人数 女	出生人数 性别比(女=100)	第一孩 小计	第一孩 男	第一孩 女	第一孩 性别比(女=100)
江门市	**1023**	**533**	**490**	**108.78**	**436**	**231**	**205**	**112.68**
蓬江区	30	14	16	87.50	13	7	6	116.67
江海区								
新会区	221	120	101	118.81	94	54	40	135.00
台山市	249	129	120	107.50	103	55	48	114.58
开平市	217	114	103	110.68	102	54	48	112.50
鹤山市	144	75	69	108.70	67	34	33	103.03
恩平市	162	81	81	100.00	57	27	30	90.00
湛江市	**4767**	**2561**	**2206**	**116.09**	**1531**	**834**	**697**	**119.66**
赤坎区	10	5	5	100.00	4	2	2	100.00
霞山区	60	35	25	140.00	20	10	10	100.00
坡头区	279	154	125	123.20	89	52	37	140.54
麻章区	432	238	194	122.68	134	71	63	112.70
遂溪县	624	364	260	140.00	192	120	72	166.67
徐闻县	446	240	206	116.50	133	66	67	98.51
廉江市	1078	544	534	101.87	366	183	183	100.00
雷州市	996	558	438	127.40	312	184	128	143.75
吴川市	842	423	419	100.95	281	146	135	108.15
茂名市	**4070**	**2173**	**1897**	**114.55**	**1262**	**656**	**606**	**108.25**
茂南区	421	232	189	122.75	138	76	62	122.58
电白区	1136	612	524	116.79	376	192	184	104.35
高州市	893	479	414	115.70	280	156	124	125.81
化州市	952	506	446	113.45	255	132	123	107.32
信宜市	668	344	324	106.17	213	100	113	88.50
肇庆市	**1742**	**950**	**792**	**119.95**	**654**	**351**	**303**	**115.84**
端州区								
鼎湖区	70	31	39	79.49	33	12	21	57.14
高要区	402	230	172	133.72	149	80	69	115.94
广宁县	152	86	66	130.30	52	28	24	116.67
怀集县	610	336	274	122.63	224	128	96	133.33
封开县	210	100	110	90.91	74	34	40	85.00
德庆县	182	100	82	121.95	79	43	36	119.44
四会市	116	67	49	136.73	43	26	17	152.94
惠州市	**1729**	**931**	**798**	**116.67**	**651**	**336**	**315**	**106.67**
惠城区	369	203	166	122.29	139	80	59	135.59
惠阳区	300	160	140	114.29	121	62	59	105.08
博罗县	432	236	196	120.41	160	84	76	110.53
惠东县	447	239	208	114.90	155	80	75	106.67
龙门县	181	93	88	105.68	76	30	46	65.22
梅州市	**1402**	**753**	**649**	**116.02**	**514**	**267**	**247**	**108.10**
梅江区	38	21	17	123.53	22	13	9	144.44
梅县区	160	87	73	119.18	65	32	33	96.97
大埔县	75	38	37	102.70	20	8	12	66.67
丰顺县	145	71	74	95.95	65	32	33	96.97
五华县	573	317	256	123.83	174	99	75	132.00
平远县	60	32	28	114.29	31	19	12	158.33
蕉岭县	65	36	29	124.14	29	16	13	123.08
兴宁市	286	151	135	111.85	108	48	60	80.00

6-1c 续表 2

单位：人

地 区	出生人数				第 一 孩			
	合计	男	女	性别比（女=100）	小计	男	女	性别比（女=100）
汕尾市	**1355**	**739**	**616**	**119.97**	**490**	**270**	**220**	**122.73**
城 区	106	45	61	73.77	42	20	22	90.91
海丰县	241	132	109	121.10	101	58	43	134.88
陆河县	149	77	72	106.94	55	33	22	150.00
陆丰市	859	485	374	129.68	292	159	133	119.55
河源市	**1161**	**627**	**534**	**117.42**	**421**	**232**	**189**	**122.75**
源城区	41	28	13	215.38	18	15	3	500.00
紫金县	311	162	149	108.72	105	55	50	110.00
龙川县	299	162	137	118.25	104	51	53	96.23
连平县	143	79	64	123.44	59	31	28	110.71
和平县	190	102	88	115.91	68	38	30	126.67
东源县	177	94	83	113.25	67	42	25	168.00
阳江市	**851**	**443**	**408**	**108.58**	**317**	**169**	**148**	**114.19**
江城区	119	59	60	98.33	63	29	34	85.29
阳东区	142	74	68	108.82	55	30	25	120.00
阳西县	163	80	83	96.39	54	27	27	100.00
阳春市	427	230	197	116.75	145	83	62	133.87
清远市	**1637**	**848**	**789**	**107.48**	**574**	**291**	**283**	**102.83**
清城区	176	97	79	122.78	70	36	34	105.88
清新区	264	142	122	116.39	98	55	43	127.91
佛冈县	183	96	87	110.34	64	32	32	100.00
阳山县	186	95	91	104.40	55	30	25	120.00
连山壮族瑶族自治县	64	30	34	88.24	23	6	17	35.29
连南瑶族自治县	87	44	43	102.33	31	16	15	106.67
英德市	559	286	273	104.76	181	89	92	96.74
连州市	118	58	60	96.67	52	27	25	108.00
东莞市	**801**	**436**	**365**	**119.45**	**400**	**220**	**180**	**122.22**
市辖区	801	436	365	119.45	400	220	180	122.22
中山市	**554**	**285**	**269**	**105.95**	**255**	**133**	**122**	**109.02**
市辖区	554	285	269	105.95	255	133	122	109.02
潮州市	**853**	**470**	**383**	**122.72**	**372**	**207**	**165**	**125.45**
湘桥区	51	24	27	88.89	25	13	12	108.33
潮安区	453	245	208	117.79	200	106	94	112.77
饶平县	349	201	148	135.81	147	88	59	149.15
揭阳市	**3676**	**2014**	**1662**	**121.18**	**1480**	**851**	**629**	**135.29**
榕城区	251	126	125	100.80	108	57	51	111.76
揭东区	547	284	263	107.98	244	127	117	108.55
揭西县	513	281	232	121.12	233	132	101	130.69
惠来县	720	404	316	127.85	246	158	88	179.55
普宁市	1645	919	726	126.58	649	377	272	138.60
云浮市	**1127**	**615**	**512**	**120.12**	**381**	**186**	**195**	**95.38**
云城区	69	34	35	97.14	26	12	14	85.71
云安区	134	66	68	97.06	41	20	21	95.24
新兴县	192	110	82	134.15	83	37	46	80.43
郁南县	161	94	67	140.30	53	26	27	96.30
罗定市	571	311	260	119.62	178	91	87	104.60

6-1c 续表 3

单位：人

地 区	第二孩 小计	第二孩 男	第二孩 女	第二孩 性别比(女=100)	第三孩 小计	第三孩 男	第三孩 女	第三孩 性别比(女=100)
广 东	**12531**	**6632**	**5899**	**112.43**	**6031**	**3300**	**2731**	**120.83**
广州市	**1311**	**696**	**615**	**113.17**	**303**	**183**	**120**	**152.50**
荔湾区								
越秀区								
海珠区								
天河区								
白云区	351	189	162	116.67	59	36	23	156.52
黄埔区	63	30	33	90.91	17	8	9	88.89
番禺区	159	84	75	112.00	13	8	5	160.00
花都区	249	124	125	99.20	58	31	27	114.81
南沙区	107	55	52	105.77	13	6	7	85.71
从化区	162	94	68	138.24	75	44	31	141.94
增城区	220	120	100	120.00	68	50	18	277.78
韶关市	**503**	**261**	**242**	**107.85**	**218**	**114**	**104**	**109.62**
武江区	28	13	15	86.67	16	7	9	77.78
浈江区	19	11	8	137.50	9	5	4	125.00
曲江区	44	21	23	91.30	8	1	7	14.29
始兴县	52	24	28	85.71	20	8	12	66.67
仁化县	39	17	22	77.27	16	10	6	166.67
翁源县	94	53	41	129.27	49	27	22	122.73
乳源瑶族自治县	45	31	14	221.43	21	15	6	250.00
新丰县	25	12	13	92.31	11	5	6	83.33
乐昌市	75	37	38	97.37	42	18	24	75.00
南雄市	82	42	40	105.00	26	18	8	225.00
深圳市	**24**	**10**	**14**	**71.43**	**7**	**3**	**4**	**75.00**
罗湖区								
福田区								
南山区								
宝安区								
龙岗区	24	10	14	71.43	7	3	4	75.00
盐田区								
龙华区								
坪山区								
光明区								
珠海市	**124**	**63**	**61**	**103.28**	**16**	**11**	**5**	**220.00**
香洲区								
斗门区	112	60	52	115.38	13	8	5	160.00
金湾区	12	3	9	33.33	3	3		
汕头市	**719**	**388**	**331**	**117.22**	**384**	**208**	**176**	**118.18**
龙湖区	37	26	11	236.36	16	11	5	220.00
金平区	11	4	7	57.14	3	2	1	200.00
濠江区	23	9	14	64.29	18	9	9	100.00
潮阳区	344	184	160	115.00	192	98	94	104.26
潮南区	204	107	97	110.31	142	82	60	136.67
澄海区	94	55	39	141.03	12	5	7	71.43
南澳县	6	3	3	100.00	1	1		
佛山市	**163**	**94**	**69**	**136.23**	**36**	**18**	**18**	**100.00**
禅城区								
南海区	63	35	28	125.00	15	9	6	150.00
顺德区	21	11	10	110.00	4		4	
三水区	66	39	27	144.44	16	9	7	128.57
高明区	13	9	4	225.00	1		1	

6−1c　续表 4

单位：人

地　区	第二孩				第三孩			
	小计	男	女	性别比(女=100)	小计	男	女	性别比(女=100)
江门市	**473**	**238**	**235**	**101.28**	**99**	**55**	**44**	**125.00**
蓬江区	15	6	9	66.67	2	1	1	100.00
江海区								
新会区	102	53	49	108.16	22	12	10	120.00
台山市	125	60	65	92.31	20	13	7	185.71
开平市	92	49	43	113.95	19	9	10	90.00
鹤山市	66	35	31	112.90	9	4	5	80.00
恩平市	73	35	38	92.11	27	16	11	145.45
湛江市	**1577**	**837**	**740**	**113.11**	**1048**	**548**	**500**	**109.60**
赤坎区	1	1			2		2	
霞山区	23	15	8	187.50	11	6	5	120.00
坡头区	110	60	50	120.00	64	33	31	106.45
麻章区	131	72	59	122.03	103	57	46	123.91
遂溪县	212	123	89	138.20	125	63	62	101.61
徐闻县	168	89	79	112.66	96	59	37	159.46
廉江市	334	174	160	108.75	254	123	131	93.89
雷州市	307	168	139	120.86	205	113	92	122.83
吴川市	291	135	156	86.54	188	94	94	100.00
茂名市	**1411**	**719**	**692**	**103.90**	**989**	**563**	**426**	**132.16**
茂南区	143	80	63	126.98	99	54	45	120.00
电白区	414	219	195	112.31	250	140	110	127.27
高州市	340	162	178	91.01	204	120	84	142.86
化州市	292	147	145	101.38	264	151	113	133.63
信宜市	222	111	111	100.00	172	98	74	132.43
肇庆市	**659**	**359**	**300**	**119.67**	**335**	**193**	**142**	**135.92**
端州区								
鼎湖区	27	15	12	125.00	10	4	6	66.67
高要区	163	99	64	154.69	66	40	26	153.85
广宁县	66	38	28	135.71	30	18	12	150.00
怀集县	214	110	104	105.77	134	78	56	139.29
封开县	77	36	41	87.80	41	21	20	105.00
德庆县	61	33	28	117.86	34	19	15	126.67
四会市	51	28	23	121.74	20	13	7	185.71
惠州市	**683**	**354**	**329**	**107.60**	**312**	**190**	**122**	**155.74**
惠城区	139	74	65	113.85	72	36	36	100.00
惠阳区	123	63	60	105.00	51	30	21	142.86
博罗县	178	89	89	100.00	67	49	18	272.22
惠东县	173	90	83	108.43	93	55	38	144.74
龙门县	70	38	32	118.75	29	20	9	222.22
梅州市	**538**	**293**	**245**	**119.59**	**246**	**134**	**112**	**119.64**
梅江区	14	6	8	75.00	2	2		
梅县区	78	43	35	122.86	16	11	5	220.00
大埔县	32	17	15	113.33	18	10	8	125.00
丰顺县	39	20	19	105.26	30	13	17	76.47
五华县	205	112	93	120.43	115	61	54	112.96
平远县	20	8	12	66.67	8	5	3	166.67
蕉岭县	27	13	14	92.86	7	5	2	250.00
兴宁市	123	74	49	151.02	50	27	23	117.39

6－1c　续表 5　　单位：人

地　区	第二孩 小计	第二孩 男	第二孩 女	第二孩 性别比(女=100)	第三孩 小计	第三孩 男	第三孩 女	第三孩 性别比(女=100)
汕尾市	**430**	**236**	**194**	**121.65**	**264**	**138**	**126**	**109.52**
城　区	35	13	22	59.09	18	6	12	50.00
海丰县	80	50	30	166.67	46	18	28	64.29
陆河县	56	25	31	80.65	28	14	14	100.00
陆丰市	259	148	111	133.33	172	100	72	138.89
河源市	**470**	**252**	**218**	**115.60**	**210**	**111**	**99**	**112.12**
源城区	16	8	8	100.00	6	4	2	200.00
紫金县	114	59	55	107.27	61	37	24	154.17
龙川县	131	75	56	133.93	54	28	26	107.69
连平县	50	29	21	138.10	31	17	14	121.43
和平县	85	48	37	129.73	32	12	20	60.00
东源县	74	33	41	80.49	26	13	13	100.00
阳江市	**328**	**169**	**159**	**106.29**	**159**	**82**	**77**	**106.49**
江城区	42	21	21	100.00	13	9	4	225.00
阳东区	69	39	30	130.00	15	3	12	25.00
阳西县	61	32	29	110.34	39	18	21	85.71
阳春市	156	77	79	97.47	92	52	40	130.00
清远市	**671**	**340**	**331**	**102.72**	**289**	**159**	**130**	**122.31**
清城区	81	44	37	118.92	19	14	5	280.00
清新区	122	64	58	110.34	34	17	17	100.00
佛冈县	68	34	34	100.00	30	16	14	114.29
阳山县	74	34	40	85.00	41	23	18	127.78
连山壮族瑶族自治县	21	11	10	110.00	13	8	5	160.00
连南瑶族自治县	34	15	19	78.95	15	12	3	400.00
英德市	230	120	110	109.09	115	56	59	94.92
连州市	41	18	23	78.26	22	13	9	144.44
东莞市	**323**	**178**	**145**	**122.76**	**65**	**30**	**35**	**85.71**
市辖区	323	178	145	122.76	65	30	35	85.71
中山市	**265**	**129**	**136**	**94.85**	**30**	**20**	**10**	**200.00**
市辖区	265	129	136	94.85	30	20	10	200.00
潮州市	**324**	**168**	**156**	**107.69**	**127**	**70**	**57**	**122.81**
湘桥区	24	9	15	60.00	2	2		
潮安区	179	95	84	113.10	56	29	27	107.41
饶平县	121	64	57	112.28	69	39	30	130.00
揭阳市	**1136**	**605**	**531**	**113.94**	**650**	**342**	**308**	**111.04**
榕城区	94	45	49	91.84	38	17	21	80.95
揭东区	190	101	89	113.48	85	39	46	84.78
揭西县	152	81	71	114.08	96	53	43	123.26
惠来县	180	92	88	104.55	143	75	68	110.29
普宁市	520	286	234	122.22	288	158	130	121.54
云浮市	**399**	**243**	**156**	**155.77**	**244**	**128**	**116**	**110.34**
云城区	27	14	13	107.69	9	6	3	200.00
云安区	48	27	21	128.57	33	11	22	50.00
新兴县	77	52	25	208.00	25	17	8	212.50
郁南县	53	31	22	140.91	37	24	13	184.62
罗定市	194	119	75	158.67	140	70	70	100.00

6-1c 续表 6

单位：人

地区	第四孩				第五孩及以上			
	小计	男	女	性别比(女=100)	小计	男	女	性别比(女=100)
广东	**1920**	**1085**	**835**	**129.94**	**682**	**372**	**310**	**120.00**
广州市	**53**	**29**	**24**	**120.83**	**12**	**6**	**6**	**100.00**
荔湾区								
越秀区								
海珠区								
天河区								
白云区	16	6	10	60.00	5	4	1	400.00
黄埔区	8	4	4	100.00	3	1	2	50.00
番禺区	2	1	1	100.00				
花都区	8	4	4	100.00	3	1	2	50.00
南沙区	1	1						
从化区	10	9	1	900.00	1		1	
增城区	8	4	4	100.00				
韶关市	**52**	**36**	**16**	**225.00**	**10**	**2**	**8**	**25.00**
武江区								
浈江区	1	1						
曲江区	4	4			1	1		
始兴县	3	1	2	50.00				
仁化县								
翁源县	19	13	6	216.67	2		2	
乳源瑶族自治县	4	3	1	300.00				
新丰县					1		1	
乐昌市	12	9	3	300.00	4	1	3	33.33
南雄市	9	5	4	125.00	2		2	
深圳市								
罗湖区								
福田区								
南山区								
宝安区								
龙岗区								
盐田区								
龙华区								
坪山区								
光明区								
珠海市	**1**	**1**			**1**	**1**		
香洲区								
斗门区	1	1			1	1		
金湾区								
汕头市	**159**	**92**	**67**	**137.31**	**54**	**28**	**26**	**107.69**
龙湖区	3	1	2	50.00				
金平区								
濠江区	3	3			1		1	
潮阳区	88	55	33	166.67	32	16	16	100.00
潮南区	60	33	27	122.22	21	12	9	133.33
澄海区	4		4					
南澳县	1		1					
佛山市	**4**	**1**	**3**	**33.33**				
禅城区								
南海区	1	1						
顺德区	1		1					
三水区	2		2					
高明区								

6−1c 续表 7

单位：人

地 区	第四孩				第五孩及以上			
	小计	男	女	性别比(女=100)	小计	男	女	性别比(女=100)
江门市	**10**	**5**	**5**	**100.00**	**5**	**4**	**1**	**400.00**
蓬江区								
江海区								
新会区	1		1		2	1	1	100.00
台山市	1	1						
开平市	3	1	2	50.00	1	1		
鹤山市	1	1			1	1		
恩平市	4	2	2	100.00	1	1		
湛江市	**445**	**246**	**199**	**123.62**	**166**	**96**	**70**	**137.14**
赤坎区	2	2			1		1	
霞山区	5	3	2	150.00	1	1		
坡头区	13	8	5	160.00	3	1	2	50.00
麻章区	44	27	17	158.82	20	11	9	122.22
遂溪县	62	39	23	169.57	33	19	14	135.71
徐闻县	40	20	20	100.00	9	6	3	200.00
廉江市	93	48	45	106.67	31	16	15	106.67
雷州市	121	62	59	105.08	51	31	20	155.00
吴川市	65	37	28	132.14	17	11	6	183.33
茂名市	**321**	**185**	**136**	**136.03**	**87**	**50**	**37**	**135.14**
茂南区	33	17	16	106.25	8	5	3	166.67
电白区	79	51	28	182.14	17	10	7	142.86
高州市	53	28	25	112.00	16	13	3	433.33
化州市	109	62	47	131.91	32	14	18	77.78
信宜市	47	27	20	135.00	14	8	6	133.33
肇庆市	**65**	**34**	**31**	**109.68**	**29**	**13**	**16**	**81.25**
端州区								
鼎湖区								
高要区	17	8	9	88.89	7	3	4	75.00
广宁县	4	2	2	100.00				
怀集县	27	16	11	145.45	11	4	7	57.14
封开县	11	5	6	83.33	7	4	3	133.33
德庆县	4	3	1	300.00	4	2	2	100.00
四会市	2		2					
惠州市	**65**	**39**	**26**	**150.00**	**18**	**12**	**6**	**200.00**
惠城区	14	10	4	250.00	5	3	2	150.00
惠阳区	4	4			1	1		
博罗县	21	10	11	90.91	6	4	2	200.00
惠东县	20	10	10	100.00	6	4	2	200.00
龙门县	6	5	1	500.00				
梅州市	**67**	**41**	**26**	**157.69**	**37**	**18**	**19**	**94.74**
梅江区								
梅县区	1	1						
大埔县	3	3			2		2	
丰顺县	6	3	3	100.00	5	3	2	150.00
五华县	53	31	22	140.91	26	14	12	116.67
平远县	1		1					
蕉岭县	2	2						
兴宁市	1	1			4	1	3	33.33

6-1c 续表 8　　单位：人

地　区	第四孩				第五孩及以上			
	小计	男	女	性别比（女=100）	小计	男	女	性别比（女=100）
汕尾市	**112**	**63**	**49**	**128.57**	**59**	**32**	**27**	**118.52**
城　区	8	4	4	100.00	3	2	1	200.00
海丰县	9	4	5	80.00	5	2	3	66.67
陆河县	7	4	3	133.33	3	1	2	50.00
陆丰市	88	51	37	137.84	48	27	21	128.57
河源市	**51**	**27**	**24**	**112.50**	**9**	**5**	**4**	**125.00**
源城区	1	1						
紫金县	26	8	18	44.44	5	3	2	150.00
龙川县	9	8	1	800.00	1		1	
连平县	3	2	1	200.00				
和平县	5	4	1	400.00				
东源县	7	4	3	133.33	3	2	1	200.00
阳江市	**42**	**20**	**22**	**90.91**	**5**	**3**	**2**	**150.00**
江城区	1		1					
阳东区	3	2	1	200.00				
阳西县	7	2	5	40.00	2	1	1	100.00
阳春市	31	16	15	106.67	3	2	1	200.00
清远市	**81**	**43**	**38**	**113.16**	**22**	**15**	**7**	**214.29**
清城区	5	2	3	66.67	1	1		
清新区	8	5	3	166.67	2	1	1	100.00
佛冈县	16	10	6	166.67	5	4	1	400.00
阳山县	14	6	8	75.00	2	2		
连山壮族瑶族自治县	6	5	1	500.00	1		1	
连南瑶族自治县	5	1	4	25.00	2		2	
英德市	24	14	10	140.00	9	7	2	350.00
连州市	3		3					
东莞市	**13**	**8**	**5**	**160.00**				
市辖区	13	8	5	160.00				
中山市	**3**	**3**			**1**		**1**	
市辖区	3	3			1		1	
潮州市	**23**	**18**	**5**	**360.00**	**7**	**7**		
湘桥区								
潮安区	13	10	3	333.33	5	5		
饶平县	10	8	2	400.00	2	2		
揭阳市	**274**	**149**	**125**	**119.20**	**136**	**67**	**69**	**97.10**
榕城区	10	6	4	150.00	1	1		
揭东区	19	13	6	216.67	9	4	5	80.00
揭西县	21	12	9	133.33	11	3	8	37.50
惠来县	89	45	44	102.27	62	34	28	121.43
普宁市	135	73	62	117.74	53	25	28	89.29
云浮市	**79**	**45**	**34**	**132.35**	**24**	**13**	**11**	**118.18**
云城区	5	2	3	66.67	2		2	
云安区	11	8	3	266.67	1		1	
新兴县	7	4	3	133.33				
郁南县	15	11	4	275.00	3	2	1	200.00
罗定市	41	20	21	95.24	18	11	7	157.14

6-2 全省按年龄、受教育程度、生育孩次

受教育程度 年 龄	合 计	生男孩的 妇女人数	生女孩的 妇女人数	一 孩 小计	一 孩 男	一 孩 女
总 计	**138419**	**74785**	**63634**	**59644**	**32333**	**27311**
15-19岁	**1180**	**646**	**534**	**1001**	**553**	**448**
15	18	10	8	18	10	8
16	69	35	34	64	35	29
17	154	85	69	141	74	67
18	313	185	128	266	156	110
19	626	331	295	512	278	234
20-24岁	**18472**	**9920**	**8552**	**12256**	**6657**	**5599**
20	1235	627	608	943	487	456
21	2074	1115	959	1512	829	683
22	3406	1826	1580	2356	1290	1066
23	4934	2691	2243	3210	1774	1436
24	6823	3661	3162	4235	2277	1958
25-29岁	**51736**	**27703**	**24033**	**27211**	**14620**	**12591**
25	8515	4555	3960	5098	2749	2349
26	9436	5069	4367	5317	2817	2500
27	11177	5973	5204	6016	3291	2725
28	11467	6106	5361	5685	3024	2661
29	11141	6000	5141	5095	2739	2356
30-34岁	**44933**	**24328**	**20605**	**14633**	**7971**	**6662**
30	11937	6384	5553	4801	2569	2232
31	10123	5495	4628	3629	1992	1637
32	8524	4673	3851	2550	1405	1145
33	8002	4319	3683	2118	1160	958
34	6347	3457	2890	1535	845	690
35-39岁	**17282**	**9517**	**7765**	**3531**	**1938**	**1593**
35	4902	2670	2232	1096	611	485
36	4170	2293	1877	882	464	418
37	3284	1823	1461	639	361	278
38	2831	1552	1279	552	303	249
39	2095	1179	916	362	199	163
40-44岁	**3905**	**2150**	**1755**	**798**	**460**	**338**
40	1396	783	613	269	158	111
41	1081	599	482	228	121	107
42	657	358	299	139	86	53
43	439	238	201	87	52	35
44	332	172	160	75	43	32
45-49岁	**911**	**521**	**390**	**214**	**134**	**80**
45	221	125	96	49	35	14
46	206	120	86	49	35	14
47	186	99	87	50	24	26
48	136	81	55	30	17	13
49	162	96	66	36	23	13

分的育龄妇女人数(2019.11.1–2020.10.31)

单位：人

二孩			三孩及以上		
小计	男	女	小计	男	女
56957	**30057**	**26900**	**21818**	**12395**	**9423**
162	**81**	**81**	**17**	**12**	**5**
5		5			
12	10	2	1	1	
44	27	17	3	2	1
101	44	57	13	9	4
5076	**2645**	**2431**	**1140**	**618**	**522**
266	131	135	26	9	17
464	227	237	98	59	39
879	453	426	171	83	88
1394	736	658	330	181	149
2073	1098	975	515	286	229
18652	**9799**	**8853**	**5873**	**3284**	**2589**
2718	1417	1301	699	389	310
3213	1712	1501	906	540	366
3971	2047	1924	1190	635	555
4330	2276	2054	1452	806	646
4420	2347	2073	1626	914	712
21484	**11351**	**10133**	**8816**	**5006**	**3810**
5172	2752	2420	1964	1063	901
4646	2454	2192	1848	1049	799
4230	2242	1988	1744	1026	718
4106	2149	1957	1778	1010	768
3330	1754	1576	1482	858	624
9069	**4815**	**4254**	**4682**	**2764**	**1918**
2563	1312	1251	1243	747	496
2185	1193	992	1103	636	467
1728	917	811	917	545	372
1475	784	691	804	465	339
1118	609	509	615	371	244
2076	**1116**	**960**	**1031**	**574**	**457**
756	409	347	371	216	155
575	318	257	278	160	118
334	179	155	184	93	91
241	123	118	111	63	48
170	87	83	87	42	45
438	**250**	**188**	**259**	**137**	**122**
116	62	54	56	28	28
94	50	44	63	35	28
82	46	36	54	29	25
63	41	22	43	23	20
83	51	32	43	22	21

6-2 续表 1

受教育程度 年 龄	合 计	生男孩的妇女人数	生女孩的妇女人数	一 孩		
				小计	男	女
未上过学	**198**	**99**	**99**	**59**	**28**	**31**
15－19岁	**2**	**2**		**2**	**2**	
15						
16						
17						
18	1	1		1	1	
19	1	1		1	1	
20－24岁	**30**	**11**	**19**	**13**	**5**	**8**
20	4		4	1		1
21	2	1	1			
22	10	7	3	5	4	1
23	5	2	3	4	1	3
24	9	1	8	3		3
25－29岁	**66**	**34**	**32**	**26**	**13**	**13**
25	9	5	4	2		2
26	11	4	7	6	3	3
27	17	8	9	7	2	5
28	12	5	7	5	4	1
29	17	12	5	6	4	2
30－34岁	**48**	**24**	**24**	**10**	**4**	**6**
30	8	2	6	3		3
31	12	4	8	3	1	2
32	15	10	5	4	3	1
33	9	6	3			
34	4	2	2			
35－39岁	**29**	**17**	**12**	**6**	**3**	**3**
35	7	4	3	2	1	1
36	7	5	2	2	1	1
37	7	3	4	1	1	
38	5	2	3	1		1
39	3	3				
40－44岁	**14**	**7**	**7**	**1**	**1**	
40	2	2				
41	3	1	2	1	1	
42	2	1	1			
43	2		2			
44	5	3	2			
45－49岁	**9**	**4**	**5**	**1**		**1**
45	2	2				
46	2		2			
47	3	2	1			
48	1		1	1		1
49	1		1			

单位：人

二　孩			三孩及以上		
小计	男	女	小计	男	女
59	**30**	**29**	**80**	**41**	**39**
9	**3**	**6**	**8**	**3**	**5**
2		2	1		1
			2	1	1
3	1	2	2	2	
1	1				
3	1	2	3		3
23	**11**	**12**	**17**	**10**	**7**
3	2	1	4	3	1
3		3	2	1	1
3	2	1	7	4	3
5	1	4	2		2
9	6	3	2	2	
9	**4**	**5**	**29**	**16**	**13**
			5	2	3
3	2	1	6	1	5
4	2	2	7	5	2
1		1	8	6	2
1		1	3	2	1
9	**7**	**2**	**14**	**7**	**7**
2	1	1	3	2	1
3	3		2	1	1
2	1	1	4	1	3
1	1		3	1	2
1	1		2	2	
7	**4**	**3**	**6**	**2**	**4**
2	2				
1		1	1		1
2	1	1			
1		1	1		1
1	1		4	2	2
2	**1**	**1**	**6**	**3**	**3**
1	1		1	1	
1		1	1		1
			3	2	1
			1		1

6-2 续表 2

受教育程度 年 龄	合 计	生男孩的 妇女人数	生女孩的 妇女人数	一 孩		
				小计	男	女
学前教育	**33**	**13**	**20**	**17**	**8**	**9**
15-19岁	**1**	**1**		**1**	**1**	
15						
16	1	1		1	1	
17						
18						
19						
20-24岁	**7**	**3**	**4**	**6**	**2**	**4**
20	1		1	1		1
21						
22	1	1		1	1	
23	1		1	1		1
24	4	2	2	3	1	2
25-29岁	**11**	**6**	**5**	**7**	**4**	**3**
25	3	1	2	2	1	1
26	1		1	1		1
27	4	3	1	4	3	1
28	1	1				
29	2	1	1			
30-34岁	**7**	**1**	**6**	**2**	**1**	**1**
30	2	1	1	1	1	
31						
32	2		2			
33	1		1			
34	2		2	1		1
35-39岁	**6**	**2**	**4**			
35	4	1	3			
36	2	1	1			
37						
38						
39						
40-44岁						
40						
41						
42						
43						
44						
45-49岁	**1**		**1**	**1**		**1**
45						
46						
47						
48						
49	1		1	1		1

单位：人

二　孩			三孩及以上		
小计	男	女	小计	男	女
10	**3**	**7**	**6**	**2**	**4**
1	**1**				
1	1				
4	**2**	**2**			
1		1			
1	1				
2	1	1			
3		**3**	**2**		**2**
1		1			
2		2			
			1		1
			1		1
2		**2**	**4**	**2**	**2**
2		2	2	1	1
			2	1	1

6-2 续表 3

受教育程度 年　　龄	合　计	生男孩的 妇女人数	生女孩的 妇女人数	一　孩		
				小计	男	女
小　学	**5103**	**2805**	**2298**	**1490**	**858**	**632**
15-19岁	**64**	**39**	**25**	**54**	**31**	**23**
15	3	2	1	3	2	1
16	5	2	3	5	2	3
17	10	6	4	8	4	4
18	12	9	3	8	6	2
19	34	20	14	30	17	13
20-24岁	**683**	**390**	**293**	**343**	**201**	**142**
20	48	27	21	33	18	15
21	79	44	35	48	26	22
22	159	94	65	89	57	32
23	175	107	68	81	54	27
24	222	118	104	92	46	46
25-29岁	**1584**	**848**	**736**	**558**	**317**	**241**
25	292	160	132	132	81	51
26	291	154	137	109	58	51
27	334	175	159	111	67	44
28	331	172	159	103	51	52
29	336	187	149	103	60	43
30-34岁	**1527**	**845**	**682**	**325**	**186**	**139**
30	367	196	171	90	49	41
31	350	186	164	79	47	32
32	289	185	104	60	39	21
33	277	148	129	51	27	24
34	244	130	114	45	24	21
35-39岁	**800**	**451**	**349**	**150**	**87**	**63**
35	218	120	98	40	26	14
36	174	90	84	25	15	10
37	156	93	63	32	19	13
38	132	75	57	26	12	14
39	120	73	47	27	15	12
40-44岁	**278**	**146**	**132**	**40**	**24**	**16**
40	83	45	38	12	8	4
41	64	27	37	9	4	5
42	49	32	17	8	4	4
43	36	18	18	3	2	1
44	46	24	22	8	6	2
45-49岁	**167**	**86**	**81**	**20**	**12**	**8**
45	33	15	18	3	3	
46	34	19	15	5	4	1
47	30	13	17	4	1	3
48	28	18	10	5	3	2
49	42	21	21	3	1	2

单位：人

二孩			三孩及以上		
小计	男	女	小计	男	女
1858	**995**	**863**	**1755**	**952**	**803**
9	**7**	**2**	**1**	**1**	
1	1		1	1	
4	3	1			
4	3	1			
239	**131**	**108**	**101**	**58**	**43**
10	8	2	5	1	4
18	11	7	13	7	6
52	28	24	18	9	9
65	36	29	29	17	12
94	48	46	36	24	12
608	**312**	**296**	**418**	**219**	**199**
104	47	57	56	32	24
110	51	59	72	45	27
130	64	66	93	44	49
137	76	61	91	45	46
127	74	53	106	53	53
591	**320**	**271**	**611**	**339**	**272**
141	74	67	136	73	63
149	72	77	122	67	55
117	72	45	112	74	38
100	57	43	126	64	62
84	45	39	115	61	54
237	**133**	**104**	**413**	**231**	**182**
66	39	27	112	55	57
53	26	27	96	49	47
41	26	15	83	48	35
41	22	19	65	41	24
36	20	16	57	38	19
101	**51**	**50**	**137**	**71**	**66**
25	13	12	46	24	22
22	10	12	33	13	20
16	11	5	25	17	8
20	10	10	13	6	7
18	7	11	20	11	9
73	**41**	**32**	**74**	**33**	**41**
15	5	10	15	7	8
11	7	4	18	8	10
11	6	5	15	6	9
14	10	4	9	5	4
22	13	9	17	7	10

6-2 续表 4

受教育程度 年 龄	合 计	生男孩的 妇女人数	生女孩的 妇女人数	一 孩		
				小计	男	女
初 中	**54292**	**29431**	**24861**	**19629**	**10714**	**8915**
15—19岁	**845**	**454**	**391**	**702**	**382**	**320**
15	14	8	6	14	8	6
16	56	27	29	51	27	24
17	119	64	55	109	55	54
18	231	132	99	191	107	84
19	425	223	202	337	185	152
20—24岁	**9560**	**5168**	**4392**	**5644**	**3083**	**2561**
20	758	375	383	554	271	283
21	1172	622	550	788	426	362
22	1820	970	850	1127	618	509
23	2516	1382	1134	1412	798	614
24	3294	1819	1475	1763	970	793
25—29岁	**20178**	**10862**	**9316**	**8118**	**4396**	**3722**
25	3836	2065	1771	1918	1039	879
26	3980	2156	1824	1787	965	822
27	4352	2334	2018	1797	1007	790
28	4148	2215	1933	1433	763	670
29	3862	2092	1770	1183	622	561
30—34岁	**15413**	**8384**	**7029**	**3627**	**2005**	**1622**
30	4092	2182	1910	1111	614	497
31	3513	1924	1589	888	498	390
32	2847	1576	1271	626	348	278
33	2734	1499	1235	558	301	257
34	2227	1203	1024	444	244	200
35—39岁	**6386**	**3531**	**2855**	**1118**	**605**	**513**
35	1729	954	775	318	171	147
36	1543	853	690	282	154	128
37	1236	679	557	217	122	95
38	1050	590	460	184	95	89
39	828	455	373	117	63	54
40—44岁	**1476**	**787**	**689**	**316**	**178**	**138**
40	511	288	223	99	57	42
41	398	214	184	85	43	42
42	259	127	132	56	34	22
43	178	90	88	44	23	21
44	130	68	62	32	21	11
45—49岁	**434**	**245**	**189**	**104**	**65**	**39**
45	92	52	40	21	14	7
46	102	57	45	25	16	9
47	95	54	41	27	14	13
48	72	40	32	14	8	6
49	73	42	31	17	13	4

单位：人

二孩			三孩及以上		
小计	男	女	小计	男	女
21543	**11369**	**10174**	**13120**	**7348**	**5772**
129	**63**	**66**	**14**	**9**	**5**
5		5			
10	9	1			
37	23	14	3	2	1
77	31	46	11	7	4
3113	**1651**	**1462**	**803**	**434**	**369**
189	97	92	15	7	8
322	157	165	62	39	23
566	296	270	127	56	71
864	450	414	240	134	106
1172	651	521	359	198	161
8304	**4373**	**3931**	**3756**	**2093**	**1663**
1451	780	671	467	246	221
1594	849	745	599	342	257
1779	913	866	776	414	362
1791	933	858	924	519	405
1689	898	791	990	572	418
6587	**3480**	**3107**	**5199**	**2899**	**2300**
1780	939	841	1201	629	572
1534	814	720	1091	612	479
1195	636	559	1026	592	434
1157	618	539	1019	580	439
921	473	448	862	486	376
2604	**1378**	**1226**	**2664**	**1548**	**1116**
712	364	348	699	419	280
639	340	299	622	359	263
504	265	239	515	292	223
396	223	173	470	272	198
353	186	167	358	206	152
620	**323**	**297**	**540**	**286**	**254**
221	121	100	191	110	81
172	89	83	141	82	59
98	47	51	105	46	59
78	40	38	56	27	29
51	26	25	47	21	26
186	**101**	**85**	**144**	**79**	**65**
50	30	20	21	8	13
35	16	19	42	25	17
38	21	17	30	19	11
29	17	12	29	15	14
34	17	17	22	12	10

6-2 续表 5

受教育程度 年龄	合计	生男孩的妇女人数	生女孩的妇女人数	一孩 小计	一孩 男	一孩 女
高中	**32932**	**17871**	**15061**	**14659**	**8027**	**6632**
15-19岁	**247**	**133**	**114**	**223**	**122**	**101**
15	1		1	1		1
16	7	5	2	7	5	2
17	25	15	10	24	15	9
18	63	37	26	60	36	24
19	151	76	75	131	66	65
20-24岁	**5135**	**2753**	**2382**	**3730**	**2038**	**1692**
20	330	172	158	274	153	121
21	597	331	266	485	278	207
22	957	522	435	736	405	331
23	1388	754	634	1010	551	459
24	1863	974	889	1225	651	574
25-29岁	**12924**	**6929**	**5995**	**6627**	**3596**	**3031**
25	2302	1207	1095	1405	751	654
26	2442	1322	1120	1374	732	642
27	2847	1552	1295	1499	842	657
28	2761	1483	1278	1281	695	586
29	2572	1365	1207	1068	576	492
30-34岁	**10081**	**5493**	**4588**	**3075**	**1684**	**1391**
30	2811	1493	1318	1029	534	495
31	2247	1220	1027	717	407	310
32	1947	1069	878	556	301	255
33	1742	949	793	455	269	186
34	1334	762	572	318	173	145
35-39岁	**3548**	**1979**	**1569**	**775**	**438**	**337**
35	995	554	441	215	125	90
36	860	468	392	194	99	95
37	656	375	281	139	82	57
38	585	314	271	138	80	58
39	452	268	184	89	52	37
40-44岁	**848**	**499**	**349**	**191**	**124**	**67**
40	302	179	123	65	44	21
41	271	164	107	63	39	24
42	124	71	53	29	21	8
43	90	55	35	16	11	5
44	61	30	31	18	9	9
45-49岁	**149**	**85**	**64**	**38**	**25**	**13**
45	37	19	18	8	7	1
46	33	19	14	9	7	2
47	34	17	17	8	4	4
48	21	14	7	6	4	2
49	24	16	8	7	3	4

单位：人

二孩			三孩及以上		
小计	男	女	小计	男	女
13882	**7280**	**6602**	**4391**	**2564**	**1827**
22	**9**	**13**	**2**	**2**	
1		1			
3	1	2			
18	8	10	2	2	
1208	**610**	**598**	**197**	**105**	**92**
51	18	33	5	1	4
93	43	50	19	10	9
203	106	97	18	11	7
322	174	148	56	29	27
539	269	270	99	54	45
5080	**2637**	**2443**	**1217**	**696**	**521**
769	376	393	128	80	48
902	481	421	166	109	57
1120	582	538	228	128	100
1163	614	549	317	174	143
1126	584	542	378	205	173
5136	**2726**	**2410**	**1870**	**1083**	**787**
1349	719	630	433	240	193
1137	582	555	393	231	162
1011	542	469	380	226	154
914	466	448	373	214	159
725	417	308	291	172	119
1891	**996**	**895**	**882**	**545**	**337**
548	285	263	232	144	88
447	234	213	219	135	84
348	176	172	169	117	52
295	152	143	152	82	70
253	149	104	110	67	43
457	**255**	**202**	**200**	**120**	**80**
168	93	75	69	42	27
138	83	55	70	42	28
68	36	32	27	14	13
52	27	25	22	17	5
31	16	15	12	5	7
88	**47**	**41**	**23**	**13**	**10**
19	7	12	10	5	5
24	12	12			
21	11	10	5	2	3
10	7	3	5	3	2
14	10	4	3	3	

6-2 续表 6

受教育程度 年龄	合计	生男孩的妇女人数	生女孩的妇女人数	一孩 小计	一孩 男	一孩 女
大学专科	**24982**	**13383**	**11599**	**12676**	**6847**	**5829**
15-19岁	**18**	**14**	**4**	**16**	**12**	**4**
15						
16						
17						
18	5	5		5	5	
19	13	9	4	11	7	4
20-24岁	**2457**	**1274**	**1183**	**2003**	**1051**	**952**
20	89	51	38	75	43	32
21	199	103	96	168	85	83
22	397	200	197	338	174	164
23	689	356	333	567	296	271
24	1083	564	519	855	453	402
25-29岁	**10209**	**5430**	**4779**	**6676**	**3559**	**3117**
25	1517	821	696	1173	633	540
26	1807	949	858	1298	672	626
27	2205	1157	1048	1481	776	705
28	2405	1281	1124	1459	784	675
29	2275	1222	1053	1265	694	571
30-34岁	**8633**	**4643**	**3990**	**3196**	**1784**	**1412**
30	2352	1299	1053	1117	612	505
31	1938	1065	873	794	451	343
32	1618	868	750	530	304	226
33	1562	806	756	447	245	202
34	1163	605	558	308	172	136
35-39岁	**2992**	**1644**	**1348**	**635**	**355**	**280**
35	924	516	408	230	135	95
36	705	378	327	161	76	85
37	567	317	250	114	69	45
38	499	272	227	82	49	33
39	297	161	136	48	26	22
40-44岁	**605**	**331**	**274**	**122**	**67**	**55**
40	218	119	99	38	23	15
41	168	93	75	36	19	17
42	105	59	46	25	15	10
43	77	39	38	14	8	6
44	37	21	16	9	2	7
45-49岁	**68**	**47**	**21**	**28**	**19**	**9**
45	20	14	6	8	6	2
46	19	14	5	7	6	1
47	9	4	5	5	2	3
48	8	4	4	4	2	2
49	12	11	1	4	3	1

单位：人

二孩			三孩及以上		
小计	男	女	小计	男	女
10559	**5485**	**5074**	**1747**	**1051**	**696**
2	**2**				
2	2				
429	**209**	**220**	**25**	**14**	**11**
14	8	6			
29	16	13	2	2	
53	21	32	6	5	1
119	60	59	3		3
214	104	110	14	7	7
3147	**1652**	**1495**	**386**	**219**	**167**
308	164	144	36	24	12
449	238	211	60	39	21
659	347	312	65	34	31
842	435	407	104	62	42
889	468	421	121	60	61
4664	**2388**	**2276**	**773**	**471**	**302**
1096	598	498	139	89	50
973	516	457	171	98	73
941	481	460	147	83	64
935	452	483	180	109	71
719	341	378	136	92	44
1898	**1007**	**891**	**459**	**282**	**177**
561	290	271	133	91	42
441	243	198	103	59	44
369	202	167	84	46	38
335	175	160	82	48	34
192	97	95	57	38	19
387	**206**	**181**	**96**	**58**	**38**
138	72	66	42	24	18
112	62	50	20	12	8
61	33	28	19	11	8
51	22	29	12	9	3
25	17	8	3	2	1
32	**21**	**11**	**8**	**7**	**1**
5	2	3	7	6	1
11	7	4	1	1	
4	2	2			
4	2	2			
8	8				

6-2 续表 7

受教育程度 年　　龄	合　计	生男孩的妇女人数	生女孩的妇女人数	一　孩		
				小计	男	女
大学本科	**18852**	**10144**	**8708**	**9924**	**5248**	**4676**
15-19岁	**3**	**3**		**3**	**3**	
15						
16						
17						
18	1	1		1	1	
19	2	2		2	2	
20-24岁	**587**	**314**	**273**	**507**	**271**	**236**
20	5	2	3	5	2	3
21	25	14	11	23	14	9
22	61	32	29	59	31	28
23	158	88	70	133	72	61
24	338	178	160	287	152	135
25-29岁	**6380**	**3413**	**2967**	**4847**	**2572**	**2275**
25	545	290	255	456	239	217
26	882	469	413	722	373	349
27	1349	713	636	1056	568	488
28	1694	902	792	1294	682	612
29	1910	1039	871	1319	710	609
30-34岁	**8095**	**4371**	**3724**	**3710**	**1958**	**1752**
30	2050	1087	963	1248	654	594
31	1812	960	852	956	490	466
32	1568	850	718	651	351	300
33	1464	809	655	503	268	235
34	1201	665	536	352	195	157
35-39岁	**3115**	**1666**	**1449**	**729**	**379**	**350**
35	917	461	456	252	132	120
36	781	441	340	184	97	87
37	590	313	277	119	58	61
38	484	261	223	107	59	48
39	343	190	153	67	33	34
40-44岁	**598**	**325**	**273**	**108**	**52**	**56**
40	243	126	117	46	20	26
41	152	85	67	26	10	16
42	113	65	48	21	12	9
43	44	28	16	10	8	2
44	46	21	25	5	2	3
45-49岁	**74**	**52**	**22**	**20**	**13**	**7**
45	30	23	7	7	5	2
46	14	9	5	3	2	1
47	15	9	6	6	3	3
48	6	5	1			
49	9	6	3	4	3	1

单位：人

二孩			三孩及以上		
小计	男	女	小计	男	女
8253	**4489**	**3764**	**675**	**407**	**268**
74	**39**	**35**	**6**	**4**	**2**
2		2			
2	1	1			
23	15	8	2	1	1
47	23	24	4	3	1
1454	**794**	**660**	**79**	**47**	**32**
81	47	34	8	4	4
153	92	61	7	4	3
272	134	138	21	11	10
386	214	172	14	6	8
562	307	255	29	22	7
4072	**2228**	**1844**	**313**	**185**	**128**
756	406	350	46	27	19
793	431	362	63	39	24
852	458	394	65	41	24
895	507	388	66	34	32
776	426	350	73	44	29
2155	**1147**	**1008**	**231**	**140**	**91**
604	294	310	61	35	26
540	313	227	57	31	26
415	218	197	56	37	19
349	184	165	28	18	10
247	138	109	29	19	10
446	**243**	**203**	**44**	**30**	**14**
176	91	85	21	15	6
116	67	49	10	8	2
84	48	36	8	5	3
30	19	11	4	1	3
40	18	22	1	1	
52	**38**	**14**	**2**	**1**	**1**
22	17	5	1	1	
11	7	4			
8	6	2	1		1
6	5	1			
5	3	2			

6-2 续表 8

受教育程度 年　　龄	合　计	生男孩的 妇女人数	生女孩的 妇女人数	一　孩		
				小计	男	女
硕士研究生	**1879**	**967**	**912**	**1097**	**562**	**535**
15—19岁						
15						
16						
17						
18						
19						
20—24岁	**12**	**7**	**5**	**10**	**6**	**4**
20						
21						
22	1		1	1		1
23	2	2		2	2	
24	9	5	4	7	4	3
25—29岁	**364**	**175**	**189**	**334**	**157**	**177**
25	10	6	4	9	5	4
26	22	15	7	20	14	6
27	66	30	36	59	25	34
28	109	46	63	105	44	61
29	157	78	79	141	69	72
30—34岁	**1047**	**529**	**518**	**628**	**324**	**304**
30	237	118	119	187	100	87
31	234	128	106	178	93	85
32	219	106	113	110	54	56
33	199	93	106	96	45	51
34	158	84	74	57	32	25
35—39岁	**373**	**206**	**167**	**108**	**64**	**44**
35	99	54	45	36	20	16
36	91	52	39	31	20	11
37	68	39	29	16	9	7
38	69	36	33	13	7	6
39	46	25	21	12	8	4
40—44岁	**75**	**48**	**27**	**15**	**11**	**4**
40	33	22	11	6	4	2
41	20	12	8	6	4	2
42	5	3	2			
43	11	7	4			
44	6	4	2	3	3	
45—49岁	**8**	**2**	**6**	**2**		**2**
45	6		6	2		2
46	2	2				
47						
48						
49						

单位：人

二孩			三孩及以上		
小计	男	女	小计	男	女
743	**379**	**364**	**39**	**26**	**13**
2	**1**	**1**			
2	1	1			
30	**18**	**12**			
1	1				
2	1	1			
7	5	2			
4	2	2			
16	9	7			
402	**193**	**209**	**17**	**12**	**5**
47	15	32	3	3	
54	34	20	2	1	1
102	47	55	7	5	2
99	46	53	4	2	2
100	51	49	1	1	
250	**133**	**117**	**15**	**9**	**6**
62	34	28	1		1
58	31	27	2	1	1
46	26	20	6	4	2
52	26	26	4	3	1
32	16	16	2	1	1
55	**33**	**22**	**5**	**4**	**1**
25	17	8	2	1	1
13	7	6	1	1	
5	3	2			
9	5	4	2	2	
3	1	2			
4	**1**	**3**	**2**	**1**	**1**
3		3	1		1
1	1		1	1	

6–2 续表 9

受教育程度 年龄	合计	生男孩的妇女人数	生女孩的妇女人数	一孩		
				小计	男	女
博士研究生	**148**	**72**	**76**	**93**	**41**	**52**
15–19岁						
15						
16						
17						
18						
19						
20–24岁	**1**		**1**			
20						
21						
22						
23						
24	1		1			
25–29岁	**20**	**6**	**14**	**18**	**6**	**12**
25	1		1	1		1
26						
27	3	1	2	2	1	1
28	6	1	5	5	1	4
29	10	4	6	10	4	6
30–34岁	**82**	**38**	**44**	**60**	**25**	**35**
30	18	6	12	15	5	10
31	17	8	9	14	5	9
32	19	9	10	13	5	8
33	14	9	5	8	5	3
34	14	6	8	10	5	5
35–39岁	**33**	**21**	**12**	**10**	**7**	**3**
35	9	6	3	3	1	2
36	7	5	2	3	2	1
37	4	4		1	1	
38	7	2	5	1	1	
39	6	4	2	2	2	
40–44岁	**11**	**7**	**4**	**5**	**3**	**2**
40	4	2	2	3	2	1
41	5	3	2	2	1	1
42						
43	1	1				
44	1	1				
45–49岁	**1**		**1**			
45	1		1			
46						
47						
48						
49						

单位：人

二孩			三孩及以上		
小计	男	女	小计	男	女
50	**27**	**23**	**5**	**4**	**1**
1		**1**			
1		1			
2		**2**			
1		1			
1		1			
20	**12**	**8**	**2**	**1**	**1**
2	1	1	1		1
3	3				
6	4	2			
5	3	2	1	1	
4	1	3			
23	**14**	**9**			
6	5	1			
4	3	1			
3	3				
6	1	5			
4	2	2			
3	**1**	**2**	**3**	**3**	
1		1			
1		1	2	2	
			1	1	
1	1				
1		**1**			
1		1			

6-2a 全省按年龄、受教育程度、生育孩次

受教育程度 年龄	合计	生男孩的妇女人数	生女孩的妇女人数	一孩		
				小计	男	女
总计	**85504**	**46271**	**39233**	**39412**	**21426**	**17986**
15-19岁	**603**	**332**	**271**	**532**	**298**	**234**
15	6	4	2	6	4	2
16	28	14	14	28	14	14
17	69	38	31	64	34	30
18	161	97	64	144	85	59
19	339	179	160	290	161	129
20-24岁	**9631**	**5114**	**4517**	**6810**	**3692**	**3118**
20	673	351	322	532	284	248
21	1095	574	521	852	455	397
22	1752	940	812	1292	708	584
23	2534	1390	1144	1774	990	784
24	3577	1859	1718	2360	1255	1105
25-29岁	**30316**	**16218**	**14098**	**17703**	**9534**	**8169**
25	4533	2454	2079	2919	1605	1314
26	5280	2825	2455	3274	1715	1559
27	6540	3489	3051	3950	2140	1810
28	6921	3661	3260	3901	2097	1804
29	7042	3789	3253	3659	1977	1682
30-34岁	**29827**	**16246**	**13581**	**10941**	**5985**	**4956**
30	7746	4179	3567	3529	1906	1623
31	6640	3608	3032	2742	1508	1234
32	5728	3142	2586	1911	1050	861
33	5432	2953	2479	1601	872	729
34	4281	2364	1917	1158	649	509
35-39岁	**11858**	**6515**	**5343**	**2676**	**1476**	**1200**
35	3352	1822	1530	831	467	364
36	2830	1546	1284	667	358	309
37	2273	1259	1014	482	267	215
38	1990	1099	891	426	233	193
39	1413	789	624	270	151	119
40-44岁	**2687**	**1515**	**1172**	**587**	**347**	**240**
40	959	535	424	206	122	84
41	760	450	310	171	97	74
42	461	248	213	100	60	40
43	288	166	122	60	40	20
44	219	116	103	50	28	22
45-49岁	**582**	**331**	**251**	**163**	**94**	**69**
45	148	82	66	41	28	13
46	140	82	58	35	24	11
47	110	51	59	38	15	23
48	88	58	30	22	11	11
49	96	58	38	27	16	11

分的育龄妇女人数(2019.11.1–2020.10.31)(城市)

单位：人

二孩			三孩及以上		
小计	男	女	小计	男	女
36766	**19378**	**17388**	**9326**	**5467**	**3859**
65	**31**	**34**	**6**	**3**	**3**
5	4	1			
17	12	5			
43	15	28	6	3	3
2476	**1247**	**1229**	**345**	**175**	**170**
129	62	67	12	5	7
212	98	114	31	21	10
410	209	201	50	23	27
661	348	313	99	52	47
1064	530	534	153	74	79
10513	**5511**	**5002**	**2100**	**1173**	**927**
1401	721	680	213	128	85
1682	909	773	324	201	123
2201	1141	1060	389	208	181
2496	1293	1203	524	271	253
2733	1447	1286	650	365	285
15026	**7976**	**7050**	**3860**	**2285**	**1575**
3393	1821	1572	824	452	372
3135	1649	1486	763	451	312
3030	1609	1421	787	483	304
2998	1577	1421	833	504	329
2470	1320	1150	653	395	258
6838	**3599**	**3239**	**2344**	**1440**	**904**
1915	977	938	606	378	228
1625	870	755	538	318	220
1304	685	619	487	307	180
1154	611	543	410	255	155
840	456	384	303	182	121
1549	**853**	**696**	**551**	**315**	**236**
563	302	261	190	111	79
439	255	184	150	98	52
257	141	116	104	47	57
168	89	79	60	37	23
122	66	56	47	22	25
299	**161**	**138**	**120**	**76**	**44**
76	37	39	31	17	14
71	39	32	34	19	15
54	23	31	18	13	5
44	31	13	22	16	6
54	31	23	15	11	4

6-2a 续表 1

受教育程度 年龄	合计	生男孩的妇女人数	生女孩的妇女人数	一孩 小计	一孩 男	一孩 女
未上过学	**58**	**25**	**33**	**27**	**9**	**18**
15-19岁	**1**	**1**		**1**	**1**	
15						
16						
17						
18						
19	1	1		1	1	
20-24岁	**9**	**2**	**7**	**7**	**2**	**5**
20	3		3	1		1
21						
22	2	2		2	2	
23	2		2	2		2
24	2		2	2		2
25-29岁	**21**	**8**	**13**	**12**	**4**	**8**
25	3		3	2		2
26	3		3	2		2
27	7	2	5	3		3
28	6	4	2	4	3	1
29	2	2		1	1	
30-34岁	**15**	**8**	**7**	**4**	**2**	**2**
30	3	1	2	1		1
31	4	1	3	2	1	1
32	6	5	1	1	1	
33	1	1				
34	1		1			
35-39岁	**7**	**4**	**3**	**2**		**2**
35	1	1				
36	1		1	1		1
37	1	1				
38	3	1	2	1		1
39	1	1				
40-44岁	**3**	**2**	**1**			
40						
41	1		1			
42	1	1				
43						
44	1	1				
45-49岁	**2**		**2**	**1**		**1**
45						
46	1		1			
47						
48	1		1	1		1
49						

单位：人

二孩			三孩及以上		
小计	男	女	小计	男	女
17	**10**	**7**	**14**	**6**	**8**
2		**2**			
2		2			
7	**3**	**4**	**2**	**1**	**1**
1		1			
1		1			
2	1	1	2	1	1
2	1	1			
1	1				
3	**2**	**1**	**8**	**4**	**4**
			2	1	1
1		1	1		1
2	2		3	2	1
			1	1	
			1		1
4	**4**		**1**		**1**
1	1				
1	1				
1	1		1		1
1	1				
1	**1**		**2**	**1**	**1**
			1		1
1	1				
			1	1	
			1		**1**
			1		1

6-2a 续表 2

受教育程度 年龄	合计	生男孩的妇女人数	生女孩的妇女人数	一孩		
				小计	男	女
学前教育	**15**	**6**	**9**	**8**	**4**	**4**
15-19岁						
15						
16						
17						
18						
19						
20-24岁	**4**	**2**	**2**	**4**	**2**	**2**
20						
21						
22	1	1		1	1	
23	1		1	1		1
24	2	1	1	2	1	1
25-29岁	**4**	**2**	**2**	**2**	**1**	**1**
25	2	1	1	1	1	
26						
27	1		1	1		1
28						
29	1	1				
30-34岁	**3**	**1**	**2**	**1**	**1**	
30	1	1		1	1	
31						
32						
33	1		1			
34	1		1			
35-39岁	**3**	**1**	**2**			
35	3	1	2			
36						
37						
38						
39						
40-44岁						
40						
41						
42						
43						
44						
45-49岁	**1**		**1**	**1**		**1**
45						
46						
47						
48						
49	1		1	1		1

单位：人

二孩			三孩及以上		
小计	男	女	小计	男	女
3	**1**	**2**	**4**	**1**	**3**
2	**1**	**1**			
1		1			
1	1				
			2		**2**
			1		1
			1		1
1		**1**	**2**	**1**	**1**
1		1	2	1	1

6-2a 续表 3

受教育程度 年 龄	合 计	生男孩的 妇女人数	生女孩的 妇女人数	一 孩		
				小计	男	女
小 学	**1882**	**1047**	**835**	**642**	**373**	**269**
15-19岁	**32**	**16**	**16**	**29**	**14**	**15**
15						
16	2		2	2		2
17	3	1	2	3	1	2
18	7	4	3	4	2	2
19	20	11	9	20	11	9
20-24岁	**222**	**127**	**95**	**135**	**79**	**56**
20	23	12	11	19	10	9
21	25	16	9	18	10	8
22	51	28	23	31	19	12
23	56	37	19	36	25	11
24	67	34	33	31	15	16
25-29岁	**516**	**278**	**238**	**194**	**113**	**81**
25	94	48	46	41	24	17
26	93	49	44	33	19	14
27	102	58	44	37	22	15
28	108	56	52	40	21	19
29	119	67	52	43	27	16
30-34岁	**584**	**331**	**253**	**164**	**98**	**66**
30	139	72	67	51	30	21
31	118	63	55	34	22	12
32	127	85	42	29	21	8
33	108	61	47	26	13	13
34	92	50	42	24	12	12
35-39岁	**334**	**192**	**142**	**85**	**50**	**35**
35	89	54	35	19	15	4
36	57	29	28	13	9	4
37	70	41	29	21	12	9
38	63	37	26	14	5	9
39	55	31	24	18	9	9
40-44岁	**118**	**62**	**56**	**23**	**12**	**11**
40	27	13	14	6	4	2
41	28	14	14	7	3	4
42	26	15	11	3		3
43	19	8	11	3	2	1
44	18	12	6	4	3	1
45-49岁	**76**	**41**	**35**	**12**	**7**	**5**
45	14	7	7	1	1	
46	15	9	6	3	3	
47	13	6	7	3	1	2
48	19	14	5	4	2	2
49	15	5	10	1		1

单位：人

二孩			三孩及以上		
小计	男	女	小计	男	女
765	**394**	**371**	**475**	**280**	**195**
3	**2**	**1**			
3	2	1			
69	**36**	**33**	**18**	**12**	**6**
1	1		3	1	2
4	3	1	3	3	
16	8	8	4	1	3
16	9	7	4	3	1
32	15	17	4	4	
215	**107**	**108**	**107**	**58**	**49**
41	17	24	12	7	5
38	17	21	22	13	9
48	26	22	17	10	7
45	25	20	23	10	13
43	22	21	33	18	15
257	**136**	**121**	**163**	**97**	**66**
61	27	34	27	15	12
51	23	28	33	18	15
62	38	24	36	26	10
46	26	20	36	22	14
37	22	15	31	16	15
129	**66**	**63**	**120**	**76**	**44**
41	24	17	29	15	14
22	7	15	22	13	9
23	12	11	26	17	9
23	11	12	26	21	5
20	12	8	17	10	7
51	**26**	**25**	**44**	**24**	**20**
10	4	6	11	5	6
11	5	6	10	6	4
11	8	3	12	7	5
11	5	6	5	1	4
8	4	4	6	5	1
41	**21**	**20**	**23**	**13**	**10**
7	3	4	6	3	3
5	3	2	7	3	4
7	3	4	3	2	1
11	8	3	4	4	
11	4	7	3	1	2

6-2a 续表 4

受教育程度 年　　龄	合　计	生男孩的 妇女人数	生女孩的 妇女人数	一　孩		
				小计	男	女
初　中	**24208**	**13231**	**10977**	**9509**	**5279**	**4230**
15-19岁	**412**	**229**	**183**	**357**	**200**	**157**
15	6	4	2	6	4	2
16	22	11	11	22	11	11
17	53	30	23	48	26	22
18	116	67	49	104	57	47
19	215	117	98	177	102	75
20-24岁	**4141**	**2218**	**1923**	**2587**	**1426**	**1161**
20	373	191	182	285	145	140
21	554	287	267	395	208	187
22	803	434	369	525	296	229
23	1041	579	462	623	364	259
24	1370	727	643	759	413	346
25-29岁	**8361**	**4529**	**3832**	**3669**	**2013**	**1656**
25	1536	850	686	808	455	353
26	1643	889	754	788	413	375
27	1813	978	835	855	474	381
28	1665	894	771	643	366	277
29	1704	918	786	575	305	270
30-34岁	**7057**	**3929**	**3128**	**1948**	**1109**	**839**
30	1803	992	811	560	326	234
31	1612	896	716	502	286	216
32	1297	724	573	323	182	141
33	1308	736	572	313	173	140
34	1037	581	456	250	142	108
35-39岁	**3182**	**1764**	**1418**	**669**	**371**	**298**
35	845	471	374	198	110	88
36	752	418	334	161	94	67
37	633	348	285	126	68	58
38	538	306	232	116	63	53
39	414	221	193	68	36	32
40-44岁	**803**	**423**	**380**	**204**	**118**	**86**
40	267	148	119	62	38	24
41	217	121	96	57	30	27
42	148	68	80	38	22	16
43	93	49	44	26	15	11
44	78	37	41	21	13	8
45-49岁	**252**	**139**	**113**	**75**	**42**	**33**
45	50	27	23	17	11	6
46	67	36	31	18	10	8
47	51	24	27	18	7	11
48	41	27	14	10	5	5
49	43	25	18	12	9	3

单位：人

二孩			三孩及以上		
小计	男	女	小计	男	女
10311	**5445**	**4866**	**4388**	**2507**	**1881**
51	**28**	**23**	**4**	**1**	**3**
5	4	1			
12	10	2			
34	14	20	4	1	3
1331	**684**	**647**	**223**	**108**	**115**
82	43	39	6	3	3
139	67	72	20	12	8
244	123	121	34	15	19
349	180	169	69	35	34
517	271	246	94	43	51
3604	**1909**	**1695**	**1088**	**607**	**481**
616	329	287	112	66	46
679	365	314	176	111	65
742	394	348	216	110	106
766	389	377	256	139	117
801	432	369	328	181	147
3370	**1812**	**1558**	**1739**	**1008**	**731**
849	464	385	394	202	192
769	412	357	341	198	143
627	327	300	347	215	132
619	336	283	376	227	149
506	273	233	281	166	115
1484	**772**	**712**	**1029**	**621**	**408**
390	202	188	257	159	98
364	186	178	227	138	89
287	151	136	220	129	91
236	126	110	186	117	69
207	107	100	139	78	61
360	**187**	**173**	**239**	**118**	**121**
120	63	57	85	47	38
101	54	47	59	37	22
63	30	33	47	16	31
47	26	21	20	8	12
29	14	15	28	10	18
111	**53**	**58**	**66**	**44**	**22**
24	12	12	9	4	5
25	12	13	24	14	10
23	8	15	10	9	1
17	12	5	14	10	4
22	9	13	9	7	2

6-2a 续表 5

受教育程度 年 龄	合 计	生男孩的妇女人数	生女孩的妇女人数	一 孩		
				小计	男	女
高 中	**21463**	**11707**	**9756**	**9587**	**5281**	**4306**
15-19岁	**145**	**77**	**68**	**132**	**74**	**58**
15						
16	4	3	1	4	3	1
17	13	7	6	13	7	6
18	34	22	12	32	22	10
19	94	45	49	83	42	41
20-24岁	**3049**	**1628**	**1421**	**2257**	**1228**	**1029**
20	206	112	94	170	98	72
21	355	185	170	298	161	137
22	580	314	266	450	243	207
23	810	447	363	595	329	266
24	1098	570	528	744	397	347
25-29岁	**7962**	**4276**	**3686**	**4222**	**2306**	**1916**
25	1352	709	643	839	449	390
26	1470	804	666	844	459	385
27	1753	963	790	962	540	422
28	1712	893	819	828	448	380
29	1675	907	768	749	410	339
30-34岁	**6962**	**3818**	**3144**	**2205**	**1213**	**992**
30	1884	1005	879	705	371	334
31	1517	827	690	517	297	220
32	1362	761	601	399	214	185
33	1243	677	566	330	193	137
34	956	548	408	254	138	116
35-39岁	**2578**	**1444**	**1134**	**590**	**338**	**252**
35	714	394	320	151	87	64
36	614	325	289	149	77	72
37	475	278	197	110	67	43
38	448	246	202	110	63	47
39	327	201	126	70	44	26
40-44岁	**640**	**395**	**245**	**147**	**100**	**47**
40	224	136	88	54	36	18
41	209	137	72	45	31	14
42	93	53	40	22	16	6
43	71	48	23	14	11	3
44	43	21	22	12	6	6
45-49岁	**127**	**69**	**58**	**34**	**22**	**12**
45	35	17	18	8	7	1
46	31	18	13	8	6	2
47	28	12	16	8	4	4
48	16	10	6	4	3	1
49	17	12	5	6	2	4

单位：人

二孩			三孩及以上		
小计	男	女	小计	男	女
9362	**4923**	**4439**	**2514**	**1503**	**1011**
11	**1**	**10**	**2**	**2**	
2		2			
9	1	8	2	2	
705	**354**	**351**	**87**	**46**	**41**
33	13	20	3	1	2
49	18	31	8	6	2
120	66	54	10	5	5
190	104	86	25	14	11
313	153	160	41	20	21
3142	**1630**	**1512**	**598**	**340**	**258**
449	219	230	64	41	23
546	296	250	80	49	31
695	367	328	96	56	40
718	363	355	166	82	84
734	385	349	192	112	80
3682	**1962**	**1720**	**1075**	**643**	**432**
931	494	437	248	140	108
788	403	385	212	127	85
740	413	327	223	134	89
691	349	342	222	135	87
532	303	229	170	107	63
1394	**735**	**659**	**594**	**371**	**223**
405	210	195	158	97	61
319	160	159	146	88	58
253	130	123	112	81	31
235	125	110	103	58	45
182	110	72	75	47	28
356	**205**	**151**	**137**	**90**	**47**
129	72	57	41	28	13
114	73	41	50	33	17
50	26	24	21	11	10
40	22	18	17	15	2
23	12	11	8	3	5
72	**36**	**36**	**21**	**11**	**10**
18	6	12	9	4	5
23	12	11			
15	6	9	5	2	3
8	5	3	4	2	2
8	7	1	3	3	

6－2a 续表 6

受教育程度 年 龄	合 计	生男孩的 妇女人数	生女孩的 妇女人数	一 孩		
				小计	男	女
大学专科	**19737**	**10589**	**9148**	**9945**	**5390**	**4555**
15－19岁	**11**	**7**	**4**	**11**	**7**	**4**
15						
16						
17						
18	3	3		3	3	
19	8	4	4	8	4	4
20－24岁	**1737**	**896**	**841**	**1418**	**747**	**671**
20	63	34	29	52	29	23
21	140	74	66	122	64	58
22	271	137	134	240	124	116
23	499	262	237	411	218	193
24	764	389	375	593	312	281
25－29岁	**7764**	**4129**	**3635**	**5169**	**2767**	**2402**
25	1102	608	494	860	478	382
26	1324	693	631	975	498	477
27	1678	882	796	1140	607	533
28	1888	999	889	1179	629	550
29	1772	947	825	1015	555	460
30－34岁	**7073**	**3816**	**3257**	**2672**	**1489**	**1183**
30	1924	1058	866	929	505	424
31	1554	851	703	646	368	278
32	1342	717	625	453	259	194
33	1280	676	604	387	210	177
34	973	514	459	257	147	110
35－39岁	**2579**	**1411**	**1168**	**557**	**312**	**245**
35	785	439	346	194	114	80
36	615	327	288	146	71	75
37	488	267	221	100	60	40
38	437	243	194	78	46	32
39	254	135	119	39	21	18
40－44岁	**521**	**295**	**226**	**98**	**57**	**41**
40	188	102	86	32	19	13
41	150	87	63	33	19	14
42	90	54	36	18	12	6
43	60	32	28	9	6	3
44	33	20	13	6	1	5
45－49岁	**52**	**35**	**17**	**20**	**11**	**9**
45	16	11	5	6	4	2
46	13	9	4	4	3	1
47	7	3	4	4	1	3
48	5	2	3	3	1	2
49	11	10	1	3	2	1

单位：人

二孩			三孩及以上		
小计	男	女	小计	男	女
8483	**4403**	**4080**	**1309**	**796**	**513**
306	**142**	**164**	**13**	**7**	**6**
11	5	6			
18	10	8			
29	11	18	2	2	
88	44	44			
160	72	88	11	5	6
2353	**1230**	**1123**	**242**	**132**	**110**
225	120	105	17	10	7
309	170	139	40	25	15
497	253	244	41	22	19
640	333	307	69	37	32
682	354	328	75	38	37
3820	**1969**	**1851**	**581**	**358**	**223**
888	487	401	107	66	41
786	409	377	122	74	48
777	393	384	112	65	47
760	383	377	133	83	50
609	297	312	107	70	37
1640	**857**	**783**	**382**	**242**	**140**
485	247	238	106	78	28
377	204	173	92	52	40
315	165	150	73	42	31
293	158	135	66	39	27
170	83	87	45	31	14
339	**188**	**151**	**84**	**50**	**34**
122	65	57	34	18	16
99	56	43	18	12	6
55	33	22	17	9	8
39	17	22	12	9	3
24	17	7	3	2	1
25	**17**	**8**	**7**	**7**	
4	1	3	6	6	
8	5	3	1	1	
3	2	1			
2	1	1			
8	8				

6-2a 续表 7

受教育程度 年 龄	合 计	生男孩的 妇女人数	生女孩的 妇女人数	一 孩		
				小计	男	女
大学本科	**16195**	**8662**	**7533**	**8561**	**4511**	**4050**
15–19岁	**2**	**2**		**2**	**2**	
15						
16						
17						
18	1	1		1	1	
19	1	1		1	1	
20–24岁	**457**	**235**	**222**	**392**	**202**	**190**
20	5	2	3	5	2	3
21	21	12	9	19	12	7
22	43	24	19	42	23	19
23	123	63	60	104	52	52
24	265	134	131	222	113	109
25–29岁	**5331**	**2825**	**2506**	**4107**	**2176**	**1931**
25	434	232	202	359	193	166
26	729	377	352	615	313	302
27	1123	577	546	896	473	423
28	1434	770	664	1104	587	517
29	1611	869	742	1133	610	523
30–34岁	**7047**	**3795**	**3252**	**3290**	**1737**	**1553**
30	1754	933	821	1096	575	521
31	1596	840	756	856	439	417
32	1360	736	624	586	315	271
33	1285	705	580	445	235	210
34	1052	581	471	307	173	134
35–39岁	**2778**	**1477**	**1301**	**657**	**336**	**321**
35	809	403	406	230	120	110
36	696	391	305	163	85	78
37	537	283	254	109	51	58
38	426	229	197	94	49	45
39	310	171	139	61	31	30
40–44岁	**517**	**283**	**234**	**95**	**46**	**49**
40	216	112	104	43	19	24
41	131	76	55	21	9	12
42	98	54	44	19	10	9
43	33	21	12	8	6	2
44	39	20	19	4	2	2
45–49岁	**63**	**45**	**18**	**18**	**12**	**6**
45	26	20	6	7	5	2
46	11	8	3	2	2	
47	11	6	5	5	2	3
48	6	5	1			
49	9	6	3	4	3	1

单位：人

二孩			三孩及以上		
小计	男	女	小计	男	女
7056	**3807**	**3249**	**578**	**344**	**234**
61	**31**	**30**	**4**	**2**	**2**
2		2			
1	1				
18	11	7	1		1
40	19	21	3	2	1
1161	**614**	**547**	**63**	**35**	**28**
67	35	32	8	4	4
108	61	47	6	3	3
210	95	115	17	9	8
320	180	140	10	3	7
456	243	213	22	16	6
3484	**1896**	**1588**	**273**	**162**	**111**
616	333	283	42	25	17
688	368	320	52	33	19
715	385	330	59	36	23
781	437	344	59	33	26
684	373	311	61	35	26
1920	**1021**	**899**	**201**	**120**	**81**
526	255	271	53	28	25
484	280	204	49	26	23
378	198	180	50	34	16
308	163	145	24	17	7
224	125	99	25	15	10
385	**212**	**173**	**37**	**25**	**12**
156	81	75	17	12	5
101	60	41	9	7	2
72	40	32	7	4	3
22	14	8	3	1	2
34	17	17	1	1	
45	**33**	**12**			
19	15	4			
9	6	3			
6	4	2			
6	5	1			
5	3	2			

6－2a 续表 8

受教育程度 年龄	合计	生男孩的妇女人数	生女孩的妇女人数	一孩 小计	一孩 男	一孩 女
硕士研究生	**1804**	**934**	**870**	**1043**	**538**	**505**
15－19岁						
15						
16						
17						
18						
19						
20－24岁	**11**	**6**	**5**	**10**	**6**	**4**
20						
21						
22	1		1	1		1
23	2	2		2	2	
24	8	4	4	7	4	3
25－29岁	**339**	**165**	**174**	**311**	**148**	**163**
25	9	6	3	8	5	3
26	18	13	5	17	13	4
27	61	28	33	54	23	31
28	102	44	58	98	42	56
29	149	74	75	134	65	69
30－34岁	**1008**	**512**	**496**	**599**	**311**	**288**
30	221	111	110	172	93	79
31	223	123	100	171	90	81
32	215	105	110	107	53	54
33	194	89	105	93	43	50
34	155	84	71	56	32	24
35－39岁	**364**	**201**	**163**	**106**	**62**	**44**
35	97	53	44	36	20	16
36	88	51	37	31	20	11
37	65	37	28	15	8	7
38	68	35	33	12	6	6
39	46	25	21	12	8	4
40－44岁	**74**	**48**	**26**	**15**	**11**	**4**
40	33	22	11	6	4	2
41	19	12	7	6	4	2
42	5	3	2			
43	11	7	4			
44	6	4	2	3	3	
45－49岁	**8**	**2**	**6**	**2**		**2**
45	6		6	2		2
46	2	2				
47						
48						
49						

单位：人

二孩			三孩及以上		
小计	男	女	小计	男	女
722	**370**	**352**	**39**	**26**	**13**
1		**1**			
1		1			
28	**17**	**11**			
1	1				
1		1			
7	5	2			
4	2	2			
15	9	6			
392	**189**	**203**	**17**	**12**	**5**
46	15	31	3	3	
50	32	18	2	1	1
101	47	54	7	5	2
97	44	53	4	2	2
98	51	47	1	1	
243	**130**	**113**	**15**	**9**	**6**
60	33	27	1		1
55	30	25	2	1	1
44	25	19	6	4	2
52	26	26	4	3	1
32	16	16	2	1	1
54	**33**	**21**	**5**	**4**	**1**
25	17	8	2	1	1
12	7	5	1	1	
5	3	2			
9	5	4	2	2	
3	1	2			
4	**1**	**3**	**2**	**1**	**1**
3		3	1		1
1	1		1	1	

6-2a 续表 9

受教育程度 年龄	合计	生男孩的妇女人数	生女孩的妇女人数	一孩 小计	一孩 男	一孩 女
博士研究生	**142**	**70**	**72**	**90**	**41**	**49**
15-19岁						
15						
16						
17						
18						
19						
20-24岁	**1**		**1**			
20						
21						
22						
23						
24	1		1			
25-29岁	**18**	**6**	**12**	**17**	**6**	**11**
25	1		1	1		1
26						
27	2	1	1	2	1	1
28	6	1	5	5	1	4
29	9	4	5	9	4	5
30-34岁	**78**	**36**	**42**	**58**	**25**	**33**
30	17	6	11	14	5	9
31	16	7	9	14	5	9
32	19	9	10	13	5	8
33	12	8	4	7	5	2
34	14	6	8	10	5	5
35-39岁	**33**	**21**	**12**	**10**	**7**	**3**
35	9	6	3	3	1	2
36	7	5	2	3	2	1
37	4	4		1	1	
38	7	2	5	1	1	
39	6	4	2	2	2	
40-44岁	**11**	**7**	**4**	**5**	**3**	**2**
40	4	2	2	3	2	1
41	5	3	2	2	1	1
42						
43	1	1				
44	1	1				
45-49岁	**1**		**1**			
45	1		1			
46						
47						
48						
49						

单位：人

二孩			三孩及以上		
小计	男	女	小计	男	女
47	**25**	**22**	**5**	**4**	**1**
1		**1**			
1		1			
1		**1**			
1		1			
18	**10**	**8**	**2**	**1**	**1**
2	1	1	1		1
2	2				
6	4	2			
4	2	2	1	1	
4	1	3			
23	**14**	**9**			
6	5	1			
4	3	1			
3	3				
6	1	5			
4	2	2			
3	**1**	**2**	**3**	**3**	
1		1			
1		1	2	2	
			1	1	
1	1				
1		**1**			
1		1			

6-2b 全省按年龄、受教育程度、生育孩次

受教育程度 年 龄	合 计	生男孩的 妇女人数	生女孩的 妇女人数	一 孩		
				小计	男	女
总 计	**19226**	**10406**	**8820**	**7707**	**4188**	**3519**
15-19岁	**144**	**77**	**67**	**121**	**65**	**56**
15	4	1	3	4	1	3
16	11	5	6	9	5	4
17	17	10	7	17	10	7
18	46	28	18	38	23	15
19	66	33	33	53	26	27
20-24岁	**2881**	**1585**	**1296**	**1894**	**1049**	**845**
20	181	90	91	138	70	68
21	287	166	121	207	129	78
22	517	286	231	363	199	164
23	790	425	365	517	292	225
24	1106	618	488	669	359	310
25-29岁	**7612**	**4124**	**3488**	**3636**	**1928**	**1708**
25	1297	686	611	760	403	357
26	1507	827	680	807	437	370
27	1663	899	764	782	429	353
28	1604	868	736	690	349	341
29	1541	844	697	597	310	287
30-34岁	**5793**	**3090**	**2703**	**1567**	**863**	**704**
30	1552	820	732	512	277	235
31	1358	727	631	412	233	179
32	1083	582	501	270	147	123
33	986	531	455	208	120	88
34	814	430	384	165	86	79
35-39岁	**2121**	**1165**	**956**	**355**	**197**	**158**
35	623	340	283	107	59	48
36	515	277	238	95	46	49
37	402	229	173	62	38	24
38	299	159	140	53	31	22
39	282	160	122	38	23	15
40-44岁	**540**	**283**	**257**	**106**	**61**	**45**
40	189	114	75	30	20	10
41	144	61	83	26	10	16
42	89	50	39	20	13	7
43	67	31	36	14	8	6
44	51	27	24	16	10	6
45-49岁	**135**	**82**	**53**	**28**	**25**	**3**
45	29	19	10	5	4	1
46	25	15	10	7	7	
47	30	20	10	7	6	1
48	21	10	11	4	4	
49	30	18	12	5	4	1

分的育龄妇女人数(2019.11.1—2020.10.31)(镇)

单位：人

二孩			三孩及以上		
小计	男	女	小计	男	女
7660	**4047**	**3613**	**3859**	**2171**	**1688**
20	**10**	**10**	**3**	**2**	**1**
2		2			
7	5	2	1		1
11	5	6	2	2	
785	**424**	**361**	**202**	**112**	**90**
38	20	18	5		5
68	31	37	12	6	6
127	75	52	27	12	15
217	104	113	56	29	27
335	194	141	102	65	37
2840	**1512**	**1328**	**1136**	**684**	**452**
415	215	200	122	68	54
526	284	242	174	106	68
634	324	310	247	146	101
623	333	290	291	186	105
642	356	286	302	178	124
2668	**1394**	**1274**	**1558**	**833**	**725**
707	368	339	333	175	158
599	308	291	347	186	161
498	261	237	315	174	141
478	256	222	300	155	145
386	201	185	263	143	120
1004	**527**	**477**	**762**	**441**	**321**
304	152	152	212	129	83
228	125	103	192	106	86
208	114	94	132	77	55
132	66	66	114	62	52
132	70	62	112	67	45
277	**140**	**137**	**157**	**82**	**75**
94	55	39	65	39	26
74	33	41	44	18	26
43	24	19	26	13	13
39	16	23	14	7	7
27	12	15	8	5	3
66	**40**	**26**	**41**	**17**	**24**
19	13	6	5	2	3
11	4	7	7	4	3
13	10	3	10	4	6
8	3	5	9	3	6
15	10	5	10	4	6

6-2b 续表 1

受教育程度 年　　龄	合　计	生男孩的 妇女人数	生女孩的 妇女人数	一　孩		
				小计	男	女
未上过学	**28**	**15**	**13**	**9**	**4**	**5**
15-19岁						
15						
16						
17						
18						
19						
20-24岁	**4**	**3**	**1**	**2**	**1**	**1**
20						
21						
22	2	2		1	1	
23	1	1				
24	1		1	1		1
25-29岁	**9**	**4**	**5**	**5**	**2**	**3**
25						
26	4	1	3	2	1	1
27	2	2		1	1	
28						
29	3	1	2	2		2
30-34岁	**7**	**4**	**3**	**2**	**1**	**1**
30	1		1	1		1
31	1		1			
32	2	2		1	1	
33	1		1			
34	2	2				
35-39岁	**4**	**2**	**2**			
35						
36	1		1			
37	2	1	1			
38						
39	1	1				
40-44岁	**2**		**2**			
40						
41	1		1			
42						
43	1		1			
44						
45-49岁	**2**	**2**				
45	2	2				
46						
47						
48						
49						

单位：人

二孩			三孩及以上		
小计	男	女	小计	男	女
8	**3**	**5**	**11**	**8**	**3**
1	**1**		**1**	**1**	
			1	1	
1	1				
3	**1**	**2**	**1**	**1**	
2		2			
1	1				
			1	1	
1		**1**	**4**	**3**	**1**
			1		1
			1	1	
1		1			
			2	2	
1		**1**	**3**	**2**	**1**
			1		1
1		1	1	1	
			1	1	
1		**1**	**1**		**1**
1		1			
			1		1
1	**1**		**1**	**1**	
1	1		1	1	

6-2b 续表 2

受教育程度 年龄	合计	生男孩的妇女人数	生女孩的妇女人数	一孩		
				小计	男	女
学前教育	**1**	**1**				
15-19岁						
15						
16						
17						
18						
19						
20-24岁						
20						
21						
22						
23						
24						
25-29岁	**1**	**1**				
25						
26						
27						
28	1	1				
29						
30-34岁						
30						
31						
32						
33						
34						
35-39岁						
35						
36						
37						
38						
39						
40-44岁						
40						
41						
42						
43						
44						
45-49岁						
45						
46						
47						
48						
49						

单位：人

二孩			三孩及以上		
小计	男	女	小计	男	女
1	**1**				
1	**1**				
1	1				

6-2b 续表 3

受教育程度 年龄	合计	生男孩的妇女人数	生女孩的妇女人数	一孩		
				小计	男	女
小学	**1023**	**540**	**483**	**267**	**143**	**124**
15-19岁	**10**	**5**	**5**	**8**	**4**	**4**
15	2	1	1	2	1	1
16	1		1	1		1
17						
18	1	1		1	1	
19	6	3	3	4	2	2
20-24岁	**138**	**80**	**58**	**65**	**35**	**30**
20	7	4	3	3	2	1
21	15	7	8	9	4	5
22	33	19	14	20	12	8
23	42	26	16	14	10	4
24	41	24	17	19	7	12
25-29岁	**327**	**172**	**155**	**108**	**58**	**50**
25	58	31	27	26	15	11
26	69	40	29	26	13	13
27	71	32	39	23	12	11
28	66	35	31	17	7	10
29	63	34	29	16	11	5
30-34岁	**318**	**160**	**158**	**58**	**29**	**29**
30	78	41	37	15	7	8
31	82	33	49	17	8	9
32	58	33	25	11	6	5
33	53	29	24	9	4	5
34	47	24	23	6	4	2
35-39岁	**139**	**76**	**63**	**20**	**11**	**9**
35	38	21	17	6	5	1
36	40	22	18	5	1	4
37	25	14	11	3	1	2
38	17	9	8			
39	19	10	9	6	4	2
40-44岁	**58**	**29**	**29**	**5**	**3**	**2**
40	16	11	5	1	1	
41	12	1	11	1		1
42	11	8	3	1	1	
43	8	4	4			
44	11	5	6	2	1	1
45-49岁	**33**	**18**	**15**	**3**	**3**	
45	5	2	3	1	1	
46	5	3	2	1	1	
47	6	3	3			
48	4	1	3	1	1	
49	13	9	4			

单位：人

二孩			三孩及以上		
小计	男	女	小计	男	女
396	**218**	**178**	**360**	**179**	**181**
2	**1**	**1**			
2	1	1			
55	**34**	**21**	**18**	**11**	**7**
3	2	1	1		1
4	2	2	2	1	1
9	5	4	4	2	2
22	12	10	6	4	2
17	13	4	5	4	1
144	**73**	**71**	**75**	**41**	**34**
22	10	12	10	6	4
30	17	13	13	10	3
29	11	18	19	9	10
32	19	13	17	9	8
31	16	15	16	7	9
116	**64**	**52**	**144**	**67**	**77**
26	16	10	37	18	19
34	14	20	31	11	20
17	11	6	30	16	14
21	14	7	23	11	12
18	9	9	23	11	12
42	**26**	**16**	**77**	**39**	**38**
10	5	5	22	11	11
14	10	4	21	11	10
7	5	2	15	8	7
8	4	4	9	5	4
3	2	1	10	4	6
22	**10**	**12**	**31**	**16**	**15**
4	3	1	11	7	4
4		4	7	1	6
4	3	1	6	4	2
5	2	3	3	2	1
5	2	3	4	2	2
15	**10**	**5**	**15**	**5**	**10**
3	1	2	1		1
2	1	1	2	1	1
2	2		4	1	3
1		1	2		2
7	6	1	6	3	3

6−2b 续表 4

受教育程度 年 龄	合 计	生男孩的妇女人数	生女孩的妇女人数	一 孩		
				小计	男	女
初 中	**9244**	**4954**	**4290**	**3235**	**1743**	**1492**
15−19岁	**96**	**56**	**40**	**79**	**49**	**30**
15	1		1	1		1
16	10	5	5	8	5	3
17	17	10	7	17	10	7
18	33	23	10	26	19	7
19	35	18	17	27	15	12
20−24岁	**1543**	**827**	**716**	**945**	**507**	**438**
20	124	60	64	97	48	49
21	167	91	76	116	71	45
22	263	136	127	169	83	86
23	415	220	195	250	139	111
24	574	320	254	313	166	147
25−29岁	**3566**	**1944**	**1622**	**1418**	**759**	**659**
25	637	337	300	326	170	156
26	703	387	316	344	196	148
27	794	436	358	298	175	123
28	749	406	343	242	116	126
29	683	378	305	208	102	106
30−34岁	**2672**	**1379**	**1293**	**576**	**303**	**273**
30	708	361	347	169	87	82
31	622	327	295	147	86	61
32	487	258	229	99	50	49
33	459	236	223	91	44	47
34	396	197	199	70	36	34
35−39岁	**1068**	**579**	**489**	**157**	**82**	**75**
35	303	163	140	41	19	22
36	271	144	127	45	22	23
37	192	109	83	31	20	11
38	150	81	69	26	12	14
39	152	82	70	14	9	5
40−44岁	**236**	**134**	**102**	**45**	**31**	**14**
40	80	51	29	15	11	4
41	69	35	34	8	4	4
42	44	23	21	9	7	2
43	26	13	13	7	4	3
44	17	12	5	6	5	1
45−49岁	**63**	**35**	**28**	**15**	**12**	**3**
45	13	8	5	2	1	1
46	14	8	6	4	4	
47	15	10	5	5	4	1
48	12	5	7	1	1	
49	9	4	5	3	2	1

单位：人

二孩			三孩及以上		
小计	男	女	小计	男	女
3544	**1827**	**1717**	**2465**	**1384**	**1081**
14	**5**	**9**	**3**	**2**	**1**
2		2			
6	4	2	1		1
6	1	5	2	2	
462	**243**	**219**	**136**	**77**	**59**
25	12	13	2		2
43	16	27	8	4	4
75	45	30	19	8	11
130	62	68	35	19	16
189	108	81	72	46	26
1399	**733**	**666**	**749**	**452**	**297**
231	126	105	80	41	39
248	131	117	111	60	51
330	161	169	166	100	66
308	163	145	199	127	72
282	152	130	193	124	69
1115	**563**	**552**	**981**	**513**	**468**
322	163	159	217	111	106
263	125	138	212	116	96
189	101	88	199	107	92
194	102	92	174	90	84
147	72	75	179	89	90
420	**211**	**209**	**491**	**286**	**205**
124	59	65	138	85	53
98	53	45	128	69	59
84	41	43	77	48	29
47	27	20	77	42	35
67	31	36	71	42	29
108	**59**	**49**	**83**	**44**	**39**
34	22	12	31	18	13
34	18	16	27	13	14
18	9	9	17	7	10
13	5	8	6	4	2
9	5	4	2	2	
26	**13**	**13**	**22**	**10**	**12**
10	7	3	1		1
5	1	4	5	3	2
5	3	2	5	3	2
4	1	3	7	3	4
2	1	1	4	1	3

6-2b 续表 5

受教育程度 年 龄	合 计	生男孩的 妇女人数	生女孩的 妇女人数	一 孩		
				小计	男	女
高 中	**4612**	**2513**	**2099**	**1992**	**1087**	**905**
15-19岁	**35**	**13**	**22**	**32**	**10**	**22**
15	1		1	1		1
16						
17						
18	12	4	8	11	3	8
19	22	9	13	20	7	13
20-24岁	**802**	**444**	**358**	**557**	**318**	**239**
20	41	20	21	31	16	15
21	84	56	28	67	45	22
22	142	87	55	111	69	42
23	231	120	111	165	91	74
24	304	161	143	183	97	86
25-29岁	**1916**	**1023**	**893**	**931**	**483**	**448**
25	357	189	168	216	118	98
26	407	216	191	217	107	110
27	423	226	197	208	111	97
28	376	209	167	168	86	82
29	353	183	170	122	61	61
30-34岁	**1288**	**719**	**569**	**366**	**213**	**153**
30	362	197	165	128	70	58
31	307	164	143	95	54	41
32	254	140	114	71	41	30
33	217	126	91	45	32	13
34	148	92	56	27	16	11
35-39岁	**438**	**240**	**198**	**78**	**47**	**31**
35	126	74	52	23	14	9
36	105	55	50	23	12	11
37	87	43	44	10	6	4
38	62	35	27	16	12	4
39	58	33	25	6	3	3
40-44岁	**117**	**63**	**54**	**26**	**14**	**12**
40	43	26	17	5	3	2
41	34	14	20	10	5	5
42	15	10	5	5	3	2
43	11	5	6	1		1
44	14	8	6	5	3	2
45-49岁	**16**	**11**	**5**	**2**	**2**	
45	1	1				
46	1		1			
47	4	3	1			
48	3	3		1	1	
49	7	4	3	1	1	

单位：人

二孩			三孩及以上		
小计	男	女	小计	男	女
1866	**992**	**874**	**754**	**434**	**320**
3	**3**				
1	1				
2	2				
203	**105**	**98**	**42**	**21**	**21**
8	4	4	2		2
15	10	5	2	1	1
30	18	12	1		1
53	23	30	13	6	7
97	50	47	24	14	10
743	**394**	**349**	**242**	**146**	**96**
116	56	60	25	15	10
149	80	69	41	29	12
163	84	79	52	31	21
149	85	64	59	38	21
166	89	77	65	33	32
615	**332**	**283**	**307**	**174**	**133**
171	90	81	63	37	26
142	71	71	70	39	31
118	61	57	65	38	27
101	58	43	71	36	35
83	52	31	38	24	14
227	**114**	**113**	**133**	**79**	**54**
67	35	32	36	25	11
51	25	26	31	18	13
49	22	27	28	15	13
27	14	13	19	9	10
33	18	15	19	12	7
61	**35**	**26**	**30**	**14**	**16**
23	15	8	15	8	7
16	6	10	8	3	5
8	6	2	2	1	1
7	4	3	3	1	2
7	4	3	2	1	1
14	**9**	**5**			
1	1				
1		1			
4	3	1			
2	2				
6	3	3			

6-2b 续表 6

受教育程度 年 龄	合 计	生男孩的妇女人数	生女孩的妇女人数	一 孩		
				小计	男	女
大学专科	**2599**	**1412**	**1187**	**1326**	**727**	**599**
15-19岁	**2**	**2**		**1**	**1**	
15						
16						
17						
18						
19	2	2		1	1	
20-24岁	**319**	**186**	**133**	**254**	**146**	**108**
20	9	6	3	7	4	3
21	18	10	8	12	7	5
22	65	38	27	50	30	20
23	84	45	39	72	40	32
24	143	87	56	113	65	48
25-29岁	**1191**	**639**	**552**	**736**	**386**	**350**
25	188	101	87	139	74	65
26	236	131	105	156	85	71
27	253	127	126	167	76	91
28	251	133	118	142	79	63
29	263	147	116	132	72	60
30-34岁	**780**	**413**	**367**	**262**	**153**	**109**
30	198	108	90	92	52	40
31	192	113	79	76	46	30
32	143	74	69	39	24	15
33	140	70	70	26	17	9
34	107	48	59	29	14	15
35-39岁	**240**	**142**	**98**	**49**	**27**	**22**
35	79	40	39	23	12	11
36	44	30	14	6	3	3
37	54	35	19	9	5	4
38	34	17	17	3	2	1
39	29	20	9	8	5	3
40-44岁	**54**	**20**	**34**	**17**	**7**	**10**
40	24	13	11	6	4	2
41	7	2	5	2		2
42	8		8	3		3
43	12	4	8	4	2	2
44	3	1	2	2	1	1
45-49岁	**13**	**10**	**3**	**7**	**7**	
45	4	3	1	2	2	
46	5	4	1	2	2	
47	1	1		1	1	
48	2	1	1	1	1	
49	1	1		1	1	

单位：人

二孩			三孩及以上		
小计	男	女	小计	男	女
1062	**560**	**502**	**211**	**125**	**86**
1	**1**				
1	1				
61	**39**	**22**	**4**	**1**	**3**
2	2				
6	3	3			
13	7	6	2	1	1
10	5	5	2		2
30	22	8			
393	**216**	**177**	**62**	**37**	**25**
42	21	21	7	6	1
71	39	32	9	7	2
78	47	31	8	4	4
95	44	51	14	10	4
107	65	42	24	10	14
423	**202**	**221**	**95**	**58**	**37**
94	49	45	12	7	5
89	52	37	27	15	12
87	41	46	17	9	8
88	36	52	26	17	9
65	24	41	13	10	3
147	**89**	**58**	**44**	**26**	**18**
42	22	20	14	6	8
31	21	10	7	6	1
38	27	11	7	3	4
23	9	14	8	6	2
13	10	3	8	5	3
32	**10**	**22**	**5**	**3**	**2**
14	6	8	4	3	1
4	2	2	1		1
5		5			
8	2	6			
1		1			
5	**3**	**2**	**1**		**1**
1	1		1		1
3	2	1			
1		1			

6-2b 续表 7

受教育程度 年 龄	合 计	生男孩的 妇女人数	生女孩的 妇女人数	一 孩		
				小计	男	女
大学本科	**1663**	**947**	**716**	**839**	**468**	**371**
15-19岁	**1**	**1**		**1**	**1**	
15						
16						
17						
18						
19	1	1		1	1	
20-24岁	**75**	**45**	**30**	**71**	**42**	**29**
20						
21	3	2	1	3	2	1
22	12	4	8	12	4	8
23	17	13	4	16	12	4
24	43	26	17	40	24	16
25-29岁	**586**	**334**	**252**	**424**	**234**	**190**
25	56	28	28	52	26	26
26	85	50	35	60	34	26
27	118	75	43	84	53	31
28	157	83	74	117	60	57
29	170	98	72	111	61	50
30-34岁	**695**	**403**	**292**	**280**	**156**	**124**
30	195	110	85	98	58	40
31	145	87	58	71	37	34
32	135	74	61	46	24	22
33	109	65	44	33	21	12
34	111	67	44	32	16	16
35-39岁	**226**	**121**	**105**	**49**	**28**	**21**
35	76	41	35	14	9	5
36	52	25	27	16	8	8
37	40	25	15	8	5	3
38	35	16	19	7	4	3
39	23	14	9	4	2	2
40-44岁	**72**	**37**	**35**	**13**	**6**	**7**
40	26	13	13	3	1	2
41	20	9	11	5	1	4
42	11	9	2	2	2	
43	9	5	4	2	2	
44	6	1	5	1		1
45-49岁	**8**	**6**	**2**	**1**	**1**	
45	4	3	1			
46						
47	4	3	1	1	1	
48						
49						

单位：人

二孩			三孩及以上		
小计	男	女	小计	男	女
766	**438**	**328**	**58**	**41**	**17**
3	**2**	**1**	**1**	**1**	
1	1				
2	1	1	1	1	
155	**93**	**62**	**7**	**7**	
4	2	2			
25	16	9			
32	20	12	2	2	
38	21	17	2	2	
56	34	22	3	3	
388	**229**	**159**	**27**	**18**	**9**
93	50	43	4	2	2
68	45	23	6	5	1
86	47	39	3	3	
70	43	27	6	1	5
71	44	27	8	7	1
163	**84**	**79**	**14**	**9**	**5**
60	30	30	2	2	
32	15	17	4	2	2
28	18	10	4	2	2
27	12	15	1		1
16	9	7	3	3	
52	**26**	**26**	**7**	**5**	**2**
19	9	10	4	3	1
14	7	7	1	1	
8	6	2	1	1	
6	3	3	1		1
5	1	4			
5	**4**	**1**	**2**	**1**	**1**
3	2	1	1	1	
2	2		1		1

6-2b 续表 8

受教育程度 年 龄	合 计	生男孩的 妇女人数	生女孩的 妇女人数	一 孩		
				小计	男	女
硕士研究生	**53**	**23**	**30**	**38**	**16**	**22**
15—19岁						
15						
16						
17						
18						
19						
20—24岁						
20						
21						
22						
23						
24						
25—29岁	**15**	**7**	**8**	**14**	**6**	**8**
25	1		1	1		1
26	3	2	1	2	1	1
27	1	1		1	1	
28	4	1	3	4	1	3
29	6	3	3	6	3	3
30—34岁	**31**	**11**	**20**	**22**	**8**	**14**
30	10	3	7	9	3	6
31	9	3	6	6	2	4
32	4	1	3	3	1	2
33	5	4	1	3	2	1
34	3		3	1		1
35—39岁	**6**	**5**	**1**	**2**	**2**	
35	1	1				
36	2	1	1			
37	2	2		1	1	
38	1	1		1	1	
39						
40—44岁	**1**		**1**			
40						
41	1		1			
42						
43						
44						
45—49岁						
45						
46						
47						
48						
49						

单位：人

二孩			三孩及以上		
小计	男	女	小计	男	女
15	**7**	**8**			
1	**1**				
1	1				
9	**3**	**6**			
1		1			
3	1	2			
1		1			
2	2				
2		2			
4	**3**	**1**			
1	1				
2	1	1			
1	1				
1		**1**			
1		1			

6–2b　续表 9

受教育程度 年　　龄	合　计	生男孩的 妇女人数	生女孩的 妇女人数	一　　孩		
				小计	男	女
博士研究生	**3**	**1**	**2**	**1**		**1**
15–19岁						
15						
16						
17						
18						
19						
20–24岁						
20						
21						
22						
23						
24						
25–29岁	**1**		**1**			
25						
26						
27	1		1			
28						
29						
30–34岁	**2**	**1**	**1**	**1**		**1**
30						
31						
32						
33	2	1	1	1		1
34						
35–39岁						
35						
36						
37						
38						
39						
40–44岁						
40						
41						
42						
43						
44						
45–49岁						
45						
46						
47						
48						
49						

单位：人

二孩			三孩及以上		
小计	男	女	小计	男	女
2	**1**	**1**			
1		**1**			
1		1			
1	**1**				
1	1				

6–2c 全省按年龄、受教育程度、生育孩次

受教育程度 年 龄	合 计	生男孩的 妇女人数	生女孩的 妇女人数	一 孩		
				小计	男	女
总 计	**33689**	**18108**	**15581**	**12525**	**6719**	**5806**
15–19岁	**433**	**237**	**196**	**348**	**190**	**158**
15	8	5	3	8	5	3
16	30	16	14	27	16	11
17	68	37	31	60	30	30
18	106	60	46	84	48	36
19	221	119	102	169	91	78
20–24岁	**5960**	**3221**	**2739**	**3552**	**1916**	**1636**
20	381	186	195	273	133	140
21	692	375	317	453	245	208
22	1137	600	537	701	383	318
23	1610	876	734	919	492	427
24	2140	1184	956	1206	663	543
25–29岁	**13808**	**7361**	**6447**	**5872**	**3158**	**2714**
25	2685	1415	1270	1419	741	678
26	2649	1417	1232	1236	665	571
27	2974	1585	1389	1284	722	562
28	2942	1577	1365	1094	578	516
29	2558	1367	1191	839	452	387
30–34岁	**9313**	**4992**	**4321**	**2125**	**1123**	**1002**
30	2639	1385	1254	760	386	374
31	2125	1160	965	475	251	224
32	1713	949	764	369	208	161
33	1584	835	749	309	168	141
34	1252	663	589	212	110	102
35–39岁	**3303**	**1837**	**1466**	**500**	**265**	**235**
35	927	508	419	158	85	73
36	825	470	355	120	60	60
37	609	335	274	95	56	39
38	542	294	248	73	39	34
39	400	230	170	54	25	29
40–44岁	**678**	**352**	**326**	**105**	**52**	**53**
40	248	134	114	33	16	17
41	177	88	89	31	14	17
42	107	60	47	19	13	6
43	84	41	43	13	4	9
44	62	29	33	9	5	4
45–49岁	**194**	**108**	**86**	**23**	**15**	**8**
45	44	24	20	3	3	
46	41	23	18	7	4	3
47	46	28	18	5	3	2
48	27	13	14	4	2	2
49	36	20	16	4	3	1

分的育龄妇女人数(2019.11.1—2020.10.31)(乡村)

单位：人

二孩			三孩及以上		
小计	男	女	小计	男	女
12531	**6632**	**5899**	**8633**	**4757**	**3876**
77	**40**	**37**	**8**	**7**	**1**
3		3			
7	6	1	1	1	
20	10	10	2	2	
47	24	23	5	4	1
1815	**974**	**841**	**593**	**331**	**262**
99	49	50	9	4	5
184	98	86	55	32	23
342	169	173	94	48	46
516	284	232	175	100	75
674	374	300	260	147	113
5299	**2776**	**2523**	**2637**	**1427**	**1210**
902	481	421	364	193	171
1005	519	486	408	233	175
1136	582	554	554	281	273
1211	650	561	637	349	288
1045	544	501	674	371	303
3790	**1981**	**1809**	**3398**	**1888**	**1510**
1072	563	509	807	436	371
912	497	415	738	412	326
702	372	330	642	369	273
630	316	314	645	351	294
474	233	241	566	320	246
1227	**689**	**538**	**1576**	**883**	**693**
344	183	161	425	240	185
332	198	134	373	212	161
216	118	98	298	161	137
189	107	82	280	148	132
146	83	63	200	122	78
250	**123**	**127**	**323**	**177**	**146**
99	52	47	116	66	50
62	30	32	84	44	40
34	14	20	54	33	21
34	18	16	37	19	18
21	9	12	32	15	17
73	**49**	**24**	**98**	**44**	**54**
21	12	9	20	9	11
12	7	5	22	12	10
15	13	2	26	12	14
11	7	4	12	4	8
14	10	4	18	7	11

6－2c 续表 1

受教育程度 年 龄	合 计	生男孩的 妇女人数	生女孩的 妇女人数	一 孩		
				小计	男	女
未上过学	**112**	**59**	**53**	**23**	**15**	**8**
15－19岁	**1**	**1**		**1**	**1**	
15						
16						
17						
18	1	1		1	1	
19						
20－24岁	**17**	**6**	**11**	**4**	**2**	**2**
20	1		1			
21	2	1	1			
22	6	3	3	2	1	1
23	2	1	1	2	1	1
24	6	1	5			
25－29岁	**36**	**22**	**14**	**9**	**7**	**2**
25	6	5	1			
26	4	3	1	2	2	
27	8	4	4	3	1	2
28	6	1	5	1	1	
29	12	9	3	3	3	
30－34岁	**26**	**12**	**14**	**4**	**1**	**3**
30	4	1	3	1		1
31	7	3	4	1		1
32	7	3	4	2	1	1
33	7	5	2			
34	1		1			
35－39岁	**18**	**11**	**7**	**4**	**3**	**1**
35	6	3	3	2	1	1
36	5	5		1	1	
37	4	1	3	1	1	
38	2	1	1			
39	1	1				
40－44岁	**9**	**5**	**4**	**1**	**1**	
40	2	2				
41	1	1		1	1	
42	1		1			
43	1		1			
44	4	2	2			
45－49岁	**5**	**2**	**3**			
45						
46	1		1			
47	3	2	1			
48						
49	1		1			

单位：人

二孩			三孩及以上		
小计	男	女	小计	男	女
34	**17**	**17**	**55**	**27**	**28**
6	**2**	**4**	**7**	**2**	**5**
			1		1
			2	1	1
3	1	2	1	1	
3	1	2	3		3
13	**7**	**6**	**14**	**8**	**6**
2	2		4	3	1
			2	1	1
			5	3	2
3		3	2		2
8	5	3	1	1	
5	**2**	**3**	**17**	**9**	**8**
			3	1	2
2	2		4	1	3
2		2	3	2	1
			7	5	2
1		1			
4	**3**	**1**	**10**	**5**	**5**
1		1	3	2	1
3	3		1	1	
			3		3
			2	1	1
			1	1	
5	**3**	**2**	**3**	**1**	**2**
2	2				
1		1			
1		1			
1	1		3	1	2
1		**1**	**4**	**2**	**2**
1		1			
			3	2	1
			1		1

6-2c 续表 2

受教育程度 年龄	合计	生男孩的妇女人数	生女孩的妇女人数	一孩 小计	一孩 男	一孩 女
学前教育	**17**	**6**	**11**	**9**	**4**	**5**
15-19岁	**1**	**1**		**1**	**1**	
15						
16	1	1		1	1	
17						
18						
19						
20-24岁	**3**	**1**	**2**	**2**		**2**
20	1		1	1		1
21						
22						
23						
24	2	1	1	1		1
25-29岁	**6**	**3**	**3**	**5**	**3**	**2**
25	1		1	1		1
26	1		1	1		1
27	3	3		3	3	
28						
29	1		1			
30-34岁	**4**		**4**	**1**		**1**
30	1		1			
31						
32	2		2			
33						
34	1		1	1		1
35-39岁	**3**	**1**	**2**			
35	1		1			
36	2	1	1			
37						
38						
39						
40-44岁						
40						
41						
42						
43						
44						
45-49岁						
45						
46						
47						
48						
49						

单位：人

二孩			三孩及以上		
小计	男	女	小计	男	女
6	**1**	**5**	**2**	**1**	**1**
1	**1**				
1	1				
1		**1**			
1		1			
3		**3**			
1		1			
2		2			
1		**1**	**2**	**1**	**1**
1		1			
			2	1	1

6-2c 续表 3

受教育程度 年龄	合计	生男孩的妇女人数	生女孩的妇女人数	一孩 小计	一孩 男	一孩 女
小学	**2198**	**1218**	**980**	**581**	**342**	**239**
15-19岁	**22**	**18**	**4**	**17**	**13**	**4**
15	1	1		1	1	
16	2	2		2	2	
17	7	5	2	5	3	2
18	4	4		3	3	
19	8	6	2	6	4	2
20-24岁	**323**	**183**	**140**	**143**	**87**	**56**
20	18	11	7	11	6	5
21	39	21	18	21	12	9
22	75	47	28	38	26	12
23	77	44	33	31	19	12
24	114	60	54	42	24	18
25-29岁	**741**	**398**	**343**	**256**	**146**	**110**
25	140	81	59	65	42	23
26	129	65	64	50	26	24
27	161	85	76	51	33	18
28	157	81	76	46	23	23
29	154	86	68	44	22	22
30-34岁	**625**	**354**	**271**	**103**	**59**	**44**
30	150	83	67	24	12	12
31	150	90	60	28	17	11
32	104	67	37	20	12	8
33	116	58	58	16	10	6
34	105	56	49	15	8	7
35-39岁	**327**	**183**	**144**	**45**	**26**	**19**
35	91	45	46	15	6	9
36	77	39	38	7	5	2
37	61	38	23	8	6	2
38	52	29	23	12	7	5
39	46	32	14	3	2	1
40-44岁	**102**	**55**	**47**	**12**	**9**	**3**
40	40	21	19	5	3	2
41	24	12	12	1	1	
42	12	9	3	4	3	1
43	9	6	3			
44	17	7	10	2	2	
45-49岁	**58**	**27**	**31**	**5**	**2**	**3**
45	14	6	8	1	1	
46	14	7	7	1		1
47	11	4	7	1		1
48	5	3	2			
49	14	7	7	2	1	1

单位：人

二孩			三孩及以上		
小计	男	女	小计	男	女
697	**383**	**314**	**920**	**493**	**427**
4	**4**		**1**	**1**	
1	1		1	1	
1	1				
2	2				
115	**61**	**54**	**65**	**35**	**30**
6	5	1	1		1
10	6	4	8	3	5
27	15	12	10	6	4
27	15	12	19	10	9
45	20	25	27	16	11
249	**132**	**117**	**236**	**120**	**116**
41	20	21	34	19	15
42	17	25	37	22	15
53	27	26	57	25	32
60	32	28	51	26	25
53	36	17	57	28	29
218	**120**	**98**	**304**	**175**	**129**
54	31	23	72	40	32
64	35	29	58	38	20
38	23	15	46	32	14
33	17	16	67	31	36
29	14	15	61	34	27
66	**41**	**25**	**216**	**116**	**100**
15	10	5	61	29	32
17	9	8	53	25	28
11	9	2	42	23	19
10	7	3	30	15	15
13	6	7	30	24	6
28	**15**	**13**	**62**	**31**	**31**
11	6	5	24	12	12
7	5	2	16	6	10
1		1	7	6	1
4	3	1	5	3	2
5	1	4	10	4	6
17	**10**	**7**	**36**	**15**	**21**
5	1	4	8	4	4
4	3	1	9	4	5
2	1	1	8	3	5
2	2		3	1	2
4	3	1	8	3	5

6-2c 续表 4

受教育程度 年 龄	合 计	生男孩的 妇女人数	生女孩的 妇女人数	一 孩		
				小计	男	女
初 中	**20840**	**11246**	**9594**	**6885**	**3692**	**3193**
15-19岁	**337**	**169**	**168**	**266**	**133**	**133**
15	7	4	3	7	4	3
16	24	11	13	21	11	10
17	49	24	25	44	19	25
18	82	42	40	61	31	30
19	175	88	87	133	68	65
20-24岁	**3876**	**2123**	**1753**	**2112**	**1150**	**962**
20	261	124	137	172	78	94
21	451	244	207	277	147	130
22	754	400	354	433	239	194
23	1060	583	477	539	295	244
24	1350	772	578	691	391	300
25-29岁	**8251**	**4389**	**3862**	**3031**	**1624**	**1407**
25	1663	878	785	784	414	370
26	1634	880	754	655	356	299
27	1745	920	825	644	358	286
28	1734	915	819	548	281	267
29	1475	796	679	400	215	185
30-34岁	**5684**	**3076**	**2608**	**1103**	**593**	**510**
30	1581	829	752	382	201	181
31	1279	701	578	239	126	113
32	1063	594	469	204	116	88
33	967	527	440	154	84	70
34	794	425	369	124	66	58
35-39岁	**2136**	**1188**	**948**	**292**	**152**	**140**
35	581	320	261	79	42	37
36	520	291	229	76	38	38
37	411	222	189	60	34	26
38	362	203	159	42	20	22
39	262	152	110	35	18	17
40-44岁	**437**	**230**	**207**	**67**	**29**	**38**
40	164	89	75	22	8	14
41	112	58	54	20	9	11
42	67	36	31	9	5	4
43	59	28	31	11	4	7
44	35	19	16	5	3	2
45-49岁	**119**	**71**	**48**	**14**	**11**	**3**
45	29	17	12	2	2	
46	21	13	8	3	2	1
47	29	20	9	4	3	1
48	19	8	11	3	2	1
49	21	13	8	2	2	

单位：人

二孩			三孩及以上		
小计	男	女	小计	男	女
7688	**4097**	**3591**	**6267**	**3457**	**2810**
64	**30**	**34**	**7**	**6**	**1**
3		3			
5	5				
19	9	10	2	2	
37	16	21	5	4	1
1320	**724**	**596**	**444**	**249**	**195**
82	42	40	7	4	3
140	74	66	34	23	11
247	128	119	74	33	41
385	208	177	136	80	56
466	272	194	193	109	84
3301	**1731**	**1570**	**1919**	**1034**	**885**
604	325	279	275	139	136
667	353	314	312	171	141
707	358	349	394	204	190
717	381	336	469	253	216
606	314	292	469	267	202
2102	**1105**	**997**	**2479**	**1378**	**1101**
609	312	297	590	316	274
502	277	225	538	298	240
379	208	171	480	270	210
344	180	164	469	263	206
268	128	140	402	231	171
700	**395**	**305**	**1144**	**641**	**503**
198	103	95	304	175	129
177	101	76	267	152	115
133	73	60	218	115	103
113	70	43	207	113	94
79	48	31	148	86	62
152	**77**	**75**	**218**	**124**	**94**
67	36	31	75	45	30
37	17	20	55	32	23
17	8	9	41	23	18
18	9	9	30	15	15
13	7	6	17	9	8
49	**35**	**14**	**56**	**25**	**31**
16	11	5	11	4	7
5	3	2	13	8	5
10	10		15	7	8
8	4	4	8	2	6
10	7	3	9	4	5

6-2c 续表 5

受教育程度 年龄	合计	生男孩的妇女人数	生女孩的妇女人数	一孩		
				小计	男	女
高中	**6857**	**3651**	**3206**	**3080**	**1659**	**1421**
15-19岁	**67**	**43**	**24**	**59**	**38**	**21**
15						
16	3	2	1	3	2	1
17	12	8	4	11	8	3
18	17	11	6	17	11	6
19	35	22	13	28	17	11
20-24岁	**1284**	**681**	**603**	**916**	**492**	**424**
20	83	40	43	73	39	34
21	158	90	68	120	72	48
22	235	121	114	175	93	82
23	347	187	160	250	131	119
24	461	243	218	298	157	141
25-29岁	**3046**	**1630**	**1416**	**1474**	**807**	**667**
25	593	309	284	350	184	166
26	565	302	263	313	166	147
27	671	363	308	329	191	138
28	673	381	292	285	161	124
29	544	275	269	197	105	92
30-34岁	**1831**	**956**	**875**	**504**	**258**	**246**
30	565	291	274	196	93	103
31	423	229	194	105	56	49
32	331	168	163	86	46	40
33	282	146	136	80	44	36
34	230	122	108	37	19	18
35-39岁	**532**	**295**	**237**	**107**	**53**	**54**
35	155	86	69	41	24	17
36	141	88	53	22	10	12
37	94	54	40	19	9	10
38	75	33	42	12	5	7
39	67	34	33	13	5	8
40-44岁	**91**	**41**	**50**	**18**	**10**	**8**
40	35	17	18	6	5	1
41	28	13	15	8	3	5
42	16	8	8	2	2	
43	8	2	6	1		1
44	4	1	3	1		1
45-49岁	**6**	**5**	**1**	**2**	**1**	**1**
45	1	1				
46	1	1		1	1	
47	2	2				
48	2	1	1	1		1
49						

单位：人

二孩			三孩及以上		
小计	男	女	小计	男	女
2654	**1365**	**1289**	**1123**	**627**	**496**
8	**5**	**3**			
1		1			
7	5	2			
300	**151**	**149**	**68**	**38**	**30**
10	1	9			
29	15	14	9	3	6
53	22	31	7	6	1
79	47	32	18	9	9
129	66	63	34	20	14
1195	**613**	**582**	**377**	**210**	**167**
204	101	103	39	24	15
207	105	102	45	31	14
262	131	131	80	41	39
296	166	130	92	54	38
226	110	116	121	60	61
839	**432**	**407**	**488**	**266**	**222**
247	135	112	122	63	59
207	108	99	111	65	46
153	68	85	92	54	38
122	59	63	80	43	37
110	62	48	83	41	42
270	**147**	**123**	**155**	**95**	**60**
76	40	36	38	22	16
77	49	28	42	29	13
46	24	22	29	21	8
33	13	20	30	15	15
38	21	17	16	8	8
40	**15**	**25**	**33**	**16**	**17**
16	6	10	13	6	7
8	4	4	12	6	6
10	4	6	4	2	2
5	1	4	2	1	1
1		1	2	1	1
2	**2**		**2**	**2**	
			1	1	
2	2				
			1	1	

6-2c 续表 6

受教育程度 年龄	合 计	生男孩的妇女人数	生女孩的妇女人数	一 孩		
				小计	男	女
大学专科	**2646**	**1382**	**1264**	**1405**	**730**	**675**
15-19岁	**5**	**5**		**4**	**4**	
15						
16						
17						
18	2	2		2	2	
19	3	3		2	2	
20-24岁	**401**	**192**	**209**	**331**	**158**	**173**
20	17	11	6	16	10	6
21	41	19	22	34	14	20
22	61	25	36	48	20	28
23	106	49	57	84	38	46
24	176	88	88	149	76	73
25-29岁	**1254**	**662**	**592**	**771**	**406**	**365**
25	227	112	115	174	81	93
26	247	125	122	167	89	78
27	274	148	126	174	93	81
28	266	149	117	138	76	62
29	240	128	112	118	67	51
30-34岁	**780**	**414**	**366**	**262**	**142**	**120**
30	230	133	97	96	55	41
31	192	101	91	72	37	35
32	133	77	56	38	21	17
33	142	60	82	34	18	16
34	83	43	40	22	11	11
35-39岁	**173**	**91**	**82**	**29**	**16**	**13**
35	60	37	23	13	9	4
36	46	21	25	9	2	7
37	25	15	10	5	4	1
38	28	12	16	1	1	
39	14	6	8	1		1
40-44岁	**30**	**16**	**14**	**7**	**3**	**4**
40	6	4	2			
41	11	4	7	1		1
42	7	5	2	4	3	1
43	5	3	2	1		1
44	1		1	1		1
45-49岁	**3**	**2**	**1**	**1**	**1**	
45						
46	1	1		1	1	
47	1		1			
48	1	1				
49						

单位：人

二孩			三孩及以上		
小计	男	女	小计	男	女
1014	**522**	**492**	**227**	**130**	**97**
1	**1**				
1	1				
62	**28**	**34**	**8**	**6**	**2**
1	1				
5	3	2	2	2	
11	3	8	2	2	
21	11	10	1		1
24	10	14	3	2	1
401	**206**	**195**	**82**	**50**	**32**
41	23	18	12	8	4
69	29	40	11	7	4
84	47	37	16	8	8
107	58	49	21	15	6
100	49	51	22	12	10
421	**217**	**204**	**97**	**55**	**42**
114	62	52	20	16	4
98	55	43	22	9	13
77	47	30	18	9	9
87	33	54	21	9	12
45	20	25	16	12	4
111	**61**	**50**	**33**	**14**	**19**
34	21	13	13	7	6
33	18	15	4	1	3
16	10	6	4	1	3
19	8	11	8	3	5
9	4	5	4	2	2
16	**8**	**8**	**7**	**5**	**2**
2	1	1	4	3	1
9	4	5	1		1
1		1	2	2	
4	3	1			
2	**1**	**1**			
1		1			
1	1				

6-2c 续表 7

受教育程度 年 龄	合 计	生男孩的妇女人数	生女孩的妇女人数	一 孩		
				小计	男	女
大学本科	**994**	**535**	**459**	**524**	**269**	**255**
15-19岁						
15						
16						
17						
18						
19						
20-24岁	**55**	**34**	**21**	**44**	**27**	**17**
20						
21	1		1	1		1
22	6	4	2	5	4	1
23	18	12	6	13	8	5
24	30	18	12	25	15	10
25-29岁	**463**	**254**	**209**	**316**	**162**	**154**
25	55	30	25	45	20	25
26	68	42	26	47	26	21
27	108	61	47	76	42	34
28	103	49	54	73	35	38
29	129	72	57	75	39	36
30-34岁	**353**	**173**	**180**	**140**	**65**	**75**
30	101	44	57	54	21	33
31	71	33	38	29	14	15
32	73	40	33	19	12	7
33	70	39	31	25	12	13
34	38	17	21	13	6	7
35-39岁	**111**	**68**	**43**	**23**	**15**	**8**
35	32	17	15	8	3	5
36	33	25	8	5	4	1
37	13	5	8	2	2	
38	23	16	7	6	6	
39	10	5	5	2		2
40-44岁	**9**	**5**	**4**			
40	1	1				
41	1		1			
42	4	2	2			
43	2	2				
44	1		1			
45-49岁	**3**	**1**	**2**	**1**		**1**
45						
46	3	1	2	1		1
47						
48						
49						

单位：人

二孩			三孩及以上		
小计	男	女	小计	男	女
431	**244**	**187**	**39**	**22**	**17**
10	**6**	**4**	**1**	**1**	
1		1			
4	3	1	1	1	
5	3	2			
138	**87**	**51**	**9**	**5**	**4**
10	10				
20	15	5	1	1	
30	19	11	2		2
28	13	15	2	1	1
50	30	20	4	3	1
200	**103**	**97**	**13**	**5**	**8**
47	23	24			
37	18	19	5	1	4
51	26	25	3	2	1
44	27	17	1		1
21	9	12	4	2	2
72	**42**	**30**	**16**	**11**	**5**
18	9	9	6	5	1
24	18	6	4	3	1
9	2	7	2	1	1
14	9	5	3	1	2
7	4	3	1	1	
9	**5**	**4**			
1	1				
1		1			
4	2	2			
2	2				
1		1			
2	**1**	**1**			
2	1	1			

6-2c 续表 8

受教育程度 年龄	合计	生男孩的妇女人数	生女孩的妇女人数	一孩 小计	一孩 男	一孩 女
硕士研究生	**22**	**10**	**12**	**16**	**8**	**8**
15-19岁						
15						
16						
17						
18						
19						
20-24岁	**1**	**1**				
20						
21						
22						
23						
24	1	1				
25-29岁	**10**	**3**	**7**	**9**	**3**	**6**
25						
26	1		1	1		1
27	4	1	3	4	1	3
28	3	1	2	3	1	2
29	2	1	1	1	1	
30-34岁	**8**	**6**	**2**	**7**	**5**	**2**
30	6	4	2	6	4	2
31	2	2		1	1	
32						
33						
34						
35-39岁	**3**		**3**			
35	1		1			
36	1		1			
37	1		1			
38						
39						
40-44岁						
40						
41						
42						
43						
44						
45-49岁						
45						
46						
47						
48						
49						

单位：人

二孩			三孩及以上		
小计	男	女	小计	男	女
6	**2**	**4**			
1	**1**				
1	1				
1		**1**			
1		1			
1	**1**				
1	1				
3		**3**			
1		1			
1		1			
1		1			

6-2c 续表 9

受教育程度 年龄	合计	生男孩的妇女人数	生女孩的妇女人数	一孩		
				小计	男	女
博士研究生	**3**	**1**	**2**	**2**		**2**
15-19岁						
15						
16						
17						
18						
19						
20-24岁						
20						
21						
22						
23						
24						
25-29岁	**1**		**1**	**1**		**1**
25						
26						
27						
28						
29	1		1	1		1
30-34岁	**2**	**1**	**1**	**1**		**1**
30	1		1	1		1
31	1	1				
32						
33						
34						
35-39岁						
35						
36						
37						
38						
39						
40-44岁						
40						
41						
42						
43						
44						
45-49岁						
45						
46						
47						
48						
49						

单位：人

二　　孩			三孩及以上		
小计	男	女	小计	男	女
1	**1**				
1	**1**				
1	1				

6-3 全省育龄妇女分年龄、孩次的生育状况
(2019.11.1-2020.10.31)

单位：人、‰

年 龄	平均育龄妇女人数	出生人数	生育率	第一孩		第二孩		第三孩及以上	
				出生数	生育率	出生数	生育率	出生数	生育率
总 计	**3167619**	**138521**	**43.73**	**59664**	**18.84**	**56996**	**17.99**	**21861**	**6.90**
15-19岁	**292589**	**1705**	**5.83**	**1408**	**4.81**	**266**	**0.91**	**31**	**0.11**
15	58711	40	0.68	39	0.66	1	0.02		
16	62139	118	1.90	111	1.79	6	0.10	1	0.02
17	55522	229	4.12	196	3.53	31	0.56	2	0.04
18	51926	422	8.13	355	6.84	59	1.14	8	0.15
19	64291	896	13.94	707	11.00	169	2.63	20	0.31
20-24岁	**426351**	**22397**	**52.53**	**14564**	**34.16**	**6368**	**14.94**	**1465**	**3.44**
20	70725	1675	23.68	1250	17.67	373	5.27	52	0.74
21	77373	2784	35.98	1935	25.01	706	9.12	143	1.85
22	82901	4048	48.83	2746	33.12	1067	12.87	235	2.83
23	93983	5925	63.04	3771	40.12	1756	18.68	398	4.23
24	101369	7965	78.57	4862	47.96	2466	24.33	637	6.28
25-29岁	**529836**	**53666**	**101.29**	**27093**	**51.13**	**19972**	**37.69**	**6601**	**12.46**
25	99416	8902	89.54	5165	51.95	2950	29.67	787	7.92
26	100061	10298	102.92	5638	56.35	3585	35.83	1075	10.74
27	106427	11505	108.10	5935	55.77	4223	39.68	1347	12.66
28	107926	11413	105.75	5442	50.42	4407	40.83	1564	14.49
29	116006	11548	99.55	4913	42.35	4807	41.44	1828	15.76
30-34岁	**580998**	**41285**	**71.06**	**12634**	**21.75**	**20197**	**34.76**	**8454**	**14.55**
30	125397	11085	88.40	4221	33.66	4959	39.55	1905	15.19
31	116778	9398	80.48	3051	26.13	4531	38.80	1816	15.55
32	118219	8213	69.47	2311	19.55	4139	35.01	1763	14.91
33	114702	7030	61.29	1787	15.58	3632	31.66	1611	14.05
34	105902	5559	52.49	1264	11.94	2936	27.72	1359	12.83
35-39岁	**485555**	**15316**	**31.54**	**3084**	**6.35**	**8049**	**16.58**	**4183**	**8.61**
35	102070	4550	44.58	991	9.71	2377	23.29	1182	11.58
36	98348	3642	37.03	758	7.71	1899	19.31	985	10.02
37	98198	2967	30.21	575	5.86	1546	15.74	846	8.62
38	100378	2478	24.69	447	4.45	1338	13.33	693	6.90
39	86561	1679	19.40	313	3.62	889	10.27	477	5.51
40-44岁	**401030**	**3261**	**8.13**	**670**	**1.67**	**1732**	**4.32**	**859**	**2.14**
40	89592	1265	14.12	239	2.67	694	7.75	332	3.71
41	82097	803	9.78	170	2.07	417	5.08	216	2.63
42	74143	556	7.50	127	1.71	278	3.75	151	2.04
43	75587	369	4.88	70	0.93	211	2.79	88	1.16
44	79611	268	3.37	64	0.80	132	1.66	72	0.90
45-49岁	**451260**	**891**	**1.97**	**211**	**0.47**	**412**	**0.91**	**268**	**0.59**
45	86677	204	2.35	45	0.52	103	1.19	56	0.65
46	92712	201	2.17	54	0.58	87	0.94	60	0.65
47	92267	154	1.67	36	0.39	75	0.81	43	0.47
48	89308	146	1.63	33	0.37	67	0.75	46	0.52
49	90296	186	2.06	43	0.48	80	0.89	63	0.70

6–3a　全省育龄妇女分年龄、孩次的生育状况
(2019.11.1–2020.10.31)(城市)

单位：人、‰

年龄	平均育龄妇女人数	出生人数	生育率	第一孩		第二孩		第三孩及以上	
				出生数	生育率	出生数	生育率	出生数	生育率
总计	**2179634**	**85561**	**39.25**	**39430**	**18.09**	**36790**	**16.88**	**9341**	**4.29**
15–19岁	**182469**	**891**	**4.88**	**769**	**4.21**	**110**	**0.60**	**12**	**0.07**
15	33763	15	0.44	15	0.44				
16	37683	54	1.43	53	1.41	1	0.03		
17	34502	110	3.19	98	2.84	12	0.35		
18	33321	222	6.66	196	5.88	22	0.66	4	0.12
19	43200	490	11.34	407	9.42	75	1.74	8	0.19
20–24岁	**298203**	**11728**	**39.33**	**8122**	**27.24**	**3163**	**10.61**	**443**	**1.49**
20	48783	892	18.29	693	14.21	184	3.77	15	0.31
21	53772	1435	26.69	1064	19.79	328	6.10	43	0.80
22	58163	2121	36.47	1520	26.13	523	8.99	78	1.34
23	66268	3065	46.25	2090	31.54	854	12.89	121	1.83
24	71217	4215	59.19	2755	38.68	1274	17.89	186	2.61
25–29岁	**372664**	**32038**	**85.97**	**18064**	**48.47**	**11534**	**30.95**	**2440**	**6.55**
25	69923	4846	69.30	3082	44.08	1497	21.41	267	3.82
26	70095	5885	83.96	3573	50.97	1954	27.88	358	5.11
27	74222	6854	92.34	4026	54.24	2345	31.59	483	6.51
28	75922	7086	93.33	3810	50.18	2680	35.30	596	7.85
29	82502	7367	89.29	3573	43.31	3058	37.07	736	8.92
30–34岁	**417754**	**27578**	**66.01**	**9490**	**22.72**	**14336**	**34.32**	**3752**	**8.98**
30	90119	7254	80.49	3150	34.95	3322	36.86	782	8.68
31	84420	6218	73.66	2291	27.14	3130	37.08	797	9.44
32	85401	5558	65.08	1738	20.35	3022	35.39	798	9.34
33	82176	4753	57.84	1348	16.40	2668	32.47	737	8.97
34	75638	3795	50.17	963	12.73	2194	29.01	638	8.43
35–39岁	**341003**	**10526**	**30.87**	**2330**	**6.83**	**6080**	**17.83**	**2116**	**6.21**
35	71964	3080	42.80	743	10.32	1753	24.36	584	8.12
36	69375	2521	36.34	573	8.26	1448	20.87	500	7.21
37	69725	2057	29.50	439	6.30	1185	17.00	433	6.21
38	70057	1730	24.69	342	4.88	1026	14.65	362	5.17
39	59882	1138	19.00	233	3.89	668	11.16	237	3.96
40–44岁	**277046**	**2242**	**8.09**	**494**	**1.78**	**1284**	**4.63**	**464**	**1.67**
40	62400	868	13.91	184	2.95	515	8.25	169	2.71
41	56927	582	10.22	130	2.28	328	5.76	124	2.18
42	51536	368	7.14	84	1.63	204	3.96	80	1.55
43	52068	250	4.80	48	0.92	151	2.90	51	0.98
44	54115	174	3.22	48	0.89	86	1.59	40	0.74
45–49岁	**290495**	**558**	**1.92**	**161**	**0.55**	**283**	**0.97**	**114**	**0.39**
45	58132	136	2.34	35	0.60	76	1.31	25	0.43
46	60704	131	2.16	42	0.69	59	0.97	30	0.49
47	59606	88	1.48	24	0.40	48	0.81	16	0.27
48	56382	95	1.68	25	0.44	51	0.90	19	0.34
49	55671	108	1.94	35	0.63	49	0.88	24	0.43

6—3b 全省育龄妇女分年龄、孩次的生育状况(2019.11.1—2020.10.31)(镇)

单位：人、‰

年龄	平均育龄妇女人数	出生人数	生育率	第一孩		第二孩		第三孩及以上	
				出生数	生育率	出生数	生育率	出生数	生育率
总计	**392485**	**19241**	**49.02**	**7710**	**19.64**	**7665**	**19.53**	**3866**	**9.85**
15—19岁	**45382**	**221**	**4.87**	**179**	**3.94**	**37**	**0.82**	**5**	**0.11**
15	10209	6	0.59	6	0.59				
16	10630	16	1.51	14	1.32	2	0.19		
17	8913	30	3.37	27	3.03	2	0.22	1	0.11
18	7180	54	7.52	45	6.27	8	1.11	1	0.14
19	8450	115	13.61	87	10.30	25	2.96	3	0.36
20—24岁	**48184**	**3456**	**71.73**	**2230**	**46.28**	**968**	**20.09**	**258**	**5.35**
20	8523	243	28.51	185	21.71	51	5.98	7	0.82
21	8859	413	46.62	285	32.17	105	11.85	23	2.60
22	9330	611	65.49	422	45.23	151	16.18	38	4.07
23	10222	953	93.23	608	59.48	271	26.51	74	7.24
24	11250	1236	109.87	730	64.89	390	34.67	116	10.31
25—29岁	**60355**	**7791**	**129.09**	**3507**	**58.11**	**3022**	**50.07**	**1262**	**20.91**
25	10991	1419	129.11	789	71.79	494	44.95	136	12.37
26	11326	1571	138.71	792	69.93	563	49.71	216	19.07
27	12166	1678	137.93	743	61.07	660	54.25	275	22.60
28	12502	1570	125.58	636	50.87	621	49.67	313	25.04
29	13370	1553	116.16	547	40.91	684	51.16	322	24.08
30—34岁	**67052**	**5305**	**79.12**	**1353**	**20.18**	**2459**	**36.67**	**1493**	**22.27**
30	14385	1484	103.16	474	32.95	658	45.74	352	24.47
31	13228	1239	93.66	337	25.48	567	42.86	335	25.33
32	13417	989	73.71	235	17.52	465	34.66	289	21.54
33	13489	906	67.17	184	13.64	433	32.10	289	21.42
34	12533	687	54.82	123	9.81	336	26.81	228	18.19
35—39岁	**61070**	**1880**	**30.78**	**321**	**5.26**	**881**	**14.43**	**678**	**11.10**
35	12500	580	46.40	114	9.12	261	20.88	205	16.40
36	12278	434	35.35	74	6.03	207	16.86	153	12.46
37	12189	353	28.96	54	4.43	174	14.28	125	10.26
38	12824	285	22.22	48	3.74	133	10.37	104	8.11
39	11279	228	20.21	31	2.75	106	9.40	91	8.07
40—44岁	**50522**	**454**	**8.99**	**92**	**1.82**	**238**	**4.71**	**124**	**2.45**
40	11323	178	15.72	25	2.21	94	8.30	59	5.21
41	10496	111	10.58	24	2.29	51	4.86	36	3.43
42	9197	76	8.26	19	2.07	39	4.24	18	1.96
43	9376	52	5.55	16	1.71	31	3.31	5	0.53
44	10130	37	3.65	8	0.79	23	2.27	6	0.59
45—49岁	**59920**	**134**	**2.24**	**28**	**0.47**	**60**	**1.00**	**46**	**0.77**
45	11078	26	2.35	4	0.36	15	1.35	7	0.63
46	12112	30	2.48	9	0.74	13	1.07	8	0.66
47	12319	29	2.35	7	0.57	10	0.81	12	0.97
48	12108	19	1.57	3	0.25	9	0.74	7	0.58
49	12303	30	2.44	5	0.41	13	1.06	12	0.98

6-3c 全省育龄妇女分年龄、孩次的生育状况 (2019.11.1-2020.10.31)(乡村)

单位：人、‰

年 龄	平均育龄妇女人数	出生人数	生育率	第 一 孩		第 二 孩		第三孩及以上	
				出生数	生育率	出生数	生育率	出生数	生育率
总 计	**595500**	**33719**	**56.62**	**12524**	**21.03**	**12541**	**21.06**	**8654**	**14.53**
15-19岁	**64738**	**593**	**9.16**	**460**	**7.11**	**119**	**1.84**	**14**	**0.22**
15	14739	19	1.29	18	1.22	1	0.07		
16	13826	48	3.47	44	3.18	3	0.22	1	0.07
17	12107	89	7.35	71	5.86	17	1.40	1	0.08
18	11425	146	12.78	114	9.98	29	2.54	3	0.26
19	12641	291	23.02	213	16.85	69	5.46	9	0.71
20-24岁	**79964**	**7213**	**90.20**	**4212**	**52.67**	**2237**	**27.98**	**764**	**9.55**
20	13419	540	40.24	372	27.72	138	10.28	30	2.24
21	14742	936	63.49	586	39.75	273	18.52	77	5.22
22	15408	1316	85.41	804	52.18	393	25.51	119	7.72
23	17493	1907	109.02	1073	61.34	631	36.07	203	11.60
24	18902	2514	133.00	1377	72.85	802	42.43	335	17.72
25-29岁	**96817**	**13837**	**142.92**	**5522**	**57.04**	**5416**	**55.94**	**2899**	**29.94**
25	18502	2637	142.53	1294	69.94	959	51.83	384	20.75
26	18640	2842	152.47	1273	68.29	1068	57.30	501	26.88
27	20039	2973	148.36	1166	58.19	1218	60.78	589	29.39
28	19502	2757	141.37	996	51.07	1106	56.71	655	33.59
29	20134	2628	130.53	793	39.39	1065	52.90	770	38.24
30-34岁	**96192**	**8402**	**87.35**	**1791**	**18.62**	**3402**	**35.37**	**3209**	**33.36**
30	20893	2347	112.33	597	28.57	979	46.86	771	36.90
31	19130	1941	101.46	423	22.11	834	43.60	684	35.76
32	19401	1666	85.87	338	17.42	652	33.61	676	34.84
33	19037	1371	72.02	255	13.39	531	27.89	585	30.73
34	17731	1077	60.74	178	10.04	406	22.90	493	27.80
35-39岁	**83482**	**2910**	**34.86**	**433**	**5.19**	**1088**	**13.03**	**1389**	**16.64**
35	17606	890	50.55	134	7.61	363	20.62	393	22.32
36	16695	687	41.15	111	6.65	244	14.62	332	19.89
37	16284	557	34.21	82	5.04	187	11.48	288	17.69
38	17497	463	26.46	57	3.26	179	10.23	227	12.97
39	15400	313	20.32	49	3.18	115	7.47	149	9.68
40-44岁	**73462**	**565**	**7.69**	**84**	**1.14**	**210**	**2.86**	**271**	**3.69**
40	15869	219	13.80	30	1.89	85	5.36	104	6.55
41	14674	110	7.50	16	1.09	38	2.59	56	3.82
42	13410	112	8.35	24	1.79	35	2.61	53	3.95
43	14143	67	4.74	6	0.42	29	2.05	32	2.26
44	15366	57	3.71	8	0.52	23	1.50	26	1.69
45-49岁	**100845**	**199**	**1.97**	**22**	**0.22**	**69**	**0.68**	**108**	**1.07**
45	17467	42	2.40	6	0.34	12	0.69	24	1.37
46	19896	40	2.01	3	0.15	15	0.75	22	1.11
47	20342	37	1.82	5	0.25	17	0.84	15	0.74
48	20818	32	1.54	5	0.24	7	0.34	20	0.96
49	22322	48	2.15	3	0.13	18	0.81	27	1.21

6–4 各地区育龄妇女年龄别生育率

单位：‰

地　　区	15–19岁	20–24岁	25–29岁	30–34岁	35–39岁	40–44岁	45–49岁	总　和 生育率
广　东	**5.83**	**52.53**	**101.29**	**71.06**	**31.54**	**8.13**	**1.97**	**1361.78**
广州市	**3.42**	**30.39**	**79.80**	**69.76**	**33.36**	**9.09**	**1.75**	**1137.84**
荔湾区	2.50	23.37	77.83	77.94	35.23	9.04	1.40	1136.61
越秀区	2.16	15.07	63.03	66.36	33.27	12.21	0.72	964.14
海珠区	2.37	22.93	68.06	58.39	28.50	8.55	1.09	949.51
天河区	1.20	16.72	57.39	66.84	32.81	11.23	2.24	942.18
白云区	4.03	31.21	78.02	62.60	31.92	6.70	1.54	1080.11
黄埔区	6.57	33.49	87.00	79.19	37.10	9.59	1.49	1272.18
番禺区	3.30	28.31	78.26	70.41	35.92	9.42	1.45	1135.33
花都区	5.99	42.36	91.78	72.36	32.01	8.48	2.59	1277.80
南沙区	5.34	60.01	104.07	75.63	30.37	7.55	1.20	1420.81
从化区	3.26	70.26	121.66	86.12	32.04	8.21	2.24	1618.94
增城区	3.05	63.83	123.28	83.03	38.88	11.53	3.73	1636.59
韶关市	**4.98**	**91.59**	**150.67**	**89.13**	**43.94**	**10.87**	**1.78**	**1964.84**
武江区	4.25	77.02	129.46	79.55	35.11	8.77	1.22	1676.94
浈江区	1.49	32.14	125.00	76.79	36.29	10.77	1.46	1419.70
曲江区	2.94	88.35	135.34	92.43	36.92	5.05	1.64	1813.29
始兴县	2.56	117.65	198.97	100.73	45.30	17.06	4.59	2434.32
仁化县	3.88	137.72	152.50	99.83	42.97	9.40	1.33	2238.14
翁源县	18.83	165.02	189.94	90.05	51.16	8.71	2.45	2630.81
乳源瑶族自治县		128.81	153.68	81.22	68.07	12.64		2222.13
新丰县	9.32	86.07	125.68	77.65	30.30	7.87	1.70	1692.99
乐昌市	8.92	173.68	177.44	103.59	60.20	15.12	2.88	2709.21
南雄市	4.25	83.83	141.18	97.27	42.79	13.65	0.62	1917.99
深圳市	**6.21**	**32.34**	**70.78**	**62.62**	**31.17**	**7.67**	**1.50**	**1061.42**
罗湖区	1.39	26.83	65.97	70.18	31.90	8.72	1.69	1033.35
福田区	1.43	20.39	62.60	69.17	29.22	9.56	0.65	965.07
南山区	2.02	13.20	50.12	75.95	37.01	7.67	1.76	938.68
宝安区	7.70	35.00	70.14	56.04	27.25	6.50	1.97	1022.97
龙岗区	8.56	37.21	81.16	67.41	35.10	8.00	1.08	1192.56
盐田区	1.83	23.55	72.21	65.18	42.68	4.51	2.03	1059.90
龙华区	5.71	33.58	74.84	60.87	31.93	9.39	1.55	1089.39
坪山区	8.68	51.87	75.45	53.75	28.47	4.39	1.49	1120.44
光明区	13.40	48.93	69.13	51.00	22.35	6.17	1.81	1063.99
珠海市	**2.22**	**31.97**	**88.43**	**71.97**	**33.29**	**7.15**	**1.68**	**1183.54**
香洲区	1.80	23.56	77.40	72.18	32.01	6.64	2.23	1079.07
斗门区	3.05	70.04	104.50	67.77	33.91	8.22	0.89	1441.92
金湾区	2.68	28.07	105.40	77.47	36.95	7.64	0.69	1294.47
汕头市	**2.46**	**50.12**	**128.21**	**76.45**	**23.30**	**3.86**	**2.01**	**1432.12**
龙湖区	0.61	43.07	100.19	59.77	22.19	4.17	1.14	1155.68
金平区	0.58	32.18	107.75	76.45	28.40	3.21	1.29	1249.24
濠江区	0.95	37.77	132.62	88.47	22.62	2.88	1.21	1432.61
潮阳区	2.67	58.47	141.54	81.93	25.39	3.81	3.49	1586.50
潮南区	2.61	52.04	145.43	83.40	22.02	4.32	1.37	1555.96
澄海区	6.48	43.01	103.11	64.76	18.99	3.88	2.30	1212.64
南澳县		54.35	101.69	115.56	18.63	6.25		1482.41
佛山市	**6.80**	**49.17**	**97.97**	**67.90**	**29.69**	**7.74**	**1.85**	**1305.57**
禅城区	2.04	37.97	97.00	72.80	32.71	8.39	2.17	1265.46
南海区	8.15	51.37	101.47	65.08	29.99	6.83	2.06	1324.80
顺德区	7.78	47.31	90.59	66.80	27.15	8.21	1.38	1246.11
三水区	5.06	60.22	102.42	74.71	34.46	6.46	1.74	1425.36
高明区	4.23	71.07	121.67	78.00	29.92	11.72	2.86	1597.37

6-4 续表 1

单位：‰

地　区	15-19岁	20-24岁	25-29岁	30-34岁	35-39岁	40-44岁	45-49岁	总和生育率
江门市	**3.41**	**58.20**	**101.28**	**71.63**	**31.76**	**8.54**	**1.27**	**1380.40**
蓬江区	2.21	39.40	97.67	74.02	31.96	7.65	0.92	1269.17
江海区	5.25	59.33	101.38	68.95	31.49	6.18	1.40	1369.88
新会区	6.32	63.11	106.20	68.69	26.54	10.40	1.42	1413.41
台山市	2.26	60.12	84.06	72.04	29.83	9.31	0.84	1292.33
开平市	2.53	51.80	99.56	72.43	32.87	9.59	2.25	1355.14
鹤山市	5.03	83.08	100.06	65.38	36.65	6.83	1.44	1492.35
恩平市		75.82	134.20	81.52	37.37	8.49	0.62	1690.13
湛江市	**8.41**	**92.41**	**167.45**	**116.55**	**45.66**	**11.56**	**2.52**	**2222.80**
赤坎区	0.85	28.05	141.61	101.42	46.28	13.56	1.47	1666.25
霞山区	2.60	62.62	127.47	91.50	46.65	10.50	3.22	1722.77
坡头区	4.04	108.25	166.67	105.78	46.74	7.65	1.12	2201.24
麻章区	2.21	44.21	154.03	120.37	39.61	18.40	4.30	1915.74
遂溪县	11.52	81.71	160.21	137.53	59.24	15.73	1.81	2338.81
徐闻县	13.59	150.75	185.45	108.98	39.01	7.28	2.97	2540.11
廉江市	12.68	141.81	204.14	122.55	49.70	9.59	2.54	2715.06
雷州市	9.87	109.17	158.61	118.93	45.66	13.81	2.48	2292.67
吴川市	15.45	114.06	183.76	128.75	36.05	7.88	2.37	2441.64
茂名市	**8.81**	**105.53**	**160.47**	**100.90**	**42.87**	**11.34**	**2.12**	**2160.12**
茂南区	3.60	75.40	128.24	89.86	37.98	10.48	2.48	1740.15
电白区	7.65	126.15	158.84	100.37	42.95	9.07	1.47	2232.44
高州市	7.43	91.66	163.14	90.96	40.04	12.14	1.63	2034.99
化州市	12.11	114.92	185.29	108.23	47.43	15.13	2.92	2430.20
信宜市	14.62	128.77	172.51	121.71	47.09	10.54	2.33	2487.85
肇庆市	**4.55**	**79.95**	**128.13**	**77.57**	**39.64**	**9.61**	**1.99**	**1707.19**
端州区	2.22	57.28	119.73	89.48	44.20	10.40	0.82	1620.69
鼎湖区	8.93	89.07	161.87	79.18	23.53	8.16	1.71	1862.22
高要区	1.82	66.12	125.17	65.03	34.50	6.08	2.92	1508.21
广宁县	4.61	112.97	152.14	95.15	39.82	15.28	2.32	2111.48
怀集县	5.05	108.34	158.40	81.24	46.06	11.19	2.75	2065.19
封开县	6.31	83.78	153.48	96.59	51.01	9.09	3.31	2017.90
德庆县	6.59	63.98	93.21	65.26	34.48	6.90	1.60	1360.10
四会市	5.66	70.04	92.54	65.36	36.79	9.87	0.86	1405.56
惠州市	**7.63**	**71.95**	**108.92**	**70.76**	**29.39**	**9.14**	**2.25**	**1500.27**
惠城区	6.28	57.85	109.34	78.21	33.37	10.22	2.18	1487.33
惠阳区	6.88	65.11	99.65	61.07	30.26	8.47	3.44	1374.34
博罗县	8.27	86.08	114.33	65.59	26.31	8.97	0.89	1552.20
惠东县	9.32	90.12	110.71	76.71	20.78	7.80	2.69	1590.62
龙门县	16.61	122.33	146.25	72.12	35.78	9.77	1.05	2019.47
梅州市	**4.75**	**103.81**	**155.48**	**83.15**	**27.69**	**6.79**	**2.13**	**1919.00**
梅江区	3.24	33.23	139.63	82.12	26.93	6.30	4.86	1481.56
梅县区	1.87	77.37	144.46	76.53	27.89	4.63	0.97	1668.62
大埔县	2.53	83.76	144.84	76.61	21.85	3.61	3.01	1681.05
丰顺县	5.61	105.52	144.27	83.92	29.43	5.55	0.74	1875.20
五华县	6.08	158.11	170.25	94.36	27.41	8.70	2.67	2337.88
平远县	5.41	117.12	156.57	80.51	30.36	8.56	1.13	1998.21
蕉岭县	6.67	125.00	172.58	82.00	28.19	4.93	3.44	2114.03
兴宁市	6.53	132.83	163.60	81.14	28.54	9.34	1.11	2115.45

6–4 续表 2

单位：‰

地　区	15–19岁	20–24岁	25–29岁	30–34岁	35–39岁	40–44岁	45–49岁	总和生育率
汕尾市	**7.22**	**89.00**	**131.17**	**86.12**	**27.95**	**5.16**	**1.85**	**1742.39**
城　区	3.08	59.04	109.82	83.39	26.32	9.23	0.67	1457.74
海丰县	7.52	93.55	111.18	74.10	29.48	6.87	1.82	1622.62
陆河县	2.63	106.21	172.84	116.02	32.31	1.83		2159.17
陆丰市	9.77	93.75	145.82	91.52	26.42	3.09	2.81	1865.87
河源市	**5.87**	**100.98**	**154.66**	**81.13**	**32.95**	**7.66**	**2.28**	**1927.66**
源城区	10.55	83.43	132.18	69.55	34.87	6.02	1.13	1688.60
紫金县	5.49	119.83	166.80	86.96	33.07	11.36	4.42	2139.65
龙川县	4.97	107.10	175.14	82.90	30.57	9.14	1.56	2056.89
连平县	5.12	92.27	174.74	81.97	37.84	7.95	2.13	2010.11
和平县	3.79	120.32	179.91	121.28	33.78	5.51	1.81	2332.06
东源县	2.66	107.54	139.24	69.51	26.13	5.62	3.30	1770.01
阳江市	**5.68**	**81.82**	**130.97**	**83.41**	**36.13**	**13.03**	**5.08**	**1780.56**
江城区	4.15	50.95	109.75	79.30	35.35	15.02	7.12	1508.19
阳东区	4.20	81.56	111.87	77.28	31.16	11.91	4.38	1611.75
阳西县	4.27	74.97	119.57	81.67	34.75	11.19	4.19	1652.97
阳春市	9.62	140.95	185.40	93.85	41.05	12.38	3.81	2435.29
清远市	**9.00**	**112.85**	**148.32**	**89.12**	**39.46**	**12.71**	**2.79**	**2071.29**
清城区	2.20	81.33	132.06	83.90	36.64	9.55	2.96	1743.26
清新区	11.13	121.66	134.63	75.98	37.65	10.95	2.49	1972.39
佛冈县	9.23	108.29	137.23	85.12	34.61	13.68	4.84	1965.05
阳山县	18.59	126.02	157.19	119.78	67.82	18.32		2538.55
连山壮族瑶族自治县	6.06	163.64	182.19	118.06	38.91	12.30	7.22	2641.82
连南瑶族自治县	9.17	141.18	186.94	73.11	26.79	22.96	2.25	2311.97
英德市	21.83	148.33	176.14	98.94	41.53	16.72	2.66	2530.70
连州市	2.75	126.18	160.71	90.82	36.32	8.39	2.81	2139.93
东莞市	**8.91**	**44.34**	**75.73**	**47.53**	**23.74**	**6.13**	**2.28**	**1043.27**
市辖区	8.91	44.34	75.73	47.53	23.74	6.13	2.28	1043.27
中山市	**8.91**	**56.75**	**93.99**	**66.03**	**30.26**	**7.17**	**1.84**	**1324.78**
市辖区	8.91	56.75	93.99	66.03	30.26	7.17	1.84	1324.78
潮州市	**2.51**	**57.36**	**131.87**	**69.33**	**22.37**	**4.62**	**0.63**	**1443.42**
湘桥区	1.22	27.96	126.19	74.09	24.25	4.46	0.95	1295.61
潮安区	3.12	69.95	135.31	63.59	23.44	4.22	0.67	1501.47
饶平县	2.75	59.63	129.66	75.49	19.45	5.35	0.34	1463.35
揭阳市	**4.56**	**68.36**	**138.47**	**81.70**	**25.86**	**4.78**	**1.98**	**1628.55**
榕城区	2.58	56.27	131.31	75.17	18.30	4.41	1.81	1449.23
揭东区	3.29	65.23	138.11	88.24	20.90	4.38	2.84	1614.96
揭西县	6.91	75.92	137.38	87.35	27.79	3.78	2.03	1705.81
惠来县	4.63	68.12	137.14	83.48	39.62	6.33	1.14	1702.29
普宁市	4.97	71.95	142.57	79.63	24.10	4.75	1.97	1649.75
云浮市	**5.63**	**108.40**	**143.38**	**97.26**	**40.84**	**10.08**	**2.87**	**2042.33**
云城区	6.58	92.14	130.25	97.81	33.57	10.70	2.88	1869.60
云安区	3.85	115.88	143.10	90.42	26.58	4.68	1.50	1930.07
新兴县	4.87	73.11	116.74	82.97	45.25	11.37	5.24	1697.83
郁南县	4.57	121.84	144.47	100.82	32.26	7.12	4.38	2077.33
罗定市	6.35	130.98	169.98	105.96	49.07	11.17	1.21	2373.60

6-4a 各地区育龄妇女年龄别生育率(城市)

单位：‰

地 区	15-19岁	20-24岁	25-29岁	30-34岁	35-39岁	40-44岁	45-49岁	总 和 生育率
广 东	**4.88**	**39.33**	**85.97**	**66.01**	**30.87**	**8.09**	**1.92**	**1185.39**
广州市	**3.28**	**27.01**	**74.03**	**68.84**	**32.87**	**9.05**	**1.61**	**1083.38**
荔湾区	2.50	23.37	77.83	77.94	35.23	9.04	1.40	1136.61
越秀区	2.16	15.07	63.03	66.36	33.27	12.21	0.72	964.14
海珠区	2.37	22.93	68.06	58.39	28.50	8.55	1.09	949.51
天河区	1.20	16.72	57.39	66.84	32.81	11.23	2.24	942.18
白云区	5.76	32.30	73.27	61.02	30.54	6.54	1.06	1052.43
黄埔区	6.50	31.87	79.70	78.16	34.24	9.51	1.39	1206.88
番禺区	3.08	25.91	75.16	71.36	35.78	9.26	1.70	1111.17
花都区	4.72	42.62	86.50	70.60	33.03	9.03	3.63	1250.66
南沙区	7.19	53.08	108.77	80.30	31.92	7.48	1.31	1450.29
从化区		46.38	118.59	79.59	29.27	9.28		1415.57
增城区	1.62	57.27	131.22	94.57	41.15	8.18	3.52	1687.67
韶关市	**2.23**	**51.59**	**130.45**	**79.75**	**36.21**	**10.51**	**1.68**	**1562.08**
武江区	3.41	64.28	118.48	80.82	30.30	9.02	1.40	1538.56
浈江区	0.89	26.73	129.58	71.04	40.04	9.39	1.82	1397.49
曲江区		70.48	139.34	87.79	37.37	7.96	1.39	1721.69
始兴县								
仁化县								
翁源县								
乳源瑶族自治县								
新丰县								
乐昌市	9.93	109.38	125.00	74.92	57.47	18.57	2.24	1987.52
南雄市		76.92	162.25	91.38	24.52	13.82	2.11	1855.06
深圳市	**6.08**	**32.25**	**70.72**	**62.68**	**31.13**	**7.68**	**1.51**	**1060.26**
罗湖区	1.39	26.83	65.97	70.18	31.90	8.72	1.69	1033.35
福田区	1.43	20.39	62.60	69.17	29.22	9.56	0.65	965.07
南山区	2.02	13.20	50.05	75.98	37.04	7.68	1.77	938.73
宝安区	7.70	35.00	70.14	56.04	27.25	6.50	1.97	1022.97
龙岗区	8.06	36.84	81.01	67.77	35.04	8.02	1.10	1189.21
盐田区	1.83	23.55	72.21	65.18	42.68	4.51	2.03	1059.90
龙华区	5.71	33.58	74.84	60.87	31.93	9.39	1.55	1089.39
坪山区	8.70	52.00	75.50	53.41	27.98	4.41	1.50	1117.55
光明区	13.40	48.93	69.13	51.00	22.35	6.17	1.81	1063.99
珠海市	**2.03**	**24.76**	**85.69**	**73.08**	**34.69**	**7.05**	**1.85**	**1145.78**
香洲区	1.82	23.48	78.26	72.78	32.29	6.41	2.30	1086.70
斗门区	3.03	59.45	99.34	65.83	43.24	12.99	1.06	1424.69
金湾区	2.32	16.85	112.45	80.87	38.49	5.57		1282.78
汕头市	**1.21**	**41.81**	**112.49**	**71.25**	**25.49**	**3.66**	**1.31**	**1286.07**
龙湖区	0.68	42.87	99.95	56.76	22.28	4.74	0.89	1140.80
金平区	0.60	31.77	106.20	76.68	28.93	3.24	1.31	1243.62
濠江区	1.40	37.57	140.86	82.63	26.81	3.88	1.70	1474.34
潮阳区		43.67	107.79	80.91	29.28	5.85	2.89	1352.00
潮南区	0.69	49.50	146.40	75.39	24.60	2.90		1497.40
澄海区	7.25	46.20	68.35	63.36	19.92	1.13	2.06	1041.33
南澳县								
佛山市	**6.78**	**48.45**	**96.80**	**68.35**	**30.11**	**8.01**	**1.85**	**1301.75**
禅城区	1.94	34.98	92.15	74.35	34.78	8.79	2.55	1247.70
南海区	7.94	50.74	100.70	65.38	30.22	7.00	2.03	1320.13
顺德区	7.69	46.88	90.61	67.08	27.42	8.24	1.40	1246.61
三水区	5.02	71.13	104.94	84.86	40.08	9.59	1.79	1587.07
高明区	3.05	76.19	122.07	77.59	29.63	11.25	1.94	1608.55

6-4a 续表 1 单位：‰

地区	15-19岁	20-24岁	25-29岁	30-34岁	35-39岁	40-44岁	45-49岁	总和生育率
江门市	**2.68**	**52.20**	**104.01**	**75.86**	**31.59**	**8.73**	**1.43**	**1382.42**
蓬江区	2.27	38.44	96.75	72.99	31.87	7.82	0.95	1255.47
江海区	5.25	59.33	101.38	68.95	31.49	6.18	1.40	1369.88
新会区	4.91	51.47	102.30	74.22	22.37	9.75	1.49	1332.61
台山市	1.77	62.16	108.98	79.20	33.15	11.36		1483.18
开平市		46.70	95.33	82.56	28.84	11.18	3.04	1338.28
鹤山市	3.03	70.25	104.07	79.44	43.30	6.91	2.73	1548.61
恩平市		80.79	149.43	84.66	36.24	9.22	1.36	1808.43
湛江市	**2.54**	**56.42**	**135.03**	**98.62**	**41.99**	**10.48**	**2.85**	**1739.64**
赤坎区	0.86	27.71	140.63	101.81	47.26	13.75	1.50	1667.52
霞山区	2.68	56.22	123.80	88.71	47.96	10.84	2.92	1665.67
坡头区	7.41	111.11	147.17	96.35	55.73	4.88		2113.24
麻章区	1.76	54.49	133.51	98.25	32.79	13.89		1673.44
遂溪县		55.56	157.89	120.00	30.77			1821.10
徐闻县								
廉江市	3.00	88.51	163.14	104.13	38.55	11.69	3.72	2063.71
雷州市	2.35	63.25	119.13	100.86	36.36	8.28	3.81	1670.17
吴川市	4.56	80.67	139.31	111.00	24.68	5.38	4.85	1852.22
茂名市	**2.92**	**63.21**	**143.65**	**93.32**	**41.10**	**11.46**	**3.14**	**1794.01**
茂南区	3.39	56.48	122.04	92.19	36.50	12.38	3.41	1631.88
电白区	3.09	64.45	133.61	81.17	41.51	5.38	1.36	1652.84
高州市	1.85	44.29	128.29	84.75	42.12	12.90	2.62	1584.04
化州市	4.94	83.64	206.57	97.76	47.67	16.37	3.63	2302.92
信宜市	2.27	87.99	154.52	110.31	44.15	8.28	3.94	2057.26
肇庆市	**3.08**	**59.50**	**113.34**	**73.03**	**38.49**	**10.06**	**1.29**	**1493.90**
端州区	2.22	57.28	119.73	89.48	44.20	10.40	0.82	1620.69
鼎湖区	4.40	78.31	152.91	75.00	19.89	3.89	3.65	1690.24
高要区		32.83	121.11	45.45	26.32	9.87	6.76	1211.66
广宁县								
怀集县								
封开县								
德庆县								
四会市	5.84	66.47	94.66	58.82	37.88	10.70	0.62	1374.87
惠州市	**6.39**	**55.82**	**101.59**	**70.71**	**32.51**	**8.94**	**2.75**	**1393.48**
惠城区	7.08	53.93	106.85	78.71	33.37	8.89	2.40	1456.15
惠阳区	5.32	57.24	95.41	60.94	31.03	8.93	3.14	1310.04
博罗县		137.93	67.42	27.27	40.00	12.99	8.47	1470.41
惠东县								
龙门县								
梅州市	**2.51**	**61.22**	**134.77**	**80.20**	**28.03**	**7.58**	**1.94**	**1581.28**
梅江区	2.66	30.03	134.21	78.93	27.43	6.83	4.75	1424.19
梅县区		79.82	135.54	80.37	26.52	5.78		1640.17
大埔县								
丰顺县								
五华县		228.57	119.05	51.28	25.64			2122.71
平远县								
蕉岭县								
兴宁市	4.99	117.65	135.67	83.43	30.36	10.45		1912.75

6-4a　续表 2　　　　　　　　　　　　　　　　　　　　　　单位：‰

地　区	15-19岁	20-24岁	25-29岁	30-34岁	35-39岁	40-44岁	45-49岁	总和生育率
汕尾市	**3.51**	**60.74**	**111.37**	**67.04**	**23.60**	**7.17**	**1.11**	**1372.71**
城　区	3.26	53.12	105.84	64.48	24.10	10.43	0.96	1310.92
海丰县								
陆河县								
陆丰市	3.98	69.36	117.36	70.11	22.90	3.42	1.32	1442.27
河源市	**10.56**	**79.61**	**139.16**	**74.73**	**37.04**	**5.93**	**0.87**	**1739.50**
源城区	10.56	79.61	139.16	74.73	37.04	5.93	0.87	1739.50
紫金县								
龙川县								
连平县								
和平县								
东源县								
阳江市	**3.23**	**55.18**	**117.98**	**84.87**	**37.81**	**17.02**	**7.60**	**1618.47**
江城区	3.19	43.91	110.04	81.19	38.23	18.93	9.76	1526.31
阳东区	1.78	78.13	117.92	82.35	28.78	11.35	5.53	1629.19
阳西县								
阳春市	4.57	70.31	140.67	95.59	44.31	17.20	4.67	1886.62
清远市	**3.13**	**82.60**	**130.84**	**83.77**	**37.78**	**13.24**	**3.06**	**1772.11**
清城区	2.18	72.66	128.12	84.68	38.52	10.61	3.21	1699.88
清新区	8.25	119.05	141.91	81.90	31.42	11.66	1.16	1976.74
佛冈县								
阳山县								
连山壮族瑶族自治县								
连南瑶族自治县								
英德市	3.22	80.00	126.14	87.11	43.42	28.74	2.93	1857.77
连州市		78.43	131.58	77.06	38.99	6.01	5.77	1689.21
东莞市	**8.68**	**42.89**	**74.99**	**47.84**	**24.17**	**6.37**	**2.30**	**1036.25**
市辖区	8.68	42.89	74.99	47.84	24.17	6.37	2.30	1036.25
中山市	**8.07**	**52.79**	**94.61**	**65.60**	**32.01**	**7.60**	**1.92**	**1313.04**
市辖区	8.07	52.79	94.61	65.60	32.01	7.60	1.92	1313.04
潮州市	**3.82**	**55.09**	**125.64**	**63.52**	**24.78**	**4.73**	**1.11**	**1393.38**
湘桥区		33.92	118.00	75.33	26.30	4.23	1.24	1295.05
潮安区	7.55	68.31	130.72	54.97	23.42	5.19	1.01	1455.84
饶平县								
揭阳市	**2.22**	**66.29**	**137.94**	**76.10**	**19.66**	**5.72**	**1.91**	**1549.22**
榕城区	2.91	55.75	127.68	72.62	19.52	5.54	1.81	1429.12
揭东区	1.03	78.64	158.90	81.57	14.76	5.47	3.08	1717.20
揭西县								
惠来县								
普宁市	2.20	70.99	137.89	77.01	22.70	6.15	1.32	1591.25
云浮市	**3.07**	**97.17**	**126.90**	**96.30**	**39.76**	**11.44**	**3.13**	**1888.86**
云城区	6.20	90.28	130.40	102.23	31.63	12.65	3.62	1885.03
云安区		119.05	145.16	115.38	60.00			2197.97
新兴县								
郁南县								
罗定市	1.68	104.07	118.59	84.79	50.27	10.26	2.65	1861.56

6–4b 各地区育龄妇女年龄别生育率(镇)

单位：‰

地区	15–19岁	20–24岁	25–29岁	30–34岁	35–39岁	40–44岁	45–49岁	总和生育率
广东	**4.87**	**71.73**	**129.09**	**79.12**	**30.78**	**8.99**	**2.24**	**1634.03**
广州市	**1.61**	**39.03**	**104.97**	**74.08**	**32.17**	**11.55**	**2.34**	**1328.72**
荔湾区								
越秀区								
海珠区								
天河区								
白云区	0.44	20.71	95.28	68.29	40.00	6.14		1154.32
黄埔区		32.79	192.31	124.29	61.95	24.59		2179.63
番禺区	8.73	54.71	82.64	71.43	41.83	20.41		1398.76
花都区	2.40	31.18	103.63	81.17	23.34	5.90		1238.09
南沙区		63.61	104.71	61.33	20.03	9.69	1.31	1303.44
从化区		42.19	96.23	98.10	16.67		3.58	1283.90
增城区	3.15	57.18	107.27	69.69	32.83	15.20	4.49	1449.03
韶关市	**5.18**	**94.36**	**155.94**	**85.25**	**42.23**	**9.12**	**1.79**	**1969.31**
武江区			333.33					1666.67
浈江区		52.63	65.22	101.69				1097.72
曲江区		128.21	120.00	70.42	22.99			1708.08
始兴县	4.00	97.56	175.53	84.56	47.32	15.87	7.43	2161.35
仁化县		68.18	120.77	109.72	38.73	14.08	3.18	1773.37
翁源县	15.08	119.76	185.39	94.89	46.80	2.54		2322.31
乳源瑶族自治县		84.62	168.03	75.53	68.68	11.40		2041.27
新丰县	4.35	55.17	115.88	70.59	23.81	6.10	2.99	1394.40
乐昌市	10.81	144.58	183.67	92.94	22.47	3.38		2289.25
南雄市	10.53	101.85	154.93	61.80	68.42	21.39		2094.58
深圳市			**166.67**	**111.11**	**74.07**			**1759.26**
罗湖区								
福田区								
南山区			250.00					1250.00
宝安区								
龙岗区								
盐田区								
龙华区								
坪山区				153.85	100.00			1269.23
光明区								
珠海市	**4.09**	**64.07**	**85.30**	**66.00**	**25.70**	**9.43**	**0.90**	**1277.48**
香洲区		26.60	53.92	48.19	20.83	16.53		830.36
斗门区	3.14	75.27	97.22	65.35	25.30	6.30	1.84	1372.14
金湾区	8.06	73.25	84.26	72.66	28.21	11.20		1388.19
汕头市	**2.97**	**54.60**	**134.78**	**78.26**	**22.23**	**4.70**	**2.80**	**1501.67**
龙湖区								
金平区								
濠江区		66.67	176.47					1215.69
潮阳区	3.16	60.13	141.62	72.41	25.87	2.40	3.19	1543.97
潮南区	3.30	51.83	140.76	89.62	21.54	5.13	2.20	1571.88
澄海区	1.89	40.04	116.72	72.94	18.46	6.84	3.21	1300.52
南澳县		71.43	82.09	119.32	23.62	7.69		1520.75
佛山市	**8.94**	**61.87**	**116.66**	**60.96**	**27.70**	**5.10**	**1.99**	**1416.08**
禅城区	2.60	56.15	121.41	65.51	22.34	5.89		1369.47
南海区	37.50	47.06	139.62	41.90	40.44		9.35	1579.34
顺德区								
三水区	7.39	73.84	102.70	60.67	29.55	3.77	1.11	1395.10
高明区	41.67	28.57	113.21	73.39	30.30	20.00	12.35	1597.44

6-4b　续表 1　　单位：‰

地　区	15-19岁	20-24岁	25-29岁	30-34岁	35-39岁	40-44岁	45-49岁	总和生育率
江门市	**8.45**	**71.43**	**97.12**	**60.61**	**31.27**	**9.30**	**0.65**	**1394.10**
蓬江区								
江海区								
新会区	5.81	74.51	116.28	58.00	39.04	17.54		1555.95
台山市	14.49	37.31	81.22	60.73	32.52	17.54		1219.09
开平市	6.58	100.00	74.63	57.14	21.28	7.22	3.13	1349.85
鹤山市	13.61	67.48	66.37	49.42	21.81			1093.44
恩平市		63.83	150.00	91.35	55.21			1801.95
湛江市	**5.39**	**71.53**	**163.90**	**116.48**	**41.84**	**9.46**	**2.31**	**2054.48**
赤坎区								
霞山区		400.00	62.50	66.67	55.56			2923.61
坡头区		125.71	154.10	122.22	32.26	4.76	4.39	2217.20
麻章区	3.20	8.28	136.36	124.03	38.89	5.85	6.17	1613.91
遂溪县	7.57	71.78	159.95	133.41	58.67	13.53	1.26	2230.83
徐闻县	2.70	137.39	178.91	104.10	42.68	7.27	2.32	2376.79
廉江市	7.41	93.75	173.17	119.66	38.88	9.15	1.98	2220.00
雷州市	7.58	144.81	150.71	104.17	41.13	12.14	3.70	2321.15
吴川市	10.58	99.24	177.73	111.81	18.72	6.87		2124.74
茂名市	**5.18**	**99.57**	**154.17**	**105.98**	**37.42**	**14.37**	**1.23**	**2089.64**
茂南区		117.12	109.20	144.58	49.50			2101.98
电白区	4.36	91.18	151.71	115.09	39.11	15.28	0.97	2088.50
高州市	4.44	71.66	169.49	73.72	35.42	12.32	1.81	1844.32
化州市	4.92	119.89	141.15	100.00	34.11	13.89	2.09	2080.25
信宜市	13.76	124.35	189.72	115.65	36.14	19.08		2493.56
肇庆市	**3.57**	**77.24**	**130.63**	**78.00**	**40.66**	**13.54**	**2.76**	**1732.05**
端州区								
鼎湖区	47.62	102.94	177.42	58.82	17.39	22.06		2131.27
高要区		80.88	135.76	65.10	24.34	8.20	4.73	1595.05
广宁县	2.80	95.65	149.43	100.00	47.62	19.19	3.40	2090.44
怀集县	4.74	85.91	136.49	73.93	44.28	13.27	3.65	1811.38
封开县	3.01	64.63	126.84	87.06	61.99	14.93		1792.33
德庆县		42.80	84.08	69.48	31.89	11.08	2.37	1208.53
四会市		77.92	105.77	80.65	41.67	8.06		1570.34
惠州市	**7.56**	**85.83**	**112.89**	**70.01**	**27.15**	**10.97**	**2.15**	**1582.87**
惠城区	4.88	64.17	138.14	67.71	33.40	19.13	2.42	1649.21
惠阳区	5.46	72.29	106.85	56.74	30.58	13.89	4.91	1453.60
博罗县	9.60	89.10	108.62	65.68	27.52	11.33	1.12	1564.84
惠东县	6.96	90.48	114.81	76.05	20.93	8.15	2.54	1599.61
龙门县	5.93	78.74	102.63	81.08	43.94	11.36	2.30	1629.96
梅州市	**2.17**	**119.13**	**148.65**	**80.05**	**28.31**	**7.57**	**4.16**	**1950.22**
梅江区		90.91	285.71	71.43	55.56			2518.04
梅县区		116.67	146.55	62.94	41.67	19.05	6.58	1967.24
大埔县	3.64	97.05	145.36	71.58	24.14	3.72	5.52	1755.09
丰顺县	3.17	107.44	138.15	81.12	30.82	4.50	1.27	1832.33
五华县	1.46	143.70	153.70	85.51	23.21	13.14	5.67	2131.97
平远县	3.45	100.00	133.06	92.15	34.58	8.43	1.98	1868.28
蕉岭县		102.56	159.85	79.67	36.32	4.85	6.12	1946.91
兴宁市		119.40	162.96	63.83	17.62	5.35	3.47	1863.18

6-4b 续表 2

单位：‰

地　　区	15-19岁	20-24岁	25-29岁	30-34岁	35-39岁	40-44岁	45-49岁	总　和 生育率
汕尾市	**6.48**	**87.26**	**123.21**	**80.71**	**29.63**	**3.60**	**1.41**	**1661.48**
城　区		62.50	127.45	114.58	24.24	10.00		1693.88
海丰县	5.97	90.47	105.12	73.55	32.21	5.03	1.53	1569.36
陆河县	3.68	86.63	170.31	105.63	40.00			2031.28
陆丰市	9.23	86.31	141.85	79.58	19.45	1.43	2.09	1699.75
河源市	**2.13**	**109.70**	**152.44**	**73.08**	**29.57**	**8.97**	**2.07**	**1889.77**
源城区	20.41	93.75	63.38	27.40	23.26		5.10	1166.47
紫金县	1.30	125.00	163.19	76.49	28.95	12.36	4.03	2056.65
龙川县	3.53	96.77	168.60	82.10	32.63	10.38		1970.10
连平县	4.42	85.71	125.49	81.23	39.44	11.76		1740.35
和平县		123.38	162.07	97.62	29.74	4.62	2.26	2098.40
东源县		118.14	159.86	40.11	16.71	6.27	2.79	1719.38
阳江市	**4.35**	**95.87**	**137.99**	**85.67**	**32.16**	**11.09**	**1.30**	**1842.14**
江城区		112.50	104.65	78.95	20.98			1585.39
阳东区	8.40	100.00	145.25	79.55	29.24	15.96		1891.99
阳西县	2.26	68.57	115.38	91.42	38.68	12.50	2.67	1657.44
阳春市	12.99	161.02	231.16	78.57	22.81	10.64		2585.92
清远市	**8.70**	**107.33**	**162.41**	**88.03**	**35.94**	**16.62**	**3.97**	**2114.97**
清城区	6.98	106.88	134.08	81.52	29.01	10.60	4.05	1865.63
清新区	18.18	81.40	173.08	64.52	57.69		12.90	2038.83
佛冈县	12.23	69.44	132.39	80.00	30.40	16.59	5.91	1734.76
阳山县	11.33	72.58	159.46	90.21	60.89	26.61		2105.38
连山壮族瑶族自治县		108.43	182.61	130.43	44.12	14.49	16.95	2485.18
连南瑶族自治县	5.71	89.11	209.15	65.66	17.02	25.00		2058.26
英德市	8.57	169.87	209.39	104.57	32.79	19.20	2.88	2736.32
连州市		228.57	250.00	128.21	34.09	21.98		3314.23
东莞市	**19.35**	**59.93**	**55.87**	**34.90**	**17.37**			**937.12**
市辖区	19.35	59.93	55.87	34.90	17.37			937.12
中山市	**9.29**	**66.88**	**91.52**	**67.93**	**27.77**	**6.65**	**1.93**	**1359.85**
市辖区	9.29	66.88	91.52	67.93	27.77	6.65	1.93	1359.85
潮州市	**1.81**	**49.50**	**132.77**	**75.81**	**16.51**	**3.99**		**1401.97**
湘桥区	2.31	25.39	161.65	56.45	18.78			1322.95
潮安区		58.31	141.29	73.83	11.01	4.64		1445.40
饶平县	2.51	54.25	119.73	80.95	18.88	4.26		1402.94
揭阳市	**5.57**	**65.31**	**141.69**	**81.47**	**28.69**	**4.55**	**1.90**	**1645.86**
榕城区		67.45	151.90	107.87	7.91			1675.62
揭东区		49.78	131.96	83.45	28.85	1.95	4.35	1501.65
揭西县	5.78	63.97	134.49	72.12	20.30	2.36	4.52	1517.65
惠来县	5.13	65.39	124.71	80.37	40.60	7.57	0.82	1622.91
普宁市	8.01	71.25	157.55	79.67	25.22	4.97	0.75	1737.07
云浮市	**4.23**	**71.82**	**134.63**	**91.31**	**39.04**	**11.83**	**6.25**	**1795.46**
云城区								
云安区		58.82	205.13	61.54	7.19			1663.42
新兴县	4.37	47.98	118.00	94.29	51.60	16.15	9.00	1706.96
郁南县	4.65	90.13	105.83	83.16	28.45	7.69	6.96	1634.35
罗定市	7.14	124.09	197.18	116.07	40.18	10.26		2474.60

6-4c　各地区育龄妇女年龄别生育率(乡村)

单位：‰

地　区	15-19岁	20-24岁	25-29岁	30-34岁	35-39岁	40-44岁	45-49岁	总　和生育率
广　东	**9.16**	**90.20**	**142.92**	**87.35**	**34.86**	**7.69**	**1.97**	**1870.75**
广州市	**5.89**	**52.86**	**110.64**	**73.69**	**37.25**	**8.09**	**2.29**	**1453.53**
荔湾区								
越秀区								
海珠区								
天河区								
白云区	2.56	32.65	98.37	68.32	35.67	7.53	4.02	1245.51
黄埔区	10.53	62.96	147.73	60.22	56.23	3.77	3.03	1722.35
番禺区	3.47	47.21	105.59	61.54	35.85	7.87		1307.60
花都区	9.84	44.85	102.92	74.84	31.77	7.58	0.62	1362.05
南沙区	5.48	73.83	91.57	74.14	34.31	5.79	0.96	1430.40
从化区	9.73	92.57	128.56	87.17	38.15	9.79	3.43	1847.03
增城区	8.51	83.79	136.11	88.65	46.15	11.23	2.98	1887.12
韶关市	**9.77**	**144.70**	**167.26**	**102.57**	**54.93**	**12.71**	**1.87**	**2468.98**
武江区	16.39	166.67	192.86	76.43	74.53	7.14		2670.14
浈江区	17.24	97.22	121.43	101.27	29.41	28.30		1974.36
曲江区	7.94	99.14	133.93	107.88	40.44		2.83	1960.80
始兴县		139.13	221.11	116.79	42.80	18.45	2.14	2702.09
仁化县	10.75	215.19	186.53	87.79	48.25	4.03		2762.68
翁源县	21.51	196.65	192.95	86.40	55.42	14.60	4.12	2858.23
乳源瑶族自治县		163.64	138.53	88.46	67.19	14.18		2360.02
新丰县	21.74	131.31	142.86	90.43	43.72	11.11		2205.81
乐昌市	5.38	236.69	220.41	135.14	90.41	19.96	5.28	3566.27
南雄市	7.19	82.19	124.24	113.17	46.33	10.89		1920.08
深圳市	**29.59**	**82.28**	**96.77**	**29.63**	**41.67**	**5.78**		**1428.58**
罗湖区								
福田区								
南山区								
宝安区								
龙岗区	29.59	82.28	96.77	29.63	41.67	5.78		1428.58
盐田区								
龙华区								
坪山区								
光明区								
珠海市	**2.84**	**88.81**	**117.25**	**70.26**	**30.08**	**4.71**	**1.19**	**1575.65**
香洲区								
斗门区	2.99	79.77	116.03	72.54	27.85	3.46		1513.15
金湾区		209.30	145.83	41.10	71.43	18.18	14.29	2500.64
汕头市	**3.61**	**55.57**	**144.01**	**83.53**	**20.42**	**3.57**	**2.65**	**1566.79**
龙湖区		43.99	101.27	80.50	21.60		2.60	1249.76
金平区		57.14	158.54	65.57				1406.27
濠江区		37.04	109.32	111.52	12.93			1354.08
潮阳区	3.13	61.39	154.94	90.18	22.93	3.81	3.96	1701.63
潮南区	3.58	54.34	147.94	86.70	20.04	5.02	2.02	1598.19
澄海区	10.78	43.48	124.04	53.77	18.67	3.00	1.22	1274.78
南澳县			162.79	102.04				1324.16
佛山市	**4.37**	**49.53**	**100.15**	**66.85**	**21.32**	**4.51**	**1.72**	**1242.28**
禅城区								
南海区	4.35	74.07	105.77	68.41	17.95	4.57		1375.62
顺德区	20.41	80.65	89.47	50.18	5.35	6.06		1260.57
三水区	2.65	35.29	96.72	69.05	27.20	3.15	2.30	1181.89
高明区			120.69	96.77	35.29	10.87	8.40	1360.15

6－4c 续表 1 单位：‰

地　　区	15－19岁	20－24岁	25－29岁	30－34岁	35－39岁	40－44岁	45－49岁	总　和 生育率
江门市	**4.87**	**68.94**	**96.36**	**64.47**	**32.44**	**7.76**	**1.11**	**1379.74**
蓬江区		69.44	128.21	105.26	35.29			1691.03
江海区								
新会区	11.56	78.36	108.96	61.66	30.96	8.46	1.87	1509.12
台山市	1.75	62.03	60.50	65.39	25.34	5.28	1.65	1109.77
开平市	6.80	42.59	114.06	65.66	44.91	8.15	0.98	1415.76
鹤山市	5.38	109.76	108.06	46.13	31.09	10.08		1552.44
恩平市		72.63	113.90	74.65	32.54	10.08		1518.99
湛江市	**16.47**	**128.63**	**190.42**	**131.15**	**50.48**	**13.39**	**2.37**	**2664.58**
赤坎区		62.50	170.73	76.92				1550.77
霞山区		163.93	195.31	140.13	17.70		12.99	2650.30
坡头区	4.46	101.05	178.86	102.37	49.90	10.84		2237.46
麻章区	1.32	101.41	166.01	129.45	42.93	23.46	5.43	2350.03
遂溪县	16.19	87.83	160.46	140.89	61.24	17.92	2.23	2433.79
徐闻县	21.48	160.26	190.73	113.28	35.83	7.30	3.44	2661.62
廉江市	22.79	177.12	229.09	133.07	58.82	8.57	2.18	3158.16
雷州市	15.20	119.01	176.95	131.26	51.08	16.48	1.74	2558.58
吴川市	26.91	134.85	209.56	144.13	49.66	10.05	1.50	2883.35
茂名市	**16.41**	**131.95**	**172.37**	**105.01**	**46.35**	**10.24**	**1.66**	**2419.97**
茂南区	4.60	104.68	141.31	76.24	41.01	4.59		1862.14
电白区	11.83	154.05	168.98	99.67	45.56	7.49	1.73	2446.56
高州市	15.99	117.45	176.11	98.93	40.10	11.54	1.16	2306.44
化州市	19.05	124.44	186.35	116.53	52.00	14.82	2.84	2580.13
信宜市	30.22	152.05	182.03	132.97	52.63	10.50	1.77	2810.84
肇庆市	**6.44**	**95.99**	**138.52**	**81.91**	**40.13**	**6.75**	**2.11**	**1859.24**
端州区								
鼎湖区	15.87	117.02	170.98	105.26	39.06			2241.02
高要区	4.48	73.01	122.07	71.06	42.10	3.93	1.36	1590.03
广宁县	6.80	129.03	155.02	89.67	30.24	11.19	1.42	2116.83
怀集县	5.21	117.52	169.68	85.55	47.23	10.01	2.33	2187.62
封开县	8.08	96.41	171.26	104.60	42.37	4.18	5.48	2161.94
德庆县	9.27	73.25	97.86	62.60	36.13	4.59	1.21	1424.55
四会市	5.78	81.71	81.08	87.98	31.68	7.37	1.74	1486.76
惠州市	**10.04**	**90.17**	**119.67**	**71.83**	**25.49**	**7.20**	**1.56**	**1629.84**
惠城区	4.05	75.22	111.66	79.81	33.33	14.93	0.93	1599.61
惠阳区	16.36	105.77	117.37	63.94	26.37	3.48	3.57	1684.27
博罗县	6.85	79.15	127.61	68.05	23.28	4.71		1548.28
惠东县	14.75	89.54	104.06	77.97	20.47	7.11	2.95	1584.24
龙门县	34.15	164.75	185.71	64.40	26.87	7.92		2419.00
梅州市	**9.92**	**132.02**	**177.86**	**88.69**	**26.75**	**5.36**	**0.88**	**2207.39**
梅江区	28.57	92.59	188.24	125.00	12.35		6.62	2266.84
梅县区	5.43	64.52	161.99	72.53	27.42		1.13	1665.09
大埔县		63.69	144.00	85.50	17.79	3.41		1572.01
丰顺县	9.09	102.72	154.67	89.47	26.73	7.25		1949.61
五华县	12.40	165.48	185.27	103.63	31.36	5.42	0.66	2521.18
平远县	12.50	146.34	195.95	61.45	23.47	8.77		2242.43
蕉岭县	21.05	171.05	194.81	86.29	10.53	5.10		2444.17
兴宁市	9.69	148.34	190.83	82.79	29.26	8.86	1.49	2356.32

6-4c　续表 2　　　　单位：‰

地　　区	15—19岁	20—24岁	25—29岁	30—34岁	35—39岁	40—44岁	45—49岁	总　和生育率
汕尾市	**9.77**	**106.54**	**150.82**	**103.76**	**28.26**	**5.78**	**2.75**	**2038.42**
城　区	3.40	83.72	112.12	122.64	34.48	4.90		1806.35
海丰县	10.81	101.63	128.46	75.78	20.50	12.05	2.57	1759.03
陆河县		130.84	176.14	130.87	19.53	4.24		2308.09
陆丰市	11.68	106.45	160.48	107.58	31.50	3.82	3.80	2126.50
河源市	**6.40**	**111.44**	**168.83**	**94.24**	**33.00**	**7.75**	**3.15**	**2124.01**
源城区		128.44	94.94	40.23	16.13	14.93		1473.31
紫金县	10.16	116.52	169.76	96.61	37.17	10.51	4.69	2227.11
龙川县	5.94	113.24	179.81	83.65	28.57	8.04	2.59	2109.16
连平县	5.56	97.35	213.62	82.67	36.28	4.82	3.64	2219.63
和平县	8.82	118.18	193.63	143.17	38.15	6.33	1.52	2549.05
东源县	3.54	101.04	127.02	90.73	32.99	5.25	3.52	1820.42
阳江市	**10.97**	**111.99**	**144.51**	**79.98**	**35.78**	**8.26**	**3.85**	**1976.74**
江城区	9.71	64.52	110.43	69.82	25.84	2.29		1413.01
阳东区	7.38	78.31	92.52	69.97	35.27	11.24	4.75	1497.19
阳西县	7.69	80.60	124.13	68.77	29.05	9.58	5.87	1628.43
阳春市	14.56	193.62	209.22	96.48	43.13	8.58	4.08	2848.35
清远市	**16.37**	**148.75**	**159.48**	**97.56**	**44.88**	**8.96**	**1.80**	**2389.02**
清城区		82.38	149.69	84.68	43.76	2.23		1813.72
清新区	13.81	131.31	120.48	69.65	42.11	11.95	2.01	1956.63
佛冈县	6.19	145.21	141.63	91.62	40.91	10.47	3.81	2199.23
阳山县	32.43	180.33	154.36	159.38	79.27	6.39		3060.82
连山壮族瑶族自治县	16.13	219.51	181.82	106.67	33.06	9.43		2833.09
连南瑶族自治县	13.16	175.32	168.48	81.08	37.56	20.83	4.20	2503.18
英德市	54.66	176.80	190.35	104.25	45.19	8.01	2.45	2908.53
连州市	8.70	155.04	176.92	104.05	32.84	8.24		2428.91
东莞市	**11.61**	**65.09**	**87.44**	**44.82**	**18.83**	**3.98**	**2.35**	**1170.56**
市辖区	11.61	65.09	87.44	44.82	18.83	3.98	2.35	1170.56
中山市	**13.64**	**57.52**	**96.08**	**63.85**	**25.56**	**5.87**	**1.27**	**1318.87**
市辖区	13.64	57.52	96.08	63.85	25.56	5.87	1.27	1318.87
潮州市	**1.92**	**66.32**	**138.20**	**71.46**	**24.29**	**5.02**	**0.62**	**1539.23**
湘桥区	5.92	13.75	133.33	88.40	12.50	10.70		1322.95
潮安区		78.69	137.69	70.74	30.33	2.65	0.64	1603.65
饶平县	3.04	65.08	139.69	69.60	20.05	6.55	0.70	1523.56
揭阳市	**5.27**	**70.87**	**137.16**	**85.30**	**27.76**	**4.33**	**2.06**	**1663.71**
榕城区	2.28	53.22	133.39	68.06	19.42	2.28	2.55	1405.96
揭东区	6.84	63.97	123.99	95.83	21.28	4.82	2.00	1593.61
揭西县	7.34	81.35	138.77	95.70	31.57	4.44	0.77	1799.67
惠来县	4.29	70.14	146.91	86.04	38.89	5.32	1.40	1764.98
普宁市	5.02	72.64	138.26	80.87	24.31	3.96	2.79	1639.22
云浮市	**9.22**	**131.73**	**159.50**	**101.38**	**42.67**	**8.07**	**1.38**	**2269.74**
云城区	8.70	98.77	129.46	67.96	43.69			1742.88
云安区	8.33	147.60	117.02	97.04	30.00	6.62	2.12	2043.68
新兴县	5.88	95.13	115.44	69.51	38.03	5.45	2.33	1658.94
郁南县	4.42	158.42	198.20	123.66	37.25	6.41	2.07	2652.14
罗定市	11.64	145.83	193.40	117.84	50.04	11.96	0.66	2656.90

6-5 各地区按活产子女数分的15-64岁妇女人数

单位：人

地　　区	15-64岁妇女人数	活产0个	活产1个	活产2个	活产3个	活产4个	活产5个及以上
广　东	**4093241**	**1177041**	**944166**	**1326380**	**446754**	**140771**	**58129**
广州市	**645346**	**229048**	**191120**	**176371**	**37621**	**8598**	**2588**
荔湾区	34598	11723	14886	6662	1027	223	77
越秀区	35752	11673	16378	6415	989	223	74
海珠区	67791	22678	27153	14997	2325	481	157
天河区	85341	42844	22636	15751	3102	770	238
白云区	135894	51775	34356	37794	9283	2064	622
黄埔区	42522	13820	12535	12823	2510	655	179
番禺区	96400	36381	25644	27991	5037	1075	272
花都区	56062	16113	14378	19893	4436	933	309
南沙区	27348	6479	7986	10877	1613	318	75
从化区	18518	4009	3997	6841	2674	748	249
增城区	45120	11553	11171	16327	4625	1108	336
韶关市	**84617**	**15826**	**22568**	**32920**	**9994**	**2447**	**862**
武江区	12134	2661	4568	3749	909	188	59
浈江区	11700	3288	4224	3242	733	163	50
曲江区	8604	1608	2492	3300	879	244	81
始兴县	5805	833	1351	2714	692	174	41
仁化县	5210	697	1240	2327	714	170	62
翁源县	8883	1186	1590	3982	1611	373	141
乳源瑶族自治县	5339	966	1128	2166	800	206	73
新丰县	4965	818	822	2098	916	225	86
乐昌市	10193	1471	2340	4223	1515	442	202
南雄市	11784	2298	2813	5119	1225	262	67
深圳市	**670387**	**223422**	**178424**	**205523**	**47799**	**11348**	**3871**
罗湖区	44369	16203	13356	11134	2613	694	369
福田区	59657	22933	18600	14064	2946	794	320
南山区	68864	27412	21556	16119	2842	685	250
宝安区	172617	54457	41385	58071	14400	3293	1011
龙岗区	159819	50002	42018	51400	12380	3005	1014
盐田区	7803	2432	2411	2276	521	127	36
龙华区	97308	35092	24526	29062	6545	1540	543
坪山区	19708	4777	5068	7635	1740	377	111
光明区	40242	10114	9504	15762	3812	833	217
珠海市	**84264**	**26868**	**25820**	**25130**	**4884**	**1195**	**367**
香洲区	49789	17068	16496	13025	2413	586	201
斗门区	19407	4351	5555	7411	1596	387	107
金湾区	15068	5449	3769	4694	875	222	59
汕头市	**179374**	**58005**	**28880**	**49164**	**26541**	**11249**	**5535**
龙湖区	21269	6097	5423	7627	1732	322	68
金平区	26095	7357	8179	8431	1731	314	83
濠江区	8704	3033	841	1996	1794	744	296
潮阳区	51931	18354	5483	10008	10485	5099	2502
潮南区	41987	16077	4166	7312	7647	4296	2489
澄海区	27528	6768	4412	12914	2917	427	90
南澳县	1860	319	376	876	235	47	7
佛山市	**325064**	**86900**	**90144**	**119596**	**22709**	**4560**	**1155**
禅城区	46958	13692	15470	14455	2647	539	155
南海区	128413	35979	33875	46644	9431	1994	490
顺德区	110698	28714	28708	43549	7874	1496	357
三水区	25553	5900	7664	9672	1868	362	87
高明区	13442	2615	4427	5276	889	169	66

6-5　续表 1　　　　单位：人

地　区	15-64岁妇女人数	活产0个	活产1个	活产2个	活产3个	活产4个	活产5个及以上
江门市	**144354**	**33701**	**45108**	**53859**	**9460**	**1764**	**462**
蓬江区	27251	7376	9758	8539	1327	201	50
江海区	11988	3110	3756	4247	695	139	41
新会区	26546	5676	8494	10221	1744	317	94
台山市	27342	6364	8430	10706	1527	266	49
开平市	21766	5167	6296	8228	1602	356	117
鹤山市	16201	3326	5244	6286	1068	215	62
恩平市	13260	2682	3130	5632	1497	270	49
湛江市	**181457**	**42785**	**26993**	**44972**	**37791**	**19361**	**9555**
赤坎区	12938	4148	3859	3353	1122	337	119
霞山区	20635	5248	6433	5759	2288	668	239
坡头区	9602	1908	1392	2883	2063	917	439
麻章区	15078	5861	1381	3200	2770	1296	570
遂溪县	20522	4745	2322	4949	4859	2517	1130
徐闻县	16153	2703	2158	5393	3982	1406	511
廉江市	30785	6027	3525	7446	7809	4138	1840
雷州市	31772	7398	3194	6361	6760	4745	3314
吴川市	23972	4747	2729	5628	6138	3337	1393
茂名市	**166083**	**39302**	**20778**	**46685**	**37832**	**15877**	**5609**
茂南区	32002	8770	6131	8870	5355	2091	785
电白区	38987	8722	4396	9912	9631	4661	1665
高州市	36836	8853	4485	12694	7898	2286	620
化州市	32172	7419	2884	7661	8574	4204	1430
信宜市	26086	5538	2882	7548	6374	2635	1109
肇庆市	**115600**	**28645**	**25351**	**40973**	**14494**	**4379**	**1758**
端州区	18314	5108	7493	4930	657	100	26
鼎湖区	5764	1385	1180	2400	613	138	48
高要区	20181	4939	3222	8613	2710	573	124
广宁县	9995	1706	1861	4816	1380	198	34
怀集县	22035	5876	3108	5822	4184	1984	1061
封开县	9982	2608	1715	3038	1680	650	291
德庆县	10564	2945	1852	3602	1611	448	106
四会市	18765	4078	4920	7752	1659	288	68
惠州市	**192714**	**51014**	**39612**	**69527**	**24818**	**5913**	**1830**
惠城区	67836	19614	16239	23518	6599	1443	423
惠阳区	46776	13209	10619	16965	4739	979	265
博罗县	36942	8354	6373	15571	5304	1034	306
惠东县	32595	8387	5028	10160	6337	1991	692
龙门县	8565	1450	1353	3313	1839	466	144
梅州市	**104590**	**19839**	**16950**	**41384**	**18522**	**5679**	**2216**
梅江区	13896	3750	4227	5000	744	137	38
梅县区	16657	2938	3270	8073	1930	363	83
大埔县	8625	1598	1184	3916	1545	301	81
丰顺县	11714	2475	1393	3869	2769	850	358
五华县	22942	4899	1941	5608	6287	2888	1319
平远县	5751	781	1058	3070	716	100	26
蕉岭县	5712	727	1267	3087	537	81	13
兴宁市	19293	2671	2610	8761	3994	959	298

6-5 续表 2

单位：人

地　　区	15-64岁妇女人数	活产0个	活产1个	活产2个	活产3个	活产4个	活产5个及以上
汕尾市	**75964**	**21142**	**9439**	**17073**	**14164**	**7871**	**6275**
城　区	12985	3920	2217	3512	2150	839	347
海丰县	23065	5770	3596	7072	4536	1518	573
陆河县	7026	1717	681	1494	1681	949	504
陆丰市	32888	9735	2945	4995	5797	4565	4851
河源市	**78797**	**15696**	**11132**	**30020**	**15831**	**4572**	**1546**
源城区	22547	4752	4437	9286	3229	649	194
紫金县	14758	2995	1543	4721	3762	1280	457
龙川县	15807	2941	1955	5841	3479	1158	433
连平县	7541	1294	1012	3203	1521	410	101
和平县	8962	1596	1159	3422	2005	564	216
东源县	9182	2118	1026	3547	1835	511	145
阳江市	**68683**	**13879**	**13935**	**27436**	**10258**	**2487**	**688**
江城区	23711	5932	6086	8793	2348	453	99
阳东区	12587	2554	2283	5446	1830	387	87
阳西县	11194	2124	1673	4353	2237	644	163
阳春市	21191	3269	3893	8844	3843	1003	339
清远市	**109982**	**20923**	**22207**	**43832**	**16599**	**4730**	**1691**
清城区	35470	8325	8677	13908	3475	791	294
清新区	17238	3075	3105	7154	2760	805	339
佛冈县	9088	1676	1420	3701	1723	449	119
阳山县	8515	1367	1484	2911	1756	689	308
连山壮族瑶族自治县	2619	435	440	976	569	168	31
连南瑶族自治县	3847	698	697	1549	682	165	56
英德市	24082	3840	4235	9999	4274	1284	450
连州市	9123	1507	2149	3634	1360	379	94
东莞市	**395486**	**116047**	**94241**	**146806**	**30900**	**6034**	**1458**
市辖区	395486	116047	94241	146806	30900	6034	1458
中山市	**148200**	**37916**	**38769**	**56862**	**11638**	**2383**	**632**
市辖区	148200	37916	38769	56862	11638	2383	632
潮州市	**80053**	**20145**	**12664**	**34082**	**10711**	**1956**	**495**
湘桥区	18194	5082	4797	7016	1142	133	24
潮安区	36669	8977	4802	16424	5316	918	232
饶平县	25190	6086	3065	10642	4253	905	239
揭阳市	**180794**	**62827**	**20265**	**42560**	**32219**	**14626**	**8297**
榕城区	31602	9542	4853	10583	5248	1130	246
揭东区	31387	9687	3505	10128	6023	1601	443
揭西县	18964	5887	2104	4872	3963	1530	608
惠来县	29650	11058	2394	4285	4800	3708	3405
普宁市	69191	26653	7409	12692	12185	6657	3595
云浮市	**61432**	**13111**	**9766**	**21605**	**11969**	**3742**	**1239**
云城区	11817	2328	2654	4722	1649	364	100
云安区	5771	1199	581	2073	1314	446	158
新兴县	12503	2856	2259	5066	1682	474	166
郁南县	8756	1566	1503	3170	1837	508	172
罗定市	22585	5162	2769	6574	5487	1950	643

6-6　全省按受教育程度、活产子女数分的15-64岁妇女人数

单位：人

受教育程度	15-64岁妇女人数	活产0个	活产1个	活产2个	活产3个	活产4个	活产5个及以上
总　计	**4093241**	**1177041**	**944166**	**1326380**	**446754**	**140771**	**58129**
未上过学	43527	3586	4484	13933	10679	5960	4885
学前教育	3305	628	389	1085	678	326	199
小　学	563000	33739	80982	237577	129708	53789	27205
初　中	1622674	310075	337623	645006	239021	68147	22802
高　中	911258	365073	239431	243099	50611	10335	2709
大学专科	514078	238656	151426	110239	11871	1623	263
大学本科	392446	202134	116546	69200	3950	552	64
硕士研究生	39527	21459	12057	5752	220	37	2
博士研究生	3426	1691	1228	489	16	2	

6-7　全省按职业、活产子女数分的15-64岁妇女人数

单位：人

职业大类	15-64岁妇女人数	活产0个	活产1个	活产2个	活产3个	活产4个	活产5个及以上	妇女平均活产子女数
总　计	**2399084**	**685650**	**581609**	**826224**	**224022**	**60515**	**21064**	**3.02**
党的机关、国家机关、群众团体和社会组织、企事业单位负责人	49667	8986	15887	19393	4259	888	254	3.00
专业技术人员	358850	136568	116575	93355	10229	1774	349	1.68
办事人员和有关人员	212966	77095	69453	58262	6841	1101	214	1.77
社会生产服务和生活服务人员	916341	291521	218180	298475	81737	20292	6136	2.80
农、林、牧、渔业生产及辅助人员	151136	12119	14416	58289	40181	17638	8493	7.27
生产制造及有关人员	706586	157610	146512	297616	80504	18747	5597	3.46
不便分类的其他从业人员	3538	1751	586	834	271	75	21	2.24

6－8 各地区按存活子女数分的15－64岁妇女人数

单位：人

地　　区	15－64岁妇女人数	存活0个	存活1个	存活2个	存活3个	存活4个	存活5个及以上
广　东	**4093241**	**1238171**	**930766**	**1298330**	**435994**	**135440**	**54540**
广州市	**645346**	**237460**	**188699**	**172367**	**36426**	**8072**	**2322**
荔湾区	34598	12012	14804	6511	994	204	73
越秀区	35752	12085	16147	6279	960	212	69
海珠区	67791	23345	26915	14671	2276	441	143
天河区	85341	43813	22308	15287	2998	724	211
白云区	135894	53767	33784	36837	9007	1941	558
黄埔区	42522	14158	12491	12657	2455	609	152
番禺区	96400	37502	25309	27480	4848	1017	244
花都区	56062	17255	14116	19305	4248	870	268
南沙区	27348	6845	7933	10644	1568	295	63
从化区	18518	4319	3953	6713	2598	705	230
增城区	45120	12359	10939	15983	4474	1054	311
韶关市	**84617**	**16790**	**22524**	**32545**	**9698**	**2304**	**756**
武江区	12134	2799	4526	3680	902	179	48
浈江区	11700	3346	4224	3205	725	153	47
曲江区	8604	1706	2488	3251	851	236	72
始兴县	5805	938	1351	2682	641	159	34
仁化县	5210	766	1236	2305	684	162	57
翁源县	8883	1252	1606	3956	1589	353	127
乳源瑶族自治县	5339	1047	1112	2150	773	194	63
新丰县	4965	881	818	2073	903	213	77
乐昌市	10193	1600	2362	4171	1468	417	175
南雄市	11784	2455	2801	5072	1162	238	56
深圳市	**670387**	**236233**	**174627**	**199203**	**46105**	**10704**	**3515**
罗湖区	44369	17153	13022	10713	2508	648	325
福田区	59657	23921	18241	13656	2811	731	297
南山区	68864	28701	21064	15529	2717	637	216
宝安区	172617	58133	40367	56205	13898	3107	907
龙岗区	159819	53208	41143	49763	11945	2829	931
盐田区	7803	2520	2395	2226	506	121	35
龙华区	97308	36434	24162	28399	6332	1479	502
坪山区	19708	5143	4955	7448	1699	357	106
光明区	40242	11020	9278	15264	3689	795	196
珠海市	**84264**	**28057**	**25422**	**24565**	**4748**	**1131**	**341**
香洲区	49789	17624	16279	12804	2345	551	186
斗门区	19407	4595	5506	7280	1554	374	98
金湾区	15068	5838	3637	4481	849	206	57
汕头市	**179374**	**59008**	**28815**	**48716**	**26312**	**11117**	**5406**
龙湖区	21269	6276	5393	7530	1699	309	62
金平区	26095	7487	8174	8346	1702	305	81
濠江区	8704	3075	847	1980	1780	734	288
潮阳区	51931	18513	5460	9981	10454	5067	2456
潮南区	41987	16307	4140	7281	7583	4244	2432
澄海区	27528	7001	4427	12739	2867	414	80
南澳县	1860	349	374	859	227	44	7
佛山市	**325064**	**90287**	**89362**	**117929**	**22154**	**4284**	**1048**
禅城区	46958	14209	15298	14205	2593	512	141
南海区	128413	37222	33629	46032	9234	1851	445
顺德区	110698	29898	28460	42933	7669	1408	330
三水区	25553	6081	7631	9600	1814	350	77
高明区	13442	2877	4344	5159	844	163	55

6-8　续表 1　　　　单位：人

地　　区	15-64岁妇女人数	存活0个	存活1个	存活2个	存活3个	存活4个	存活5个及以上
江门市	**144354**	**35868**	**44681**	**52623**	**9113**	**1657**	**412**
蓬江区	27251	7718	9616	8393	1286	193	45
江海区	11988	3238	3728	4179	673	133	37
新会区	26546	6114	8453	9935	1675	292	77
台山市	27342	6963	8301	10347	1446	240	45
开平市	21766	5482	6232	8070	1541	336	105
鹤山市	16201	3532	5222	6148	1035	209	55
恩平市	13260	2821	3129	5551	1457	254	48
湛江市	**181457**	**46352**	**26288**	**43919**	**37095**	**18780**	**9023**
赤坎区	12938	4426	3750	3242	1083	321	116
霞山区	20635	5824	6234	5516	2209	631	221
坡头区	9602	2124	1369	2802	2020	876	411
麻章区	15078	6034	1366	3162	2728	1261	527
遂溪县	20522	5006	2273	4894	4808	2466	1075
徐闻县	16153	3071	2098	5289	3869	1350	476
廉江市	30785	6667	3436	7295	7665	3989	1733
雷州市	31772	7973	3109	6205	6694	4643	3148
吴川市	23972	5227	2653	5514	6019	3243	1316
茂名市	**166083**	**41243**	**20601**	**46169**	**37330**	**15432**	**5308**
茂南区	32002	9241	6053	8718	5238	2005	747
电白区	38987	9351	4338	9750	9459	4513	1576
高州市	36836	9308	4444	12545	7776	2202	561
化州市	32172	7684	2867	7627	8524	4110	1360
信宜市	26086	5659	2899	7529	6333	2602	1064
肇庆市	**115600**	**29907**	**25227**	**40358**	**14219**	**4235**	**1654**
端州区	18314	5231	7480	4855	633	92	23
鼎湖区	5764	1452	1166	2360	605	137	44
高要区	20181	5271	3203	8396	2652	550	109
广宁县	9995	1785	1856	4789	1356	181	28
怀集县	22035	6083	3089	5759	4136	1948	1020
封开县	9982	2704	1711	3009	1655	634	269
德庆县	10564	3129	1825	3523	1566	421	100
四会市	18765	4252	4897	7667	1616	272	61
惠州市	**192714**	**55041**	**38754**	**67680**	**23999**	**5614**	**1626**
惠城区	67836	21012	15869	22842	6381	1353	379
惠阳区	46776	13941	10485	16636	4574	914	226
博罗县	36942	9218	6248	15110	5117	984	265
惠东县	32595	9210	4837	9861	6147	1916	624
龙门县	8565	1660	1315	3231	1780	447	132
梅州市	**104590**	**20828**	**17048**	**41074**	**18156**	**5422**	**2062**
梅江区	13896	3841	4227	4942	722	127	37
梅县区	16657	3052	3330	8018	1885	307	65
大埔县	8625	1766	1167	3853	1483	285	71
丰顺县	11714	2543	1400	3861	2746	828	336
五华县	22942	5157	1948	5590	6208	2803	1236
平远县	5751	863	1067	3033	673	93	22
蕉岭县	5712	832	1265	3043	500	63	9
兴宁市	19293	2774	2644	8734	3939	916	286

6-8 续表 2

单位：人

地　区	15-64岁妇女人数	存活0个	存活1个	存活2个	存活3个	存活4个	存活5个及以上
汕尾市	**75964**	**22640**	**9253**	**16651**	**13796**	**7631**	**5993**
城　区	12985	4068	2217	3449	2097	820	334
海丰县	23065	6317	3494	6846	4399	1469	540
陆河县	7026	1855	659	1478	1631	917	486
陆丰市	32888	10400	2883	4878	5669	4425	4633
河源市	**78797**	**17090**	**11016**	**29452**	**15452**	**4363**	**1424**
源城区	22547	5247	4358	9026	3124	622	170
紫金县	14758	3209	1531	4660	3707	1219	432
龙川县	15807	3096	1957	5803	3421	1122	408
连平县	7541	1354	1020	3187	1486	399	95
和平县	8962	1781	1143	3365	1960	527	186
东源县	9182	2403	1007	3411	1754	474	133
阳江市	**68683**	**15013**	**13722**	**26930**	**10040**	**2378**	**600**
江城区	23711	6194	6013	8659	2321	431	93
阳东区	12587	2706	2243	5385	1807	368	78
阳西县	11194	2308	1650	4290	2195	622	129
阳春市	21191	3805	3816	8596	3717	957	300
清远市	**109982**	**22845**	**21951**	**43004**	**16100**	**4526**	**1556**
清城区	35470	9061	8495	13534	3352	757	271
清新区	17238	3461	3046	6994	2655	770	312
佛冈县	9088	1806	1415	3653	1665	437	112
阳山县	8515	1478	1495	2877	1714	661	290
连山壮族瑶族自治县	2619	460	451	965	557	157	29
连南瑶族自治县	3847	734	705	1539	660	163	46
英德市	24082	4241	4193	9824	4187	1230	407
连州市	9123	1604	2151	3618	1310	351	89
东莞市	**395486**	**122974**	**92475**	**143120**	**29927**	**5682**	**1308**
市辖区	395486	122974	92475	143120	29927	5682	1308
中山市	**148200**	**41522**	**37782**	**54939**	**11202**	**2221**	**534**
市辖区	148200	41522	37782	54939	11202	2221	534
潮州市	**80053**	**21227**	**12587**	**33490**	**10450**	**1866**	**433**
湘桥区	18194	5322	4735	6873	1120	122	22
潮安区	36669	9401	4806	16206	5188	873	195
饶平县	25190	6504	3046	10411	4142	871	216
揭阳市	**180794**	**63888**	**20227**	**42266**	**31928**	**14416**	**8069**
榕城区	31602	9776	4859	10489	5172	1087	219
揭东区	31387	9865	3524	10062	5953	1563	420
揭西县	18964	6004	2104	4827	3927	1511	591
惠来县	29650	11149	2394	4283	4796	3684	3344
普宁市	69191	27094	7346	12605	12080	6571	3495
云浮市	**61432**	**13898**	**9705**	**21330**	**11744**	**3605**	**1150**
云城区	11817	2427	2642	4689	1616	356	87
云安区	5771	1259	590	2053	1293	428	148
新兴县	12503	2992	2231	5001	1671	454	154
郁南县	8756	1697	1495	3129	1804	480	151
罗定市	22585	5523	2747	6458	5360	1887	610

6-9　全省按受教育程度、存活子女数分的15-64岁妇女人数

单位：人

受教育程度	15-64岁妇女人数	存活0个	存活1个	存活2个	存活3个	存活4个	存活5个及以上
总　计	**4093241**	**1238171**	**930766**	**1298330**	**435994**	**135440**	**54540**
未上过学	43527	4315	4592	13773	10436	5768	4643
学前教育	3305	693	386	1063	657	316	190
小　学	563000	44339	80719	233190	126824	52119	25809
初　中	1622674	338458	332368	631446	233502	65678	21222
高　中	911258	376868	235474	237548	49239	9693	2436
大学专科	514078	244314	149185	107579	11377	1420	203
大学本科	392446	205690	114933	67629	3740	419	35
硕士研究生	39527	21766	11904	5624	205	26	2
博士研究生	3426	1728	1205	478	14	1	

6-10　全省按职业、存活子女数分的15-64岁妇女人数

单位：人

职业大类	15-64岁妇女人数	存活0个	存活1个	存活2个	存活3个	存活4个	存活5个及以上	妇女平均存活子女数
总　计	**2399084**	**722529**	**572418**	**808227**	**218391**	**57997**	**19522**	**3.01**
党的机关、国家机关、群众团体和社会组织、企事业单位负责人	49667	9862	15627	18946	4154	843	235	2.99
专业技术人员	358850	141093	114766	91252	9837	1615	287	1.68
办事人员和有关人员	212966	79918	68380	56881	6613	1001	173	1.77
社会生产服务和生活服务人员	916341	305534	214703	291678	79541	19271	5614	2.79
农、林、牧、渔业生产及辅助人员	151136	14057	14609	57779	39521	17155	8015	7.23
生产制造及有关人员	706586	170278	143756	290870	78463	18041	5178	3.45
不便分类的其他从业人员	3538	1787	577	821	262	71	20	2.23

6-11 各地区15-64岁妇女平均活产子女数和平均存活子女数

单位：人、%

地区	15-64岁妇女人数	活产子女总数			存活子女总数			存活子女数占活产子女数的百分比	妇女平均活产子女数	妇女平均存活子女数
		合计	男	女	合计	男	女			
广　东	**4093241**	**5816861**	**3206333**	**2610528**	**5672935**	**3120382**	**2552553**	**97.53**	**1.42**	**1.39**
广州市	**645346**	**704973**	**386666**	**318307**	**687351**	**376172**	**311179**	**97.50**	**1.09**	**1.07**
荔湾区	34598	32596	17432	15164	32011	17096	14915	98.21	0.94	0.93
越秀区	35752	33464	17883	15581	32799	17512	15287	98.01	0.94	0.92
海珠区	67791	66893	37122	29771	65615	36382	29233	98.09	0.99	0.97
天河区	85341	67793	37127	30666	65886	35987	29899	97.19	0.79	0.77
白云区	135894	149394	82328	67066	145224	79847	65377	97.21	1.10	1.07
黄埔区	42522	49283	26991	22292	48408	26432	21976	98.22	1.16	1.14
番禺区	96400	102473	56088	46385	100169	54721	45448	97.75	1.06	1.04
花都区	56062	72848	40418	32430	70366	38904	31462	96.59	1.30	1.26
南沙区	27348	36253	19928	16325	35441	19442	15999	97.76	1.33	1.30
从化区	18518	30030	16239	13791	29221	15758	13463	97.31	1.62	1.58
增城区	45120	63946	35110	28836	62211	34091	28120	97.29	1.42	1.38
韶关市	**84617**	**132816**	**71584**	**61232**	**129969**	**69788**	**60181**	**97.86**	**1.57**	**1.54**
武江区	12134	15865	8517	7348	15566	8328	7238	98.12	1.31	1.28
浈江区	11700	13829	7476	6353	13676	7378	6298	98.89	1.18	1.17
曲江区	8604	13136	7051	6085	12868	6892	5976	97.96	1.53	1.50
始兴县	5805	9771	5292	4479	9457	5105	4352	96.79	1.68	1.63
仁化县	5210	9043	4772	4271	8846	4658	4188	97.82	1.74	1.70
翁源县	8883	16629	8948	7681	16364	8748	7616	98.41	1.87	1.84
乳源瑶族自治县	5339	9080	4835	4245	8848	4689	4159	97.44	1.70	1.66
新丰县	4965	9137	5012	4125	8943	4874	4069	97.88	1.84	1.80
乐昌市	10193	18190	9767	8423	17717	9477	8240	97.40	1.78	1.74
南雄市	11784	18136	9914	8222	17684	9639	8045	97.51	1.54	1.50
深圳市	**670387**	**799220**	**439560**	**359660**	**773082**	**424469**	**348613**	**96.73**	**1.19**	**1.15**
罗湖区	44369	48308	26382	21926	46374	25211	21163	96.00	1.09	1.05
福田区	59657	60492	32938	27554	58523	31785	26738	96.75	1.01	0.98
南山区	68864	66430	36252	30178	64003	34879	29124	96.35	0.96	0.93
宝安区	172617	219334	120787	98547	211734	116480	95254	96.53	1.27	1.23
龙岗区	159819	199434	110242	89192	192801	106376	86425	96.67	1.25	1.21
盐田区	7803	9230	5064	4166	9039	4954	4085	97.93	1.18	1.16
龙华区	97308	111373	61177	50196	108566	59560	49006	97.48	1.14	1.12
坪山区	19708	27660	15255	12405	26942	14819	12123	97.40	1.40	1.37
光明区	40242	56959	31463	25496	55100	30405	24695	96.74	1.42	1.37
珠海市	**84264**	**97481**	**53236**	**44245**	**95152**	**51886**	**43266**	**97.61**	**1.16**	**1.13**
香洲区	49789	53204	28917	24287	52122	28292	23830	97.97	1.07	1.05
斗门区	19407	27288	14849	12439	26752	14539	12213	98.04	1.41	1.38
金湾区	15068	16989	9470	7519	16278	9055	7223	95.81	1.13	1.08
汕头市	**179374**	**281969**	**152207**	**129762**	**279017**	**150484**	**128533**	**98.95**	**1.57**	**1.56**
龙湖区	21269	27523	14706	12817	27116	14470	12646	98.52	1.29	1.27
金平区	26095	31949	16779	15170	31639	16596	15043	99.03	1.22	1.21
濠江区	8704	14788	7854	6934	14628	7739	6889	98.92	1.70	1.68
潮阳区	51931	90885	49679	41206	90301	49349	40952	99.36	1.75	1.74
潮南区	41987	72594	39734	32860	71768	39255	32513	98.86	1.73	1.71
澄海区	27528	41173	21884	19289	40580	21541	19039	98.56	1.50	1.47
南澳县	1860	3057	1571	1486	2985	1534	1451	97.64	1.64	1.60
佛山市	**325064**	**421802**	**233948**	**187854**	**414328**	**229666**	**184662**	**98.23**	**1.30**	**1.27**
禅城区	46958	55290	30508	24782	54275	29925	24350	98.16	1.18	1.16
南海区	128413	166034	92260	73774	163150	90598	72552	98.26	1.29	1.27
顺德区	110698	147292	81496	65796	144698	80045	64653	98.24	1.33	1.31
三水区	25553	34518	19084	15434	34075	18818	15257	98.72	1.35	1.33
高明区	13442	18668	10600	8068	18130	10280	7850	97.12	1.39	1.35

6-11　续表 1　　　　　　　　　　　　　　　　　　　　　　　　　　单位：人、%

地　区	15-64岁妇女人数	活产子女总数			存活子女总数			存活子女数占活产子女数的百分比	妇女平均活产子女数	妇女平均存活子女数
		合计	男	女	合计	男	女			
江门市	**144354**	**190732**	**103559**	**87173**	**186076**	**100743**	**85333**	**97.56**	**1.32**	**1.29**
蓬江区	27251	31887	17320	14567	31273	16939	14334	98.07	1.17	1.15
江海区	11988	15107	8229	6878	14831	8071	6760	98.17	1.26	1.24
新会区	26546	35938	19287	16651	34922	18692	16230	97.17	1.35	1.32
台山市	27342	35747	19461	16286	34528	18720	15808	96.59	1.31	1.26
开平市	21766	29617	15925	13692	28902	15478	13424	97.59	1.36	1.33
鹤山市	16201	22214	12040	10174	21750	11762	9988	97.91	1.37	1.34
恩平市	13260	20222	11297	8925	19870	11081	8789	98.26	1.53	1.50
湛江市	**181457**	**359574**	**201753**	**157821**	**349206**	**195299**	**153907**	**97.12**	**1.98**	**1.92**
赤坎区	12938	15907	8816	7091	15380	8504	6876	96.69	1.23	1.19
霞山区	20635	28747	16037	12710	27578	15346	12232	95.93	1.39	1.34
坡头区	9602	19349	10817	8532	18718	10433	8285	96.74	2.02	1.95
麻章区	15078	24352	13728	10624	23751	13344	10407	97.53	1.62	1.58
遂溪县	20522	42970	23873	19097	42132	23321	18811	98.05	2.09	2.05
徐闻县	16153	33236	18639	14597	32197	17965	14232	96.87	2.06	1.99
廉江市	30785	68277	38779	29498	66229	37536	28693	97.00	2.22	2.15
雷州市	31772	73548	41324	32224	71505	40016	31489	97.22	2.31	2.25
吴川市	23972	53188	29740	23448	51716	28834	22882	97.23	2.22	2.16
茂名市	**166083**	**321066**	**182158**	**138908**	**314791**	**178240**	**136551**	**98.05**	**1.93**	**1.90**
茂南区	32002	52495	29450	23045	51189	28691	22498	97.51	1.64	1.60
电白区	38987	80612	45818	34794	78586	44545	34041	97.49	2.07	2.02
高州市	36836	65978	37872	28106	64605	36983	27622	97.92	1.79	1.75
化州市	32172	68331	38846	29485	67302	38209	29093	98.49	2.12	2.09
信宜市	26086	53650	30172	23478	53109	29812	23297	98.99	2.06	2.04
肇庆市	**115600**	**177860**	**100115**	**77745**	**174497**	**98012**	**76485**	**98.11**	**1.54**	**1.51**
端州区	18314	19862	11265	8597	19579	11093	8486	98.58	1.08	1.07
鼎湖区	5764	8621	4706	3915	8479	4624	3855	98.35	1.50	1.47
高要区	20181	31534	17999	13535	30723	17495	13228	97.43	1.56	1.52
广宁县	9995	16607	9383	7224	16373	9226	7147	98.59	1.66	1.64
怀集县	22035	41014	23030	17984	40344	22612	17732	98.37	1.86	1.83
封开县	9982	17044	9574	7470	16715	9349	7366	98.07	1.71	1.67
德庆县	10564	16260	8924	7336	15793	8632	7161	97.13	1.54	1.49
四会市	18765	26918	15234	11684	26491	14981	11510	98.41	1.43	1.41
惠州市	**192714**	**286651**	**157028**	**129623**	**277286**	**151500**	**125786**	**96.73**	**1.49**	**1.44**
惠城区	67836	91128	49954	41174	88147	48239	39908	96.73	1.34	1.30
惠阳区	46776	64090	35636	28454	62326	34599	27727	97.25	1.37	1.33
博罗县	36942	59191	32243	26948	57151	31040	26111	96.55	1.60	1.55
惠东县	32595	56090	30774	25316	54041	29521	24520	96.35	1.72	1.66
龙门县	8565	16152	8421	7731	15621	8101	7520	96.71	1.89	1.82
梅州市	**104590**	**190028**	**101494**	**88534**	**186474**	**99332**	**87142**	**98.13**	**1.82**	**1.78**
梅江区	13896	17209	9187	8022	16981	9055	7926	98.68	1.24	1.22
梅县区	16657	27110	14214	12896	26593	13906	12687	98.09	1.63	1.60
大埔县	8625	15288	8080	7208	14838	7816	7022	97.06	1.77	1.72
丰顺县	11714	22782	12049	10733	22490	11855	10635	98.72	1.94	1.92
五华县	22942	50742	27467	23275	49644	26776	22868	97.84	2.21	2.16
平远县	5751	9881	5230	4651	9635	5095	4540	97.51	1.72	1.68
蕉岭县	5712	9443	4960	4483	9150	4793	4357	96.90	1.65	1.60
兴宁市	19293	37573	20307	17266	37143	20036	17107	98.86	1.95	1.93

6–11 续表 2

单位：人、%

地区	15–64岁妇女人数	活产子女总数			存活子女总数			存活子女数占活产子女数的百分比	妇女平均活产子女数	妇女平均存活子女数
		合计	男	女	合计	男	女			
汕尾市	**75964**	**153323**	**83885**	**69438**	**148527**	**81107**	**67420**	**96.87**	**2.02**	**1.96**
城　区	12985	20955	11564	9391	20507	11287	9220	97.86	1.61	1.58
海丰县	23065	40495	22669	17826	39159	21890	17269	96.70	1.76	1.70
陆河县	7026	15264	8064	7200	14830	7803	7027	97.16	2.17	2.11
陆丰市	32888	76609	41588	35021	74031	40127	33904	96.63	2.33	2.25
河源市	**78797**	**145264**	**77661**	**67603**	**141334**	**75326**	**66008**	**97.29**	**1.84**	**1.79**
源城区	22547	36324	19729	16595	35163	19061	16102	96.80	1.61	1.56
紫金县	14758	29856	16026	13830	29157	15596	13561	97.66	2.02	1.98
龙川县	15807	31044	16584	14460	30512	16262	14250	98.29	1.96	1.93
连平县	7541	14153	7502	6651	13948	7370	6578	98.55	1.88	1.85
和平县	8962	17432	9127	8305	16848	8774	8074	96.65	1.95	1.88
东源县	9182	16455	8693	7762	15706	8263	7443	95.45	1.79	1.71
阳江市	**68683**	**113154**	**63305**	**49849**	**110357**	**61573**	**48784**	**97.53**	**1.65**	**1.61**
江城区	23711	33040	18508	14532	32500	18192	14308	98.37	1.39	1.37
阳东区	12587	20680	11591	9089	20320	11345	8975	98.26	1.64	1.61
阳西县	11194	20513	11695	8818	19968	11357	8611	97.34	1.83	1.78
阳春市	21191	38921	21511	17410	37569	20679	16890	96.53	1.84	1.77
清远市	**109982**	**187728**	**102028**	**85700**	**182724**	**98914**	**83810**	**97.33**	**1.71**	**1.66**
清城区	35470	51665	28432	23233	50087	27479	22608	96.95	1.46	1.41
清新区	17238	30750	17014	13736	29764	16408	13356	96.79	1.78	1.73
佛冈县	9088	16418	8793	7625	16060	8586	7474	97.82	1.81	1.77
阳山县	8515	17013	9141	7872	16613	8891	7722	97.65	2.00	1.95
连山壮族瑶族自治县	2619	4928	2652	2276	4827	2579	2248	97.95	1.88	1.84
连南瑶族自治县	3847	6797	3729	3068	6657	3642	3015	97.94	1.77	1.73
英德市	24082	44649	24069	20580	43526	23310	20216	97.48	1.85	1.81
连州市	9123	15508	8198	7310	15190	8019	7171	97.95	1.70	1.67
东莞市	**395486**	**512466**	**289817**	**222649**	**498159**	**281330**	**216829**	**97.21**	**1.30**	**1.26**
市辖区	395486	512466	289817	222649	498159	281330	216829	97.21	1.30	1.26
中山市	**148200**	**200293**	**110083**	**90210**	**192959**	**105761**	**87198**	**96.34**	**1.35**	**1.30**
市辖区	148200	200293	110083	90210	192959	105761	87198	96.34	1.35	1.30
潮州市	**80053**	**123401**	**66209**	**57192**	**120638**	**64462**	**56176**	**97.76**	**1.54**	**1.51**
湘桥区	18194	22909	12202	10707	22440	11926	10514	97.95	1.26	1.23
潮安区	36669	58487	31279	27208	57283	30482	26801	97.94	1.59	1.56
饶平县	25190	42005	22728	19277	40915	22054	18861	97.41	1.67	1.62
揭阳市	**180794**	**306547**	**168289**	**138258**	**302836**	**166065**	**136771**	**98.79**	**1.70**	**1.68**
榕城区	31602	47614	26720	20894	46886	26268	20618	98.47	1.51	1.48
揭东区	31387	50583	27553	23030	49966	27170	22796	98.78	1.61	1.59
揭西县	18964	33143	17850	15293	32751	17605	15146	98.82	1.75	1.73
惠来县	29650	59562	32549	27013	59058	32258	26800	99.15	2.01	1.99
普宁市	69191	115645	63617	52028	114175	62764	51411	98.73	1.67	1.65
云浮市	**61432**	**110513**	**61748**	**48765**	**108172**	**60253**	**47919**	**97.88**	**1.80**	**1.76**
云城区	11817	19039	10651	8388	18759	10484	8275	98.53	1.61	1.59
云安区	5771	11316	6128	5188	11094	5990	5104	98.04	1.96	1.92
新兴县	12503	20219	11088	9131	19875	10871	9004	98.30	1.62	1.59
郁南县	8756	16287	9044	7243	15871	8772	7099	97.45	1.86	1.81
罗定市	22585	43652	24837	18815	42573	24136	18437	97.53	1.93	1.89

6-12 全省按年龄分的15-64岁妇女平均活产子女数和平均存活子女数

单位：人、%

年龄	15-64岁妇女人数	活产子女总数			存活子女总数			存活子女数占活产子女数的百分比	妇女平均活产子女数	妇女平均存活子女数
		合计	男	女	合计	男	女			
总 计	**4093241**	**5816861**	**3206333**	**2610528**	**5672935**	**3120382**	**2552553**	**97.53**	**1.42**	**1.39**
15-19岁	**285582**	**1968**	**1050**	**918**	**1955**	**1044**	**911**	**99.34**	**0.01**	**0.01**
15	52957	26	17	9	26	17	9	100.00		
16	63393	84	43	41	84	43	41	100.00		
17	59685	218	120	98	215	119	96	98.62		
18	50959	513	286	227	511	286	225	99.61	0.01	0.01
19	58588	1127	584	543	1119	579	540	99.29	0.02	0.02
20-24岁	**405287**	**74159**	**39475**	**34684**	**72560**	**38541**	**34019**	**97.84**	**0.18**	**0.18**
20	67092	3042	1609	1433	2977	1569	1408	97.86	0.05	0.04
21	71980	6433	3411	3022	6300	3338	2962	97.93	0.09	0.09
22	81392	12276	6521	5755	12013	6372	5641	97.86	0.15	0.15
23	88415	20255	10802	9453	19800	10537	9263	97.75	0.23	0.22
24	96408	32153	17132	15021	31470	16725	14745	97.88	0.33	0.33
25-29岁	**519778**	**397543**	**212677**	**184866**	**388465**	**207398**	**181067**	**97.72**	**0.76**	**0.75**
25	101923	46182	24674	21508	45153	24079	21074	97.77	0.45	0.44
26	98638	58328	31143	27185	57005	30374	26631	97.73	0.59	0.58
27	105807	79745	42748	36997	77858	41641	36217	97.63	0.75	0.74
28	105695	96954	51707	45247	94747	50452	44295	97.72	0.92	0.90
29	107715	116334	62405	53929	113702	60852	52850	97.74	1.08	1.06
30-34岁	**591263**	**845180**	**457032**	**388148**	**825111**	**445504**	**379607**	**97.63**	**1.43**	**1.40**
30	125204	152164	81922	70242	148607	79881	68726	97.66	1.22	1.19
31	120518	161822	87405	74417	157979	85205	72774	97.63	1.34	1.31
32	113089	164173	88890	75283	160170	86567	73603	97.56	1.45	1.42
33	121248	187163	101132	86031	182784	98618	84166	97.66	1.54	1.51
34	111204	179858	97683	82175	175571	95233	80338	97.62	1.62	1.58
35-39岁	**496223**	**871388**	**475881**	**395507**	**850466**	**463769**	**386697**	**97.60**	**1.76**	**1.71**
35	100899	169687	92143	77544	165574	89727	75847	97.58	1.68	1.64
36	102377	177898	97394	80504	173723	95025	78698	97.65	1.74	1.70
37	96615	171287	93454	77833	167166	91053	76113	97.59	1.77	1.73
38	102182	181459	99151	82308	177091	96595	80496	97.59	1.78	1.73
39	94150	171057	93739	77318	166912	91369	75543	97.58	1.82	1.77
40-44岁	**402675**	**726346**	**402795**	**323551**	**708352**	**392069**	**316283**	**97.52**	**1.80**	**1.76**
40	83983	152678	84039	68639	149002	81890	67112	97.59	1.82	1.77
41	89143	161532	89174	72358	157573	86808	70765	97.55	1.81	1.77
42	78773	141859	78853	63006	138210	76674	61536	97.43	1.80	1.75
43	71667	127905	71161	56744	124724	69258	55466	97.51	1.78	1.74
44	79109	142372	79568	62804	138843	77439	61404	97.52	1.80	1.76
45-49岁	**445025**	**823228**	**461602**	**361626**	**802388**	**448971**	**353417**	**97.47**	**1.85**	**1.80**
45	81760	147367	82566	64801	143692	80335	63357	97.51	1.80	1.76
46	91798	167322	93672	73650	163101	91104	71997	97.48	1.82	1.78
47	92956	170960	95776	75184	166557	93126	73431	97.42	1.84	1.79
48	88971	165820	93307	72513	161497	90672	70825	97.39	1.86	1.82
49	89540	171759	96281	75478	167541	93734	73807	97.54	1.92	1.87
50-54岁	**404551**	**835397**	**467879**	**367518**	**814232**	**455034**	**359198**	**97.47**	**2.06**	**2.01**
50	90966	177719	99828	77891	173276	97172	76104	97.50	1.95	1.90
51	82974	166508	93351	73157	162300	90799	71501	97.47	2.01	1.96
52	87200	179609	100497	79112	175105	97761	77344	97.49	2.06	2.01
53	69956	150590	84211	66379	146776	81887	64889	97.47	2.15	2.10
54	73455	160971	89992	70979	156775	87415	69360	97.39	2.19	2.13
55-59岁	**319122**	**718661**	**399077**	**319584**	**700431**	**387947**	**312484**	**97.46**	**2.25**	**2.19**
55	73786	164010	91342	72668	159898	88872	71026	97.49	2.22	2.17
56	68985	153523	85362	68161	149674	83015	66659	97.49	2.23	2.17
57	75167	168045	93325	74720	163750	90726	73024	97.44	2.24	2.18
58	64573	148086	82173	65913	144225	79788	64437	97.39	2.29	2.23
59	36611	84997	46875	38122	82884	45546	37338	97.51	2.32	2.26
60-64岁	**223735**	**522991**	**288865**	**234126**	**508975**	**280105**	**228870**	**97.32**	**2.34**	**2.27**
60	37666	85654	47319	38335	83471	45965	37506	97.45	2.27	2.22
61	40744	95044	52700	42344	92399	51044	41355	97.22	2.33	2.27
62	48623	113885	62889	50996	110810	61002	49808	97.30	2.34	2.28
63	51367	121150	66672	54478	117957	64647	53310	97.36	2.36	2.30
64	45335	107258	59285	47973	104338	57447	46891	97.28	2.37	2.30

6-13 全省按受教育程度分的15-64岁妇女平均活产子女数和平均存活子女数

单位：人、%

受教育程度	15-64岁妇女人数	活产子女总数		
		合计	男	女
总　计	**4093241**	**5816861**	**3206333**	**2610528**
未上过学	43527	115966	64708	51258
学前教育	3305	7001	3899	3102
小　学	563000	1309440	727721	581719
初　中	1622674	2739741	1511662	1228079
高　中	911258	933299	512569	420730
大学专科	514078	415422	226407	189015
大学本科	392446	269351	145309	124042
硕士研究生	39527	24379	12864	11515
博士研究生	3426	2262	1194	1068

6-13 续表

单位：人、%

受教育程度	存活子女总数			存活子女数占活产子女数的百分比	妇女平均活产子女数	妇女平均存活子女数
	合计	男	女			
总　计	**5672935**	**3120382**	**2552553**	**97.53**	**1.42**	**1.39**
未上过学	112809	62703	50106	97.28	2.66	2.59
学前教育	6801	3787	3014	97.14	2.12	2.06
小　学	1276854	707851	569003	97.51	2.33	2.27
初　中	2671885	1471287	1200598	97.52	1.69	1.65
高　中	909994	498843	411151	97.50	1.02	1.00
大学专科	405231	220425	184806	97.55	0.81	0.79
大学本科	263273	141751	121522	97.74	0.69	0.67
硕士研究生	23881	12574	11307	97.96	0.62	0.60
博士研究生	2207	1161	1046	97.57	0.66	0.64

第二部分 长表数据资料

第七卷 迁移和户口登记地

7-1　全省按现住地、户口登记地类型分的户口登记地在外乡镇街道人口

单位：人

现住地	合计					省内				
	合计	乡	镇的村委会	镇的居委会	街道	小计	乡	镇的村委会	镇的居委会	街道
广　东	**5779822**	**1201635**	**3293263**	**532457**	**752467**	**2740358**	**344475**	**1482311**	**338216**	**575356**
广州市	**1053485**	**164353**	**578664**	**105630**	**204838**	**558169**	**57565**	**267195**	**69548**	**163861**
荔湾区	46617	4096	17437	5672	19412	33060	1800	9403	4248	17609
越秀区	36203	3566	13330	4687	14620	23804	1493	6854	3225	12232
海珠区	101681	9953	51853	9563	30312	54086	3184	18859	6150	25893
天河区	151841	22040	75676	18247	35878	93048	10258	42477	12465	27848
白云区	261947	53169	140814	20421	47543	137449	19448	66932	12670	38399
黄埔区	80730	13582	45002	6949	15197	37906	3895	18726	4104	11181
番禺区	168538	20648	105113	19979	22798	82285	7140	44449	13709	16987
花都区	92090	20554	56025	8019	7492	41067	5249	25543	5065	5210
南沙区	44381	7469	30235	3796	2881	16499	1940	10624	2124	1811
从化区	11406	1089	7251	1498	1568	7649	456	4642	1223	1328
增城区	58051	8187	35928	6799	7137	31316	2702	18686	4565	5363
韶关市	**81417**	**5518**	**52565**	**11269**	**12065**	**66223**	**3410**	**42112**	**9977**	**10724**
武江区	16248	1408	8244	1934	4662	12171	676	5638	1686	4171
浈江区	15173	884	7659	3226	3404	12066	558	5599	2835	3074
曲江区	8885	513	5823	1749	800	7015	307	4434	1582	692
始兴县	4382	448	3179	584	171	3837	373	2795	524	145
仁化县	4243	280	2558	581	824	3239	145	1848	488	758
翁源县	5803	289	4788	544	182	5039	209	4180	498	152
乳源瑶族自治县	5143	188	4193	594	168	4533	150	3731	525	127
新丰县	4186	452	2859	338	537	3608	323	2503	295	487
乐昌市	9284	385	6970	1073	856	7589	117	5767	965	740
南雄市	8070	671	6292	646	461	7126	552	5617	579	378
深圳市	**1499803**	**321774**	**831384**	**120208**	**226437**	**577927**	**84082**	**279074**	**55412**	**159359**
罗湖区	80079	12504	37682	9847	20046	44497	4825	18497	5932	15243
福田区	104683	15441	47128	11633	30481	54897	5790	20557	6031	22519
南山区	123824	28204	47085	14183	34352	52756	8069	15653	6423	22611
宝安区	418882	99593	247720	26800	44769	137425	22717	73751	11047	29910
龙岗区	360166	81605	202251	30711	45599	153384	25824	78999	15627	32934
盐田区	16079	2005	8705	1530	3839	8177	586	3821	802	2968
龙华区	237936	45053	141853	16051	34979	81488	9346	41105	5936	25101
坪山区	50134	12995	29363	3410	4366	15755	2914	8540	1359	2942
光明区	108020	24374	69597	6043	8006	29548	4011	18151	2255	5131
珠海市	**140271**	**19883**	**77631**	**22495**	**20262**	**64915**	**6037**	**31525**	**14007**	**13346**
香洲区	83195	10734	41315	15695	15451	39710	3402	16156	9750	10402
斗门区	28792	3049	20950	3359	1434	13256	765	9505	2168	818
金湾区	28284	6100	15366	3441	3377	11949	1870	5864	2089	2126
汕头市	**64765**	**10166**	**22781**	**11853**	**19965**	**41630**	**2920**	**11634**	**9066**	**18010**
龙湖区	16656	2400	6856	3550	3850	11030	1068	3813	2586	3563
金平区	18175	1159	4805	3895	8316	14248	460	2837	3328	7623
濠江区	2622	229	669	544	1180	1965	106	416	447	996
潮阳区	6029	540	991	1461	3037	4615	135	420	1182	2878
潮南区	5073	2452	1639	547	435	1762	699	629	212	222
澄海区	15726	3330	7556	1738	3102	7666	440	3325	1206	2695
南澳县	484	56	265	118	45	344	12	194	105	33
佛山市	**536833**	**114728**	**332976**	**51243**	**37886**	**227659**	**32709**	**134527**	**32199**	**28224**
禅城区	71174	12031	43500	7495	8148	40136	4784	23290	5376	6686
南海区	220413	53577	126528	24300	16008	98119	17040	54047	15057	11975
顺德区	182805	38562	120500	14986	8757	58648	7803	36254	8835	5756
三水区	42164	6727	28934	2840	3663	19842	1983	13052	1887	2920
高明区	20277	3831	13514	1622	1310	10914	1099	7884	1044	887

7－1 续表 1

单位：人

现住地	合计					省内				
	合计	乡	镇的村委会	镇的居委会	街道	小计	乡	镇的村委会	镇的居委会	街道
江门市	**156018**	**21663**	**102969**	**11494**	**19892**	**95352**	**7910**	**62748**	**8410**	**16284**
蓬江区	35034	4596	20652	2954	6832	20264	1509	10764	2133	5858
江海区	19434	2697	11225	1467	4045	9350	721	4789	900	2940
新会区	28097	3462	20025	1956	2654	16957	1019	12427	1422	2089
台山市	19388	3425	12868	1462	1633	14054	2086	9536	1162	1270
开平市	23878	2973	17124	1634	2147	17396	1110	13014	1265	2007
鹤山市	19864	3441	14138	1136	1149	8877	800	6564	749	764
恩平市	10323	1069	6937	885	1432	8454	665	5654	779	1356
湛江市	**125872**	**13010**	**70497**	**15753**	**26612**	**115442**	**10800**	**64880**	**14742**	**25020**
赤坎区	18295	2034	8303	1862	6096	16803	1711	7564	1712	5816
霞山区	32499	3174	15852	3882	9591	29846	2639	14552	3617	9038
坡头区	3354	478	1664	367	845	2717	309	1392	311	705
麻章区	10432	2048	5426	1153	1805	8842	1670	4647	1010	1515
遂溪县	6662	632	4276	1490	264	6296	551	4064	1430	251
徐闻县	9001	1140	5797	1021	1043	8299	991	5391	945	972
廉江市	19579	1352	12913	2441	2873	18383	1196	12091	2301	2795
雷州市	15532	726	10846	2028	1932	15081	654	10574	1983	1870
吴川市	10518	1426	5420	1509	2163	9175	1079	4605	1433	2058
茂名市	**80341**	**5689**	**44874**	**9593**	**20185**	**73257**	**4394**	**40426**	**9063**	**19374**
茂南区	22579	1920	10776	2306	7577	19980	1403	9353	2086	7138
电白区	14495	1015	9040	2228	2212	13029	840	7922	2123	2144
高州市	16053	951	9147	2349	3606	14823	759	8324	2270	3470
化州市	16109	828	8305	1459	5517	15114	565	7728	1402	5419
信宜市	11105	975	7606	1251	1273	10311	827	7099	1182	1203
肇庆市	**80989**	**8574**	**48070**	**9669**	**14676**	**57530**	**4248**	**32596**	**7743**	**12943**
端州区	17750	865	8019	2599	6267	14959	502	6549	2256	5652
鼎湖区	7351	583	5182	614	972	4986	298	3392	460	836
高要区	9509	1794	5909	1226	580	5487	547	3445	976	519
广宁县	3788	191	2547	480	570	3256	129	2136	452	539
怀集县	5417	443	2893	626	1455	5011	432	2672	567	1340
封开县	3089	363	1618	851	257	2574	199	1369	780	226
德庆县	3260	419	1879	491	471	3015	384	1754	455	422
四会市	30825	3916	20023	2782	4104	18242	1757	11279	1797	3409
惠州市	**311297**	**69099**	**183020**	**28245**	**30933**	**146625**	**21874**	**86071**	**16865**	**21815**
惠城区	111657	26695	57776	10452	16734	58163	10664	28019	6828	12652
惠阳区	101457	25561	58998	9251	7647	34405	5466	20672	3864	4403
博罗县	47944	8752	32897	3529	2766	18656	2047	12817	2094	1698
惠东县	45153	7386	30144	4492	3131	31640	3297	22239	3618	2486
龙门县	5086	705	3205	521	655	3761	400	2324	461	576
梅州市	**88568**	**7618**	**57394**	**13264**	**10292**	**80150**	**6462**	**51148**	**12609**	**9931**
梅江区	20999	852	12374	3939	3834	18661	562	10677	3746	3676
梅县区	20725	900	15220	3185	1420	18573	671	13504	3032	1366
大埔县	7502	1919	4560	810	213	6975	1821	4202	765	187
丰顺县	5345	700	3920	591	134	4599	549	3385	541	124
五华县	6904	614	5061	999	230	6172	530	4490	945	207
平远县	3989	503	2746	666	74	3533	396	2444	620	73
蕉岭县	5947	735	4242	830	140	5337	673	3743	787	134
兴宁市	17157	1395	9271	2244	4247	16300	1260	8703	2173	4164

7-1　续表 2　　　　单位：人

现住地	合计					省内				
	合计	乡	镇的村委会	镇的居委会	街道	小计	乡	镇的村委会	镇的居委会	街道
汕尾市	**63781**	**6252**	**37562**	**12731**	**7236**	**54221**	**3985**	**31754**	**11755**	**6727**
城　区	14973	1338	6236	2634	4765	12514	543	4987	2460	4524
海丰县	33044	2266	21608	7272	1898	27599	1292	17905	6700	1702
陆河县	4726	907	3175	551	93	4139	698	2832	532	77
陆丰市	11038	1741	6543	2274	480	9969	1452	6030	2063	424
河源市	**89902**	**11639**	**63273**	**8448**	**6542**	**74994**	**8359**	**53263**	**7494**	**5878**
源城区	42633	6301	27911	3589	4832	33730	4168	22163	3007	4392
紫金县	8147	833	5994	956	364	6596	539	4884	872	301
龙川县	17111	1954	13029	1770	358	15645	1707	12005	1631	302
连平县	4744	468	3545	572	159	4190	389	3119	541	141
和平县	7264	424	5836	855	149	6817	349	5518	815	135
东源县	10003	1659	6958	706	680	8016	1207	5574	628	607
阳江市	**70519**	**6033**	**44377**	**8400**	**11709**	**61883**	**4417**	**38558**	**7850**	**11058**
江城区	31841	4121	15692	4042	7986	28553	3245	13840	3820	7648
阳东区	16699	779	12883	1815	1222	13442	317	10307	1660	1158
阳西县	8613	521	6822	1010	260	7813	380	6257	956	220
阳春市	13366	612	8980	1533	2241	12075	475	8154	1414	2032
清远市	**116162**	**13142**	**80623**	**12649**	**9748**	**93664**	**9037**	**65647**	**10765**	**8215**
清城区	51614	6095	32913	5454	7152	38787	3518	24838	4327	6104
清新区	24733	2633	19816	1594	690	21947	2139	17804	1446	558
佛冈县	6961	816	5150	807	188	5329	549	3954	690	136
阳山县	5721	488	4185	924	124	5266	456	3867	832	111
连山壮族瑶族自治县	1286	35	992	222	37	1090	20	822	217	31
连南瑶族自治县	1565	30	1281	218	36	1480	25	1227	200	28
英德市	18567	2760	11714	2654	1439	14639	2090	9014	2357	1178
连州市	5715	285	4572	776	82	5126	240	4121	696	69
东莞市	**876604**	**330228**	**457011**	**46724**	**42641**	**209376**	**57897**	**108823**	**20344**	**22312**
市辖区	876604	330228	457011	46724	42641	209376	57897	108823	20344	22312
中山市	**255550**	**59344**	**156397**	**23002**	**16807**	**76317**	**12439**	**42562**	**11806**	**9510**
市辖区	255550	59344	156397	23002	16807	76317	12439	42562	11806	9510
潮州市	**36235**	**5648**	**17892**	**3639**	**9056**	**23740**	**1398**	**10615**	**3125**	**8602**
湘桥区	18723	1219	8091	1730	7683	15517	389	6287	1476	7365
潮安区	14254	3962	8032	1037	1223	5456	619	2889	811	1137
饶平县	3258	467	1769	872	150	2767	390	1439	838	100
揭阳市	**12622**	**3425**	**6556**	**1742**	**899**	**8246**	**2060**	**3970**	**1467**	**749**
榕城区	1698	340	744	370	244	980	42	404	312	222
揭东区	2973	628	1977	259	109	1323	143	910	193	77
揭西县	874	91	515	197	71	665	58	371	169	67
惠来县	1024	88	430	456	50	823	44	342	400	37
普宁市	6053	2278	2890	460	425	4455	1773	1943	393	346
云浮市	**38788**	**3849**	**26747**	**4406**	**3786**	**33038**	**2472**	**23183**	**3969**	**3414**
云城区	13361	1056	8949	1252	2104	11181	430	7688	1136	1927
云安区	1648	194	1022	174	258	1168	105	722	129	212
新兴县	10021	1138	7226	1329	328	8182	702	6064	1154	262
郁南县	3305	491	2133	512	169	2859	384	1856	473	146
罗定市	10453	970	7417	1139	927	9648	851	6853	1077	867

7-1 续表 3 单位：人

现住地	省外									
	小计					北京				
	小计	乡	镇的村委会	镇的居委会	街道	小计	乡	镇的村委会	镇的居委会	街道
广 东	**3039464**	**857160**	**1810952**	**194241**	**177111**	**3668**	**185**	**329**	**575**	**2579**
广州市	**495316**	**106788**	**311469**	**36082**	**40977**	**780**	**30**	**70**	**146**	**534**
荔湾区	13557	2296	8034	1424	1803	23		3	3	17
越秀区	12399	2073	6476	1462	2388	64	1	3	3	57
海珠区	47595	6769	32994	3413	4419	99	1	4	10	84
天河区	58793	11782	33199	5782	8030	219	10	18	30	161
白云区	124498	33721	73882	7751	9144	76	6	10	5	55
黄埔区	42824	9687	26276	2845	4016	70	3	8	13	46
番禺区	86253	13508	60664	6270	5811	156	4	13	62	77
花都区	51023	15305	30482	2954	2282	28	3	5	10	10
南沙区	27882	5529	19611	1672	1070	20	2	5	2	11
从化区	3757	633	2609	275	240	5			3	2
增城区	26735	5485	17242	2234	1774	20		1	5	14
韶关市	**15194**	**2108**	**10453**	**1292**	**1341**	**8**			**1**	**7**
武江区	4077	732	2606	248	491	4			1	3
浈江区	3107	326	2060	391	330	4				4
曲江区	1870	206	1389	167	108					
始兴县	545	75	384	60	26					
仁化县	1004	135	710	93	66					
翁源县	764	80	608	46	30					
乳源瑶族自治县	610	38	462	69	41					
新丰县	578	129	356	43	50					
乐昌市	1695	268	1203	108	116					
南雄市	944	119	675	67	83					
深圳市	**921876**	**237692**	**552310**	**64796**	**67078**	**1951**	**67**	**112**	**214**	**1558**
罗湖区	35582	7679	19185	3915	4803	166	1	10	24	131
福田区	49786	9651	26571	5602	7962	403	7	13	41	342
南山区	71068	20135	31432	7760	11741	732	33	36	65	598
宝安区	281457	76876	173969	15753	14859	217	9	17	35	156
龙岗区	206782	55781	123252	15084	12665	241	14	25	30	172
盐田区	7902	1419	4884	728	871	18		1		17
龙华区	156448	35707	100748	10115	9878	125		6	15	104
坪山区	34379	10081	20823	2051	1424	31	1	2	2	26
光明区	78472	20363	51446	3788	2875	18	2	2	2	12
珠海市	**75356**	**13846**	**46106**	**8488**	**6916**	**248**	**8**	**6**	**77**	**157**
香洲区	43485	7332	25159	5945	5049	232	6	4	68	154
斗门区	15536	2284	11445	1191	616	9		2	7	
金湾区	16335	4230	9502	1352	1251	7	2		2	3
汕头市	**23135**	**7246**	**11147**	**2787**	**1955**	**24**	**2**	**1**	**9**	**12**
龙湖区	5626	1332	3043	964	287	10		1	4	5
金平区	3927	699	1968	567	693	10			3	7
濠江区	657	123	253	97	184					
潮阳区	1414	405	571	279	159	1			1	
潮南区	3311	1753	1010	335	213	3	2		1	
澄海区	8060	2890	4231	532	407					
南澳县	140	44	71	13	12					
佛山市	**309174**	**82019**	**198449**	**19044**	**9662**	**173**	**17**	**31**	**41**	**84**
禅城区	31038	7247	20210	2119	1462	42	1	5	11	25
南海区	122294	36537	72481	9243	4033	63	8	11	14	30
顺德区	124157	30759	84246	6151	3001	54	5	12	15	22
三水区	22322	4744	15882	953	743	10	2	2	1	5
高明区	9363	2732	5630	578	423	4	1	1		2

7-1 续表 4

单位：人

现住地	省外									
	小计					北京				
	小计	乡	镇的村委会	镇的居委会	街道	小计	乡	镇的村委会	镇的居委会	街道
江门市	**60666**	**13753**	**40221**	**3084**	**3608**	**35**	**1**	**7**	**8**	**19**
蓬江区	14770	3087	9888	821	974	22		5	5	12
江海区	10084	1976	6436	567	1105	3				3
新会区	11140	2443	7598	534	565	2				2
台山市	5334	1339	3332	300	363					
开平市	6482	1863	4110	369	140	2	1		1	
鹤山市	10987	2641	7574	387	385	3		2	1	
恩平市	1869	404	1283	106	76	3			1	2
湛江市	**10430**	**2210**	**5617**	**1011**	**1592**	**18**	**1**	**1**	**1**	**15**
赤坎区	1492	323	739	150	280	3		1		2
霞山区	2653	535	1300	265	553	7				7
坡头区	637	169	272	56	140	2				2
麻章区	1590	378	779	143	290	6	1		1	4
遂溪县	366	81	212	60	13					
徐闻县	702	149	406	76	71					
廉江市	1196	156	822	140	78					
雷州市	451	72	272	45	62					
吴川市	1343	347	815	76	105					
茂名市	**7084**	**1295**	**4448**	**530**	**811**	**4**		**1**	**1**	**2**
茂南区	2599	517	1423	220	439	2				2
电白区	1466	175	1118	105	68	2		1	1	
高州市	1230	192	823	79	136					
化州市	995	263	577	57	98					
信宜市	794	148	507	69	70					
肇庆市	**23459**	**4326**	**15474**	**1926**	**1733**	**9**	**1**	**1**	**1**	**6**
端州区	2791	363	1470	343	615	1				1
鼎湖区	2365	285	1790	154	136	1				1
高要区	4022	1247	2464	250	61					
广宁县	532	62	411	28	31					
怀集县	406	11	221	59	115					
封开县	515	164	249	71	31					
德庆县	245	35	125	36	49					
四会市	12583	2159	8744	985	695	7	1	1	1	4
惠州市	**164672**	**47225**	**96949**	**11380**	**9118**	**87**	**16**	**14**	**21**	**36**
惠城区	53494	16031	29757	3624	4082	32	2	2	12	16
惠阳区	67052	20095	38326	5387	3244	31	5	2	9	15
博罗县	29288	6705	20080	1435	1068	5		2		3
惠东县	13513	4089	7905	874	645	18	9	7		2
龙门县	1325	305	881	60	79	1		1		
梅州市	**8418**	**1156**	**6246**	**655**	**361**	**6**		**3**	**2**	**1**
梅江区	2338	290	1697	193	158	3		2	1	
梅县区	2152	229	1716	153	54	1				1
大埔县	527	98	358	45	26					
丰顺县	746	151	535	50	10	1		1		
五华县	732	84	571	54	23					
平远县	456	107	302	46	1					
蕉岭县	610	62	499	43	6					
兴宁市	857	135	568	71	83	1			1	

7–1 续表 5

单位：人

现住地	省外									
	小计					北京				
	小计	乡	镇的村委会	镇的居委会	街道	小计	乡	镇的村委会	镇的居委会	街道
汕尾市	**9560**	**2267**	**5808**	**976**	**509**	**6**		**3**	**1**	**2**
城　区	2459	795	1249	174	241	1				1
海丰县	5445	974	3703	572	196	2		1	1	
陆河县	587	209	343	19	16	1		1		
陆丰市	1069	289	513	211	56	2		1		1
河源市	**14908**	**3280**	**10010**	**954**	**664**	**9**		**3**	**1**	**5**
源城区	8903	2133	5748	582	440	3		1	1	1
紫金县	1551	294	1110	84	63	3				3
龙川县	1466	247	1024	139	56	2		2		
连平县	554	79	426	31	18	1				1
和平县	447	75	318	40	14					
东源县	1987	452	1384	78	73					
阳江市	**8636**	**1616**	**5819**	**550**	**651**	**12**		**6**	**1**	**5**
江城区	3288	876	1852	222	338	5			1	4
阳东区	3257	462	2576	155	64	6		6		
阳西县	800	141	565	54	40					
阳春市	1291	137	826	119	209	1				1
清远市	**22498**	**4105**	**14976**	**1884**	**1533**	**8**		**3**		**5**
清城区	12827	2577	8075	1127	1048	6		2		4
清新区	2786	494	2012	148	132					
佛冈县	1632	267	1196	117	52					
阳山县	455	32	318	92	13	2		1		1
连山壮族瑶族自治县	196	15	170	5	6					
连南瑶族自治县	85	5	54	18	8					
英德市	3928	670	2700	297	261					
连州市	589	45	451	80	13					
东莞市	**667228**	**272331**	**348188**	**26380**	**20329**	**195**	**40**	**47**	**25**	**83**
市辖区	667228	272331	348188	26380	20329	195	40	47	25	83
中山市	**179233**	**46905**	**113835**	**11196**	**7297**	**91**	**1**	**20**	**24**	**46**
市辖区	179233	46905	113835	11196	7297	91	1	20	24	46
潮州市	**12495**	**4250**	**7277**	**514**	**454**	**1**				**1**
湘桥区	3206	830	1804	254	318	1				1
潮安区	8798	3343	5143	226	86					
饶平县	491	77	330	34	50					
揭阳市	**4376**	**1365**	**2586**	**275**	**150**					
榕城区	718	298	340	58	22					
揭东区	1650	485	1067	66	32					
揭西县	209	33	144	28	4					
惠来县	201	44	88	56	13					
普宁市	1598	505	947	67	79					
云浮市	**5750**	**1377**	**3564**	**437**	**372**	**3**	**1**		**1**	**1**
云城区	2180	626	1261	116	177	1				1
云安区	480	89	300	45	46					
新兴县	1839	436	1162	175	66	2	1		1	
郁南县	446	107	277	39	23					
罗定市	805	119	564	62	60					

7-1　续表 6　　　　单位：人

现住地	省外									
	天津					河北				
	小计	乡	镇的村委会	镇的居委会	街道	小计	乡	镇的村委会	镇的居委会	街道
广　东	**2107**	**192**	**429**	**404**	**1082**	**14415**	**3256**	**7654**	**1416**	**2089**
广州市	**508**	**45**	**89**	**108**	**266**	**3367**	**567**	**1872**	**342**	**586**
荔湾区	14		1	4	9	129	23	75	7	24
越秀区	45		3	11	31	159	29	64	23	43
海珠区	43	2	3	4	34	278	39	143	25	71
天河区	109	4	19	11	75	527	85	265	52	125
白云区	71	7	15	12	37	831	159	495	53	124
黄埔区	47	4	11	9	23	285	59	149	29	48
番禺区	96	3	22	34	37	501	63	277	72	89
花都区	37	20	5	5	7	273	62	157	27	27
南沙区	27	4	6	11	6	189	25	122	23	19
从化区	3		1	1	1	24	8	11	5	
增城区	16	1	3	6	6	171	15	114	26	16
韶关市	**4**			**3**	**1**	**77**	**3**	**44**	**12**	**18**
武江区						30		20	5	5
浈江区	2			2		14		9	3	2
曲江区	1			1		7	1	4	1	1
始兴县						1		1		
仁化县						1		1		
翁源县						7		5	1	1
乳源瑶族自治县	1				1	5		2	1	2
新丰县						4		2	1	1
乐昌市						4	1			3
南雄市						4	1			3
深圳市	**891**	**59**	**139**	**161**	**532**	**5142**	**1185**	**2615**	**518**	**824**
罗湖区	57	1	8	7	41	318	46	137	58	77
福田区	131	5	13	21	92	528	107	229	65	127
南山区	239	16	18	51	154	761	151	301	98	211
宝安区	151	10	37	20	84	1165	299	646	86	134
龙岗区	170	23	33	30	84	1058	261	576	95	126
盐田区	12		2	1	9	71	12	44	5	10
龙华区	90	2	14	21	53	809	188	444	74	103
坪山区	21	2	6	7	6	187	58	98	14	17
光明区	20		8	3	9	245	63	140	23	19
珠海市	**138**	**6**	**13**	**31**	**88**	**586**	**80**	**268**	**95**	**143**
香洲区	92	4	3	23	62	398	59	158	64	117
斗门区	14		5	4	5	88	5	57	16	10
金湾区	32	2	5	4	21	100	16	53	15	16
汕头市	**13**	**3**	**4**		**6**	**91**	**24**	**41**	**8**	**18**
龙湖区	4				4	24	1	19	2	2
金平区	5	1	2		2	22	1	7		14
濠江区						4			4	
潮阳区						3		2		1
潮南区	2	2				27	15	9	2	1
澄海区	2		2			11	7	4		
南澳县										
佛山市	**123**	**14**	**43**	**34**	**32**	**1361**	**315**	**827**	**132**	**87**
禅城区	16	2	6	3	5	127	27	75	12	13
南海区	46	10	9	11	16	644	147	390	61	46
顺德区	52	1	25	19	7	482	105	301	51	25
三水区	7		2	1	4	54	22	30	1	1
高明区	2	1	1			54	14	31	7	2

7−1 续表 7 单位：人

现住地	省外									
	天津					河北				
	小计	乡	镇的村委会	镇的居委会	街道	小计	乡	镇的村委会	镇的居委会	街道
江门市	**25**	**3**	**9**	**2**	**11**	**146**	**27**	**96**	**7**	**16**
蓬江区	7		1	2	4	40	6	22	2	10
江海区	2				2	28	6	21		1
新会区	1		1			19	4	11	3	1
台山市	3	1			2	22	6	12	1	3
开平市						8	1	7		
鹤山市	10	2	6		2	22	2	18	1	1
恩平市	2		1		1	7	2	5		
湛江市	**30**		**3**	**1**	**26**	**132**	**21**	**77**	**11**	**23**
赤坎区	3		1		2	27	3	20		4
霞山区	4				4	40	3	21	6	10
坡头区	9		1	1	7	6	2	4		
麻章区	12		1		11	46	11	25	5	5
遂溪县						1	1			
徐闻县	2				2	3		3		
廉江市										
雷州市						5		2		3
吴川市						4	1	2		1
茂名市	**7**		**2**		**5**	**27**	**2**	**15**	**5**	**5**
茂南区	5				5	19	2	10	4	3
电白区	2		2			5		3	1	1
高州市										
化州市						3		2		1
信宜市										
肇庆市	**6**	**1**	**1**		**4**	**121**	**29**	**66**	**9**	**17**
端州区	4				4	22	4	8	1	9
鼎湖区	1		1			9		6		3
高要区						9	1	4	4	
广宁县										
怀集县						5		5		
封开县						7	7			
德庆县						1		1		
四会市	1	1				68	17	42	4	5
惠州市	**115**	**9**	**34**	**29**	**43**	**638**	**190**	**313**	**55**	**80**
惠城区	43	4	17	10	12	211	72	94	22	23
惠阳区	55	4	14	14	23	303	82	157	23	41
博罗县	8	1	2	1	4	73	17	42	5	9
惠东县	7			4	3	48	19	18	4	7
龙门县	2		1		1	3		2	1	
梅州市						**53**	**1**	**37**	**10**	**5**
梅江区						13		8	2	3
梅县区						9		7		2
大埔县										
丰顺县						4		4		
五华县						2		2		
平远县						25	1	16	8	
蕉岭县										
兴宁市										

7-1　续表 8　　　　单位：人

现住地	省外									
	天津					河北				
	小计	乡	镇的村委会	镇的居委会	街道	小计	乡	镇的村委会	镇的居委会	街道
汕尾市	**7**		**3**	**2**	**2**	**37**	**8**	**24**	**2**	**3**
城　区	5		1	2	2	13	4	6	1	2
海丰县	2		2			19	1	17	1	
陆河县						3	2	1		
陆丰市						2	1			1
河源市	**5**		**1**	**1**	**3**	**63**	**15**	**31**	**6**	**11**
源城区	5		1	1	3	40	12	19	3	6
紫金县						3		3		
龙川县						18	3	9	3	3
连平县						1				1
和平县						1				1
东源县										
阳江市	**6**		**1**		**5**	**120**	**2**	**64**	**19**	**35**
江城区	4		1		3	14	1	5		8
阳东区						4		3		1
阳西县						2		2		
阳春市	2				2	100	1	54	19	26
清远市	**10**		**10**			**147**	**25**	**87**	**15**	**20**
清城区	3		3			108	23	62	11	12
清新区	3		3			2				2
佛冈县						7	1	3		3
阳山县										
连山壮族瑶族自治县						1		1		
连南瑶族自治县						3			3	
英德市	4		4			26	1	21	1	3
连州市										
东莞市	**168**	**44**	**59**	**20**	**45**	**1722**	**629**	**855**	**119**	**119**
市辖区	168	44	59	20	45	1722	629	855	119	119
中山市	**42**	**8**	**14**	**9**	**11**	**487**	**114**	**262**	**41**	**70**
市辖区	42	8	14	9	11	487	114	262	41	70
潮州市						**43**	**9**	**24**	**3**	**7**
湘桥区						17	5	7	3	2
潮安区						20	4	16		
饶平县						6		1		5
揭阳市						**14**		**12**	**2**	
榕城区						1		1		
揭东区						8		8		
揭西县										
惠来县						1		1		
普宁市						4		2	2	
云浮市	**9**		**4**	**3**	**2**	**41**	**10**	**24**	**5**	**2**
云城区	1		1			23	6	15		2
云安区	2			2		10	2	4	4	
新兴县	3		1	1	1	2	1	1		
郁南县	1		1							
罗定市	2		1		1	6	1	4	1	

7-1 续表 9　　　　　　　　　　　　　　　　　　　　　　　　单位：人

现住地	省外									
	山西					内蒙古				
	小计	乡	镇的村委会	镇的居委会	街道	小计	乡	镇的村委会	镇的居委会	街道
广　东	**10586**	**2389**	**5292**	**1189**	**1716**	**5544**	**1135**	**2216**	**974**	**1219**
广州市	**2225**	**384**	**1135**	**253**	**453**	**1175**	**182**	**438**	**223**	**332**
荔湾区	79	9	34	11	25	28	3	10	5	10
越秀区	87	12	38	9	28	57	5	20	8	24
海珠区	152	13	66	16	57	83	7	26	20	30
天河区	404	63	184	48	109	249	35	85	48	81
白云区	499	110	257	49	83	245	43	85	44	73
黄埔区	251	48	144	27	32	102	18	41	12	31
番禺区	389	62	201	60	66	222	44	93	39	46
花都区	172	40	96	14	22	88	12	28	28	20
南沙区	85	7	61	6	11	49	7	22	12	8
从化区	4		2	1	1	2		1	1	
增城区	103	20	52	12	19	50	8	27	6	9
韶关市	**30**	**6**	**11**	**7**	**6**	**32**	**3**	**18**		**11**
武江区	5	1	4			9		6		3
浈江区	2	1		1		15	2	6		7
曲江区	2				2	1		1		
始兴县	6	1		2	3	3		3		
仁化县	1		1							
翁源县	4		3		1	2	1	1		
乳源瑶族自治县	4	1		3		1				1
新丰县										
乐昌市	4	2	1	1		1		1		
南雄市	2		2							
深圳市	**4128**	**799**	**2108**	**463**	**758**	**2245**	**415**	**909**	**420**	**501**
罗湖区	222	27	96	37	62	163	26	67	28	42
福田区	351	55	128	57	111	225	36	84	47	58
南山区	583	129	237	66	151	341	54	111	55	121
宝安区	963	197	498	104	164	491	105	202	83	101
龙岗区	910	180	514	98	118	522	121	200	97	104
盐田区	37	6	20	5	6	29	2	11	9	7
龙华区	703	147	388	72	96	315	52	148	65	50
坪山区	153	25	110	6	12	78	7	43	18	10
光明区	206	33	117	18	38	81	12	43	18	8
珠海市	**500**	**71**	**214**	**89**	**126**	**290**	**41**	**100**	**53**	**96**
香洲区	311	37	122	65	87	210	23	74	38	75
斗门区	56	7	39	7	3	24	2	10	3	9
金湾区	133	27	53	17	36	56	16	16	12	12
汕头市	**55**	**14**	**21**	**5**	**15**	**22**	**4**	**11**	**2**	**5**
龙湖区	13	3	4	3	3	9	2	6		1
金平区	19	1	12		6	6		2	1	3
濠江区						2		1		1
潮阳区	3	3				1			1	
潮南区	13	7		2	4	1		1		
澄海区	7		5		2	3	2	1		
南澳县										
佛山市	**770**	**220**	**398**	**102**	**50**	**391**	**109**	**165**	**69**	**48**
禅城区	95	17	52	11	15	50	14	27	5	4
南海区	292	93	145	41	13	170	39	72	39	20
顺德区	309	95	152	43	19	150	48	59	24	19
三水区	60	9	45	4	2	18	7	6	1	4
高明区	14	6	4	3	1	3	1	1		1

7-1 续表 10 单位：人

现住地	省外									
	山西					内蒙古				
	小计	乡	镇的村委会	镇的居委会	街道	小计	乡	镇的村委会	镇的居委会	街道
江门市	**84**	**22**	**39**	**11**	**12**	**64**	**12**	**38**	**5**	**9**
蓬江区	35	7	15	7	6	22	3	11	2	6
江海区	10	2	6	1	1	7		6	1	
新会区	12		10		2	15	1	12	1	1
台山市	6	1	3	1	1	4	1	2		1
开平市	6	3	2	1		1			1	
鹤山市	12	7	3	1	1	11	4	7		
恩平市	3	2			1	4	3			1
湛江市	**87**	**10**	**30**	**13**	**34**	**45**	**7**	**11**	**11**	**16**
赤坎区	21	2	7	2	10	7	1	2	1	3
霞山区	7		2	2	3	18		6	4	8
坡头区	7	1	3		3	6	1	1	1	3
麻章区	35	7	12	7	9	7	3		3	1
遂溪县										
徐闻县	2			1	1					
廉江市	2			1	1	2			2	
雷州市	8		1		7	2		2		
吴川市	5		5			3	2			1
茂名市	**37**	**3**	**24**	**4**	**6**	**13**	**3**	**5**	**2**	**3**
茂南区	20	2	12	3	3	8	1	4		3
电白区	7	1	5		1	1	1			
高州市	5		4		1	2			2	
化州市	4		3		1	2	1	1		
信宜市	1			1						
肇庆市	**72**	**16**	**29**	**12**	**15**	**39**	**9**	**11**	**6**	**13**
端州区	9		2	2	5	4		2		2
鼎湖区	2	2				1		1		
高要区	9	1	4	3	1	3	1	1		1
广宁县						6			1	5
怀集县						1	1			
封开县	13	6	2	1	4	3		1	2	
德庆县	1		1			1		1		
四会市	38	7	20	6	5	20	7	5	3	5
惠州市	**510**	**137**	**246**	**60**	**67**	**296**	**79**	**121**	**48**	**48**
惠城区	180	46	96	11	27	110	37	39	18	16
惠阳区	244	76	108	35	25	150	33	66	24	27
博罗县	34	3	22	3	6	17	4	11	2	
惠东县	48	12	20	10	6	15	5	5	4	1
龙门县	4			1	3	4				4
梅州市	**34**	**3**	**22**	**6**	**3**	**17**	**5**	**7**	**2**	**3**
梅江区	7	3	3		1	7	3	1		3
梅县区	6		6			6	1	4	1	
大埔县	2		1	1						
丰顺县	6		5		1					
五华县	9		5	4						
平远县	1		1			2	1	1		
蕉岭县						1		1		
兴宁市	3		1	1	1	1			1	

7-1 续表 11

单位：人

现住地	省外									
	山西					内蒙古				
	小计	乡	镇的村委会	镇的居委会	街道	小计	乡	镇的村委会	镇的居委会	街道
汕尾市	**35**	**9**	**17**	**2**	**7**	**10**	**6**	**2**	**1**	**1**
城　区	10	2	5	2	1	2	2			
海丰县	12	5	6		1	7	4	1	1	1
陆河县	6	2	2		2					
陆丰市	7		4		3	1		1		
河源市	**75**	**11**	**54**	**4**	**6**	**15**		**13**	**2**	
源城区	34	6	22	3	3	11		9	2	
紫金县	3		2	1		1		1		
龙川县	12	4	7		1	2		2		
连平县	1		1							
和平县	4		2		2					
东源县	21	1	20			1		1		
阳江市	**33**	**5**	**25**		**3**	**15**	**4**	**5**		**6**
江城区	10	3	5		2	4				4
阳东区	12	1	10		1	7	2	5		
阳西县	4	1	3			1	1			
阳春市	7		7			3	1			2
清远市	**75**	**15**	**39**	**9**	**12**	**68**	**7**	**35**	**18**	**8**
清城区	51	13	27	2	9	40	5	19	13	3
清新区	5	1	2	1	1	6	1	3	2	
佛冈县	6		4	2		8	1	7		
阳山县	4		1	3		1			1	
连山壮族瑶族自治县										
连南瑶族自治县	1			1						
英德市	7		5		2	5		2	2	1
连州市	1	1				8		4		4
东莞市	**1436**	**567**	**680**	**91**	**98**	**588**	**198**	**242**	**83**	**65**
市辖区	1436	567	680	91	98	588	198	242	83	65
中山市	**328**	**84**	**158**	**46**	**40**	**201**	**46**	**77**	**29**	**49**
市辖区	328	84	158	46	40	201	46	77	29	49
潮州市	**32**	**2**	**25**	**4**	**1**	**8**	**1**	**4**		**3**
湘桥区	4		3		1	3		1		2
潮安区	24	2	18	4		4	1	2		1
饶平县	4		4			1		1		
揭阳市	**25**	**10**	**8**	**6**	**1**	**2**	**1**	**1**		
榕城区	11	1	6	3	1					
揭东区	9	9				2	1	1		
揭西县										
惠来县										
普宁市	5		2	3						
云浮市	**15**	**1**	**9**	**2**	**3**	**8**	**3**	**3**		**2**
云城区	6		4		2	2		1		1
云安区	4		4			1				1
新兴县	3	1		2		3	3			
郁南县						1		1		
罗定市	2		1		1	1		1		

7-1　续表 12

单位：人

现住地	省外									
	辽宁					吉林				
	小计	乡	镇的村委会	镇的居委会	街道	小计	乡	镇的村委会	镇的居委会	街道
广　东	**12999**	**2063**	**4844**	**1959**	**4133**	**13066**	**2342**	**5194**	**2043**	**3487**
广州市	**2930**	**335**	**1060**	**484**	**1051**	**2645**	**374**	**1044**	**425**	**802**
荔湾区	159	17	58	27	57	92	7	39	14	32
越秀区	120	6	33	23	58	100	14	25	14	47
海珠区	250	8	74	31	137	182	21	65	18	78
天河区	519	72	140	75	232	406	52	147	74	133
白云区	719	114	275	109	221	711	99	286	86	240
黄埔区	232	18	89	35	90	274	47	118	26	83
番禺区	433	37	165	100	131	393	46	174	101	72
花都区	234	44	97	32	61	225	49	77	39	60
南沙区	145	8	84	25	28	123	22	59	20	22
从化区	20	3	5	3	9	27	2	17	3	5
增城区	99	8	40	24	27	112	15	37	30	30
韶关市	**49**	**4**	**23**	**4**	**18**	**54**	**6**	**19**	**11**	**18**
武江区	15	1	7	1	6	13	1	5		7
浈江区	11	1	7		3	17	5	5		7
曲江区	9		1	3	5	4		3	1	
始兴县	1		1							
仁化县	3		1		2	11		2	8	1
翁源县	1		1			4		3		1
乳源瑶族自治县	4	1	3			2		1	1	
新丰县						1				1
乐昌市	3		2		1	1				1
南雄市	2	1			1	1			1	
深圳市	**5569**	**821**	**1924**	**847**	**1977**	**5333**	**878**	**1915**	**904**	**1636**
罗湖区	533	42	192	67	232	426	54	126	82	164
福田区	638	55	214	113	256	633	78	226	91	238
南山区	954	148	243	157	406	843	156	239	144	304
宝安区	1144	203	417	136	388	1106	202	437	181	286
龙岗区	1172	220	437	195	320	1169	228	447	193	301
盐田区	78	3	23	16	36	104	12	40	25	27
龙华区	731	87	254	120	270	755	122	256	132	245
坪山区	149	34	69	25	21	125	9	61	28	27
光明区	170	29	75	18	48	172	17	83	28	44
珠海市	**603**	**47**	**197**	**145**	**214**	**746**	**98**	**270**	**136**	**242**
香洲区	435	34	124	106	171	514	73	178	100	163
斗门区	57	3	30	12	12	78	6	42	15	15
金湾区	111	10	43	27	31	154	19	50	21	64
汕头市	**47**	**3**	**19**	**8**	**17**	**46**	**14**	**17**	**4**	**11**
龙湖区	23		14	2	7	18	8	7	1	2
金平区	14		2	5	7	9			3	6
濠江区	1				1	4		4		
潮阳区	2		1		1	5		4		1
潮南区	3	3				6	4	1		1
澄海区	4		2	1	1	4	2	1		1
南澳县										
佛山市	**885**	**160**	**424**	**143**	**158**	**1097**	**223**	**543**	**168**	**163**
禅城区	79	10	36	14	19	110	15	52	14	29
南海区	424	79	197	68	80	617	125	306	94	92
顺德区	294	53	149	51	41	261	66	132	33	30
三水区	65	13	30	8	14	81	11	36	22	12
高明区	23	5	12	2	4	28	6	17	5	

7-1 续表 13

单位：人

现住地	省外									
	辽宁					吉林				
	小计	乡	镇的村委会	镇的居委会	街道	小计	乡	镇的村委会	镇的居委会	街道
江门市	**137**	**28**	**52**	**22**	**35**	**94**	**17**	**38**	**21**	**18**
蓬江区	49	6	21	5	17	32	4	16	4	8
江海区	24	4	10	3	7	31	2	9	13	7
新会区	12	3	2	3	4	12	5	4	3	
台山市	10	2	6		2	7		4		3
开平市	19	9	3	2	5	6	5		1	
鹤山市	21	4	9	8		5		5		
恩平市	2		1	1		1	1			
湛江市	**117**	**23**	**36**	**13**	**45**	**80**	**10**	**20**	**11**	**39**
赤坎区	16	1	3	4	8	11		6	2	3
霞山区	42	2	20	4	16	38	7	5	5	21
坡头区	4			1	3	8	1	2	2	3
麻章区	20	4	5		11	5	1	3		1
遂溪县	1				1	3	1			2
徐闻县	3				3					
廉江市	3			1	2	2			2	
雷州市	26	15	8	2	1	7		4		3
吴川市	2	1		1		6				6
茂名市	**48**	**16**	**13**	**1**	**18**	**40**	**3**	**20**	**6**	**11**
茂南区	33	14	9		10	27	1	14	5	7
电白区	8	2	4	1	1	11	2	4	1	4
高州市						1		1		
化州市	4				4					
信宜市	3				3	1		1		
肇庆市	**76**	**11**	**37**	**8**	**20**	**61**	**8**	**27**	**12**	**14**
端州区	16		6	1	9	24		8	6	10
鼎湖区	3		3			6	1	3	1	1
高要区	4	1	3			1				1
广宁县	2			2		4		4		
怀集县	1		1			1		1		
封开县	4			2	2					
德庆县	4		3		1					
四会市	42	10	21	3	8	25	7	11	5	2
惠州市	**536**	**103**	**211**	**71**	**151**	**701**	**129**	**323**	**107**	**142**
惠城区	140	28	37	23	52	245	42	119	39	45
惠阳区	320	59	141	36	84	369	82	160	50	77
博罗县	48	12	23	1	12	49	3	29	10	7
惠东县	28	4	10	11	3	35	2	14	6	13
龙门县						3		1	2	
梅州市	**40**		**22**	**9**	**9**	**16**	**1**	**12**	**2**	**1**
梅江区	19		11	3	5	12	1	8	2	1
梅县区	13		8	5		3		3		
大埔县	1			1		1		1		
丰顺县	1		1							
五华县	2		1		1					
平远县	1		1							
蕉岭县										
兴宁市	3				3					

7-1　续表 14　　　　单位：人

现住地	省外									
	辽宁					吉林				
	小计	乡	镇的村委会	镇的居委会	街道	小计	乡	镇的村委会	镇的居委会	街道
汕尾市	**30**	**7**	**10**	**3**	**10**	**32**	**2**	**17**	**5**	**8**
城　区	12	3	4	1	4	15	1	6	4	4
海丰县	9		2	1	6	10	1	5		4
陆河县	1	1								
陆丰市	8	3	4	1		7		6	1	
河源市	**32**	**7**	**13**	**3**	**9**	**44**	**9**	**17**	**4**	**14**
源城区	20	5	7	1	7	37	9	12	4	12
紫金县	6	1	2	2	1	1				1
龙川县	1		1			2		2		
连平县						1				1
和平县	2		2			1		1		
东源县	3	1	1		1	2		2		
阳江市	**17**	**1**	**8**		**8**	**29**	**4**	**15**	**1**	**9**
江城区	5		3		2	7		2		5
阳东区	9	1	3		5	6		5	1	
阳西县	2		1		1	11	1	6		4
阳春市	1		1			5	3	2		
清远市	**90**	**18**	**30**	**7**	**35**	**87**	**6**	**39**	**13**	**29**
清城区	63	15	18	5	25	62	4	24	10	24
清新区	10	1	2	2	5	5	1	2		2
佛冈县	5	1	3		1	4	1	2	1	
阳山县	2		1		1	2		2		
连山壮族瑶族自治县										
连南瑶族自治县						1			1	
英德市	10	1	6		3	13		9	1	3
连州市										
东莞市	**1300**	**404**	**549**	**119**	**228**	**1436**	**460**	**631**	**142**	**203**
市辖区	1300	404	549	119	228	1436	460	631	142	203
中山市	**444**	**67**	**187**	**66**	**124**	**481**	**88**	**212**	**66**	**115**
市辖区	444	67	187	66	124	481	88	212	66	115
潮州市	**19**	**4**	**11**	**2**	**2**	**16**	**4**	**6**		**6**
湘桥区	7	3	1	1	2	10	2	3		5
潮安区	10		9	1		5	2	2		1
饶平县	2	1	1			1		1		
揭阳市	**9**	**1**	**7**	**1**		**5**	**5**			
榕城区						1	1			
揭东区	4		3	1		4	4			
揭西县										
惠来县	3		3							
普宁市	2	1	1							
云浮市	**21**	**3**	**11**	**3**	**4**	**23**	**3**	**9**	**5**	**6**
云城区	12	3	7		2	11	1	7		3
云安区	2			2		1		1		
新兴县	4		2		2	7			4	3
郁南县										
罗定市	3		2	1		4	2	1	1	

7-1 续表 15

单位：人

现住地	省外									
	黑龙江					上海				
	小计	乡	镇的村委会	镇的居委会	街道	小计	乡	镇的村委会	镇的居委会	街道
广东	**24575**	**4558**	**9721**	**4267**	**6029**	**2320**	**146**	**247**	**394**	**1533**
广州市	**4936**	**785**	**1952**	**830**	**1369**	**478**	**16**	**53**	**74**	**335**
荔湾区	163	22	47	25	69	21		1	2	18
越秀区	166	18	49	36	63	29		2	1	26
海珠区	386	41	169	54	122	52	1	2	1	48
天河区	781	119	293	119	250	163	7	8	19	129
白云区	1407	265	538	203	401	47	1	10	9	27
黄埔区	416	74	172	62	108	25		1	5	19
番禺区	773	84	324	176	189	78	3	15	20	40
花都区	375	85	159	67	64	28	3	5	10	10
南沙区	197	31	104	27	35	19	1	5	5	8
从化区	39	1	13	6	19					
增城区	233	45	84	55	49	16		4	2	10
韶关市	**78**	**10**	**31**	**16**	**21**	**11**		**4**	**1**	**6**
武江区	14	1	2	2	9	3		1	1	1
浈江区	14	1	3	4	6	4		1		3
曲江区	15	1	6	5	3	2		1		1
始兴县	6	2	3		1					
仁化县	11	2	7	1	1					
翁源县	6	2	2	2						
乳源瑶族自治县	4	1	2	1		2		1		1
新丰县										
乐昌市	5		4	1						
南雄市	3		2		1					
深圳市	**10436**	**1727**	**3873**	**1929**	**2907**	**1081**	**32**	**72**	**173**	**804**
罗湖区	774	102	259	165	248	110	2	5	19	84
福田区	1386	169	522	242	453	209	1	6	37	165
南山区	1502	280	429	288	505	322	22	19	43	238
宝安区	2156	424	807	364	561	115	1	12	23	79
龙岗区	2327	432	923	435	537	180	5	17	33	125
盐田区	185	19	68	29	69	15	1		1	13
龙华区	1490	208	569	298	415	89		4	9	76
坪山区	265	51	122	49	43	11		2	2	7
光明区	351	42	174	59	76	30		7	6	17
珠海市	**1249**	**148**	**484**	**281**	**336**	**109**	**1**	**7**	**19**	**82**
香洲区	851	87	294	220	250	94		7	14	73
斗门区	187	16	102	30	39	5			3	2
金湾区	211	45	88	31	47	10	1		2	7
汕头市	**69**	**17**	**22**	**17**	**13**	**24**	**7**		**4**	**13**
龙湖区	23	3	11	5	4	5	1			4
金平区	20		7	8	5	10			2	8
濠江区	6	4		1	1					
潮阳区	1			1		9	6		2	1
潮南区	9	9								
澄海区	10	1	4	2	3					
南澳县										
佛山市	**1502**	**264**	**740**	**288**	**210**	**142**	**13**	**31**	**38**	**60**
禅城区	176	22	79	38	37	27	1	2	6	18
南海区	696	122	335	146	93	61	8	13	20	20
顺德区	473	92	251	77	53	45	3	15	11	16
三水区	115	22	56	19	18	6	1			5
高明区	42	6	19	8	9	3		1	1	1

7-1　续表 16　　　　单位：人

现住地	省外									
	黑龙江					上海				
	小计	乡	镇的村委会	镇的居委会	街道	小计	乡	镇的村委会	镇的居委会	街道
江门市	**191**	**23**	**92**	**27**	**49**	**17**		**3**	**3**	**11**
蓬江区	65	9	23	11	22	7		1		6
江海区	26	3	9	9	5	2			2	
新会区	23		10	2	11	1				1
台山市	21		15	2	4	1			1	
开平市	7		6	1		2		1		1
鹤山市	44	11	29		4	4		1		3
恩平市	5			2	3					
湛江市	**122**	**16**	**38**	**18**	**50**	**102**	**8**	**11**	**13**	**70**
赤坎区	25	4	3	2	16	9	1			8
霞山区	51	7	14	7	23	28	4	1	3	20
坡头区	4		2		2	2				2
麻章区	22	3	12	2	5	58	3	7	8	40
遂溪县	2		1	1		1			1	
徐闻县	5			3	2	2		2		
廉江市	7	1	4	1	1	2		1	1	
雷州市	3	1		1	1					
吴川市	3		2	1						
茂名市	**47**	**7**	**18**	**7**	**15**	**6**	**2**			**4**
茂南区	33	3	14	4	12	5	1			4
电白区	7	1	1	3	2					
高州市	3	1	1		1					
化州市										
信宜市	4	2	2			1	1			
肇庆市	**116**	**19**	**41**	**20**	**36**	**9**		**1**	**3**	**5**
端州区	23	1	8	4	10	2				2
鼎湖区	18		9	6	3	1				1
高要区	5	2	1	2		1		1		
广宁县										
怀集县	1			1						
封开县	4	1	1	2		1			1	
德庆县	1			1						
四会市	64	15	22	4	23	4			2	2
惠州市	**1415**	**272**	**562**	**247**	**334**	**65**	**10**	**17**	**7**	**31**
惠城区	454	82	166	76	130	20	4	4	1	11
惠阳区	790	148	325	143	174	31	6	8	5	12
博罗县	108	22	50	22	14	8		3	1	4
惠东县	57	18	19	6	14	6		2		4
龙门县	6	2	2		2					
梅州市	**47**	**3**	**28**	**13**	**3**	**3**		**1**	**1**	**1**
梅江区	18	1	5	9	3	1				1
梅县区	9		7	2		2		1	1	
大埔县	1		1							
丰顺县										
五华县	1		1							
平远县	1		1							
蕉岭县	2			2						
兴宁市	15	2	13							

7-1 续表 17

单位：人

现住地	省外									
	黑龙江					上海				
	小计	乡	镇的村委会	镇的居委会	街道	小计	乡	镇的村委会	镇的居委会	街道
汕尾市	**57**	**14**	**19**	**10**	**14**	**7**	**2**		**1**	**4**
城　区	20	10	2	4	4					
海丰县	25	3	11	1	10	3				3
陆河县	1	1								
陆丰市	11		6	5		4	2		1	1
河源市	**125**	**26**	**43**	**27**	**29**	**4**		**2**		**2**
源城区	99	23	26	25	25	3		1		2
紫金县	9	2	4	1	2					
龙川县	8		7	1		1		1		
连平县	2	1	1							
和平县	2		2							
东源县	5		3		2					
阳江市	**51**	**7**	**29**	**7**	**8**	**6**	**3**			**3**
江城区	24		14	6	4	3	2			1
阳东区	6	5			1	1	1			
阳西县	6		6			1				1
阳春市	15	2	9	1	3	1				1
清远市	**182**	**30**	**61**	**36**	**55**	**8**		**3**	**2**	**3**
清城区	137	24	43	22	48	6		1	2	3
清新区	6	1	3	1	1					
佛冈县	13	4	4	4	1					
阳山县	3		2		1					
连山壮族瑶族自治县	1		1							
连南瑶族自治县	3			3						
英德市	15		8	3	4	2		2		
连州市	4	1		3						
东莞市	**2973**	**1003**	**1273**	**331**	**366**	**188**	**48**	**38**	**25**	**77**
市辖区	2973	1003	1273	331	366	188	48	38	25	77
中山市	**931**	**180**	**396**	**152**	**203**	**54**	**4**	**3**	**29**	**18**
市辖区	931	180	396	152	203	54	4	3	29	18
潮州市	**19**	**3**	**10**	**3**	**3**	**2**				**2**
湘桥区	6		3	1	2	2				2
潮安区	9	3	4	2						
饶平县	4		3		1					
揭阳市	**7**	**1**	**4**	**2**		**2**		**1**	**1**	
榕城区	1			1		1			1	
揭东区										
揭西县										
惠来县	2	1		1						
普宁市	4		4			1		1		
云浮市	**22**	**3**	**5**	**6**	**8**	**2**				**2**
云城区	5	2	1	1	1	1				1
云安区	1				1					
新兴县	12	1	4	1	6					
郁南县	4			4		1				1
罗定市										

7-1　续表 18　　　　　　　　　　　　　　　　　　　　　　　单位：人

现住地	省外									
	江苏					浙江				
	小计	乡	镇的村委会	镇的居委会	街道	小计	乡	镇的村委会	镇的居委会	街道
广　东	**18363**	**3283**	**9280**	**2589**	**3211**	**20320**	**3385**	**10763**	**2599**	**3573**
广州市	**3871**	**519**	**1902**	**587**	**863**	**5580**	**658**	**2907**	**715**	**1300**
荔湾区	170	14	79	31	46	293	26	118	53	96
越秀区	197	13	76	41	67	400	29	233	48	90
海珠区	265	37	88	36	104	1037	83	561	144	249
天河区	628	77	253	98	200	672	60	268	101	243
白云区	886	144	497	83	162	1553	220	846	138	349
黄埔区	321	56	154	38	73	163	32	83	14	34
番禺区	563	47	294	129	93	601	55	314	112	120
花都区	384	64	213	55	52	595	102	354	70	69
南沙区	201	30	122	25	24	62	11	27	13	11
从化区	25	4	10	7	4	24	2	17	4	1
增城区	231	33	116	44	38	180	38	86	18	38
韶关市	**94**	**15**	**45**	**18**	**16**	**210**	**13**	**138**	**21**	**38**
武江区	26	8	8	3	7	68	1	54	3	10
浈江区	18		10	4	4	53	4	30	5	14
曲江区	8		5	2	1	15		8	5	2
始兴县	8	1	4	3		3	1		2	
仁化县	12	3	5	4		1				1
翁源县	2		2			9	1	6	1	1
乳源瑶族自治县	6		3	2	1	17	4	10	3	
新丰县						3		1		2
乐昌市	9	2	4		3	19	2	15	2	
南雄市	5	1	4			22		14		8
深圳市	**7271**	**1157**	**3674**	**1078**	**1362**	**5406**	**867**	**2789**	**723**	**1027**
罗湖区	545	83	246	86	130	416	62	185	72	97
福田区	792	88	324	139	241	839	105	393	147	194
南山区	1184	225	432	184	343	698	136	223	120	219
宝安区	1588	274	846	237	231	1315	182	799	153	181
龙岗区	1565	255	832	253	225	1055	212	568	116	159
盐田区	114	11	64	14	25	25	3	12	1	9
龙华区	930	156	551	113	110	721	102	405	87	127
坪山区	204	28	134	21	21	109	28	68	4	9
光明区	349	37	245	31	36	228	37	136	23	32
珠海市	**894**	**135**	**421**	**164**	**174**	**460**	**56**	**165**	**104**	**135**
香洲区	648	97	282	124	145	323	36	94	89	104
斗门区	104	13	60	22	9	54	8	27	7	12
金湾区	142	25	79	18	20	83	12	44	8	19
汕头市	**116**	**25**	**41**	**26**	**24**	**135**	**27**	**60**	**15**	**33**
龙湖区	24	2	8	5	9	31	4	16	4	7
金平区	40	4	19	4	13	53	4	26	3	20
濠江区	8		3	5		3			1	2
潮阳区	10	1	2	5	2	8	2	1	1	4
潮南区	19	14	3	2		20	12	3	5	
澄海区	8	2	2	4		20	5	14	1	
南澳县	7	2	4	1						
佛山市	**1345**	**237**	**766**	**212**	**130**	**2522**	**363**	**1486**	**395**	**278**
禅城区	174	19	96	35	24	218	29	120	41	28
南海区	596	142	310	94	50	1436	233	810	232	161
顺德区	439	63	262	67	47	721	93	446	116	66
三水区	78	5	65	6	2	110	5	90	2	13
高明区	58	8	33	10	7	37	3	20	4	10

7-1　续表 19　　　　单位：人

现住地	省外									
	江苏					浙江				
	小计	乡	镇的村委会	镇的居委会	街道	小计	乡	镇的村委会	镇的居委会	街道
江门市	**270**	**50**	**127**	**31**	**62**	**682**	**88**	**409**	**66**	**119**
蓬江区	89	16	33	9	31	106	5	54	15	32
江海区	59	4	36	5	14	172	14	83	23	52
新会区	52	17	21	3	11	75	18	53	1	3
台山市	19	8	4	4	3	149	24	95	16	14
开平市	22	1	14	5	2	73	12	45	10	6
鹤山市	26	4	17	4	1	79	12	59	1	7
恩平市	3		2	1		28	3	20		5
湛江市	**117**	**17**	**38**	**18**	**44**	**140**	**12**	**71**	**26**	**31**
赤坎区	20	3	2	5	10	28	2	13	2	11
霞山区	30	4	8	1	17	37	4	21	5	7
坡头区	7	2	1		4	10	1	5	4	
麻章区	39	6	18	7	8	13	1	5	2	5
遂溪县						4		1	3	
徐闻县	3	1		1	1	16	1	9	5	1
廉江市	4			1	3	7		5	1	1
雷州市	2			1	1	14	2	8		4
吴川市	12	1	9	2		11	1	4	4	2
茂名市	**68**	**17**	**25**	**5**	**21**	**40**	**3**	**22**	**3**	**12**
茂南区	49	17	14	4	14	17	1	11	2	3
电白区	6		5		1	13	2	7		4
高州市	2		1		1	4		3	1	
化州市	6		2		4	3				3
信宜市	5		3	1	1	3		1		2
肇庆市	**90**	**15**	**47**	**14**	**14**	**148**	**19**	**94**	**17**	**18**
端州区	16	1	2	3	10	30	4	11	6	9
鼎湖区	13	3	5	5		16	6	8		2
高要区	5	1	2	1	1	16	1	11	3	1
广宁县						9		8	1	
怀集县	1				1	5		4	1	
封开县	3	1	2			6		6		
德庆县						6	2	3	1	
四会市	52	9	36	5	2	60	6	43	5	6
惠州市	**824**	**176**	**433**	**88**	**127**	**701**	**150**	**388**	**68**	**95**
惠城区	287	64	134	30	59	249	53	131	27	38
惠阳区	376	71	215	38	52	228	37	136	19	36
博罗县	101	25	57	7	12	107	26	60	10	11
惠东县	55	14	24	13	4	92	30	45	7	10
龙门县	5	2	3			25	4	16	5	
梅州市	**73**	**13**	**48**	**9**	**3**	**124**	**11**	**92**	**10**	**11**
梅江区	23	5	12	4	2	39	3	28	4	4
梅县区	10	1	8		1	25	3	21	1	
大埔县	9	3	4	2		10	1	8	1	
丰顺县	2	1	1			8	2	3	3	
五华县	9	3	4	2		9		9		
平远县	10		10			4	1	2	1	
蕉岭县	8		7	1		11		11		
兴宁市	2		2			18	1	10		7

7-1　续表 20　　　　　　　　　　　　　　　　　　　　　　单位：人

现住地	省外									
	江苏					浙江				
	小计	乡	镇的村委会	镇的居委会	街道	小计	乡	镇的村委会	镇的居委会	街道
汕尾市	**68**	**16**	**38**	**5**	**9**	**60**	**14**	**29**	**11**	**6**
城　区	23	7	9		7	3	1		1	1
海丰县	24	4	17	2	1	32	11	17	3	1
陆河县	5	5				7	1	5		1
陆丰市	16		12	3	1	18	1	7	7	3
河源市	**79**	**9**	**51**	**11**	**8**	**95**	**14**	**53**	**16**	**12**
源城区	43	6	30	4	3	40	4	22	6	8
紫金县	9	1	3	3	2	8		8		
龙川县	8	1	5	2		19	1	8	6	4
连平县	4		4			14	4	6	4	
和平县	3		1	1	1	9	2	7		
东源县	12	1	8	1	2	5	3	2		
阳江市	**35**		**24**	**5**	**6**	**94**	**7**	**48**	**8**	**31**
江城区	14		10	2	2	56	3	23	6	24
阳东区	10		6		4	23	1	14	2	6
阳西县	10		7	3		11	3	8		
阳春市	1		1			4		3		1
清远市	**195**	**14**	**126**	**30**	**25**	**259**	**34**	**167**	**30**	**28**
清城区	94	11	49	15	19	147	20	89	21	17
清新区	25	1	18	4	2	23	4	17	2	
佛冈县	13	1	8	3	1	22	1	14	3	4
阳山县	2		2			5		5		
连山壮族瑶族自治县	1		1			3		3		
连南瑶族自治县	1		1							
英德市	53	1	41	8	3	50	9	30	4	7
连州市	6		6			9		9		
东莞市	**2187**	**692**	**1095**	**198**	**202**	**2373**	**786**	**1167**	**210**	**210**
市辖区	2187	692	1095	198	202	2373	786	1167	210	210
中山市	**681**	**165**	**333**	**79**	**104**	**1146**	**227**	**607**	**136**	**176**
市辖区	681	165	333	79	104	1146	227	607	136	176
潮州市	**32**	**8**	**16**	**5**	**3**	**71**	**19**	**41**	**7**	**4**
湘桥区	9	2	4	2	1	27	5	13	5	4
潮安区	19	6	9	2	2	37	14	21	2	
饶平县	4		3	1		7		7		
揭阳市	**21**	**3**	**13**	**1**	**4**	**27**	**6**	**13**	**6**	**2**
榕城区						7	1	6		
揭东区	12		12			5	2	3		
揭西县	2	1		1		4		3	1	
惠来县	4				4					
普宁市	3	2	1			11	3	1	5	2
云浮市	**32**		**17**	**5**	**10**	**47**	**11**	**17**	**12**	**7**
云城区	20		10	5	5	7	1	5		1
云安区	2		1		1	4		1		3
新兴县	5		1		4	17	2	11	4	
郁南县	2		2			1			1	
罗定市	3		3			18	8		7	3

7-1 续表 21 单位：人

现住地	省外									
	安徽					福建				
	小计	乡	镇的村委会	镇的居委会	街道	小计	乡	镇的村委会	镇的居委会	街道
广东	**63584**	**16633**	**37321**	**4989**	**4641**	**64090**	**14427**	**39704**	**5225**	**4734**
广州市	**9599**	**1798**	**5768**	**921**	**1112**	**12267**	**2102**	**7629**	**1129**	**1407**
荔湾区	253	26	139	45	43	1059	164	665	112	118
越秀区	396	58	210	47	81	456	71	239	58	88
海珠区	683	86	407	69	121	1176	168	672	134	202
天河区	1563	272	849	174	268	1646	237	959	188	262
白云区	2518	638	1491	157	232	3871	796	2478	250	347
黄埔区	769	143	480	67	79	619	139	366	35	79
番禺区	1477	191	938	184	164	1661	180	1135	171	175
花都区	810	204	495	57	54	937	209	566	95	67
南沙区	514	76	360	54	24	265	45	189	18	13
从化区	67	11	43	8	5	67	11	37	12	7
增城区	549	93	356	59	41	510	82	323	56	49
韶关市	**248**	**32**	**167**	**23**	**26**	**316**	**57**	**203**	**29**	**27**
武江区	43	9	18	7	9	84	19	59	3	3
浈江区	73	8	48	9	8	55	16	22	7	10
曲江区	45	3	31	4	7	50	2	34	7	7
始兴县	8		8			11		10		1
仁化县	14	5	9			11	1	7	2	1
翁源县	10	1	8		1	27	3	22	2	
乳源瑶族自治县	20	4	13	3		12		11	1	
新丰县	5	2	2		1	19	7	7	5	
乐昌市	15		15			20		18	2	
南雄市	15		15			27	9	13		5
深圳市	**23731**	**5640**	**14313**	**1860**	**1918**	**21510**	**4679**	**13512**	**1681**	**1638**
罗湖区	1172	246	668	124	134	1348	273	782	146	147
福田区	2064	329	1248	210	277	1389	199	814	152	224
南山区	2769	839	1261	280	389	1594	391	698	218	287
宝安区	5759	1450	3588	354	367	5230	1235	3384	307	304
龙岗区	5528	1426	3333	440	329	7104	1562	4554	575	413
盐田区	303	47	204	17	35	180	38	105	22	15
龙华区	3987	778	2627	295	287	2962	596	2005	182	179
坪山区	703	189	427	58	29	610	182	374	29	25
光明区	1446	336	957	82	71	1093	203	796	50	44
珠海市	**1346**	**247**	**726**	**224**	**149**	**1164**	**164**	**590**	**226**	**184**
香洲区	904	161	459	163	121	806	100	380	181	145
斗门区	203	25	148	24	6	151	17	111	21	2
金湾区	239	61	119	37	22	207	47	99	24	37
汕头市	**1133**	**336**	**528**	**167**	**102**	**2063**	**508**	**1086**	**264**	**205**
龙湖区	291	79	141	59	12	645	114	391	103	37
金平区	336	68	172	51	45	566	95	292	75	104
濠江区	47	12	14	8	13	34	9	5	14	6
潮阳区	83	15	30	11	27	81	25	26	17	13
潮南区	165	81	55	28	1	165	92	42	16	15
澄海区	181	65	104	10	2	553	171	317	37	28
南澳县	30	16	12		2	19	2	13	2	2
佛山市	**4486**	**1106**	**2745**	**427**	**208**	**4895**	**937**	**3248**	**474**	**236**
禅城区	602	149	373	37	43	808	139	546	76	47
南海区	1885	511	1036	246	92	2449	512	1526	287	124
顺德区	1601	359	1069	120	53	1248	221	885	98	44
三水区	257	43	189	15	10	307	44	236	11	16
高明区	141	44	78	9	10	83	21	55	2	5

7-1 续表 22　　　　单位：人

现住地	省外									
	安徽					福建				
	小计	乡	镇的村委会	镇的居委会	街道	小计	乡	镇的村委会	镇的居委会	街道
江门市	**907**	**168**	**598**	**54**	**87**	**768**	**128**	**517**	**59**	**64**
蓬江区	223	29	159	12	23	211	28	139	21	23
江海区	139	22	76	9	32	115	8	93	5	9
新会区	332	73	219	16	24	116	18	70	12	16
台山市	35	2	25	4	4	93	24	61	5	3
开平市	48	10	34	1	3	94	27	53	7	7
鹤山市	94	19	66	8	1	113	21	80	6	6
恩平市	36	13	19	4		26	2	21	3	
湛江市	**225**	**51**	**118**	**23**	**33**	**249**	**62**	**132**	**26**	**29**
赤坎区	49	15	28		6	37	5	22	1	9
霞山区	72	15	29	12	16	80	28	34	11	7
坡头区	12	3	3	3	3	12	9	3		
麻章区	55	18	24	6	7	36	7	18	2	9
遂溪县	3		3			15	1	10	4	
徐闻县	15		13	2		12	1	7	3	1
廉江市	4		3		1	22	4	15	1	2
雷州市						16	1	10	4	1
吴川市	15		15			19	6	13		
茂名市	**86**	**14**	**52**	**8**	**12**	**145**	**34**	**78**	**16**	**17**
茂南区	35	3	21	6	5	75	20	40	6	9
电白区	15	1	11	2	1	31	3	20	8	
高州市	12	1	7		4	14	3	9		2
化州市	22	9	12		1	12	6		2	4
信宜市	2		1		1	13	2	9		2
肇庆市	**293**	**68**	**154**	**33**	**38**	**2141**	**211**	**1756**	**99**	**75**
端州区	64	4	27	15	18	59	9	21	14	15
鼎湖区	34	11	23			34		26	3	5
高要区	23	7	10	4	2	43	3	40		
广宁县	8		8			9		9		
怀集县	2		2			2		2		
封开县	12	4	4	3	1	12		10	1	1
德庆县	2	1		1		10	2	8		
四会市	148	41	80	10	17	1972	197	1640	81	54
惠州市	**3889**	**966**	**2408**	**291**	**224**	**2975**	**654**	**1900**	**232**	**189**
惠城区	1277	369	733	80	95	985	218	598	84	85
惠阳区	1603	401	973	147	82	1372	318	892	92	70
博罗县	525	89	386	37	13	369	70	253	25	21
惠东县	439	100	283	25	31	227	44	141	30	12
龙门县	45	7	33	2	3	22	4	16	1	1
梅州市	**169**	**28**	**122**	**12**	**7**	**947**	**132**	**693**	**83**	**39**
梅江区	51	14	31	1	5	214	12	163	22	17
梅县区	35	2	29	4		211	25	164	18	4
大埔县	5	2	3			168	35	101	21	11
丰顺县	21	9	7	4	1	39	7	28	2	2
五华县	4		3	1		39	1	34	2	2
平远县						37	17	17	3	
蕉岭县	13		13			180	24	146	8	2
兴宁市	40	1	36	2	1	59	11	40	7	1

7−1 续表 23　　单位：人

现住地	省外									
	安徽					福建				
	小计	乡	镇的村委会	镇的居委会	街道	小计	乡	镇的村委会	镇的居委会	街道
汕尾市	**164**	**30**	**90**	**26**	**18**	**224**	**39**	**131**	**40**	**14**
城　区	52	6	28	5	13	49	11	23	12	3
海丰县	60	19	26	11	4	96	14	69	8	5
陆河县	18	5	13			12	3	7	2	
陆丰市	34		23	10	1	67	11	32	18	6
河源市	**352**	**74**	**248**	**18**	**12**	**370**	**46**	**269**	**42**	**13**
源城区	219	55	143	15	6	199	20	146	25	8
紫金县	38	2	31	1	4	46	5	40	1	
龙川县	32	5	25	1	1	53	6	40	6	1
连平县	8		7	1		19		18	1	
和平县	13	2	11			8	2	5	1	
东源县	42	10	31		1	45	13	20	8	4
阳江市	**94**	**9**	**66**	**9**	**10**	**114**	**23**	**69**	**14**	**8**
江城区	31	6	20	2	3	44	15	19	2	8
阳东区	30	2	25	2	1	25		24	1	
阳西县	8		7	1		29	5	18	6	
阳春市	25	1	14	4	6	16	3	8	5	
清远市	**414**	**72**	**251**	**39**	**52**	**499**	**72**	**349**	**38**	**40**
清城区	224	42	135	18	29	292	51	204	13	24
清新区	33	7	22	2	2	52	5	45	2	
佛冈县	14	1	13			31	1	24	3	3
阳山县	6	1	3	2		7		3	4	
连山壮族瑶族自治县	5		5			2		2		
连南瑶族自治县	3			3		2		2		
英德市	117	21	71	6	19	98	11	66	9	12
连州市	12		2	8	2	15	4	3	7	1
东莞市	**13400**	**5158**	**7108**	**642**	**492**	**10483**	**3855**	**5689**	**556**	**383**
市辖区	13400	5158	7108	642	492	10483	3855	5689	556	383
中山市	**2024**	**512**	**1241**	**168**	**103**	**1736**	**391**	**1086**	**159**	**100**
市辖区	2024	512	1241	168	103	1736	391	1086	159	100
潮州市	**699**	**230**	**426**	**26**	**17**	**881**	**239**	**568**	**38**	**36**
湘桥区	122	14	78	20	10	199	29	128	15	27
潮安区	557	213	333	6	5	590	200	365	18	7
饶平县	20	3	15		2	92	10	75	5	2
揭阳市	**233**	**86**	**125**	**9**	**13**	**190**	**48**	**131**	**9**	**2**
榕城区	21	8	13			19	10	8		1
揭东区	34	11	15	5	3	104	11	90	3	
揭西县						2			2	
惠来县	8	1	4	3		4		2	2	
普宁市	170	66	93	1	10	61	27	31	2	1
云浮市	**92**	**8**	**67**	**9**	**8**	**153**	**46**	**68**	**11**	**28**
云城区	38	3	30	3	2	99	41	26	8	24
云安区	8		4	1	3	19		16	1	2
新兴县	18	4	11	3		20		18	2	
郁南县	12		9	1	2	9	3	5		1
罗定市	16	1	13	1	1	6	2	3		1

7-1　续表 24　　　　单位：人

现住地	省外									
	江西					山东				
	小计	乡	镇的村委会	镇的居委会	街道	小计	乡	镇的村委会	镇的居委会	街道
广　东	**270640**	**75200**	**158622**	**21078**	**15740**	**22745**	**4515**	**12693**	**1984**	**3553**
广州市	**45469**	**10268**	**28292**	**3672**	**3237**	**4543**	**642**	**2454**	**441**	**1006**
荔湾区	965	191	559	99	116	142	19	58	20	45
越秀区	866	144	452	123	147	218	23	77	36	82
海珠区	4167	677	2867	312	311	341	27	188	19	107
天河区	5290	1156	2906	596	632	822	106	380	89	247
白云区	12675	3765	7315	865	730	989	170	543	80	196
黄埔区	2717	572	1630	236	279	470	65	275	34	96
番禺区	10263	1694	7321	743	505	621	80	340	76	125
花都区	3781	1141	2185	268	187	456	89	275	43	49
南沙区	1653	304	1111	161	77	223	38	153	16	16
从化区	260	50	167	20	23	28	4	17	3	4
增城区	2832	574	1779	249	230	233	21	148	25	39
韶关市	**1660**	**199**	**1117**	**187**	**157**	**104**	**6**	**60**	**22**	**16**
武江区	393	71	227	40	55	17	2	11	3	1
浈江区	313	12	224	50	27	21		13	3	5
曲江区	213	15	167	19	12	15		6	8	1
始兴县	96	16	68	10	2	3		2		1
仁化县	114	11	75	18	10	7	1	4		2
翁源县	77	9	61	5	2	2		1		1
乳源瑶族自治县	53	3	34	10	6	1		1		
新丰县	66	17	29	9	11	6		3		3
乐昌市	65	3	52	4	6	16	2	13	1	
南雄市	270	42	180	22	26	16	1	6	7	2
深圳市	**96657**	**24616**	**57253**	**8234**	**6554**	**9589**	**1855**	**5353**	**833**	**1548**
罗湖区	4182	937	2397	420	428	602	102	305	71	124
福田区	5336	1140	3001	584	611	942	152	449	104	237
南山区	6571	1981	2969	771	850	1392	344	553	158	337
宝安区	28376	7625	16940	2172	1639	2183	425	1319	167	272
龙岗区	23293	6076	13806	2025	1386	2106	395	1251	196	264
盐田区	708	138	422	79	69	99	9	64	8	18
龙华区	18696	4178	11903	1494	1121	1455	267	881	82	225
坪山区	3444	1014	2009	253	168	339	76	212	25	26
光明区	6051	1527	3806	436	282	471	85	319	22	45
珠海市	**4529**	**806**	**2771**	**573**	**379**	**852**	**106**	**431**	**99**	**216**
香洲区	2828	489	1660	399	280	530	51	233	72	174
斗门区	915	148	631	101	35	102	12	60	15	15
金湾区	786	169	480	73	64	220	43	138	12	27
汕头市	**3765**	**1114**	**1928**	**472**	**251**	**86**	**8**	**46**	**19**	**13**
龙湖区	1526	405	866	208	47	15	1	4	9	1
金平区	833	177	426	125	105	32		13	7	12
濠江区	81	13	39	7	22	6		6		
潮阳区	148	39	72	24	13	10		9	1	
潮南区	389	219	100	39	31	6	4	1	1	
澄海区	766	255	414	67	30	17	3	13	1	
南澳县	22	6	11	2	3					
佛山市	**20912**	**5333**	**13110**	**1681**	**788**	**1541**	**290**	**945**	**154**	**152**
禅城区	1796	362	1114	186	134	203	36	121	21	25
南海区	7532	2137	4340	732	323	675	141	384	80	70
顺德区	10143	2473	6772	646	252	515	85	351	42	37
三水区	969	242	614	74	39	93	19	60	5	9
高明区	472	119	270	43	40	55	9	29	6	11

7-1 续表 25

单位：人

现住地	省外									
	江西					山东				
	小计	乡	镇的村委会	镇的居委会	街道	小计	乡	镇的村委会	镇的居委会	街道
江门市	**2989**	**606**	**1920**	**218**	**245**	**271**	**44**	**159**	**22**	**46**
蓬江区	884	172	590	59	63	109	17	57	8	27
江海区	559	94	348	42	75	49	11	23	7	8
新会区	683	116	454	47	66	45	10	31	2	2
台山市	172	39	102	18	13	19	2	11	4	2
开平市	208	62	134	8	4	13	4	9		
鹤山市	416	104	252	37	23	29		22	1	6
恩平市	67	19	40	7	1	7		6		1
湛江市	**356**	**76**	**190**	**34**	**56**	**186**	**40**	**85**	**30**	**31**
赤坎区	63	18	31	8	6	33	6	14	6	7
霞山区	100	22	54	9	15	75	17	23	22	13
坡头区	17	4	6	2	5	13	3	9		1
麻章区	73	12	37	6	18	46	12	26	1	7
遂溪县	5		3	1	1	2		1		1
徐闻县	10		9		1	5	1	4		
廉江市	42	5	25	6	6	4		4		
雷州市	22	9	13							
吴川市	24	6	12	2	4	8	1	4	1	2
茂名市	**243**	**36**	**152**	**25**	**30**	**101**	**17**	**49**	**5**	**30**
茂南区	78	14	41	15	8	69	14	26	1	28
电白区	75	9	52	10	4	20	3	13	4	
高州市	39	4	32		3	9		8		1
化州市	30	7	15		8	1				1
信宜市	21	2	12		7	2		2		
肇庆市	**881**	**136**	**540**	**110**	**95**	**117**	**14**	**59**	**20**	**24**
端州区	118	12	51	13	42	28	2	6	9	11
鼎湖区	85	15	57	10	3	9	1	5		3
高要区	118	23	78	16	1	4	1	3		
广宁县	24	1	17	5	1	4		3	1	
怀集县	19		13	2	4	1				1
封开县	27	6	11	5	5	7	3	2	1	1
德庆县	13	5	7	1		8		6	2	
四会市	477	74	306	58	39	56	7	34	7	8
惠州市	**14527**	**3974**	**8451**	**1229**	**873**	**1139**	**270**	**681**	**81**	**107**
惠城区	5591	1580	3019	510	482	441	100	255	38	48
惠阳区	5155	1481	2967	465	242	539	142	311	34	52
博罗县	2567	538	1757	166	106	119	17	91	6	5
惠东县	1085	356	612	84	33	35	10	21	2	2
龙门县	129	19	96	4	10	5	1	3	1	
梅州市	**2898**	**400**	**2226**	**178**	**94**	**63**	**7**	**38**	**4**	**14**
梅江区	875	104	675	52	44	18	3	12		3
梅县区	1111	90	937	64	20	7		5	2	
大埔县	48	18	26	2	2	3	2	1		
丰顺县	198	63	127	8		4		4		
五华县	132	14	103	11	4	22	1	15		6
平远县	216	56	136	23	1					
蕉岭县	142	22	114	5	1	4	1		2	1
兴宁市	176	33	108	13	22	5		1		4

7-1 续表 26

单位：人

现住地	省外									
	江西					山东				
	小计	乡	镇的村委会	镇的居委会	街道	小计	乡	镇的村委会	镇的居委会	街道
汕尾市	**489**	**126**	**307**	**35**	**21**	**48**	**6**	**36**	**4**	**2**
城　区	93	28	51	6	8	8	1	7		
海丰县	216	31	166	11	8	36	2	29	3	2
陆河县	114	42	67	3	2	1	1			
陆丰市	66	25	23	15	3	3	2		1	
河源市	**1906**	**386**	**1271**	**140**	**109**	**128**	**30**	**86**	**4**	**8**
源城区	1083	254	667	83	79	87	25	52	2	8
紫金县	121	30	80	5	6	5		5		
龙川县	248	33	192	19	4	24	2	21	1	
连平县	115	18	88	5	4	2		2		
和平县	79	9	56	13	1	1		1		
东源县	260	42	188	15	15	9	3	5	1	
阳江市	**275**	**36**	**188**	**27**	**24**	**73**	**1**	**59**	**3**	**10**
江城区	117	15	78	7	17	24		19	2	3
阳东区	83	7	59	14	3	27	1	24	1	1
阳西县	26	6	14	4	2	10		8		2
阳春市	49	8	37	2	2	12		8		4
清远市	**1617**	**276**	**1034**	**180**	**127**	**179**	**32**	**106**	**18**	**23**
清城区	989	182	615	108	84	123	23	71	11	18
清新区	139	31	86	15	7	12	2	9		1
佛冈县	95	10	73	11	1	10	2	7	1	
阳山县	34	3	23	8		2		2		
连山壮族瑶族自治县	1	1				2		2		
连南瑶族自治县	5		1		4					
英德市	327	45	218	33	31	24	5	13	2	4
连州市	27	4	18	5		6		2	4	
东莞市	**55640**	**22523**	**28182**	**2901**	**2034**	**2894**	**968**	**1541**	**150**	**235**
市辖区	55640	22523	28182	2901	2034	2894	968	1541	150	235
中山市	**12186**	**3104**	**7499**	**1029**	**554**	**704**	**160**	**417**	**62**	**65**
市辖区	12186	3104	7499	1029	554	704	160	417	62	65
潮州市	**2251**	**701**	**1409**	**83**	**58**	**59**	**6**	**47**	**4**	**2**
湘桥区	452	81	300	42	29	21		16	3	2
潮安区	1751	612	1082	38	19	35	5	29	1	
饶平县	48	8	27	3	10	3	1	2		
揭阳市	**1136**	**416**	**643**	**50**	**27**	**15**	**4**	**5**	**5**	**1**
榕城区	201	85	102	5	9	4	1		3	
揭东区	571	204	346	17	4	6	2	2	1	1
揭西县	28	6	20	2		2		2		
惠来县	36	9	9	17	1	1		1		
普宁市	300	112	166	9	13	2	1		1	
云浮市	**254**	**68**	**139**	**20**	**27**	**53**	**9**	**36**	**4**	**4**
云城区	84	23	42	10	9	21		18	2	1
云安区	14	3	9		2	2		1		1
新兴县	96	33	46	7	10	15	6	6	2	1
郁南县	21	6	11	1	3	2	1	1		
罗定市	39	3	31	2	3	13	2	10		1

7-1 续表 27

单位：人

现住地	省外									
	河南					湖北				
	小计	乡	镇的村委会	镇的居委会	街道	小计	乡	镇的村委会	镇的居委会	街道
广东	**233819**	**75617**	**135867**	**11530**	**10805**	**310228**	**75895**	**184492**	**25066**	**24775**
广州市	**38274**	**9983**	**23619**	**2140**	**2532**	**63171**	**10724**	**42087**	**4892**	**5468**
荔湾区	1166	281	706	75	104	1177	217	647	112	201
越秀区	1260	250	755	96	159	973	165	397	149	262
海珠区	2532	497	1597	197	241	19614	2549	15342	938	785
天河区	6737	1697	4029	435	576	6308	1077	3568	692	971
白云区	9690	3119	5537	470	564	12172	2794	7209	1003	1166
黄埔区	4430	1206	2727	219	278	4840	959	2877	399	605
番禺区	4658	909	3173	290	286	8589	1145	6012	735	697
花都区	3500	1144	2063	149	144	3932	893	2408	321	310
南沙区	2273	463	1633	114	63	2552	433	1755	206	158
从化区	282	38	206	18	20	361	75	225	29	32
增城区	1746	379	1193	77	97	2653	417	1647	308	281
韶关市	**785**	**155**	**494**	**48**	**88**	**814**	**82**	**538**	**88**	**106**
武江区	196	47	105	12	32	234	29	130	23	52
浈江区	146	45	71	11	19	180	13	112	30	25
曲江区	171	19	127	10	15	83	6	60	12	5
始兴县	19		14	2	3	40	5	27	6	2
仁化县	22	4	14	1	3	35	3	21	4	7
翁源县	52	8	37	2	5	45	2	41	2	
乳源瑶族自治县	37	3	33	1		28	2	20	6	
新丰县	38	8	22	2	6	56	5	46	1	4
乐昌市	78	14	54	5	5	57	16	31	2	8
南雄市	26	7	17	2		56	1	50	2	3
深圳市	**77326**	**23886**	**46150**	**3613**	**3677**	**115558**	**25583**	**68699**	**10134**	**11142**
罗湖区	2899	724	1651	236	288	4888	985	2601	607	695
福田区	3939	949	2226	329	435	5930	1070	2999	766	1095
南山区	5990	2020	2896	480	594	10628	2941	4714	1190	1783
宝安区	23040	7671	13773	799	797	32752	7586	19935	2508	2723
龙岗区	18163	5666	10917	865	715	26992	6240	16211	2374	2167
盐田区	1015	251	634	68	62	958	145	572	110	131
龙华区	13022	3685	8304	506	527	21288	4081	13727	1662	1818
坪山区	3131	983	1952	118	78	3971	973	2477	297	224
光明区	6127	1937	3797	212	181	8151	1562	5463	620	506
珠海市	**6723**	**1420**	**4134**	**637**	**532**	**5964**	**934**	**3564**	**801**	**665**
香洲区	3911	763	2321	439	388	3468	510	1931	533	494
斗门区	1198	207	880	65	46	1180	137	840	131	72
金湾区	1614	450	933	133	98	1316	287	793	137	99
汕头市	**4356**	**1492**	**2185**	**402**	**277**	**2166**	**617**	**976**	**350**	**223**
龙湖区	682	206	352	89	35	454	78	244	112	20
金平区	389	75	226	47	41	353	48	158	52	95
濠江区	58	8	22	8	20	76	10	36	10	20
潮阳区	77	28	33	15	1	143	32	59	32	20
潮南区	214	131	42	39	2	221	97	62	50	12
澄海区	2922	1038	1502	204	178	913	351	415	93	54
南澳县	14	6	8			6	1	2	1	2
佛山市	**14846**	**4352**	**9105**	**912**	**477**	**18697**	**4340**	**11578**	**1736**	**1043**
禅城区	1461	362	923	96	80	1844	322	1149	219	154
南海区	6810	2183	3855	539	233	7961	2115	4679	767	400
顺德区	4746	1348	3081	208	109	6822	1506	4371	593	352
三水区	1369	323	964	42	40	1442	223	1044	101	74
高明区	460	136	282	27	15	628	174	335	56	63

7-1　续表 28　　　　单位：人

现住地	省外									
	河南					湖北				
	小计	乡	镇的村委会	镇的居委会	街道	小计	乡	镇的村委会	镇的居委会	街道
江门市	**3190**	**832**	**2026**	**139**	**193**	**3644**	**701**	**2319**	**296**	**328**
蓬江区	872	248	542	32	50	899	186	551	73	89
江海区	527	143	306	18	60	716	111	428	63	114
新会区	346	87	215	24	20	512	87	346	57	22
台山市	355	69	246	14	26	340	70	210	28	32
开平市	247	69	154	20	4	294	68	193	13	20
鹤山市	757	199	516	19	23	814	161	551	55	47
恩平市	86	17	47	12	10	69	18	40	7	4
湛江市	**606**	**170**	**324**	**34**	**78**	**638**	**134**	**303**	**73**	**128**
赤坎区	109	35	50	10	14	106	9	66	9	22
霞山区	187	53	93	11	30	249	57	108	27	57
坡头区	35	10	10	4	11	53	8	20	11	14
麻章区	149	48	87	3	11	100	45	34	8	13
遂溪县	20	12	8			5		5		
徐闻县	13		11		2	29	5	17	1	6
廉江市	47	6	32	5	4	41	3	24	7	7
雷州市	12	3	8	1		17	1	8	6	2
吴川市	34	3	25		6	38	6	21	4	7
茂名市	**297**	**62**	**148**	**23**	**64**	**381**	**38**	**258**	**37**	**48**
茂南区	179	38	64	16	61	137	13	71	14	39
电白区	51	10	35	4	2	138	10	118	6	4
高州市	18		16	1	1	32	4	25	3	
化州市	33	12	20	1		28	8	13	4	3
信宜市	16	2	13	1		46	3	31	10	2
肇庆市	**1644**	**217**	**1205**	**108**	**114**	**1161**	**210**	**690**	**125**	**136**
端州区	173	23	86	18	46	169	13	75	38	43
鼎湖区	152	23	109	7	13	90	6	69	8	7
高要区	142	22	103	10	7	192	68	111	12	1
广宁县	35		26	5	4	35		35		
怀集县	6		2		4	27		6	7	14
封开县	15	3	6	5	1	18	5	7	6	
德庆县	6		4	1	1	16	4	7	2	3
四会市	1115	146	869	62	38	614	114	380	52	68
惠州市	**15472**	**4998**	**8798**	**980**	**696**	**15458**	**4109**	**8927**	**1239**	**1183**
惠城区	5518	1747	3112	329	330	5483	1469	3047	414	553
惠阳区	7006	2337	3876	533	260	6385	1888	3543	547	407
博罗县	2098	606	1347	84	61	2449	459	1657	184	149
惠东县	771	284	418	31	38	1063	274	628	89	72
龙门县	79	24	45	3	7	78	19	52	5	2
梅州市	**362**	**61**	**270**	**18**	**13**	**473**	**82**	**316**	**58**	**17**
梅江区	107	16	78	8	5	143	21	96	18	8
梅县区	57	7	47	2	1	98	26	64	5	3
大埔县	29	4	20	2	3	29	9	17	1	2
丰顺县	66	17	46	1	2	48	11	25	12	
五华县	43	10	31	2		62	4	44	13	1
平远县	15		15			12	1	11		
蕉岭县	9		9			34	4	22	7	1
兴宁市	36	7	24	3	2	47	6	37	2	2

7-1 续表 29　　　　　　　　　　　　　　　　　　　　　　　　单位：人

现住地	省外									
	河南					湖北				
	小计	乡	镇的村委会	镇的居委会	街道	小计	乡	镇的村委会	镇的居委会	街道
汕尾市	**499**	**141**	**293**	**38**	**27**	**686**	**138**	**417**	**96**	**35**
城　区	150	63	71	5	11	167	44	87	21	15
海丰县	204	36	144	16	8	375	53	260	45	17
陆河县	30	8	20	1	1	51	20	28	3	
陆丰市	115	34	58	16	7	93	21	42	27	3
河源市	**1149**	**258**	**795**	**57**	**39**	**1144**	**278**	**687**	**94**	**85**
源城区	749	182	502	44	21	704	171	414	58	61
紫金县	58	11	43	1	3	117	31	75	7	4
龙川县	121	27	83	9	2	89	20	45	17	7
连平县	35	4	28		3	17	1	14	1	1
和平县	47	9	35	2	1	39	6	32	1	
东源县	139	25	104	1	9	178	49	107	10	12
阳江市	**350**	**43**	**259**	**8**	**40**	**290**	**35**	**182**	**29**	**44**
江城区	190	31	129	6	24	140	21	78	13	28
阳东区	76	7	64	1	4	71	5	51	10	5
阳西县	27	2	22		3	33	5	22	3	3
阳春市	57	3	44	1	9	46	4	31	3	8
清远市	**1790**	**361**	**1171**	**139**	**119**	**1912**	**242**	**1244**	**213**	**213**
清城区	1172	244	755	90	83	1142	178	687	117	160
清新区	182	37	124	9	12	158	22	103	13	20
佛冈县	111	19	79	9	4	124	6	98	15	5
阳山县	34	2	17	13	2	28		21	7	
连山壮族瑶族自治县	3		1		2	1		1		
连南瑶族自治县	1		1			2			1	1
英德市	268	57	178	17	16	417	33	303	56	25
连州市	19	2	16	1		40	3	31	4	2
东莞市	**55752**	**24301**	**28401**	**1673**	**1377**	**64412**	**24370**	**33383**	**3588**	**3071**
市辖区	55752	24301	28401	1673	1377	64412	24370	33383	3588	3071
中山市	**9423**	**2604**	**5893**	**518**	**408**	**12068**	**2836**	**7386**	**1117**	**729**
市辖区	9423	2604	5893	518	408	12068	2836	7386	1117	729
潮州市	**449**	**151**	**260**	**13**	**25**	**830**	**277**	**483**	**34**	**36**
湘桥区	153	43	88	7	15	196	53	111	9	23
潮安区	260	100	153	5	2	596	221	343	23	9
饶平县	36	8	19	1	8	38	3	29	2	4
揭阳市	**221**	**43**	**148**	**23**	**7**	**367**	**90**	**205**	**41**	**31**
榕城区	55	9	22	18	6	39	10	22	5	2
揭东区	104	19	81	4		55	14	33	7	1
揭西县	19	2	17			37	5	27	4	1
惠来县	8	3	5			47	11	22	11	3
普宁市	35	10	23	1	1	189	50	101	14	24
云浮市	**305**	**87**	**189**	**7**	**22**	**394**	**75**	**250**	**25**	**44**
云城区	151	46	92	2	11	188	41	111	12	24
云安区	43	9	33		1	51	7	35		9
新兴县	73	21	40	5	7	89	23	50	6	10
郁南县	15	2	13			28	1	22	5	
罗定市	23	9	11		3	38	3	32	2	1

7-1　续表 30　　　　单位：人

现住地	省外				
	湖南				
	小计	乡	镇的村委会	镇的居委会	街道
广　东	**653335**	**192984**	**390404**	**40228**	**29719**
广州市	**126768**	**29736**	**81250**	**8416**	**7366**
荔湾区	2955	528	1808	303	316
越秀区	3347	663	1925	319	440
海珠区	6549	1043	4360	578	568
天河区	15508	3389	9457	1373	1289
白云区	32346	9165	19628	1844	1709
黄埔区	12396	2942	7911	707	836
番禺区	21113	3454	15209	1359	1091
花都区	17133	5424	10301	880	528
南沙区	6908	1366	4959	380	203
从化区	1065	176	761	80	48
增城区	7448	1586	4931	593	338
韶关市	**7128**	**1004**	**5099**	**544**	**481**
武江区	2054	341	1390	107	216
浈江区	1511	157	1046	188	120
曲江区	830	111	631	68	20
始兴县	206	30	153	18	5
仁化县	557	83	408	43	23
翁源县	203	20	169	11	3
乳源瑶族自治县	242	10	192	26	14
新丰县	125	33	82	1	9
乐昌市	1145	195	824	70	56
南雄市	255	24	204	12	15
深圳市	**189727**	**51840**	**114875**	**12696**	**10316**
罗湖区	5888	1256	3368	659	605
福田区	9040	1928	5206	924	982
南山区	13255	4062	6345	1402	1446
宝安区	62408	18028	38438	3369	2573
龙岗区	38946	11070	23053	2755	2068
盐田区	1749	336	1122	150	141
龙华区	35312	8668	22643	2253	1748
坪山区	6318	1953	3725	409	231
光明区	16811	4539	10975	775	522
珠海市	**16589**	**3417**	**10553**	**1722**	**897**
香洲区	9960	1862	6239	1212	647
斗门区	3209	482	2391	245	91
金湾区	3420	1073	1923	265	159
汕头市	**1310**	**352**	**588**	**221**	**149**
龙湖区	343	72	192	58	21
金平区	306	47	149	63	47
濠江区	68	13	19	7	29
潮阳区	87	23	28	21	15
潮南区	259	106	86	43	24
澄海区	243	89	113	29	12
南澳县	4	2	1		1
佛山市	**56974**	**15467**	**36031**	**3787**	**1689**
禅城区	6328	1453	4198	401	276
南海区	25251	7599	14950	1966	736
顺德区	19258	4961	12695	1099	503
三水区	4520	974	3235	193	118
高明区	1617	480	953	128	56

7-1 续表 31　　单位：人

现住地	省外				
	湖南				
	小计	乡	镇的村委会	镇的居委会	街道
江门市	**9146**	**2087**	**5925**	**538**	**596**
蓬江区	2096	450	1364	155	127
江海区	1768	355	1090	113	210
新会区	1843	385	1256	116	86
台山市	764	189	485	34	56
开平市	797	253	473	43	28
鹤山市	1697	408	1144	68	77
恩平市	181	47	113	9	12
湛江市	**925**	**160**	**502**	**102**	**161**
赤坎区	165	42	75	13	35
霞山区	277	34	146	37	60
坡头区	44	20	13	4	7
麻章区	159	39	83	14	23
遂溪县	42	5	26	8	3
徐闻县	31	3	20	4	4
廉江市	66	4	40	15	7
雷州市	58	5	33	2	18
吴川市	83	8	66	5	4
茂名市	**690**	**124**	**435**	**53**	**78**
茂南区	259	44	146	27	42
电白区	157	25	117	9	6
高州市	107	14	71	5	17
化州市	107	31	58	10	8
信宜市	60	10	43	2	5
肇庆市	**4026**	**791**	**2492**	**370**	**373**
端州区	454	70	223	42	119
鼎湖区	354	34	259	23	38
高要区	612	150	383	63	16
广宁县	77	8	58	1	10
怀集县	95	8	37	18	32
封开县	48	9	37	2	
德庆县	39	1	18	3	17
四会市	2347	511	1477	218	141
惠州市	**31703**	**9090**	**19013**	**2009**	**1591**
惠城区	10274	3165	5653	679	777
惠阳区	11334	3402	6649	816	467
博罗县	7026	1613	4833	337	243
惠东县	2718	844	1618	162	94
龙门县	351	66	260	15	10
梅州市	**923**	**92**	**721**	**74**	**36**
梅江区	264	30	198	21	15
梅县区	227	18	181	17	11
大埔县	86	7	69	5	5
丰顺县	66	11	50	5	
五华县	87	8	73	6	
平远县	42	7	32	3	
蕉岭县	43		39	4	
兴宁市	108	11	79	13	5

7-1　续表 32　　单位：人

现住地	省外				
	湖南				
	小计	乡	镇的村委会	镇的居委会	街道
汕尾市	**1404**	**328**	**790**	**231**	**55**
城　区	303	107	152	13	31
海丰县	899	146	544	189	20
陆河县	66	40	24	2	
陆丰市	136	35	70	27	4
河源市	**2408**	**532**	**1614**	**156**	**106**
源城区	1334	285	900	76	73
紫金县	272	66	178	21	7
龙川县	284	56	186	31	11
连平县	124	31	84	7	2
和平县	72	13	57	1	1
东源县	322	81	209	20	12
阳江市	**1606**	**251**	**1118**	**111**	**126**
江城区	466	106	282	32	46
阳东区	670	89	556	20	5
阳西县	92	8	71	7	6
阳春市	378	48	209	52	69
清远市	**6829**	**1342**	**4593**	**569**	**325**
清城区	3817	817	2435	347	218
清新区	1017	187	755	49	26
佛冈县	458	79	330	31	18
阳山县	145	15	99	27	4
连山壮族瑶族自治县	72	5	62	5	
连南瑶族自治县	34	2	24	5	3
英德市	1002	217	666	67	52
连州市	284	20	222	38	4
东莞市	**160897**	**66673**	**83850**	**6350**	**4024**
市辖区	160897	66673	83850	6350	4024
中山市	**31868**	**8930**	**19546**	**2131**	**1261**
市辖区	31868	8930	19546	2131	1261
潮州市	**1358**	**469**	**784**	**54**	**51**
湘桥区	479	144	275	26	34
潮安区	827	315	475	25	12
饶平县	52	10	34	3	5
揭阳市	**423**	**146**	**252**	**19**	**6**
榕城区	58	26	30	2	
揭东区	148	53	90	2	3
揭西县	42	8	30	4	
惠来县	11	2	7	2	
普宁市	164	57	95	9	3
云浮市	**633**	**153**	**373**	**75**	**32**
云城区	252	71	132	29	20
云安区	63	16	25	17	5
新兴县	191	53	117	18	3
郁南县	35	4	25	5	1
罗定市	92	9	74	6	3

7-1 续表 33

单位：人

现住地	省外									
	广西					海南				
	小计	乡	镇的村委会	镇的居委会	街道	小计	乡	镇的村委会	镇的居委会	街道
广　东	**558933**	**159823**	**360798**	**23257**	**15055**	**21804**	**4054**	**11432**	**3774**	**2544**
广州市	**74593**	**16341**	**50809**	**3901**	**3542**	**4401**	**565**	**2256**	**823**	**757**
荔湾区	2496	390	1708	215	183	143	15	67	42	19
越秀区	1657	304	1006	155	192	167	16	67	43	41
海珠区	3787	536	2578	321	352	314	18	155	70	71
天河区	7964	1577	5106	669	612	873	105	406	172	190
白云区	21322	5768	13805	941	808	1108	204	565	161	178
黄埔区	5293	1200	3479	304	310	395	46	227	60	62
番禺区	15761	2433	11987	625	716	666	64	358	126	118
花都区	7579	2309	4883	245	142	316	64	157	64	31
南沙区	4637	964	3372	202	99	156	12	100	25	19
从化区	477	86	339	35	17	30	3	20	4	3
增城区	3620	774	2546	189	111	233	18	134	56	25
韶关市	**1073**	**108**	**822**	**73**	**70**	**80**	**6**	**33**	**22**	**19**
武江区	230	38	162	13	17	14	4	6	2	2
浈江区	186	7	141	21	17	13		8	4	1
曲江区	139	15	110	6	8	7		2	4	1
始兴县	38	4	31	1	2	9		1	8	
仁化县	52	5	39	4	4	2				2
翁源县	145	15	112	10	8	8	1	4	1	2
乳源瑶族自治县	63	6	48	5	4	1			1	
新丰县	79	3	70	2	4	10	1	3	1	5
乐昌市	62	7	47	5	3	10		5	1	4
南雄市	79	8	62	6	3	6		4		2
深圳市	**127643**	**33632**	**85585**	**4887**	**3539**	**7897**	**1347**	**4317**	**1426**	**807**
罗湖区	2255	454	1394	203	204	384	68	198	62	56
福田区	3628	735	2285	302	306	547	71	255	107	114
南山区	5362	1609	2820	411	522	632	123	246	127	136
宝安区	49500	13316	33866	1358	960	2498	434	1459	411	194
龙岗区	23909	6800	15302	1171	636	1793	338	991	331	133
盐田区	633	92	473	40	28	59	8	27	13	11
龙华区	22159	5012	15719	840	588	1291	171	762	241	117
坪山区	4052	1211	2628	128	85	210	56	108	32	14
光明区	16145	4403	11098	434	210	483	78	271	102	32
珠海市	**12505**	**2283**	**8702**	**1047**	**473**	**898**	**115**	**527**	**165**	**91**
香洲区	6164	1029	4099	719	317	604	74	337	119	74
斗门区	3374	537	2633	134	70	156	18	113	17	8
金湾区	2967	717	1970	194	86	138	23	77	29	9
汕头市	**842**	**306**	**395**	**80**	**61**	**214**	**47**	**97**	**38**	**32**
龙湖区	120	26	67	20	7	22		13	5	4
金平区	120	21	64	18	17	40	4	14	12	10
濠江区	60	14	25	11	10	8	1	1	4	2
潮阳区	65	14	44	6	1	35	3	14	8	10
潮南区	185	103	58	11	13	30	19	10	1	
澄海区	290	128	136	14	12	78	20	45	7	6
南澳县	2		1		1	1			1	
佛山市	**100509**	**26954**	**67919**	**4043**	**1593**	**1337**	**250**	**702**	**269**	**116**
禅城区	9207	2114	6513	377	203	166	19	62	61	24
南海区	38298	11908	23746	2027	617	529	97	281	90	61
顺德区	43937	10818	31186	1383	550	463	112	249	83	19
三水区	6293	1332	4646	163	152	126	12	78	25	11
高明区	2774	782	1828	93	71	53	10	32	10	1

7-1　续表 34　　　　　　　　　　　　　　　　　　　　　　　　单位：人

现住地	省外									
	广西					海南				
	小计	乡	镇的村委会	镇的居委会	街道	小计	乡	镇的村委会	镇的居委会	街道
江门市	**19964**	**4737**	**13914**	**675**	**638**	**377**	**88**	**145**	**87**	**57**
蓬江区	4372	931	3174	134	133	110	31	37	19	23
江海区	2834	630	1891	110	203	49	8	29	5	7
新会区	3968	945	2781	113	129	53	13	18	15	7
台山市	1607	439	1044	68	56	56	11	18	19	8
开平市	2666	727	1785	133	21	46	17	16	10	3
鹤山市	3889	970	2740	95	84	55	7	25	16	7
恩平市	628	95	499	22	12	8	1	2	3	2
湛江市	**3142**	**696**	**1975**	**225**	**246**	**397**	**49**	**173**	**80**	**95**
赤坎区	327	73	195	24	35	49	2	19	10	18
霞山区	529	138	317	25	49	76	11	23	11	31
坡头区	139	25	80	12	22	32	8	9	2	13
麻章区	308	51	197	17	43	47	1	23	16	7
遂溪县	122	29	75	13	5	17	3	7	7	
徐闻县	299	89	154	42	14	60	8	34	5	13
廉江市	684	94	515	52	23	59	5	25	18	11
雷州市	161	21	113	18	9	25	2	17	5	1
吴川市	573	176	329	22	46	32	9	16	6	1
茂名市	**2343**	**442**	**1565**	**171**	**165**	**495**	**92**	**244**	**72**	**87**
茂南区	731	151	465	54	61	111	19	47	19	26
电白区	340	31	268	25	16	64	6	41	10	7
高州市	555	99	371	39	46	64	10	17	13	24
化州市	469	106	304	29	30	25	1	13	4	7
信宜市	248	55	157	24	12	231	56	126	26	23
肇庆市	**6161**	**1273**	**4139**	**459**	**290**	**109**	**15**	**52**	**22**	**20**
端州区	571	70	368	65	68	18	1	6	2	9
鼎湖区	701	66	572	38	25	33	7	11	10	5
高要区	1629	586	951	79	13	8	2	2	1	3
广宁县	150	12	127	5	6	4		4		
怀集县	117	1	79	10	27	2		2		
封开县	271	105	118	36	12	2		1	1	
德庆县	84	12	45	12	15	2			2	
四会市	2638	421	1879	214	124	40	5	26	6	3
惠州市	**18362**	**5313**	**11608**	**897**	**544**	**902**	**173**	**472**	**166**	**91**
惠城区	5100	1536	3090	267	207	303	53	145	52	53
惠阳区	7327	2199	4467	454	207	382	80	195	80	27
博罗县	4433	1109	3136	113	75	144	24	85	28	7
惠东县	1343	428	816	58	41	70	14	46	6	4
龙门县	159	41	99	5	14	3	2	1		
梅州市	**522**	**79**	**395**	**30**	**18**	**130**	**9**	**57**	**37**	**27**
梅江区	108	10	88	5	5	38	2	12	16	8
梅县区	90	10	73	6	1	12	1	7	2	2
大埔县	40	9	27	3	1	9	2	4	2	1
丰顺县	50	8	39	2	1	22		16	5	1
五华县	85	8	71		6	16		12	2	2
平远县	20	3	13	4		1	1			
蕉岭县	35	4	31			3		1	2	
兴宁市	94	27	53	10	4	29	3	5	8	13

7-1 续表 35

单位：人

现住地	省外									
	广西					海南				
	小计	乡	镇的村委会	镇的居委会	街道	小计	乡	镇的村委会	镇的居委会	街道
汕尾市	**869**	**213**	**569**	**59**	**28**	**90**	**18**	**45**	**21**	**6**
城　区	146	57	66	8	15	18	8	3	5	2
海丰县	618	124	444	39	11	30	4	16	8	2
陆河县	30	16	13		1	35	6	20	7	2
陆丰市	75	16	46	12	1	7		6	1	
河源市	**1446**	**315**	**1007**	**84**	**40**	**110**	**25**	**44**	**21**	**20**
源城区	731	184	487	42	18	55	17	22	12	4
紫金县	255	60	172	13	10	13	6	1	4	2
龙川县	114	8	91	10	5	32	1	16	4	11
连平县	84	8	66	6	4	1			1	
和平县	30	1	22	6	1					
东源县	232	54	169	7	2	9	1	5		3
阳江市	**2378**	**464**	**1736**	**98**	**80**	**150**	**19**	**78**	**35**	**18**
江城区	795	257	447	43	48	54	8	28	12	6
阳东区	1193	178	967	41	7	30	4	21	5	
阳西县	163	15	135	8	5	23	1	11	9	2
阳春市	227	14	187	6	20	43	6	18	9	10
清远市	**2983**	**473**	**2194**	**181**	**135**	**173**	**25**	**97**	**34**	**17**
清城区	1490	260	1030	101	99	83	9	40	24	10
清新区	484	80	381	15	8	42	10	29	2	1
佛冈县	252	43	197	10	2	10	2	5	3	
阳山县	72	6	53	11	2	5		3	1	1
连山壮族瑶族自治县	82	4	77		1					
连南瑶族自治县	23	3	20							
英德市	489	70	359	37	23	29	4	17	3	5
连州市	91	7	77	7		4		3	1	
东莞市	**122030**	**50067**	**66515**	**3364**	**2084**	**3051**	**1031**	**1573**	**291**	**156**
市辖区	122030	50067	66515	3364	2084	3051	1031	1573	291	156
中山市	**58505**	**15289**	**38978**	**2827**	**1411**	**778**	**148**	**425**	**121**	**84**
市辖区	58505	15289	38978	2827	1411	778	148	425	121	84
潮州市	**705**	**289**	**380**	**20**	**16**	**83**	**13**	**28**	**16**	**26**
湘桥区	150	38	95	7	10	38		13	11	14
潮安区	520	246	261	8	5	38	13	12	4	9
饶平县	35	5	24	5	1	7		3	1	3
揭阳市	**322**	**56**	**236**	**25**	**5**	**61**	**8**	**37**	**13**	**3**
榕城区	51	26	18	7		8		8		
揭东区	169	16	143	10		9		6	1	2
揭西县	35	2	32	1		17	3	3	10	1
惠来县	9	3	2	4		2		1	1	
普宁市	58	9	41	3	5	25	5	19	1	
云浮市	**2036**	**493**	**1355**	**111**	**77**	**71**	**11**	**30**	**15**	**15**
云城区	732	246	429	24	33	10	2	4		4
云安区	120	25	82	9	4	4	1	1	2	
新兴县	641	122	474	43	2	5		4		1
郁南县	220	56	139	13	12	1		1		
罗定市	323	44	231	22	26	51	8	20	13	10

7-1　续表 36　　　　　　　　　　　　　　　　　　　　　　　　　　　　单位：人

现住地	省外									
	重庆					四川				
	小计	乡	镇的村委会	镇的居委会	街道	小计	乡	镇的村委会	镇的居委会	街道
广　东	**107231**	**28805**	**63721**	**7491**	**7214**	**300609**	**92718**	**178194**	**16518**	**13179**
广州市	**13021**	**2692**	**8184**	**978**	**1167**	**40927**	**10342**	**25695**	**2417**	**2473**
荔湾区	286	35	165	29	57	1068	190	659	109	110
越秀区	254	25	131	36	62	646	119	339	80	108
海珠区	883	136	555	76	116	3169	545	2149	204	271
天河区	1044	217	491	125	211	3013	694	1702	256	361
白云区	2727	683	1581	190	273	10723	3424	6125	588	586
黄埔区	1322	305	773	110	134	3151	772	1908	177	294
番禺区	2876	448	2070	191	167	7448	1320	5344	434	350
花都区	1328	390	793	89	56	4790	1602	2829	216	143
南沙区	1245	253	884	70	38	3533	872	2431	140	90
从化区	154	21	121	3	9	382	60	294	13	15
增城区	902	179	620	59	44	3004	744	1915	200	145
韶关市	**286**	**32**	**194**	**26**	**34**	**1129**	**205**	**758**	**74**	**92**
武江区	85	17	47	5	16	331	94	202	8	27
浈江区	52	1	34	11	6	276	36	198	22	20
曲江区	26		19		7	142	25	108	5	4
始兴县	7	1	5	1		38	3	27	4	4
仁化县	20	3	13	2	2	30	1	27	2	
翁源县	19	3	16			56	5	45	3	3
乳源瑶族自治县	5		4		1	48	3	37	3	5
新丰县	31	7	19	4	1	83	23	42	16	2
乐昌市	20		17	2	1	74	7	43	7	17
南雄市	21		20	1		51	8	29	4	10
深圳市	**32710**	**8302**	**19696**	**2292**	**2420**	**82747**	**25183**	**48204**	**5040**	**4320**
罗湖区	1625	373	938	151	163	4501	1396	2464	330	311
福田区	3403	721	2119	249	314	4016	990	2131	434	461
南山区	2171	561	981	262	367	6835	2283	3162	624	766
宝安区	6740	1712	4099	464	465	25126	7990	14848	1262	1026
龙岗区	10507	2988	6373	635	511	19334	5948	11421	1161	804
盐田区	219	45	122	17	35	764	142	528	56	38
龙华区	3893	850	2477	249	317	10954	2914	6785	671	584
坪山区	2128	648	1265	124	91	2934	1001	1692	147	94
光明区	2024	404	1322	141	157	8283	2519	5173	355	236
珠海市	**3609**	**672**	**2182**	**436**	**319**	**7562**	**1479**	**4946**	**677**	**460**
香洲区	2351	428	1390	304	229	3987	764	2466	459	298
斗门区	589	71	399	79	40	2007	282	1527	138	60
金湾区	669	173	393	53	50	1568	433	953	80	102
汕头市	**457**	**145**	**203**	**66**	**43**	**2951**	**1068**	**1270**	**365**	**248**
龙湖区	90	21	46	18	5	788	192	406	160	30
金平区	63	12	28	7	16	326	49	159	52	66
濠江区	12	1	4	2	5	57	17	19	8	13
潮阳区	50	12	22	15	1	385	136	136	74	39
潮南区	156	68	63	18	7	1085	582	368	58	77
澄海区	79	25	40	5	9	294	90	168	13	23
南澳县	7	6		1		16	2	14		
佛山市	**9671**	**2387**	**6037**	**717**	**530**	**38159**	**10951**	**24422**	**1963**	**823**
禅城区	1519	395	963	93	68	4009	1239	2466	205	99
南海区	3591	991	2107	311	182	12349	4070	7155	814	310
顺德区	3036	648	1988	213	187	18943	4877	12945	785	336
三水区	833	158	606	28	41	1987	472	1344	116	55
高明区	692	195	373	72	52	871	293	512	43	23

7-1 续表 37　　　　单位：人

现住地	省外									
	重庆					四川				
	小计	乡	镇的村委会	镇的居委会	街道	小计	乡	镇的村委会	镇的居委会	街道
江门市	**2885**	**601**	**1886**	**180**	**218**	**6195**	**1337**	**4150**	**330**	**378**
蓬江区	629	95	432	42	60	1847	376	1250	119	102
江海区	456	73	299	37	47	1088	179	745	60	104
新会区	574	110	412	22	30	952	188	660	41	63
台山市	331	92	190	20	29	696	181	417	35	63
开平市	366	106	208	38	14	442	129	272	30	11
鹤山市	425	94	285	13	33	991	241	692	27	31
恩平市	104	31	60	8	5	179	43	114	18	4
湛江市	**458**	**80**	**270**	**42**	**66**	**1004**	**254**	**537**	**78**	**135**
赤坎区	73	25	34	10	4	179	44	94	17	24
霞山区	174	28	97	17	32	302	61	158	34	49
坡头区	27	6	14	1	6	96	44	33	2	17
麻章区	44	5	20	7	12	147	46	72	9	20
遂溪县	11		10	1		20	5	11	4	
徐闻县	37	3	31	2	1	33	4	18	1	10
廉江市	28	2	22	2	2	68	18	44	3	3
雷州市	16	1	9		6	13	2	11		
吴川市	48	10	33	2	3	146	30	96	8	12
茂名市	**224**	**41**	**150**	**6**	**27**	**609**	**114**	**405**	**39**	**51**
茂南区	74	18	39	2	15	292	73	169	20	30
电白区	49		45	2	2	139	14	111	9	5
高州市	22	1	18	1	2	97	10	78	2	7
化州市	50	18	28		4	58	15	30	7	6
信宜市	29	4	20	1	4	23	2	17	1	3
肇庆市	**1034**	**189**	**692**	**87**	**66**	**2210**	**399**	**1416**	**222**	**173**
端州区	62	3	27	13	19	603	79	368	64	92
鼎湖区	124	10	107	3	4	279	52	190	25	12
高要区	113	39	63	6	5	353	92	233	24	4
广宁县	18	1	17			51	2	44	1	4
怀集县	10		3	2	5	59	1	37	14	7
封开县	9	3	5	1		15	4	9	1	1
德庆县	5	1	3		1	16		8	4	4
四会市	693	132	467	62	32	834	169	527	89	49
惠州市	**8384**	**2287**	**4890**	**660**	**547**	**20579**	**6073**	**12293**	**1256**	**957**
惠城区	2981	892	1636	236	217	6603	2166	3710	328	399
惠阳区	3085	866	1786	258	175	7862	2240	4711	598	313
博罗县	1473	302	992	101	78	2855	639	1972	126	118
惠东县	778	216	436	57	69	3112	974	1821	199	118
龙门县	67	11	40	8	8	147	54	79	5	9
梅州市	**209**	**33**	**143**	**19**	**14**	**614**	**94**	**486**	**23**	**11**
梅江区	53	4	40	2	7	145	27	108	4	6
梅县区	26	1	20	3	2	95	15	69	10	1
大埔县	13	1	10	2		28	3	25		
丰顺县	34	8	20	6		103	6	96		1
五华县	24	7	15	1	1	81	16	64	1	
平远县	9	4	5			26	8	15	3	
蕉岭县	18	2	13	3		43	3	37	2	1
兴宁市	32	6	20	2	4	93	16	72	3	2

7-1　续表 38　　　　单位：人

现住地	省外									
	重庆					四川				
	小计	乡	镇的村委会	镇的居委会	街道	小计	乡	镇的村委会	镇的居委会	街道
汕尾市	**1335**	**263**	**899**	**136**	**37**	**2468**	**659**	**1490**	**161**	**158**
城　区	244	73	137	24	10	899	281	471	51	96
海丰县	959	147	699	89	24	1265	271	864	85	45
陆河县	30	14	16			111	25	84		2
陆丰市	102	29	47	23	3	193	82	71	25	15
河源市	**615**	**113**	**430**	**40**	**32**	**2757**	**666**	**1918**	**127**	**46**
源城区	328	59	217	26	26	1962	513	1319	97	33
紫金县	118	9	100	4	5	255	27	210	12	6
龙川县	57	13	38	5	1	144	30	108	5	1
连平县	7		7			72	3	67	2	
和平县	18	3	12	3		71	24	43	3	1
东源县	87	29	56	2		253	69	171	8	5
阳江市	**615**	**100**	**409**	**43**	**63**	**524**	**119**	**334**	**28**	**43**
江城区	369	68	227	29	45	245	61	150	11	23
阳东区	190	24	157	5	4	138	28	91	12	7
阳西县	39	8	17	5	9	58	9	46	2	1
阳春市	17		8	4	5	83	21	47	3	12
清远市	**759**	**155**	**478**	**56**	**70**	**1872**	**392**	**1242**	**137**	**101**
清城区	409	99	248	31	31	1059	238	662	85	74
清新区	79	15	45	9	10	299	59	217	14	9
佛冈县	61	14	39	5	3	156	26	118	10	2
阳山县	19	2	13	4		38		29	9	
连山壮族瑶族自治县						10		8		2
连南瑶族自治县	1		1			3		3		
英德市	175	25	118	6	26	288	67	188	19	14
连州市	15		14	1		19	2	17		
东莞市	**23288**	**8665**	**12277**	**1181**	**1165**	**60890**	**25931**	**30974**	**2184**	**1801**
市辖区	23288	8665	12277	1181	1165	60890	25931	30974	2184	1801
中山市	**6513**	**1715**	**4031**	**442**	**325**	**24103**	**6319**	**15723**	**1250**	**811**
市辖区	6513	1715	4031	442	325	24103	6319	15723	1250	811
潮州市	**780**	**233**	**437**	**58**	**52**	**2131**	**820**	**1197**	**65**	**49**
湘桥区	415	107	216	46	46	436	135	233	33	35
潮安区	347	123	213	7	4	1647	667	941	31	8
饶平县	18	3	8	5	2	48	18	23	1	6
揭阳市	**219**	**51**	**148**	**10**	**10**	**502**	**154**	**301**	**24**	**23**
榕城区	67	21	42	4		41	19	15	6	1
揭东区	41	13	26		2	109	26	75	3	5
揭西县	4		2	1	1	10	5	4	1	
惠来县	11	1	7	2	1	24	5	10	5	4
普宁市	96	16	71	3	6	318	99	197	9	13
云浮市	**159**	**49**	**85**	**16**	**9**	**676**	**159**	**433**	**58**	**26**
云城区	25	8	9	7	1	294	68	205	8	13
云安区	19	2	11	4	2	42	8	26	1	7
新兴县	86	28	48	5	5	250	62	142	44	2
郁南县	14	8	5		1	38	15	18	3	2
罗定市	15	3	12			52	6	42	2	2

7-1 续表 39

单位：人

现住地	省外									
	贵州					云南				
	小计	乡	镇的村委会	镇的居委会	街道	小计	乡	镇的村委会	镇的居委会	街道
广东	**141501**	**44644**	**86807**	**5463**	**4587**	**83574**	**27853**	**50682**	**2989**	**2050**
广州市	**15711**	**3812**	**10335**	**738**	**826**	**7784**	**2050**	**4970**	**334**	**430**
荔湾区	218	44	131	23	20	150	30	90	17	13
越秀区	202	22	109	25	46	105	23	50	15	17
海珠区	674	133	428	52	61	288	41	203	14	30
天河区	1209	277	671	97	164	614	156	316	55	87
白云区	3397	972	2080	167	178	1936	605	1155	80	96
黄埔区	1376	344	874	65	93	1106	298	699	37	72
番禺区	4069	722	3072	139	136	1119	197	834	38	50
花都区	2099	751	1213	71	64	1140	403	682	33	22
南沙区	1380	265	1045	38	32	798	169	577	27	25
从化区	187	40	136	7	4	141	32	107	1	1
增城区	900	242	576	54	28	387	96	257	17	17
韶关市	**433**	**91**	**302**	**26**	**14**	**251**	**35**	**191**	**11**	**14**
武江区	100	25	70	2	3	65	17	44	2	2
浈江区	50	7	33	7	3	17	1	10	2	4
曲江区	37	5	32			28	2	17	5	4
始兴县	20	7	11	2		4		3	1	
仁化县	55	10	42	1	2	20	1	18		1
翁源县	22	3	15	4		52	3	48	1	
乳源瑶族自治县	22		22			15		14		1
新丰县	33	15	18			10	3	7		
乐昌市	49	8	33	3	5	14	4	9		1
南雄市	45	11	26	7	1	26	4	21		1
深圳市	**34719**	**9849**	**22171**	**1402**	**1297**	**20228**	**6036**	**12959**	**707**	**526**
罗湖区	620	149	330	59	82	333	78	198	27	30
福田区	889	172	479	102	136	564	135	331	44	54
南山区	1580	527	713	126	214	1140	374	574	82	110
宝安区	11564	3290	7594	397	283	6484	2046	4158	167	113
龙岗区	7682	2360	4758	281	283	4567	1423	2861	181	102
盐田区	178	41	113	8	16	137	33	94	4	6
龙华区	5560	1388	3805	211	156	3110	805	2162	71	72
坪山区	2203	695	1371	88	49	1388	406	908	57	17
光明区	4443	1227	3008	130	78	2505	736	1673	74	22
珠海市	**2724**	**529**	**1768**	**212**	**215**	**2566**	**597**	**1745**	**141**	**83**
香洲区	1355	243	869	117	126	1047	196	703	99	49
斗门区	641	95	498	31	17	683	141	523	15	4
金湾区	728	191	401	64	72	836	260	519	27	30
汕头市	**1737**	**580**	**910**	**150**	**97**	**1225**	**478**	**619**	**69**	**59**
龙湖区	309	65	158	70	16	97	34	46	15	2
金平区	251	68	133	21	29	81	21	48	5	7
濠江区	67	12	31	4	20	41	8	20	2	11
潮阳区	155	62	58	29	6	40	4	26	9	1
潮南区	214	105	81	10	18	100	64	22	8	6
澄海区	731	267	445	12	7	865	347	457	29	32
南澳县	10	1	4	4	1	1			1	
佛山市	**15622**	**4621**	**10137**	**540**	**324**	**7400**	**2199**	**4817**	**266**	**118**
禅城区	1245	312	842	54	37	328	108	195	14	11
南海区	5539	1909	3290	236	104	3009	977	1817	156	59
顺德区	5745	1605	3903	153	84	2835	776	1957	65	37
三水区	2423	585	1703	64	71	776	177	568	22	9
高明区	670	210	399	33	28	452	161	280	9	2

7-1 续表 40

单位：人

现住地	省外									
	贵州					云南				
	小计	乡	镇的村委会	镇的居委会	街道	小计	乡	镇的村委会	镇的居委会	街道
江门市	**4983**	**1220**	**3401**	**148**	**214**	**2690**	**734**	**1834**	**68**	**54**
蓬江区	1266	273	920	35	38	432	128	281	17	6
江海区	912	207	602	18	85	329	61	226	14	28
新会区	1054	263	707	33	51	333	89	229	13	2
台山市	362	105	219	16	22	203	57	134	3	9
开平市	510	145	327	33	5	550	191	351	6	2
鹤山市	734	176	534	12	12	590	156	419	9	6
恩平市	145	51	92	1	1	253	52	194	6	1
湛江市	**685**	**177**	**380**	**80**	**48**	**337**	**85**	**201**	**18**	**33**
赤坎区	66	9	33	16	8	25	6	15	1	3
霞山区	122	14	80	6	22	42	14	17	2	9
坡头区	50	14	30	4	2	23	7	12	2	2
麻章区	52	27	16	4	5	50	13	29	1	7
遂溪县	79	20	42	17		11	4	7		
徐闻县	62	17	36	4	5	54	16	34	2	2
廉江市	68	6	43	16	3	22	5	13	4	
雷州市	24	7	15	1	1	9	2	3	2	2
吴川市	162	63	85	12	2	101	18	71	4	8
茂名市	**635**	**132**	**441**	**17**	**45**	**393**	**79**	**273**	**15**	**26**
茂南区	169	36	113	7	13	103	23	59	6	15
电白区	208	37	163	4	4	100	13	83	2	2
高州市	136	27	87	4	18	98	17	71	7	3
化州市	62	25	28		9	73	24	47		2
信宜市	60	7	50	2	1	19	2	13		4
肇庆市	**1970**	**471**	**1312**	**103**	**84**	**642**	**146**	**433**	**36**	**27**
端州区	224	54	125	18	27	20	4	11		5
鼎湖区	277	37	225	12	3	80	7	72	1	
高要区	550	179	352	15	4	146	53	91	2	
广宁县	63	36	27			31	2	22	6	1
怀集县	32		19	1	12	17		7	2	8
封开县	17	2	14		1	12	4	8		
德庆县	23	7	4	5	7	5		5		
四会市	784	156	546	52	30	331	76	217	25	13
惠州市	**11355**	**3697**	**6723**	**577**	**358**	**8814**	**2823**	**5231**	**535**	**225**
惠城区	2903	1001	1641	115	146	2334	815	1321	113	85
惠阳区	5092	1795	2806	365	126	4313	1455	2419	344	95
博罗县	2382	585	1679	62	56	1725	427	1207	59	32
惠东县	839	284	497	33	25	409	112	265	19	13
龙门县	139	32	100	2	5	33	14	19		
梅州市	**358**	**41**	**291**	**19**	**7**	**204**	**43**	**148**	**11**	**2**
梅江区	89	12	67	7	3	43	12	29	2	
梅县区	41	8	27	5	1	27	16	11		
大埔县	30		28	2		10		10		
丰顺县	46	6	40			22	2	19		1
五华县	38	3	32	3		58	9	44	5	
平远县	20	5	15			9	1	8		
蕉岭县	36	2	33	1		17		15	2	
兴宁市	58	5	49	1	3	18	3	12	2	1

7-1 续表 41

单位：人

现住地	省外									
	贵州					云南				
	小计	乡	镇的村委会	镇的居委会	街道	小计	乡	镇的村委会	镇的居委会	街道
汕尾市	**521**	**110**	**335**	**55**	**21**	**231**	**66**	**145**	**15**	**5**
城　区	98	32	61	1	4	79	28	43	6	2
海丰县	343	65	220	45	13	91	18	68	4	1
陆河县	34	8	22	1	3	23	4	18		1
陆丰市	46	5	32	8	1	38	16	16	5	1
河源市	**1154**	**301**	**780**	**48**	**25**	**456**	**88**	**347**	**15**	**6**
源城区	658	191	419	32	16	226	62	161		3
紫金县	136	31	95	5	5	45	4	41		
龙川县	109	30	72	4	3	37		29	8	
连平县	26	3	22	1		3		3		
和平县	23	4	14	5		12		7	3	2
东源县	202	42	158	1	1	133	22	106	4	1
阳江市	**637**	**133**	**431**	**36**	**37**	**986**	**331**	**588**	**50**	**17**
江城区	190	63	99	17	11	439	204	195	31	9
阳东区	279	34	226	14	5	320	69	232	16	3
阳西县	59	19	38	2		175	54	118	3	
阳春市	109	17	68	3	21	52	4	43		5
清远市	**1149**	**244**	**824**	**60**	**21**	**756**	**179**	**538**	**20**	**19**
清城区	664	157	459	37	11	411	110	271	16	14
清新区	97	17	70	4	6	62	4	55	1	2
佛冈县	93	29	58	5	1	74	9	65		
阳山县	22		21	1		17	2	15		
连山壮族瑶族自治县	9	5	4			1		1		
连南瑶族自治县	1		1							
英德市	245	36	194	12	3	186	54	126	3	3
连州市	18		17	1		5		5		
东莞市	**36726**	**15473**	**19696**	**849**	**708**	**24133**	**10621**	**12689**	**495**	**328**
市辖区	36726	15473	19696	849	708	24133	10621	12689	495	328
中山市	**7741**	**2155**	**5109**	**298**	**179**	**4010**	**1122**	**2659**	**164**	**65**
市辖区	7741	2155	5109	298	179	4010	1122	2659	164	65
潮州市	**1705**	**673**	**924**	**61**	**47**	**255**	**80**	**167**	**6**	**2**
湘桥区	407	156	186	20	45	30	8	19	2	1
潮安区	1248	511	700	35	2	214	72	138	4	
饶平县	50	6	38	6		11		10		1
揭阳市	**467**	**205**	**240**	**17**	**5**	**55**	**19**	**28**	**2**	**6**
榕城区	118	73	44		1	5	4		1	
揭东区	211	92	107	9	3	22	3	13	1	5
揭西县	4	1	3			1				1
惠来县	19	6	8	5		3	1	2		
普宁市	115	33	78	3	1	24	11	13		
云浮市	**469**	**130**	**297**	**27**	**15**	**158**	**42**	**100**	**11**	**5**
云城区	117	37	70	3	7	55	22	28	2	3
云安区	36	8	26		2	17	5	9	2	1
新兴县	213	57	138	15	3	63	15	41	6	1
郁南县	33	11	16	6		8		8		
罗定市	70	17	47	3	3	15		14	1	

7-1　续表 42　　单位：人

现住地	省外									
	西藏					陕西				
	小计	乡	镇的村委会	镇的居委会	街道	小计	乡	镇的村委会	镇的居委会	街道
广　东	**195**	**55**	**62**	**31**	**47**	**51354**	**13440**	**30279**	**3503**	**4132**
广州市	**51**	**17**	**12**	**4**	**18**	**5812**	**977**	**3514**	**517**	**804**
荔湾区	3			1	2	155	22	84	19	30
越秀区	2				2	146	11	62	24	49
海珠区	8	1		1	6	330	25	194	31	80
天河区	13	2	5	2	4	750	122	364	78	186
白云区	4	1	1		2	1079	223	639	72	145
黄埔区						1094	183	719	74	118
番禺区	8	3	4		1	952	123	614	116	99
花都区	13	10	2		1	483	128	286	35	34
南沙区						433	72	314	28	19
从化区						55	2	47	4	2
增城区						335	66	191	36	42
韶关市						**126**	**24**	**75**	**10**	**17**
武江区						25	5	17	2	1
浈江区						30	6	15	1	8
曲江区						3	1	1		1
始兴县						12	2	8		2
仁化县						15	1	10	3	1
翁源县						2		1	1	
乳源瑶族自治县						11		10		1
新丰县						8	5	3		
乐昌市						10	3	5		2
南雄市						10	1	5	3	1
深圳市	**19**	**2**	**3**	**3**	**11**	**20926**	**4543**	**13028**	**1447**	**1908**
罗湖区	1				1	638	88	356	93	101
福田区	3	1			2	1161	216	566	153	226
南山区	1				1	1908	478	832	211	387
宝安区	6		1		5	6516	1433	4301	341	441
龙岗区	1		1			4071	954	2507	283	327
盐田区						145	19	85	20	21
龙华区	5	1		2	2	3691	734	2498	198	261
坪山区	1		1			1002	259	613	72	58
光明区	1			1		1794	362	1270	76	86
珠海市	**34**	**2**	**30**		**2**	**1516**	**257**	**892**	**167**	**200**
香洲区	32		30		2	867	133	470	117	147
斗门区	2	2				287	34	230	6	17
金湾区						362	90	192	44	36
汕头市	**3**	**1**	**2**			**123**	**38**	**64**	**12**	**9**
龙湖区	1	1				38	9	24	4	1
金平区						9	1	7	1	
濠江区	1		1			8	1	2		5
潮阳区	1		1			8		3	4	1
潮南区						14	9	3	1	1
澄海区						45	18	24	2	1
南澳县						1		1		
佛山市	**23**	**12**	**5**	**1**	**5**	**2405**	**522**	**1464**	**265**	**154**
禅城区	8	5			3	230	45	123	43	19
南海区	10	6	1	1	2	869	230	481	97	61
顺德区	4		4			1008	191	660	101	56
三水区						226	31	168	17	10
高明区	1	1				72	25	32	7	8

7-1 续表 43

单位：人

现住地	省外									
	西藏					陕西				
	小计	乡	镇的村委会	镇的居委会	街道	小计	乡	镇的村委会	镇的居委会	街道
江门市	**1**	**1**				**666**	**135**	**398**	**42**	**91**
蓬江区						247	41	153	16	37
江海区						134	28	77	6	23
新会区						77	7	61	5	4
台山市	1	1				35	8	17	6	4
开平市						36	17	12	3	4
鹤山市						119	30	75	5	9
恩平市						18	4	3	1	10
湛江市	**2**				**2**	**111**	**23**	**49**	**16**	**23**
赤坎区	1				1	26	9	4	7	6
霞山区	1				1	23	4	7		12
坡头区						9		8		1
麻章区						26	9	10	6	1
遂溪县						2		2		
徐闻县						2		2		
廉江市						8	1	5	1	1
雷州市						11		7	2	2
吴川市						4		4		
茂名市	**1**				**1**	**43**	**8**	**28**	**2**	**5**
茂南区						27	7	15		5
电白区						5		4	1	
高州市	1				1	5	1	3	1	
化州市										
信宜市						6		6		
肇庆市	**5**	**4**			**1**	**205**	**32**	**117**	**19**	**37**
端州区						42	3	16	5	18
鼎湖区	2	1			1	32	1	25	2	4
高要区	3	3				19	4	10	5	
广宁县						1		1		
怀集县										
封开县						8	1	4	1	2
德庆县						2		1	1	
四会市						101	23	60	5	13
惠州市	**6**	**3**	**1**	**2**		**3038**	**817**	**1769**	**245**	**207**
惠城区	4	2		2		962	247	562	61	92
惠阳区	1		1			1547	476	843	143	85
博罗县						385	69	270	29	17
惠东县	1	1				133	23	85	12	13
龙门县						11	2	9		
梅州市	**4**		**1**	**1**	**2**	**74**	**9**	**47**	**12**	**6**
梅江区	2			1	1	26	2	15	7	2
梅县区						15	4	8	3	
大埔县						3	1	2		
丰顺县						4		3	1	
五华县						6		6		
平远县	1		1			4	1	2	1	
蕉岭县						7		7		
兴宁市	1				1	9	1	4		4

7-1　续表 44　　　　单位：人

现住地	省外									
	西藏					陕西				
	小计	乡	镇的村委会	镇的居委会	街道	小计	乡	镇的村委会	镇的居委会	街道
汕尾市	**1**				**1**	**108**	**29**	**66**	**3**	**10**
城　区						24	14	7	1	2
海丰县	1				1	67	5	54	1	7
陆河县						6	4	2		
陆丰市						11	6	3	1	1
河源市						**228**	**43**	**154**	**19**	**12**
源城区						143	29	98	9	7
紫金县						15	3	8	3	1
龙川县						34	6	23	4	1
连平县						9		6	2	1
和平县						7		5	1	1
东源县						20	5	14		1
阳江市	**1**		**1**			**65**	**6**	**47**	**9**	**3**
江城区						15	4	9		2
阳东区	1		1			28	2	20	5	1
阳西县						6		5	1	
阳春市						16		13	3	
清远市						**260**	**34**	**179**	**22**	**25**
清城区						130	22	81	15	12
清新区						28	3	17	1	7
佛冈县						32	1	27	1	3
阳山县						4	1	2	1	
连山壮族瑶族自治县						1				1
连南瑶族自治县						1			1	
英德市						59	7	47	3	2
连州市						5		5		
东莞市	**23**	**6**	**4**	**13**		**13752**	**5521**	**7205**	**551**	**475**
市辖区	23	6	4	13		13752	5521	7205	551	475
中山市	**20**	**7**	**3**	**6**	**4**	**1774**	**393**	**1111**	**136**	**134**
市辖区	20	7	3	6	4	1774	393	1111	136	134
潮州市						**39**	**12**	**22**	**2**	**3**
湘桥区						12	2	6	1	3
潮安区						24	9	14	1	
饶平县						3	1	2		
揭阳市	**1**			**1**		**32**	**9**	**17**	**4**	**2**
榕城区						6	2	2	2	
揭东区						15	4	7	2	2
揭西县						1		1		
惠来县	1			1		4		4		
普宁市						6	3	3		
云浮市						**51**	**8**	**33**	**3**	**7**
云城区						20	5	11		4
云安区						6		6		
新兴县						13	3	5	3	2
郁南县										
罗定市						12		11		1

7－1 续表 45 单位：人

现住地	省外									
	甘肃					青海				
	小计	乡	镇的村委会	镇的居委会	街道	小计	乡	镇的村委会	镇的居委会	街道
广　东	**19524**	**5625**	**10774**	**1387**	**1738**	**2508**	**726**	**1213**	**231**	**338**
广州市	**2557**	**512**	**1361**	**260**	**424**	**470**	**103**	**221**	**54**	**92**
荔湾区	70	14	31	10	15	12		5	4	3
越秀区	107	15	41	15	36	52	11	28	5	8
海珠区	119	19	47	21	32	24	1	9	3	11
天河区	421	71	185	55	110	86	14	42	10	20
白云区	471	125	253	35	58	114	34	51	9	20
黄埔区	541	120	321	39	61	37	11	18	2	6
番禺区	428	48	255	54	71	55	9	20	11	15
花都区	165	38	97	11	19	39	10	22	3	4
南沙区	127	31	82	9	5	35	13	15	5	2
从化区	15	3	10		2	1		1		
增城区	93	28	39	11	15	15		10	2	3
韶关市	**72**	**9**	**47**	**7**	**9**	**13**	**1**	**9**	**2**	**1**
武江区	7		6	1		2		1		1
浈江区	22	1	12	5	4	1	1			
曲江区	15		14	1						
始兴县	3	2	1			3		3		
仁化县	6	1	3		2	3		3		
翁源县	6	3	2		1					
乳源瑶族自治县	3		1		2	1			1	
新丰县						1			1	
乐昌市	10	2	8			1		1		
南雄市						1		1		
深圳市	**8454**	**2161**	**4977**	**559**	**757**	**845**	**199**	**421**	**82**	**143**
罗湖区	282	71	127	24	60	68	12	38	13	5
福田区	452	79	214	72	87	89	27	38	9	15
南山区	647	171	270	71	135	117	30	48	10	29
宝安区	2164	594	1263	136	171	233	70	121	14	28
龙岗区	1906	496	1134	121	155	110	14	60	17	19
盐田区	45	6	28	7	4	5		1		4
龙华区	1832	438	1219	73	102	149	23	84	12	30
坪山区	510	161	315	22	12	23	8	8	3	4
光明区	616	145	407	33	31	51	15	23	4	9
珠海市	**542**	**90**	**289**	**73**	**90**	**90**	**10**	**42**	**18**	**20**
香洲区	322	52	165	50	55	48	1	22	10	15
斗门区	100	11	58	18	13	25	4	16	3	2
金湾区	120	27	66	5	22	17	5	4	5	3
汕头市	**42**	**6**	**12**	**11**	**13**	**4**	**2**		**2**	
龙湖区	17	2	7	8						
金平区	7		2		5	2			2	
濠江区	4		1		3					
潮阳区	3			2	1					
潮南区	3	3				2	2			
澄海区	8	1	2	1	4					
南澳县										
佛山市	**863**	**228**	**482**	**101**	**52**	**175**	**55**	**100**	**16**	**4**
禅城区	94	15	41	30	8	27	7	15	5	
南海区	303	97	150	36	20	38	14	17	6	1
顺德区	375	100	225	30	20	80	23	51	4	2
三水区	65	7	50	5	3	7	2	3	1	1
高明区	26	9	16		1	23	9	14		

7-1　续表 46　　　　　　　　　　　　　　　　　　　　　　　　　　　　　　　　　单位：人

现住地	省外									
	甘肃					青海				
	小计	乡	镇的村委会	镇的居委会	街道	小计	乡	镇的村委会	镇的居委会	街道
江门市	**139**	**33**	**82**	**9**	**15**	**28**	**6**	**16**	**4**	**2**
蓬江区	39	5	23	6	5	7	4	1	2	
江海区	34	9	21	1	3	4		2		2
新会区	19	4	9	1	5	6		6		
台山市	13	5	6	1	1	2		2		
开平市	12	3	9			3	1		2	
鹤山市	18	7	10		1	6	1	5		
恩平市	4		4							
湛江市	**72**	**11**	**34**	**9**	**18**	**15**	**9**	**2**	**1**	**3**
赤坎区	6	2			4	6	6			
霞山区	31	7	15	3	6	1		1		
坡头区	5		3		2	1				1
麻章区	23	2	11	4	6	5	3	1	1	
遂溪县										
徐闻县	1		1			2				2
廉江市	1		1							
雷州市										
吴川市	5		3	2						
茂名市	**37**	**5**	**21**	**1**	**10**	**5**		**1**	**1**	**3**
茂南区	29	2	17	1	9	3		1	1	1
电白区	6	3	3							
高州市						1				1
化州市	2		1		1	1				1
信宜市										
肇庆市	**60**	**6**	**36**	**9**	**9**	**33**	**7**	**20**		**6**
端州区	16		6	4	6	19	6	7		6
鼎湖区	4		3		1					
高要区	3		3			1	1			
广宁县										
怀集县	2		1	1						
封开县	1		1							
德庆县										
四会市	34	6	22	4	2	13		13		
惠州市	**1720**	**563**	**918**	**140**	**99**	**187**	**62**	**89**	**12**	**24**
惠城区	579	178	316	34	51	95	34	43	5	13
惠阳区	952	338	483	93	38	69	28	25	6	10
博罗县	139	37	86	12	4	21		21		
惠东县	46	9	30	1	6	2			1	1
龙门县	4	1	3							
梅州市	**29**	**6**	**12**	**4**	**7**	**9**	**2**	**2**	**2**	**3**
梅江区	12	3	3	2	4	4	2	2		
梅县区	9	1	6	1	1	1				1
大埔县	1				1					
丰顺县						1			1	
五华县	1		1							
平远县										
蕉岭县										
兴宁市	6	2	2	1	1	3			1	2

7-1 续表 47 单位：人

现住地	省外									
	甘肃					青海				
	小计	乡	镇的村委会	镇的居委会	街道	小计	乡	镇的村委会	镇的居委会	街道
汕尾市	**42**	**9**	**23**	**8**	**2**	**9**	**3**	**4**		**2**
城　区	18	7	9	1	1	4	3			1
海丰县	19	1	11	7		5		4		1
陆河县	2	1			1					
陆丰市	3		3							
河源市	**80**	**21**	**50**	**3**	**6**	**17**	**2**	**15**		
源城区	49	14	29	2	4	16	2	14		
紫金县	12	5	7							
龙川县	7	1	5	1		1		1		
连平县	2		2							
和平县	5		3		2					
东源县	5	1	4							
阳江市	**45**	**9**	**24**	**6**	**6**	**4**			**2**	**2**
江城区	16	4	8		4	2				2
阳东区	9	1	4	4						
阳西县	4	3			1					
阳春市	16	1	12	2	1	2			2	
清远市	**92**	**27**	**46**	**7**	**12**	**23**	**3**	**13**	**4**	**3**
清城区	48	16	25	2	5	15	3	6	4	2
清新区	10	1	3		6	1				1
佛冈县	13	3	10			7		7		
阳山县	1				1					
连山壮族瑶族自治县	1		1							
连南瑶族自治县										
英德市	18	6	7	5						
连州市	1	1								
东莞市	**4051**	**1743**	**2019**	**136**	**153**	**481**	**245**	**198**	**20**	**18**
市辖区	4051	1743	2019	136	153	481	245	198	20	18
中山市	**592**	**176**	**324**	**41**	**51**	**96**	**16**	**58**	**11**	**11**
市辖区	592	176	324	41	51	96	16	58	11	11
潮州市	**14**	**6**	**5**	**1**	**2**	**2**	**1**	**1**		
湘桥区	7	2	3		2	2	1	1		
潮安区	7	4	2	1						
饶平县										
揭阳市	**8**	**1**	**4**	**2**	**1**	**1**		**1**		
榕城区	1	1								
揭东区	3		2		1	1		1		
揭西县	1			1						
惠来县	1			1						
普宁市	2		2							
云浮市	**13**	**3**	**8**		**2**	**1**				**1**
云城区	2		2							
云安区	8	2	5		1					
新兴县	2		1		1	1				1
郁南县										
罗定市	1	1								

7-1　续表 48　　　　单位：人

现住地	省外									
	宁夏					新疆				
	小计	乡	镇的村委会	镇的居委会	街道	小计	乡	镇的村委会	镇的居委会	街道
广　东	**1682**	**336**	**709**	**250**	**387**	**4145**	**876**	**1209**	**838**	**1222**
广州市	**419**	**50**	**202**	**56**	**111**	**984**	**179**	**289**	**202**	**314**
荔湾区	11		7	2	2	57	9	40	5	3
越秀区	60	8	34	7	11	61	18	8	12	23
海珠区	23	1	11	6	5	87	13	31	8	35
天河区	56	6	24	7	19	199	23	59	34	83
白云区	115	21	59	14	21	196	46	53	34	63
黄埔区	30	4	11	4	11	52	19	11	6	16
番禺区	89	6	34	15	34	195	34	52	58	51
花都区	18	2	13	1	2	65	10	16	16	23
南沙区	7	1	4		2	26	4	10	10	2
从化区	2				2	10	1	1	4	4
增城区	8	1	5		2	36	2	8	15	11
韶关市	**8**	**1**	**3**	**2**	**2**	**21**	**1**	**8**	**4**	**8**
武江区	2			2		8	1	4		3
浈江区	4	1	2		1	3			1	2
曲江区	1		1			1				1
始兴县										
仁化县	1				1					
翁源县						3		3		
乳源瑶族自治县						2			1	1
新丰县										
乐昌市						3		1	2	
南雄市						1				1
深圳市	**651**	**107**	**255**	**106**	**183**	**1486**	**225**	**409**	**364**	**488**
罗湖区	49	3	13	15	18	117	18	26	30	43
福田区	63	5	18	13	27	196	26	40	48	82
南山区	86	17	17	5	47	231	34	45	61	91
宝安区	133	17	68	18	30	334	48	96	87	103
龙岗区	135	23	59	30	23	266	51	88	68	59
盐田区	9		2	2	5	8		3	1	4
龙华区	133	33	59	14	27	191	21	49	53	68
坪山区	21	7	10	2	2	58	16	13	11	18
光明区	22	2	9	7	4	85	11	49	5	20
珠海市	**57**	**4**	**17**	**10**	**26**	**263**	**23**	**52**	**66**	**122**
香洲区	43	4	12	4	23	150	16	33	37	64
斗门区	4		1	3		34	1	12	19	2
金湾区	10		4	3	3	79	6	7	10	56
汕头市	**3**	**2**	**1**			**13**	**6**		**1**	**6**
龙湖区						4	3			1
金平区	2	2				3				3
濠江区						1			1	
潮阳区										
潮南区										
澄海区	1		1			5	3			2
南澳县										
佛山市	**119**	**20**	**63**	**25**	**11**	**229**	**60**	**85**	**45**	**39**
禅城区	11	2	5	2	2	38	6	11	9	12
南海区	55	11	28	12	4	96	23	40	20	13
顺德区	43	7	25	8	3	75	25	25	13	12
三水区	8		3	3	2	17	3	9	3	2
高明区	2		2			3	3			

7-1 续表 49 单位：人

现住地	省外									
	宁夏					新疆				
	小计	乡	镇的村委会	镇的居委会	街道	小计	乡	镇的村委会	镇的居委会	街道
江门市	**14**	**2**	**8**		**4**	**64**	**22**	**13**	**12**	**17**
蓬江区	6		6			47	17	7	9	14
江海区	2				2	5	2		2	1
新会区	1				1	2			1	1
台山市	2	1			1	6	1	4		1
开平市	1	1				3	1	2		
鹤山市	2		2			1	1			
恩平市										
湛江市	**8**	**2**			**6**	**24**	**6**	**6**	**4**	**8**
赤坎区						2		1		1
霞山区	3	1			2	7			1	6
坡头区	4				4					
麻章区						7		3	3	1
遂溪县										
徐闻县						1		1		
廉江市	1	1				2	1	1		
雷州市										
吴川市						5	5			
茂名市	**2**				**2**	**17**	**1**	**3**	**5**	**8**
茂南区	2				2	8		1	3	4
电白区						6	1	2	2	1
高州市						3				3
化州市										
信宜市										
肇庆市	**3**		**3**			**17**	**9**	**3**	**2**	**3**
端州区										
鼎湖区	1		1			3	2			1
高要区	1		1			9	6	3		
广宁县	1		1							
怀集县										
封开县										
德庆县										
四会市						5	1		2	2
惠州市	**69**	**23**	**31**	**5**	**10**	**205**	**59**	**84**	**23**	**39**
惠城区	23	9	8		6	67	16	29	8	14
惠阳区	35	13	19	1	2	96	33	28	15	20
博罗县	8	1	3	4		12	7	4		1
惠东县	3		1		2	30	3	23		4
龙门县										
梅州市						**17**	**1**	**6**	**6**	**4**
梅江区						4		2		2
梅县区						6		3	1	2
大埔县						1	1			
丰顺县										
五华县						2		1	1	
平远县										
蕉岭县						4			4	
兴宁市										

7-1 续表 50 单位：人

现住地	省外									
	宁夏					新疆				
	小计	乡	镇的村委会	镇的居委会	街道	小计	乡	镇的村委会	镇的居委会	街道
汕尾市	**7**	**2**	**5**			**16**	**9**	**1**	**5**	**1**
城　区	2	2				1				1
海丰县	5		5			11	9	1	1	
陆河县										
陆丰市						4			4	
河源市	**13**	**1**	**6**	**6**		**29**	**10**	**8**	**5**	**6**
源城区	9	1	2	6		16	4	6	3	3
紫金县						2		1		1
龙川县	4		4			3		1	2	
连平县						6	6			
和平县										
东源县						2				2
阳江市	**5**	**1**	**3**		**1**	**6**	**3**	**2**	**1**	
江城区	2	1	1			3	3			
阳东区	1		1			2		1	1	
阳西县										
阳春市	2		1		1	1		1		
清远市	**5**		**1**	**1**	**3**	**57**	**27**	**16**	**6**	**8**
清城区	5		1	1	3	37	11	13	6	7
清新区						6	4	1		1
佛冈县						13	12	1		
阳山县										
连山壮族瑶族自治县										
连南瑶族自治县										
英德市						1		1		
连州市										
东莞市	**218**	**100**	**80**	**21**	**17**	**541**	**209**	**168**	**52**	**112**
市辖区	218	100	80	21	17	541	209	168	52	112
中山市	**74**	**20**	**27**	**17**	**10**	**132**	**24**	**50**	**22**	**36**
市辖区	74	20	27	17	10	132	24	50	22	36
潮州市	**2**		**2**			**9**			**9**	
湘桥区	1		1							
潮安区	1		1			8			8	
饶平县						1			1	
揭阳市	**2**		**1**	**1**		**9**	**2**	**5**	**1**	**1**
榕城区						2		1		1
揭东区	1		1			3	1	2		
揭西县										
惠来县						2	1		1	
普宁市	1			1		2		2		
云浮市	**3**	**1**	**1**		**1**	**6**		**1**	**3**	**2**
云城区	1				1	2		1		1
云安区	1	1								
新兴县	1		1			4			3	1
郁南县										
罗定市										

7-1a 全省按现住地、户口登记地类型分的户口登记地在外乡镇街道人口(城市)

单位：人

现住地	合计					省内				
	合计	乡	镇的村委会	镇的居委会	街道	小计	乡	镇的村委会	镇的居委会	街道
广东	**4843976**	**1027217**	**2679087**	**447562**	**690110**	**2240829**	**285689**	**1151392**	**274733**	**529015**
广州市	**898829**	**132550**	**479845**	**94165**	**192269**	**493600**	**47904**	**228030**	**62652**	**155014**
荔湾区	46617	4096	17437	5672	19412	33060	1800	9403	4248	17609
越秀区	36203	3566	13330	4687	14620	23804	1493	6854	3225	12232
海珠区	101681	9953	51853	9563	30312	54086	3184	18859	6150	25893
天河区	151841	22040	75676	18247	35878	93048	10258	42477	12465	27848
白云区	211738	40278	111301	17333	42826	113394	14656	53234	10676	34828
黄埔区	75756	12937	41914	6537	14368	35618	3717	17465	3866	10570
番禺区	147639	18150	89619	18622	21248	74585	6500	39277	12977	15831
花都区	66299	14188	40061	6428	5622	31083	3513	19529	4061	3980
南沙区	28059	4051	19012	2583	2413	11344	1114	7204	1463	1563
从化区	6225	320	3665	1137	1103	5240	202	3027	999	1012
增城区	26771	2971	15977	3356	4467	18338	1467	10701	2522	3648
韶关市	**45393**	**3212**	**25980**	**7152**	**9049**	**36673**	**1932**	**20332**	**6349**	**8060**
武江区	15336	1362	7587	1846	4541	11559	666	5214	1605	4074
浈江区	13212	777	6460	2926	3049	10564	494	4757	2566	2747
曲江区	6268	316	4015	1379	558	5152	187	3214	1266	485
始兴县										
仁化县										
翁源县										
乳源瑶族自治县										
新丰县										
乐昌市	4616	183	3374	522	537	3902	77	2892	474	459
南雄市	5961	574	4544	479	364	5496	508	4255	438	295
深圳市	**1494307**	**320846**	**828007**	**119783**	**225671**	**576022**	**83906**	**278123**	**55190**	**158803**
罗湖区	80079	12504	37682	9847	20046	44497	4825	18497	5932	15243
福田区	104683	15441	47128	11633	30481	54897	5790	20557	6031	22519
南山区	123324	27995	46835	14170	34324	52691	8045	15622	6421	22603
宝安区	418882	99593	247720	26800	44769	137425	22717	73751	11047	29910
龙岗区	355318	80899	199155	30378	44886	151636	25675	78088	15462	32411
盐田区	16079	2005	8705	1530	3839	8177	586	3821	802	2968
龙华区	237936	45053	141853	16051	34979	81488	9346	41105	5936	25101
坪山区	49986	12982	29332	3331	4341	15663	2911	8531	1304	2917
光明区	108020	24374	69597	6043	8006	29548	4011	18151	2255	5131
珠海市	**110964**	**14928**	**57463**	**19966**	**18607**	**53857**	**4835**	**23861**	**12612**	**12549**
香洲区	78167	9299	38563	15289	15016	38213	3095	15306	9588	10224
斗门区	12713	1449	8676	1907	681	6239	304	4279	1260	396
金湾区	20084	4180	10224	2770	2910	9405	1436	4276	1764	1929
汕头市	**53039**	**6713**	**17188**	**10604**	**18534**	**36818**	**2228**	**9347**	**8285**	**16958**
龙湖区	16291	2195	6717	3541	3838	10989	1058	3791	2583	3557
金平区	18132	1139	4792	3891	8310	14234	456	2832	3325	7621
濠江区	1458	153	300	249	756	1122	88	139	199	696
潮阳区	4569	108	304	1163	2994	4209	70	225	1061	2853
潮南区	2487	1046	922	256	263	912	277	344	105	186
澄海区	10102	2072	4153	1504	2373	5352	279	2016	1012	2045
南澳县										
佛山市	**486867**	**104843**	**297759**	**48453**	**35812**	**211830**	**30415**	**123660**	**30714**	**27041**
禅城区	59594	9802	35461	6612	7719	36271	4267	20646	4879	6479
南海区	210481	51465	119787	23735	15494	95339	16658	52106	14813	11762
顺德区	180308	38218	118438	14929	8723	58186	7773	35864	8811	5738
三水区	17877	1852	11737	1644	2644	11668	663	7579	1212	2214
高明区	18607	3506	12336	1533	1232	10366	1054	7465	999	848

7-1a　续表 1　　　　单位：人

现住地	合计					省内				
	合计	乡	镇的村委会	镇的居委会	街道	小计	乡	镇的村委会	镇的居委会	街道
江门市	**123046**	**14291**	**81073**	**9427**	**18255**	**82731**	**6022**	**54449**	**7120**	**15140**
蓬江区	34891	4528	20593	2947	6823	20205	1479	10747	2128	5851
江海区	19434	2697	11225	1467	4045	9350	721	4789	900	2940
新会区	19743	1334	14364	1645	2400	14342	450	10684	1272	1936
台山市	15667	2604	10552	1136	1375	12421	1888	8468	977	1088
开平市	15400	788	11855	919	1838	14059	498	10971	804	1786
鹤山市	11833	1839	8442	826	726	6712	603	4973	598	538
恩平市	6078	501	4042	487	1048	5642	383	3817	441	1001
湛江市	**90053**	**8947**	**47934**	**10558**	**22614**	**83792**	**7587**	**44836**	**9922**	**21447**
赤坎区	18248	2034	8266	1861	6087	16756	1711	7527	1711	5807
霞山区	32162	3151	15606	3860	9545	29590	2635	14365	3597	8993
坡头区	1976	266	778	207	725	1549	184	602	166	597
麻章区	4317	1070	2399	326	522	3842	968	2148	286	440
遂溪县	286	42	123	99	22	200	17	77	84	22
徐闻县										
廉江市	14026	810	9119	1776	2321	13588	755	8835	1713	2285
雷州市	11231	384	7956	1343	1548	11186	379	7934	1335	1538
吴川市	7807	1190	3687	1086	1844	7081	938	3348	1030	1765
茂名市	**59751**	**3597**	**31617**	**7037**	**17500**	**55497**	**2880**	**29094**	**6693**	**16830**
茂南区	20013	1602	9305	2132	6974	17822	1176	8131	1941	6574
电白区	6446	442	3954	903	1147	5989	389	3613	877	1110
高州市	12977	670	7047	2034	3226	12144	579	6467	1984	3114
化州市	11373	278	5108	914	5073	11004	188	4933	882	5001
信宜市	8942	605	6203	1054	1080	8538	548	5950	1009	1031
肇庆市	**51893**	**4586**	**29998**	**6307**	**11002**	**38154**	**2457**	**21063**	**4944**	**9690**
端州区	17750	865	8019	2599	6267	14959	502	6549	2256	5652
鼎湖区	5440	389	3727	406	918	4187	179	2872	337	799
高要区	3806	243	2320	834	409	3536	212	2173	763	388
广宁县										
怀集县										
封开县										
德庆县										
四会市	24897	3089	15932	2468	3408	15472	1564	9469	1588	2851
惠州市	**172459**	**41655**	**91233**	**17427**	**22144**	**77602**	**13453**	**39311**	**9403**	**15435**
惠城区	92099	21582	46580	8889	15048	49571	9163	23160	5885	11363
惠阳区	78434	19992	42953	8460	7029	27362	4277	15560	3495	4030
博罗县	1926	81	1700	78	67	669	13	591	23	42
惠东县										
龙门县										
梅州市	**54484**	**2669**	**33780**	**9032**	**9003**	**50043**	**2201**	**30438**	**8661**	**8743**
梅江区	20469	807	12009	3885	3768	18279	558	10412	3697	3612
梅县区	18701	702	13663	3051	1285	16979	560	12259	2915	1245
大埔县										
丰顺县										
五华县	55	22	24	8	1	47	22	16	8	1
平远县										
蕉岭县										
兴宁市	15259	1138	8084	2088	3949	14738	1061	7751	2041	3885

7-1a 续表 2

单位：人

现住地	合计					省内				
	合计	乡	镇的村委会	镇的居委会	街道	小计	乡	镇的村委会	镇的居委会	街道
汕尾市	**18555**	**1954**	**8777**	**3595**	**4229**	**16458**	**1274**	**7811**	**3341**	**4032**
城　区	12554	890	5239	2442	3983	10936	349	4487	2298	3802
海丰县										
陆河县										
陆丰市	6001	1064	3538	1153	246	5522	925	3324	1043	230
河源市	**38012**	**5076**	**24883**	**3380**	**4673**	**31122**	**3582**	**20338**	**2894**	**4308**
源城区	38012	5076	24883	3380	4673	31122	3582	20338	2894	4308
紫金县										
龙川县										
连平县										
和平县										
东源县										
阳江市	**49807**	**4238**	**28903**	**6480**	**10186**	**45723**	**3570**	**26204**	**6169**	**9780**
江城区	28601	3493	13940	3753	7415	26765	3063	12895	3622	7185
阳东区	11682	332	8791	1523	1036	10105	160	7512	1430	1003
阳西县										
阳春市	9524	413	6172	1204	1735	8853	347	5797	1117	1592
清远市	**70188**	**7721**	**47866**	**7731**	**6870**	**62062**	**6269**	**42788**	**6905**	**6100**
清城区	35783	3603	22510	4100	5570	30389	2696	19184	3532	4977
清新区	19389	2081	15505	1361	442	18077	1814	14617	1263	383
佛冈县										
阳山县										
连山壮族瑶族自治县										
连南瑶族自治县										
英德市	9940	1824	5758	1554	804	8875	1567	5153	1464	691
连州市	5076	213	4093	716	54	4721	192	3834	646	49
东莞市	**808139**	**305767**	**417079**	**44472**	**40821**	**197035**	**54551**	**101234**	**19645**	**21605**
市辖区	808139	305767	417079	44472	40821	197035	54551	101234	19645	21605
中山市	**159291**	**35250**	**96926**	**16314**	**10801**	**47851**	**7047**	**26435**	**8289**	**6080**
市辖区	159291	35250	96926	16314	10801	47851	7047	26435	8289	6080
潮州市	**28631**	**4093**	**13512**	**2485**	**8541**	**19015**	**845**	**7939**	**2047**	**8184**
湘桥区	17379	1125	7288	1569	7397	14396	356	5615	1329	7096
潮安区	11252	2968	6224	916	1144	4619	489	2324	718	1088
饶平县										
揭阳市	**8194**	**2485**	**4114**	**916**	**679**	**5452**	**1609**	**2473**	**792**	**578**
榕城区	1445	268	656	289	232	907	38	377	278	214
揭东区	2396	508	1572	220	96	1090	102	746	171	71
揭西县										
惠来县										
普宁市	4353	1709	1886	407	351	3455	1469	1350	343	293
云浮市	**22074**	**1796**	**15150**	**2278**	**2850**	**19492**	**1122**	**13626**	**2106**	**2638**
云城区	13042	1037	8741	1231	2033	10968	424	7553	1119	1872
云安区	297	11	258	18	10	244	7	217	12	8
新兴县										
郁南县										
罗定市	8735	748	6151	1029	807	8280	691	5856	975	758

7-1a　续表 3　　　　单位：人

现住地	省外									
	小计					北京				
	小计	乡	镇的村委会	镇的居委会	街道	小计	乡	镇的村委会	镇的居委会	街道
广　东	**2603147**	**741528**	**1527695**	**172829**	**161095**	**3479**	**161**	**278**	**537**	**2503**
广州市	**405229**	**84646**	**251815**	**31513**	**37255**	**734**	**28**	**61**	**133**	**512**
荔湾区	13557	2296	8034	1424	1803	23		3	3	17
越秀区	12399	2073	6476	1462	2388	64	1	3	3	57
海珠区	47595	6769	32994	3413	4419	99	1	4	10	84
天河区	58793	11782	33199	5782	8030	219	10	18	30	161
白云区	98344	25622	58067	6657	7998	63	4	7	4	48
黄埔区	40138	9220	24449	2671	3798	67	3	8	13	43
番禺区	73054	11650	50342	5645	5417	146	4	11	57	74
花都区	35216	10675	20532	2367	1642	24	3	3	8	10
南沙区	16715	2937	11808	1120	850	18	2	4	2	10
从化区	985	118	638	138	91	1			1	
增城区	8433	1504	5276	834	819	10			2	8
韶关市	**8720**	**1280**	**5648**	**803**	**989**	**7**				**7**
武江区	3777	696	2373	241	467	3				3
浈江区	2648	283	1703	360	302	4				4
曲江区	1116	129	801	113	73					
始兴县										
仁化县										
翁源县										
乳源瑶族自治县										
新丰县										
乐昌市	714	106	482	48	78					
南雄市	465	66	289	41	69					
深圳市	**918285**	**236940**	**549884**	**64593**	**66868**	**1946**	**67**	**112**	**214**	**1553**
罗湖区	35582	7679	19185	3915	4803	166	1	10	24	131
福田区	49786	9651	26571	5602	7962	403	7	13	41	342
南山区	70633	19950	31213	7749	11721	732	33	36	65	598
宝安区	281457	76876	173969	15753	14859	217	9	17	35	156
龙岗区	203682	55224	121067	14916	12475	236	14	25	30	167
盐田区	7902	1419	4884	728	871	18		1		17
龙华区	156448	35707	100748	10115	9878	125		6	15	104
坪山区	34323	10071	20801	2027	1424	31	1	2	2	26
光明区	78472	20363	51446	3788	2875	18	2	2	2	12
珠海市	**57107**	**10093**	**33602**	**7354**	**6058**	**234**	**6**	**5**	**71**	**152**
香洲区	39954	6204	23257	5701	4792	225	4	4	66	151
斗门区	6474	1145	4397	647	285	4		1	3	
金湾区	10679	2744	5948	1006	981	5	2		2	1
汕头市	**16221**	**4485**	**7841**	**2319**	**1576**	**21**		**1**	**8**	**12**
龙湖区	5302	1137	2926	958	281	10		1	4	5
金平区	3898	683	1960	566	689	10			3	7
濠江区	336	65	161	50	60					
潮阳区	360	38	79	102	141					
潮南区	1575	769	578	151	77	1			1	
澄海区	4750	1793	2137	492	328					
南澳县										
佛山市	**275037**	**74428**	**174099**	**17739**	**8771**	**166**	**16**	**30**	**36**	**84**
禅城区	23323	5535	14815	1733	1240	39	1	5	8	25
南海区	115142	34807	67681	8922	3732	62	8	11	13	30
顺德区	122122	30445	82574	6118	2985	54	5	12	15	22
三水区	6209	1189	4158	432	430	7	1	1		5
高明区	8241	2452	4871	534	384	4	1	1		2

7—1a 续表 4

单位：人

现住地	省外									
	小计					北京				
	小计	乡	镇的村委会	镇的居委会	街道	小计	乡	镇的村委会	镇的居委会	街道
江门市	**40315**	**8269**	**26624**	**2307**	**3115**	**29**		**5**	**7**	**17**
蓬江区	14686	3049	9846	819	972	22		5	5	12
江海区	10084	1976	6436	567	1105	3				3
新会区	5401	884	3680	373	464	2				2
台山市	3246	716	2084	159	287					
开平市	1341	290	884	115	52	1			1	
鹤山市	5121	1236	3469	228	188	1			1	
恩平市	436	118	225	46	47					
湛江市	**6261**	**1360**	**3098**	**636**	**1167**	**12**		**1**		**11**
赤坎区	1492	323	739	150	280	3		1		2
霞山区	2572	516	1241	263	552	7				7
坡头区	427	82	176	41	128	2				2
麻章区	475	102	251	40	82					
遂溪县	86	25	46	15						
徐闻县										
廉江市	438	55	284	63	36					
雷州市	45	5	22	8	10					
吴川市	726	252	339	56	79					
茂名市	**4254**	**717**	**2523**	**344**	**670**	**1**				**1**
茂南区	2191	426	1174	191	400	1				1
电白区	457	53	341	26	37					
高州市	833	91	580	50	112					
化州市	369	90	175	32	72					
信宜市	404	57	253	45	49					
肇庆市	**13739**	**2129**	**8935**	**1363**	**1312**	**9**	**1**	**1**	**1**	**6**
端州区	2791	363	1470	343	615	1				1
鼎湖区	1253	210	855	69	119	1				1
高要区	270	31	147	71	21					
广宁县										
怀集县										
封开县										
德庆县										
四会市	9425	1525	6463	880	557	7	1	1	1	4
惠州市	**94857**	**28202**	**51922**	**8024**	**6709**	**61**	**7**	**4**	**21**	**29**
惠城区	42528	12419	23420	3004	3685	30	2	2	12	14
惠阳区	51072	15715	27393	4965	2999	30	5	2	9	14
博罗县	1257	68	1109	55	25	1				1
惠东县										
龙门县										
梅州市	**4441**	**468**	**3342**	**371**	**260**	**3**		**2**	**1**	
梅江区	2190	249	1597	188	156	3		2	1	
梅县区	1722	142	1404	136	40					
大埔县										
丰顺县										
五华县	8		8							
平远县										
蕉岭县										
兴宁市	521	77	333	47	64					

7-1a 续表 5

单位：人

现住地	省外									
	小计					北京				
	小计	乡	镇的村委会	镇的居委会	街道	小计	乡	镇的村委会	镇的居委会	街道
汕尾市	**2097**	**680**	**966**	**254**	**197**					
城 区	1618	541	752	144	181					
海丰县										
陆河县										
陆丰市	479	139	214	110	16					
河源市	**6890**	**1494**	**4545**	**486**	**365**	**3**		**1**	**1**	**1**
源城区	6890	1494	4545	486	365	3		1	1	1
紫金县										
龙川县										
连平县										
和平县										
东源县										
阳江市	**4084**	**668**	**2699**	**311**	**406**	**3**			**1**	**2**
江城区	1836	430	1045	131	230	3			1	2
阳东区	1577	172	1279	93	33					
阳西县										
阳春市	671	66	375	87	143					
清远市	**8126**	**1452**	**5078**	**826**	**770**	**2**		**2**		
清城区	5394	907	3326	568	593	2		2		
清新区	1312	267	888	98	59					
佛冈县										
阳山县										
连山壮族瑶族自治县										
连南瑶族自治县										
英德市	1065	257	605	90	113					
连州市	355	21	259	70	5					
东莞市	**611104**	**251216**	**315845**	**24827**	**19216**	**183**	**36**	**43**	**24**	**80**
市辖区	611104	251216	315845	24827	19216	183	36	43	24	80
中山市	**111440**	**28203**	**70491**	**8025**	**4721**	**65**		**10**	**19**	**36**
市辖区	111440	28203	70491	8025	4721	65		10	19	36
潮州市	**9616**	**3248**	**5573**	**438**	**357**					
湘桥区	2983	769	1673	240	301					
潮安区	6633	2479	3900	198	56					
饶平县										
揭阳市	**2742**	**876**	**1641**	**124**	**101**					
榕城区	538	230	279	11	18					
揭东区	1306	406	826	49	25					
揭西县										
惠来县										
普宁市	898	240	536	64	58					
云浮市	**2582**	**674**	**1524**	**172**	**212**					
云城区	2074	613	1188	112	161					
云安区	53	4	41	6	2					
新兴县										
郁南县										
罗定市	455	57	295	54	49					

7-1a 续表 6 单位：人

现住地	省外									
	天津					河北				
	小计	乡	镇的村委会	镇的居委会	街道	小计	乡	镇的村委会	镇的居委会	街道
广东	**1947**	**161**	**382**	**372**	**1032**	**12802**	**2887**	**6674**	**1303**	**1938**
广州市	**447**	**26**	**79**	**91**	**251**	**2865**	**470**	**1546**	**305**	**544**
荔湾区	14		1	4	9	129	23	75	7	24
越秀区	45		3	11	31	159	29	64	23	43
海珠区	43	2	3	4	34	278	39	143	25	71
天河区	109	4	19	11	75	527	85	265	52	125
白云区	64	6	14	11	33	679	121	392	50	116
黄埔区	45	4	10	9	22	264	55	135	28	46
番禺区	90	3	19	32	36	431	56	227	66	82
花都区	18	3	5	5	5	200	37	125	19	19
南沙区	14	3	4	2	5	127	16	78	20	13
从化区	1			1		6	2	1	3	
增城区	4	1	1	1	1	65	7	41	12	5
韶关市	**2**			**2**		**51**	**2**	**26**	**9**	**14**
武江区						26		16	5	5
浈江区	2			2		11		6	3	2
曲江区						7	1	4	1	1
始兴县										
仁化县										
翁源县										
乳源瑶族自治县										
新丰县										
乐昌市						3				3
南雄市						4	1			3
深圳市	**888**	**58**	**138**	**161**	**531**	**5110**	**1170**	**2602**	**518**	**820**
罗湖区	57	1	8	7	41	318	46	137	58	77
福田区	131	5	13	21	92	528	107	229	65	127
南山区	239	16	18	51	154	751	145	299	98	209
宝安区	151	10	37	20	84	1165	299	646	86	134
龙岗区	167	22	32	30	83	1038	252	567	95	124
盐田区	12		2	1	9	71	12	44	5	10
龙华区	90	2	14	21	53	809	188	444	74	103
坪山区	21	2	6	7	6	185	58	96	14	17
光明区	20		8	3	9	245	63	140	23	19
珠海市	**119**	**3**	**8**	**27**	**81**	**493**	**58**	**224**	**83**	**128**
香洲区	87	2	3	21	61	359	50	146	56	107
斗门区	6		2	2	2	64	2	40	15	7
金湾区	26	1	3	4	18	70	6	38	12	14
汕头市	**11**	**1**	**4**		**6**	**70**	**16**	**31**	**6**	**17**
龙湖区	4				4	24	1	19	2	2
金平区	5	1	2		2	22	1	7		14
濠江区						2			2	
潮阳区						1				1
潮南区						17	10	5	2	
澄海区	2		2			4	4			
南澳县										
佛山市	**116**	**13**	**40**	**33**	**30**	**1272**	**297**	**761**	**129**	**85**
禅城区	15	2	5	3	5	105	25	57	10	13
南海区	45	9	9	11	16	629	145	378	61	45
顺德区	52	1	25	19	7	474	105	293	51	25
三水区	2				2	16	9	5	1	1
高明区	2	1	1			48	13	28	6	1

7-1a　续表 7　　　　　　　　　　　　　　　　　　　　　　　　　　单位：人

现住地	省外									
	天津					河北				
	小计	乡	镇的村委会	镇的居委会	街道	小计	乡	镇的村委会	镇的居委会	街道
江门市	**21**	**2**	**8**	**2**	**9**	**109**	**16**	**76**	**4**	**13**
蓬江区	7		1	2	4	40	6	22	2	10
江海区	2				2	28	6	21		1
新会区	1		1			8		5	2	1
台山市						12	4	7		1
开平市						7		7		
鹤山市	10	2	6		2	14		14		
恩平市	1				1					
湛江市	**24**		**3**	**1**	**20**	**87**	**13**	**53**	**6**	**15**
赤坎区	3		1		2	27	3	20		4
霞山区	4				4	39	3	20	6	10
坡头区	9		1	1	7	6	2	4		
麻章区	8		1		7	15	5	9		1
遂溪县										
徐闻县										
廉江市										
雷州市										
吴川市										
茂名市	**6**		**1**		**5**	**22**	**2**	**11**	**4**	**5**
茂南区	5				5	18	2	9	4	3
电白区	1		1			1				1
高州市										
化州市						3		2		1
信宜市										
肇庆市	**5**	**1**			**4**	**92**	**20**	**46**	**9**	**17**
端州区	4				4	22	4	8	1	9
鼎湖区						7		4		3
高要区						7		3	4	
广宁县										
怀集县										
封开县										
德庆县										
四会市	1	1				56	16	31	4	5
惠州市	**99**	**8**	**31**	**25**	**35**	**458**	**137**	**222**	**42**	**57**
惠城区	42	4	17	10	11	190	62	89	19	20
惠阳区	55	4	14	14	23	266	75	131	23	37
博罗县	2			1	1	2		2		
惠东县										
龙门县										
梅州市						**21**		**15**	**2**	**4**
梅江区						13		8	2	3
梅县区						8		7		1
大埔县										
丰顺县										
五华县										
平远县										
蕉岭县										
兴宁市										

7－1a 续表 8 单位：人

现住地	省外									
	天津					河北				
	小计	乡	镇的村委会	镇的居委会	街道	小计	乡	镇的村委会	镇的居委会	街道
汕尾市	**5**		**1**	**2**	**2**	**9**	**1**	**5**	**1**	**2**
城　区	5		1	2	2	9	1	5	1	2
海丰县										
陆河县										
陆丰市										
河源市	**5**		**1**	**1**	**3**	**34**	**12**	**15**	**3**	**4**
源城区	5		1	1	3	34	12	15	3	4
紫金县										
龙川县										
连平县										
和平县										
东源县										
阳江市	**4**		**1**		**3**	**87**	**1**	**38**	**16**	**32**
江城区	2		1		1	10		4		6
阳东区										
阳西县										
阳春市	2				2	77	1	34	16	26
清远市	**3**		**3**			**78**	**11**	**43**	**10**	**14**
清城区						69	10	39	9	11
清新区	3		3			1				1
佛冈县										
阳山县										
连山壮族瑶族自治县										
连南瑶族自治县										
英德市						8	1	4	1	2
连州市										
东莞市	**159**	**43**	**54**	**19**	**43**	**1562**	**569**	**760**	**118**	**115**
市辖区	159	43	54	19	43	1562	569	760	118	115
中山市	**31**	**6**	**9**	**8**	**8**	**324**	**77**	**166**	**32**	**49**
市辖区	31	6	9	8	8	324	77	166	32	49
潮州市						**29**	**9**	**15**	**3**	**2**
湘桥区						17	5	7	3	2
潮安区						12	4	8		
饶平县										
揭阳市						**8**		**6**	**2**	
榕城区										
揭东区						5		5		
揭西县										
惠来县										
普宁市						3		1	2	
云浮市	**2**		**1**		**1**	**21**	**6**	**13**	**1**	**1**
云城区						19	6	12		1
云安区										
新兴县										
郁南县										
罗定市	2		1		1	2		1	1	

7-1a　续表 9　　　　单位：人

现住地	省外									
	山西					内蒙古				
	小计	乡	镇的村委会	镇的居委会	街道	小计	乡	镇的村委会	镇的居委会	街道
广　东	**9302**	**2072**	**4600**	**1066**	**1564**	**4989**	**994**	**1988**	**888**	**1119**
广州市	**1876**	**298**	**941**	**222**	**415**	**1025**	**164**	**369**	**199**	**293**
荔湾区	79	9	34	11	25	28	3	10	5	10
越秀区	87	12	38	9	28	57	5	20	8	24
海珠区	152	13	66	16	57	83	7	26	20	30
天河区	404	63	184	48	109	249	35	85	48	81
白云区	353	62	183	40	68	207	37	72	35	63
黄埔区	245	47	140	26	32	96	18	38	12	28
番禺区	337	58	169	49	61	191	42	79	33	37
花都区	120	27	65	11	17	53	8	15	23	7
南沙区	59	4	42	5	8	38	4	15	11	8
从化区	2		1	1						
增城区	38	3	19	6	10	23	5	9	4	5
韶关市	**14**	**4**	**6**	**2**	**2**	**23**	**2**	**11**		**10**
武江区	5	1	4			9		6		3
浈江区	2	1		1		13	2	4		7
曲江区	2				2	1		1		
始兴县										
仁化县										
翁源县										
乳源瑶族自治县										
新丰县										
乐昌市	4	2	1	1						
南雄市	1		1							
深圳市	**4103**	**792**	**2092**	**462**	**757**	**2221**	**411**	**904**	**412**	**494**
罗湖区	222	27	96	37	62	163	26	67	28	42
福田区	351	55	128	57	111	225	36	84	47	58
南山区	573	123	233	66	151	341	54	111	55	121
宝安区	963	197	498	104	164	491	105	202	83	101
龙岗区	895	179	502	97	117	500	117	195	91	97
盐田区	37	6	20	5	6	29	2	11	9	7
龙华区	703	147	388	72	96	315	52	148	65	50
坪山区	153	25	110	6	12	76	7	43	16	10
光明区	206	33	117	18	38	81	12	43	18	8
珠海市	**416**	**46**	**171**	**79**	**120**	**247**	**30**	**80**	**49**	**88**
香洲区	292	29	115	62	86	196	19	68	37	72
斗门区	30	6	20	4		12		5	2	5
金湾区	94	11	36	13	34	39	11	7	10	11
汕头市	**40**	**4**	**19**	**4**	**13**	**18**	**2**	**10**	**2**	**4**
龙湖区	13	3	4	3	3	9	2	6		1
金平区	19	1	12		6	6		2	1	3
濠江区						1		1		
潮阳区						1			1	
潮南区	5			1	4					
澄海区	3		3			1		1		
南澳县										
佛山市	**702**	**203**	**354**	**97**	**48**	**373**	**103**	**157**	**66**	**47**
禅城区	78	14	42	8	14	43	12	24	4	3
南海区	273	88	131	41	13	169	39	72	38	20
顺德区	309	95	152	43	19	150	48	59	24	19
三水区	29		26	2	1	8	3	1		4
高明区	13	6	3	3	1	3	1	1		1

7-1a 续表 10 单位：人

现住地	省外									
	山西					内蒙古				
	小计	乡	镇的村委会	镇的居委会	街道	小计	乡	镇的村委会	镇的居委会	街道
江门市	**60**	**10**	**30**	**10**	**10**	**47**	**4**	**31**	**4**	**8**
蓬江区	35	7	15	7	6	22	3	11	2	6
江海区	10	2	6	1	1	7		6	1	
新会区	10		8		2	9		8		1
台山市	3		1	1	1	1		1		
开平市	1			1		1			1	
鹤山市	1	1				6	1	5		
恩平市						1				1
湛江市	**40**	**3**	**12**	**8**	**17**	**38**	**4**	**9**	**10**	**15**
赤坎区	21	2	7	2	10	7	1	2	1	3
霞山区	6		1	2	3	18		6	4	8
坡头区	7	1	3		3	6	1	1	1	3
麻章区	3			3		3	1		2	
遂溪县										
徐闻县										
廉江市	2			1	1	2			2	
雷州市										
吴川市	1		1			2	1			1
茂名市	**25**	**3**	**16**	**3**	**3**	**7**	**2**	**3**		**2**
茂南区	16	2	10	2	2	6	1	3		2
电白区	2	1	1							
高州市	5		4		1					
化州市	1		1			1	1			
信宜市	1			1						
肇庆市	**42**	**8**	**19**	**7**	**8**	**25**	**7**	**9**	**3**	**6**
端州区	9		2	2	5	4		2		2
鼎湖区	2	2				1		1		
高要区	2		1	1		1		1		
广宁县										
怀集县										
封开县										
德庆县										
四会市	29	6	16	4	3	19	7	5	3	4
惠州市	**348**	**103**	**159**	**41**	**45**	**225**	**55**	**95**	**36**	**39**
惠城区	130	33	70	7	20	87	29	32	13	13
惠阳区	218	70	89	34	25	137	26	62	23	26
博罗县						1		1		
惠东县										
龙门县										
梅州市	**14**	**3**	**9**	**1**	**1**	**8**	**1**	**3**	**1**	**3**
梅江区	7	3	3		1	3				3
梅县区	6		6			4	1	3		
大埔县										
丰顺县										
五华县										
平远县										
蕉岭县										
兴宁市	1			1		1			1	

7-1a　续表 11　　　　单位：人

现住地	省外									
	山西					内蒙古				
	小计	乡	镇的村委会	镇的居委会	街道	小计	乡	镇的村委会	镇的居委会	街道
汕尾市	**9**	**1**	**6**	**2**		**2**	**1**	**1**		
城　区	5	1	2	2		1	1			
海丰县										
陆河县										
陆丰市	4		4			1		1		
河源市	**31**	**5**	**21**	**3**	**2**	**11**		**9**	**2**	
源城区	31	5	21	3	2	11		9	2	
紫金县										
龙川县										
连平县										
和平县										
东源县										
阳江市	**6**		**6**			**9**		**4**		**5**
江城区	2		2			3				3
阳东区	3		3			4		4		
阳西县										
阳春市	1		1			2				2
清远市	**24**	**10**	**7**	**3**	**4**	**28**	**3**	**15**	**8**	**2**
清城区	20	9	6	2	3	21	2	10	7	2
清新区	1			1		4	1	3		
佛冈县										
阳山县										
连山壮族瑶族自治县										
连南瑶族自治县										
英德市	2		1		1	1			1	
连州市	1	1				2		2		
东莞市	**1324**	**523**	**621**	**85**	**95**	**542**	**179**	**219**	**82**	**62**
市辖区	1324	523	621	85	95	542	179	219	82	62
中山市	**185**	**49**	**83**	**31**	**22**	**129**	**24**	**53**	**14**	**38**
市辖区	185	49	83	31	22	129	24	53	14	38
潮州市	**25**	**1**	**21**	**3**		**6**	**1**	**3**		**2**
湘桥区	3		3			2		1		1
潮安区	22	1	18	3		4	1	2		1
饶平县										
揭阳市	**11**	**6**	**2**	**3**		**2**	**1**	**1**		
榕城区	1		1							
揭东区	6	6				2	1	1		
揭西县										
惠来县										
普宁市	4		1	3						
云浮市	**7**		**5**		**2**	**3**		**2**		**1**
云城区	6		4		2	2		1		1
云安区										
新兴县										
郁南县										
罗定市	1		1			1		1		

7−1a 续表 12

单位：人

现住地	省外									
	辽宁					吉林				
	小计	乡	镇的村委会	镇的居委会	街道	小计	乡	镇的村委会	镇的居委会	街道
广　东	**11875**	**1860**	**4341**	**1833**	**3841**	**11848**	**2122**	**4641**	**1871**	**3214**
广州市	**2618**	**285**	**907**	**443**	**983**	**2325**	**327**	**888**	**381**	**729**
荔湾区	159	17	58	27	57	92	7	39	14	32
越秀区	120	6	33	23	58	100	14	25	14	47
海珠区	250	8	74	31	137	182	21	65	18	78
天河区	519	72	140	75	232	406	52	147	74	133
白云区	621	91	227	104	199	609	83	232	80	214
黄埔区	211	18	78	34	81	264	47	113	25	79
番禺区	402	33	146	95	128	352	45	148	93	66
花都区	172	32	72	25	43	165	35	54	35	41
南沙区	118	5	65	21	27	93	15	42	17	19
从化区	9	1	2	1	5	8		4	1	3
增城区	37	2	12	7	16	54	8	19	10	17
韶关市	**32**	**3**	**11**	**3**	**15**	**33**	**5**	**12**	**1**	**15**
武江区	15	1	7	1	6	13	1	5		7
浈江区	7	1	3		3	16	4	5		7
曲江区	8		1	2	5	2		2		
始兴县										
仁化县										
翁源县										
乳源瑶族自治县										
新丰县										
乐昌市	1				1	1				1
南雄市	1	1				1			1	
深圳市	**5521**	**818**	**1907**	**841**	**1955**	**5302**	**875**	**1902**	**897**	**1628**
罗湖区	533	42	192	67	232	426	54	126	82	164
福田区	638	55	214	113	256	633	78	226	91	238
南山区	949	147	241	156	405	842	155	239	144	304
宝安区	1144	203	417	136	388	1106	202	437	181	286
龙岗区	1129	218	422	190	299	1139	226	434	186	293
盐田区	78	3	23	16	36	104	12	40	25	27
龙华区	731	87	254	120	270	755	122	256	132	245
坪山区	149	34	69	25	21	125	9	61	28	27
光明区	170	29	75	18	48	172	17	83	28	44
珠海市	**515**	**37**	**156**	**135**	**187**	**632**	**72**	**223**	**118**	**219**
香洲区	411	30	116	104	161	481	57	175	95	154
斗门区	38	1	20	9	8	38	1	16	8	13
金湾区	66	6	20	22	18	113	14	32	15	52
汕头市	**37**		**14**	**8**	**15**	**33**	**9**	**9**	**4**	**11**
龙湖区	21		12	2	7	18	8	7	1	2
金平区	14		2	5	7	9			3	6
濠江区						1		1		
潮阳区						1				1
潮南区						2		1		1
澄海区	2			1	1	2	1			1
南澳县										
佛山市	**825**	**144**	**396**	**138**	**147**	**1019**	**206**	**503**	**154**	**156**
禅城区	68	8	30	12	18	89	10	43	11	25
南海区	412	75	193	66	78	602	123	295	93	91
顺德区	292	53	147	51	41	259	65	131	33	30
三水区	33	4	15	7	7	41	2	17	12	10
高明区	20	4	11	2	3	28	6	17	5	

7–1a　续表 13　　　　单位：人

现住地	省外									
	辽宁					吉林				
	小计	乡	镇的村委会	镇的居委会	街道	小计	乡	镇的村委会	镇的居委会	街道
江门市	**116**	**22**	**46**	**20**	**28**	**77**	**7**	**36**	**19**	**15**
蓬江区	49	6	21	5	17	32	4	16	4	8
江海区	24	4	10	3	7	31	2	9	13	7
新会区	12	3	2	3	4	5	1	3	1	
台山市	7	1	6			4		4		
开平市	7	4	2	1		1			1	
鹤山市	15	4	4	7		4		4		
恩平市	2		1	1						
湛江市	**77**	**8**	**26**	**9**	**34**	**66**	**7**	**14**	**10**	**35**
赤坎区	16	1	3	4	8	11		6	2	3
霞山区	41	2	20	4	15	38	7	5	5	21
坡头区	4			1	3	7		2	2	3
麻章区	15	4	3		8	1				1
遂溪县										
徐闻县										
廉江市						1			1	
雷州市						2		1		1
吴川市	1	1				6				6
茂名市	**42**	**15**	**11**		**16**	**32**	**3**	**14**	**5**	**10**
茂南区	30	14	8		8	27	1	14	5	7
电白区	5	1	3		1	5	2			3
高州市										
化州市	4				4					
信宜市	3				3					
肇庆市	**57**	**9**	**28**	**4**	**16**	**49**	**6**	**20**	**11**	**12**
端州区	16		6	1	9	24		8	6	10
鼎湖区	3		3			4	1	3		
高要区										
广宁县										
怀集县										
封开县										
德庆县										
四会市	38	9	19	3	7	21	5	9	5	2
惠州市	**436**	**77**	**173**	**57**	**129**	**558**	**106**	**253**	**85**	**114**
惠城区	125	26	33	21	45	201	28	98	37	38
惠阳区	303	51	132	36	84	353	78	151	48	76
博罗县	8		8			4		4		
惠东县										
龙门县										
梅州市	**31**		**15**	**8**	**8**	**15**	**1**	**11**	**2**	**1**
梅江区	19		11	3	5	12	1	8	2	1
梅县区	9		4	5		3		3		
大埔县										
丰顺县										
五华县										
平远县										
蕉岭县										
兴宁市	3				3					

7-1a 续表 14

单位：人

现住地	省外									
	辽宁					吉林				
	小计	乡	镇的村委会	镇的居委会	街道	小计	乡	镇的村委会	镇的居委会	街道
汕尾市	**9**	**3**	**2**	**2**	**2**	**6**		**2**	**4**	
城区	7	2	2	1	2	6		2	4	
海丰县										
陆河县										
陆丰市	2	1		1						
河源市	**18**	**4**	**6**	**1**	**7**	**32**	**7**	**10**	**4**	**11**
源城区	18	4	6	1	7	32	7	10	4	11
紫金县										
龙川县										
连平县										
和平县										
东源县										
阳江市	**7**		**5**		**2**	**11**	**2**	**4**		**5**
江城区	5		3		2	5				5
阳东区	2		2			4		4		
阳西县										
阳春市						2	2			
清远市	**28**	**5**	**10**	**3**	**10**	**27**	**3**	**13**	**3**	**8**
清城区	26	4	9	3	10	20	2	9	3	6
清新区	2	1	1			3	1	1		1
佛冈县										
阳山县										
连山壮族瑶族自治县										
连南瑶族自治县										
英德市						4		3		1
连州市										
东莞市	**1207**	**383**	**497**	**113**	**214**	**1342**	**433**	**579**	**138**	**192**
市辖区	1207	383	497	113	214	1342	433	579	138	192
中山市	**273**	**41**	**118**	**45**	**69**	**257**	**42**	**136**	**34**	**45**
市辖区	273	41	118	45	69	257	42	136	34	45
潮州市	**11**	**3**	**4**	**2**	**2**	**14**	**4**	**5**		**5**
湘桥区	7	3	1	1	2	10	2	3		5
潮安区	4		3	1		4	2	2		
饶平县										
揭阳市	**1**		**1**			**4**	**4**			
榕城区										
揭东区	1		1			4	4			
揭西县										
惠来县										
普宁市										
云浮市	**14**	**3**	**8**	**1**	**2**	**14**	**3**	**7**	**1**	**3**
云城区	11	3	6		2	10	1	6		3
云安区										
新兴县										
郁南县										
罗定市	3		2	1		4	2	1	1	

7-1a　续表 15　　　　单位：人

现住地	省外									
	黑龙江					上海				
	小计	乡	镇的村委会	镇的居委会	街道	小计	乡	镇的村委会	镇的居委会	街道
广东	**22292**	**4072**	**8701**	**3961**	**5558**	**2133**	**128**	**216**	**352**	**1437**
广州市	**4337**	**664**	**1694**	**739**	**1240**	**446**	**14**	**47**	**68**	**317**
荔湾区	163	22	47	25	69	21		1	2	18
越秀区	166	18	49	36	63	29		2	1	26
海珠区	386	41	169	54	122	52	1	2	1	48
天河区	781	119	293	119	250	163	7	8	19	129
白云区	1223	218	456	185	364	44	1	9	9	25
黄埔区	405	74	169	61	101	23		1	5	17
番禺区	694	79	271	165	179	70	3	14	16	37
花都区	251	51	105	52	43	23	2	4	10	7
南沙区	167	25	86	22	34	16		5	5	6
从化区	8		7	1						
增城区	93	17	42	19	15	5		1		4
韶关市	**39**	**1**	**12**	**10**	**16**	**6**		**2**	**1**	**3**
武江区	14	1	2	2	9	3		1	1	1
浈江区	12		2	4	6	2				2
曲江区	9		6	3		1		1		
始兴县										
仁化县										
翁源县										
乳源瑶族自治县										
新丰县										
乐昌市	3		2	1						
南雄市	1				1					
深圳市	**10404**	**1721**	**3858**	**1926**	**2899**	**1078**	**32**	**71**	**172**	**803**
罗湖区	774	102	259	165	248	110	2	5	19	84
福田区	1386	169	522	242	453	209	1	6	37	165
南山区	1502	280	429	288	505	321	22	18	43	238
宝安区	2156	424	807	364	561	115	1	12	23	79
龙岗区	2296	426	908	433	529	178	5	17	32	124
盐田区	185	19	68	29	69	15	1		1	13
龙华区	1490	208	569	298	415	89		4	9	76
坪山区	264	51	122	48	43	11		2	2	7
光明区	351	42	174	59	76	30		7	6	17
珠海市	**1012**	**105**	**361**	**251**	**295**	**98**	**1**	**7**	**15**	**75**
香洲区	782	66	268	215	233	86		7	13	66
斗门区	83	6	40	16	21	2				2
金湾区	147	33	53	20	41	10	1		2	7
汕头市	**55**	**7**	**20**	**16**	**12**	**15**			**2**	**13**
龙湖区	22	3	11	5	3	4				4
金平区	20		7	8	5	10			2	8
濠江区	6	4		1	1					
潮阳区	1			1		1				1
潮南区										
澄海区	6		2	1	3					
南澳县										
佛山市	**1379**	**244**	**673**	**270**	**192**	**136**	**13**	**30**	**38**	**55**
禅城区	137	20	55	31	31	26	1	2	6	17
南海区	676	117	328	143	88	61	8	13	20	20
顺德区	472	92	250	77	53	45	3	15	11	16
三水区	53	9	21	11	12	2	1			1
高明区	41	6	19	8	8	2			1	1

7-1a 续表 16

单位：人

现住地	省外									
	黑龙江					上海				
	小计	乡	镇的村委会	镇的居委会	街道	小计	乡	镇的村委会	镇的居委会	街道
江门市	**165**	**22**	**73**	**25**	**45**	**14**		**1**	**2**	**11**
蓬江区	65	9	23	11	22	7		1		6
江海区	26	3	9	9	5	2			2	
新会区	19		7	2	10	1				1
台山市	15		10	2	3					
开平市	2		1	1		1				1
鹤山市	37	10	23		4	3				3
恩平市	1				1					
湛江市	**97**	**14**	**29**	**11**	**43**	**51**	**7**	**4**	**4**	**36**
赤坎区	25	4	3	2	16	9	1			8
霞山区	51	7	14	7	23	28	4	1	3	20
坡头区	3		1		2	2				2
麻章区	13	3	8	1	1	11	2	2	1	6
遂溪县										
徐闻县										
廉江市	3		3			1		1		
雷州市	1				1					
吴川市	1			1						
茂名市	**38**	**4**	**17**	**4**	**13**	**5**	**1**			**4**
茂南区	31	3	14	2	12	5	1			4
电白区	2			2						
高州市	3	1	1		1					
化州市										
信宜市	2		2							
肇庆市	**89**	**16**	**29**	**14**	**30**	**8**		**1**	**2**	**5**
端州区	23	1	8	4	10	2				2
鼎湖区	10		4	5	1	1				1
高要区	2			2		1		1		
广宁县										
怀集县										
封开县										
德庆县										
四会市	54	15	17	3	19	4			2	2
惠州市	**1136**	**209**	**434**	**210**	**283**	**48**	**10**	**10**	**6**	**22**
惠城区	386	67	136	68	115	19	4	3	1	11
惠阳区	746	141	295	142	168	29	6	7	5	11
博罗县	4	1	3							
惠东县										
龙门县										
梅州市	**37**	**1**	**22**	**11**	**3**	**2**		**1**		**1**
梅江区	18	1	5	9	3	1				1
梅县区	7		5	2		1		1		
大埔县										
丰顺县										
五华县										
平远县										
蕉岭县										
兴宁市	12		12							

7-1a 续表 17 单位：人

现住地	省外									
	黑龙江					上海				
	小计	乡	镇的村委会	镇的居委会	街道	小计	乡	镇的村委会	镇的居委会	街道
汕尾市	**24**	**10**	**5**	**9**						
城区	14	10		4						
海丰县										
陆河县										
陆丰市	10		5	5						
河源市	**77**	**15**	**21**	**24**	**17**	**3**		**1**		**2**
源城区	77	15	21	24	17	3		1		2
紫金县										
龙川县										
连平县										
和平县										
东源县										
阳江市	**34**	**6**	**19**	**5**	**4**	**3**	**2**			**1**
江城区	17		12	4	1	3	2			1
阳东区	5	4			1					
阳西县										
阳春市	12	2	7	1	2					
清远市	**80**	**7**	**26**	**19**	**28**	**5**		**2**	**2**	**1**
清城区	70	6	22	15	27	4		1	2	1
清新区	4	1	2	1						
佛冈县										
阳山县										
连山壮族瑶族自治县										
连南瑶族自治县										
英德市	3		2		1	1		1		
连州市	3			3						
东莞市	**2769**	**939**	**1174**	**322**	**334**	**180**	**45**	**38**	**22**	**75**
市辖区	2769	939	1174	322	334	180	45	38	22	75
中山市	**498**	**83**	**222**	**92**	**101**	**32**	**3**	**1**	**18**	**10**
市辖区	498	83	222	92	101	32	3	1	18	10
潮州市	**13**	**2**	**7**	**2**	**2**	**2**				**2**
湘桥区	5		3		2	2				2
潮安区	8	2	4	2						
饶平县										
揭阳市	**4**		**4**							
榕城区										
揭东区										
揭西县										
惠来县										
普宁市	4		4							
云浮市	**5**	**2**	**1**	**1**	**1**	**1**				**1**
云城区	5	2	1	1	1	1				1
云安区										
新兴县										
郁南县										
罗定市										

7-1a 续表 18 单位：人

现住地	省外									
	江苏					浙江				
	小计	乡	镇的村委会	镇的居委会	街道	小计	乡	镇的村委会	镇的居委会	街道
广东	**16271**	**2835**	**8086**	**2361**	**2989**	**17851**	**2933**	**9294**	**2374**	**3250**
广州市	**3287**	**406**	**1558**	**527**	**796**	**5110**	**580**	**2610**	**681**	**1239**
荔湾区	170	14	79	31	46	293	26	118	53	96
越秀区	197	13	76	41	67	400	29	233	48	90
海珠区	265	37	88	36	104	1037	83	561	144	249
天河区	628	77	253	98	200	672	60	268	101	243
白云区	749	116	407	74	152	1348	187	706	129	326
黄埔区	297	52	141	37	67	159	32	79	14	34
番禺区	485	31	246	123	85	540	49	275	107	109
花都区	260	35	134	49	42	508	82	298	67	61
南沙区	144	26	85	18	15	44	7	20	8	9
从化区	8		2	3	3	18	1	13	3	1
增城区	84	5	47	17	15	91	24	39	7	21
韶关市	**52**	**8**	**26**	**6**	**12**	**154**	**7**	**105**	**13**	**29**
武江区	24	8	6	3	7	67	1	54	3	9
浈江区	17		10	3	4	45	4	23	4	14
曲江区	5		4		1	15		8	5	2
始兴县										
仁化县										
翁源县										
乳源瑶族自治县										
新丰县										
乐昌市	2		2			14	2	11	1	
南雄市	4		4			13		9		4
深圳市	**7245**	**1152**	**3656**	**1077**	**1360**	**5404**	**867**	**2788**	**722**	**1027**
罗湖区	545	83	246	86	130	416	62	185	72	97
福田区	792	88	324	139	241	839	105	393	147	194
南山区	1174	222	426	184	342	698	136	223	120	219
宝安区	1588	274	846	237	231	1315	182	799	153	181
龙岗区	1549	253	820	252	224	1054	212	567	116	159
盐田区	114	11	64	14	25	25	3	12	1	9
龙华区	930	156	551	113	110	721	102	405	87	127
坪山区	204	28	134	21	21	108	28	68	3	9
光明区	349	37	245	31	36	228	37	136	23	32
珠海市	**707**	**81**	**330**	**143**	**153**	**379**	**39**	**127**	**98**	**115**
香洲区	569	63	254	116	136	302	28	86	89	99
斗门区	49	3	28	14	4	16	3	10	3	
金湾区	89	15	48	13	13	61	8	31	6	16
汕头市	**86**	**9**	**33**	**20**	**24**	**111**	**16**	**54**	**10**	**31**
龙湖区	24	2	8	5	9	30	3	16	4	7
金平区	40	4	19	4	13	53	4	26	3	20
濠江区	8		3	5		2			1	1
潮阳区	4			2	2	4	1			3
潮南区	6	3	3			9	5	3	1	
澄海区	4			4		13	3	9	1	
南澳县										
佛山市	**1258**	**228**	**710**	**199**	**121**	**2397**	**346**	**1397**	**383**	**271**
禅城区	137	13	74	29	21	182	22	100	34	26
南海区	583	142	300	94	47	1410	227	797	227	159
顺德区	436	63	261	65	47	718	93	443	116	66
三水区	50	2	43	3	2	51	1	38	2	10
高明区	52	8	32	8	4	36	3	19	4	10

7-1a　续表 19　　　　单位：人

现住地	省外									
	江苏					浙江				
	小计	乡	镇的村委会	镇的居委会	街道	小计	乡	镇的村委会	镇的居委会	街道
江门市	**201**	**27**	**94**	**25**	**55**	**409**	**31**	**241**	**41**	**96**
蓬江区	89	16	33	9	31	106	5	54	15	32
江海区	59	4	36	5	14	172	14	83	23	52
新会区	26	5	12	2	7	36	2	33		1
台山市	9	1	3	2	3	35	3	25	3	4
开平市	5		1	4		7		7		
鹤山市	13	1	9	3		45	7	32		6
恩平市						8		7		1
湛江市	**79**	**8**	**21**	**13**	**37**	**87**	**7**	**43**	**16**	**21**
赤坎区	20	3	2	5	10	28	2	13	2	11
霞山区	30	4	8	1	17	37	4	21	5	7
坡头区	4				4	8		4	4	
麻章区	18	1	10	4	3					
遂溪县										
徐闻县										
廉江市	3				3	4		3	1	
雷州市	1			1		3		2		1
吴川市	3		1	2		7	1		4	2
茂名市	**51**	**17**	**14**	**3**	**17**	**29**	**1**	**19**	**2**	**7**
茂南区	46	17	12	3	14	15		11	1	3
电白区						7	1	4		2
高州市	1		1			4		3	1	
化州市	4		1		3					
信宜市						3		1		2
肇庆市	**68**	**9**	**35**	**11**	**13**	**87**	**16**	**45**	**10**	**16**
端州区	16	1	2	3	10	30	4	11	6	9
鼎湖区	10	3	3	4		11	6	3		2
高要区	1				1	1		1		
广宁县										
怀集县										
封开县										
德庆县										
四会市	41	5	30	4	2	45	6	30	4	5
惠州市	**578**	**121**	**287**	**60**	**110**	**373**	**79**	**184**	**42**	**68**
惠城区	255	61	113	23	58	176	47	71	24	34
惠阳区	318	60	169	37	52	196	32	113	18	33
博罗县	5		5			1				1
惠东县										
龙门县										
梅州市	**33**	**5**	**21**	**4**	**3**	**78**	**6**	**56**	**5**	**11**
梅江区	23	5	12	4	2	39	3	28	4	4
梅县区	9		8		1	24	2	21	1	
大埔县										
丰顺县										
五华县										
平远县										
蕉岭县										
兴宁市	1		1			15	1	7		7

7-1a 续表 20

单位：人

现住地	省外									
	江苏					浙江				
	小计	乡	镇的村委会	镇的居委会	街道	小计	乡	镇的村委会	镇的居委会	街道
汕尾市	**19**	**7**	**6**	**2**	**4**	**15**	**1**	**7**	**7**	
城　区	14	7	3		4	1	1			
海丰县										
陆河县										
陆丰市	5		3	2		14		7	7	
河源市	**29**	**2**	**21**	**4**	**2**	**37**	**3**	**20**	**6**	**8**
源城区	29	2	21	4	2	37	3	20	6	8
紫金县										
龙川县										
连平县										
和平县										
东源县										
阳江市	**13**		**9**		**4**	**47**	**1**	**23**	**2**	**21**
江城区	8		7		1	36	1	16	2	17
阳东区	5		2		3	7		4		3
阳西县										
阳春市						4		3		1
清远市	**73**	**7**	**42**	**14**	**10**	**134**	**17**	**89**	**19**	**9**
清城区	52	6	29	7	10	82	9	52	15	6
清新区	14		10	4		16	4	11	1	
佛冈县										
阳山县										
连山壮族瑶族自治县										
连南瑶族自治县										
英德市	6	1	2	3		27	4	17	3	3
连州市	1		1			9		9		
东莞市	**2024**	**655**	**990**	**188**	**191**	**2247**	**753**	**1088**	**201**	**205**
市辖区	2024	655	990	188	191	2247	753	1088	201	205
中山市	**413**	**85**	**203**	**56**	**69**	**649**	**132**	**352**	**99**	**66**
市辖区	413	85	203	56	69	649	132	352	99	66
潮州市	**27**	**7**	**13**	**4**	**3**	**61**	**19**	**32**	**6**	**4**
湘桥区	9	2	4	2	1	26	5	12	5	4
潮安区	18	5	9	2	2	35	14	20	1	
饶平县										
揭阳市	**6**	**1**	**5**			**18**	**3**	**9**	**4**	**2**
榕城区						6		6		
揭东区	5		5			4	2	2		
揭西县										
惠来县										
普宁市	1	1				8	1	1	4	2
云浮市	**22**		**12**	**5**	**5**	**25**	**9**	**5**	**7**	**4**
云城区	20		10	5	5	7	1	5		1
云安区										
新兴县										
郁南县										
罗定市	2		2			18	8		7	3

7–1a　续表 21　　　　单位：人

现住地	省外									
	安徽					福建				
	小计	乡	镇的村委会	镇的居委会	街道	小计	乡	镇的村委会	镇的居委会	街道
广　东	**56180**	**14690**	**32660**	**4553**	**4277**	**56832**	**12852**	**34893**	**4713**	**4374**
广州市	**8197**	**1480**	**4864**	**826**	**1027**	**10807**	**1810**	**6670**	**1027**	**1300**
荔湾区	253	26	139	45	43	1059	164	665	112	118
越秀区	396	58	210	47	81	456	71	239	58	88
海珠区	683	86	407	69	121	1176	168	672	134	202
天河区	1563	272	849	174	268	1646	237	959	188	262
白云区	2096	527	1232	138	199	3395	668	2191	230	306
黄埔区	711	134	439	64	74	588	131	346	33	78
番禺区	1277	166	789	168	154	1450	170	960	159	161
花都区	608	143	378	47	40	623	130	383	70	40
南沙区	366	46	261	36	23	195	42	128	12	13
从化区	19		13	4	2	26	4	9	11	2
增城区	225	22	147	34	22	193	25	118	20	30
韶关市	**147**	**16**	**89**	**19**	**23**	**148**	**27**	**91**	**12**	**18**
武江区	38	6	16	7	9	80	17	58	3	2
浈江区	62	8	38	8	8	36	8	13	6	9
曲江区	36	2	24	4	6	13		8	3	2
始兴县										
仁化县										
翁源县										
乳源瑶族自治县										
新丰县										
乐昌市	6		6			6		6		
南雄市	5		5			13	2	6		5
深圳市	**23648**	**5637**	**14252**	**1854**	**1905**	**21418**	**4668**	**13440**	**1674**	**1636**
罗湖区	1172	246	668	124	134	1348	273	782	146	147
福田区	2064	329	1248	210	277	1389	199	814	152	224
南山区	2756	837	1253	280	386	1594	391	698	218	287
宝安区	5759	1450	3588	354	367	5230	1235	3384	307	304
龙岗区	5460	1425	3282	434	319	7013	1551	4482	569	411
盐田区	303	47	204	17	35	180	38	105	22	15
龙华区	3987	778	2627	295	287	2962	596	2005	182	179
坪山区	701	189	425	58	29	609	182	374	28	25
光明区	1446	336	957	82	71	1093	203	796	50	44
珠海市	**1070**	**191**	**558**	**196**	**125**	**989**	**134**	**483**	**195**	**177**
香洲区	813	133	417	154	109	758	94	354	170	140
斗门区	95	11	69	15		70	6	57	5	2
金湾区	162	47	72	27	16	161	34	72	20	35
汕头市	**847**	**216**	**396**	**141**	**94**	**1666**	**366**	**886**	**229**	**185**
龙湖区	259	62	128	59	10	626	102	385	103	36
金平区	331	63	172	51	45	566	95	292	75	104
濠江区	34	11	10	3	10	25	8	5	9	3
潮阳区	33		1	5	27	25	3	4	5	13
潮南区	99	43	41	14	1	86	43	25	10	8
澄海区	91	37	44	9	1	338	115	175	27	21
南澳县										
佛山市	**4059**	**1020**	**2436**	**410**	**193**	**4315**	**838**	**2821**	**442**	**214**
禅城区	473	113	297	31	32	490	82	320	52	36
南海区	1813	505	977	241	90	2405	500	1501	283	121
顺德区	1581	358	1051	119	53	1229	215	872	98	44
三水区	72	6	48	10	8	115	22	78	7	8
高明区	120	38	63	9	10	76	19	50	2	5

7−1a 续表 22 单位：人

现住地	省外									
	安徽					福建				
	小计	乡	镇的村委会	镇的居委会	街道	小计	乡	镇的村委会	镇的居委会	街道
江门市	**654**	**103**	**436**	**33**	**82**	**573**	**78**	**389**	**53**	**53**
蓬江区	223	29	159	12	23	211	28	139	21	23
江海区	139	22	76	9	32	115	8	93	5	9
新会区	189	25	136	5	23	91	9	57	11	14
台山市	24	1	19	1	3	72	18	47	4	3
开平市	13	8	3	1	1	30	4	19	5	2
鹤山市	49	10	38	1		51	11	32	6	2
恩平市	17	8	5	4		3		2	1	
湛江市	**150**	**32**	**74**	**18**	**26**	**157**	**42**	**80**	**13**	**22**
赤坎区	49	15	28		6	37	5	22	1	9
霞山区	72	15	29	12	16	79	28	34	10	7
坡头区	7	1		3	3					
麻章区	9	1	4	3	1	14	3	7		4
遂溪县										
徐闻县										
廉江市	1		1			13		11		2
雷州市						4		2	2	
吴川市	12		12			10	6	4		
茂名市	**52**	**12**	**24**	**5**	**11**	**82**	**14**	**44**	**9**	**15**
茂南区	30	3	17	5	5	55	10	31	6	8
电白区	2		1		1	4		3	1	
高州市	8	1	3		4	10		9		1
化州市	10	8	2			8	2		2	4
信宜市	2		1		1	5	2	1		2
肇庆市	**196**	**37**	**99**	**25**	**35**	**1983**	**198**	**1622**	**91**	**72**
端州区	64	4	27	15	18	59	9	21	14	15
鼎湖区	14	3	11			16		11		5
高要区	3			2	1	4		4		
广宁县										
怀集县										
封开县										
德庆县										
四会市	115	30	61	8	16	1904	189	1586	77	52
惠州市	**2388**	**649**	**1369**	**202**	**168**	**1841**	**395**	**1137**	**165**	**144**
惠城区	1102	325	617	68	92	835	185	493	76	81
惠阳区	1269	323	736	134	76	1000	210	638	89	63
博罗县	17	1	16			6		6		
惠东县										
龙门县										
梅州市	**87**	**3**	**75**	**3**	**6**	**427**	**34**	**327**	**44**	**22**
梅江区	39	3	30	1	5	210	12	159	22	17
梅县区	20		18	2		185	15	150	16	4
大埔县										
丰顺县										
五华县										
平远县										
蕉岭县										
兴宁市	28		27		1	32	7	18	6	1

7-1a 续表 23

单位：人

现住地	省外									
	安徽					福建				
	小计	乡	镇的村委会	镇的居委会	街道	小计	乡	镇的村委会	镇的居委会	街道
汕尾市	**50**		**34**	**10**	**6**	**65**	**18**	**26**	**15**	**6**
城　区	30		20	4	6	36	8	16	9	3
海丰县										
陆河县										
陆丰市	20		14	6		29	10	10	6	3
河源市	**178**	**41**	**121**	**13**	**3**	**174**	**17**	**125**	**25**	**7**
源城区	178	41	121	13	3	174	17	125	25	7
紫金县										
龙川县										
连平县										
和平县										
东源县										
阳江市	**41**	**6**	**27**	**4**	**4**	**55**	**15**	**30**	**3**	**7**
江城区	18	5	10	1	2	36	14	13	2	7
阳东区	13	1	11	1		16		16		
阳西县										
阳春市	10		6	2	2	3	1	1	1	
清远市	**182**	**21**	**117**	**21**	**23**	**244**	**41**	**159**	**19**	**25**
清城区	140	15	93	13	19	176	32	115	7	22
清新区	17	4	11	1	1	42	4	36	2	
佛冈县										
阳山县										
连山壮族瑶族自治县										
连南瑶族自治县										
英德市	16	2	13		1	14	1	7	3	3
连州市	9			7	2	12	4	1	7	
东莞市	**12302**	**4736**	**6481**	**620**	**465**	**9871**	**3650**	**5329**	**529**	**363**
市辖区	12302	4736	6481	620	465	9871	3650	5329	529	363
中山市	**1192**	**272**	**750**	**117**	**53**	**1106**	**257**	**666**	**126**	**57**
市辖区	1192	272	750	117	53	1106	257	666	126	57
潮州市	**529**	**161**	**328**	**26**	**14**	**678**	**192**	**426**	**30**	**30**
湘桥区	119	14	76	20	9	190	27	125	13	25
潮安区	410	147	252	6	5	488	165	301	17	5
饶平县										
揭阳市	**164**	**54**	**92**	**6**	**12**	**132**	**17**	**110**	**4**	**1**
榕城区	16	4	12			12	4	7		1
揭东区	29	7	14	5	3	93	11	79	3	
揭西县										
惠来县										
普宁市	119	43	66	1	9	27	2	24	1	
云浮市	**47**	**3**	**38**	**4**	**2**	**101**	**41**	**32**	**8**	**20**
云城区	35	3	27	3	2	92	41	25	8	18
云安区						5		4		1
新兴县										
郁南县										
罗定市	12		11	1		4		3		1

7-1a 续表 24

单位：人

现住地	省外									
	江西					山东				
	小计	乡	镇的村委会	镇的居委会	街道	小计	乡	镇的村委会	镇的居委会	街道
广　东	**238379**	**66744**	**138149**	**19104**	**14382**	**20432**	**4035**	**11211**	**1831**	**3355**
广州市	**37963**	**8444**	**23426**	**3203**	**2890**	**3926**	**532**	**2055**	**394**	**945**
荔湾区	965	191	559	99	116	142	19	58	20	45
越秀区	866	144	452	123	147	218	23	77	36	82
海珠区	4167	677	2867	312	311	341	27	188	19	107
天河区	5290	1156	2906	596	632	822	106	380	89	247
白云区	10417	3078	5958	744	637	818	134	433	66	185
黄埔区	2536	541	1505	227	263	445	62	264	31	88
番禺区	9148	1524	6476	675	473	561	72	298	72	119
花都区	2681	805	1507	229	140	318	49	195	34	40
南沙区	1066	175	714	111	66	162	32	101	14	15
从化区	60	12	32	10	6	11	2	4	3	2
增城区	767	141	450	77	99	88	6	57	10	15
韶关市	**951**	**105**	**619**	**112**	**115**	**72**	**3**	**41**	**21**	**7**
武江区	368	67	208	40	53	16	2	10	3	1
浈江区	282	12	201	45	24	18		12	2	4
曲江区	131	7	105	11	8	13		5	8	
始兴县										
仁化县										
翁源县										
乳源瑶族自治县										
新丰县										
乐昌市	35	3	26	2	4	12		11	1	
南雄市	135	16	79	14	26	13	1	3	7	2
深圳市	**96412**	**24571**	**57082**	**8220**	**6539**	**9545**	**1842**	**5333**	**829**	**1541**
罗湖区	4182	937	2397	420	428	602	102	305	71	124
福田区	5336	1140	3001	584	611	942	152	449	104	237
南山区	6549	1968	2962	769	850	1382	339	548	158	337
宝安区	28376	7625	16940	2172	1639	2183	425	1319	167	272
龙岗区	23078	6051	13643	2013	1371	2075	387	1236	195	257
盐田区	708	138	422	79	69	99	9	64	8	18
龙华区	18696	4178	11903	1494	1121	1455	267	881	82	225
坪山区	3436	1007	2008	253	168	336	76	212	22	26
光明区	6051	1527	3806	436	282	471	85	319	22	45
珠海市	**3570**	**613**	**2111**	**511**	**335**	**659**	**66**	**310**	**87**	**196**
香洲区	2663	428	1584	385	266	491	36	218	70	167
斗门区	396	69	240	69	18	43	2	29	6	6
金湾区	511	116	287	57	51	125	28	63	11	23
汕头市	**2989**	**793**	**1576**	**421**	**199**	**62**	**2**	**28**	**19**	**13**
龙湖区	1439	345	845	203	46	15	1	4	9	1
金平区	826	171	426	125	104	32		13	7	12
濠江区	53	7	35	3	8	5		5		
潮阳区	46	15	16	4	11	1			1	
潮南区	180	92	62	22	4	2		1	1	
澄海区	445	163	192	64	26	7	1	5	1	
南澳县										
佛山市	**18841**	**4907**	**11638**	**1584**	**712**	**1416**	**259**	**869**	**147**	**141**
禅城区	1320	290	763	155	112	160	29	95	17	19
南海区	7118	2054	4058	712	294	651	133	370	79	69
顺德区	9672	2386	6395	640	251	509	82	348	42	37
三水区	301	66	183	36	16	41	6	27	3	5
高明区	430	111	239	41	39	55	9	29	6	11

7-1a　续表 25　　　　单位：人

现住地	省外									
	江西					山东				
	小计	乡	镇的村委会	镇的居委会	街道	小计	乡	镇的村委会	镇的居委会	街道
江门市	**2338**	**443**	**1494**	**178**	**223**	**216**	**32**	**120**	**21**	**43**
蓬江区	883	172	590	59	62	109	17	57	8	27
江海区	559	94	348	42	75	49	11	23	7	8
新会区	478	73	303	41	61	12	3	8	1	
台山市	119	27	71	11	10	15	1	8	4	2
开平市	55	7	46		2	5		5		
鹤山市	209	55	120	22	12	25		18	1	6
恩平市	35	15	16	3	1	1		1		
湛江市	**218**	**53**	**102**	**24**	**39**	**144**	**28**	**64**	**28**	**24**
赤坎区	63	18	31	8	6	33	6	14	6	7
霞山区	99	22	53	9	15	74	17	22	22	13
坡头区	13	2	4	2	5	12	3	8		1
麻章区	16	3	7	1	5	21	2	16		3
遂溪县										
徐闻县										
廉江市	17	4	4	4	5	2		2		
雷州市	1		1							
吴川市	9	4	2		3	2		2		
茂名市	**120**	**19**	**65**	**13**	**23**	**76**	**15**	**34**	**1**	**26**
茂南区	62	13	30	11	8	63	14	24	1	24
电白区	7		5	2		3	1	2		
高州市	25		23		2	8		7		1
化州市	13	4	3		6	1				1
信宜市	13	2	4		7	1		1		
肇庆市	**525**	**84**	**295**	**75**	**71**	**87**	**9**	**41**	**15**	**22**
端州区	118	12	51	13	42	28	2	6	9	11
鼎湖区	50	14	35		1	7		4		3
高要区	19	1	7	10	1	1		1		
广宁县										
怀集县										
封开县										
德庆县										
四会市	338	57	202	52	27	51	7	30	6	8
惠州市	**8766**	**2454**	**4786**	**861**	**665**	**875**	**218**	**496**	**66**	**95**
惠城区	4761	1324	2567	431	439	387	88	223	32	44
惠阳区	3904	1124	2128	428	224	485	130	270	34	51
博罗县	101	6	91	2	2	3		3		
惠东县										
龙门县										
梅州市	**1967**	**204**	**1560**	**124**	**79**	**26**	**3**	**16**		**7**
梅江区	816	101	619	52	44	18	3	12		3
梅县区	1031	81	869	63	18	4		4		
大埔县										
丰顺县										
五华县										
平远县										
蕉岭县										
兴宁市	120	22	72	9	17	4				4

7—1a 续表 26 单位：人

现住地	省外									
	江西					山东				
	小计	乡	镇的村委会	镇的居委会	街道	小计	乡	镇的村委会	镇的居委会	街道
汕尾市	**71**	**31**	**25**	**8**	**7**	**4**	**1**	**3**		
城　区	57	24	23	3	7	4	1	3		
海丰县										
陆河县										
陆丰市	14	7	2	5						
河源市	**870**	**176**	**547**	**75**	**72**	**69**	**17**	**42**	**2**	**8**
源城区	870	176	547	75	72	69	17	42	2	8
紫金县										
龙川县										
连平县										
和平县										
东源县										
阳江市	**162**	**19**	**106**	**18**	**19**	**22**		**13**	**2**	**7**
江城区	88	8	59	5	16	15		10	2	3
阳东区	46	4	28	12	2					
阳西县										
阳春市	28	7	19	1	1	7		3		4
清远市	**739**	**138**	**454**	**77**	**70**	**87**	**11**	**48**	**9**	**19**
清城区	523	82	340	54	47	68	8	38	5	17
清新区	74	24	35	10	5	6	2	4		
佛冈县										
阳山县										
连山壮族瑶族自治县										
连南瑶族自治县										
英德市	128	28	71	11	18	8	1	5		2
连州市	14	4	8	2		5		1	4	
东莞市	**51480**	**20989**	**25828**	**2754**	**1909**	**2654**	**896**	**1395**	**140**	**223**
市辖区	51480	20989	25828	2754	1909	2654	896	1395	140	223
中山市	**7725**	**1825**	**4825**	**736**	**339**	**424**	**93**	**252**	**43**	**36**
市辖区	7725	1825	4825	736	339	424	93	252	43	36
潮州市	**1747**	**536**	**1097**	**71**	**43**	**35**	**4**	**28**	**3**	
湘桥区	419	75	277	39	28	14		12	2	
潮安区	1328	461	820	32	15	21	4	16	1	
饶平县										
揭阳市	**819**	**316**	**453**	**28**	**22**	**6**	**2**	**1**	**2**	**1**
榕城区	179	76	93	3	7					
揭东区	441	180	241	16	4	5	2	1	1	1
揭西县										
惠来县										
普宁市	199	60	119	9	11	1			1	
云浮市	**106**	**24**	**60**	**11**	**11**	**27**	**2**	**22**	**2**	**1**
云城区	83	23	41	10	9	20		18	2	
云安区										
新兴县										
郁南县										
罗定市	23	1	19	1	2	7	2	4		1

7-1a 续表 27

单位：人

现住地	省外									
	河南					湖北				
	小计	乡	镇的村委会	镇的居委会	街道	小计	乡	镇的村委会	镇的居委会	街道
广东	**204312**	**66982**	**117015**	**10457**	**9858**	**276855**	**67899**	**163389**	**22664**	**22903**
广州市	**32303**	**8324**	**19735**	**1919**	**2325**	**55362**	**9059**	**37025**	**4306**	**4972**
荔湾区	1166	281	706	75	104	1177	217	647	112	201
越秀区	1260	250	755	96	159	973	165	397	149	262
海珠区	2532	497	1597	197	241	19614	2549	15342	938	785
天河区	6737	1697	4029	435	576	6308	1077	3568	692	971
白云区	7877	2457	4500	417	503	9995	2173	5946	857	1019
黄埔区	4153	1152	2531	206	264	4582	936	2695	376	575
番禺区	3915	777	2610	256	272	7377	965	5099	663	650
花都区	2435	804	1423	116	92	2762	597	1653	257	255
南沙区	1484	279	1069	85	51	1626	236	1143	127	120
从化区	62	2	50	4	6	78	12	41	14	11
增城区	682	128	465	32	57	870	132	494	121	123
韶关市	**484**	**112**	**278**	**29**	**65**	**460**	**45**	**273**	**61**	**81**
武江区	190	45	104	11	30	211	28	117	21	45
浈江区	133	44	61	9	19	152	12	90	26	24
曲江区	118	15	84	4	15	53	2	38	10	3
始兴县										
仁化县										
翁源县										
乳源瑶族自治县										
新丰县										
乐昌市	32	7	21	3	1	18	2	8	2	6
南雄市	11	1	8	2		26	1	20	2	3
深圳市	**76989**	**23807**	**45915**	**3604**	**3663**	**115229**	**25539**	**68468**	**10111**	**11111**
罗湖区	2899	724	1651	236	288	4888	985	2601	607	695
福田区	3939	949	2226	329	435	5930	1070	2999	766	1095
南山区	5931	1994	2863	480	594	10550	2921	4666	1187	1776
宝安区	23040	7671	13773	799	797	32752	7586	19935	2508	2723
龙岗区	17893	5614	10721	857	701	26751	6216	16034	2358	2143
盐田区	1015	251	634	68	62	958	145	572	110	131
龙华区	13022	3685	8304	506	527	21288	4081	13727	1662	1818
坪山区	3123	982	1946	117	78	3961	973	2471	293	224
光明区	6127	1937	3797	212	181	8151	1562	5463	620	506
珠海市	**5098**	**1073**	**2993**	**562**	**470**	**4553**	**659**	**2625**	**699**	**570**
香洲区	3504	659	2055	418	372	3199	424	1800	511	464
斗门区	530	120	352	40	18	533	66	345	84	38
金湾区	1064	294	586	104	80	821	169	480	104	68
汕头市	**2895**	**975**	**1337**	**349**	**234**	**1623**	**453**	**695**	**286**	**189**
龙湖区	611	160	327	89	35	441	72	238	111	20
金平区	383	72	226	46	39	351	47	158	52	94
濠江区	26	2	16	5	3	42	7	22	7	6
潮阳区	14	2	4	7	1	25		2	8	15
潮南区	39	23	12	4		139	62	50	19	8
澄海区	1822	716	752	198	156	625	265	225	89	46
南澳县										
佛山市	**12956**	**3875**	**7796**	**846**	**439**	**16705**	**3986**	**10173**	**1590**	**956**
禅城区	1151	289	730	66	66	1520	265	934	189	132
南海区	6360	2040	3577	518	225	7535	2029	4392	736	378
顺德区	4660	1337	3007	208	108	6726	1488	4297	590	351
三水区	388	83	251	29	25	337	39	239	23	36
高明区	397	126	231	25	15	587	165	311	52	59

7－1a 续表 28 单位：人

现住地	省外									
	河南					湖北				
	小计	乡	镇的村委会	镇的居委会	街道	小计	乡	镇的村委会	镇的居委会	街道
江门市	**2301**	**550**	**1473**	**108**	**170**	**2682**	**477**	**1713**	**220**	**272**
蓬江区	869	246	541	32	50	889	182	546	72	89
江海区	527	143	306	18	60	716	111	428	63	114
新会区	173	34	101	19	19	288	30	208	33	17
台山市	253	28	195	10	20	257	48	165	21	23
开平市	62	4	51	6	1	74	12	55	2	5
鹤山市	392	90	277	14	11	432	85	300	24	23
恩平市	25	5	2	9	9	26	9	11	5	1
湛江市	**377**	**105**	**183**	**26**	**63**	**481**	**85**	**225**	**58**	**113**
赤坎区	109	35	50	10	14	106	9	66	9	22
霞山区	158	43	74	11	30	242	55	103	27	57
坡头区	21	4	8		9	47	5	17	11	14
麻章区	47	18	23	1	5	39	10	19	1	9
遂溪县										
徐闻县										
廉江市	34	4	23	4	3	21		11	5	5
雷州市	1		1			4		2	1	1
吴川市	7	1	4		2	22	6	7	4	5
茂名市	**213**	**43**	**91**	**17**	**62**	**239**	**18**	**152**	**26**	**43**
茂南区	162	33	54	15	60	93	11	35	11	36
电白区	18	4	13		1	70	2	63	2	3
高州市	11		10		1	23	3	17	3	
化州市	13	4	8	1		16	1	11	1	3
信宜市	9	2	6	1		37	1	26	9	1
肇庆市	**1315**	**163**	**967**	**85**	**100**	**709**	**114**	**415**	**85**	**95**
端州区	173	23	86	18	46	169	13	75	38	43
鼎湖区	108	20	71	5	12	52	4	42		6
高要区	24		13	4	7	2	1	1		
广宁县										
怀集县										
封开县										
德庆县										
四会市	1010	120	797	58	35	486	96	297	47	46
惠州市	**10469**	**3419**	**5703**	**801**	**546**	**9563**	**2728**	**5115**	**845**	**875**
惠城区	4694	1448	2647	295	304	4483	1185	2441	348	509
惠阳区	5696	1964	2987	503	242	4975	1540	2589	486	360
博罗县	79	7	69	3		105	3	85	11	6
惠东县										
龙门县										
梅州市	**162**	**25**	**122**	**9**	**6**	**251**	**38**	**175**	**25**	**13**
梅江区	105	16	78	6	5	142	21	95	18	8
梅县区	40	5	32	2	1	69	11	50	5	3
大埔县										
丰顺县										
五华县						7		7		
平远县										
蕉岭县										
兴宁市	17	4	12	1		33	6	23	2	2

7-1a　续表 29　　单位：人

现住地	省外									
	河南					湖北				
	小计	乡	镇的村委会	镇的居委会	街道	小计	乡	镇的村委会	镇的居委会	街道
汕尾市	**129**	**51**	**53**	**14**	**11**	**125**	**32**	**57**	**27**	**9**
城　区	73	39	22	5	7	88	27	37	15	9
海丰县										
陆河县										
陆丰市	56	12	31	9	4	37	5	20	12	
河源市	**578**	**138**	**381**	**40**	**19**	**511**	**121**	**294**	**44**	**52**
源城区	578	138	381	40	19	511	121	294	44	52
紫金县										
龙川县										
连平县										
和平县										
东源县										
阳江市	**195**	**32**	**126**	**5**	**32**	**158**	**13**	**104**	**12**	**29**
江城区	128	28	76	5	19	91	11	49	9	22
阳东区	35	2	29		4	39		34	2	3
阳西县										
阳春市	32	2	21		9	28	2	21	1	4
清远市	**542**	**103**	**326**	**54**	**59**	**732**	**109**	**417**	**85**	**121**
清城区	392	60	236	47	49	509	76	278	57	98
清新区	98	26	62	5	5	97	16	58	11	12
佛冈县										
阳山县										
连山壮族瑶族自治县										
连南瑶族自治县										
英德市	39	15	18	1	5	104	16	65	13	10
连州市	13	2	10	1		22	1	16	4	1
东莞市	**51373**	**22604**	**25850**	**1596**	**1323**	**59421**	**22577**	**30573**	**3374**	**2897**
市辖区	51373	22604	25850	1596	1323	59421	22577	30573	3374	2897
中山市	**5327**	**1403**	**3315**	**374**	**235**	**7010**	**1542**	**4284**	**747**	**437**
市辖区	5327	1403	3315	374	235	7010	1542	4284	747	437
潮州市	**320**	**106**	**185**	**12**	**17**	**639**	**204**	**377**	**29**	**29**
湘桥区	131	32	77	7	15	178	42	104	9	23
潮安区	189	74	108	5	2	461	162	273	20	6
饶平县										
揭阳市	**120**	**20**	**90**	**5**	**5**	**198**	**59**	**102**	**20**	**17**
榕城区	30	7	18		5	31	9	19	1	2
揭东区	76	10	62	4		38	9	24	5	
揭西县										
惠来县										
普宁市	14	3	10	1		129	41	59	14	15
云浮市	**166**	**54**	**96**	**2**	**14**	**204**	**41**	**127**	**14**	**22**
云城区	147	46	88	2	11	179	38	107	12	22
云安区	1		1			4		4		
新兴县										
郁南县										
罗定市	18	8	7		3	21	3	16	2	

7-1a 续表 30

单位：人

现住地	省外				
	湖南				
	小计	乡	镇的村委会	镇的居委会	街道
广东	**557312**	**166871**	**328269**	**35343**	**26829**
广州市	**100797**	**23250**	**63788**	**7162**	**6597**
荔湾区	2955	528	1808	303	316
越秀区	3347	663	1925	319	440
海珠区	6549	1043	4360	578	568
天河区	15508	3389	9457	1373	1289
白云区	24444	6712	14736	1545	1451
黄埔区	11589	2767	7356	665	801
番禺区	17528	2944	12379	1183	1022
花都区	11891	3892	6942	685	372
南沙区	4147	733	2998	258	158
从化区	342	51	229	41	21
增城区	2497	528	1598	212	159
韶关市	**4362**	**636**	**2973**	**374**	**379**
武江区	1933	324	1292	105	212
浈江区	1291	134	872	179	106
曲江区	531	84	381	53	13
始兴县					
仁化县					
翁源县					
乳源瑶族自治县					
新丰县					
乐昌市	462	72	322	30	38
南雄市	145	22	106	7	10
深圳市	**189023**	**51682**	**114398**	**12654**	**10289**
罗湖区	5888	1256	3368	659	605
福田区	9040	1928	5206	924	982
南山区	13198	4032	6321	1401	1444
宝安区	62408	18028	38438	3369	2573
龙岗区	38309	10944	22601	2721	2043
盐田区	1749	336	1122	150	141
龙华区	35312	8668	22643	2253	1748
坪山区	6308	1951	3724	402	231
光明区	16811	4539	10975	775	522
珠海市	**12805**	**2542**	**8020**	**1479**	**764**
香洲区	9238	1590	5857	1175	616
斗门区	1267	214	894	120	39
金湾区	2300	738	1269	184	109
汕头市	**911**	**212**	**439**	**163**	**97**
龙湖区	317	63	175	58	21
金平区	300	46	144	63	47
濠江区	32	9	13	2	8
潮阳区	24		3	7	14
潮南区	94	48	30	14	2
澄海区	144	46	74	19	5
南澳县					
佛山市	**50282**	**13927**	**31315**	**3506**	**1534**
禅城区	4966	1137	3282	310	237
南海区	23742	7240	13934	1890	678
顺德区	18874	4894	12390	1091	499
三水区	1221	211	848	94	68
高明区	1479	445	861	121	52

7-1a　续表 31　　　　单位：人

现住地	省外				
	湖南				
	小计	乡	镇的村委会	镇的居委会	街道
江门市	**6203**	**1282**	**3994**	**422**	**505**
蓬江区	2072	438	1353	154	127
江海区	1768	355	1090	113	210
新会区	924	138	630	86	70
台山市	495	104	328	17	46
开平市	154	40	87	15	12
鹤山市	737	192	479	36	30
恩平市	53	15	27	1	10
湛江市	**593**	**105**	**308**	**72**	**108**
赤坎区	165	42	75	13	35
霞山区	273	34	142	37	60
坡头区	32	14	11	2	5
麻章区	56	10	39	2	5
遂溪县	3		2	1	
徐闻县					
廉江市	31	1	16	13	1
雷州市	6	1	3	2	
吴川市	27	3	20	2	2
茂名市	**454**	**83**	**268**	**41**	**62**
茂南区	236	40	133	25	38
电白区	44	15	25	2	2
高州市	84	6	59	5	14
化州市	57	18	24	8	7
信宜市	33	4	27	1	1
肇庆市	**2436**	**456**	**1442**	**270**	**268**
端州区	454	70	223	42	119
鼎湖区	204	26	144	5	29
高要区	90	1	58	29	2
广宁县					
怀集县					
封开县					
德庆县					
四会市	1688	359	1017	194	118
惠州市	**16936**	**5014**	**9462**	**1310**	**1150**
惠城区	8123	2370	4474	565	714
惠阳区	8488	2634	4690	734	430
博罗县	325	10	298	11	6
惠东县					
龙门县					
梅州市	**449**	**41**	**342**	**37**	**29**
梅江区	256	26	194	21	15
梅县区	124	8	95	12	9
大埔县					
丰顺县					
五华县					
平远县					
蕉岭县					
兴宁市	69	7	53	4	5

7-1a 续表 32

单位：人

现住地	省外 湖南 小计	乡	镇的村委会	镇的居委会	街道
汕尾市	**208**	**60**	**101**	**20**	**27**
城　区	149	46	69	9	25
海丰县					
陆河县					
陆丰市	59	14	32	11	2
河源市	**982**	**192**	**673**	**59**	**58**
源城区	982	192	673	59	58
紫金县					
龙川县					
连平县					
和平县					
东源县					
阳江市	**829**	**121**	**535**	**88**	**85**
江城区	303	63	184	25	31
阳东区	303	36	249	16	2
阳西县					
阳春市	223	22	102	47	52
清远市	**2721**	**537**	**1729**	**274**	**181**
清城区	1668	327	1031	179	131
清新区	545	116	375	36	18
佛冈县					
阳山县					
连山壮族瑶族自治县					
连南瑶族自治县					
英德市	331	87	188	26	30
连州市	177	7	135	33	2
东莞市	**145972**	**60925**	**75386**	**5884**	**3777**
市辖区	145972	60925	75386	5884	3777
中山市	**19782**	**5303**	**12181**	**1440**	**858**
市辖区	19782	5303	12181	1440	858
潮州市	**1055**	**365**	**609**	**46**	**35**
湘桥区	439	127	255	26	31
潮安区	616	238	354	20	4
饶平县					
揭阳市	**210**	**67**	**127**	**12**	**4**
榕城区	39	18	20	1	
揭东区	113	32	78	2	1
揭西县					
惠来县					
普宁市	58	17	29	9	3
云浮市	**302**	**71**	**179**	**30**	**22**
云城区	240	67	130	25	18
云安区	8		6	1	1
新兴县					
郁南县					
罗定市	54	4	43	4	3

7-1a　续表 33　　　　单位：人

现住地	省外									
	广西					海南				
	小计	乡	镇的村委会	镇的居委会	街道	小计	乡	镇的村委会	镇的居委会	街道
广东	**467112**	**136044**	**297398**	**20286**	**13384**	**18805**	**3476**	**9747**	**3330**	**2252**
广州市	**58934**	**12415**	**39890**	**3386**	**3243**	**3769**	**449**	**1899**	**725**	**696**
荔湾区	2496	390	1708	215	183	143	15	67	42	19
越秀区	1657	304	1006	155	192	167	16	67	43	41
海珠区	3787	536	2578	321	352	314	18	155	70	71
天河区	7964	1577	5106	669	612	873	105	406	172	190
白云区	16314	4168	10654	795	697	901	151	460	130	160
黄埔区	4880	1140	3177	268	295	375	46	217	54	58
番禺区	13222	2116	9873	556	677	585	58	305	114	108
花都区	4912	1541	3097	185	89	199	32	97	49	21
南沙区	2550	445	1898	131	76	117	5	73	21	18
从化区	108	12	70	19	7	14	2	10		2
增城区	1044	186	723	72	63	81	1	42	30	8
韶关市	**450**	**60**	**318**	**36**	**36**	**37**	**4**	**15**	**9**	**9**
武江区	194	35	134	12	13	13	4	5	2	2
浈江区	155	6	113	19	17	9		4	4	1
曲江区	64	9	48	3	4	5		1	3	1
始兴县										
仁化县										
翁源县										
乳源瑶族自治县										
新丰县										
乐昌市	18	5	11	1	1	4		1		3
南雄市	19	5	12	1	1	6		4		2
深圳市	**127256**	**33558**	**85290**	**4874**	**3534**	**7879**	**1346**	**4304**	**1425**	**804**
罗湖区	2255	454	1394	203	204	384	68	198	62	56
福田区	3628	735	2285	302	306	547	71	255	107	114
南山区	5348	1601	2815	411	521	632	123	246	127	136
宝安区	49500	13316	33866	1358	960	2498	434	1459	411	194
龙岗区	23537	6734	15012	1159	632	1775	337	978	330	130
盐田区	633	92	473	40	28	59	8	27	13	11
龙华区	22159	5012	15719	840	588	1291	171	762	241	117
坪山区	4051	1211	2628	127	85	210	56	108	32	14
光明区	16145	4403	11098	434	210	483	78	271	102	32
珠海市	**8657**	**1594**	**5811**	**851**	**401**	**738**	**100**	**407**	**152**	**79**
香洲区	5746	906	3856	679	305	586	74	322	119	71
斗门区	1190	254	845	54	37	49	6	38	5	
金湾区	1721	434	1110	118	59	103	20	47	28	8
汕头市	**509**	**134**	**267**	**62**	**46**	**151**	**15**	**73**	**33**	**30**
龙湖区	107	18	62	20	7	21		12	5	4
金平区	118	21	62	18	17	40	4	14	12	10
濠江区	23	3	15	5		5		1	2	2
潮阳区	2		1		1	15			7	8
潮南区	96	31	47	7	11	15	5	10		
澄海区	163	61	80	12	10	55	6	36	7	6
南澳县										
佛山市	**89911**	**24652**	**60021**	**3818**	**1420**	**1198**	**240**	**620**	**237**	**101**
禅城区	6423	1504	4441	320	158	136	17	50	45	24
南海区	36039	11367	22156	1966	550	506	95	269	87	55
顺德区	43435	10752	30757	1376	550	462	112	249	82	19
三水区	1576	337	1070	70	99	46	6	23	15	2
高明区	2438	692	1597	86	63	48	10	29	8	1

7－1a 续表 34 单位：人

现住地	省外									
	广西					海南				
	小计	乡	镇的村委会	镇的居委会	街道	小计	乡	镇的村委会	镇的居委会	街道
江门市	**12124**	**2694**	**8449**	**448**	**533**	**290**	**59**	**112**	**73**	**46**
蓬江区	4355	927	3161	134	133	107	29	36	19	23
江海区	2834	630	1891	110	203	49	8	29	5	7
新会区	1610	304	1131	79	96	28	6	9	9	4
台山市	759	207	479	28	45	41	5	15	16	5
开平市	438	101	307	25	5	30	9	11	8	2
鹤山市	2011	515	1389	66	41	32	2	12	13	5
恩平市	117	10	91	6	10	3			3	
湛江市	**1653**	**422**	**966**	**100**	**165**	**179**	**18**	**62**	**34**	**65**
赤坎区	327	73	195	24	35	49	2	19	10	18
霞山区	512	137	301	25	49	76	11	23	11	31
坡头区	88	15	48	7	18	20		5	2	13
麻章区	89	16	54	9	10	10		7	1	2
遂溪县	22	7	14	1		2			2	
徐闻县										
廉江市	222	29	165	17	11	8	1	4	2	1
雷州市	11	3	6		2	1		1		
吴川市	382	142	183	17	40	13	4	3	6	
茂名市	**1290**	**211**	**842**	**102**	**135**	**258**	**41**	**104**	**52**	**61**
茂南区	642	126	407	50	59	85	14	31	17	23
电白区	93	8	64	10	11	7	1	3	2	1
高州市	356	54	245	22	35	33	1	5	9	18
化州市	102	6	68	9	19	11	1	2	4	4
信宜市	97	17	58	11	11	122	24	63	20	15
肇庆市	**2559**	**350**	**1721**	**287**	**201**	**76**	**7**	**39**	**12**	**18**
端州区	571	70	368	65	68	18	1	6	2	9
鼎湖区	274	37	190	22	25	20		10	5	5
高要区	53	13	28	9	3	2	1			1
广宁县										
怀集县										
封开县										
德庆县										
四会市	1661	230	1135	191	105	36	5	23	5	3
惠州市	**8575**	**2711**	**4895**	**604**	**365**	**551**	**108**	**260**	**116**	**67**
惠城区	3540	1082	2093	193	172	245	43	117	42	43
惠阳区	4934	1619	2715	407	193	304	65	141	74	24
博罗县	101	10	87	4		2		2		
惠东县										
龙门县										
梅州市	**200**	**28**	**146**	**17**	**9**	**62**	**2**	**18**	**25**	**17**
梅江区	101	10	82	4	5	36	2	10	16	8
梅县区	50	5	40	5		6		4	1	1
大埔县										
丰顺县										
五华县										
平远县										
蕉岭县										
兴宁市	49	13	24	8	4	20		4	8	8

7−1a　续表 35　　　　　　　　　　　　　　　　　　　　　　单位：人

现住地	省外									
	广西					海南				
	小计	乡	镇的村委会	镇的居委会	街道	小计	乡	镇的村委会	镇的居委会	街道
汕尾市	**95**	**45**	**29**	**11**	**10**	**16**	**7**	**3**	**5**	**1**
城　区	75	39	20	6	10	16	7	3	5	1
海丰县										
陆河县										
陆丰市	20	6	9	5						
河源市	**500**	**110**	**345**	**35**	**10**	**41**	**7**	**20**	**10**	**4**
源城区	500	110	345	35	10	41	7	20	10	4
紫金县										
龙川县										
连平县										
和平县										
东源县										
阳江市	**1283**	**236**	**951**	**55**	**41**	**69**	**10**	**30**	**17**	**12**
江城区	494	149	296	25	24	37	6	15	10	6
阳东区	696	84	581	26	5	15		11	4	
阳西县										
阳春市	93	3	74	4	12	17	4	4	3	6
清远市	**836**	**125**	**551**	**76**	**84**	**92**	**14**	**52**	**13**	**13**
清城区	531	84	328	50	69	45	3	25	10	7
清新区	147	22	116	7	2	38	10	25	2	1
佛冈县										
阳山县										
连山壮族瑶族自治县										
连南瑶族自治县										
英德市	104	19	59	13	13	7	1	1		5
连州市	54		48	6		2		1	1	
东莞市	**111491**	**46001**	**60313**	**3191**	**1986**	**2851**	**973**	**1459**	**277**	**142**
市辖区	111491	46001	60313	3191	1986	2851	973	1459	277	142
中山市	**39220**	**10219**	**25641**	**2266**	**1094**	**443**	**62**	**228**	**92**	**61**
市辖区	39220	10219	25641	2266	1094	443	62	228	92	61
潮州市	**470**	**172**	**270**	**14**	**14**	**47**	**7**	**16**	**10**	**14**
湘桥区	126	36	74	7	9	34		12	8	14
潮安区	344	136	196	7	5	13	7	4	2	
饶平县										
揭阳市	**219**	**46**	**160**	**9**	**4**	**14**	**1**	**11**	**2**	
榕城区	42	25	14	3						
揭东区	137	15	119	3		4		3	1	
揭西县										
惠来县										
普宁市	40	6	27	3	4	10	1	8	1	
云浮市	**880**	**261**	**522**	**44**	**53**	**44**	**6**	**15**	**11**	**12**
云城区	709	245	408	24	32	10	2	4		4
云安区	20	4	15	1						
新兴县										
郁南县										
罗定市	151	12	99	19	21	34	4	11	11	8

7-1a 续表 36

单位：人

现住地	省外									
	重庆					四川				
	小计	乡	镇的村委会	镇的居委会	街道	小计	乡	镇的村委会	镇的居委会	街道
广东	**88109**	**23897**	**51504**	**6390**	**6318**	**254167**	**79893**	**148240**	**14382**	**11652**
广州市	**10061**	**2041**	**6153**	**824**	**1043**	**32121**	**7951**	**19924**	**2075**	**2171**
荔湾区	286	35	165	29	57	1068	190	659	109	110
越秀区	254	25	131	36	62	646	119	339	80	108
海珠区	883	136	555	76	116	3169	545	2149	204	271
天河区	1044	217	491	125	211	3013	694	1702	256	361
白云区	2247	544	1302	157	244	8798	2742	5047	514	495
黄埔区	1242	289	726	101	126	2953	739	1771	169	274
番禺区	2360	366	1673	177	144	6238	1149	4366	398	325
花都区	946	307	527	74	38	3446	1199	1963	179	105
南沙区	561	93	411	33	24	1971	433	1388	88	62
从化区	28	1	21	1	5	102	7	78	9	8
增城区	210	28	151	15	16	717	134	462	69	52
韶关市	**149**	**18**	**91**	**15**	**25**	**679**	**145**	**427**	**40**	**67**
武江区	78	17	40	5	16	313	94	185	8	26
浈江区	39	1	23	9	6	240	32	168	22	18
曲江区	13		11		2	59	6	47	3	3
始兴县										
仁化县										
翁源县										
乳源瑶族自治县										
新丰县										
乐昌市	12		11		1	37	5	16	4	12
南雄市	7		6	1		30	8	11	3	8
深圳市	**32505**	**8271**	**19541**	**2280**	**2413**	**82375**	**25073**	**47982**	**5014**	**4306**
罗湖区	1625	373	938	151	163	4501	1396	2464	330	311
福田区	3403	721	2119	249	314	4016	990	2131	434	461
南山区	2154	554	974	260	366	6802	2269	3146	623	764
宝安区	6740	1712	4099	464	465	25126	7990	14848	1262	1026
龙岗区	10320	2964	6225	626	505	18998	5852	11216	1138	792
盐田区	219	45	122	17	35	764	142	528	56	38
龙华区	3893	850	2477	249	317	10954	2914	6785	671	584
坪山区	2127	648	1265	123	91	2931	1001	1691	145	94
光明区	2024	404	1322	141	157	8283	2519	5173	355	236
珠海市	**2866**	**507**	**1714**	**371**	**274**	**5682**	**1142**	**3569**	**585**	**386**
香洲区	2134	355	1270	289	220	3606	649	2241	438	278
斗门区	267	38	176	40	13	997	194	690	81	32
金湾区	465	114	268	42	41	1079	299	638	66	76
汕头市	**309**	**86**	**141**	**50**	**32**	**1973**	**592**	**901**	**293**	**187**
龙湖区	89	21	45	18	5	771	176	405	160	30
金平区	63	12	28	7	16	325	49	158	52	66
濠江区	7	1	4	1	1	21	3	9		9
潮阳区	10	1	5	4		134	16	40	41	37
潮南区	98	40	40	16	2	522	287	185	27	23
澄海区	42	11	19	4	8	200	61	104	13	22
南澳县										
佛山市	**8403**	**2143**	**5132**	**658**	**470**	**34751**	**10077**	**22141**	**1804**	**729**
禅城区	1287	334	816	74	63	3259	1013	1975	187	84
南海区	3368	959	1950	296	163	11554	3863	6652	770	269
顺德区	2987	643	1947	213	184	18741	4854	12775	781	331
三水区	153	35	91	13	14	414	71	292	27	24
高明区	608	172	328	62	46	783	276	447	39	21

7-1a　续表 37

单位：人

现住地	省外									
	重庆					四川				
	小计	乡	镇的村委会	镇的居委会	街道	小计	乡	镇的村委会	镇的居委会	街道
江门市	**2040**	**389**	**1321**	**152**	**178**	**4582**	**934**	**3048**	**254**	**346**
蓬江区	626	95	430	42	59	1840	373	1246	119	102
江海区	456	73	299	37	47	1088	179	745	60	104
新会区	257	43	178	14	22	567	90	387	32	58
台山市	237	62	138	14	23	547	137	337	11	62
开平市	227	65	121	30	11	117	26	76	10	5
鹤山市	206	37	144	9	16	371	111	231	16	13
恩平市	31	14	11	6		52	18	26	6	2
湛江市	**302**	**58**	**164**	**30**	**50**	**677**	**179**	**329**	**65**	**104**
赤坎区	73	25	34	10	4	179	44	94	17	24
霞山区	174	28	97	17	32	294	61	151	33	49
坡头区	11		5		6	69	30	21	1	17
麻章区	11	1	6		4	37	13	16	5	3
遂溪县						1		1		
徐闻县										
廉江市	17		14	2	1	21	13	7	1	
雷州市	1				1	2	1	1		
吴川市	15	4	8	1	2	74	17	38	8	11
茂名市	**160**	**39**	**95**	**3**	**23**	**440**	**74**	**291**	**28**	**47**
茂南区	64	18	32	2	12	244	55	144	16	29
电白区	20		19		1	63	1	55	3	4
高州市	19		16	1	2	81	8	65	1	7
化州市	39	17	18		4	39	10	16	7	6
信宜市	18	4	10		4	13		11	1	1
肇庆市	**592**	**88**	**390**	**65**	**49**	**1381**	**235**	**840**	**166**	**140**
端州区	62	3	27	13	19	603	79	368	64	92
鼎湖区	58	9	45		4	191	43	118	19	11
高要区	6			3	3	27	2	20	4	1
广宁县										
怀集县										
封开县										
德庆县										
四会市	466	76	318	49	23	560	111	334	79	36
惠州市	**4460**	**1236**	**2458**	**441**	**325**	**11773**	**3549**	**6757**	**807**	**660**
惠城区	2312	683	1241	207	181	5325	1729	2964	262	370
惠阳区	2027	545	1122	222	138	6192	1812	3551	540	289
博罗县	121	8	95	12	6	256	8	242	5	1
惠东县										
龙门县										
梅州市	**77**	**4**	**57**	**6**	**10**	**258**	**39**	**197**	**15**	**7**
梅江区	43	3	33	1	6	121	15	97	4	5
梅县区	17		14	3		68	10	48	9	1
大埔县										
丰顺县										
五华县						1		1		
平远县										
蕉岭县										
兴宁市	17	1	10	2	4	68	14	51	2	1

7－1a 续表 38

单位：人

现住地	省外									
	重庆					四川				
	小计	乡	镇的村委会	镇的居委会	街道	小计	乡	镇的村委会	镇的居委会	街道
汕尾市	**266**	**85**	**140**	**32**	**9**	**855**	**275**	**416**	**66**	**98**
城　区	206	60	118	20	8	736	222	374	48	92
海丰县										
陆河县										
陆丰市	60	25	22	12	1	119	53	42	18	6
河源市	**258**	**49**	**169**	**15**	**25**	**1698**	**421**	**1171**	**75**	**31**
源城区	258	49	169	15	25	1698	421	1171	75	31
紫金县										
龙川县										
连平县										
和平县										
东源县										
阳江市	**414**	**76**	**269**	**22**	**47**	**189**	**44**	**105**	**12**	**28**
江城区	288	62	171	16	39	95	28	50	5	12
阳东区	112	14	92	3	3	43	5	27	6	5
阳西县										
阳春市	14		6	3	5	51	11	28	1	11
清远市	**249**	**39**	**165**	**23**	**22**	**674**	**157**	**436**	**50**	**31**
清城区	152	23	105	13	11	440	91	286	37	26
清新区	28	4	14	7	3	114	24	82	8	
佛冈县										
阳山县										
连山壮族瑶族自治县										
连南瑶族自治县										
英德市	57	12	35	2	8	108	40	58	5	5
连州市	12		11	1		12	2	10		
东莞市	**21223**	**7950**	**11074**	**1096**	**1103**	**56320**	**24226**	**28342**	**2044**	**1708**
市辖区	21223	7950	11074	1096	1103	56320	24226	28342	2044	1708
中山市	**2935**	**579**	**1952**	**239**	**165**	**15336**	**3896**	**9995**	**907**	**538**
市辖区	2935	579	1952	239	165	15336	3896	9995	907	538
潮州市	**652**	**189**	**362**	**53**	**48**	**1806**	**730**	**975**	**62**	**39**
湘桥区	413	107	214	46	46	418	129	224	33	32
潮安区	239	82	148	7	2	1388	601	751	29	7
饶平县										
揭阳市	**149**	**41**	**97**	**5**	**6**	**278**	**82**	**172**	**10**	**14**
榕城区	63	19	42	2		23	11	10	1	1
揭东区	28	12	16			87	24	57	1	5
揭西县										
惠来县										
普宁市	58	10	39	3	6	168	47	105	8	8
云浮市	**39**	**9**	**19**	**10**	**1**	**319**	**72**	**222**	**10**	**15**
云城区	25	8	9	7	1	279	67	191	8	13
云安区	4		1	3		5		5		
新兴县										
郁南县										
罗定市	10	1	9			35	5	26	2	2

7-1a 续表 39

单位：人

现住地	省外									
	贵州					云南				
	小计	乡	镇的村委会	镇的居委会	街道	小计	乡	镇的村委会	镇的居委会	街道
广东	**113562**	**36675**	**68263**	**4654**	**3970**	**64877**	**22227**	**38412**	**2511**	**1727**
广州市	**11628**	**2766**	**7522**	**620**	**720**	**5531**	**1374**	**3510**	**283**	**364**
荔湾区	218	44	131	23	20	150	30	90	17	13
越秀区	202	22	109	25	46	105	23	50	15	17
海珠区	674	133	428	52	61	288	41	203	14	30
天河区	1209	277	671	97	164	614	156	316	55	87
白云区	2335	672	1385	136	142	1170	336	693	69	72
黄埔区	1286	329	814	59	84	1042	275	665	33	69
番禺区	3317	591	2474	124	128	849	159	616	34	40
花都区	1370	512	761	58	39	682	227	422	23	10
南沙区	747	128	569	27	23	499	109	355	15	20
从化区	44	7	33	3	1	8	1	7		
增城区	226	51	147	16	12	124	17	93	8	6
韶关市	**172**	**41**	**112**	**8**	**11**	**69**	**17**	**40**	**3**	**9**
武江区	79	25	50	2	2	43	13	26	2	2
浈江区	41	4	28	6	3	7	1	4	1	1
曲江区	10	3	7			9		5		4
始兴县										
仁化县										
翁源县										
乳源瑶族自治县										
新丰县										
乐昌市	26	5	16		5	2		1		1
南雄市	16	4	11		1	8	3	4		1
深圳市	**34568**	**9814**	**22063**	**1400**	**1291**	**19939**	**5964**	**12750**	**699**	**526**
罗湖区	620	149	330	59	82	333	78	198	27	30
福田区	889	172	479	102	136	564	135	331	44	54
南山区	1568	519	709	126	214	1069	347	531	81	110
宝安区	11564	3290	7594	397	283	6484	2046	4158	167	113
龙岗区	7544	2333	4655	279	277	4349	1378	2695	174	102
盐田区	178	41	113	8	16	137	33	94	4	6
龙华区	5560	1388	3805	211	156	3110	805	2162	71	72
坪山区	2202	695	1370	88	49	1388	406	908	57	17
光明区	4443	1227	3008	130	78	2505	736	1673	74	22
珠海市	**1916**	**347**	**1198**	**187**	**184**	**1649**	**372**	**1089**	**115**	**73**
香洲区	1129	170	734	109	116	905	153	612	96	44
斗门区	236	38	175	18	5	259	85	171	2	1
金湾区	551	139	289	60	63	485	134	306	17	28
汕头市	**987**	**309**	**498**	**116**	**64**	**677**	**241**	**353**	**55**	**28**
龙湖区	278	49	143	70	16	90	32	42	15	1
金平区	251	68	133	21	29	81	21	48	5	7
濠江区	27	7	10	3	7	13	3	9	1	
潮阳区	9		3	2	4	3			3	
潮南区	115	57	43	8	7	45	19	18	3	5
澄海区	307	128	166	12	1	445	166	236	28	15
南澳县										
佛山市	**12885**	**3943**	**8187**	**492**	**263**	**6296**	**1945**	**4001**	**243**	**107**
禅城区	638	182	387	43	26	252	91	140	12	9
南海区	5071	1779	2989	221	82	2774	908	1660	151	55
顺德区	5612	1582	3794	153	83	2798	776	1921	64	37
三水区	1030	223	710	45	52	128	44	73	7	4
高明区	534	177	307	30	20	344	126	207	9	2

7-1a 续表 40

单位：人

现住地	省外									
	贵州					云南				
	小计	乡	镇的村委会	镇的居委会	街道	小计	乡	镇的村委会	镇的居委会	街道
江门市	**3241**	**706**	**2254**	**90**	**191**	**1148**	**254**	**799**	**48**	**47**
蓬江区	1255	267	915	35	38	429	125	281	17	6
江海区	912	207	602	18	85	329	61	226	14	28
新会区	536	112	361	22	41	68	2	54	10	2
台山市	186	39	119	8	20	113	23	78	3	9
开平市	63	4	58		1	26	3	20	3	
鹤山市	255	55	187	7	6	171	38	131	1	1
恩平市	34	22	12			12	2	9		1
湛江市	**393**	**97**	**208**	**53**	**35**	**118**	**27**	**64**	**7**	**20**
赤坎区	66	9	33	16	8	25	6	15	1	3
霞山区	113	9	76	6	22	41	13	17	2	9
坡头区	20	2	14	4		13	2	10		1
麻章区	6	3	2		1	17	4	10	1	2
遂溪县	56	18	27	11		2		2		
徐闻县										
廉江市	22	1	13	6	2	5		2	3	
雷州市	1		1			3		1		2
吴川市	109	55	42	10	2	12	2	7		3
茂名市	**341**	**64**	**229**	**11**	**37**	**200**	**24**	**144**	**10**	**22**
茂南区	122	27	78	7	10	79	12	47	5	15
电白区	64	11	50		3	33	2	28	1	2
高州市	93	11	62	3	17	62	6	49	4	3
化州市	26	14	6		6	19	4	13		2
信宜市	36	1	33	1	1	7		7		
肇庆市	**820**	**188**	**515**	**70**	**47**	**295**	**64**	**193**	**25**	**13**
端州区	224	54	125	18	27	20	4	11		5
鼎湖区	134	33	95	3	3	40	5	35		
高要区	13	6	4	2	1	1		1		
广宁县										
怀集县										
封开县										
德庆县										
四会市	449	95	291	47	16	234	55	146	25	8
惠州市	**5657**	**2012**	**2969**	**432**	**244**	**4967**	**1662**	**2737**	**411**	**157**
惠城区	2021	678	1136	83	124	1662	536	979	80	67
惠阳区	3572	1325	1779	349	119	3281	1123	1738	330	90
博罗县	64	9	54		1	24	3	20	1	
惠东县										
龙门县										
梅州市	**112**	**7**	**86**	**12**	**7**	**46**	**10**	**34**	**2**	
梅江区	81	7	64	7	3	37	10	26	1	
梅县区	14		8	5	1	6		6		
大埔县										
丰顺县										
五华县										
平远县										
蕉岭县										
兴宁市	17		14		3	3		2	1	

7-1a　续表 41　　　　单位：人

现住地	省外									
	贵州					云南				
	小计	乡	镇的村委会	镇的居委会	街道	小计	乡	镇的村委会	镇的居委会	街道
汕尾市	**44**	**15**	**22**	**6**	**1**	**38**	**16**	**16**	**5**	**1**
城　区	29	15	13		1	35	16	13	5	1
海丰县										
陆河县										
陆丰市	15		9	6		3		3		
河源市	**494**	**111**	**346**	**28**	**9**	**110**	**17**	**93**		
源城区	494	111	346	28	9	110	17	93		
紫金县										
龙川县										
连平县										
和平县										
东源县										
阳江市	**277**	**60**	**179**	**27**	**11**	**128**	**20**	**90**	**15**	**3**
江城区	99	33	44	15	7	37	16	15	4	2
阳东区	137	19	107	9	2	82	3	68	11	
阳西县										
阳春市	41	8	28	3	2	9	1	7		1
清远市	**326**	**58**	**230**	**25**	**13**	**107**	**14**	**82**	**7**	**4**
清城区	231	33	176	17	5	70	7	53	7	3
清新区	29	4	17	2	6	18	2	16		
佛冈县										
阳山县										
连山壮族瑶族自治县										
连南瑶族自治县										
英德市	60	21	32	5	2	18	5	12		1
连州市	6		5	1		1		1		
东莞市	**33566**	**14260**	**17838**	**799**	**669**	**21326**	**9527**	**11024**	**472**	**303**
市辖区	33566	14260	17838	799	669	21326	9527	11024	472	303
中山市	**4468**	**1224**	**2911**	**218**	**115**	**1956**	**601**	**1214**	**100**	**41**
市辖区	4468	1224	2911	218	115	1956	601	1214	100	41
潮州市	**1206**	**468**	**646**	**46**	**46**	**192**	**53**	**132**	**6**	**1**
湘桥区	373	150	163	16	44	26	8	15	2	1
潮安区	833	318	483	30	2	166	45	117	4	
饶平县										
揭阳市	**322**	**144**	**166**	**8**	**4**	**26**	**5**	**15**	**1**	**5**
榕城区	89	52	36		1	2	2			
揭东区	186	84	94	5	3	21	3	12	1	5
揭西县										
惠来县										
普宁市	47	8	36	3		3		3		
云浮市	**139**	**41**	**84**	**6**	**8**	**59**	**20**	**32**	**4**	**3**
云城区	99	35	56	3	5	53	20	28	2	3
云安区	2		2			4		3	1	
新兴县										
郁南县										
罗定市	38	6	26	3	3	2		1	1	

7－1a　续表 42　　　　　　　　　　　　　　　　　　　　　　单位：人

现住地	省外									
	西藏					陕西				
	小计	乡	镇的村委会	镇的居委会	街道	小计	乡	镇的村委会	镇的居委会	街道
广　东	**164**	**35**	**56**	**28**	**45**	**46090**	**12178**	**26862**	**3166**	**3884**
广州市	**38**	**5**	**11**	**4**	**18**	**4842**	**783**	**2856**	**454**	**749**
荔湾区	3			1	2	155	22	84	19	30
越秀区	2				2	146	11	62	24	49
海珠区	8	1		1	6	330	25	194	31	80
天河区	13	2	5	2	4	750	122	364	78	186
白云区	4	1	1		2	844	161	487	61	135
黄埔区						1041	181	680	72	108
番禺区	5	1	3		1	824	112	515	104	93
花都区	3		2		1	347	87	203	30	27
南沙区						247	38	180	12	17
从化区						12		9	3	
增城区						146	24	78	20	24
韶关市						**61**	**15**	**30**	**6**	**10**
武江区						24	5	16	2	1
浈江区						23	6	10	1	6
曲江区						2		1		1
始兴县										
仁化县										
翁源县										
乳源瑶族自治县										
新丰县										
乐昌市						7	3	3		1
南雄市						5	1		3	1
深圳市	**19**	**2**	**3**	**3**	**11**	**20843**	**4516**	**12983**	**1440**	**1904**
罗湖区	1				1	638	88	356	93	101
福田区	3	1			2	1161	216	566	153	226
南山区	1				1	1899	472	829	211	387
宝安区	6		1		5	6516	1433	4301	341	441
龙岗区	1		1			3999	933	2467	276	323
盐田区						145	19	85	20	21
龙华区	5	1		2	2	3691	734	2498	198	261
坪山区	1		1			1000	259	611	72	58
光明区	1			1		1794	362	1270	76	86
珠海市	**34**	**2**	**30**		**2**	**1163**	**170**	**675**	**145**	**173**
香洲区	32		30		2	816	117	442	115	142
斗门区	2	2				105	7	92	1	5
金湾区						242	46	141	29	26
汕头市	**1**	**1**				**79**	**19**	**44**	**12**	**4**
龙湖区	1	1				38	9	24	4	1
金平区						9	1	7	1	
濠江区						2		1		1
潮阳区						5			4	1
潮南区						5	1	2	1	1
澄海区						20	8	10	2	
南澳县										
佛山市	**18**	**7**	**5**	**1**	**5**	**2113**	**461**	**1260**	**244**	**148**
禅城区	4	1			3	188	34	97	38	19
南海区	10	6	1	1	2	802	208	446	91	57
顺德区	4		4			1002	188	657	101	56
三水区						54	6	33	7	8
高明区						67	25	27	7	8

7-1a　续表 43　　　　　　　　　　　　　　　　　　　　　　　　单位：人

现住地	省外									
	西藏					陕西				
	小计	乡	镇的村委会	镇的居委会	街道	小计	乡	镇的村委会	镇的居委会	街道
江门市						**494**	**84**	**297**	**27**	**86**
蓬江区						245	39	153	16	37
江海区						134	28	77	6	23
新会区						41	3	34	1	3
台山市						25	4	16	2	3
开平市						9	2	3		4
鹤山市						28	8	12	1	7
恩平市						12		2	1	9
湛江市	**2**				**2**	**78**	**16**	**26**	**14**	**22**
赤坎区	1				1	26	9	4	7	6
霞山区	1				1	23	4	7		12
坡头区						7		6		1
麻章区						10	2	3	4	1
遂溪县										
徐闻县										
廉江市						6	1	3	1	1
雷州市						3			2	1
吴川市						3		3		
茂名市	**1**				**1**	**28**	**7**	**15**	**1**	**5**
茂南区						24	7	12		5
电白区										
高州市	1				1	2		1	1	
化州市										
信宜市						2		2		
肇庆市	**4**	**3**			**1**	**142**	**22**	**78**	**11**	**31**
端州区						42	3	16	5	18
鼎湖区	2	1			1	28	1	22	1	4
高要区	2	2				2	1		1	
广宁县										
怀集县										
封开县										
德庆县										
四会市						70	17	40	4	9
惠州市	**5**	**2**	**1**	**2**		**2092**	**612**	**1131**	**181**	**168**
惠城区	4	2		2		781	200	451	45	85
惠阳区	1		1			1297	411	668	135	83
博罗县						14	1	12	1	
惠东县										
龙门县										
梅州市	**2**			**1**	**1**	**42**	**5**	**21**	**10**	**6**
梅江区	2			1	1	25	2	14	7	2
梅县区						11	3	5	3	
大埔县										
丰顺县										
五华县										
平远县										
蕉岭县										
兴宁市						6		2		4

7-1a 续表 44 单位：人

现住地	省外									
	西藏					陕西				
	小计	乡	镇的村委会	镇的居委会	街道	小计	乡	镇的村委会	镇的居委会	街道
汕尾市						**22**	**16**	**5**	**1**	
城区						15	10	5		
海丰县										
陆河县										
陆丰市						7	6		1	
河源市						**78**	**20**	**49**	**5**	**4**
源城区						78	20	49	5	4
紫金县										
龙川县										
连平县										
和平县										
东源县										
阳江市	**1**		**1**			**19**	**4**	**11**	**3**	**1**
江城区						9	4	4		1
阳东区	1		1			6		4	2	
阳西县										
阳春市						4		3	1	
清远市						**66**	**8**	**44**	**5**	**9**
清城区						45	5	31	3	6
清新区						6		5		1
佛冈县										
阳山县										
连山壮族瑶族自治县										
连南瑶族自治县										
英德市						15	3	8	2	2
连州市										
东莞市	**22**	**6**	**3**	**13**		**12731**	**5145**	**6624**	**508**	**454**
市辖区	22	6	3	13		12731	5145	6624	508	454
中山市	**17**	**7**	**2**	**4**	**4**	**1122**	**256**	**670**	**96**	**100**
市辖区	17	7	2	4	4	1122	256	670	96	100
潮州市						**28**	**8**	**16**	**1**	**3**
湘桥区						12	2	6	1	3
潮安区						16	6	10		
饶平县										
揭阳市						**18**	**6**	**8**	**2**	**2**
榕城区						2	2			
揭东区						14	4	6	2	2
揭西县										
惠来县										
普宁市						2		2		
云浮市						**29**	**5**	**19**		**5**
云城区						17	5	8		4
云安区										
新兴县										
郁南县										
罗定市						12		11		1

7-1a　续表 45　　　　　　　　　　　　　　　　　　　　　　　　　　　　单位：人

现住地	省外									
	甘肃					青海				
	小计	乡	镇的村委会	镇的居委会	街道	小计	乡	镇的村委会	镇的居委会	街道
广　东	**17694**	**5102**	**9697**	**1284**	**1611**	**2202**	**647**	**1039**	**209**	**307**
广州市	**2204**	**410**	**1158**	**242**	**394**	**406**	**85**	**190**	**46**	**85**
荔湾区	70	14	31	10	15	12		5	4	3
越秀区	107	15	41	15	36	52	11	28	5	8
海珠区	119	19	47	21	32	24	1	9	3	11
天河区	421	71	185	55	110	86	14	42	10	20
白云区	370	88	198	31	53	99	31	43	7	18
黄埔区	520	114	311	37	58	37	11	18	2	6
番禺区	358	33	212	48	65	47	7	15	11	14
花都区	117	25	68	10	14	18	1	12	2	3
南沙区	85	23	50	8	4	27	9	14	2	2
从化区	4		2		2					
增城区	33	8	13	7	5	4		4		
韶关市	**42**	**1**	**31**	**6**	**4**	**4**	**1**	**2**		**1**
武江区	7		6	1		2		1		1
浈江区	21	1	11	5	4	1	1			
曲江区	8		8							
始兴县										
仁化县										
翁源县										
乳源瑶族自治县										
新丰县										
乐昌市	6		6			1		1		
南雄市										
深圳市	**8443**	**2156**	**4973**	**559**	**755**	**845**	**199**	**421**	**82**	**143**
罗湖区	282	71	127	24	60	68	12	38	13	5
福田区	452	79	214	72	87	89	27	38	9	15
南山区	645	169	270	71	135	117	30	48	10	29
宝安区	2164	594	1263	136	171	233	70	121	14	28
龙岗区	1897	493	1130	121	153	110	14	60	17	19
盐田区	45	6	28	7	4	5		1		4
龙华区	1832	438	1219	73	102	149	23	84	12	30
坪山区	510	161	315	22	12	23	8	8	3	4
光明区	616	145	407	33	31	51	15	23	4	9
珠海市	**430**	**72**	**220**	**62**	**76**	**73**	**8**	**33**	**17**	**15**
香洲区	308	49	157	48	54	46	1	22	10	13
斗门区	48	7	22	10	9	16	4	10	2	
金湾区	74	16	41	4	13	11	3	1	5	2
汕头市	**33**	**3**	**12**	**8**	**10**	**2**			**2**	
龙湖区	17	2	7	8						
金平区	7		2		5	2			2	
濠江区	1		1							
潮阳区	1				1					
潮南区										
澄海区	7	1	2		4					
南澳县										
佛山市	**789**	**219**	**425**	**94**	**51**	**131**	**39**	**74**	**14**	**4**
禅城区	81	15	33	25	8	14	3	8	3	
南海区	287	94	139	35	19	35	13	15	6	1
顺德区	371	100	221	30	20	80	23	51	4	2
三水区	27	1	19	4	3	2			1	1
高明区	23	9	13		1					

7-1a 续表 46 单位：人

现住地	省外									
	甘肃					青海				
	小计	乡	镇的村委会	镇的居委会	街道	小计	乡	镇的村委会	镇的居委会	街道
江门市	**97**	**18**	**60**	**8**	**11**	**14**	**4**	**6**	**2**	**2**
蓬江区	39	5	23	6	5	7	4	1	2	
江海区	34	9	21	1	3	4		2		2
新会区	8	1	4		3					
台山市	10	3	6	1		2		2		
开平市	4		4							
鹤山市						1		1		
恩平市	2		2							
湛江市	**51**	**9**	**26**	**4**	**12**	**8**	**6**	**1**	**1**	
赤坎区	6	2			4	6	6			
霞山区	31	7	15	3	6	1		1		
坡头区	5		3		2					
麻章区	5		5			1			1	
遂溪县										
徐闻县										
廉江市	1		1							
雷州市										
吴川市	3		2	1						
茂名市	**30**	**5**	**17**	**1**	**7**	**4**		**1**	**1**	**2**
茂南区	25	2	16	1	6	2		1	1	
电白区	4	3	1							
高州市						1				1
化州市	1				1	1				1
信宜市										
肇庆市	**51**	**6**	**28**	**8**	**9**	**28**	**6**	**16**		**6**
端州区	16		6	4	6	19	6	7		6
鼎湖区	1				1					
高要区	3		3							
广宁县										
怀集县										
封开县										
德庆县										
四会市	31	6	19	4	2	9		9		
惠州市	**1310**	**433**	**670**	**122**	**85**	**134**	**41**	**61**	**10**	**22**
惠城区	474	139	259	28	48	67	15	35	4	13
惠阳区	827	293	407	90	37	65	26	24	6	9
博罗县	9	1	4	4		2		2		
惠东县										
龙门县										
梅州市	**19**	**6**	**5**	**4**	**4**	**5**	**2**	**2**	**1**	
梅江区	12	3	3	2	4	4	2	2		
梅县区	3	1	1	1						
大埔县										
丰顺县										
五华县										
平远县										
蕉岭县										
兴宁市	4	2	1	1		1			1	

7-1a　续表 47　　　　单位：人

现住地	省外									
	甘肃					青海				
	小计	乡	镇的村委会	镇的居委会	街道	小计	乡	镇的村委会	镇的居委会	街道
汕尾市	**3**	**1**	**1**	**1**		**4**	**3**			**1**
城　区	3	1	1	1		4	3			1
海丰县										
陆河县										
陆丰市										
河源市	**33**	**3**	**24**	**2**	**4**	**15**	**2**	**13**		
源城区	33	3	24	2	4	15	2	13		
紫金县										
龙川县										
连平县										
和平县										
东源县										
阳江市	**11**		**10**	**1**		**2**			**2**	
江城区	4		4							
阳东区	1		1							
阳西县										
阳春市	6		5	1		2			2	
清远市	**21**	**6**	**12**	**1**	**2**	**9**	**1**	**1**	**4**	**3**
清城区	13	5	8			8	1	1	4	2
清新区	4	1	1		2	1				1
佛冈县										
阳山县										
连山壮族瑶族自治县										
连南瑶族自治县										
英德市	4		3	1						
连州市										
东莞市	**3779**	**1658**	**1845**	**131**	**145**	**458**	**241**	**183**	**18**	**16**
市辖区	3779	1658	1845	131	145	458	241	183	18	16
中山市	**326**	**88**	**170**	**29**	**39**	**57**	**8**	**33**	**9**	**7**
市辖区	326	88	170	29	39	57	8	33	9	7
潮州市	**13**	**6**	**4**	**1**	**2**	**2**	**1**	**1**		
湘桥区	7	2	3		2	2	1	1		
潮安区	6	4	1	1						
饶平县										
揭阳市	**6**	**1**	**4**		**1**	**1**		**1**		
榕城区	1	1								
揭东区	3		2		1	1		1		
揭西县										
惠来县										
普宁市	2		2							
云浮市	**3**	**1**	**2**							
云城区	2		2							
云安区										
新兴县										
郁南县										
罗定市	1	1								

7-1a 续表 48 单位：人

现住地	省外									
	宁夏					新疆				
	小计	乡	镇的村委会	镇的居委会	街道	小计	乡	镇的村委会	镇的居委会	街道
广东	**1527**	**301**	**629**	**228**	**369**	**3747**	**755**	**1061**	**778**	**1153**
广州市	**375**	**43**	**178**	**48**	**106**	**895**	**163**	**261**	**180**	**291**
荔湾区	11		7	2	2	57	9	40	5	3
越秀区	60	8	34	7	11	61	18	8	12	23
海珠区	23	1	11	6	5	87	13	31	8	35
天河区	56	6	24	7	19	199	23	59	34	83
白云区	99	16	54	10	19	161	37	42	29	53
黄埔区	30	4	11	4	11	52	19	11	6	16
番禺区	74	5	26	12	31	181	32	48	55	46
花都区	11	1	8		2	53	8	11	15	19
南沙区	4	1	1		2	23	3	9	9	2
从化区	2				2	4	1		1	2
增城区	5	1	2		2	17		2	6	9
韶关市	**7**	**1**	**3**	**2**	**1**	**13**	**1**	**4**	**3**	**5**
武江区	2			2		7	1	4		2
浈江区	4	1	2		1	3			1	2
曲江区	1		1							
始兴县										
仁化县										
翁源县										
乳源瑶族自治县										
新丰县										
乐昌市						2			2	
南雄市						1				1
深圳市	**645**	**107**	**249**	**106**	**183**	**1482**	**225**	**407**	**363**	**487**
罗湖区	49	3	13	15	18	117	18	26	30	43
福田区	63	5	18	13	27	196	26	40	48	82
南山区	85	17	16	5	47	231	34	45	61	91
宝安区	133	17	68	18	30	334	48	96	87	103
龙岗区	130	23	54	30	23	262	51	86	67	58
盐田区	9		2	2	5	8		3	1	4
龙华区	133	33	59	14	27	191	21	49	53	68
坪山区	21	7	10	2	2	58	16	13	11	18
光明区	22	2	9	7	4	85	11	49	5	20
珠海市	**51**	**3**	**14**	**9**	**25**	**252**	**20**	**50**	**62**	**120**
香洲区	41	3	11	4	23	149	15	33	37	64
斗门区	3			3		26		10	16	
金湾区	7		3	2	2	77	5	7	9	56
汕头市	**2**	**2**				**8**	**2**			**6**
龙湖区						3	2			1
金平区	2	2				3				3
濠江区										
潮阳区										
潮南区										
澄海区						2				2
南澳县										
佛山市	**108**	**19**	**56**	**22**	**11**	**217**	**58**	**78**	**44**	**37**
禅城区	9	2	3	2	2	33	6	7	8	12
南海区	54	10	28	12	4	96	23	40	20	13
顺德区	43	7	25	8	3	75	25	25	13	12
三水区	2				2	10	1	6	3	
高明区						3	3			

7-1a　续表 49　　　　单位：人

现住地	省外									
	宁夏					新疆				
	小计	乡	镇的村委会	镇的居委会	街道	小计	乡	镇的村委会	镇的居委会	街道
江门市	**10**		**7**		**3**	**60**	**21**	**11**	**11**	**17**
蓬江区	6		6			47	17	7	9	14
江海区	2				2	5	2		2	1
新会区	1				1	1				1
台山市						5		4		1
开平市						1	1			
鹤山市	1		1			1	1			
恩平市										
湛江市	**7**	**1**			**6**	**15**	**6**	**1**	**1**	**7**
赤坎区						2		1		1
霞山区	3	1			2	7			1	6
坡头区	4				4					
麻章区										
遂溪县										
徐闻县										
廉江市						1	1			
雷州市										
吴川市						5	5			
茂名市	**1**				**1**	**7**		**1**	**2**	**4**
茂南区	1				1	2		1	1	
电白区						2			1	1
高州市						3				3
化州市										
信宜市										
肇庆市	**1**		**1**			**8**	**6**		**1**	**1**
端州区										
鼎湖区	1		1			3	2			1
高要区						3	3			
广宁县										
怀集县										
封开县										
德庆县										
四会市						2	1		1	
惠州市	**53**	**19**	**25**	**1**	**8**	**122**	**28**	**38**	**22**	**34**
惠城区	22	9	7		6	49	15	12	8	14
惠阳区	31	10	18	1	2	73	13	26	14	20
博罗县										
惠东县										
龙门县										
梅州市						**7**		**4**	**1**	**2**
梅江区						4		2		2
梅县区						3		2	1	
大埔县										
丰顺县										
五华县										
平远县										
蕉岭县										
兴宁市										

7-1a 续表 50

单位：人

现住地	省外									
	宁夏					新疆				
	小计	乡	镇的村委会	镇的居委会	街道	小计	乡	镇的村委会	镇的居委会	街道
汕尾市						**4**			**4**	
城　区										
海丰县										
陆河县										
陆丰市						4			4	
河源市	**6**			**6**		**15**	**4**	**6**	**3**	**2**
源城区	6			6		15	4	6	3	2
紫金县										
龙川县										
连平县										
和平县										
东源县										
阳江市	**2**		**1**		**1**	**3**		**2**	**1**	
江城区										
阳东区						2		1	1	
阳西县										
阳春市	2		1		1	1		1		
清远市	**1**				**1**	**16**	**7**	**3**	**2**	**4**
清城区	1				1	16	7	3	2	4
清新区										
佛冈县										
阳山县										
连山壮族瑶族自治县										
连南瑶族自治县										
英德市										
连州市										
东莞市	**206**	**94**	**76**	**19**	**17**	**519**	**200**	**159**	**50**	**110**
市辖区	206	94	76	19	17	519	200	159	50	110
中山市	**48**	**12**	**17**	**14**	**5**	**90**	**14**	**32**	**20**	**24**
市辖区	48	12	17	14	5	90	14	32	20	24
潮州市	**1**		**1**			**8**			**8**	
湘桥区	1		1							
潮安区						8			8	
饶平县										
揭阳市	**2**		**1**	**1**		**4**		**3**		**1**
榕城区						2		1		1
揭东区	1		1			2		2		
揭西县										
惠来县										
普宁市	1			1						
云浮市	**1**				**1**	**2**		**1**		**1**
云城区	1				1	2		1		1
云安区										
新兴县										
郁南县										
罗定市										

7-1b　全省按现住地、户口登记地类型分的户口登记地在外乡镇街道人口(镇)

单位：人

现住地	合计					省内				
	合计	乡	镇的村委会	镇的居委会	街道	小计	乡	镇的村委会	镇的居委会	街道
广　东	**552266**	**90084**	**359628**	**62890**	**39664**	**337282**	**36294**	**221606**	**49187**	**30195**
广州市	**66990**	**12516**	**39930**	**6758**	**7786**	**31939**	**4123**	**17707**	**4300**	**5809**
荔湾区										
越秀区										
海珠区										
天河区										
白云区	17500	3855	9697	1460	2488	10633	1849	5599	1082	2103
黄埔区	1600	89	696	204	611	1037	46	377	148	466
番禺区	5079	496	3449	316	818	2473	140	1422	194	717
花都区	6387	1578	3447	541	821	2966	494	1520	359	593
南沙区	7838	1925	4946	760	207	2508	458	1518	412	120
从化区	3282	483	2165	287	347	1397	156	858	174	209
增城区	25304	4090	15530	3190	2494	10925	980	6413	1931	1601
韶关市	**23699**	**1481**	**17106**	**3044**	**2068**	**20775**	**1135**	**15029**	**2732**	**1879**
武江区	36	2	26	5	3	31		24	5	2
浈江区	1062	34	551	188	289	903	25	430	175	273
曲江区	771	12	573	136	50	573	1	414	118	40
始兴县	3645	358	2674	488	125	3333	333	2447	442	111
仁化县	3250	201	1859	465	725	2669	126	1454	408	681
翁源县	3907	192	3200	400	115	3668	163	3021	379	105
乳源瑶族自治县	3990	180	3109	569	132	3562	145	2809	507	101
新丰县	3387	348	2347	273	419	3113	302	2193	238	380
乐昌市	2914	116	2187	425	186	2341	29	1771	378	163
南雄市	737	38	580	95	24	582	11	466	82	23
深圳市	**648**	**222**	**281**	**92**	**53**	**157**	**27**	**40**	**57**	**33**
罗湖区										
福田区										
南山区	500	209	250	13	28	65	24	31	2	8
宝安区										
龙岗区										
盐田区										
龙华区										
坪山区	148	13	31	79	25	92	3	9	55	25
光明区										
珠海市	**21634**	**4160**	**13977**	**2108**	**1389**	**7800**	**981**	**5086**	**1098**	**635**
香洲区	4911	1415	2676	396	424	1456	302	826	155	173
斗门区	9169	1051	6487	1117	514	4030	290	2801	666	273
金湾区	7554	1694	4814	595	451	2314	389	1459	277	189
汕头市	**6610**	**1650**	**3351**	**770**	**839**	**3260**	**388**	**1704**	**470**	**698**
龙湖区										
金平区										
濠江区	11	7	3		1	1				1
潮阳区	937	247	438	215	37	305	40	139	105	21
潮南区	1325	654	336	232	103	488	207	185	78	18
澄海区	3906	688	2348	215	655	2148	131	1200	191	626
南澳县	431	54	226	108	43	318	10	180	96	32
佛山市	**30552**	**6478**	**20876**	**1920**	**1278**	**9900**	**1702**	**6611**	**967**	**620**
禅城区	11580	2229	8039	883	429	3865	517	2644	497	207
南海区	3513	499	2473	261	280	944	90	681	79	94
顺德区										
三水区	14152	3508	9445	700	499	4651	1062	2950	351	288
高明区	1307	242	919	76	70	440	33	336	40	31

7−1b 续表 1

单位：人

现住地	合计					省内				
	合计	乡	镇的村委会	镇的居委会	街道	小计	乡	镇的村委会	镇的居委会	街道
江门市	**14208**	**2799**	**9195**	**1429**	**785**	**5999**	**743**	**3696**	**955**	**605**
蓬江区										
江海区										
新会区	2716	558	1923	158	77	823	110	574	88	51
台山市	860	70	568	176	46	530	27	362	101	40
开平市	4481	1160	2623	587	111	1829	373	1005	372	79
鹤山市	4215	769	3008	188	250	1321	103	964	106	148
恩平市	1936	242	1073	320	301	1496	130	791	288	287
湛江市	**24026**	**2447**	**14963**	**3913**	**2703**	**21837**	**2021**	**13766**	**3656**	**2394**
赤坎区										
霞山区	118	11	76	8	23	79		50	6	23
坡头区	1018	99	703	137	79	886	64	630	124	68
麻章区	4632	675	2150	696	1111	3676	436	1736	599	905
遂溪县	5556	469	3677	1261	149	5357	438	3560	1219	140
徐闻县	7173	823	4644	840	866	6874	783	4456	814	821
廉江市	2649	171	1765	461	252	2351	146	1579	400	226
雷州市	1800	122	1142	407	129	1727	103	1102	400	122
吴川市	1080	77	806	103	94	887	51	653	94	89
茂名市	**9635**	**854**	**6310**	**1575**	**896**	**8781**	**708**	**5734**	**1488**	**851**
茂南区	288	16	198	14	60	263	13	179	12	59
电白区	4517	301	2897	941	378	4066	231	2574	897	364
高州市	1565	138	1025	231	171	1382	96	921	207	158
化州市	2380	239	1641	306	194	2277	226	1573	292	186
信宜市	885	160	549	83	93	793	142	487	80	84
肇庆市	**21813**	**2854**	**12905**	**2956**	**3098**	**15831**	**1453**	**9040**	**2533**	**2805**
端州区										
鼎湖区	1687	172	1291	196	28	660	115	420	111	14
高要区	4289	1228	2653	286	122	1353	231	877	156	89
广宁县	3188	160	2068	433	527	2954	121	1921	412	500
怀集县	5094	421	2643	602	1428	4779	416	2505	544	1314
封开县	2429	200	1208	799	222	2116	127	1059	730	200
德庆县	2977	394	1715	485	383	2764	365	1608	450	341
四会市	2149	279	1327	155	388	1205	78	650	130	347
惠州市	**92082**	**16179**	**61183**	**8213**	**6507**	**52390**	**5605**	**35747**	**6051**	**4987**
惠城区	7807	1851	4281	732	943	4248	738	2190	523	797
惠阳区	8682	1890	6222	315	255	3371	544	2506	165	156
博罗县	34962	6411	23649	2668	2234	14372	1592	9792	1585	1403
惠东县	36882	5537	24687	4052	2606	27360	2418	19371	3371	2200
龙门县	3749	490	2344	446	469	3039	313	1888	407	431
梅州市	**26786**	**4284**	**18435**	**3444**	**623**	**24521**	**3848**	**16862**	**3253**	**558**
梅江区	51	1	47	2	1	42	1	38	2	1
梅县区	749	79	610	34	26	612	36	521	31	24
大埔县	6675	1873	3894	740	168	6331	1784	3704	700	143
丰顺县	4693	604	3447	542	100	4106	465	3052	497	92
五华县	5658	497	4132	872	157	5246	451	3818	841	136
平远县	3330	409	2359	527	35	3052	347	2174	496	35
蕉岭县	5005	681	3542	687	95	4670	644	3280	656	90
兴宁市	625	140	404	40	41	462	120	275	30	37

7-1b　续表 2

单位：人

现住地	合计					省内				
	合计	乡	镇的村委会	镇的居委会	街道	小计	乡	镇的村委会	镇的居委会	街道
汕尾市	**37699**	**2788**	**24097**	**8352**	**2462**	**33126**	**1891**	**21158**	**7774**	**2303**
城　区	1144	164	329	94	557	869	76	168	86	539
海丰县	28916	1495	18966	6727	1728	25386	941	16592	6249	1604
陆河县	4099	837	2657	531	74	3696	657	2461	516	62
陆丰市	3540	292	2145	1000	103	3175	217	1937	923	98
河源市	**35992**	**4370**	**26717**	**3966**	**939**	**31553**	**3492**	**23655**	**3632**	**774**
源城区	2921	667	1981	183	90	1535	288	1108	104	35
紫金县	6468	569	4861	829	209	5588	408	4242	768	170
龙川县	11568	1477	8580	1326	185	10944	1414	8136	1231	163
连平县	3415	418	2450	437	110	3127	379	2234	412	102
和平县	6001	313	4804	781	103	5734	288	4607	745	94
东源县	5619	926	4041	410	242	4625	715	3328	372	210
阳江市	**10995**	**610**	**8462**	**1510**	**413**	**9814**	**420**	**7683**	**1366**	**345**
江城区	781	113	383	213	72	534	46	264	168	56
阳东区	1519	55	1195	174	95	1188	10	968	134	76
阳西县	7374	362	5878	951	183	6962	301	5595	908	158
阳春市	1321	80	1006	172	63	1130	63	856	156	55
清远市	**28012**	**3277**	**19674**	**3513**	**1548**	**19945**	**1611**	**14512**	**2748**	**1074**
清城区	10322	1815	6615	967	925	4870	467	3306	501	596
清新区	789	34	629	36	90	530	5	446	25	54
佛冈县	5236	578	3853	679	126	4495	454	3348	605	88
阳山县	5137	451	3709	878	99	4835	430	3522	793	90
连山壮族瑶族自治县	1092	23	837	215	17	953	16	711	210	16
连南瑶族自治县	1470	16	1212	210	32	1395	12	1165	194	24
英德市	3751	348	2654	506	243	2724	216	1913	399	196
连州市	215	12	165	22	16	143	11	101	21	10
东莞市	**7240**	**2636**	**4230**	**279**	**95**	**1275**	**406**	**751**	**98**	**20**
市辖区	7240	2636	4230	279	95	1275	406	751	98	20
中山市	**73237**	**17874**	**44860**	**5427**	**5076**	**21829**	**4055**	**12079**	**2807**	**2888**
市辖区	73237	17874	44860	5427	5076	21829	4055	12079	2807	2888
潮州市	**4773**	**735**	**2684**	**985**	**369**	**3639**	**379**	**2018**	**929**	**313**
湘桥区	1049	65	617	122	245	901	31	527	111	232
潮安区	1065	334	638	63	30	373	59	251	43	20
饶平县	2659	336	1429	800	94	2365	289	1240	775	61
揭阳市	**2839**	**415**	**1556**	**723**	**145**	**1969**	**223**	**1034**	**601**	**111**
榕城区	57	18	12	26	1	5	1		3	1
揭东区	321	50	225	39	7	142	14	104	22	2
揭西县	586	47	324	171	44	477	23	266	146	42
惠来县	906	49	371	455	31	720	14	287	399	20
普宁市	969	251	624	32	62	625	171	377	31	46
云浮市	**12796**	**1455**	**8836**	**1913**	**592**	**10942**	**1083**	**7694**	**1672**	**493**
云城区										
云安区	846	119	438	127	162	561	60	275	91	135
新兴县	8735	894	6290	1266	285	7527	650	5547	1101	229
郁南县	2727	375	1768	461	123	2450	324	1592	426	108
罗定市	488	67	340	59	22	404	49	280	54	21

7-1b 续表 3 单位：人

现住地	省外									
	小计					北京				
	小计	乡	镇的村委会	镇的居委会	街道	小计	乡	镇的村委会	镇的居委会	街道
广东	**214984**	**53790**	**138022**	**13703**	**9469**	**109**	**15**	**24**	**24**	**46**
广州市	**35051**	**8393**	**22223**	**2458**	**1977**	**17**			**4**	**13**
荔湾区										
越秀区										
海珠区										
天河区										
白云区	6867	2006	4098	378	385	1				1
黄埔区	563	43	319	56	145	3				3
番禺区	2606	356	2027	122	101	1				1
花都区	3421	1084	1927	182	228					
南沙区	5330	1467	3428	348	87					
从化区	1885	327	1307	113	138	4			2	2
增城区	14379	3110	9117	1259	893	8			2	6
韶关市	**2924**	**346**	**2077**	**312**	**189**					
武江区	5	2	2		1					
浈江区	159	9	121	13	16					
曲江区	198	11	159	18	10					
始兴县	312	25	227	46	14					
仁化县	581	75	405	57	44					
翁源县	239	29	179	21	10					
乳源瑶族自治县	428	35	300	62	31					
新丰县	274	46	154	35	39					
乐昌市	573	87	416	47	23					
南雄市	155	27	114	13	1					
深圳市	**491**	**195**	**241**	**35**	**20**					
罗湖区										
福田区										
南山区	435	185	219	11	20					
宝安区										
龙岗区										
盐田区										
龙华区										
坪山区	56	10	22	24						
光明区										
珠海市	**13834**	**3179**	**8891**	**1010**	**754**	**14**	**2**	**1**	**6**	**5**
香洲区	3455	1113	1850	241	251	7	2		2	3
斗门区	5139	761	3686	451	241	5		1	4	
金湾区	5240	1305	3355	318	262	2				2
汕头市	**3350**	**1262**	**1647**	**300**	**141**	**1**			**1**	
龙湖区										
金平区										
濠江区	10	7	3							
潮阳区	632	207	299	110	16	1			1	
潮南区	837	447	151	154	85					
澄海区	1758	557	1148	24	29					
南澳县	113	44	46	12	11					
佛山市	**20652**	**4776**	**14265**	**953**	**658**	**7**	**1**	**1**	**5**	
禅城区	7715	1712	5395	386	222	3			3	
南海区	2569	409	1792	182	186	1			1	
顺德区										
三水区	9501	2446	6495	349	211	3	1	1	1	
高明区	867	209	583	36	39					

7-1b 续表 4

单位：人

现住地	省外									
	小计					北京				
	小计	乡	镇的村委会	镇的居委会	街道	小计	乡	镇的村委会	镇的居委会	街道
江门市	**8209**	**2056**	**5499**	**474**	**180**	**2**	**1**	**1**		
蓬江区										
江海区										
新会区	1893	448	1349	70	26					
台山市	330	43	206	75	6					
开平市	2652	787	1618	215	32	1	1			
鹤山市	2894	666	2044	82	102	1		1		
恩平市	440	112	282	32	14					
湛江市	**2189**	**426**	**1197**	**257**	**309**	**5**			**1**	**4**
赤坎区										
霞山区	39	11	26	2						
坡头区	132	35	73	13	11					
麻章区	956	239	414	97	206	5			1	4
遂溪县	199	31	117	42	9					
徐闻县	299	40	188	26	45					
廉江市	298	25	186	61	26					
雷州市	73	19	40	7	7					
吴川市	193	26	153	9	5					
茂名市	**854**	**146**	**576**	**87**	**45**					
茂南区	25	3	19	2	1					
电白区	451	70	323	44	14					
高州市	183	42	104	24	13					
化州市	103	13	68	14	8					
信宜市	92	18	62	3	9					
肇庆市	**5982**	**1401**	**3865**	**423**	**293**					
端州区										
鼎湖区	1027	57	871	85	14					
高要区	2936	997	1776	130	33					
广宁县	234	39	147	21	27					
怀集县	315	5	138	58	114					
封开县	313	73	149	69	22					
德庆县	213	29	107	35	42					
四会市	944	201	677	25	41					
惠州市	**39692**	**10574**	**25436**	**2162**	**1520**	**21**	**9**	**8**		**4**
惠城区	3559	1113	2091	209	146	1				1
惠阳区	5311	1346	3716	150	99	1				1
博罗县	20590	4819	13857	1083	831	1		1		
惠东县	9522	3119	5316	681	406	18	9	7		2
龙门县	710	177	456	39	38					
梅州市	**2265**	**436**	**1573**	**191**	**65**	**1**		**1**		
梅江区	9		9							
梅县区	137	43	89	3	2					
大埔县	344	89	190	40	25					
丰顺县	587	139	395	45	8	1		1		
五华县	412	46	314	31	21					
平远县	278	62	185	31						
蕉岭县	335	37	262	31	5					
兴宁市	163	20	129	10	4					

7-1b 续表 5 单位：人

现住地	省外									
	小计					北京				
	小计	乡	镇的村委会	镇的居委会	街道	小计	乡	镇的村委会	镇的居委会	街道
汕尾市	**4573**	**897**	**2939**	**578**	**159**	**5**		**3**	**1**	**1**
城　区	275	88	161	8	18					
海丰县	3530	554	2374	478	124	2		1	1	
陆河县	403	180	196	15	12	1		1		
陆丰市	365	75	208	77	5	2		1		1
河源市	**4439**	**878**	**3062**	**334**	**165**	**3**				**3**
源城区	1386	379	873	79	55					
紫金县	880	161	619	61	39	3				3
龙川县	624	63	444	95	22					
连平县	288	39	216	25	8					
和平县	267	25	197	36	9					
东源县	994	211	713	38	32					
阳江市	**1181**	**190**	**779**	**144**	**68**	**1**				**1**
江城区	247	67	119	45	16	1				1
阳东区	331	45	227	40	19					
阳西县	412	61	283	43	25					
阳春市	191	17	150	16	8					
清远市	**8067**	**1666**	**5162**	**765**	**474**	**4**				**4**
清城区	5452	1348	3309	466	329	4				4
清新区	259	29	183	11	36					
佛冈县	741	124	505	74	38					
阳山县	302	21	187	85	9					
连山壮族瑶族自治县	139	7	126	5	1					
连南瑶族自治县	75	4	47	16	8					
英德市	1027	132	741	107	47					
连州市	72	1	64	1	6					
东莞市	**5965**	**2230**	**3479**	**181**	**75**	**1**		**1**		
市辖区	5965	2230	3479	181	75	1		1		
中山市	**51408**	**13819**	**32781**	**2620**	**2188**	**24**	**1**	**8**	**5**	**10**
市辖区	51408	13819	32781	2620	2188	24	1	8	5	10
潮州市	**1134**	**356**	**666**	**56**	**56**	**1**				**1**
湘桥区	148	34	90	11	13	1				1
潮安区	692	275	387	20	10					
饶平县	294	47	189	25	33					
揭阳市	**870**	**192**	**522**	**122**	**34**					
榕城区	52	17	12	23						
揭东区	179	36	121	17	5					
揭西县	109	24	58	25	2					
惠来县	186	35	84	56	11					
普宁市	344	80	247	1	16					
云浮市	**1854**	**372**	**1142**	**241**	**99**	**2**	**1**		**1**	
云城区										
云安区	285	59	163	36	27					
新兴县	1208	244	743	165	56	2	1		1	
郁南县	277	51	176	35	15					
罗定市	84	18	60	5	1					

7-1b　续表 6　　　　单位：人

现住地	省外									
	天津					河北				
	小计	乡	镇的村委会	镇的居委会	街道	小计	乡	镇的村委会	镇的居委会	街道
广　东	**104**	**13**	**26**	**27**	**38**	**825**	**171**	**496**	**68**	**90**
广州市	**35**	**5**	**3**	**15**	**12**	**240**	**40**	**156**	**22**	**22**
荔湾区										
越秀区										
海珠区										
天河区										
白云区	5			1	4	57	13	37	2	5
黄埔区	2		1		1	13	2	8	1	2
番禺区						18	1	15	1	1
花都区	4	4				22	9	7	2	4
南沙区	12	1	1	9	1	20	6	12	2	
从化区	1				1	14	4	8	2	
增城区	11		1	5	5	96	5	69	12	10
韶关市	**1**				**1**	**10**		**7**	**1**	**2**
武江区										
浈江区						3		3		
曲江区										
始兴县						1		1		
仁化县										
翁源县						3		2		1
乳源瑶族自治县	1				1	2			1	1
新丰县						1		1		
乐昌市										
南雄市										
深圳市						**12**	**6**	**4**		**2**
罗湖区										
福田区										
南山区						10	6	2		2
宝安区										
龙岗区										
盐田区										
龙华区										
坪山区						2		2		
光明区										
珠海市	**17**	**3**	**4**	**4**	**6**	**77**	**17**	**35**	**11**	**14**
香洲区	5	2		2	1	38	8	12	8	10
斗门区	6		2	2	2	16	3	11		2
金湾区	6	1	2		3	23	6	12	3	2
汕头市	**1**	**1**				**11**	**5**	**5**		**1**
龙湖区										
金平区										
濠江区										
潮阳区						2		2		
潮南区	1	1				5	4			1
澄海区						4	1	3		
南澳县										
佛山市	**4**	**1**	**2**	**1**		**60**	**14**	**42**	**3**	**1**
禅城区	1		1			22	2	18	2	
南海区	1	1				4		4		
顺德区										
三水区	2		1	1		28	11	17		
高明区						6	1	3	1	1

7-1b 续表 7

单位：人

现住地	省外									
	天津					河北				
	小计	乡	镇的村委会	镇的居委会	街道	小计	乡	镇的村委会	镇的居委会	街道
江门市	**1**		**1**			**7**	**1**	**6**		
蓬江区										
江海区										
新会区						2		2		
台山市										
开平市										
鹤山市						3	1	2		
恩平市	1		1			2		2		
湛江市	**6**				**6**	**33**	**7**	**18**	**4**	**4**
赤坎区										
霞山区										
坡头区										
麻章区	4				4	30	6	16	4	4
遂溪县						1	1			
徐闻县	2				2	2		2		
廉江市										
雷州市										
吴川市										
茂名市										
茂南区										
电白区										
高州市										
化州市										
信宜市										
肇庆市	**1**		**1**			**13**	**2**	**11**		
端州区										
鼎湖区	1		1			2		2		
高要区						2	1	1		
广宁县										
怀集县						5		5		
封开县						1	1			
德庆县						1		1		
四会市						2		2		
惠州市	**13**	**1**	**1**	**4**	**7**	**109**	**28**	**62**	**7**	**12**
惠城区						10	5	4	1	
惠阳区						15	1	12		2
博罗县	5	1	1		3	54	10	32	3	9
惠东县	7			4	3	29	12	14	2	1
龙门县	1				1	1			1	
梅州市						**4**	**1**	**3**		
梅江区										
梅县区										
大埔县										
丰顺县										
五华县						1		1		
平远县						3	1	2		
蕉岭县										
兴宁市										

7-1b 续表 8 单位：人

现住地	省外									
	天津					河北				
	小计	乡	镇的村委会	镇的居委会	街道	小计	乡	镇的村委会	镇的居委会	街道
汕尾市						**11**	**3**	**8**		
城区										
海丰县						8	1	7		
陆河县						3	2	1		
陆丰市										
河源市						**9**		**4**	**1**	**4**
源城区						3		1		2
紫金县						1		1		
龙川县						3		2	1	
连平县						1				1
和平县						1				1
东源县										
阳江市	**2**				**2**	**15**		**11**	**3**	**1**
江城区	2				2					
阳东区						1				1
阳西县										
阳春市						14		11	3	
清远市	**7**		**7**			**45**	**12**	**23**	**4**	**6**
清城区	3		3			29	11	16	1	1
清新区						1				1
佛冈县						4	1			3
阳山县										
连山壮族瑶族自治县						1		1		
连南瑶族自治县						3			3	
英德市	4		4			7		6		1
连州市										
东莞市						**10**	**2**	**7**		**1**
市辖区						10	2	7		1
中山市	**10**	**2**	**5**		**3**	**141**	**32**	**81**	**8**	**20**
市辖区	10	2	5		3	141	32	81	8	20
潮州市						**8**		**8**		
湘桥区										
潮安区						8		8		
饶平县										
揭阳市						**1**		**1**		
榕城区										
揭东区										
揭西县										
惠来县						1		1		
普宁市										
云浮市	**6**		**2**	**3**	**1**	**9**	**1**	**4**	**4**	
云城区										
云安区	2			2		7		3	4	
新兴县	3		1	1	1					
郁南县	1		1							
罗定市						2	1	1		

7-1b 续表 9

单位：人

现住地	省外									
	山西					内蒙古				
	小计	乡	镇的村委会	镇的居委会	街道	小计	乡	镇的村委会	镇的居委会	街道
广东	**676**	**171**	**328**	**77**	**100**	**303**	**67**	**122**	**53**	**61**
广州市	**176**	**56**	**75**	**14**	**31**	**68**	**8**	**32**	**9**	**19**
荔湾区										
越秀区										
海珠区										
天河区										
白云区	67	27	24	6	10	24	5	6	5	8
黄埔区	5	1	3	1		2				2
番禺区	9	2	4		3	1				1
花都区	21	8	8		5	15	1	9	1	4
南沙区	12	1	7	1	3	2		2		
从化区	1				1	2		1	1	
增城区	61	17	29	6	9	22	2	14	2	4
韶关市	**10**	**1**		**5**	**4**	**4**		**3**		**1**
武江区										
浈江区										
曲江区										
始兴县	5			2	3	2		2		
仁化县										
翁源县	1				1	1		1		
乳源瑶族自治县	4	1		3		1				1
新丰县										
乐昌市										
南雄市										
深圳市	**10**	**6**	**4**			**2**			**2**	
罗湖区										
福田区										
南山区	10	6	4							
宝安区										
龙岗区										
盐田区										
龙华区										
坪山区						2			2	
光明区										
珠海市	**72**	**21**	**37**	**9**	**5**	**38**	**8**	**19**	**4**	**7**
香洲区	19	8	7	3	1	14	4	6	1	3
斗门区	19	1	13	2	3	10	2	4	1	3
金湾区	34	12	17	4	1	14	2	9	2	1
汕头市	**10**	**7**	**1**		**2**	**1**		**1**		
龙湖区										
金平区										
濠江区										
潮阳区	3	3								
潮南区	4	4				1		1		
澄海区	3		1		2					
南澳县										
佛山市	**39**	**10**	**24**	**4**	**1**	**17**	**5**	**8**	**3**	**1**
禅城区	17	3	10	3	1	7	2	3	1	1
南海区	3		3			1			1	
顺德区										
三水区	18	7	10	1		9	3	5	1	
高明区	1		1							

7-1b 续表 10　　　　单位：人

现住地	省外									
	山西					内蒙古				
	小计	乡	镇的村委会	镇的居委会	街道	小计	乡	镇的村委会	镇的居委会	街道
江门市	**16**	**11**	**2**	**1**	**2**	**3**	**2**	**1**		
蓬江区										
江海区										
新会区										
台山市										
开平市	3	3								
鹤山市	10	6	2	1	1	3	2	1		
恩平市	3	2			1					
湛江市	**32**	**7**	**12**	**4**	**9**	**4**	**2**		**1**	**1**
赤坎区										
霞山区										
坡头区										
麻章区	30	7	10	4	9	4	2		1	1
遂溪县										
徐闻县										
廉江市										
雷州市	1		1							
吴川市	1		1							
茂名市	**5**		**4**		**1**					
茂南区										
电白区	5		4		1					
高州市										
化州市										
信宜市										
肇庆市	**11**	**1**	**7**	**2**	**1**	**12**	**2**	**1**	**2**	**7**
端州区										
鼎湖区										
高要区	5		3	1	1	2	1			1
广宁县						5				5
怀集县						1	1			
封开县	1			1		2			2	
德庆县	1		1			1		1		
四会市	4	1	3			1				1
惠州市	**71**	**10**	**37**	**11**	**13**	**37**	**8**	**15**	**9**	**5**
惠城区	9	2	3		4	5		1	3	1
惠阳区	5		5			4	1	2	1	
博罗县	26	1	17	3	5	13	2	9	2	
惠东县	28	7	12	7	2	11	5	3	3	
龙门县	3			1	2	4				4
梅州市	**17**		**11**	**5**	**1**	**3**		**2**	**1**	
梅江区										
梅县区						1			1	
大埔县	2		1	1						
丰顺县	6		5		1					
五华县	9		5	4						
平远县						1		1		
蕉岭县						1		1		
兴宁市										

7－1b 续表 11

单位：人

现住地	省外									
	山西					内蒙古				
	小计	乡	镇的村委会	镇的居委会	街道	小计	乡	镇的村委会	镇的居委会	街道
汕尾市	**11**	**2**	**6**		**3**	**5**	**3**		**1**	**1**
城　区	1		1							
海丰县	4		3		1	5	3		1	1
陆河县	6	2	2		2					
陆丰市										
河源市	**13**	**1**	**9**		**3**	**4**		**4**		
源城区	3	1	1		1					
紫金县	1		1			1		1		
龙川县	5		4		1	2		2		
连平县	1		1							
和平县	3		2		1					
东源县						1		1		
阳江市	**13**	**1**	**11**		**1**	**3**	**2**			**1**
江城区						1				1
阳东区	7	1	5		1	2	2			
阳西县	3		3							
阳春市	3		3							
清远市	**28**	**4**	**14**	**6**	**4**	**28**	**4**	**11**	**8**	**5**
清城区	22	4	14		4	18	3	8	6	1
清新区										
佛冈县	2			2		2	1	1		
阳山县	3			3		1			1	
连山壮族瑶族自治县										
连南瑶族自治县	1			1						
英德市						1			1	
连州市						6		2		4
东莞市	**10**	**4**	**4**	**1**	**1**	**6**	**2**	**4**		
市辖区	10	4	4	1	1	6	2	4		
中山市	**122**	**28**	**63**	**14**	**17**	**63**	**19**	**20**	**13**	**11**
市辖区	122	28	63	14	17	63	19	20	13	11
潮州市	**6**	**1**	**3**	**1**	**1**	**1**				**1**
湘桥区	1				1	1				1
潮安区	2	1		1						
饶平县	3		3							
揭阳市										
榕城区										
揭东区										
揭西县										
惠来县										
普宁市										
云浮市	**4**		**4**			**4**	**2**	**1**		**1**
云城区										
云安区	4		4			1				1
新兴县						2	2			
郁南县						1		1		
罗定市										

7–1b　续表 12　　　　单位：人

现住地	省外									
	辽宁					吉林				
	小计	乡	镇的村委会	镇的居委会	街道	小计	乡	镇的村委会	镇的居委会	街道
广　东	**647**	**107**	**268**	**85**	**187**	**742**	**145**	**286**	**116**	**195**
广州市	**172**	**25**	**74**	**28**	**45**	**171**	**34**	**59**	**27**	**51**
荔湾区										
越秀区										
海珠区										
天河区										
白云区	45	10	22	1	12	33	9	9	1	14
黄埔区	15		6		9	9		5	1	3
番禺区	6		4	1	1	11		9	1	1
花都区	25	8	5	3	9	43	12	11	3	17
南沙区	14	1	9	4		13	4	6	1	2
从化区	7		1	2	4	8	2	4		2
增城区	60	6	27	17	10	54	7	15	20	12
韶关市	**9**	**1**	**5**	**1**	**2**	**4**		**3**		**1**
武江区										
浈江区										
曲江区	1			1						
始兴县	1		1							
仁化县	2				2					
翁源县						2		2		
乳源瑶族自治县	4	1	3			1		1		
新丰县						1				1
乐昌市	1		1							
南雄市										
深圳市	**5**	**1**	**2**	**1**	**1**	**1**	**1**			
罗湖区										
福田区										
南山区	5	1	2	1	1	1	1			
宝安区										
龙岗区										
盐田区										
龙华区										
坪山区										
光明区										
珠海市	**83**	**9**	**39**	**8**	**27**	**101**	**26**	**34**	**18**	**23**
香洲区	24	4	8	2	10	33	16	3	5	9
斗门区	16	2	8	2	4	27	5	13	7	2
金湾区	43	3	23	4	13	41	5	18	6	12
汕头市	**4**	**1**	**2**		**1**	**2**	**1**	**1**		
龙湖区										
金平区										
濠江区										
潮阳区	2		1		1					
潮南区	1	1				1	1			
澄海区	1		1			1		1		
南澳县										
佛山市	**43**	**12**	**21**	**4**	**6**	**61**	**15**	**27**	**13**	**6**
禅城区	11	2	6	2	1	21	5	9	3	4
南海区	10	3	4	1	2	6	1	3	1	1
顺德区										
三水区	19	6	10	1	2	34	9	15	9	1
高明区	3	1	1		1					

7-1b 续表 13

单位：人

现住地	省外									
	辽宁					吉林				
	小计	乡	镇的村委会	镇的居委会	街道	小计	乡	镇的村委会	镇的居委会	街道
江门市	**5**	**1**	**4**			**8**	**7**	**1**		
蓬江区										
江海区										
新会区						5	4	1		
台山市										
开平市	2	1	1			2	2			
鹤山市	3		3							
恩平市						1	1			
湛江市	**9**		**2**	**1**	**6**	**7**	**1**	**3**		**3**
赤坎区										
霞山区										
坡头区										
麻章区	5		2		3	4	1	3		
遂溪县	1				1	2				2
徐闻县										
廉江市	2				2					
雷州市						1				1
吴川市	1			1						
茂名市	**3**	**1**	**1**	**1**		**1**		**1**		
茂南区										
电白区	3	1	1	1						
高州市						1		1		
化州市										
信宜市										
肇庆市	**12**	**1**	**6**	**2**	**3**	**10**	**1**	**6**	**1**	**2**
端州区										
鼎湖区						2			1	1
高要区	3		3			1				1
广宁县						4		4		
怀集县						1		1		
封开县	4			2	2					
德庆县	4		3		1					
四会市	1	1				2	1	1		
惠州市	**58**	**14**	**22**	**12**	**10**	**97**	**15**	**45**	**17**	**20**
惠城区	4	1	1	1	1	22	7	8	1	6
惠阳区	5	3	2			5	3	1	1	
博罗县	27	6	13	1	7	39	3	23	7	6
惠东县	22	4	6	10	2	28	2	12	6	8
龙门县						3		1	2	
梅州市	**4**		**2**	**1**	**1**	**1**		**1**		
梅江区										
梅县区										
大埔县	1			1		1		1		
丰顺县	1		1							
五华县	2		1		1					
平远县										
蕉岭县										
兴宁市										

7-1b 续表 14

单位：人

现住地	省外									
	辽宁					吉林				
	小计	乡	镇的村委会	镇的居委会	街道	小计	乡	镇的村委会	镇的居委会	街道
汕尾市	**13**	**4**	**6**	**1**	**2**	**11**		**9**		**2**
城　区	2	1			1					
海丰县	4		2	1	1	5		3		2
陆河县	1	1								
陆丰市	6	2	4			6		6		
河源市	**7**	**2**	**3**	**2**		**7**	**2**	**2**		**3**
源城区	2	1	1			5	2	2		1
紫金县	4	1	1	2		1				1
龙川县	1		1							
连平县						1				1
和平县										
东源县										
阳江市	**5**		**1**		**4**	**7**	**1**	**5**	**1**	
江城区										
阳东区	3				3	1			1	
阳西县	2		1		1	5	1	4		
阳春市						1		1		
清远市	**43**	**11**	**8**	**1**	**23**	**45**	**3**	**16**	**10**	**16**
清城区	33	10	7	1	15	36	2	13	7	14
清新区	5				5	1				1
佛冈县	2	1			1	3	1	1	1	
阳山县	2		1		1	2		2		
连山壮族瑶族自治县										
连南瑶族自治县						1			1	
英德市	1				1	2			1	1
连州市										
东莞市	**6**		**3**	**2**	**1**	**6**	**1**	**5**		
市辖区	6		3	2	1	6	1	5		
中山市	**150**	**23**	**57**	**17**	**53**	**194**	**36**	**67**	**26**	**65**
市辖区	150	23	57	17	53	194	36	67	26	65
潮州市	**3**	**1**	**2**							
湘桥区										
潮安区	1		1							
饶平县	2	1	1							
揭阳市	**7**		**6**	**1**		**1**	**1**			
榕城区						1	1			
揭东区	3		2	1						
揭西县										
惠来县	3		3							
普宁市	1		1							
云浮市	**6**		**2**	**2**	**2**	**7**		**1**	**3**	**3**
云城区										
云安区	2			2		1		1		
新兴县	4		2		2	6			3	3
郁南县										
罗定市										

7-1b 续表 15

单位：人

现住地	省外									
	黑龙江					上海				
	小计	乡	镇的村委会	镇的居委会	街道	小计	乡	镇的村委会	镇的居委会	街道
广 东	**1419**	**299**	**583**	**231**	**306**	**129**	**8**	**16**	**25**	**80**
广州市	**293**	**56**	**101**	**60**	**76**	**16**	**1**	**2**	**2**	**11**
荔湾区										
越秀区										
海珠区										
天河区										
白云区	77	16	40	8	13	2		1		1
黄埔区	4		1	1	2	2				2
番禺区	10	1	5	1	3					
花都区	50	12	21	9	8	1	1			
南沙区	10	3	3	4		2				2
从化区	27	1	3	5	18					
增城区	115	23	28	32	32	9		1	2	6
韶关市	**22**	**6**	**10**	**4**	**2**	**1**		**1**		
武江区										
浈江区	1	1				1		1		
曲江区	2			1	1					
始兴县	3	2	1							
仁化县	9	2	6		1					
翁源县	2			2						
乳源瑶族自治县	3	1	1	1						
新丰县										
乐昌市	2		2							
南雄市										
深圳市	**1**			**1**		**1**		**1**		
罗湖区										
福田区										
南山区						1		1		
宝安区										
龙岗区										
盐田区										
龙华区										
坪山区	1			1						
光明区										
珠海市	**211**	**41**	**103**	**29**	**38**	**11**			**4**	**7**
香洲区	67	21	26	4	16	8			1	7
斗门区	81	9	42	14	16	3			3	
金湾区	63	11	35	11	6					
汕头市	**10**	**8**	**1**	**1**		**6**	**6**			
龙湖区										
金平区										
濠江区										
潮阳区						6	6			
潮南区	8	8								
澄海区	2		1	1						
南澳县										
佛山市	**84**	**15**	**49**	**10**	**10**	**5**		**1**		**4**
禅城区	39	2	24	7	6	1				1
南海区	12	3	4	2	3					
顺德区										
三水区	32	10	21	1		3				3
高明区	1				1	1		1		

7–1b 续表 16

单位：人

现住地	省外									
	黑龙江					上海				
	小计	乡	镇的村委会	镇的居委会	街道	小计	乡	镇的村委会	镇的居委会	街道
江门市	**12**	**1**	**9**	**2**		**1**		**1**		
蓬江区										
江海区										
新会区	2		2							
台山市										
开平市	1		1							
鹤山市	7	1	6			1		1		
恩平市	2			2						
湛江市	**18**	**1**	**6**	**4**	**7**	**48**		**5**	**9**	**34**
赤坎区										
霞山区										
坡头区										
麻章区	8		4		4	46		5	7	34
遂溪县	2		1	1		1			1	
徐闻县	5			3	2					
廉江市	3	1	1		1	1			1	
雷州市										
吴川市										
茂名市	**3**	**1**	**1**		**1**					
茂南区										
电白区	3	1	1		1					
高州市										
化州市										
信宜市										
肇庆市	**20**	**3**	**10**	**5**	**2**					
端州区										
鼎湖区	7		5	1	1					
高要区	3	2	1							
广宁县										
怀集县	1			1						
封开县	4	1	1	2						
德庆县										
四会市	5		3	1	1					
惠州市	**183**	**39**	**79**	**29**	**36**	**11**		**3**	**1**	**7**
惠城区	39	5	17	5	12					
惠阳区	13	4	8		1					
博罗县	83	15	39	19	10	7		3	1	3
惠东县	44	13	14	5	12	4				4
龙门县	4	2	1		1					
梅州市	**3**		**2**	**1**		**1**			**1**	
梅江区										
梅县区	1		1			1			1	
大埔县										
丰顺县										
五华县	1		1							
平远县										
蕉岭县	1			1						
兴宁市										

7-1b　续表 17

单位：人

现住地	省外									
	黑龙江					上海				
	小计	乡	镇的村委会	镇的居委会	街道	小计	乡	镇的村委会	镇的居委会	街道
汕尾市	**16**	**2**	**5**	**1**	**8**	**4**			**1**	**3**
城　区	1				1					
海丰县	14	1	5	1	7	3				3
陆河县	1	1								
陆丰市						1			1	
河源市	**31**	**11**	**11**	**2**	**7**	**1**		**1**		
源城区	17	8	4	1	4					
紫金县	7	2	2	1	2					
龙川县	2		2			1		1		
连平县	2	1	1							
和平县										
东源县	3		2		1					
阳江市	**6**	**1**	**4**		**1**	**1**				**1**
江城区	1				1					
阳东区	1	1								
阳西县	4		4							
阳春市						1				1
清远市	**80**	**22**	**23**	**16**	**19**	**2**				**2**
清城区	58	18	17	7	16	2				2
清新区	1				1					
佛冈县	10	4	3	3						
阳山县										
连山壮族瑶族自治县	1		1							
连南瑶族自治县	3			3						
英德市	7		2	3	2					
连州市										
东莞市	**16**	**7**	**9**			**2**				**2**
市辖区	16	7	9			2				2
中山市	**388**	**82**	**153**	**60**	**93**	**17**	**1**	**1**	**7**	**8**
市辖区	388	82	153	60	93	17	1	1	7	8
潮州市	**4**	**1**	**3**							
湘桥区										
潮安区	1	1								
饶平县	3		3							
揭阳市	**2**	**1**		**1**						
榕城区										
揭东区										
揭西县										
惠来县	2	1		1						
普宁市										
云浮市	**16**	**1**	**4**	**5**	**6**	**1**				**1**
云城区										
云安区										
新兴县	12	1	4	1	6					
郁南县	4			4		1				1
罗定市										

7-1b 续表 18 单位：人

现住地	省外									
	江苏					浙江				
	小计	乡	镇的村委会	镇的居委会	街道	小计	乡	镇的村委会	镇的居委会	街道
广　东	**1173**	**249**	**625**	**155**	**144**	**1416**	**213**	**808**	**176**	**219**
广州市	**286**	**48**	**154**	**41**	**43**	**185**	**25**	**113**	**20**	**27**
荔湾区										
越秀区										
海珠区										
天河区										
白云区	44	7	32	3	2	60	6	45	4	5
黄埔区	8		2		6					
番禺区	16	2	14			17	2	11	1	3
花都区	57	13	36	3	5	12	2	7		3
南沙区	26	2	12	5	7	7	1	3	3	
从化区	12	4	4	3	1	4		3	1	
增城区	123	20	54	27	22	85	14	44	11	16
韶关市	**16**	**2**	**7**	**6**	**1**	**30**	**5**	**17**	**6**	**2**
武江区										
浈江区	1			1		4		3	1	
曲江区										
始兴县	3			3		2	1		1	
仁化县	3		3			1				1
翁源县	1		1			4		3	1	
乳源瑶族自治县	5		2	2	1	13	4	6	3	
新丰县						2		1		1
乐昌市	3	2	1			4		4		
南雄市										
深圳市	**10**	**3**	**6**		**1**	**1**			**1**	
罗湖区										
福田区										
南山区	10	3	6		1					
宝安区										
龙岗区										
盐田区										
龙华区										
坪山区						1			1	
光明区										
珠海市	**149**	**41**	**71**	**18**	**19**	**61**	**14**	**28**	**6**	**13**
香洲区	79	34	28	8	9	21	8	8		5
斗门区	31	4	18	5	4	19	2	8	4	5
金湾区	39	3	25	5	6	21	4	12	2	3
汕头市	**21**	**9**	**8**	**4**		**17**	**7**	**5**	**4**	**1**
龙湖区										
金平区										
濠江区										
潮阳区	5	1	2	2		2		1		1
潮南区	7	6		1		9	5		4	
澄海区	2		2			6	2	4		
南澳县	7	2	4	1						
佛山市	**64**	**8**	**39**	**9**	**8**	**72**	**10**	**45**	**12**	**5**
禅城区	37	6	22	6	3	36	7	20	7	2
南海区	6		4		2	17	1	9	5	2
顺德区										
三水区	16	2	12	2		18	2	15		1
高明区	5		1	1	3	1		1		

7−1b　续表 19　　　　单位：人

现住地	省外									
	江苏					浙江				
	小计	乡	镇的村委会	镇的居委会	街道	小计	乡	镇的村委会	镇的居委会	街道
江门市	**37**	**9**	**24**	**3**	**1**	**125**	**22**	**75**	**19**	**9**
蓬江区										
江海区										
新会区	10	6	3		1	17	5	11		1
台山市	2		1	1		18	1	9	8	
开平市	12		12			59	11	32	10	6
鹤山市	10	3	6	1		27	5	20	1	1
恩平市	3		2	1		4		3		1
湛江市	**21**	**5**	**6**	**5**	**5**	**30**	**3**	**12**	**5**	**10**
赤坎区										
霞山区										
坡头区	1		1			1	1			
麻章区	18	5	5	3	5	12	1	4	2	5
遂溪县						3			3	
徐闻县	1			1		7	1	5		1
廉江市	1			1		2		1		1
雷州市						5		2		3
吴川市										
茂名市	**4**		**1**		**3**	**6**	**2**			**4**
茂南区						1	1			
电白区	2		1		1	2	1			1
高州市	1				1					
化州市	1				1	3				3
信宜市										
肇庆市	**11**	**1**	**7**	**2**	**1**	**46**	**3**	**35**	**7**	**1**
端州区										
鼎湖区	3		2	1		5		5		
高要区	3	1	2			14	1	9	3	1
广宁县						9		8	1	
怀集县	1				1	5		4	1	
封开县						6		6		
德庆县						6	2	3	1	
四会市	4		3	1		1			1	
惠州市	**146**	**34**	**78**	**22**	**12**	**185**	**39**	**104**	**22**	**20**
惠城区	13	1	7	5		18	1	10	3	4
惠阳区	18	2	16			11	1	9	1	
博罗县	72	20	40	4	8	72	9	46	8	9
惠东县	43	11	15	13	4	72	28	32	5	7
龙门县						12		7	5	
梅州市	**31**	**7**	**19**	**5**		**24**	**3**	**16**	**5**	
梅江区										
梅县区										
大埔县	9	3	4	2		10	1	8	1	
丰顺县	2	1	1			8	2	3	3	
五华县	8	3	3	2		2		2		
平远县	4		4			1			1	
蕉岭县	8		7	1		2		2		
兴宁市						1		1		

7-1b　续表 20　　　　单位：人

现住地	省外									
	江苏					浙江				
	小计	乡	镇的村委会	镇的居委会	街道	小计	乡	镇的村委会	镇的居委会	街道
汕尾市	**28**	**6**	**20**	**2**		**22**	**4**	**13**	**4**	**1**
城　区	1		1			1			1	
海丰县	17	3	13	1		18	3	12	3	
陆河县	3	3				3	1	1		1
陆丰市	7		6	1						
河源市	**26**	**4**	**15**	**5**	**2**	**38**	**2**	**24**	**8**	**4**
源城区	11	2	8		1	2		2		
紫金县	5	1	2	2		5		5		
龙川县	2			2		14		6	4	4
连平县	3		3			7		3	4	
和平县	2			1	1	8	2	6		
东源县	3	1	2			2		2		
阳江市	**9**		**4**	**3**	**2**	**12**	**1**	**6**	**5**	
江城区	1				1	3			3	
阳东区	4		3		1	6	1	3	2	
阳西县	4		1	3		3		3		
阳春市										
清远市	**57**	**2**	**34**	**10**	**11**	**82**	**9**	**50**	**10**	**13**
清城区	20	1	6	6	7	54	7	32	6	9
清新区	2				2	1		1		
佛冈县	3	1	2			12	1	5	3	3
阳山县	2		2			5		5		
连山壮族瑶族自治县	1		1			1		1		
连南瑶族自治县	1		1							
英德市	28		22	4	2	9	1	6	1	1
连州市										
东莞市	**12**	**5**	**7**			**12**	**1**	**11**		
市辖区	12	5	7			12	1	11		
中山市	**220**	**64**	**111**	**18**	**27**	**440**	**62**	**234**	**37**	**107**
市辖区	220	64	111	18	27	440	62	234	37	107
潮州市	**4**		**3**	**1**		**7**		**7**		
湘桥区						1		1		
潮安区										
饶平县	4		3	1		6		6		
揭阳市	**13**	**1**	**7**	**1**	**4**	**3**	**1**	**1**	**1**	
榕城区						1	1			
揭东区	7		7			1		1		
揭西县	2	1		1		1			1	
惠来县	4				4					
普宁市										
云浮市	**8**		**4**		**4**	**18**		**12**	**4**	**2**
云城区										
云安区	2		1		1	3		1		2
新兴县	4		1		3	15		11	4	
郁南县	2		2							
罗定市										

7-1b 续表 21

单位：人

现住地	省外									
	安徽					福建				
	小计	乡	镇的村委会	镇的居委会	街道	小计	乡	镇的村委会	镇的居委会	街道
广东	**3789**	**916**	**2358**	**292**	**223**	**3975**	**823**	**2574**	**356**	**222**
广州市	**717**	**169**	**440**	**57**	**51**	**652**	**128**	**406**	**58**	**60**
荔湾区										
越秀区										
海珠区										
天河区										
白云区	151	34	96	6	15	158	46	94	5	13
黄埔区	28	5	21	1	1	16	1	13	2	
番禺区	48	5	37	2	4	58	3	48	1	6
花都区	93	32	45	7	9	113	25	56	15	17
南沙区	85	20	51	14		19	2	12	5	
从化区	32	9	16	4	3	34	5	24		5
增城区	280	64	174	23	19	254	46	159	30	19
韶关市	**51**	**5**	**41**	**4**	**1**	**61**	**9**	**39**	**11**	**2**
武江区										
浈江区	2		1	1		1			1	
曲江区	2		1		1					
始兴县	8		8			10		9		1
仁化县	6		6			7		4	2	1
翁源县	3	1	2			9	3	6		
乳源瑶族自治县	20	4	13	3		4		3	1	
新丰县	1		1			15	5	5	5	
乐昌市						11		9	2	
南雄市	9		9			4	1	3		
深圳市	**15**	**2**	**10**		**3**	**1**			**1**	
罗湖区										
福田区										
南山区	13	2	8		3					
宝安区										
龙岗区										
盐田区										
龙华区										
坪山区	2		2			1			1	
光明区										
珠海市	**231**	**50**	**135**	**27**	**19**	**140**	**28**	**79**	**26**	**7**
香洲区	90	28	42	9	11	48	6	26	11	5
斗门区	66	8	47	8	3	49	9	29	11	
金湾区	75	14	46	10	5	43	13	24	4	2
汕头市	**138**	**57**	**58**	**21**	**2**	**251**	**84**	**138**	**23**	**6**
龙湖区										
金平区										
濠江区	1	1								
潮阳区	27	8	13	6		36	9	16	11	
潮南区	28	12	2	14		47	39	5	3	
澄海区	58	20	37	1		149	34	104	7	4
南澳县	24	16	6		2	19	2	13	2	2
佛山市	**295**	**55**	**213**	**13**	**14**	**445**	**85**	**313**	**25**	**22**
禅城区	129	36	76	6	11	318	57	226	24	11
南海区	36	4	28	2	2	23	8	12		3
顺德区										
三水区	111	10	95	5	1	98	18	71	1	8
高明区	19	5	14			6	2	4		

7-1b　续表 22　　　　单位：人

现住地	省外									
	安徽					福建				
	小计	乡	镇的村委会	镇的居委会	街道	小计	乡	镇的村委会	镇的居委会	街道
江门市	**88**	**14**	**59**	**12**	**3**	**90**	**30**	**48**	**6**	**6**
蓬江区										
江海区										
新会区	30	6	18	6		12	4	5	1	2
台山市	3			3		1			1	
开平市	29	2	25		2	50	23	21	2	4
鹤山市	21	2	15	3	1	10	1	9		
恩平市	5	4	1			17	2	13	2	
湛江市	**62**	**17**	**35**	**3**	**7**	**63**	**9**	**37**	**11**	**6**
赤坎区										
霞山区						1			1	
坡头区	2	1	1			3		3		
麻章区	44	16	19	3	6	21	4	10	2	5
遂溪县	3		3			13	1	8	4	
徐闻县	11		11			8	1	3	3	1
廉江市	2		1		1	8	3	4	1	
雷州市										
吴川市						9		9		
茂名市	**13**	**2**	**9**	**1**	**1**	**20**	**6**	**8**	**6**	
茂南区	1		1							
电白区	9	1	7	1		8	1	1	6	
高州市						3	3			
化州市	3	1	1		1	2	2			
信宜市						7		7		
肇庆市	**48**	**17**	**23**	**6**	**2**	**70**	**7**	**58**	**4**	**1**
端州区										
鼎湖区	7	5	2			16		13	3	
高要区	14	7	6		1	30	3	27		
广宁县	5		5							
怀集县	2		2							
封开县	12	4	4	3	1	11		10	1	
德庆县	1			1		9	1	8		
四会市	7	1	4	2		4	3			1
惠州市	**931**	**190**	**632**	**67**	**42**	**669**	**152**	**426**	**54**	**37**
惠城区	58	16	37	3	2	52	16	30	4	2
惠阳区	115	22	80	7	6	172	52	114	2	4
博罗县	404	66	292	35	11	278	57	179	22	20
惠东县	327	83	200	21	23	158	26	95	26	11
龙门县	27	3	23	1		9	1	8		
梅州市	**42**	**14**	**22**	**5**	**1**	**338**	**71**	**219**	**31**	**17**
梅江区										
梅县区	2	2				12	6	5	1	
大埔县	4	2	2			129	32	66	20	11
丰顺县	21	9	7	4	1	33	6	24	1	2
五华县	1			1		28	1	23	2	2
平远县						14	7	5	2	
蕉岭县	11		11			103	17	80	4	2
兴宁市	3	1	2			19	2	16	1	

7－1b 续表 23

单位：人

现住地	省外									
	安徽					福建				
	小计	乡	镇的村委会	镇的居委会	街道	小计	乡	镇的村委会	镇的居委会	街道
汕尾市	**53**	**17**	**25**	**6**	**5**	**112**	**10**	**76**	**22**	**4**
城　区	4		2		2	2	1	1		
海丰县	31	12	10	6	3	73	8	53	8	4
陆河县	11	5	6			8		6	2	
陆丰市	7		7			29	1	16	12	
河源市	**112**	**16**	**87**	**3**	**6**	**125**	**15**	**96**	**11**	**3**
源城区	23	4	17	1	1	19	2	16		1
紫金县	32	2	26		4	30	1	28	1	
龙川县	22	1	19	1	1	32	3	24	5	
连平县	4		3	1		14		14		
和平县	13	2	11			7	1	5	1	
东源县	18	7	11			23	8	9	4	2
阳江市	**11**		**8**	**1**	**2**	**31**	**5**	**15**	**11**	
江城区	2		1		1					
阳东区	4		2	1	1	4		3	1	
阳西县	1		1			21	5	10	6	
阳春市	4		4			6		2	4	
清远市	**114**	**29**	**68**	**10**	**7**	**147**	**17**	**111**	**13**	**6**
清城区	68	26	31	4	7	98	14	80	4	
清新区	3	1	2			1		1		
佛冈县	9		9			16	1	10	2	3
阳山县	4	1	1	2		7		3	4	
连山壮族瑶族自治县	5		5			2		2		
连南瑶族自治县	3			3		2		2		
英德市	21	1	19	1		21	2	13	3	3
连州市	1		1							
东莞市	**113**	**48**	**55**	**6**	**4**	**50**	**9**	**38**	**2**	**1**
市辖区	113	48	55	6	4	50	9	38	2	1
中山市	**649**	**190**	**371**	**42**	**46**	**538**	**118**	**357**	**25**	**38**
市辖区	649	190	371	42	46	538	118	357	25	38
潮州市	**32**	**8**	**21**		**3**	**114**	**30**	**71**	**8**	**5**
湘桥区	2		1		1	8	2	2	2	2
潮安区	20	6	14			50	21	26	1	2
饶平县	10	2	6		2	56	7	43	5	1
揭阳市	**44**	**15**	**25**	**3**	**1**	**24**	**8**	**10**	**5**	**1**
榕城区	4	4								
揭东区	5	4	1			2		2		
揭西县						2			2	
惠来县	8	1	4	3		3		1	2	
普宁市	27	6	20		1	17	8	7	1	1
云浮市	**30**	**1**	**21**	**5**	**3**	**34**	**2**	**29**	**3**	
云城区										
云安区	4		2	1	1	13		12	1	
新兴县	13	1	9	3		18		16	2	
郁南县	12		9	1	2	1		1		
罗定市	1		1			2	2			

7-1b 续表 24

单位：人

现住地	省外									
	江西					山东				
	小计	乡	镇的村委会	镇的居委会	街道	小计	乡	镇的村委会	镇的居委会	街道
广东	**16941**	**4235**	**10553**	**1298**	**855**	**1270**	**250**	**790**	**99**	**131**
广州市	**3367**	**775**	**2098**	**284**	**210**	**312**	**50**	**189**	**30**	**43**
荔湾区										
越秀区										
海珠区										
天河区										
白云区	649	167	392	54	36	74	18	42	10	4
黄埔区	56	9	30	5	12	13		5		8
番禺区	179	29	132	16	2	9	1	7		1
花都区	274	86	151	19	18	45	13	23	6	3
南沙区	298	82	185	29	2	34	6	27		1
从化区	142	22	100	5	15	13	1	10		2
增城区	1769	380	1108	156	125	124	11	75	14	24
韶关市	**340**	**42**	**217**	**60**	**21**	**13**	**1**	**9**	**1**	**2**
武江区										
浈江区	12		9	3		1			1	
曲江区	29		21	7	1	1		1		
始兴县	48	1	40	7		2		2		
仁化县	67	7	43	15	2	5	1	4		
翁源县	26	2	19	3	2					
乳源瑶族自治县	35	3	16	10	6	1		1		
新丰县	39	9	14	8	8	3		1		2
乐昌市	18		15	1	2					
南雄市	66	20	40	6						
深圳市	**30**	**20**	**8**	**2**		**13**	**5**	**5**	**3**	
罗湖区										
福田区										
南山区	22	13	7	2		10	5	5		
宝安区										
龙岗区										
盐田区										
龙华区										
坪山区	8	7	1			3			3	
光明区										
珠海市	**806**	**183**	**527**	**57**	**39**	**164**	**29**	**107**	**10**	**18**
香洲区	163	61	75	14	13	38	15	14	2	7
斗门区	372	70	262	27	13	39	5	20	7	7
金湾区	271	52	190	16	13	87	9	73	1	4
汕头市	**405**	**131**	**224**	**31**	**19**	**12**	**6**	**6**		
龙湖区										
金平区										
濠江区	1	1								
潮阳区	75	19	43	11	2					
潮南区	91	49	15	17	10	4	4			
澄海区	216	56	155	1	4	8	2	6		
南澳县	22	6	11	2	3					
佛山市	**1144**	**243**	**764**	**75**	**62**	**86**	**17**	**54**	**5**	**10**
禅城区	476	72	351	31	22	43	7	26	4	6
南海区	192	31	123	14	24	9	4	4		1
顺德区										
三水区	449	133	273	28	15	34	6	24	1	3
高明区	27	7	17	2	1					

7-1b 续表 25 单位：人

现住地	省外									
	江西					山东				
	小计	乡	镇的村委会	镇的居委会	街道	小计	乡	镇的村委会	镇的居委会	街道
江门市	**228**	**70**	**134**	**11**	**13**	**16**	**3**	**12**		**1**
蓬江区										
江海区										
新会区	61	14	44	2	1	13	2	10		1
台山市	3		2	1						
开平市	71	34	32	3	2	1	1			
鹤山市	80	20	48	2	10	1		1		
恩平市	13	2	8	3		1		1		
湛江市	**97**	**19**	**54**	**8**	**16**	**28**	**7**	**15**	**1**	**5**
赤坎区										
霞山区	1		1							
坡头区	4	2	2			1		1		
麻章区	45	8	19	5	13	20	5	10	1	4
遂溪县	3		1	1	1	1				1
徐闻县	6		5		1	2	1	1		
廉江市	13		10	2	1	2		2		
雷州市	17	9	8							
吴川市	8		8			2	1	1		
茂名市	**63**	**9**	**42**	**5**	**7**	**10**	**2**	**8**		
茂南区	2		2							
电白区	44	8	27	5	4	10	2	8		
高州市	6	1	4		1					
化州市	5		3		2					
信宜市	6		6							
肇庆市	**192**	**36**	**119**	**25**	**12**	**19**	**4**	**9**	**4**	**2**
端州区										
鼎湖区	33	1	20	10	2					
高要区	73	21	49	3		2	1	1		
广宁县	11		6	4	1	1			1	
怀集县	14		8	2	4	1				1
封开县	21	3	9	5	4	5	3		1	1
德庆县	7	2	4	1		8		6	2	
四会市	33	9	23		1	2		2		
惠州市	**3705**	**939**	**2364**	**240**	**162**	**162**	**33**	**107**	**12**	**10**
惠城区	317	98	162	33	24	26	7	14	3	2
惠阳区	458	110	328	12	8	14	2	11		1
博罗县	2016	439	1352	130	95	94	15	68	6	5
惠东县	832	286	456	64	26	26	9	13	2	2
龙门县	82	6	66	1	9	2		1	1	
梅州市	**629**	**146**	**426**	**47**	**10**	**31**	**3**	**19**	**2**	**7**
梅江区	8		8							
梅县区	26	5	20		1	1		1		
大埔县	35	14	19		2	2	2			
丰顺县	166	62	98	6		3		3		
五华县	95	13	67	11	4	21		15		6
平远县	176	40	114	22						
蕉岭县	93	9	78	5	1	4	1		2	1
兴宁市	30	3	22	3	2					

7-1b 续表 26

单位：人

现住地	省外									
	江西					山东				
	小计	乡	镇的村委会	镇的居委会	街道	小计	乡	镇的村委会	镇的居委会	街道
汕尾市	**270**	**75**	**164**	**21**	**10**	**26**	**5**	**19**	**1**	**1**
城　区	6	1	4		1	2		2		
海丰县	143	24	104	9	6	20	2	17		1
陆河县	85	37	43	3	2	1	1			
陆丰市	36	13	13	9	1	3	2		1	
河源市	**640**	**142**	**434**	**47**	**17**	**22**	**6**	**15**	**1**	
源城区	187	67	106	8	6	8	5	3		
紫金县	70	21	43	3	3	2		2		
龙川县	130	17	98	14	1	8	1	6	1	
连平县	51	15	32	3	1	1		1		
和平县	53	1	38	13	1					
东源县	149	21	117	6	5	3		3		
阳江市	**46**	**3**	**35**	**6**	**2**	**12**		**9**	**1**	**2**
江城区	4		2	2						
阳东区	10		9	1		4		2	1	1
阳西县	17	3	9	3	2	6		5		1
阳春市	15		15			2		2		
清远市	**513**	**99**	**298**	**76**	**40**	**59**	**15**	**35**	**7**	**2**
清城区	361	86	198	46	31	42	11	24	6	1
清新区	18	1	15		2	3		2		1
佛冈县	45	3	33	9		6	1	5		
阳山县	31	3	20	8		1		1		
连山壮族瑶族自治县	1	1								
连南瑶族自治县	5		1		4					
英德市	48	5	27	13	3	7	3	3	1	
连州市	4		4							
东莞市	**488**	**177**	**280**	**22**	**9**	**25**	**9**	**15**	**1**	
市辖区	488	177	280	22	9	25	9	15	1	
中山市	**3501**	**990**	**2091**	**245**	**175**	**221**	**48**	**133**	**15**	**25**
市辖区	3501	990	2091	245	175	221	48	133	15	25
潮州市	**203**	**64**	**118**	**8**	**13**	**20**	**2**	**15**	**1**	**2**
湘桥区	19	5	11	2	1	6		3	1	2
潮安区	152	53	93	4	2	11	1	10		
饶平县	32	6	14	2	10	3	1	2		
揭阳市	**167**	**44**	**100**	**20**	**3**	**4**		**2**	**2**	
榕城区						2			2	
揭东区	67	13	53	1		1		1		
揭西县	14	6	6	2						
惠来县	34	7	9	17	1	1		1		
普宁市	52	18	32		2					
云浮市	**107**	**28**	**56**	**8**	**15**	**15**	**5**	**7**	**2**	**1**
云城区										
云安区	11	2	7		2	2		1		1
新兴县	69	18	35	6	10	12	4	6	2	
郁南县	19	6	10	1	2	1	1			
罗定市	8	2	4	1	1					

7-1b 续表 27 单位：人

现住地	省外									
	河南					湖北				
	小计	乡	镇的村委会	镇的居委会	街道	小计	乡	镇的村委会	镇的居委会	街道
广　东	**14222**	**3977**	**9016**	**700**	**529**	**16838**	**3724**	**10496**	**1510**	**1108**
广州市	**2273**	**637**	**1417**	**106**	**113**	**3221**	**639**	**1970**	**333**	**279**
荔湾区										
越秀区										
海珠区										
天河区										
白云区	478	164	272	19	23	615	170	342	57	46
黄埔区	38	3	26	1	8	71	3	38	12	18
番禺区	159	30	117	8	4	162	20	124	9	9
花都区	306	124	151	10	21	343	95	198	29	21
南沙区	359	99	241	16	3	358	87	215	37	19
从化区	146	23	95	14	14	197	40	122	15	20
增城区	787	194	515	38	40	1475	224	931	174	146
韶关市	**96**	**5**	**75**	**5**	**11**	**155**	**26**	**104**	**12**	**13**
武江区										
浈江区	1		1			6	1	4		1
曲江区	9		9			10		7	1	2
始兴县	12		10	1	1	15	1	11	3	
仁化县	12	1	9		2	22	2	14	1	5
翁源县	13	3	7	2	1	21	1	19	1	
乳源瑶族自治县	23	1	21	1		24	2	17	5	
新丰县	16		10	1	5	26	5	16	1	4
乐昌市	7		5		2	23	14	8		1
南雄市	3		3			8		8		
深圳市	**67**	**27**	**39**	**1**		**88**	**20**	**54**	**7**	**7**
罗湖区										
福田区										
南山区	59	26	33			78	20	48	3	7
宝安区										
龙岗区										
盐田区										
龙华区										
坪山区	8	1	6	1		10		6	4	
光明区										
珠海市	**1270**	**291**	**856**	**71**	**52**	**1120**	**247**	**700**	**94**	**79**
香洲区	398	103	258	21	16	264	86	127	21	30
斗门区	358	55	263	22	18	390	58	269	42	21
金湾区	514	133	335	28	18	466	103	304	31	28
汕头市	**792**	**243**	**492**	**47**	**10**	**262**	**69**	**140**	**39**	**14**
龙湖区										
金平区										
濠江区						3		3		
潮阳区	32	12	14	6		53	12	28	8	5
潮南区	89	44	8	35	2	41	7	4	26	4
澄海区	662	181	467	6	8	160	49	104	4	3
南澳县	9	6	3			5	1	1	1	2
佛山市	**1193**	**302**	**815**	**50**	**26**	**1269**	**216**	**878**	**113**	**62**
禅城区	310	73	193	30	14	324	57	215	30	22
南海区	186	36	134	11	5	182	28	122	22	10
顺德区										
三水区	638	184	440	7	7	734	126	524	58	26
高明区	59	9	48	2		29	5	17	3	4

7-1b　续表 28　　　　单位：人

现住地	省外									
	河南					湖北				
	小计	乡	镇的村委会	镇的居委会	街道	小计	乡	镇的村委会	镇的居委会	街道
江门市	**352**	**124**	**209**	**12**	**7**	**468**	**94**	**307**	**45**	**22**
蓬江区										
江海区										
新会区	75	20	55			97	26	60	10	1
台山市	22	3	18	1		19		15	4	
开平市	83	41	33	8	1	118	28	72	10	8
鹤山市	161	58	96	2	5	220	38	149	21	12
恩平市	11	2	7	1	1	14	2	11		1
湛江市	**153**	**57**	**80**	**6**	**10**	**102**	**31**	**45**	**14**	**12**
赤坎区										
霞山区	21	9	12			6	2	4		
坡头区	11	4	1	4	2	1		1		
麻章区	81	29	44	2	6	47	25	11	7	4
遂溪县	18	12	6			4		4		
徐闻县	9		8		1	25	3	16	1	5
廉江市	5		4		1	9	1	4	2	2
雷州市	5	3	2			4			4	
吴川市	3		3			6		5		1
茂名市	**18**	**1**	**16**	**1**		**38**	**5**	**32**	**1**	
茂南区	3		3			2		1	1	
电白区	11	1	9	1		32	5	27		
高州市						2		2		
化州市	3		3			1		1		
信宜市	1		1			1		1		
肇庆市	**223**	**33**	**157**	**20**	**13**	**272**	**58**	**158**	**33**	**23**
端州区										
鼎湖区	42	3	36	2	1	34		25	8	1
高要区	92	20	67	5		138	46	84	7	1
广宁县	28		19	5	4	7		7		
怀集县	6		2		4	25		4	7	14
封开县	11		5	5	1	15	3	6	6	
德庆县	5		3	1	1	16	4	7	2	3
四会市	39	10	25	2	2	37	5	25	3	4
惠州市	**2689**	**842**	**1656**	**116**	**75**	**3440**	**809**	**2178**	**253**	**200**
惠城区	228	68	146	5	9	386	112	234	22	18
惠阳区	422	112	295	10	5	441	134	279	11	17
博罗县	1469	448	909	70	42	1792	342	1194	141	115
惠东县	521	201	276	29	15	778	212	443	74	49
龙门县	49	13	30	2	4	43	9	28	5	1
梅州市	**113**	**28**	**76**	**4**	**5**	**138**	**35**	**81**	**19**	**3**
梅江区										
梅县区	3		3			19	14	5		
大埔县	12	4	3	2	3	17	8	7		2
丰顺县	54	17	35	1	1	40	8	20	12	
五华县	26	6	20			28	3	24		1
平远县	8		8			3		3		
蕉岭县	5		5			20	2	11	7	
兴宁市	5	1	2	1	1	11		11		

7-1b 续表 29

单位：人

现住地	省外									
	河南					湖北				
	小计	乡	镇的村委会	镇的居委会	街道	小计	乡	镇的村委会	镇的居委会	街道
汕尾市	**214**	**51**	**137**	**18**	**8**	**322**	**61**	**202**	**44**	**15**
城　区	33	8	22		3	28	8	18	1	1
海丰县	117	22	80	11	4	222	29	152	28	13
陆河县	20	8	10	1	1	35	14	18	3	
陆丰市	44	13	25	6		37	10	14	12	1
河源市	**307**	**66**	**215**	**15**	**11**	**374**	**68**	**254**	**33**	**19**
源城区	122	36	80	4	2	156	31	107	13	5
紫金县	40	7	31	1	1	67	14	45	5	3
龙川县	42	7	27	8		26	2	11	10	3
连平县	24	2	20		2	8		7	1	
和平县	18	3	13	2		25		24	1	
东源县	61	11	44		6	92	21	60	3	8
阳江市	**44**	**3**	**36**	**1**	**4**	**52**	**5**	**31**	**11**	**5**
江城区	12		11		1	8	1	4	1	2
阳东区	10	2	8			11		3	7	1
阳西县	14	1	10		3	25	4	17	2	2
阳春市	8		7	1		8		7	1	
清远市	**780**	**167**	**516**	**69**	**28**	**742**	**94**	**501**	**87**	**60**
清城区	581	143	381	38	19	453	87	283	41	42
清新区	17	2	13		2	16	1	12	1	2
佛冈县	56	4	44	7	1	61	3	47	6	5
阳山县	28	2	13	13		13		8	5	
连山壮族瑶族自治县										
连南瑶族自治县	1		1			2			1	1
英德市	96	16	63	11	6	190	3	145	33	9
连州市	1		1			7		6		1
东莞市	**361**	**110**	**228**	**13**	**10**	**555**	**205**	**320**	**20**	**10**
市辖区	361	110	228	13	10	555	205	320	20	10
中山市	**3088**	**931**	**1893**	**126**	**138**	**3898**	**978**	**2346**	**321**	**253**
市辖区	3088	931	1893	126	138	3898	978	2346	321	253
潮州市	**65**	**26**	**36**	**1**	**2**	**72**	**22**	**44**	**2**	**4**
湘桥区	10	3	7			12	7	5		
潮安区	32	17	15			34	12	18	2	2
饶平县	23	6	14	1	2	26	3	21		2
揭阳市	**48**	**8**	**27**	**13**		**120**	**17**	**71**	**18**	**14**
榕城区	16	1	2	13		3		2	1	
揭东区	11	1	10			7		4	2	1
揭西县	10	2	8			31	5	21	4	1
惠来县	5		5			47	11	22	11	3
普宁市	6	4	2			32	1	22		9
云浮市	**76**	**25**	**40**	**5**	**6**	**130**	**25**	**80**	**11**	**14**
云城区										
云安区	14	9	4		1	33	6	21		6
新兴县	48	14	24	5	5	72	18	40	6	8
郁南县	13	2	11			20	1	14	5	
罗定市	1		1			5		5		

7-1b　续表 30　　　　单位：人

现住地	省外				
	湖南				
	小计	乡	镇的村委会	镇的居委会	街道
广　东	**44974**	**11704**	**28622**	**2967**	**1681**
广州市	**9312**	**2278**	**6072**	**612**	**350**
荔湾区					
越秀区					
海珠区					
天河区					
白云区	1965	632	1191	77	65
黄埔区	133	17	85	10	21
番禺区	730	72	604	32	22
花都区	926	307	532	48	39
南沙区	1285	342	847	76	20
从化区	468	85	328	32	23
增城区	3805	823	2485	337	160
韶关市	**1409**	**157**	**1073**	**109**	**70**
武江区	5	2	2		1
浈江区	92	6	73	2	11
曲江区	85	8	72	3	2
始兴县	116	11	88	13	4
仁化县	342	49	242	32	19
翁源县	55	3	50	2	
乳源瑶族自治县	198	10	155	22	11
新丰县	48	6	35		7
乐昌市	437	62	329	32	14
南雄市	31		27	3	1
深圳市	**67**	**32**	**25**	**8**	**2**
罗湖区					
福田区					
南山区	57	30	24	1	2
宝安区					
龙岗区					
盐田区					
龙华区					
坪山区	10	2	1	7	
光明区					
珠海市	**2959**	**758**	**1876**	**209**	**116**
香洲区	699	267	366	36	30
斗门区	1193	182	877	98	36
金湾区	1067	309	633	75	50
汕头市	**151**	**67**	**47**	**24**	**13**
龙湖区					
金平区					
濠江区					
潮阳区	42	16	15	10	1
潮南区	61	26	13	12	10
澄海区	44	23	18	2	1
南澳县	4	2	1		1
佛山市	**4142**	**1024**	**2782**	**216**	**120**
禅城区	1362	316	916	91	39
南海区	674	119	465	50	40
顺德区					
三水区	1998	560	1333	68	37
高明区	108	29	68	7	4

7－1b 续表 31

单位：人

现住地	省外				
	湖南				
	小计	乡	镇的村委会	镇的居委会	街道
江门市	**1370**	**367**	**895**	**63**	**45**
蓬江区					
江海区					
新会区	325	72	233	12	8
台山市	56	6	36	11	3
开平市	409	141	244	21	3
鹤山市	524	135	347	13	29
恩平市	56	13	35	6	2
湛江市	**197**	**35**	**107**	**25**	**30**
赤坎区					
霞山区	4		4		
坡头区	7	2	1	2	2
麻章区	91	23	39	11	18
遂溪县	33	5	20	7	1
徐闻县	15	2	7	2	4
廉江市	18		12	1	5
雷州市	4		4		
吴川市	25	3	20	2	
茂名市	**73**	**13**	**49**	**5**	**6**
茂南区	1		1		
电白区	49	6	38	3	2
高州市	7	4	2		1
化州市	7	1	4	2	
信宜市	9	2	4		3
肇庆市	**825**	**167**	**505**	**75**	**78**
端州区					
鼎湖区	135	7	103	18	7
高要区	397	115	243	28	11
广宁县	31	7	15		9
怀集县	78	3	25	18	32
封开县	15	2	11	2	
德庆县	30	1	15	3	11
四会市	139	32	93	6	8
惠州市	**9118**	**2492**	**5841**	**457**	**328**
惠城区	777	283	432	40	22
惠阳区	999	244	704	31	20
博罗县	5143	1239	3441	252	211
惠东县	2004	686	1124	125	69
龙门县	195	40	140	9	6
梅州市	**254**	**31**	**195**	**23**	**5**
梅江区					
梅县区	36	3	32		1
大埔县	54	7	39	4	4
丰顺县	57	8	44	5	
五华县	50	5	39	6	
平远县	25	6	17	2	
蕉岭县	15		12	3	
兴宁市	17	2	12	3	

7-1b 续表 32

单位：人

现住地	省外				
	湖南				
	小计	乡	镇的村委会	镇的居委会	街道
汕尾市	**765**	**144**	**411**	**189**	**21**
城　区	57	25	27		5
海丰县	614	76	346	176	16
陆河县	53	37	14	2	
陆丰市	41	6	24	11	
河源市	**813**	**174**	**553**	**63**	**23**
源城区	245	58	165	11	11
紫金县	183	59	105	15	4
龙川县	122	10	90	20	2
连平县	58	6	47	5	
和平县	44	11	31	1	1
东源县	161	30	115	11	5
阳江市	**154**	**29**	**114**	**8**	**3**
江城区	26	11	12	3	
阳东区	52	11	38	1	2
阳西县	43	5	33	4	1
阳春市	33	2	31		
清远市	**2367**	**507**	**1551**	**213**	**96**
清城区	1623	408	1010	145	60
清新区	67	10	49	6	2
佛冈县	212	37	142	19	14
阳山县	103	10	63	26	4
连山壮族瑶族自治县	64	3	56	5	
连南瑶族自治县	31	2	23	3	3
英德市	237	36	181	8	12
连州市	30	1	27	1	1
东莞市	**1697**	**680**	**941**	**66**	**10**
市辖区	1697	680	941	66	10
中山市	**8870**	**2631**	**5340**	**550**	**349**
市辖区	8870	2631	5340	550	349
潮州市	**120**	**39**	**65**	**8**	**8**
湘桥区	20	5	13		2
潮安区	77	30	41	5	1
饶平县	23	4	11	3	5
揭阳市	**110**	**31**	**71**	**6**	**2**
榕城区	5	3	2		
揭东区	16	8	6		2
揭西县	21	6	11	4	
惠来县	11	2	7	2	
普宁市	57	12	45		
云浮市	**201**	**48**	**109**	**38**	**6**
云城区					
云安区	42	12	13	14	3
新兴县	127	32	74	18	3
郁南县	24	2	18	4	
罗定市	8	2	4	2	

7-1b 续表 33　　单位：人

现住地	省外									
	广西					海南				
	小计	乡	镇的村委会	镇的居委会	街道	小计	乡	镇的村委会	镇的居委会	街道
广　东	**43874**	**10400**	**30719**	**1857**	**898**	**1595**	**282**	**852**	**302**	**159**
广州市	**5202**	**1219**	**3618**	**247**	**118**	**305**	**57**	**146**	**64**	**38**
荔湾区										
越秀区										
海珠区										
天河区										
白云区	1137	313	751	47	26	76	24	31	13	8
黄埔区	52	1	28	9	14	11		2	6	3
番禺区	526	63	430	23	10	26	5	12	5	4
花都区	442	117	306	6	13	36	9	12	9	6
南沙区	1043	291	701	50	1	24	4	16	4	
从化区	251	51	178	13	9	11	1	5	4	1
增城区	1751	383	1224	99	45	121	14	68	23	16
韶关市	**246**	**23**	**191**	**20**	**12**	**29**	**1**	**7**	**11**	**10**
武江区										
浈江区	8	1	7			4		4		
曲江区	25	1	22	2						
始兴县	18		16		2	8			8	
仁化县	23	3	15	2	3	2				2
翁源县	56	8	45	3		6	1	3		2
乳源瑶族自治县	37	5	23	5	4	1			1	
新丰县	43	2	37	1	3	6			1	5
乐昌市	21	2	16	3		2			1	1
南雄市	15	1	10	4						
深圳市	**15**	**8**	**5**	**1**	**1**					
罗湖区										
福田区										
南山区	14	8	5		1					
宝安区										
龙岗区										
盐田区										
龙华区										
坪山区	1			1						
光明区										
珠海市	**2639**	**550**	**1854**	**171**	**64**	**122**	**12**	**88**	**12**	**10**
香洲区	401	117	234	40	10	17		14		3
斗门区	1128	174	861	66	27	71	9	45	11	6
金湾区	1110	259	759	65	27	34	3	29	1	1
汕头市	**97**	**39**	**49**	**8**	**1**	**33**	**26**	**6**	**1**	
龙湖区										
金平区										
濠江区										
潮阳区	39	6	29	4		3	2	1		
潮南区	25	16	6	3		12	12			
澄海区	32	17	14	1		17	12	5		
南澳县	1				1	1			1	
佛山市	**6115**	**1419**	**4429**	**144**	**123**	**110**	**5**	**69**	**25**	**11**
禅城区	2784	610	2072	57	45	30	2	12	16	
南海区	565	74	439	20	32	15		10	1	4
顺德区										
三水区	2518	675	1745	60	38	60	3	44	6	7
高明区	248	60	173	7	8	5		3	2	

7-1b 续表 34

单位：人

现住地	省外									
	广西					海南				
	小计	乡	镇的村委会	镇的居委会	街道	小计	乡	镇的村委会	镇的居委会	街道
江门市	**2831**	**638**	**1999**	**166**	**28**	**32**	**7**	**16**	**7**	**2**
蓬江区										
江海区										
新会区	741	143	571	21	6	10	1	6	3	
台山市	132	22	84	25	1	3		1	2	
开平市	1040	280	656	100	4	3	1		2	
鹤山市	804	165	609	14	16	16	5	9		2
恩平市	114	28	79	6	1					
湛江市	**606**	**87**	**414**	**57**	**48**	**108**	**8**	**44**	**35**	**21**
赤坎区										
霞山区	1		1							
坡头区	33	5	21	4	3	7	3	4		
麻章区	186	28	119	8	31	27	1	9	12	5
遂溪县	64	9	42	10	3	8	1	2	5	
徐闻县	84	16	56	7	5	32	2	18	2	10
廉江市	158	19	109	26	4	28		8	14	6
雷州市	14	3	11			5	1	2	2	
吴川市	66	7	55	2	2	1		1		
茂名市	**273**	**46**	**175**	**41**	**11**	**57**	**11**	**29**	**11**	**6**
茂南区	7	2	3	1	1	1		1		
电白区	70	10	47	10	3	17	1	10	6	
高州市	103	15	65	17	6	17	4	5	4	4
化州市	62	9	40	12	1	5		5		
信宜市	31	10	20	1		17	6	8	1	2
肇庆市	**2411**	**669**	**1530**	**140**	**72**	**30**	**8**	**10**	**10**	**2**
端州区										
鼎湖区	418	27	375	16		13	7	1	5	
高要区	1263	504	694	57	8	6	1	2	1	2
广宁县	66	10	49	3	4	3		3		
怀集县	79		44	9	26	1		1		
封开县	174	53	74	36	11	1			1	
德庆县	73	12	35	12	14	2			2	
四会市	338	63	259	7	9	4		3	1	
惠州市	**4770**	**1239**	**3302**	**143**	**86**	**241**	**46**	**154**	**30**	**11**
惠城区	379	114	242	19	4	29	7	13	5	4
惠阳区	752	162	565	17	8	43	9	32	2	
博罗县	2845	698	2023	67	57	106	16	69	17	4
惠东县	718	242	423	38	15	60	12	39	6	3
龙门县	76	23	49	2	2	3	2	1		
梅州市	**171**	**30**	**128**	**5**	**8**	**32**	**1**	**24**	**5**	**2**
梅江区										
梅县区	12	4	8			2		2		
大埔县	30	9	17	3	1	6	1	2	2	1
丰顺县	35	8	24	2	1	14		11	3	
五华县	54	2	46		6	9		8		1
平远县	10		10							
蕉岭县	19	4	15			1		1		
兴宁市	11	3	8							

7-1b 续表 35

单位：人

现住地	省外									
	广西					海南				
	小计	乡	镇的村委会	镇的居委会	街道	小计	乡	镇的村委会	镇的居委会	街道
汕尾市	**356**	**51**	**265**	**37**	**3**	**41**	**4**	**23**	**10**	**4**
城　区	16	2	13	1		1				1
海丰县	284	32	220	29	3	23	3	13	6	1
陆河县	25	16	9			13	1	7	3	2
陆丰市	31	1	23	7		4		3	1	
河源市	**515**	**106**	**360**	**36**	**13**	**40**	**4**	**16**	**10**	**10**
源城区	163	47	105	7	4	6	2	2	2	
紫金县	127	20	93	7	7	4			4	
龙川县	47	3	37	7		25	1	11	3	10
连平县	49	6	36	5	2	1			1	
和平县	25	1	19	5						
东源县	104	29	70	5		4	1	3		
阳江市	**277**	**65**	**184**	**19**	**9**	**34**	**3**	**14**	**14**	**3**
江城区	67	35	26	6		3	2	1		
阳东区	94	14	72	7	1	2		1	1	
阳西县	93	12	71	6	4	22	1	10	9	2
阳春市	23	4	15		4	7		2	4	1
清远市	**1061**	**181**	**782**	**73**	**25**	**38**	**8**	**13**	**14**	**3**
清城区	627	133	438	41	15	22	6	4	10	2
清新区	51	4	41	2	4	1		1		
佛冈县	128	22	98	6	2	5	1	1	3	
阳山县	41	3	27	9	2	2			1	1
连山壮族瑶族自治县	55	3	52							
连南瑶族自治县	17	2	15							
英德市	135	14	104	15	2	8	1	7		
连州市	7		7							
东莞市	**1023**	**393**	**602**	**23**	**5**	**18**	**7**	**10**	**1**	
市辖区	1023	393	602	23	5	18	7	10	1	
中山市	**14551**	**3517**	**10325**	**450**	**259**	**276**	**71**	**158**	**28**	**19**
市辖区	14551	3517	10325	450	259	276	71	158	28	19
潮州市	**70**	**29**	**39**	**1**	**1**	**15**		**5**	**4**	**6**
湘桥区	21		20		1	4		1	3	
潮安区	36	26	10			7		4		3
饶平县	13	3	9	1		4			1	3
揭阳市	**45**	**5**	**25**	**14**	**1**	**24**	**2**	**14**	**8**	
榕城区	2			2		2		2		
揭东区	18	1	10	7		1		1		
揭西县	11	1	9	1		8		1	7	
惠来县	7	1	2	4		1			1	
普宁市	7	2	4		1	12	2	10		
云浮市	**600**	**86**	**443**	**61**	**10**	**10**	**1**	**6**	**2**	**1**
云城区										
云安区	50	7	35	7	1	4	1	1	2	
新兴县	382	53	288	40	1	5		4		1
郁南县	125	22	83	12	8					
罗定市	43	4	37	2		1		1		

7-1b 续表 36 单位：人

现住地	省外									
	重庆					四川				
	小计	乡	镇的村委会	镇的居委会	街道	小计	乡	镇的村委会	镇的居委会	街道
广东	**10430**	**2678**	**6498**	**730**	**524**	**25570**	**6867**	**16337**	**1432**	**934**
广州市	**1378**	**356**	**880**	**84**	**58**	**3948**	**1077**	**2515**	**198**	**158**
荔湾区										
越秀区										
海珠区										
天河区										
白云区	131	55	60	8	8	525	163	303	25	34
黄埔区	16		7	3	6	26		16	2	8
番禺区	119	33	75	5	6	224	34	177	8	5
花都区	62	16	44		2	253	89	152	5	7
南沙区	359	102	221	28	8	804	250	509	33	12
从化区	99	17	77	1	4	196	30	159	1	6
增城区	592	133	396	39	24	1920	511	1199	124	86
韶关市	**50**	**8**	**29**	**7**	**6**	**196**	**24**	**131**	**29**	**12**
武江区										
浈江区	8		6	2		4		4		
曲江区	5		3		2	9	1	8		
始兴县	3	1	1	1		33	2	24	4	3
仁化县	8	1	5		2	22	1	19	2	
翁源县	3		3			17	2	11	2	2
乳源瑶族自治县	4		3		1	32	3	24	3	2
新丰县	11	6	2	2	1	53	13	23	15	2
乐昌市	4		2	2		21	2	13	3	3
南雄市	4		4			5		5		
深圳市	**18**	**7**	**7**	**3**	**1**	**36**	**14**	**17**	**3**	**2**
罗湖区										
福田区										
南山区	17	7	7	2	1	33	14	16	1	2
宝安区										
龙岗区										
盐田区										
龙华区										
坪山区	1			1		3		1	2	
光明区										
珠海市	**591**	**150**	**346**	**54**	**41**	**1346**	**282**	**916**	**84**	**64**
香洲区	216	73	119	15	9	373	114	218	21	20
斗门区	185	23	110	29	23	521	56	398	49	18
金湾区	190	54	117	10	9	452	112	300	14	26
汕头市	**71**	**22**	**31**	**11**	**7**	**529**	**242**	**178**	**58**	**51**
龙湖区										
金平区										
濠江区						5	5			
潮阳区	24	5	9	9	1	154	57	68	27	2
潮南区	25	9	10	1	5	312	163	70	31	48
澄海区	15	2	12		1	54	15	38		1
南澳县	7	6		1		4	2	2		
佛山市	**777**	**165**	**517**	**47**	**48**	**2169**	**574**	**1418**	**107**	**70**
禅城区	232	61	147	19	5	750	226	491	18	15
南海区	79	7	48	10	14	341	54	229	28	30
顺德区										
三水区	399	77	287	12	23	1010	281	649	57	23
高明区	67	20	35	6	6	68	13	49	4	2

7—1b 续表 37

单位：人

现住地	省外									
	重庆					四川				
	小计	乡	镇的村委会	镇的居委会	街道	小计	乡	镇的村委会	镇的居委会	街道
江门市	**308**	**62**	**215**	**16**	**15**	**738**	**165**	**514**	**46**	**13**
蓬江区										
江海区										
新会区	99	21	75	2	1	123	36	81	5	1
台山市	9	2	3	2	2	23	3	13	7	
开平市	51	9	35	6	1	179	54	107	18	
鹤山市	106	19	77	4	6	363	57	287	8	11
恩平市	43	11	25	2	5	50	15	26	8	1
湛江市	**103**	**15**	**64**	**11**	**13**	**192**	**49**	**104**	**12**	**27**
赤坎区										
霞山区						5		4	1	
坡头区	13	3	9	1		22	10	11	1	
麻章区	27	4	8	7	8	88	32	35	4	17
遂溪县	11		10	1		15	2	10	3	
徐闻县	34	3	28	2	1	23		12	1	10
廉江市	6		5		1	17		15	2	
雷州市	3				3					
吴川市	9	5	4			22	5	17		
茂名市	**15**		**14**	**1**		**56**	**7**	**43**	**6**	
茂南区	1		1							
电白区	14		13	1		43	7	30	6	
高州市						11		11		
化州市						1		1		
信宜市						1		1		
肇庆市	**225**	**48**	**160**	**8**	**9**	**510**	**94**	**353**	**38**	**25**
端州区										
鼎湖区	65	1	61	3		72	2	63	6	1
高要区	82	29	51	1	1	240	55	171	12	2
广宁县	10	1	9			14	2	7	1	4
怀集县	10		3	2	5	42	1	20	14	7
封开县	4	1	2	1		9	2	5	1	1
德庆县	4		3		1	15		7	4	4
四会市	50	16	31	1	2	118	32	80		6
惠州市	**2223**	**587**	**1376**	**142**	**118**	**5505**	**1592**	**3431**	**303**	**179**
惠城区	232	79	132	8	13	475	151	296	21	7
惠阳区	352	90	232	14	16	636	149	453	28	6
博罗县	1030	235	668	74	53	1992	466	1343	98	85
惠东县	583	173	333	42	35	2305	786	1290	152	77
龙门县	26	10	11	4	1	97	40	49	4	4
梅州市	**76**	**18**	**47**	**11**		**166**	**16**	**143**	**5**	**2**
梅江区						1		1		
梅县区						8	2	6		
大埔县	9	1	6	2		12	3	9		
丰顺县	28	8	14	6		73	2	70		1
五华县	11	3	7	1		28	4	23	1	
平远县	9	4	5			12	4	5	3	
蕉岭县	10	1	7	2		22	1	19	1	1
兴宁市	9	1	8			10		10		

7-1b　续表 38　　　　　　　　　　　　　　　　　　　　　　　　　　　　单位：人

现住地	省外									
	重庆					四川				
	小计	乡	镇的村委会	镇的居委会	街道	小计	乡	镇的村委会	镇的居委会	街道
汕尾市	**789**	**115**	**566**	**87**	**21**	**1114**	**261**	**741**	**79**	**33**
城　区	10	4	5	1		69	32	33	2	2
海丰县	733	97	537	78	21	912	191	623	71	27
陆河县	18	13	5			85	21	62		2
陆丰市	28	1	19	8		48	17	23	6	2
河源市	**217**	**31**	**163**	**20**	**3**	**556**	**99**	**412**	**36**	**9**
源城区	55	9	36	9	1	161	39	104	16	2
紫金县	55	4	46	3	2	158	19	124	10	5
龙川县	39	5	29	5		53	7	43	3	
连平县	5		5			32		30	2	
和平县	11		10	1		24	4	18	2	
东源县	52	13	37	2		128	30	93	3	2
阳江市	**96**	**6**	**64**	**16**	**10**	**91**	**11**	**70**	**9**	**1**
江城区	38		29	9		13		11	1	1
阳东区	27	5	20	1	1	25	4	17	4	
阳西县	28	1	13	5	9	39	3	34	2	
阳春市	3		2	1		14	4	8	2	
清远市	**255**	**70**	**144**	**21**	**20**	**628**	**149**	**371**	**66**	**42**
清城区	176	62	87	15	12	449	115	251	44	39
清新区	11		6	1	4	18	7	9		2
佛冈县	20	4	15		1	63	12	42	8	1
阳山县	13	1	8	4		25		17	8	
连山壮族瑶族自治县						6		6		
连南瑶族自治县	1		1			3		3		
英德市	33	3	26	1	3	60	15	39	6	
连州市	1		1			4		4		
东莞市	**253**	**77**	**159**	**10**	**7**	**539**	**220**	**308**	**8**	**3**
市辖区	253	77	159	10	7	539	220	308	8	3
中山市	**2797**	**897**	**1597**	**167**	**136**	**6781**	**1869**	**4404**	**285**	**223**
市辖区	2797	897	1597	167	136	6781	1869	4404	285	223
潮州市	**59**	**19**	**34**	**5**	**1**	**115**	**34**	**72**	**3**	**6**
湘桥区	1		1			13	6	7		
潮安区	45	19	26			72	19	51	2	
饶平县	13		7	5	1	30	9	14	1	6
揭阳市	**49**	**5**	**38**	**3**	**3**	**125**	**29**	**80**	**12**	**4**
榕城区						8	4		4	
揭东区	5	1	2		2	17		15	2	
揭西县	2			1	1	5	3	1	1	
惠来县	9	1	6	2		21	4	9	5	3
普宁市	33	3	30			74	18	55		1
云浮市	**80**	**20**	**47**	**6**	**7**	**230**	**59**	**116**	**45**	**10**
云城区										
云安区	10	2	6	1	1	34	8	18	1	7
新兴县	65	14	41	5	5	169	39	86	42	2
郁南县	5	4			1	26	11	12	2	1
罗定市						1	1			

7-1b 续表 39

单位：人

现住地	省外									
	贵州					云南				
	小计	乡	镇的村委会	镇的居委会	街道	小计	乡	镇的村委会	镇的居委会	街道
广东	**12685**	**3486**	**8370**	**528**	**301**	**7412**	**2023**	**4957**	**266**	**166**
广州市	**1402**	**391**	**898**	**61**	**52**	**661**	**176**	**442**	**13**	**30**
荔湾区										
越秀区										
海珠区										
天河区										
白云区	256	62	164	12	18	122	38	76	1	7
黄埔区	14		11		3	7		4		3
番禺区	165	41	117	3	4	57	3	50		4
花都区	132	39	82	3	8	80	37	37	2	4
南沙区	265	95	163	4	3	161	38	116	6	1
从化区	87	19	62	4	2	81	10	70		1
增城区	483	135	299	35	14	153	50	89	4	10
韶关市	**89**	**21**	**55**	**11**	**2**	**33**	**2**	**22**	**4**	**5**
武江区										
浈江区	3		2	1		5		2		3
曲江区	10		10			5	1	2	2	
始兴县	15	5	8	2		3		2	1	
仁化县	24	7	14	1	2	9		8		1
翁源县	9	2	3	4		2		1	1	
乳源瑶族自治县	7		7			1				1
新丰县	3		3			3		3		
乐昌市	12	2	7	3		5	1	4		
南雄市	6	5	1							
深圳市	**13**	**8**	**5**			**71**	**27**	**43**	**1**	
罗湖区										
福田区										
南山区	12	8	4			71	27	43	1	
宝安区										
龙岗区										
盐田区										
龙华区										
坪山区	1		1							
光明区										
珠海市	**609**	**140**	**417**	**25**	**27**	**642**	**176**	**438**	**21**	**7**
香洲区	226	73	135	8	10	137	42	87	3	5
斗门区	219	25	172	13	9	190	33	148	9	
金湾区	164	42	110	4	8	315	101	203	9	2
汕头市	**345**	**139**	**175**	**19**	**12**	**154**	**79**	**67**	**7**	**1**
龙湖区										
金平区										
濠江区										
潮阳区	109	49	45	13	2	14	2	9	2	1
潮南区	43	20	16	2	5	18	13		5	
澄海区	184	69	110		5	122	64	58		
南澳县	9	1	4	4						
佛山市	**1539**	**381**	**1090**	**32**	**36**	**632**	**137**	**471**	**16**	**8**
禅城区	607	130	455	11	11	76	17	55	2	2
南海区	126	25	87	9	5	51	6	40	1	4
顺德区										
三水区	708	206	479	11	12	422	87	320	13	2
高明区	98	20	69	1	8	83	27	56		

7-1b　续表 40　　　　　　　　　　　　　　　　　　　　　　　　　　　　单位：人

现住地	省外									
	贵州					云南				
	小计	乡	镇的村委会	镇的居委会	街道	小计	乡	镇的村委会	镇的居委会	街道
江门市	**686**	**186**	**456**	**39**	**5**	**641**	**195**	**430**	**12**	**4**
蓬江区										
江海区										
新会区	137	40	90	5	2	103	42	60	1	
台山市	31	2	24	5		3	3			
开平市	284	81	176	27		228	60	164	3	1
鹤山市	205	46	154	2	3	240	79	151	7	3
恩平市	29	17	12			67	11	55	1	
湛江市	**143**	**38**	**70**	**26**	**9**	**67**	**16**	**39**	**4**	**8**
赤坎区										
霞山区										
坡头区	20	3	15		2	4	1	1	1	1
麻章区	45	23	14	4	4	27	7	15		5
遂溪县	14		8	6		2		2		
徐闻县	21	3	13	3	2	10	8	1	1	
廉江市	21	1	9	10	1	2		1	1	
雷州市	7	3	3	1						
吴川市	15	5	8	2		22		19	1	2
茂名市	**132**	**30**	**97**	**4**	**1**	**52**	**10**	**34**	**4**	**4**
茂南区	4		4							
电白区	94	20	70	3	1	29	5	23	1	
高州市	19	10	9			13	5	5	3	
化州市	5		5			5		5		
信宜市	10		9	1		5		1		4
肇庆市	**743**	**181**	**514**	**24**	**24**	**225**	**54**	**150**	**10**	**11**
端州区										
鼎湖区	128	3	116	9		38	1	36	1	
高要区	428	137	279	9	3	115	45	69	1	
广宁县	29	19	10			10		4	6	
怀集县	28		15	1	12	13		3	2	8
封开县	10		9		1	5		5		
德庆县	23	7	4	5	7	5		5		
四会市	97	15	81		1	39	8	28		3
惠州市	**2675**	**768**	**1766**	**88**	**53**	**1853**	**502**	**1246**	**67**	**38**
惠城区	227	81	132	7	7	160	33	111	13	3
惠阳区	458	131	318	6	3	222	53	165	3	1
博罗县	1390	335	975	50	30	1239	325	848	39	27
惠东县	550	205	311	24	10	216	82	115	12	7
龙门县	50	16	30	1	3	16	9	7		
梅州市	**101**	**16**	**82**	**3**		**54**	**13**	**35**	**4**	**2**
梅江区										
梅县区	6	3	3			4	3	1		
大埔县	6		4	2		1		1		
丰顺县	22	6	16			19	2	16		1
五华县	20	1	19			13	5	6	2	
平远县	4		4			5		5		
蕉岭县	8	2	6			2		1	1	
兴宁市	35	4	30	1		10	3	5	1	1

7-1b 续表 41 单位：人

现住地	省外									
	贵州					云南				
	小计	乡	镇的村委会	镇的居委会	街道	小计	乡	镇的村委会	镇的居委会	街道
汕尾市	**255**	**44**	**159**	**45**	**7**	**51**	**20**	**27**	**2**	**2**
城　区	28	1	27			10	5	3	1	1
海丰县	190	34	106	43	7	22	3	19		
陆河县	18	8	9	1		5	4			1
陆丰市	19	1	17	1		14	8	5	1	
河源市	**254**	**69**	**162**	**13**	**10**	**191**	**36**	**137**	**12**	**6**
源城区	78	35	34	3	6	65	16	46		3
紫金县	54	7	40	4	3	14	2	12		
龙川县	11	4	7			13		8	5	
连平县	10	3	6	1		1		1		
和平县	13		8	5		11		6	3	2
东源县	88	20	67		1	87	18	64	4	1
阳江市	**89**	**16**	**64**	**6**	**3**	**141**	**30**	**80**	**23**	**8**
江城区	16	3	11	1	1	45	12	11	19	3
阳东区	11		6	3	2	35	2	27	3	3
阳西县	36	9	25	2		41	13	27	1	
阳春市	26	4	22			20	3	15		2
清远市	**426**	**117**	**279**	**25**	**5**	**326**	**95**	**213**	**8**	**10**
清城区	332	103	206	19	4	229	71	144	5	9
清新区	16	2	13	1		17	1	16		
佛冈县	24	6	13	4	1	21	4	17		
阳山县	13		13			3		3		
连山壮族瑶族自治县						1		1		
连南瑶族自治县										
英德市	32	6	25	1		53	19	30	3	1
连州市	9		9			2		2		
东莞市	**363**	**121**	**235**	**3**	**4**	**246**	**91**	**147**	**2**	**6**
市辖区	363	121	235	3	4	246	91	147	2	6
中山市	**2379**	**673**	**1595**	**62**	**49**	**1308**	**349**	**896**	**49**	**14**
市辖区	2379	673	1595	62	49	1308	349	896	49	14
潮州市	**187**	**72**	**102**	**12**	**1**	**17**	**5**	**11**		**1**
湘桥区	25	6	15	3	1	3		3		
潮安区	129	61	63	5		7	5	2		
饶平县	33	5	24	4		7		6		1
揭阳市	**63**	**20**	**33**	**9**	**1**	**8**	**3**	**5**		
榕城区	7	3	4							
揭东区	17	7	6	4						
揭西县										
惠来县	19	6	8	5		3	1	2		
普宁市	20	4	15		1	5	2	3		
云浮市	**192**	**55**	**116**	**21**		**39**	**7**	**24**	**7**	**1**
云城区										
云安区	27	7	20			8	2	5	1	
新兴县	133	40	78	15		29	5	17	6	1
郁南县	20	2	12	6		2		2		
罗定市	12	6	6							

7-1b 续表 42

单位：人

现住地	省外									
	西藏					陕西				
	小计	乡	镇的村委会	镇的居委会	街道	小计	乡	镇的村委会	镇的居委会	街道
广东	**13**	**6**	**3**	**3**	**1**	**2496**	**573**	**1590**	**196**	**137**
广州市	**1**		**1**			**411**	**80**	**264**	**31**	**36**
荔湾区										
越秀区										
海珠区										
天河区										
白云区						59	15	38	2	4
黄埔区						13	1	4	1	7
番禺区	1		1			18		16	1	1
花都区						36	11	23		2
南沙区						98	21	62	13	2
从化区						35	1	31	1	2
增城区						152	31	90	13	18
韶关市						**21**	**1**	**17**	**2**	**1**
武江区										
浈江区						2		1		1
曲江区										
始兴县						1	1			
仁化县						9		7	2	
翁源县										
乳源瑶族自治县						3		3		
新丰县						2		2		
乐昌市										
南雄市						4		4		
深圳市						**11**	**6**	**5**		
罗湖区										
福田区										
南山区						9	6	3		
宝安区										
龙岗区										
盐田区										
龙华区										
坪山区						2		2		
光明区										
珠海市						**244**	**79**	**124**	**15**	**26**
香洲区						51	16	28	2	5
斗门区						82	22	46	3	11
金湾区						111	41	50	10	10
汕头市						**19**	**8**	**11**		
龙湖区										
金平区										
濠江区										
潮阳区						3		3		
潮南区						2	1	1		
澄海区						13	7	6		
南澳县						1		1		
佛山市	**5**	**5**				**183**	**35**	**134**	**12**	**2**
禅城区	4	4				42	11	26	5	
南海区						23	4	16	2	1
顺德区										
三水区						114	20	88	5	1
高明区	1	1				4		4		

7-1b 续表 43

单位：人

现住地	省外									
	西藏					陕西				
	小计	乡	镇的村委会	镇的居委会	街道	小计	乡	镇的村委会	镇的居委会	街道
江门市						**107**	**36**	**56**	**12**	**3**
蓬江区										
江海区										
新会区						22	3	16	2	1
台山市						4			4	
开平市						21	14	4	3	
鹤山市						57	17	36	3	1
恩平市						3	2			1
湛江市						**22**	**7**	**13**	**2**	
赤坎区										
霞山区										
坡头区						1		1		
麻章区						12	7	3	2	
遂溪县										
徐闻县						1		1		
廉江市										
雷州市						7		7		
吴川市						1		1		
茂名市						**10**		**10**		
茂南区						2		2		
电白区						4		4		
高州市										
化州市										
信宜市						4		4		
肇庆市						**33**	**7**	**21**	**4**	**1**
端州区										
鼎湖区						3		2	1	
高要区						15	3	10	2	
广宁县						1		1		
怀集县										
封开县						1		1		
德庆县						2		1	1	
四会市						11	4	6		1
惠州市	**1**	**1**				**523**	**107**	**353**	**44**	**19**
惠城区						49	13	30	6	
惠阳区						98	29	66	3	
博罗县						282	48	198	24	12
惠东县	1	1				89	15	56	11	7
龙门县						5	2	3		
梅州市	**1**		**1**			**18**	**2**	**14**	**2**	
梅江区										
梅县区						2	1	1		
大埔县						2	1	1		
丰顺县						3		2	1	
五华县						2		2		
平远县	1		1			2		1	1	
蕉岭县						6		6		
兴宁市						1		1		

7−1b　续表 44　　　　单位：人

现住地	省外									
	西藏					陕西				
	小计	乡	镇的村委会	镇的居委会	街道	小计	乡	镇的村委会	镇的居委会	街道
汕尾市	**1**				**1**	**44**	**4**	**37**	**1**	**2**
城　区						1			1	
海丰县	1				1	35		33		2
陆河县						6	4	2		
陆丰市						2		2		
河源市						**87**	**11**	**57**	**14**	**5**
源城区						40	7	26	4	3
紫金县						10	1	6	3	
龙川县						13	2	7	4	
连平县						7		4	2	1
和平县						4		3	1	
东源县						13	1	11		1
阳江市						**16**	**2**	**9**	**3**	**2**
江城区						1				1
阳东区						13	2	7	3	1
阳西县						2		2		
阳春市										
清远市						**100**	**14**	**56**	**15**	**15**
清城区						60	11	33	11	5
清新区						8		2		6
佛冈县						9	1	4	1	3
阳山县						2	1		1	
连山壮族瑶族自治县						1				1
连南瑶族自治县						1			1	
英德市						19	1	17	1	
连州市										
东莞市						**103**	**52**	**50**		**1**
市辖区						103	52	50		1
中山市	**3**		**1**	**2**		**514**	**117**	**339**	**36**	**22**
市辖区	3		1	2		514	117	339	36	22
潮州市						**8**	**3**	**5**		
湘桥区										
潮安区						6	3	3		
饶平县						2		2		
揭阳市	**1**			**1**		**7**		**6**	**1**	
榕城区						1			1	
揭东区										
揭西县						1		1		
惠来县	1			1		4		4		
普宁市						1		1		
云浮市						**15**	**2**	**9**	**2**	**2**
云城区										
云安区						4		4		
新兴县						11	2	5	2	2
郁南县										
罗定市										

7-1b　续表 45　　　　单位：人

现住地	省外									
	甘肃					青海				
	小计	乡	镇的村委会	镇的居委会	街道	小计	乡	镇的村委会	镇的居委会	街道
广　东	**838**	**242**	**461**	**63**	**72**	**187**	**37**	**120**	**13**	**17**
广州市	**134**	**43**	**60**	**12**	**19**	**32**	**9**	**12**	**6**	**5**
荔湾区										
越秀区										
海珠区										
天河区										
白云区	27	6	17	3	1	7		4	2	1
黄埔区	6		3		3					
番禺区	25	7	12	3	3	4		3		1
花都区	16	7	6	1	2	7	5	2		
南沙区	10	5	4	1		6	4		2	
从化区	7	2	5			1		1		
增城区	43	16	13	4	10	7		2	2	3
韶关市	**17**	**6**	**7**	**1**	**3**	**7**		**6**	**1**	
武江区										
浈江区										
曲江区	4		3	1						
始兴县						3		3		
仁化县	4	1	3			3		3		
翁源县	4	3			1					
乳源瑶族自治县	3		1		2					
新丰县						1			1	
乐昌市	2	2								
南雄市										
深圳市	**2**	**2**								
罗湖区										
福田区										
南山区	2	2								
宝安区										
龙岗区										
盐田区										
龙华区										
坪山区										
光明区										
珠海市	**91**	**17**	**50**	**11**	**13**	**12**	**1**	**5**	**1**	**5**
香洲区	14	3	8	2	1	2				2
斗门区	32	3	17	8	4	5		2	1	2
金湾区	45	11	25	1	8	5	1	3		1
汕头市	**2**	**1**		**1**		**1**	**1**			
龙湖区										
金平区										
濠江区										
潮阳区										
潮南区	1	1				1	1			
澄海区	1			1						
南澳县										
佛山市	**33**	**5**	**21**	**6**	**1**	**43**	**15**	**26**	**2**	
禅城区	13		8	5		13	4	7	2	
南海区	4		2	1	1	2		2		
顺德区										
三水区	14	5	9			5	2	3		
高明区	2		2			23	9	14		

7-1b　续表 46　　　　单位：人

现住地	省外									
	甘肃					青海				
	小计	乡	镇的村委会	镇的居委会	街道	小计	乡	镇的村委会	镇的居委会	街道
江门市	**24**	**8**	**15**		**1**	**11**	**1**	**8**	**2**	
蓬江区										
江海区										
新会区	4	3	1			5		5		
台山市										
开平市	3		3			2			2	
鹤山市	16	5	10		1	4	1	3		
恩平市	1		1							
湛江市	**20**	**2**	**7**	**5**	**6**	**5**	**3**	**1**		**1**
赤坎区										
霞山区										
坡头区						1				1
麻章区	18	2	6	4	6	4	3	1		
遂溪县										
徐闻县										
廉江市										
雷州市										
吴川市	2		1	1						
茂名市	**2**		**2**							
茂南区										
电白区	2		2							
高州市										
化州市										
信宜市										
肇庆市	**7**		**6**	**1**		**5**	**1**	**4**		
端州区										
鼎湖区	3		3							
高要区						1	1			
广宁县										
怀集县	2		1	1						
封开县	1		1							
德庆县										
四会市	1		1			4		4		
惠州市	**178**	**47**	**115**	**8**	**8**	**20**		**19**		**1**
惠城区	31	12	18	1						
惠阳区	31	11	19	1						
博罗县	77	17	51	6	3	19		19		
惠东县	37	6	26		5	1				1
龙门县	2	1	1							
梅州市	**3**		**2**		**1**	**1**			**1**	
梅江区										
梅县区										
大埔县	1				1					
丰顺县						1			1	
五华县	1		1							
平远县										
蕉岭县										
兴宁市	1		1							

7－1b 续表 47

单位：人

现住地	省外									
	甘肃					青海				
	小计	乡	镇的村委会	镇的居委会	街道	小计	乡	镇的村委会	镇的居委会	街道
汕尾市	**15**	**2**	**7**	**5**	**1**	**4**		**4**		
城　区	2		2							
海丰县	11	1	5	5		4		4		
陆河县	2	1			1					
陆丰市										
河源市	**28**	**7**	**19**		**2**	**2**		**2**		
源城区	11	7	4			1		1		
紫金县	4		4							
龙川县	4		4			1		1		
连平县	2		2							
和平县	5		3		2					
东源县	2		2							
阳江市	**10**	**3**	**4**	**3**						
江城区										
阳东区	4		1	3						
阳西县	3	3								
阳春市	3		3							
清远市	**43**	**20**	**17**		**6**	**12**	**2**	**10**		
清城区	24	11	8		5	7	2	5		
清新区										
佛冈县	11	3	8			5		5		
阳山县	1				1					
连山壮族瑶族自治县										
连南瑶族自治县										
英德市	7	6	1							
连州市										
东莞市	**39**	**7**	**32**			**5**		**5**		
市辖区	39	7	32			5		5		
中山市	**180**	**70**	**92**	**8**	**10**	**26**	**4**	**18**		**4**
市辖区	180	70	92	8	10	26	4	18		4
潮州市	**1**		**1**							
湘桥区										
潮安区	1		1							
饶平县										
揭阳市	**2**			**2**						
榕城区										
揭东区										
揭西县	1			1						
惠来县	1			1						
普宁市										
云浮市	**7**	**2**	**4**		**1**	**1**				**1**
云城区										
云安区	6	2	4							
新兴县	1				1	1				1
郁南县										
罗定市										

7-1b　续表 48　　　　　　　　　　　　　　　　　　　　单位：人

现住地	省外									
	宁夏					新疆				
	小计	乡	镇的村委会	镇的居委会	街道	小计	乡	镇的村委会	镇的居委会	街道
广　东	**81**	**13**	**47**	**13**	**8**	**251**	**96**	**77**	**41**	**37**
广州市	**21**	**1**	**15**	**5**		**43**	**10**	**11**	**15**	**7**
荔湾区										
越秀区										
海珠区										
天河区										
白云区	7		3	4		15	6	6	2	1
黄埔区										
番禺区	3		3			4	2		1	1
花都区	5	1	3	1		2	1			1
南沙区	3		3			1			1	
从化区						5			3	2
增城区	3		3			16	1	5	8	2
韶关市	**1**				**1**	**3**		**1**	**1**	**1**
武江区										
浈江区										
曲江区						1				1
始兴县										
仁化县	1				1					
翁源县						1		1		
乳源瑶族自治县						1			1	
新丰县										
乐昌市										
南雄市										
深圳市	**1**		**1**							
罗湖区										
福田区										
南山区	1		1							
宝安区										
龙岗区										
盐田区										
龙华区										
坪山区										
光明区										
珠海市	**5**	**1**	**2**	**1**	**1**	**9**	**3**		**4**	**2**
香洲区	2	1	1			1	1			
斗门区						6	1		3	2
金湾区	3		1	1	1	2	1		1	
汕头市	**1**		**1**			**3**	**3**			
龙湖区										
金平区										
濠江区										
潮阳区										
潮南区										
澄海区	1		1			3	3			
南澳县										
佛山市	**5**		**5**			**11**	**2**	**7**	**1**	**1**
禅城区	2		2			5		4	1	
南海区										
顺德区										
三水区	1		1			6	2	3		1
高明区	2		2							

7－1b 续表 49　　单位：人

现住地	省外									
	宁夏					新疆				
	小计	乡	镇的村委会	镇的居委会	街道	小计	乡	镇的村委会	镇的居委会	街道
江门市	**1**		**1**			**1**	**1**			
蓬江区										
江海区										
新会区										
台山市						1	1			
开平市										
鹤山市	1		1							
恩平市										
湛江市						**8**		**4**	**3**	**1**
赤坎区										
霞山区										
坡头区										
麻章区						7		3	3	1
遂溪县										
徐闻县						1		1		
廉江市										
雷州市										
吴川市										
茂名市										
茂南区										
电白区										
高州市										
化州市										
信宜市										
肇庆市	**1**		**1**			**7**	**3**	**3**		**1**
端州区										
鼎湖区										
高要区	1		1			6	3	3		
广宁县										
怀集县										
封开县										
德庆县										
四会市						1				1
惠州市	**9**	**3**		**4**	**2**	**49**	**28**	**16**		**5**
惠城区						12	1	11		
惠阳区	2	2				19	19			
博罗县	5	1		4		10	5	4		1
惠东县	2				2	8	3	1		4
龙门县										
梅州市						**8**	**1**	**2**	**5**	
梅江区										
梅县区						1		1		
大埔县						1	1			
丰顺县										
五华县						2		1	1	
平远县										
蕉岭县						4			4	
兴宁市										

7-1b 续表 50 单位：人

现住地	省外									
	宁夏					新疆				
	小计	乡	镇的村委会	镇的居委会	街道	小计	乡	镇的村委会	镇的居委会	街道
汕尾市	**5**		**5**			**10**	**9**	**1**		
城　区										
海丰县	5		5			10	9	1		
陆河县										
陆丰市										
河源市	**5**		**5**			**12**	**6**	**2**	**2**	**2**
源城区	2		2			1				1
紫金县						2		1		1
龙川县	3		3			3		1	2	
连平县						6	6			
和平县										
东源县										
阳江市						**3**	**3**			
江城区						3	3			
阳东区										
阳西县										
阳春市										
清远市	**4**		**1**	**1**	**2**	**31**	**15**	**10**	**2**	**4**
清城区	4		1	1	2	17	3	9	2	3
清新区						1				1
佛冈县						12	12			
阳山县										
连山壮族瑶族自治县										
连南瑶族自治县										
英德市						1		1		
连州市										
东莞市	**1**	**1**				**5**	**1**	**3**	**1**	
市辖区	1	1				5	1	3	1	
中山市	**18**	**6**	**8**	**2**	**2**	**41**	**10**	**17**	**2**	**12**
市辖区	18	6	8	2	2	41	10	17	2	12
潮州市	**1**		**1**			**1**			**1**	
湘桥区										
潮安区	1		1							
饶平县						1			1	
揭阳市						**2**	**1**		**1**	
榕城区										
揭东区						1	1			
揭西县										
惠来县						1			1	
普宁市										
云浮市	**2**	**1**	**1**			**4**			**3**	**1**
云城区										
云安区	1	1								
新兴县	1		1			4			3	1
郁南县										
罗定市										

7-1c 全省按现住地、户口登记地类型分的户口登记地在外乡镇街道人口(乡村)

单位：人

现住地	合计					省内				
	合计	乡	镇的村委会	镇的居委会	街道	小计	乡	镇的村委会	镇的居委会	街道
广东	**383580**	**84334**	**254548**	**22005**	**22693**	**162247**	**22492**	**109313**	**14296**	**16146**
广州市	**87666**	**19287**	**58889**	**4707**	**4783**	**32630**	**5538**	**21458**	**2596**	**3038**
荔湾区										
越秀区										
海珠区										
天河区										
白云区	32709	9036	19816	1628	2229	13422	2943	8099	912	1468
黄埔区	3374	556	2392	208	218	1251	132	884	90	145
番禺区	15820	2002	12045	1041	732	5227	500	3750	538	439
花都区	19404	4788	12517	1050	1049	7018	1242	4494	645	637
南沙区	8484	1493	6277	453	261	2647	368	1902	249	128
从化区	1899	286	1421	74	118	1012	98	757	50	107
增城区	5976	1126	4421	253	176	2053	255	1572	112	114
韶关市	**12325**	**825**	**9479**	**1073**	**948**	**8775**	**343**	**6751**	**896**	**785**
武江区	876	44	631	83	118	581	10	400	76	95
浈江区	899	73	648	112	66	599	39	412	94	54
曲江区	1846	185	1235	234	192	1290	119	806	198	167
始兴县	737	90	505	96	46	504	40	348	82	34
仁化县	993	79	699	116	99	570	19	394	80	77
翁源县	1896	97	1588	144	67	1371	46	1159	119	47
乳源瑶族自治县	1153	8	1084	25	36	971	5	922	18	26
新丰县	799	104	512	65	118	495	21	310	57	107
乐昌市	1754	86	1409	126	133	1346	11	1104	113	118
南雄市	1372	59	1168	72	73	1048	33	896	59	60
深圳市	**4848**	**706**	**3096**	**333**	**713**	**1748**	**149**	**911**	**165**	**523**
罗湖区										
福田区										
南山区										
宝安区										
龙岗区	4848	706	3096	333	713	1748	149	911	165	523
盐田区										
龙华区										
坪山区										
光明区										
珠海市	**7673**	**795**	**6191**	**421**	**266**	**3258**	**221**	**2578**	**297**	**162**
香洲区	117	20	76	10	11	41	5	24	7	5
斗门区	6910	549	5787	335	239	2987	171	2425	242	149
金湾区	646	226	328	76	16	230	45	129	48	8
汕头市	**5116**	**1803**	**2242**	**479**	**592**	**1552**	**304**	**583**	**311**	**354**
龙湖区	365	205	139	9	12	41	10	22	3	6
金平区	43	20	13	4	6	14	4	5	3	2
濠江区	1153	69	366	295	423	842	18	277	248	299
潮阳区	523	185	249	83	6	101	25	56	16	4
潮南区	1261	752	381	59	69	362	215	100	29	18
澄海区	1718	570	1055	19	74	166	30	109	3	24
南澳县	53	2	39	10	2	26	2	14	9	1
佛山市	**19414**	**3407**	**14341**	**870**	**796**	**5929**	**592**	**4256**	**518**	**563**
禅城区										
南海区	6419	1613	4268	304	234	1836	292	1260	165	119
顺德区	2497	344	2062	57	34	462	30	390	24	18
三水区	10135	1367	7752	496	520	3523	258	2523	324	418
高明区	363	83	259	13	8	108	12	83	5	8

7-1c　续表 1　　单位：人

现住地	合计					省内				
	合计	乡	镇的村委会	镇的居委会	街道	小计	乡	镇的村委会	镇的居委会	街道
江门市	**18764**	**4573**	**12701**	**638**	**852**	**6622**	**1145**	**4603**	**335**	**539**
蓬江区	143	68	59	7	9	59	30	17	5	7
江海区										
新会区	5638	1570	3738	153	177	1792	459	1169	62	102
台山市	2861	751	1748	150	212	1103	171	706	84	142
开平市	3997	1025	2646	128	198	1508	239	1038	89	142
鹤山市	3816	833	2688	122	173	844	94	627	45	78
恩平市	2309	326	1822	78	83	1316	152	1046	50	68
湛江市	**11793**	**1616**	**7600**	**1282**	**1295**	**9813**	**1192**	**6278**	**1164**	**1179**
赤坎区	47		37	1	9	47		37	1	9
霞山区	219	12	170	14	23	177	4	137	14	22
坡头区	360	113	183	23	41	282	61	160	21	40
麻章区	1483	303	877	131	172	1324	266	763	125	170
遂溪县	820	121	476	130	93	739	96	427	127	89
徐闻县	1828	317	1153	181	177	1425	208	935	131	151
廉江市	2904	371	2029	204	300	2444	295	1677	188	284
雷州市	2501	220	1748	278	255	2168	172	1538	248	210
吴川市	1631	159	927	320	225	1207	90	604	309	204
茂名市	**10955**	**1238**	**6947**	**981**	**1789**	**8979**	**806**	**5598**	**882**	**1693**
茂南区	2278	302	1273	160	543	1895	214	1043	133	505
电白区	3532	272	2189	384	687	2974	220	1735	349	670
高州市	1511	143	1075	84	209	1297	84	936	79	198
化州市	2356	311	1556	239	250	1833	151	1222	228	232
信宜市	1278	210	854	114	100	980	137	662	93	88
肇庆市	**7283**	**1134**	**5167**	**406**	**576**	**3545**	**338**	**2493**	**266**	**448**
端州区										
鼎湖区	224	22	164	12	26	139	4	100	12	23
高要区	1414	323	936	106	49	598	104	395	57	42
广宁县	600	31	479	47	43	302	8	215	40	39
怀集县	323	22	250	24	27	232	16	167	23	26
封开县	660	163	410	52	35	458	72	310	50	26
德庆县	283	25	164	6	88	251	19	146	5	81
四会市	3779	548	2764	159	308	1565	115	1160	79	211
惠州市	**46756**	**11265**	**30604**	**2605**	**2282**	**16633**	**2816**	**11013**	**1411**	**1393**
惠城区	11751	3262	6915	831	743	4344	763	2669	420	492
惠阳区	14341	3679	9823	476	363	3672	645	2606	204	217
博罗县	11056	2260	7548	783	465	3615	442	2434	486	253
惠东县	8271	1849	5457	440	525	4280	879	2868	247	286
龙门县	1337	215	861	75	186	722	87	436	54	145
梅州市	**7298**	**665**	**5179**	**788**	**666**	**5586**	**413**	**3848**	**695**	**630**
梅江区	479	44	318	52	65	340	3	227	47	63
梅县区	1275	119	947	100	109	982	75	724	86	97
大埔县	827	46	666	70	45	644	37	498	65	44
丰顺县	652	96	473	49	34	493	84	333	44	32
五华县	1191	95	905	119	72	879	57	656	96	70
平远县	659	94	387	139	39	481	49	270	124	38
蕉岭县	942	54	700	143	45	667	29	463	131	44
兴宁市	1273	117	783	116	257	1100	79	677	102	242

7－1c　续表 2　　　　单位：人

现住地	合计					省内				
	合计	乡	镇的村委会	镇的居委会	街道	小计	乡	镇的村委会	镇的居委会	街道
汕尾市	**7527**	**1510**	**4688**	**784**	**545**	**4637**	**820**	**2785**	**640**	**392**
城　区	1275	284	668	98	225	709	118	332	76	183
海丰县	4128	771	2642	545	170	2213	351	1313	451	98
陆河县	627	70	518	20	19	443	41	371	16	15
陆丰市	1497	385	860	121	131	1272	310	769	97	96
河源市	**15898**	**2193**	**11673**	**1102**	**930**	**12319**	**1285**	**9270**	**968**	**796**
源城区	1700	558	1047	26	69	1073	298	717	9	49
紫金县	1679	264	1133	127	155	1008	131	642	104	131
龙川县	5543	477	4449	444	173	4701	293	3869	400	139
连平县	1329	50	1095	135	49	1063	10	885	129	39
和平县	1263	111	1032	74	46	1083	61	911	70	41
东源县	4384	733	2917	296	438	3391	492	2246	256	397
阳江市	**9717**	**1185**	**7012**	**410**	**1110**	**6346**	**427**	**4671**	**315**	**933**
江城区	2459	515	1369	76	499	1254	136	681	30	407
阳东区	3498	392	2897	118	91	2149	147	1827	96	79
阳西县	1239	159	944	59	77	851	79	662	48	62
阳春市	2521	119	1802	157	443	2092	65	1501	141	385
清远市	**17962**	**2144**	**13083**	**1405**	**1330**	**11657**	**1157**	**8347**	**1112**	**1041**
清城区	5509	677	3788	387	657	3528	355	2348	294	531
清新区	4555	518	3682	197	158	3340	320	2741	158	121
佛冈县	1725	238	1297	128	62	834	95	606	85	48
阳山县	584	37	476	46	25	431	26	345	39	21
连山壮族瑶族自治县	194	12	155	7	20	137	4	111	7	15
连南瑶族自治县	95	14	69	8	4	85	13	62	6	4
英德市	4876	588	3302	594	392	3040	307	1948	494	291
连州市	424	60	314	38	12	262	37	186	29	10
东莞市	**61225**	**21825**	**35702**	**1973**	**1725**	**11066**	**2940**	**6838**	**601**	**687**
市辖区	61225	21825	35702	1973	1725	11066	2940	6838	601	687
中山市	**23022**	**6220**	**14611**	**1261**	**930**	**6637**	**1337**	**4048**	**710**	**542**
市辖区	23022	6220	14611	1261	930	6637	1337	4048	710	542
潮州市	**2831**	**820**	**1696**	**169**	**146**	**1086**	**174**	**658**	**149**	**105**
湘桥区	295	29	186	39	41	220	2	145	36	37
潮安区	1937	660	1170	58	49	464	71	314	50	29
饶平县	599	131	340	72	56	402	101	199	63	39
揭阳市	**1589**	**525**	**886**	**103**	**75**	**825**	**228**	**463**	**74**	**60**
榕城区	196	54	76	55	11	68	3	27	31	7
揭东区	256	70	180		6	91	27	60		4
揭西县	288	44	191	26	27	188	35	105	23	25
惠来县	118	39	59	1	19	103	30	55	1	17
普宁市	731	318	380	21	12	375	133	216	19	7
云浮市	**3918**	**598**	**2761**	**215**	**344**	**2604**	**267**	**1863**	**191**	**283**
云城区	319	19	208	21	71	213	6	135	17	55
云安区	505	64	326	29	86	363	38	230	26	69
新兴县	1286	244	936	63	43	655	52	517	53	33
郁南县	578	116	365	51	46	409	60	264	47	38
罗定市	1230	155	926	51	98	964	111	717	48	88

7-1c　续表 3　　　　　　　　　　　　　　　　　　　　单位：人

现住地	省外									
	小计					北京				
	小计	乡	镇的村委会	镇的居委会	街道	小计	乡	镇的村委会	镇的居委会	街道
广　东	**221333**	**61842**	**145235**	**7709**	**6547**	**80**	**9**	**27**	**14**	**30**
广州市	**55036**	**13749**	**37431**	**2111**	**1745**	**29**	**2**	**9**	**9**	**9**
荔湾区										
越秀区										
海珠区										
天河区										
白云区	19287	6093	11717	716	761	12	2	3	1	6
黄埔区	2123	424	1508	118	73					
番禺区	10593	1502	8295	503	293	9		2	5	2
花都区	12386	3546	8023	405	412	4		2	2	
南沙区	5837	1125	4375	204	133	2		1		1
从化区	887	188	664	24	11					
增城区	3923	871	2849	141	62	2		1	1	
韶关市	**3550**	**482**	**2728**	**177**	**163**	**1**			**1**	
武江区	295	34	231	7	23	1			1	
浈江区	300	34	236	18	12					
曲江区	556	66	429	36	25					
始兴县	233	50	157	14	12					
仁化县	423	60	305	36	22					
翁源县	525	51	429	25	20					
乳源瑶族自治县	182	3	162	7	10					
新丰县	304	83	202	8	11					
乐昌市	408	75	305	13	15					
南雄市	324	26	272	13	13					
深圳市	**3100**	**557**	**2185**	**168**	**190**	**5**				**5**
罗湖区										
福田区										
南山区										
宝安区										
龙岗区	3100	557	2185	168	190	5				5
盐田区										
龙华区										
坪山区										
光明区										
珠海市	**4415**	**574**	**3613**	**124**	**104**					
香洲区	76	15	52	3	6					
斗门区	3923	378	3362	93	90					
金湾区	416	181	199	28	8					
汕头市	**3564**	**1499**	**1659**	**168**	**238**	**2**	**2**			
龙湖区	324	195	117	6	6					
金平区	29	16	8	1	4					
濠江区	311	51	89	47	124					
潮阳区	422	160	193	67	2					
潮南区	899	537	281	30	51	2	2			
澄海区	1552	540	946	16	50					
南澳县	27		25	1	1					
佛山市	**13485**	**2815**	**10085**	**352**	**233**					
禅城区										
南海区	4583	1321	3008	139	115					
顺德区	2035	314	1672	33	16					
三水区	6612	1109	5229	172	102					
高明区	255	71	176	8						

7－1c　续表 4　　　　单位：人

现住地	省外									
	小计					北京				
	小计	乡	镇的村委会	镇的居委会	街道	小计	乡	镇的村委会	镇的居委会	街道
江门市	**12142**	**3428**	**8098**	**303**	**313**	**4**		**1**	**1**	**2**
蓬江区	84	38	42	2	2					
江海区										
新会区	3846	1111	2569	91	75					
台山市	1758	580	1042	66	70					
开平市	2489	786	1608	39	56					
鹤山市	2972	739	2061	77	95	1		1		
恩平市	993	174	776	28	15	3			1	2
湛江市	**1980**	**424**	**1322**	**118**	**116**	**1**	**1**			
赤坎区										
霞山区	42	8	33		1					
坡头区	78	52	23	2	1					
麻章区	159	37	114	6	2	1	1			
遂溪县	81	25	49	3	4					
徐闻县	403	109	218	50	26					
廉江市	460	76	352	16	16					
雷州市	333	48	210	30	45					
吴川市	424	69	323	11	21					
茂名市	**1976**	**432**	**1349**	**99**	**96**	**3**		**1**	**1**	**1**
茂南区	383	88	230	27	38	1				1
电白区	558	52	454	35	17	2		1	1	
高州市	214	59	139	5	11					
化州市	523	160	334	11	18					
信宜市	298	73	192	21	12					
肇庆市	**3738**	**796**	**2674**	**140**	**128**					
端州区										
鼎湖区	85	18	64		3					
高要区	816	219	541	49	7					
广宁县	298	23	264	7	4					
怀集县	91	6	83	1	1					
封开县	202	91	100	2	9					
德庆县	32	6	18	1	7					
四会市	2214	433	1604	80	97					
惠州市	**30123**	**8449**	**19591**	**1194**	**889**	**5**		**2**		**3**
惠城区	7407	2499	4246	411	251	1				1
惠阳区	10669	3034	7217	272	146					
博罗县	7441	1818	5114	297	212	3		1		2
惠东县	3991	970	2589	193	239					
龙门县	615	128	425	21	41	1		1		
梅州市	**1712**	**252**	**1331**	**93**	**36**	**2**			**1**	**1**
梅江区	139	41	91	5	2					
梅县区	293	44	223	14	12	1				1
大埔县	183	9	168	5	1					
丰顺县	159	12	140	5	2					
五华县	312	38	249	23	2					
平远县	178	45	117	15	1					
蕉岭县	275	25	237	12	1					
兴宁市	173	38	106	14	15	1			1	

7-1c　续表 5　　　　单位：人

现住地	省外									
	小计					北京				
	小计	乡	镇的村委会	镇的居委会	街道	小计	乡	镇的村委会	镇的居委会	街道
汕尾市	**2890**	**690**	**1903**	**144**	**153**	**1**				**1**
城　区	566	166	336	22	42	1				1
海丰县	1915	420	1329	94	72					
陆河县	184	29	147	4	4					
陆丰市	225	75	91	24	35					
河源市	**3579**	**908**	**2403**	**134**	**134**	**3**		**2**		**1**
源城区	627	260	330	17	20					
紫金县	671	133	491	23	24					
龙川县	842	184	580	44	34	2		2		
连平县	266	40	210	6	10	1				1
和平县	180	50	121	4	5					
东源县	993	241	671	40	41					
阳江市	**3371**	**758**	**2341**	**95**	**177**	**8**		**6**		**2**
江城区	1205	379	688	46	92	1				1
阳东区	1349	245	1070	22	12	6		6		
阳西县	388	80	282	11	15					
阳春市	429	54	301	16	58	1				1
清远市	**6305**	**987**	**4736**	**293**	**289**	**2**		**1**		**1**
清城区	1981	322	1440	93	126					
清新区	1215	198	941	39	37					
佛冈县	891	143	691	43	14					
阳山县	153	11	131	7	4	2		1		1
连山壮族瑶族自治县	57	8	44		5					
连南瑶族自治县	10	1	7	2						
英德市	1836	281	1354	100	101					
连州市	162	23	128	9	2					
东莞市	**50159**	**18885**	**28864**	**1372**	**1038**	**11**	**4**	**3**	**1**	**3**
市辖区	50159	18885	28864	1372	1038	11	4	3	1	3
中山市	**16385**	**4883**	**10563**	**551**	**388**	**2**		**2**		
市辖区	16385	4883	10563	551	388	2		2		
潮州市	**1745**	**646**	**1038**	**20**	**41**					
湘桥区	75	27	41	3	4					
潮安区	1473	589	856	8	20					
饶平县	197	30	141	9	17					
揭阳市	**764**	**297**	**423**	**29**	**15**					
榕城区	128	51	49	24	4					
揭东区	165	43	120		2					
揭西县	100	9	86	3	2					
惠来县	15	9	4		2					
普宁市	356	185	164	2	5					
云浮市	**1314**	**331**	**898**	**24**	**61**	**1**				**1**
云城区	106	13	73	4	16	1				1
云安区	142	26	96	3	17					
新兴县	631	192	419	10	10					
郁南县	169	56	101	4	8					
罗定市	266	44	209	3	10					

7-1c 续表 6 单位：人

现住地	省外									
	天津					河北				
	小计	乡	镇的村委会	镇的居委会	街道	小计	乡	镇的村委会	镇的居委会	街道
广东	**56**	**18**	**21**	**5**	**12**	**788**	**198**	**484**	**45**	**61**
广州市	**26**	**14**	**7**	**2**	**3**	**262**	**57**	**170**	**15**	**20**
荔湾区										
越秀区										
海珠区										
天河区										
白云区	2	1	1			95	25	66	1	3
黄埔区						8	2	6		
番禺区	6		3	2	1	52	6	35	5	6
花都区	15	13			2	51	16	25	6	4
南沙区	1		1			42	3	32	1	6
从化区	1		1			4	2	2		
增城区	1		1			10	3	4	2	1
韶关市	**1**			**1**		**16**	**1**	**11**	**2**	**2**
武江区						4		4		
浈江区										
曲江区	1			1						
始兴县										
仁化县						1		1		
翁源县						4		3	1	
乳源瑶族自治县						3		2		1
新丰县						3		1	1	1
乐昌市						1	1			
南雄市										
深圳市	**3**	**1**	**1**		**1**	**20**	**9**	**9**		**2**
罗湖区										
福田区										
南山区										
宝安区										
龙岗区	3	1	1		1	20	9	9		2
盐田区										
龙华区										
坪山区										
光明区										
珠海市	**2**		**1**		**1**	**16**	**5**	**9**	**1**	**1**
香洲区						1	1			
斗门区	2		1		1	8		6	1	1
金湾区						7	4	3		
汕头市	**1**	**1**				**10**	**3**	**5**	**2**	
龙湖区										
金平区										
濠江区						2			2	
潮阳区										
潮南区	1	1				5	1	4		
澄海区						3	2	1		
南澳县										
佛山市	**3**		**1**		**2**	**29**	**4**	**24**		**1**
禅城区										
南海区						11	2	8		1
顺德区						8		8		
三水区	3		1		2	10	2	8		
高明区										

7-1c　续表 7　　　　单位：人

现住地	省外									
	天津					河北				
	小计	乡	镇的村委会	镇的居委会	街道	小计	乡	镇的村委会	镇的居委会	街道
江门市	**3**	**1**			**2**	**30**	**10**	**14**	**3**	**3**
蓬江区										
江海区										
新会区						9	4	4	1	
台山市	3	1			2	10	2	5	1	2
开平市						1	1			
鹤山市						5	1	2	1	1
恩平市						5	2	3		
湛江市						**12**	**1**	**6**	**1**	**4**
赤坎区										
霞山区						1		1		
坡头区										
麻章区						1			1	
遂溪县										
徐闻县						1		1		
廉江市										
雷州市						5		2		3
吴川市						4	1	2		1
茂名市	**1**		**1**			**5**		**4**	**1**	
茂南区						1		1		
电白区	1		1			4		3	1	
高州市										
化州市										
信宜市										
肇庆市						**16**	**7**	**9**		
端州区										
鼎湖区										
高要区										
广宁县										
怀集县										
封开县						6	6			
德庆县										
四会市						10	1	9		
惠州市	**3**		**2**		**1**	**71**	**25**	**29**	**6**	**11**
惠城区	1				1	11	5	1	2	3
惠阳区						22	6	14		2
博罗县	1		1			17	7	8	2	
惠东县						19	7	4	2	6
龙门县	1		1			2		2		
梅州市						**28**		**19**	**8**	**1**
梅江区										
梅县区						1				1
大埔县										
丰顺县						4		4		
五华县						1		1		
平远县						22		14	8	
蕉岭县										
兴宁市										

7-1c 续表 8

单位：人

现住地	省外									
	天津					河北				
	小计	乡	镇的村委会	镇的居委会	街道	小计	乡	镇的村委会	镇的居委会	街道
汕尾市	**2**		**2**			**17**	**4**	**11**	**1**	**1**
城 区						4	3	1		
海丰县	2		2			11		10	1	
陆河县										
陆丰市						2	1			1
河源市						**20**	**3**	**12**	**2**	**3**
源城区						3		3		
紫金县						2		2		
龙川县						15	3	7	2	3
连平县										
和平县										
东源县										
阳江市						**18**	**1**	**15**		**2**
江城区						4	1	1		2
阳东区						3		3		
阳西县						2		2		
阳春市						9		9		
清远市						**24**	**2**	**21**	**1**	
清城区						10	2	7	1	
清新区										
佛冈县						3		3		
阳山县										
连山壮族瑶族自治县										
连南瑶族自治县										
英德市						11		11		
连州市										
东莞市	**9**	**1**	**5**	**1**	**2**	**150**	**58**	**88**	**1**	**3**
市辖区	9	1	5	1	2	150	58	88	1	3
中山市	**1**			**1**		**22**	**5**	**15**	**1**	**1**
市辖区	1			1		22	5	15	1	1
潮州市						**6**		**1**		**5**
湘桥区										
潮安区										
饶平县						6		1		5
揭阳市						**5**		**5**		
榕城区						1		1		
揭东区						3		3		
揭西县										
惠来县										
普宁市						1		1		
云浮市	**1**		**1**			**11**	**3**	**7**		**1**
云城区	1		1			4		3		1
云安区						3	2	1		
新兴县						2	1	1		
郁南县										
罗定市						2		2		

7-1c 续表 9

单位：人

现住地	省外									
	山西					内蒙古				
	小计	乡	镇的村委会	镇的居委会	街道	小计	乡	镇的村委会	镇的居委会	街道
广东	**608**	**146**	**364**	**46**	**52**	**252**	**74**	**106**	**33**	**39**
广州市	**173**	**30**	**119**	**17**	**7**	**82**	**10**	**37**	**15**	**20**
荔湾区										
越秀区										
海珠区										
天河区										
白云区	79	21	50	3	5	14	1	7	4	2
黄埔区	1		1			4		3		1
番禺区	43	2	28	11	2	30	2	14	6	8
花都区	31	5	23	3		20	3	4	4	9
南沙区	14	2	12			9	3	5	1	
从化区	1		1							
增城区	4		4			5	1	4		
韶关市	**6**	**1**	**5**			**5**	**1**	**4**		
武江区										
浈江区						2		2		
曲江区										
始兴县	1	1				1		1		
仁化县	1		1							
翁源县	3		3			1	1			
乳源瑶族自治县										
新丰县										
乐昌市						1		1		
南雄市	1		1							
深圳市	**15**	**1**	**12**	**1**	**1**	**22**	**4**	**5**	**6**	**7**
罗湖区										
福田区										
南山区										
宝安区										
龙岗区	15	1	12	1	1	22	4	5	6	7
盐田区										
龙华区										
坪山区										
光明区										
珠海市	**12**	**4**	**6**	**1**	**1**	**5**	**3**	**1**		**1**
香洲区										
斗门区	7		6	1		2		1		1
金湾区	5	4			1	3	3			
汕头市	**5**	**3**	**1**	**1**		**3**	**2**			**1**
龙湖区										
金平区										
濠江区						1				1
潮阳区										
潮南区	4	3		1						
澄海区	1		1			2	2			
南澳县										
佛山市	**29**	**7**	**20**	**1**	**1**	**1**	**1**			
禅城区										
南海区	16	5	11							
顺德区										
三水区	13	2	9	1	1	1	1			
高明区										

7-1c 续表 10

单位：人

现住地	省外									
	山西					内蒙古				
	小计	乡	镇的村委会	镇的居委会	街道	小计	乡	镇的村委会	镇的居委会	街道
江门市	**8**	**1**	**7**			**14**	**6**	**6**	**1**	**1**
蓬江区										
江海区										
新会区	2		2			6	1	4	1	
台山市	3	1	2			3	1	1		1
开平市	2		2							
鹤山市	1		1			2	1	1		
恩平市						3	3			
湛江市	**15**		**6**	**1**	**8**	**3**	**1**	**2**		
赤坎区										
霞山区	1		1							
坡头区										
麻章区	2		2							
遂溪县										
徐闻县	2			1	1					
廉江市										
雷州市	7				7	2		2		
吴川市	3		3			1	1			
茂名市	**7**		**4**	**1**	**2**	**6**	**1**	**2**	**2**	**1**
茂南区	4		2	1	1	2		1		1
电白区						1	1			
高州市						2			2	
化州市	3		2		1	1		1		
信宜市										
肇庆市	**19**	**7**	**3**	**3**	**6**	**2**		**1**	**1**	
端州区										
鼎湖区										
高要区	2	1		1						
广宁县						1			1	
怀集县										
封开县	12	6	2		4	1		1		
德庆县										
四会市	5		1	2	2					
惠州市	**91**	**24**	**50**	**8**	**9**	**34**	**16**	**11**	**3**	**4**
惠城区	41	11	23	4	3	18	8	6	2	2
惠阳区	21	6	14	1		9	6	2		1
博罗县	8	2	5		1	3	2	1		
惠东县	20	5	8	3	4	4		2	1	1
龙门县	1				1					
梅州市	**3**		**2**		**1**	**6**	**4**	**2**		
梅江区						4	3	1		
梅县区						1		1		
大埔县										
丰顺县										
五华县										
平远县	1		1			1	1			
蕉岭县										
兴宁市	2		1		1					

7-1c　续表 11　　单位：人

现住地	省外									
	山西					内蒙古				
	小计	乡	镇的村委会	镇的居委会	街道	小计	乡	镇的村委会	镇的居委会	街道
汕尾市	**15**	**6**	**5**		**4**	**3**	**2**	**1**		
城　区	4	1	2		1	1	1			
海丰县	8	5	3			2	1	1		
陆河县										
陆丰市	3				3					
河源市	**31**	**5**	**24**	**1**	**1**					
源城区										
紫金县	2		1	1						
龙川县	7	4	3							
连平县										
和平县	1				1					
东源县	21	1	20							
阳江市	**14**	**4**	**8**		**2**	**3**	**2**	**1**		
江城区	8	3	3		2					
阳东区	2		2			1		1		
阳西县	1	1				1	1			
阳春市	3		3			1	1			
清远市	**23**	**1**	**18**		**4**	**12**		**9**	**2**	**1**
清城区	9		7		2	1		1		
清新区	4	1	2		1	2			2	
佛冈县	4		4			6		6		
阳山县	1		1							
连山壮族瑶族自治县										
连南瑶族自治县										
英德市	5		4		1	3		2		1
连州市										
东莞市	**102**	**40**	**55**	**5**	**2**	**40**	**17**	**19**	**1**	**3**
市辖区	102	40	55	5	2	40	17	19	1	3
中山市	**21**	**7**	**12**	**1**	**1**	**9**	**3**	**4**	**2**	
市辖区	21	7	12	1	1	9	3	4	2	
潮州市	**1**		**1**			**1**		**1**		
湘桥区										
潮安区										
饶平县	1		1			1		1		
揭阳市	**14**	**4**	**6**	**3**	**1**					
榕城区	10	1	5	3	1					
揭东区	3	3								
揭西县										
惠来县										
普宁市	1		1							
云浮市	**4**	**1**		**2**	**1**	**1**	**1**			
云城区										
云安区										
新兴县	3	1		2		1	1			
郁南县										
罗定市	1				1					

7-1c 续表 12 单位：人

现住地	省外									
	辽宁					吉林				
	小计	乡	镇的村委会	镇的居委会	街道	小计	乡	镇的村委会	镇的居委会	街道
广东	**477**	**96**	**235**	**41**	**105**	**476**	**75**	**267**	**56**	**78**
广州市	**140**	**25**	**79**	**13**	**23**	**149**	**13**	**97**	**17**	**22**
荔湾区										
越秀区										
海珠区										
天河区										
白云区	53	13	26	4	10	69	7	45	5	12
黄埔区	6		5	1		1				1
番禺区	25	4	15	4	2	30	1	17	7	5
花都区	37	4	20	4	9	17	2	12	1	2
南沙区	13	2	10		1	17	3	11	2	1
从化区	4	2	2			11		9	2	
增城区	2		1		1	4		3		1
韶关市	**8**		**7**		**1**	**17**	**1**	**4**	**10**	**2**
武江区										
浈江区	4		4			1	1			
曲江区						2		1	1	
始兴县										
仁化县	1		1			11		2	8	1
翁源县	1		1			2		1		1
乳源瑶族自治县						1			1	
新丰县										
乐昌市	1		1							
南雄市	1				1					
深圳市	**43**	**2**	**15**	**5**	**21**	**30**	**2**	**13**	**7**	**8**
罗湖区										
福田区										
南山区										
宝安区										
龙岗区	43	2	15	5	21	30	2	13	7	8
盐田区										
龙华区										
坪山区										
光明区										
珠海市	**5**	**1**	**2**	**2**		**13**		**13**		
香洲区										
斗门区	3		2	1		13		13		
金湾区	2	1		1						
汕头市	**6**	**2**	**3**		**1**	**11**	**4**	**7**		
龙湖区	2		2							
金平区										
濠江区	1				1	3		3		
潮阳区						4		4		
潮南区	2	2				3	3			
澄海区	1		1			1	1			
南澳县										
佛山市	**17**	**4**	**7**	**1**	**5**	**17**	**2**	**13**	**1**	**1**
禅城区										
南海区	2	1		1		9	1	8		
顺德区	2		2			2	1	1		
三水区	13	3	5		5	6		4	1	1
高明区										

7-1c　续表 13　　　　单位：人

现住地	省外									
	辽宁					吉林				
	小计	乡	镇的村委会	镇的居委会	街道	小计	乡	镇的村委会	镇的居委会	街道
江门市	**16**	**5**	**2**	**2**	**7**	**9**	**3**	**1**	**2**	**3**
蓬江区										
江海区										
新会区						2			2	
台山市	3	1			2	3				3
开平市	10	4		1	5	3	3			
鹤山市	3		2	1		1		1		
恩平市										
湛江市	**31**	**15**	**8**	**3**	**5**	**7**	**2**	**3**	**1**	**1**
赤坎区										
霞山区	1				1					
坡头区						1	1			
麻章区										
遂溪县						1	1			
徐闻县	3				3					
廉江市	1			1		1			1	
雷州市	26	15	8	2	1	4		3		1
吴川市										
茂名市	**3**		**1**		**2**	**7**		**5**	**1**	**1**
茂南区	3		1		2					
电白区						6		4	1	1
高州市										
化州市										
信宜市						1		1		
肇庆市	**7**	**1**	**3**	**2**	**1**	**2**	**1**	**1**		
端州区										
鼎湖区										
高要区	1	1								
广宁县	2			2						
怀集县	1		1							
封开县										
德庆县										
四会市	3		2		1	2	1	1		
惠州市	**42**	**12**	**16**	**2**	**12**	**46**	**8**	**25**	**5**	**8**
惠城区	11	1	3	1	6	22	7	13	1	1
惠阳区	12	5	7			11	1	8	1	1
博罗县	13	6	2		5	6		2	3	1
惠东县	6		4	1	1	7		2		5
龙门县										
梅州市	**5**		**5**							
梅江区										
梅县区	4		4							
大埔县										
丰顺县										
五华县										
平远县	1		1							
蕉岭县										
兴宁市										

7-1c 续表 14

单位：人

现住地	省外									
	辽宁					吉林				
	小计	乡	镇的村委会	镇的居委会	街道	小计	乡	镇的村委会	镇的居委会	街道
汕尾市	**8**		**2**		**6**	**15**	**2**	**6**	**1**	**6**
城区	3		2		1	9	1	4		4
海丰县	5				5	5	1	2		2
陆河县										
陆丰市						1			1	
河源市	**7**	**1**	**4**		**2**	**5**		**5**		
源城区										
紫金县	2		1		1					
龙川县						2		2		
连平县										
和平县	2		2			1		1		
东源县	3	1	1		1	2		2		
阳江市	**5**	**1**	**2**		**2**	**11**	**1**	**6**		**4**
江城区						2		2		
阳东区	4	1	1		2	1		1		
阳西县						6		2		4
阳春市	1		1			2	1	1		
清远市	**19**	**2**	**12**	**3**	**2**	**15**		**10**		**5**
清城区	4	1	2	1		6		2		4
清新区	3		1	2		1		1		
佛冈县	3		3			1		1		
阳山县										
连山壮族瑶族自治县										
连南瑶族自治县										
英德市	9	1	6		2	7		6		1
连州市										
东莞市	**87**	**21**	**49**	**4**	**13**	**88**	**26**	**47**	**4**	**11**
市辖区	87	21	49	4	13	88	26	47	4	11
中山市	**21**	**3**	**12**	**4**	**2**	**30**	**10**	**9**	**6**	**5**
市辖区	21	3	12	4	2	30	10	9	6	5
潮州市	**5**		**5**			**2**		**1**		**1**
湘桥区										
潮安区	5		5			1				1
饶平县						1		1		
揭阳市	**1**	**1**								
榕城区										
揭东区										
揭西县										
惠来县										
普宁市	1	1								
云浮市	**1**		**1**			**2**		**1**	**1**	
云城区	1		1			1		1		
云安区										
新兴县						1			1	
郁南县										
罗定市										

7-1c　续表 15　　　　　　　　　　　　　　　　　　　　　　　　单位：人

现住地	省外									
	黑龙江					上海				
	小计	乡	镇的村委会	镇的居委会	街道	小计	乡	镇的村委会	镇的居委会	街道
广　东	**864**	**187**	**437**	**75**	**165**	**58**	**10**	**15**	**17**	**16**
广州市	**306**	**65**	**157**	**31**	**53**	**16**	**1**	**4**	**4**	**7**
荔湾区										
越秀区										
海珠区										
天河区										
白云区	107	31	42	10	24	1				1
黄埔区	7		2		5					
番禺区	69	4	48	10	7	8		1	4	3
花都区	74	22	33	6	13	4		1		3
南沙区	20	3	15	1	1	1	1			
从化区	4		3		1					
增城区	25	5	14	4	2	2		2		
韶关市	**17**	**3**	**9**	**2**	**3**	**4**		**1**		**3**
武江区										
浈江区	1		1			1				1
曲江区	4	1		1	2	1				1
始兴县	3		2		1					
仁化县	2		1	1						
翁源县	4	2	2							
乳源瑶族自治县	1		1			2		1		1
新丰县										
乐昌市										
南雄市	2		2							
深圳市	**31**	**6**	**15**	**2**	**8**	**2**			**1**	**1**
罗湖区										
福田区										
南山区										
宝安区										
龙岗区	31	6	15	2	8	2			1	1
盐田区										
龙华区										
坪山区										
光明区										
珠海市	**26**	**2**	**20**	**1**	**3**					
香洲区	2			1	1					
斗门区	23	1	20		2					
金湾区	1	1								
汕头市	**4**	**2**	**1**		**1**	**3**	**1**		**2**	
龙湖区	1				1	1	1			
金平区										
濠江区										
潮阳区						2			2	
潮南区	1	1								
澄海区	2	1	1							
南澳县										
佛山市	**39**	**5**	**18**	**8**	**8**	**1**				**1**
禅城区										
南海区	8	2	3	1	2					
顺德区	1		1							
三水区	30	3	14	7	6	1				1
高明区										

7–1c 续表 16　　　　单位：人

现住地	省外									
	黑龙江					上海				
	小计	乡	镇的村委会	镇的居委会	街道	小计	乡	镇的村委会	镇的居委会	街道
江门市	**14**		**10**		**4**	**2**		**1**	**1**	
蓬江区										
江海区										
新会区	2		1		1					
台山市	6		5		1	1			1	
开平市	4		4			1		1		
鹤山市										
恩平市	2				2					
湛江市	**7**	**1**	**3**	**3**		**3**	**1**	**2**		
赤坎区										
霞山区										
坡头区	1		1							
麻章区	1			1		1	1			
遂溪县										
徐闻县						2		2		
廉江市	1			1						
雷州市	2	1		1						
吴川市	2		2							
茂名市	**6**	**2**		**3**	**1**	**1**	**1**			
茂南区	2			2						
电白区	2			1	1					
高州市										
化州市										
信宜市	2	2				1	1			
肇庆市	**7**		**2**	**1**	**4**	**1**			**1**	
端州区										
鼎湖区	1				1					
高要区										
广宁县										
怀集县										
封开县						1			1	
德庆县	1			1						
四会市	5		2		3					
惠州市	**96**	**24**	**49**	**8**	**15**	**6**		**4**		**2**
惠城区	29	10	13	3	3	1		1		
惠阳区	31	3	22	1	5	2		1		1
博罗县	21	6	8	3	4	1				1
惠东县	13	5	5	1	2	2		2		
龙门县	2		1		1					
梅州市	**7**	**2**	**4**	**1**						
梅江区										
梅县区	1		1							
大埔县	1		1							
丰顺县										
五华县										
平远县	1		1							
蕉岭县	1			1						
兴宁市	3	2	1							

7–1c　续表 17　　　　单位：人

现住地	省外									
	黑龙江					上海				
	小计	乡	镇的村委会	镇的居委会	街道	小计	乡	镇的村委会	镇的居委会	街道
汕尾市	**17**	**2**	**9**		**6**	**3**	**2**			**1**
城　区	5		2		3					
海丰县	11	2	6		3					
陆河县										
陆丰市	1		1			3	2			1
河源市	**17**		**11**	**1**	**5**					
源城区	5		1		4					
紫金县	2		2							
龙川县	6		5	1						
连平县										
和平县	2		2							
东源县	2		1		1					
阳江市	**11**		**6**	**2**	**3**	**2**	**1**			**1**
江城区	6		2	2	2					
阳东区						1	1			
阳西县	2		2			1				1
阳春市	3		2		1					
清远市	**22**	**1**	**12**	**1**	**8**	**1**		**1**		
清城区	9		4		5					
清新区	1		1							
佛冈县	3		1	1	1					
阳山县	3		2		1					
连山壮族瑶族自治县										
连南瑶族自治县										
英德市	5		4		1	1		1		
连州市	1	1								
东莞市	**188**	**57**	**90**	**9**	**32**	**6**	**3**		**3**	
市辖区	188	57	90	9	32	6	3		3	
中山市	**45**	**15**	**21**		**9**	**5**		**1**	**4**	
市辖区	45	15	21		9	5		1	4	
潮州市	**2**			**1**	**1**					
湘桥区	1			1						
潮安区										
饶平县	1				1					
揭阳市	**1**			**1**		**2**		**1**	**1**	
榕城区	1			1		1			1	
揭东区										
揭西县										
惠来县										
普宁市						1		1		
云浮市	**1**				**1**					
云城区										
云安区	1				1					
新兴县										
郁南县										
罗定市										

7-1c 续表 18 单位：人

现住地	省外									
	江苏					浙江				
	小计	乡	镇的村委会	镇的居委会	街道	小计	乡	镇的村委会	镇的居委会	街道
广东	**919**	**199**	**569**	**73**	**78**	**1053**	**239**	**661**	**49**	**104**
广州市	**298**	**65**	**190**	**19**	**24**	**285**	**53**	**184**	**14**	**34**
荔湾区										
越秀区										
海珠区										
天河区										
白云区	93	21	58	6	8	145	27	95	5	18
黄埔区	16	4	11	1		4		4		
番禺区	62	14	34	6	8	44	4	28	4	8
花都区	67	16	43	3	5	75	18	49	3	5
南沙区	31	2	25	2	2	11	3	4	2	2
从化区	5		4	1		2	1	1		
增城区	24	8	15		1	4		3		1
韶关市	**26**	**5**	**12**	**6**	**3**	**26**	**1**	**16**	**2**	**7**
武江区	2		2			1				1
浈江区						4		4		
曲江区	3		1	2						
始兴县	5	1	4			1			1	
仁化县	9	3	2	4						
翁源县	1		1			5	1	3		1
乳源瑶族自治县	1		1			4		4		
新丰县						1				1
乐昌市	4		1		3	1			1	
南雄市	1	1				9		5		4
深圳市	**16**	**2**	**12**	**1**	**1**	**1**		**1**		
罗湖区										
福田区										
南山区										
宝安区										
龙岗区	16	2	12	1	1	1		1		
盐田区										
龙华区										
坪山区										
光明区										
珠海市	**38**	**13**	**20**	**3**	**2**	**20**	**3**	**10**		**7**
香洲区										
斗门区	24	6	14	3	1	19	3	9		7
金湾区	14	7	6		1	1		1		
汕头市	**9**	**7**		**2**		**7**	**4**	**1**	**1**	**1**
龙湖区						1	1			
金平区										
濠江区						1				1
潮阳区	1			1		2	1		1	
潮南区	6	5		1		2	2			
澄海区	2	2				1		1		
南澳县										
佛山市	**23**	**1**	**17**	**4**	**1**	**53**	**7**	**44**		**2**
禅城区										
南海区	7		6		1	9	5	4		
顺德区	3		1	2		3		3		
三水区	12	1	10	1		41	2	37		2
高明区	1			1						

7-1c　续表 19

单位：人

现住地	省外									
	江苏					浙江				
	小计	乡	镇的村委会	镇的居委会	街道	小计	乡	镇的村委会	镇的居委会	街道
江门市	**32**	**14**	**9**	**3**	**6**	**148**	**35**	**93**	**6**	**14**
蓬江区										
江海区										
新会区	16	6	6	1	3	22	11	9	1	1
台山市	8	7		1		96	20	61	5	10
开平市	5	1	1	1	2	7	1	6		
鹤山市	3		2		1	7		7		
恩平市						16	3	10		3
湛江市	**17**	**4**	**11**		**2**	**23**	**2**	**16**	**5**	
赤坎区										
霞山区										
坡头区	2	2				1		1		
麻章区	3		3			1		1		
遂溪县						1		1		
徐闻县	2	1			1	9		4	5	
廉江市						1		1		
雷州市	1				1	6	2	4		
吴川市	9	1	8			4		4		
茂名市	**13**		**10**	**2**	**1**	**5**		**3**	**1**	**1**
茂南区	3		2	1		1			1	
电白区	4		4			4		3		1
高州市										
化州市	1		1							
信宜市	5		3	1	1					
肇庆市	**11**	**5**	**5**	**1**		**15**		**14**		**1**
端州区										
鼎湖区										
高要区	1			1		1		1		
广宁县										
怀集县										
封开县	3	1	2							
德庆县										
四会市	7	4	3			14		13		1
惠州市	**100**	**21**	**68**	**6**	**5**	**143**	**32**	**100**	**4**	**7**
惠城区	19	2	14	2	1	55	5	50		
惠阳区	40	9	30	1		21	4	14		3
博罗县	24	5	12	3	4	34	17	14	2	1
惠东县	12	3	9			20	2	13	2	3
龙门县	5	2	3			13	4	9		
梅州市	**9**	**1**	**8**			**22**	**2**	**20**		
梅江区										
梅县区	1	1				1	1			
大埔县										
丰顺县										
五华县	1		1			7		7		
平远县	6		6			3	1	2		
蕉岭县						9		9		
兴宁市	1		1			2		2		

7—1c 续表 20 单位：人

现住地	省外									
	江苏					浙江				
	小计	乡	镇的村委会	镇的居委会	街道	小计	乡	镇的村委会	镇的居委会	街道
汕尾市	**21**	**3**	**12**	**1**	**5**	**23**	**9**	**9**		**5**
城　区	8		5		3	1				1
海丰县	7	1	4	1	1	14	8	5		1
陆河县	2	2				4		4		
陆丰市	4		3		1	4	1			3
河源市	**24**	**3**	**15**	**2**	**4**	**20**	**9**	**9**	**2**	
源城区	3	2	1			1	1			
紫金县	4		1	1	2	3		3		
龙川县	6	1	5			5	1	2	2	
连平县	1		1			7	4	3		
和平县	1		1			1		1		
东源县	9		6	1	2	3	3			
阳江市	**13**		**11**	**2**		**35**	**5**	**19**	**1**	**10**
江城区	5		3	2		17	2	7	1	7
阳东区	1		1			10		7		3
阳西县	6		6			8	3	5		
阳春市	1		1							
清远市	**65**	**5**	**50**	**6**	**4**	**43**	**8**	**28**	**1**	**6**
清城区	22	4	14	2	2	11	4	5		2
清新区	9	1	8			6		5	1	
佛冈县	10		6	3	1	10		9		1
阳山县										
连山壮族瑶族自治县						2		2		
连南瑶族自治县										
英德市	19		17	1	1	14	4	7		3
连州市	5		5							
东莞市	**151**	**32**	**98**	**10**	**11**	**114**	**32**	**68**	**9**	**5**
市辖区	151	32	98	10	11	114	32	68	9	5
中山市	**48**	**16**	**19**	**5**	**8**	**57**	**33**	**21**		**3**
市辖区	48	16	19	5	8	57	33	21		3
潮州市	**1**	**1**				**3**		**2**	**1**	
湘桥区										
潮安区	1	1				2		1	1	
饶平县						1		1		
揭阳市	**2**	**1**	**1**			**6**	**2**	**3**	**1**	
榕城区										
揭东区										
揭西县						3		3		
惠来县										
普宁市	2	1	1			3	2		1	
云浮市	**2**		**1**		**1**	**4**	**2**		**1**	**1**
云城区										
云安区						1				1
新兴县	1				1	2	2			
郁南县						1			1	
罗定市	1		1							

7-1c　续表 21　　　　　　　　　　　　　　　　　　　　　　　　　　单位：人

现住地	省外									
	安徽					福建				
	小计	乡	镇的村委会	镇的居委会	街道	小计	乡	镇的村委会	镇的居委会	街道
广　东	**3615**	**1027**	**2303**	**144**	**141**	**3283**	**752**	**2237**	**156**	**138**
广州市	**685**	**149**	**464**	**38**	**34**	**808**	**164**	**553**	**44**	**47**
荔湾区										
越秀区										
海珠区										
天河区										
白云区	271	77	163	13	18	318	82	193	15	28
黄埔区	30	4	20	2	4	15	7	7		1
番禺区	152	20	112	14	6	153	7	127	11	8
花都区	109	29	72	3	5	201	54	127	10	10
南沙区	63	10	48	4	1	51	1	49	1	
从化区	16	2	14			7	2	4	1	
增城区	44	7	35	2		63	11	46	6	
韶关市	**50**	**11**	**37**		**2**	**107**	**21**	**73**	**6**	**7**
武江区	5	3	2			4	2	1		1
浈江区	9		9			18	8	9		1
曲江区	7	1	6			37	2	26	4	5
始兴县						1		1		
仁化县	8	5	3			4	1	3		
翁源县	7		6		1	18		16	2	
乳源瑶族自治县						8		8		
新丰县	4	2	1		1	4	2	2		
乐昌市	9		9			3		3		
南雄市	1		1			10	6	4		
深圳市	**68**	**1**	**51**	**6**	**10**	**91**	**11**	**72**	**6**	**2**
罗湖区										
福田区										
南山区										
宝安区										
龙岗区	68	1	51	6	10	91	11	72	6	2
盐田区										
龙华区										
坪山区										
光明区										
珠海市	**45**	**6**	**33**	**1**	**5**	**35**	**2**	**28**	**5**	
香洲区	1				1					
斗门区	42	6	32	1	3	32	2	25	5	
金湾区	2		1		1	3		3		
汕头市	**148**	**63**	**74**	**5**	**6**	**146**	**58**	**62**	**12**	**14**
龙湖区	32	17	13		2	19	12	6		1
金平区	5	5								
濠江区	12		4	5	3	9	1		5	3
潮阳区	23	7	16			20	13	6	1	
潮南区	38	26	12			32	10	12	3	7
澄海区	32	8	23		1	66	22	38	3	3
南澳县	6		6							
佛山市	**132**	**31**	**96**	**4**	**1**	**135**	**14**	**114**	**7**	
禅城区										
南海区	36	2	31	3		21	4	13	4	
顺德区	20	1	18	1		19	6	13		
三水区	74	27	46		1	94	4	87	3	
高明区	2	1	1			1		1		

7-1c 续表 22 单位：人

现住地	省外									
	安徽					福建				
	小计	乡	镇的村委会	镇的居委会	街道	小计	乡	镇的村委会	镇的居委会	街道
江门市	**165**	**51**	**103**	**9**	**2**	**105**	**20**	**80**		**5**
蓬江区										
江海区										
新会区	113	42	65	5	1	13	5	8		
台山市	8	1	6		1	20	6	14		
开平市	6		6			14		13		1
鹤山市	24	7	13	4		52	9	39		4
恩平市	14	1	13			6		6		
湛江市	**13**	**2**	**9**	**2**		**29**	**11**	**15**	**2**	**1**
赤坎区										
霞山区										
坡头区	3	1	2			9	9			
麻章区	2	1	1			1		1		
遂溪县						2		2		
徐闻县	4		2	2		4		4		
廉江市	1		1			1	1			
雷州市						12	1	8	2	1
吴川市	3		3							
茂名市	**21**		**19**	**2**		**43**	**14**	**26**	**1**	**2**
茂南区	4		3	1		20	10	9		1
电白区	4		3	1		19	2	16	1	
高州市	4		4			1				1
化州市	9		9			2	2			
信宜市						1		1		
肇庆市	**49**	**14**	**32**	**2**	**1**	**88**	**6**	**76**	**4**	**2**
端州区										
鼎湖区	13	3	10			2		2		
高要区	6		4	2		9		9		
广宁县	3		3			9		9		
怀集县						2		2		
封开县						1				1
德庆县	1	1				1	1			
四会市	26	10	15		1	64	5	54	4	1
惠州市	**570**	**127**	**407**	**22**	**14**	**465**	**107**	**337**	**13**	**8**
惠城区	117	28	79	9	1	98	17	75	4	2
惠阳区	219	56	157	6		200	56	140	1	3
博罗县	104	22	78	2	2	85	13	68	3	1
惠东县	112	17	83	4	8	69	18	46	4	1
龙门县	18	4	10	1	3	13	3	8	1	1
梅州市	**40**	**11**	**25**	**4**		**182**	**27**	**147**	**8**	
梅江区	12	11	1			4		4		
梅县区	13		11	2		14	4	9	1	
大埔县	1		1			39	3	35	1	
丰顺县						6	1	4	1	
五华县	3		3			11		11		
平远县						23	10	12	1	
蕉岭县	2		2			77	7	66	4	
兴宁市	9		7	2		8	2	6		

7-1c　续表 23　　　　单位：人

现住地	省外									
	安徽					福建				
	小计	乡	镇的村委会	镇的居委会	街道	小计	乡	镇的村委会	镇的居委会	街道
汕尾市	**61**	**13**	**31**	**10**	**7**	**47**	**11**	**29**	**3**	**4**
城　区	18	6	6	1	5	11	2	6	3	
海丰县	29	7	16	5	1	23	6	16		1
陆河县	7		7			4	3	1		
陆丰市	7		2	4	1	9		6		3
河源市	**62**	**17**	**40**	**2**	**3**	**71**	**14**	**48**	**6**	**3**
源城区	18	10	5	1	2	6	1	5		
紫金县	6		5	1		16	4	12		
龙川县	10	4	6			21	3	16	1	1
连平县	4		4			5		4	1	
和平县						1	1			
东源县	24	3	20		1	22	5	11	4	2
阳江市	**42**	**3**	**31**	**4**	**4**	**28**	**3**	**24**		**1**
江城区	11	1	9	1		8	1	6		1
阳东区	13	1	12			5		5		
阳西县	7		6	1		8		8		
阳春市	11	1	4	2	4	7	2	5		
清远市	**118**	**22**	**66**	**8**	**22**	**108**	**14**	**79**	**6**	**9**
清城区	16	1	11	1	3	18	5	9	2	2
清新区	13	2	9	1	1	9	1	8		
佛冈县	5	1	4			15		14	1	
阳山县	2		2							
连山壮族瑶族自治县										
连南瑶族自治县										
英德市	80	18	39	5	18	63	8	46	3	6
连州市	2		1	1		3		2		1
东莞市	**985**	**374**	**572**	**16**	**23**	**562**	**196**	**322**	**25**	**19**
市辖区	985	374	572	16	23	562	196	322	25	19
中山市	**183**	**50**	**120**	**9**	**4**	**92**	**16**	**63**	**8**	**5**
市辖区	183	50	120	9	4	92	16	63	8	5
潮州市	**138**	**61**	**77**			**89**	**17**	**71**		**1**
湘桥区	1		1			1		1		
潮安区	127	60	67			52	14	38		
饶平县	10	1	9			36	3	32		1
揭阳市	**25**	**17**	**8**			**34**	**23**	**11**		
榕城区	1		1			7	6	1		
揭东区						9		9		
揭西县										
惠来县						1		1		
普宁市	24	17	7			17	17			
云浮市	**15**	**4**	**8**		**3**	**18**	**3**	**7**		**8**
云城区	3		3			7		1		6
云安区	4		2		2	1				1
新兴县	5	3	2			2		2		
郁南县						8	3	4		1
罗定市	3	1	1		1					

7-1c 续表 24

单位：人

现住地	省外									
	江西					山东				
	小计	乡	镇的村委会	镇的居委会	街道	小计	乡	镇的村委会	镇的居委会	街道
广 东	**15320**	**4221**	**9920**	**676**	**503**	**1043**	**230**	**692**	**54**	**67**
广州市	**4139**	**1049**	**2768**	**185**	**137**	**305**	**60**	**210**	**17**	**18**
荔湾区										
越秀区										
海珠区										
天河区										
白云区	1609	520	965	67	57	97	18	68	4	7
黄埔区	125	22	95	4	4	12	3	6	3	
番禺区	936	141	713	52	30	51	7	35	4	5
花都区	826	250	527	20	29	93	27	57	3	6
南沙区	289	47	212	21	9	27		25	2	
从化区	58	16	35	5	2	4	1	3		
增城区	296	53	221	16	6	21	4	16	1	
韶关市	**369**	**52**	**281**	**15**	**21**	**19**	**2**	**10**		**7**
武江区	25	4	19		2	1		1		
浈江区	19		14	2	3	2		1		1
曲江区	53	8	41	1	3	1				1
始兴县	48	15	28	3	2	1				1
仁化县	47	4	32	3	8	2				2
翁源县	51	7	42	2		2		1		1
乳源瑶族自治县	18		18							
新丰县	27	8	15	1	3	3		2		1
乐昌市	12		11	1		4	2	2		
南雄市	69	6	61	2		3		3		
深圳市	**215**	**25**	**163**	**12**	**15**	**31**	**8**	**15**	**1**	**7**
罗湖区										
福田区										
南山区										
宝安区										
龙岗区	215	25	163	12	15	31	8	15	1	7
盐田区										
龙华区										
坪山区										
光明区										
珠海市	**153**	**10**	**133**	**5**	**5**	**29**	**11**	**14**	**2**	**2**
香洲区	2		1		1	1		1		
斗门区	147	9	129	5	4	20	5	11	2	2
金湾区	4	1	3			8	6	2		
汕头市	**371**	**190**	**128**	**20**	**33**	**12**		**12**		
龙湖区	87	60	21	5	1					
金平区	7	6			1					
濠江区	27	5	4	4	14	1		1		
潮阳区	27	5	13	9		9		9		
潮南区	118	78	23		17					
澄海区	105	36	67	2		2		2		
南澳县										
佛山市	**927**	**183**	**708**	**22**	**14**	**39**	**14**	**22**	**2**	**1**
禅城区										
南海区	222	52	159	6	5	15	4	10	1	
顺德区	471	87	377	6	1	6	3	3		
三水区	219	43	158	10	8	18	7	9	1	1
高明区	15	1	14							

7-1c　续表 25　　　　　　　　　　　　　　　　　　　　　　　　　　　　单位：人

现住地	省外									
	江西					山东				
	小计	乡	镇的村委会	镇的居委会	街道	小计	乡	镇的村委会	镇的居委会	街道
江门市	**423**	**93**	**292**	**29**	**9**	**39**	**9**	**27**	**1**	**2**
蓬江区	1				1					
江海区										
新会区	144	29	107	4	4	20	5	13	1	1
台山市	50	12	29	6	3	4	1	3		
开平市	82	21	56	5		7	3	4		
鹤山市	127	29	84	13	1	3		3		
恩平市	19	2	16	1		5		4		1
湛江市	**41**	**4**	**34**	**2**	**1**	**14**	**5**	**6**	**1**	**2**
赤坎区										
霞山区						1		1		
坡头区										
麻章区	12	1	11			5	5			
遂溪县	2		2			1		1		
徐闻县	4		4			3		3		
廉江市	12	1	11							
雷州市	4		4							
吴川市	7	2	2	2	1	4		1	1	2
茂名市	**60**	**8**	**45**	**7**		**15**		**7**	**4**	**4**
茂南区	14	1	9	4		6		2		4
电白区	24	1	20	3		7		3	4	
高州市	8	3	5			1		1		
化州市	12	3	9							
信宜市	2		2			1		1		
肇庆市	**164**	**16**	**126**	**10**	**12**	**11**	**1**	**9**	**1**	
端州区										
鼎湖区	2		2			2	1	1		
高要区	26	1	22	3		1		1		
广宁县	13	1	11	1		3		3		
怀集县	5		5							
封开县	6	3	2		1	2		2		
德庆县	6	3	3							
四会市	106	8	81	6	11	3		2	1	
惠州市	**2056**	**581**	**1301**	**128**	**46**	**102**	**19**	**78**	**3**	**2**
惠城区	513	158	290	46	19	28	5	18	3	2
惠阳区	793	247	511	25	10	40	10	30		
博罗县	450	93	314	34	9	22	2	20		
惠东县	253	70	156	20	7	9	1	8		
龙门县	47	13	30	3	1	3	1	2		
梅州市	**302**	**50**	**240**	**7**	**5**	**6**	**1**	**3**	**2**	
梅江区	51	3	48							
梅县区	54	4	48	1	1	2			2	
大埔县	13	4	7	2		1		1		
丰顺县	32	1	29	2		1		1		
五华县	37	1	36			1	1			
平远县	40	16	22	1	1					
蕉岭县	49	13	36							
兴宁市	26	8	14	1	3	1		1		

7—1c 续表 26 单位：人

现住地	省外									
	江西					山东				
	小计	乡	镇的村委会	镇的居委会	街道	小计	乡	镇的村委会	镇的居委会	街道
汕尾市	**148**	**20**	**118**	**6**	**4**	**18**		**14**	**3**	**1**
城区	30	3	24	3		2		2		
海丰县	73	7	62	2	2	16		12	3	1
陆河县	29	5	24							
陆丰市	16	5	8	1	2					
河源市	**396**	**68**	**290**	**18**	**20**	**37**	**7**	**29**	**1**	
源城区	26	11	14		1	10	3	7		
紫金县	51	9	37	2	3	3		3		
龙川县	118	16	94	5	3	16	1	15		
连平县	64	3	56	2	3	1		1		
和平县	26	8	18			1		1		
东源县	111	21	71	9	10	6	3	2	1	
阳江市	**67**	**14**	**47**	**3**	**3**	**39**	**1**	**37**		**1**
江城区	25	7	17		1	9		9		
阳东区	27	3	22	1	1	23	1	22		
阳西县	9	3	5	1		4		3		1
阳春市	6	1	3	1	1	3		3		
清远市	**365**	**39**	**282**	**27**	**17**	**33**	**6**	**23**	**2**	**2**
清城区	105	14	77	8	6	13	4	9		
清新区	47	6	36	5		3		3		
佛冈县	50	7	40	2	1	4	1	2	1	
阳山县	3		3			1		1		
连山壮族瑶族自治县						2		2		
连南瑶族自治县										
英德市	151	12	120	9	10	9	1	5	1	2
连州市	9		6	3		1		1		
东莞市	**3672**	**1357**	**2074**	**125**	**116**	**215**	**63**	**131**	**9**	**12**
市辖区	3672	1357	2074	125	116	215	63	131	9	12
中山市	**960**	**289**	**583**	**48**	**40**	**59**	**19**	**32**	**4**	**4**
市辖区	960	289	583	48	40	59	19	32	4	4
潮州市	**301**	**101**	**194**	**4**	**2**	**4**		**4**		
湘桥区	14	1	12	1		1		1		
潮安区	271	98	169	2	2	3		3		
饶平县	16	2	13	1						
揭阳市	**150**	**56**	**90**	**2**	**2**	**5**	**2**	**2**	**1**	
榕城区	22	9	9	2	2	2	1		1	
揭东区	63	11	52							
揭西县	14		14			2		2		
惠来县	2	2								
普宁市	49	34	15			1	1			
云浮市	**41**	**16**	**23**	**1**	**1**	**11**	**2**	**7**		**2**
云城区	1		1			1				1
云安区	3	1	2							
新兴县	27	15	11	1		3	2			1
郁南县	2		1		1	1		1		
罗定市	8		8			6		6		

7-1c　续表 27

单位：人

现住地	省外									
	河南					湖北				
	小计	乡	镇的村委会	镇的居委会	街道	小计	乡	镇的村委会	镇的居委会	街道
广　东	**15285**	**4658**	**9836**	**373**	**418**	**16535**	**4272**	**10607**	**892**	**764**
广州市	**3698**	**1022**	**2467**	**115**	**94**	**4588**	**1026**	**3092**	**253**	**217**
荔湾区										
越秀区										
海珠区										
天河区										
白云区	1335	498	765	34	38	1562	451	921	89	101
黄埔区	239	51	170	12	6	187	20	144	11	12
番禺区	584	102	446	26	10	1050	160	789	63	38
花都区	759	216	489	23	31	827	201	557	35	34
南沙区	430	85	323	13	9	568	110	397	42	19
从化区	74	13	61			86	23	62		1
增城区	277	57	213	7		308	61	222	13	12
韶关市	**205**	**38**	**141**	**14**	**12**	**199**	**11**	**161**	**15**	**12**
武江区	6	2	1	1	2	23	1	13	2	7
浈江区	12	1	9	2		22		18	4	
曲江区	44	4	34	6		20	4	15	1	
始兴县	7		4	1	2	25	4	16	3	2
仁化县	10	3	5	1	1	13	1	7	3	2
翁源县	39	5	30		4	24	1	22	1	
乳源瑶族自治县	14	2	12			4		3	1	
新丰县	22	8	12	1	1	30		30		
乐昌市	39	7	28	2	2	16		15		1
南雄市	12	6	6			22		22		
深圳市	**270**	**52**	**196**	**8**	**14**	**241**	**24**	**177**	**16**	**24**
罗湖区										
福田区										
南山区										
宝安区										
龙岗区	270	52	196	8	14	241	24	177	16	24
盐田区										
龙华区										
坪山区										
光明区										
珠海市	**355**	**56**	**285**	**4**	**10**	**291**	**28**	**239**	**8**	**16**
香洲区	9	1	8			5		4	1	
斗门区	310	32	265	3	10	257	13	226	5	13
金湾区	36	23	12	1		29	15	9	2	3
汕头市	**669**	**274**	**356**	**6**	**33**	**281**	**95**	**141**	**25**	**20**
龙湖区	71	46	25			13	6	6	1	
金平区	6	3		1	2	2	1			1
濠江区	32	6	6	3	17	31	3	11	3	14
潮阳区	31	14	15	2		65	20	29	16	
潮南区	86	64	22			41	28	8	5	
澄海区	438	141	283		14	128	37	86		5
南澳县	5		5			1		1		
佛山市	**697**	**175**	**494**	**16**	**12**	**723**	**138**	**527**	**33**	**25**
禅城区										
南海区	264	107	144	10	3	244	58	165	9	12
顺德区	86	11	74		1	96	18	74	3	1
三水区	343	56	273	6	8	371	58	281	20	12
高明区	4	1	3			12	4	7	1	

7-1c 续表 28 单位：人

现住地	省外									
	河南					湖北				
	小计	乡	镇的村委会	镇的居委会	街道	小计	乡	镇的村委会	镇的居委会	街道
江门市	**537**	**158**	**344**	**19**	**16**	**494**	**130**	**299**	**31**	**34**
蓬江区	3	2	1			10	4	5	1	
江海区										
新会区	98	33	59	5	1	127	31	78	14	4
台山市	80	38	33	3	6	64	22	30	3	9
开平市	102	24	70	6	2	102	28	66	1	7
鹤山市	204	51	143	3	7	162	38	102	10	12
恩平市	50	10	38	2		29	7	18	2	2
湛江市	**76**	**8**	**61**	**2**	**5**	**55**	**18**	**33**	**1**	**3**
赤坎区										
霞山区	8	1	7			1		1		
坡头区	3	2	1			5	3	2		
麻章区	21	1	20			14	10	4		
遂溪县	2		2			1		1		
徐闻县	4		3		1	4	2	1		1
廉江市	8	2	5	1		11	2	9		
雷州市	6		5	1		9	1	6	1	1
吴川市	24	2	18		4	10		9		1
茂名市	**66**	**18**	**41**	**5**	**2**	**104**	**15**	**74**	**10**	**5**
茂南区	14	5	7	1	1	42	2	35	2	3
电白区	22	5	13	3	1	36	3	28	4	1
高州市	7		6	1		7	1	6		
化州市	17	8	9			11	7	1	3	
信宜市	6		6			8	2	4	1	1
肇庆市	**106**	**21**	**81**	**3**	**1**	**180**	**38**	**117**	**7**	**18**
端州区										
鼎湖区	2		2			4	2	2		
高要区	26	2	23	1		52	21	26	5	
广宁县	7		7			28		28		
怀集县						2		2		
封开县	4	3	1			3	2	1		
德庆县	1		1							
四会市	66	16	47	2	1	91	13	58	2	18
惠州市	**2314**	**737**	**1439**	**63**	**75**	**2455**	**572**	**1634**	**141**	**108**
惠城区	596	231	319	29	17	614	172	372	44	26
惠阳区	888	261	594	20	13	969	214	675	50	30
博罗县	550	151	369	11	19	552	114	378	32	28
惠东县	250	83	142	2	23	285	62	185	15	23
龙门县	30	11	15	1	3	35	10	24		1
梅州市	**87**	**8**	**72**	**5**	**2**	**84**	**9**	**60**	**14**	**1**
梅江区	2			2		1		1		
梅县区	14	2	12			10	1	9		
大埔县	17		17			12	1	10	1	
丰顺县	12		11		1	8	3	5		
五华县	17	4	11	2		27	1	13	13	
平远县	7		7			9	1	8		
蕉岭县	4		4			14	2	11		1
兴宁市	14	2	10	1	1	3		3		

7-1c 续表 29 单位：人

现住地	省外									
	河南					湖北				
	小计	乡	镇的村委会	镇的居委会	街道	小计	乡	镇的村委会	镇的居委会	街道
汕尾市	**156**	**39**	**103**	**6**	**8**	**239**	**45**	**158**	**25**	**11**
城　区	44	16	27		1	51	9	32	5	5
海丰县	87	14	64	5	4	153	24	108	17	4
陆河县	10		10			16	6	10		
陆丰市	15	9	2	1	3	19	6	8	3	2
河源市	**264**	**54**	**199**	**2**	**9**	**259**	**89**	**139**	**17**	**14**
源城区	49	8	41			37	19	13	1	4
紫金县	18	4	12		2	50	17	30	2	1
龙川县	79	20	56	1	2	63	18	34	7	4
连平县	11	2	8		1	9	1	7		1
和平县	29	6	22		1	14	6	8		
东源县	78	14	60	1	3	86	28	47	7	4
阳江市	**111**	**8**	**97**	**2**	**4**	**80**	**17**	**47**	**6**	**10**
江城区	50	3	42	1	4	41	9	25	3	4
阳东区	31	3	27	1		21	5	14	1	1
阳西县	13	1	12			8	1	5	1	1
阳春市	17	1	16			10	2	3	1	4
清远市	**468**	**91**	**329**	**16**	**32**	**438**	**39**	**326**	**41**	**32**
清城区	199	41	138	5	15	180	15	126	19	20
清新区	67	9	49	4	5	45	5	33	1	6
佛冈县	55	15	35	2	3	63	3	51	9	
阳山县	6		4		2	15		13	2	
连山壮族瑶族自治县	3		1		2	1		1		
连南瑶族自治县										
英德市	133	26	97	5	5	123	14	93	10	6
连州市	5		5			11	2	9		
东莞市	**4018**	**1587**	**2323**	**64**	**44**	**4436**	**1588**	**2490**	**194**	**164**
市辖区	4018	1587	2323	64	44	4436	1588	2490	194	164
中山市	**1008**	**270**	**685**	**18**	**35**	**1160**	**316**	**756**	**49**	**39**
市辖区	1008	270	685	18	35	1160	316	756	49	39
潮州市	**64**	**19**	**39**		**6**	**119**	**51**	**62**	**3**	**3**
湘桥区	12	8	4			6	4	2		
潮安区	39	9	30			101	47	52	1	1
饶平县	13	2	5		6	12		8	2	2
揭阳市	**53**	**15**	**31**	**5**	**2**	**49**	**14**	**32**	**3**	
榕城区	9	1	2	5	1	5	1	1	3	
揭东区	17	8	9			10	5	5		
揭西县	9		9			6		6		
惠来县	3	3								
普宁市	15	3	11		1	28	8	20		
云浮市	**63**	**8**	**53**		**2**	**60**	**9**	**43**		**8**
云城区	4		4			9	3	4		2
云安区	28		28			14	1	10		3
新兴县	25	7	16		2	17	5	10		2
郁南县	2		2			8		8		
罗定市	4	1	3			12		11		1

7–1c　续表 30　　　　　　　　　　　　　　　　　　　　　　　　　　　　　　单位：人

现住地	省外				
	湖南				
	小计	乡	镇的村委会	镇的居委会	街道
广　东	**51049**	**14409**	**33513**	**1918**	**1209**
广州市	**16659**	**4208**	**11390**	**642**	**419**
荔湾区					
越秀区					
海珠区					
天河区					
白云区	5937	1821	3701	222	193
黄埔区	674	158	470	32	14
番禺区	2855	438	2226	144	47
花都区	4316	1225	2827	147	117
南沙区	1476	291	1114	46	25
从化区	255	40	204	7	4
增城区	1146	235	848	44	19
韶关市	**1357**	**211**	**1053**	**61**	**32**
武江区	116	15	96	2	3
浈江区	128	17	101	7	3
曲江区	214	19	178	12	5
始兴县	90	19	65	5	1
仁化县	215	34	166	11	4
翁源县	148	17	119	9	3
乳源瑶族自治县	44		37	4	3
新丰县	77	27	47	1	2
乐昌市	246	61	173	8	4
南雄市	79	2	71	2	4
深圳市	**637**	**126**	**452**	**34**	**25**
罗湖区					
福田区					
南山区					
宝安区					
龙岗区	637	126	452	34	25
盐田区					
龙华区					
坪山区					
光明区					
珠海市	**825**	**117**	**657**	**34**	**17**
香洲区	23	5	16	1	1
斗门区	749	86	620	27	16
金湾区	53	26	21	6	
汕头市	**248**	**73**	**102**	**34**	**39**
龙湖区	26	9	17		
金平区	6	1	5		
濠江区	36	4	6	5	21
潮阳区	21	7	10	4	
潮南区	104	32	43	17	12
澄海区	55	20	21	8	6
南澳县					
佛山市	**2550**	**516**	**1934**	**65**	**35**
禅城区					
南海区	835	240	551	26	18
顺德区	384	67	305	8	4
三水区	1301	203	1054	31	13
高明区	30	6	24		

7-1c　续表 31　　单位：人

现住地	省外				
	湖南				
	小计	乡	镇的村委会	镇的居委会	街道
江门市	**1573**	**438**	**1036**	**53**	**46**
蓬江区	24	12	11	1	
江海区					
新会区	594	175	393	18	8
台山市	213	79	121	6	7
开平市	234	72	142	7	13
鹤山市	436	81	318	19	18
恩平市	72	19	51	2	
湛江市	**135**	**20**	**87**	**5**	**23**
赤坎区					
霞山区					
坡头区	5	4	1		
麻章区	12	6	5	1	
遂溪县	6		4		2
徐闻县	16	1	13	2	
廉江市	17	3	12	1	1
雷州市	48	4	26		18
吴川市	31	2	26	1	2
茂名市	**163**	**28**	**118**	**7**	**10**
茂南区	22	4	12	2	4
电白区	64	4	54	4	2
高州市	16	4	10		2
化州市	43	12	30		1
信宜市	18	4	12	1	1
肇庆市	**765**	**168**	**545**	**25**	**27**
端州区					
鼎湖区	15	1	12		2
高要区	125	34	82	6	3
广宁县	46	1	43	1	1
怀集县	17	5	12		
封开县	33	7	26		
德庆县	9		3		6
四会市	520	120	367	18	15
惠州市	**5649**	**1584**	**3710**	**242**	**113**
惠城区	1374	512	747	74	41
惠阳区	1847	524	1255	51	17
博罗县	1558	364	1094	74	26
惠东县	714	158	494	37	25
龙门县	156	26	120	6	4
梅州市	**220**	**20**	**184**	**14**	**2**
梅江区	8	4	4		
梅县区	67	7	54	5	1
大埔县	32		30	1	1
丰顺县	9	3	6		
五华县	37	3	34		
平远县	17	1	15	1	
蕉岭县	28		27	1	
兴宁市	22	2	14	6	

7-1c 续表 32

单位：人

现住地	省外				
	湖南				
	小计	乡	镇的村委会	镇的居委会	街道
汕尾市	**431**	**124**	**278**	**22**	**7**
城 区	97	36	56	4	1
海丰县	285	70	198	13	4
陆河县	13	3	10		
陆丰市	36	15	14	5	2
河源市	**613**	**166**	**388**	**34**	**25**
源城区	107	35	62	6	4
紫金县	89	7	73	6	3
龙川县	162	46	96	11	9
连平县	66	25	37	2	2
和平县	28	2	26		
东源县	161	51	94	9	7
阳江市	**623**	**101**	**469**	**15**	**38**
江城区	137	32	86	4	15
阳东区	315	42	269	3	1
阳西县	49	3	38	3	5
阳春市	122	24	76	5	17
清远市	**1741**	**298**	**1313**	**82**	**48**
清城区	526	82	394	23	27
清新区	405	61	331	7	6
佛冈县	246	42	188	12	4
阳山县	42	5	36	1	
连山壮族瑶族自治县	8	2	6		
连南瑶族自治县	3		1	2	
英德市	434	94	297	33	10
连州市	77	12	60	4	1
东莞市	**13228**	**5068**	**7523**	**400**	**237**
市辖区	13228	5068	7523	400	237
中山市	**3216**	**996**	**2025**	**141**	**54**
市辖区	3216	996	2025	141	54
潮州市	**183**	**65**	**110**		**8**
湘桥区	20	12	7		1
潮安区	134	47	80		7
饶平县	29	6	23		
揭阳市	**103**	**48**	**54**	**1**	
榕城区	14	5	8	1	
揭东区	19	13	6		
揭西县	21	2	19		
惠来县					
普宁市	49	28	21		
云浮市	**130**	**34**	**85**	**7**	**4**
云城区	12	4	2	4	2
云安区	13	4	6	2	1
新兴县	64	21	43		
郁南县	11	2	7	1	1
罗定市	30	3	27		

7-1c　续表 33　　　　单位：人

现住地	省外									
	广西					海南				
	小计	乡	镇的村委会	镇的居委会	街道	小计	乡	镇的村委会	镇的居委会	街道
广　东	**47947**	**13379**	**32681**	**1114**	**773**	**1404**	**296**	**833**	**142**	**133**
广州市	**10457**	**2707**	**7301**	**268**	**181**	**327**	**59**	**211**	**34**	**23**
荔湾区										
越秀区										
海珠区										
天河区										
白云区	3871	1287	2400	99	85	131	29	74	18	10
黄埔区	361	59	274	27	1	9		8		1
番禺区	2013	254	1684	46	29	55	1	41	7	6
花都区	2225	651	1480	54	40	81	23	48	6	4
南沙区	1044	228	773	21	22	15	3	11		1
从化区	118	23	91	3	1	5		5		
增城区	825	205	599	18	3	31	3	24	3	1
韶关市	**377**	**25**	**313**	**17**	**22**	**14**	**1**	**11**	**2**	
武江区	36	3	28	1	4	1		1		
浈江区	23		21	2						
曲江区	50	5	40	1	4	2		1	1	
始兴县	20	4	15	1		1		1		
仁化县	29	2	24	2	1					
翁源县	89	7	67	7	8	2		1	1	
乳源瑶族自治县	26	1	25							
新丰县	36	1	33	1	1	4	1	3		
乐昌市	23		20	1	2	4		4		
南雄市	45	2	40	1	2					
深圳市	**372**	**66**	**290**	**12**	**4**	**18**	**1**	**13**	**1**	**3**
罗湖区										
福田区										
南山区										
宝安区										
龙岗区	372	66	290	12	4	18	1	13	1	3
盐田区										
龙华区										
坪山区										
光明区										
珠海市	**1209**	**139**	**1037**	**25**	**8**	**38**	**3**	**32**	**1**	**2**
香洲区	17	6	9		2	1		1		
斗门区	1056	109	927	14	6	36	3	30	1	2
金湾区	136	24	101	11		1		1		
汕头市	**236**	**133**	**79**	**10**	**14**	**30**	**6**	**18**	**4**	**2**
龙湖区	13	8	5			1		1		
金平区	2		2							
濠江区	37	11	10	6	10	3	1		2	
潮阳区	24	8	14	2		17	1	13	1	2
潮南区	64	56	5	1	2	3	2		1	
澄海区	95	50	42	1	2	6	2	4		
南澳县	1		1							
佛山市	**4483**	**883**	**3469**	**81**	**50**	**29**	**5**	**13**	**7**	**4**
禅城区										
南海区	1694	467	1151	41	35	8	2	2	2	2
顺德区	502	66	429	7		1			1	
三水区	2199	320	1831	33	15	20	3	11	4	2
高明区	88	30	58							

7-1c 续表 34 单位：人

现住地	省外									
	广西					海南				
	小计	乡	镇的村委会	镇的居委会	街道	小计	乡	镇的村委会	镇的居委会	街道
江门市	**5009**	**1405**	**3466**	**61**	**77**	**55**	**22**	**17**	**7**	**9**
蓬江区	17	4	13			3	2	1		
江海区										
新会区	1617	498	1079	13	27	15	6	3	3	3
台山市	716	210	481	15	10	12	6	2	1	3
开平市	1188	346	822	8	12	13	7	5		1
鹤山市	1074	290	742	15	27	7		4	3	
恩平市	397	57	329	10	1	5	1	2		2
湛江市	**883**	**187**	**595**	**68**	**33**	**110**	**23**	**67**	**11**	**9**
赤坎区										
霞山区	16	1	15							
坡头区	18	5	11	1	1	5	5			
麻章区	33	7	24		2	10		7	3	
遂溪县	36	13	19	2	2	7	2	5		
徐闻县	215	73	98	35	9	28	6	16	3	3
廉江市	304	46	241	9	8	23	4	13	2	4
雷州市	136	15	96	18	7	19	1	14	3	1
吴川市	125	27	91	3	4	18	5	12		1
茂名市	**780**	**185**	**548**	**28**	**19**	**180**	**40**	**111**	**9**	**20**
茂南区	82	23	55	3	1	25	5	15	2	3
电白区	177	13	157	5	2	40	4	28	2	6
高州市	96	30	61		5	14	5	7		2
化州市	305	91	196	8	10	9		6		3
信宜市	120	28	79	12	1	92	26	55	5	6
肇庆市	**1191**	**254**	**888**	**32**	**17**	**3**		**3**		
端州区										
鼎湖区	9	2	7							
高要区	313	69	229	13	2					
广宁县	84	2	78	2	2	1		1		
怀集县	38	1	35	1	1	1		1		
封开县	97	52	44		1	1		1		
德庆县	11		10		1					
四会市	639	128	485	16	10					
惠州市	**5017**	**1363**	**3411**	**150**	**93**	**110**	**19**	**58**	**20**	**13**
惠城区	1181	340	755	55	31	29	3	15	5	6
惠阳区	1641	418	1187	30	6	35	6	22	4	3
博罗县	1487	401	1026	42	18	36	8	14	11	3
惠东县	625	186	393	20	26	10	2	7		1
龙门县	83	18	50	3	12					
梅州市	**151**	**21**	**121**	**8**	**1**	**36**	**6**	**15**	**7**	**8**
梅江区	7		6	1		2		2		
梅县区	28	1	25	1	1	4	1	1	1	1
大埔县	10		10			3	1	2		
丰顺县	15		15			8		5	2	1
五华县	31	6	25			7		4	2	1
平远县	10	3	3	4		1	1			
蕉岭县	16		16			2			2	
兴宁市	34	11	21	2		9	3	1		5

7-1c　续表 35　　　　　　　　　　　　　　　　　　　　单位：人

现住地	省外									
	广西					海南				
	小计	乡	镇的村委会	镇的居委会	街道	小计	乡	镇的村委会	镇的居委会	街道
汕尾市	**418**	**117**	**275**	**11**	**15**	**33**	**7**	**19**	**6**	**1**
城　区	55	16	33	1	5	1	1			
海丰县	334	92	224	10	8	7	1	3	2	1
陆河县	5		4		1	22	5	13	4	
陆丰市	24	9	14		1	3		3		
河源市	**431**	**99**	**302**	**13**	**17**	**29**	**14**	**8**	**1**	**6**
源城区	68	27	37		4	8	8			
紫金县	128	40	79	6	3	9	6	1		2
龙川县	67	5	54	3	5	7		5	1	1
连平县	35	2	30	1	2					
和平县	5		3	1	1					
东源县	128	25	99	2	2	5		2		3
阳江市	**818**	**163**	**601**	**24**	**30**	**47**	**6**	**34**	**4**	**3**
江城区	234	73	125	12	24	14		12	2	
阳东区	403	80	314	8	1	13	4	9		
阳西县	70	3	64	2	1	1		1		
阳春市	111	7	98	2	4	19	2	12	2	3
清远市	**1086**	**167**	**861**	**32**	**26**	**43**	**3**	**32**	**7**	**1**
清城区	332	43	264	10	15	16		11	4	1
清新区	286	54	224	6	2	3		3		
佛冈县	124	21	99	4		5	1	4		
阳山县	31	3	26	2		3		3		
连山壮族瑶族自治县	27	1	25		1					
连南瑶族自治县	6	1	5							
英德市	250	37	196	9	8	14	2	9	3	
连州市	30	7	22	1		2		2		
东莞市	**9516**	**3673**	**5600**	**150**	**93**	**182**	**51**	**104**	**13**	**14**
市辖区	9516	3673	5600	150	93	182	51	104	13	14
中山市	**4734**	**1553**	**3012**	**111**	**58**	**59**	**15**	**39**	**1**	**4**
市辖区	4734	1553	3012	111	58	59	15	39	1	4
潮州市	**165**	**88**	**71**	**5**	**1**	**21**	**6**	**7**	**2**	**6**
湘桥区	3	2	1							
潮安区	140	84	55	1		18	6	4	2	6
饶平县	22	2	15	4	1	3		3		
揭阳市	**58**	**5**	**51**	**2**		**23**	**5**	**12**	**3**	**3**
榕城区	7	1	4	2		6		6		
揭东区	14		14			4		2		2
揭西县	24	1	23			9	3	2	3	1
惠来县	2	2				1		1		
普宁市	11	1	10			3	2	1		
云浮市	**556**	**146**	**390**	**6**	**14**	**17**	**4**	**9**	**2**	**2**
云城区	23	1	21		1					
云安区	50	14	32	1	3					
新兴县	259	69	186	3	1					
郁南县	95	34	56	1	4	1		1		
罗定市	129	28	95	1	5	16	4	8	2	2

7−1c 续表 36

单位：人

现住地	省外									
	重庆					四川				
	小计	乡	镇的村委会	镇的居委会	街道	小计	乡	镇的村委会	镇的居委会	街道
广　东	**8692**	**2230**	**5719**	**371**	**372**	**20872**	**5958**	**13617**	**704**	**593**
广州市	**1582**	**295**	**1151**	**70**	**66**	**4858**	**1314**	**3256**	**144**	**144**
荔湾区										
越秀区										
海珠区										
天河区										
白云区	349	84	219	25	21	1400	519	775	49	57
黄埔区	64	16	40	6	2	172	33	121	6	12
番禺区	397	49	322	9	17	986	137	801	28	20
花都区	320	67	222	15	16	1091	314	714	32	31
南沙区	325	58	252	9	6	758	189	534	19	16
从化区	27	3	23	1		84	23	57	3	1
增城区	100	18	73	5	4	367	99	254	7	7
韶关市	**87**	**6**	**74**	**4**	**3**	**254**	**36**	**200**	**5**	**13**
武江区	7		7			18		17		1
浈江区	5		5			32	4	26		2
曲江区	8		5		3	74	18	53	2	1
始兴县	4		4			5	1	3		1
仁化县	12	2	8	2		8		8		
翁源县	16	3	13			39	3	34	1	1
乳源瑶族自治县	1		1			16		13		3
新丰县	20	1	17	2		30	10	19	1	
乐昌市	4		4			16		14		2
南雄市	10		10			16		13	1	2
深圳市	**187**	**24**	**148**	**9**	**6**	**336**	**96**	**205**	**23**	**12**
罗湖区										
福田区										
南山区										
宝安区										
龙岗区	187	24	148	9	6	336	96	205	23	12
盐田区										
龙华区										
坪山区										
光明区										
珠海市	**152**	**15**	**122**	**11**	**4**	**534**	**55**	**461**	**8**	**10**
香洲区	1		1			8	1	7		
斗门区	137	10	113	10	4	489	32	439	8	10
金湾区	14	5	8	1		37	22	15		
汕头市	**77**	**37**	**31**	**5**	**4**	**449**	**234**	**191**	**14**	**10**
龙湖区	1		1			17	16	1		
金平区						1		1		
濠江区	5			1	4	31	9	10	8	4
潮阳区	16	6	8	2		97	63	28	6	
潮南区	33	19	13	1		251	132	113		6
澄海区	22	12	9	1		40	14	26		
南澳县						12		12		
佛山市	**491**	**79**	**388**	**12**	**12**	**1239**	**300**	**863**	**52**	**24**
禅城区										
南海区	144	25	109	5	5	454	153	274	16	11
顺德区	49	5	41		3	202	23	170	4	5
三水区	281	46	228	3	4	563	120	403	32	8
高明区	17	3	10	4		20	4	16		

7-1c　续表 37　　　　　　　　　　　　　　　　　　　　　　　　　单位：人

现住地	省外									
	重庆					四川				
	小计	乡	镇的村委会	镇的居委会	街道	小计	乡	镇的村委会	镇的居委会	街道
江门市	**537**	**150**	**350**	**12**	**25**	**875**	**238**	**588**	**30**	**19**
蓬江区	3		2		1	7	3	4		
江海区										
新会区	218	46	159	6	7	262	62	192	4	4
台山市	85	28	49	4	4	126	41	67	17	1
开平市	88	32	52	2	2	146	49	89	2	6
鹤山市	113	38	64		11	257	73	174	3	7
恩平市	30	6	24			77	10	62	4	1
湛江市	**53**	**7**	**42**	**1**	**3**	**135**	**26**	**104**	**1**	**4**
赤坎区										
霞山区						3		3		
坡头区	3	3				5	4	1		
麻章区	6		6			22	1	21		
遂溪县						4	3		1	
徐闻县	3		3			10	4	6		
廉江市	5	2	3			30	5	22		3
雷州市	12	1	9		2	11	1	10		
吴川市	24	1	21	1	1	50	8	41		1
茂名市	**49**	**2**	**41**	**2**	**4**	**113**	**33**	**71**	**5**	**4**
茂南区	9		6		3	48	18	25	4	1
电白区	15		13	1	1	33	6	26		1
高州市	3	1	2			5	2	2	1	
化州市	11	1	10			18	5	13		
信宜市	11		10	1		9	2	5		2
肇庆市	**217**	**53**	**142**	**14**	**8**	**319**	**70**	**223**	**18**	**8**
端州区										
鼎湖区	1		1			16	7	9		
高要区	25	10	12	2	1	86	35	42	8	1
广宁县	8		8			37		37		
怀集县						17		17		
封开县	5	2	3			6	2	4		
德庆县	1	1				1		1		
四会市	177	40	118	12	7	156	26	113	10	7
惠州市	**1701**	**464**	**1056**	**77**	**104**	**3301**	**932**	**2105**	**146**	**118**
惠城区	437	130	263	21	23	803	286	450	45	22
惠阳区	706	231	432	22	21	1034	279	707	30	18
博罗县	322	59	229	15	19	607	165	387	23	32
惠东县	195	43	103	15	34	807	188	531	47	41
龙门县	41	1	29	4	7	50	14	30	1	5
梅州市	**56**	**11**	**39**	**2**	**4**	**190**	**39**	**146**	**3**	**2**
梅江区	10	1	7	1	1	23	12	10		1
梅县区	9	1	6		2	19	3	15	1	
大埔县	4		4			16		16		
丰顺县	6		6			30	4	26		
五华县	13	4	8		1	52	12	40		
平远县						14	4	10		
蕉岭县	8	1	6	1		21	2	18	1	
兴宁市	6	4	2			15	2	11	1	1

7-1c 续表 38 单位：人

现住地	省外									
	重庆					四川				
	小计	乡	镇的村委会	镇的居委会	街道	小计	乡	镇的村委会	镇的居委会	街道
汕尾市	**280**	**63**	**193**	**17**	**7**	**499**	**123**	**333**	**16**	**27**
城区	28	9	14	3	2	94	27	64	1	2
海丰县	226	50	162	11	3	353	80	241	14	18
陆河县	12	1	11			26	4	22		
陆丰市	14	3	6	3	2	26	12	6	1	7
河源市	**140**	**33**	**98**	**5**	**4**	**503**	**146**	**335**	**16**	**6**
源城区	15	1	12	2		103	53	44	6	
紫金县	63	5	54	1	3	97	8	86	2	1
龙川县	18	8	9		1	91	23	65	2	1
连平县	2		2			40	3	37		
和平县	7	3	2	2		47	20	25	1	1
东源县	35	16	19			125	39	78	5	3
阳江市	**105**	**18**	**76**	**5**	**6**	**244**	**64**	**159**	**7**	**14**
江城区	43	6	27	4	6	137	33	89	5	10
阳东区	51	5	45	1		70	19	47	2	2
阳西县	11	7	4			19	6	12		1
阳春市						18	6	11		1
清远市	**255**	**46**	**169**	**12**	**28**	**570**	**86**	**435**	**21**	**28**
清城区	81	14	56	3	8	170	32	125	4	9
清新区	40	11	25	1	3	167	28	126	6	7
佛冈县	41	10	24	5	2	93	14	76	2	1
阳山县	6	1	5			13		12	1	
连山壮族瑶族自治县						4		2		2
连南瑶族自治县										
英德市	85	10	57	3	15	120	12	91	8	9
连州市	2		2			3		3		
东莞市	**1812**	**638**	**1044**	**75**	**55**	**4031**	**1485**	**2324**	**132**	**90**
市辖区	1812	638	1044	75	55	4031	1485	2324	132	90
中山市	**781**	**239**	**482**	**36**	**24**	**1986**	**554**	**1324**	**58**	**50**
市辖区	781	239	482	36	24	1986	554	1324	58	50
潮州市	**69**	**25**	**41**		**3**	**210**	**56**	**150**		**4**
湘桥区	1		1			5		2		3
潮安区	63	22	39		2	187	47	139		1
饶平县	5	3	1		1	18	9	9		
揭阳市	**21**	**5**	**13**	**2**	**1**	**99**	**43**	**49**	**2**	**5**
榕城区	4	2		2		10	4	5	1	
揭东区	8		8			5	2	3		
揭西县	2		2			5	2	3		
惠来县	2		1		1	3	1	1		1
普宁市	5	3	2			76	34	37	1	4
云浮市	**40**	**20**	**19**		**1**	**127**	**28**	**95**	**3**	**1**
云城区						15	1	14		
云安区	5		4		1	3		3		
新兴县	21	14	7			81	23	56	2	
郁南县	9	4	5			12	4	6	1	1
罗定市	5	2	3			16		16		

7-1c 续表 39 单位：人

现住地	省外									
	贵州					云南				
	小计	乡	镇的村委会	镇的居委会	街道	小计	乡	镇的村委会	镇的居委会	街道
广东	**15254**	**4483**	**10174**	**281**	**316**	**11285**	**3603**	**7313**	**212**	**157**
广州市	**2681**	**655**	**1915**	**57**	**54**	**1592**	**500**	**1018**	**38**	**36**
荔湾区										
越秀区										
海珠区										
天河区										
白云区	806	238	531	19	18	644	231	386	10	17
黄埔区	76	15	49	6	6	57	23	30	4	
番禺区	587	90	481	12	4	213	35	168	4	6
花都区	597	200	370	10	17	378	139	223	8	8
南沙区	368	42	313	7	6	138	22	106	6	4
从化区	56	14	41		1	52	21	30	1	
增城区	191	56	130	3	2	110	29	75	5	1
韶关市	**172**	**29**	**135**	**7**	**1**	**149**	**16**	**129**	**4**	
武江区	21		20		1	22	4	18		
浈江区	6	3	3			5		4	1	
曲江区	17	2	15			14	1	10	3	
始兴县	5	2	3			1		1		
仁化县	31	3	28			11	1	10		
翁源县	13	1	12			50	3	47		
乳源瑶族自治县	15		15			14		14		
新丰县	30	15	15			7	3	4		
乐昌市	11	1	10			7	3	4		
南雄市	23	2	14	7		18	1	17		
深圳市	**138**	**27**	**103**	**2**	**6**	**218**	**45**	**166**	**7**	
罗湖区										
福田区										
南山区										
宝安区										
龙岗区	138	27	103	2	6	218	45	166	7	
盐田区										
龙华区										
坪山区										
光明区										
珠海市	**199**	**42**	**153**		**4**	**275**	**49**	**218**	**5**	**3**
香洲区						5	1	4		
斗门区	186	32	151		3	234	23	204	4	3
金湾区	13	10	2		1	36	25	10	1	
汕头市	**405**	**132**	**237**	**15**	**21**	**394**	**158**	**199**	**7**	**30**
龙湖区	31	16	15			7	2	4		1
金平区										
濠江区	40	5	21	1	13	28	5	11	1	11
潮阳区	37	13	10	14		23	2	17	4	
潮南区	56	28	22		6	37	32	4		1
澄海区	240	70	169		1	298	117	163	1	17
南澳县	1				1	1			1	
佛山市	**1198**	**297**	**860**	**16**	**25**	**472**	**117**	**345**	**7**	**3**
禅城区										
南海区	342	105	214	6	17	184	63	117	4	
顺德区	133	23	109		1	37		36	1	
三水区	685	156	514	8	7	226	46	175	2	3
高明区	38	13	23	2		25	8	17		

7-1c 续表 40 单位：人

现住地	省外									
	贵州					云南				
	小计	乡	镇的村委会	镇的居委会	街道	小计	乡	镇的村委会	镇的居委会	街道
江门市	**1056**	**328**	**691**	**19**	**18**	**901**	**285**	**605**	**8**	**3**
蓬江区	11	6	5			3	3			
江海区										
新会区	381	111	256	6	8	162	45	115	2	
台山市	145	64	76	3	2	87	31	56		
开平市	163	60	93	6	4	296	128	167		1
鹤山市	274	75	193	3	3	179	39	137	1	2
恩平市	82	12	68	1	1	174	39	130	5	
湛江市	**149**	**42**	**102**	**1**	**4**	**152**	**42**	**98**	**7**	**5**
赤坎区										
霞山区	9	5	4			1	1			
坡头区	10	9	1			6	4	1	1	
麻章区	1	1				6	2	4		
遂溪县	9	2	7			7	4	3		
徐闻县	41	14	23	1	3	44	8	33	1	2
廉江市	25	4	21			15	5	10		
雷州市	16	4	11		1	6	2	2	2	
吴川市	38	3	35			67	16	45	3	3
茂名市	**162**	**38**	**115**	**2**	**7**	**141**	**45**	**95**	**1**	
茂南区	43	9	31		3	24	11	12	1	
电白区	50	6	43	1		38	6	32		
高州市	24	6	16	1	1	23	6	17		
化州市	31	11	17		3	49	20	29		
信宜市	14	6	8			7	2	5		
肇庆市	**407**	**102**	**283**	**9**	**13**	**122**	**28**	**90**	**1**	**3**
端州区										
鼎湖区	15	1	14			2	1	1		
高要区	109	36	69	4		30	8	21	1	
广宁县	34	17	17			21	2	18		1
怀集县	4		4			4		4		
封开县	7	2	5			7	4	3		
德庆县										
四会市	238	46	174	5	13	58	13	43		2
惠州市	**3023**	**917**	**1988**	**57**	**61**	**1994**	**659**	**1248**	**57**	**30**
惠城区	655	242	373	25	15	512	246	231	20	15
惠阳区	1062	339	709	10	4	810	279	516	11	4
博罗县	928	241	650	12	25	462	99	339	19	5
惠东县	289	79	186	9	15	193	30	150	7	6
龙门县	89	16	70	1	2	17	5	12		
梅州市	**145**	**18**	**123**	**4**		**104**	**20**	**79**	**5**	
梅江区	8	5	3			6	2	3	1	
梅县区	21	5	16			17	13	4		
大埔县	24		24			9		9		
丰顺县	24		24			3		3		
五华县	18	2	13	3		45	4	38	3	
平远县	16	5	11			4	1	3		
蕉岭县	28		27	1		15		14	1	
兴宁市	6	1	5			5		5		

7-1c　续表 41　　　　单位：人

现住地	省外									
	贵州					云南				
	小计	乡	镇的村委会	镇的居委会	街道	小计	乡	镇的村委会	镇的居委会	街道
汕尾市	**222**	**51**	**154**	**4**	**13**	**142**	**30**	**102**	**8**	**2**
城　区	41	16	21	1	3	34	7	27		
海丰县	153	31	114	2	6	69	15	49	4	1
陆河县	16		13		3	18		18		
陆丰市	12	4	6	1	1	21	8	8	4	1
河源市	**406**	**121**	**272**	**7**	**6**	**155**	**35**	**117**	**3**	
源城区	86	45	39	1	1	51	29	22		
紫金县	82	24	55	1	2	31	2	29		
龙川县	98	26	65	4	3	24		21	3	
连平县	16		16			2		2		
和平县	10	4	6			1		1		
东源县	114	22	91	1		46	4	42		
阳江市	**271**	**57**	**188**	**3**	**23**	**717**	**281**	**418**	**12**	**6**
江城区	75	27	44	1	3	357	176	169	8	4
阳东区	131	15	113	2	1	203	64	137	2	
阳西县	23	10	13			134	41	91	2	
阳春市	42	5	18		19	23		21		2
清远市	**397**	**69**	**315**	**10**	**3**	**323**	**70**	**243**	**5**	**5**
清城区	101	21	77	1	2	112	32	74	4	2
清新区	52	11	40	1		27	1	23	1	2
佛冈县	69	23	45	1		53	5	48		
阳山县	9		8	1		14	2	12		
连山壮族瑶族自治县	9	5	4							
连南瑶族自治县	1		1							
英德市	153	9	137	6	1	115	30	84		1
连州市	3		3			2		2		
东莞市	**2797**	**1092**	**1623**	**47**	**35**	**2561**	**1003**	**1518**	**21**	**19**
市辖区	2797	1092	1623	47	35	2561	1003	1518	21	19
中山市	**894**	**258**	**603**	**18**	**15**	**746**	**172**	**549**	**15**	**10**
市辖区	894	258	603	18	15	746	172	549	15	10
潮州市	**312**	**133**	**176**	**3**		**46**	**22**	**24**		
湘桥区	9		8	1		1		1		
潮安区	286	132	154			41	22	19		
饶平县	17	1	14	2		4		4		
揭阳市	**82**	**41**	**41**			**21**	**11**	**8**	**1**	**1**
榕城区	22	18	4			3	2		1	
揭东区	8	1	7			1		1		
揭西县	4	1	3			1				1
惠来县										
普宁市	48	21	27			16	9	7		
云浮市	**138**	**34**	**97**		**7**	**60**	**15**	**44**		**1**
云城区	18	2	14		2	2	2			
云安区	7	1	4		2	5	3	1		1
新兴县	80	17	60		3	34	10	24		
郁南县	13	9	4			6		6		
罗定市	20	5	15			13		13		

7-1c 续表 42

单位：人

现住地	省外									
	西藏					陕西				
	小计	乡	镇的村委会	镇的居委会	街道	小计	乡	镇的村委会	镇的居委会	街道
广东	**18**	**14**	**3**		**1**	**2768**	**689**	**1827**	**141**	**111**
广州市	**12**	**12**				**559**	**114**	**394**	**32**	**19**
荔湾区										
越秀区										
海珠区										
天河区										
白云区						176	47	114	9	6
黄埔区						40	1	35	1	3
番禺区	2	2				110	11	83	11	5
花都区	10	10				100	30	60	5	5
南沙区						88	13	72	3	
从化区						8	1	7		
增城区						37	11	23	3	
韶关市						**44**	**8**	**28**	**2**	**6**
武江区						1		1		
浈江区						5		4		1
曲江区						1	1			
始兴县						11	1	8		2
仁化县						6	1	3	1	1
翁源县						2		1	1	
乳源瑶族自治县						8		7		1
新丰县						6	5	1		
乐昌市						3		2		1
南雄市						1		1		
深圳市						**72**	**21**	**40**	**7**	**4**
罗湖区										
福田区										
南山区										
宝安区										
龙岗区						72	21	40	7	4
盐田区										
龙华区										
坪山区										
光明区										
珠海市						**109**	**8**	**93**	**7**	**1**
香洲区										
斗门区						100	5	92	2	1
金湾区						9	3	1	5	
汕头市	**2**		**2**			**25**	**11**	**9**		**5**
龙湖区										
金平区										
濠江区	1		1			6	1	1		4
潮阳区	1		1							
潮南区						7	7			
澄海区						12	3	8		1
南澳县										
佛山市						**109**	**26**	**70**	**9**	**4**
禅城区										
南海区						44	18	19	4	3
顺德区						6	3	3		
三水区						58	5	47	5	1
高明区						1		1		

7-1c　续表 43　　　　单位：人

现住地	省外									
	西藏					陕西				
	小计	乡	镇的村委会	镇的居委会	街道	小计	乡	镇的村委会	镇的居委会	街道
江门市	**1**	**1**				**65**	**15**	**45**	**3**	**2**
蓬江区						2	2			
江海区										
新会区						14	1	11	2	
台山市	1	1				6	4	1		1
开平市						6	1	5		
鹤山市						34	5	27	1	1
恩平市						3	2	1		
湛江市						**11**		**10**		**1**
赤坎区										
霞山区										
坡头区						1		1		
麻章区						4		4		
遂溪县						2		2		
徐闻县						1		1		
廉江市						2		2		
雷州市						1				1
吴川市										
茂名市						**5**	**1**	**3**	**1**	
茂南区						1		1		
电白区						1			1	
高州市						3	1	2		
化州市										
信宜市										
肇庆市	**1**	**1**				**30**	**3**	**18**	**4**	**5**
端州区										
鼎湖区						1		1		
高要区	1	1				2			2	
广宁县										
怀集县										
封开县						7	1	3	1	2
德庆县										
四会市						20	2	14	1	3
惠州市						**423**	**98**	**285**	**20**	**20**
惠城区						132	34	81	10	7
惠阳区						152	36	109	5	2
博罗县						89	20	60	4	5
惠东县						44	8	29	1	6
龙门县						6		6		
梅州市	**1**				**1**	**14**	**2**	**12**		
梅江区						1		1		
梅县区						2		2		
大埔县						1		1		
丰顺县						1		1		
五华县						4		4		
平远县						2	1	1		
蕉岭县						1		1		
兴宁市	1				1	2	1	1		

7-1c 续表 44 单位：人

现住地	省外									
	西藏					陕西				
	小计	乡	镇的村委会	镇的居委会	街道	小计	乡	镇的村委会	镇的居委会	街道
汕尾市						**42**	**9**	**24**	**1**	**8**
城　区						8	4	2		2
海丰县						32	5	21	1	5
陆河县										
陆丰市						2		1		1
河源市						**63**	**12**	**48**		**3**
源城区						25	2	23		
紫金县						5	2	2		1
龙川县						21	4	16		1
连平县						2		2		
和平县						3		2		1
东源县						7	4	3		
阳江市						**30**		**27**	**3**	
江城区						5		5		
阳东区						9		9		
阳西县						4		3	1	
阳春市						12		10	2	
清远市						**94**	**12**	**79**	**2**	**1**
清城区						25	6	17	1	1
清新区						14	3	10	1	
佛冈县						23		23		
阳山县						2		2		
连山壮族瑶族自治县										
连南瑶族自治县										
英德市						25	3	22		
连州市						5		5		
东莞市	**1**		**1**			**918**	**324**	**531**	**43**	**20**
市辖区	1		1			918	324	531	43	20
中山市						**138**	**20**	**102**	**4**	**12**
市辖区						138	20	102	4	12
潮州市						**3**	**1**	**1**	**1**	
湘桥区										
潮安区						2		1	1	
饶平县						1	1			
揭阳市						**7**	**3**	**3**	**1**	
榕城区						3		2	1	
揭东区						1		1		
揭西县										
惠来县										
普宁市						3	3			
云浮市						**7**	**1**	**5**	**1**	
云城区						3		3		
云安区						2		2		
新兴县						2	1		1	
郁南县										
罗定市										

7-1c　续表 45　　　　单位：人

现住地	省外									
	甘肃					青海				
	小计	乡	镇的村委会	镇的居委会	街道	小计	乡	镇的村委会	镇的居委会	街道
广　东	**992**	**281**	**616**	**40**	**55**	**119**	**42**	**54**	**9**	**14**
广州市	**219**	**59**	**143**	**6**	**11**	**32**	**9**	**19**	**2**	**2**
荔湾区										
越秀区										
海珠区										
天河区										
白云区	74	31	38	1	4	8	3	4		1
黄埔区	15	6	7	2						
番禺区	45	8	31	3	3	4	2	2		
花都区	32	6	23		3	14	4	8	1	1
南沙区	32	3	28		1	2		1	1	
从化区	4	1	3							
增城区	17	4	13			4		4		
韶关市	**13**	**2**	**9**		**2**	**2**		**1**	**1**	
武江区										
浈江区	1		1							
曲江区	3		3							
始兴县	3	2	1							
仁化县	2				2					
翁源县	2		2							
乳源瑶族自治县						1			1	
新丰县										
乐昌市	2		2							
南雄市						1		1		
深圳市	**9**	**3**	**4**		**2**					
罗湖区										
福田区										
南山区										
宝安区										
龙岗区	9	3	4		2					
盐田区										
龙华区										
坪山区										
光明区										
珠海市	**21**	**1**	**19**		**1**	**5**	**1**	**4**		
香洲区										
斗门区	20	1	19			4		4		
金湾区	1				1	1	1			
汕头市	**7**	**2**		**2**	**3**	**1**	**1**			
龙湖区										
金平区										
濠江区	3				3					
潮阳区	2			2						
潮南区	2	2				1	1			
澄海区										
南澳县										
佛山市	**41**	**4**	**36**	**1**		**1**	**1**			
禅城区										
南海区	12	3	9			1	1			
顺德区	4		4							
三水区	24	1	22	1						
高明区	1		1							

7-1c 续表 46　　　　单位：人

现住地	省外									
	甘肃					青海				
	小计	乡	镇的村委会	镇的居委会	街道	小计	乡	镇的村委会	镇的居委会	街道
江门市	**18**	**7**	**7**	**1**	**3**	**3**	**1**	**2**		
蓬江区										
江海区										
新会区	7		4	1	2	1		1		
台山市	3	2			1					
开平市	5	3	2			1	1			
鹤山市	2	2				1		1		
恩平市	1		1							
湛江市	**1**		**1**			**2**				**2**
赤坎区										
霞山区										
坡头区										
麻章区										
遂溪县										
徐闻县	1		1			2				2
廉江市										
雷州市										
吴川市										
茂名市	**5**		**2**		**3**	**1**				**1**
茂南区	4		1		3	1				1
电白区										
高州市										
化州市	1		1							
信宜市										
肇庆市	**2**		**2**							
端州区										
鼎湖区										
高要区										
广宁县										
怀集县										
封开县										
德庆县										
四会市	2		2							
惠州市	**232**	**83**	**133**	**10**	**6**	**33**	**21**	**9**	**2**	**1**
惠城区	74	27	39	5	3	28	19	8	1	
惠阳区	94	34	57	2	1	4	2	1		1
博罗县	53	19	31	2	1					
惠东县	9	3	4	1	1	1			1	
龙门县	2		2							
梅州市	**7**		**5**		**2**	**3**				**3**
梅江区										
梅县区	6		5		1	1				1
大埔县										
丰顺县										
五华县										
平远县										
蕉岭县										
兴宁市	1				1	2				2

7-1c　续表 47　　　　　　　　　　　　　　　　　　　　　　　　　　单位：人

现住地	省外									
	甘肃					青海				
	小计	乡	镇的村委会	镇的居委会	街道	小计	乡	镇的村委会	镇的居委会	街道
汕尾市	**24**	**6**	**15**	**2**	**1**	**1**				**1**
城　区	13	6	6		1					
海丰县	8		6	2		1				1
陆河县										
陆丰市	3		3							
河源市	**19**	**11**	**7**	**1**						
源城区	5	4	1							
紫金县	8	5	3							
龙川县	3	1	1	1						
连平县										
和平县										
东源县	3	1	2							
阳江市	**24**	**6**	**10**	**2**	**6**	**2**				**2**
江城区	12	4	4		4	2				2
阳东区	4	1	2	1						
阳西县	1				1					
阳春市	7	1	4	1	1					
清远市	**28**	**1**	**17**	**6**	**4**	**2**		**2**		
清城区	11		9	2						
清新区	6		2		4					
佛冈县	2		2			2		2		
阳山县										
连山壮族瑶族自治县	1		1							
连南瑶族自治县										
英德市	7		3	4						
连州市	1	1								
东莞市	**233**	**78**	**142**	**5**	**8**	**18**	**4**	**10**	**2**	**2**
市辖区	233	78	142	5	8	18	4	10	2	2
中山市	**86**	**18**	**62**	**4**	**2**	**13**	**4**	**7**	**2**	
市辖区	86	18	62	4	2	13	4	7	2	
潮州市										
湘桥区										
潮安区										
饶平县										
揭阳市										
榕城区										
揭东区										
揭西县										
惠来县										
普宁市										
云浮市	**3**		**2**		**1**					
云城区										
云安区	2		1		1					
新兴县	1		1							
郁南县										
罗定市										

7-1c 续表 48

单位：人

现住地	省外									
	宁夏					新疆				
	小计	乡	镇的村委会	镇的居委会	街道	小计	乡	镇的村委会	镇的居委会	街道
广东	**74**	**22**	**33**	**9**	**10**	**147**	**25**	**71**	**19**	**32**
广州市	**23**	**6**	**9**	**3**	**5**	**46**	**6**	**17**	**7**	**16**
荔湾区										
越秀区										
海珠区										
天河区										
白云区	9	5	2		2	20	3	5	3	9
黄埔区										
番禺区	12	1	5	3	3	10		4	2	4
花都区	2		2			10	1	5	1	3
南沙区						2	1	1		
从化区						1		1		
增城区						3	1	1	1	
韶关市						**5**		**3**		**2**
武江区						1				1
浈江区										
曲江区										
始兴县										
仁化县										
翁源县						2		2		
乳源瑶族自治县						1				1
新丰县										
乐昌市						1		1		
南雄市										
深圳市	**5**		**5**			**4**		**2**	**1**	**1**
罗湖区										
福田区										
南山区										
宝安区										
龙岗区	5		5			4		2	1	1
盐田区										
龙华区										
坪山区										
光明区										
珠海市	**1**		**1**			**2**		**2**		
香洲区										
斗门区	1		1			2		2		
金湾区										
汕头市						**2**	**1**		**1**	
龙湖区						1	1			
金平区										
濠江区						1			1	
潮阳区										
潮南区										
澄海区										
南澳县										
佛山市	**6**	**1**	**2**	**3**		**1**				**1**
禅城区										
南海区	1	1								
顺德区										
三水区	5		2	3		1				1
高明区										

7-1c　续表 49　　　　　　　　　　　　　　　　　　　　　　　　　　单位：人

现住地	省外									
	宁夏					新疆				
	小计	乡	镇的村委会	镇的居委会	街道	小计	乡	镇的村委会	镇的居委会	街道
江门市	**3**	**2**			**1**	**3**		**2**	**1**	
蓬江区										
江海区										
新会区						1			1	
台山市	2	1			1					
开平市	1	1				2		2		
鹤山市										
恩平市										
湛江市	**1**	**1**				**1**		**1**		
赤坎区										
霞山区										
坡头区										
麻章区										
遂溪县										
徐闻县										
廉江市	1	1				1		1		
雷州市										
吴川市										
茂名市	**1**				**1**	**10**	**1**	**2**	**3**	**4**
茂南区	1				1	6			2	4
电白区						4	1	2	1	
高州市										
化州市										
信宜市										
肇庆市	**1**		**1**			**2**			**1**	**1**
端州区										
鼎湖区										
高要区										
广宁县	1		1							
怀集县										
封开县										
德庆县										
四会市						2			1	1
惠州市	**7**	**1**	**6**			**34**	**3**	**30**	**1**	
惠城区	1		1			6		6		
惠阳区	2	1	1			4	1	2	1	
博罗县	3		3			2	2			
惠东县	1		1			22		22		
龙门县										
梅州市						**2**				**2**
梅江区										
梅县区						2				2
大埔县										
丰顺县										
五华县										
平远县										
蕉岭县										
兴宁市										

7-1c 续表 50　　　　单位：人

现住地	省外									
	宁夏					新疆				
	小计	乡	镇的村委会	镇的居委会	街道	小计	乡	镇的村委会	镇的居委会	街道
汕尾市	**2**	**2**				**2**			**1**	**1**
城区	2	2				1				1
海丰县						1			1	
陆河县										
陆丰市										
河源市	**2**	**1**	**1**			**2**				**2**
源城区	1	1								
紫金县										
龙川县	1		1							
连平县										
和平县										
东源县						2				2
阳江市	**3**	**1**	**2**							
江城区	2	1	1							
阳东区	1		1							
阳西县										
阳春市										
清远市						**10**	**5**	**3**	**2**	
清城区						4	1	1	2	
清新区						5	4	1		
佛冈县						1		1		
阳山县										
连山壮族瑶族自治县										
连南瑶族自治县										
英德市										
连州市										
东莞市	**11**	**5**	**4**	**2**		**17**	**8**	**6**	**1**	**2**
市辖区	11	5	4	2		17	8	6	1	2
中山市	**8**	**2**	**2**	**1**	**3**	**1**		**1**		
市辖区	8	2	2	1	3	1		1		
潮州市										
湘桥区										
潮安区										
饶平县										
揭阳市						**3**	**1**	**2**		
榕城区										
揭东区										
揭西县										
惠来县						1	1			
普宁市						2		2		
云浮市										
云城区										
云安区										
新兴县										
郁南县										
罗定市										

7-2　全省按现住地、职业和性别分的户口登记地在本省其他乡镇街道人口

单位：人

现住地	合计			党的机关、国家机关、群众团体和社会组织、企事业单位负责人		
	合计	男	女	小计	男	女
广　东	**1476884**	**870960**	**605924**	**57234**	**42065**	**15169**
广州市	**322019**	**185270**	**136749**	**12302**	**8782**	**3520**
荔湾区	17711	9689	8022	716	486	230
越秀区	13628	7325	6303	322	235	87
海珠区	30539	16730	13809	907	633	274
天河区	58093	33096	24997	1949	1344	605
白云区	80690	46310	34380	2467	1793	674
黄埔区	23278	14091	9187	956	689	267
番禺区	48286	27855	20431	2825	2059	766
花都区	20790	12418	8372	1022	718	304
南沙区	10721	6893	3828	145	107	38
从化区	3555	2038	1517	150	102	48
增城区	14728	8825	5903	843	616	227
韶关市	**26443**	**14750**	**11693**	**895**	**632**	**263**
武江区	5550	2972	2578	134	92	42
浈江区	4485	2527	1958	208	140	68
曲江区	2786	1615	1171	106	74	32
始兴县	1603	810	793	55	38	17
仁化县	1437	837	600	41	30	11
翁源县	2072	1116	956	79	53	26
乳源瑶族自治县	2033	1129	904	57	45	12
新丰县	1357	802	555	39	31	8
乐昌市	2526	1466	1060	49	45	4
南雄市	2594	1476	1118	127	84	43
深圳市	**358870**	**211758**	**147112**	**14843**	**11151**	**3692**
罗湖区	24934	13747	11187	906	693	213
福田区	34653	19861	14792	1469	1084	385
南山区	32940	18969	13971	927	674	253
宝安区	91717	54929	36788	3973	2979	994
龙岗区	90166	53498	36668	4114	3061	1053
盐田区	4746	2827	1919	155	117	38
龙华区	51824	30646	21178	2607	1981	626
坪山区	9001	5562	3439	280	215	65
光明区	18889	11719	7170	412	347	65
珠海市	**35935**	**21347**	**14588**	**1456**	**1054**	**402**
香洲区	23182	13494	9688	1196	839	357
斗门区	7373	4461	2912	105	82	23
金湾区	5380	3392	1988	155	133	22
汕头市	**18526**	**10972**	**7554**	**895**	**706**	**189**
龙湖区	5319	3202	2117	272	206	66
金平区	6111	3493	2618	237	185	52
濠江区	461	299	162	8	5	3
潮阳区	1741	1120	621	84	73	11
潮南区	926	559	367	30	27	3
澄海区	3797	2192	1605	255	201	54
南澳县	171	107	64	9	9	
佛山市	**144675**	**88480**	**56195**	**6402**	**4621**	**1781**
禅城区	26551	15443	11108	965	693	272
南海区	63370	39277	24093	3178	2271	907
顺德区	38167	23432	14735	1880	1364	516
三水区	10610	6654	3956	267	207	60
高明区	5977	3674	2303	112	86	26

7-2 续表 1

单位：人

现住地	合计			党的机关、国家机关、群众团体和社会组织、企事业单位负责人		
	合计	男	女	小计	男	女
江门市	**45746**	**26860**	**18886**	**1666**	**1208**	**458**
蓬江区	9480	5266	4214	465	334	131
江海区	4921	2912	2009	165	125	40
新会区	8468	4922	3546	357	249	108
台山市	6180	3685	2495	286	199	87
开平市	7817	4635	3182	209	158	51
鹤山市	4965	3056	1909	106	85	21
恩平市	3915	2384	1531	78	58	20
湛江市	**43881**	**25534**	**18347**	**923**	**692**	**231**
赤坎区	6785	3863	2922	267	201	66
霞山区	12727	7308	5419	274	192	82
坡头区	1098	654	444	37	29	8
麻章区	2020	1306	714	28	20	8
遂溪县	2481	1426	1055	35	30	5
徐闻县	3070	1763	1307	43	34	9
廉江市	6467	3589	2878	106	81	25
雷州市	5745	3571	2174	87	69	18
吴川市	3488	2054	1434	46	36	10
茂名市	**27025**	**15283**	**11742**	**476**	**379**	**97**
茂南区	8080	4580	3500	91	73	18
电白区	4538	2631	1907	98	84	14
高州市	5258	2860	2398	132	99	33
化州市	5515	3191	2324	86	69	17
信宜市	3634	2021	1613	69	54	15
肇庆市	**26774**	**15899**	**10875**	**792**	**573**	**219**
端州区	6717	3921	2796	275	196	79
鼎湖区	2078	1276	802	72	53	19
高要区	2009	1172	837	41	29	12
广宁县	1268	708	560	49	38	11
怀集县	2083	1181	902	123	77	46
封开县	1116	621	495	12	11	1
德庆县	1322	716	606	43	31	12
四会市	10181	6304	3877	177	138	39
惠州市	**73758**	**44709**	**29049**	**2282**	**1715**	**567**
惠城区	28876	17290	11586	1483	1111	372
惠阳区	18880	12023	6857	368	286	82
博罗县	9092	5492	3600	95	70	25
惠东县	15283	8979	6304	313	227	86
龙门县	1627	925	702	23	21	2
梅州市	**29044**	**16601**	**12443**	**942**	**683**	**259**
梅江区	7100	3964	3136	270	206	64
梅县区	7591	4408	3183	253	169	84
大埔县	2014	1231	783	52	42	10
丰顺县	1685	970	715	30	20	10
五华县	1995	1099	896	62	44	18
平远县	1360	766	594	51	38	13
蕉岭县	2049	1223	826	57	45	12
兴宁市	5250	2940	2310	167	119	48

7−2　续表 2　　　　　　　　　　　　　　　　　　　　　　　　　　　　单位：人

现住地	合计			党的机关、国家机关、群众团体和社会组织、企事业单位负责人		
	合计	男	女	小计	男	女
汕尾市	**19446**	**13216**	**6230**	**676**	**547**	**129**
城　区	4651	3137	1514	202	159	43
海丰县	10652	7116	3536	327	263	64
陆河县	1177	787	390	42	36	6
陆丰市	2966	2176	790	105	89	16
河源市	**29892**	**16739**	**13153**	**452**	**381**	**71**
源城区	15246	8480	6766	269	212	57
紫金县	2253	1323	930	29	27	2
龙川县	5233	2905	2328	52	47	5
连平县	1544	901	643	14	13	1
和平县	2232	1197	1035	23	21	2
东源县	3384	1933	1451	65	61	4
阳江市	**29114**	**17166**	**11948**	**958**	**655**	**303**
江城区	13634	7957	5677	545	379	166
阳东区	6978	4170	2808	244	165	79
阳西县	3594	2204	1390	86	57	29
阳春市	4908	2835	2073	83	54	29
清远市	**39696**	**22940**	**16756**	**801**	**606**	**195**
清城区	16721	9836	6885	371	283	88
清新区	9791	5572	4219	166	120	46
佛冈县	2237	1320	917	26	23	3
阳山县	1839	1089	750	32	22	10
连山壮族瑶族自治县	481	268	213	7	7	
连南瑶族自治县	485	253	232	13	9	4
英德市	6346	3555	2791	149	117	32
连州市	1796	1047	749	37	25	12
东莞市	**136428**	**82691**	**53737**	**7061**	**5148**	**1913**
市辖区	136428	82691	53737	7061	5148	1913
中山市	**43813**	**25671**	**18142**	**2238**	**1634**	**604**
市辖区	43813	25671	18142	2238	1634	604
潮州市	**9722**	**5774**	**3948**	**688**	**523**	**165**
湘桥区	6098	3595	2503	406	306	100
潮安区	2514	1496	1018	258	197	61
饶平县	1110	683	427	24	20	4
揭阳市	**2373**	**1434**	**939**	**57**	**46**	**11**
榕城区	188	138	50	14	12	2
揭东区	397	256	141	12	9	3
揭西县	217	133	84	4	4	
惠来县	384	239	145	7	6	1
普宁市	1187	668	519	20	15	5
云浮市	**13704**	**7866**	**5838**	**429**	**329**	**100**
云城区	5336	3103	2233	252	197	55
云安区	413	264	149	9	8	1
新兴县	3711	2121	1590	80	62	18
郁南县	1164	685	479	26	16	10
罗定市	3080	1693	1387	62	46	16

7-2 续表 3 单位：人

现住地	专业技术人员			办事人员和有关人员			社会生产服务和生活服务人员		
	小计	男	女	小计	男	女	小计	男	女
广　东	**217430**	**96919**	**120511**	**136131**	**69797**	**66334**	**693789**	**413428**	**280361**
广州市	**53169**	**23444**	**29725**	**34966**	**16422**	**18544**	**170561**	**101710**	**68851**
荔湾区	3156	1308	1848	2361	1071	1290	10135	5834	4301
越秀区	3102	1247	1855	1851	916	935	7920	4591	3329
海珠区	5011	2115	2896	3500	1640	1860	16397	9477	6920
天河区	11309	5237	6072	7755	3632	4123	33738	20402	13336
白云区	9876	3942	5934	6333	2926	3407	49074	29386	19688
黄埔区	4585	2321	2264	2864	1290	1574	9605	5911	3694
番禺区	8564	3840	4724	4908	2163	2745	23066	13681	9385
花都区	2881	1252	1629	2246	1165	1081	8655	5262	3393
南沙区	1489	738	751	932	444	488	3996	2461	1535
从化区	588	249	339	505	290	215	1416	799	617
增城区	2608	1195	1413	1711	885	826	6559	3906	2653
韶关市	**3982**	**1666**	**2316**	**2754**	**1608**	**1146**	**10935**	**5805**	**5130**
武江区	965	373	592	690	366	324	2400	1321	1079
浈江区	731	308	423	535	308	227	2204	1198	1006
曲江区	346	139	207	207	119	88	1246	657	589
始兴县	231	101	130	159	93	66	514	263	251
仁化县	270	120	150	170	105	65	499	262	237
翁源县	294	101	193	161	100	61	837	431	406
乳源瑶族自治县	228	111	117	213	121	92	660	307	353
新丰县	163	78	85	106	73	33	597	318	279
乐昌市	328	142	186	273	170	103	995	523	472
南雄市	426	193	233	240	153	87	983	525	458
深圳市	**60534**	**28189**	**32345**	**29630**	**14624**	**15006**	**184525**	**111094**	**73431**
罗湖区	3833	1461	2372	2254	1120	1134	16361	9205	7156
福田区	6144	2547	3597	2301	1279	1022	22995	13594	9401
南山区	7763	3755	4008	3882	1894	1988	17573	10499	7074
宝安区	15829	8089	7740	5548	2800	2748	42180	25745	16435
龙岗区	12975	5843	7132	8840	4152	4688	46270	28187	18083
盐田区	741	302	439	416	221	195	2574	1563	1011
龙华区	8947	3983	4964	4055	1941	2114	25182	15112	10070
坪山区	1475	772	703	993	513	480	3639	2293	1346
光明区	2827	1437	1390	1341	704	637	7751	4896	2855
珠海市	**5679**	**2823**	**2856**	**3781**	**1844**	**1937**	**15709**	**9146**	**6563**
香洲区	4034	1954	2080	2894	1436	1458	10931	6235	4696
斗门区	905	469	436	397	168	229	3007	1812	1195
金湾区	740	400	340	490	240	250	1771	1099	672
汕头市	**2707**	**1098**	**1609**	**2474**	**1487**	**987**	**8191**	**4970**	**3221**
龙湖区	640	268	372	728	438	290	2464	1513	951
金平区	944	378	566	739	403	336	3146	1884	1262
濠江区	115	71	44	46	33	13	131	88	43
潮阳区	349	129	220	278	196	82	655	437	218
潮南区	69	40	29	50	34	16	308	188	120
澄海区	570	200	370	594	357	237	1410	819	591
南澳县	20	12	8	39	26	13	77	41	36
佛山市	**15661**	**6591**	**9070**	**11079**	**5351**	**5728**	**66459**	**40878**	**25581**
禅城区	3207	1323	1884	2235	992	1243	13974	8527	5447
南海区	6289	2695	3594	4673	2277	2396	29780	18584	11196
顺德区	4330	1741	2589	2576	1226	1350	16067	9807	6260
三水区	1234	548	686	1003	531	472	4297	2553	1744
高明区	601	284	317	592	325	267	2341	1407	934

7-2　续表 4　　单位：人

现 住 地	专业技术人员			办事人员和有关人员			社会生产服务和生活服务人员		
	小计	男	女	小计	男	女	小计	男	女
江门市	**5920**	**2580**	**3340**	**4368**	**2187**	**2181**	**18516**	**10577**	**7939**
蓬江区	1573	638	935	1227	550	677	4015	2227	1788
江海区	607	253	354	383	188	195	2002	1203	799
新会区	1182	505	677	923	473	450	3231	1835	1396
台山市	759	351	408	595	327	268	2587	1450	1137
开平市	846	394	452	497	262	235	3366	1889	1477
鹤山市	598	275	323	452	228	224	1928	1173	755
恩平市	355	164	191	291	159	132	1387	800	587
湛江市	**7200**	**2846**	**4354**	**3779**	**2393**	**1386**	**21492**	**12191**	**9301**
赤坎区	1199	474	725	924	541	383	3447	1924	1523
霞山区	2061	806	1255	1135	672	463	7136	3971	3165
坡头区	232	96	136	109	68	41	404	213	191
麻章区	283	124	159	84	55	29	900	549	351
遂溪县	357	142	215	131	81	50	1111	623	488
徐闻县	450	172	278	255	181	74	1472	824	648
廉江市	1164	414	750	521	359	162	2819	1574	1245
雷州市	759	340	419	300	221	79	2675	1648	1027
吴川市	695	278	417	320	215	105	1528	865	663
茂名市	**4928**	**1956**	**2972**	**2175**	**1343**	**832**	**13022**	**7193**	**5829**
茂南区	1212	464	748	775	436	339	4420	2422	1998
电白区	872	345	527	289	185	104	2074	1147	927
高州市	1132	449	683	391	261	130	2524	1392	1132
化州市	1050	438	612	459	294	165	2386	1318	1068
信宜市	662	260	402	261	167	94	1618	914	704
肇庆市	**3228**	**1433**	**1795**	**2372**	**1384**	**988**	**12296**	**7056**	**5240**
端州区	1021	450	571	831	479	352	3316	1933	1383
鼎湖区	238	121	117	177	95	82	880	497	383
高要区	138	54	84	135	67	68	791	479	312
广宁县	151	68	83	112	66	46	540	278	262
怀集县	307	147	160	152	96	56	1020	555	465
封开县	135	61	74	118	81	37	481	252	229
德庆县	171	73	98	123	59	64	585	305	280
四会市	1067	459	608	724	441	283	4683	2757	1926
惠州市	**9329**	**4321**	**5008**	**6604**	**3748**	**2856**	**30354**	**18242**	**12112**
惠城区	4542	2131	2411	2599	1425	1174	12261	7409	4852
惠阳区	2220	1074	1146	1685	966	719	7513	4660	2853
博罗县	1063	475	588	969	553	416	3444	2092	1352
惠东县	1259	542	717	1155	695	460	6422	3698	2724
龙门县	245	99	146	196	109	87	714	383	331
梅州市	**4573**	**1896**	**2677**	**3499**	**2072**	**1427**	**12399**	**6921**	**5478**
梅江区	1194	472	722	1160	701	459	2971	1572	1399
梅县区	1080	451	629	810	420	390	3385	1944	1441
大埔县	297	118	179	200	125	75	798	444	354
丰顺县	198	91	107	167	101	66	669	399	270
五华县	413	185	228	251	150	101	842	467	375
平远县	176	78	98	129	81	48	567	297	270
蕉岭县	253	98	155	150	89	61	940	515	425
兴宁市	962	403	559	632	405	227	2227	1283	944

7−2 续表 5

单位：人

现住地	专业技术人员			办事人员和有关人员			社会生产服务和生活服务人员		
	小计	男	女	小计	男	女	小计	男	女
汕尾市	**2170**	**1063**	**1107**	**1944**	**1327**	**617**	**8091**	**5494**	**2597**
城　区	580	288	292	627	430	197	1817	1202	615
海丰县	1003	498	505	973	645	328	4318	2922	1396
陆河县	165	59	106	139	96	43	426	240	186
陆丰市	422	218	204	205	156	49	1530	1130	400
河源市	**4469**	**1817**	**2652**	**2668**	**1529**	**1139**	**12867**	**7328**	**5539**
源城区	2287	924	1363	1446	787	659	6852	3916	2936
紫金县	366	141	225	205	127	78	958	580	378
龙川县	780	334	446	325	206	119	2155	1209	946
连平县	278	125	153	179	106	73	588	331	257
和平县	303	109	194	207	131	76	999	513	486
东源县	455	184	271	306	172	134	1315	779	536
阳江市	**3345**	**1438**	**1907**	**2318**	**1371**	**947**	**10567**	**5982**	**4585**
江城区	1663	675	988	1183	680	503	5444	3093	2351
阳东区	642	276	366	497	287	210	1991	1172	819
阳西县	434	212	222	276	166	110	1177	646	531
阳春市	606	275	331	362	238	124	1955	1071	884
清远市	**5063**	**2057**	**3006**	**3863**	**2165**	**1698**	**17387**	**9926**	**7461**
清城区	2361	951	1410	1981	1090	891	7359	4265	3094
清新区	877	357	520	686	366	320	4252	2521	1731
佛冈县	258	109	149	198	115	83	985	552	433
阳山县	293	151	142	204	120	84	779	427	352
连山壮族瑶族自治县	106	39	67	79	50	29	166	81	85
连南瑶族自治县	84	26	58	56	35	21	158	81	77
英德市	846	323	523	522	310	212	2902	1595	1307
连州市	238	101	137	137	79	58	786	404	382
东莞市	**16091**	**7740**	**8351**	**11641**	**5707**	**5934**	**52466**	**32414**	**20052**
市辖区	16091	7740	8351	11641	5707	5934	52466	32414	20052
中山市	**5638**	**2452**	**3186**	**3505**	**1614**	**1891**	**17489**	**10346**	**7143**
市辖区	5638	2452	3186	3505	1614	1891	17489	10346	7143
潮州市	**1532**	**633**	**899**	**1199**	**733**	**466**	**3794**	**2346**	**1448**
湘桥区	1014	419	595	884	547	337	2451	1533	918
潮安区	379	151	228	218	119	99	866	521	345
饶平县	139	63	76	97	67	30	477	292	185
揭阳市	**241**	**115**	**126**	**160**	**106**	**54**	**1361**	**856**	**505**
榕城区	13	8	5	20	14	6	70	50	20
揭东区	20	7	13	22	14	8	273	177	96
揭西县	30	12	18	28	17	11	85	52	33
惠来县	56	31	25	31	22	9	228	146	82
普宁市	122	57	65	59	39	20	705	431	274
云浮市	**1971**	**761**	**1210**	**1352**	**782**	**570**	**5308**	**2953**	**2355**
云城区	737	269	468	580	296	284	2242	1228	1014
云安区	69	31	38	59	42	17	111	66	45
新兴县	455	190	265	350	206	144	1349	735	614
郁南县	177	67	110	110	70	40	450	272	178
罗定市	533	204	329	253	168	85	1156	652	504

7-2　续表 6　　　　　　　　　　　　　　　　　　　　　　　　　　　　单位：人

现住地	农、林、牧、渔业生产及辅助人员			生产制造及有关人员			不便分类的其他从业人员		
	小计	男	女	小计	男	女	小计	男	女
广　东	**20013**	**12612**	**7401**	**350087**	**234995**	**115092**	**2200**	**1144**	**1056**
广州市	**1562**	**977**	**585**	**49089**	**33717**	**15372**	**370**	**218**	**152**
荔湾区	55	39	16	1271	942	329	17	9	8
越秀区	10	8	2	411	320	91	12	8	4
海珠区	36	23	13	4636	2814	1822	52	28	24
天河区	82	50	32	3240	2420	820	20	11	9
白云区	469	269	200	12409	7957	4452	62	37	25
黄埔区	99	70	29	5045	3733	1312	124	77	47
番禺区	196	126	70	8710	5979	2731	17	7	10
花都区	214	140	74	5713	3843	1870	59	38	21
南沙区	152	90	62	4007	3053	954			
从化区	71	43	28	822	553	269	3	2	1
增城区	178	119	59	2825	2103	722	4	1	3
韶关市	**1358**	**812**	**546**	**6509**	**4220**	**2289**	**10**	**7**	**3**
武江区	75	52	23	1284	766	518	2	2	
浈江区	97	68	29	709	504	205	1	1	
曲江区	118	67	51	763	559	204			
始兴县	103	71	32	538	242	296	3	2	1
仁化县	116	65	51	341	255	86			
翁源县	193	117	76	508	314	194			
乳源瑶族自治县	204	111	93	669	433	236	2	1	1
新丰县	62	33	29	389	268	121	1	1	
乐昌市	164	104	60	717	482	235			
南雄市	226	124	102	591	397	194	1		1
深圳市	**788**	**524**	**264**	**68215**	**45980**	**22235**	**335**	**196**	**139**
罗湖区	25	18	7	1549	1247	302	6	3	3
福田区	19	17	2	1704	1328	376	21	12	9
南山区	70	53	17	2707	2084	623	18	10	8
宝安区	183	120	63	23969	15176	8793	35	20	15
龙岗区	179	128	51	17579	12011	5568	209	116	93
盐田区	12	11	1	845	611	234	3	2	1
龙华区	81	52	29	10928	7559	3369	24	18	6
坪山区	84	48	36	2511	1706	805	19	15	4
光明区	135	77	58	6423	4258	2165			
珠海市	**559**	**388**	**171**	**8681**	**6052**	**2629**	**70**	**40**	**30**
香洲区	146	100	46	3932	2903	1029	49	27	22
斗门区	231	165	66	2727	1764	963	1	1	
金湾区	182	123	59	2022	1385	637	20	12	8
汕头市	**123**	**86**	**37**	**4122**	**2613**	**1509**	**14**	**12**	**2**
龙湖区	23	13	10	1189	761	428	3	3	
金平区	23	16	7	1020	626	394	2	1	1
濠江区	3	1	2	158	101	57			
潮阳区	20	16	4	355	269	86			
潮南区	10	7	3	456	260	196	3	3	
澄海区	30	23	7	932	587	345	6	5	1
南澳县	14	10	4	12	9	3			
佛山市	**1151**	**737**	**414**	**43646**	**30132**	**13514**	**277**	**170**	**107**
禅城区	31	20	11	6091	3859	2232	48	29	19
南海区	471	296	175	18771	13026	5745	208	128	80
顺德区	211	143	68	13088	9142	3946	15	9	6
三水区	290	187	103	3519	2628	891			
高明区	148	91	57	2177	1477	700	6	4	2

7-2 续表 7

单位：人

现住地	农、林、牧、渔业生产及辅助人员			生产制造及有关人员			不便分类的其他从业人员		
	小计	男	女	小计	男	女	小计	男	女
江门市	**1541**	**1027**	**514**	**13715**	**9267**	**4448**	**20**	**14**	**6**
蓬江区	83	55	28	2113	1458	655	4	4	
江海区	27	20	7	1737	1123	614			
新会区	313	197	116	2462	1663	799			
台山市	321	227	94	1626	1128	498	6	3	3
开平市	443	274	169	2451	1656	795	5	2	3
鹤山市	102	77	25	1774	1213	561	5	5	
恩平市	252	177	75	1552	1026	526			
湛江市	**2568**	**1509**	**1059**	**7907**	**5892**	**2015**	**12**	**11**	**1**
赤坎区	85	56	29	859	664	195	4	3	1
霞山区	242	183	59	1876	1481	395	3	3	
坡头区	52	32	20	264	216	48			
麻章区	145	78	67	578	478	100	2	2	
遂溪县	375	214	161	471	335	136	1	1	
徐闻县	417	231	186	433	321	112			
廉江市	291	157	134	1565	1003	562	1	1	
雷州市	849	493	356	1074	799	275	1	1	
吴川市	112	65	47	787	595	192			
茂名市	**1060**	**556**	**504**	**5337**	**3847**	**1490**	**27**	**9**	**18**
茂南区	119	71	48	1458	1112	346	5	2	3
电白区	289	162	127	901	706	195	15	2	13
高州市	179	99	80	899	560	339	1		1
化州市	276	140	136	1252	927	325	6	5	1
信宜市	197	84	113	827	542	285			
肇庆市	**815**	**494**	**321**	**7231**	**4933**	**2298**	**40**	**26**	**14**
端州区	58	44	14	1214	818	396	2	1	1
鼎湖区	78	57	21	632	452	180	1	1	
高要区	62	37	25	840	506	334	2		2
广宁县	50	29	21	366	229	137			
怀集县	93	52	41	365	238	127	23	16	7
封开县	110	58	52	259	157	102	1	1	
德庆县	107	56	51	291	191	100	2	1	1
四会市	257	161	96	3264	2342	922	9	6	3
惠州市	**1256**	**784**	**472**	**23364**	**15700**	**7664**	**569**	**199**	**370**
惠城区	253	168	85	7252	4885	2367	486	161	325
惠阳区	245	156	89	6840	4876	1964	9	5	4
博罗县	252	157	95	3235	2123	1112	34	22	12
惠东县	435	256	179	5659	3550	2109	40	11	29
龙门县	71	47	24	378	266	112			
梅州市	**820**	**445**	**375**	**6773**	**4560**	**2213**	**38**	**24**	**14**
梅江区	107	55	52	1397	957	440	1	1	
梅县区	189	101	88	1845	1305	540	29	18	11
大埔县	83	53	30	584	449	135			
丰顺县	96	55	41	521	302	219	4	2	2
五华县	54	27	27	372	225	147	1	1	
平远县	82	42	40	355	230	125			
蕉岭县	109	62	47	540	414	126			
兴宁市	100	50	50	1159	678	481	3	2	1

7-2 续表 8

单位：人

现住地	农、林、牧、渔业生产及辅助人员			生产制造及有关人员			不便分类的其他从业人员		
	小计	男	女	小计	男	女	小计	男	女
汕尾市	**691**	**572**	**119**	**5863**	**4206**	**1657**	**11**	**7**	**4**
城　区	181	160	21	1243	897	346	1	1	
海丰县	335	277	58	3690	2508	1182	6	3	3
陆河县	52	40	12	353	316	37			
陆丰市	123	95	28	577	485	92	4	3	1
河源市	**621**	**421**	**200**	**8788**	**5251**	**3537**	**27**	**12**	**15**
源城区	137	101	36	4241	2532	1709	14	8	6
紫金县	95	62	33	597	386	211	3		3
龙川县	117	78	39	1799	1030	769	5	1	4
连平县	91	59	32	394	267	127			
和平县	48	34	14	649	387	262	3	2	1
东源县	133	87	46	1108	649	459	2	1	1
阳江市	**1554**	**1052**	**502**	**10206**	**6588**	**3618**	**166**	**80**	**86**
江城区	538	388	150	4212	2717	1495	49	25	24
阳东区	319	222	97	3267	2040	1227	18	8	10
阳西县	338	238	100	1198	849	349	85	36	49
阳春市	359	204	155	1529	982	547	14	11	3
清远市	**1567**	**1012**	**555**	**10894**	**7114**	**3780**	**121**	**60**	**61**
清城区	360	244	116	4284	3000	1284	5	3	2
清新区	356	233	123	3342	1921	1421	112	54	58
佛冈县	88	60	28	682	461	221			
阳山县	79	58	21	452	311	141			
连山壮族瑶族自治县	43	30	13	80	61	19			
连南瑶族自治县	26	15	11	147	86	61	1	1	
英德市	539	321	218	1385	887	498	3	2	1
连州市	76	51	25	522	387	135			
东莞市	**663**	**401**	**262**	**48458**	**31252**	**17206**	**48**	**29**	**19**
市辖区	663	401	262	48458	31252	17206	48	29	19
中山市	**437**	**268**	**169**	**14498**	**9354**	**5144**	**8**	**3**	**5**
市辖区	437	268	169	14498	9354	5144	8	3	5
潮州市	**170**	**120**	**50**	**2313**	**1400**	**913**	**26**	**19**	**7**
湘桥区	41	30	11	1277	742	535	25	18	7
潮安区	30	16	14	763	492	271			
饶平县	99	74	25	273	166	107	1	1	
揭阳市	**54**	**27**	**27**	**494**	**279**	**215**	**6**	**5**	**1**
榕城区	3	1	2	68	53	15			
揭东区	6	4	2	60	42	18	4	3	1
揭西县	7	4	3	63	44	19			
惠来县	9	6	3	53	28	25			
普宁市	29	12	17	250	112	138	2	2	
云浮市	**655**	**400**	**255**	**3984**	**2638**	**1346**	**5**	**3**	**2**
云城区	49	33	16	1474	1079	395	2	1	1
云安区	21	13	8	144	104	40			
新兴县	310	194	116	1166	733	433	1	1	
郁南县	144	92	52	257	168	89			
罗定市	131	68	63	943	554	389	2	1	1

7-3 全省按现住地、职业和性别分的户口登记地在外省人口

单位：人

现住地	合计			党的机关、国家机关、群众团体和社会组织、企事业单位负责人		
	合计	男	女	小计	男	女
广东	**2311025**	**1475865**	**835160**	**58510**	**44409**	**14101**
广州市	**376144**	**234622**	**141522**	**9983**	**7247**	**2736**
荔湾区	10418	6450	3968	303	202	101
越秀区	8906	5074	3832	106	76	30
海珠区	40509	23339	17170	353	264	89
天河区	43159	26622	16537	1307	923	384
白云区	95806	59314	36492	2645	1954	691
黄埔区	32345	21861	10484	754	563	191
番禺区	63942	39562	24380	2174	1550	624
花都区	36679	22896	13783	1307	945	362
南沙区	22102	15043	7059	200	167	33
从化区	2867	1909	958	65	51	14
增城区	19411	12552	6859	769	552	217
韶关市	**9031**	**6059**	**2972**	**256**	**184**	**72**
武江区	2462	1601	861	47	31	16
浈江区	1624	1049	575	65	43	22
曲江区	1114	815	299	52	38	14
始兴县	349	231	118	10	8	2
仁化县	633	457	176	8	8	
翁源县	550	374	176	9	8	1
乳源瑶族自治县	396	274	122	12	11	1
新丰县	441	319	122	6	5	1
乐昌市	883	566	317	10	8	2
南雄市	579	373	206	37	24	13
深圳市	**691308**	**443947**	**247361**	**18006**	**14160**	**3846**
罗湖区	23939	14571	9368	554	396	158
福田区	35572	21652	13920	974	700	274
南山区	51174	32732	18442	829	665	164
宝安区	219446	139899	79547	6006	4798	1208
龙岗区	148302	94757	53545	4451	3451	1000
盐田区	5612	3816	1796	124	98	26
龙华区	119926	79220	40706	3647	2840	807
坪山区	25562	16932	8630	440	375	65
光明区	61775	40368	21407	981	837	144
珠海市	**53548**	**35304**	**18244**	**1229**	**906**	**323**
香洲区	31288	20297	10991	931	660	271
斗门区	11100	7333	3767	93	78	15
金湾区	11160	7674	3486	205	168	37
汕头市	**17867**	**11083**	**6784**	**236**	**189**	**47**
龙湖区	4257	2747	1510	66	51	15
金平区	2405	1505	900	47	41	6
濠江区	507	368	139	6	4	2
潮阳区	1097	653	444	11	11	
潮南区	2560	1610	950	16	13	3
澄海区	6935	4125	2810	89	68	21
南澳县	106	75	31	1	1	
佛山市	**247391**	**160585**	**86806**	**6471**	**4810**	**1661**
禅城区	24607	15709	8898	709	532	177
南海区	100197	64734	35463	2992	2146	846
顺德区	97380	62896	34484	2424	1855	569
三水区	17877	12290	5587	276	222	54
高明区	7330	4956	2374	70	55	15

7-3　续表 1

单位：人

现住地	合计			党的机关、国家机关、群众团体和社会组织、企事业单位负责人		
	合计	男	女	小计	男	女
江门市	**42434**	**27109**	**15325**	**1041**	**812**	**229**
蓬江区	10174	6292	3882	267	195	72
江海区	7243	4651	2592	311	249	62
新会区	7605	4983	2622	180	139	41
台山市	3672	2364	1308	85	67	18
开平市	4183	2568	1615	103	81	22
鹤山市	8198	5292	2906	82	71	11
恩平市	1359	959	400	13	10	3
湛江市	**6027**	**4021**	**2006**	**124**	**95**	**29**
赤坎区	827	534	293	30	20	10
霞山区	1498	981	517	46	37	9
坡头区	393	301	92	2	2	
麻章区	815	666	149	23	19	4
遂溪县	208	130	78	2	2	
徐闻县	387	234	153	1	1	
廉江市	611	300	311	11	6	5
雷州市	297	205	92	6	5	1
吴川市	991	670	321	3	3	
茂名市	**4294**	**2764**	**1530**	**35**	**29**	**6**
茂南区	1543	1078	465	5	5	
电白区	1057	699	358	5	4	1
高州市	693	430	263	11	10	1
化州市	603	342	261	8	5	3
信宜市	398	215	183	6	5	1
肇庆市	**17535**	**11757**	**5778**	**243**	**177**	**66**
端州区	1753	1155	598	51	40	11
鼎湖区	1790	1286	504	20	16	4
高要区	3195	2062	1133	31	21	10
广宁县	445	305	140	8	6	2
怀集县	323	244	79	10	5	5
封开县	354	238	116	6	4	2
德庆县	153	100	53	8	7	1
四会市	9522	6367	3155	109	78	31
惠州市	**123241**	**82123**	**41118**	**1841**	**1433**	**408**
惠城区	37764	25153	12611	1093	838	255
惠阳区	52340	35133	17207	441	350	91
博罗县	21666	14325	7341	94	80	14
惠东县	10511	6834	3677	210	162	48
龙门县	960	678	282	3	3	
梅州市	**5282**	**3555**	**1727**	**132**	**96**	**36**
梅江区	1460	975	485	56	39	17
梅县区	1244	819	425	30	25	5
大埔县	324	240	84	7	5	2
丰顺县	558	359	199	6	5	1
五华县	518	375	143	9	5	4
平远县	275	177	98	5	4	1
蕉岭县	400	277	123	7	5	2
兴宁市	503	333	170	12	8	4

7-3 续表 2

单位：人

现住地	合计			党的机关、国家机关、群众团体和社会组织、企事业单位负责人		
	合计	男	女	小计	男	女
汕尾市	**6899**	**4793**	**2106**	**82**	**56**	**26**
城　区	1857	1344	513	34	26	8
海丰县	3903	2654	1249	34	22	12
陆河县	430	352	78	5	4	1
陆丰市	709	443	266	9	4	5
河源市	**10284**	**6943**	**3341**	**97**	**79**	**18**
源城区	5851	3897	1954	67	54	13
紫金县	1135	812	323	5	3	2
龙川县	1027	703	324	4	3	1
连平县	409	282	127	2	1	1
和平县	346	239	107			
东源县	1516	1010	506	19	18	1
阳江市	**5938**	**3827**	**2111**	**115**	**90**	**25**
江城区	2260	1464	796	54	41	13
阳东区	2320	1440	880	41	32	9
阳西县	561	393	168	8	7	1
阳春市	797	530	267	12	10	2
清远市	**15484**	**10693**	**4791**	**250**	**206**	**44**
清城区	8630	6032	2598	149	130	19
清新区	1867	1194	673	32	25	7
佛冈县	1251	894	357	6	4	2
阳山县	279	180	99	8	7	1
连山壮族瑶族自治县	96	62	34			
连南瑶族自治县	51	28	23	5	5	
英德市	2914	2020	894	40	27	13
连州市	396	283	113	10	8	2
东莞市	**524958**	**330609**	**194349**	**14016**	**10566**	**3450**
市辖区	524958	330609	194349	14016	10566	3450
中山市	**136916**	**85458**	**51458**	**4102**	**3077**	**1025**
市辖区	136916	85458	51458	4102	3077	1025
潮州市	**9490**	**5977**	**3513**	**134**	**108**	**26**
湘桥区	2335	1449	886	40	30	10
潮安区	6775	4294	2481	91	76	15
饶平县	380	234	146	3	2	1
揭阳市	**3040**	**1991**	**1049**	**26**	**17**	**9**
榕城区	558	396	162	7	5	2
揭东区	1013	695	318	10	7	3
揭西县	128	81	47			
惠来县	165	88	77			
普宁市	1176	731	445	9	5	4
云浮市	**3914**	**2645**	**1269**	**91**	**72**	**19**
云城区	1535	1111	424	69	56	13
云安区	310	239	71	4	4	
新兴县	1340	856	484	10	8	2
郁南县	269	172	97	4	2	2
罗定市	460	267	193	4	2	2

7-3 续表 3

单位：人

现住地	专业技术人员			办事人员和有关人员			社会生产服务和生活服务人员		
	小计	男	女	小计	男	女	小计	男	女
广　东	**171767**	**102894**	**68873**	**110721**	**62144**	**48577**	**779402**	**488616**	**290786**
广州市	**27273**	**14795**	**12478**	**19711**	**10977**	**8734**	**161735**	**100271**	**61464**
荔湾区	762	350	412	586	346	240	6961	4232	2729
越秀区	1107	455	652	662	407	255	6329	3559	2770
海珠区	1607	790	817	1135	670	465	13598	7952	5646
天河区	5376	2900	2476	3731	1936	1795	27671	16930	10741
白云区	5230	2516	2714	3944	2125	1819	46966	29719	17247
黄埔区	3349	2051	1298	2385	1383	1002	11371	7555	3816
番禺区	4761	2698	2063	3327	1797	1530	25151	15275	9876
花都区	1845	995	850	1714	996	718	10839	6854	3985
南沙区	1436	962	474	1000	607	393	5913	3861	2052
从化区	203	126	77	151	85	66	622	380	242
增城区	1597	952	645	1076	625	451	6314	3954	2360
韶关市	**912**	**520**	**392**	**468**	**287**	**181**	**2792**	**1532**	**1260**
武江区	270	133	137	121	71	50	790	437	353
浈江区	170	91	79	88	58	30	683	376	307
曲江区	125	89	36	43	29	14	298	180	118
始兴县	31	25	6	17	8	9	95	52	43
仁化县	67	45	22	32	16	16	159	96	63
翁源县	38	17	21	36	23	13	106	65	41
乳源瑶族自治县	50	39	11	36	26	10	94	44	50
新丰县	27	20	7	36	24	12	85	44	41
乐昌市	79	31	48	37	20	17	313	156	157
南雄市	55	30	25	22	12	10	169	82	87
深圳市	**74712**	**45231**	**29481**	**33129**	**18731**	**14398**	**279403**	**175815**	**103588**
罗湖区	2449	1147	1302	1312	798	514	15922	9163	6759
福田区	4215	2102	2113	1681	1161	520	24530	14278	10252
南山区	7557	4330	3227	3767	2123	1644	28021	17194	10827
宝安区	25401	16105	9296	7892	4479	3413	76863	49201	27662
龙岗区	13766	8060	5706	9135	4934	4201	59684	38092	21592
盐田区	565	321	244	226	133	93	3124	2040	1084
龙华区	12732	7693	5039	5326	2886	2440	47016	30202	16814
坪山区	2864	2007	857	1537	909	628	6532	4202	2330
光明区	5163	3466	1697	2253	1308	945	17711	11443	6268
珠海市	**4752**	**2934**	**1818**	**2990**	**1724**	**1266**	**17149**	**10333**	**6816**
香洲区	2997	1777	1220	2201	1314	887	11872	6952	4920
斗门区	870	550	320	212	96	116	2678	1697	981
金湾区	885	607	278	577	314	263	2599	1684	915
汕头市	**662**	**441**	**221**	**579**	**385**	**194**	**4756**	**2917**	**1839**
龙湖区	120	76	44	154	94	60	1411	819	592
金平区	131	70	61	88	58	30	1142	691	451
濠江区	123	92	31	31	26	5	120	86	34
潮阳区	45	28	17	32	25	7	343	177	166
潮南区	89	65	24	84	65	19	611	376	235
澄海区	147	103	44	189	116	73	1072	735	337
南澳县	7	7		1	1		57	33	24
佛山市	**10734**	**6030**	**4704**	**9653**	**5219**	**4434**	**81470**	**51529**	**29941**
禅城区	1437	746	691	1059	516	543	11382	7262	4120
南海区	4276	2348	1928	4499	2438	2061	34064	21500	12564
顺德区	3998	2249	1749	3126	1683	1443	29936	18833	11103
三水区	769	525	244	651	370	281	4454	2916	1538
高明区	254	162	92	318	212	106	1634	1018	616

7-3 续表 4 单位：人

现住地	专业技术人员			办事人员和有关人员			社会生产服务和生活服务人员		
	小计	男	女	小计	男	女	小计	男	女
江门市	**1736**	**1072**	**664**	**1434**	**869**	**565**	**8980**	**5469**	**3511**
蓬江区	546	308	238	437	251	186	2553	1519	1034
江海区	363	213	150	281	175	106	1671	1058	613
新会区	248	172	76	198	125	73	1519	934	585
台山市	124	86	38	100	65	35	674	397	277
开平市	124	66	58	116	60	56	719	413	306
鹤山市	278	187	91	253	154	99	1594	999	595
恩平市	53	40	13	49	39	10	250	149	101
湛江市	**578**	**321**	**257**	**274**	**177**	**97**	**1932**	**1147**	**785**
赤坎区	121	66	55	52	35	17	366	207	159
霞山区	169	83	86	95	54	41	707	432	275
坡头区	61	38	23	28	20	8	87	52	35
麻章区	63	46	17	37	21	16	141	94	47
遂溪县	10	3	7	7	5	2	63	40	23
徐闻县	20	14	6	9	7	2	93	51	42
廉江市	62	31	31	18	13	5	182	87	95
雷州市	27	10	17	8	6	2	40	23	17
吴川市	45	30	15	20	16	4	253	161	92
茂名市	**264**	**137**	**127**	**108**	**70**	**38**	**1275**	**741**	**534**
茂南区	110	62	48	55	33	22	615	388	227
电白区	67	41	26	20	15	5	269	156	113
高州市	38	17	21	17	10	7	112	67	45
化州市	30	8	22	13	9	4	159	66	93
信宜市	19	9	10	3	3		120	64	56
肇庆市	**969**	**621**	**348**	**543**	**320**	**223**	**5020**	**3064**	**1956**
端州区	191	108	83	96	60	36	733	453	280
鼎湖区	109	80	29	57	33	24	284	165	119
高要区	129	80	49	82	44	38	574	392	182
广宁县	15	6	9	11	9	2	81	48	33
怀集县	23	17	6	11	6	5	93	65	28
封开县	37	23	14	14	9	5	70	35	35
德庆县	30	23	7	14	11	3	56	30	26
四会市	435	284	151	258	148	110	3129	1876	1253
惠州市	**7692**	**5149**	**2543**	**6070**	**3765**	**2305**	**28381**	**17756**	**10625**
惠城区	3231	2134	1097	1647	1014	633	10267	6358	3909
惠阳区	3066	2081	985	2658	1586	1072	11155	7032	4123
博罗县	989	660	329	1290	833	457	4486	2924	1562
惠东县	354	241	113	431	302	129	2212	1295	917
龙门县	52	33	19	44	30	14	261	147	114
梅州市	**293**	**185**	**108**	**182**	**115**	**67**	**1554**	**886**	**668**
梅江区	106	68	38	60	37	23	433	241	192
梅县区	39	21	18	31	18	13	413	237	176
大埔县	28	18	10	9	3	6	108	74	34
丰顺县	30	17	13	25	22	3	138	70	68
五华县	37	27	10	24	17	7	110	59	51
平远县	21	14	7	9	7	2	64	30	34
蕉岭县	16	8	8	9	4	5	139	92	47
兴宁市	16	12	4	15	7	8	149	83	66

7-3 续表 5 单位：人

现住地	专业技术人员			办事人员和有关人员			社会生产服务和生活服务人员		
	小计	男	女	小计	男	女	小计	男	女
汕尾市	**413**	**292**	**121**	**237**	**159**	**78**	**1561**	**860**	**701**
城　区	132	93	39	78	44	34	345	183	162
海丰县	193	139	54	126	91	35	860	495	365
陆河县	19	15	4	10	7	3	65	43	22
陆丰市	69	45	24	23	17	6	291	139	152
河源市	**837**	**569**	**268**	**383**	**248**	**135**	**2817**	**1651**	**1166**
源城区	501	332	169	215	133	82	1717	977	740
紫金县	73	56	17	28	22	6	270	169	101
龙川县	91	75	16	27	19	8	327	188	139
连平县	37	16	21	11	6	5	111	67	44
和平县	41	27	14	4	2	2	85	36	49
东源县	94	63	31	98	66	32	307	214	93
阳江市	**378**	**251**	**127**	**173**	**101**	**72**	**1212**	**721**	**491**
江城区	125	80	45	64	38	26	560	338	222
阳东区	79	55	24	40	19	21	342	202	140
阳西县	61	46	15	27	17	10	109	61	48
阳春市	113	70	43	42	27	15	201	120	81
清远市	**1023**	**626**	**397**	**949**	**623**	**326**	**4031**	**2484**	**1547**
清城区	555	335	220	603	399	204	2376	1481	895
清新区	149	96	53	103	67	36	386	233	153
佛冈县	76	51	25	69	49	20	242	157	85
阳山县	16	6	10	15	6	9	78	28	50
连山壮族瑶族自治县	5	2	3	15	8	7	37	22	15
连南瑶族自治县	13	7	6				23	12	11
英德市	185	119	66	133	86	47	738	458	280
连州市	24	10	14	11	8	3	151	93	58
东莞市	**31696**	**19782**	**11914**	**28237**	**15228**	**13009**	**136821**	**87380**	**49441**
市辖区	31696	19782	11914	28237	15228	13009	136821	87380	49441
中山市	**6358**	**3613**	**2745**	**5268**	**2912**	**2356**	**34908**	**21898**	**13010**
市辖区	6358	3613	2745	5268	2912	2356	34908	21898	13010
潮州市	**167**	**108**	**59**	**108**	**82**	**26**	**1690**	**1004**	**686**
湘桥区	78	42	36	45	31	14	622	351	271
潮安区	69	50	19	41	32	9	961	603	358
饶平县	20	16	4	22	19	3	107	50	57
揭阳市	**73**	**58**	**15**	**69**	**47**	**22**	**918**	**586**	**332**
榕城区	18	15	3	18	12	6	138	95	43
揭东区	20	17	3	15	11	4	294	199	95
揭西县	4	3	1	4		4	44	22	22
惠来县	2	1	1	4	2	2	75	26	49
普宁市	29	22	7	28	22	6	367	244	123
云浮市	**245**	**159**	**86**	**156**	**105**	**51**	**997**	**572**	**425**
云城区	93	70	23	59	38	21	458	272	186
云安区	11	3	8	24	18	6	59	38	21
新兴县	79	56	23	32	22	10	259	137	122
郁南县	19	9	10	11	6	5	82	51	31
罗定市	43	21	22	30	21	9	139	74	65

7-3 续表 6 单位：人

现住地	农、林、牧、渔业生产及辅助人员			生产制造及有关人员			不便分类的其他从业人员		
	小计	男	女	小计	男	女	小计	男	女
广　东	**16854**	**10063**	**6791**	**1171857**	**766562**	**405295**	**1914**	**1177**	**737**
广州市	**2602**	**1525**	**1077**	**154319**	**99475**	**54844**	**521**	**332**	**189**
荔湾区	133	64	69	1665	1253	412	8	3	5
越秀区	10	5	5	687	571	116	5	1	4
海珠区	15	10	5	23762	13630	10132	39	23	16
天河区	97	61	36	4967	3867	1100	10	5	5
白云区	564	322	242	36389	22637	13752	68	41	27
黄埔区	153	94	59	14014	10006	4008	319	209	110
番禺区	379	226	153	28131	18002	10129	19	14	5
花都区	579	337	242	20355	12740	7615	40	29	11
南沙区	202	137	65	13348	9306	4042	3	3	
从化区	69	45	24	1750	1219	531	7	3	4
增城区	401	224	177	9251	6244	3007	3	1	2
韶关市	**424**	**277**	**147**	**4179**	**3259**	**920**			
武江区	43	27	16	1191	902	289			
浈江区	32	25	7	586	456	130			
曲江区	79	47	32	517	432	85			
始兴县	27	22	5	169	116	53			
仁化县	42	25	17	325	267	58			
翁源县	57	34	23	304	227	77			
乳源瑶族自治县	43	31	12	161	123	38			
新丰县	28	19	9	259	207	52			
乐昌市	24	16	8	420	335	85			
南雄市	49	31	18	247	194	53			
深圳市	**733**	**481**	**252**	**284858**	**189229**	**95629**	**467**	**300**	**167**
罗湖区	20	14	6	3677	3049	628	5	4	1
福田区	8	7	1	4135	3387	748	29	17	12
南山区	43	30	13	10940	8382	2558	17	8	9
宝安区	205	147	58	102992	65120	37872	87	49	38
龙岗区	163	103	60	60826	39928	20898	277	189	88
盐田区	11	11		1561	1212	349	1	1	
龙华区	70	40	30	51124	35554	15570	11	5	6
坪山区	125	74	51	14024	9338	4686	40	27	13
光明区	88	55	33	35579	23259	12320			
珠海市	**631**	**448**	**183**	**26699**	**18898**	**7801**	**98**	**61**	**37**
香洲区	251	182	69	12968	9369	3599	68	43	25
斗门区	145	98	47	7101	4813	2288	1	1	
金湾区	235	168	67	6630	4716	1914	29	17	12
汕头市	**103**	**73**	**30**	**11520**	**7074**	**4446**	**11**	**4**	**7**
龙湖区	25	17	8	2481	1690	791			
金平区	16	11	5	980	634	346	1		1
濠江区				226	160	66	1		1
潮阳区	19	14	5	647	398	249			
潮南区	13	6	7	1741	1081	660	6	4	2
澄海区	18	15	3	5417	3088	2329	3		3
南澳县	12	10	2	28	23	5			
佛山市	**2281**	**1400**	**881**	**136429**	**91389**	**45040**	**353**	**208**	**145**
禅城区	47	29	18	9940	6609	3331	33	15	18
南海区	852	541	311	53249	35605	17644	265	156	109
顺德区	499	319	180	57356	37930	19426	41	27	14
三水区	701	405	296	11024	7850	3174	2	2	
高明区	182	106	76	4860	3395	1465	12	8	4

7-3　续表 7　　　　　　　　　　　　　　　　　　　　　　　　　　　　单位：人

现住地	农、林、牧、渔业生产及辅助人员			生产制造及有关人员			不便分类的其他从业人员		
	小计	男	女	小计	男	女	小计	男	女
江门市	**1688**	**996**	**692**	**27547**	**17886**	**9661**	**8**	**5**	**3**
蓬江区	49	30	19	6321	3989	2332	1		1
江海区	25	13	12	4592	2943	1649			
新会区	256	153	103	5203	3460	1743	1		1
台山市	627	364	263	2062	1385	677			
开平市	452	269	183	2668	1678	990	1	1	
鹤山市	118	73	45	5868	3804	2064	5	4	1
恩平市	161	94	67	833	627	206			
湛江市	**507**	**259**	**248**	**2607**	**2018**	**589**	**5**	**4**	**1**
赤坎区	3	2	1	255	204	51			
霞山区	12	11	1	467	362	105	2	2	
坡头区	30	20	10	185	169	16			
麻章区	40	22	18	509	463	46	2	1	1
遂溪县	58	31	27	68	49	19			
徐闻县	154	83	71	110	78	32			
廉江市	85	15	70	253	148	105			
雷州市	82	55	27	133	105	28	1	1	
吴川市	43	20	23	627	440	187			
茂名市	**323**	**98**	**225**	**2284**	**1687**	**597**	**5**	**2**	**3**
茂南区	32	14	18	724	574	150	2	2	
电白区	73	20	53	620	463	157	3		3
高州市	72	23	49	443	303	140			
化州市	72	22	50	321	232	89			
信宜市	74	19	55	176	115	61			
肇庆市	**413**	**244**	**169**	**10322**	**7316**	**3006**	**25**	**15**	**10**
端州区	3	2	1	678	491	187	1	1	
鼎湖区	19	12	7	1301	980	321			
高要区	120	66	54	2259	1459	800			
广宁县	11	6	5	319	230	89			
怀集县	21	12	9	161	137	24	4	2	2
封开县	26	12	14	201	155	46			
德庆县	13	7	6	32	22	10			
四会市	200	127	73	5371	3842	1529	20	12	8
惠州市	**2721**	**1629**	**1092**	**76398**	**52316**	**24082**	**138**	**75**	**63**
惠城区	567	354	213	20900	14431	6469	59	24	35
惠阳区	700	407	293	34315	23674	10641	5	3	2
博罗县	900	543	357	13851	9248	4603	56	37	19
惠东县	484	280	204	6802	4543	2259	18	11	7
龙门县	70	45	25	530	420	110			
梅州市	**219**	**107**	**112**	**2896**	**2161**	**735**	**6**	**5**	**1**
梅江区	41	22	19	763	567	196	1	1	
梅县区	47	19	28	680	496	184	4	3	1
大埔县	23	15	8	148	124	24	1	1	
丰顺县	17	6	11	342	239	103			
五华县	22	9	13	316	258	58			
平远县	20	12	8	156	110	46			
蕉岭县	17	7	10	212	161	51			
兴宁市	32	17	15	279	206	73			

7-3 续表 8 单位：人

现住地	农、林、牧、渔业生产及辅助人员			生产制造及有关人员			不便分类的其他从业人员		
	小计	男	女	小计	男	女	小计	男	女
汕尾市	**356**	**252**	**104**	**4250**	**3174**	**1076**			
城　区	104	82	22	1164	916	248			
海丰县	169	113	56	2521	1794	727			
陆河县	29	20	9	302	263	39			
陆丰市	54	37	17	263	201	62			
河源市	**349**	**210**	**139**	**5798**	**4184**	**1614**	**3**	**2**	**1**
源城区	48	27	21	3300	2372	928	3	2	1
紫金县	136	79	57	623	483	140			
龙川县	42	27	15	536	391	145			
连平县	37	23	14	211	169	42			
和平县	19	10	9	197	164	33			
东源县	67	44	23	931	605	326			
阳江市	**318**	**186**	**132**	**3719**	**2466**	**1253**	**23**	**12**	**11**
江城区	75	48	27	1378	917	461	4	2	2
阳东区	98	57	41	1708	1068	640	12	7	5
阳西县	95	62	33	257	198	59	4	2	2
阳春市	50	19	31	376	283	93	3	1	2
清远市	**499**	**262**	**237**	**8714**	**6482**	**2232**	**18**	**10**	**8**
清城区	121	68	53	4823	3618	1205	3	1	2
清新区	85	45	40	1097	719	378	15	9	6
佛冈县	36	20	16	822	613	209			
阳山县	19	13	6	143	120	23			
连山壮族瑶族自治县	11	7	4	28	23	5			
连南瑶族自治县	4	2	2	6	2	4			
英德市	204	95	109	1614	1235	379			
连州市	19	12	7	181	152	29			
东莞市	**1643**	**1008**	**635**	**312356**	**196529**	**115827**	**189**	**116**	**73**
市辖区	1643	1008	635	312356	196529	115827	189	116	73
中山市	**800**	**489**	**311**	**85453**	**53454**	**31999**	**27**	**15**	**12**
市辖区	800	489	311	85453	53454	31999	27	15	12
潮州市	**49**	**25**	**24**	**7335**	**4647**	**2688**	**7**	**3**	**4**
湘桥区	6	4	2	1538	988	550	6	3	3
潮安区	25	13	12	5587	3520	2067	1		1
饶平县	18	8	10	210	139	71			
揭阳市	**59**	**34**	**25**	**1886**	**1242**	**644**	**9**	**7**	**2**
榕城区	10	6	4	367	263	104			
揭东区	31	19	12	634	435	199	9	7	2
揭西县	5	3	2	71	53	18			
惠来县	2		2	82	59	23			
普宁市	11	6	5	732	432	300			
云浮市	**136**	**60**	**76**	**2288**	**1676**	**612**	**1**	**1**	
云城区	11	6	5	845	669	176			
云安区	17	10	7	195	166	29			
新兴县	66	35	31	894	598	296			
郁南县	22	5	17	131	99	32			
罗定市	20	4	16	223	144	79	1	1	

7-4　全省按现住地、户口登记地类型、受教育程度分的户口登记地在本省其他乡镇街道人口

单位：人

现住地	合计					未上过学				
	合计	乡	镇的村委会	镇的居委会	街道	小计	乡	镇的村委会	镇的居委会	街道
广　东	**2681558**	**338405**	**1451769**	**331097**	**560287**	**30230**	**3878**	**18144**	**3609**	**4599**
广州市	**549693**	**56827**	**263600**	**68406**	**160860**	**3443**	**409**	**1634**	**448**	**952**
荔湾区	32635	1779	9317	4187	17352	210	8	50	26	126
越秀区	23498	1477	6784	3203	12034	153	13	53	24	63
海珠区	53438	3163	18727	6057	25491	262	19	75	29	139
天河区	92143	10184	42202	12342	27415	359	42	146	46	125
白云区	135410	19174	66020	12491	37725	878	142	400	69	267
黄埔区	37116	3839	18413	4009	10855	333	31	136	100	66
番禺区	81206	7083	44026	13464	16633	413	43	212	65	93
花都区	40197	5158	25017	4940	5082	285	45	194	29	17
南沙区	16104	1899	10382	2063	1760	157	23	105	16	13
从化区	7475	452	4539	1193	1291	62	7	35	12	8
增城区	30471	2619	18173	4457	5222	331	36	228	32	35
韶关市	**64370**	**3297**	**40829**	**9756**	**10488**	**1727**	**103**	**1283**	**199**	**142**
武江区	11898	658	5501	1657	4082	232	20	122	34	56
浈江区	11818	549	5468	2785	3016	180	11	87	47	35
曲江区	6843	299	4315	1550	679	173	13	120	34	6
始兴县	3709	357	2703	508	141	96	12	79	3	2
仁化县	3146	141	1784	480	741	98	3	62	17	16
翁源县	4868	199	4034	487	148	138	3	122	12	1
乳源瑶族自治县	4348	142	3577	504	125	157	6	143	8	
新丰县	3495	310	2437	285	463	56	7	44	2	3
乐昌市	7324	113	5554	934	723	363	9	304	33	17
南雄市	6921	529	5456	566	370	234	19	200	9	6
深圳市	**563844**	**82578**	**273793**	**54228**	**153245**	**5316**	**890**	**2934**	**493**	**999**
罗湖区	43482	4738	18161	5819	14764	466	63	245	70	88
福田区	53695	5687	20198	5933	21877	420	58	205	52	105
南山区	51746	7973	15475	6330	21968	354	84	132	40	98
宝安区	134019	22315	72361	10792	28551	1201	228	678	98	197
龙岗区	149540	25313	77434	15224	31569	1541	289	880	139	233
盐田区	8029	575	3771	789	2894	74	13	46	4	11
龙华区	79192	9190	40277	5812	23913	761	79	421	45	216
坪山区	15376	2855	8371	1327	2823	177	33	118	14	12
光明区	28765	3932	17745	2202	4886	322	43	209	31	39
珠海市	**63700**	**5944**	**30943**	**13695**	**13118**	**705**	**97**	**402**	**132**	**74**
香洲区	39067	3353	15932	9567	10215	397	69	183	83	62
斗门区	12904	747	9265	2096	796	199	8	152	35	4
金湾区	11729	1844	5746	2032	2107	109	20	67	14	8
汕头市	**40943**	**2876**	**11443**	**8919**	**17705**	**693**	**55**	**182**	**160**	**296**
龙湖区	10893	1049	3774	2549	3521	122	5	47	32	38
金平区	13988	448	2790	3270	7480	251	12	55	73	111
濠江区	1944	105	412	440	987	40	4	2	6	28
潮阳区	4538	134	412	1168	2824	117	4	8	33	72
潮南区	1743	693	620	209	221	42	25	10	2	5
澄海区	7499	435	3244	1180	2640	111	3	53	13	42
南澳县	338	12	191	103	32	10	2	7	1	
佛山市	**223756**	**32291**	**132279**	**31560**	**27626**	**1691**	**233**	**994**	**270**	**194**
禅城区	39515	4737	22981	5260	6537	263	30	148	39	46
南海区	96561	16832	53237	14780	11712	720	125	395	114	86
顺德区	57737	7682	35747	8656	5652	450	54	264	91	41
三水区	19369	1961	12699	1854	2855	195	13	142	21	19
高明区	10574	1079	7615	1010	870	63	11	45	5	2

7-4 续表 1

单位：人

现住地	合计					未上过学				
	合计	乡	镇的村委会	镇的居委会	街道	小计	乡	镇的村委会	镇的居委会	街道
江门市	**92797**	**7720**	**60973**	**8205**	**15899**	**891**	**89**	**596**	**67**	**139**
蓬江区	19769	1472	10493	2078	5726	148	10	84	11	43
江海区	9095	701	4661	870	2863	116	14	64	9	29
新会区	16493	1000	12065	1397	2031	165	13	121	14	17
台山市	13624	2036	9211	1131	1246	110	22	77	9	2
开平市	16953	1085	12657	1243	1968	165	7	120	9	29
鹤山市	8646	783	6387	731	745	66	6	53	4	3
恩平市	8217	643	5499	755	1320	121	17	77	11	16
湛江市	**112470**	**10566**	**63127**	**14404**	**24373**	**1557**	**149**	**938**	**196**	**274**
赤坎区	16419	1678	7375	1675	5691	201	22	98	24	57
霞山区	29045	2577	14147	3530	8791	351	46	180	41	84
坡头区	2615	295	1341	302	677	48	7	30	4	7
麻章区	8753	1657	4591	1001	1504	69	9	43	6	11
遂溪县	6122	532	3953	1396	241	97	8	62	24	3
徐闻县	8039	964	5212	918	945	167	17	117	14	19
廉江市	17821	1166	11710	2239	2706	257	27	168	30	32
雷州市	14691	633	10311	1934	1813	287	8	191	38	50
吴川市	8965	1064	4487	1409	2005	80	5	49	15	11
茂名市	**71810**	**4296**	**39644**	**8908**	**18962**	**830**	**55**	**482**	**121**	**172**
茂南区	19589	1380	9162	2053	6994	184	14	88	19	63
电白区	12764	819	7757	2076	2112	212	18	127	38	29
高州市	14629	745	8229	2246	3409	184	8	121	24	31
化州市	14755	547	7557	1379	5272	165	9	76	39	41
信宜市	10073	805	6939	1154	1175	85	6	70	1	8
肇庆市	**56279**	**4172**	**31885**	**7590**	**12632**	**618**	**46**	**371**	**65**	**136**
端州区	14642	493	6438	2211	5500	124	8	50	18	48
鼎湖区	4867	294	3295	454	824	63	6	47	5	5
高要区	5434	543	3406	969	516	45	2	33	5	5
广宁县	3182	126	2090	441	525	35		20	6	9
怀集县	4880	430	2592	549	1309	60		31	5	24
封开县	2502	194	1327	764	217	44	6	22	13	3
德庆县	2940	376	1706	447	411	52	8	30	7	7
四会市	17832	1716	11031	1755	3330	195	16	138	6	35
惠州市	**142982**	**21366**	**83945**	**16442**	**21229**	**2310**	**386**	**1452**	**249**	**223**
惠城区	56806	10427	27347	6668	12364	856	205	437	95	119
惠阳区	33515	5336	20187	3760	4232	415	63	268	39	45
博罗县	18237	1999	12540	2053	1645	216	34	148	20	14
惠东县	30767	3215	21610	3511	2431	770	75	563	91	41
龙门县	3657	389	2261	450	557	53	9	36	4	4
梅州市	**78048**	**6293**	**49869**	**12236**	**9650**	**1108**	**88**	**759**	**148**	**113**
梅江区	18256	555	10455	3641	3605	181	4	114	38	25
梅县区	17987	653	13076	2929	1329	276	13	208	41	14
大埔县	6808	1775	4111	742	180	90	19	57	13	1
丰顺县	4482	535	3300	526	121	76	11	63	2	
五华县	6028	517	4397	915	199	70	7	51	8	4
平远县	3428	388	2367	605	68	91	10	63	17	1
蕉岭县	5193	647	3655	770	121	57	5	48	4	
兴宁市	15866	1223	8508	2108	4027	267	19	155	25	68

7-4　续表 2　　　　　　　　　　　　　　　　　　　　　　　　　　　单位：人

现住地	合计					未上过学				
	合计	乡	镇的村委会	镇的居委会	街道	小计	乡	镇的村委会	镇的居委会	街道
汕尾市	**52737**	**3874**	**30834**	**11460**	**6569**	**1825**	**201**	**1062**	**355**	**207**
城　区	12229	531	4867	2414	4417	454	28	189	84	153
海丰县	26781	1257	17339	6524	1661	742	44	501	154	43
陆河县	4007	673	2747	515	72	124	39	79	5	1
陆丰市	9720	1413	5881	2007	419	505	90	293	112	10
河源市	**72936**	**8141**	**51791**	**7293**	**5711**	**1227**	**144**	**911**	**108**	**64**
源城区	32810	4071	21547	2930	4262	556	73	382	55	46
紫金县	6417	519	4755	851	292	119	13	81	17	8
龙川县	15190	1661	11660	1578	291	245	24	204	14	3
连平县	4081	378	3033	531	139	91	9	77	5	
和平县	6614	340	5356	790	128	122	7	100	13	2
东源县	7824	1172	5440	613	599	94	18	67	4	5
阳江市	**60172**	**4309**	**37473**	**7633**	**10757**	**1098**	**76**	**731**	**98**	**193**
江城区	27803	3167	13457	3739	7440	392	55	191	36	110
阳东区	13095	314	10046	1603	1132	163	4	135	15	9
阳西县	7565	369	6057	920	219	225	7	199	13	6
阳春市	11709	459	7913	1371	1966	318	10	206	34	68
清远市	**90866**	**8760**	**63584**	**10504**	**8018**	**2183**	**218**	**1718**	**176**	**71**
清城区	37668	3411	24065	4227	5965	621	80	456	35	50
清新区	21205	2078	17173	1409	545	624	49	546	26	3
佛冈县	5210	532	3870	675	133	57	6	45	4	2
阳山县	5085	447	3719	811	108	227	14	173	37	3
连山壮族瑶族自治县	1053	19	794	211	29	16		13	3	
连南瑶族自治县	1434	24	1192	190	28	26	2	22	1	1
英德市	14236	2013	8778	2301	1144	448	61	322	54	11
连州市	4975	236	3993	680	66	164	6	141	16	1
东莞市	**206007**	**57098**	**107174**	**19999**	**21736**	**1549**	**437**	**842**	**123**	**147**
市辖区	206007	57098	107174	19999	21736	1549	437	842	123	147
中山市	**74637**	**12192**	**41686**	**11506**	**9253**	**742**	**140**	**439**	**102**	**61**
市辖区	74637	12192	41686	11506	9253	742	140	439	102	61
潮州市	**23244**	**1367**	**10406**	**3070**	**8401**	**298**	**13**	**161**	**39**	**85**
湘桥区	15184	382	6145	1451	7206	173	6	80	15	72
潮安区	5322	599	2838	790	1095	71	6	47	5	13
饶平县	2738	386	1423	829	100	54	1	34	19	
揭阳市	**8152**	**2033**	**3934**	**1445**	**740**	**98**	**12**	**25**	**35**	**26**
榕城区	974	42	401	310	221	15		1	7	7
揭东区	1304	137	898	192	77	9	2	6	1	
揭西县	649	57	362	165	65	8		2	5	1
惠来县	805	44	337	388	36	24	1	5	17	1
普宁市	4420	1753	1936	390	341	42	9	11	5	17
云浮市	**32115**	**2405**	**22557**	**3838**	**3315**	**321**	**37**	**228**	**25**	**31**
云城区	10859	418	7470	1108	1863	101	4	79	7	11
云安区	1155	105	711	129	210	13	1	9		3
新兴县	7940	683	5882	1121	254	69	8	52	9	
郁南县	2764	372	1796	455	141	42	4	32	3	3
罗定市	9397	827	6698	1025	847	96	20	56	6	14

7-4 续表 3　　单位：人

现住地	学前教育					小学				
	小计	乡	镇的村委会	镇的居委会	街道	小计	乡	镇的村委会	镇的居委会	街道
广东	**93675**	**10412**	**50581**	**11049**	**21633**	**376996**	**49158**	**231504**	**40752**	**55582**
广州市	**12351**	**1119**	**5451**	**1620**	**4161**	**47106**	**5434**	**24061**	**5207**	**12404**
荔湾区	672	22	164	87	399	2967	184	890	367	1526
越秀区	492	30	102	69	291	1950	171	644	233	902
海珠区	984	35	275	119	555	4344	281	1619	460	1984
天河区	1446	147	477	199	623	4947	565	2215	634	1533
白云区	2958	384	1353	244	977	11786	1861	5869	861	3195
黄埔区	1039	105	440	116	378	3215	387	1595	296	937
番禺区	1605	83	733	363	426	6682	623	3778	1096	1185
花都区	1256	139	778	144	195	4565	638	3020	518	389
南沙区	449	47	286	75	41	1678	230	1159	159	130
从化区	243	13	148	34	48	842	60	568	122	92
增城区	1207	114	695	170	228	4130	434	2704	461	531
韶关市	**2940**	**140**	**2108**	**332**	**360**	**14646**	**880**	**10868**	**1546**	**1352**
武江区	464	30	260	50	124	2109	175	1218	232	484
浈江区	441	8	233	95	105	1754	90	932	383	349
曲江区	296	9	215	53	19	1422	62	1030	236	94
始兴县	209	25	156	22	6	975	120	761	78	16
仁化县	148	3	99	18	28	714	26	491	78	119
翁源县	286	15	253	12	6	1263	59	1115	73	16
乳源瑶族自治县	216	5	184	20	7	1439	43	1285	98	13
新丰县	161	15	113	12	21	876	98	647	64	67
乐昌市	400	9	329	29	33	2262	38	1870	209	145
南雄市	319	21	266	21	11	1832	169	1519	95	49
深圳市	**21179**	**2606**	**8664**	**1900**	**8009**	**63517**	**10844**	**34699**	**5574**	**12400**
罗湖区	1587	148	590	209	640	5497	812	2702	665	1318
福田区	1963	160	657	183	963	5382	699	2347	589	1747
南山区	1590	194	358	166	872	4384	785	1619	491	1489
宝安区	5004	676	2179	422	1727	14763	2811	8543	1006	2403
龙岗区	5796	850	2617	587	1742	18426	3631	10557	1710	2528
盐田区	239	22	86	23	108	945	107	506	118	214
龙华区	3263	307	1261	197	1498	8099	1039	4534	555	1971
坪山区	632	110	319	39	164	2265	445	1366	175	279
光明区	1105	139	597	74	295	3756	515	2525	265	451
珠海市	**1789**	**149**	**874**	**435**	**331**	**7354**	**788**	**4323**	**1386**	**857**
香洲区	1030	78	388	287	277	3991	410	1935	930	716
斗门区	508	26	364	90	28	2128	141	1649	275	63
金湾区	251	45	122	58	26	1235	237	739	181	78
汕头市	**1414**	**87**	**428**	**322**	**577**	**8079**	**644**	**2521**	**1655**	**3259**
龙湖区	341	34	118	74	115	1910	231	800	392	487
金平区	484	12	124	128	220	2932	110	686	678	1458
濠江区	34	3	5	10	16	172	26	8	33	105
潮阳区	186	2	13	52	119	1106	32	112	298	664
潮南区	43	22	10	6	5	390	157	120	50	63
澄海区	306	14	147	44	101	1496	84	743	193	476
南澳县	20		11	8	1	73	4	52	11	6
佛山市	**5985**	**711**	**3421**	**939**	**914**	**27781**	**4146**	**17364**	**3532**	**2739**
禅城区	906	69	458	154	225	4121	482	2525	509	605
南海区	2437	354	1266	453	364	12031	2298	6883	1728	1122
顺德区	1514	187	906	248	173	7214	965	4689	968	592
三水区	667	59	457	44	107	2707	234	1996	183	294
高明区	461	42	334	40	45	1708	167	1271	144	126

7-4 续表 4

单位：人

现住地	学前教育					小学				
	小计	乡	镇的村委会	镇的居委会	街道	小计	乡	镇的村委会	镇的居委会	街道
江门市	**3683**	**300**	**2530**	**292**	**561**	**16227**	**1430**	**11616**	**1221**	**1960**
蓬江区	733	53	412	64	204	2953	207	1823	264	659
江海区	408	36	210	40	122	1516	139	887	143	347
新会区	766	42	601	38	85	3454	238	2644	251	321
台山市	503	71	371	37	24	2303	411	1626	141	125
开平市	692	40	538	51	63	3253	218	2567	218	250
鹤山市	282	30	202	26	24	1196	108	945	75	68
恩平市	299	28	196	36	39	1552	109	1124	129	190
湛江市	**5514**	**479**	**3373**	**631**	**1031**	**19468**	**1758**	**12488**	**2217**	**3005**
赤坎区	679	58	316	68	237	2201	221	1166	199	615
霞山区	1392	132	730	157	373	4976	510	2879	523	1064
坡头区	171	21	97	17	36	476	58	301	42	75
麻章区	217	37	142	17	21	707	114	451	83	59
遂溪县	312	22	213	71	6	1071	80	719	254	18
徐闻县	427	65	273	51	38	1744	210	1216	178	140
廉江市	1067	62	764	101	140	3460	260	2516	343	341
雷州市	783	34	599	85	65	3116	107	2321	344	344
吴川市	466	48	239	64	115	1717	198	919	251	349
茂名市	**2898**	**154**	**1575**	**333**	**836**	**11065**	**763**	**6335**	**1359**	**2608**
茂南区	725	36	345	63	281	2465	168	1304	172	821
电白区	521	48	313	89	71	2269	188	1455	350	276
高州市	431	21	218	69	123	1962	115	1011	371	465
化州市	743	19	370	57	297	2499	122	1289	258	830
信宜市	478	30	329	55	64	1870	170	1276	208	216
肇庆市	**2189**	**156**	**1299**	**250**	**484**	**9698**	**765**	**6183**	**1098**	**1652**
端州区	499	11	229	57	202	1767	75	874	203	615
鼎湖区	246	16	191	12	27	980	68	733	92	87
高要区	138	19	95	17	7	1045	87	767	162	29
广宁县	163	7	108	16	32	652	27	444	77	104
怀集县	215	7	119	20	69	932	55	494	88	295
封开县	142	9	76	40	17	596	43	347	159	47
德庆县	159	22	93	27	17	619	81	399	61	78
四会市	627	65	388	61	113	3107	329	2125	256	397
惠州市	**5556**	**827**	**3304**	**600**	**825**	**25827**	**3976**	**17063**	**2389**	**2399**
惠城区	2086	407	1026	241	412	8479	1815	4674	755	1235
惠阳区	1360	204	767	144	245	5452	804	3631	531	486
博罗县	625	65	445	61	54	2960	352	2186	267	155
惠东县	1321	138	955	138	90	8196	915	6051	761	469
龙门县	164	13	111	16	24	740	90	521	75	54
梅州市	**3378**	**269**	**2129**	**531**	**449**	**13830**	**1383**	**9822**	**1563**	**1062**
梅江区	574	18	286	142	128	2359	76	1623	373	287
梅县区	852	25	613	152	62	2941	99	2353	382	107
大埔县	303	87	168	36	12	1629	504	964	134	27
丰顺县	172	15	135	12	10	1159	138	936	75	10
五华县	246	13	168	51	14	963	70	765	108	20
平远县	179	21	130	23	5	773	106	578	81	8
蕉岭县	240	30	167	36	7	1067	134	815	108	10
兴宁市	812	60	462	79	211	2939	256	1788	302	593

7-4 续表 5

单位：人

现住地	学前教育					小学				
	小计	乡	镇的村委会	镇的居委会	街道	小计	乡	镇的村委会	镇的居委会	街道
汕尾市	**2437**	**201**	**1514**	**442**	**280**	**15258**	**1084**	**9831**	**2824**	**1519**
城　区	529	16	236	97	180	3051	114	1353	591	993
海丰县	1298	73	901	249	75	8134	367	5758	1562	447
陆河县	186	26	132	23	5	965	172	715	74	4
陆丰市	424	86	245	73	20	3108	431	2005	597	75
河源市	**3611**	**414**	**2626**	**297**	**274**	**15623**	**1880**	**11933**	**1133**	**677**
源城区	1647	187	1099	138	223	6439	859	4587	438	555
紫金县	309	26	236	31	16	1252	108	933	182	29
龙川县	789	91	638	50	10	3930	474	3170	265	21
连平县	211	25	167	17	2	940	99	755	80	6
和平县	342	18	279	39	6	1701	92	1476	113	20
东源县	313	67	207	22	17	1361	248	1012	55	46
阳江市	**2822**	**186**	**1879**	**302**	**455**	**13245**	**1128**	**9176**	**1265**	**1676**
江城区	1244	142	645	153	304	5460	821	2992	562	1085
阳东区	667	10	551	60	46	2920	77	2446	256	141
阳西县	320	14	254	47	5	1879	110	1582	169	18
阳春市	591	20	429	42	100	2986	120	2156	278	432
清远市	**4759**	**509**	**3516**	**404**	**330**	**22747**	**2362**	**17354**	**1970**	**1061**
清城区	1832	203	1251	135	243	7842	786	5680	650	726
清新区	1335	124	1118	70	23	6503	646	5461	320	76
佛冈县	221	29	160	26	6	1240	130	954	138	18
阳山县	296	28	227	35	6	1459	136	1101	194	28
连山壮族瑶族自治县	47		38	7	2	239	2	203	30	4
连南瑶族自治县	84	1	73	10		391	8	351	31	1
英德市	717	115	448	106	48	3694	592	2409	492	201
连州市	227	9	201	15	2	1379	62	1195	115	7
东莞市	**5891**	**1501**	**2870**	**631**	**889**	**24026**	**7011**	**12827**	**2071**	**2117**
市辖区	5891	1501	2870	631	889	24026	7011	12827	2071	2117
中山市	**2667**	**390**	**1421**	**457**	**399**	**10532**	**1900**	**6316**	**1364**	**952**
市辖区	2667	390	1421	457	399	10532	1900	6316	1364	952
潮州市	**880**	**52**	**439**	**100**	**289**	**4183**	**245**	**2110**	**515**	**1313**
湘桥区	563	25	261	44	233	2613	75	1199	204	1135
潮安区	262	21	143	44	54	1063	132	617	152	162
饶平县	55	6	35	12	2	507	38	294	159	16
揭阳市	**152**	**37**	**62**	**36**	**17**	**925**	**244**	**369**	**241**	**71**
榕城区	8	1	5		2	101	8	12	56	25
揭东区	22	9	10	3		127	22	81	22	2
揭西县	28	3	19	4	2	133	8	85	32	8
惠来县	27		7	17	3	178	11	73	84	10
普宁市	67	24	21	12	10	386	195	118	47	26
云浮市	**1580**	**125**	**1098**	**195**	**162**	**5859**	**493**	**4245**	**622**	**499**
云城区	620	34	421	55	110	2175	92	1617	166	300
云安区	20	3	9	4	4	132	16	83	8	25
新兴县	375	31	297	44	3	1441	129	1092	191	29
郁南县	142	14	98	23	7	505	75	345	69	16
罗定市	423	43	273	69	38	1606	181	1108	188	129

7-4　续表 6　　　　单位：人

现住地	初中					高中				
	小计	乡	镇的村委会	镇的居委会	街道	小计	乡	镇的村委会	镇的居委会	街道
广　东	**815118**	**129366**	**522407**	**76158**	**87187**	**660197**	**82587**	**361630**	**86362**	**129618**
广州市	**130292**	**18067**	**77564**	**11842**	**22819**	**140268**	**14631**	**70710**	**16438**	**38489**
荔湾区	7378	596	2857	885	3040	10124	523	2871	1176	5554
越秀区	4773	487	2219	614	1453	6206	434	2035	785	2952
海珠区	13812	1253	7394	1315	3850	13485	760	4610	1558	6557
天河区	13231	1805	7269	1472	2685	23059	2908	11956	2927	5268
白云区	37865	7018	21518	2784	6545	36314	4852	18132	3452	9878
黄埔区	7802	1077	4682	601	1442	9197	1014	4892	889	2402
番禺区	18653	1937	12937	1828	1951	19491	2001	11785	2700	3005
花都区	12880	2372	8941	941	626	8744	952	5698	1096	998
南沙区	4523	590	3234	426	273	4863	491	3302	599	471
从化区	1999	154	1365	248	232	1920	159	1160	256	345
增城区	7376	778	5148	728	722	6865	537	4269	1000	1059
韶关市	**19217**	**1026**	**13485**	**2377**	**2329**	**13835**	**547**	**8187**	**2452**	**2649**
武江区	3526	225	2060	401	840	2914	128	1172	479	1135
浈江区	2911	134	1555	607	615	2912	86	1345	724	757
曲江区	2116	71	1482	403	160	1398	39	770	440	149
始兴县	1147	114	880	121	32	806	55	609	111	31
仁化县	923	36	579	123	185	681	53	358	108	162
翁源县	1830	82	1577	145	26	810	27	647	96	40
乳源瑶族自治县	1283	46	1099	112	26	734	20	567	115	32
新丰县	1321	120	955	91	155	697	44	496	58	99
乐昌市	2218	36	1695	278	209	1326	12	992	188	134
南雄市	1942	162	1603	96	81	1557	83	1231	133	110
深圳市	**161925**	**31235**	**105686**	**12037**	**12967**	**130881**	**20675**	**69696**	**13931**	**26579**
罗湖区	10859	1579	6387	1411	1482	11113	1293	5064	1617	3139
福田区	12550	2056	7223	1340	1931	12250	1525	5613	1592	3520
南山区	8999	2172	4457	1021	1349	10592	2102	4116	1453	2921
宝安区	44752	9355	30685	2288	2424	29542	5285	17378	2709	4170
龙岗区	45253	9585	29112	3551	3005	36527	6362	19798	3888	6479
盐田区	2158	200	1503	207	248	2338	157	1090	232	859
龙华区	21692	3426	15175	1302	1789	17861	2352	10309	1498	3702
坪山区	5118	1142	3357	337	282	3735	678	2061	347	649
光明区	10544	1720	7787	580	457	6923	921	4267	595	1140
珠海市	**16350**	**1956**	**10451**	**2512**	**1431**	**15855**	**1375**	**7856**	**3589**	**3035**
香洲区	9059	1112	5087	1704	1156	9984	875	4307	2467	2335
斗门区	4414	323	3508	445	138	3452	167	2407	620	258
金湾区	2877	521	1856	363	137	2419	333	1142	502	442
汕头市	**11980**	**1081**	**4141**	**2423**	**4335**	**10093**	**594**	**2588**	**2259**	**4652**
龙湖区	3120	346	1565	577	632	2968	225	929	791	1023
金平区	4004	142	939	950	1973	3367	86	599	761	1921
濠江区	439	34	45	97	263	692	24	122	106	440
潮阳区	1303	65	151	367	720	931	22	71	243	595
潮南区	782	310	299	96	77	325	146	116	29	34
澄海区	2249	182	1087	316	664	1745	88	712	310	635
南澳县	83	2	55	20	6	65	3	39	19	4
佛山市	**78215**	**14503**	**51576**	**7323**	**4813**	**59470**	**7815**	**34772**	**9284**	**7599**
禅城区	14257	2492	9519	1158	1088	10226	1090	5913	1434	1789
南海区	34312	7719	20884	3686	2023	25491	3947	13949	4476	3119
顺德区	19484	3179	13611	1764	930	16344	2149	10063	2470	1662
三水区	6380	694	4731	411	544	4692	363	2915	592	822
高明区	3782	419	2831	304	228	2717	266	1932	312	207

7-4 续表 7

单位：人

现住地	初中					高中				
	小计	乡	镇的村委会	镇的居委会	街道	小计	乡	镇的村委会	镇的居委会	街道
江门市	**28720**	**2830**	**20468**	**2111**	**3311**	**25414**	**1858**	**16630**	**2160**	**4766**
蓬江区	4771	386	3024	415	946	4625	289	2477	434	1425
江海区	2782	255	1727	245	555	2383	135	1083	195	970
新会区	4447	395	3336	296	420	4473	208	3301	399	565
台山市	4043	702	2800	272	269	4921	668	3327	407	519
开平市	6139	468	4800	388	483	4683	250	3381	359	693
鹤山市	3039	308	2350	197	184	2441	193	1836	192	220
恩平市	3499	316	2431	298	454	1888	115	1225	174	374
湛江市	**34516**	**3290**	**22058**	**3907**	**5261**	**27718**	**2649**	**15429**	**3503**	**6137**
赤坎区	4091	435	2261	361	1034	4227	264	2121	460	1382
霞山区	8449	884	4821	887	1857	7506	562	3670	981	2293
坡头区	744	99	448	79	118	572	66	282	50	174
麻章区	1461	201	980	150	130	2528	779	1315	204	230
遂溪县	2151	212	1445	431	63	1527	138	991	348	50
徐闻县	2745	370	1876	271	228	1748	171	1154	197	226
廉江市	6712	498	4891	649	674	3735	170	2191	502	872
雷州市	4998	215	3657	604	522	3779	203	2637	470	469
吴川市	3165	376	1679	475	635	2096	296	1068	291	441
茂名市	**19767**	**1378**	**11764**	**2158**	**4467**	**23817**	**1112**	**14132**	**2707**	**5866**
茂南区	5146	402	2847	361	1536	6045	389	2739	773	2144
电白区	3153	228	2070	473	382	4335	179	2715	563	878
高州市	3498	249	1907	540	802	6006	220	4050	719	1017
化州市	4810	218	2757	435	1400	4227	109	2251	357	1510
信宜市	3160	281	2183	349	347	3204	215	2377	295	317
肇庆市	**18407**	**1545**	**11652**	**2077**	**3133**	**15300**	**1109**	**8378**	**2488**	**3325**
端州区	3585	134	1821	457	1173	5510	183	2617	1017	1693
鼎湖区	1446	92	1089	126	139	983	42	690	95	156
高要区	1862	246	1287	260	69	1208	144	655	271	138
广宁县	1301	66	843	172	220	761	21	548	115	77
怀集县	1498	82	834	144	438	1415	257	718	188	252
封开县	821	75	475	222	49	536	31	269	201	35
德庆县	1053	141	673	118	121	620	78	316	118	108
四会市	6841	709	4630	578	924	4267	353	2565	483	866
惠州市	**53212**	**9603**	**34829**	**4533**	**4247**	**30633**	**3882**	**16849**	**4338**	**5564**
惠城区	18221	4338	10255	1461	2167	13353	2087	5952	1945	3369
惠阳区	13723	2657	9022	1219	825	7046	931	4217	920	978
博罗县	7094	961	5227	528	378	4353	369	2980	568	436
惠东县	12921	1475	9497	1219	730	4944	427	3160	757	600
龙门县	1253	172	828	106	147	937	68	540	148	181
梅州市	**27289**	**2371**	**19225**	**3353**	**2340**	**19603**	**1495**	**12166**	**3283**	**2659**
梅江区	5308	182	3598	864	664	5032	116	2920	979	1017
梅县区	6403	266	5046	764	327	4538	160	3186	735	457
大埔县	2541	695	1549	232	65	1630	328	1077	187	38
丰顺县	1598	162	1272	137	27	1029	168	662	163	36
五华县	2211	141	1782	227	61	1754	222	1210	263	59
平远县	1235	141	880	192	22	757	63	523	159	12
蕉岭县	1938	263	1427	226	22	1255	138	860	225	32
兴宁市	6055	521	3671	711	1152	3608	300	1728	572	1008

7-4　续表 8　　　　单位：人

现住地	初中					高中				
	小计	乡	镇的村委会	镇的居委会	街道	小计	乡	镇的村委会	镇的居委会	街道
汕尾市	**18189**	**1461**	**11344**	**3546**	**1838**	**9229**	**605**	**4849**	**2521**	**1254**
城　区	3710	162	1690	725	1133	2252	153	780	463	856
海丰县	9771	537	6620	2044	570	4514	160	2523	1569	262
陆河县	1467	247	1041	160	19	844	125	562	141	16
陆丰市	3241	515	1993	617	116	1619	167	984	348	120
河源市	**28033**	**3576**	**21095**	**2016**	**1346**	**15446**	**1358**	**10437**	**2020**	**1631**
源城区	12652	1761	9069	821	1001	6616	739	4029	707	1141
紫金县	2378	228	1827	241	82	1625	98	1230	212	85
龙川县	5888	729	4671	413	75	2948	232	2132	491	93
连平县	1370	140	1047	145	38	949	62	699	146	42
和平县	2573	149	2139	246	39	1341	49	1048	216	28
东源县	3172	569	2342	150	111	1967	178	1299	248	242
阳江市	**19539**	**1653**	**13372**	**1988**	**2526**	**13674**	**786**	**7894**	**1839**	**3155**
江城区	8222	1185	4537	866	1634	6850	607	3181	853	2209
阳东区	4572	137	3725	457	253	2915	51	2012	442	410
阳西县	2689	144	2229	279	37	1451	50	1151	174	76
阳春市	4056	187	2881	386	602	2458	78	1550	370	460
清远市	**32162**	**3108**	**23835**	**3047**	**2172**	**15380**	**1483**	**10131**	**2100**	**1666**
清城区	12730	1202	8698	1170	1660	6394	552	3814	844	1184
清新区	8100	726	6788	445	141	3120	423	2256	287	154
佛冈县	2000	228	1521	221	30	1077	90	807	149	31
阳山县	1664	149	1274	218	23	856	53	666	126	11
连山壮族瑶族自治县	336	4	270	60	2	214	3	162	42	7
连南瑶族自治县	440	9	375	49	7	297	3	259	28	7
英德市	5116	710	3410	702	294	2493	301	1478	461	253
连州市	1776	80	1499	182	15	929	58	689	163	19
东莞市	**73256**	**24215**	**41733**	**4108**	**3200**	**56724**	**15556**	**29901**	**6128**	**5139**
市辖区	73256	24215	41733	4108	3200	56724	15556	29901	6128	5139
中山市	**24229**	**4540**	**15679**	**2498**	**1512**	**19003**	**3100**	**10435**	**3177**	**2291**
市辖区	24229	4540	15679	2498	1512	19003	3100	10435	3177	2291
潮州市	**6416**	**470**	**3117**	**756**	**2073**	**6171**	**439**	**2833**	**773**	**2126**
湘桥区	4070	142	1745	334	1849	3862	70	1586	360	1846
潮安区	1558	274	902	186	196	1345	101	807	176	261
饶平县	788	54	470	236	28	964	268	440	237	19
揭阳市	**1783**	**491**	**796**	**375**	**121**	**3919**	**1100**	**2080**	**416**	**323**
榕城区	151	14	32	73	32	121	12	15	50	44
揭东区	250	28	195	20	7	777	52	547	120	58
揭西县	297	22	183	60	32	112	12	53	31	16
惠来县	277	21	114	130	12	157	5	70	77	5
普宁市	808	406	272	92	38	2752	1019	1395	138	200
云浮市	**11621**	**967**	**8537**	**1171**	**946**	**7764**	**418**	**5677**	**956**	**713**
云城区	4026	145	3014	301	566	2148	58	1435	281	374
云安区	249	28	163	29	29	341	18	267	24	32
新兴县	2910	267	2170	406	67	2085	152	1561	288	84
郁南县	960	155	627	123	55	794	65	544	162	23
罗定市	3476	372	2563	312	229	2396	125	1870	201	200

7-4 续表 9

单位：人

现住地	大学专科					大学本科				
	小计	乡	镇的村委会	镇的居委会	街道	小计	乡	镇的村委会	镇的居委会	街道
广东	**377159**	**40543**	**172837**	**58783**	**104996**	**297775**	**21395**	**91315**	**49808**	**135257**
广州市	**111658**	**11135**	**53514**	**15844**	**31165**	**93383**	**5677**	**29413**	**15151**	**43142**
荔湾区	5816	285	1733	819	2979	4915	153	731	740	3291
越秀区	3644	188	881	527	2048	5242	135	773	822	3512
海珠区	8794	458	2550	1141	4645	10192	327	2064	1282	6519
天河区	27045	3254	13792	3753	6246	19380	1362	6081	2937	9000
白云区	27069	3506	12951	3045	7567	17053	1355	5600	1901	8197
黄埔区	7456	758	3736	973	1989	7238	444	2857	922	3015
番禺区	15904	1302	8652	2966	2984	16223	1011	5600	3794	5818
花都区	6091	580	3657	921	933	6061	426	2674	1209	1752
南沙区	2688	320	1596	409	363	1604	186	672	333	413
从化区	1415	41	829	238	307	946	17	423	270	236
增城区	5736	443	3137	1052	1104	4529	261	1938	941	1389
韶关市	**6574**	**318**	**2898**	**1528**	**1830**	**5243**	**281**	**1966**	**1273**	**1723**
武江区	1442	46	407	252	737	1139	33	251	200	655
浈江区	1478	48	517	415	498	2070	172	789	486	623
曲江区	1146	96	581	279	190	288	9	116	104	59
始兴县	284	19	142	100	23	187	12	74	72	29
仁化县	305	12	106	65	122	272	8	88	70	106
翁源县	297	6	192	73	26	242	7	128	76	31
乳源瑶族自治县	320	13	190	95	22	192	9	106	54	23
新丰县	223	21	120	27	55	158	5	61	31	61
乐昌市	438	5	235	104	94	310	4	128	90	88
南雄市	641	52	408	118	63	385	22	225	90	48
深圳市	**91994**	**11101**	**36720**	**11087**	**33086**	**76723**	**4896**	**14650**	**8083**	**49094**
罗湖区	7311	617	2271	1078	3345	5687	207	843	686	3951
福田区	8731	739	2766	1079	4147	9885	406	1304	890	7285
南山区	9591	1547	2784	1309	3951	13081	967	1815	1509	8790
宝安区	20550	2742	9164	2290	6354	16284	1172	3591	1797	9724
龙岗区	24398	3254	10604	3197	7343	15707	1278	3705	1952	8772
盐田区	1144	53	399	137	555	947	18	136	65	728
龙华区	14884	1404	6236	1385	5859	11351	562	2282	771	7736
坪山区	1837	324	785	211	517	1448	119	356	184	789
光明区	3548	421	1711	401	1015	2333	167	618	229	1319
珠海市	**10087**	**953**	**4311**	**2565**	**2258**	**10629**	**598**	**2630**	**2764**	**4637**
香洲区	6016	421	2231	1749	1615	7798	366	1733	2083	3616
斗门区	1319	54	795	336	134	834	28	380	275	151
金湾区	2752	478	1285	480	509	1997	204	517	406	870
汕头市	**5104**	**277**	**1079**	**1251**	**2497**	**3376**	**132**	**486**	**810**	**1948**
龙湖区	1419	164	233	395	627	935	41	78	273	543
金平区	1674	40	245	387	1002	1178	43	133	276	726
濠江区	489	10	221	163	95	75	4	9	23	39
潮阳区	527	6	34	108	379	359	3	23	66	267
潮南区	89	21	45	11	12	72	12	20	15	25
澄海区	866	36	285	170	375	710	28	212	130	340
南澳县	40		16	17	7	47	1	11	27	8
佛山市	**29802**	**3417**	**15667**	**5449**	**5269**	**19646**	**1420**	**8228**	**4420**	**5578**
禅城区	5401	396	2827	966	1212	4080	172	1558	932	1418
南海区	12910	1634	6531	2405	2340	8163	739	3221	1770	2433
顺德区	7933	774	4225	1724	1210	4477	355	1904	1277	941
三水区	2305	483	1225	224	373	2348	112	1206	368	662
高明区	1253	130	859	130	134	578	42	339	73	124

7-4　续表 10　　　　　　　　　　　　　　　　　　　　单位：人

现住地	大学专科					大学本科				
	小计	乡	镇的村委会	镇的居委会	街道	小计	乡	镇的村委会	镇的居委会	街道
江门市	**10825**	**728**	**6153**	**1287**	**2657**	**6769**	**472**	**2931**	**1015**	**2351**
蓬江区	3646	270	1768	488	1120	2752	253	888	377	1234
江海区	1265	76	472	143	574	595	44	214	90	247
新会区	1985	66	1398	204	317	1159	37	650	184	288
台山市	1149	115	728	141	165	584	45	280	122	137
开平市	1285	69	857	116	243	724	32	392	100	200
鹤山市	923	88	603	130	102	679	48	389	103	139
恩平市	572	44	327	65	136	276	13	118	39	106
湛江市	**11960**	**991**	**4924**	**2067**	**3978**	**11297**	**1232**	**3863**	**1825**	**4377**
赤坎区	2172	133	726	292	1021	2726	542	678	261	1245
霞山区	3445	263	1150	482	1550	2700	172	691	429	1408
坡头区	315	22	105	61	127	268	22	78	47	121
麻章区	744	160	384	88	112	2992	351	1268	448	925
遂溪县	718	66	414	176	62	240	6	107	91	36
徐闻县	802	98	399	122	183	399	32	175	85	107
廉江市	1745	112	775	431	427	835	37	402	181	215
雷州市	1176	52	655	250	219	547	14	250	139	144
吴川市	843	85	316	165	277	590	56	214	144	176
茂名市	**7683**	**401**	**3114**	**1297**	**2871**	**5620**	**427**	**2210**	**927**	**2056**
茂南区	2544	141	950	360	1093	2396	224	876	303	993
电白区	1568	99	764	377	328	691	59	304	184	144
高州市	1504	80	533	261	630	1028	52	384	262	330
化州市	1316	33	450	138	695	984	37	361	94	492
信宜市	751	48	417	161	125	521	55	285	84	97
肇庆市	**5468**	**302**	**2397**	**830**	**1939**	**4437**	**240**	**1565**	**764**	**1868**
端州区	1731	45	533	248	905	1347	36	302	198	811
鼎湖区	513	24	293	44	152	615	46	247	77	245
高要区	355	12	179	86	78	775	32	385	168	190
广宁县	149	2	75	30	42	119	3	51	24	41
怀集县	421	22	217	54	128	330	7	173	50	100
封开县	199	16	88	70	25	163	14	49	59	41
德庆县	276	33	123	73	47	156	12	72	43	29
四会市	1824	148	889	225	562	932	90	286	145	411
惠州市	**15017**	**1838**	**7025**	**2441**	**3713**	**9846**	**816**	**3309**	**1788**	**3933**
惠城区	7978	1085	3435	1226	2232	5494	470	1519	885	2620
惠阳区	3189	460	1488	465	776	2179	205	767	411	796
博罗县	1988	145	1083	380	380	965	70	461	221	213
惠东县	1572	123	887	317	245	1001	61	474	224	242
龙门县	290	25	132	53	80	207	10	88	47	62
梅州市	**6749**	**383**	**3369**	**1623**	**1374**	**5922**	**302**	**2348**	**1685**	**1587**
梅江区	1918	28	820	534	536	2798	130	1074	684	910
梅县区	1860	57	1170	450	183	1079	33	483	399	164
大埔县	372	102	179	71	20	240	39	116	68	17
丰顺县	259	30	141	70	18	183	11	88	65	19
五华县	434	40	242	130	22	346	24	178	126	18
平远县	232	27	121	70	14	156	20	71	60	5
蕉岭县	380	46	221	93	20	243	31	112	74	26
兴宁市	1294	53	475	205	561	877	14	226	209	428

7-4 续表 11

单位：人

现住地	大学专科					大学本科				
	小计	乡	镇的村委会	镇的居委会	街道	小计	乡	镇的村委会	镇的居委会	街道
汕尾市	**3749**	**215**	**1495**	**1099**	**940**	**1970**	**106**	**724**	**654**	**486**
城区	1502	46	420	278	758	694	11	195	168	320
海丰县	1473	53	696	602	122	814	23	332	336	123
陆河县	259	43	147	62	7	158	21	70	48	19
陆丰市	515	73	232	157	53	304	51	127	102	24
河源市	**5807**	**550**	**3314**	**1043**	**900**	**3087**	**214**	**1432**	**662**	**779**
源城区	3167	335	1674	478	680	1658	112	676	285	585
紫金县	446	34	272	106	34	283	12	175	61	35
龙川县	890	72	568	203	47	492	39	272	140	41
连平县	347	26	202	87	32	170	17	85	50	18
和平县	353	19	220	95	19	180	6	93	67	14
东源县	604	64	378	74	88	304	28	131	59	86
阳江市	**6593**	**359**	**3105**	**1462**	**1667**	**3091**	**117**	**1289**	**654**	**1031**
江城区	3925	282	1405	929	1309	1630	72	490	322	746
阳东区	1174	22	785	224	143	666	12	385	145	124
阳西县	621	27	425	142	27	375	17	216	93	49
阳春市	873	28	490	167	188	420	16	198	94	112
清远市	**9103**	**731**	**5077**	**1741**	**1554**	**4367**	**346**	**1908**	**1030**	**1083**
清城区	5798	413	3193	946	1246	2334	173	946	428	787
清新区	997	78	704	144	71	515	32	293	116	74
佛冈县	425	33	278	87	27	182	16	103	47	16
阳山县	352	36	179	111	26	226	31	97	88	10
连山壮族瑶族自治县	103	3	52	42	6	96	7	55	27	7
连南瑶族自治县	106		63	40	3	88	1	47	31	9
英德市	1017	153	435	264	165	738	81	274	214	169
连州市	305	15	173	107	10	188	5	93	79	11
东莞市	**22896**	**5113**	**10917**	**3171**	**3695**	**20003**	**3099**	**7711**	**3458**	**5735**
市辖区	22896	5113	10917	3171	3695	20003	3099	7711	3458	5735
中山市	**9565**	**1323**	**4603**	**1886**	**1753**	**7471**	**773**	**2716**	**1889**	**2093**
市辖区	9565	1323	4603	1886	1753	7471	773	2716	1889	2093
潮州市	**2503**	**76**	**777**	**405**	**1245**	**2729**	**70**	**957**	**469**	**1233**
湘桥区	1720	23	465	175	1057	2140	41	799	311	989
潮安区	541	44	205	119	173	463	19	115	105	224
饶平县	242	9	107	111	15	126	10	43	53	20
揭阳市	**1015**	**107**	**535**	**246**	**127**	**256**	**40**	**67**	**95**	**54**
榕城区	549	6	334	116	93	28	1	2	8	17
揭东区	92	21	47	20	4	27	3	12	6	6
揭西县	49	11	14	22	2	22	1	6	11	4
惠来县	94	4	49	37	4	48	2	19	26	1
普宁市	231	65	91	51	24	131	33	28	44	26
云浮市	**3007**	**225**	**1843**	**461**	**478**	**1910**	**137**	**912**	**392**	**469**
云城区	1038	57	577	155	249	730	28	320	137	245
云安区	112	15	51	27	19	284	24	129	37	94
新兴县	664	64	479	97	24	380	30	227	80	43
郁南县	199	44	100	36	19	122	15	50	39	18
罗定市	994	45	636	146	167	394	40	186	99	69

7-4　续表 12

单位：人

现 住 地	硕士研究生					博士研究生				
	小计	乡	镇　的 村委会	镇　的 居委会	街道	小计	乡	镇　的 村委会	镇　的 居委会	街道
广　东	**27489**	**956**	**3100**	**4164**	**19269**	**2919**	**110**	**251**	**412**	**2146**
广州市	**9756**	**309**	**1146**	**1655**	**6646**	**1436**	**46**	**107**	**201**	**1082**
荔湾区	489	7	20	78	384	64	1	1	9	53
越秀区	893	16	64	116	697	145	3	13	13	116
海珠区	1327	26	128	137	1036	238	4	12	16	206
天河区	2321	89	238	318	1676	355	12	28	56	259
白云区	1315	48	183	117	967	172	8	14	18	132
黄埔区	742	20	70	106	546	94	3	5	6	80
番禺区	1931	73	306	579	973	304	10	23	73	198
花都区	294	5	53	79	157	21	1	2	3	15
南沙区	130	10	27	43	50	12	2	1	3	6
从化区	43	1	10	11	21	5		1	2	2
增城区	271	14	47	71	139	26	2	7	2	15
韶关市	**173**	**2**	**32**	**46**	**93**	**15**		**2**	**3**	**10**
武江区	66	1	9	9	47	6		2		4
浈江区	65		10	26	29	7			2	5
曲江区	4		1	1	2					
始兴县	5		2	1	2					
仁化县	5		1	1	3					
翁源县	1				1	1				1
乳源瑶族自治县	7		3	2	2					
新丰县	3		1		2					
乐昌市	7		1	3	3					
南雄市	10	1	4	3	2	1			1	
深圳市	**11426**	**302**	**704**	**1050**	**9370**	**883**	**29**	**40**	**73**	**741**
罗湖区	905	16	56	80	753	57	3	3	3	48
福田区	2349	40	78	200	2031	165	4	5	8	148
南山区	2871	113	185	309	2264	284	9	9	32	234
宝安区	1813	44	136	169	1464	110	2	7	13	88
龙岗区	1769	58	150	189	1372	123	6	11	11	95
盐田区	163	3	5	3	152	21	2			19
龙华区	1195	20	57	58	1060	86	1	2	1	82
坪山区	151	4	9	18	120	13			2	11
光明区	210	4	28	24	154	24	2	3	3	16
珠海市	**817**	**24**	**88**	**277**	**428**	**114**	**4**	**8**	**35**	**67**
香洲区	695	19	64	234	378	97	3	4	30	60
斗门区	47		9	19	19	3		1	1	1
金湾区	75	5	15	24	31	14	1	3	4	6
汕头市	**183**	**6**	**16**	**34**	**127**	**21**		**2**	**5**	**14**
龙湖区	71	3	4	12	52	7			3	4
金平区	89	3	8	16	62	9		1	1	7
濠江区	3			2	1					
潮阳区	8			1	7	1				1
潮南区										
澄海区	12		4	3	5	4		1	1	2
南澳县										
佛山市	**1068**	**42**	**234**	**323**	**469**	**98**	**4**	**23**	**20**	**51**
禅城区	235	5	31	64	135	26	1	2	4	19
南海区	460	16	96	139	209	37		12	9	16
顺德区	291	17	77	107	90	30	2	8	7	13
三水区	70	2	26	11	31	5	1	1		3
高明区	12	2	4	2	4					

7-4 续表 13

单位：人

现住地	硕士研究生					博士研究生				
	小计	乡	镇的村委会	镇的居委会	街道	小计	乡	镇的村委会	镇的居委会	街道
江门市	**246**	**12**	**44**	**48**	**142**	**22**	**1**	**5**	**4**	**12**
蓬江区	124	3	14	22	85	17	1	3	3	10
江海区	29	2	4	4	19	1			1	
新会区	43	1	14	11	17	1				1
台山市	11	2	2	2	5					
开平市	12	1	2	2	7					
鹤山市	18	2	7	4	5	2		2		
恩平市	9	1	1	3	4	1				1
湛江市	**378**	**15**	**52**	**53**	**258**	**62**	**3**	**2**	**5**	**52**
赤坎区	104	2	9	10	83	18	1			17
霞山区	191	6	24	27	134	35	2	2	3	28
坡头区	20			2	18	1				1
麻章区	29	6	8	3	12	6			2	4
遂溪县	5		2	1	2	1				1
徐闻县	6	1	2		3	1				1
廉江市	10		3	2	5					
雷州市	5		1	4						
吴川市	8		3	4	1					
茂名市	**118**	**6**	**29**	**5**	**78**	**12**		**3**	**1**	**8**
茂南区	75	6	12	1	56	9		1	1	7
电白区	14		9	2	3	1				1
高州市	14		3		11	2		2		
化州市	11		3	1	7					
信宜市	4		2	1	1					
肇庆市	**155**	**9**	**40**	**16**	**90**	**7**			**2**	**5**
端州区	75	1	12	11	51	4			2	2
鼎湖区	19		5	3	11	2				2
高要区	6	1	5							
广宁县	2		1	1						
怀集县	9		6		3					
封开县	1		1							
德庆县	5	1			4					
四会市	38	6	10	1	21	1				1
惠州市	**544**	**38**	**103**	**97**	**306**	**37**		**11**	**7**	**19**
惠城区	315	20	42	56	197	24		7	4	13
惠阳区	144	12	25	29	78	7		2	2	3
博罗县	32	3	9	7	13	4		1	1	2
惠东县	41	1	22	4	14	1		1		
龙门县	12	2	5	1	4	1				1
梅州市	**152**	**1**	**47**	**44**	**60**	**17**	**1**	**4**	**6**	**6**
梅江区	76		18	24	34	10	1	2	3	4
梅县区	37		17	6	14	1				1
大埔县	3	1	1	1						
丰顺县	5		3	1	1	1			1	
五华县	4		1	2	1					
平远县	4		1	3		1				1
蕉岭县	11		3	4	4	2		2		
兴宁市	12		3	3	6	2			2	

7-4　续表 14　　　　　　　　　　　　　　　　　　　　　　单位：人

现住地	硕士研究生					博士研究生				
	小计	乡	镇的村委会	镇的居委会	街道	小计	乡	镇的村委会	镇的居委会	街道
汕尾市	**76**	**1**	**12**	**18**	**45**	**4**		**3**	**1**	
城　区	36	1	3	8	24	1		1		
海丰县	33		7	7	19	2		1	1	
陆河县	3			2	1	1		1		
陆丰市	4		2	1	1					
河源市	**95**	**5**	**42**	**14**	**34**	**7**		**1**		**6**
源城区	71	5	30	8	28	4		1		3
紫金县	5		1	1	3					
龙川县	7		5	2		1				1
连平县	3		1	1	1					
和平县	2		1	1						
东源县	7		4	1	2	2				2
阳江市	**101**	**4**	**23**	**22**	**52**	**9**		**4**	**3**	**2**
江城区	72	3	13	15	41	8		3	3	2
阳东区	17	1	6	4	6	1		1		
阳西县	5		1	3	1					
阳春市	7		3		4					
清远市	**153**	**3**	**42**	**34**	**74**	**12**		**3**	**2**	**7**
清城区	106	2	25	17	62	11		2	2	7
清新区	10		6	1	3	1		1		
佛冈县	8		2	3	3					
阳山县	5		2	2	1					
连山壮族瑶族自治县	2		1		1					
连南瑶族自治县	2		2							
英德市	13		2	8	3					
连州市	7	1	2	3	1					
东莞市	**1540**	**147**	**346**	**282**	**765**	**122**	**19**	**27**	**27**	**49**
市辖区	1540	147	346	282	765	122	19	27	27	49
中山市	**401**	**23**	**74**	**120**	**184**	**27**	**3**	**3**	**13**	**8**
市辖区	401	23	74	120	184	27	3	3	13	8
潮州市	**56**	**2**	**10**	**10**	**34**	**8**		**2**	**3**	**3**
湘桥区	36		8	5	23	7		2	3	2
潮安区	18	2	2	3	11	1				1
饶平县	2			2						
揭阳市	**3**	**2**		**1**		**1**				**1**
榕城区						1				1
揭东区										
揭西县										
惠来县										
普宁市	3	2		1						
云浮市	**48**	**3**	**16**	**15**	**14**	**5**		**1**	**1**	**3**
云城区	21		7	6	8					
云安区	3				3	1				1
新兴县	13	2	4	5	2	3			1	2
郁南县										
罗定市	11	1	5	4	1	1		1		

7–5 全省按现住地、户口登记地类型、受教育程度分的户口登记地在外省人口

单位：人

现住地	合计					未上过学				
	合计	乡	镇的村委会	镇的居委会	街道	小计	乡	镇的村委会	镇的居委会	街道
广　东	**3007579**	**848515**	**1791836**	**192091**	**175137**	**25987**	**7828**	**15573**	**1502**	**1084**
广州市	**491293**	**105858**	**309057**	**35774**	**40604**	**3439**	**889**	**2106**	**238**	**206**
荔湾区	13466	2275	7989	1416	1786	85	18	53	6	8
越秀区	12330	2064	6438	1447	2381	108	16	76	9	7
海珠区	47414	6747	32879	3394	4394	177	29	112	15	21
天河区	58467	11711	33022	5753	7981	328	92	174	33	29
白云区	123334	33380	73224	7693	9037	823	261	469	40	53
黄埔区	42305	9579	25945	2811	3970	340	93	198	23	26
番禺区	85780	13436	60354	6228	5762	573	102	394	49	28
花都区	50505	15165	30175	2914	2251	404	116	250	26	12
南沙区	27578	5469	19402	1656	1051	272	64	196	9	3
从化区	3723	627	2588	269	239	37	11	17	7	2
增城区	26391	5405	17041	2193	1752	292	87	167	21	17
韶关市	**14917**	**2082**	**10255**	**1261**	**1319**	**240**	**40**	**172**	**13**	**15**
武江区	4006	723	2557	240	486	52	10	38		4
浈江区	3057	326	2029	382	320	45	7	29	4	5
曲江区	1834	202	1366	160	106	26	4	18	3	1
始兴县	534	72	377	59	26	8	1	5	2	
仁化县	986	134	694	92	66	32	5	26		1
翁源县	749	79	594	46	30	8		8		
乳源瑶族自治县	599	37	452	69	41	13	3	10		
新丰县	568	126	353	41	48	5		5		
乐昌市	1659	265	1173	108	113	41	8	27	3	3
南雄市	925	118	660	64	83	10	2	6	1	1
深圳市	**910392**	**234757**	**545249**	**64069**	**66317**	**8018**	**2412**	**4815**	**440**	**351**
罗湖区	35224	7569	19008	3886	4761	293	86	168	19	20
福田区	49346	9560	26317	5568	7901	420	92	238	40	50
南山区	70495	19955	31173	7706	11661	589	225	277	40	47
宝安区	277797	75909	171654	15568	14666	2173	683	1324	90	76
龙岗区	204144	55082	121671	14892	12499	2110	626	1263	135	86
盐田区	7813	1408	4830	714	861	86	13	62	7	4
龙华区	154304	35223	99349	9994	9738	1117	321	694	62	40
坪山区	33915	9948	20543	2015	1409	421	138	251	17	15
光明区	77354	20103	50704	3726	2821	809	228	538	30	13
珠海市	**74532**	**13692**	**45622**	**8376**	**6842**	**876**	**176**	**549**	**96**	**55**
香洲区	43052	7257	24914	5878	5003	501	109	290	64	38
斗门区	15350	2268	11314	1166	602	214	22	159	21	12
金湾区	16130	4167	9394	1332	1237	161	45	100	11	5
汕头市	**22972**	**7196**	**11076**	**2758**	**1942**	**286**	**90**	**151**	**31**	**14**
龙湖区	5585	1322	3021	957	285	73	16	41	12	4
金平区	3885	693	1949	556	687	67	15	42	5	5
濠江区	654	122	251	97	184	9	4	4		1
潮阳区	1409	404	570	276	159	13	3	5	3	2
潮南区	3300	1749	1007	332	212	47	26	13	7	1
澄海区	8001	2863	4208	527	403	73	24	44	4	1
南澳县	138	43	70	13	12	4	2	2		
佛山市	**306789**	**81429**	**196940**	**18866**	**9554**	**2140**	**572**	**1392**	**118**	**58**
禅城区	30862	7206	20106	2107	1443	170	38	116	8	8
南海区	121419	36290	71972	9165	3992	736	221	444	52	19
顺德区	123159	30535	83569	6086	2969	923	244	616	43	20
三水区	22065	4694	15703	937	731	258	52	187	10	9
高明区	9284	2704	5590	571	419	53	17	29	5	2

7-5 续表 1

单位：人

现住地	合计					未上过学				
	合计	乡	镇的村委会	镇的居委会	街道	小计	乡	镇的村委会	镇的居委会	街道
江门市	**59848**	**13580**	**39683**	**3041**	**3544**	**631**	**165**	**434**	**14**	**18**
蓬江区	14585	3055	9747	819	964	162	37	113	3	9
江海区	9940	1956	6350	550	1084	102	25	68	6	3
新会区	10980	2412	7492	526	550	132	34	92	2	4
台山市	5269	1324	3290	296	359	35	12	23		
开平市	6372	1825	4049	361	137	82	28	52	2	
鹤山市	10856	2608	7487	385	376	91	24	64	1	2
恩平市	1846	400	1268	104	74	27	5	22		
湛江市	**10266**	**2176**	**5523**	**996**	**1571**	**176**	**44**	**106**	**13**	**13**
赤坎区	1471	319	723	149	280	13	1	10	1	1
霞山区	2603	524	1274	260	545	39	6	27	4	2
坡头区	622	169	264	56	133	15	5	4	2	4
麻章区	1578	376	771	141	290	15	6	7	1	1
遂溪县	362	80	210	59	13	8	6	2		
徐闻县	691	142	404	75	70	17	9	6	2	
廉江市	1170	154	805	136	75	22	4	17	1	
雷州市	445	72	266	45	62	9		6	2	1
吴川市	1324	340	806	75	103	38	7	27		4
茂名市	**6989**	**1279**	**4380**	**523**	**807**	**105**	**17**	**65**	**14**	**9**
茂南区	2562	513	1393	218	438	30	5	13	6	6
电白区	1457	174	1111	105	67	26	4	21	1	
高州市	1218	191	814	77	136	23	3	14	4	2
化州市	974	258	565	54	97	10	2	7	1	
信宜市	778	143	497	69	69	16	3	10	2	1
肇庆市	**23220**	**4290**	**15305**	**1906**	**1719**	**180**	**36**	**120**	**13**	**11**
端州区	2766	361	1454	340	611	19	4	10	2	3
鼎湖区	2344	284	1773	153	134	22	2	19		1
高要区	3987	1243	2434	249	61	35	9	25	1	
广宁县	530	62	410	28	30	5	1	3		1
怀集县	401	11	219	56	115	2		1	1	
封开县	507	159	246	71	31	2	1	1		
德庆县	240	35	121	36	48	3		1	1	1
四会市	12445	2135	8648	973	689	92	19	60	8	5
惠州市	**162693**	**46672**	**95768**	**11245**	**9008**	**1936**	**542**	**1163**	**134**	**97**
惠城区	52766	15811	29360	3572	4023	750	232	425	53	40
惠阳区	66319	19877	37888	5341	3213	658	165	394	60	39
博罗县	28920	6638	19820	1408	1054	310	76	218	8	8
惠东县	13379	4043	7831	866	639	189	58	108	13	10
龙门县	1309	303	869	58	79	29	11	18		
梅州市	**8286**	**1140**	**6146**	**642**	**358**	**135**	**22**	**101**	**9**	**3**
梅江区	2306	288	1669	192	157	33	5	24	3	1
梅县区	2111	224	1685	149	53	36	4	29	3	
大埔县	517	97	353	41	26	5	2	2		1
丰顺县	735	148	528	49	10	15	4	11		
五华县	727	83	567	54	23	9	1	8		
平远县	450	106	298	45	1	15	4	10	1	
蕉岭县	601	62	491	42	6	12	1	10		1
兴宁市	839	132	555	70	82	10	1	7	2	

7–5　续表 2　　　　单位：人

现住地	合计					未上过学				
	合计	乡	镇的村委会	镇的居委会	街道	小计	乡	镇的村委会	镇的居委会	街道
汕尾市	**9443**	**2244**	**5730**	**967**	**502**	**188**	**50**	**110**	**20**	**8**
城　区	2433	787	1237	172	237	50	21	23	2	4
海丰县	5377	961	3655	567	194	92	18	59	12	3
陆河县	577	208	335	19	15	11	3	7		1
陆丰市	1056	288	503	209	56	35	8	21	6	
河源市	**14641**	**3224**	**9823**	**946**	**648**	**224**	**72**	**135**	**13**	**4**
源城区	8736	2101	5631	579	425	140	44	83	9	4
紫金县	1529	291	1093	82	63	28	5	22	1	
龙川县	1438	243	1002	137	56	17	5	10	2	
连平县	545	75	422	30	18	11	3	8		
和平县	440	74	313	40	13	2		1	1	
东源县	1953	440	1362	78	73	26	15	11		
阳江市	**8520**	**1602**	**5733**	**541**	**644**	**127**	**43**	**72**	**3**	**9**
江城区	3255	869	1832	219	335	64	35	23	1	5
阳东区	3205	457	2531	153	64	23	2	21		
阳西县	790	140	557	53	40	16	1	14	1	
阳春市	1270	136	813	116	205	24	5	14	1	4
清远市	**22148**	**4044**	**14754**	**1846**	**1504**	**270**	**56**	**186**	**20**	**8**
清城区	12606	2532	7949	1099	1026	134	28	87	14	5
清新区	2748	489	1980	147	132	34	10	23		1
佛冈县	1615	265	1185	114	51	18	5	13		
阳山县	448	32	313	90	13	11	2	7	2	
连山壮族瑶族自治县	190	14	165	5	6	7		7		
连南瑶族自治县	82	5	53	17	7	4		4		
英德市	3882	666	2665	295	256	52	11	35	4	2
连州市	577	41	444	79	13	10		10		
东莞市	**661230**	**270038**	**345002**	**26084**	**20106**	**5069**	**2066**	**2651**	**201**	**151**
市辖区	661230	270038	345002	26084	20106	5069	2066	2651	201	151
中山市	**177050**	**46303**	**112520**	**11037**	**7190**	**1586**	**413**	**1025**	**98**	**50**
市辖区	177050	46303	112520	11037	7190	1586	413	1025	98	50
潮州市	**12362**	**4200**	**7207**	**510**	**445**	**230**	**79**	**141**	**8**	**2**
湘桥区	3170	819	1791	251	309	51	12	32	5	2
潮安区	8704	3304	5089	225	86	171	65	104	2	
饶平县	488	77	327	34	50	8	2	5	1	
揭阳市	**4350**	**1356**	**2570**	**275**	**149**	**51**	**22**	**26**	**2**	**1**
榕城区	715	296	339	58	22	3	3			
揭东区	1638	483	1058	66	31	29	16	13		
揭西县	207	33	142	28	4	4		3	1	
惠来县	201	44	88	56	13					
普宁市	1589	500	943	67	79	15	3	10	1	1
云浮市	**5638**	**1353**	**3493**	**428**	**364**	**80**	**22**	**53**	**4**	**1**
云城区	2143	619	1234	113	177	30	11	19		
云安区	472	86	295	45	46	11	2	8	1	
新兴县	1815	428	1150	173	64	15	5	9	1	
郁南县	425	103	263	37	22	9	1	6	2	
罗定市	783	117	551	60	55	15	3	11		1

7-5　续表 3　　　　单位：人

现住地	学前教育					小学				
	小计	乡	镇的村委会	镇的居委会	街道	小计	乡	镇的村委会	镇的居委会	街道
广　东	**56396**	**15516**	**33354**	**4037**	**3489**	**420721**	**125304**	**258852**	**21059**	**15506**
广州市	**6496**	**1426**	**3875**	**507**	**688**	**59207**	**14469**	**38820**	**3023**	**2895**
荔湾区	163	27	90	19	27	1719	329	1113	141	136
越秀区	109	12	58	10	29	1326	284	795	91	156
海珠区	347	57	196	32	62	5288	917	3772	303	296
天河区	598	113	320	54	111	4740	1106	2946	302	386
白云区	1713	446	1009	106	152	15600	4588	9632	670	710
黄埔区	719	174	423	46	76	4194	1043	2626	222	303
番禺区	864	130	584	75	75	10660	1948	7738	545	429
花都区	872	237	508	59	68	6816	2178	4156	281	201
南沙区	452	92	301	33	26	3956	959	2748	157	92
从化区	45	6	29	5	5	596	96	451	30	19
增城区	614	132	357	68	57	4312	1021	2843	281	167
韶关市	**534**	**64**	**382**	**42**	**46**	**3132**	**456**	**2285**	**209**	**182**
武江区	141	25	85	10	21	782	163	514	35	70
浈江区	98	11	67	8	12	598	63	422	67	46
曲江区	74	5	58	8	3	413	39	337	23	14
始兴县	18	2	15	1		129	16	100	11	2
仁化县	42	5	34	2	1	225	35	165	18	7
翁源县	23	3	19	1		133	12	112	7	2
乳源瑶族自治县	22	1	16	3	2	110	5	90	10	5
新丰县	13	1	9	1	2	97	25	59	10	3
乐昌市	64	8	49	4	3	435	68	327	19	21
南雄市	39	3	30	4	2	210	30	159	9	12
深圳市	**18392**	**4807**	**11060**	**1223**	**1302**	**99914**	**28740**	**61569**	**5226**	**4379**
罗湖区	639	132	357	68	82	4232	1064	2517	291	360
福田区	819	167	453	80	119	5480	1265	3256	409	550
南山区	1026	301	470	107	148	6933	2369	3376	568	620
宝安区	5738	1564	3509	332	333	27877	8271	17501	1191	914
龙岗区	4431	1205	2652	298	276	26043	7791	15849	1486	917
盐田区	140	34	82	10	14	994	234	620	75	65
龙华区	3266	768	2087	187	224	13698	3532	8910	662	594
坪山区	688	209	400	48	31	4989	1543	3117	189	140
光明区	1645	427	1050	93	75	9668	2671	6423	355	219
珠海市	**1391**	**244**	**837**	**203**	**107**	**10676**	**2269**	**6981**	**925**	**501**
香洲区	745	108	425	132	80	5868	1268	3665	583	352
斗门区	312	42	217	42	11	2409	328	1852	164	65
金湾区	334	94	195	29	16	2399	673	1464	178	84
汕头市	**429**	**121**	**224**	**47**	**37**	**5885**	**1884**	**2895**	**673**	**433**
龙湖区	107	21	65	19	2	1291	324	728	200	39
金平区	116	24	61	10	21	977	197	523	125	132
濠江区	12	4	6		2	122	32	62	16	12
潮阳区	20	5	7	4	4	225	55	79	56	35
潮南区	30	17	6	5	2	868	411	261	117	79
澄海区	141	50	77	8	6	2355	847	1219	158	131
南澳县	3		2	1		47	18	23	1	5
佛山市	**4648**	**1100**	**2964**	**399**	**185**	**49191**	**13887**	**31668**	**2510**	**1126**
禅城区	346	59	223	42	22	3840	928	2583	203	126
南海区	1676	433	997	167	79	19524	6382	11361	1285	496
顺德区	2075	479	1380	157	59	20185	5150	13853	831	351
三水区	376	85	251	23	17	4101	921	2982	111	87
高明区	175	44	113	10	8	1541	506	889	80	66

7−5 续表 4

单位：人

现住地	学前教育					小学				
	小计	乡	镇的村委会	镇的居委会	街道	小计	乡	镇的村委会	镇的居委会	街道
江门市	**1833**	**408**	**1228**	**91**	**106**	**13974**	**3381**	**9483**	**554**	**556**
蓬江区	409	80	274	23	32	3177	709	2205	124	139
江海区	326	63	210	23	30	2075	433	1385	95	162
新会区	383	83	266	16	18	3114	707	2172	112	123
台山市	134	37	83	7	7	1162	336	726	47	53
开平市	249	71	161	10	7	1903	538	1247	98	20
鹤山市	297	67	207	12	11	2141	550	1479	63	49
恩平市	35	7	27		1	402	108	269	15	10
湛江市	**273**	**66**	**160**	**19**	**28**	**2003**	**570**	**1096**	**177**	**160**
赤坎区	23	4	15	2	2	243	65	124	25	29
霞山区	83	24	37	5	17	486	138	246	44	58
坡头区	23	7	11	2	3	112	44	43	11	14
麻章区	17	2	14	1		127	59	61	3	4
遂溪县	10	4	6			93	23	47	21	2
徐闻县	26	5	17	2	2	214	62	120	21	11
廉江市	47	6	34	5	2	255	46	181	22	6
雷州市	11	1	10			101	19	63	14	5
吴川市	33	13	16	2	2	372	114	211	16	31
茂名市	**197**	**36**	**128**	**15**	**18**	**1433**	**331**	**927**	**76**	**99**
茂南区	68	11	43	6	8	424	101	269	19	35
电白区	28	6	18	2	2	301	38	241	14	8
高州市	35	7	24	3	1	297	68	190	14	25
化州市	30	5	20	2	3	230	78	122	13	17
信宜市	36	7	23	2	4	181	46	105	16	14
肇庆市	**532**	**84**	**376**	**45**	**27**	**4138**	**842**	**2779**	**289**	**228**
端州区	55	8	33	8	6	401	68	220	39	74
鼎湖区	60	5	50	2	3	468	78	348	26	16
高要区	64	19	41	3	1	873	290	536	40	7
广宁县	11	1	5	2	3	56	9	39	3	5
怀集县	4	1	1	1	1	90	6	50	7	27
封开县	17	4	10	2	1	74	20	37	16	1
德庆县	8	2	6			38	5	13	6	14
四会市	313	44	230	27	12	2138	366	1536	152	84
惠州市	**3334**	**915**	**1973**	**239**	**207**	**28118**	**7748**	**17561**	**1591**	**1218**
惠城区	1212	382	636	88	106	8685	2715	5000	460	510
惠阳区	1149	324	685	79	61	9904	2510	6323	674	397
博罗县	648	116	459	49	24	5702	1286	4029	221	166
惠东县	293	87	168	23	15	3434	1140	1943	225	126
龙门县	32	6	25		1	393	97	266	11	19
梅州市	**229**	**32**	**167**	**22**	**8**	**1770**	**251**	**1362**	**111**	**46**
梅江区	55	5	43	5	2	362	31	287	30	14
梅县区	74	6	62	5	1	487	58	400	21	8
大埔县	13		7	5	1	96	25	57	11	3
丰顺县	16	8	7		1	210	46	161	2	1
五华县	12	3	9			166	17	126	19	4
平远县	8	2	4	2		134	27	89	18	
蕉岭县	20	3	15	2		141	15	124	2	
兴宁市	31	5	20	3	3	174	32	118	8	16

7-5　续表 5　　　　　　　　　　　　　　　　　　　　　　　　　　单位：人

现住地	学前教育					小学				
	小计	乡	镇的村委会	镇的居委会	街道	小计	乡	镇的村委会	镇的居委会	街道
汕尾市	**215**	**49**	**125**	**33**	**8**	**2623**	**642**	**1631**	**223**	**127**
城　区	53	19	21	10	3	587	178	308	38	63
海丰县	127	19	87	17	4	1600	315	1098	140	47
陆河县	12	3	9			139	53	70	10	6
陆丰市	23	8	8	6	1	297	96	155	35	11
河源市	**446**	**100**	**297**	**28**	**21**	**3121**	**717**	**2172**	**157**	**75**
源城区	310	73	205	18	14	1952	477	1331	99	45
紫金县	43	7	31	1	4	371	76	261	24	10
龙川县	36	6	26	3	1	258	62	176	14	6
连平县	14	5	6	2	1	101	6	87	4	4
和平县	5		3	1	1	67	5	47	11	4
东源县	38	9	26	3		372	91	270	5	6
阳江市	**279**	**31**	**211**	**16**	**21**	**2049**	**492**	**1375**	**95**	**87**
江城区	105	21	69	6	9	751	286	388	35	42
阳东区	100	6	89	4	1	828	119	669	32	8
阳西县	19	3	14	1	1	211	54	139	12	6
阳春市	55	1	39	5	10	259	33	179	16	31
清远市	**677**	**121**	**454**	**63**	**39**	**4438**	**941**	**2995**	**284**	**218**
清城区	402	85	247	41	29	2440	596	1534	166	144
清新区	81	9	64	5	3	570	125	412	15	18
佛冈县	33	3	25	3	2	316	61	229	17	9
阳山县	22	4	15	3		82	5	58	19	
连山壮族瑶族自治县	14		13		1	55	4	49	2	
连南瑶族自治县	2		2			15	2	9	2	2
英德市	108	19	77	8	4	854	136	617	57	44
连州市	15	1	11	3		106	12	87	6	1
东莞市	**12028**	**4724**	**6191**	**688**	**425**	**90050**	**36769**	**48251**	**2944**	**2086**
市辖区	12028	4724	6191	688	425	90050	36769	48251	2944	2086
中山市	**3839**	**1011**	**2325**	**313**	**190**	**32147**	**8591**	**20981**	**1681**	**894**
市辖区	3839	1011	2325	313	190	32147	8591	20981	1681	894
潮州市	**331**	**115**	**185**	**18**	**13**	**4413**	**1575**	**2562**	**169**	**107**
湘桥区	63	19	31	4	9	979	282	532	83	82
潮安区	256	94	147	11	4	3337	1277	1957	82	21
饶平县	12	2	7	3		97	16	73	4	4
揭阳市	**121**	**27**	**83**	**8**	**3**	**1241**	**448**	**699**	**59**	**35**
榕城区	13	6	7			181	87	87	3	4
揭东区	72	11	56	4	1	610	220	353	29	8
揭西县	8	2	6			48	4	34	7	3
惠来县	3	1			2	43	16	14	7	6
普宁市	25	7	14	4		359	121	211	13	14
云浮市	**172**	**35**	**109**	**18**	**10**	**1198**	**301**	**760**	**83**	**54**
云城区	71	15	52	2	2	452	156	256	12	28
云安区	9	2	5	1	1	85	19	58	6	2
新兴县	47	9	28	10		387	76	252	49	10
郁南县	16	5	7	3	1	95	23	65	6	1
罗定市	29	4	17	2	6	179	27	129	10	13

7-5 续表 6

单位：人

现住地	初中					高中				
	小计	乡	镇的村委会	镇的居委会	街道	小计	乡	镇的村委会	镇的居委会	街道
广　东	**1400794**	**419916**	**873824**	**64036**	**43018**	**669763**	**185334**	**392836**	**49781**	**41812**
广州市	**218491**	**50882**	**148325**	**10735**	**8549**	**115297**	**23956**	**72500**	**9352**	**9489**
荔湾区	5171	972	3376	421	402	3718	601	2182	421	514
越秀区	4238	840	2616	404	378	3271	537	1751	405	578
海珠区	27185	3925	20888	1414	958	8539	1248	5498	860	933
天河区	14934	3261	9668	1037	968	17218	3730	10220	1587	1681
白云区	57758	17110	35541	2748	2359	29115	7374	17309	2137	2295
黄埔区	15772	3922	10154	812	884	12682	2867	8008	762	1045
番禺区	38359	6072	29463	1608	1216	19911	3141	14107	1482	1181
花都区	27864	9224	16894	1137	609	8788	2303	5325	637	523
南沙区	13908	2703	10309	581	315	6043	1099	4226	452	266
从化区	1712	310	1270	71	61	819	137	561	61	60
增城区	11590	2543	8146	502	399	5193	919	3313	548	413
韶关市	**6246**	**928**	**4563**	**401**	**354**	**2733**	**355**	**1823**	**272**	**283**
武江区	1691	330	1150	68	143	770	126	485	55	104
浈江区	1094	117	779	127	71	703	59	486	94	64
曲江区	802	98	628	49	27	285	30	207	32	16
始兴县	226	34	177	15		81	11	46	13	11
仁化县	439	56	329	34	20	133	25	78	16	14
翁源县	383	39	319	17	8	125	15	94	8	8
乳源瑶族自治县	226	11	197	12	6	115	8	84	16	7
新丰县	313	78	197	21	17	79	11	51	3	14
乐昌市	691	121	490	39	41	279	47	184	24	24
南雄市	381	44	297	19	21	163	23	108	11	21
深圳市	**370967**	**102966**	**238839**	**17057**	**12105**	**214856**	**53372**	**128307**	**17369**	**15808**
罗湖区	11885	2961	7053	991	880	9864	1953	5293	1234	1384
福田区	15132	3356	9186	1274	1316	13132	2489	7141	1632	1870
南山区	20772	6902	10553	1653	1664	16713	4731	7707	2016	2259
宝安区	123677	35646	81123	4128	2780	61878	16555	37971	4017	3335
龙岗区	84623	24200	53410	4470	2543	46279	11942	27300	3881	3156
盐田区	3062	571	2099	197	195	2141	363	1257	244	277
龙华区	58871	14431	40377	2393	1670	39578	8742	25731	2739	2366
坪山区	15280	4572	9693	680	335	7644	2216	4517	540	371
光明区	37665	10327	25345	1271	722	17627	4381	11390	1066	790
珠海市	**30181**	**5842**	**20596**	**2476**	**1267**	**18045**	**3119**	**11032**	**2286**	**1608**
香洲区	16118	2864	10693	1710	851	10926	1708	6400	1673	1145
斗门区	7107	1117	5461	353	176	3623	539	2625	302	157
金湾区	6956	1861	4442	413	240	3496	872	2007	311	306
汕头市	**12226**	**4062**	**6055**	**1281**	**828**	**3192**	**900**	**1416**	**539**	**337**
龙湖区	2830	703	1641	408	78	1038	217	451	266	104
金平区	1590	304	819	226	241	755	109	382	126	138
濠江区	335	48	119	47	121	99	26	37	19	17
潮阳区	887	294	376	152	65	198	44	85	42	27
潮南区	1902	996	612	175	119	411	278	104	20	9
澄海区	4616	1697	2450	269	200	678	223	353	61	41
南澳县	66	20	38	4	4	13	3	4	5	1
佛山市	**162838**	**44970**	**106867**	**7683**	**3318**	**62958**	**16110**	**39756**	**4648**	**2444**
禅城区	16376	4304	10839	754	479	6490	1372	4273	523	322
南海区	65155	20415	39458	3911	1371	24270	6824	14184	2218	1044
顺德区	63948	16077	44526	2350	995	26917	6749	17774	1566	828
三水区	12282	2667	8906	416	293	3515	690	2460	209	156
高明区	5077	1507	3138	252	180	1766	475	1065	132	94

7-5 续表 7 单位：人

现住地	初中					高中				
	小计	乡	镇的村委会	镇的居委会	街道	小计	乡	镇的村委会	镇的居委会	街道
江门市	**29009**	**6679**	**19812**	**1197**	**1321**	**10325**	**2196**	**6559**	**732**	**838**
蓬江区	6644	1430	4664	298	252	2737	548	1748	202	239
江海区	4533	896	3005	181	451	2007	386	1221	151	249
新会区	5270	1213	3639	214	204	1557	298	1016	111	132
台山市	2564	623	1658	122	161	1058	260	639	79	80
开平市	3115	902	1986	166	61	835	234	506	64	31
鹤山市	5844	1399	4135	156	154	1879	430	1253	105	91
恩平市	1039	216	725	60	38	252	40	176	20	16
湛江市	**3774**	**822**	**2352**	**285**	**315**	**1572**	**306**	**821**	**180**	**265**
赤坎区	480	101	284	39	56	300	46	160	42	52
霞山区	839	187	463	65	124	468	73	234	51	110
坡头区	167	49	90	10	18	109	40	39	11	19
麻章区	379	111	227	13	28	243	82	117	17	27
遂溪县	178	38	115	21	4	42	6	23	12	1
徐闻县	268	46	176	28	18	104	16	57	12	19
廉江市	571	72	421	52	26	152	21	95	21	15
雷州市	188	40	121	20	7	52	8	32	5	7
吴川市	704	178	455	37	34	102	14	64	9	15
茂名市	**3175**	**597**	**2126**	**185**	**267**	**1180**	**181**	**725**	**114**	**160**
茂南区	1032	214	612	70	136	478	107	231	51	89
电白区	679	90	541	29	19	240	21	179	20	20
高州市	526	84	368	31	43	231	16	184	18	13
化州市	533	143	329	20	41	131	22	68	15	26
信宜市	405	66	276	35	28	100	15	63	10	12
肇庆市	**11909**	**2304**	**8102**	**841**	**662**	**4561**	**734**	**3043**	**433**	**351**
端州区	1036	164	558	114	200	834	88	509	98	139
鼎湖区	1165	119	952	62	32	381	36	283	39	23
高要区	2398	776	1456	140	26	412	116	261	29	6
广宁县	356	39	295	12	10	75	9	53	7	6
怀集县	209	2	120	26	61	54	1	34	8	11
封开县	228	69	128	26	5	117	50	40	17	10
德庆县	105	21	59	10	15	47	2	27	8	10
四会市	6412	1114	4534	451	313	2641	432	1836	227	146
惠州市	**85561**	**26467**	**51051**	**5025**	**3018**	**28849**	**7626**	**16577**	**2539**	**2107**
惠城区	24730	7960	14368	1271	1131	10832	3027	5869	930	1006
惠阳区	36660	12155	20590	2746	1169	12132	3289	6963	1136	744
博罗县	15992	3874	11126	584	408	4374	961	2853	326	234
惠东县	7595	2337	4573	400	285	1338	317	778	136	107
龙门县	584	141	394	24	25	173	32	114	11	16
梅州市	**4062**	**593**	**3108**	**236**	**125**	**1356**	**161**	**961**	**138**	**96**
梅江区	1069	142	822	66	39	440	60	299	37	44
梅县区	1011	102	830	55	24	371	42	275	38	16
大埔县	280	59	196	15	10	79	6	61	5	7
丰顺县	358	74	252	28	4	92	14	64	11	3
五华县	386	51	304	20	11	92	9	69	10	4
平远县	205	59	136	9	1	55	8	42	5	
蕉岭县	303	33	256	12	2	93	8	70	14	1
兴宁市	450	73	312	31	34	134	14	81	18	21

7-5 续表 8

单位：人

现住地	初中					高中				
	小计	乡	镇的村委会	镇的居委会	街道	小计	乡	镇的村委会	镇的居委会	街道
汕尾市	**4781**	**1132**	**3004**	**479**	**166**	**987**	**249**	**564**	**115**	**59**
城　区	1200	366	675	78	81	292	126	119	16	31
海丰县	2707	495	1882	274	56	546	88	363	74	21
陆河县	330	119	200	6	5	59	20	37	1	1
陆丰市	544	152	247	121	24	90	15	45	24	6
河源市	**7036**	**1600**	**4859**	**381**	**196**	**2482**	**500**	**1637**	**195**	**150**
源城区	3940	1001	2594	222	123	1573	346	990	130	107
紫金县	852	165	632	31	24	149	25	108	9	7
龙川县	654	103	481	57	13	243	44	165	25	9
连平县	275	44	211	15	5	93	5	80	4	4
和平县	244	46	178	17	3	96	22	66	7	1
东源县	1071	241	763	39	28	328	58	228	20	22
阳江市	**3700**	**757**	**2599**	**182**	**162**	**1287**	**172**	**844**	**117**	**154**
江城区	1369	367	844	81	77	574	105	318	48	103
阳东区	1505	283	1145	54	23	395	35	315	35	10
阳西县	339	52	262	16	9	105	14	81	7	3
阳春市	487	55	348	31	53	213	18	130	27	38
清远市	**10588**	**1924**	**7500**	**674**	**490**	**3586**	**621**	**2281**	**383**	**301**
清城区	5975	1185	4057	399	334	1971	366	1175	222	208
清新区	1315	220	993	62	40	500	86	349	37	28
佛冈县	825	144	624	38	19	268	35	203	22	8
阳山县	204	16	150	33	5	83	3	60	18	2
连山壮族瑶族自治县	75	9	61	2	3	18	1	16	1	
连南瑶族自治县	31	2	23	3	3	11		10	1	
英德市	1875	330	1357	105	83	646	124	401	68	53
连州市	288	18	235	32	3	89	6	67	14	2
东莞市	**333939**	**139807**	**177299**	**9932**	**6901**	**159895**	**65254**	**81719**	**7444**	**5478**
市辖区	333939	139807	177299	9932	6901	159895	65254	81719	7444	5478
中山市	**91196**	**24099**	**60002**	**4510**	**2585**	**34240**	**8915**	**20909**	**2702**	**1714**
市辖区	91196	24099	60002	4510	2585	34240	8915	20909	2702	1714
潮州市	**6002**	**2057**	**3563**	**190**	**192**	**1031**	**310**	**586**	**75**	**60**
湘桥区	1531	425	896	84	126	326	59	192	42	33
潮安区	4218	1595	2490	92	41	622	234	345	29	14
饶平县	253	37	177	14	25	83	17	49	4	13
揭阳市	**2265**	**683**	**1390**	**121**	**71**	**552**	**149**	**306**	**65**	**32**
榕城区	396	156	197	29	14	95	39	32	21	3
揭东区	652	166	463	12	11	219	59	141	13	6
揭西县	132	23	93	15	1	15	4	6	5	
惠来县	117	23	54	36	4	33	4	17	11	1
普宁市	968	315	583	29	41	190	43	110	15	22
云浮市	**2848**	**745**	**1812**	**165**	**126**	**779**	**148**	**470**	**83**	**78**
云城区	1069	332	625	45	67	294	64	172	27	31
云安区	186	26	132	17	11	113	17	61	16	19
新兴县	1020	258	677	68	17	205	51	117	24	13
郁南县	211	61	130	13	7	52	9	30	3	10
罗定市	362	68	248	22	24	115	7	90	13	5

7-5 续表 9 单位：人

现住地	大学专科					大学本科				
	小计	乡	镇的村委会	镇的居委会	街道	小计	乡	镇的村委会	镇的居委会	街道
广东	**263338**	**61742**	**141340**	**29000**	**31256**	**154699**	**30528**	**71107**	**20474**	**32590**
广州市	**49633**	**8853**	**27185**	**6046**	**7549**	**33226**	**4695**	**14465**	**5061**	**9005**
荔湾区	1604	236	795	242	331	920	88	359	148	325
越秀区	1444	192	603	224	425	1467	159	445	252	611
海珠区	2895	342	1379	387	787	2423	186	883	330	1024
天河区	10588	1953	5728	1301	1606	8265	1205	3406	1225	2429
白云区	11692	2536	6268	1146	1742	6013	1007	2789	744	1473
黄埔区	4774	915	2734	465	660	3387	516	1645	421	805
番禺区	8218	1083	4978	1153	1004	5885	754	2619	1077	1435
花都区	3639	770	2013	424	432	1987	315	978	318	376
南沙区	1857	350	1112	232	163	1026	186	492	180	168
从化区	303	46	156	52	49	198	20	99	39	40
增城区	2619	430	1419	420	350	1655	259	750	327	319
韶关市	**1136**	**134**	**624**	**170**	**208**	**827**	**103**	**375**	**139**	**210**
武江区	309	50	159	37	63	229	19	110	29	71
浈江区	261	26	147	41	47	246	42	97	37	70
曲江区	152	21	72	24	35	75	5	41	19	10
始兴县	49	2	27	12	8	21	6	6	5	4
仁化县	51	5	29	11	6	59	3	30	11	15
翁源县	44	3	27	9	5	32	7	15	4	6
乳源瑶族自治县	69	2	36	16	15	42	7	19	10	6
新丰县	40	7	28	1	4	20	3	4	5	8
乐昌市	97	10	63	11	13	47	3	31	7	6
南雄市	64	8	36	8	12	56	8	22	12	14
深圳市	**118798**	**26892**	**64404**	**12928**	**14574**	**73084**	**14701**	**34552**	**9007**	**14824**
罗湖区	5101	905	2393	762	1041	2933	441	1160	478	854
福田区	7582	1265	3608	1125	1584	5948	871	2293	891	1893
南山区	10759	2790	4358	1414	2197	11309	2296	3910	1630	3473
宝安区	35052	8601	19488	3421	3542	20353	4418	10373	2253	3309
龙岗区	25276	6035	13698	2780	2763	14512	3142	7239	1719	2412
盐田区	863	119	472	112	160	468	72	217	61	118
龙华区	24135	4835	14446	2405	2449	13043	2520	6894	1471	2158
坪山区	3076	825	1664	321	266	1677	411	851	200	215
光明区	6954	1517	4277	588	572	2841	530	1615	304	392
珠海市	**6743**	**1170**	**3419**	**1176**	**978**	**5877**	**794**	**2013**	**1082**	**1988**
香洲区	4120	626	1973	807	714	4139	511	1314	795	1519
斗门区	1087	158	686	157	86	558	60	290	119	89
金湾区	1536	386	760	212	178	1180	223	409	168	380
汕头市	**546**	**84**	**217**	**119**	**126**	**354**	**53**	**108**	**62**	**131**
龙湖区	163	32	68	33	30	78	9	23	19	27
金平区	160	11	67	33	49	177	32	50	26	69
濠江区	50	6	13	12	19	26	2	10	3	11
潮阳区	38	3	15	11	9	26		3	8	15
潮南区	30	13	10	6	1	11	7	1	2	1
澄海区	100	19	43	22	16	36	3	21	4	8
南澳县	5		1	2	2					
佛山市	**16633**	**3358**	**9860**	**2132**	**1283**	**7769**	**1352**	**4160**	**1250**	**1007**
禅城区	2309	347	1394	330	238	1225	147	638	224	216
南海区	6951	1461	3944	994	552	2917	532	1503	494	388
顺德区	5874	1236	3633	642	363	2973	566	1656	449	302
三水区	1001	197	621	99	84	492	71	280	61	80
高明区	498	117	268	67	46	162	36	83	22	21

7-5 续表 10

单位：人

现住地	大学专科					大学本科				
	小计	乡	镇的村委会	镇的居委会	街道	小计	乡	镇的村委会	镇的居委会	街道
江门市	**2656**	**520**	**1493**	**281**	**362**	**1308**	**213**	**631**	**162**	**302**
蓬江区	912	162	503	101	146	494	82	222	65	125
江海区	618	110	333	59	116	252	41	118	31	62
新会区	339	54	214	47	24	173	22	87	22	42
台山市	199	38	111	28	22	109	14	49	13	33
开平市	134	40	69	15	10	50	10	27	5	8
鹤山市	398	99	234	26	39	197	38	109	22	28
恩平市	56	17	29	5	5	33	6	19	4	4
湛江市	**955**	**120**	**436**	**118**	**281**	**1382**	**235**	**510**	**186**	**451**
赤坎区	165	22	71	16	56	225	76	56	21	72
霞山区	284	38	119	37	90	347	51	129	46	121
坡头区	102	15	44	10	33	86	9	31	9	37
麻章区	189	29	92	19	49	569	85	236	82	166
遂溪县	21	3	12	3	3	10		5	2	3
徐闻县	30	2	17	2	9	29	2	10	8	9
廉江市	80	2	41	21	16	42	3	16	14	9
雷州市	30	2	14	3	11	54	2	20	1	31
吴川市	54	7	26	7	14	20	7	7	3	3
茂名市	**442**	**49**	**214**	**52**	**127**	**425**	**63**	**187**	**63**	**112**
茂南区	180	24	79	18	59	326	50	141	45	90
电白区	134	4	91	28	11	44	8	19	10	7
高州市	74	9	19	4	42	29	3	13	3	10
化州市	24	6	9	2	7	16	2	10	1	3
信宜市	30	6	16		8	10		4	4	2
肇庆市	**1148**	**170**	**582**	**163**	**233**	**711**	**112**	**293**	**118**	**188**
端州区	247	16	79	51	101	165	13	44	28	80
鼎湖区	143	31	79	12	21	98	12	40	11	35
高要区	110	19	67	14	10	93	14	47	22	10
广宁县	13	3	8	1	1	13		6	3	4
怀集县	30		9	8	13	12	1	4	5	2
封开县	33	10	11	5	7	31	5	18	3	5
德庆县	16		5	5	6	20	5	9	5	1
四会市	556	91	324	67	74	279	62	125	41	51
惠州市	**9880**	**2339**	**5241**	**1052**	**1248**	**4740**	**981**	**2110**	**629**	**1020**
惠城区	4165	1029	2095	451	590	2247	444	914	304	585
惠阳区	4019	1017	2128	407	467	1703	393	779	222	309
博罗县	1272	210	801	139	122	594	109	323	77	85
惠东县	363	75	179	48	61	162	27	80	21	34
龙门县	61	8	38	7	8	34	8	14	5	7
梅州市	**357**	**38**	**245**	**49**	**25**	**357**	**43**	**192**	**72**	**50**
梅江区	136	17	89	14	16	202	28	99	35	40
梅县区	85	7	63	14	1	45	5	25	12	3
大埔县	25	2	19	2	2	18	3	11	3	1
丰顺县	29	1	21	6	1	15	1	12	2	
五华县	27	1	22	3	1	31	1	26	2	2
平远县	19	3	12	4		14	3	5	6	
蕉岭县	17	1	13	3		12	1	3	7	1
兴宁市	19	6	6	3	4	20	1	11	5	3

7-5　续表 11　　　　　　　　　　　　　　　　　　　　　　　　　　　　单位：人

现住地	大学专科					大学本科				
	小计	乡	镇的村委会	镇的居委会	街道	小计	乡	镇的村委会	镇的居委会	街道
汕尾市	**340**	**67**	**169**	**49**	**55**	**283**	**51**	**118**	**46**	**68**
城　区	133	38	51	14	30	107	35	37	14	21
海丰县	154	17	93	24	20	137	9	67	24	37
陆河县	19	7	11	1		7	3	1	1	2
陆丰市	34	5	14	10	5	32	4	13	7	8
河源市	**908**	**178**	**515**	**105**	**110**	**401**	**53**	**200**	**65**	**83**
源城区	555	121	300	60	74	246	35	120	40	51
紫金县	50	11	22	8	9	35	2	17	8	8
龙川县	165	14	110	24	17	64	9	34	12	9
连平县	46	11	28	4	3	5	1	2	1	1
和平县	21	1	15	2	3	5		3	1	1
东源县	71	20	40	7	4	46	6	24	3	13
阳江市	**712**	**75**	**454**	**77**	**106**	**339**	**28**	**168**	**48**	**95**
江城区	249	44	130	27	48	131	10	55	20	46
阳东区	265	8	223	24	10	85	3	67	4	11
阳西县	47	8	24	5	10	47	7	21	9	10
阳春市	151	15	77	21	38	76	8	25	15	28
清远市	**1601**	**247**	**854**	**272**	**228**	**924**	**126**	**459**	**143**	**196**
清城区	1075	174	555	173	173	556	91	272	78	115
清新区	139	23	87	17	12	105	16	51	10	28
佛冈县	102	12	66	19	5	50	4	24	15	7
阳山县	24	1	14	7	2	22	1	9	8	4
连山壮族瑶族自治县	11		9		2	9		9		
连南瑶族自治县	10		2	7	1	9	1	3	4	1
英德市	201	34	105	32	30	143	12	73	21	37
连州市	39	3	16	17	3	30	1	18	7	4
东莞市	**40884**	**15005**	**20034**	**3065**	**2780**	**17910**	**5951**	**8293**	**1670**	**1996**
市辖区	40884	15005	20034	3065	2780	17910	5951	8293	1670	1996
中山市	**9383**	**2318**	**5091**	**1080**	**894**	**4386**	**915**	**2083**	**601**	**787**
市辖区	9383	2318	5091	1080	894	4386	915	2083	601	787
潮州市	**201**	**48**	**95**	**22**	**36**	**138**	**15**	**65**	**25**	**33**
湘桥区	101	11	52	9	29	108	11	50	21	26
潮安区	76	34	33	5	4	21	4	11	4	2
饶平县	24	3	10	8	3	9		4		5
揭阳市	**90**	**22**	**54**	**10**	**4**	**28**	**5**	**11**	**10**	**2**
榕城区	21	5	14	1	1	6		2	4	
揭东区	43	8	27	6	2	12	3	5	2	2
揭西县										
惠来县	2		1	1		2		1	1	
普宁市	24	9	12	2	1	8	2	3	3	
云浮市	**292**	**55**	**154**	**34**	**49**	**230**	**39**	**114**	**35**	**42**
云城区	128	26	64	11	27	81	13	37	13	18
云安区	33	11	16		6	34	9	14	4	7
新兴县	67	13	34	10	10	60	12	25	9	14
郁南县	22	3	13	5	1	20	1	12	5	2
罗定市	42	2	27	8	5	35	4	26	4	1

7-5 续表 12

单位：人

现住地	硕士研究生					博士研究生				
	小计	乡	镇的村委会	镇的居委会	街道	小计	乡	镇的村委会	镇的居委会	街道
广东	**14031**	**2066**	**4480**	**1984**	**5501**	**1850**	**281**	**470**	**218**	**881**
广州市	**4700**	**590**	**1547**	**708**	**1855**	**804**	**98**	**234**	**104**	**368**
荔湾区	82	4	19	17	42	4		2	1	1
越秀区	323	22	89	45	167	44	2	5	7	30
海珠区	435	35	127	43	230	125	8	24	10	83
天河区	1496	210	457	190	639	300	41	103	24	132
白云区	509	51	181	76	201	111	7	26	26	52
黄埔区	406	45	153	54	154	31	4	4	6	17
番禺区	1139	171	407	213	348	171	35	64	26	46
花都区	125	21	47	30	27	10	1	4	2	3
南沙区	62	16	18	12	16	2				2
从化区	12	1	4	4	3	1		1		
增城区	111	14	45	24	28	5		1	2	2
韶关市	**65**	**2**	**31**	**14**	**18**	**4**			**1**	**3**
武江区	30		16	6	8	2				2
浈江区	10	1	2	3	4	2			1	1
曲江区	7		5	2						
始兴县	2		1		1					
仁化县	5		3		2					
翁源县	1				1					
乳源瑶族自治县	2			2						
新丰县	1	1								
乐昌市	5		2	1	2					
南雄市	2		2							
深圳市	**5778**	**797**	**1591**	**759**	**2631**	**585**	**70**	**112**	**60**	**343**
罗湖区	251	24	64	40	123	26	3	3	3	17
福田区	770	50	136	109	475	63	5	6	8	44
南山区	2102	299	469	257	1077	292	42	53	21	176
宝安区	994	164	352	130	348	55	7	13	6	29
龙岗区	794	133	246	110	305	76	8	14	13	41
盐田区	51	2	17	5	27	8		4	3	1
龙华区	555	70	198	72	215	41	4	12	3	22
坪山区	132	34	49	19	30	8		1	1	6
光明区	129	21	60	17	31	16	1	6	2	7
珠海市	**624**	**65**	**176**	**118**	**265**	**119**	**13**	**19**	**14**	**73**
香洲区	528	53	136	102	237	107	10	18	12	67
斗门区	35	1	24	6	4	5	1		2	2
金湾区	61	11	16	10	24	7	2	1		4
汕头市	**40**	**2**	**8**	**4**	**26**	**14**		**2**	**2**	**10**
龙湖区	5		4		1					
金平区	30	1	3	3	23	13		2	2	9
濠江区	1				1					
潮阳区	1				1	1				1
潮南区	1	1								
澄海区	2		1	1						
南澳县										
佛山市	**564**	**79**	**252**	**121**	**112**	**48**	**1**	**21**	**5**	**21**
禅城区	95	11	37	21	26	11		3	2	6
南海区	178	22	74	42	40	12		7	2	3
顺德区	240	33	120	47	40	24	1	11	1	11
三水区	39	11	16	8	4	1				1
高明区	12	2	5	3	2					

7–5 续表 13

单位：人

现住地	硕士研究生					博士研究生				
	小计	乡	镇的村委会	镇的居委会	街道	小计	乡	镇的村委会	镇的居委会	街道
江门市	**108**	**17**	**42**	**9**	**40**	**4**	**1**	**1**	**1**	**1**
蓬江区	48	7	18	2	21	2			1	1
江海区	26	2	9	4	11	1		1		
新会区	12	1	6	2	3					
台山市	8	4	1		3					
开平市	4	2	1	1						
鹤山市	8		6		2	1	1			
恩平市	2	1	1							
湛江市	**114**	**6**	**40**	**17**	**51**	**17**	**7**	**2**	**1**	**7**
赤坎区	14	1	3	2	8	8	3		1	4
霞山区	50	3	18	8	21	7	4	1		2
坡头区	8		2	1	5					
麻章区	37	2	16	5	14	2		1		1
遂溪县										
徐闻县	3		1		2					
廉江市	1				1					
雷州市										
吴川市	1			1						
茂名市	**28**	**4**	**8**	**4**	**12**	**4**	**1**			**3**
茂南区	21	1	5	3	12	3				3
电白区	5	3	1	1						
高州市	2		2			1	1			
化州市										
信宜市										
肇庆市	**36**	**7**	**8**	**4**	**17**	**5**	**1**	**2**		**2**
端州区	9		1		8					
鼎湖区	4	1	1	1	1	3		1		2
高要区	2		1		1					
广宁县	1		1							
怀集县										
封开县	5		1	2	2					
德庆县	3		1	1	1					
四会市	12	6	2		4	2	1	1		
惠州市	**252**	**48**	**87**	**30**	**87**	**23**	**6**	**5**	**6**	**6**
惠城区	129	18	50	10	51	16	4	3	5	4
惠阳区	90	22	26	16	26	4	2		1	1
博罗县	25	6	9	4	6	3		2		1
惠东县	5	2	2		1					
龙门县	3				3					
梅州市	**19**		**9**	**5**	**5**	**1**		**1**		
梅江区	8		5	2	1	1		1		
梅县区	2		1	1						
大埔县	1				1					
丰顺县										
五华县	4		3		1					
平远县										
蕉岭县	3			2	1					
兴宁市	1				1					

7—5 续表 14　　　　单位：人

现住地	硕士研究生					博士研究生				
	小计	乡	镇的村委会	镇的居委会	街道	小计	乡	镇的村委会	镇的居委会	街道
汕尾市	**25**	**4**	**9**	**1**	**11**	**1**			**1**	
城　区	11	4	3		4					
海丰县	13		6	1	6	1			1	
陆河县										
陆丰市	1				1					
河源市	**21**	**4**	**7**	**1**	**9**	**2**		**1**	**1**	
源城区	18	4	7		7	2		1	1	
紫金县	1				1					
龙川县	1				1					
连平县										
和平县										
东源县	1			1						
阳江市	**25**	**4**	**10**	**3**	**8**	**2**				**2**
江城区	10	1	5	1	3	2				2
阳东区	4	1	2		1					
阳西县	6	1	2	2	1					
阳春市	5	1	1		3					
清远市	**61**	**7**	**24**	**7**	**23**	**3**	**1**	**1**		**1**
清城区	50	6	21	6	17	3	1	1		1
清新区	4		1	1	2					
佛冈县	3	1	1		1					
阳山县										
连山壮族瑶族自治县	1		1							
连南瑶族自治县										
英德市	3				3					
连州市										
东莞市	**1272**	**385**	**502**	**127**	**258**	**183**	**77**	**62**	**13**	**31**
市辖区	1272	385	502	127	258	183	77	62	13	31
中山市	**248**	**38**	**98**	**45**	**67**	**25**	**3**	**6**	**7**	**9**
市辖区	248	38	98	45	67	25	3	6	7	9
潮州市	**15**	**1**	**10**	**3**	**1**	**1**				**1**
湘桥区	10		6	3	1	1				1
潮安区	3	1	2							
饶平县	2		2							
揭阳市	**2**		**1**		**1**					
榕城区										
揭东区	1				1					
揭西县										
惠来县	1		1							
普宁市										
云浮市	**34**	**6**	**20**	**4**	**4**	**5**	**2**	**1**	**2**	
云城区	16	2	8	2	4	2		1	1	
云安区	1		1							
新兴县	12	3	8	1		2	1		1	
郁南县										
罗定市	5	1	3	1		1	1			

7–6　全省按现住地和出生地分的人口

单位：人

现住地	出生地							
	合计	省内		省外				
		本县市区	本省其他县市区	北京	天津	河北	山西	内蒙古
广　东	**11946820**	**6665423**	**2014738**	**5923**	**2667**	**21235**	**16387**	**8943**
广州市	**1733907**	**695738**	**488443**	**1427**	**673**	**5154**	**3700**	**1884**
荔湾区	93831	52445	24568	39	20	210	140	44
越秀区	98149	52546	22791	177	103	467	276	132
海珠区	175680	73663	47347	165	84	477	282	158
天河区	216226	55593	89048	309	145	912	766	417
白云区	352421	105601	120826	246	86	1051	673	322
黄埔区	122042	37788	36012	76	51	394	386	162
番禺区	249871	80899	74163	225	108	783	642	353
花都区	156873	74563	30740	115	27	385	261	132
南沙区	81479	36609	15907	24	28	221	117	72
从化区	56761	47576	4501	6	3	36	13	11
增城区	130574	78455	22540	45	18	218	144	81
韶关市	**261764**	**205704**	**33160**	**31**	**7**	**180**	**78**	**58**
武江区	34465	19220	9163	16	1	71	18	20
浈江区	33715	18442	10137	6	4	56	20	25
曲江区	27138	19430	5064	3		15	11	2
始兴县	17799	16290	783	2		5	4	1
仁化县	17129	13671	2014			5	5	1
翁源县	28586	26427	1252	2		5	5	3
乳源瑶族自治县	17067	14937	1303	1	1	5	5	2
新丰县	16171	14481	1018	1		5		1
乐昌市	33541	28567	1681		1	7	9	3
南雄市	36153	34239	745			6	1	
深圳市	**1833301**	**272227**	**517819**	**2119**	**1213**	**8226**	**6931**	**4059**
罗湖区	114707	23559	43410	185	84	616	432	344
福田区	156329	28830	50755	490	240	1128	901	607
南山区	183839	33377	46226	620	348	1559	1303	802
宝安区	474336	60054	121899	256	177	1494	1363	715
龙岗区	435339	69008	139543	323	193	1594	1399	804
盐田区	21847	3621	8109	29	21	113	80	51
龙华区	272160	33370	67785	149	107	1178	1005	523
坪山区	58164	8305	13972	43	26	244	203	107
光明区	116580	12103	26120	24	17	300	245	106
珠海市	**235234**	**72874**	**68911**	**280**	**156**	**1058**	**965**	**529**
香洲区	134840	34664	42719	247	121	777	686	402
斗门区	57537	27499	12288	20	14	112	92	58
金湾区	42857	10711	13904	13	21	169	187	69
汕头市	**527330**	**478798**	**24840**	**42**	**12**	**141**	**89**	**37**
龙湖区	58723	41549	11074	16	2	63	28	14
金平区	72234	59578	8265	19	6	39	39	13
濠江区	25868	24368	838			5	4	2
潮阳区	155877	153184	1245			3	2	1
潮南区	128905	124277	1536	5	2	18	10	2
澄海区	80155	70617	1710	2	2	13	6	5
南澳县	5568	5225	172					
佛山市	**925502**	**379393**	**224601**	**352**	**151**	**1665**	**1026**	**544**
禅城区	128727	52468	41958	61	25	219	153	97
南海区	364007	132476	105507	158	60	712	375	223
顺德区	316297	131194	57122	113	57	573	400	184
三水区	75975	37748	14871	13	8	85	75	29
高明区	40496	25507	5143	7	1	76	23	11

7–6 续表 1　　单位：人

现住地	出生地							
	合计	省内		省外				
		本县市区	本省其他县市区	北京	天津	河北	山西	内蒙古
江门市	**421617**	**309146**	**47120**	**47**	**31**	**227**	**128**	**97**
蓬江区	76789	43274	16418	17	13	90	57	44
江海区	33832	14884	8414	9	5	33	18	12
新会区	78606	62571	5090	3		30	17	16
台山市	80577	69578	4388	2	1	27	11	9
开平市	63507	51606	5384	2	1	8	10	1
鹤山市	47960	31551	4991	10	10	29	13	14
恩平市	40346	35682	2435	4	1	10	2	1
湛江市	**603455**	**544647**	**42401**	**34**	**24**	**198**	**121**	**72**
赤坎区	35505	22804	10448	13	7	48	36	24
霞山区	59746	42044	13485	13	10	73	30	23
坡头区	32362	29834	1367	2	2	21	13	5
麻章区	47398	39775	5967	4	4	44	24	9
遂溪县	71545	68247	2652	1			3	
徐闻县	55727	53362	1379		1	4	3	
廉江市	111604	105620	3079	1		3	1	5
雷州市	109439	107359	1288			3	5	2
吴川市	80129	75602	2736			2	6	4
茂名市	**557985**	**528122**	**18936**	**12**	**10**	**53**	**44**	**18**
茂南区	98767	86841	8458	6	7	36	24	10
电白区	132619	127670	2947	3	1	10	9	2
高州市	122363	117212	3239	2	1	2	6	2
化州市	114776	109971	2769			2	2	3
信宜市	89460	86428	1523	1	1	3	3	1
肇庆市	**366915**	**311198**	**30799**	**17**	**6**	**160**	**103**	**56**
端州区	51657	36007	11580	5	5	63	27	24
鼎湖区	17916	11714	3669	2		10	5	3
高要区	65669	58964	3147	1		7	10	3
广宁县	33784	32286	828	1		1	1	1
怀集县	71860	70895	537			6		1
封开县	34314	32830	733	1		6	13	3
德庆县	34169	32857	978				2	1
四会市	57546	35645	9327	7	1	67	45	20
惠州市	**576125**	**294790**	**111489**	**392**	**118**	**940**	**709**	**403**
惠城区	196063	82216	55009	82	49	325	301	177
惠阳区	139212	41003	29863	282	50	468	307	185
博罗县	112455	68318	15405	16	10	87	46	20
惠东县	100744	78998	9261	12	8	58	49	18
龙门县	27651	24255	1951		1	2	6	3
梅州市	**335392**	**303559**	**21180**	**6**		**77**	**47**	**29**
梅江区	38726	26784	9317	3		32	20	11
梅县区	50557	42047	5797	1		9	10	8
大埔县	29099	27573	898	2			1	
丰顺县	39822	37783	1109			8	2	1
五华县	77687	75399	1296			4	10	
平远县	18028	16787	586			19	2	5
蕉岭县	17749	15954	837			2		3
兴宁市	63724	61232	1340			3	2	1

7-6　续表 2　　　　单位：人

现住地	出生地							
	合计	省内		省外				
		本县市区	本省其他县市区	北京	天津	河北	山西	内蒙古
汕尾市	**239493**	**219624**	**10168**	**9**	**12**	**44**	**37**	**17**
城　区	38286	32485	3392	5	8	14	12	4
海丰县	71546	62114	4099	3	2	20	14	11
陆河县	22094	20482	871	1	1	6	6	
陆丰市	107567	104543	1806		1	4	5	2
河源市	**253924**	**208610**	**29705**	**9**	**3**	**71**	**75**	**33**
源城区	65160	34043	22156	5	2	49	37	22
紫金县	50564	47038	1818	3			3	2
龙川县	52997	49938	1583			18	7	4
连平县	24850	23106	983	1		1	1	3
和平县	30587	29400	572				5	
东源县	29766	25085	2593		1	3	22	2
阳江市	**221917**	**199624**	**13350**	**9**	**7**	**141**	**54**	**36**
江城区	70613	61327	6188	2	7	16	18	13
阳东区	40505	33483	3724	3		21	22	11
阳西县	37257	35048	1346	1		3	5	4
阳春市	73542	69766	2092	3		101	9	8
清远市	**351716**	**289068**	**35764**	**19**	**9**	**209**	**107**	**81**
清城区	106291	70700	20935	14	3	160	77	48
清新区	54476	46093	5294	1	3	8	9	10
佛冈县	29266	25840	1613			7	6	8
阳山县	29421	27648	1177	2		3	1	3
连山壮族瑶族自治县	8693	7721	573			1		
连南瑶族自治县	12464	11722	564			3	1	
英德市	79916	70165	4674	1	3	25	12	4
连州市	31189	29179	934	1		2	1	8
东莞市	**1084676**	**239180**	**196471**	**893**	**186**	**1894**	**1626**	**700**
市辖区	1084676	239180	196471	893	186	1894	1626	700
中山市	**410228**	**160556**	**71408**	**209**	**44**	**665**	**459**	**264**
市辖区	410228	160556	71408	209	44	665	459	264
潮州市	**239141**	**217685**	**8600**	**4**		**59**	**46**	**10**
湘桥区	51692	43312	5006	1		24	7	4
潮安区	109091	97518	2890	1		17	34	4
饶平县	78358	76855	704	2		18	5	2
揭阳市	**562643**	**550741**	**6609**	**7**		**24**	**23**	**5**
榕城区	93527	91341	1150			5	10	1
揭东区	96978	94132	1135	3		10	4	2
揭西县	61272	59726	1102			3	3	2
惠来县	98438	97484	656			1		
普宁市	212428	208058	2566	4		5	6	
云浮市	**204555**	**184139**	**12964**	**5**	**5**	**49**	**19**	**11**
云城区	37088	29081	5607	2		24	8	4
云安区	19955	17751	1614			11	2	1
新兴县	39496	35588	1905	2	3	5	6	5
郁南县	30416	28183	1361		1	2	1	1
罗定市	77600	73536	2477	1	1	7	2	

7–6 续表 3

单位：人

现住地	出生地								
	省外								
	辽宁	吉林	黑龙江	上海	江苏	浙江	安徽	福建	江西
广东	**21690**	**22253**	**38205**	**3812**	**25762**	**23135**	**71438**	**68689**	**298624**
广州市	**4832**	**4220**	**7344**	**1118**	**5880**	**6246**	**11684**	**13397**	**50620**
荔湾区	250	155	264	61	286	324	370	1109	1264
越秀区	415	286	460	205	539	553	695	676	1611
海珠区	454	354	640	163	502	1110	952	1380	4699
天河区	933	774	1265	300	1062	877	2057	1937	6529
白云区	923	859	1638	126	1102	1538	2642	3703	12713
黄埔区	373	430	634	62	484	219	1024	782	3425
番禺区	734	661	1190	112	855	722	1867	1914	11202
花都区	347	315	522	39	493	576	817	907	3830
南沙区	214	155	300	16	245	86	551	285	1867
从化区	29	43	70	2	37	32	91	87	382
增城区	160	188	361	32	275	209	618	617	3098
韶关市	**121**	**117**	**184**	**51**	**157**	**227**	**321**	**382**	**2484**
武江区	33	35	64	22	52	79	67	114	650
浈江区	35	38	35	13	43	60	94	71	505
曲江区	29	7	29	6	17	15	55	62	262
始兴县	2		7	1	4	4	11	11	135
仁化县	6	16	15	2	10	7	12	18	177
翁源县	2	5	8	1	6	7	9	26	112
乳源瑶族自治县	5	6	5	2	9	13	17	20	60
新丰县		2	2		1	5	6	17	62
乐昌市	6	3	15	4	12	18	37	19	104
南雄市	3	5	4		3	19	13	24	417
深圳市	**10139**	**10365**	**17705**	**1580**	**11022**	**7399**	**28297**	**24145**	**110743**
罗湖区	975	859	1351	190	909	596	1588	1692	5218
福田区	1600	1796	2705	420	1646	1369	3061	2021	7767
南山区	2230	2091	3309	436	2330	1280	4037	2453	9929
宝安区	1753	1710	3208	141	1959	1491	6259	5382	30303
龙岗区	1840	2045	3594	201	2100	1329	6249	7454	26157
盐田区	143	187	336	23	179	74	403	225	982
龙华区	1165	1229	2312	114	1269	883	4467	3274	20651
坪山区	224	212	439	17	232	132	787	601	3610
光明区	209	236	451	38	398	245	1446	1043	6126
珠海市	**1257**	**1473**	**2434**	**225**	**1292**	**566**	**1851**	**1424**	**6464**
香洲区	965	1025	1715	204	998	420	1300	1022	4412
斗门区	122	154	366	8	129	65	270	169	1102
金湾区	170	294	353	13	165	81	281	233	950
汕头市	**91**	**89**	**122**	**16**	**140**	**143**	**1111**	**2168**	**3756**
龙湖区	42	52	44	7	39	38	313	710	1528
金平区	35	17	45	8	64	53	329	618	864
濠江区	2	5	7		7	4	41	34	76
潮阳区	3	5	2		4	8	80	82	142
潮南区	2	6	11		10	20	154	135	372
澄海区	7	4	13		8	20	167	559	748
南澳县				1	8		27	30	26
佛山市	**1261**	**1579**	**2237**	**212**	**1709**	**2546**	**4995**	**5201**	**23494**
禅城区	169	198	293	48	267	265	705	909	2356
南海区	560	805	975	79	722	1428	2085	2514	8449
顺德区	427	424	729	63	553	715	1766	1381	11059
三水区	73	118	176	17	100	106	291	306	1111
高明区	32	34	64	5	67	32	148	91	519

7-6　续表 4　　　　单位：人

现住地	出生地								
	省外								
	辽宁	吉林	黑龙江	上海	江苏	浙江	安徽	福建	江西
江门市	**207**	**187**	**334**	**36**	**322**	**677**	**940**	**799**	**3436**
蓬江区	90	95	169	27	128	128	282	229	1176
江海区	35	38	46	4	58	161	150	127	647
新会区	23	20	27	2	61	69	291	116	652
台山市	13	13	26		21	146	32	101	207
开平市	20	10	9	1	24	74	59	82	210
鹤山市	23	11	51	2	26	71	94	116	472
恩平市	3		6		4	28	32	28	72
湛江市	**189**	**137**	**211**	**82**	**168**	**155**	**274**	**301**	**491**
赤坎区	34	28	62	7	25	35	64	44	112
霞山区	83	67	92	21	72	45	105	128	157
坡头区	10	17	10	8	16	14	15	12	31
麻章区	27	8	25	43	34	15	53	39	76
遂溪县	1	4	1		4	5	4	10	8
徐闻县	1		5		2	14	10	12	10
廉江市	2	3	8	3	2	8	7	24	53
雷州市	28	4	5		2	13		15	22
吴川市	3	6	3		11	6	16	17	22
茂名市	**66**	**54**	**88**	**25**	**70**	**49**	**97**	**146**	**264**
茂南区	60	46	67	16	55	19	48	70	108
电白区	6	4	14	6	6	14	17	33	69
高州市		3	4		4	3	11	13	33
化州市		1		1	4	6	19	17	32
信宜市			3	2	1	7	2	13	22
肇庆市	**116**	**107**	**207**	**19**	**134**	**169**	**312**	**1959**	**987**
端州区	51	46	67	10	45	49	73	75	202
鼎湖区	4	8	33	3	19	14	41	31	106
高要区	7	6	6		9	15	22	43	101
广宁县	2	4				11	9	9	23
怀集县			4		1		1	3	21
封开县	2		2	2		5	10	13	22
德庆县	1		2		4	6	2	7	17
四会市	49	43	93	4	56	69	154	1778	495
惠州市	**855**	**1080**	**1973**	**103**	**1062**	**776**	**4051**	**3020**	**15892**
惠城区	255	414	740	41	406	280	1414	1067	6612
惠阳区	509	556	1037	47	483	286	1687	1373	5623
博罗县	56	67	125	9	101	98	521	359	2534
惠东县	34	38	64	6	64	93	383	198	994
龙门县	1	5	7		8	19	46	23	129
梅州市	**49**	**18**	**77**	**5**	**73**	**120**	**181**	**1214**	**3443**
梅江区	29	11	40	2	30	37	58	218	896
梅县区	10	6	13	1	12	27	41	277	1305
大埔县			2		10	9	4	172	62
丰顺县	2	1				5	16	52	237
五华县	2		5	1	3	11	7	44	149
平远县	1		2		7	4	3	57	329
蕉岭县			3		7	13	16	331	182
兴宁市	5		12	1	4	14	36	63	283

7-6 续表 5 单位：人

现住地	出生地								
	省外								
	辽宁	吉林	黑龙江	上海	江苏	浙江	安徽	福建	江西
汕尾市	**37**	**44**	**61**	**6**	**65**	**45**	**166**	**188**	**514**
城　区	15	13	23	2	25	6	49	45	91
海丰县	9	23	31	2	23	29	61	85	221
陆河县	5		1		10	4	27	11	133
陆丰市	8	8	6	2	7	6	29	47	69
河源市	**34**	**50**	**159**	**8**	**95**	**106**	**344**	**332**	**2124**
源城区	22	40	123	5	51	53	215	189	1142
紫金县	5	1	13	1	10	12	41	42	161
龙川县	2	4	15	1	14	14	24	36	250
连平县		2	2		5	16	9	16	172
和平县	2			1	6	7	15	10	138
东源县	3	3	6		9	4	40	39	261
阳江市	**35**	**58**	**62**	**13**	**46**	**96**	**85**	**112**	**275**
江城区	10	9	28	5	14	51	29	41	106
阳东区	13	19	12	3	17	29	29	31	86
阳西县	8	11	6	4	13	10	7	25	22
阳春市	4	19	16	1	2	6	20	15	61
清远市	**129**	**146**	**283**	**25**	**226**	**261**	**472**	**499**	**1932**
清城区	98	113	210	17	110	153	269	279	1240
清新区	11	14	14	1	28	22	44	56	151
佛冈县	7	3	18	1	12	25	15	38	109
阳山县	1	2	3		7	6	8	7	31
连山壮族瑶族自治县			1	1	1	4	4	2	3
连南瑶族自治县	1	1	5		2	1	2		11
英德市	11	13	23	4	59	46	113	102	340
连州市			9	1	7	4	17	15	47
东莞市	**1601**	**1736**	**3318**	**197**	**2391**	**2335**	**13167**	**10134**	**55117**
市辖区	1601	1736	3318	197	2391	2335	13167	10134	55117
中山市	**600**	**719**	**1337**	**79**	**813**	**1083**	**2124**	**1798**	**12879**
市辖区	600	719	1337	79	813	1083	2124	1798	12879
潮州市	**33**	**28**	**23**	**4**	**46**	**67**	**643**	**1092**	**2261**
湘桥区	10	21	10	4	14	28	110	226	458
潮安区	17	6	6		28	34	512	638	1729
饶平县	6	1	7		4	5	21	228	74
揭阳市	**9**	**9**	**13**	**4**	**17**	**37**	**223**	**233**	**1151**
榕城区		1	3	3	5	2	23	56	240
揭东区	1	5	2		4	7	33	106	537
揭西县					2	5	4	3	53
惠来县	5		2		1	2	8	7	40
普宁市	3	3	6	1	5	21	155	61	281
云浮市	**29**	**37**	**33**	**4**	**34**	**32**	**100**	**145**	**297**
云城区	18	17	12	2	20	7	42	96	115
云安区	2	1	2		2	2	8	15	14
新兴县	7	13	13	2	6	15	20	20	100
郁南县		1	3		1	1	16	8	22
罗定市	2	5	3		5	7	14	6	46

7-6　续表 6　　　　单位：人

现住地	出生地							
	省外							
	山东	河南	湖北	湖南	广西	海南	重庆	四川
广　东	**33193**	**246155**	**347333**	**686497**	**565466**	**27587**	**104430**	**303379**
广州市	**7344**	**41910**	**70397**	**135938**	**75374**	**6373**	**13139**	**41661**
荔湾区	248	1365	1558	3692	2675	236	304	1182
越秀区	676	1989	1951	5714	2297	472	394	1047
海珠区	665	2937	20261	7798	4259	629	979	3387
天河区	1444	7547	7813	17650	8144	1260	1211	3440
白云区	1334	9791	12515	32194	20430	1301	2633	10399
黄埔区	729	4778	5656	13238	5510	523	1350	3309
番禺区	950	5207	9781	22679	15838	940	2820	7556
花都区	609	3631	4350	16857	7180	389	1199	4445
南沙区	299	2309	2821	6997	4620	194	1170	3458
从化区	49	363	467	1198	621	110	146	423
增城区	341	1993	3224	7921	3800	319	933	3015
韶关市	**212**	**1063**	**1148**	**10762**	**1894**	**218**	**329**	**1588**
武江区	63	290	337	2894	362	62	97	431
浈江区	62	268	294	2450	316	38	67	427
曲江区	21	187	134	1147	220	37	37	187
始兴县	5	26	43	284	70	10	12	39
仁化县	7	37	50	741	126	6	22	52
翁源县	5	43	53	221	224	10	14	57
乳源瑶族自治县	5	43	43	301	118	7	13	73
新丰县	6	43	54	153	131	11	21	90
乐昌市	23	99	85	2307	193	28	31	166
南雄市	15	27	55	264	134	9	15	66
深圳市	**14752**	**84705**	**137108**	**207550**	**128025**	**9289**	**32848**	**86788**
罗湖区	1055	3751	6654	7845	2669	571	1710	5118
福田区	1916	5659	9586	12788	4397	849	3702	5693
南山区	2771	8159	15528	17692	6263	967	2668	8451
宝安区	2836	23541	35639	63635	48217	2679	6591	24902
龙岗区	2962	19218	31082	42703	23897	2020	10027	19539
盐田区	198	1141	1289	2064	680	101	260	849
龙华区	2021	13894	24614	37721	22054	1373	3972	11350
坪山区	425	3235	4304	6592	4072	231	2004	2895
光明区	568	6107	8412	16510	15776	498	1914	7991
珠海市	**1422**	**8161**	**8088**	**19227**	**13613**	**1294**	**3760**	**8116**
香洲区	1001	5058	5037	12133	6719	920	2510	4488
斗门区	145	1386	1519	3504	3785	204	575	2044
金湾区	276	1717	1532	3590	3109	170	675	1584
汕头市	**124**	**4232**	**2201**	**1449**	**975**	**304**	**427**	**2895**
龙湖区	33	703	483	410	130	56	94	800
金平区	49	376	420	345	143	88	59	347
濠江区	6	57	80	73	60	13	11	56
潮阳区	13	71	126	107	134	28	32	367
潮南区	5	205	199	260	204	36	142	1009
澄海区	18	2805	886	249	299	81	81	293
南澳县		15	7	5	5	2	8	23
佛山市	**2054**	**15705**	**21386**	**59260**	**99476**	**1779**	**9321**	**38267**
禅城区	355	1712	2431	6966	8994	283	1460	4090
南海区	816	7138	8880	25850	37704	663	3386	12449
顺德区	696	5020	7800	20030	43485	595	2881	18813
三水区	120	1367	1575	4717	6418	163	896	2022
高明区	67	468	700	1697	2875	75	698	893

7−6 续表 7

单位：人

现住地	出生地 省外 山东	河南	湖北	湖南	广西	海南	重庆	四川
江门市	**389**	**3378**	**4069**	**9562**	**21961**	**620**	**2783**	**6333**
蓬江区	185	996	1184	2507	4722	199	607	1941
江海区	59	573	788	1852	2898	82	418	1126
新会区	59	364	550	1725	4019	64	529	927
台山市	35	356	359	794	2576	80	361	668
开平市	15	252	288	790	2825	66	337	419
鹤山市	27	762	819	1718	4081	112	432	1022
恩平市	9	75	81	176	840	17	99	230
湛江市	**314**	**830**	**952**	**1439**	**6019**	**540**	**476**	**1223**
赤坎区	56	169	178	270	479	79	74	200
霞山区	151	283	428	541	825	149	171	384
坡头区	31	72	92	89	310	54	33	153
麻章区	49	153	104	164	337	53	46	162
遂溪县	5	28	22	59	280	24	14	38
徐闻县	5	16	19	38	541	50	43	28
廉江市	8	52	50	96	2204	52	28	72
雷州市	1	20	20	79	272	44	18	20
吴川市	8	37	39	103	771	35	49	166
茂名市	**112**	**302**	**412**	**897**	**4781**	**523**	**228**	**643**
茂南区	75	174	171	367	1018	188	83	314
电白区	26	54	134	192	546	129	47	151
高州市	2	22	36	124	982	65	34	75
化州市	4	32	29	130	1315	28	46	75
信宜市	5	20	42	84	920	113	18	28
肇庆市	**168**	**1692**	**1236**	**4262**	**6714**	**180**	**1029**	**2240**
端州区	63	228	266	790	763	73	61	646
鼎湖区	16	154	105	402	733	34	115	300
高要区	8	129	144	510	1476	10	108	312
广宁县	5	36	38	89	269	3	16	52
怀集县		4	26	49	198	5	2	55
封开县	4	18	12	55	525	1	4	13
德庆县	9	8	21	52	145		4	18
四会市	63	1115	624	2315	2605	54	719	844
惠州市	**1492**	**15518**	**16655**	**32159**	**18154**	**1149**	**7984**	**20376**
惠城区	626	5815	6348	11305	5199	483	2851	6770
惠阳区	704	6898	6775	11321	7036	434	3001	7810
博罗县	108	2002	2450	6717	4407	149	1356	2832
惠东县	47	708	991	2458	1257	75	711	2821
龙门县	7	95	91	358	255	8	65	143
梅州市	**92**	**425**	**550**	**1218**	**957**	**187**	**212**	**756**
梅江区	31	108	157	298	144	46	57	166
梅县区	12	77	107	293	175	36	25	130
大埔县	4	33	37	92	77	14	13	39
丰顺县	5	73	61	97	116	26	32	102
五华县	26	53	78	149	159	23	27	109
平远县	1	17	18	59	41	6	12	29
蕉岭县	5	22	45	71	68	10	21	57
兴宁市	8	42	47	159	177	26	25	124

7-6　续表 8　　　　单位：人

现住地	出生地							
	省外							
	山东	河南	湖北	湖南	广西	海南	重庆	四川
汕尾市	**45**	**496**	**720**	**1409**	**1025**	**115**	**1177**	**2391**
城　区	9	148	180	276	177	22	230	820
海丰县	30	207	367	884	665	40	840	1220
陆河县	3	34	63	82	63	36	26	149
陆丰市	3	107	110	167	120	17	81	202
河源市	**153**	**1139**	**1192**	**2529**	**1845**	**112**	**583**	**2641**
源城区	113	724	729	1393	801	58	310	1820
紫金县	6	61	122	284	337	15	111	248
龙川县	21	119	87	282	152	21	46	155
连平县	3	39	27	146	157	5	13	81
和平县	1	50	42	87	95	2	16	80
东源县	9	146	185	337	303	11	87	257
阳江市	**90**	**343**	**333**	**1502**	**2673**	**113**	**520**	**567**
江城区	25	162	161	430	775	39	280	277
阳东区	36	87	84	628	1198	22	186	154
阳西县	10	29	35	90	209	21	39	52
阳春市	19	65	53	354	491	31	15	84
清远市	**243**	**1916**	**2227**	**7772**	**4261**	**299**	**737**	**1982**
清城区	161	1248	1356	4224	1710	157	410	1133
清新区	17	191	196	1013	648	50	82	297
佛冈县	16	121	142	485	326	21	55	160
阳山县	4	30	31	160	180	10	12	45
连山壮族瑶族自治县	2	13	3	125	207	1	3	11
连南瑶族自治县		3	6	71	54	1	2	5
英德市	36	282	443	1154	919	49	153	293
连州市	7	28	50	540	217	10	20	38
东莞市	**3162**	**53650**	**64136**	**155329**	**116777**	**3103**	**21700**	**58790**
市辖区	3162	53650	64136	155329	116777	3103	21700	58790
中山市	**895**	**9682**	**12913**	**31547**	**55969**	**932**	**6097**	**22760**
市辖区	895	9682	12913	31547	55969	932	6097	22760
潮州市	**61**	**471**	**832**	**1359**	**819**	**218**	**715**	**2104**
湘桥区	24	161	209	486	181	129	377	436
潮安区	31	264	576	802	575	74	318	1599
饶平县	6	46	47	71	63	15	20	69
揭阳市	**15**	**236**	**391**	**588**	**699**	**139**	**210**	**588**
榕城区	5	55	56	95	155	24	68	70
揭东区	4	97	65	182	245	32	39	106
揭西县	4	29	41	83	102	27	6	41
惠来县	2	11	43	28	29	5	11	34
普宁市		44	186	200	168	51	86	337
云浮市	**54**	**301**	**387**	**739**	**3455**	**100**	**155**	**670**
云城区	22	161	187	292	803	34	27	295
云安区	3	22	40	72	251	5	19	39
新兴县	16	75	93	214	746	15	78	234
郁南县	1	16	33	45	613	3	15	39
罗定市	12	27	34	116	1042	43	16	63

7-6 续表 9

单位：人

现住地	出生地								
	省外								港澳台或国外
	贵州	云南	西藏	陕西	甘肃	青海	宁夏	新疆	
广 东	**139908**	**83410**	**253**	**57685**	**23752**	**3386**	**2592**	**7758**	**5112**
广州市	**15886**	**8146**	**62**	**7023**	**3570**	**721**	**644**	**2037**	**1322**
荔湾区	265	181	2	207	111	22	22	91	121
越秀区	339	181	5	337	214	64	87	181	269
海珠区	758	360	7	471	231	53	66	188	201
天河区	1421	730	13	1027	682	163	99	467	191
白云区	3303	1948	5	1203	562	151	134	332	137
黄埔区	1412	1125	1	1205	630	56	55	122	41
番禺区	4031	1189	10	1132	627	98	117	392	74
花都区	1947	1088	16	531	216	54	26	127	139
南沙区	1327	783		440	148	34	18	46	118
从化区	190	149	1	68	30	1	3	18	5
增城区	893	412	2	402	119	25	17	73	26
韶关市	**527**	**284**	**1**	**194**	**117**	**28**	**15**	**59**	**63**
武江区	109	74		53	26	6	8	20	8
浈江区	71	24		52	27	6	4	17	8
曲江区	49	31	1	12	17	3	2	8	38
始兴县	22	3		14	7	3		1	
仁化县	64	32		19	10	3	1		
翁源县	32	44		3	6			2	2
乳源瑶族自治县	29	19		9	7	1		5	3
新丰县	37	11		10		1			2
乐昌市	64	19		14	16	3		5	2
南雄市	50	27		8	1	2		1	
深圳市	**35527**	**20811**	**35**	**25174**	**10658**	**1216**	**1091**	**2909**	**826**
罗湖区	831	456	6	999	504	102	83	275	70
福田区	1365	838	3	2225	1008	183	132	521	128
南山区	2009	1395	5	3213	1180	206	201	627	174
宝安区	11371	6442	9	6871	2446	274	198	477	44
龙岗区	7605	4522	6	4731	2255	165	213	489	72
盐田区	204	146	2	203	70	8	14	31	11
龙华区	5615	3155	3	4113	2028	198	186	327	55
坪山区	2149	1377		1047	539	28	38	64	10
光明区	4378	2480	1	1772	628	52	26	98	262
珠海市	**3048**	**2593**	**36**	**1902**	**945**	**148**	**134**	**629**	**359**
香洲区	1609	1132	33	1180	602	107	99	443	92
斗门区	656	667	1	321	167	22	13	51	9
金湾区	783	794	2	401	176	19	22	135	258
汕头市	**1661**	**1176**	**1**	**155**	**58**	**9**	**8**	**27**	**33**
龙湖区	295	104	1	49	30		3	8	5
金平区	235	91		37	14	2	4	8	24
濠江区	61	42		8	5			3	
潮阳区	182	44		6	4				2
潮南区	210	58		11	3	2			1
澄海区	670	834		42	2	5	1	7	1
南澳县	8	3		2				1	
佛山市	**15243**	**7177**	**27**	**2717**	**1083**	**248**	**168**	**406**	**219**
禅城区	1255	334	11	305	136	43	26	85	50
南海区	5379	2921	9	957	396	58	60	166	47
顺德区	5594	2744	4	1128	433	104	70	110	30
三水区	2356	744	1	244	83	11	10	34	87
高明区	659	434	2	83	35	32	2	11	5

7-6　续表 10　　　　单位：人

现住地	出生地								
	省外								港澳台或国外
	贵州	云南	西藏	陕西	甘肃	青海	宁夏	新疆	
江门市	**4690**	**2639**	**18**	**735**	**184**	**49**	**29**	**91**	**353**
蓬江区	1230	460		289	74	12	14	63	69
江海区	865	329	18	121	39	4	5	7	7
新会区	933	315		84	23	9	1	6	10
台山市	367	232		54	12	2	5	6	95
开平市	466	476		44	9	8	1	6	4
鹤山市	680	591		127	20	13	3	2	67
恩平市	149	236		16	7	1		1	101
湛江市	**834**	**657**	**2**	**162**	**107**	**20**	**12**	**58**	**305**
赤坎区	78	32	1	43	17	9	2	10	17
霞山区	173	52		46	49	2	5	24	15
坡头区	39	70		19	8	3	3	3	6
麻章区	60	56		27	23	5		10	2
遂溪县	95	20	1	4	3				12
徐闻县	57	64		4	1	1		2	55
廉江市	134	59		10	1		1	1	17
雷州市	37	12		3			1	3	163
吴川市	161	292		6	5			5	18
茂名市	**918**	**834**	**2**	**79**	**68**	**7**	**6**	**27**	**92**
茂南区	213	136		60	60	3	6	16	12
电白区	279	217		6	5	3		5	14
高州市	241	204	2	7				4	30
化州市	92	177		1	2	1			17
信宜市	93	100		5	1			2	19
肇庆市	**1843**	**614**	**6**	**240**	**100**	**31**	**5**	**36**	**170**
端州区	271	28		62	29	17	1	20	10
鼎湖区	262	77	1	34	13		2	3	3
高要区	475	124	3	20	4		1	2	2
广宁县	60	31		5		1	1	2	
怀集县	32	15		2	2				1
封开县	17	13		7	2				1
德庆县	23	4		5				1	2
四会市	703	322	2	105	50	13		8	151
惠州市	**10767**	**8361**	**10**	**3105**	**1852**	**226**	**81**	**329**	**254**
惠城区	2845	2284	7	1054	678	123	37	154	96
惠阳区	4735	3980	1	1528	970	78	35	119	28
博罗县	2288	1673	1	380	148	23	6	19	124
惠东县	772	399	1	131	50	2	2	36	5
龙门县	127	25		12	6		1	1	1
梅州市	**435**	**248**	**1**	**78**	**29**	**7**	**2**	**41**	**76**
梅江区	94	52		26	12	4	1	17	25
梅县区	47	34		21	9	1	1	10	15
大埔县	37	13		3	1			1	2
丰顺县	59	23		4	1	1		3	3
五华县	55	64		5	1			3	4
平远县	22	11	1	3	1				5
蕉岭县	50	22		6				3	21
兴宁市	71	29		10	4	1		4	1

7-6 续表 11

单位：人

现住地	出生地 省外 贵州	云南	西藏	陕西	甘肃	青海	宁夏	新疆	港澳台或国外
汕尾市	**523**	**252**		**112**	**55**	**10**	**5**	**17**	**104**
城　区	98	76		27	20	5	2	3	4
海丰县	331	99		67	28	5	3	10	3
陆河县	37	30		9	3				1
陆丰市	57	47		9	4			4	96
河源市	**1097**	**459**	**2**	**240**	**87**	**21**	**18**	**42**	**6**
源城区	571	222		153	53	20	13	22	4
紫金县	143	50		18	13			6	
龙川县	126	35		28	6		5	3	1
连平县	33	7		10	3	1		7	1
和平县	30	12	1	9	4			2	
东源县	194	133	1	22	8			2	
阳江市	**629**	**873**		**85**	**50**	**6**	**7**	**7**	**116**
江城区	182	366		23	14	5	3	5	2
阳东区	263	281		35	14	1	3	1	9
阳西县	67	167		6	8				11
阳春市	117	59		21	14		1	1	94
清远市	**1239**	**751**	**2**	**295**	**107**	**30**	**17**	**100**	**508**
清城区	712	386	2	155	61	21	12	73	44
清新区	101	59		32	13	1	1	9	7
佛冈县	97	76		33	13	5	2	12	
阳山县	26	16		6	1				1
连山壮族瑶族自治县	11	2		2	2				
连南瑶族自治县	3	3		1		1		1	
英德市	257	197		58	16	2	2	4	456
连州市	32	12		8	1			1	
东莞市	**35106**	**23180**	**28**	**13352**	**3954**	**482**	**232**	**646**	**103**
市辖区	35106	23180	28	13352	3954	482	232	646	103
中山市	**7355**	**3866**	**18**	**1909**	**683**	**119**	**110**	**256**	**80**
市辖区	7355	3866	18	1909	683	119	110	256	80
潮州市	**1610**	**244**	**1**	**47**	**15**	**4**	**2**	**17**	**21**
湘桥区	383	31	1	15	6	2	1	4	11
潮安区	1170	199		29	8		1	9	2
饶平县	57	14		3	1	2		4	8
揭阳市	**475**	**64**	**1**	**40**	**11**	**1**	**1**	**10**	**69**
榕城区	138	7		8	3			3	
揭东区	187	17		14	4	1	1	3	
揭西县	18	12		3					3
惠来县	26	2	1	4	1			2	33
普宁市	106	26		11	3			2	33
云浮市	**495**	**181**		**41**	**19**	**3**	**5**	**14**	**33**
云城区	110	57		20	10	1	2	7	5
云安区	48	17		4	4		1		5
新兴县	216	70		15	2	2	2	4	4
郁南县	33	12							5
罗定市	88	25		2	3			3	14

7–7　全省按现住地和五年前常住地分的人口

单位：人

现住地	五年前常住地							
	合计	省内		省外				
		本县市区	本省其他县市区	北京	天津	河北	山西	内蒙古
广　东	**11246861**	**9692504**	**671535**	**8754**	**2113**	**6140**	**5284**	**2349**
广州市	**1649317**	**1350005**	**158548**	**1815**	**459**	**1339**	**1158**	**513**
荔湾区	89768	78837	6656	55	11	45	31	7
越秀区	93835	85302	4403	117	33	47	52	23
海珠区	169545	143574	11375	218	31	100	101	46
天河区	208387	159708	28944	373	106	235	240	108
白云区	337311	264914	39707	291	77	301	237	126
黄埔区	114449	89317	11650	197	50	131	124	34
番禺区	238748	191121	24976	316	99	245	220	96
花都区	147625	125034	11111	77	17	94	60	35
南沙区	76583	60647	7031	68	22	92	51	19
从化区	52243	49130	1831	8		6	2	1
增城区	120823	102421	10864	95	13	43	40	18
韶关市	**243789**	**226124**	**12580**	**31**	**12**	**32**	**23**	**22**
武江区	32336	28319	2772	10	3	9	1	3
浈江区	31930	27734	3282	3	4	7	4	12
曲江区	25451	23142	1658	7	2		3	1
始兴县	16493	15740	554	1		1	1	
仁化县	15921	14973	603	3	1	2	2	
翁源县	26145	24924	864	1		2	3	1
乳源瑶族自治县	15707	14957	490			3	5	2
新丰县	15044	14301	510	1	1	3		
乐昌市	31054	29543	1005	5		3	3	2
南雄市	33708	32491	842		1	2	1	1
深圳市	**1740135**	**1336379**	**135811**	**4916**	**1042**	**2208**	**2040**	**931**
罗湖区	108662	93973	6286	252	42	102	66	43
福田区	148345	122356	10305	575	91	203	151	95
南山区	175179	137765	11610	1112	176	350	307	158
宝安区	452040	331730	37282	1146	321	484	490	232
龙岗区	410884	333798	26780	741	164	418	398	198
盐田区	20756	16840	1895	35	6	26	20	12
龙华区	257816	185403	22574	732	142	371	400	126
坪山区	55160	40303	5087	124	35	106	97	26
光明区	111293	74211	13992	199	65	148	111	41
珠海市	**222461**	**177196**	**20396**	**383**	**125**	**344**	**328**	**202**
香洲区	128175	100802	11843	315	86	253	223	146
斗门区	53743	46180	3340	22	9	38	24	16
金湾区	40543	30214	5213	46	30	53	81	40
汕头市	**493359**	**478579**	**6120**	**20**	**7**	**34**	**23**	**5**
龙湖区	55562	51667	2141	5		16	3	2
金平区	68665	66398	1395	8	2	8	9	1
濠江区	24301	23216	716	6	4	3		1
潮阳区	144089	142728	757				2	
潮南区	119541	117468	561	1	1	6	8	
澄海区	75948	71976	486			1	1	1
南澳县	5253	5126	64					
佛山市	**878501**	**713809**	**77009**	**327**	**104**	**492**	**346**	**120**
禅城区	122429	104447	10153	46	12	49	37	19
南海区	345214	269192	38895	146	44	226	126	44
顺德区	301103	250704	17969	101	34	166	133	47
三水区	71800	55813	8184	25	13	34	41	9
高明区	37955	33653	1808	9	1	17	9	1

7-7 续表 1

单位：人

现住地	五年前常住地							
	合计	省内		省外				
		本县市区	本省其他县市区	北京	天津	河北	山西	内蒙古
江门市	**399044**	**367443**	**15551**	**36**	**10**	**86**	**40**	**20**
蓬江区	72334	64185	4661	5	4	30	17	9
江海区	31946	25606	3890	6		18	4	3
新会区	74373	70430	1571	10		12	8	2
台山市	76510	72275	1528	3	1	11	3	1
开平市	60245	57951	1036	2	1	2	1	
鹤山市	45481	40604	2065	9	3	9	6	4
恩平市	38155	36392	800	1	1	4	1	1
湛江市	**552394**	**530771**	**17252**	**34**	**19**	**62**	**53**	**26**
赤坎区	33156	29402	3269	6	1	7	16	4
霞山区	55706	52052	2697	8	3	13	9	5
坡头区	29454	28684	503		3	7	5	5
麻章区	43776	38158	4664	9	5	27	15	5
遂溪县	65306	64109	1047	1		1		
徐闻县	50906	50213	458	2	5	1	1	1
廉江市	101329	98560	2230	2		4	1	3
雷州市	99710	98736	777		1	2		3
吴川市	73051	70857	1607	6	1		6	
茂名市	**512363**	**494512**	**14462**	**23**	**11**	**22**	**26**	**14**
茂南区	91769	87297	3517	6	10	8	13	5
电白区	121207	117469	2743	9		7	6	4
高州市	112981	108482	3902	3		2	4	2
化州市	104785	101501	2781	1		1	3	2
信宜市	81621	79763	1519	4	1	4		1
肇庆市	**342893**	**321942**	**12428**	**32**	**7**	**54**	**46**	**20**
端州区	48431	45045	2592	13		8	6	4
鼎湖区	16641	13949	1654	4	2	5	6	3
高要区	61671	58484	1792	1		4	8	1
广宁县	31676	30192	1221			2		1
怀集县	65831	64930	786	3			1	
封开县	31924	31238	448		1	7	11	2
德庆县	32112	31759	268				1	
四会市	54607	46345	3667	11	4	28	13	9
惠州市	**541334**	**450270**	**39124**	**225**	**91**	**293**	**276**	**120**
惠城区	183568	154214	13686	83	24	86	112	47
惠阳区	131968	94032	14444	106	41	154	109	55
博罗县	105970	89096	7608	23	15	23	25	6
惠东县	94203	88745	2418	9	9	26	28	7
龙门县	25625	24183	968	4	2	4	2	5
梅州市	**311619**	**297115**	**11404**	**15**	**6**	**45**	**27**	**11**
梅江区	36459	32355	3176	7	3	9	7	8
梅县区	47309	44869	1897	3		7	10	2
大埔县	27275	25984	1113	2				
丰顺县	37108	35693	1055			4	3	
五华县	70514	68234	1903	1	2	4	6	
平远县	16926	16299	494	1		21		1
蕉岭县	16667	15927	473					
兴宁市	59361	57754	1293	1	1		1	

7-7 续表 2

单位：人

现住地	五年前常住地							
	合计	省内		省外				
		本县市区	本省其他县市区	北京	天津	河北	山西	内蒙古
汕尾市	**222271**	**214705**	**4426**	**17**	**5**	**21**	**16**	**4**
城 区	35948	34404	705	4	4	4	2	3
海丰县	66772	63562	1516	9	1	14	8	1
陆河县	20260	19418	650	1		2	3	
陆丰市	99291	97321	1555	3		1	3	
河源市	**236443**	**220181**	**11673**	**30**	**4**	**37**	**47**	**7**
源城区	60775	53492	4989	14	2	20	12	2
紫金县	46804	44538	1672	5	1		4	1
龙川县	49411	47226	1616	3	1	10	8	2
连平县	23067	22194	638	1		3		
和平县	28396	27306	868	5			2	1
东源县	27990	25425	1890	2		4	21	1
阳江市	**207064**	**198313**	**5842**	**11**	**6**	**72**	**24**	**13**
江城区	66378	62930	2236	5	4	7	7	7
阳东区	38070	35894	1263	2	1	2	10	4
阳西县	34686	33528	805	1			1	1
阳春市	67930	65961	1538	3	1	63	6	1
清远市	**325093**	**298239**	**18999**	**62**	**16**	**104**	**48**	**43**
清城区	98894	83691	10883	41	9	82	29	21
清新区	50544	47535	2233	2			7	1
佛冈县	27191	25545	1076	1	2	5	6	9
阳山县	26668	25440	1058	3		1	1	2
连山壮族瑶族自治县	7940	7566	302	1		1		
连南瑶族自治县	11489	11328	130	1				
英德市	73370	69012	2711	8	5	14	5	5
连州市	28997	28122	606	5		1		5
东莞市	**1045615**	**780444**	**71142**	**564**	**135**	**671**	**593**	**191**
市辖区	1045615	780444	71142	564	135	671	593	191
中山市	**388760**	**323870**	**24395**	**190**	**44**	**187**	**150**	**78**
市辖区	388760	323870	24395	190	44	187	150	78
潮州市	**225425**	**217505**	**4311**	**14**		**11**	**6**	**3**
湘桥区	48966	45920	2150			8	2	1
潮安区	102565	99194	933	12		2	4	1
饶平县	73894	72391	1228	2		1		1
揭阳市	**519659**	**514054**	**3957**	**4**	**2**	**8**	**5**	**2**
榕城区	87150	86180	613			3		
揭东区	90275	89094	763	2		2	1	1
揭西县	56614	55466	1017	2	2	2		
惠来县	89996	89439	451					1
普宁市	195624	193875	1113			1	4	
云浮市	**189322**	**181048**	**6105**	**5**	**8**	**18**	**9**	**4**
云城区	34332	31809	1772	3		9	4	1
云安区	18418	17308	919		3	6	1	2
新兴县	36922	35009	1136		3	2	3	
郁南县	28171	27173	793	2	1			1
罗定市	71479	69749	1485		1	1	1	

7－7　续表 3　　单位：人

现住地	五年前常住地								
	省外								
	辽宁	吉林	黑龙江	上海	江苏	浙江	安徽	福建	江西
广　东	**6622**	**5440**	**9935**	**6537**	**10595**	**14222**	**15285**	**20187**	**70550**
广州市	**1383**	**1108**	**1815**	**1225**	**2112**	**2773**	**2664**	**3985**	**11563**
荔湾区	62	42	63	42	78	80	74	181	255
越秀区	78	40	70	58	90	100	101	142	251
海珠区	95	89	152	101	137	321	206	334	1089
天河区	245	187	320	217	365	405	527	602	1818
白云区	281	245	440	274	441	763	621	1189	3063
黄埔区	129	144	188	122	220	154	188	286	808
番禺区	267	183	275	188	350	503	487	616	2349
花都区	73	63	100	89	134	210	170	273	732
南沙区	89	58	91	62	136	88	163	146	462
从化区	16	12	13	10	13	8	17	31	76
增城区	48	45	103	62	148	141	110	185	660
韶关市	**34**	**30**	**39**	**35**	**61**	**91**	**87**	**131**	**598**
武江区	3	5	10	3	18	22	11	19	160
浈江区	12	10	5	15	9	15	33	21	117
曲江区	4	3	9	2	7	2	15	25	51
始兴县	2				1	8	6	4	29
仁化县	3	10	5	4	6	6	3	7	35
翁源县	3	1	2	4	1	9	3	20	35
乳源瑶族自治县	3		1	5	3	4	3	11	28
新丰县					2	4	6	6	21
乐昌市	2		4	2	8	14	5	6	18
南雄市	2	1	3		6	7	2	12	104
深圳市	**2990**	**2224**	**4547**	**3315**	**4445**	**5524**	**5128**	**6723**	**25188**
罗湖区	170	133	258	113	161	174	210	348	828
福田区	317	214	451	330	344	334	468	498	1579
南山区	543	400	774	481	655	501	732	753	1995
宝安区	773	480	1077	866	1221	1696	1213	1821	7517
龙岗区	540	440	886	569	737	957	1009	1445	5246
盐田区	33	24	65	22	49	34	51	45	183
龙华区	406	358	689	584	729	1001	913	1116	5467
坪山区	101	85	165	107	167	257	170	222	843
光明区	107	90	182	243	382	570	362	475	1530
珠海市	**352**	**399**	**693**	**235**	**497**	**422**	**454**	**555**	**1315**
香洲区	262	265	506	157	354	265	317	381	852
斗门区	29	36	81	40	58	61	52	60	240
金湾区	61	98	106	38	85	96	85	114	223
汕头市	**21**	**25**	**24**	**17**	**49**	**70**	**314**	**585**	**1160**
龙湖区	5	10	8	6	9	8	68	206	453
金平区	7	4	10	5	18	19	55	100	178
濠江区	2	3	1		4	4	19	19	40
潮阳区	2	4		2	2	4	36	23	61
潮南区	1	2	4		8	20	65	52	147
澄海区	4	2	1	3	7	15	63	174	276
南澳县				1	1		8	11	5
佛山市	**387**	**470**	**559**	**289**	**657**	**986**	**1218**	**1365**	**5650**
禅城区	33	34	65	32	67	80	159	219	467
南海区	173	265	259	110	277	468	534	653	2322
顺德区	136	119	165	97	233	338	416	370	2416
三水区	37	43	61	31	55	78	76	87	330
高明区	8	9	9	19	25	22	33	36	115

7-7　续表 4　　　　单位：人

现住地	五年前常住地								
	省外								
	辽宁	吉林	黑龙江	上海	江苏	浙江	安徽	福建	江西
江门市	**75**	**27**	**68**	**57**	**156**	**302**	**189**	**246**	**649**
蓬江区	25	9	33	9	32	48	47	66	176
江海区	15	7	12	15	39	55	34	37	106
新会区	5	5	5	18	34	57	63	42	159
台山市	7	2	9	2	10	38	9	32	59
开平市	11	3		6	18	47	10	19	26
鹤山市	8	1	9	6	20	46	17	40	105
恩平市	4			1	3	11	9	10	18
湛江市	**81**	**49**	**63**	**127**	**79**	**75**	**104**	**115**	**149**
赤坎区	8	7	14	26	9	6	20	6	27
霞山区	28	22	24	22	17	12	30	42	34
坡头区	1	7	2	7	6	5	9		10
麻章区	15	4	15	55	30	8	25	24	31
遂溪县		1	1	3	1	9		3	3
徐闻县	2		4		2	10	5	8	4
廉江市	2			7	2	4	4	4	19
雷州市	25	2	1		2	13	1	12	14
吴川市		6	2	7	10	8	10	16	7
茂名市	**24**	**19**	**29**	**28**	**45**	**48**	**55**	**74**	**130**
茂南区	17	14	19	5	16	12	23	21	39
电白区	6	3	8	14	11	13	10	28	50
高州市		1	2	1	5	6	9	9	19
化州市		1		6	9	9	12	6	15
信宜市	1			2	4	8	1	10	7
肇庆市	**42**	**21**	**53**	**36**	**65**	**84**	**86**	**682**	**334**
端州区	6	6	8	5	8	7	19	10	33
鼎湖区	3	3	11	4	6	12	2	11	33
高要区	2	2	4	5	1	10	12	22	49
广宁县		3			1	3	7	5	10
怀集县					1	2	1	2	5
封开县				2				10	10
德庆县	1				4	1		1	7
四会市	30	7	30	20	44	49	45	621	187
惠州市	**300**	**283**	**588**	**187**	**447**	**628**	**898**	**1034**	**3967**
惠城区	86	94	197	87	156	192	268	336	1367
惠阳区	168	152	317	77	192	260	423	465	1675
博罗县	34	24	47	14	66	113	122	122	676
惠东县	11	12	21	6	28	36	76	86	207
龙门县	1	1	6	3	5	27	9	25	42
梅州市	**21**	**5**	**10**	**14**	**31**	**81**	**43**	**295**	**752**
梅江区	13	5	4	4	12	19	15	45	291
梅县区	4		2	3	4	19	9	41	210
大埔县	1			1		3		57	12
丰顺县					3	2	3	25	79
五华县			1	1	1	8	5	29	29
平远县	1				2	4		10	35
蕉岭县				2	4	14	1	55	55
兴宁市	2		3	3	5	12	10	33	41

7-7 续表 5

单位：人

现住地	五年前常住地								
	省外								
	辽宁	吉林	黑龙江	上海	江苏	浙江	安徽	福建	江西
汕尾市	**24**	**18**	**29**	**19**	**42**	**59**	**38**	**83**	**137**
城　区	10	4	11	3	13	20	8	25	35
海丰县	8	10	15	7	14	23	16	38	66
陆河县			1	2	5	6	3	8	21
陆丰市	6	4	2	7	10	10	11	12	15
河源市	**20**	**18**	**46**	**42**	**70**	**88**	**88**	**118**	**576**
源城区	14	14	32	19	49	41	51	51	266
紫金县	3		11	9	7	19	14	32	47
龙川县	1	2	3	4	3	10	4	8	86
连平县				1	5	7		7	56
和平县				4		1	5	4	31
东源县	2	2		5	6	10	14	16	90
阳江市	**12**	**21**	**25**	**22**	**35**	**57**	**30**	**54**	**91**
江城区	1	4	7	11	17	21	7	25	35
阳东区	7	5	8	4	9	17	10	10	23
阳西县	2	9	2	6	9	7	6	7	14
阳春市	2	3	8	1		12	7	12	19
清远市	**57**	**41**	**79**	**44**	**160**	**185**	**135**	**236**	**519**
清城区	42	29	58	26	72	106	70	106	308
清新区	4	2	3	6	15	13	10	26	37
佛冈县	3	1	6		7	16	2	26	19
阳山县			2		5	2	3	6	12
连山壮族瑶族自治县				1	1	3		2	3
连南瑶族自治县				1	2				4
英德市	8	9	9	9	53	42	46	66	119
连州市			1	1	5	3	4	4	17
东莞市	**596**	**481**	**943**	**630**	**1247**	**2005**	**3032**	**2950**	**14418**
市辖区	596	481	943	630	1247	2005	3032	2950	14418
中山市	**172**	**183**	**300**	**184**	**356**	**654**	**412**	**538**	**2379**
市辖区	172	183	300	184	356	654	412	538	2379
潮州市	**15**	**9**	**12**	**14**	**15**	**46**	**176**	**277**	**538**
湘桥区	5	7	5	1		9	9	47	122
潮安区	6	1	2	8	13	29	158	179	397
饶平县	4	1	5	5	2	8	9	51	19
揭阳市	**7**	**4**	**4**	**8**	**5**	**30**	**105**	**66**	**350**
榕城区				5		7	11	17	103
揭东区	3	4		1	2	2	15	21	142
揭西县				2	2	11	1	5	13
惠来县	3		1				6	2	7
普宁市	1		3		1	10	72	21	85
云浮市	**9**	**5**	**9**	**9**	**21**	**14**	**29**	**75**	**87**
云城区	4	3		6	6	6	11	53	24
云安区	1				3	3	1	7	7
新兴县	3	1	6	1	5	4	7	9	37
郁南县			3	1	5		9	2	11
罗定市	1	1		1	2	1	1	4	8

7-7　续表 6　　　　单位：人

现住地	五年前常住地 省外 山东	河南	湖北	湖南	广西	海南	重庆	四川
广　东	**8907**	**66226**	**79842**	**163177**	**156922**	**8218**	**25140**	**65674**
广州市	**1895**	**10522**	**16845**	**29454**	**19605**	**1588**	**3284**	**8698**
荔湾区	57	366	362	872	710	27	82	283
越秀区	92	304	272	719	414	55	76	172
海珠区	169	707	5852	1718	1030	104	267	720
天河区	367	1937	1815	3980	2503	326	380	857
白云区	379	2369	2824	7450	5399	386	559	1998
黄埔区	193	1268	1313	3053	1690	126	368	823
番禺区	318	1313	2079	4491	3653	276	626	1357
花都区	105	781	833	3159	1753	120	292	828
南沙区	111	856	754	1894	1302	66	308	896
从化区	9	106	113	282	157	12	90	106
增城区	95	515	628	1836	994	90	236	658
韶关市	**59**	**247**	**253**	**1885**	**406**	**44**	**115**	**318**
武江区	5	43	59	537	90	4	39	75
浈江区	12	41	50	341	51	9	19	50
曲江区	8	47	38	267	46	7	10	57
始兴县		11	11	68	15	4	3	6
仁化县	4	9	12	127	19		9	23
翁源县	1	20	18	74	73	10	7	22
乳源瑶族自治县	2	10	9	71	26	2	7	17
新丰县	3	16	13	57	24	2	6	33
乐昌市	15	39	19	254	30	5	9	11
南雄市	9	11	24	89	32	1	6	24
深圳市	**3711**	**20555**	**28224**	**46317**	**36197**	**3014**	**6940**	**16406**
罗湖区	175	636	935	1232	603	133	276	750
福田区	318	1059	1688	2330	1234	198	635	903
南山区	620	1849	3022	3757	1886	263	718	1858
宝安区	886	6349	8222	15170	14055	968	1700	4979
龙岗区	705	4066	5646	8484	5929	549	1668	3111
盐田区	33	175	205	359	182	16	44	151
龙华区	590	3734	5735	9462	7199	595	1050	2386
坪山区	162	839	840	1478	1011	88	323	586
光明区	222	1848	1931	4045	4098	204	526	1682
珠海市	**426**	**2024**	**1712**	**4068**	**3382**	**317**	**865**	**1762**
香洲区	298	1257	1059	2588	1855	234	556	1076
斗门区	26	322	297	759	813	35	126	308
金湾区	102	445	356	721	714	48	183	378
汕头市	**48**	**1712**	**857**	**485**	**348**	**98**	**202**	**1019**
龙湖区	6	214	142	119	34	8	30	222
金平区	13	61	89	58	20	18	19	50
濠江区	1	24	37	33	32	6	6	28
潮阳区	11	36	50	39	34	8	18	163
潮南区	6	85	126	143	81	17	102	459
澄海区	11	1285	408	91	147	41	21	83
南澳县		7	5	2			6	14
佛山市	**576**	**4545**	**5080**	**15297**	**27663**	**451**	**2428**	**8652**
禅城区	80	422	486	1482	2198	57	286	804
南海区	240	2139	2275	7185	11347	183	983	3391
顺德区	188	1389	1719	4824	11202	148	753	3645
三水区	51	469	443	1387	2188	50	274	640
高明区	17	126	157	419	728	13	132	172

7-7 续表 7

单位：人

现住地	五年前常住地							
	省外							
	山东	河南	湖北	湖南	广西	海南	重庆	四川
江门市	**81**	**812**	**834**	**2006**	**3964**	**93**	**541**	**1150**
蓬江区	31	237	200	469	924	26	99	272
江海区	20	119	170	383	663	14	59	179
新会区	9	92	104	332	664	13	106	168
台山市	9	111	125	239	374	8	107	189
开平市	5	69	53	127	396	7	39	52
鹤山市	4	161	168	403	795	21	101	249
恩平市	3	23	14	53	148	4	30	41
湛江市	**87**	**277**	**238**	**323**	**1002**	**259**	**130**	**329**
赤坎区	13	36	30	50	76	20	13	40
霞山区	28	70	76	89	143	46	11	71
坡头区	7	17	14	13	41	10	10	39
麻章区	27	92	60	70	161	38	35	79
遂溪县	1	7	7	13	51	3	4	12
徐闻县	3	1	7	8	60	43	17	5
廉江市	4	30	15	30	265	39	11	15
雷州市	1	5	9	12	43	24	2	2
吴川市	3	19	20	38	162	36	27	66
茂名市	**63**	**109**	**219**	**282**	**888**	**290**	**72**	**263**
茂南区	30	57	63	81	203	43	15	88
电白区	21	27	83	72	149	152	23	95
高州市	7	4	28	40	221	42	11	44
化州市	2	14	17	60	192	28	15	27
信宜市	3	7	28	29	123	25	8	9
肇庆市	**60**	**679**	**390**	**1295**	**2143**	**34**	**306**	**754**
端州区	10	41	64	111	168	7	20	136
鼎湖区	7	77	29	137	231	7	60	145
高要区	2	64	49	211	500	4	42	114
广宁县	8	7	29	22	70	2	4	31
怀集县			3	16	42	1	1	23
封开县	2	10	6	34	106		4	5
德庆县	2	4	7	15	25			6
四会市	29	476	203	749	1001	13	175	294
惠州市	**431**	**4729**	**4368**	**8691**	**6268**	**318**	**2197**	**4808**
惠城区	154	1424	1296	2642	1686	89	731	1478
惠阳区	196	2436	1924	3600	2796	177	881	2007
博罗县	61	658	830	1808	1438	45	387	782
惠东县	16	194	301	529	284	5	166	507
龙门县	4	17	17	112	64	2	32	34
梅州市	**37**	**147**	**158**	**359**	**185**	**41**	**94**	**227**
梅江区	11	50	45	108	46	9	25	60
梅县区	4	12	20	68	14	4	9	21
大埔县	1	3	12	20	10	7	9	11
丰顺县	3	37	24	25	21	3	18	44
五华县	16	24	28	36	37	12	7	52
平远县		8	2	12	9	1		8
蕉岭县	2	4	12	33	21	2	14	18
兴宁市		9	15	57	27	3	12	13

7-7 续表 8

单位：人

现住地	五年前常住地							
	省外							
	山东	河南	湖北	湖南	广西	海南	重庆	四川
汕尾市	**26**	**168**	**290**	**550**	**257**	**40**	**309**	**560**
城　区	4	59	71	107	75	6	50	201
海丰县	15	67	144	352	158	7	219	288
陆河县	5	8	18	27	6	6	5	30
陆丰市	2	34	57	64	18	21	35	41
河源市	**54**	**300**	**336**	**688**	**441**	**38**	**149**	**547**
源城区	30	136	183	356	195	14	67	310
紫金县	6	19	34	86	106	6	36	49
龙川县	8	48	36	101	37	9	12	54
连平县	4	16	4	35	31	2	4	33
和平县	1	29	26	23	12		3	44
东源县	5	52	53	87	60	7	27	57
阳江市	**38**	**149**	**125**	**424**	**693**	**29**	**161**	**195**
江城区	16	78	68	156	283	14	74	107
阳东区	14	29	26	162	274	9	56	40
阳西县	2	16	16	40	67	4	27	27
阳春市	6	26	15	66	69	2	4	21
清远市	**79**	**583**	**613**	**1885**	**898**	**65**	**259**	**559**
清城区	43	365	357	1037	426	28	142	312
清新区	11	62	38	203	138	9	27	75
佛冈县	5	38	34	148	65	3	20	53
阳山县	1	8	18	26	25	5	5	17
连山壮族瑶族自治县	1	1	1	12	27		2	5
连南瑶族自治县		1	1	11	6			1
英德市	17	94	145	343	164	19	60	86
连州市	1	14	19	105	47	1	3	10
东莞市	**936**	**16125**	**16360**	**42071**	**38487**	**1129**	**5553**	**14498**
市辖区	936	16125	16360	42071	38487	1129	5553	14498
中山市	**235**	**2247**	**2413**	**6308**	**13028**	**268**	**1135**	**4052**
市辖区	235	2247	2413	6308	13028	268	1135	4052
潮州市	**30**	**125**	**213**	**436**	**228**	**29**	**229**	**506**
湘桥区	16	27	42	159	67	12	111	89
潮安区	10	80	145	253	152	5	109	404
饶平县	4	18	26	24	9	12	9	13
揭阳市	**5**	**85**	**140**	**134**	**120**	**51**	**93**	**178**
榕城区	1	28	20	22	28	1	21	22
揭东区	1	33	22	31	33	5	13	18
揭西县		10	8	13	16	14	2	9
惠来县	3	1	21	6	7	3	3	20
普宁市		13	69	62	36	28	54	109
云浮市	**30**	**86**	**174**	**219**	**719**	**22**	**78**	**193**
云城区	11	39	73	76	245	4	14	81
云安区	1	10	20	22	48	4	12	10
新兴县	8	29	50	82	257	1	36	71
郁南县	2	2	13	16	79	1	12	18
罗定市	8	6	18	23	90	12	4	13

7-7 续表 9

单位：人

现住地	五年前常住地								
	省外								港澳台或国外
	贵州	云南	西藏	陕西	甘肃	青海	宁夏	新疆	
广　东	**49157**	**37873**	**279**	**16367**	**7618**	**1215**	**883**	**3336**	**7975**
广州市	**4760**	**3552**	**65**	**1918**	**1101**	**205**	**210**	**861**	**2289**
荔湾区	100	66	1	49	28	6	8	45	187
越秀区	81	53	3	62	51	5	13	43	513
海珠区	239	136	7	122	72	11	17	76	329
天河区	438	329	13	281	196	42	29	190	304
白云区	960	848	13	335	162	55	48	145	411
黄埔区	567	568	3	340	220	10	17	59	89
番禺区	967	467	7	315	191	34	57	189	117
花都区	505	419	17	149	65	13	8	44	262
南沙区	505	385	1	145	72	17	8	19	19
从化区	67	82		7	11		1	3	23
增城区	331	199		113	33	12	4	48	35
韶关市	**191**	**142**	**1**	**71**	**32**	**6**	**7**	**18**	**64**
武江区	50	37		9	3	1	1	2	13
浈江区	17	16		25	4		5	1	6
曲江区	15	8		1	6			1	9
始兴县	11	3		9	2			2	1
仁化县	25	10		5	6	3		1	5
翁源县	10	28		3	2			2	2
乳源瑶族自治县	18	13		5	4			2	6
新丰县	19	3		6		1	1		5
乐昌市	8	15		3	5			7	14
南雄市	18	9	1	5		1			3
深圳市	**12755**	**9324**	**73**	**6731**	**3041**	**389**	**370**	**1082**	**1595**
罗湖区	179	129	2	182	83	18	12	45	113
福田区	341	248	7	374	172	44	28	84	371
南山区	646	600	2	777	257	62	33	139	378
宝安区	4570	3125	28	2108	832	82	97	302	218
龙岗区	2232	1817	11	1134	618	51	83	182	272
盐田区	76	67		47	17	5	4	8	27
龙华区	2224	1494	10	1205	633	88	83	166	151
坪山区	738	580	3	323	199	11	11	48	25
光明区	1749	1264	10	581	230	28	19	108	40
珠海市	**1185**	**1230**	**26**	**573**	**294**	**55**	**46**	**294**	**306**
香洲区	573	560	25	366	196	40	34	202	229
斗门区	211	332		105	34	7	5	24	53
金湾区	401	338	1	102	64	8	7	68	24
汕头市	**691**	**664**	**3**	**53**	**26**	**2**		**11**	**87**
龙湖区	95	35	1	10	15	2		5	17
金平区	51	43	1		4			3	18
濠江区	39	36		13	3			1	4
潮阳区	78	27		1	1				2
潮南区	100	32	1	9	2				34
澄海区	326	490		20	1			2	12
南澳县	2	1							
佛山市	**5152**	**3112**	**15**	**754**	**361**	**77**	**51**	**156**	**343**
禅城区	356	114	5	64	27	3	4	18	104
南海区	1858	1294	4	264	117	21	20	67	92
顺德区	1889	1185	5	314	176	33	20	50	119
三水区	840	384		84	30	3	6	18	16
高明区	209	135	1	28	11	17	1	3	12

7-7　续表 10　　　　单位：人

现 住 地	五年前常住地								
	省　　外								港澳台或国外
	贵州	云南	西藏	陕西	甘肃	青海	宁夏	新疆	
江门市	**1191**	**908**	**18**	**182**	**69**	**24**	**8**	**55**	**2153**
蓬江区	296	172		68	9	5		43	127
江海区	227	155	17	25	23	2	2	5	36
新会区	230	91		26	11	6		2	98
台山市	142	70		10	2		2	4	1128
开平市	57	136	1	13	6	1	1	1	148
鹤山市	194	245		38	16	9			125
恩平市	45	39		2	2	1	3		491
湛江市	**224**	**207**	**3**	**45**	**49**	**5**	**4**	**20**	**133**
赤坎区	17	10		3	4	1			15
霞山区	40	24		15	23	1	2	3	46
坡头区	23	16		5	3			1	1
麻章区	40	38		16	14	3		9	4
遂溪县	10	8	1	1				1	8
徐闻县	25	10			1		1	1	8
廉江市	25	20		2			1	1	29
雷州市	10	5						1	7
吴川市	34	76	2	3	4			3	15
茂名市	**304**	**188**		**21**	**27**	**1**		**15**	**99**
茂南区	81	25		14	23			7	17
电白区	106	65		3	2			2	26
高州市	62	43		2	1	1		4	24
化州市	19	43			1				20
信宜市	36	12		2				2	12
肇庆市	**701**	**351**	**5**	**96**	**28**	**10**	**4**	**15**	**90**
端州区	48	11		10	7	1	1	4	22
鼎湖区	139	57	2	27	3		1	7	4
高要区	185	64	3	6	3		1	3	23
广宁县	29	18					1		10
怀集县	5	2		1					6
封开县	11	8		5					4
德庆县	7	1		1					2
四会市	277	190		46	15	9		1	19
惠州市	**4358**	**4295**	**16**	**1024**	**679**	**114**	**43**	**195**	**69**
惠城区	1136	1179	11	285	248	60	11	83	20
惠阳区	2136	2102	2	550	347	37	17	68	22
博罗县	841	856	2	131	62	15	8	15	17
惠东县	218	144	1	53	19	2	4	26	9
龙门县	27	14		5	3		3	3	1
梅州市	**215**	**125**	**1**	**25**	**25**		**2**	**4**	**99**
梅江区	58	36	1	12	10				15
梅县区	26	16		5	10			2	18
大埔县	12	1		1					15
丰顺县	24	12		1					29
五华县	23	42		3	3				7
平远县	10	3						2	3
蕉岭县	23	5					2		
兴宁市	39	10		3	2				12

7-7 续表 11　　　　单位：人

现住地	五年前常住地								
	省外								港澳台或国外
	贵州	云南	西藏	陕西	甘肃	青海	宁夏	新疆	
汕尾市	**196**	**114**		**47**	**28**	**7**		**5**	**31**
城　区	54	35		10	11	3			7
海丰县	113	35		30	13	4		5	14
陆河县	9	19		3	2				2
陆丰市	20	25		4	2				8
河源市	**399**	**240**	**2**	**77**	**55**	**13**	**3**	**17**	**39**
源城区	187	123	2	37	33	13	2	9	10
紫金县	52	25		6	9			3	4
龙川县	58	20		24	6		1		10
连平县	12	4		1	2			4	3
和平县	17	3		1	3				7
东源县	73	65		8	2			1	5
阳江市	**170**	**351**		**24**	**28**	**2**	**1**	**12**	**34**
江城区	65	161		10	11	2		5	4
阳东区	63	111		12	4				1
阳西县	17	55		1	5		1	1	9
阳春市	25	24		1	8			6	20
清远市	**466**	**397**	**2**	**119**	**51**	**16**	**9**	**41**	**84**
清城区	272	192	1	50	29	10	3	31	23
清新区	25	26		9	8	2	1	4	12
佛冈县	21	48		22	3	3			4
阳山县	10	13		2					3
连山壮族瑶族自治县	4	1		1	1			1	3
连南瑶族自治县		1							2
英德市	120	112	1	32	10	1	5	5	35
连州市	14	4		3					2
东莞市	**13135**	**10741**	**33**	**4108**	**1504**	**240**	**100**	**397**	**156**
市辖区	13135	10741	33	4108	1504	240	100	397	156
中山市	**2187**	**1723**	**15**	**455**	**207**	**47**	**20**	**122**	**206**
市辖区	2187	1723	15	455	207	47	20	122	206
潮州市	**526**	**91**		**21**	**6**	**1**	**1**	**5**	**26**
湘桥区	118	16		7	3			1	12
潮安区	371	70		11	3	1	1	2	9
饶平县	37	5		3				2	5
揭阳市	**154**	**39**	**1**	**11**	**2**		**1**	**8**	**26**
榕城区	57	5		1				2	3
揭东区	43	11		5	1		1	2	3
揭西县	2	3							14
惠来县	15	2	1	2					2
普宁市	37	18		3	1			4	4
云浮市	**197**	**79**		**12**	**5**	**1**	**3**	**3**	**46**
云城区	39	25		5	1		1		7
云安区	16	8		2	2		1		1
新兴县	109	34		5	2	1	1	1	9
郁南县	14	2							11
罗定市	19	10						2	18

第二部分 长表数据资料

第八卷 老年人口

8-1　各地区分性别、健康状况的60岁及以上老年人口

单位：人

地　区	60岁及以上人口			健　康		
	合计	男	女	小计	男	女
广　东	**1443501**	**693938**	**749563**	**871659**	**437371**	**434288**
广州市	**193015**	**90555**	**102460**	**129305**	**62899**	**66406**
荔湾区	19696	9273	10423	12456	6178	6278
越秀区	21686	9948	11738	13991	6696	7295
海珠区	29208	13742	15466	19067	9329	9738
天河区	18082	8586	9496	12741	6210	6531
白云区	28334	13688	14646	19657	9831	9826
黄埔区	9715	4557	5158	6756	3262	3494
番禺区	20090	9160	10930	15195	7071	8124
花都区	14691	6791	7900	9873	4736	5137
南沙区	8413	3852	4561	5678	2709	2969
从化区	8115	3788	4327	4147	2049	2098
增城区	14985	7170	7815	9744	4828	4916
韶关市	**49320**	**23201**	**26119**	**28460**	**14229**	**14231**
武江区	5458	2555	2903	3411	1674	1737
浈江区	6277	2938	3339	3782	1888	1894
曲江区	4982	2299	2683	2900	1442	1458
始兴县	3478	1587	1891	1902	939	963
仁化县	3321	1541	1780	1922	940	982
翁源县	5421	2677	2744	2565	1417	1148
乳源瑶族自治县	3056	1433	1623	1885	934	951
新丰县	3311	1635	1676	1742	926	816
乐昌市	7178	3372	3806	4085	2006	2079
南雄市	6838	3164	3674	4266	2063	2203
深圳市	**98579**	**46098**	**52481**	**78149**	**37298**	**40851**
罗湖区	10287	4803	5484	7930	3797	4133
福田区	13416	6285	7131	10684	5078	5606
南山区	14289	6588	7701	11172	5265	5907
宝安区	17794	8272	9522	14439	6870	7569
龙岗区	23297	10886	12411	18800	8973	9827
盐田区	1704	790	914	1288	624	664
龙华区	11191	5198	5993	8888	4192	4696
坪山区	2562	1236	1326	1936	959	977
光明区	4039	2040	1999	3012	1540	1472
珠海市	**22873**	**11176**	**11697**	**15062**	**7608**	**7454**
香洲区	12314	5912	6402	8649	4256	4393
斗门区	6952	3467	3485	4034	2113	1921
金湾区	3607	1797	1810	2379	1239	1140
汕头市	**79238**	**37245**	**41993**	**43366**	**21629**	**21737**
龙湖区	8401	4050	4351	5562	2822	2740
金平区	14795	6988	7807	9348	4640	4708
濠江区	3844	1792	2052	2027	1021	1006
潮阳区	20700	9835	10865	9880	5002	4878
潮南区	15833	7381	8452	6642	3326	3316
澄海区	14369	6584	7785	9056	4385	4671
南澳县	1296	615	681	851	433	418
佛山市	**94661**	**43450**	**51211**	**68069**	**32515**	**35554**
禅城区	15621	7211	8410	10495	5109	5386
南海区	33917	15807	18110	25065	12068	12997
顺德区	30645	13636	17009	22657	10471	12186
三水区	9142	4218	4924	6295	3077	3218
高明区	5336	2578	2758	3557	1790	1767

8-1 续表 1

单位：人

地区	60岁及以上人口			健康		
	合计	男	女	小计	男	女
江门市	**77017**	**37810**	**39207**	**49729**	**25454**	**24275**
蓬江区	11622	5396	6226	8132	3931	4201
江海区	4115	1887	2228	2779	1339	1440
新会区	14969	7122	7847	9724	4813	4911
台山市	17649	9168	8481	11056	6017	5039
开平市	12718	6203	6515	7770	3945	3825
鹤山市	7713	3775	3938	4937	2527	2410
恩平市	8231	4259	3972	5331	2882	2449
湛江市	**106202**	**52782**	**53420**	**55741**	**29476**	**26265**
赤坎区	5008	2455	2553	3307	1718	1589
霞山区	8396	4089	4307	5580	2837	2743
坡头区	5562	2813	2749	3108	1662	1446
麻章区	6606	3196	3410	3018	1556	1462
遂溪县	14247	7174	7073	6931	3735	3196
徐闻县	10114	4829	5285	4963	2587	2376
廉江市	22268	11441	10827	12080	6511	5569
雷州市	19478	9562	9916	8232	4425	3807
吴川市	14523	7223	7300	8522	4445	4077
茂名市	**95755**	**48634**	**47121**	**52153**	**27906**	**24247**
茂南区	14118	6922	7196	7617	3918	3699
电白区	22129	11189	10940	11421	6096	5325
高州市	23155	12034	11121	13434	7360	6074
化州市	19994	10157	9837	10767	5771	4996
信宜市	16359	8332	8027	8914	4761	4153
肇庆市	**61828**	**28628**	**33200**	**34532**	**16835**	**17697**
端州区	7432	3548	3884	4986	2462	2524
鼎湖区	2586	1164	1422	1608	754	854
高要区	11439	5186	6253	7019	3341	3678
广宁县	7792	3661	4131	4093	2010	2083
怀集县	11477	5065	6412	5875	2741	3134
封开县	7075	3288	3787	3281	1642	1639
德庆县	6187	3030	3157	3325	1712	1613
四会市	7840	3686	4154	4345	2173	2172
惠州市	**55396**	**26653**	**28743**	**33834**	**17056**	**16778**
惠城区	17423	8220	9203	11649	5692	5957
惠阳区	8950	4385	4565	5745	2968	2777
博罗县	13154	6289	6865	7593	3817	3776
惠东县	11212	5470	5742	6289	3229	3060
龙门县	4657	2289	2368	2558	1350	1208
梅州市	**71643**	**35233**	**36410**	**37723**	**19640**	**18083**
梅江区	6872	3318	3554	4271	2176	2095
梅县区	10874	5393	5481	5721	3021	2700
大埔县	7428	3689	3739	3548	1864	1684
丰顺县	8855	4417	4438	3696	1981	1715
五华县	14237	6950	7287	6385	3344	3041
平远县	4152	1990	2162	2208	1117	1091
蕉岭县	4146	2082	2064	2283	1192	1091
兴宁市	15079	7394	7685	9611	4945	4666

8-1 续表 2

单位：人

地区	60岁及以上人口			健康		
	合计	男	女	小计	男	女
汕尾市	**35364**	**18155**	**17209**	**17564**	**9540**	**8024**
城区	5414	2741	2673	3172	1680	1492
海丰县	9721	5093	4628	4824	2682	2142
陆河县	3590	1926	1664	1686	943	743
陆丰市	16639	8395	8244	7882	4235	3647
河源市	**43324**	**20801**	**22523**	**18231**	**9488**	**8743**
源城区	6980	3342	3638	3901	1969	1932
紫金县	9033	4258	4775	3268	1704	1564
龙川县	10691	5128	5563	4831	2509	2322
连平县	4991	2382	2609	1752	944	808
和平县	6386	3025	3361	2494	1277	1217
东源县	5243	2666	2577	1985	1085	900
阳江市	**38910**	**19760**	**19150**	**20602**	**11021**	**9581**
江城区	10996	5431	5565	6457	3347	3110
阳东区	6569	3445	3124	4028	2185	1843
阳西县	6716	3528	3188	3370	1879	1491
阳春市	14629	7356	7273	6747	3610	3137
清远市	**59434**	**28254**	**31180**	**32490**	**16294**	**16196**
清城区	14067	6484	7583	8867	4302	4565
清新区	8827	4210	4617	5004	2481	2523
佛冈县	4634	2271	2363	2535	1296	1239
阳山县	6311	3017	3294	3416	1675	1741
连山壮族瑶族自治县	1708	820	888	629	325	304
连南瑶族自治县	2096	932	1164	921	437	484
英德市	14237	6919	7318	7439	3895	3544
连州市	7554	3601	3953	3679	1883	1796
东莞市	**56094**	**26797**	**29297**	**43161**	**21223**	**21938**
市辖区	56094	26797	29297	43161	21223	21938
中山市	**35983**	**16810**	**19173**	**25194**	**12128**	**13066**
市辖区	35983	16810	19173	25194	12128	13066
潮州市	**45462**	**21370**	**24092**	**27019**	**13382**	**13637**
湘桥区	10355	4896	5459	6967	3441	3526
潮安区	19038	9008	10030	11512	5716	5796
饶平县	16069	7466	8603	8540	4225	4315
揭阳市	**85273**	**41738**	**43535**	**43612**	**22620**	**20992**
榕城区	15763	7712	8051	8853	4597	4256
揭东区	16799	8290	8509	10379	5322	5057
揭西县	12378	6167	6211	6054	3159	2895
惠来县	13845	6511	7334	5406	2750	2656
普宁市	26488	13058	13430	12920	6792	6128
云浮市	**38130**	**18788**	**19342**	**17663**	**9130**	**8533**
云城区	5328	2562	2766	2619	1306	1313
云安区	3869	1916	1953	1785	934	851
新兴县	7416	3536	3880	3254	1677	1577
郁南县	6722	3380	3342	3053	1584	1469
罗定市	14795	7394	7401	6952	3629	3323

8-1 续表 3

单位：人

地　区	基本健康			不健康，但生活能自理			不健康，生活不能自理		
	小计	男	女	小计	男	女	小计	男	女
广　东	**444845**	**199916**	**244929**	**98741**	**44471**	**54270**	**28256**	**12180**	**16076**
广州市	**51294**	**22429**	**28865**	**8702**	**3712**	**4990**	**3714**	**1515**	**2199**
荔湾区	5896	2567	3329	925	367	558	419	161	258
越秀区	6233	2627	3606	999	449	550	463	176	287
海珠区	8581	3774	4807	1123	455	668	437	184	253
天河区	4535	2020	2515	563	247	316	243	109	134
白云区	6717	3051	3666	1307	543	764	653	263	390
黄埔区	2392	1034	1358	380	179	201	187	82	105
番禺区	4100	1757	2343	524	224	300	271	108	163
花都区	3845	1660	2185	683	280	403	290	115	175
南沙区	2218	925	1293	368	158	210	149	60	89
从化区	2895	1271	1624	785	357	428	288	111	177
增城区	3882	1743	2139	1045	453	592	314	146	168
韶关市	**15751**	**6799**	**8952**	**3868**	**1642**	**2226**	**1241**	**531**	**710**
武江区	1651	696	955	269	129	140	127	56	71
浈江区	1962	839	1123	382	146	236	151	65	86
曲江区	1530	628	902	412	165	247	140	64	76
始兴县	1124	460	664	361	150	211	91	38	53
仁化县	1074	465	609	240	99	141	85	37	48
翁源县	2023	915	1108	626	259	367	207	86	121
乳源瑶族自治县	910	390	520	198	88	110	63	21	42
新丰县	1114	504	610	368	166	202	87	39	48
乐昌市	2323	1027	1296	601	266	335	169	73	96
南雄市	2040	875	1165	411	174	237	121	52	69
深圳市	**17067**	**7350**	**9717**	**2243**	**988**	**1255**	**1120**	**462**	**658**
罗湖区	1977	842	1135	231	102	129	149	62	87
福田区	2245	989	1256	313	131	182	174	87	87
南山区	2599	1094	1505	373	155	218	145	74	71
宝安区	2806	1180	1626	362	158	204	187	64	123
龙岗区	3754	1592	2162	494	232	262	249	89	160
盐田区	341	137	204	48	20	28	27	9	18
龙华区	1961	859	1102	242	107	135	100	40	60
坪山区	521	233	288	67	33	34	38	11	27
光明区	863	424	439	113	50	63	51	26	25
珠海市	**6327**	**2904**	**3423**	**1111**	**502**	**609**	**373**	**162**	**211**
香洲区	3049	1375	1674	434	201	233	182	80	102
斗门区	2293	1068	1225	508	235	273	117	51	66
金湾区	985	461	524	169	66	103	74	31	43
汕头市	**30114**	**13182**	**16932**	**4949**	**2093**	**2856**	**809**	**341**	**468**
龙湖区	2461	1064	1397	307	133	174	71	31	40
金平区	4814	2071	2743	491	215	276	142	62	80
濠江区	1497	645	852	255	99	156	65	27	38
潮阳区	9012	4067	4945	1637	697	940	171	69	102
潮南区	7471	3343	4128	1510	629	881	210	83	127
澄海区	4489	1840	2649	692	296	396	132	63	69
南澳县	370	152	218	57	24	33	18	6	12
佛山市	**22376**	**9327**	**13049**	**2956**	**1122**	**1834**	**1260**	**486**	**774**
禅城区	4272	1799	2473	520	196	324	334	107	227
南海区	7560	3237	4323	937	354	583	355	148	207
顺德区	6778	2714	4064	858	318	540	352	133	219
三水区	2339	952	1387	375	132	243	133	57	76
高明区	1427	625	802	266	122	144	86	41	45

8-1 续表 4

单位：人

地区	基本健康			不健康，但生活能自理			不健康，生活不能自理		
	小计	男	女	小计	男	女	小计	男	女
江门市	**21972**	**9926**	**12046**	**4034**	**1866**	**2168**	**1282**	**564**	**718**
蓬江区	2925	1219	1706	409	192	217	156	54	102
江海区	1082	445	637	163	68	95	91	35	56
新会区	4251	1882	2369	782	333	449	212	94	118
台山市	5223	2493	2730	1061	512	549	309	146	163
开平市	4067	1872	2195	682	300	382	199	86	113
鹤山市	2176	976	1200	447	199	248	153	73	80
恩平市	2248	1039	1209	490	262	228	162	76	86
湛江市	**35521**	**16528**	**18993**	**12106**	**5513**	**6593**	**2834**	**1265**	**1569**
赤坎区	1333	584	749	243	88	155	125	65	60
霞山区	2151	939	1212	481	227	254	184	86	98
坡头区	1787	827	960	528	255	273	139	69	70
麻章区	2582	1200	1382	828	370	458	178	70	108
遂溪县	5051	2411	2640	1856	866	990	409	162	247
徐闻县	3421	1529	1892	1443	588	855	287	125	162
廉江市	7304	3562	3742	2243	1080	1163	641	288	353
雷州市	7483	3455	4028	3208	1435	1773	555	247	308
吴川市	4409	2021	2388	1276	604	672	316	153	163
茂名市	**32121**	**15273**	**16848**	**9026**	**4309**	**4717**	**2455**	**1146**	**1309**
茂南区	4753	2216	2537	1304	587	717	444	201	243
电白区	7676	3640	4036	2453	1192	1261	579	261	318
高州市	7254	3513	3741	1938	906	1032	529	255	274
化州市	6687	3178	3509	1984	949	1035	556	259	297
信宜市	5751	2726	3025	1347	675	672	347	170	177
肇庆市	**21955**	**9561**	**12394**	**4330**	**1799**	**2531**	**1011**	**433**	**578**
端州区	2063	921	1142	285	120	165	98	45	53
鼎湖区	791	328	463	135	57	78	52	25	27
高要区	3579	1497	2082	663	274	389	178	74	104
广宁县	2922	1304	1618	638	285	353	139	62	77
怀集县	4460	1887	2573	970	378	592	172	59	113
封开县	3087	1362	1725	586	230	356	121	54	67
德庆县	2286	1047	1239	475	219	256	101	52	49
四会市	2767	1215	1552	578	236	342	150	62	88
惠州市	**16631**	**7376**	**9255**	**3705**	**1665**	**2040**	**1226**	**556**	**670**
惠城区	4571	1988	2583	841	370	471	362	170	192
惠阳区	2636	1172	1464	432	182	250	137	63	74
博罗县	4299	1917	2382	964	424	540	298	131	167
惠东县	3677	1667	2010	973	459	514	273	115	158
龙门县	1448	632	816	495	230	265	156	77	79
梅州市	**24912**	**11432**	**13480**	**7098**	**3301**	**3797**	**1910**	**860**	**1050**
梅江区	2109	931	1178	346	149	197	146	62	84
梅县区	3829	1758	2071	1071	501	570	253	113	140
大埔县	2856	1340	1516	843	403	440	181	82	99
丰顺县	3903	1836	2067	997	478	519	259	122	137
五华县	5650	2622	3028	1744	779	965	458	205	253
平远县	1399	624	775	399	186	213	146	63	83
蕉岭县	1350	625	725	389	203	186	124	62	62
兴宁市	3816	1696	2120	1309	602	707	343	151	192

8−1 续表 5

单位：人

地　区	基本健康			不健康，但生活能自理			不健康，生活不能自理		
	小计	男	女	小计	男	女	小计	男	女
汕尾市	**13700**	**6599**	**7101**	**3159**	**1572**	**1587**	**941**	**444**	**497**
城　区	1813	858	955	326	159	167	103	44	59
海丰县	3724	1800	1924	885	454	431	288	157	131
陆河县	1324	686	638	428	229	199	152	68	84
陆丰市	6839	3255	3584	1520	730	790	398	175	223
河源市	**18343**	**8350**	**9993**	**5509**	**2446**	**3063**	**1241**	**517**	**724**
源城区	2403	1054	1349	499	243	256	177	76	101
紫金县	4169	1841	2328	1296	565	731	300	148	152
龙川县	4454	2018	2436	1144	501	643	262	100	162
连平县	2214	1020	1194	892	369	523	133	49	84
和平县	2817	1298	1519	885	381	504	190	69	121
东源县	2286	1119	1167	793	387	406	179	75	104
阳江市	**13097**	**6257**	**6840**	**4239**	**2019**	**2220**	**972**	**463**	**509**
江城区	3402	1571	1831	915	410	505	222	103	119
阳东区	1844	919	925	556	270	286	141	71	70
阳西县	2411	1181	1230	790	400	390	145	68	77
阳春市	5440	2586	2854	1978	939	1039	464	221	243
清远市	**20068**	**8910**	**11158**	**5359**	**2462**	**2897**	**1517**	**588**	**929**
清城区	3975	1644	2331	923	420	503	302	118	184
清新区	2866	1282	1584	727	367	360	230	80	150
佛冈县	1522	699	823	450	220	230	127	56	71
阳山县	2193	1014	1179	555	267	288	147	61	86
连山壮族瑶族自治县	775	342	433	229	112	117	75	41	34
连南瑶族自治县	855	362	493	258	110	148	62	23	39
英德市	4998	2259	2739	1369	603	766	431	162	269
连州市	2884	1308	1576	848	363	485	143	47	96
东莞市	**11010**	**4806**	**6204**	**1253**	**507**	**746**	**670**	**261**	**409**
市辖区	11010	4806	6204	1253	507	746	670	261	409
中山市	**8999**	**3878**	**5121**	**1261**	**574**	**687**	**529**	**230**	**299**
市辖区	8999	3878	5121	1261	574	687	529	230	299
潮州市	**14708**	**6379**	**8329**	**2923**	**1300**	**1623**	**812**	**309**	**503**
湘桥区	2774	1189	1585	462	203	259	152	63	89
潮安区	6290	2753	3537	941	422	519	295	117	178
饶平县	5644	2437	3207	1520	675	845	365	129	236
揭阳市	**33574**	**15448**	**18126**	**6704**	**3082**	**3622**	**1383**	**588**	**795**
榕城区	5880	2632	3248	864	397	467	166	86	80
揭东区	5185	2385	2800	989	492	497	246	91	155
揭西县	5141	2452	2689	949	460	489	234	96	138
惠来县	6108	2768	3340	2043	868	1175	288	125	163
普宁市	11260	5211	6049	1859	865	994	449	190	259
云浮市	**15305**	**7202**	**8103**	**4206**	**1997**	**2209**	**956**	**459**	**497**
云城区	2071	953	1118	517	240	277	121	63	58
云安区	1568	740	828	412	190	222	104	52	52
新兴县	3150	1401	1749	827	383	444	185	75	110
郁南县	2710	1325	1385	773	381	392	186	90	96
罗定市	5806	2783	3023	1677	803	874	360	179	181

8-1a　各地区分性别、健康状况的60岁及以上老年人口(城市)

单位：人

地　区	60岁及以上人口			健　康		
	合计	男	女	小计	男	女
广　东	**685043**	**322775**	**362268**	**477597**	**232674**	**244923**
广州市	**152224**	**71438**	**80786**	**103871**	**50435**	**53436**
荔湾区	19696	9273	10423	12456	6178	6278
越秀区	21686	9948	11738	13991	6696	7295
海珠区	29208	13742	15466	19067	9329	9738
天河区	18082	8586	9496	12741	6210	6531
白云区	20004	9768	10236	13853	6987	6866
黄埔区	8251	3885	4366	5823	2812	3011
番禺区	16671	7573	9098	12701	5859	6842
花都区	7862	3665	4197	5733	2748	2985
南沙区	3598	1674	1924	2541	1225	1316
从化区	2099	953	1146	1353	639	714
增城区	5067	2371	2696	3612	1752	1860
韶关市	**14580**	**6789**	**7791**	**9520**	**4645**	**4875**
武江区	4413	2076	2337	2883	1422	1461
浈江区	4561	2167	2394	2870	1444	1426
曲江区	2326	1049	1277	1511	723	788
始兴县						
仁化县						
翁源县						
乳源瑶族自治县						
新丰县						
乐昌市	1559	713	846	1017	474	543
南雄市	1721	784	937	1239	582	657
深圳市	**98297**	**45949**	**52348**	**77942**	**37177**	**40765**
罗湖区	10287	4803	5484	7930	3797	4133
福田区	13416	6285	7131	10684	5078	5606
南山区	14286	6585	7701	11169	5262	5907
宝安区	17794	8272	9522	14439	6870	7569
龙岗区	23038	10750	12288	18614	8864	9750
盐田区	1704	790	914	1288	624	664
龙华区	11191	5198	5993	8888	4192	4696
坪山区	2542	1226	1316	1918	950	968
光明区	4039	2040	1999	3012	1540	1472
珠海市	**16950**	**8148**	**8802**	**11784**	**5835**	**5949**
香洲区	12074	5754	6320	8474	4138	4336
斗门区	2511	1232	1279	1614	827	787
金湾区	2365	1162	1203	1696	870	826
汕头市	**37220**	**17538**	**19682**	**22270**	**11044**	**11226**
龙湖区	6861	3331	3530	4713	2392	2321
金平区	14542	6864	7678	9193	4555	4638
濠江区	2787	1306	1481	1526	763	763
潮阳区	4506	2122	2384	2227	1110	1117
潮南区	5054	2297	2757	2014	977	1037
澄海区	3470	1618	1852	2597	1247	1350
南澳县						
佛山市	**83632**	**38208**	**45424**	**60475**	**28724**	**31751**
禅城区	13583	6289	7294	8931	4365	4566
南海区	31601	14737	16864	23483	11311	12172
顺德区	30118	13386	16732	22337	10308	12029
三水区	4386	1957	2429	2989	1414	1575
高明区	3944	1839	2105	2735	1326	1409

8－1a 续表 1

单位：人

地　区	60岁及以上人口			健　康		
	合计	男	女	小计	男	女
江门市	**38088**	**18115**	**19973**	**26548**	**13084**	**13464**
蓬江区	11029	5125	5904	7754	3749	4005
江海区	4115	1887	2228	2779	1339	1440
新会区	7067	3266	3801	4801	2294	2507
台山市	5107	2569	2538	3748	1941	1807
开平市	4845	2339	2506	3184	1563	1621
鹤山市	2939	1422	1517	1952	976	976
恩平市	2986	1507	1479	2330	1222	1108
湛江市	**24607**	**12057**	**12550**	**16007**	**8216**	**7791**
赤坎区	4883	2401	2482	3217	1676	1541
霞山区	7906	3857	4049	5346	2712	2634
坡头区	1066	517	549	584	303	281
麻章区	1171	588	583	634	331	303
遂溪县	480	234	246	212	112	100
徐闻县						
廉江市	2976	1450	1526	2183	1091	1092
雷州市	2706	1353	1353	1572	840	732
吴川市	3419	1657	1762	2259	1151	1108
茂名市	**21989**	**10735**	**11254**	**13309**	**6767**	**6542**
茂南区	8102	3913	4189	4759	2395	2364
电白区	3231	1561	1670	1900	962	938
高州市	3732	1866	1866	2502	1285	1217
化州市	3324	1635	1689	2080	1086	994
信宜市	3600	1760	1840	2068	1039	1029
肇庆市	**13310**	**6353**	**6957**	**8739**	**4342**	**4397**
端州区	7432	3548	3884	4986	2462	2524
鼎湖区	1063	491	572	795	380	415
高要区	914	446	468	511	265	246
广宁县						
怀集县						
封开县						
德庆县						
四会市	3901	1868	2033	2447	1235	1212
惠州市	**18689**	**8837**	**9852**	**12971**	**6353**	**6618**
惠城区	12747	5935	6812	8933	4297	4636
惠阳区	5832	2841	2991	3940	2002	1938
博罗县	110	61	49	98	54	44
惠东县						
龙门县						
梅州市	**13942**	**6709**	**7233**	**9683**	**4843**	**4840**
梅江区	5937	2857	3080	3817	1927	1890
梅县区	3302	1575	1727	2316	1162	1154
大埔县						
丰顺县						
五华县	226	106	120	103	46	57
平远县						
蕉岭县						
兴宁市	4477	2171	2306	3447	1708	1739

8-1a　续表 2　　单位：人

地　区	60岁及以上人口			健　康		
	合计	男	女	小计	男	女
汕尾市	**5632**	**2838**	**2794**	**3255**	**1718**	**1537**
城　区	3194	1587	1607	1943	999	944
海丰县						
陆河县						
陆丰市	2438	1251	1187	1312	719	593
河源市	**6456**	**3095**	**3361**	**3637**	**1840**	**1797**
源城区	6456	3095	3361	3637	1840	1797
紫金县						
龙川县						
连平县						
和平县						
东源县						
阳江市	**11786**	**5762**	**6024**	**7788**	**3976**	**3812**
江城区	6740	3300	3440	4408	2236	2172
阳东区	1829	916	913	1466	766	700
阳西县						
阳春市	3217	1546	1671	1914	974	940
清远市	**14959**	**6790**	**8169**	**10330**	**4884**	**5446**
清城区	7852	3578	4274	5477	2605	2872
清新区	2525	1139	1386	1899	876	1023
佛冈县						
阳山县						
连山壮族瑶族自治县						
连南瑶族自治县						
英德市	2267	1039	1228	1550	740	810
连州市	2315	1034	1281	1404	663	741
东莞市	**49281**	**23469**	**25812**	**38139**	**18652**	**19487**
市辖区	49281	23469	25812	38139	18652	19487
中山市	**21170**	**9807**	**11363**	**15264**	**7262**	**8002**
市辖区	21170	9807	11363	15264	7262	8002
潮州市	**14831**	**6988**	**7843**	**10356**	**5057**	**5299**
湘桥区	7459	3527	3932	5358	2623	2735
潮安区	7372	3461	3911	4998	2434	2564
饶平县						
揭阳市	**20691**	**10018**	**10673**	**11827**	**5953**	**5874**
榕城区	10477	5075	5402	6125	3123	3002
揭东区	4611	2232	2379	3043	1499	1544
揭西县						
惠来县						
普宁市	5603	2711	2892	2659	1331	1328
云浮市	**6709**	**3132**	**3577**	**3882**	**1867**	**2015**
云城区	3408	1592	1816	1814	874	940
云安区	239	124	115	140	74	66
新兴县						
郁南县						
罗定市	3062	1416	1646	1928	919	1009

8-1a 续表 3

单位：人

地　区	基本健康			不健康，但生活能自理			不健康，生活不能自理		
	小计	男	女	小计	男	女	小计	男	女
广　东	**171950**	**74953**	**96997**	**25296**	**10798**	**14498**	**10200**	**4350**	**5850**
广州市	**39707**	**17383**	**22324**	**5957**	**2519**	**3438**	**2689**	**1101**	**1588**
荔湾区	5896	2567	3329	925	367	558	419	161	258
越秀区	6233	2627	3606	999	449	550	463	176	287
海珠区	8581	3774	4807	1123	455	668	437	184	253
天河区	4535	2020	2515	563	247	316	243	109	134
白云区	4823	2240	2583	916	365	551	412	176	236
黄埔区	1998	875	1123	286	131	155	144	67	77
番禺区	3330	1450	1880	409	180	229	231	84	147
花都区	1742	751	991	265	114	151	122	52	70
南沙区	863	363	500	127	58	69	67	28	39
从化区	595	257	338	97	41	56	54	16	38
增城区	1111	459	652	247	112	135	97	48	49
韶关市	**3982**	**1679**	**2303**	**726**	**300**	**426**	**352**	**165**	**187**
武江区	1223	516	707	202	91	111	105	47	58
浈江区	1375	595	780	222	87	135	94	41	53
曲江区	593	228	365	142	60	82	80	38	42
始兴县									
仁化县									
翁源县									
乳源瑶族自治县									
新丰县									
乐昌市	404	170	234	91	42	49	47	27	20
南雄市	387	170	217	69	20	49	26	12	14
深圳市	**17006**	**7328**	**9678**	**2237**	**985**	**1252**	**1112**	**459**	**653**
罗湖区	1977	842	1135	231	102	129	149	62	87
福田区	2245	989	1256	313	131	182	174	87	87
南山区	2599	1094	1505	373	155	218	145	74	71
宝安区	2806	1180	1626	362	158	204	187	64	123
龙岗区	3695	1571	2124	488	229	259	241	86	155
盐田区	341	137	204	48	20	28	27	9	18
龙华区	1961	859	1102	242	107	135	100	40	60
坪山区	519	232	287	67	33	34	38	11	27
光明区	863	424	439	113	50	63	51	26	25
珠海市	**4285**	**1917**	**2368**	**631**	**286**	**345**	**250**	**110**	**140**
香洲区	2987	1336	1651	432	200	232	181	80	101
斗门区	743	334	409	129	61	68	25	10	15
金湾区	555	247	308	70	25	45	44	20	24
汕头市	**13096**	**5730**	**7366**	**1510**	**623**	**887**	**344**	**141**	**203**
龙湖区	1863	816	1047	229	100	129	56	23	33
金平区	4737	2040	2697	478	210	268	134	59	75
濠江区	1054	454	600	162	70	92	45	19	26
潮阳区	2014	913	1101	237	91	146	28	8	20
潮南区	2636	1171	1465	342	126	216	62	23	39
澄海区	792	336	456	62	26	36	19	9	10
南澳县									
佛山市	**19646**	**8168**	**11478**	**2446**	**905**	**1541**	**1065**	**411**	**654**
禅城区	3886	1644	2242	472	179	293	294	101	193
南海区	6967	2983	3984	825	306	519	326	137	189
顺德区	6597	2635	3962	837	311	526	347	132	215
三水区	1175	473	702	171	50	121	51	20	31
高明区	1021	433	588	141	59	82	47	21	26

8-1a　续表 4

单位：人

地　区	基本健康			不健康，但生活能自理			不健康，生活不能自理		
	小计	男	女	小计	男	女	小计	男	女
江门市	**9832**	**4287**	**5545**	**1234**	**536**	**698**	**474**	**208**	**266**
蓬江区	2776	1159	1617	358	168	190	141	49	92
江海区	1082	445	637	163	68	95	91	35	56
新会区	1964	857	1107	227	80	147	75	35	40
台山市	1145	526	619	167	78	89	47	24	23
开平市	1511	712	799	128	51	77	22	13	9
鹤山市	816	355	461	114	56	58	57	35	22
恩平市	538	233	305	77	35	42	41	17	24
湛江市	**6688**	**2966**	**3722**	**1387**	**610**	**777**	**525**	**265**	**260**
赤坎区	1309	574	735	234	86	148	123	65	58
霞山区	1980	871	1109	408	192	216	172	82	90
坡头区	407	177	230	55	24	31	20	13	7
麻章区	385	179	206	131	68	63	21	10	11
遂溪县	207	101	106	52	19	33	9	2	7
徐闻县									
廉江市	600	269	331	125	56	69	68	34	34
雷州市	909	410	499	172	80	92	53	23	30
吴川市	891	385	506	210	85	125	59	36	23
茂名市	**6543**	**2986**	**3557**	**1617**	**730**	**887**	**520**	**252**	**268**
茂南区	2518	1140	1378	569	252	317	256	126	130
电白区	983	432	551	275	138	137	73	29	44
高州市	945	449	496	229	98	131	56	34	22
化州市	856	377	479	294	128	166	94	44	50
信宜市	1241	588	653	250	114	136	41	19	22
肇庆市	**3890**	**1725**	**2165**	**513**	**213**	**300**	**168**	**73**	**95**
端州区	2063	921	1142	285	120	165	98	45	53
鼎湖区	215	92	123	26	10	16	27	9	18
高要区	354	162	192	44	16	28	5	3	2
广宁县									
怀集县									
封开县									
德庆县									
四会市	1258	550	708	158	67	91	38	16	22
惠州市	**4677**	**2023**	**2654**	**735**	**313**	**422**	**306**	**148**	**158**
惠城区	3072	1308	1764	508	215	293	234	115	119
惠阳区	1595	709	886	226	98	128	71	32	39
博罗县	10	6	4	1		1	1	1	
惠东县									
龙门县									
梅州市	**3441**	**1507**	**1934**	**582**	**264**	**318**	**236**	**95**	**141**
梅江区	1744	768	976	264	114	150	112	48	64
梅县区	831	346	485	112	51	61	43	16	27
大埔县									
丰顺县									
五华县	86	42	44	31	15	16	6	3	3
平远县									
蕉岭县									
兴宁市	780	351	429	175	84	91	75	28	47

8－1a 续表 5

单位：人

地区	基本健康			不健康，但生活能自理			不健康，生活不能自理		
	小计	男	女	小计	男	女	小计	男	女
汕尾市	**2020**	**963**	**1057**	**269**	**118**	**151**	**88**	**39**	**49**
城　区	1057	502	555	142	66	76	52	20	32
海丰县									
陆河县									
陆丰市	963	461	502	127	52	75	36	19	17
河源市	**2210**	**968**	**1242**	**451**	**218**	**233**	**158**	**69**	**89**
源城区	2210	968	1242	451	218	233	158	69	89
紫金县									
龙川县									
连平县									
和平县									
东源县									
阳江市	**3116**	**1397**	**1719**	**642**	**279**	**363**	**240**	**110**	**130**
江城区	1829	836	993	389	176	213	114	52	62
阳东区	298	124	174	45	15	30	20	11	9
阳西县									
阳春市	989	437	552	208	88	120	106	47	59
清远市	**3678**	**1511**	**2167**	**679**	**294**	**385**	**272**	**101**	**171**
清城区	1879	764	1115	359	153	206	137	56	81
清新区	501	208	293	81	41	40	44	14	30
佛冈县									
阳山县									
连山壮族瑶族自治县									
连南瑶族自治县									
英德市	559	237	322	102	43	59	56	19	37
连州市	739	302	437	137	57	80	35	12	23
东莞市	**9518**	**4174**	**5344**	**1050**	**421**	**629**	**574**	**222**	**352**
市辖区	9518	4174	5344	1050	421	629	574	222	352
中山市	**4995**	**2138**	**2857**	**605**	**268**	**337**	**306**	**139**	**167**
市辖区	4995	2138	2857	605	268	337	306	139	167
潮州市	**3734**	**1610**	**2124**	**543**	**231**	**312**	**198**	**90**	**108**
湘桥区	1716	736	980	282	124	158	103	44	59
潮安区	2018	874	1144	261	107	154	95	46	49
饶平县									
揭阳市	**7567**	**3468**	**4099**	**1080**	**503**	**577**	**217**	**94**	**123**
榕城区	3800	1706	2094	442	188	254	110	58	52
揭东区	1291	595	696	233	125	108	44	13	31
揭西县									
惠来县									
普宁市	2476	1167	1309	405	190	215	63	23	40
云浮市	**2319**	**1025**	**1294**	**402**	**182**	**220**	**106**	**58**	**48**
云城区	1278	562	716	253	119	134	63	37	26
云安区	77	41	36	18	6	12	4	3	1
新兴县									
郁南县									
罗定市	964	422	542	131	57	74	39	18	21

8-1b　各地区分性别、健康状况的60岁及以上老年人口(镇)

单位：人

地　区	60岁及以上人口			健　康		
	合计	男	女	小计	男	女
广　东	**218497**	**104746**	**113751**	**127058**	**63954**	**63104**
广州市	**10040**	**4720**	**5320**	**7115**	**3440**	**3675**
荔湾区						
越秀区						
海珠区						
天河区						
白云区	1641	796	845	1166	588	578
黄埔区	401	166	235	289	123	166
番禺区	634	295	339	423	205	218
花都区	855	376	479	619	276	343
南沙区	1827	825	1002	1263	594	669
从化区	539	275	264	389	205	184
增城区	4143	1987	2156	2966	1449	1517
韶关市	**11124**	**5161**	**5963**	**6683**	**3265**	**3418**
武江区	39	18	21	16	7	9
浈江区	799	356	443	350	175	175
曲江区	529	250	279	286	149	137
始兴县	1234	574	660	846	407	439
仁化县	1205	557	648	817	390	427
翁源县	1730	823	907	986	505	481
乳源瑶族自治县	1260	574	686	863	404	459
新丰县	1392	651	741	910	442	468
乐昌市	1814	840	974	981	482	499
南雄市	1122	518	604	628	304	324
深圳市	**23**	**13**	**10**	**21**	**12**	**9**
罗湖区						
福田区						
南山区	3	3		3	3	
宝安区						
龙岗区						
盐田区						
龙华区						
坪山区	20	10	10	18	9	9
光明区						
珠海市	**2505**	**1291**	**1214**	**1522**	**816**	**706**
香洲区	235	153	82	170	113	57
斗门区	1289	638	651	843	427	416
金湾区	981	500	481	509	276	233
汕头市	**18573**	**8567**	**10006**	**9551**	**4718**	**4833**
龙湖区						
金平区						
濠江区	104	48	56	73	36	37
潮阳区	6667	3096	3571	3100	1560	1540
潮南区	4188	1962	2226	1747	874	873
澄海区	6589	2987	3602	3920	1897	2023
南澳县	1025	474	551	711	351	360
佛山市	**4478**	**2090**	**2388**	**3347**	**1645**	**1702**
禅城区	2038	922	1116	1564	744	820
南海区	457	216	241	366	175	191
顺德区						
三水区	1662	776	886	1183	588	595
高明区	321	176	145	234	138	96

8-1b 续表 1

单位：人

地　区	60岁及以上人口			健　康		
	合计	男	女	小计	男	女
江门市	**6401**	**3228**	**3173**	**4499**	**2353**	**2146**
蓬江区						
江海区						
新会区	1994	977	1017	1347	691	656
台山市	1734	877	857	1215	629	586
开平市	1098	548	550	768	402	366
鹤山市	693	349	344	517	269	248
恩平市	882	477	405	652	362	290
湛江市	**16436**	**8139**	**8297**	**9086**	**4762**	**4324**
赤坎区						
霞山区	47	25	22	23	14	9
坡头区	1037	519	518	556	293	263
麻章区	899	449	450	485	256	229
遂溪县	3808	1905	1903	2086	1096	990
徐闻县	3018	1439	1579	1661	858	803
廉江市	3310	1630	1680	1900	984	916
雷州市	2230	1139	1091	1189	652	537
吴川市	2087	1033	1054	1186	609	577
茂名市	**13412**	**6778**	**6634**	**7572**	**3984**	**3588**
茂南区	644	332	312	294	155	139
电白区	5216	2605	2611	2890	1512	1378
高州市	3059	1579	1480	1894	1021	873
化州市	2876	1451	1425	1553	805	748
信宜市	1617	811	806	941	491	450
肇庆市	**12445**	**5881**	**6564**	**7442**	**3646**	**3796**
端州区						
鼎湖区	456	220	236	252	126	126
高要区	2124	1000	1124	1429	717	712
广宁县	2542	1166	1376	1655	782	873
怀集县	2882	1316	1566	1699	796	903
封开县	2320	1081	1239	1037	515	522
德庆县	1785	922	863	1174	609	565
四会市	336	176	160	196	101	95
惠州市	**15537**	**7344**	**8193**	**9921**	**4903**	**5018**
惠城区	909	437	472	579	290	289
惠阳区	821	402	419	523	262	261
博罗县	6055	2845	3210	3856	1889	1967
惠东县	6023	2842	3181	3813	1887	1926
龙门县	1729	818	911	1150	575	575
梅州市	**17076**	**8300**	**8776**	**9871**	**5039**	**4832**
梅江区	153	72	81	64	36	28
梅县区	781	386	395	454	235	219
大埔县	2829	1374	1455	1685	852	833
丰顺县	4433	2171	2262	2197	1144	1053
五华县	4156	2003	2153	2461	1243	1218
平远县	1621	776	845	1018	512	506
蕉岭县	1759	851	908	1162	572	590
兴宁市	1344	667	677	830	445	385

8-1b 续表 2

单位：人

地区	60岁及以上人口			健康		
	合计	男	女	小计	男	女
汕尾市	**12740**	**6394**	**6346**	**6931**	**3693**	**3238**
城 区	542	264	278	393	197	196
海丰县	6078	3110	2968	3427	1858	1569
陆河县	1698	872	826	889	482	407
陆丰市	4422	2148	2274	2222	1156	1066
河源市	**9456**	**4388**	**5068**	**4854**	**2419**	**2435**
源城区	77	34	43	61	26	35
紫金县	2805	1293	1512	1229	629	600
龙川县	2564	1158	1406	1583	769	814
连平县	1702	805	897	779	403	376
和平县	1363	632	731	734	357	377
东源县	945	466	479	468	235	233
阳江市	**5634**	**2831**	**2803**	**3400**	**1804**	**1596**
江城区	907	438	469	493	256	237
阳东区	865	449	416	550	297	253
阳西县	2298	1162	1136	1417	752	665
阳春市	1564	782	782	940	499	441
清远市	**12959**	**5908**	**7051**	**7606**	**3639**	**3967**
清城区	3505	1610	1895	2096	1032	1064
清新区	576	265	311	289	139	150
佛冈县	1620	749	871	1073	503	570
阳山县	2172	952	1220	1467	653	814
连山壮族瑶族自治县	619	285	334	286	133	153
连南瑶族自治县	889	385	504	445	203	242
英德市	2874	1333	1541	1591	796	795
连州市	704	329	375	359	180	179
东莞市	**511**	**236**	**275**	**410**	**207**	**203**
市辖区	511	236	275	410	207	203
中山市	**7948**	**3766**	**4182**	**5671**	**2747**	**2924**
市辖区	7948	3766	4182	5671	2747	2924
潮州市	**13097**	**6076**	**7021**	**7531**	**3680**	**3851**
湘桥区	1390	650	740	837	407	430
潮安区	4184	1965	2219	2421	1193	1228
饶平县	7523	3461	4062	4273	2080	2193
揭阳市	**21216**	**10325**	**10891**	**10329**	**5333**	**4996**
榕城区	1675	851	824	649	361	288
揭东区	3789	1884	1905	2316	1200	1116
揭西县	3691	1790	1901	2017	1002	1015
惠来县	5884	2772	3112	2392	1202	1190
普宁市	6177	3028	3149	2955	1568	1387
云浮市	**6886**	**3310**	**3576**	**3696**	**1849**	**1847**
云城区						
云安区	703	328	375	375	179	196
新兴县	2379	1127	1252	1353	678	675
郁南县	2572	1247	1325	1366	678	688
罗定市	1232	608	624	602	314	288

8-1b 续表 3

单位：人

地 区	基本健康			不健康，但生活能自理			不健康，生活不能自理		
	小计	男	女	小计	男	女	小计	男	女
广 东	**71353**	**31827**	**39526**	**15656**	**6997**	**8659**	**4430**	**1968**	**2462**
广州市	**2273**	**992**	**1281**	**428**	**187**	**241**	**224**	**101**	**123**
荔湾区									
越秀区									
海珠区									
天河区									
白云区	329	142	187	70	42	28	76	24	52
黄埔区	99	36	63	6	5	1	7	2	5
番禺区	173	73	100	26	7	19	12	10	2
花都区	198	83	115	23	10	13	15	7	8
南沙区	443	178	265	83	33	50	38	20	18
从化区	126	59	67	15	7	8	9	4	5
增城区	905	421	484	205	83	122	67	34	33
韶关市	**3291**	**1410**	**1881**	**861**	**350**	**511**	**289**	**136**	**153**
武江区	22	11	11	1		1			
浈江区	340	141	199	82	27	55	27	13	14
曲江区	169	70	99	62	24	38	12	7	5
始兴县	281	114	167	79	38	41	28	15	13
仁化县	298	131	167	62	23	39	28	13	15
翁源县	528	232	296	153	58	95	63	28	35
乳源瑶族自治县	298	129	169	72	31	41	27	10	17
新丰县	361	152	209	99	44	55	22	13	9
乐昌市	627	269	358	152	64	88	54	25	29
南雄市	367	161	206	99	41	58	28	12	16
深圳市	**2**	**1**	**1**						
罗湖区									
福田区									
南山区									
宝安区									
龙岗区									
盐田区									
龙华区									
坪山区	2	1	1						
光明区									
珠海市	**768**	**380**	**388**	**164**	**75**	**89**	**51**	**20**	**31**
香洲区	62	39	23	2	1	1	1		1
斗门区	354	164	190	68	35	33	24	12	12
金湾区	352	177	175	94	39	55	26	8	18
汕头市	**7328**	**3155**	**4173**	**1503**	**614**	**889**	**191**	**80**	**111**
龙湖区									
金平区									
濠江区	23	11	12	5	1	4	3		3
潮阳区	2924	1283	1641	589	232	357	54	21	33
潮南区	1926	871	1055	460	193	267	55	24	31
澄海区	2190	884	1306	408	172	236	71	34	37
南澳县	265	106	159	41	16	25	8	1	7
佛山市	**924**	**379**	**545**	**122**	**44**	**78**	**85**	**22**	**63**
禅城区	386	155	231	48	17	31	40	6	34
南海区	84	38	46	5	3	2	2		2
顺德区									
三水区	391	161	230	55	17	38	33	10	23
高明区	63	25	38	14	7	7	10	6	4

8-1b　续表 4

单位：人

地　区	基本健康			不健康，但生活能自理			不健康，生活不能自理		
	小计	男	女	小计	男	女	小计	男	女
江门市	**1421**	**645**	**776**	**381**	**180**	**201**	**100**	**50**	**50**
蓬江区									
江海区									
新会区	439	184	255	176	89	87	32	13	19
台山市	417	202	215	79	35	44	23	11	12
开平市	263	117	146	49	19	30	18	10	8
鹤山市	129	57	72	33	16	17	14	7	7
恩平市	173	85	88	44	21	23	13	9	4
湛江市	**5280**	**2449**	**2831**	**1641**	**738**	**903**	**429**	**190**	**239**
赤坎区									
霞山区	16	6	10	6	4	2	2	1	1
坡头区	347	163	184	105	50	55	29	13	16
麻章区	327	150	177	77	37	40	10	6	4
遂溪县	1231	586	645	382	173	209	109	50	59
徐闻县	983	425	558	290	120	170	84	36	48
廉江市	1000	477	523	319	133	186	91	36	55
雷州市	748	345	403	250	120	130	43	22	21
吴川市	628	297	331	212	101	111	61	26	35
茂名市	**4280**	**2026**	**2254**	**1219**	**590**	**629**	**341**	**178**	**163**
茂南区	250	131	119	85	41	44	15	5	10
电白区	1672	780	892	520	240	280	134	73	61
高州市	877	416	461	219	108	111	69	34	35
化州市	954	453	501	284	145	139	85	48	37
信宜市	527	246	281	111	56	55	38	18	20
肇庆市	**4159**	**1873**	**2286**	**671**	**290**	**381**	**173**	**72**	**101**
端州区									
鼎湖区	180	83	97	20	9	11	4	2	2
高要区	562	232	330	97	36	61	36	15	21
广宁县	713	308	405	142	62	80	32	14	18
怀集县	979	433	546	168	76	92	36	11	25
封开县	1100	501	599	148	51	97	35	14	21
德庆县	524	264	260	70	40	30	17	9	8
四会市	101	52	49	26	16	10	13	7	6
惠州市	**4378**	**1882**	**2496**	**911**	**414**	**497**	**327**	**145**	**182**
惠城区	262	109	153	44	26	18	24	12	12
惠阳区	248	120	128	39	15	24	11	5	6
博罗县	1750	764	986	317	135	182	132	57	75
惠东县	1703	727	976	391	179	212	116	49	67
龙门县	415	162	253	120	59	61	44	22	22
梅州市	**5488**	**2476**	**3012**	**1301**	**602**	**699**	**416**	**183**	**233**
梅江区	71	31	40	15	5	10	3		3
梅县区	257	122	135	56	22	34	14	7	7
大埔县	875	404	471	208	91	117	61	27	34
丰顺县	1738	792	946	384	184	200	114	51	63
五华县	1288	582	706	305	136	169	102	42	60
平远县	445	196	249	108	49	59	50	19	31
蕉岭县	440	193	247	108	59	49	49	27	22
兴宁市	374	156	218	117	56	61	23	10	13

8-1b 续表 5

单位：人

地　区	基本健康			不健康，但生活能自理			不健康，生活不能自理		
	小计	男	女	小计	男	女	小计	男	女
汕尾市	**4716**	**2187**	**2529**	**787**	**362**	**425**	**306**	**152**	**154**
城　区	131	57	74	11	6	5	7	4	3
海丰县	2210	1043	1167	312	133	179	129	76	53
陆河县	597	293	304	151	73	78	61	24	37
陆丰市	1778	794	984	313	150	163	109	48	61
河源市	**3566**	**1525**	**2041**	**811**	**349**	**462**	**225**	**95**	**130**
源城区	11	5	6	4	2	2	1	1	
紫金县	1252	512	740	264	114	150	60	38	22
龙川县	760	305	455	164	65	99	57	19	38
连平县	662	292	370	216	97	119	45	13	32
和平县	504	227	277	91	37	54	34	11	23
东源县	377	184	193	72	34	38	28	13	15
阳江市	**1667**	**746**	**921**	**453**	**220**	**233**	**114**	**61**	**53**
江城区	340	149	191	55	25	30	19	8	11
阳东区	241	114	127	59	32	27	15	6	9
阳西县	677	307	370	155	73	82	49	30	19
阳春市	409	176	233	184	90	94	31	17	14
清远市	**4100**	**1715**	**2385**	**959**	**421**	**538**	**294**	**133**	**161**
清城区	1084	438	646	255	114	141	70	26	44
清新区	236	108	128	44	16	28	7	2	5
佛冈县	419	182	237	91	43	48	37	21	16
阳山县	554	224	330	113	52	61	38	23	15
连山壮族瑶族自治县	250	107	143	65	33	32	18	12	6
连南瑶族自治县	303	125	178	117	48	69	24	9	15
英德市	984	412	572	208	87	121	91	38	53
连州市	270	119	151	66	28	38	9	2	7
东莞市	**90**	**28**	**62**	**8**		**8**	**3**	**1**	**2**
市辖区	90	28	62	8		8	3	1	2
中山市	**1835**	**813**	**1022**	**313**	**149**	**164**	**129**	**57**	**72**
市辖区	1835	813	1022	313	149	164	129	57	72
潮州市	**4516**	**1944**	**2572**	**829**	**374**	**455**	**221**	**78**	**143**
湘桥区	454	197	257	77	33	44	22	13	9
潮安区	1526	664	862	177	89	88	60	19	41
饶平县	2536	1083	1453	575	252	323	139	46	93
揭阳市	**8726**	**4039**	**4687**	**1775**	**797**	**978**	**386**	**156**	**230**
榕城区	903	434	469	102	45	57	21	11	10
揭东区	1170	538	632	245	123	122	58	23	35
揭西县	1418	673	745	202	95	107	54	20	34
惠来县	2626	1212	1414	755	315	440	111	43	68
普宁市	2609	1182	1427	471	219	252	142	59	83
云浮市	**2545**	**1162**	**1383**	**519**	**241**	**278**	**126**	**58**	**68**
云城区									
云安区	268	120	148	49	27	22	11	2	9
新兴县	851	367	484	137	66	71	38	16	22
郁南县	946	444	502	210	96	114	50	29	21
罗定市	480	231	249	123	52	71	27	11	16

8-1c　各地区分性别、健康状况的60岁及以上老年人口(乡村)

单位：人

地　区	60岁及以上人口			健　康		
	合计	男	女	小计	男	女
广　东	**539961**	**266417**	**273544**	**267004**	**140743**	**126261**
广州市	**30751**	**14397**	**16354**	**18319**	**9024**	**9295**
荔湾区						
越秀区						
海珠区						
天河区						
白云区	6689	3124	3565	4638	2256	2382
黄埔区	1063	506	557	644	327	317
番禺区	2785	1292	1493	2071	1007	1064
花都区	5974	2750	3224	3521	1712	1809
南沙区	2988	1353	1635	1874	890	984
从化区	5477	2560	2917	2405	1205	1200
增城区	5775	2812	2963	3166	1627	1539
韶关市	**23616**	**11251**	**12365**	**12257**	**6319**	**5938**
武江区	1006	461	545	512	245	267
浈江区	917	415	502	562	269	293
曲江区	2127	1000	1127	1103	570	533
始兴县	2244	1013	1231	1056	532	524
仁化县	2116	984	1132	1105	550	555
翁源县	3691	1854	1837	1579	912	667
乳源瑶族自治县	1796	859	937	1022	530	492
新丰县	1919	984	935	832	484	348
乐昌市	3805	1819	1986	2087	1050	1037
南雄市	3995	1862	2133	2399	1177	1222
深圳市	**259**	**136**	**123**	**186**	**109**	**77**
罗湖区						
福田区						
南山区						
宝安区						
龙岗区	259	136	123	186	109	77
盐田区						
龙华区						
坪山区						
光明区						
珠海市	**3418**	**1737**	**1681**	**1756**	**957**	**799**
香洲区	5	5		5	5	
斗门区	3152	1597	1555	1577	859	718
金湾区	261	135	126	174	93	81
汕头市	**23445**	**11140**	**12305**	**11545**	**5867**	**5678**
龙湖区	1540	719	821	849	430	419
金平区	253	124	129	155	85	70
濠江区	953	438	515	428	222	206
潮阳区	9527	4617	4910	4553	2332	2221
潮南区	6591	3122	3469	2881	1475	1406
澄海区	4310	1979	2331	2539	1241	1298
南澳县	271	141	130	140	82	58
佛山市	**6551**	**3152**	**3399**	**4247**	**2146**	**2101**
禅城区						
南海区	1859	854	1005	1216	582	634
顺德区	527	250	277	320	163	157
三水区	3094	1485	1609	2123	1075	1048
高明区	1071	563	508	588	326	262

8-1c 续表 1

单位：人

地区	60岁及以上人口			健康		
	合计	男	女	小计	男	女
江门市	**32528**	**16467**	**16061**	**18682**	**10017**	**8665**
蓬江区	593	271	322	378	182	196
江海区						
新会区	5908	2879	3029	3576	1828	1748
台山市	10808	5722	5086	6093	3447	2646
开平市	6775	3316	3459	3818	1980	1838
鹤山市	4081	2004	2077	2468	1282	1186
恩平市	4363	2275	2088	2349	1298	1051
湛江市	**65159**	**32586**	**32573**	**30648**	**16498**	**14150**
赤坎区	125	54	71	90	42	48
霞山区	443	207	236	211	111	100
坡头区	3459	1777	1682	1968	1066	902
麻章区	4536	2159	2377	1899	969	930
遂溪县	9959	5035	4924	4633	2527	2106
徐闻县	7096	3390	3706	3302	1729	1573
廉江市	15982	8361	7621	7997	4436	3561
雷州市	14542	7070	7472	5471	2933	2538
吴川市	9017	4533	4484	5077	2685	2392
茂名市	**60354**	**31121**	**29233**	**31272**	**17155**	**14117**
茂南区	5372	2677	2695	2564	1368	1196
电白区	13682	7023	6659	6631	3622	3009
高州市	16364	8589	7775	9038	5054	3984
化州市	13794	7071	6723	7134	3880	3254
信宜市	11142	5761	5381	5905	3231	2674
肇庆市	**36073**	**16394**	**19679**	**18351**	**8847**	**9504**
端州区						
鼎湖区	1067	453	614	561	248	313
高要区	8401	3740	4661	5079	2359	2720
广宁县	5250	2495	2755	2438	1228	1210
怀集县	8595	3749	4846	4176	1945	2231
封开县	4755	2207	2548	2244	1127	1117
德庆县	4402	2108	2294	2151	1103	1048
四会市	3603	1642	1961	1702	837	865
惠州市	**21170**	**10472**	**10698**	**10942**	**5800**	**5142**
惠城区	3767	1848	1919	2137	1105	1032
惠阳区	2297	1142	1155	1282	704	578
博罗县	6989	3383	3606	3639	1874	1765
惠东县	5189	2628	2561	2476	1342	1134
龙门县	2928	1471	1457	1408	775	633
梅州市	**40625**	**20224**	**20401**	**18169**	**9758**	**8411**
梅江区	782	389	393	390	213	177
梅县区	6791	3432	3359	2951	1624	1327
大埔县	4599	2315	2284	1863	1012	851
丰顺县	4422	2246	2176	1499	837	662
五华县	9855	4841	5014	3821	2055	1766
平远县	2531	1214	1317	1190	605	585
蕉岭县	2387	1231	1156	1121	620	501
兴宁市	9258	4556	4702	5334	2792	2542

8-1c　续表 2　　单位：人

地　区	60岁及以上人口			健　康		
	合计	男	女	小计	男	女
汕尾市	**16992**	**8923**	**8069**	**7378**	**4129**	**3249**
城　区	1678	890	788	836	484	352
海丰县	3643	1983	1660	1397	824	573
陆河县	1892	1054	838	797	461	336
陆丰市	9779	4996	4783	4348	2360	1988
河源市	**27412**	**13318**	**14094**	**9740**	**5229**	**4511**
源城区	447	213	234	203	103	100
紫金县	6228	2965	3263	2039	1075	964
龙川县	8127	3970	4157	3248	1740	1508
连平县	3289	1577	1712	973	541	432
和平县	5023	2393	2630	1760	920	840
东源县	4298	2200	2098	1517	850	667
阳江市	**21490**	**11167**	**10323**	**9414**	**5241**	**4173**
江城区	3349	1693	1656	1556	855	701
阳东区	3875	2080	1795	2012	1122	890
阳西县	4418	2366	2052	1953	1127	826
阳春市	9848	5028	4820	3893	2137	1756
清远市	**31516**	**15556**	**15960**	**14554**	**7771**	**6783**
清城区	2710	1296	1414	1294	665	629
清新区	5726	2806	2920	2816	1466	1350
佛冈县	3014	1522	1492	1462	793	669
阳山县	4139	2065	2074	1949	1022	927
连山壮族瑶族自治县	1089	535	554	343	192	151
连南瑶族自治县	1207	547	660	476	234	242
英德市	9096	4547	4549	4298	2359	1939
连州市	4535	2238	2297	1916	1040	876
东莞市	**6302**	**3092**	**3210**	**4612**	**2364**	**2248**
市辖区	6302	3092	3210	4612	2364	2248
中山市	**6865**	**3237**	**3628**	**4259**	**2119**	**2140**
市辖区	6865	3237	3628	4259	2119	2140
潮州市	**17534**	**8306**	**9228**	**9132**	**4645**	**4487**
湘桥区	1506	719	787	772	411	361
潮安区	7482	3582	3900	4093	2089	2004
饶平县	8546	4005	4541	4267	2145	2122
揭阳市	**43366**	**21395**	**21971**	**21456**	**11334**	**10122**
榕城区	3611	1786	1825	2079	1113	966
揭东区	8399	4174	4225	5020	2623	2397
揭西县	8687	4377	4310	4037	2157	1880
惠来县	7961	3739	4222	3014	1548	1466
普宁市	14708	7319	7389	7306	3893	3413
云浮市	**24535**	**12346**	**12189**	**10085**	**5414**	**4671**
云城区	1920	970	950	805	432	373
云安区	2927	1464	1463	1270	681	589
新兴县	5037	2409	2628	1901	999	902
郁南县	4150	2133	2017	1687	906	781
罗定市	10501	5370	5131	4422	2396	2026

8-1c 续表 3

单位：人

地　区	基本健康			不健康，但生活能自理			不健康，生活不能自理		
	小计	男	女	小计	男	女	小计	男	女
广　东	**201542**	**93136**	**108406**	**57789**	**26676**	**31113**	**13626**	**5862**	**7764**
广州市	**9314**	**4054**	**5260**	**2317**	**1006**	**1311**	**801**	**313**	**488**
荔湾区									
越秀区									
海珠区									
天河区									
白云区	1565	669	896	321	136	185	165	63	102
黄埔区	295	123	172	88	43	45	36	13	23
番禺区	597	234	363	89	37	52	28	14	14
花都区	1905	826	1079	395	156	239	153	56	97
南沙区	912	384	528	158	67	91	44	12	32
从化区	2174	955	1219	673	309	364	225	91	134
增城区	1866	863	1003	593	258	335	150	64	86
韶关市	**8478**	**3710**	**4768**	**2281**	**992**	**1289**	**600**	**230**	**370**
武江区	406	169	237	66	38	28	22	9	13
浈江区	247	103	144	78	32	46	30	11	19
曲江区	768	330	438	208	81	127	48	19	29
始兴县	843	346	497	282	112	170	63	23	40
仁化县	776	334	442	178	76	102	57	24	33
翁源县	1495	683	812	473	201	272	144	58	86
乳源瑶族自治县	612	261	351	126	57	69	36	11	25
新丰县	753	352	401	269	122	147	65	26	39
乐昌市	1292	588	704	358	160	198	68	21	47
南雄市	1286	544	742	243	113	130	67	28	39
深圳市	**59**	**21**	**38**	**6**	**3**	**3**	**8**	**3**	**5**
罗湖区									
福田区									
南山区									
宝安区									
龙岗区	59	21	38	6	3	3	8	3	5
盐田区									
龙华区									
坪山区									
光明区									
珠海市	**1274**	**607**	**667**	**316**	**141**	**175**	**72**	**32**	**40**
香洲区									
斗门区	1196	570	626	311	139	172	68	29	39
金湾区	78	37	41	5	2	3	4	3	1
汕头市	**9690**	**4297**	**5393**	**1936**	**856**	**1080**	**274**	**120**	**154**
龙湖区	598	248	350	78	33	45	15	8	7
金平区	77	31	46	13	5	8	8	3	5
濠江区	420	180	240	88	28	60	17	8	9
潮阳区	4074	1871	2203	811	374	437	89	40	49
潮南区	2909	1301	1608	708	310	398	93	36	57
澄海区	1507	620	887	222	98	124	42	20	22
南澳县	105	46	59	16	8	8	10	5	5
佛山市	**1806**	**780**	**1026**	**388**	**173**	**215**	**110**	**53**	**57**
禅城区									
南海区	509	216	293	107	45	62	27	11	16
顺德区	181	79	102	21	7	14	5	1	4
三水区	773	318	455	149	65	84	49	27	22
高明区	343	167	176	111	56	55	29	14	15

8-1c 续表 4

单位：人

地区	基本健康			不健康，但生活能自理			不健康，生活不能自理		
	小计	男	女	小计	男	女	小计	男	女
江门市	**10719**	**4994**	**5725**	**2419**	**1150**	**1269**	**708**	**306**	**402**
蓬江区	149	60	89	51	24	27	15	5	10
江海区									
新会区	1848	841	1007	379	164	215	105	46	59
台山市	3661	1765	1896	815	399	416	239	111	128
开平市	2293	1043	1250	505	230	275	159	63	96
鹤山市	1231	564	667	300	127	173	82	31	51
恩平市	1537	721	816	369	206	163	108	50	58
湛江市	**23553**	**11113**	**12440**	**9078**	**4165**	**4913**	**1880**	**810**	**1070**
赤坎区	24	10	14	9	2	7	2		2
霞山区	155	62	93	67	31	36	10	3	7
坡头区	1033	487	546	368	181	187	90	43	47
麻章区	1870	871	999	620	265	355	147	54	93
遂溪县	3613	1724	1889	1422	674	748	291	110	181
徐闻县	2438	1104	1334	1153	468	685	203	89	114
廉江市	5704	2816	2888	1799	891	908	482	218	264
雷州市	5826	2700	3126	2786	1235	1551	459	202	257
吴川市	2890	1339	1551	854	418	436	196	91	105
茂名市	**21298**	**10261**	**11037**	**6190**	**2989**	**3201**	**1594**	**716**	**878**
茂南区	1985	945	1040	650	294	356	173	70	103
电白区	5021	2428	2593	1658	814	844	372	159	213
高州市	5432	2648	2784	1490	700	790	404	187	217
化州市	4877	2348	2529	1406	676	730	377	167	210
信宜市	3983	1892	2091	986	505	481	268	133	135
肇庆市	**13906**	**5963**	**7943**	**3146**	**1296**	**1850**	**670**	**288**	**382**
端州区									
鼎湖区	396	153	243	89	38	51	21	14	7
高要区	2663	1103	1560	522	222	300	137	56	81
广宁县	2209	996	1213	496	223	273	107	48	59
怀集县	3481	1454	2027	802	302	500	136	48	88
封开县	1987	861	1126	438	179	259	86	40	46
德庆县	1762	783	979	405	179	226	84	43	41
四会市	1408	613	795	394	153	241	99	39	60
惠州市	**7576**	**3471**	**4105**	**2059**	**938**	**1121**	**593**	**263**	**330**
惠城区	1237	571	666	289	129	160	104	43	61
惠阳区	793	343	450	167	69	98	55	26	29
博罗县	2539	1147	1392	646	289	357	165	73	92
惠东县	1974	940	1034	582	280	302	157	66	91
龙门县	1033	470	563	375	171	204	112	55	57
梅州市	**15983**	**7449**	**8534**	**5215**	**2435**	**2780**	**1258**	**582**	**676**
梅江区	294	132	162	67	30	37	31	14	17
梅县区	2741	1290	1451	903	428	475	196	90	106
大埔县	1981	936	1045	635	312	323	120	55	65
丰顺县	2165	1044	1121	613	294	319	145	71	74
五华县	4276	1998	2278	1408	628	780	350	160	190
平远县	954	428	526	291	137	154	96	44	52
蕉岭县	910	432	478	281	144	137	75	35	40
兴宁市	2662	1189	1473	1017	462	555	245	113	132

8－1c　续表 5　　　　单位：人

地　　区	基本健康			不健康，但生活能自理			不健康，生活不能自理		
	小计	男	女	小计	男	女	小计	男	女
汕尾市	**6964**	**3449**	**3515**	**2103**	**1092**	**1011**	**547**	**253**	**294**
城　区	625	299	326	173	87	86	44	20	24
海丰县	1514	757	757	573	321	252	159	81	78
陆河县	727	393	334	277	156	121	91	44	47
陆丰市	4098	2000	2098	1080	528	552	253	108	145
河源市	**12567**	**5857**	**6710**	**4247**	**1879**	**2368**	**858**	**353**	**505**
源城区	182	81	101	44	23	21	18	6	12
紫金县	2917	1329	1588	1032	451	581	240	110	130
龙川县	3694	1713	1981	980	436	544	205	81	124
连平县	1552	728	824	676	272	404	88	36	52
和平县	2313	1071	1242	794	344	450	156	58	98
东源县	1909	935	974	721	353	368	151	62	89
阳江市	**8314**	**4114**	**4200**	**3144**	**1520**	**1624**	**618**	**292**	**326**
江城区	1233	586	647	471	209	262	89	43	46
阳东区	1305	681	624	452	223	229	106	54	52
阳西县	1734	874	860	635	327	308	96	38	58
阳春市	4042	1973	2069	1586	761	825	327	157	170
清远市	**12290**	**5684**	**6606**	**3721**	**1747**	**1974**	**951**	**354**	**597**
清城区	1012	442	570	309	153	156	95	36	59
清新区	2129	966	1163	602	310	292	179	64	115
佛冈县	1103	517	586	359	177	182	90	35	55
阳山县	1639	790	849	442	215	227	109	38	71
连山壮族瑶族自治县	525	235	290	164	79	85	57	29	28
连南瑶族自治县	552	237	315	141	62	79	38	14	24
英德市	3455	1610	1845	1059	473	586	284	105	179
连州市	1875	887	988	645	278	367	99	33	66
东莞市	**1402**	**604**	**798**	**195**	**86**	**109**	**93**	**38**	**55**
市辖区	1402	604	798	195	86	109	93	38	55
中山市	**2169**	**927**	**1242**	**343**	**157**	**186**	**94**	**34**	**60**
市辖区	2169	927	1242	343	157	186	94	34	60
潮州市	**6458**	**2825**	**3633**	**1551**	**695**	**856**	**393**	**141**	**252**
湘桥区	604	256	348	103	46	57	27	6	21
潮安区	2746	1215	1531	503	226	277	140	52	88
饶平县	3108	1354	1754	945	423	522	226	83	143
揭阳市	**17281**	**7941**	**9340**	**3849**	**1782**	**2067**	**780**	**338**	**442**
榕城区	1177	492	685	320	164	156	35	17	18
揭东区	2724	1252	1472	511	244	267	144	55	89
揭西县	3723	1779	1944	747	365	382	180	76	104
惠来县	3482	1556	1926	1288	553	735	177	82	95
普宁市	6175	2862	3313	983	456	527	244	108	136
云浮市	**10441**	**5015**	**5426**	**3285**	**1574**	**1711**	**724**	**343**	**381**
云城区	793	391	402	264	121	143	58	26	32
云安区	1223	579	644	345	157	188	89	47	42
新兴县	2299	1034	1265	690	317	373	147	59	88
郁南县	1764	881	883	563	285	278	136	61	75
罗定市	4362	2130	2232	1423	694	729	294	150	144

8-2 全省分年龄、性别、健康状况的60岁及以上老年人口

单位：人

年 龄	60岁及以上人口			健 康		
	合计	男	女	小计	男	女
总 计	**1443501**	**693938**	**749563**	**871659**	**437371**	**434288**
60-64岁	**449631**	**225896**	**223735**	**332467**	**169661**	**162806**
60	75018	37352	37666	58124	29373	28751
61	82963	42219	40744	62567	32260	30307
62	98076	49453	48623	72478	37092	35386
63	104069	52702	51367	75478	38954	36524
64	89505	44170	45335	63820	31982	31838
65-69岁	**391285**	**191244**	**200041**	**261920**	**130915**	**131005**
65	90371	44667	45704	63286	31788	31498
66	88032	42835	45197	60287	29965	30322
67	77632	37811	39821	52015	25939	26076
68	72861	35440	37421	47170	23527	23643
69	62389	30491	31898	39162	19696	19466
70-74岁	**246356**	**121626**	**124730**	**139904**	**71517**	**68387**
70	60939	30255	30684	36762	18757	18005
71	57036	28603	28433	33444	17312	16132
72	47599	23257	24342	26618	13517	13101
73	42516	20910	21606	23135	11811	11324
74	38266	18601	19665	19945	10120	9825
75-79岁	**153705**	**73066**	**80639**	**71434**	**35777**	**35657**
75	36381	17676	18705	17953	9113	8840
76	32625	15737	16888	15843	8095	7748
77	29396	13901	15495	13591	6764	6827
78	28146	13187	14959	12442	6132	6310
79	27157	12565	14592	11605	5673	5932
80-84岁	**109944**	**48836**	**61108**	**40476**	**19250**	**21226**
80	25188	11591	13597	10275	5038	5237
81	22594	10171	12423	8473	4107	4366
82	22549	10065	12484	8171	3873	4298
83	20719	9099	11620	7273	3398	3875
84	18894	7910	10984	6284	2834	3450
85-89岁	**63675**	**24269**	**39406**	**18979**	**8013**	**10966**
85	16628	6642	9986	5207	2292	2915
86	14664	5639	9025	4590	1931	2659
87	13264	4947	8317	3916	1633	2283
88	10350	3873	6477	2901	1217	1684
89	8769	3168	5601	2365	940	1425
90岁及以上	**28905**	**9001**	**19904**	**6479**	**2238**	**4241**

8-2 续表

单位：人

年龄	基本健康			不健康，但生活能自理			不健康，生活不能自理		
	小计	男	女	小计	男	女	小计	男	女
总计	**444845**	**199916**	**244929**	**98741**	**44471**	**54270**	**28256**	**12180**	**16076**
60–64岁	**101451**	**47779**	**53672**	**13229**	**7122**	**6107**	**2484**	**1334**	**1150**
60	14701	6773	7928	1863	1015	848	330	191	139
61	17718	8483	9235	2254	1238	1016	424	238	186
62	22223	10533	11690	2837	1542	1295	538	286	252
63	24703	11685	13018	3270	1740	1530	618	323	295
64	22106	10305	11801	3005	1587	1418	574	296	278
65–69岁	**110210**	**50341**	**59869**	**16009**	**8233**	**7776**	**3146**	**1755**	**1391**
65	23278	10818	12460	3173	1684	1489	634	377	257
66	23834	10832	13002	3319	1710	1609	592	328	264
67	21917	9946	11971	3068	1582	1486	632	344	288
68	21731	9906	11825	3299	1648	1651	661	359	302
69	19450	8839	10611	3150	1609	1541	627	347	280
70–74岁	**86213**	**39998**	**46215**	**16628**	**8164**	**8464**	**3611**	**1947**	**1664**
70	19923	9322	10601	3502	1771	1731	752	405	347
71	19353	9123	10230	3491	1749	1742	748	419	329
72	17022	7773	9249	3240	1571	1669	719	396	323
73	15485	7161	8324	3206	1579	1627	690	359	331
74	14430	6619	7811	3189	1494	1695	702	368	334
75–79岁	**61830**	**27804**	**34026**	**16489**	**7542**	**8947**	**3952**	**1943**	**2009**
75	14222	6542	7680	3435	1632	1803	771	389	382
76	12819	5777	7042	3180	1480	1700	783	385	398
77	11861	5324	6537	3190	1444	1746	754	369	385
78	11592	5195	6397	3300	1486	1814	812	374	438
79	11336	4966	6370	3384	1500	1884	832	426	406
80–84岁	**47014**	**20278**	**26736**	**17144**	**7043**	**10101**	**5310**	**2265**	**3045**
80	10578	4675	5903	3420	1476	1944	915	402	513
81	9720	4181	5539	3431	1434	1997	970	449	521
82	9729	4273	5456	3549	1454	2095	1100	465	635
83	8882	3827	5055	3409	1396	2013	1155	478	677
84	8105	3322	4783	3335	1283	2052	1170	471	699
85–89岁	**27007**	**10118**	**16889**	**12539**	**4400**	**8139**	**5150**	**1738**	**3412**
85	7207	2824	4383	3112	1144	1968	1102	382	720
86	6229	2349	3880	2767	961	1806	1078	398	680
87	5636	2056	3580	2603	885	1718	1109	373	736
88	4329	1595	2734	2169	757	1412	951	304	647
89	3606	1294	2312	1888	653	1235	910	281	629
90岁及以上	**11120**	**3598**	**7522**	**6703**	**1967**	**4736**	**4603**	**1198**	**3405**

8-2a　全省分年龄、性别、健康状况的60岁及以上老年人口(城市)

单位：人

年　龄	60岁及以上人口			健　康		
	合计	男	女	小计	男	女
总　计	**685043**	**322775**	**362268**	**477597**	**232674**	**244923**
60–64岁	**230219**	**112412**	**117807**	**184574**	**91185**	**93389**
60	41149	20107	21042	33958	16776	17182
61	42043	20720	21323	34186	17009	17177
62	49733	24381	25352	39798	19787	20011
63	52298	25646	26652	41347	20519	20828
64	44996	21558	23438	35285	17094	18191
65–69岁	**192395**	**91093**	**101302**	**144489**	**69721**	**74768**
65	45168	21555	23613	34922	16911	18011
66	44143	20897	23246	33598	16130	17468
67	38061	18008	20053	28622	13832	14790
68	35195	16531	18664	25858	12428	13430
69	29828	14102	15726	21489	10420	11069
70–74岁	**116672**	**55880**	**60792**	**77498**	**38278**	**39220**
70	29148	14156	14992	20325	10104	10221
71	27522	13339	14183	18657	9285	9372
72	22588	10671	11917	14685	7183	7502
73	20009	9472	10537	12827	6274	6553
74	17405	8242	9163	11004	5432	5572
75–79岁	**64478**	**29705**	**34773**	**36984**	**17983**	**19001**
75	15560	7333	8227	9351	4576	4775
76	13907	6555	7352	8168	4064	4104
77	12324	5629	6695	7062	3385	3677
78	11706	5321	6385	6530	3147	3383
79	10981	4867	6114	5873	2811	3062
80–84岁	**46120**	**20368**	**25752**	**21550**	**10241**	**11309**
80	10632	4814	5818	5470	2682	2788
81	9503	4237	5266	4561	2212	2349
82	9591	4198	5393	4346	2024	2322
83	8719	3843	4876	3916	1823	2093
84	7675	3276	4399	3257	1500	1757
85–89岁	**24944**	**9844**	**15100**	**9553**	**4153**	**5400**
85	6519	2663	3856	2631	1174	1457
86	5938	2350	3588	2397	1038	1359
87	5323	2080	3243	1975	865	1110
88	3912	1499	2413	1418	598	820
89	3252	1252	2000	1132	478	654
90岁及以上	**10215**	**3473**	**6742**	**2949**	**1113**	**1836**

8-2a 续表 单位：人

年龄	基本健康			不健康，但生活能自理			不健康，生活不能自理		
	小计	男	女	小计	男	女	小计	男	女
总计	**171950**	**74953**	**96997**	**25296**	**10798**	**14498**	**10200**	**4350**	**5850**
60-64岁	**41286**	**18963**	**22323**	**3517**	**1791**	**1726**	**842**	**473**	**369**
60	6523	2953	3570	556	305	251	112	73	39
61	7111	3336	3775	608	301	307	138	74	64
62	8970	4103	4867	774	390	384	191	101	90
63	9887	4564	5323	839	439	400	225	124	101
64	8795	4007	4788	740	356	384	176	101	75
65-69岁	**42745**	**18810**	**23935**	**4099**	**1981**	**2118**	**1062**	**581**	**481**
65	9179	4077	5102	849	438	411	218	129	89
66	9517	4255	5262	820	400	420	208	112	96
67	8418	3678	4740	815	388	427	206	110	96
68	8273	3594	4679	849	394	455	215	115	100
69	7358	3206	4152	766	361	405	215	115	100
70-74岁	**33707**	**15031**	**18676**	**4197**	**1906**	**2291**	**1270**	**665**	**605**
70	7728	3498	4230	837	416	421	258	138	120
71	7712	3513	4199	897	401	496	256	140	116
72	6779	2961	3818	861	385	476	263	142	121
73	6102	2677	3425	838	397	441	242	124	118
74	5386	2382	3004	764	307	457	251	121	130
75-79岁	**22213**	**9412**	**12801**	**3892**	**1621**	**2271**	**1389**	**689**	**700**
75	5151	2259	2892	769	341	428	289	157	132
76	4690	2015	2675	777	346	431	272	130	142
77	4249	1814	2435	747	295	452	266	135	131
78	4108	1721	2387	795	324	471	273	129	144
79	4015	1603	2412	804	315	489	289	138	151
80-84岁	**17944**	**7513**	**10431**	**4547**	**1765**	**2782**	**2079**	**849**	**1230**
80	3965	1647	2318	865	351	514	332	134	198
81	3665	1493	2172	894	360	534	383	172	211
82	3824	1637	2187	994	379	615	427	158	269
83	3439	1471	1968	895	349	546	469	200	269
84	3051	1265	1786	899	326	573	468	185	283
85-89岁	**10104**	**3869**	**6235**	**3311**	**1172**	**2139**	**1976**	**650**	**1326**
85	2652	1049	1603	821	304	517	415	136	279
86	2378	926	1452	728	239	489	435	147	288
87	2161	789	1372	757	279	478	430	147	283
88	1570	598	972	549	191	358	375	112	263
89	1343	507	836	456	159	297	321	108	213
90岁及以上	**3951**	**1355**	**2596**	**1733**	**562**	**1171**	**1582**	**443**	**1139**

8-2b　全省分年龄、性别、健康状况的60岁及以上老年人口(镇)

单位：人

年　龄	60岁及以上人口			健　康		
	合计	男	女	小计	男	女
总　计	**218497**	**104746**	**113751**	**127058**	**63954**	**63104**
60–64岁	**67416**	**33633**	**33783**	**48009**	**24451**	**23558**
60	10617	5241	5376	7903	3973	3930
61	12660	6446	6214	9169	4723	4446
62	14932	7424	7508	10648	5431	5217
63	15707	7922	7785	11022	5706	5316
64	13500	6600	6900	9267	4618	4649
65–69岁	**59254**	**28735**	**30519**	**38097**	**19064**	**19033**
65	13664	6653	7011	9255	4625	4630
66	13179	6314	6865	8674	4269	4405
67	11786	5664	6122	7592	3779	3813
68	11181	5434	5747	6879	3451	3428
69	9444	4670	4774	5697	2940	2757
70–74岁	**37121**	**18521**	**18600**	**20177**	**10573**	**9604**
70	9184	4524	4660	5224	2645	2579
71	8572	4364	4208	4869	2603	2266
72	7214	3591	3623	3959	2065	1894
73	6394	3171	3223	3264	1726	1538
74	5757	2871	2886	2861	1534	1327
75–79岁	**23778**	**11360**	**12418**	**10772**	**5433**	**5339**
75	5674	2822	2852	2687	1406	1281
76	5094	2488	2606	2434	1261	1173
77	4554	2125	2429	2062	1037	1025
78	4290	2040	2250	1819	915	904
79	4166	1885	2281	1770	814	956
80–84岁	**16657**	**7446**	**9211**	**6000**	**2848**	**3152**
80	3812	1781	2031	1518	751	767
81	3507	1607	1900	1263	607	656
82	3396	1503	1893	1218	587	631
83	3108	1387	1721	1077	494	583
84	2834	1168	1666	924	409	515
85–89岁	**9685**	**3619**	**6066**	**2942**	**1225**	**1717**
85	2599	1013	1586	824	353	471
86	2192	818	1374	686	280	406
87	1929	700	1229	611	249	362
88	1593	594	999	434	182	252
89	1372	494	878	387	161	226
90岁及以上	**4586**	**1432**	**3154**	**1061**	**360**	**701**

8−2b　续表

单位：人

年　龄	基本健康			不健康，但生活能自理			不健康，生活不能自理		
	小计	男	女	小计	男	女	小计	男	女
总　计	**71353**	**31827**	**39526**	**15656**	**6997**	**8659**	**4430**	**1968**	**2462**
60−64岁	**16735**	**7757**	**8978**	**2252**	**1203**	**1049**	**420**	**222**	**198**
60	2334	1073	1261	320	164	156	60	31	29
61	3012	1441	1571	401	234	167	78	48	30
62	3718	1696	2022	468	247	221	98	50	48
63	4052	1882	2170	548	287	261	85	47	38
64	3619	1665	1954	515	271	244	99	46	53
65−69岁	**17983**	**8060**	**9923**	**2610**	**1291**	**1319**	**564**	**320**	**244**
65	3771	1706	2065	516	249	267	122	73	49
66	3872	1718	2154	528	263	265	105	64	41
67	3592	1584	2008	490	239	251	112	62	50
68	3604	1641	1963	580	285	295	118	57	61
69	3144	1411	1733	496	255	241	107	64	43
70−74岁	**13662**	**6317**	**7345**	**2693**	**1306**	**1387**	**589**	**325**	**264**
70	3238	1505	1733	601	304	297	121	70	51
71	3049	1427	1622	538	266	272	116	68	48
72	2622	1234	1388	508	223	285	125	69	56
73	2502	1141	1361	521	246	275	107	58	49
74	2251	1010	1241	525	267	258	120	60	60
75−79岁	**9837**	**4484**	**5353**	**2566**	**1146**	**1420**	**603**	**297**	**306**
75	2312	1093	1219	569	272	297	106	51	55
76	2056	946	1110	487	225	262	117	56	61
77	1876	818	1058	504	215	289	112	55	57
78	1854	829	1025	494	237	257	123	59	64
79	1739	798	941	512	197	315	145	76	69
80−84岁	**7259**	**3153**	**4106**	**2599**	**1094**	**1505**	**799**	**351**	**448**
80	1658	753	905	491	214	277	145	63	82
81	1559	705	854	532	228	304	153	67	86
82	1485	628	857	528	217	311	165	71	94
83	1349	600	749	514	214	300	168	79	89
84	1208	467	741	534	221	313	168	71	97
85−89岁	**4095**	**1476**	**2619**	**1896**	**650**	**1246**	**752**	**268**	**484**
85	1140	436	704	471	164	307	164	60	104
86	913	321	592	435	155	280	158	62	96
87	823	299	524	329	100	229	166	52	114
88	693	233	460	333	125	208	133	54	79
89	526	187	339	328	106	222	131	40	91
90岁及以上	**1782**	**580**	**1202**	**1040**	**307**	**733**	**703**	**185**	**518**

8-2c　全省分年龄、性别、健康状况的60岁及以上老年人口(乡村)

单位：人

年　龄	60岁及以上人口			健　康		
	合计	男	女	小计	男	女
总　计	**539961**	**266417**	**273544**	**267004**	**140743**	**126261**
60–64岁	**151996**	**79851**	**72145**	**99884**	**54025**	**45859**
60	23252	12004	11248	16263	8624	7639
61	28260	15053	13207	19212	10528	8684
62	33411	17648	15763	22032	11874	10158
63	36064	19134	16930	23109	12729	10380
64	31009	16012	14997	19268	10270	8998
65–69岁	**139636**	**71416**	**68220**	**79334**	**42130**	**37204**
65	31539	16459	15080	19109	10252	8857
66	30710	15624	15086	18015	9566	8449
67	27785	14139	13646	15801	8328	7473
68	26485	13475	13010	14433	7648	6785
69	23117	11719	11398	11976	6336	5640
70–74岁	**92563**	**47225**	**45338**	**42229**	**22666**	**19563**
70	22607	11575	11032	11213	6008	5205
71	20942	10900	10042	9918	5424	4494
72	17797	8995	8802	7974	4269	3705
73	16113	8267	7846	7044	3811	3233
74	15104	7488	7616	6080	3154	2926
75–79岁	**65449**	**32001**	**33448**	**23678**	**12361**	**11317**
75	15147	7521	7626	5915	3131	2784
76	13624	6694	6930	5241	2770	2471
77	12518	6147	6371	4467	2342	2125
78	12150	5826	6324	4093	2070	2023
79	12010	5813	6197	3962	2048	1914
80–84岁	**47167**	**21022**	**26145**	**12926**	**6161**	**6765**
80	10744	4996	5748	3287	1605	1682
81	9584	4327	5257	2649	1288	1361
82	9562	4364	5198	2607	1262	1345
83	8892	3869	5023	2280	1081	1199
84	8385	3466	4919	2103	925	1178
85–89岁	**29046**	**10806**	**18240**	**6484**	**2635**	**3849**
85	7510	2966	4544	1752	765	987
86	6534	2471	4063	1507	613	894
87	6012	2167	3845	1330	519	811
88	4845	1780	3065	1049	437	612
89	4145	1422	2723	846	301	545
90岁及以上	**14104**	**4096**	**10008**	**2469**	**765**	**1704**

8-2c 续表

单位：人

年龄	基本健康			不健康，但生活能自理			不健康，生活不能自理		
	小计	男	女	小计	男	女	小计	男	女
总　计	**201542**	**93136**	**108406**	**57789**	**26676**	**31113**	**13626**	**5862**	**7764**
60-64岁	**43430**	**21059**	**22371**	**7460**	**4128**	**3332**	**1222**	**639**	**583**
60	5844	2747	3097	987	546	441	158	87	71
61	7595	3706	3889	1245	703	542	208	116	92
62	9535	4734	4801	1595	905	690	249	135	114
63	10764	5239	5525	1883	1014	869	308	152	156
64	9692	4633	5059	1750	960	790	299	149	150
65-69岁	**49482**	**23471**	**26011**	**9300**	**4961**	**4339**	**1520**	**854**	**666**
65	10328	5035	5293	1808	997	811	294	175	119
66	10445	4859	5586	1971	1047	924	279	152	127
67	9907	4684	5223	1763	955	808	314	172	142
68	9854	4671	5183	1870	969	901	328	187	141
69	8948	4222	4726	1888	993	895	305	168	137
70-74岁	**38844**	**18650**	**20194**	**9738**	**4952**	**4786**	**1752**	**957**	**795**
70	8957	4319	4638	2064	1051	1013	373	197	176
71	8592	4183	4409	2056	1082	974	376	211	165
72	7621	3578	4043	1871	963	908	331	185	146
73	6881	3343	3538	1847	936	911	341	177	164
74	6793	3227	3566	1900	920	980	331	187	144
75-79岁	**29780**	**13908**	**15872**	**10031**	**4775**	**5256**	**1960**	**957**	**1003**
75	6759	3190	3569	2097	1019	1078	376	181	195
76	6073	2816	3257	1916	909	1007	394	199	195
77	5736	2692	3044	1939	934	1005	376	179	197
78	5630	2645	2985	2011	925	1086	416	186	230
79	5582	2565	3017	2068	988	1080	398	212	186
80-84岁	**21811**	**9612**	**12199**	**9998**	**4184**	**5814**	**2432**	**1065**	**1367**
80	4955	2275	2680	2064	911	1153	438	205	233
81	4496	1983	2513	2005	846	1159	434	210	224
82	4420	2008	2412	2027	858	1169	508	236	272
83	4094	1756	2338	2000	833	1167	518	199	319
84	3846	1590	2256	1902	736	1166	534	215	319
85-89岁	**12808**	**4773**	**8035**	**7332**	**2578**	**4754**	**2422**	**820**	**1602**
85	3415	1339	2076	1820	676	1144	523	186	337
86	2938	1102	1836	1604	567	1037	485	189	296
87	2652	968	1684	1517	506	1011	513	174	339
88	2066	764	1302	1287	441	846	443	138	305
89	1737	600	1137	1104	388	716	458	133	325
90岁及以上	**5387**	**1663**	**3724**	**3930**	**1098**	**2832**	**2318**	**570**	**1748**

8-3　全省分性别、婚姻状况、健康状况的60岁及以上老年人口

单位：人

婚姻状况	60岁及以上人口			健康		
	合计	男	女	小计	男	女
总　计	**1443501**	**693938**	**749563**	**871659**	**437371**	**434288**
未　婚	25482	21126	4356	9816	7210	2606
有配偶	1099498	598524	500974	725722	398214	327508
离　婚	15097	7916	7181	9460	4556	4904
丧　偶	303424	66372	237052	126661	27391	99270

8-3　续表

单位：人

婚姻状况	基本健康			不健康，但生活能自理			不健康，生活不能自理		
	小计	男	女	小计	男	女	小计	男	女
总　计	**444845**	**199916**	**244929**	**98741**	**44471**	**54270**	**28256**	**12180**	**16076**
未　婚	9821	8602	1219	4864	4516	348	981	798	183
有配偶	307704	161982	145722	52579	30055	22524	13493	8273	5220
离　婚	4423	2519	1904	1008	709	299	206	132	74
丧　偶	122897	26813	96084	40290	9191	31099	13576	2977	10599

8-3a　全省分性别、婚姻状况、健康状况的60岁及以上老年人口(城市)

单位：人

婚姻状况	60岁及以上人口			健康		
	合计	男	女	小计	男	女
总　计	**685043**	**322775**	**362268**	**477597**	**232674**	**244923**
未　婚	8123	4814	3309	4821	2672	2149
有配偶	546274	290202	256072	403669	215440	188229
离　婚	10512	4508	6004	7162	2947	4215
丧　偶	120134	23251	96883	61945	11615	50330

8-3a　续表

单位：人

婚姻状况	基本健康			不健康，但生活能自理			不健康，生活不能自理		
	小计	男	女	小计	男	女	小计	男	女
总　计	**171950**	**74953**	**96997**	**25296**	**10798**	**14498**	**10200**	**4350**	**5850**
未　婚	2295	1433	862	704	521	183	303	188	115
有配偶	123809	63862	59947	13966	7892	6074	4830	3008	1822
离　婚	2773	1251	1522	455	243	212	122	67	55
丧　偶	43073	8407	34666	10171	2142	8029	4945	1087	3858

8-3b 全省分性别、婚姻状况、健康状况的60岁及以上老年人口(镇)

单位：人

婚姻状况	60岁及以上人口			健康		
	合计	男	女	小计	男	女
总计	**218497**	**104746**	**113751**	**127058**	**63954**	**63104**
未婚	2982	2596	386	1001	803	198
有配偶	165905	90756	75149	105582	58442	47140
离婚	1265	736	529	748	406	342
丧偶	48345	10658	37687	19727	4303	15424

8-3b 续表

单位：人

婚姻状况	基本健康			不健康，但生活能自理			不健康，生活不能自理		
	小计	男	女	小计	男	女	小计	男	女
总计	**71353**	**31827**	**39526**	**15656**	**6997**	**8659**	**4430**	**1968**	**2462**
未婚	1165	1040	125	665	622	43	151	131	20
有配偶	49738	26131	23607	8363	4821	3542	2222	1362	860
离婚	395	244	151	98	70	28	24	16	8
丧偶	20055	4412	15643	6530	1484	5046	2033	459	1574

8-3c 全省分性别、婚姻状况、健康状况的60岁及以上老年人口(乡村)

单位：人

婚姻状况	60岁及以上人口			健康		
	合计	男	女	小计	男	女
总计	**539961**	**266417**	**273544**	**267004**	**140743**	**126261**
未婚	14377	13716	661	3994	3735	259
有配偶	387319	217566	169753	216471	124332	92139
离婚	3320	2672	648	1550	1203	347
丧偶	134945	32463	102482	44989	11473	33516

8-3c 续表

单位：人

婚姻状况	基本健康			不健康，但生活能自理			不健康，生活不能自理		
	小计	男	女	小计	男	女	小计	男	女
总计	**201542**	**93136**	**108406**	**57789**	**26676**	**31113**	**13626**	**5862**	**7764**
未婚	6361	6129	232	3495	3373	122	527	479	48
有配偶	134157	71989	62168	30250	17342	12908	6441	3903	2538
离婚	1255	1024	231	455	396	59	60	49	11
丧偶	59769	13994	45775	23589	5565	18024	6598	1431	5167

8−4　全省分性别、主要生活来源、健康状况的60岁及以上老年人口

单位：人

主要生活来源	60岁及以上人口			健　康		
	合计	男	女	小计	男	女
总　计	**1443501**	**693938**	**749563**	**871659**	**437371**	**434288**
劳动收入	190066	134950	55116	148781	106854	41927
离退休金/养老金	492644	249944	242700	337188	173700	163488
最低生活保障金	38341	24443	13898	9988	6202	3786
失业保险金	25	12	13	18	7	11
财产性收入	11668	6513	5155	8398	4786	3612
家庭其他成员供养	643303	244575	398728	326494	125166	201328
其　他	67454	33501	33953	40792	20656	20136

8−4　续表

单位：人

主要生活来源	基本健康			不健康，但生活能自理			不健康，生活不能自理		
	小计	男	女	小计	男	女	小计	男	女
总　计	**444845**	**199916**	**244929**	**98741**	**44471**	**54270**	**28256**	**12180**	**16076**
劳动收入	39205	26724	12481	1949	1295	654	131	77	54
离退休金/养老金	129521	63295	66226	19069	9445	9624	6866	3504	3362
最低生活保障金	15762	10234	5528	10383	6804	3579	2208	1203	1005
失业保险金	5	4	1	1		1	1	1	
财产性收入	2817	1476	1341	369	204	165	84	47	37
家庭其他成员供养	236459	88072	148387	62859	24691	38168	17491	6646	10845
其　他	21076	10111	10965	4111	2032	2079	1475	702	773

8-4a 全省分性别、主要生活来源、健康状况的60岁及以上老年人口(城市)

单位：人

主要生活来源	60岁及以上人口			健康		
	合计	男	女	小计	男	女
总　计	**685043**	**322775**	**362268**	**477597**	**232674**	**244923**
劳动收入	56899	42137	14762	48442	36083	12359
离退休金/养老金	385241	188969	196272	271854	136289	135565
最低生活保障金	5337	2689	2648	2140	995	1145
失业保险金	10	5	5	10	5	5
财产性收入	8519	4641	3878	6280	3517	2763
家庭其他成员供养	204545	72541	132004	131462	47298	84164
其　他	24492	11793	12699	17409	8487	8922

8-4a 续表

单位：人

主要生活来源	基本健康			不健康，但生活能自理			不健康，生活不能自理		
	小计	男	女	小计	男	女	小计	男	女
总　计	**171950**	**74953**	**96997**	**25296**	**10798**	**14498**	**10200**	**4350**	**5850**
劳动收入	8152	5862	2290	266	170	96	39	22	17
离退休金/养老金	95948	44619	51329	12380	5650	6730	5059	2411	2648
最低生活保障金	1859	939	920	1057	616	441	281	139	142
失业保险金									
财产性收入	1951	975	976	224	115	109	64	34	30
家庭其他成员供养	58250	19864	38386	10576	3874	6702	4257	1505	2752
其　他	5790	2694	3096	793	373	420	500	239	261

8-4b　全省分性别、主要生活来源、健康状况的60岁及以上老年人口(镇)

单位：人

主要生活来源	60岁及以上人口			健　康		
	合计	男	女	小计	男	女
总　计	**218497**	**104746**	**113751**	**127058**	**63954**	**63104**
劳动收入	28091	20391	7700	22409	16330	6079
离退休金/养老金	54469	30821	23648	35323	20115	15208
最低生活保障金	5378	3185	2193	1461	824	637
失业保险金	2	1	1			
财产性收入	1349	838	511	877	554	323
家庭其他成员供养	116952	43494	73458	59626	22407	37219
其　他	12256	6016	6240	7362	3724	3638

8-4b　续表

单位：人

主要生活来源	基本健康			不健康，但生活能自理			不健康，生活不能自理		
	小计	男	女	小计	男	女	小计	男	女
总　计	**71353**	**31827**	**39526**	**15656**	**6997**	**8659**	**4430**	**1968**	**2462**
劳动收入	5412	3872	1540	253	177	76	17	12	5
离退休金/养老金	15537	8640	6897	2760	1550	1210	849	516	333
最低生活保障金	2210	1318	892	1358	862	496	349	181	168
失业保险金	1		1				1	1	
财产性收入	379	228	151	86	53	33	7	3	4
家庭其他成员供养	43868	15925	27943	10509	4035	6474	2949	1127	1822
其　他	3946	1844	2102	690	320	370	258	128	130

8-4c 全省分性别、主要生活来源、健康状况的60岁及以上老年人口(乡村)

单位：人

主要生活来源	60岁及以上人口			健康		
	合计	男	女	小计	男	女
总　计	**539961**	**266417**	**273544**	**267004**	**140743**	**126261**
劳动收入	105076	72422	32654	77930	54441	23489
离退休金/养老金	52934	30154	22780	30011	17296	12715
最低生活保障金	27626	18569	9057	6387	4383	2004
失业保险金	13	6	7	8	2	6
财产性收入	1800	1034	766	1241	715	526
家庭其他成员供养	321806	128540	193266	135406	55461	79945
其　他	30706	15692	15014	16021	8445	7576

8-4c 续表

单位：人

主要生活来源	基本健康			不健康，但生活能自理			不健康，生活不能自理		
	小计	男	女	小计	男	女	小计	男	女
总　计	**201542**	**93136**	**108406**	**57789**	**26676**	**31113**	**13626**	**5862**	**7764**
劳动收入	25641	16990	8651	1430	948	482	75	43	32
离退休金/养老金	18036	10036	8000	3929	2245	1684	958	577	381
最低生活保障金	11693	7977	3716	7968	5326	2642	1578	883	695
失业保险金	4	4		1		1			
财产性收入	487	273	214	59	36	23	13	10	3
家庭其他成员供养	134341	52283	82058	41774	16782	24992	10285	4014	6271
其　他	11340	5573	5767	2628	1339	1289	717	335	382

8-5 全省分性别、居住状况、健康状况的60岁及以上老年人口

单位：人

居住状况	60岁及以上人口			健康		
	合计	男	女	小计	男	女
总 计	**1443501**	**693938**	**749563**	**871659**	**437371**	**434288**
与配偶和子女同住	542522	302168	240354	373630	209550	164080
与配偶同住	370895	203988	166907	225470	125766	99704
与子女同住	319962	84904	235058	168682	46851	121831
独居(有保姆)	3473	1325	2148	1056	443	613
独居(无保姆)	130524	61369	69155	61297	30869	30428
养老机构	7570	3214	4356	969	467	502
其 他	68555	36970	31585	40555	23425	17130

8-5 续表

单位：人

居住状况	基本健康			不健康，但生活能自理			不健康，生活不能自理		
	小计	男	女	小计	男	女	小计	男	女
总 计	**444845**	**199916**	**244929**	**98741**	**44471**	**54270**	**28256**	**12180**	**16076**
与配偶和子女同住	140798	75725	65073	22489	13319	9170	5605	3574	2031
与配偶同住	117438	62052	55386	22600	12828	9772	5387	3342	2045
与子女同住	112226	28424	83802	29363	7298	22065	9691	2331	7360
独居(有保姆)	1067	410	657	498	193	305	852	279	573
独居(无保姆)	50532	22255	28277	16815	7559	9256	1880	686	1194
养老机构	2074	997	1077	1878	797	1081	2649	953	1696
其 他	20710	10053	10657	5098	2477	2621	2192	1015	1177

8-5a 全省分性别、居住状况、健康状况的60岁及以上老年人口(城市)

单位：人

居住状况	60岁及以上人口			健康		
	合计	男	女	小计	男	女
总　计	**685043**	**322775**	**362268**	**477597**	**232674**	**244923**
与配偶和子女同住	280895	154880	126015	212626	117689	94937
与配偶同住	155782	85486	70296	109129	60329	48800
与子女同住	159715	40260	119455	102534	26839	75695
独居(有保姆)	2259	837	1422	742	297	445
独居(无保姆)	49250	21784	27466	29405	14121	15284
养老机构	5040	1703	3337	564	209	355
其　他	32102	17825	14277	22597	13190	9407

8-5a 续表

单位：人

居住状况	基本健康			不健康，但生活能自理			不健康，生活不能自理		
	小计	男	女	小计	男	女	小计	男	女
总　计	**171950**	**74953**	**96997**	**25296**	**10798**	**14498**	**10200**	**4350**	**5850**
与配偶和子女同住	59799	32001	27798	6488	3860	2628	1982	1330	652
与配偶同住	40225	21317	18908	4897	2845	2052	1531	995	536
与子女同住	46365	10906	35459	7847	1828	6019	2969	687	2282
独居(有保姆)	726	268	458	305	117	188	486	155	331
独居(无保姆)	16059	6295	9764	3368	1228	2140	418	140	278
养老机构	1146	409	737	1255	388	867	2075	697	1378
其　他	7630	3757	3873	1136	532	604	739	346	393

8-5b 全省分性别、居住状况、健康状况的60岁及以上老年人口(镇)

单位：人

居住状况	60岁及以上人口			健康		
	合计	男	女	小计	男	女
总 计	**218497**	**104746**	**113751**	**127058**	**63954**	**63104**
与配偶和子女同住	87365	48512	38853	57348	32115	25233
与配偶同住	51701	28446	23255	31371	17513	13858
与子女同住	50783	13584	37199	24473	6911	17562
独居(有保姆)	404	164	240	127	61	66
独居(无保姆)	16990	7846	9144	7922	3970	3952
养老机构	1072	672	400	150	100	50
其 他	10182	5522	4660	5667	3284	2383

8-5b 续表

单位：人

居住状况	基本健康			不健康，但生活能自理			不健康，生活不能自理		
	小计	男	女	小计	男	女	小计	男	女
总 计	**71353**	**31827**	**39526**	**15656**	**6997**	**8659**	**4430**	**1968**	**2462**
与配偶和子女同住	24847	13303	11544	4099	2426	1673	1071	668	403
与配偶同住	16553	8721	7832	2987	1729	1258	790	483	307
与子女同住	19426	4950	14476	5259	1303	3956	1625	420	1205
独居(有保姆)	105	46	59	55	24	31	117	33	84
独居(无保姆)	6612	2840	3772	2205	949	1256	251	87	164
养老机构	444	294	150	274	195	79	204	83	121
其 他	3366	1673	1693	777	371	406	372	194	178

8－5c 全省分性别、居住状况、健康状况的60岁及以上老年人口(乡村)

单位：人

居住状况	60岁及以上人口			健康		
	合计	男	女	小计	男	女
总　计	**539961**	**266417**	**273544**	**267004**	**140743**	**126261**
与配偶和子女同住	174262	98776	75486	103656	59746	43910
与配偶同住	163412	90056	73356	84970	47924	37046
与子女同住	109464	31060	78404	41675	13101	28574
独居(有保姆)	810	324	486	187	85	102
独居(无保姆)	64284	31739	32545	23970	12778	11192
养老机构	1458	839	619	255	158	97
其　他	26271	13623	12648	12291	6951	5340

8－5c　续表

单位：人

居住状况	基本健康			不健康，但生活能自理			不健康，生活不能自理		
	小计	男	女	小计	男	女	小计	男	女
总　计	**201542**	**93136**	**108406**	**57789**	**26676**	**31113**	**13626**	**5862**	**7764**
与配偶和子女同住	56152	30421	25731	11902	7033	4869	2552	1576	976
与配偶同住	60660	32014	28646	14716	8254	6462	3066	1864	1202
与子女同住	46435	12568	33867	16257	4167	12090	5097	1224	3873
独居(有保姆)	236	96	140	138	52	86	249	91	158
独居(无保姆)	27861	13120	14741	11242	5382	5860	1211	459	752
养老机构	484	294	190	349	214	135	370	173	197
其　他	9714	4623	5091	3185	1574	1611	1081	475	606

8－6　各地区分性别、主要生活来源的60岁及以上老年人口

单位：人

地　　区	60岁及以上人口			劳动收入		
	合计	男	女	小计	男	女
广　东	**1443501**	**693938**	**749563**	**190066**	**134950**	**55116**
广州市	**193015**	**90555**	**102460**	**12910**	**8962**	**3948**
荔湾区	19696	9273	10423	403	290	113
越秀区	21686	9948	11738	430	306	124
海珠区	29208	13742	15466	926	648	278
天河区	18082	8586	9496	1009	738	271
白云区	28334	13688	14646	2397	1715	682
黄埔区	9715	4557	5158	646	499	147
番禺区	20090	9160	10930	1786	1226	560
花都区	14691	6791	7900	1389	980	409
南沙区	8413	3852	4561	1226	768	458
从化区	8115	3788	4327	665	433	232
增城区	14985	7170	7815	2033	1359	674
韶关市	**49320**	**23201**	**26119**	**6102**	**3916**	**2186**
武江区	5458	2555	2903	293	191	102
浈江区	6277	2938	3339	322	202	120
曲江区	4982	2299	2683	612	382	230
始兴县	3478	1587	1891	504	304	200
仁化县	3321	1541	1780	545	334	211
翁源县	5421	2677	2744	849	619	230
乳源瑶族自治县	3056	1433	1623	474	292	182
新丰县	3311	1635	1676	386	285	101
乐昌市	7178	3372	3806	1186	731	455
南雄市	6838	3164	3674	931	576	355
深圳市	**98579**	**46098**	**52481**	**9571**	**7539**	**2032**
罗湖区	10287	4803	5484	641	499	142
福田区	13416	6285	7131	808	594	214
南山区	14289	6588	7701	962	728	234
宝安区	17794	8272	9522	2427	1889	538
龙岗区	23297	10886	12411	2237	1817	420
盐田区	1704	790	914	122	96	26
龙华区	11191	5198	5993	1221	998	223
坪山区	2562	1236	1326	325	270	55
光明区	4039	2040	1999	828	648	180
珠海市	**22873**	**11176**	**11697**	**1886**	**1474**	**412**
香洲区	12314	5912	6402	940	745	195
斗门区	6952	3467	3485	633	481	152
金湾区	3607	1797	1810	313	248	65
汕头市	**79238**	**37245**	**41993**	**9353**	**7374**	**1979**
龙湖区	8401	4050	4351	972	780	192
金平区	14795	6988	7807	674	551	123
濠江区	3844	1792	2052	519	414	105
潮阳区	20700	9835	10865	2348	1976	372
潮南区	15833	7381	8452	1753	1356	397
澄海区	14369	6584	7785	2841	2102	739
南澳县	1296	615	681	246	195	51
佛山市	**94661**	**43450**	**51211**	**9409**	**6610**	**2799**
禅城区	15621	7211	8410	788	572	216
南海区	33917	15807	18110	3675	2627	1048
顺德区	30645	13636	17009	3020	2111	909
三水区	9142	4218	4924	1174	768	406
高明区	5336	2578	2758	752	532	220

8-6 续表 1

单位：人

地 区	60岁及以上人口			劳动收入		
	合计	男	女	小计	男	女
江门市	**77017**	**37810**	**39207**	**10857**	**7604**	**3253**
蓬江区	11622	5396	6226	927	618	309
江海区	4115	1887	2228	551	373	178
新会区	14969	7122	7847	2439	1591	848
台山市	17649	9168	8481	2924	2162	762
开平市	12718	6203	6515	1782	1245	537
鹤山市	7713	3775	3938	1171	807	364
恩平市	8231	4259	3972	1063	808	255
湛江市	**106202**	**52782**	**53420**	**22933**	**15232**	**7701**
赤坎区	5008	2455	2553	331	213	118
霞山区	8396	4089	4307	557	378	179
坡头区	5562	2813	2749	1308	948	360
麻章区	6606	3196	3410	1653	1061	592
遂溪县	14247	7174	7073	4278	2715	1563
徐闻县	10114	4829	5285	2671	1602	1069
廉江市	22268	11441	10827	4990	3364	1626
雷州市	19478	9562	9916	3716	2440	1276
吴川市	14523	7223	7300	3429	2511	918
茂名市	**95755**	**48634**	**47121**	**22649**	**15483**	**7166**
茂南区	14118	6922	7196	1938	1355	583
电白区	22129	11189	10940	5482	3917	1565
高州市	23155	12034	11121	6868	4530	2338
化州市	19994	10157	9837	4759	3249	1510
信宜市	16359	8332	8027	3602	2432	1170
肇庆市	**61828**	**28628**	**33200**	**9579**	**5843**	**3736**
端州区	7432	3548	3884	293	198	95
鼎湖区	2586	1164	1422	484	298	186
高要区	11439	5186	6253	2876	1691	1185
广宁县	7792	3661	4131	1058	702	356
怀集县	11477	5065	6412	1503	863	640
封开县	7075	3288	3787	1248	708	540
德庆县	6187	3030	3157	1082	668	414
四会市	7840	3686	4154	1035	715	320
惠州市	**55396**	**26653**	**28743**	**7074**	**5068**	**2006**
惠城区	17423	8220	9203	1521	1150	371
惠阳区	8950	4385	4565	1189	918	271
博罗县	13154	6289	6865	1532	1095	437
惠东县	11212	5470	5742	2197	1469	728
龙门县	4657	2289	2368	635	436	199
梅州市	**71643**	**35233**	**36410**	**5538**	**4006**	**1532**
梅江区	6872	3318	3554	347	248	99
梅县区	10874	5393	5481	1168	834	334
大埔县	7428	3689	3739	685	487	198
丰顺县	8855	4417	4438	878	641	237
五华县	14237	6950	7287	718	541	177
平远县	4152	1990	2162	440	287	153
蕉岭县	4146	2082	2064	452	318	134
兴宁市	15079	7394	7685	850	650	200

8-6 续表 2

单位：人

地 区	60岁及以上人口			劳动收入		
	合计	男	女	小计	男	女
汕尾市	**35364**	**18155**	**17209**	**4197**	**3636**	**561**
城 区	5414	2741	2673	583	531	52
海丰县	9721	5093	4628	1055	918	137
陆河县	3590	1926	1664	268	247	21
陆丰市	16639	8395	8244	2291	1940	351
河源市	**43324**	**20801**	**22523**	**3418**	**2493**	**925**
源城区	6980	3342	3638	423	337	86
紫金县	9033	4258	4775	572	434	138
龙川县	10691	5128	5563	774	561	213
连平县	4991	2382	2609	549	365	184
和平县	6386	3025	3361	568	400	168
东源县	5243	2666	2577	532	396	136
阳江市	**38910**	**19760**	**19150**	**7247**	**5057**	**2190**
江城区	10996	5431	5565	1574	1117	457
阳东区	6569	3445	3124	1802	1224	578
阳西县	6716	3528	3188	1378	1063	315
阳春市	14629	7356	7273	2493	1653	840
清远市	**59434**	**28254**	**31180**	**7484**	**5136**	**2348**
清城区	14067	6484	7583	1336	897	439
清新区	8827	4210	4617	967	666	301
佛冈县	4634	2271	2363	488	366	122
阳山县	6311	3017	3294	578	400	178
连山壮族瑶族自治县	1708	820	888	259	179	80
连南瑶族自治县	2096	932	1164	278	172	106
英德市	14237	6919	7318	2437	1657	780
连州市	7554	3601	3953	1141	799	342
东莞市	**56094**	**26797**	**29297**	**8749**	**6405**	**2344**
市辖区	56094	26797	29297	8749	6405	2344
中山市	**35983**	**16810**	**19173**	**3501**	**2567**	**934**
市辖区	35983	16810	19173	3501	2567	934
潮州市	**45462**	**21370**	**24092**	**7662**	**5665**	**1997**
湘桥区	10355	4896	5459	1324	948	376
潮安区	19038	9008	10030	3124	2472	652
饶平县	16069	7466	8603	3214	2245	969
揭阳市	**85273**	**41738**	**43535**	**14742**	**11458**	**3284**
榕城区	15763	7712	8051	2541	2154	387
揭东区	16799	8290	8509	3617	2865	752
揭西县	12378	6167	6211	1620	1263	357
惠来县	13845	6511	7334	2476	1753	723
普宁市	26488	13058	13430	4488	3423	1065
云浮市	**38130**	**18788**	**19342**	**5205**	**3422**	**1783**
云城区	5328	2562	2766	474	321	153
云安区	3869	1916	1953	429	303	126
新兴县	7416	3536	3880	1302	824	478
郁南县	6722	3380	3342	1031	672	359
罗定市	14795	7394	7401	1969	1302	667

8-6 续表 3　　　　单位：人

地　区	离退休金/养老金			最低生活保障金			失业保险金		
	小计	男	女	小计	男	女	小计	男	女
广　东	**492644**	**249944**	**242700**	**38341**	**24443**	**13898**	**25**	**12**	**13**
广州市	**133116**	**63075**	**70041**	**2142**	**1119**	**1023**	**1**		**1**
荔湾区	18352	8626	9726	84	46	38			
越秀区	20429	9345	11084	56	33	23			
海珠区	26648	12492	14156	81	44	37			
天河区	14143	6700	7443	54	25	29	1		1
白云区	16890	8290	8600	375	190	185			
黄埔区	5727	2816	2911	55	30	25			
番禺区	12742	5814	6928	113	41	72			
花都区	5409	2762	2647	299	135	164			
南沙区	4802	2198	2604	100	43	57			
从化区	2747	1384	1363	383	230	153			
增城区	5227	2648	2579	542	302	240			
韶关市	**15716**	**8493**	**7223**	**1446**	**875**	**571**	**4**	**1**	**3**
武江区	3579	1771	1808	48	34	14			
浈江区	4238	2175	2063	38	20	18			
曲江区	1715	937	778	131	81	50			
始兴县	573	363	210	88	57	31			
仁化县	709	413	296	103	63	40			
翁源县	741	469	272	240	164	76			
乳源瑶族自治县	607	318	289	130	82	48	1	1	
新丰县	565	343	222	178	109	69			
乐昌市	2029	1119	910	211	116	95	1		1
南雄市	960	585	375	279	149	130	2		2
深圳市	**47905**	**23244**	**24661**	**430**	**151**	**279**	**2**	**1**	**1**
罗湖区	6932	3298	3634	23	9	14			
福田区	9555	4595	4960	38	15	23	1		1
南山区	9541	4503	5038	43	14	29			
宝安区	5733	2835	2898	117	37	80			
龙岗区	8786	4363	4423	102	38	64	1	1	
盐田区	1023	490	533	4	2	2			
龙华区	4200	2098	2102	56	17	39			
坪山区	862	418	444	18	9	9			
光明区	1273	644	629	29	10	19			
珠海市	**15136**	**7458**	**7678**	**156**	**97**	**59**			
香洲区	8625	4197	4428	49	20	29			
斗门区	4113	2065	2048	77	60	17			
金湾区	2398	1196	1202	30	17	13			
汕头市	**19495**	**10249**	**9246**	**1381**	**795**	**586**			
龙湖区	3517	1802	1715	74	44	30			
金平区	10234	5070	5164	156	95	61			
濠江区	328	224	104	58	37	21			
潮阳区	2339	1361	978	423	242	181			
潮南区	860	496	364	316	171	145			
澄海区	1960	1135	825	311	178	133			
南澳县	257	161	96	43	28	15			
佛山市	**54636**	**25734**	**28902**	**642**	**321**	**321**	**1**	**1**	
禅城区	12730	5891	6839	35	15	20			
南海区	18849	8968	9881	187	90	97			
顺德区	16141	7448	8693	168	77	91	1	1	
三水区	4602	2239	2363	120	57	63			
高明区	2314	1188	1126	132	82	50			

8-6 续表 4

单位：人

地区	离退休金/养老金			最低生活保障金			失业保险金		
	小计	男	女	小计	男	女	小计	男	女
江门市	**25768**	**13617**	**12151**	**1599**	**1103**	**496**			
蓬江区	7486	3607	3879	48	27	21			
江海区	2145	1009	1136	25	15	10			
新会区	5634	2900	2734	243	171	72			
台山市	3407	2086	1321	572	430	142			
开平市	3107	1752	1355	250	170	80			
鹤山市	2047	1155	892	192	130	62			
恩平市	1942	1108	834	269	160	109			
湛江市	**22614**	**12732**	**9882**	**4309**	**2761**	**1548**			
赤坎区	3546	1836	1710	36	14	22			
霞山区	5682	3001	2681	45	22	23			
坡头区	740	453	287	161	114	47			
麻章区	698	409	289	361	207	154			
遂溪县	1763	1076	687	541	376	165			
徐闻县	1559	905	654	534	290	244			
廉江市	4316	2408	1908	1189	817	372			
雷州市	2525	1534	991	994	626	368			
吴川市	1785	1110	675	448	295	153			
茂名市	**14993**	**8982**	**6011**	**3984**	**2834**	**1150**			
茂南区	4687	2680	2007	407	251	156			
电白区	2299	1436	863	914	653	261			
高州市	3070	1857	1213	1033	754	279			
化州市	2894	1699	1195	865	599	266			
信宜市	2043	1310	733	765	577	188			
肇庆市	**13006**	**7078**	**5928**	**2349**	**1508**	**841**	**1**	**1**	
端州区	5654	2846	2808	18	10	8			
鼎湖区	312	186	126	45	27	18			
高要区	939	556	383	406	232	174			
广宁县	850	541	309	377	281	96			
怀集县	964	573	391	562	334	228			
封开县	1341	738	603	357	236	121			
德庆县	932	569	363	296	221	75	1	1	
四会市	2014	1069	945	288	167	121			
惠州市	**13815**	**7468**	**6347**	**1625**	**1029**	**596**	**1**	**1**	
惠城区	6272	3265	3007	334	197	137			
惠阳区	2017	1131	886	141	89	52	1	1	
博罗县	2875	1551	1324	425	263	162			
惠东县	1787	1018	769	460	308	152			
龙门县	864	503	361	265	172	93			
梅州市	**13542**	**8472**	**5070**	**3268**	**2034**	**1234**	**1**		**1**
梅江区	3125	1730	1395	206	100	106			
梅县区	2119	1325	794	410	254	156			
大埔县	1160	724	436	406	283	123			
丰顺县	1198	711	487	435	281	154			
五华县	1458	1008	450	670	418	252			
平远县	788	543	245	174	100	74			
蕉岭县	1137	710	427	174	121	53	1		1
兴宁市	2557	1721	836	793	477	316			

8-6 续表 5

单位：人

地区	离退休金/养老金			最低生活保障金			失业保险金		
	小计	男	女	小计	男	女	小计	男	女
汕尾市	**3784**	**2386**	**1398**	**1384**	**930**	**454**			
城　区	903	562	341	139	94	45			
海丰县	1092	710	382	508	342	166			
陆河县	323	226	97	177	132	45			
陆丰市	1466	888	578	560	362	198			
河源市	**6137**	**3860**	**2277**	**2143**	**1299**	**844**	**2**	**1**	**1**
源城区	2159	1278	881	204	99	105			
紫金县	957	602	355	402	264	138			
龙川县	1260	808	452	490	303	187	2	1	1
连平县	628	402	226	291	181	110			
和平县	711	475	236	338	189	149			
东源县	422	295	127	418	263	155			
阳江市	**6116**	**3587**	**2529**	**1851**	**1368**	**483**	**1**		**1**
江城区	2640	1424	1216	366	256	110			
阳东区	480	321	159	307	237	70			
阳西县	488	333	155	425	331	94	1		1
阳春市	2508	1509	999	753	544	209			
清远市	**11296**	**6105**	**5191**	**3060**	**2033**	**1027**			
清城区	4415	2296	2119	420	246	174			
清新区	988	584	404	494	340	154			
佛冈县	761	429	332	313	234	79			
阳山县	820	451	369	413	287	126			
连山壮族瑶族自治县	285	156	129	85	66	19			
连南瑶族自治县	401	203	198	107	56	51			
英德市	2277	1285	992	727	465	262			
连州市	1349	701	648	501	339	162			
东莞市	**27427**	**12630**	**14797**	**276**	**130**	**146**	**1**	**1**	
市辖区	27427	12630	14797	276	130	146	1	1	
中山市	**24059**	**10871**	**13188**	**217**	**101**	**116**	**1**		**1**
市辖区	24059	10871	13188	217	101	116	1		1
潮州市	**8915**	**4871**	**4044**	**1313**	**800**	**513**	**2**	**1**	**1**
湘桥区	5027	2575	2452	187	101	86	1		1
潮安区	2031	1191	840	513	301	212	1	1	
饶平县	1857	1105	752	613	398	215			
揭阳市	**9945**	**5811**	**4134**	**2569**	**1602**	**967**	**5**	**3**	**2**
榕城区	3277	1867	1410	364	214	150	2	2	
揭东区	1092	709	383	548	347	201	2	1	1
揭西县	1743	963	780	521	359	162			
惠来县	1773	1002	771	613	331	282			
普宁市	2060	1270	790	523	351	172	1		1
云浮市	**5223**	**3221**	**2002**	**2197**	**1553**	**644**	**2**	**1**	**1**
云城区	1265	747	518	222	159	63			
云安区	216	157	59	257	193	64			
新兴县	850	527	323	417	259	158			
郁南县	1043	640	403	464	362	102			
罗定市	1849	1150	699	837	580	257	2	1	1

8-6 续表 6

单位：人

地区	财产性收入			家庭其他成员供养			其他		
	小计	男	女	小计	男	女	小计	男	女
广东	**11668**	**6513**	**5155**	**643303**	**244575**	**398728**	**67454**	**33501**	**33953**
广州市	**2776**	**1470**	**1306**	**35858**	**12924**	**22934**	**6212**	**3005**	**3207**
荔湾区	83	41	42	635	201	434	139	69	70
越秀区	17	12	5	648	202	446	106	50	56
海珠区	255	119	136	1069	334	735	229	105	124
天河区	430	228	202	2112	732	1380	333	163	170
白云区	554	309	245	6975	2593	4382	1143	591	552
黄埔区	226	124	102	2530	838	1692	531	250	281
番禺区	483	238	245	4175	1458	2717	791	383	408
花都区	356	189	167	6127	2204	3923	1111	521	590
南沙区	127	68	59	1801	619	1182	357	156	201
从化区	26	16	10	3686	1432	2254	608	293	315
增城区	219	126	93	6100	2311	3789	864	424	440
韶关市	**132**	**77**	**55**	**24351**	**9075**	**15276**	**1569**	**764**	**805**
武江区	29	17	12	1426	504	922	83	38	45
浈江区	24	14	10	1539	486	1053	116	41	75
曲江区	27	16	11	2356	813	1543	141	70	71
始兴县	8	5	3	2206	819	1387	99	39	60
仁化县	11	6	5	1861	678	1183	92	47	45
翁源县	7	4	3	3347	1297	2050	237	124	113
乳源瑶族自治县	2	1	1	1731	676	1055	111	63	48
新丰县	9	6	3	2075	847	1228	98	45	53
乐昌市	6	2	4	3521	1286	2235	224	118	106
南雄市	9	6	3	4289	1669	2620	368	179	189
深圳市	**1078**	**578**	**500**	**36117**	**12955**	**23162**	**3476**	**1630**	**1846**
罗湖区	62	35	27	2291	806	1485	338	156	182
福田区	91	43	48	2572	872	1700	351	166	185
南山区	86	43	43	3262	1127	2135	395	173	222
宝安区	275	139	136	8622	3070	5552	620	302	318
龙岗区	353	204	149	10577	3887	6690	1241	576	665
盐田区	6	4	2	524	185	339	25	13	12
龙华区	96	47	49	5279	1875	3404	339	163	176
坪山区	50	29	21	1208	463	745	99	47	52
光明区	59	34	25	1782	670	1112	68	34	34
珠海市	**224**	**124**	**100**	**4913**	**1738**	**3175**	**558**	**285**	**273**
香洲区	143	75	68	2271	741	1530	286	134	152
斗门区	63	40	23	1951	754	1197	115	67	48
金湾区	18	9	9	691	243	448	157	84	73
汕头市	**426**	**296**	**130**	**45129**	**16811**	**28318**	**3454**	**1720**	**1734**
龙湖区	103	71	32	3559	1260	2299	176	93	83
金平区	75	54	21	3342	1062	2280	314	156	158
濠江区	5	4	1	2695	988	1707	239	125	114
潮阳区	93	64	29	14216	5561	8655	1281	631	650
潮南区	105	74	31	11855	4815	7040	944	469	475
澄海区	44	28	16	8790	2931	5859	423	210	213
南澳县	1	1		672	194	478	77	36	41
佛山市	**2057**	**1041**	**1016**	**24825**	**8337**	**16488**	**3091**	**1406**	**1685**
禅城区	237	119	118	1498	481	1017	333	133	200
南海区	1094	530	564	8685	2934	5751	1427	658	769
顺德区	556	307	249	9918	3316	6602	841	376	465
三水区	142	69	73	2781	933	1848	323	152	171
高明区	28	16	12	1943	673	1270	167	87	80

8-6 续表 7

单位：人

地区	财产性收入			家庭其他成员供养			其他		
	小计	男	女	小计	男	女	小计	男	女
江门市	**375**	**211**	**164**	**34561**	**13279**	**21282**	**3857**	**1996**	**1861**
蓬江区	108	49	59	2789	973	1816	264	122	142
江海区	14	7	7	1299	440	859	81	43	38
新会区	64	38	26	6067	2157	3910	522	265	257
台山市	42	28	14	9541	3837	5704	1163	625	538
开平市	74	42	32	6630	2575	4055	875	419	456
鹤山市	51	31	20	3901	1464	2437	351	188	163
恩平市	22	16	6	4334	1833	2501	601	334	267
湛江市	**366**	**216**	**150**	**50415**	**19098**	**31317**	**5565**	**2743**	**2822**
赤坎区	26	15	11	879	283	596	190	94	96
霞山区	45	23	22	1845	541	1304	222	124	98
坡头区	17	9	8	2957	1094	1863	379	195	184
麻章区	40	26	14	3336	1229	2107	518	264	254
遂溪县	43	24	19	6825	2610	4215	797	373	424
徐闻县	30	17	13	4733	1741	2992	587	274	313
廉江市	77	47	30	10480	4187	6293	1216	618	598
雷州市	53	33	20	11029	4349	6680	1161	580	581
吴川市	35	22	13	8331	3064	5267	495	221	274
茂名市	**305**	**198**	**107**	**48782**	**18638**	**30144**	**5042**	**2499**	**2543**
茂南区	64	39	25	6179	2179	4000	843	418	425
电白区	48	29	19	12286	4614	7672	1100	540	560
高州市	83	54	29	11038	4317	6721	1063	522	541
化州市	60	38	22	10397	4068	6329	1019	504	515
信宜市	50	38	12	8882	3460	5422	1017	515	502
肇庆市	**587**	**266**	**321**	**32198**	**11965**	**20233**	**4108**	**1967**	**2141**
端州区	73	33	40	1177	365	812	217	96	121
鼎湖区	301	123	178	1347	487	860	97	43	54
高要区	89	41	48	6389	2313	4076	740	353	387
广宁县	21	11	10	5115	1940	3175	371	186	185
怀集县	20	12	8	7452	2839	4613	976	444	532
封开县	9	6	3	3546	1322	2224	574	278	296
德庆县	19	8	11	2947	1112	1835	910	451	459
四会市	55	32	23	4225	1587	2638	223	116	107
惠州市	**605**	**389**	**216**	**28848**	**11000**	**17848**	**3428**	**1698**	**1730**
惠城区	202	127	75	7956	2929	5027	1138	552	586
惠阳区	230	140	90	4730	1798	2932	642	308	334
博罗县	94	63	31	7480	2915	4565	748	402	346
惠东县	59	45	14	6063	2329	3734	646	301	345
龙门县	20	14	6	2619	1029	1590	254	135	119
梅州市	**170**	**104**	**66**	**45300**	**18653**	**26647**	**3824**	**1964**	**1860**
梅江区	11	5	6	2840	1062	1778	343	173	170
梅县区	42	28	14	6621	2682	3939	514	270	244
大埔县	12	9	3	4718	1944	2774	447	242	205
丰顺县	35	21	14	5812	2496	3316	497	267	230
五华县	28	14	14	10562	4567	5995	801	402	399
平远县	11	8	3	2628	994	1634	111	58	53
蕉岭县	7	4	3	2258	879	1379	117	50	67
兴宁市	24	15	9	9861	4029	5832	994	502	492

8-6　续表 8　　单位：人

地　区	财产性收入			家庭其他成员供养			其　他		
	小计	男	女	小计	男	女	小计	男	女
汕尾市	**92**	**75**	**17**	**23292**	**9742**	**13550**	**2615**	**1386**	**1229**
城　区	13	10	3	3416	1352	2064	360	192	168
海丰县	46	37	9	6428	2752	3676	592	334	258
陆河县	5	5		2557	1176	1381	260	140	120
陆丰市	28	23	5	10891	4462	6429	1403	720	683
河源市	**140**	**84**	**56**	**29057**	**11816**	**17241**	**2427**	**1248**	**1179**
源城区	50	31	19	3971	1508	2463	173	89	84
紫金县	29	17	12	6359	2566	3793	714	375	339
龙川县	29	17	12	7531	3138	4393	605	300	305
连平县	16	10	6	3181	1256	1925	326	168	158
和平县	6	4	2	4436	1797	2639	327	160	167
东源县	10	5	5	3579	1551	2028	282	156	126
阳江市	**92**	**60**	**32**	**21704**	**8693**	**13011**	**1899**	**995**	**904**
江城区	48	29	19	5832	2314	3518	536	291	245
阳东区	10	6	4	3783	1559	2224	187	98	89
阳西县	17	13	4	4042	1594	2448	365	194	171
阳春市	17	12	5	8047	3226	4821	811	412	399
清远市	**209**	**117**	**92**	**34731**	**13517**	**21214**	**2654**	**1346**	**1308**
清城区	83	43	40	7300	2751	4549	513	251	262
清新区	50	32	18	5869	2336	3533	459	252	207
佛冈县	22	14	8	2874	1128	1746	176	100	76
阳山县	5	1	4	3989	1611	2378	506	267	239
连山壮族瑶族自治县	5	3	2	971	361	610	103	55	48
连南瑶族自治县	7	4	3	1127	425	702	176	72	104
英德市	26	14	12	8270	3246	5024	500	252	248
连州市	11	6	5	4331	1659	2672	221	97	124
东莞市	**1196**	**664**	**532**	**15492**	**5557**	**9935**	**2953**	**1410**	**1543**
市辖区	1196	664	532	15492	5557	9935	2953	1410	1543
中山市	**261**	**154**	**107**	**6980**	**2616**	**4364**	**964**	**501**	**463**
市辖区	261	154	107	6980	2616	4364	964	501	463
潮州市	**113**	**83**	**30**	**25734**	**9051**	**16683**	**1723**	**899**	**824**
湘桥区	32	28	4	3531	1105	2426	253	139	114
潮安区	67	46	21	12516	4597	7919	786	400	386
饶平县	14	9	5	9687	3349	6338	684	360	324
揭阳市	**342**	**228**	**114**	**52034**	**19845**	**32189**	**5636**	**2791**	**2845**
榕城区	104	70	34	8538	2938	5600	937	467	470
揭东区	24	15	9	10622	3901	6721	894	452	442
揭西县	28	20	8	7608	3123	4485	858	439	419
惠来县	54	34	20	7811	2877	4934	1118	514	604
普宁市	132	89	43	17455	7006	10449	1829	919	910
云浮市	**122**	**78**	**44**	**22982**	**9265**	**13717**	**2399**	**1248**	**1151**
云城区	38	25	13	3072	1168	1904	257	142	115
云安区	6	5	1	2774	1153	1621	187	105	82
新兴县	12	8	4	4420	1710	2710	415	208	207
郁南县	26	18	8	3786	1497	2289	372	191	181
罗定市	40	22	18	8930	3737	5193	1168	602	566

8-6a 各地区分性别、主要生活来源的60岁及以上老年人口(城市)

单位：人

地　区	60岁及以上人口			劳动收入		
	合计	男	女	小计	男	女
广　东	**685043**	**322775**	**362268**	**56899**	**42137**	**14762**
广州市	**152224**	**71438**	**80786**	**7337**	**5279**	**2058**
荔湾区	19696	9273	10423	403	290	113
越秀区	21686	9948	11738	430	306	124
海珠区	29208	13742	15466	926	648	278
天河区	18082	8586	9496	1009	738	271
白云区	20004	9768	10236	1401	1027	374
黄埔区	8251	3885	4366	514	407	107
番禺区	16671	7573	9098	1269	883	386
花都区	7862	3665	4197	657	467	190
南沙区	3598	1674	1924	303	212	91
从化区	2099	953	1146	55	39	16
增城区	5067	2371	2696	370	262	108
韶关市	**14580**	**6789**	**7791**	**508**	**343**	**165**
武江区	4413	2076	2337	135	97	38
浈江区	4561	2167	2394	172	112	60
曲江区	2326	1049	1277	77	47	30
始兴县						
仁化县						
翁源县						
乳源瑶族自治县						
新丰县						
乐昌市	1559	713	846	58	42	16
南雄市	1721	784	937	66	45	21
深圳市	**98297**	**45949**	**52348**	**9515**	**7492**	**2023**
罗湖区	10287	4803	5484	641	499	142
福田区	13416	6285	7131	808	594	214
南山区	14286	6585	7701	960	726	234
宝安区	17794	8272	9522	2427	1889	538
龙岗区	23038	10750	12288	2185	1773	412
盐田区	1704	790	914	122	96	26
龙华区	11191	5198	5993	1221	998	223
坪山区	2542	1226	1316	323	269	54
光明区	4039	2040	1999	828	648	180
珠海市	**16950**	**8148**	**8802**	**1135**	**894**	**241**
香洲区	12074	5754	6320	825	651	174
斗门区	2511	1232	1279	119	90	29
金湾区	2365	1162	1203	191	153	38
汕头市	**37220**	**17538**	**19682**	**2717**	**2163**	**554**
龙湖区	6861	3331	3530	616	495	121
金平区	14542	6864	7678	618	503	115
濠江区	2787	1306	1481	331	265	66
潮阳区	4506	2122	2384	372	308	64
潮南区	5054	2297	2757	406	326	80
澄海区	3470	1618	1852	374	266	108
南澳县						
佛山市	**83632**	**38208**	**45424**	**7369**	**5232**	**2137**
禅城区	13583	6289	7294	533	388	145
南海区	31601	14737	16864	3293	2368	925
顺德区	30118	13386	16732	2928	2048	880
三水区	4386	1957	2429	218	143	75
高明区	3944	1839	2105	397	285	112

8-6a 续表 1

单位：人

地 区	60岁及以上人口			劳动收入		
	合计	男	女	小计	男	女
江门市	**38088**	**18115**	**19973**	**2901**	**2026**	**875**
蓬江区	11029	5125	5904	808	538	270
江海区	4115	1887	2228	551	373	178
新会区	7067	3266	3801	447	308	139
台山市	5107	2569	2538	382	281	101
开平市	4845	2339	2506	266	195	71
鹤山市	2939	1422	1517	237	168	69
恩平市	2986	1507	1479	210	163	47
湛江市	**24607**	**12057**	**12550**	**2287**	**1575**	**712**
赤坎区	4883	2401	2482	274	182	92
霞山区	7906	3857	4049	451	306	145
坡头区	1066	517	549	117	76	41
麻章区	1171	588	583	279	180	99
遂溪县	480	234	246	117	71	46
徐闻县						
廉江市	2976	1450	1526	261	179	82
雷州市	2706	1353	1353	315	233	82
吴川市	3419	1657	1762	473	348	125
茂名市	**21989**	**10735**	**11254**	**2364**	**1662**	**702**
茂南区	8102	3913	4189	588	406	182
电白区	3231	1561	1670	549	402	147
高州市	3732	1866	1866	442	296	146
化州市	3324	1635	1689	496	341	155
信宜市	3600	1760	1840	289	217	72
肇庆市	**13310**	**6353**	**6957**	**906**	**633**	**273**
端州区	7432	3548	3884	293	198	95
鼎湖区	1063	491	572	166	108	58
高要区	914	446	468	111	74	37
广宁县						
怀集县						
封开县						
德庆县						
四会市	3901	1868	2033	336	253	83
惠州市	**18689**	**8837**	**9852**	**1625**	**1247**	**378**
惠城区	12747	5935	6812	894	673	221
惠阳区	5832	2841	2991	711	558	153
博罗县	110	61	49	20	16	4
惠东县						
龙门县						
梅州市	**13942**	**6709**	**7233**	**581**	**450**	**131**
梅江区	5937	2857	3080	256	188	68
梅县区	3302	1575	1727	142	108	34
大埔县						
丰顺县						
五华县	226	106	120	9	8	1
平远县						
蕉岭县						
兴宁市	4477	2171	2306	174	146	28

8-6a　续表 2　　　　　　　　　　　　　　　　　　　　单位：人

地　区	60岁及以上人口			劳动收入		
	合计	男	女	小计	男	女
汕尾市	**5632**	**2838**	**2794**	**594**	**522**	**72**
城　区	3194	1587	1607	269	247	22
海丰县						
陆河县						
陆丰市	2438	1251	1187	325	275	50
河源市	**6456**	**3095**	**3361**	**364**	**293**	**71**
源城区	6456	3095	3361	364	293	71
紫金县						
龙川县						
连平县						
和平县						
东源县						
阳江市	**11786**	**5762**	**6024**	**1401**	**1000**	**401**
江城区	6740	3300	3440	835	578	257
阳东区	1829	916	913	328	242	86
阳西县						
阳春市	3217	1546	1671	238	180	58
清远市	**14959**	**6790**	**8169**	**933**	**662**	**271**
清城区	7852	3578	4274	505	344	161
清新区	2525	1139	1386	165	121	44
佛冈县						
阳山县						
连山壮族瑶族自治县						
连南瑶族自治县						
英德市	2267	1039	1228	136	101	35
连州市	2315	1034	1281	127	96	31
东莞市	**49281**	**23469**	**25812**	**7637**	**5553**	**2084**
市辖区	49281	23469	25812	7637	5553	2084
中山市	**21170**	**9807**	**11363**	**1751**	**1305**	**446**
市辖区	21170	9807	11363	1751	1305	446
潮州市	**14831**	**6988**	**7843**	**1487**	**1147**	**340**
湘桥区	7459	3527	3932	562	403	159
潮安区	7372	3461	3911	925	744	181
饶平县						
揭阳市	**20691**	**10018**	**10673**	**3001**	**2329**	**672**
榕城区	10477	5075	5402	1327	1127	200
揭东区	4611	2232	2379	824	640	184
揭西县						
惠来县						
普宁市	5603	2711	2892	850	562	288
云浮市	**6709**	**3132**	**3577**	**486**	**330**	**156**
云城区	3408	1592	1816	227	153	74
云安区	239	124	115	35	22	13
新兴县						
郁南县						
罗定市	3062	1416	1646	224	155	69

8−6a　续表 3　　　　　　　　　　　　　　　　　　单位：人

地　区	离退休金/养老金			最低生活保障金			失业保险金		
	小计	男	女	小计	男	女	小计	男	女
广　东	**385241**	**188969**	**196272**	**5337**	**2689**	**2648**	**10**	**5**	**5**
广州市	**119378**	**56365**	**63013**	**780**	**400**	**380**	**1**		**1**
荔湾区	18352	8626	9726	84	46	38			
越秀区	20429	9345	11084	56	33	23			
海珠区	26648	12492	14156	81	44	37			
天河区	14143	6700	7443	54	25	29	1		1
白云区	14211	6921	7290	191	111	80			
黄埔区	5240	2565	2675	34	19	15			
番禺区	10775	4932	5843	82	31	51			
花都区	3584	1831	1753	64	26	38			
南沙区	2178	1049	1129	26	12	14			
从化区	1466	717	749	20	10	10			
增城区	2352	1187	1165	88	43	45			
韶关市	**10092**	**5145**	**4947**	**147**	**63**	**84**	**3**		**3**
武江区	3426	1678	1748	20	13	7			
浈江区	3594	1810	1784	21	8	13			
曲江区	1431	763	668	40	17	23			
始兴县									
仁化县									
翁源县									
乳源瑶族自治县									
新丰县									
乐昌市	968	500	468	17	9	8	1		1
南雄市	673	394	279	49	16	33	2		2
深圳市	**47746**	**23172**	**24574**	**428**	**150**	**278**	**2**	**1**	**1**
罗湖区	6932	3298	3634	23	9	14			
福田区	9555	4595	4960	38	15	23	1		1
南山区	9540	4502	5038	43	14	29			
宝安区	5733	2835	2898	117	37	80			
龙岗区	8642	4300	4342	100	37	63	1	1	
盐田区	1023	490	533	4	2	2			
龙华区	4200	2098	2102	56	17	39			
坪山区	848	410	438	18	9	9			
光明区	1273	644	629	29	10	19			
珠海市	**11929**	**5839**	**6090**	**73**	**34**	**39**			
香洲区	8571	4166	4405	49	20	29			
斗门区	1846	921	925	3	2	1			
金湾区	1512	752	760	21	12	9			
汕头市	**16708**	**8539**	**8169**	**383**	**223**	**160**			
龙湖区	3457	1761	1696	45	27	18			
金平区	10229	5066	5163	143	87	56			
濠江区	279	193	86	36	22	14			
潮阳区	1379	775	604	52	29	23			
潮南区	252	142	110	83	44	39			
澄海区	1112	602	510	24	14	10			
南澳县									
佛山市	**50473**	**23677**	**26796**	**421**	**194**	**227**	**1**	**1**	
禅城区	11485	5332	6153	21	10	11			
南海区	17928	8517	9411	159	73	86			
顺德区	15923	7338	8585	161	73	88	1	1	
三水区	3176	1503	1673	12	6	6			
高明区	1961	987	974	68	32	36			

8-6a 续表 4 单位：人

地区	离退休金/养老金			最低生活保障金			失业保险金		
	小计	男	女	小计	男	女	小计	男	女
江门市	**21676**	**11103**	**10573**	**262**	**141**	**121**			
蓬江区	7402	3565	3837	48	27	21			
江海区	2145	1009	1136	25	15	10			
新会区	4643	2325	2318	30	14	16			
台山市	2099	1233	866	70	43	27			
开平市	2475	1361	1114	9	1	8			
鹤山市	1516	840	676	40	19	21			
恩平市	1396	770	626	40	22	18			
湛江市	**13551**	**7316**	**6235**	**264**	**123**	**141**			
赤坎区	3539	1832	1707	28	10	18			
霞山区	5650	2975	2675	31	14	17			
坡头区	475	276	199	22	10	12			
麻章区	208	127	81	60	32	28			
遂溪县	201	100	101	12	3	9			
徐闻县									
廉江市	1435	794	641	37	15	22			
雷州市	846	506	340	26	12	14			
吴川市	1197	706	491	48	27	21			
茂名市	**8943**	**5094**	**3849**	**351**	**212**	**139**			
茂南区	4252	2379	1873	105	54	51			
电白区	777	441	336	45	32	13			
高州市	1591	910	681	84	54	30			
化州市	1132	660	472	65	35	30			
信宜市	1191	704	487	52	37	15			
肇庆市	**7841**	**4029**	**3812**	**57**	**32**	**25**			
端州区	5654	2846	2808	18	10	8			
鼎湖区	211	128	83	7	5	2			
高要区	227	140	87	10	6	4			
广宁县									
怀集县									
封开县									
德庆县									
四会市	1749	915	834	22	11	11			
惠州市	**7418**	**3874**	**3544**	**203**	**95**	**108**	**1**	**1**	
惠城区	5723	2941	2782	142	66	76			
惠阳区	1692	930	762	61	29	32	1	1	
博罗县	3	3							
惠东县									
龙门县									
梅州市	**5841**	**3371**	**2470**	**370**	**179**	**191**			
梅江区	2998	1636	1362	163	72	91			
梅县区	1184	691	493	47	24	23			
大埔县									
丰顺县									
五华县	38	24	14	17	11	6			
平远县									
蕉岭县									
兴宁市	1621	1020	601	143	72	71			

8-6a 续表 5

单位：人

地 区	离退休金/养老金			最低生活保障金			失业保险金		
	小计	男	女	小计	男	女	小计	男	女
汕尾市	**1144**	**721**	**423**	**75**	**43**	**32**			
城 区	702	435	267	37	23	14			
海丰县									
陆河县									
陆丰市	442	286	156	38	20	18			
河源市	**2108**	**1248**	**860**	**165**	**82**	**83**			
源城区	2108	1248	860	165	82	83			
紫金县									
龙川县									
连平县									
和平县									
东源县									
阳江市	**4182**	**2334**	**1848**	**139**	**79**	**60**			
江城区	2402	1272	1130	86	47	39			
阳东区	286	192	94	13	7	6			
阳西县									
阳春市	1494	870	624	40	25	15			
清远市	**6133**	**3192**	**2941**	**247**	**126**	**121**			
清城区	3612	1842	1770	115	55	60			
清新区	468	288	180	54	27	27			
佛冈县									
阳山县									
连山壮族瑶族自治县									
连南瑶族自治县									
英德市	945	515	430	42	25	17			
连州市	1108	547	561	36	19	17			
东莞市	**23248**	**10747**	**12501**	**237**	**107**	**130**	**1**	**1**	
市辖区	23248	10747	12501	237	107	130	1	1	
中山市	**14552**	**6574**	**7978**	**80**	**35**	**45**			
市辖区	14552	6574	7978	80	35	45			
潮州市	**6326**	**3231**	**3095**	**194**	**96**	**98**			
湘桥区	4841	2440	2401	64	26	38			
潮安区	1485	791	694	130	70	60			
饶平县									
揭阳市	**3956**	**2254**	**1702**	**324**	**195**	**129**	**1**	**1**	
榕城区	2891	1594	1297	190	107	83	1	1	
揭东区	390	254	136	90	60	30			
揭西县									
惠来县									
普宁市	675	406	269	44	28	16			
云浮市	**1996**	**1144**	**852**	**137**	**80**	**57**			
云城区	1012	589	423	68	41	27			
云安区	17	14	3	11	6	5			
新兴县									
郁南县									
罗定市	967	541	426	58	33	25			

8-6a 续表 6 单位：人

地区	财产性收入			家庭其他成员供养			其他		
	小计	男	女	小计	男	女	小计	男	女
广东	**8519**	**4641**	**3878**	**204545**	**72541**	**132004**	**24492**	**11793**	**12699**
广州市	**2223**	**1167**	**1056**	**18863**	**6472**	**12391**	**3642**	**1755**	**1887**
荔湾区	83	41	42	635	201	434	139	69	70
越秀区	17	12	5	648	202	446	106	50	56
海珠区	255	119	136	1069	334	735	229	105	124
天河区	430	228	202	2112	732	1380	333	163	170
白云区	342	191	151	3213	1180	2033	646	338	308
黄埔区	198	108	90	1819	576	1243	446	210	236
番禺区	414	208	206	3479	1195	2284	652	324	328
花都区	283	149	134	2667	919	1748	607	273	334
南沙区	101	53	48	884	303	581	106	45	61
从化区	12	7	5	483	151	332	63	29	34
增城区	88	51	37	1854	679	1175	315	149	166
韶关市	**63**	**37**	**26**	**3531**	**1107**	**2424**	**236**	**94**	**142**
武江区	23	15	8	759	252	507	50	21	29
浈江区	19	11	8	707	206	501	48	20	28
曲江区	14	8	6	713	194	519	51	20	31
始兴县									
仁化县									
翁源县									
乳源瑶族自治县									
新丰县									
乐昌市	2		2	474	145	329	39	17	22
南雄市	5	3	2	878	310	568	48	16	32
深圳市	**1075**	**577**	**498**	**36061**	**12931**	**23130**	**3470**	**1626**	**1844**
罗湖区	62	35	27	2291	806	1485	338	156	182
福田区	91	43	48	2572	872	1700	351	166	185
南山区	86	43	43	3262	1127	2135	395	173	222
宝安区	275	139	136	8622	3070	5552	620	302	318
龙岗区	350	203	147	10525	3864	6661	1235	572	663
盐田区	6	4	2	524	185	339	25	13	12
龙华区	96	47	49	5279	1875	3404	339	163	176
坪山区	50	29	21	1204	462	742	99	47	52
光明区	59	34	25	1782	670	1112	68	34	34
珠海市	**169**	**91**	**78**	**3237**	**1097**	**2140**	**407**	**193**	**214**
香洲区	130	67	63	2221	722	1499	278	128	150
斗门区	29	19	10	500	194	306	14	6	8
金湾区	10	5	5	516	181	335	115	59	56
汕头市	**253**	**172**	**81**	**15989**	**5830**	**10159**	**1170**	**611**	**559**
龙湖区	103	71	32	2501	905	1596	139	72	67
金平区	75	54	21	3167	1000	2167	310	154	156
濠江区	5	4	1	1968	734	1234	168	88	80
潮阳区	5	3	2	2500	896	1604	198	111	87
潮南区	45	28	17	4004	1617	2387	264	140	124
澄海区	20	12	8	1849	678	1171	91	46	45
南澳县									
佛山市	**1842**	**936**	**906**	**20945**	**6999**	**13946**	**2581**	**1169**	**1412**
禅城区	183	92	91	1128	375	753	233	92	141
南海区	1043	506	537	7863	2661	5202	1315	612	703
顺德区	551	302	249	9735	3258	6477	819	366	453
三水区	44	22	22	832	242	590	104	41	63
高明区	21	14	7	1387	463	924	110	58	52

8-6a　续表 7　　　　单位：人

地　区	财产性收入			家庭其他成员供养			其　他		
	小计	男	女	小计	男	女	小计	男	女
江门市	**252**	**131**	**121**	**11544**	**4023**	**7521**	**1453**	**691**	**762**
蓬江区	107	48	59	2417	835	1582	247	112	135
江海区	14	7	7	1299	440	859	81	43	38
新会区	29	17	12	1817	556	1261	101	46	55
台山市	27	17	10	2138	794	1344	391	201	190
开平市	27	12	15	1716	617	1099	352	153	199
鹤山市	37	22	15	1018	332	686	91	41	50
恩平市	11	8	3	1139	449	690	190	95	95
湛江市	**188**	**105**	**83**	**7445**	**2491**	**4954**	**872**	**447**	**425**
赤坎区	26	15	11	831	271	560	185	91	94
霞山区	45	23	22	1522	424	1098	207	115	92
坡头区	9	4	5	387	123	264	56	28	28
麻章区	21	13	8	547	205	342	56	31	25
遂溪县	2	1	1	121	47	74	27	12	15
徐闻县									
廉江市	46	25	21	1070	370	700	127	67	60
雷州市	23	13	10	1386	537	849	110	52	58
吴川市	16	11	5	1581	514	1067	104	51	53
茂名市	**167**	**105**	**62**	**9067**	**3143**	**5924**	**1097**	**519**	**578**
茂南区	51	31	20	2661	840	1821	445	203	242
电白区	8	5	3	1727	625	1102	125	56	69
高州市	50	31	19	1394	496	898	171	79	92
化州市	22	12	10	1483	523	960	126	64	62
信宜市	36	26	10	1802	659	1143	230	117	113
肇庆市	**200**	**97**	**103**	**3911**	**1374**	**2537**	**395**	**188**	**207**
端州区	73	33	40	1177	365	812	217	96	121
鼎湖区	60	29	31	573	201	372	46	20	26
高要区	29	13	16	497	190	307	40	23	17
广宁县									
怀集县									
封开县									
德庆县									
四会市	38	22	16	1664	618	1046	92	49	43
惠州市	**336**	**198**	**138**	**7915**	**2857**	**5058**	**1191**	**565**	**626**
惠城区	157	97	60	5049	1789	3260	782	369	413
惠阳区	158	91	67	2809	1041	1768	400	191	209
博罗县	21	10	11	57	27	30	9	5	4
惠东县									
龙门县									
梅州市	**52**	**30**	**22**	**6331**	**2325**	**4006**	**767**	**354**	**413**
梅江区	9	4	5	2244	821	1423	267	136	131
梅县区	29	17	12	1760	668	1092	140	67	73
大埔县									
丰顺县									
五华县				149	59	90	13	4	9
平远县									
蕉岭县									
兴宁市	14	9	5	2178	777	1401	347	147	200

8-6a 续表 8 单位：人

地区	财产性收入			家庭其他成员供养			其他		
	小计	男	女	小计	男	女	小计	男	女
汕尾市	**25**	**21**	**4**	**3259**	**1252**	**2007**	**535**	**279**	**256**
城　区	10	8	2	1991	775	1216	185	99	86
海丰县									
陆河县									
陆丰市	15	13	2	1268	477	791	350	180	170
河源市	**47**	**29**	**18**	**3615**	**1363**	**2252**	**157**	**80**	**77**
源城区	47	29	18	3615	1363	2252	157	80	77
紫金县									
龙川县									
连平县									
和平县									
东源县									
阳江市	**46**	**28**	**18**	**5360**	**1978**	**3382**	**658**	**343**	**315**
江城区	37	23	14	2983	1160	1823	397	220	177
阳东区	4	2	2	1110	430	680	88	43	45
阳西县									
阳春市	5	3	2	1267	388	879	173	80	93
清远市	**97**	**53**	**44**	**7054**	**2527**	**4527**	**495**	**230**	**265**
清城区	57	29	28	3299	1185	2114	264	123	141
清新区	22	13	9	1728	649	1079	88	41	47
佛冈县									
阳山县									
连山壮族瑶族自治县									
连南瑶族自治县									
英德市	9	6	3	1040	348	692	95	44	51
连州市	9	5	4	987	345	642	48	22	26
东莞市	**1050**	**588**	**462**	**14333**	**5150**	**9183**	**2775**	**1323**	**1452**
市辖区	1050	588	462	14333	5150	9183	2775	1323	1452
中山市	**148**	**88**	**60**	**4079**	**1520**	**2559**	**560**	**285**	**275**
市辖区	148	88	60	4079	1520	2559	560	285	275
潮州市	**49**	**40**	**9**	**6376**	**2253**	**4123**	**399**	**221**	**178**
湘桥区	30	26	4	1821	550	1271	141	82	59
潮安区	19	14	5	4555	1703	2852	258	139	119
饶平县									
揭阳市	**176**	**111**	**65**	**12029**	**4514**	**7515**	**1204**	**614**	**590**
榕城区	81	52	29	5366	1889	3477	621	305	316
揭东区	11	8	3	3031	1129	1902	265	141	124
揭西县									
惠来县									
普宁市	84	51	33	3632	1496	2136	318	168	150
云浮市	**61**	**37**	**24**	**3601**	**1335**	**2266**	**428**	**206**	**222**
云城区	34	23	11	1922	710	1212	145	76	69
云安区				163	76	87	13	6	7
新兴县									
郁南县									
罗定市	27	14	13	1516	549	967	270	124	146

8-6b　各地区分性别、主要生活来源的60岁及以上老年人口(镇)

单位：人

地　　区	60岁及以上人口			劳动收入		
	合计	男	女	小计	男	女
广　东	**218497**	**104746**	**113751**	**28091**	**20391**	**7700**
广州市	**10040**	**4720**	**5320**	**1112**	**774**	**338**
荔湾区						
越秀区						
海珠区						
天河区						
白云区	1641	796	845	153	109	44
黄埔区	401	166	235	19	13	6
番禺区	634	295	339	71	52	19
花都区	855	376	479	71	49	22
南沙区	1827	825	1002	254	162	92
从化区	539	275	264	65	52	13
增城区	4143	1987	2156	479	337	142
韶关市	**11124**	**5161**	**5963**	**827**	**567**	**260**
武江区	39	18	21	5	4	1
浈江区	799	356	443	11	10	1
曲江区	529	250	279	54	40	14
始兴县	1234	574	660	72	42	30
仁化县	1205	557	648	77	49	28
翁源县	1730	823	907	114	86	28
乳源瑶族自治县	1260	574	686	84	64	20
新丰县	1392	651	741	72	56	16
乐昌市	1814	840	974	200	126	74
南雄市	1122	518	604	138	90	48
深圳市	**23**	**13**	**10**	**4**	**3**	**1**
罗湖区						
福田区						
南山区	3	3		2	2	
宝安区						
龙岗区						
盐田区						
龙华区						
坪山区	20	10	10	2	1	1
光明区						
珠海市	**2505**	**1291**	**1214**	**329**	**259**	**70**
香洲区	235	153	82	112	91	21
斗门区	1289	638	651	126	98	28
金湾区	981	500	481	91	70	21
汕头市	**18573**	**8567**	**10006**	**2738**	**2105**	**633**
龙湖区						
金平区						
濠江区	104	48	56	25	19	6
潮阳区	6667	3096	3571	658	535	123
潮南区	4188	1962	2226	502	378	124
澄海区	6589	2987	3602	1380	1036	344
南澳县	1025	474	551	173	137	36
佛山市	**4478**	**2090**	**2388**	**687**	**485**	**202**
禅城区	2038	922	1116	255	184	71
南海区	457	216	241	57	35	22
顺德区						
三水区	1662	776	886	295	208	87
高明区	321	176	145	80	58	22

8-6b 续表 1 单位：人

地　区	60岁及以上人口			劳动收入		
	合计	男	女	小计	男	女
江门市	**6401**	**3228**	**3173**	**1042**	**742**	**300**
蓬江区						
江海区						
新会区	1994	977	1017	442	300	142
台山市	1734	877	857	182	136	46
开平市	1098	548	550	176	120	56
鹤山市	693	349	344	114	86	28
恩平市	882	477	405	128	100	28
湛江市	**16436**	**8139**	**8297**	**2882**	**1931**	**951**
赤坎区						
霞山区	47	25	22	9	6	3
坡头区	1037	519	518	217	166	51
麻章区	899	449	450	147	95	52
遂溪县	3808	1905	1903	755	479	276
徐闻县	3018	1439	1579	581	350	231
廉江市	3310	1630	1680	373	251	122
雷州市	2230	1139	1091	365	259	106
吴川市	2087	1033	1054	435	325	110
茂名市	**13412**	**6778**	**6634**	**2630**	**1850**	**780**
茂南区	644	332	312	144	95	49
电白区	5216	2605	2611	1024	757	267
高州市	3059	1579	1480	535	370	165
化州市	2876	1451	1425	553	386	167
信宜市	1617	811	806	374	242	132
肇庆市	**12445**	**5881**	**6564**	**1540**	**979**	**561**
端州区						
鼎湖区	456	220	236	83	55	28
高要区	2124	1000	1124	437	269	168
广宁县	2542	1166	1376	295	202	93
怀集县	2882	1316	1566	247	156	91
封开县	2320	1081	1239	224	126	98
德庆县	1785	922	863	189	125	64
四会市	336	176	160	65	46	19
惠州市	**15537**	**7344**	**8193**	**1753**	**1241**	**512**
惠城区	909	437	472	126	101	25
惠阳区	821	402	419	129	96	33
博罗县	6055	2845	3210	632	446	186
惠东县	6023	2842	3181	725	500	225
龙门县	1729	818	911	141	98	43
梅州市	**17076**	**8300**	**8776**	**1169**	**856**	**313**
梅江区	153	72	81	10	7	3
梅县区	781	386	395	76	53	23
大埔县	2829	1374	1455	199	140	59
丰顺县	4433	2171	2262	358	268	90
五华县	4156	2003	2153	228	170	58
平远县	1621	776	845	95	69	26
蕉岭县	1759	851	908	100	76	24
兴宁市	1344	667	677	103	73	30

8-6b　续表 2　　　　单位：人

地　区	60岁及以上人口			劳动收入		
	合计	男	女	小计	男	女
汕尾市	**12740**	**6394**	**6346**	**1138**	**997**	**141**
城　区	542	264	278	63	56	7
海丰县	6078	3110	2968	520	456	64
陆河县	1698	872	826	119	106	13
陆丰市	4422	2148	2274	436	379	57
河源市	**9456**	**4388**	**5068**	**635**	**472**	**163**
源城区	77	34	43	21	13	8
紫金县	2805	1293	1512	153	120	33
龙川县	2564	1158	1406	133	100	33
连平县	1702	805	897	165	114	51
和平县	1363	632	731	78	61	17
东源县	945	466	479	85	64	21
阳江市	**5634**	**2831**	**2803**	**991**	**738**	**253**
江城区	907	438	469	192	134	58
阳东区	865	449	416	241	172	69
阳西县	2298	1162	1136	370	293	77
阳春市	1564	782	782	188	139	49
清远市	**12959**	**5908**	**7051**	**1379**	**954**	**425**
清城区	3505	1610	1895	416	277	139
清新区	576	265	311	55	35	20
佛冈县	1620	749	871	106	81	25
阳山县	2172	952	1220	145	102	43
连山壮族瑶族自治县	619	285	334	70	48	22
连南瑶族自治县	889	385	504	68	44	24
英德市	2874	1333	1541	404	286	118
连州市	704	329	375	115	81	34
东莞市	**511**	**236**	**275**	**123**	**81**	**42**
市辖区	511	236	275	123	81	42
中山市	**7948**	**3766**	**4182**	**917**	**667**	**250**
市辖区	7948	3766	4182	917	667	250
潮州市	**13097**	**6076**	**7021**	**2226**	**1662**	**564**
湘桥区	1390	650	740	413	283	130
潮安区	4184	1965	2219	687	552	135
饶平县	7523	3461	4062	1126	827	299
揭阳市	**21216**	**10325**	**10891**	**3177**	**2489**	**688**
榕城区	1675	851	824	343	270	73
揭东区	3789	1884	1905	786	631	155
揭西县	3691	1790	1901	341	270	71
惠来县	5884	2772	3112	737	544	193
普宁市	6177	3028	3149	970	774	196
云浮市	**6886**	**3310**	**3576**	**792**	**539**	**253**
云城区						
云安区	703	328	375	63	49	14
新兴县	2379	1127	1252	259	173	86
郁南县	2572	1247	1325	326	212	114
罗定市	1232	608	624	144	105	39

8-6b 续表 3

单位：人

地区	离退休金/养老金			最低生活保障金			失业保险金		
	小计	男	女	小计	男	女	小计	男	女
广东	**54469**	**30821**	**23648**	**5378**	**3185**	**2193**	**2**	**1**	**1**
广州市	**4913**	**2376**	**2537**	**166**	**72**	**94**			
荔湾区									
越秀区									
海珠区									
天河区									
白云区	689	370	319	8	6	2			
黄埔区	228	108	120						
番禺区	439	205	234	8		8			
花都区	400	185	215	17	4	13			
南沙区	1161	497	664	26	13	13			
从化区	223	121	102	13	7	6			
增城区	1773	890	883	94	42	52			
韶关市	**4114**	**2385**	**1729**	**231**	**115**	**116**			
武江区	6	4	2	1		1			
浈江区	570	319	251	3		3			
曲江区	187	110	77	15	9	6			
始兴县	445	274	171	12	8	4			
仁化县	580	331	249	15	10	5			
翁源县	631	387	244	18	6	12			
乳源瑶族自治县	487	258	229	30	18	12			
新丰县	468	270	198	37	13	24			
乐昌市	696	395	301	31	15	16			
南雄市	44	37	7	69	36	33			
深圳市	**15**	**9**	**6**						
罗湖区									
福田区									
南山区	1	1							
宝安区									
龙岗区									
盐田区									
龙华区									
坪山区	14	8	6						
光明区									
珠海市	**1447**	**744**	**703**	**21**	**12**	**9**			
香洲区	53	30	23						
斗门区	701	361	340	15	9	6			
金湾区	693	353	340	6	3	3			
汕头市	**1753**	**1054**	**699**	**346**	**191**	**155**			
龙湖区									
金平区									
濠江区	8	6	2						
潮阳区	608	369	239	112	59	53			
潮南区	187	110	77	81	44	37			
澄海区	716	424	292	129	75	54			
南澳县	234	145	89	24	13	11			
佛山市	**2230**	**1056**	**1174**	**66**	**29**	**37**			
禅城区	1245	559	686	14	5	9			
南海区	246	112	134						
顺德区									
三水区	636	324	312	46	20	26			
高明区	103	61	42	6	4	2			

8-6b 续表 4

单位：人

地区	离退休金/养老金			最低生活保障金			失业保险金		
	小计	男	女	小计	男	女	小计	男	女
江门市	**1422**	**869**	**553**	**112**	**84**	**28**			
蓬江区									
江海区									
新会区	384	229	155	38	32	6			
台山市	439	274	165	32	22	10			
开平市	259	161	98	15	10	5			
鹤山市	149	82	67	16	12	4			
恩平市	191	123	68	11	8	3			
湛江市	**4523**	**2675**	**1848**	**448**	**268**	**180**			
赤坎区									
霞山区	11	7	4	2	1	1			
坡头区	157	99	58	22	14	8			
麻章区	235	135	100	51	27	24			
遂溪县	1117	688	429	72	48	24			
徐闻县	715	432	283	101	56	45			
廉江市	1685	897	788	55	29	26			
雷州市	408	282	126	78	48	30			
吴川市	195	135	60	67	45	22			
茂名市	**2507**	**1536**	**971**	**424**	**296**	**128**			
茂南区	57	42	15	42	26	16			
电白区	848	528	320	180	125	55			
高州市	752	462	290	78	60	18			
化州市	636	362	274	65	42	23			
信宜市	214	142	72	59	43	16			
肇庆市	**3252**	**1944**	**1308**	**346**	**210**	**136**			
端州区									
鼎湖区	43	30	13	4	4				
高要区	288	202	86	50	27	23			
广宁县	581	345	236	72	52	20			
怀集县	623	374	249	91	52	39			
封开县	952	522	430	83	46	37			
德庆县	701	434	267	23	14	9			
四会市	64	37	27	23	15	8			
惠州市	**4387**	**2405**	**1982**	**298**	**154**	**144**			
惠城区	199	117	82	12	4	8			
惠阳区	115	70	45	9	7	2			
博罗县	1943	1033	910	113	58	55			
惠东县	1512	846	666	111	53	58			
龙门县	618	339	279	53	32	21			
梅州市	**4215**	**2571**	**1644**	**567**	**336**	**231**			
梅江区	10	7	3	3	1	2			
梅县区	185	105	80	19	15	4			
大埔县	774	465	309	92	48	44			
丰顺县	924	527	397	157	88	69			
五华县	878	566	312	153	94	59			
平远县	535	344	191	50	28	22			
蕉岭县	746	429	317	52	34	18			
兴宁市	163	128	35	41	28	13			

8-6b 续表 5

单位：人

地　区	离退休金/养老金			最低生活保障金			失业保险金		
	小计	男	女	小计	男	女	小计	男	女
汕尾市	**1697**	**1071**	**626**	**304**	**189**	**115**			
城　区	97	53	44	12	9	3			
海丰县	935	601	334	117	70	47			
陆河县	229	155	74	41	30	11			
陆丰市	436	262	174	134	80	54			
河源市	**2101**	**1339**	**762**	**232**	**131**	**101**			
源城区	8	7	1	2	1	1			
紫金县	608	364	244	63	37	26			
龙川县	651	412	239	60	29	31			
连平县	369	238	131	32	24	8			
和平县	357	236	121	36	17	19			
东源县	108	82	26	39	23	16			
阳江市	**960**	**623**	**337**	**106**	**71**	**35**			
江城区	121	70	51	22	14	8			
阳东区	91	57	34	16	10	6			
阳西县	369	247	122	41	27	14			
阳春市	379	249	130	27	20	7			
清远市	**2885**	**1579**	**1306**	**477**	**269**	**208**			
清城区	588	329	259	132	78	54			
清新区	100	60	40	10	5	5			
佛冈县	560	302	258	49	27	22			
阳山县	655	330	325	40	25	15			
连山壮族瑶族自治县	228	121	107	32	24	8			
连南瑶族自治县	270	132	138	43	22	21			
英德市	425	265	160	124	60	64			
连州市	59	40	19	47	28	19			
东莞市	**234**	**99**	**135**						
市辖区	234	99	135						
中山市	**4774**	**2206**	**2568**	**35**	**18**	**17**			
市辖区	4774	2206	2568	35	18	17			
潮州市	**1884**	**1119**	**765**	**373**	**227**	**146**			
湘桥区	87	62	25	46	31	15			
潮安区	249	171	78	102	61	41			
饶平县	1548	886	662	225	135	90			
揭阳市	**3569**	**2183**	**1386**	**591**	**350**	**241**	**2**	**1**	**1**
榕城区	213	163	50	50	30	20	1	1	
揭东区	322	218	104	129	79	50	1		1
揭西县	1158	637	521	90	59	31			
惠来县	1266	753	513	165	84	81			
普宁市	610	412	198	157	98	59			
云浮市	**1587**	**978**	**609**	**235**	**163**	**72**			
云城区									
云安区	33	25	8	32	28	4			
新兴县	609	369	240	74	42	32			
郁南县	793	461	332	84	62	22			
罗定市	152	123	29	45	31	14			

8-6b 续表 6

单位：人

地区	财产性收入			家庭其他成员供养			其他		
	小计	男	女	小计	男	女	小计	男	女
广东	**1349**	**838**	**511**	**116952**	**43494**	**73458**	**12256**	**6016**	**6240**
广州市	**188**	**105**	**83**	**3078**	**1109**	**1969**	**583**	**284**	**299**
荔湾区									
越秀区									
海珠区									
天河区									
白云区	79	41	38	632	230	402	80	40	40
黄埔区	2	1	1	131	36	95	21	8	13
番禺区	16	7	9	91	29	62	9	2	7
花都区	5	3	2	302	106	196	60	29	31
南沙区	5	4	1	279	101	178	102	48	54
从化区	5	3	2	190	71	119	43	21	22
增城区	76	46	30	1453	536	917	268	136	132
韶关市	**28**	**17**	**11**	**5568**	**1910**	**3658**	**356**	**167**	**189**
武江区				27	10	17			
浈江区	2	1	1	190	24	166	23	2	21
曲江区	2	2		261	82	179	10	7	3
始兴县	8	5	3	664	231	433	33	14	19
仁化县	2	1	1	506	155	351	25	11	14
翁源县	4	2	2	915	320	595	48	22	26
乳源瑶族自治县	1		1	630	218	412	28	16	12
新丰县	8	5	3	770	288	482	37	19	18
乐昌市				844	281	563	43	23	20
南雄市	1	1		761	301	460	109	53	56
深圳市				**4**	**1**	**3**			
罗湖区									
福田区									
南山区									
宝安区									
龙岗区									
盐田区									
龙华区									
坪山区				4	1	3			
光明区									
珠海市	**35**	**20**	**15**	**604**	**210**	**394**	**69**	**46**	**23**
香洲区	12	7	5	50	19	31	8	6	2
斗门区	15	9	6	399	138	261	33	23	10
金湾区	8	4	4	155	53	102	28	17	11
汕头市	**119**	**86**	**33**	**12780**	**4725**	**8055**	**837**	**406**	**431**
龙湖区									
金平区									
濠江区				69	22	47	2	1	1
潮阳区	74	53	21	4892	1917	2975	323	163	160
潮南区	21	16	5	3150	1295	1855	247	119	128
澄海区	23	16	7	4144	1344	2800	197	92	105
南澳县	1	1		525	147	378	68	31	37
佛山市	**91**	**45**	**46**	**1198**	**383**	**815**	**206**	**92**	**114**
禅城区	54	27	27	370	106	264	100	41	59
南海区	29	15	14	118	49	69	7	5	2
顺德区									
三水区	7	3	4	601	188	413	77	33	44
高明区	1		1	109	40	69	22	13	9

8−6b 续表 7

单位：人

地区	财产性收入			家庭其他成员供养			其他		
	小计	男	女	小计	男	女	小计	男	女
江门市	**63**	**39**	**24**	**3334**	**1269**	**2065**	**428**	**225**	**203**
蓬江区									
江海区									
新会区	23	13	10	1011	356	655	96	47	49
台山市	3	2	1	983	385	598	95	58	37
开平市	32	20	12	580	218	362	36	19	17
鹤山市	1	1		341	129	212	72	39	33
恩平市	4	3	1	419	181	238	129	62	67
湛江市	**92**	**57**	**35**	**7673**	**2805**	**4868**	**818**	**403**	**415**
赤坎区									
霞山区				24	10	14	1	1	
坡头区	4	3	1	590	216	374	47	21	26
麻章区	3	2	1	389	147	242	74	43	31
遂溪县	27	16	11	1708	617	1091	129	57	72
徐闻县	22	14	8	1379	480	899	220	107	113
廉江市	12	9	3	1037	375	662	148	69	79
雷州市	13	7	6	1223	469	754	143	74	69
吴川市	11	6	5	1323	491	832	56	31	25
茂名市	**67**	**43**	**24**	**6990**	**2660**	**4330**	**794**	**393**	**401**
茂南区	2	2		372	152	220	27	15	12
电白区	23	11	12	2804	1027	1777	337	157	180
高州市	17	12	5	1465	567	898	212	108	104
化州市	19	14	5	1461	572	889	142	75	67
信宜市	6	4	2	888	342	546	76	38	38
肇庆市	**75**	**38**	**37**	**6137**	**2184**	**3953**	**1095**	**526**	**569**
端州区									
鼎湖区	4	3	1	296	118	178	26	10	16
高要区	22	10	12	1144	397	747	183	95	88
广宁县	16	9	7	1471	506	965	107	52	55
怀集县	15	10	5	1616	603	1013	290	121	169
封开县	2	1	1	866	297	569	193	89	104
德庆县	12	3	9	582	196	386	278	150	128
四会市	4	2	2	162	67	95	18	9	9
惠州市	**158**	**113**	**45**	**7923**	**2939**	**4984**	**1018**	**492**	**526**
惠城区	14	10	4	524	186	338	34	19	15
惠阳区	18	13	5	462	178	284	88	38	50
博罗县	56	39	17	2945	1078	1867	366	191	175
惠东县	51	38	13	3174	1199	1975	450	206	244
龙门县	19	13	6	818	298	520	80	38	42
梅州市	**57**	**35**	**22**	**10084**	**4021**	**6063**	**984**	**481**	**503**
梅江区	1	1		111	46	65	18	10	8
梅县区				455	191	264	46	22	24
大埔县	6	4	2	1549	615	934	209	102	107
丰顺县	27	16	11	2681	1134	1547	286	138	148
五华县	8	4	4	2647	1053	1594	242	116	126
平远县	11	8	3	892	310	582	38	17	21
蕉岭县	4	2	2	812	293	519	45	17	28
兴宁市				937	379	558	100	59	41

8-6b　续表 8　　　　单位：人

地　区	财产性收入			家庭其他成员供养			其　他		
	小计	男	女	小计	男	女	小计	男	女
汕尾市	**53**	**42**	**11**	**8614**	**3575**	**5039**	**934**	**520**	**414**
城　区	2	1	1	310	114	196	58	31	27
海丰县	40	32	8	4042	1709	2333	424	242	182
陆河县	3	3		1182	512	670	124	66	58
陆丰市	8	6	2	3080	1240	1840	328	181	147
河源市	**53**	**29**	**24**	**5781**	**2127**	**3654**	**654**	**290**	**364**
源城区				45	13	32	1		1
紫金县	24	15	9	1704	642	1062	253	115	138
龙川县	11	5	6	1513	532	981	196	80	116
连平县	13	7	6	1030	382	648	93	40	53
和平县	3	1	2	834	293	541	55	24	31
东源县	2	1	1	655	265	390	56	31	25
阳江市	**23**	**14**	**9**	**3317**	**1271**	**2046**	**237**	**114**	**123**
江城区	5	2	3	547	209	338	20	9	11
阳东区	3	2	1	493	193	300	21	15	6
阳西县	9	6	3	1367	521	846	142	68	74
阳春市	6	4	2	910	348	562	54	22	32
清远市	**53**	**29**	**24**	**7593**	**2809**	**4784**	**572**	**268**	**304**
清城区	22	12	10	2202	842	1360	145	72	73
清新区	2	2		360	136	224	49	27	22
佛冈县	8	5	3	841	305	536	56	29	27
阳山县	4	1	3	1172	426	746	156	68	88
连山壮族瑶族自治县	3	2	1	262	79	183	24	11	13
连南瑶族自治县	5	3	2	439	161	278	64	23	41
英德市	9	4	5	1844	685	1159	68	33	35
连州市				473	175	298	10	5	5
东莞市	**2**		**2**	**115**	**38**	**77**	**37**	**18**	**19**
市辖区	2		2	115	38	77	37	18	19
中山市	**75**	**43**	**32**	**1912**	**710**	**1202**	**235**	**122**	**113**
市辖区	75	43	32	1912	710	1202	235	122	113
潮州市	**26**	**22**	**4**	**8006**	**2755**	**5251**	**582**	**291**	**291**
湘桥区	1	1		781	241	540	62	32	30
潮安区	21	18	3	2973	1086	1887	152	77	75
饶平县	4	3	1	4252	1428	2824	368	182	186
揭阳市	**55**	**36**	**19**	**12414**	**4575**	**7839**	**1408**	**691**	**717**
榕城区	13	10	3	980	339	641	75	38	37
揭东区	6	3	3	2317	839	1478	228	114	114
揭西县	17	13	4	1758	651	1107	327	160	167
惠来县	9	2	7	3217	1149	2068	490	240	250
普宁市	10	8	2	4142	1597	2545	288	139	149
云浮市	**36**	**25**	**11**	**3827**	**1418**	**2409**	**409**	**187**	**222**
云城区									
云安区	2	2		548	208	340	25	16	9
新兴县	11	7	4	1255	458	797	171	78	93
郁南县	15	11	4	1236	447	789	118	54	64
罗定市	8	5	3	788	305	483	95	39	56

8-6c 各地区分性别、主要生活来源的60岁及以上老年人口(乡村)

单位：人

地　区	60岁及以上人口			劳动收入		
	合计	男	女	小计	男	女
广　东	**539961**	**266417**	**273544**	**105076**	**72422**	**32654**
广州市	**30751**	**14397**	**16354**	**4461**	**2909**	**1552**
荔湾区						
越秀区						
海珠区						
天河区						
白云区	6689	3124	3565	843	579	264
黄埔区	1063	506	557	113	79	34
番禺区	2785	1292	1493	446	291	155
花都区	5974	2750	3224	661	464	197
南沙区	2988	1353	1635	669	394	275
从化区	5477	2560	2917	545	342	203
增城区	5775	2812	2963	1184	760	424
韶关市	**23616**	**11251**	**12365**	**4767**	**3006**	**1761**
武江区	1006	461	545	153	90	63
浈江区	917	415	502	139	80	59
曲江区	2127	1000	1127	481	295	186
始兴县	2244	1013	1231	432	262	170
仁化县	2116	984	1132	468	285	183
翁源县	3691	1854	1837	735	533	202
乳源瑶族自治县	1796	859	937	390	228	162
新丰县	1919	984	935	314	229	85
乐昌市	3805	1819	1986	928	563	365
南雄市	3995	1862	2133	727	441	286
深圳市	**259**	**136**	**123**	**52**	**44**	**8**
罗湖区						
福田区						
南山区						
宝安区						
龙岗区	259	136	123	52	44	8
盐田区						
龙华区						
坪山区						
光明区						
珠海市	**3418**	**1737**	**1681**	**422**	**321**	**101**
香洲区	5	5		3	3	
斗门区	3152	1597	1555	388	293	95
金湾区	261	135	126	31	25	6
汕头市	**23445**	**11140**	**12305**	**3898**	**3106**	**792**
龙湖区	1540	719	821	356	285	71
金平区	253	124	129	56	48	8
濠江区	953	438	515	163	130	33
潮阳区	9527	4617	4910	1318	1133	185
潮南区	6591	3122	3469	845	652	193
澄海区	4310	1979	2331	1087	800	287
南澳县	271	141	130	73	58	15
佛山市	**6551**	**3152**	**3399**	**1353**	**893**	**460**
禅城区						
南海区	1859	854	1005	325	224	101
顺德区	527	250	277	92	63	29
三水区	3094	1485	1609	661	417	244
高明区	1071	563	508	275	189	86

8-6c　续表 1　　单位：人

地　区	60岁及以上人口			劳动收入		
	合计	男	女	小计	男	女
江门市	**32528**	**16467**	**16061**	**6914**	**4836**	**2078**
蓬江区	593	271	322	119	80	39
江海区						
新会区	5908	2879	3029	1550	983	567
台山市	10808	5722	5086	2360	1745	615
开平市	6775	3316	3459	1340	930	410
鹤山市	4081	2004	2077	820	553	267
恩平市	4363	2275	2088	725	545	180
湛江市	**65159**	**32586**	**32573**	**17764**	**11726**	**6038**
赤坎区	125	54	71	57	31	26
霞山区	443	207	236	97	66	31
坡头区	3459	1777	1682	974	706	268
麻章区	4536	2159	2377	1227	786	441
遂溪县	9959	5035	4924	3406	2165	1241
徐闻县	7096	3390	3706	2090	1252	838
廉江市	15982	8361	7621	4356	2934	1422
雷州市	14542	7070	7472	3036	1948	1088
吴川市	9017	4533	4484	2521	1838	683
茂名市	**60354**	**31121**	**29233**	**17655**	**11971**	**5684**
茂南区	5372	2677	2695	1206	854	352
电白区	13682	7023	6659	3909	2758	1151
高州市	16364	8589	7775	5891	3864	2027
化州市	13794	7071	6723	3710	2522	1188
信宜市	11142	5761	5381	2939	1973	966
肇庆市	**36073**	**16394**	**19679**	**7133**	**4231**	**2902**
端州区						
鼎湖区	1067	453	614	235	135	100
高要区	8401	3740	4661	2328	1348	980
广宁县	5250	2495	2755	763	500	263
怀集县	8595	3749	4846	1256	707	549
封开县	4755	2207	2548	1024	582	442
德庆县	4402	2108	2294	893	543	350
四会市	3603	1642	1961	634	416	218
惠州市	**21170**	**10472**	**10698**	**3696**	**2580**	**1116**
惠城区	3767	1848	1919	501	376	125
惠阳区	2297	1142	1155	349	264	85
博罗县	6989	3383	3606	880	633	247
惠东县	5189	2628	2561	1472	969	503
龙门县	2928	1471	1457	494	338	156
梅州市	**40625**	**20224**	**20401**	**3788**	**2700**	**1088**
梅江区	782	389	393	81	53	28
梅县区	6791	3432	3359	950	673	277
大埔县	4599	2315	2284	486	347	139
丰顺县	4422	2246	2176	520	373	147
五华县	9855	4841	5014	481	363	118
平远县	2531	1214	1317	345	218	127
蕉岭县	2387	1231	1156	352	242	110
兴宁市	9258	4556	4702	573	431	142

8-6c 续表 2

单位：人

地区	60岁及以上人口			劳动收入		
	合计	男	女	小计	男	女
汕尾市	**16992**	**8923**	**8069**	**2465**	**2117**	**348**
城　区	1678	890	788	251	228	23
海丰县	3643	1983	1660	535	462	73
陆河县	1892	1054	838	149	141	8
陆丰市	9779	4996	4783	1530	1286	244
河源市	**27412**	**13318**	**14094**	**2419**	**1728**	**691**
源城区	447	213	234	38	31	7
紫金县	6228	2965	3263	419	314	105
龙川县	8127	3970	4157	641	461	180
连平县	3289	1577	1712	384	251	133
和平县	5023	2393	2630	490	339	151
东源县	4298	2200	2098	447	332	115
阳江市	**21490**	**11167**	**10323**	**4855**	**3319**	**1536**
江城区	3349	1693	1656	547	405	142
阳东区	3875	2080	1795	1233	810	423
阳西县	4418	2366	2052	1008	770	238
阳春市	9848	5028	4820	2067	1334	733
清远市	**31516**	**15556**	**15960**	**5172**	**3520**	**1652**
清城区	2710	1296	1414	415	276	139
清新区	5726	2806	2920	747	510	237
佛冈县	3014	1522	1492	382	285	97
阳山县	4139	2065	2074	433	298	135
连山壮族瑶族自治县	1089	535	554	189	131	58
连南瑶族自治县	1207	547	660	210	128	82
英德市	9096	4547	4549	1897	1270	627
连州市	4535	2238	2297	899	622	277
东莞市	**6302**	**3092**	**3210**	**989**	**771**	**218**
市辖区	6302	3092	3210	989	771	218
中山市	**6865**	**3237**	**3628**	**833**	**595**	**238**
市辖区	6865	3237	3628	833	595	238
潮州市	**17534**	**8306**	**9228**	**3949**	**2856**	**1093**
湘桥区	1506	719	787	349	262	87
潮安区	7482	3582	3900	1512	1176	336
饶平县	8546	4005	4541	2088	1418	670
揭阳市	**43366**	**21395**	**21971**	**8564**	**6640**	**1924**
榕城区	3611	1786	1825	871	757	114
揭东区	8399	4174	4225	2007	1594	413
揭西县	8687	4377	4310	1279	993	286
惠来县	7961	3739	4222	1739	1209	530
普宁市	14708	7319	7389	2668	2087	581
云浮市	**24535**	**12346**	**12189**	**3927**	**2553**	**1374**
云城区	1920	970	950	247	168	79
云安区	2927	1464	1463	331	232	99
新兴县	5037	2409	2628	1043	651	392
郁南县	4150	2133	2017	705	460	245
罗定市	10501	5370	5131	1601	1042	559

8-6c　续表 3　　　　单位：人

地　　区	离退休金/养老金			最低生活保障金			失业保险金		
	小计	男	女	小计	男	女	小计	男	女
广　东	**52934**	**30154**	**22780**	**27626**	**18569**	**9057**	**13**	**6**	**7**
广州市	**8825**	**4334**	**4491**	**1196**	**647**	**549**			
荔湾区									
越秀区									
海珠区									
天河区									
白云区	1990	999	991	176	73	103			
黄埔区	259	143	116	21	11	10			
番禺区	1528	677	851	23	10	13			
花都区	1425	746	679	218	105	113			
南沙区	1463	652	811	48	18	30			
从化区	1058	546	512	350	213	137			
增城区	1102	571	531	360	217	143			
韶关市	**1510**	**963**	**547**	**1068**	**697**	**371**	**1**	**1**	
武江区	147	89	58	27	21	6			
浈江区	74	46	28	14	12	2			
曲江区	97	64	33	76	55	21			
始兴县	128	89	39	76	49	27			
仁化县	129	82	47	88	53	35			
翁源县	110	82	28	222	158	64			
乳源瑶族自治县	120	60	60	100	64	36	1	1	
新丰县	97	73	24	141	96	45			
乐昌市	365	224	141	163	92	71			
南雄市	243	154	89	161	97	64			
深圳市	**144**	**63**	**81**	**2**	**1**	**1**			
罗湖区									
福田区									
南山区									
宝安区									
龙岗区	144	63	81	2	1	1			
盐田区									
龙华区									
坪山区									
光明区									
珠海市	**1760**	**875**	**885**	**62**	**51**	**11**			
香洲区	1	1							
斗门区	1566	783	783	59	49	10			
金湾区	193	91	102	3	2	1			
汕头市	**1034**	**656**	**378**	**652**	**381**	**271**			
龙湖区	60	41	19	29	17	12			
金平区	5	4	1	13	8	5			
濠江区	41	25	16	22	15	7			
潮阳区	352	217	135	259	154	105			
潮南区	421	244	177	152	83	69			
澄海区	132	109	23	158	89	69			
南澳县	23	16	7	19	15	4			
佛山市	**1933**	**1001**	**932**	**155**	**98**	**57**			
禅城区									
南海区	675	339	336	28	17	11			
顺德区	218	110	108	7	4	3			
三水区	790	412	378	62	31	31			
高明区	250	140	110	58	46	12			

8—6c　续表 4　　　　单位：人

地　区	离退休金/养老金			最低生活保障金			失业保险金		
	小计	男	女	小计	男	女	小计	男	女
江门市	**2670**	**1645**	**1025**	**1225**	**878**	**347**			
蓬江区	84	42	42						
江海区									
新会区	607	346	261	175	125	50			
台山市	869	579	290	470	365	105			
开平市	373	230	143	226	159	67			
鹤山市	382	233	149	136	99	37			
恩平市	355	215	140	218	130	88			
湛江市	**4540**	**2741**	**1799**	**3597**	**2370**	**1227**			
赤坎区	7	4	3	8	4	4			
霞山区	21	19	2	12	7	5			
坡头区	108	78	30	117	90	27			
麻章区	255	147	108	250	148	102			
遂溪县	445	288	157	457	325	132			
徐闻县	844	473	371	433	234	199			
廉江市	1196	717	479	1097	773	324			
雷州市	1271	746	525	890	566	324			
吴川市	393	269	124	333	223	110			
茂名市	**3543**	**2352**	**1191**	**3209**	**2326**	**883**			
茂南区	378	259	119	260	171	89			
电白区	674	467	207	689	496	193			
高州市	727	485	242	871	640	231			
化州市	1126	677	449	735	522	213			
信宜市	638	464	174	654	497	157			
肇庆市	**1913**	**1105**	**808**	**1946**	**1266**	**680**	**1**	**1**	
端州区									
鼎湖区	58	28	30	34	18	16			
高要区	424	214	210	346	199	147			
广宁县	269	196	73	305	229	76			
怀集县	341	199	142	471	282	189			
封开县	389	216	173	274	190	84			
德庆县	231	135	96	273	207	66	1	1	
四会市	201	117	84	243	141	102			
惠州市	**2010**	**1189**	**821**	**1124**	**780**	**344**			
惠城区	350	207	143	180	127	53			
惠阳区	210	131	79	71	53	18			
博罗县	929	515	414	312	205	107			
惠东县	275	172	103	349	255	94			
龙门县	246	164	82	212	140	72			
梅州市	**3486**	**2530**	**956**	**2331**	**1519**	**812**	**1**		**1**
梅江区	117	87	30	40	27	13			
梅县区	750	529	221	344	215	129			
大埔县	386	259	127	314	235	79			
丰顺县	274	184	90	278	193	85			
五华县	542	418	124	500	313	187			
平远县	253	199	54	124	72	52			
蕉岭县	391	281	110	122	87	35	1		1
兴宁市	773	573	200	609	377	232			

8-6c 续表 5

单位：人

地区	离退休金/养老金			最低生活保障金			失业保险金		
	小计	男	女	小计	男	女	小计	男	女
汕尾市	**943**	**594**	**349**	**1005**	**698**	**307**			
城　区	104	74	30	90	62	28			
海丰县	157	109	48	391	272	119			
陆河县	94	71	23	136	102	34			
陆丰市	588	340	248	388	262	126			
河源市	**1928**	**1273**	**655**	**1746**	**1086**	**660**	**2**	**1**	**1**
源城区	43	23	20	37	16	21			
紫金县	349	238	111	339	227	112			
龙川县	609	396	213	430	274	156	2	1	1
连平县	259	164	95	259	157	102			
和平县	354	239	115	302	172	130			
东源县	314	213	101	379	240	139			
阳江市	**974**	**630**	**344**	**1606**	**1218**	**388**	**1**		**1**
江城区	117	82	35	258	195	63			
阳东区	103	72	31	278	220	58			
阳西县	119	86	33	384	304	80	1		1
阳春市	635	390	245	686	499	187			
清远市	**2278**	**1334**	**944**	**2336**	**1638**	**698**			
清城区	215	125	90	173	113	60			
清新区	420	236	184	430	308	122			
佛冈县	201	127	74	264	207	57			
阳山县	165	121	44	373	262	111			
连山壮族瑶族自治县	57	35	22	53	42	11			
连南瑶族自治县	131	71	60	64	34	30			
英德市	907	505	402	561	380	181			
连州市	182	114	68	418	292	126			
东莞市	**3945**	**1784**	**2161**	**39**	**23**	**16**			
市辖区	3945	1784	2161	39	23	16			
中山市	**4733**	**2091**	**2642**	**102**	**48**	**54**	**1**		**1**
市辖区	4733	2091	2642	102	48	54	1		1
潮州市	**705**	**521**	**184**	**746**	**477**	**269**	**2**	**1**	**1**
湘桥区	99	73	26	77	44	33	1		1
潮安区	297	229	68	281	170	111	1	1	
饶平县	309	219	90	388	263	125			
揭阳市	**2420**	**1374**	**1046**	**1654**	**1057**	**597**	**2**	**1**	**1**
榕城区	173	110	63	124	77	47			
揭东区	380	237	143	329	208	121	1	1	
揭西县	585	326	259	431	300	131			
惠来县	507	249	258	448	247	201			
普宁市	775	452	323	322	225	97	1		1
云浮市	**1640**	**1099**	**541**	**1825**	**1310**	**515**	**2**	**1**	**1**
云城区	253	158	95	154	118	36			
云安区	166	118	48	214	159	55			
新兴县	241	158	83	343	217	126			
郁南县	250	179	71	380	300	80			
罗定市	730	486	244	734	516	218	2	1	1

8-6c 续表 6

单位：人

地 区	财产性收入			家庭其他成员供养			其 他		
	小计	男	女	小计	男	女	小计	男	女
广 东	**1800**	**1034**	**766**	**321806**	**128540**	**193266**	**30706**	**15692**	**15014**
广州市	**365**	**198**	**167**	**13917**	**5343**	**8574**	**1987**	**966**	**1021**
荔湾区									
越秀区									
海珠区									
天河区									
白云区	133	77	56	3130	1183	1947	417	213	204
黄埔区	26	15	11	580	226	354	64	32	32
番禺区	53	23	30	605	234	371	130	57	73
花都区	68	37	31	3158	1179	1979	444	219	225
南沙区	21	11	10	638	215	423	149	63	86
从化区	9	6	3	3013	1210	1803	502	243	259
增城区	55	29	26	2793	1096	1697	281	139	142
韶关市	**41**	**23**	**18**	**15252**	**6058**	**9194**	**977**	**503**	**474**
武江区	6	2	4	640	242	398	33	17	16
浈江区	3	2	1	642	256	386	45	19	26
曲江区	11	6	5	1382	537	845	80	43	37
始兴县				1542	588	954	66	25	41
仁化县	9	5	4	1355	523	832	67	36	31
翁源县	3	2	1	2432	977	1455	189	102	87
乳源瑶族自治县	1	1		1101	458	643	83	47	36
新丰县	1	1		1305	559	746	61	26	35
乐昌市	4	2	2	2203	860	1343	142	78	64
南雄市	3	2	1	2650	1058	1592	211	110	101
深圳市	**3**	**1**	**2**	**52**	**23**	**29**	**6**	**4**	**2**
罗湖区									
福田区									
南山区									
宝安区									
龙岗区	3	1	2	52	23	29	6	4	2
盐田区									
龙华区									
坪山区									
光明区									
珠海市	**20**	**13**	**7**	**1072**	**431**	**641**	**82**	**46**	**36**
香洲区	1	1							
斗门区	19	12	7	1052	422	630	68	38	30
金湾区				20	9	11	14	8	6
汕头市	**54**	**38**	**16**	**16360**	**6256**	**10104**	**1447**	**703**	**744**
龙湖区				1058	355	703	37	21	16
金平区				175	62	113	4	2	2
濠江区				658	232	426	69	36	33
潮阳区	14	8	6	6824	2748	4076	760	357	403
潮南区	39	30	9	4701	1903	2798	433	210	223
澄海区	1		1	2797	909	1888	135	72	63
南澳县				147	47	100	9	5	4
佛山市	**124**	**60**	**64**	**2682**	**955**	**1727**	**304**	**145**	**159**
禅城区									
南海区	22	9	13	704	224	480	105	41	64
顺德区	5	5		183	58	125	22	10	12
三水区	91	44	47	1348	503	845	142	78	64
高明区	6	2	4	447	170	277	35	16	19

8-6c　续表 7　　　　单位：人

地　　区	财产性收入			家庭其他成员供养			其　　他		
	小计	男	女	小计	男	女	小计	男	女
江门市	**60**	**41**	**19**	**19683**	**7987**	**11696**	**1976**	**1080**	**896**
蓬江区	1	1		372	138	234	17	10	7
江海区									
新会区	12	8	4	3239	1245	1994	325	172	153
台山市	12	9	3	6420	2658	3762	677	366	311
开平市	15	10	5	4334	1740	2594	487	247	240
鹤山市	13	8	5	2542	1003	1539	188	108	80
恩平市	7	5	2	2776	1203	1573	282	177	105
湛江市	**86**	**54**	**32**	**35297**	**13802**	**21495**	**3875**	**1893**	**1982**
赤坎区				48	12	36	5	3	2
霞山区				299	107	192	14	8	6
坡头区	4	2	2	1980	755	1225	276	146	130
麻章区	16	11	5	2400	877	1523	388	190	198
遂溪县	14	7	7	4996	1946	3050	641	304	337
徐闻县	8	3	5	3354	1261	2093	367	167	200
廉江市	19	13	6	8373	3442	4931	941	482	459
雷州市	17	13	4	8420	3343	5077	908	454	454
吴川市	8	5	3	5427	2059	3368	335	139	196
茂名市	**71**	**50**	**21**	**32725**	**12835**	**19890**	**3151**	**1587**	**1564**
茂南区	11	6	5	3146	1187	1959	371	200	171
电白区	17	13	4	7755	2962	4793	638	327	311
高州市	16	11	5	8179	3254	4925	680	335	345
化州市	19	12	7	7453	2973	4480	751	365	386
信宜市	8	8		6192	2459	3733	711	360	351
肇庆市	**312**	**131**	**181**	**22150**	**8407**	**13743**	**2618**	**1253**	**1365**
端州区									
鼎湖区	237	91	146	478	168	310	25	13	12
高要区	38	18	20	4748	1726	3022	517	235	282
广宁县	5	2	3	3644	1434	2210	264	134	130
怀集县	5	2	3	5836	2236	3600	686	323	363
封开县	7	5	2	2680	1025	1655	381	189	192
德庆县	7	5	2	2365	916	1449	632	301	331
四会市	13	8	5	2399	902	1497	113	58	55
惠州市	**111**	**78**	**33**	**13010**	**5204**	**7806**	**1219**	**641**	**578**
惠城区	31	20	11	2383	954	1429	322	164	158
惠阳区	54	36	18	1459	579	880	154	79	75
博罗县	17	14	3	4478	1810	2668	373	206	167
惠东县	8	7	1	2889	1130	1759	196	95	101
龙门县	1	1		1801	731	1070	174	97	77
梅州市	**61**	**39**	**22**	**28885**	**12307**	**16578**	**2073**	**1129**	**944**
梅江区	1		1	485	195	290	58	27	31
梅县区	13	11	2	4406	1823	2583	328	181	147
大埔县	6	5	1	3169	1329	1840	238	140	98
丰顺县	8	5	3	3131	1362	1769	211	129	82
五华县	20	10	10	7766	3455	4311	546	282	264
平远县				1736	684	1052	73	41	32
蕉岭县	3	2	1	1446	586	860	72	33	39
兴宁市	10	6	4	6746	2873	3873	547	296	251

8-6c 续表 8

单位：人

地区	财产性收入			家庭其他成员供养			其他		
	小计	男	女	小计	男	女	小计	男	女
汕尾市	**14**	**12**	**2**	**11419**	**4915**	**6504**	**1146**	**587**	**559**
城区	1	1		1115	463	652	117	62	55
海丰县	6	5	1	2386	1043	1343	168	92	76
陆河县	2	2		1375	664	711	136	74	62
陆丰市	5	4	1	6543	2745	3798	725	359	366
河源市	**40**	**26**	**14**	**19661**	**8326**	**11335**	**1616**	**878**	**738**
源城区	3	2	1	311	132	179	15	9	6
紫金县	5	2	3	4655	1924	2731	461	260	201
龙川县	18	12	6	6018	2606	3412	409	220	189
连平县	3	3		2151	874	1277	233	128	105
和平县	3	3		3602	1504	2098	272	136	136
东源县	8	4	4	2924	1286	1638	226	125	101
阳江市	**23**	**18**	**5**	**13027**	**5444**	**7583**	**1004**	**538**	**466**
江城区	6	4	2	2302	945	1357	119	62	57
阳东区	3	2	1	2180	936	1244	78	40	38
阳西县	8	7	1	2675	1073	1602	223	126	97
阳春市	6	5	1	5870	2490	3380	584	310	274
清远市	**59**	**35**	**24**	**20084**	**8181**	**11903**	**1587**	**848**	**739**
清城区	4	2	2	1799	724	1075	104	56	48
清新区	26	17	9	3781	1551	2230	322	184	138
佛冈县	14	9	5	2033	823	1210	120	71	49
阳山县	1		1	2817	1185	1632	350	199	151
连山壮族瑶族自治县	2	1	1	709	282	427	79	44	35
连南瑶族自治县	2	1	1	688	264	424	112	49	63
英德市	8	4	4	5386	2213	3173	337	175	162
连州市	2	1	1	2871	1139	1732	163	70	93
东莞市	**144**	**76**	**68**	**1044**	**369**	**675**	**141**	**69**	**72**
市辖区	144	76	68	1044	369	675	141	69	72
中山市	**38**	**23**	**15**	**989**	**386**	**603**	**169**	**94**	**75**
市辖区	38	23	15	989	386	603	169	94	75
潮州市	**38**	**21**	**17**	**11352**	**4043**	**7309**	**742**	**387**	**355**
湘桥区	1	1		929	314	615	50	25	25
潮安区	27	14	13	4988	1808	3180	376	184	192
饶平县	10	6	4	5435	1921	3514	316	178	138
揭阳市	**111**	**81**	**30**	**27591**	**10756**	**16835**	**3024**	**1486**	**1538**
榕城区	10	8	2	2192	710	1482	241	124	117
揭东区	7	4	3	5274	1933	3341	401	197	204
揭西县	11	7	4	5850	2472	3378	531	279	252
惠来县	45	32	13	4594	1728	2866	628	274	354
普宁市	38	30	8	9681	3913	5768	1223	612	611
云浮市	**25**	**16**	**9**	**15554**	**6512**	**9042**	**1562**	**855**	**707**
云城区	4	2	2	1150	458	692	112	66	46
云安区	4	3	1	2063	869	1194	149	83	66
新兴县	1	1		3165	1252	1913	244	130	114
郁南县	11	7	4	2550	1050	1500	254	137	117
罗定市	5	3	2	6626	2883	3743	803	439	364

8-7　全省分年龄、性别、主要生活来源的人口

单位：人

年　龄	15岁及以上人口			劳动收入		
	合计	男	女	小计	男	女
总　计	**9826600**	**5207531**	**4619069**	**6260064**	**3821287**	**2438777**
45岁以下	**5934751**	**3233943**	**2700808**	**4405426**	**2630922**	**1774504**
45-49岁	**937933**	**492908**	**445025**	**759148**	**444472**	**314676**
45	173607	91847	81760	144569	83944	60625
46	193655	101857	91798	159764	92482	67282
47	194992	102036	92956	158217	92051	66166
48	187558	98587	88971	150101	88500	61601
49	188121	98581	89540	146497	87495	59002
50-54岁	**849404**	**444853**	**404551**	**574233**	**371888**	**202345**
50	190347	99381	90966	139595	86818	52777
51	173582	90608	82974	121058	77229	43829
52	183275	96075	87200	123745	80337	43408
53	146858	76902	69956	94499	62750	31749
54	155342	81887	73455	95336	64754	30582
55-59岁	**661011**	**341889**	**319122**	**331191**	**239055**	**92136**
55	154991	81205	73786	88055	61694	26361
56	143012	74027	68985	75489	54019	21470
57	157217	82050	75167	77860	57175	20685
58	132561	67988	64573	60241	44428	15813
59	73230	36619	36611	29546	21739	7807
60-64岁	**449631**	**225896**	**223735**	**107763**	**76655**	**31108**
60	75018	37352	37666	21729	15089	6640
61	82963	42219	40744	21838	15717	6121
62	98076	49453	48623	23566	16852	6714
63	104069	52702	51367	23101	16601	6500
64	89505	44170	45335	17529	12396	5133
65-69岁	**391285**	**191244**	**200041**	**55623**	**39297**	**16326**
65	90371	44667	45704	15611	11096	4515
66	88032	42835	45197	13590	9521	4069
67	77632	37811	39821	10798	7651	3147
68	72861	35440	37421	8952	6348	2604
69	62389	30491	31898	6672	4681	1991
70-74岁	**246356**	**121626**	**124730**	**17847**	**12858**	**4989**
70	60939	30255	30684	5570	3973	1597
71	57036	28603	28433	4435	3203	1232
72	47599	23257	24342	3224	2332	892
73	42516	20910	21606	2570	1888	682
74	38266	18601	19665	2048	1462	586
75-79岁	**153705**	**73066**	**80639**	**6010**	**4314**	**1696**
75	36381	17676	18705	1831	1334	497
76	32625	15737	16888	1393	998	395
77	29396	13901	15495	1065	781	284
78	28146	13187	14959	930	643	287
79	27157	12565	14592	791	558	233
80-84岁	**109944**	**48836**	**61108**	**1936**	**1326**	**610**
80	25188	11591	13597	597	418	179
81	22594	10171	12423	439	294	145
82	22549	10065	12484	347	238	109
83	20719	9099	11620	312	222	90
84	18894	7910	10984	241	154	87
85-89岁	**63675**	**24269**	**39406**	**662**	**393**	**269**
85	16628	6642	9986	206	133	73
86	14664	5639	9025	163	99	64
87	13264	4947	8317	134	78	56
88	10350	3873	6477	92	52	40
89	8769	3168	5601	67	31	36
90岁及以上	**28905**	**9001**	**19904**	**225**	**107**	**118**

8-7 续表 1

单位：人

年 龄	离退休金/养老金			最低生活保障金			失业保险金		
	小计	男	女	小计	男	女	小计	男	女
总 计	**642849**	**271576**	**371273**	**68207**	**42901**	**25306**	**4149**	**2578**	**1571**
45岁以下	**61**	**25**	**36**	**14241**	**8354**	**5887**	**2480**	**1440**	**1040**
45—49岁	**2535**	**63**	**2472**	**4597**	**2798**	**1799**	**904**	**439**	**465**
45	154	4	150	779	474	305	138	65	73
46	239	15	224	827	508	319	169	93	76
47	326	13	313	963	585	378	179	93	86
48	512	8	504	978	605	373	195	94	101
49	1304	23	1281	1050	626	424	223	94	129
50—54岁	**53876**	**4646**	**49230**	**5488**	**3591**	**1897**	**493**	**442**	**51**
50	8670	441	8229	1069	662	407	151	111	40
51	10490	669	9821	1058	684	374	94	91	3
52	11966	968	10998	1215	809	406	93	91	2
53	10261	1022	9239	1017	677	340	78	75	3
54	12489	1546	10943	1129	759	370	77	74	3
55—59岁	**93733**	**16898**	**76835**	**5540**	**3715**	**1825**	**247**	**245**	**2**
55	16899	2436	14463	1168	770	398	99	98	1
56	18559	2778	15781	1129	763	366	29	29	
57	22999	3999	19000	1303	910	393	37	37	
58	21093	4132	16961	1168	777	391	43	42	1
59	14183	3553	10630	772	495	277	39	39	
60—64岁	**144698**	**71445**	**73253**	**7982**	**5306**	**2676**	**2**	**1**	**1**
60	24212	11541	12671	1060	702	358			
61	26060	12828	13232	1366	904	462			
62	31172	15506	15666	1753	1176	577	1	1	
63	33367	16667	16700	1990	1318	672			
64	29887	14903	14984	1813	1206	607	1		1
65—69岁	**136580**	**68983**	**67597**	**9048**	**5978**	**3070**	**8**	**4**	**4**
65	30856	15468	15388	1907	1247	660	2	1	1
66	30952	15348	15604	1954	1285	669	3	3	
67	26900	13633	13267	1793	1195	598			
68	25603	13044	12559	1800	1199	601	1		1
69	22269	11490	10779	1594	1052	542	2		2
70—74岁	**92446**	**48943**	**43503**	**7426**	**4958**	**2468**	**5**	**2**	**3**
70	22553	12077	10476	1718	1097	621			
71	21870	11701	10169	1615	1087	528	3	2	1
72	17804	9299	8505	1405	942	463	1		1
73	16059	8352	7707	1387	954	433	1		1
74	14160	7514	6646	1301	878	423			
75—79岁	**53524**	**28150**	**25374**	**5896**	**3891**	**2005**	**4**	**2**	**2**
75	12637	6689	5948	1378	914	464			
76	11713	6229	5484	1163	770	393	1		1
77	10308	5403	4905	1157	765	392	2	1	1
78	9732	5097	4635	1077	699	378	1	1	
79	9134	4732	4402	1121	743	378			
80—84岁	**38200**	**19559**	**18641**	**4397**	**2730**	**1667**	**4**	**2**	**2**
80	8916	4637	4279	1025	661	364	1	1	
81	7945	4070	3875	851	548	303			
82	7870	4042	3828	838	506	332	1	1	
83	7140	3648	3492	905	560	345	1		1
84	6329	3162	3167	778	455	323	1		1
85—89岁	**19867**	**9587**	**10280**	**2456**	**1204**	**1252**	**1**	**1**	
85	5276	2536	2740	672	360	312			
86	4708	2258	2450	546	283	263			
87	4270	2071	2199	493	231	262	1	1	
88	3073	1486	1587	395	177	218			
89	2540	1236	1304	350	153	197			
90岁及以上	**7329**	**3277**	**4052**	**1136**	**376**	**760**	**1**		**1**

8-7　续表 2　　单位：人

年　龄	财产性收入			家庭其他成员供养			其　他		
	小计	男	女	小计	男	女	小计	男	女
总　计	**74204**	**41796**	**32408**	**2299998**	**783206**	**1516792**	**477129**	**244187**	**232942**
45岁以下	**31838**	**17048**	**14790**	**1198647**	**431931**	**766716**	**282058**	**144223**	**137835**
45–49岁	**10948**	**5879**	**5069**	**114943**	**17163**	**97780**	**44858**	**22094**	**22764**
45	1776	923	853	18422	2571	15851	7769	3866	3903
46	2203	1187	1016	21538	3056	18482	8915	4516	4399
47	2308	1254	1054	23599	3457	20142	9400	4583	4817
48	2241	1222	1019	24387	3734	20653	9144	4424	4720
49	2420	1293	1127	26997	4345	22652	9630	4705	4925
50–54岁	**10820**	**6492**	**4328**	**159620**	**34449**	**125171**	**44874**	**23345**	**21529**
50	2348	1344	1004	28865	5087	23778	9649	4918	4731
51	2208	1290	918	29559	6003	23556	9115	4642	4473
52	2309	1418	891	34306	7366	26940	9641	5086	4555
53	1933	1181	752	31036	6966	24070	8034	4231	3803
54	2022	1259	763	35854	9027	26827	8435	4468	3967
55–59岁	**8930**	**5864**	**3066**	**183485**	**55088**	**128397**	**37885**	**21024**	**16861**
55	2101	1384	717	37911	10106	27805	8758	4717	4041
56	1922	1209	713	37776	10717	27059	8108	4512	3596
57	2145	1427	718	43946	13476	30470	8927	5026	3901
58	1828	1211	617	40367	13026	27341	7821	4372	3449
59	934	633	301	23485	7763	15722	4271	2397	1874
60–64岁	**4159**	**2453**	**1706**	**163014**	**58554**	**104460**	**22013**	**11482**	**10531**
60	734	439	295	23773	7775	15998	3510	1806	1704
61	810	496	314	28728	10119	18609	4161	2155	2006
62	866	515	351	35890	12872	23018	4828	2531	2297
63	936	542	394	39569	14860	24709	5106	2714	2392
64	813	461	352	35054	12928	22126	4408	2276	2132
65–69岁	**3704**	**2055**	**1649**	**167581**	**65401**	**102180**	**18741**	**9526**	**9215**
65	898	503	395	36683	14072	22611	4414	2280	2134
66	797	446	351	36600	14112	22488	4136	2120	2016
67	756	405	351	33734	13063	20671	3651	1864	1787
68	667	381	286	32352	12715	19637	3486	1753	1733
69	586	320	266	28212	11439	16773	3054	1509	1545
70–74岁	**2111**	**1139**	**972**	**115370**	**48066**	**67304**	**11151**	**5660**	**5491**
70	538	282	256	27741	11411	16330	2819	1415	1404
71	474	251	223	26102	11043	15059	2537	1316	1221
72	448	235	213	22538	9339	13199	2179	1110	1069
73	358	203	155	20227	8518	11709	1914	995	919
74	293	168	125	18762	7755	11007	1702	824	878
75–79岁	**901**	**508**	**393**	**80560**	**32858**	**47702**	**6810**	**3343**	**3467**
75	227	136	91	18618	7729	10889	1690	874	816
76	222	133	89	16645	6890	9755	1488	717	771
77	169	84	85	15439	6242	9197	1256	625	631
78	145	82	63	15036	6081	8955	1225	584	641
79	138	73	65	14822	5916	8906	1151	543	608
80–84岁	**477**	**239**	**238**	**60320**	**22932**	**37388**	**4610**	**2048**	**2562**
80	104	53	51	13487	5352	8135	1058	469	589
81	107	57	50	12324	4780	7544	928	422	506
82	105	51	54	12446	4788	7658	942	439	503
83	95	44	51	11382	4241	7141	884	384	500
84	66	34	32	10681	3771	6910	798	334	464
85–89岁	**220**	**89**	**131**	**37730**	**11948**	**25782**	**2739**	**1047**	**1692**
85	58	26	32	9702	3305	6397	714	282	432
86	56	22	34	8583	2747	5836	608	230	378
87	44	16	28	7790	2352	5438	532	198	334
88	35	12	23	6274	1970	4304	481	176	305
89	27	13	14	5381	1574	3807	404	161	243
90岁及以上	**96**	**30**	**66**	**18728**	**4816**	**13912**	**1390**	**395**	**995**

8—7a 全省分年龄、性别、主要生活来源的人口(城市)

单位：人

年龄	15岁及以上人口			劳动收入		
	合计	男	女	小计	男	女
总计	**6324738**	**3383107**	**2941631**	**4294522**	**2595821**	**1698701**
45岁以下	**4147021**	**2272131**	**1874890**	**3205352**	**1894866**	**1310486**
45—49岁	**620246**	**330677**	**289569**	**514212**	**300911**	**213301**
45	118690	63439	55251	100908	58474	42434
46	130601	69650	60951	110123	63784	46339
47	128902	68489	60413	107113	62360	44753
48	122471	65482	56989	100564	59296	41268
49	119582	63617	55965	95504	56997	38507
50—54岁	**507520**	**269339**	**238181**	**345730**	**227799**	**117931**
50	119120	63307	55813	88586	55869	32717
51	106504	56357	50147	74708	48499	26209
52	109878	58435	51443	74693	49422	25271
53	84100	44375	39725	54140	36584	17556
54	87918	46865	41053	53603	37425	16178
55—59岁	**364908**	**188185**	**176723**	**172329**	**130108**	**42221**
55	86719	45577	41142	47896	34735	13161
56	80468	41790	38678	40665	30424	10241
57	88093	45845	42248	41135	31587	9548
58	71297	36042	35255	29402	22895	6507
59	38331	18931	19400	13231	10467	2764
60—64岁	**230219**	**112412**	**117807**	**36938**	**27409**	**9529**
60	41149	20107	21042	8548	6186	2362
61	42043	20720	21323	7544	5589	1955
62	49733	24381	25352	8006	6004	2002
63	52298	25646	26652	7494	5667	1827
64	44996	21558	23438	5346	3963	1383
65—69岁	**192395**	**91093**	**101302**	**14907**	**11116**	**3791**
65	45168	21555	23613	4570	3439	1131
66	44143	20897	23246	3852	2843	1009
67	38061	18008	20053	2821	2112	709
68	35195	16531	18664	2174	1608	566
69	29828	14102	15726	1490	1114	376
70—74岁	**116672**	**55880**	**60792**	**3560**	**2617**	**943**
70	29148	14156	14992	1170	847	323
71	27522	13339	14183	904	676	228
72	22588	10671	11917	647	478	169
73	20009	9472	10537	465	339	126
74	17405	8242	9163	374	277	97
75—79岁	**64478**	**29705**	**34773**	**964**	**667**	**297**
75	15560	7333	8227	303	216	87
76	13907	6555	7352	214	144	70
77	12324	5629	6695	172	123	49
78	11706	5321	6385	158	108	50
79	10981	4867	6114	117	76	41
80—84岁	**46120**	**20368**	**25752**	**352**	**234**	**118**
80	10632	4814	5818	104	68	36
81	9503	4237	5266	83	49	34
82	9591	4198	5393	59	41	18
83	8719	3843	4876	67	48	19
84	7675	3276	4399	39	28	11
85—89岁	**24944**	**9844**	**15100**	**126**	**70**	**56**
85	6519	2663	3856	39	24	15
86	5938	2350	3588	30	16	14
87	5323	2080	3243	28	17	11
88	3912	1499	2413	20	8	12
89	3252	1252	2000	9	5	4
90岁及以上	**10215**	**3473**	**6742**	**52**	**24**	**28**

8-7a 续表 1 单位：人

年 龄	离退休金/养老金			最低生活保障金			失业保险金		
	小计	男	女	小计	男	女	小计	男	女
总 计	**515098**	**206842**	**308256**	**11516**	**6134**	**5382**	**3436**	**2121**	**1315**
45岁以下	**48**	**19**	**29**	**2512**	**1440**	**1072**	**2035**	**1167**	**868**
45–49岁	**2184**	**40**	**2144**	**1054**	**555**	**499**	**776**	**372**	**404**
45	127	2	125	157	90	67	112	52	60
46	208	9	199	200	104	96	139	79	60
47	276	9	267	213	111	102	155	81	74
48	427	5	422	224	119	105	179	84	95
49	1146	15	1131	260	131	129	191	76	115
50–54岁	**47371**	**3826**	**43545**	**1222**	**659**	**563**	**402**	**366**	**36**
50	7656	353	7303	257	127	130	118	90	28
51	9357	563	8794	232	127	105	80	77	3
52	10533	798	9735	273	152	121	78	77	1
53	9001	825	8176	215	116	99	64	62	2
54	10824	1287	9537	245	137	108	62	60	2
55–59岁	**80254**	**13988**	**66266**	**1391**	**791**	**600**	**213**	**211**	**2**
55	14459	1999	12460	273	135	138	80	79	1
56	15967	2313	13654	299	166	133	25	25	
57	19865	3391	16474	332	200	132	32	32	
58	17945	3372	14573	305	178	127	41	40	1
59	12018	2913	9105	182	112	70	35	35	
60–64岁	**117443**	**56667**	**60776**	**1378**	**766**	**612**	**1**	**1**	
60	20359	9538	10821	215	128	87			
61	21083	10163	10920	249	139	110			
62	25130	12223	12907	289	165	124	1	1	
63	26883	13064	13819	325	179	146			
64	23988	11679	12309	300	155	145			
65–69岁	**107385**	**52671**	**54714**	**1327**	**675**	**652**	**5**	**2**	**3**
65	24480	11909	12571	266	129	137	1		1
66	24617	11889	12728	299	170	129	2	2	
67	21149	10466	10683	271	135	136			
68	19912	9842	10070	271	129	142	1		1
69	17227	8565	8662	220	112	108	1		1
70–74岁	**70997**	**36240**	**34757**	**1019**	**514**	**505**	**1**		**1**
70	17470	9085	8385	232	112	120			
71	16705	8602	8103	217	123	94			
72	13676	6899	6777	203	101	102			
73	12324	6157	6167	192	96	96	1		1
74	10822	5497	5325	175	82	93			
75–79岁	**39809**	**19862**	**19947**	**642**	**318**	**324**	**2**	**1**	**1**
75	9398	4743	4655	139	71	68			
76	8694	4362	4332	129	60	69	1		1
77	7615	3792	3823	143	71	72	1	1	
78	7266	3646	3620	111	49	62			
79	6836	3319	3517	120	67	53			
80–84岁	**29214**	**14287**	**14927**	**523**	**264**	**259**	**1**	**1**	
80	6734	3336	3398	131	69	62			
81	6040	2967	3073	101	47	54			
82	6096	2974	3122	102	44	58	1	1	
83	5525	2700	2825	92	55	37			
84	4819	2310	2509	97	49	48			
85–89岁	**15068**	**6951**	**8117**	**303**	**114**	**189**			
85	4033	1856	2177	76	40	36			
86	3614	1660	1954	59	19	40			
87	3248	1511	1737	61	22	39			
88	2289	1046	1243	53	16	37			
89	1884	878	1006	54	17	37			
90岁及以上	**5325**	**2291**	**3034**	**145**	**38**	**107**			

8-7a 续表 2

单位：人

年 龄	财产性收入			家庭其他成员供养			其 他		
	小计	男	女	小计	男	女	小计	男	女
总 计	**58772**	**32639**	**26133**	**1177864**	**403074**	**774790**	**263530**	**136476**	**127054**
45岁以下	**25479**	**13354**	**12125**	**742943**	**274624**	**468319**	**168652**	**86661**	**81991**
45-49岁	**9111**	**4830**	**4281**	**65940**	**10473**	**55467**	**26969**	**13496**	**13473**
45	1471	754	717	11149	1651	9498	4766	2416	2350
46	1812	972	840	12691	1926	10765	5428	2776	2652
47	1925	1031	894	13615	2131	11484	5605	2766	2839
48	1867	1014	853	13695	2245	11450	5515	2719	2796
49	2036	1059	977	14790	2520	12270	5655	2819	2836
50-54岁	**8590**	**5139**	**3451**	**79837**	**18233**	**61604**	**24368**	**13317**	**11051**
50	1901	1070	831	15107	2851	12256	5495	2947	2548
51	1766	1036	730	15246	3362	11884	5115	2693	2422
52	1853	1145	708	17255	3929	13326	5193	2912	2281
53	1529	921	608	14961	3536	11425	4190	2331	1859
54	1541	967	574	17268	4555	12713	4375	2434	1941
55-59岁	**7073**	**4675**	**2398**	**84599**	**27203**	**57396**	**19049**	**11209**	**7840**
55	1677	1108	569	17899	5010	12889	4435	2511	1924
56	1507	953	554	17825	5432	12393	4180	2477	1703
57	1689	1133	556	20548	6837	13711	4492	2665	1827
58	1464	974	490	18228	6286	11942	3912	2297	1615
59	736	507	229	10099	3638	6461	2030	1259	771
60-64岁	**3039**	**1763**	**1276**	**62562**	**21332**	**41230**	**8858**	**4474**	**4384**
60	565	336	229	9950	3159	6791	1512	760	752
61	583	348	235	10906	3624	7282	1678	857	821
62	622	373	249	13771	4649	9122	1914	966	948
63	703	392	311	14851	5314	9537	2042	1030	1012
64	566	314	252	13084	4586	8498	1712	861	851
65-69岁	**2671**	**1434**	**1237**	**58955**	**21706**	**37249**	**7145**	**3489**	**3656**
65	634	354	280	13513	4866	8647	1704	858	846
66	565	302	263	13178	4868	8310	1630	823	807
67	556	283	273	11878	4350	7528	1386	662	724
68	487	268	219	11092	4085	7007	1258	599	659
69	429	227	202	9294	3537	5757	1167	547	620
70-74岁	**1562**	**820**	**742**	**35561**	**13753**	**21808**	**3972**	**1936**	**2036**
70	391	196	195	8876	3410	5466	1009	506	503
71	353	181	172	8413	3311	5102	930	446	484
72	325	168	157	6967	2660	4307	770	365	405
73	276	149	127	6089	2404	3685	662	327	335
74	217	126	91	5216	1968	3248	601	292	309
75-79岁	**661**	**364**	**297**	**20382**	**7558**	**12824**	**2018**	**935**	**1083**
75	170	97	73	5002	1939	3063	548	267	281
76	155	96	59	4285	1698	2587	429	195	234
77	125	58	67	3876	1403	2473	392	181	211
78	107	58	49	3734	1309	2425	330	151	179
79	104	55	49	3485	1209	2276	319	141	178
80-84岁	**355**	**173**	**182**	**14356**	**4858**	**9498**	**1319**	**551**	**768**
80	73	39	34	3289	1171	2118	301	131	170
81	83	41	42	2930	1021	1909	266	112	154
82	80	35	45	2996	1011	1985	257	92	165
83	74	35	39	2706	886	1820	255	119	136
84	45	23	22	2435	769	1666	240	97	143
85-89岁	**164**	**64**	**100**	**8496**	**2342**	**6154**	**787**	**303**	**484**
85	40	16	24	2152	653	1499	179	74	105
86	41	16	25	2016	569	1447	178	70	108
87	33	14	19	1774	455	1319	179	61	118
88	28	8	20	1383	367	1016	139	54	85
89	22	10	12	1171	298	873	112	44	68
90岁及以上	**67**	**23**	**44**	**4233**	**992**	**3241**	**393**	**105**	**288**

8-7b 全省分年龄、性别、主要生活来源的人口(镇)

单位：人

年龄	15岁及以上人口			劳动收入		
	合计	男	女	小计	男	女
总计	**1257348**	**648989**	**608359**	**718759**	**443159**	**275600**
45岁以下	**702805**	**371118**	**331687**	**472672**	**282638**	**190034**
45–49岁	**121475**	**62726**	**58749**	**94845**	**56235**	**38610**
45	21765	11283	10482	17604	10261	7343
46	24499	12683	11816	19653	11454	8199
47	25363	13036	12327	19705	11638	8067
48	24758	12748	12010	19089	11442	7647
49	25090	12976	12114	18794	11440	7354
50–54岁	**118313**	**61144**	**57169**	**76998**	**50337**	**26661**
50	25588	13071	12517	18157	11283	6874
51	23621	12258	11363	16012	10337	5675
52	25493	13122	12371	16423	10795	5628
53	21051	10992	10059	13025	8811	4214
54	22560	11701	10859	13381	9111	4270
55–59岁	**96258**	**49255**	**47003**	**46153**	**33558**	**12595**
55	22378	11535	10843	12126	8569	3557
56	20597	10514	10083	10379	7481	2898
57	22767	11690	11077	10815	7940	2875
58	19623	10093	9530	8582	6390	2192
59	10893	5423	5470	4251	3178	1073
60–64岁	**67416**	**33633**	**33783**	**16002**	**11589**	**4413**
60	10617	5241	5376	3140	2196	944
61	12660	6446	6214	3314	2452	862
62	14932	7424	7508	3511	2559	952
63	15707	7922	7785	3421	2503	918
64	13500	6600	6900	2616	1879	737
65–69岁	**59254**	**28735**	**30519**	**8292**	**5985**	**2307**
65	13664	6653	7011	2346	1699	647
66	13179	6314	6865	1956	1391	565
67	11786	5664	6122	1628	1169	459
68	11181	5434	5747	1343	1002	341
69	9444	4670	4774	1019	724	295
70–74岁	**37121**	**18521**	**18600**	**2631**	**1986**	**645**
70	9184	4524	4660	845	624	221
71	8572	4364	4208	651	487	164
72	7214	3591	3623	480	381	99
73	6394	3171	3223	384	292	92
74	5757	2871	2886	271	202	69
75–79岁	**23778**	**11360**	**12418**	**794**	**575**	**219**
75	5674	2822	2852	276	208	68
76	5094	2488	2606	178	131	47
77	4554	2125	2429	134	97	37
78	4290	2040	2250	111	75	36
79	4166	1885	2281	95	64	31
80–84岁	**16657**	**7446**	**9211**	**241**	**180**	**61**
80	3812	1781	2031	77	58	19
81	3507	1607	1900	61	45	16
82	3396	1503	1893	37	25	12
83	3108	1387	1721	30	26	4
84	2834	1168	1666	36	26	10
85–89岁	**9685**	**3619**	**6066**	**90**	**54**	**36**
85	2599	1013	1586	24	16	8
86	2192	818	1374	20	12	8
87	1929	700	1229	20	11	9
88	1593	594	999	15	9	6
89	1372	494	878	11	6	5
90岁及以上	**4586**	**1432**	**3154**	**41**	**22**	**19**

8-7b 续表 1 单位：人

年 龄	离退休金/养老金			最低生活保障金			失业保险金		
	小计	男	女	小计	男	女	小计	男	女
总 计	**68425**	**33290**	**35135**	**9456**	**5690**	**3766**	**286**	**182**	**104**
45岁以下	**10**	**6**	**4**	**1972**	**1155**	**817**	**156**	**94**	**62**
45-49岁	**234**	**15**	**219**	**646**	**410**	**236**	**61**	**27**	**34**
45	17	2	15	108	70	38	11	5	6
46	21	5	16	112	69	43	12	6	6
47	35	2	33	139	97	42	17	7	10
48	60	2	58	146	91	55	7	3	4
49	101	4	97	141	83	58	14	6	8
50-54岁	**4600**	**542**	**4058**	**752**	**488**	**264**	**43**	**36**	**7**
50	747	64	683	134	84	50	17	12	5
51	799	70	729	153	96	57	7	7	
52	1038	107	931	181	116	65	5	5	
53	880	129	751	155	110	45	6	5	1
54	1136	172	964	129	82	47	8	7	1
55-59岁	**9112**	**1906**	**7206**	**708**	**452**	**256**	**24**	**24**	
55	1665	278	1387	145	98	47	14	14	
56	1805	310	1495	145	95	50	2	2	
57	2204	424	1780	156	99	57	4	4	
58	2068	494	1574	154	99	55	1	1	
59	1370	400	970	108	61	47	3	3	
60-64岁	**15401**	**8228**	**7173**	**1132**	**680**	**452**	**1**		**1**
60	2316	1168	1148	153	94	59			
61	2883	1544	1339	170	105	65			
62	3441	1823	1618	260	143	117			
63	3559	1965	1594	299	182	117			
64	3202	1728	1474	250	156	94	1		1
65-69岁	**14935**	**8264**	**6671**	**1353**	**836**	**517**	**1**	**1**	
65	3306	1815	1491	289	166	123	1	1	
66	3294	1787	1507	270	161	109			
67	2935	1594	1341	290	179	111			
68	2854	1588	1266	293	184	109			
69	2546	1480	1066	211	146	65			
70-74岁	**10599**	**6265**	**4334**	**993**	**610**	**383**			
70	2496	1442	1054	228	135	93			
71	2610	1548	1062	223	133	90			
72	2080	1233	847	210	123	87			
73	1806	1068	738	168	113	55			
74	1607	974	633	164	106	58			
75-79岁	**6460**	**3947**	**2513**	**787**	**485**	**302**			
75	1563	954	609	214	134	80			
76	1433	899	534	143	92	51			
77	1244	756	488	141	83	58			
78	1147	680	467	144	91	53			
79	1073	658	415	145	85	60			
80-84岁	**4203**	**2475**	**1728**	**629**	**374**	**255**			
80	1060	650	410	142	91	51			
81	882	507	375	117	79	38			
82	802	476	326	124	70	54			
83	767	456	311	121	71	50			
84	692	386	306	125	63	62			
85-89岁	**2084**	**1226**	**858**	**328**	**156**	**172**			
85	579	328	251	94	53	41			
86	474	282	192	77	38	39			
87	425	254	171	61	23	38			
88	327	194	133	50	23	27			
89	279	168	111	46	19	27			
90岁及以上	**787**	**416**	**371**	**156**	**44**	**112**			

8-7b　续表 2　　单位：人

年　龄	财产性收入			家庭其他成员供养			其　　他		
	小计	男	女	小计	男	女	小计	男	女
总　计	**6983**	**4204**	**2779**	**381189**	**126415**	**254774**	**72250**	**36049**	**36201**
45岁以下	**2777**	**1626**	**1151**	**184424**	**65145**	**119279**	**40794**	**20454**	**20340**
45–49岁	**866**	**480**	**386**	**18466**	**2507**	**15959**	**6357**	**3052**	**3305**
45	145	79	66	2806	360	2446	1074	506	568
46	183	103	80	3269	434	2835	1249	612	637
47	179	96	83	3928	520	3408	1360	676	684
48	170	95	75	3961	506	3455	1325	609	716
49	189	107	82	4502	687	3815	1349	649	700
50–54岁	**1089**	**681**	**408**	**28094**	**5681**	**22413**	**6737**	**3379**	**3358**
50	213	137	76	4866	770	4096	1454	721	733
51	223	130	93	5088	948	4140	1339	670	669
52	228	143	85	6132	1212	4920	1486	744	742
53	195	132	63	5586	1207	4379	1204	598	606
54	230	139	91	6422	1544	4878	1254	646	608
55–59岁	**902**	**579**	**323**	**33253**	**9588**	**23665**	**6106**	**3148**	**2958**
55	215	135	80	6837	1773	5064	1376	668	708
56	193	125	68	6779	1818	4961	1294	683	611
57	230	149	81	7888	2285	5603	1470	789	681
58	177	115	62	7369	2332	5037	1272	662	610
59	87	55	32	4380	1380	3000	694	346	348
60–64岁	**529**	**327**	**202**	**30452**	**10788**	**19664**	**3899**	**2021**	**1878**
60	78	41	37	4335	1425	2910	595	317	278
61	109	76	33	5467	1913	3554	717	356	361
62	109	61	48	6767	2395	4372	844	443	401
63	110	70	40	7448	2740	4708	870	462	408
64	123	79	44	6435	2315	4120	873	443	430
65–69岁	**435**	**269**	**166**	**30872**	**11700**	**19172**	**3366**	**1680**	**1686**
65	118	66	52	6793	2510	4283	811	396	415
66	101	69	32	6821	2531	4290	737	375	362
67	81	49	32	6196	2340	3856	656	333	323
68	69	44	25	5987	2293	3694	635	323	312
69	66	41	25	5075	2026	3049	527	253	274
70–74岁	**214**	**136**	**78**	**20660**	**8503**	**12157**	**2024**	**1021**	**1003**
70	61	39	22	5039	2045	2994	515	239	276
71	47	31	16	4595	1912	2683	446	253	193
72	41	23	18	4015	1648	2367	388	183	205
73	35	24	11	3676	1488	2188	325	186	139
74	30	19	11	3335	1410	1925	350	160	190
75–79岁	**91**	**64**	**27**	**14348**	**5668**	**8680**	**1298**	**621**	**677**
75	26	20	6	3277	1335	1942	318	171	147
76	25	16	9	3038	1223	1815	277	127	150
77	13	10	3	2761	1044	1717	261	135	126
78	12	9	3	2654	1092	1562	222	93	129
79	15	9	6	2618	974	1644	220	95	125
80–84岁	**50**	**28**	**22**	**10615**	**3972**	**6643**	**919**	**417**	**502**
80	14	6	8	2307	878	1429	212	98	114
81	12	9	3	2244	875	1369	191	92	99
82	10	6	4	2227	828	1399	196	98	98
83	8	3	5	2003	760	1243	179	71	108
84	6	4	2	1834	631	1203	141	58	83
85–89岁	**19**	**10**	**9**	**6653**	**1988**	**4665**	**511**	**185**	**326**
85	8	5	3	1748	556	1192	146	55	91
86	2	2		1514	444	1070	105	40	65
87	5	2	3	1318	371	947	100	39	61
88	1		1	1115	343	772	85	25	60
89	3	1	2	958	274	684	75	26	49
90岁及以上	**11**	**4**	**7**	**3352**	**875**	**2477**	**239**	**71**	**168**

8-7c 全省分年龄、性别、主要生活来源的人口(乡村)

单位：人

年龄	15岁及以上人口			劳动收入		
	合计	男	女	小计	男	女
总计	**2244514**	**1175435**	**1069079**	**1246783**	**782307**	**464476**
45岁以下	**1084925**	**590694**	**494231**	**727402**	**453418**	**273984**
45-49岁	**196212**	**99505**	**96707**	**150091**	**87326**	**62765**
45	33152	17125	16027	26057	15209	10848
46	38555	19524	19031	29988	17244	12744
47	40727	20511	20216	31399	18053	13346
48	40329	20357	19972	30448	17762	12686
49	43449	21988	21461	32199	19058	13141
50-54岁	**223571**	**114370**	**109201**	**151505**	**93752**	**57753**
50	45639	23003	22636	32852	19666	13186
51	43457	21993	21464	30338	18393	11945
52	47904	24518	23386	32629	20120	12509
53	41707	21535	20172	27334	17355	9979
54	44864	23321	21543	28352	18218	10134
55-59岁	**199845**	**104449**	**95396**	**112709**	**75389**	**37320**
55	45894	24093	21801	28033	18390	9643
56	41947	21723	20224	24445	16114	8331
57	46357	24515	21842	25910	17648	8262
58	41641	21853	19788	22257	15143	7114
59	24006	12265	11741	12064	8094	3970
60-64岁	**151996**	**79851**	**72145**	**54823**	**37657**	**17166**
60	23252	12004	11248	10041	6707	3334
61	28260	15053	13207	10980	7676	3304
62	33411	17648	15763	12049	8289	3760
63	36064	19134	16930	12186	8431	3755
64	31009	16012	14997	9567	6554	3013
65-69岁	**139636**	**71416**	**68220**	**32424**	**22196**	**10228**
65	31539	16459	15080	8695	5958	2737
66	30710	15624	15086	7782	5287	2495
67	27785	14139	13646	6349	4370	1979
68	26485	13475	13010	5435	3738	1697
69	23117	11719	11398	4163	2843	1320
70-74岁	**92563**	**47225**	**45338**	**11656**	**8255**	**3401**
70	22607	11575	11032	3555	2502	1053
71	20942	10900	10042	2880	2040	840
72	17797	8995	8802	2097	1473	624
73	16113	8267	7846	1721	1257	464
74	15104	7488	7616	1403	983	420
75-79岁	**65449**	**32001**	**33448**	**4252**	**3072**	**1180**
75	15147	7521	7626	1252	910	342
76	13624	6694	6930	1001	723	278
77	12518	6147	6371	759	561	198
78	12150	5826	6324	661	460	201
79	12010	5813	6197	579	418	161
80-84岁	**47167**	**21022**	**26145**	**1343**	**912**	**431**
80	10744	4996	5748	416	292	124
81	9584	4327	5257	295	200	95
82	9562	4364	5198	251	172	79
83	8892	3869	5023	215	148	67
84	8385	3466	4919	166	100	66
85-89岁	**29046**	**10806**	**18240**	**446**	**269**	**177**
85	7510	2966	4544	143	93	50
86	6534	2471	4063	113	71	42
87	6012	2167	3845	86	50	36
88	4845	1780	3065	57	35	22
89	4145	1422	2723	47	20	27
90岁及以上	**14104**	**4096**	**10008**	**132**	**61**	**71**

8-7c　续表 1　　　　单位：人

年　龄	离退休金/养老金			最低生活保障金			失业保险金		
	小计	男	女	小计	男	女	小计	男	女
总　计	**59326**	**31444**	**27882**	**47235**	**31077**	**16158**	**427**	**275**	**152**
45岁以下	**3**		**3**	**9757**	**5759**	**3998**	**289**	**179**	**110**
45–49岁	**117**	**8**	**109**	**2897**	**1833**	**1064**	**67**	**40**	**27**
45	10		10	514	314	200	15	8	7
46	10	1	9	515	335	180	18	8	10
47	15	2	13	611	377	234	7	5	2
48	25	1	24	608	395	213	9	7	2
49	57	4	53	649	412	237	18	12	6
50–54岁	**1905**	**278**	**1627**	**3514**	**2444**	**1070**	**48**	**40**	**8**
50	267	24	243	678	451	227	16	9	7
51	334	36	298	673	461	212	7	7	
52	395	63	332	761	541	220	10	9	1
53	380	68	312	647	451	196	8	8	
54	529	87	442	755	540	215	7	7	
55–59岁	**4367**	**1004**	**3363**	**3441**	**2472**	**969**	**10**	**10**	
55	775	159	616	750	537	213	5	5	
56	787	155	632	685	502	183	2	2	
57	930	184	746	815	611	204	1	1	
58	1080	266	814	709	500	209	1	1	
59	795	240	555	482	322	160	1	1	
60–64岁	**11854**	**6550**	**5304**	**5472**	**3860**	**1612**			
60	1537	835	702	692	480	212			
61	2094	1121	973	947	660	287			
62	2601	1460	1141	1204	868	336			
63	2925	1638	1287	1366	957	409			
64	2697	1496	1201	1263	895	368			
65–69岁	**14260**	**8048**	**6212**	**6368**	**4467**	**1901**	**2**	**1**	**1**
65	3070	1744	1326	1352	952	400			
66	3041	1672	1369	1385	954	431	1	1	
67	2816	1573	1243	1232	881	351			
68	2837	1614	1223	1236	886	350			
69	2496	1445	1051	1163	794	369	1		1
70–74岁	**10850**	**6438**	**4412**	**5414**	**3834**	**1580**	**4**	**2**	**2**
70	2587	1550	1037	1258	850	408			
71	2555	1551	1004	1175	831	344	3	2	1
72	2048	1167	881	992	718	274	1		1
73	1929	1127	802	1027	745	282			
74	1731	1043	688	962	690	272			
75–79岁	**7255**	**4341**	**2914**	**4467**	**3088**	**1379**	**2**	**1**	**1**
75	1676	992	684	1025	709	316			
76	1586	968	618	891	618	273			
77	1449	855	594	873	611	262	1		1
78	1319	771	548	822	559	263	1	1	
79	1225	755	470	856	591	265			
80–84岁	**4783**	**2797**	**1986**	**3245**	**2092**	**1153**	**3**	**1**	**2**
80	1122	651	471	752	501	251	1	1	
81	1023	596	427	633	422	211			
82	972	592	380	612	392	220			
83	848	492	356	692	434	258	1		1
84	818	466	352	556	343	213	1		1
85–89岁	**2715**	**1410**	**1305**	**1825**	**934**	**891**	**1**	**1**	
85	664	352	312	502	267	235			
86	620	316	304	410	226	184			
87	597	306	291	371	186	185	1	1	
88	457	246	211	292	138	154			
89	377	190	187	250	117	133			
90岁及以上	**1217**	**570**	**647**	**835**	**294**	**541**	**1**		**1**

8-7c 续表 2

单位：人

年 龄	财产性收入			家庭其他成员供养			其 他		
	小计	男	女	小计	男	女	小计	男	女
总 计	**8449**	**4953**	**3496**	**740945**	**253717**	**487228**	**141349**	**71662**	**69687**
45岁以下	**3582**	**2068**	**1514**	**271280**	**92162**	**179118**	**72612**	**37108**	**35504**
45-49岁	**971**	**569**	**402**	**30537**	**4183**	**26354**	**11532**	**5546**	**5986**
45	160	90	70	4467	560	3907	1929	944	985
46	208	112	96	5578	696	4882	2238	1128	1110
47	204	127	77	6056	806	5250	2435	1141	1294
48	204	113	91	6731	983	5748	2304	1096	1208
49	195	127	68	7705	1138	6567	2626	1237	1389
50-54岁	**1141**	**672**	**469**	**51689**	**10535**	**41154**	**13769**	**6649**	**7120**
50	234	137	97	8892	1466	7426	2700	1250	1450
51	219	124	95	9225	1693	7532	2661	1279	1382
52	228	130	98	10919	2225	8694	2962	1430	1532
53	209	128	81	10489	2223	8266	2640	1302	1338
54	251	153	98	12164	2928	9236	2806	1388	1418
55-59岁	**955**	**610**	**345**	**65633**	**18297**	**47336**	**12730**	**6667**	**6063**
55	209	141	68	13175	3323	9852	2947	1538	1409
56	222	131	91	13172	3467	9705	2634	1352	1282
57	226	145	81	15510	4354	11156	2965	1572	1393
58	187	122	65	14770	4408	10362	2637	1413	1224
59	111	71	40	9006	2745	6261	1547	792	755
60-64岁	**591**	**363**	**228**	**70000**	**26434**	**43566**	**9256**	**4987**	**4269**
60	91	62	29	9488	3191	6297	1403	729	674
61	118	72	46	12355	4582	7773	1766	942	824
62	135	81	54	15352	5828	9524	2070	1122	948
63	123	80	43	17270	6806	10464	2194	1222	972
64	124	68	56	15535	6027	9508	1823	972	851
65-69岁	**598**	**352**	**246**	**77754**	**31995**	**45759**	**8230**	**4357**	**3873**
65	146	83	63	16377	6696	9681	1899	1026	873
66	131	75	56	16601	6713	9888	1769	922	847
67	119	73	46	15660	6373	9287	1609	869	740
68	111	69	42	15273	6337	8936	1593	831	762
69	91	52	39	13843	5876	7967	1360	709	651
70-74岁	**335**	**183**	**152**	**59149**	**25810**	**33339**	**5155**	**2703**	**2452**
70	86	47	39	13826	5956	7870	1295	670	625
71	74	39	35	13094	5820	7274	1161	617	544
72	82	44	38	11556	5031	6525	1021	562	459
73	47	30	17	10462	4626	5836	927	482	445
74	46	23	23	10211	4377	5834	751	372	379
75-79岁	**149**	**80**	**69**	**45830**	**19632**	**26198**	**3494**	**1787**	**1707**
75	31	19	12	10339	4455	5884	824	436	388
76	42	21	21	9322	3969	5353	782	395	387
77	31	16	15	8802	3795	5007	603	309	294
78	26	15	11	8648	3680	4968	673	340	333
79	19	9	10	8719	3733	4986	612	307	305
80-84岁	**72**	**38**	**34**	**35349**	**14102**	**21247**	**2372**	**1080**	**1292**
80	17	8	9	7891	3303	4588	545	240	305
81	12	7	5	7150	2884	4266	471	218	253
82	15	10	5	7223	2949	4274	489	249	240
83	13	6	7	6673	2595	4078	450	194	256
84	15	7	8	6412	2371	4041	417	179	238
85-89岁	**37**	**15**	**22**	**22581**	**7618**	**14963**	**1441**	**559**	**882**
85	10	5	5	5802	2096	3706	389	153	236
86	13	4	9	5053	1734	3319	325	120	205
87	6		6	4698	1526	3172	253	98	155
88	6	4	2	3776	1260	2516	257	97	160
89	2	2		3252	1002	2250	217	91	126
90岁及以上	**18**	**3**	**15**	**11143**	**2949**	**8194**	**758**	**219**	**539**

8-8 全省分性别、婚姻状况、主要生活来源的60岁及以上老年人口

单位：人

婚姻状况	60岁及以上人口			劳动收入		
	合计	男	女	小计	男	女
总　计	**1443501**	**693938**	**749563**	**190066**	**134950**	**55116**
未　婚	25482	21126	4356	3056	2545	511
有配偶	1099498	598524	500974	171808	125154	46654
离　婚	15097	7916	7181	1723	1364	359
丧　偶	303424	66372	237052	13479	5887	7592

8-8 续表 1

单位：人

婚姻状况	离退休金/养老金			最低生活保障金			失业保险金		
	小计	男	女	小计	男	女	小计	男	女
总　计	**492644**	**249944**	**242700**	**38341**	**24443**	**13898**	**25**	**12**	**13**
未　婚	4579	2355	2224	12827	12488	339	3	3	
有配偶	397924	224535	173389	15436	8615	6821	14	7	7
离　婚	8692	3649	5043	852	733	119			
丧　偶	81449	19405	62044	9226	2607	6619	8	2	6

8-8 续表 2

单位：人

婚姻状况	财产性收入			家庭其他成员供养			其　他		
	小计	男	女	小计	男	女	小计	男	女
总　计	**11668**	**6513**	**5155**	**643303**	**244575**	**398728**	**67454**	**33501**	**33953**
未　婚	145	95	50	2174	1512	662	2698	2128	570
有配偶	9913	5991	3922	453532	206478	247054	50871	27744	23127
离　婚	96	49	47	2980	1606	1374	754	515	239
丧　偶	1514	378	1136	184617	34979	149638	13131	3114	10017

8-8a 全省分性别、婚姻状况、主要生活来源的60岁及以上老年人口(城市)

单位：人

婚姻状况	60岁及以上人口			劳动收入		
	合计	男	女	小计	男	女
总　计	**685043**	**322775**	**362268**	**56899**	**42137**	**14762**
未　婚	8123	4814	3309	1585	1208	377
有配偶	546274	290202	256072	51926	39301	12625
离　婚	10512	4508	6004	719	495	224
丧　偶	120134	23251	96883	2669	1133	1536

8-8a 续表 1

单位：人

婚姻状况	离退休金/养老金			最低生活保障金			失业保险金		
	小计	男	女	小计	男	女	小计	男	女
总　计	**385241**	**188969**	**196272**	**5337**	**2689**	**2648**	**10**	**5**	**5**
未　婚	3610	1552	2058	970	873	97	1	1	
有配偶	312682	171410	141272	2762	1405	1357	7	4	3
离　婚	7941	3196	4745	186	124	62			
丧　偶	61008	12811	48197	1419	287	1132	2		2

8-8a 续表 2

单位：人

婚姻状况	财产性收入			家庭其他成员供养			其　他		
	小计	男	女	小计	男	女	小计	男	女
总　计	**8519**	**4641**	**3878**	**204545**	**72541**	**132004**	**24492**	**11793**	**12699**
未　婚	102	58	44	984	578	406	871	544	327
有配偶	7252	4278	2974	152218	63587	88631	19427	10217	9210
离　婚	82	44	38	1244	458	786	340	191	149
丧　偶	1083	261	822	50099	7918	42181	3854	841	3013

8-8b　全省分性别、婚姻状况、主要生活来源的60岁及以上老年人口(镇)

单位：人

婚姻状况	60岁及以上人口			劳动收入		
	合计	男	女	小计	男	女
总　计	**218497**	**104746**	**113751**	**28091**	**20391**	**7700**
未　婚	2982	2596	386	363	318	45
有配偶	165905	90756	75149	25607	19091	6516
离　婚	1265	736	529	189	150	39
丧　偶	48345	10658	37687	1932	832	1100

8-8b　续表 1

单位：人

婚姻状况	离退休金/养老金			最低生活保障金			失业保险金		
	小计	男	女	小计	男	女	小计	男	女
总　计	**54469**	**30821**	**23648**	**5378**	**3185**	**2193**	**2**	**1**	**1**
未　婚	311	228	83	1506	1451	55			
有配偶	44687	27499	17188	2444	1303	1141	1	1	
离　婚	426	220	206	82	69	13			
丧　偶	9045	2874	6171	1346	362	984	1		1

8-8b　续表 2

单位：人

婚姻状况	财产性收入			家庭其他成员供养			其　他		
	小计	男	女	小计	男	女	小计	男	女
总　计	**1349**	**838**	**511**	**116952**	**43494**	**73458**	**12256**	**6016**	**6240**
未　婚	12	8	4	352	247	105	438	344	94
有配偶	1164	776	388	82680	37003	45677	9322	5083	4239
离　婚	8	1	7	456	230	226	104	66	38
丧　偶	165	53	112	33464	6014	27450	2392	523	1869

8－8c　全省分性别、婚姻状况、主要生活来源的60岁及以上老年人口(乡村)

单位：人

婚姻状况	60岁及以上人口			劳动收入		
	合计	男	女	小计	男	女
总　计	**539961**	**266417**	**273544**	**105076**	**72422**	**32654**
未　婚	14377	13716	661	1108	1019	89
有配偶	387319	217566	169753	94275	66762	27513
离　婚	3320	2672	648	815	719	96
丧　偶	134945	32463	102482	8878	3922	4956

8－8c　续表 1

单位：人

婚姻状况	离退休金/养老金			最低生活保障金			失业保险金		
	小计	男	女	小计	男	女	小计	男	女
总　计	**52934**	**30154**	**22780**	**27626**	**18569**	**9057**	**13**	**6**	**7**
未　婚	658	575	83	10351	10164	187	2	2	
有配偶	40555	25626	14929	10230	5907	4323	6	2	4
离　婚	325	233	92	584	540	44			
丧　偶	11396	3720	7676	6461	1958	4503	5	2	3

8－8c　续表 2

单位：人

婚姻状况	财产性收入			家庭其他成员供养			其　他		
	小计	男	女	小计	男	女	小计	男	女
总　计	**1800**	**1034**	**766**	**321806**	**128540**	**193266**	**30706**	**15692**	**15014**
未　婚	31	29	2	838	687	151	1389	1240	149
有配偶	1497	937	560	218634	105888	112746	22122	12444	9678
离　婚	6	4	2	1280	918	362	310	258	52
丧　偶	266	64	202	101054	21047	80007	6885	1750	5135

8–9　全省分性别、居住状况、主要生活来源的60岁及以上老年人口

单位：人

居住状况	60岁及以上人口			劳动收入		
	合计	男	女	小计	男	女
总　计	**1443501**	**693938**	**749563**	**190066**	**134950**	**55116**
与配偶和子女同住	542522	302168	240354	81891	60112	21779
与配偶同住	370895	203988	166907	57301	39956	17345
与子女同住	319962	84904	235058	18440	10008	8432
独居(有保姆)	3473	1325	2148	117	80	37
独居(无保姆)	130524	61369	69155	15011	11529	3482
养老机构	7570	3214	4356	56	29	27
其　他	68555	36970	31585	17250	13236	4014

8–9　续表 1

单位：人

居住状况	离退休金/养老金			最低生活保障金			失业保险金		
	小计	男	女	小计	男	女	小计	男	女
总　计	**492644**	**249944**	**242700**	**38341**	**24443**	**13898**	**25**	**12**	**13**
与配偶和子女同住	199785	115723	84062	6634	3767	2867	3	2	1
与配偶同住	143128	81498	61630	6926	3853	3073	7	2	5
与子女同住	89293	25593	63700	6216	1894	4322	7	2	5
独居(有保姆)	1784	756	1028	121	70	51			
独居(无保姆)	39679	17197	22482	13815	11093	2722	5	4	1
养老机构	3528	1310	2218	887	731	156			
其　他	15447	7867	7580	3742	3035	707	3	2	1

8–9　续表 2

单位：人

居住状况	财产性收入			家庭其他成员供养			其　他		
	小计	男	女	小计	男	女	小计	男	女
总　计	**11668**	**6513**	**5155**	**643303**	**244575**	**398728**	**67454**	**33501**	**33953**
与配偶和子女同住	5342	3332	2010	226770	106667	120103	22097	12565	9532
与配偶同住	3250	1903	1347	143420	67629	75791	16863	9147	7716
与子女同住	1574	512	1062	191917	43145	148772	12515	3750	8765
独居(有保姆)	40	16	24	1305	360	945	106	43	63
独居(无保姆)	1021	503	518	54565	17805	36760	6428	3238	3190
养老机构	11	4	7	2607	870	1737	481	270	211
其　他	430	243	187	22719	8099	14620	8964	4488	4476

8-9a 全省分性别、居住状况、主要生活来源的60岁及以上老年人口(城市)

单位：人

居住状况	60岁及以上人口			劳动收入		
	合计	男	女	小计	男	女
总　计	**685043**	**322775**	**362268**	**56899**	**42137**	**14762**
与配偶和子女同住	280895	154880	126015	21278	16239	5039
与配偶同住	155782	85486	70296	13386	9785	3601
与子女同住	159715	40260	119455	5213	2898	2315
独居(有保姆)	2259	837	1422	55	32	23
独居(无保姆)	49250	21784	27466	6571	5240	1331
养老机构	5040	1703	3337	26	10	16
其　他	32102	17825	14277	10370	7933	2437

8-9a　续表 1

单位：人

居住状况	离退休金/养老金			最低生活保障金			失业保险金		
	小计	男	女	小计	男	女	小计	男	女
总　计	**385241**	**188969**	**196272**	**5337**	**2689**	**2648**	**10**	**5**	**5**
与配偶和子女同住	160457	91368	69089	1366	739	627	3	2	1
与配偶同住	108012	59707	48305	860	451	409	3	1	2
与子女同住	71718	19249	52469	1289	316	973	2		2
独居(有保姆)	1503	611	892	24	11	13			
独居(无保姆)	28821	11457	17364	1247	805	442	1	1	
养老机构	2908	956	1952	132	85	47			
其　他	11822	5621	6201	419	282	137	1	1	

8-9a　续表 2

单位：人

居住状况	财产性收入			家庭其他成员供养			其　他		
	小计	男	女	小计	男	女	小计	男	女
总　计	**8519**	**4641**	**3878**	**204545**	**72541**	**132004**	**24492**	**11793**	**12699**
与配偶和子女同住	3986	2418	1568	84705	38999	45706	9100	5115	3985
与配偶同住	2264	1311	953	26578	11716	14862	4679	2515	2164
与子女同住	1200	386	814	74834	15876	58958	5459	1535	3924
独居(有保姆)	35	12	23	578	145	433	64	26	38
独居(无保姆)	707	333	374	10157	3057	7100	1746	891	855
养老机构	10	3	7	1740	559	1181	224	90	134
其　他	317	178	139	5953	2189	3764	3220	1621	1599

8-9b　全省分性别、居住状况、主要生活来源的60岁及以上老年人口(镇)

单位：人

居住状况	60岁及以上人口			劳动收入		
	合计	男	女	小计	男	女
总　计	**218497**	**104746**	**113751**	**28091**	**20391**	**7700**
与配偶和子女同住	87365	48512	38853	14173	10629	3544
与配偶同住	51701	28446	23255	7346	5357	1989
与子女同住	50783	13584	37199	2906	1594	1312
独居(有保姆)	404	164	240	17	9	8
独居(无保姆)	16990	7846	9144	1713	1267	446
养老机构	1072	672	400	4	2	2
其　他	10182	5522	4660	1932	1533	399

8-9b　续表 1

单位：人

居住状况	离退休金/养老金			最低生活保障金			失业保险金		
	小计	男	女	小计	男	女	小计	男	女
总　计	**54469**	**30821**	**23648**	**5378**	**3185**	**2193**	**2**	**1**	**1**
与配偶和子女同住	21515	13265	8250	1200	639	561			
与配偶同住	16952	10346	6606	894	482	412			
与子女同住	8887	3204	5683	954	275	679	1	1	
独居(有保姆)	164	82	82	20	11	9			
独居(无保姆)	4602	2431	2171	1493	1120	373			
养老机构	362	233	129	299	248	51			
其　他	1987	1260	727	518	410	108	1		1

8-9b　续表 2

单位：人

居住状况	财产性收入			家庭其他成员供养			其　他		
	小计	男	女	小计	男	女	小计	男	女
总　计	**1349**	**838**	**511**	**116952**	**43494**	**73458**	**12256**	**6016**	**6240**
与配偶和子女同住	671	467	204	45471	21057	24414	4335	2455	1880
与配偶同住	362	227	135	23428	10593	12835	2719	1441	1278
与子女同住	177	61	116	35598	7794	27804	2260	655	1605
独居(有保姆)	1	1		192	56	136	10	5	5
独居(无保姆)	110	64	46	8011	2475	5536	1061	489	572
养老机构	1	1		296	110	186	110	78	32
其　他	27	17	10	3956	1409	2547	1761	893	868

8-9c 全省分性别、居住状况、主要生活来源的60岁及以上老年人口(乡村)

单位：人

居住状况	60岁及以上人口			劳动收入		
	合计	男	女	小计	男	女
总 计	**539961**	**266417**	**273544**	**105076**	**72422**	**32654**
与配偶和子女同住	174262	98776	75486	46440	33244	13196
与配偶同住	163412	90056	73356	36569	24814	11755
与子女同住	109464	31060	78404	10321	5516	4805
独居(有保姆)	810	324	486	45	39	6
独居(无保姆)	64284	31739	32545	6727	5022	1705
养老机构	1458	839	619	26	17	9
其 他	26271	13623	12648	4948	3770	1178

8-9c 续表 1

单位：人

居住状况	离退休金/养老金			最低生活保障金			失业保险金		
	小计	男	女	小计	男	女	小计	男	女
总 计	**52934**	**30154**	**22780**	**27626**	**18569**	**9057**	**13**	**6**	**7**
与配偶和子女同住	17813	11090	6723	4068	2389	1679			
与配偶同住	18164	11445	6719	5172	2920	2252	4	1	3
与子女同住	8688	3140	5548	3973	1303	2670	4	1	3
独居(有保姆)	117	63	54	77	48	29			
独居(无保姆)	6256	3309	2947	11075	9168	1907	4	3	1
养老机构	258	121	137	456	398	58			
其 他	1638	986	652	2805	2343	462	1	1	

8-9c 续表 2

单位：人

居住状况	财产性收入			家庭其他成员供养			其 他		
	小计	男	女	小计	男	女	小计	男	女
总 计	**1800**	**1034**	**766**	**321806**	**128540**	**193266**	**30706**	**15692**	**15014**
与配偶和子女同住	685	447	238	96594	46611	49983	8662	4995	3667
与配偶同住	624	365	259	93414	45320	48094	9465	5191	4274
与子女同住	197	65	132	81485	19475	62010	4796	1560	3236
独居(有保姆)	4	3	1	535	159	376	32	12	20
独居(无保姆)	204	106	98	36397	12273	24124	3621	1858	1763
养老机构				571	201	370	147	102	45
其 他	86	48	38	12810	4501	8309	3983	1974	2009

8-10 各地区分性别、居住状况的60岁及以上老年人口

单位：人

地 区	60岁及以上人口			与配偶和子女同住		
	合计	男	女	小计	男	女
广 东	**1443501**	**693938**	**749563**	**542522**	**302168**	**240354**
广州市	**193015**	**90555**	**102460**	**71874**	**39691**	**32183**
荔湾区	19696	9273	10423	7096	4041	3055
越秀区	21686	9948	11738	8049	4425	3624
海珠区	29208	13742	15466	10578	5910	4668
天河区	18082	8586	9496	6671	3688	2983
白云区	28334	13688	14646	10592	5891	4701
黄埔区	9715	4557	5158	3620	2001	1619
番禺区	20090	9160	10930	7490	4028	3462
花都区	14691	6791	7900	5828	3141	2687
南沙区	8413	3852	4561	3118	1677	1441
从化区	8115	3788	4327	3160	1751	1409
增城区	14985	7170	7815	5672	3138	2534
韶关市	**49320**	**23201**	**26119**	**13549**	**7483**	**6066**
武江区	5458	2555	2903	1640	917	723
浈江区	6277	2938	3339	1817	1017	800
曲江区	4982	2299	2683	1391	765	626
始兴县	3478	1587	1891	878	474	404
仁化县	3321	1541	1780	792	430	362
翁源县	5421	2677	2744	1508	874	634
乳源瑶族自治县	3056	1433	1623	887	495	392
新丰县	3311	1635	1676	983	556	427
乐昌市	7178	3372	3806	1746	935	811
南雄市	6838	3164	3674	1907	1020	887
深圳市	**98579**	**46098**	**52481**	**39790**	**21772**	**18018**
罗湖区	10287	4803	5484	4335	2399	1936
福田区	13416	6285	7131	5868	3205	2663
南山区	14289	6588	7701	6539	3473	3066
宝安区	17794	8272	9522	6291	3468	2823
龙岗区	23297	10886	12411	9537	5239	4298
盐田区	1704	790	914	680	375	305
龙华区	11191	5198	5993	4358	2385	1973
坪山区	2562	1236	1326	979	538	441
光明区	4039	2040	1999	1203	690	513
珠海市	**22873**	**11176**	**11697**	**9233**	**5145**	**4088**
香洲区	12314	5912	6402	4775	2638	2137
斗门区	6952	3467	3485	2945	1659	1286
金湾区	3607	1797	1810	1513	848	665
汕头市	**79238**	**37245**	**41993**	**37622**	**20885**	**16737**
龙湖区	8401	4050	4351	4303	2414	1889
金平区	14795	6988	7807	6393	3634	2759
濠江区	3844	1792	2052	2028	1147	881
潮阳区	20700	9835	10865	9723	5428	4295
潮南区	15833	7381	8452	8135	4440	3695
澄海区	14369	6584	7785	6606	3586	3020
南澳县	1296	615	681	434	236	198
佛山市	**94661**	**43450**	**51211**	**40136**	**21534**	**18602**
禅城区	15621	7211	8410	6088	3306	2782
南海区	33917	15807	18110	14988	8016	6972
顺德区	30645	13636	17009	14513	7739	6774
三水区	9142	4218	4924	2980	1623	1357
高明区	5336	2578	2758	1567	850	717

8-10 续表 1

单位：人

地　　区	60岁及以上人口			与配偶和子女同住		
	合计	男	女	小计	男	女
江门市	**77017**	**37810**	**39207**	**29631**	**16877**	**12754**
蓬江区	11622	5396	6226	4794	2640	2154
江海区	4115	1887	2228	1991	1073	918
新会区	14969	7122	7847	5258	2904	2354
台山市	17649	9168	8481	6032	3616	2416
开平市	12718	6203	6515	5092	2905	2187
鹤山市	7713	3775	3938	3011	1679	1332
恩平市	8231	4259	3972	3453	2060	1393
湛江市	**106202**	**52782**	**53420**	**38723**	**21598**	**17125**
赤坎区	5008	2455	2553	1981	1138	843
霞山区	8396	4089	4307	3222	1818	1404
坡头区	5562	2813	2749	2095	1189	906
麻章区	6606	3196	3410	2434	1373	1061
遂溪县	14247	7174	7073	4958	2787	2171
徐闻县	10114	4829	5285	3577	1951	1626
廉江市	22268	11441	10827	8219	4602	3617
雷州市	19478	9562	9916	6051	3325	2726
吴川市	14523	7223	7300	6186	3415	2771
茂名市	**95755**	**48634**	**47121**	**35374**	**20081**	**15293**
茂南区	14118	6922	7196	5629	3183	2446
电白区	22129	11189	10940	10120	5659	4461
高州市	23155	12034	11121	7171	4156	3015
化州市	19994	10157	9837	7378	4142	3236
信宜市	16359	8332	8027	5076	2941	2135
肇庆市	**61828**	**28628**	**33200**	**19140**	**10220**	**8920**
端州区	7432	3548	3884	2740	1495	1245
鼎湖区	2586	1164	1422	816	432	384
高要区	11439	5186	6253	3613	1908	1705
广宁县	7792	3661	4131	1933	1019	914
怀集县	11477	5065	6412	3448	1780	1668
封开县	7075	3288	3787	1995	1072	923
德庆县	6187	3030	3157	2086	1136	950
四会市	7840	3686	4154	2509	1378	1131
惠州市	**55396**	**26653**	**28743**	**22293**	**12649**	**9644**
惠城区	17423	8220	9203	6878	3888	2990
惠阳区	8950	4385	4565	3445	1971	1474
博罗县	13154	6289	6865	4978	2770	2208
惠东县	11212	5470	5742	5463	3121	2342
龙门县	4657	2289	2368	1529	899	630
梅州市	**71643**	**35233**	**36410**	**21562**	**12531**	**9031**
梅江区	6872	3318	3554	2840	1614	1226
梅县区	10874	5393	5481	3498	2065	1433
大埔县	7428	3689	3739	1653	957	696
丰顺县	8855	4417	4438	2799	1590	1209
五华县	14237	6950	7287	4422	2578	1844
平远县	4152	1990	2162	1108	645	463
蕉岭县	4146	2082	2064	1147	676	471
兴宁市	15079	7394	7685	4095	2406	1689

8-10　续表 2　　　　单位：人

地　区	60岁及以上人口			与配偶和子女同住		
	合计	男	女	小计	男	女
汕尾市	**35364**	**18155**	**17209**	**14920**	**8824**	**6096**
城　区	5414	2741	2673	2566	1487	1079
海丰县	9721	5093	4628	4467	2696	1771
陆河县	3590	1926	1664	1522	920	602
陆丰市	16639	8395	8244	6365	3721	2644
河源市	**43324**	**20801**	**22523**	**12662**	**7186**	**5476**
源城区	6980	3342	3638	3288	1903	1385
紫金县	9033	4258	4775	2859	1626	1233
龙川县	10691	5128	5563	2236	1255	981
连平县	4991	2382	2609	1446	812	634
和平县	6386	3025	3361	1454	801	653
东源县	5243	2666	2577	1379	789	590
阳江市	**38910**	**19760**	**19150**	**14680**	**8402**	**6278**
江城区	10996	5431	5565	4976	2837	2139
阳东区	6569	3445	3124	2739	1586	1153
阳西县	6716	3528	3188	2292	1357	935
阳春市	14629	7356	7273	4673	2622	2051
清远市	**59434**	**28254**	**31180**	**19403**	**10768**	**8635**
清城区	14067	6484	7583	5643	3098	2545
清新区	8827	4210	4617	2965	1651	1314
佛冈县	4634	2271	2363	1486	852	634
阳山县	6311	3017	3294	1457	804	653
连山壮族瑶族自治县	1708	820	888	593	336	257
连南瑶族自治县	2096	932	1164	712	377	335
英德市	14237	6919	7318	4489	2540	1949
连州市	7554	3601	3953	2058	1110	948
东莞市	**56094**	**26797**	**29297**	**19541**	**10345**	**9196**
市辖区	56094	26797	29297	19541	10345	9196
中山市	**35983**	**16810**	**19173**	**17241**	**9373**	**7868**
市辖区	35983	16810	19173	17241	9373	7868
潮州市	**45462**	**21370**	**24092**	**16830**	**9394**	**7436**
湘桥区	10355	4896	5459	3783	2090	1693
潮安区	19038	9008	10030	8733	4956	3777
饶平县	16069	7466	8603	4314	2348	1966
揭阳市	**85273**	**41738**	**43535**	**35606**	**20334**	**15272**
榕城区	15763	7712	8051	6262	3633	2629
揭东区	16799	8290	8509	6637	3827	2810
揭西县	12378	6167	6211	4681	2644	2037
惠来县	13845	6511	7334	5582	3089	2493
普宁市	26488	13058	13430	12444	7141	5303
云浮市	**38130**	**18788**	**19342**	**12712**	**7076**	**5636**
云城区	5328	2562	2766	2232	1223	1009
云安区	3869	1916	1953	1239	685	554
新兴县	7416	3536	3880	2565	1416	1149
郁南县	6722	3380	3342	1857	1038	819
罗定市	14795	7394	7401	4819	2714	2105

8-10 续表 3

单位：人

地　区	与配偶同住			与子女同住			独居(有保姆)		
	小计	男	女	小计	男	女	小计	男	女
广　东	**370895**	**203988**	**166907**	**319962**	**84904**	**235058**	**3473**	**1325**	**2148**
广州市	**51088**	**27637**	**23451**	**38987**	**9292**	**29695**	**716**	**274**	**442**
荔湾区	5360	2910	2450	3531	811	2720	58	21	37
越秀区	5828	3125	2703	4237	935	3302	136	51	85
海珠区	8346	4497	3849	5136	1154	3982	91	26	65
天河区	5167	2829	2338	3660	879	2781	93	39	54
白云区	6935	3844	3091	5921	1495	4426	96	43	53
黄埔区	2384	1297	1087	2294	554	1740	27	8	19
番禺区	5089	2736	2353	4268	996	3272	82	33	49
花都区	3448	1840	1608	3414	838	2576	38	15	23
南沙区	2283	1198	1085	1824	440	1384	31	9	22
从化区	1844	992	852	1988	525	1463	14	10	4
增城区	4404	2369	2035	2714	665	2049	50	19	31
韶关市	**16683**	**9170**	**7513**	**11056**	**2884**	**8172**	**101**	**45**	**56**
武江区	1886	1042	844	1229	285	944	14	6	8
浈江区	2290	1257	1033	1185	283	902	24	11	13
曲江区	1601	887	714	1192	277	915	12	5	7
始兴县	1066	573	493	923	267	656	4	2	2
仁化县	1166	647	519	808	210	598	8	4	4
翁源县	1667	967	700	1228	331	897	12	8	4
乳源瑶族自治县	890	478	412	764	207	557	7	3	4
新丰县	968	550	418	788	224	564	9	2	7
乐昌市	2946	1586	1360	1287	331	956	6	3	3
南雄市	2203	1183	1020	1652	469	1183	5	1	4
深圳市	**17487**	**9854**	**7633**	**30465**	**8150**	**22315**	**513**	**189**	**324**
罗湖区	2140	1183	957	2683	659	2024	60	28	32
福田区	3065	1660	1405	3159	790	2369	82	31	51
南山区	2525	1394	1131	3940	1042	2898	62	22	40
宝安区	2910	1655	1255	6246	1717	4529	120	33	87
龙岗区	3606	2068	1538	7648	2040	5608	93	30	63
盐田区	345	192	153	496	120	376	7	3	4
龙华区	1660	969	691	4125	1157	2968	39	16	23
坪山区	383	225	158	885	261	624	11	4	7
光明区	853	508	345	1283	364	919	39	22	17
珠海市	**5770**	**3209**	**2561**	**5111**	**1343**	**3768**	**88**	**35**	**53**
香洲区	3175	1773	1402	2917	727	2190	60	22	38
斗门区	1695	931	764	1420	404	1016	20	8	12
金湾区	900	505	395	774	212	562	8	5	3
汕头市	**14243**	**7760**	**6483**	**20762**	**5672**	**15090**	**90**	**27**	**63**
龙湖区	1536	839	697	2002	538	1464	17	4	13
金平区	3767	2071	1696	2944	627	2317	9	4	5
濠江区	526	286	240	944	210	734			
潮阳区	3693	2003	1690	5721	1727	3994	33	12	21
潮南区	1685	928	757	5018	1535	3483	9	2	7
澄海区	2573	1384	1189	3914	977	2937	21	5	16
南澳县	463	249	214	219	58	161	1		1
佛山市	**20985**	**11306**	**9679**	**20246**	**4657**	**15589**	**269**	**80**	**189**
禅城区	4470	2401	2069	2703	616	2087	50	11	39
南海区	7112	3817	3295	6826	1617	5209	89	31	58
顺德区	4641	2520	2121	8003	1772	6231	91	25	66
三水区	2943	1582	1361	1729	412	1317	27	10	17
高明区	1819	986	833	985	240	745	12	3	9

8-10　续表 4　　　　单位：人

地　区	与配偶同住			与子女同住			独居(有保姆)		
	小计	男	女	小计	男	女	小计	男	女
江门市	**21064**	**11813**	**9251**	**14456**	**3560**	**10896**	**100**	**35**	**65**
蓬江区	3004	1608	1396	2395	574	1821	20	8	12
江海区	721	388	333	932	225	707	2	1	1
新会区	4848	2617	2231	2404	573	1831	26	9	17
台山市	5121	3019	2102	3213	823	2390	23	5	18
开平市	3262	1835	1427	2425	552	1873	12	7	5
鹤山市	1955	1082	873	1656	457	1199	13	4	9
恩平市	2153	1264	889	1431	356	1075	4	1	3
湛江市	**33292**	**18014**	**15278**	**18219**	**5474**	**12745**	**144**	**66**	**78**
赤坎区	1420	797	623	967	242	725	11	5	6
霞山区	2533	1396	1137	1635	429	1206	12	4	8
坡头区	1724	940	784	820	271	549	15	5	10
麻章区	1952	1037	915	1052	271	781	9	4	5
遂溪县	4857	2639	2218	2179	684	1495	24	13	11
徐闻县	3026	1615	1411	2096	601	1495	6	4	2
廉江市	7217	3897	3320	3607	1158	2449	22	10	12
雷州市	6731	3612	3119	3226	970	2256	19	8	11
吴川市	3832	2081	1751	2637	848	1789	26	13	13
茂名市	**27872**	**15485**	**12387**	**17451**	**5325**	**12126**	**135**	**65**	**70**
茂南区	3937	2119	1818	2528	698	1830	31	20	11
电白区	5306	2892	2414	4009	1220	2789	28	11	17
高州市	7505	4261	3244	4177	1340	2837	32	14	18
化州市	5989	3321	2668	3645	1148	2497	24	9	15
信宜市	5135	2892	2243	3092	919	2173	20	11	9
肇庆市	**16418**	**8766**	**7652**	**14011**	**3887**	**10124**	**97**	**48**	**49**
端州区	2038	1125	913	1494	377	1117	14	7	7
鼎湖区	828	436	392	438	109	329	8	3	5
高要区	3441	1776	1665	2241	605	1636	21	11	10
广宁县	2188	1163	1025	1681	483	1198	9	4	5
怀集县	2541	1361	1180	3266	944	2322	16	8	8
封开县	2009	1086	923	1633	438	1195	3	1	2
德庆县	1358	741	617	1457	449	1008	6	3	3
四会市	2015	1078	937	1801	482	1319	20	11	9
惠州市	**11945**	**6602**	**5343**	**14348**	**3688**	**10660**	**145**	**60**	**85**
惠城区	3767	2088	1679	4799	1214	3585	54	24	30
惠阳区	1874	1059	815	2356	605	1751	26	10	16
博罗县	3432	1846	1586	3041	802	2239	34	14	20
惠东县	1589	892	697	3008	768	2240	22	10	12
龙门县	1283	717	566	1144	299	845	9	2	7
梅州市	**23723**	**13584**	**10139**	**14756**	**3504**	**11252**	**139**	**60**	**79**
梅江区	1793	1010	783	1515	336	1179	15	8	7
梅县区	3494	2036	1458	2304	528	1776	22	8	14
大埔县	2830	1619	1211	1334	298	1036	17	7	10
丰顺县	2889	1617	1272	1794	498	1296	11	5	6
五华县	4492	2548	1944	3053	755	2298	23	11	12
平远县	1514	845	669	968	231	737	11	4	7
蕉岭县	1443	840	603	843	205	638	9	4	5
兴宁市	5268	3069	2199	2945	653	2292	31	13	18

8-10 续表 5 单位：人

地区	与配偶同住			与子女同住			独居(有保姆)		
	小计	男	女	小计	男	女	小计	男	女
汕尾市	**8981**	**5108**	**3873**	**7406**	**2095**	**5311**	**55**	**22**	**33**
城　区	1179	671	508	1118	297	821	7	3	4
海丰县	2083	1200	883	2140	599	1541	17	7	10
陆河县	716	428	288	964	323	641	9	3	6
陆丰市	5003	2809	2194	3184	876	2308	22	9	13
河源市	**12366**	**6924**	**5442**	**10975**	**2959**	**8016**	**65**	**29**	**36**
源城区	1014	563	451	2208	615	1593	20	14	6
紫金县	2356	1334	1022	2383	581	1802	8	3	5
龙川县	3904	2173	1731	2288	592	1696	14	4	10
连平县	1385	794	591	1331	365	966	13	5	8
和平县	2208	1208	1000	1402	393	1009	6	2	4
东源县	1499	852	647	1363	413	950	4	1	3
阳江市	**11093**	**6110**	**4983**	**6940**	**2015**	**4925**	**66**	**31**	**35**
江城区	2423	1335	1088	2148	592	1556	18	6	12
阳东区	1673	924	749	1195	380	815	8	6	2
阳西县	2116	1197	919	1099	310	789	14	6	8
阳春市	4881	2654	2227	2498	733	1765	26	13	13
清远市	**15580**	**8500**	**7080**	**14761**	**3978**	**10783**	**78**	**30**	**48**
清城区	3364	1807	1557	3561	901	2660	26	9	17
清新区	2035	1119	916	2254	601	1653	12	5	7
佛冈县	1203	677	526	1071	277	794	9	2	7
阳山县	1806	987	819	1619	477	1142	10	5	5
连山壮族瑶族自治县	455	249	206	393	89	304	2	2	
连南瑶族自治县	488	264	224	592	152	440	2	2	
英德市	3959	2192	1767	3530	982	2548	10	3	7
连州市	2270	1205	1065	1741	499	1242	7	2	5
东莞市	**14117**	**7727**	**6390**	**11819**	**3145**	**8674**	**261**	**81**	**180**
市辖区	14117	7727	6390	11819	3145	8674	261	81	180
中山市	**5867**	**3258**	**2609**	**9213**	**2274**	**6939**	**111**	**32**	**79**
市辖区	5867	3258	2609	9213	2274	6939	111	32	79
潮州市	**12662**	**6831**	**5831**	**10341**	**2688**	**7653**	**81**	**32**	**49**
湘桥区	3225	1734	1491	2037	520	1517	26	7	19
潮安区	3544	1924	1620	5083	1356	3727	21	9	12
饶平县	5893	3173	2720	3221	812	2409	34	16	18
揭阳市	**19272**	**10581**	**8691**	**20823**	**6039**	**14784**	**157**	**56**	**101**
榕城区	4156	2273	1883	3789	1073	2716	29	10	19
揭东区	4409	2413	1996	3945	1156	2789	50	21	29
揭西县	3266	1831	1435	2779	837	1942	18	5	13
惠来县	3353	1814	1539	3112	821	2291	36	12	24
普宁市	4088	2250	1838	7198	2152	5046	24	8	16
云浮市	**10387**	**5749**	**4638**	**7816**	**2275**	**5541**	**62**	**28**	**34**
云城区	1173	649	524	1170	292	878	9	3	6
云安区	1151	633	518	741	218	523	6	4	2
新兴县	1932	1046	886	1633	452	1181	14	5	9
郁南县	1957	1089	868	1333	386	947	7	2	5
罗定市	4174	2332	1842	2939	927	2012	26	14	12

8-10 续表 6

单位：人

地区	独居(无保姆)			养老机构			其他		
	小计	男	女	小计	男	女	小计	男	女
广　东	**130524**	**61369**	**69155**	**7570**	**3214**	**4356**	**68555**	**36970**	**31585**
广州市	**17862**	**7550**	**10312**	**2415**	**802**	**1613**	**10073**	**5309**	**4764**
荔湾区	2146	813	1333	429	131	298	1076	546	530
越秀区	2016	779	1237	201	64	137	1219	569	650
海珠区	2995	1218	1777	373	117	256	1689	820	869
天河区	1392	606	786	85	28	57	1014	517	497
白云区	2575	1264	1311	664	231	433	1551	920	631
黄埔区	729	320	409	214	86	128	447	291	156
番禺区	1899	786	1113	204	51	153	1058	530	528
花都区	1137	515	622	111	46	65	715	396	319
南沙区	708	272	436	61	24	37	388	232	156
从化区	757	336	421	23	8	15	329	166	163
增城区	1508	641	867	50	16	34	587	322	265
韶关市	**5691**	**2528**	**3163**	**295**	**148**	**147**	**1945**	**943**	**1002**
武江区	516	214	302	55	27	28	118	64	54
浈江区	702	250	452	57	27	30	202	93	109
曲江区	531	237	294	47	21	26	208	107	101
始兴县	452	195	257	1		1	154	76	78
仁化县	423	189	234	10	6	4	114	55	59
翁源县	700	344	356	54	25	29	252	128	124
乳源瑶族自治县	338	161	177	14	9	5	156	80	76
新丰县	423	222	201	6	6		134	75	59
乐昌市	903	396	507	33	16	17	257	105	152
南雄市	703	320	383	18	11	7	350	160	190
深圳市	**4499**	**2503**	**1996**	**368**	**120**	**248**	**5457**	**3510**	**1947**
罗湖区	436	187	249	56	16	40	577	331	246
福田区	467	191	276	47	19	28	728	389	339
南山区	430	180	250	75	27	48	718	450	268
宝安区	990	598	392	86	34	52	1151	767	384
龙岗区	1053	641	412	54	16	38	1306	852	454
盐田区	68	35	33	26	3	23	82	62	20
龙华区	553	352	201	20	3	17	436	316	120
坪山区	152	91	61	2	1	1	150	116	34
光明区	350	228	122	2	1	1	309	227	82
珠海市	**1609**	**795**	**814**	**131**	**61**	**70**	**931**	**588**	**343**
香洲区	730	365	365	54	14	40	603	373	230
斗门区	621	307	314	70	43	27	181	115	66
金湾区	258	123	135	7	4	3	147	100	47
汕头市	**4157**	**1735**	**2422**	**74**	**40**	**34**	**2290**	**1126**	**1164**
龙湖区	327	136	191	2	1	1	214	118	96
金平区	1212	432	780	29	13	16	441	207	234
濠江区	198	79	119				148	70	78
潮阳区	936	404	532	15	7	8	579	254	325
潮南区	479	234	245	7	2	5	500	240	260
澄海区	877	411	466	9	5	4	369	216	153
南澳县	128	39	89	12	12		39	21	18
佛山市	**7760**	**3164**	**4596**	**992**	**286**	**706**	**4273**	**2423**	**1850**
禅城区	1323	472	851	305	71	234	682	334	348
南海区	2685	1081	1604	299	104	195	1918	1141	777
顺德区	1932	850	1082	261	72	189	1204	658	546
三水区	1051	375	676	115	35	80	297	181	116
高明区	769	386	383	12	4	8	172	109	63

8－10 续表 7

单位：人

地 区	独居(无保姆)			养老机构			其 他		
	小计	男	女	小计	男	女	小计	男	女
江门市	**8221**	**3701**	**4520**	**517**	**225**	**292**	**3028**	**1599**	**1429**
蓬江区	920	340	580	92	39	53	397	187	210
江海区	267	109	158	91	33	58	111	58	53
新会区	1853	747	1106	163	69	94	417	203	214
台山市	2243	1126	1117	56	27	29	961	552	409
开平市	1371	634	737	15	9	6	541	261	280
鹤山市	798	388	410	40	20	20	240	145	95
恩平市	769	357	412	60	28	32	361	193	168
湛江市	**11123**	**5123**	**6000**	**323**	**212**	**111**	**4378**	**2295**	**2083**
赤坎区	387	153	234	24	16	8	218	104	114
霞山区	730	319	411	24	9	15	240	114	126
坡头区	628	250	378	19	18	1	261	140	121
麻章区	798	337	461	23	14	9	338	160	178
遂溪县	1635	734	901	49	34	15	545	283	262
徐闻县	1000	447	553	36	23	13	373	188	185
廉江市	2177	1185	992	57	37	20	969	552	417
雷州市	2428	1092	1336	74	50	24	949	505	444
吴川市	1340	606	734	17	11	6	485	249	236
茂名市	**9404**	**4933**	**4471**	**392**	**191**	**201**	**5127**	**2554**	**2573**
茂南区	1207	545	662	212	87	125	574	270	304
电白区	1816	972	844	32	17	15	818	418	400
高州市	2683	1467	1216	66	42	24	1521	754	767
化州市	1865	980	885	64	28	36	1029	529	500
信宜市	1833	969	864	18	17	1	1185	583	602
肇庆市	**7517**	**3424**	**4093**	**226**	**119**	**107**	**4419**	**2164**	**2255**
端州区	644	294	350	42	14	28	460	236	224
鼎湖区	380	133	247	18	5	13	98	46	52
高要区	1572	604	968	17	8	9	534	274	260
广宁县	1298	659	639	34	25	9	649	308	341
怀集县	1144	511	633	47	25	22	1015	436	579
封开县	770	382	388	25	15	10	640	294	346
德庆县	696	382	314	10	8	2	574	311	263
四会市	1013	459	554	33	19	14	449	259	190
惠州市	**3999**	**2069**	**1930**	**173**	**83**	**90**	**2493**	**1502**	**991**
惠城区	1003	491	512	109	42	67	813	473	340
惠阳区	695	390	305	9	1	8	545	349	196
博罗县	1069	490	579	33	26	7	567	341	226
惠东县	719	420	299	12	6	6	399	253	146
龙门县	513	278	235	10	8	2	169	86	83
梅州市	**7791**	**3703**	**4088**	**359**	**200**	**159**	**3313**	**1651**	**1662**
梅江区	408	189	219	64	28	36	237	133	104
梅县区	1118	555	563	20	8	12	418	193	225
大埔县	1101	553	548	51	34	17	442	221	221
丰顺县	953	471	482	36	29	7	373	207	166
五华县	1428	659	769	27	22	5	792	377	415
平远县	408	184	224	13	8	5	130	73	57
蕉岭县	544	266	278	36	19	17	124	72	52
兴宁市	1831	826	1005	112	52	60	797	375	422

8-10 续表 8

单位：人

地区	独居(无保姆)			养老机构			其他		
	小计	男	女	小计	男	女	小计	男	女
汕尾市	**2460**	**1249**	**1211**	**34**	**23**	**11**	**1508**	**834**	**674**
城　区	373	189	184	4	4		167	90	77
海丰县	674	385	289	5	5		335	201	134
陆河县	217	141	76	3	1	2	159	110	49
陆丰市	1196	534	662	22	13	9	847	433	414
河源市	**4821**	**2447**	**2374**	**88**	**70**	**18**	**2347**	**1186**	**1161**
源城区	260	133	127	2	2		188	112	76
紫金县	870	438	432	34	28	6	523	248	275
龙川县	1539	749	790	15	10	5	695	345	350
连平县	561	281	280	6	5	1	249	120	129
和平县	893	430	463	8	4	4	415	187	228
东源县	698	416	282	23	21	2	277	174	103
阳江市	**4426**	**2336**	**2090**	**218**	**93**	**125**	**1487**	**773**	**714**
江城区	975	444	531	82	29	53	374	188	186
阳东区	733	409	324	56	29	27	165	111	54
阳西县	902	497	405	24	14	10	269	147	122
阳春市	1816	986	830	56	21	35	679	327	352
清远市	**6548**	**3420**	**3128**	**227**	**122**	**105**	**2837**	**1436**	**1401**
清城区	1025	418	607	55	25	30	393	226	167
清新区	1027	569	458	16	6	10	518	259	259
佛冈县	639	339	300	13	9	4	213	115	98
阳山县	905	498	407	18	13	5	496	233	263
连山壮族瑶族自治县	168	89	79	16	16		81	39	42
连南瑶族自治县	218	100	118	21	14	7	63	23	40
英德市	1483	795	688	55	30	25	711	377	334
连州市	1083	612	471	33	9	24	362	164	198
东莞市	**5821**	**2711**	**3110**	**231**	**82**	**149**	**4304**	**2706**	**1598**
市辖区	5821	2711	3110	231	82	149	4304	2706	1598
中山市	**2058**	**985**	**1073**	**162**	**94**	**68**	**1331**	**794**	**537**
市辖区	2058	985	1073	162	94	68	1331	794	537
潮州市	**4235**	**1759**	**2476**	**31**	**18**	**13**	**1282**	**648**	**634**
湘桥区	1061	430	631	7		7	216	115	101
潮安区	1211	523	688	5	3	2	441	237	204
饶平县	1963	806	1157	19	15	4	625	296	329
揭阳市	**5694**	**2757**	**2937**	**229**	**164**	**65**	**3492**	**1807**	**1685**
榕城区	980	388	592	135	109	26	412	226	186
揭东区	1241	602	639	36	23	13	481	248	233
揭西县	1018	533	485	12	9	3	604	308	296
惠来县	950	393	557	7	4	3	805	378	427
普宁市	1505	841	664	39	19	20	1190	647	543
云浮市	**4828**	**2477**	**2351**	**85**	**61**	**24**	**2240**	**1122**	**1118**
云城区	561	290	271	10	7	3	173	98	75
云安区	533	270	263	22	13	9	177	93	84
新兴县	974	455	519	21	17	4	277	145	132
郁南县	1066	591	475	15	13	2	487	261	226
罗定市	1694	871	823	17	11	6	1126	525	601

8-10a 各地区分性别、居住状况的60岁及以上老年人口(城市)

单位：人

地区	60岁及以上人口			与配偶和子女同住		
	合计	男	女	小计	男	女
广东	**685043**	**322775**	**362268**	**280895**	**154880**	**126015**
广州市	**152224**	**71438**	**80786**	**56273**	**31250**	**25023**
荔湾区	19696	9273	10423	7096	4041	3055
越秀区	21686	9948	11738	8049	4425	3624
海珠区	29208	13742	15466	10578	5910	4668
天河区	18082	8586	9496	6671	3688	2983
白云区	20004	9768	10236	6977	3977	3000
黄埔区	8251	3885	4366	3035	1684	1351
番禺区	16671	7573	9098	6324	3401	2923
花都区	7862	3665	4197	3111	1689	1422
南沙区	3598	1674	1924	1392	755	637
从化区	2099	953	1146	764	425	339
增城区	5067	2371	2696	2276	1255	1021
韶关市	**14580**	**6789**	**7791**	**4399**	**2468**	**1931**
武江区	4413	2076	2337	1351	766	585
浈江区	4561	2167	2394	1355	769	586
曲江区	2326	1049	1277	700	394	306
始兴县						
仁化县						
翁源县						
乳源瑶族自治县						
新丰县						
乐昌市	1559	713	846	403	223	180
南雄市	1721	784	937	590	316	274
深圳市	**98297**	**45949**	**52348**	**39708**	**21725**	**17983**
罗湖区	10287	4803	5484	4335	2399	1936
福田区	13416	6285	7131	5868	3205	2663
南山区	14286	6585	7701	6539	3473	3066
宝安区	17794	8272	9522	6291	3468	2823
龙岗区	23038	10750	12288	9463	5196	4267
盐田区	1704	790	914	680	375	305
龙华区	11191	5198	5993	4358	2385	1973
坪山区	2542	1226	1316	971	534	437
光明区	4039	2040	1999	1203	690	513
珠海市	**16950**	**8148**	**8802**	**6794**	**3760**	**3034**
香洲区	12074	5754	6320	4717	2605	2112
斗门区	2511	1232	1279	1083	603	480
金湾区	2365	1162	1203	994	552	442
汕头市	**37220**	**17538**	**19682**	**17612**	**9764**	**7848**
龙湖区	6861	3331	3530	3399	1899	1500
金平区	14542	6864	7678	6277	3564	2713
濠江区	2787	1306	1481	1494	844	650
潮阳区	4506	2122	2384	2121	1175	946
潮南区	5054	2297	2757	2598	1362	1236
澄海区	3470	1618	1852	1723	920	803
南澳县						
佛山市	**83632**	**38208**	**45424**	**36291**	**19483**	**16808**
禅城区	13583	6289	7294	5165	2823	2342
南海区	31601	14737	16864	13932	7460	6472
顺德区	30118	13386	16732	14254	7600	6654
三水区	4386	1957	2429	1572	861	711
高明区	3944	1839	2105	1368	739	629

8-10a　续表 1　　　　单位：人

地　区	60岁及以上人口			与配偶和子女同住		
	合计	男	女	小计	男	女
江门市	**38088**	**18115**	**19973**	**16988**	**9503**	**7485**
蓬江区	11029	5125	5904	4520	2494	2026
江海区	4115	1887	2228	1991	1073	918
新会区	7067	3266	3801	2963	1622	1341
台山市	5107	2569	2538	2088	1224	864
开平市	4845	2339	2506	2452	1387	1065
鹤山市	2939	1422	1517	1259	697	562
恩平市	2986	1507	1479	1715	1006	709
湛江市	**24607**	**12057**	**12550**	**10389**	**5800**	**4589**
赤坎区	4883	2401	2482	1921	1108	813
霞山区	7906	3857	4049	3027	1713	1314
坡头区	1066	517	549	367	199	168
麻章区	1171	588	583	531	307	224
遂溪县	480	234	246	178	93	85
徐闻县						
廉江市	2976	1450	1526	1478	803	675
雷州市	2706	1353	1353	1146	636	510
吴川市	3419	1657	1762	1741	941	800
茂名市	**21989**	**10735**	**11254**	**9525**	**5276**	**4249**
茂南区	8102	3913	4189	3212	1786	1426
电白区	3231	1561	1670	1578	855	723
高州市	3732	1866	1866	1598	894	704
化州市	3324	1635	1689	1574	867	707
信宜市	3600	1760	1840	1563	874	689
肇庆市	**13310**	**6353**	**6957**	**5276**	**2884**	**2392**
端州区	7432	3548	3884	2740	1495	1245
鼎湖区	1063	491	572	463	248	215
高要区	914	446	468	414	217	197
广宁县						
怀集县						
封开县						
德庆县						
四会市	3901	1868	2033	1659	924	735
惠州市	**18689**	**8837**	**9852**	**7574**	**4279**	**3295**
惠城区	12747	5935	6812	5207	2929	2278
惠阳区	5832	2841	2991	2312	1318	994
博罗县	110	61	49	55	32	23
惠东县						
龙门县						
梅州市	**13942**	**6709**	**7233**	**5914**	**3388**	**2526**
梅江区	5937	2857	3080	2488	1406	1082
梅县区	3302	1575	1727	1617	942	675
大埔县						
丰顺县						
五华县	226	106	120	65	35	30
平远县						
蕉岭县						
兴宁市	4477	2171	2306	1744	1005	739

8-10a 续表 2

单位：人

地　区	60岁及以上人口			与配偶和子女同住		
	合计	男	女	小计	男	女
汕尾市	**5632**	**2838**	**2794**	**2756**	**1579**	**1177**
城　区	3194	1587	1607	1565	889	676
海丰县						
陆河县						
陆丰市	2438	1251	1187	1191	690	501
河源市	**6456**	**3095**	**3361**	**3067**	**1771**	**1296**
源城区	6456	3095	3361	3067	1771	1296
紫金县						
龙川县						
连平县						
和平县						
东源县						
阳江市	**11786**	**5762**	**6024**	**6056**	**3419**	**2637**
江城区	6740	3300	3440	3523	1986	1537
阳东区	1829	916	913	1078	610	468
阳西县						
阳春市	3217	1546	1671	1455	823	632
清远市	**14959**	**6790**	**8169**	**6257**	**3481**	**2776**
清城区	7852	3578	4274	3288	1830	1458
清新区	2525	1139	1386	1174	654	520
佛冈县						
阳山县						
连山壮族瑶族自治县						
连南瑶族自治县						
英德市	2267	1039	1228	868	493	375
连州市	2315	1034	1281	927	504	423
东莞市	**49281**	**23469**	**25812**	**17338**	**9160**	**8178**
市辖区	49281	23469	25812	17338	9160	8178
中山市	**21170**	**9807**	**11363**	**9998**	**5451**	**4547**
市辖区	21170	9807	11363	9998	5451	4547
潮州市	**14831**	**6988**	**7843**	**6554**	**3638**	**2916**
湘桥区	7459	3527	3932	2871	1581	1290
潮安区	7372	3461	3911	3683	2057	1626
饶平县						
揭阳市	**20691**	**10018**	**10673**	**9001**	**5099**	**3902**
榕城区	10477	5075	5402	4368	2497	1871
揭东区	4611	2232	2379	1944	1100	844
揭西县						
惠来县						
普宁市	5603	2711	2892	2689	1502	1187
云浮市	**6709**	**3132**	**3577**	**3125**	**1702**	**1423**
云城区	3408	1592	1816	1623	890	733
云安区	239	124	115	125	71	54
新兴县						
郁南县						
罗定市	3062	1416	1646	1377	741	636

8-10a　续表 3　　　　单位：人

地　区	与配偶同住			与子女同住			独居(有保姆)		
	小计	男	女	小计	男	女	小计	男	女
广　东	**155782**	**85486**	**70296**	**159715**	**40260**	**119455**	**2259**	**837**	**1422**
广州市	**40731**	**22115**	**18616**	**30520**	**7144**	**23376**	**620**	**233**	**387**
荔湾区	5360	2910	2450	3531	811	2720	58	21	37
越秀区	5828	3125	2703	4237	935	3302	136	51	85
海珠区	8346	4497	3849	5136	1154	3982	91	26	65
天河区	5167	2829	2338	3660	879	2781	93	39	54
白云区	5322	2967	2355	4061	1005	3056	74	32	42
黄埔区	2122	1158	964	1940	468	1472	23	6	17
番禺区	4042	2179	1863	3691	845	2846	76	30	46
花都区	1879	1012	867	1898	479	1419	27	10	17
南沙区	902	482	420	842	215	627	15	4	11
从化区	570	304	266	507	127	380	7	5	2
增城区	1193	652	541	1017	226	791	20	9	11
韶关市	**5086**	**2832**	**2254**	**3166**	**735**	**2431**	**51**	**21**	**30**
武江区	1556	865	691	972	216	756	14	6	8
浈江区	1649	918	731	875	200	675	23	10	13
曲江区	739	415	324	564	131	433	10	4	6
始兴县									
仁化县									
翁源县									
乳源瑶族自治县									
新丰县									
乐昌市	640	357	283	300	65	235	2		2
南雄市	502	277	225	455	123	332	2	1	1
深圳市	**17430**	**9821**	**7609**	**30394**	**8132**	**22262**	**511**	**189**	**322**
罗湖区	2140	1183	957	2683	659	2024	60	28	32
福田区	3065	1660	1405	3159	790	2369	82	31	51
南山区	2525	1394	1131	3940	1042	2898	62	22	40
宝安区	2910	1655	1255	6246	1717	4529	120	33	87
龙岗区	3553	2037	1516	7584	2025	5559	91	30	61
盐田区	345	192	153	496	120	376	7	3	4
龙华区	1660	969	691	4125	1157	2968	39	16	23
坪山区	379	223	156	878	258	620	11	4	7
光明区	853	508	345	1283	364	919	39	22	17
珠海市	**4281**	**2378**	**1903**	**3976**	**1030**	**2946**	**69**	**26**	**43**
香洲区	3101	1726	1375	2887	715	2172	59	21	38
斗门区	628	345	283	529	146	383	7	3	4
金湾区	552	307	245	560	169	391	3	2	1
汕头市	**7341**	**4024**	**3317**	**8912**	**2310**	**6602**	**32**	**8**	**24**
龙湖区	1444	791	653	1526	422	1104	15	4	11
金平区	3734	2053	1681	2853	600	2253	9	4	5
濠江区	369	201	168	693	158	535			
潮阳区	837	456	381	1195	334	861	1		1
潮南区	365	200	165	1807	578	1229	3		3
澄海区	592	323	269	838	218	620	4		4
南澳县									
佛山市	**17529**	**9470**	**8059**	**18483**	**4201**	**14282**	**245**	**75**	**170**
禅城区	4018	2164	1854	2363	530	1833	40	10	30
南海区	6530	3513	3017	6488	1551	4937	88	30	58
顺德区	4566	2481	2085	7860	1729	6131	91	25	66
三水区	1253	679	574	961	211	750	17	8	9
高明区	1162	633	529	811	180	631	9	2	7

8-10a 续表 4

单位：人

地　区	与配偶同住			与子女同住			独居(有保姆)		
	小计	男	女	小计	男	女	小计	男	女
江门市	**9008**	**4913**	**4095**	**7545**	**1794**	**5751**	**54**	**23**	**31**
蓬江区	2885	1550	1335	2257	530	1727	17	6	11
江海区	721	388	333	932	225	707	2	1	1
新会区	1997	1069	928	1217	257	960	19	7	12
台山市	1301	748	553	914	221	693	7	3	4
开平市	956	523	433	922	203	719	3	3	
鹤山市	696	385	311	695	202	493	5	3	2
恩平市	452	250	202	608	156	452	1		1
湛江市	**6705**	**3676**	**3029**	**4664**	**1283**	**3381**	**47**	**18**	**29**
赤坎区	1385	780	605	949	238	711	11	5	6
霞山区	2396	1322	1074	1542	402	1140	12	4	8
坡头区	393	210	183	170	42	128	7	3	4
麻章区	259	140	119	195	57	138			
遂溪县	181	93	88	48	14	34			
徐闻县									
廉江市	716	387	329	543	148	395	4	2	2
雷州市	707	383	324	498	155	343	9	3	6
吴川市	668	361	307	719	227	492	4	1	3
茂名市	**5303**	**2887**	**2416**	**4320**	**1244**	**3076**	**52**	**29**	**23**
茂南区	2283	1220	1063	1470	406	1064	22	14	8
电白区	696	379	317	646	192	454	5	3	2
高州市	841	466	375	698	206	492	13	6	7
化州市	721	397	324	663	188	475	4	2	2
信宜市	762	425	337	843	252	591	8	4	4
肇庆市	**3089**	**1706**	**1383**	**2988**	**812**	**2176**	**26**	**12**	**14**
端州区	2038	1125	913	1494	377	1117	14	7	7
鼎湖区	207	109	98	226	66	160	2	1	1
高要区	127	71	56	207	74	133	3		3
广宁县									
怀集县									
封开县									
德庆县									
四会市	717	401	316	1061	295	766	7	4	3
惠州市	**3842**	**2138**	**1704**	**5197**	**1318**	**3879**	**61**	**25**	**36**
惠城区	2643	1458	1185	3597	901	2696	45	20	25
惠阳区	1183	671	512	1583	412	1171	16	5	11
博罗县	16	9	7	17	5	12			
惠东县									
龙门县									
梅州市	**3448**	**1953**	**1495**	**3212**	**731**	**2481**	**34**	**17**	**17**
梅江区	1527	856	671	1317	301	1016	15	8	7
梅县区	596	338	258	854	197	657	7	2	5
大埔县									
丰顺县									
五华县	76	46	30	56	10	46			
平远县									
蕉岭县									
兴宁市	1249	713	536	985	223	762	12	7	5

8-10a 续表 5

单位：人

地区	与配偶同住			与子女同住			独居(有保姆)		
	小计	男	女	小计	男	女	小计	男	女
汕尾市	**1149**	**643**	**506**	**1192**	**338**	**854**	**8**	**3**	**5**
城　区	658	372	286	703	191	512	5	1	4
海丰县									
陆河县									
陆丰市	491	271	220	489	147	342	3	2	1
河源市	**921**	**512**	**409**	**2035**	**572**	**1463**	**20**	**14**	**6**
源城区	921	512	409	2035	572	1463	20	14	6
紫金县									
龙川县									
连平县									
和平县									
东源县									
阳江市	**2171**	**1200**	**971**	**2467**	**651**	**1816**	**19**	**9**	**10**
江城区	1149	634	515	1424	394	1030	10	4	6
阳东区	250	140	110	382	111	271			
阳西县									
阳春市	772	426	346	661	146	515	9	5	4
清远市	**3089**	**1688**	**1401**	**4365**	**1100**	**3265**	**31**	**11**	**20**
清城区	1738	946	792	2227	550	1677	19	7	12
清新区	304	164	140	861	237	624	7	2	5
佛冈县									
阳山县									
连山壮族瑶族自治县									
连南瑶族自治县									
英德市	524	293	231	676	167	509	5	2	3
连州市	523	285	238	601	146	455			
东莞市	**11875**	**6531**	**5344**	**10879**	**2886**	**7993**	**237**	**73**	**164**
市辖区	11875	6531	5344	10879	2886	7993	237	73	164
中山市	**3588**	**1993**	**1595**	**5427**	**1300**	**4127**	**68**	**22**	**46**
市辖区	3588	1993	1595	5427	1300	4127	68	22	46
潮州市	**3532**	**1912**	**1620**	**3304**	**827**	**2477**	**21**	**9**	**12**
湘桥区	2322	1253	1069	1379	326	1053	15	7	8
潮安区	1210	659	551	1925	501	1424	6	2	4
饶平县									
揭阳市	**4480**	**2442**	**2038**	**5049**	**1433**	**3616**	**45**	**18**	**27**
榕城区	2679	1462	1217	2466	693	1773	20	7	13
揭东区	1108	613	495	1132	306	826	19	8	11
揭西县									
惠来县									
普宁市	693	367	326	1451	434	1017	6	3	3
云浮市	**1184**	**652**	**532**	**1620**	**419**	**1201**	**8**	**2**	**6**
云城区	626	345	281	823	194	629	8	2	6
云安区	52	30	22	32	8	24			
新兴县									
郁南县									
罗定市	506	277	229	765	217	548			

8-10a 续表 6

单位：人

地 区	独居(无保姆)			养老机构			其 他		
	小计	男	女	小计	男	女	小计	男	女
广 东	**49250**	**21784**	**27466**	**5040**	**1703**	**3337**	**32102**	**17825**	**14277**
广州市	**13914**	**5880**	**8034**	**2005**	**649**	**1356**	**8161**	**4167**	**3994**
荔湾区	2146	813	1333	429	131	298	1076	546	530
越秀区	2016	779	1237	201	64	137	1219	569	650
海珠区	2995	1218	1777	373	117	256	1689	820	869
天河区	1392	606	786	85	28	57	1014	517	497
白云区	1979	990	989	482	175	307	1109	622	487
黄埔区	646	287	359	111	41	70	374	241	133
番禺区	1472	631	841	186	47	139	880	440	440
花都区	493	248	245	34	13	21	420	214	206
南沙区	252	109	143	54	20	34	141	89	52
从化区	176	65	111	19	4	15	56	23	33
增城区	347	134	213	31	9	22	183	86	97
韶关市	**1314**	**478**	**836**	**158**	**62**	**96**	**406**	**193**	**213**
武江区	375	148	227	52	24	28	93	51	42
浈江区	448	170	278	55	25	30	156	75	81
曲江区	214	68	146	35	10	25	64	27	37
始兴县									
仁化县									
翁源县									
乳源瑶族自治县									
新丰县									
乐昌市	151	47	104	16	3	13	47	18	29
南雄市	126	45	81				46	22	24
深圳市	**4468**	**2479**	**1989**	**368**	**120**	**248**	**5418**	**3483**	**1935**
罗湖区	436	187	249	56	16	40	577	331	246
福田区	467	191	276	47	19	28	728	389	339
南山区	428	178	250	75	27	48	717	449	268
宝安区	990	598	392	86	34	52	1151	767	384
龙岗区	1025	620	405	54	16	38	1268	826	442
盐田区	68	35	33	26	3	23	82	62	20
龙华区	553	352	201	20	3	17	436	316	120
坪山区	151	90	61	2	1	1	150	116	34
光明区	350	228	122	2	1	1	309	227	82
珠海市	**1035**	**501**	**534**	**81**	**27**	**54**	**714**	**426**	**288**
香洲区	712	352	360	54	14	40	544	321	223
斗门区	177	89	88	20	9	11	67	37	30
金湾区	146	60	86	7	4	3	103	68	35
汕头市	**2178**	**861**	**1317**	**33**	**15**	**18**	**1112**	**556**	**556**
龙湖区	289	113	176	2	1	1	186	101	85
金平区	1204	428	776	29	13	16	436	202	234
濠江区	131	55	76				100	48	52
潮阳区	247	112	135				105	45	60
潮南区	101	60	41	2	1	1	178	96	82
澄海区	206	93	113				107	64	43
南澳县									
佛山市	**6333**	**2580**	**3753**	**893**	**255**	**638**	**3858**	**2144**	**1714**
禅城区	1158	422	736	239	55	184	600	285	315
南海区	2434	999	1435	297	102	195	1832	1082	750
顺德区	1901	833	1068	260	72	188	1186	646	540
三水区	372	118	254	88	23	65	123	57	66
高明区	468	208	260	9	3	6	117	74	43

8-10a　续表 7　　　　单位：人

地　区	独居(无保姆)			养老机构			其　他		
	小计	男	女	小计	男	女	小计	男	女
江门市	**2855**	**1114**	**1741**	**403**	**161**	**242**	**1235**	**607**	**628**
蓬江区	888	325	563	90	39	51	372	181	191
江海区	267	109	158	91	33	58	111	58	53
新会区	584	198	386	126	49	77	161	64	97
台山市	508	208	300	31	14	17	258	151	107
开平市	309	136	173	3	1	2	200	86	114
鹤山市	181	79	102	27	14	13	76	42	34
恩平市	118	59	59	35	11	24	57	25	32
湛江市	**1855**	**815**	**1040**	**57**	**29**	**28**	**890**	**436**	**454**
赤坎区	378	151	227	24	16	8	215	103	112
霞山区	670	295	375	24	9	15	235	112	123
坡头区	92	43	49				37	20	17
麻章区	139	64	75	1		1	46	20	26
遂溪县	49	21	28	4	2	2	20	11	9
徐闻县									
廉江市	134	61	73				101	49	52
雷州市	217	107	110	2	1	1	127	68	59
吴川市	176	73	103	2	1	1	109	53	56
茂名市	**1464**	**667**	**797**	**273**	**116**	**157**	**1052**	**516**	**536**
茂南区	608	263	345	192	76	116	315	148	167
电白区	195	81	114	2		2	109	51	58
高州市	240	115	125	28	17	11	314	162	152
化州市	197	103	94	41	13	28	124	65	59
信宜市	224	105	119	10	10		190	90	100
肇庆市	**1091**	**498**	**593**	**65**	**21**	**44**	**775**	**420**	**355**
端州区	644	294	350	42	14	28	460	236	224
鼎湖区	100	33	67	14	4	10	51	30	21
高要区	87	45	42	2	1	1	74	38	36
广宁县									
怀集县									
封开县									
德庆县									
四会市	260	126	134	7	2	5	190	116	74
惠州市	**1000**	**507**	**493**	**95**	**32**	**63**	**920**	**538**	**382**
惠城区	581	265	316	88	32	56	586	330	256
惠阳区	407	234	173	7		7	324	201	123
博罗县	12	8	4				10	7	3
惠东县									
龙门县									
梅州市	**798**	**362**	**436**	**103**	**41**	**62**	**433**	**217**	**216**
梅江区	335	153	182	52	24	28	203	109	94
梅县区	150	66	84	2		2	76	30	46
大埔县									
丰顺县									
五华县	21	10	11	1	1		7	4	3
平远县									
蕉岭县									
兴宁市	292	133	159	48	16	32	147	74	73

8-10a 续表 8

单位：人

地　区	独居(无保姆)			养老机构			其　他		
	小计	男	女	小计	男	女	小计	男	女
汕尾市	**263**	**138**	**125**	**7**	**5**	**2**	**257**	**132**	**125**
城　区	171	90	81	2	2		90	42	48
海丰县									
陆河县									
陆丰市	92	48	44	5	3	2	167	90	77
河源市	**238**	**121**	**117**	**2**	**2**		**173**	**103**	**70**
源城区	238	121	117	2	2		173	103	70
紫金县									
龙川县									
连平县									
和平县									
东源县									
阳江市	**630**	**289**	**341**	**101**	**28**	**73**	**342**	**166**	**176**
江城区	350	150	200	68	20	48	216	112	104
阳东区	71	36	35	8	2	6	40	17	23
阳西县									
阳春市	209	103	106	25	6	19	86	37	49
清远市	**778**	**315**	**463**	**57**	**10**	**47**	**382**	**185**	**197**
清城区	395	152	243	27	7	20	158	86	72
清新区	111	53	58	1		1	67	29	38
佛冈县									
阳山县									
连山壮族瑶族自治县									
连南瑶族自治县									
英德市	121	48	73	4		4	69	36	33
连州市	151	62	89	25	3	22	88	34	54
东莞市	**4930**	**2379**	**2551**	**216**	**75**	**141**	**3806**	**2365**	**1441**
市辖区	4930	2379	2551	216	75	141	3806	2365	1441
中山市	**1182**	**539**	**643**	**85**	**35**	**50**	**822**	**467**	**355**
市辖区	1182	539	643	85	35	50	822	467	355
潮州市	**1128**	**453**	**675**	**3**		**3**	**289**	**149**	**140**
湘桥区	735	289	446	2		2	135	71	64
潮安区	393	164	229	1		1	154	78	76
饶平县									
揭阳市	**1358**	**611**	**747**	**26**	**15**	**11**	**732**	**400**	**332**
榕城区	659	249	410	5	5		280	162	118
揭东区	288	140	148	5	4	1	115	61	54
揭西县									
惠来县									
普宁市	411	222	189	16	6	10	337	177	160
云浮市	**438**	**197**	**241**	**9**	**5**	**4**	**325**	**155**	**170**
云城区	227	108	119	8	5	3	93	48	45
云安区	21	10	11	1		1	8	5	3
新兴县									
郁南县									
罗定市	190	79	111				224	102	122

8-10b　各地区分性别、居住状况的60岁及以上老年人口(镇)

单位：人

地　区	60岁及以上人口			与配偶和子女同住		
	合计	男	女	小计	男	女
广　东	**218497**	**104746**	**113751**	**87365**	**48512**	**38853**
广州市	**10040**	**4720**	**5320**	**3889**	**2117**	**1772**
荔湾区						
越秀区						
海珠区						
天河区						
白云区	1641	796	845	693	388	305
黄埔区	401	166	235	172	91	81
番禺区	634	295	339	229	117	112
花都区	855	376	479	364	190	174
南沙区	1827	825	1002	700	368	332
从化区	539	275	264	183	103	80
增城区	4143	1987	2156	1548	860	688
韶关市	**11124**	**5161**	**5963**	**3145**	**1737**	**1408**
武江区	39	18	21	7	4	3
浈江区	799	356	443	168	90	78
曲江区	529	250	279	105	58	47
始兴县	1234	574	660	369	198	171
仁化县	1205	557	648	304	173	131
翁源县	1730	823	907	524	302	222
乳源瑶族自治县	1260	574	686	385	216	169
新丰县	1392	651	741	545	306	239
乐昌市	1814	840	974	418	219	199
南雄市	1122	518	604	320	171	149
深圳市	**23**	**13**	**10**	**8**	**4**	**4**
罗湖区						
福田区						
南山区	3	3				
宝安区						
龙岗区						
盐田区						
龙华区						
坪山区	20	10	10	8	4	4
光明区						
珠海市	**2505**	**1291**	**1214**	**1040**	**590**	**450**
香洲区	235	153	82	58	33	25
斗门区	1289	638	651	553	310	243
金湾区	981	500	481	429	247	182
汕头市	**18573**	**8567**	**10006**	**9030**	**4944**	**4086**
龙湖区						
金平区						
濠江区	104	48	56	53	30	23
潮阳区	6667	3096	3571	3537	1936	1601
潮南区	4188	1962	2226	2165	1207	958
澄海区	6589	2987	3602	2935	1587	1348
南澳县	1025	474	551	340	184	156
佛山市	**4478**	**2090**	**2388**	**1816**	**962**	**854**
禅城区	2038	922	1116	923	483	440
南海区	457	216	241	257	138	119
顺德区						
三水区	1662	776	886	557	298	259
高明区	321	176	145	79	43	36

8—10b 续表 1

单位：人

地 区	60岁及以上人口			与配偶和子女同住		
	合计	男	女	小计	男	女
江门市	**6401**	**3228**	**3173**	**2412**	**1371**	**1041**
蓬江区						
江海区						
新会区	1994	977	1017	664	372	292
台山市	1734	877	857	613	352	261
开平市	1098	548	550	462	260	202
鹤山市	693	349	344	264	144	120
恩平市	882	477	405	409	243	166
湛江市	**16436**	**8139**	**8297**	**6832**	**3751**	**3081**
赤坎区						
霞山区	47	25	22	27	14	13
坡头区	1037	519	518	474	266	208
麻章区	899	449	450	343	193	150
遂溪县	3808	1905	1903	1580	870	710
徐闻县	3018	1439	1579	1315	720	595
廉江市	3310	1630	1680	1308	709	599
雷州市	2230	1139	1091	921	507	414
吴川市	2087	1033	1054	864	472	392
茂名市	**13412**	**6778**	**6634**	**5392**	**2983**	**2409**
茂南区	644	332	312	305	174	131
电白区	5216	2605	2611	2408	1317	1091
高州市	3059	1579	1480	1026	571	455
化州市	2876	1451	1425	1140	623	517
信宜市	1617	811	806	513	298	215
肇庆市	**12445**	**5881**	**6564**	**4007**	**2109**	**1898**
端州区						
鼎湖区	456	220	236	152	84	68
高要区	2124	1000	1124	638	328	310
广宁县	2542	1166	1376	798	417	381
怀集县	2882	1316	1566	1057	543	514
封开县	2320	1081	1239	683	363	320
德庆县	1785	922	863	585	319	266
四会市	336	176	160	94	55	39
惠州市	**15537**	**7344**	**8193**	**6794**	**3811**	**2983**
惠城区	909	437	472	352	199	153
惠阳区	821	402	419	348	197	151
博罗县	6055	2845	3210	2392	1314	1078
惠东县	6023	2842	3181	3052	1731	1321
龙门县	1729	818	911	650	370	280
梅州市	**17076**	**8300**	**8776**	**6231**	**3565**	**2666**
梅江区	153	72	81	52	30	22
梅县区	781	386	395	269	158	111
大埔县	2829	1374	1455	930	527	403
丰顺县	4433	2171	2262	1717	967	750
五华县	4156	2003	2153	1657	955	702
平远县	1621	776	845	584	340	244
蕉岭县	1759	851	908	628	361	267
兴宁市	1344	667	677	394	227	167

8-10b 续表 2

单位：人

地区	60岁及以上人口			与配偶和子女同住		
	合计	男	女	小计	男	女
汕尾市	**12740**	**6394**	**6346**	**5968**	**3516**	**2452**
城　区	542	264	278	304	172	132
海丰县	6078	3110	2968	3129	1882	1247
陆河县	1698	872	826	813	475	338
陆丰市	4422	2148	2274	1722	987	735
河源市	**9456**	**4388**	**5068**	**3565**	**1980**	**1585**
源城区	77	34	43	19	10	9
紫金县	2805	1293	1512	1148	641	507
龙川县	2564	1158	1406	847	467	380
连平县	1702	805	897	652	366	286
和平县	1363	632	731	496	273	223
东源县	945	466	479	403	223	180
阳江市	**5634**	**2831**	**2803**	**2430**	**1396**	**1034**
江城区	907	438	469	386	222	164
阳东区	865	449	416	429	241	188
阳西县	2298	1162	1136	1055	620	435
阳春市	1564	782	782	560	313	247
清远市	**12959**	**5908**	**7051**	**4683**	**2552**	**2131**
清城区	3505	1610	1895	1422	764	658
清新区	576	265	311	200	110	90
佛冈县	1620	749	871	649	366	283
阳山县	2172	952	1220	641	346	295
连山壮族瑶族自治县	619	285	334	200	113	87
连南瑶族自治县	889	385	504	332	175	157
英德市	2874	1333	1541	1042	578	464
连州市	704	329	375	197	100	97
东莞市	**511**	**236**	**275**	**174**	**88**	**86**
市辖区	511	236	275	174	88	86
中山市	**7948**	**3766**	**4182**	**3739**	**2013**	**1726**
市辖区	7948	3766	4182	3739	2013	1726
潮州市	**13097**	**6076**	**7021**	**4637**	**2557**	**2080**
湘桥区	1390	650	740	506	280	226
潮安区	4184	1965	2219	1896	1078	818
饶平县	7523	3461	4062	2235	1199	1036
揭阳市	**21216**	**10325**	**10891**	**9068**	**5064**	**4004**
榕城区	1675	851	824	595	348	247
揭东区	3789	1884	1905	1541	896	645
揭西县	3691	1790	1901	1536	852	684
惠来县	5884	2772	3112	2493	1354	1139
普宁市	6177	3028	3149	2903	1614	1289
云浮市	**6886**	**3310**	**3576**	**2505**	**1402**	**1103**
云城区						
云安区	703	328	375	228	121	107
新兴县	2379	1127	1252	928	521	407
郁南县	2572	1247	1325	902	503	399
罗定市	1232	608	624	447	257	190

8−10b 续表 3

单位：人

地　区	与配偶同住			与子女同住			独居(有保姆)		
	小计	男	女	小计	男	女	小计	男	女
广　东	**51701**	**28446**	**23255**	**50783**	**13584**	**37199**	**404**	**164**	**240**
广州市	**2503**	**1350**	**1153**	**2108**	**505**	**1603**	**31**	**12**	**19**
荔湾区									
越秀区									
海珠区									
天河区									
白云区	311	176	135	379	104	275	3	2	1
黄埔区	42	23	19	109	18	91			
番禺区	182	99	83	104	27	77			
花都区	170	94	76	208	46	162	3	2	1
南沙区	450	234	216	413	91	322	8	2	6
从化区	163	90	73	116	34	82			
增城区	1185	634	551	779	185	594	17	6	11
韶关市	**3638**	**2014**	**1624**	**2622**	**708**	**1914**	**29**	**16**	**13**
武江区	18	12	6	9	1	8			
浈江区	365	194	171	98	26	72	1	1	
曲江区	203	112	91	125	32	93			
始兴县	395	213	182	313	94	219	2	1	1
仁化县	419	240	179	299	68	231	3	2	1
翁源县	507	300	207	453	117	336	11	8	3
乳源瑶族自治县	357	195	162	325	85	240	5	2	3
新丰县	316	180	136	376	105	271	4	1	3
乐昌市	745	403	342	333	91	242	2	1	1
南雄市	313	165	148	291	89	202	1		1
深圳市	**4**	**2**	**2**	**7**	**3**	**4**			
罗湖区									
福田区									
南山区									
宝安区									
龙岗区									
盐田区									
龙华区									
坪山区	4	2	2	7	3	4			
光明区									
珠海市	**616**	**350**	**266**	**483**	**114**	**369**	**11**	**5**	**6**
香洲区	74	47	27	29	11	18	1	1	
斗门区	287	157	130	275	67	208	5	1	4
金湾区	255	146	109	179	36	143	5	3	2
汕头市	**2867**	**1540**	**1327**	**5299**	**1457**	**3842**	**21**	**9**	**12**
龙湖区									
金平区									
濠江区	17	9	8	10	2	8			
潮阳区	773	410	363	2006	602	1404	11	5	6
潮南区	447	248	199	1313	385	928	1	1	
澄海区	1254	673	581	1794	426	1368	8	3	5
南澳县	376	200	176	176	42	134	1		1
佛山市	**1124**	**607**	**517**	**819**	**212**	**607**	**15**	**2**	**13**
禅城区	452	237	215	340	86	254	10	1	9
南海区	60	32	28	88	18	70			
顺德区									
三水区	482	265	217	342	87	255	5	1	4
高明区	130	73	57	49	21	28			

8-10b　续表 4　　　　单位：人

地　区	与配偶同住			与子女同住			独居(有保姆)		
	小计	男	女	小计	男	女	小计	男	女
江门市	**1685**	**968**	**717**	**1177**	**298**	**879**	**4**	**3**	**1**
蓬江区									
江海区									
新会区	648	357	291	318	91	227			
台山市	437	255	182	347	83	264	1	1	
开平市	242	137	105	231	56	175	1	1	
鹤山市	156	89	67	152	42	110	1		1
恩平市	202	130	72	129	26	103	1	1	
湛江市	**4479**	**2428**	**2051**	**2945**	**869**	**2076**	**26**	**9**	**17**
赤坎区									
霞山区	8	6	2	9	4	5			
坡头区	223	124	99	171	55	116	5		5
麻章区	263	141	122	144	37	107			
遂溪县	1079	598	481	657	205	452	11	6	5
徐闻县	669	357	312	688	191	497	1		1
廉江市	1046	555	491	531	150	381	4	1	3
雷州市	637	351	286	367	112	255	1		1
吴川市	554	296	258	378	115	263	4	2	2
茂名市	**3565**	**1969**	**1596**	**2414**	**699**	**1715**	**22**	**9**	**13**
茂南区	155	84	71	99	27	72	2	1	1
电白区	1205	652	553	951	272	679	7	3	4
高州市	907	513	394	545	171	374	3	1	2
化州市	814	446	368	503	154	349	8	3	5
信宜市	484	274	210	316	75	241	2	1	1
肇庆市	**2830**	**1521**	**1309**	**2996**	**849**	**2147**	**14**	**9**	**5**
端州区									
鼎湖区	163	92	71	64	17	47	2	1	1
高要区	572	296	276	431	129	302	1	1	
广宁县	610	327	283	634	168	466	1		1
怀集县	429	234	195	910	262	648	6	4	2
封开县	651	355	296	502	123	379	1	1	
德庆县	323	177	146	399	138	261	2	1	1
四会市	82	40	42	56	12	44	1	1	
惠州市	**2976**	**1644**	**1332**	**4166**	**1056**	**3110**	**42**	**17**	**25**
惠城区	188	101	87	250	62	188	2	1	1
惠阳区	139	80	59	222	60	162	3	1	2
博罗县	1419	772	647	1502	387	1115	18	9	9
惠东县	765	433	332	1767	441	1326	13	5	8
龙门县	465	258	207	425	106	319	6	1	5
梅州市	**4875**	**2752**	**2123**	**3734**	**915**	**2819**	**28**	**16**	**12**
梅江区	42	26	16	44	8	36			
梅县区	257	146	111	159	37	122	3	1	2
大埔县	903	520	383	548	119	429	6	4	2
丰顺县	1239	672	567	940	269	671	4	2	2
五华县	1043	586	457	951	218	733	5	4	1
平远县	472	268	204	404	88	316	8	3	5
蕉岭县	486	280	206	415	103	312	2	2	
兴宁市	433	254	179	273	73	200			

8-10b 续表 5

单位：人

地　　区	与配偶同住			与子女同住			独居(有保姆)		
	小计	男	女	小计	男	女	小计	男	女
汕尾市	**2759**	**1571**	**1188**	**2884**	**757**	**2127**	**23**	**9**	**14**
城　区	91	53	38	115	22	93			
海丰县	1102	632	470	1404	370	1034	11	6	5
陆河县	259	160	99	489	152	337	4	1	3
陆丰市	1307	726	581	876	213	663	8	2	6
河源市	**2045**	**1149**	**896**	**2761**	**722**	**2039**	**9**	**2**	**7**
源城区	14	9	5	35	10	25			
紫金县	526	299	227	800	195	605	3	1	2
龙川县	690	385	305	725	172	553	3		3
连平县	369	208	161	481	129	352	2	1	1
和平县	291	162	129	425	121	304			
东源县	155	86	69	295	95	200	1		1
阳江市	**1470**	**828**	**642**	**1040**	**273**	**767**	**12**	**6**	**6**
江城区	247	136	111	151	32	119	2		2
阳东区	179	101	78	165	47	118	1	1	
阳西县	556	317	239	434	107	327	6	3	3
阳春市	488	274	214	290	87	203	3	2	1
清远市	**3082**	**1662**	**1420**	**3382**	**861**	**2521**	**16**	**6**	**10**
清城区	867	455	412	774	190	584	4	1	3
清新区	132	70	62	165	44	121	2	2	
佛冈县	337	189	148	439	112	327	2		2
阳山县	501	274	227	689	184	505	3	1	2
连山壮族瑶族自治县	174	93	81	142	29	113	1	1	
连南瑶族自治县	198	104	94	249	59	190	1	1	
英德市	673	367	306	765	195	570	1		1
连州市	200	110	90	159	48	111	2		2
东莞市	**133**	**74**	**59**	**95**	**17**	**78**	**1**		**1**
市辖区	133	74	59	95	17	78	1		1
中山市	**1235**	**694**	**541**	**2101**	**562**	**1539**	**28**	**7**	**21**
市辖区	1235	694	541	2101	562	1539	28	7	21
潮州市	**3905**	**2088**	**1817**	**2971**	**776**	**2195**	**24**	**8**	**16**
湘桥区	380	197	183	326	103	223	6		6
潮安区	793	422	371	1146	311	835	8	4	4
饶平县	2732	1469	1263	1499	362	1137	10	4	6
揭阳市	**4184**	**2291**	**1893**	**5217**	**1506**	**3711**	**40**	**16**	**24**
榕城区	427	229	198	399	118	281	4	2	2
揭东区	949	520	429	906	271	635	13	6	7
揭西县	845	459	386	823	228	595	4		4
惠来县	1138	623	515	1343	355	988	11	6	5
普宁市	825	460	365	1746	534	1212	8	2	6
云浮市	**1726**	**944**	**782**	**1562**	**425**	**1137**	**8**	**3**	**5**
云城区									
云安区	201	108	93	159	45	114			
新兴县	569	307	262	574	156	418	4	1	3
郁南县	645	353	292	573	152	421	3	1	2
罗定市	311	176	135	256	72	184	1	1	

8-10b　续表 6　　单位：人

地　区	独居(无保姆)			养老机构			其　他		
	小计	男	女	小计	男	女	小计	男	女
广　东	**16990**	**7846**	**9144**	**1072**	**672**	**400**	**10182**	**5522**	**4660**
广州市	**841**	**374**	**467**	**134**	**44**	**90**	**534**	**318**	**216**
荔湾区									
越秀区									
海珠区									
天河区									
白云区	94	46	48	57	13	44	104	67	37
黄埔区	6	3	3	56	21	35	16	10	6
番禺区	89	35	54	3	1	2	27	16	11
花都区	60	20	40	10	3	7	40	21	19
南沙区	156	67	89	2	2		98	61	37
从化区	35	19	16				42	29	13
增城区	401	184	217	6	4	2	207	114	93
韶关市	**1182**	**455**	**727**	**58**	**40**	**18**	**450**	**191**	**259**
武江区	4	1	3				1		1
浈江区	145	36	109	2	2		20	7	13
曲江区	75	35	40	3	3		18	10	8
始兴县	118	50	68				37	18	19
仁化县	131	48	83	8	5	3	41	21	20
翁源县	160	61	99	3	2	1	72	33	39
乳源瑶族自治县	115	42	73	13	8	5	60	26	34
新丰县	94	34	60	1	1		56	24	32
乐昌市	227	95	132	14	11	3	75	20	55
南雄市	113	53	60	14	8	6	70	32	38
深圳市	**3**	**3**					**1**	**1**	
罗湖区									
福田区									
南山区	2	2					1	1	
宝安区									
龙岗区									
盐田区									
龙华区									
坪山区	1	1							
光明区									
珠海市	**182**	**100**	**82**	**48**	**33**	**15**	**125**	**99**	**26**
香洲区	17	12	5				56	49	7
斗门区	86	45	41	48	33	15	35	25	10
金湾区	79	43	36				34	25	9
汕头市	**856**	**368**	**488**	**15**	**6**	**9**	**485**	**243**	**242**
龙湖区									
金平区									
濠江区	20	4	16				4	3	1
潮阳区	198	85	113	7	2	5	135	56	79
潮南区	123	57	66	2		2	137	64	73
澄海区	412	189	223	6	4	2	180	105	75
南澳县	103	33	70				29	15	14
佛山市	**430**	**162**	**268**	**80**	**19**	**61**	**194**	**126**	**68**
禅城区	165	50	115	66	16	50	82	49	33
南海区	32	14	18	1	1		19	13	6
顺德区									
三水区	190	71	119	11	1	10	75	53	22
高明区	43	27	16	2	1	1	18	11	7

8–10b 续表 7

单位：人

地区	独居(无保姆)			养老机构			其他		
	小计	男	女	小计	男	女	小计	男	女
江门市	**757**	**367**	**390**	**36**	**26**	**10**	**330**	**195**	**135**
蓬江区									
江海区									
新会区	287	115	172	17	16	1	60	26	34
台山市	208	105	103	5	2	3	123	79	44
开平市	120	66	54	1	1		41	27	14
鹤山市	82	48	34	4	4		34	22	12
恩平市	60	33	27	9	3	6	72	41	31
湛江市	**1408**	**671**	**737**	**48**	**39**	**9**	**698**	**372**	**326**
赤坎区									
霞山区	1	1					2		2
坡头区	100	39	61	6	6		58	29	29
麻章区	89	47	42	2	1	1	58	30	28
遂溪县	328	146	182	14	11	3	139	69	70
徐闻县	215	98	117	6	5	1	124	68	56
廉江市	255	126	129	6	4	2	160	85	75
雷州市	199	104	95	12	10	2	93	55	38
吴川市	221	110	111	2	2		64	36	28
茂名市	**1194**	**678**	**516**	**31**	**18**	**13**	**794**	**422**	**372**
茂南区	68	38	30	1	1		14	7	7
电白区	414	239	175	9	5	4	222	117	105
高州市	330	195	135	18	10	8	230	118	112
化州市	235	132	103	2	1	1	174	92	82
信宜市	147	74	73	1	1		154	88	66
肇庆市	**1292**	**636**	**656**	**85**	**58**	**27**	**1221**	**699**	**522**
端州区									
鼎湖区	58	20	38	1	1		16	5	11
高要区	297	118	179	5	3	2	180	125	55
广宁县	271	144	127	17	17		211	93	118
怀集县	229	121	108	30	17	13	221	135	86
封开县	201	102	99	16	8	8	266	129	137
德庆县	191	104	87	1	1		284	182	102
四会市	45	27	18	15	11	4	43	30	13
惠州市	**899**	**408**	**491**	**37**	**22**	**15**	**623**	**386**	**237**
惠城区	65	38	27	11	3	8	41	33	8
惠阳区	49	26	23				60	38	22
博罗县	405	167	238	17	11	6	302	185	117
惠东县	253	120	133	3	3		170	109	61
龙门县	127	57	70	6	5	1	50	21	29
梅州市	**1372**	**627**	**745**	**87**	**66**	**21**	**749**	**359**	**390**
梅江区	9	3	6				6	5	1
梅县区	62	32	30	1		1	30	12	18
大埔县	249	117	132	26	15	11	167	72	95
丰顺县	350	161	189	17	13	4	166	87	79
五华县	294	135	159	15	14	1	191	91	100
平远县	105	50	55	8	6	2	40	21	19
蕉岭县	156	62	94	15	15		57	28	29
兴宁市	147	67	80	5	3	2	92	43	49

8-10b 续表 8 单位：人

地区	独居(无保姆)			养老机构			其他		
	小计	男	女	小计	男	女	小计	男	女
汕尾市	**659**	**278**	**381**	**6**	**4**	**2**	**441**	**259**	**182**
城　区	23	10	13				9	7	2
海丰县	274	126	148	1	1		157	93	64
陆河县	58	32	26	2	1	1	73	51	22
陆丰市	304	110	194	3	2	1	202	108	94
河源市	**610**	**292**	**318**	**23**	**18**	**5**	**443**	**225**	**218**
源城区	4	2	2				5	3	2
紫金县	178	76	102	17	13	4	133	68	65
龙川县	152	62	90	1		1	146	72	74
连平县	129	67	62	3	3		66	31	35
和平县	101	52	49				50	24	26
东源县	46	33	13	2	2		43	27	16
阳江市	**474**	**224**	**250**	**19**	**11**	**8**	**189**	**93**	**96**
江城区	91	36	55	1	1		29	11	18
阳东区	71	43	28	2	1	1	18	15	3
阳西县	165	74	91	13	6	7	69	35	34
阳春市	147	71	76	3	3		73	32	41
清远市	**1146**	**503**	**643**	**94**	**62**	**32**	**556**	**262**	**294**
清城区	316	135	181	2		2	120	65	55
清新区	35	15	20				42	24	18
佛冈县	124	51	73	9	6	3	60	25	35
阳山县	200	85	115	8	7	1	130	55	75
连山壮族瑶族自治县	57	22	35	15	15		30	12	18
连南瑶族自治县	73	30	43	14	7	7	22	9	13
英德市	234	115	119	44	25	19	115	53	62
连州市	107	50	57	2	2		37	19	18
东莞市	**52**	**19**	**33**				**56**	**38**	**18**
市辖区	52	19	33				56	38	18
中山市	**472**	**252**	**220**	**66**	**49**	**17**	**307**	**189**	**118**
市辖区	472	252	220	66	49	17	307	189	118
潮州市	**1131**	**437**	**694**	**15**	**11**	**4**	**414**	**199**	**215**
湘桥区	132	48	84	3		3	37	22	15
潮安区	253	102	151	1		1	87	48	39
饶平县	746	287	459	11	11		290	129	161
揭阳市	**1354**	**678**	**676**	**158**	**119**	**39**	**1195**	**651**	**544**
榕城区	84	31	53	125	100	25	41	23	18
揭东区	255	115	140	23	12	11	102	64	38
揭西县	244	118	126				239	133	106
惠来县	399	189	210				500	245	255
普宁市	372	225	147	10	7	3	313	186	127
云浮市	**676**	**314**	**362**	**32**	**27**	**5**	**377**	**195**	**182**
云城区									
云安区	79	32	47	2	2		34	20	14
新兴县	199	84	115	17	13	4	88	45	43
郁南县	289	147	142	10	9	1	150	82	68
罗定市	109	51	58	3	3		105	48	57

8-10c 各地区分性别、居住状况的60岁及以上老年人口(乡村)

单位：人

地区	60岁及以上人口			与配偶和子女同住		
	合计	男	女	小计	男	女
广东	**539961**	**266417**	**273544**	**174262**	**98776**	**75486**
广州市	**30751**	**14397**	**16354**	**11712**	**6324**	**5388**
荔湾区						
越秀区						
海珠区						
天河区						
白云区	6689	3124	3565	2922	1526	1396
黄埔区	1063	506	557	413	226	187
番禺区	2785	1292	1493	937	510	427
花都区	5974	2750	3224	2353	1262	1091
南沙区	2988	1353	1635	1026	554	472
从化区	5477	2560	2917	2213	1223	990
增城区	5775	2812	2963	1848	1023	825
韶关市	**23616**	**11251**	**12365**	**6005**	**3278**	**2727**
武江区	1006	461	545	282	147	135
浈江区	917	415	502	294	158	136
曲江区	2127	1000	1127	586	313	273
始兴县	2244	1013	1231	509	276	233
仁化县	2116	984	1132	488	257	231
翁源县	3691	1854	1837	984	572	412
乳源瑶族自治县	1796	859	937	502	279	223
新丰县	1919	984	935	438	250	188
乐昌市	3805	1819	1986	925	493	432
南雄市	3995	1862	2133	997	533	464
深圳市	**259**	**136**	**123**	**74**	**43**	**31**
罗湖区						
福田区						
南山区						
宝安区						
龙岗区	259	136	123	74	43	31
盐田区						
龙华区						
坪山区						
光明区						
珠海市	**3418**	**1737**	**1681**	**1399**	**795**	**604**
香洲区	5	5				
斗门区	3152	1597	1555	1309	746	563
金湾区	261	135	126	90	49	41
汕头市	**23445**	**11140**	**12305**	**10980**	**6177**	**4803**
龙湖区	1540	719	821	904	515	389
金平区	253	124	129	116	70	46
濠江区	953	438	515	481	273	208
潮阳区	9527	4617	4910	4065	2317	1748
潮南区	6591	3122	3469	3372	1871	1501
澄海区	4310	1979	2331	1948	1079	869
南澳县	271	141	130	94	52	42
佛山市	**6551**	**3152**	**3399**	**2029**	**1089**	**940**
禅城区						
南海区	1859	854	1005	799	418	381
顺德区	527	250	277	259	139	120
三水区	3094	1485	1609	851	464	387
高明区	1071	563	508	120	68	52

8-10c 续表 1

单位：人

地区	60岁及以上人口			与配偶和子女同住		
	合计	男	女	小计	男	女
江门市	**32528**	**16467**	**16061**	**10231**	**6003**	**4228**
蓬江区	593	271	322	274	146	128
江海区						
新会区	5908	2879	3029	1631	910	721
台山市	10808	5722	5086	3331	2040	1291
开平市	6775	3316	3459	2178	1258	920
鹤山市	4081	2004	2077	1488	838	650
恩平市	4363	2275	2088	1329	811	518
湛江市	**65159**	**32586**	**32573**	**21502**	**12047**	**9455**
赤坎区	125	54	71	60	30	30
霞山区	443	207	236	168	91	77
坡头区	3459	1777	1682	1254	724	530
麻章区	4536	2159	2377	1560	873	687
遂溪县	9959	5035	4924	3200	1824	1376
徐闻县	7096	3390	3706	2262	1231	1031
廉江市	15982	8361	7621	5433	3090	2343
雷州市	14542	7070	7472	3984	2182	1802
吴川市	9017	4533	4484	3581	2002	1579
茂名市	**60354**	**31121**	**29233**	**20457**	**11822**	**8635**
茂南区	5372	2677	2695	2112	1223	889
电白区	13682	7023	6659	6134	3487	2647
高州市	16364	8589	7775	4547	2691	1856
化州市	13794	7071	6723	4664	2652	2012
信宜市	11142	5761	5381	3000	1769	1231
肇庆市	**36073**	**16394**	**19679**	**9857**	**5227**	**4630**
端州区						
鼎湖区	1067	453	614	201	100	101
高要区	8401	3740	4661	2561	1363	1198
广宁县	5250	2495	2755	1135	602	533
怀集县	8595	3749	4846	2391	1237	1154
封开县	4755	2207	2548	1312	709	603
德庆县	4402	2108	2294	1501	817	684
四会市	3603	1642	1961	756	399	357
惠州市	**21170**	**10472**	**10698**	**7925**	**4559**	**3366**
惠城区	3767	1848	1919	1319	760	559
惠阳区	2297	1142	1155	785	456	329
博罗县	6989	3383	3606	2531	1424	1107
惠东县	5189	2628	2561	2411	1390	1021
龙门县	2928	1471	1457	879	529	350
梅州市	**40625**	**20224**	**20401**	**9417**	**5578**	**3839**
梅江区	782	389	393	300	178	122
梅县区	6791	3432	3359	1612	965	647
大埔县	4599	2315	2284	723	430	293
丰顺县	4422	2246	2176	1082	623	459
五华县	9855	4841	5014	2700	1588	1112
平远县	2531	1214	1317	524	305	219
蕉岭县	2387	1231	1156	519	315	204
兴宁市	9258	4556	4702	1957	1174	783

8-10c 续表 2

单位：人

地　区	60岁及以上人口			与配偶和子女同住		
	合计	男	女	小计	男	女
汕尾市	**16992**	**8923**	**8069**	**6196**	**3729**	**2467**
城　区	1678	890	788	697	426	271
海丰县	3643	1983	1660	1338	814	524
陆河县	1892	1054	838	709	445	264
陆丰市	9779	4996	4783	3452	2044	1408
河源市	**27412**	**13318**	**14094**	**6030**	**3435**	**2595**
源城区	447	213	234	202	122	80
紫金县	6228	2965	3263	1711	985	726
龙川县	8127	3970	4157	1389	788	601
连平县	3289	1577	1712	794	446	348
和平县	5023	2393	2630	958	528	430
东源县	4298	2200	2098	976	566	410
阳江市	**21490**	**11167**	**10323**	**6194**	**3587**	**2607**
江城区	3349	1693	1656	1067	629	438
阳东区	3875	2080	1795	1232	735	497
阳西县	4418	2366	2052	1237	737	500
阳春市	9848	5028	4820	2658	1486	1172
清远市	**31516**	**15556**	**15960**	**8463**	**4735**	**3728**
清城区	2710	1296	1414	933	504	429
清新区	5726	2806	2920	1591	887	704
佛冈县	3014	1522	1492	837	486	351
阳山县	4139	2065	2074	816	458	358
连山壮族瑶族自治县	1089	535	554	393	223	170
连南瑶族自治县	1207	547	660	380	202	178
英德市	9096	4547	4549	2579	1469	1110
连州市	4535	2238	2297	934	506	428
东莞市	**6302**	**3092**	**3210**	**2029**	**1097**	**932**
市辖区	6302	3092	3210	2029	1097	932
中山市	**6865**	**3237**	**3628**	**3504**	**1909**	**1595**
市辖区	6865	3237	3628	3504	1909	1595
潮州市	**17534**	**8306**	**9228**	**5639**	**3199**	**2440**
湘桥区	1506	719	787	406	229	177
潮安区	7482	3582	3900	3154	1821	1333
饶平县	8546	4005	4541	2079	1149	930
揭阳市	**43366**	**21395**	**21971**	**17537**	**10171**	**7366**
榕城区	3611	1786	1825	1299	788	511
揭东区	8399	4174	4225	3152	1831	1321
揭西县	8687	4377	4310	3145	1792	1353
惠来县	7961	3739	4222	3089	1735	1354
普宁市	14708	7319	7389	6852	4025	2827
云浮市	**24535**	**12346**	**12189**	**7082**	**3972**	**3110**
云城区	1920	970	950	609	333	276
云安区	2927	1464	1463	886	493	393
新兴县	5037	2409	2628	1637	895	742
郁南县	4150	2133	2017	955	535	420
罗定市	10501	5370	5131	2995	1716	1279

8-10c　续表 3　　　　　　　　　　　　　　　　　　　　　　单位：人

地　区	与配偶同住			与子女同住			独居(有保姆)		
	小计	男	女	小计	男	女	小计	男	女
广　东	**163412**	**90056**	**73356**	**109464**	**31060**	**78404**	**810**	**324**	**486**
广州市	**7854**	**4172**	**3682**	**6359**	**1643**	**4716**	**65**	**29**	**36**
荔湾区									
越秀区									
海珠区									
天河区									
白云区	1302	701	601	1481	386	1095	19	9	10
黄埔区	220	116	104	245	68	177	4	2	2
番禺区	865	458	407	473	124	349	6	3	3
花都区	1399	734	665	1308	313	995	8	3	5
南沙区	931	482	449	569	134	435	8	3	5
从化区	1111	598	513	1365	364	1001	7	5	2
增城区	2026	1083	943	918	254	664	13	4	9
韶关市	**7959**	**4324**	**3635**	**5268**	**1441**	**3827**	**21**	**8**	**13**
武江区	312	165	147	248	68	180			
浈江区	276	145	131	212	57	155			
曲江区	659	360	299	503	114	389	2	1	1
始兴县	671	360	311	610	173	437	2	1	1
仁化县	747	407	340	509	142	367	5	2	3
翁源县	1160	667	493	775	214	561	1		1
乳源瑶族自治县	533	283	250	439	122	317	2	1	1
新丰县	652	370	282	412	119	293	5	1	4
乐昌市	1561	826	735	654	175	479	2	2	
南雄市	1388	741	647	906	257	649	2		2
深圳市	**53**	**31**	**22**	**64**	**15**	**49**	**2**		**2**
罗湖区									
福田区									
南山区									
宝安区									
龙岗区	53	31	22	64	15	49	2		2
盐田区									
龙华区									
坪山区									
光明区									
珠海市	**873**	**481**	**392**	**652**	**199**	**453**	**8**	**4**	**4**
香洲区				1	1				
斗门区	780	429	351	616	191	425	8	4	4
金湾区	93	52	41	35	7	28			
汕头市	**4035**	**2196**	**1839**	**6551**	**1905**	**4646**	**37**	**10**	**27**
龙湖区	92	48	44	476	116	360	2		2
金平区	33	18	15	91	27	64			
濠江区	140	76	64	241	50	191			
潮阳区	2083	1137	946	2520	791	1729	21	7	14
潮南区	873	480	393	1898	572	1326	5	1	4
澄海区	727	388	339	1282	333	949	9	2	7
南澳县	87	49	38	43	16	27			
佛山市	**2332**	**1229**	**1103**	**944**	**244**	**700**	**9**	**3**	**6**
禅城区									
南海区	522	272	250	250	48	202	1	1	
顺德区	75	39	36	143	43	100			
三水区	1208	638	570	426	114	312	5	1	4
高明区	527	280	247	125	39	86	3	1	2

8-10c 续表 4

单位：人

地区	与配偶同住			与子女同住			独居(有保姆)		
	小计	男	女	小计	男	女	小计	男	女
江门市	**10371**	**5932**	**4439**	**5734**	**1468**	**4266**	**42**	**9**	**33**
蓬江区	119	58	61	138	44	94	3	2	1
江海区									
新会区	2203	1191	1012	869	225	644	7	2	5
台山市	3383	2016	1367	1952	519	1433	15	1	14
开平市	2064	1175	889	1272	293	979	8	3	5
鹤山市	1103	608	495	809	213	596	7	1	6
恩平市	1499	884	615	694	174	520	2		2
湛江市	**22108**	**11910**	**10198**	**10610**	**3322**	**7288**	**71**	**39**	**32**
赤坎区	35	17	18	18	4	14			
霞山区	129	68	61	84	23	61			
坡头区	1108	606	502	479	174	305	3	2	1
麻章区	1430	756	674	713	177	536	9	4	5
遂溪县	3597	1948	1649	1474	465	1009	13	7	6
徐闻县	2357	1258	1099	1408	410	998	5	4	1
廉江市	5455	2955	2500	2533	860	1673	14	7	7
雷州市	5387	2878	2509	2361	703	1658	9	5	4
吴川市	2610	1424	1186	1540	506	1034	18	10	8
茂名市	**19004**	**10629**	**8375**	**10717**	**3382**	**7335**	**61**	**27**	**34**
茂南区	1499	815	684	959	265	694	7	5	2
电白区	3405	1861	1544	2412	756	1656	16	5	11
高州市	5757	3282	2475	2934	963	1971	16	7	9
化州市	4454	2478	1976	2479	806	1673	12	4	8
信宜市	3889	2193	1696	1933	592	1341	10	6	4
肇庆市	**10499**	**5539**	**4960**	**8027**	**2226**	**5801**	**57**	**27**	**30**
端州区									
鼎湖区	458	235	223	148	26	122	4	1	3
高要区	2742	1409	1333	1603	402	1201	17	10	7
广宁县	1578	836	742	1047	315	732	8	4	4
怀集县	2112	1127	985	2356	682	1674	10	4	6
封开县	1358	731	627	1131	315	816	2		2
德庆县	1035	564	471	1058	311	747	4	2	2
四会市	1216	637	579	684	175	509	12	6	6
惠州市	**5127**	**2820**	**2307**	**4985**	**1314**	**3671**	**42**	**18**	**24**
惠城区	936	529	407	952	251	701	7	3	4
惠阳区	552	308	244	551	133	418	7	4	3
博罗县	1997	1065	932	1522	410	1112	16	5	11
惠东县	824	459	365	1241	327	914	9	5	4
龙门县	818	459	359	719	193	526	3	1	2
梅州市	**15400**	**8879**	**6521**	**7810**	**1858**	**5952**	**77**	**27**	**50**
梅江区	224	128	96	154	27	127			
梅县区	2641	1552	1089	1291	294	997	12	5	7
大埔县	1927	1099	828	786	179	607	11	3	8
丰顺县	1650	945	705	854	229	625	7	3	4
五华县	3373	1916	1457	2046	527	1519	18	7	11
平远县	1042	577	465	564	143	421	3	1	2
蕉岭县	957	560	397	428	102	326	7	2	5
兴宁市	3586	2102	1484	1687	357	1330	19	6	13

8-10c 续表 5

单位：人

地区	与配偶同住			与子女同住			独居(有保姆)		
	小计	男	女	小计	男	女	小计	男	女
汕尾市	**5073**	**2894**	**2179**	**3330**	**1000**	**2330**	**24**	**10**	**14**
城　区	430	246	184	300	84	216	2	2	
海丰县	981	568	413	736	229	507	6	1	5
陆河县	457	268	189	475	171	304	5	2	3
陆丰市	3205	1812	1393	1819	516	1303	11	5	6
河源市	**9400**	**5263**	**4137**	**6179**	**1665**	**4514**	**36**	**13**	**23**
源城区	79	42	37	138	33	105			
紫金县	1830	1035	795	1583	386	1197	5	2	3
龙川县	3214	1788	1426	1563	420	1143	11	4	7
连平县	1016	586	430	850	236	614	11	4	7
和平县	1917	1046	871	977	272	705	6	2	4
东源县	1344	766	578	1068	318	750	3	1	2
阳江市	**7452**	**4082**	**3370**	**3433**	**1091**	**2342**	**35**	**16**	**19**
江城区	1027	565	462	573	166	407	6	2	4
阳东区	1244	683	561	648	222	426	7	5	2
阳西县	1560	880	680	665	203	462	8	3	5
阳春市	3621	1954	1667	1547	500	1047	14	6	8
清远市	**9409**	**5150**	**4259**	**7014**	**2017**	**4997**	**31**	**13**	**18**
清城区	759	406	353	560	161	399	3	1	2
清新区	1599	885	714	1228	320	908	3	1	2
佛冈县	866	488	378	632	165	467	7	2	5
阳山县	1305	713	592	930	293	637	7	4	3
连山壮族瑶族自治县	281	156	125	251	60	191	1	1	
连南瑶族自治县	290	160	130	343	93	250	1	1	
英德市	2762	1532	1230	2089	620	1469	4	1	3
连州市	1547	810	737	981	305	676	5	2	3
东莞市	**2109**	**1122**	**987**	**845**	**242**	**603**	**23**	**8**	**15**
市辖区	2109	1122	987	845	242	603	23	8	15
中山市	**1044**	**571**	**473**	**1685**	**412**	**1273**	**15**	**3**	**12**
市辖区	1044	571	473	1685	412	1273	15	3	12
潮州市	**5225**	**2831**	**2394**	**4066**	**1085**	**2981**	**36**	**15**	**21**
湘桥区	523	284	239	332	91	241	5		5
潮安区	1541	843	698	2012	544	1468	7	3	4
饶平县	3161	1704	1457	1722	450	1272	24	12	12
揭阳市	**10608**	**5848**	**4760**	**10557**	**3100**	**7457**	**72**	**22**	**50**
榕城区	1050	582	468	924	262	662	5	1	4
揭东区	2352	1280	1072	1907	579	1328	18	7	11
揭西县	2421	1372	1049	1956	609	1347	14	5	9
惠来县	2215	1191	1024	1769	466	1303	25	6	19
普宁市	2570	1423	1147	4001	1184	2817	10	3	7
云浮市	**7477**	**4153**	**3324**	**4634**	**1431**	**3203**	**46**	**23**	**23**
云城区	547	304	243	347	98	249	1	1	
云安区	898	495	403	550	165	385	6	4	2
新兴县	1363	739	624	1059	296	763	10	4	6
郁南县	1312	736	576	760	234	526	4	1	3
罗定市	3357	1879	1478	1918	638	1280	25	13	12

8-10c 续表 6

单位：人

地　区	独居(无保姆)			养老机构			其　他		
	小计	男	女	小计	男	女	小计	男	女
广　东	**64284**	**31739**	**32545**	**1458**	**839**	**619**	**26271**	**13623**	**12648**
广州市	**3107**	**1296**	**1811**	**276**	**109**	**167**	**1378**	**824**	**554**
荔湾区									
越秀区									
海珠区									
天河区									
白云区	502	228	274	125	43	82	338	231	107
黄埔区	77	30	47	47	24	23	57	40	17
番禺区	338	120	218	15	3	12	151	74	77
花都区	584	247	337	67	30	37	255	161	94
南沙区	300	96	204	5	2	3	149	82	67
从化区	546	252	294	4	4		231	114	117
增城区	760	323	437	13	3	10	197	122	75
韶关市	**3195**	**1595**	**1600**	**79**	**46**	**33**	**1089**	**559**	**530**
武江区	137	65	72	3	3		24	13	11
浈江区	109	44	65				26	11	15
曲江区	242	134	108	9	8	1	126	70	56
始兴县	334	145	189	1		1	117	58	59
仁化县	292	141	151	2	1	1	73	34	39
翁源县	540	283	257	51	23	28	180	95	85
乳源瑶族自治县	223	119	104	1	1		96	54	42
新丰县	329	188	141	5	5		78	51	27
乐昌市	525	254	271	3	2	1	135	67	68
南雄市	464	222	242	4	3	1	234	106	128
深圳市	**28**	**21**	**7**				**38**	**26**	**12**
罗湖区									
福田区									
南山区									
宝安区									
龙岗区	28	21	7				38	26	12
盐田区									
龙华区									
坪山区									
光明区									
珠海市	**392**	**194**	**198**	**2**	**1**	**1**	**92**	**63**	**29**
香洲区	1	1					3	3	
斗门区	358	173	185	2	1	1	79	53	26
金湾区	33	20	13				10	7	3
汕头市	**1123**	**506**	**617**	**26**	**19**	**7**	**693**	**327**	**366**
龙湖区	38	23	15				28	17	11
金平区	8	4	4				5	5	
濠江区	47	20	27				44	19	25
潮阳区	491	207	284	8	5	3	339	153	186
潮南区	255	117	138	3	1	2	185	80	105
澄海区	259	129	130	3	1	2	82	47	35
南澳县	25	6	19	12	12		10	6	4
佛山市	**997**	**422**	**575**	**19**	**12**	**7**	**221**	**153**	**68**
禅城区									
南海区	219	68	151	1	1		67	46	21
顺德区	31	17	14	1		1	18	12	6
三水区	489	186	303	16	11	5	99	71	28
高明区	258	151	107	1		1	37	24	13

8-10c 续表 7 单位：人

地区	独居(无保姆)			养老机构			其他		
	小计	男	女	小计	男	女	小计	男	女
江门市	**4609**	**2220**	**2389**	**78**	**38**	**40**	**1463**	**797**	**666**
蓬江区	32	15	17	2		2	25	6	19
江海区									
新会区	982	434	548	20	4	16	196	113	83
台山市	1527	813	714	20	11	9	580	322	258
开平市	942	432	510	11	7	4	300	148	152
鹤山市	535	261	274	9	2	7	130	81	49
恩平市	591	265	326	16	14	2	232	127	105
湛江市	**7860**	**3637**	**4223**	**218**	**144**	**74**	**2790**	**1487**	**1303**
赤坎区	9	2	7				3	1	2
霞山区	59	23	36				3	2	1
坡头区	436	168	268	13	12	1	166	91	75
麻章区	570	226	344	20	13	7	234	110	124
遂溪县	1258	567	691	31	21	10	386	203	183
徐闻县	785	349	436	30	18	12	249	120	129
廉江市	1788	998	790	51	33	18	708	418	290
雷州市	2012	881	1131	60	39	21	729	382	347
吴川市	943	423	520	13	8	5	312	160	152
茂名市	**6746**	**3588**	**3158**	**88**	**57**	**31**	**3281**	**1616**	**1665**
茂南区	531	244	287	19	10	9	245	115	130
电白区	1207	652	555	21	12	9	487	250	237
高州市	2113	1157	956	20	15	5	977	474	503
化州市	1433	745	688	21	14	7	731	372	359
信宜市	1462	790	672	7	6	1	841	405	436
肇庆市	**5134**	**2290**	**2844**	**76**	**40**	**36**	**2423**	**1045**	**1378**
端州区									
鼎湖区	222	80	142	3		3	31	11	20
高要区	1188	441	747	10	4	6	280	111	169
广宁县	1027	515	512	17	8	9	438	215	223
怀集县	915	390	525	17	8	9	794	301	493
封开县	569	280	289	9	7	2	374	165	209
德庆县	505	278	227	9	7	2	290	129	161
四会市	708	306	402	11	6	5	216	113	103
惠州市	**2100**	**1154**	**946**	**41**	**29**	**12**	**950**	**578**	**372**
惠城区	357	188	169	10	7	3	186	110	76
惠阳区	239	130	109	2	1	1	161	110	51
博罗县	652	315	337	16	15	1	255	149	106
惠东县	466	300	166	9	3	6	229	144	85
龙门县	386	221	165	4	3	1	119	65	54
梅州市	**5621**	**2714**	**2907**	**169**	**93**	**76**	**2131**	**1075**	**1056**
梅江区	64	33	31	12	4	8	28	19	9
梅县区	906	457	449	17	8	9	312	151	161
大埔县	852	436	416	25	19	6	275	149	126
丰顺县	603	310	293	19	16	3	207	120	87
五华县	1113	514	599	11	7	4	594	282	312
平远县	303	134	169	5	2	3	90	52	38
蕉岭县	388	204	184	21	4	17	67	44	23
兴宁市	1392	626	766	59	33	26	558	258	300

8－10c　续表 8　　　　单位：人

地　区	独居(无保姆)			养老机构			其　他		
	小计	男	女	小计	男	女	小计	男	女
汕尾市	**1538**	**833**	**705**	**21**	**14**	**7**	**810**	**443**	**367**
城　区	179	89	90	2	2		68	41	27
海丰县	400	259	141	4	4		178	108	70
陆河县	159	109	50	1		1	86	59	27
陆丰市	800	376	424	14	8	6	478	235	243
河源市	**3973**	**2034**	**1939**	**63**	**50**	**13**	**1731**	**858**	**873**
源城区	18	10	8				10	6	4
紫金县	692	362	330	17	15	2	390	180	210
龙川县	1387	687	700	14	10	4	549	273	276
连平县	432	214	218	3	2	1	183	89	94
和平县	792	378	414	8	4	4	365	163	202
东源县	652	383	269	21	19	2	234	147	87
阳江市	**3322**	**1823**	**1499**	**98**	**54**	**44**	**956**	**514**	**442**
江城区	534	258	276	13	8	5	129	65	64
阳东区	591	330	261	46	26	20	107	79	28
阳西县	737	423	314	11	8	3	200	112	88
阳春市	1460	812	648	28	12	16	520	258	262
清远市	**4624**	**2602**	**2022**	**76**	**50**	**26**	**1899**	**989**	**910**
清城区	314	131	183	26	18	8	115	75	40
清新区	881	501	380	15	6	9	409	206	203
佛冈县	515	288	227	4	3	1	153	90	63
阳山县	705	413	292	10	6	4	366	178	188
连山壮族瑶族自治县	111	67	44	1	1		51	27	24
连南瑶族自治县	145	70	75	7	7		41	14	27
英德市	1128	632	496	7	5	2	527	288	239
连州市	825	500	325	6	4	2	237	111	126
东莞市	**839**	**313**	**526**	**15**	**7**	**8**	**442**	**303**	**139**
市辖区	839	313	526	15	7	8	442	303	139
中山市	**404**	**194**	**210**	**11**	**10**	**1**	**202**	**138**	**64**
市辖区	404	194	210	11	10	1	202	138	64
潮州市	**1976**	**869**	**1107**	**13**	**7**	**6**	**579**	**300**	**279**
湘桥区	194	93	101	2		2	44	22	22
潮安区	565	257	308	3	3		200	111	89
饶平县	1217	519	698	8	4	4	335	167	168
揭阳市	**2982**	**1468**	**1514**	**45**	**30**	**15**	**1565**	**756**	**809**
榕城区	237	108	129	5	4	1	91	41	50
揭东区	698	347	351	8	7	1	264	123	141
揭西县	774	415	359	12	9	3	365	175	190
惠来县	551	204	347	7	4	3	305	133	172
普宁市	722	394	328	13	6	7	540	284	256
云浮市	**3714**	**1966**	**1748**	**44**	**29**	**15**	**1538**	**772**	**766**
云城区	334	182	152	2	2		80	50	30
云安区	433	228	205	19	11	8	135	68	67
新兴县	775	371	404	4	4		189	100	89
郁南县	777	444	333	5	4	1	337	179	158
罗定市	1395	741	654	14	8	6	797	375	422

8-11 全省分年龄、性别、居住状况的60岁及以上老年人口

单位：人

年 龄	60岁及以上人口			与配偶和子女同住		
	合计	男	女	小计	男	女
总 计	**1443501**	**693938**	**749563**	**542522**	**302168**	**240354**
60-64岁	**449631**	**225896**	**223735**	**210034**	**111538**	**98496**
60	75018	37352	37666	35818	18718	17100
61	82963	42219	40744	39557	21112	18445
62	98076	49453	48623	45789	24368	21421
63	104069	52702	51367	47968	25752	22216
64	89505	44170	45335	40902	21588	19314
65-69岁	**391285**	**191244**	**200041**	**169911**	**91062**	**78849**
65	90371	44667	45704	41325	22000	19325
66	88032	42835	45197	39174	20639	18535
67	77632	37811	39821	33677	17938	15739
68	72861	35440	37421	30392	16421	13971
69	62389	30491	31898	25343	14064	11279
70-74岁	**246356**	**121626**	**124730**	**89201**	**52080**	**37121**
70	60939	30255	30684	23959	13672	10287
71	57036	28603	28433	21338	12468	8870
72	47599	23257	24342	17003	9923	7080
73	42516	20910	21606	14636	8618	6018
74	38266	18601	19665	12265	7399	4866
75-79岁	**153705**	**73066**	**80639**	**41786**	**26071**	**15715**
75	36381	17676	18705	11014	6742	4272
76	32625	15737	16888	9294	5814	3480
77	29396	13901	15495	7857	4940	2917
78	28146	13187	14959	7147	4474	2673
79	27157	12565	14592	6474	4101	2373
80-84岁	**109944**	**48836**	**61108**	**21667**	**14505**	**7162**
80	25188	11591	13597	5847	3817	2030
81	22594	10171	12423	4627	3089	1538
82	22549	10065	12484	4360	2959	1401
83	20719	9099	11620	3710	2533	1177
84	18894	7910	10984	3123	2107	1016
85-89岁	**63675**	**24269**	**39406**	**7882**	**5466**	**2416**
85	16628	6642	9986	2379	1642	737
86	14664	5639	9025	1939	1310	629
87	13264	4947	8317	1574	1103	471
88	10350	3873	6477	1128	787	341
89	8769	3168	5601	862	624	238
90岁及以上	**28905**	**9001**	**19904**	**2041**	**1446**	**595**

8－11 续表 1

单位：人

年 龄	与配偶同住			与子女同住			独居(有保姆)		
	小计	男	女	小计	男	女	小计	男	女
总 计	**370895**	**203988**	**166907**	**319962**	**84904**	**235058**	**3473**	**1325**	**2148**
60－64岁	**113747**	**59269**	**54478**	**70871**	**20112**	**50759**	**231**	**133**	**98**
60	18436	9436	9000	10872	2959	7913	36	18	18
61	20625	10852	9773	12394	3546	8848	38	20	18
62	24820	12926	11894	15447	4384	11063	49	29	20
63	26646	13926	12720	16978	4985	11993	58	33	25
64	23220	12129	11091	15180	4238	10942	50	33	17
65－69岁	**106603**	**55286**	**51317**	**71188**	**20226**	**50962**	**309**	**155**	**154**
65	23743	12351	11392	15429	4419	11010	60	30	30
66	23696	12069	11627	15553	4534	11019	66	37	29
67	21115	10905	10210	14056	3971	10085	63	29	34
68	20385	10608	9777	13883	3919	9964	65	36	29
69	17664	9353	8311	12267	3383	8884	55	23	32
70－74岁	**71459**	**39556**	**31903**	**53406**	**14569**	**38837**	**341**	**166**	**175**
70	17482	9429	8053	12279	3467	8812	59	29	30
71	16697	9190	7507	11891	3363	8528	82	45	37
72	13841	7657	6184	10468	2769	7699	70	39	31
73	12397	7025	5372	9512	2571	6941	76	31	45
74	11042	6255	4787	9256	2399	6857	54	22	32
75－79岁	**42734**	**25350**	**17384**	**42186**	**10724**	**31462**	**417**	**162**	**255**
75	10432	6053	4379	9195	2430	6765	64	28	36
76	9356	5497	3859	8499	2155	6344	74	37	37
77	8134	4793	3341	8147	2053	6094	67	29	38
78	7801	4704	3097	8067	2016	6051	100	26	74
79	7011	4303	2708	8278	2070	6208	112	42	70
80－84岁	**24537**	**16027**	**8510**	**38680**	**9539**	**29141**	**747**	**248**	**499**
80	6304	3949	2355	7932	1934	5998	113	38	75
81	5363	3424	1939	7577	1880	5697	127	47	80
82	5103	3320	1783	7961	2017	5944	160	57	103
83	4263	2928	1335	7733	1879	5854	186	63	123
84	3504	2406	1098	7477	1829	5648	161	43	118
85－89岁	**9611**	**6755**	**2856**	**28329**	**6567**	**21762**	**820**	**279**	**541**
85	2845	1950	895	7003	1669	5334	169	57	112
86	2409	1651	758	6384	1496	4888	162	58	104
87	1925	1380	545	5968	1297	4671	191	68	123
88	1360	994	366	4751	1135	3616	156	56	100
89	1072	780	292	4223	970	3253	142	40	102
90岁及以上	**2204**	**1745**	**459**	**15302**	**3167**	**12135**	**608**	**182**	**426**

8-11 续表 2

单位：人

年 龄	独居(无保姆)			养老机构			其 他		
	小计	男	女	小计	男	女	小计	男	女
总 计	**130524**	**61369**	**69155**	**7570**	**3214**	**4356**	**68555**	**36970**	**31585**
60–64岁	**28223**	**18011**	**10212**	**484**	**314**	**170**	**26041**	**16519**	**9522**
60	4659	2934	1725	63	44	19	5134	3243	1891
61	5240	3413	1827	66	44	22	5043	3232	1811
62	6106	3986	2120	119	66	53	5746	3694	2052
63	6649	4280	2369	124	81	43	5646	3645	2001
64	5569	3398	2171	112	79	33	4472	2705	1767
65–69岁	**26472**	**14835**	**11637**	**605**	**396**	**209**	**16197**	**9284**	**6913**
65	5614	3310	2304	120	81	39	4080	2476	1604
66	5742	3330	2412	121	72	49	3680	2154	1526
67	5335	3026	2309	113	75	38	3273	1867	1406
68	5166	2813	2353	125	78	47	2845	1565	1280
69	4615	2356	2259	126	90	36	2319	1222	1097
70–74岁	**21980**	**10179**	**11801**	**822**	**482**	**340**	**9147**	**4594**	**4553**
70	4790	2417	2373	166	98	68	2204	1143	1061
71	4780	2337	2443	157	92	65	2091	1108	983
72	4285	1912	2373	169	99	70	1763	858	905
73	4091	1771	2320	156	91	65	1648	803	845
74	4034	1742	2292	174	102	72	1441	682	759
75–79岁	**19307**	**7463**	**11844**	**994**	**498**	**496**	**6281**	**2798**	**3483**
75	4000	1639	2361	179	91	88	1497	693	804
76	3940	1571	2369	189	96	93	1273	567	706
77	3808	1464	2344	176	91	85	1207	531	676
78	3693	1368	2325	226	108	118	1112	491	621
79	3866	1421	2445	224	112	112	1192	516	676
80–84岁	**17456**	**5833**	**11623**	**1715**	**660**	**1055**	**5142**	**2024**	**3118**
80	3586	1266	2320	292	124	168	1114	463	651
81	3489	1166	2323	319	131	188	1092	434	658
82	3616	1203	2413	346	124	222	1003	385	618
83	3468	1159	2309	347	136	211	1012	401	611
84	3297	1039	2258	411	145	266	921	341	580
85–89岁	**11649**	**3483**	**8166**	**1746**	**544**	**1202**	**3638**	**1175**	**2463**
85	2985	911	2074	363	125	238	884	288	596
86	2587	748	1839	375	110	265	808	266	542
87	2455	727	1728	380	120	260	771	252	519
88	2001	590	1411	336	105	231	618	206	412
89	1621	507	1114	292	84	208	557	163	394
90岁及以上	**5437**	**1565**	**3872**	**1204**	**320**	**884**	**2109**	**576**	**1533**

8-11a 全省分年龄、性别、居住状况的60岁及以上老年人口(城市)

单位：人

年 龄	60岁及以上人口			与配偶和子女同住		
	合计	男	女	小计	男	女
总 计	**685043**	**322775**	**362268**	**280895**	**154880**	**126015**
60-64岁	**230219**	**112412**	**117807**	**109524**	**57832**	**51692**
60	41149	20107	21042	19688	10344	9344
61	42043	20720	21323	20325	10742	9583
62	49733	24381	25352	23658	12529	11129
63	52298	25646	26652	24666	13111	11555
64	44996	21558	23438	21187	11106	10081
65-69岁	**192395**	**91093**	**101302**	**89071**	**47107**	**41964**
65	45168	21555	23613	21572	11311	10261
66	44143	20897	23246	20759	10769	9990
67	38061	18008	20053	17720	9340	8380
68	35195	16531	18664	15811	8479	7332
69	29828	14102	15726	13209	7208	6001
70-74岁	**116672**	**55880**	**60792**	**46980**	**27074**	**19906**
70	29148	14156	14992	12650	7182	5468
71	27522	13339	14183	11412	6574	4838
72	22588	10671	11917	8929	5126	3803
73	20009	9472	10537	7671	4438	3233
74	17405	8242	9163	6318	3754	2564
75-79岁	**64478**	**29705**	**34773**	**20094**	**12396**	**7698**
75	15560	7333	8227	5322	3239	2083
76	13907	6555	7352	4520	2802	1718
77	12324	5629	6695	3760	2334	1426
78	11706	5321	6385	3420	2132	1288
79	10981	4867	6114	3072	1889	1183
80-84岁	**46120**	**20368**	**25752**	**10596**	**7147**	**3449**
80	10632	4814	5818	2829	1851	978
81	9503	4237	5266	2283	1538	745
82	9591	4198	5393	2137	1447	690
83	8719	3843	4876	1849	1281	568
84	7675	3276	4399	1498	1030	468
85-89岁	**24944**	**9844**	**15100**	**3740**	**2673**	**1067**
85	6519	2663	3856	1138	809	329
86	5938	2350	3588	904	628	276
87	5323	2080	3243	765	564	201
88	3912	1499	2413	510	354	156
89	3252	1252	2000	423	318	105
90岁及以上	**10215**	**3473**	**6742**	**890**	**651**	**239**

8-11a　续表 1　　　　　　　　　　　　　　　　　　　　　　　　　　　单位：人

年龄	与配偶同住			与子女同住			独居(有保姆)		
	小计	男	女	小计	男	女	小计	男	女
总计	**155782**	**85486**	**70296**	**159715**	**40260**	**119455**	**2259**	**837**	**1422**
60-64岁	**49476**	**26020**	**23456**	**42594**	**11076**	**31518**	**140**	**77**	**63**
60	8743	4542	4201	6944	1717	5227	16	6	10
61	8873	4740	4133	7405	1924	5481	21	10	11
62	10652	5583	5069	9190	2356	6834	30	16	14
63	11305	5932	5373	10099	2733	7366	40	24	16
64	9903	5223	4680	8956	2346	6610	33	21	12
65-69岁	**44863**	**23176**	**21687**	**39574**	**10647**	**28927**	**177**	**82**	**95**
65	10176	5302	4874	8907	2368	6539	40	17	23
66	10104	5168	4936	8924	2496	6428	40	22	18
67	8819	4571	4248	7763	2089	5674	29	12	17
68	8502	4326	4176	7492	1997	5495	34	18	16
69	7262	3809	3453	6488	1697	4791	34	13	21
70-74岁	**30137**	**16463**	**13674**	**27201**	**6974**	**20227**	**195**	**88**	**107**
70	7284	3916	3368	6357	1692	4665	36	17	19
71	7067	3819	3248	6217	1650	4567	44	23	21
72	5880	3224	2656	5343	1301	4042	37	19	18
73	5311	2934	2377	4773	1202	3571	45	16	29
74	4595	2570	2025	4511	1129	3382	33	13	20
75-79岁	**16484**	**9656**	**6828**	**18718**	**4379**	**14339**	**258**	**98**	**160**
75	4103	2336	1767	4154	1032	3122	38	17	21
76	3605	2097	1508	3939	962	2977	42	19	23
77	3168	1820	1348	3609	822	2787	46	21	25
78	2957	1789	1168	3552	793	2759	66	17	49
79	2651	1614	1037	3464	770	2694	66	24	42
80-84岁	**10083**	**6649**	**3434**	**16189**	**3732**	**12457**	**525**	**171**	**354**
80	2579	1627	952	3406	766	2640	81	28	53
81	2199	1392	807	3209	736	2473	85	34	51
82	2081	1360	721	3408	788	2620	106	34	72
83	1783	1251	532	3214	738	2476	136	44	92
84	1441	1019	422	2952	704	2248	117	31	86
85-89岁	**3871**	**2804**	**1067**	**10548**	**2385**	**8163**	**556**	**193**	**363**
85	1137	796	341	2637	584	2053	110	36	74
86	1008	710	298	2507	591	1916	115	44	71
87	784	592	192	2271	472	1799	138	51	87
88	547	400	147	1698	402	1296	95	34	61
89	395	306	89	1435	336	1099	98	28	70
90岁及以上	**868**	**718**	**150**	**4891**	**1067**	**3824**	**408**	**128**	**280**

8-11a 续表 2

单位：人

年龄	独居(无保姆)			养老机构			其他		
	小计	男	女	小计	男	女	小计	男	女
总计	**49250**	**21784**	**27466**	**5040**	**1703**	**3337**	**32102**	**17825**	**14277**
60-64岁	**13394**	**7906**	**5488**	**246**	**138**	**108**	**14845**	**9363**	**5482**
60	2526	1497	1029	29	19	10	3203	1982	1221
61	2534	1491	1043	33	15	18	2852	1798	1054
62	2892	1752	1140	60	28	32	3251	2117	1134
63	2998	1801	1197	67	40	27	3123	2005	1118
64	2444	1365	1079	57	36	21	2416	1461	955
65-69岁	**10622**	**5438**	**5184**	**273**	**133**	**140**	**7815**	**4510**	**3305**
65	2353	1266	1087	43	24	19	2077	1267	810
66	2411	1313	1098	62	26	36	1843	1103	740
67	2123	1087	1036	52	27	25	1555	882	673
68	2000	981	1019	56	22	34	1300	708	592
69	1735	791	944	60	34	26	1040	550	490
70-74岁	**7995**	**3289**	**4706**	**439**	**198**	**241**	**3725**	**1794**	**1931**
70	1778	820	958	78	33	45	965	496	469
71	1802	782	1020	85	41	44	895	450	445
72	1572	598	974	93	39	54	734	364	370
73	1493	572	921	84	38	46	632	272	360
74	1350	517	833	99	47	52	499	212	287
75-79岁	**6169**	**2013**	**4156**	**585**	**234**	**351**	**2170**	**929**	**1241**
75	1313	444	869	109	41	68	521	224	297
76	1260	437	823	113	48	65	428	190	238
77	1214	401	813	94	38	56	433	193	240
78	1206	392	814	128	49	79	377	149	228
79	1176	339	837	141	58	83	411	173	238
80-84岁	**5790**	**1639**	**4151**	**1236**	**387**	**849**	**1701**	**643**	**1058**
80	1182	343	839	199	62	137	356	137	219
81	1143	327	816	216	70	146	368	140	228
82	1240	350	890	261	83	178	358	136	222
83	1161	329	832	258	83	175	318	117	201
84	1064	290	774	302	89	213	301	113	188
85-89岁	**3716**	**1021**	**2695**	**1326**	**382**	**944**	**1187**	**386**	**801**
85	954	267	687	271	84	187	272	87	185
86	835	202	633	292	82	210	277	93	184
87	817	233	584	299	82	217	249	86	163
88	620	171	449	246	70	176	196	68	128
89	490	148	342	218	64	154	193	52	141
90岁及以上	**1564**	**478**	**1086**	**935**	**231**	**704**	**659**	**200**	**459**

8-11b　全省分年龄、性别、居住状况的60岁及以上老年人口(镇)

单位：人

年　龄	60岁及以上人口			与配偶和子女同住		
	合计	男	女	小计	男	女
总　计	**218497**	**104746**	**113751**	**87365**	**48512**	**38853**
60-64岁	**67416**	**33633**	**33783**	**33921**	**17779**	**16142**
60	10617	5241	5376	5486	2789	2697
61	12660	6446	6214	6494	3473	3021
62	14932	7424	7508	7483	3892	3591
63	15707	7922	7785	7843	4167	3676
64	13500	6600	6900	6615	3458	3157
65-69岁	**59254**	**28735**	**30519**	**27250**	**14599**	**12651**
65	13664	6653	7011	6699	3508	3191
66	13179	6314	6865	6189	3255	2934
67	11786	5664	6122	5414	2850	2564
68	11181	5434	5747	4939	2678	2261
69	9444	4670	4774	4009	2308	1701
70-74岁	**37121**	**18521**	**18600**	**14079**	**8294**	**5785**
70	9184	4524	4660	3823	2157	1666
71	8572	4364	4208	3348	1991	1357
72	7214	3591	3623	2667	1569	1098
73	6394	3171	3223	2288	1377	911
74	5757	2871	2886	1953	1200	753
75-79岁	**23778**	**11360**	**12418**	**6918**	**4371**	**2547**
75	5674	2822	2852	1831	1120	711
76	5094	2488	2606	1546	991	555
77	4554	2125	2429	1308	828	480
78	4290	2040	2250	1145	731	414
79	4166	1885	2281	1088	701	387
80-84岁	**16657**	**7446**	**9211**	**3546**	**2366**	**1180**
80	3812	1781	2031	951	616	335
81	3507	1607	1900	803	543	260
82	3396	1503	1893	719	480	239
83	3108	1387	1721	570	385	185
84	2834	1168	1666	503	342	161
85-89岁	**9685**	**3619**	**6066**	**1290**	**858**	**432**
85	2599	1013	1586	401	266	135
86	2192	818	1374	304	202	102
87	1929	700	1229	248	161	87
88	1593	594	999	205	138	67
89	1372	494	878	132	91	41
90岁及以上	**4586**	**1432**	**3154**	**361**	**245**	**116**

8-11b 续表 1

单位：人

年 龄	与配偶同住			与子女同住			独居(有保姆)		
	小计	男	女	小计	男	女	小计	男	女
总 计	**51701**	**28446**	**23255**	**50783**	**13584**	**37199**	**404**	**164**	**240**
60-64岁	**16328**	**8485**	**7843**	**10112**	**2897**	**7215**	**26**	**13**	**13**
60	2488	1286	1202	1427	394	1033	4	1	3
61	3031	1577	1454	1800	514	1286	6	4	2
62	3642	1907	1735	2292	665	1627	6	4	2
63	3855	2039	1816	2416	708	1708	6	3	3
64	3312	1676	1636	2177	616	1561	4	1	3
65-69岁	**14906**	**7650**	**7256**	**11008**	**3120**	**7888**	**43**	**27**	**16**
65	3364	1730	1634	2276	647	1629	3	3	
66	3347	1673	1674	2315	664	1651	14	9	5
67	2935	1514	1421	2219	622	1597	13	7	6
68	2793	1452	1341	2224	638	1586	7	3	4
69	2467	1281	1186	1974	549	1425	6	5	1
70-74岁	**9767**	**5497**	**4270**	**8598**	**2404**	**6194**	**50**	**28**	**22**
70	2363	1299	1064	1987	570	1417	9	4	5
71	2328	1281	1047	1854	541	1313	13	8	5
72	1932	1100	832	1691	467	1224	16	9	7
73	1635	937	698	1609	435	1174	7	5	2
74	1509	880	629	1457	391	1066	5	2	3
75-79岁	**5888**	**3547**	**2341**	**7090**	**1828**	**5262**	**52**	**21**	**31**
75	1476	876	600	1576	442	1134	9	5	4
76	1322	780	542	1405	370	1035	13	7	6
77	1069	643	426	1412	348	1064	1		1
78	1088	662	426	1331	364	967	14	3	11
79	933	586	347	1366	304	1062	15	6	9
80-84岁	**3216**	**2126**	**1090**	**6476**	**1641**	**4835**	**89**	**29**	**60**
80	846	548	298	1307	326	981	12	6	6
81	668	436	232	1296	348	948	19	4	15
82	687	450	237	1282	307	975	20	10	10
83	574	392	182	1312	348	964	21	6	15
84	441	300	141	1279	312	967	17	3	14
85-89岁	**1299**	**903**	**396**	**4795**	**1115**	**3680**	**81**	**27**	**54**
85	380	260	120	1244	309	935	16	5	11
86	320	214	106	1030	229	801	13	3	10
87	271	192	79	945	198	747	18	6	12
88	182	135	47	819	192	627	22	10	12
89	146	102	44	757	187	570	12	3	9
90岁及以上	**297**	**238**	**59**	**2704**	**579**	**2125**	**63**	**19**	**44**

8-11b　续表 2　　　　单位：人

年　龄	独居(无保姆)			养老机构			其　他		
	小计	男	女	小计	男	女	小计	男	女
总　计	**16990**	**7846**	**9144**	**1072**	**672**	**400**	**10182**	**5522**	**4660**
60–64岁	**3461**	**2210**	**1251**	**99**	**70**	**29**	**3469**	**2179**	**1290**
60	572	369	203	19	12	7	621	390	231
61	647	439	208	14	10	4	668	429	239
62	713	465	248	25	15	10	771	476	295
63	800	496	304	22	16	6	765	493	272
64	729	441	288	19	17	2	644	391	253
65–69岁	**3477**	**1843**	**1634**	**162**	**129**	**33**	**2408**	**1367**	**1041**
65	694	395	299	34	29	5	594	341	253
66	755	406	349	28	20	8	531	287	244
67	697	379	318	29	22	7	479	270	209
68	725	367	358	39	31	8	454	265	189
69	606	296	310	32	27	5	350	204	146
70–74岁	**2948**	**1389**	**1559**	**162**	**131**	**31**	**1517**	**778**	**739**
70	626	307	319	40	31	9	336	156	180
71	654	319	335	36	28	8	339	196	143
72	575	273	302	31	26	5	302	147	155
73	552	246	306	22	19	3	281	152	129
74	541	244	297	33	27	6	259	127	132
75–79岁	**2613**	**975**	**1638**	**160**	**102**	**58**	**1057**	**516**	**541**
75	518	233	285	29	18	11	235	128	107
76	554	210	344	25	14	11	229	116	113
77	507	181	326	34	26	8	223	99	124
78	505	179	326	38	22	16	169	79	90
79	529	172	357	34	22	12	201	94	107
80–84岁	**2300**	**773**	**1527**	**215**	**130**	**85**	**815**	**381**	**434**
80	485	167	318	38	28	10	173	90	83
81	490	164	326	48	28	20	183	84	99
82	499	162	337	33	18	15	156	76	80
83	425	159	266	44	25	19	162	72	90
84	401	121	280	52	31	21	141	59	82
85–89岁	**1478**	**449**	**1029**	**162**	**67**	**95**	**580**	**200**	**380**
85	378	110	268	37	16	21	143	47	96
86	364	114	250	34	13	21	127	43	84
87	297	90	207	26	10	16	124	43	81
88	226	66	160	32	16	16	107	37	70
89	213	69	144	33	12	21	79	30	49
90岁及以上	**713**	**207**	**506**	**112**	**43**	**69**	**336**	**101**	**235**

8-11c 全省分年龄、性别、居住状况的60岁及以上老年人口(乡村)

单位：人

年 龄	60岁及以上人口			与配偶和子女同住		
	合计	男	女	小计	男	女
总 计	**539961**	**266417**	**273544**	**174262**	**98776**	**75486**
60-64岁	**151996**	**79851**	**72145**	**66589**	**35927**	**30662**
60	23252	12004	11248	10644	5585	5059
61	28260	15053	13207	12738	6897	5841
62	33411	17648	15763	14648	7947	6701
63	36064	19134	16930	15459	8474	6985
64	31009	16012	14997	13100	7024	6076
65-69岁	**139636**	**71416**	**68220**	**53590**	**29356**	**24234**
65	31539	16459	15080	13054	7181	5873
66	30710	15624	15086	12226	6615	5611
67	27785	14139	13646	10543	5748	4795
68	26485	13475	13010	9642	5264	4378
69	23117	11719	11398	8125	4548	3577
70-74岁	**92563**	**47225**	**45338**	**28142**	**16712**	**11430**
70	22607	11575	11032	7486	4333	3153
71	20942	10900	10042	6578	3903	2675
72	17797	8995	8802	5407	3228	2179
73	16113	8267	7846	4677	2803	1874
74	15104	7488	7616	3994	2445	1549
75-79岁	**65449**	**32001**	**33448**	**14774**	**9304**	**5470**
75	15147	7521	7626	3861	2383	1478
76	13624	6694	6930	3228	2021	1207
77	12518	6147	6371	2789	1778	1011
78	12150	5826	6324	2582	1611	971
79	12010	5813	6197	2314	1511	803
80-84岁	**47167**	**21022**	**26145**	**7525**	**4992**	**2533**
80	10744	4996	5748	2067	1350	717
81	9584	4327	5257	1541	1008	533
82	9562	4364	5198	1504	1032	472
83	8892	3869	5023	1291	867	424
84	8385	3466	4919	1122	735	387
85-89岁	**29046**	**10806**	**18240**	**2852**	**1935**	**917**
85	7510	2966	4544	840	567	273
86	6534	2471	4063	731	480	251
87	6012	2167	3845	561	378	183
88	4845	1780	3065	413	295	118
89	4145	1422	2723	307	215	92
90岁及以上	**14104**	**4096**	**10008**	**790**	**550**	**240**

8-11c　续表 1　　　单位：人

年　龄	与配偶同住			与子女同住			独居(有保姆)		
	小计	男	女	小计	男	女	小计	男	女
总　计	**163412**	**90056**	**73356**	**109464**	**31060**	**78404**	**810**	**324**	**486**
60–64岁	**47943**	**24764**	**23179**	**18165**	**6139**	**12026**	**65**	**43**	**22**
60	7205	3608	3597	2501	848	1653	16	11	5
61	8721	4535	4186	3189	1108	2081	11	6	5
62	10526	5436	5090	3965	1363	2602	13	9	4
63	11486	5955	5531	4463	1544	2919	12	6	6
64	10005	5230	4775	4047	1276	2771	13	11	2
65–69岁	**46834**	**24460**	**22374**	**20606**	**6459**	**14147**	**89**	**46**	**43**
65	10203	5319	4884	4246	1404	2842	17	10	7
66	10245	5228	5017	4314	1374	2940	12	6	6
67	9361	4820	4541	4074	1260	2814	21	10	11
68	9090	4830	4260	4167	1284	2883	24	15	9
69	7935	4263	3672	3805	1137	2668	15	5	10
70–74岁	**31555**	**17596**	**13959**	**17607**	**5191**	**12416**	**96**	**50**	**46**
70	7835	4214	3621	3935	1205	2730	14	8	6
71	7302	4090	3212	3820	1172	2648	25	14	11
72	6029	3333	2696	3434	1001	2433	17	11	6
73	5451	3154	2297	3130	934	2196	24	10	14
74	4938	2805	2133	3288	879	2409	16	7	9
75–79岁	**20362**	**12147**	**8215**	**16378**	**4517**	**11861**	**107**	**43**	**64**
75	4853	2841	2012	3465	956	2509	17	6	11
76	4429	2620	1809	3155	823	2332	19	11	8
77	3897	2330	1567	3126	883	2243	20	8	12
78	3756	2253	1503	3184	859	2325	20	6	14
79	3427	2103	1324	3448	996	2452	31	12	19
80–84岁	**11238**	**7252**	**3986**	**16015**	**4166**	**11849**	**133**	**48**	**85**
80	2879	1774	1105	3219	842	2377	20	4	16
81	2496	1596	900	3072	796	2276	23	9	14
82	2335	1510	825	3271	922	2349	34	13	21
83	1906	1285	621	3207	793	2414	29	13	16
84	1622	1087	535	3246	813	2433	27	9	18
85–89岁	**4441**	**3048**	**1393**	**12986**	**3067**	**9919**	**183**	**59**	**124**
85	1328	894	434	3122	776	2346	43	16	27
86	1081	727	354	2847	676	2171	34	11	23
87	870	596	274	2752	627	2125	35	11	24
88	631	459	172	2234	541	1693	39	12	27
89	531	372	159	2031	447	1584	32	9	23
90岁及以上	**1039**	**789**	**250**	**7707**	**1521**	**6186**	**137**	**35**	**102**

8—11c 续表 2

单位：人

年 龄	独居(无保姆)			养老机构			其 他		
	小计	男	女	小计	男	女	小计	男	女
总 计	**64284**	**31739**	**32545**	**1458**	**839**	**619**	**26271**	**13623**	**12648**
60—64岁	**11368**	**7895**	**3473**	**139**	**106**	**33**	**7727**	**4977**	**2750**
60	1561	1068	493	15	13	2	1310	871	439
61	2059	1483	576	19	19		1523	1005	518
62	2501	1769	732	34	23	11	1724	1101	623
63	2851	1983	868	35	25	10	1758	1147	611
64	2396	1592	804	36	26	10	1412	853	559
65—69岁	**12373**	**7554**	**4819**	**170**	**134**	**36**	**5974**	**3407**	**2567**
65	2567	1649	918	43	28	15	1409	868	541
66	2576	1611	965	31	26	5	1306	764	542
67	2515	1560	955	32	26	6	1239	715	524
68	2441	1465	976	30	25	5	1091	592	499
69	2274	1269	1005	34	29	5	929	468	461
70—74岁	**11037**	**5501**	**5536**	**221**	**153**	**68**	**3905**	**2022**	**1883**
70	2386	1290	1096	48	34	14	903	491	412
71	2324	1236	1088	36	23	13	857	462	395
72	2138	1041	1097	45	34	11	727	347	380
73	2046	953	1093	50	34	16	735	379	356
74	2143	981	1162	42	28	14	683	343	340
75—79岁	**10525**	**4475**	**6050**	**249**	**162**	**87**	**3054**	**1353**	**1701**
75	2169	962	1207	41	32	9	741	341	400
76	2126	924	1202	51	34	17	616	261	355
77	2087	882	1205	48	27	21	551	239	312
78	1982	797	1185	60	37	23	566	263	303
79	2161	910	1251	49	32	17	580	249	331
80—84岁	**9366**	**3421**	**5945**	**264**	**143**	**121**	**2626**	**1000**	**1626**
80	1919	756	1163	55	34	21	585	236	349
81	1856	675	1181	55	33	22	541	210	331
82	1877	691	1186	52	23	29	489	173	316
83	1882	671	1211	45	28	17	532	212	320
84	1832	628	1204	57	25	32	479	169	310
85—89岁	**6455**	**2013**	**4442**	**258**	**95**	**163**	**1871**	**589**	**1282**
85	1653	534	1119	55	25	30	469	154	315
86	1388	432	956	49	15	34	404	130	274
87	1341	404	937	55	28	27	398	123	275
88	1155	353	802	58	19	39	315	101	214
89	918	290	628	41	8	33	285	81	204
90岁及以上	**3160**	**880**	**2280**	**157**	**46**	**111**	**1114**	**275**	**839**

8-12　全省分性别、婚姻状况、居住状况的60岁及以上老年人口

单位：人

居住状况	60岁及以上人口			未　婚		
	合计	男	女	小计	男	女
总　计	**1443501**	**693938**	**749563**	**25482**	**21126**	**4356**
与配偶和子女同住	542522	302168	240354			
与配偶同住	370895	203988	166907			
与子女同住	319962	84904	235058	764	461	303
独居(有保姆)	3473	1325	2148	137	104	33
独居(无保姆)	130524	61369	69155	14603	12988	1615
养老机构	7570	3214	4356	1370	1102	268
其　他	68555	36970	31585	8608	6471	2137

8 12　续表

单位：人

居住状况	有 配 偶			离　婚			丧　偶		
	小计	男	女	小计	男	女	小计	男	女
总　计	**1099498**	**598524**	**500974**	**15097**	**7916**	**7181**	**303424**	**66372**	**237052**
与配偶和子女同住	542522	302168	240354						
与配偶同住	370895	203988	166907						
与子女同住	106228	40687	65541	7138	2979	4159	205832	40777	165055
独居(有保姆)	726	382	344	105	67	38	2505	772	1733
独居(无保姆)	38848	26165	12683	5523	3435	2088	71550	18781	52769
养老机构	2184	1058	1126	132	74	58	3884	980	2904
其　他	38095	24076	14019	2199	1361	838	19653	5062	14591

8-12a 全省分性别、婚姻状况、居住状况的60岁及以上老年人口(城市)

单位：人

居住状况	60岁及以上人口			未婚		
	合计	男	女	小计	男	女
总　计	**685043**	**322775**	**362268**	**8123**	**4814**	**3309**
与配偶和子女同住	280895	154880	126015			
与配偶同住	155782	85486	70296			
与子女同住	159715	40260	119455	392	166	226
独居(有保姆)	2259	837	1422	73	44	29
独居(无保姆)	49250	21784	27466	3339	2121	1218
养老机构	5040	1703	3337	426	237	189
其　他	32102	17825	14277	3893	2246	1647

8-12a 续表

单位：人

居住状况	有配偶			离婚			丧偶		
	小计	男	女	小计	男	女	小计	男	女
总　计	**546274**	**290202**	**256072**	**10512**	**4508**	**6004**	**120134**	**23251**	**96883**
与配偶和子女同住	280895	154880	126015						
与配偶同住	155782	85486	70296						
与子女同住	67840	23477	44363	5111	1602	3509	86372	15015	71357
独居(有保姆)	495	243	252	85	51	34	1606	499	1107
独居(无保姆)	18946	12218	6728	3653	1905	1748	23312	5540	17772
养老机构	1699	787	912	93	48	45	2822	631	2191
其　他	20617	13111	7506	1570	902	668	6022	1566	4456

8-12b　全省分性别、婚姻状况、居住状况的60岁及以上老年人口(镇)

单位：人

居住状况	60岁及以上人口			未　婚		
	合计	男	女	小计	男	女
总　计	**218497**	**104746**	**113751**	**2982**	**2596**	**386**
与配偶和子女同住	87365	48512	38853			
与配偶同住	51701	28446	23255			
与子女同住	50783	13584	37199	86	53	33
独居(有保姆)	404	164	240	13	12	1
独居(无保姆)	16990	7846	9144	1443	1312	131
养老机构	1072	672	400	380	339	41
其　他	10182	5522	4660	1060	880	180

8-12b　续表

单位：人

居住状况	有配偶			离　婚			丧　偶		
	小计	男	女	小计	男	女	小计	男	女
总　计	**165905**	**90756**	**75149**	**1265**	**736**	**529**	**48345**	**10658**	**37687**
与配偶和子女同住	87365	48512	38853						
与配偶同住	51701	28446	23255						
与子女同住	15069	6157	8912	603	305	298	35025	7069	27956
独居(有保姆)	85	53	32	6	3	3	300	96	204
独居(无保姆)	5402	3685	1717	449	299	150	9696	2550	7146
养老机构	239	135	104	16	10	6	437	188	249
其　他	6044	3768	2276	191	119	72	2887	755	2132